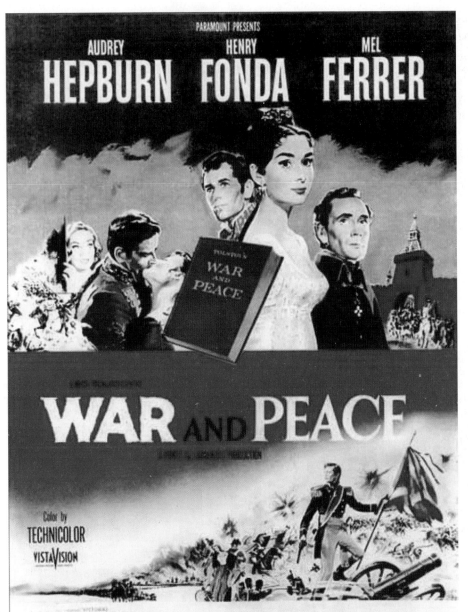

영화 〈전쟁과 평화〉(1956) 포스터　킹 비더 감독, 오드리 헵번·헨리 폰다·멜 페러 주연

▶부상자들 사이로 안드레
이를 찾아다니는 나타샤
이제까지의 그녀 인생은
불꽃처럼 격렬했다. 그러
나 지금이 가장 괴롭다.
이 소설에서 가장 매력적
인 존재는 나타샤이다.

World Book 69

Л.Н.Толстой
ВОЙНА И МИР
전쟁과 평화 I
똘스또이/맹은빈 옮김

동서문화사

전쟁과 평화
총목차

제1편

제1부

1

"그런데 공작님, 제노바와 루까(북이탈리아의 도시. 나폴레옹은 제노바에 공화국을 세웠으나 그 후 1805년 프랑스에 병합했다. 루까에 공화국을 만들어 그 해 누이동생 엘리자에게 물려주었다)는 보나빠르뜨 집안 영지에 지나지 않아요. 미리 말씀드리지만, 우리들이 전쟁을 하고 있다고는 말씀하시지 않고, 저 반(反)그리스도들(정말 저는 그렇게 믿고 있어요)의 비열하고 몸서리쳐지는 행위를 모두 그럴듯하게 변명해 주려 하신다면 저는 당신과 절교하겠어요. 당신은 이제 친구도 아니며, 늘 말씀하시는 것처럼 나의 충실한 종도 아닙니다. 어쨌든 잘 와 주셨어요. 내가 그만 놀라게 해 드린 것 같군요. 자, 앉으셔서 이야기나 나누실까요."

1805년 7월, 이렇게 프랑스어로 말하고 있는 이는 여관(女官)으로 황태후의 측근인, 그 이름도 잘 알려진 안나 셰레르였다. 그녀는 그날 저녁 파티에 맨 먼저 온, 요직에 있는 거물 바씰리 공작을 맞으면서 거침없이 말하고 있었다. 안나는 며칠 동안 기침을 하고 있었다. 그녀의 말에 의하면 유행성 감기였다(유행성 감기라는 프랑스어는 그즈음 극히 한정된 사람들만 사용하는 새로운 말이었다). 오전 중에 빨간 옷을 입은 종복을 시켜 돌린 초대장에는 모두 똑같이 이렇게 씌어 있었다.

백작(또는 공작)님, 이보다 더 바쁜 일이 없으시고, 병든 가엾은 여자 곁에서 하룻저녁을 보내는 것이 언짢지 않으시다면, 7~10시 사이 저의 집에서 뵐 수 있으면 영광이겠습니다.

안나 셰레르

"허, 꽤 신랄한 질책이시군요!" 안나의 말에 조금도 당황하는 기색을 보이지 않고 들어선 공작은 이렇게 말했다. 금올 궁중복에 긴 양말, 단화, 여러 개의 훈장, 넓적한 얼굴에 밝은 표정을 짓고 있었다.

그는 우리 조상들이 말할 때뿐만 아니라 생각할 때에도 사용한 세련된 프랑스어로, 더욱이 상류 사교계나 궁중에서 나이를 먹은 권세가의 특유한, 조용하고 상대를 감싸주는 듯한 억양으로 말하였다. 그는 안나에게 다가서서 향수내가 풍기는 번쩍이는 대머리를 숙이고 그녀 손에 키스하고는 천천히 소파에 앉았다.

"무엇보다도 먼저 궁금한 것이 있는데, 건강은 어떠십니까? 안나 양. 저를 안심시켜 주셔야겠는데요."

그는 목소리나 어조를 바꾸지 않고 말했으나 그 속에는 예의와 동정 뒤에 무관심과 냉소가 스며 있었다.

"어찌 좋을 리가 있겠어요? 이토록 정신적으로 고민하고 있는데. 도대체 감정을 가지고 있는 사람치고 지금 이 시대에 마음 편하게 지낼 수 있는 사람이 어딨어요?" 안나는 말했다. "오늘밤은 우리 집에서 죽 있어 주시겠죠?"

"그럼, 영국 공사의 축하연은 어떻게 하고요? 오늘은 수요일이니 그곳에도 나가보지 않으면 안 됩니다." 공작은 말했다. "딸이 이따가 들러서 나를 데려다 주게 되어 있습니다."

"오늘 축하연은 중지될 걸로만 알고 있는데요. 실은 그런 축하연이나 불꽃놀이는 이제 모두 내키지 않는 것이 되었어요."

"만약 그것이 당신 소원이란 걸 알았더라면 축하연은 중지되었을 텐데."

공작은 이렇게 말했으나, 믿어줄 것을 바라고 있지도 않은 말을 태엽을 감은 시계처럼 습관적으로 말하고 있는 데에 지나지 않았다.

"저를 괴롭히지 마세요. 그것보다, 노보씰리쩨프의 지급 공보^{(알렉산드르 1세의 특명 사절로서 영국과} 프랑스의 강화 조정 때문에 베를린으로 간 노보씰리쩨프가 나폴레옹의 제노바, 루까 점령을 알렉산드르에게 알린 지급 공보)를 바탕으로 어떤 일이 결정되었나요? 당신은 모든 걸 다 알고 계시잖아요."

"글쎄요?" 공작은 냉담하고 귀찮은 듯한 어조로 말했다. "어떤 일이 결정되었느냐고요? 결정된 것은 보나빠르뜨가 뒤로 물러서지 않겠다는 결의를 했다는 겁니다. 그리고 제 생각으로는 우리도 그런 결의를 하려는 것 같습니다."

바씰리 공작은 언제나 배우가 낡은 연극의 대사를 말하는 것처럼 내키지 않는 듯이 말을 했다. 안나는 그와는 반대로 나이가 40인데도 활기와 정열에 넘쳐 있었다. 그녀는 사교에서 늘 열정가로 활동했다.

그녀에게는 열정가라는 것이 세상에서의 그녀의 사회적 위치가 되어 있었기 때문에, 때로는 자기가 내키지 않을 때에도 자기를 알고 있는 사람들의 기대를 저버리지 않기 위해서 열정가가 되는 것이었다. 안나의 얼굴에 항상 감돌고 있는 억제된 미소는 한창 때가 지난 그녀의 얼굴에는 어울리지 않았지만, 응석받이로 자란 아이처럼 자신의 귀여운 결점을 의식하고 있다는 것을 나타내고 있었다. 그러기에 그녀는 그 결점을 고치려고도 하지 않았고 또 할 수도 없었으며, 그럴 필요도 없다고 생각하고 있었다.

정치 이야기를 하는 동안 안나는 자기도 모르게 흥분하고 말았다.

"오스트리아 이야기는 제게 하지 마세요! 제가 아무것도 모르고 있는지는 몰라도 오스트리아는 이제까지 전쟁을 하고 싶어 한 일도 없고 현재도 원하고 있지 않습니다. 오스트리아는 우리들을 배반하려 하고 있습니다. 러시아만이 유럽의 구세주가 되어야 합니다. 황제께서는 자신의 고귀한 사명을 알고 계시며, 그 사명을 관철시키실 것입니다. 단지 이것뿐입니다. 저는 덕이 높고 유례 없이 선량하신 황제 앞에 세계에서 가장 위대한 역할이 기다리고 있다고 믿습니다. 그리고 폐하는 덕망이 높고 훌륭하신 분이니까 하느님도 폐하를 버리지 않으실 것이며, 이제 살인자라는 악당의 모습으로 한층 무서운 존재가 되어 있는 혁명 괴수를 압살하실 사명을 다하실 것입니다. 러시아 사람이 혼자의 힘으로 정의인(正義人)의 피를 보상해야 합니다. 우리들은 도대체 누구에게 기대를 걸면 되는지 묻고 싶습니다. ……장사밖에 모르는 영국은 알렉산드르 황제의 고귀하신 정신을 이해하지 못할 것이고 또 알 수도 없을 것입니다. 영국은 마르타 섬에서 철병할 것을 거부했으니까요. 그 나라는 러시아의 행동 뒤에 숨은 속셈을 알아보려고 파고들고 있습니다. 그들은 노보씰리쩨프에게 무슨 말을 했습니까? 아무 말도 하지 않았습니다. 자신을 위해서는 아무것도 원하지 않으셨고 오직 세계의 행복만을 원하고 계시는 황제의 희생적인 정신을 그들은 이해하지 못했습니다. 그들은 이해할 수가 없는 것입니다. 게다가 그들은 무엇을 약속했습니까? 아무것도 하지 않았습니다. 더욱이 약속한 것도 실행하지 않을 것입니다! 프러시아는 이제 공공연하게 말하고 있습니다. 나폴레옹은 쓰러뜨릴 수가 없다, 그 사나이에 대해서 전 유럽은 아무것도 할 수 없다고……. 저는 하르덴베르크

(^{1805년 당시의} 프러시아 외무장관) 나 하우크비츠 (^{1805년까지의} 프러시아 외무장관) 그 누구의 말도 믿을 수가 없습니다. 그 이름도 거룩한 저 프러시아의 중립 같은 것은 함정에 지나지 않습니다. 제가 믿고 있는 것은 다만 하느님뿐이에요. 그리고 자비로우신 우리 황제님의 고귀한 운명뿐입니다. 황제는 반드시 유럽을 구해 주실 겁니다!" 그녀는 저도 모르게 지나치게 열중한 데 대해서 엷은 미소를 지으며 갑자기 입을 다물고 말았다.

"내 생각으로는 말입니다." 공작은 미소를 지으면서 말했다. "마음씨가 착한 빈쩬게로데 군 (러시아의 장군) 대신에 당신이 파견되셨다면 당신은 맹공격으로 프러시아 왕의 동의를 받으셨을 겁니다. 당신은 실로 대단한 웅변가시니까 말입니다. 차 한 잔 마실 수 있을까요?"

"네, 곧 드리지요. 그런데" 그녀는 다시금 침착성을 되찾으면서 말을 이었다. "오늘 참 재미있는 분이 두 분 오실 겁니다. 한 분은 모르뜨마르 자작, 이 분은 로안 일가를 통해서 몽모랑시 일가와 친척뻘이 되는 분입니다. 프랑스 최고의 명문 집안의 하나입니다. 이분은 어엿한 망명자의 한 사람이십니다, 정말입니다. 그리고 모료 신부님. 당신은 그분의 깊은 지성을 아실 거예요. 황제 배알도 허용되신 분이에요. 알고 계시죠?"

"호! 참으로 기대되는 바가 큽니다." 공작은 말했다. "그런데 잠깐 여쭙고 싶습니다만" 그는 방금 무엇을 상기한 듯이 아무렇지도 않게 말하였으나 실은 지금 물어보려는 것이 그의 방문의 중요한 목적이었다. "황태후께서 빈의 제1서기로 푼께 남작이 임명되기를 바라신다는 것은 정말입니까? 그 남작은 그다지 대단치 않은 인물인 것 같은데요." 바쓸리 공작은 마리아 황태후를 통해서 이 남작에게 주려고 획책되어 있는 그 지위에 자기 아들도 앉히고 싶은 것이다.

안나는 황태후가 무엇을 옳다고 생각하는가, 또 무엇을 바라고 계시는가에 대해서는 자기나 그 밖의 어느 누구도 이러쿵 저러쿵 말할 수 없다는 표시로 지그시 눈을 감았다.

"푼께 남작은 누이동생을 통해서 황태후에게 추천된 겁니다."

그녀는 근심이 깃든, 아무렇지도 않은 듯한 어조로 말했을 뿐이었다. 안나가 황태후의 이름을 입 밖에 냈을 때 그녀의 얼굴에는 갑자기 근심과, 깊은 충심으로부터의 충성과 존경이 하나로 융합된 표정이 나타났다. 그것은 잡담을 하다가 거룩하신 자기 비호자에 대해 말할 때마다 띠는 표정이었다. 그녀는 황태후가 푼께 남작에게 깊은 존경을 나타냈다고 말했다. 그리고 다시 한 번 그녀의 눈동자는 근심으로 뒤덮였다.

공작은 아무렇지도 않다는 표정으로 입을 다물었다. 안나는 궁정인답고 여성적인 기지와 사람을 다루는 기법을 몸에 지니고 있었기 때문에, 황태후에게 추천된 인물에 대해서 그토록 대담한 비평을 가한 바씰리 공작에게 즉각적인 보복을 해주고 그와 동시에 그를 위로해주고 싶은 마음이 들었다.

"그런데 댁의 가족 말입니다만." 그녀는 말했다. "워낙 댁의 따님은 사교계에 나가신 이래 사교계 전체를 기쁘게 해주고 있어요. 햇볕처럼 아름답다고 모두들 생각하고 있답니다."

공작은 존경과 감사의 뜻으로 고개를 숙였다.

"저는 자주 그렇게 생각해요." 안나는 잠시 침묵하고 있다가 공작 쪽으로 다가가서 애교 있는 미소를 띠면서 말을 이었다. 그 태도로 이젠 정치나 사교계의 이야기는 끝내고 허심탄회한 이야기가 시작된다는 것을 나타내려고 하는 것 같았다.

"저는 자주 생각해요. 경우에 따라서는 인생의 행복이라는 것은 어쩌면 불공평하게 분배되는 거라고. 무슨 운명이 당신에게 그토록 훌륭한 자제를 두 분이나 주셨을까요—막내인 아나똘리는 예외입니다, 나는 그 애가 싫어요(그녀는 눈썹을 치켜올리면서 반론을 허용하지 않는 단호한 어조로 덧붙였다)—그토록 훌륭한 자제분들을 말입니다. 그런데 당신은 자제분들의 가치를 누구보다도 낮게 생각하고 계십니다. 그것은 바로 당신이 그런 자제분들을 소유할 자격이 없다는 것을 말하는 거예요."

그녀는 기쁜 듯한 독특한 미소를 지었다.

"그럼 어떻게 하란 말입니까? 라빠쩨르 ^(18세기 스위스의 목사, 작가. 인간의 골격, 능력과 체형, 머리의 모양 관계를 연구. 재능과 덕으로 마리야 황태후의 숭배를 받았다)에 의하면, 나에게는 부성애의 혹은 없다는 것이 되겠군요." 공작은 말했다.

"농담이에요. 저는 진정으로 얘기하고 싶습니다. 아시다시피 나는 댁의 작은아드님은 맘에 들지 않습니다. 이건 우리끼리만의 이야기입니다만(그녀의 얼굴에는 근심 어린 표정이 떠올랐다), 아드님의 일이 황태후 앞에서 화제가 되었는데 모두들 당신을 동정하고 있습니다……."

공작은 대답하지 않았으나 안나는 의미심장하게 그를 바라보면서 대답을 기다리고 있었다. 바씰리 공작은 얼굴을 찌푸렸다.

"대체 어떻게 하면 좋을까요?" 마침내 그는 말했다. "내가 그 애들 교육을 위해서 아비로서는 할 수 있는 일을 다한 것을 당신도 잘 알고 계실 겁니다. 그런데 둘 다 바보가 되어 버렸습니다. 이뽈리트는 적어도 얌전한 바보지만, 아나똘리는 얌전하지가 않습니다. 차이는 그것뿐입니다." 그는 여느때보다 부자연스럽게 열을 올리면서, 더욱이 입 언저리에 생긴 잔주름에 무엇인가 뜻하지 않은 거칠고 불쾌한 표정을 분명히 나타내면서 말했다.

"도대체 무엇 때문에 당신같은 분에게 아이들이 태어났을까요? 만약에 당신이 아버지가 아니라면 나는 당신에게 아무런 비난도 하지 않았을 텐데 말입니다." 안나는 생각에 잠긴 듯이 눈을 올려뜨면서 말했다.

"나는 당신의 충실한 종이니까 당신한테만은 털어놓고 말씀드리지요. 나의 아이들은 내 삶의 무거운 족쇄입니다. 나의 십자가입니다. 나는 스스로 그렇게 타이르고 있습니다. 어떻게 하라는 말씀입니까?" 공작은 잔혹한 운명에 얌전하게 따르고 있다는 것을 몸짓으로 나타내면서 입을 다물었다.

안나는 생각에 잠겼다.

"당신은 그 방탕아인 아나똘리를 결혼시킬 생각은 한 번도 하지 않으셨죠. 남들의 말에 의하면" 그녀는 말했다. "노처녀는 다른 사람을 결혼시키고 싶어하는 것이 큰 병이라고들 말하죠. 저는 아직 그런 약점을 자신에게 느끼고 있지 않습니다만, 아버지하고 같이 살고 있는 매우 불행한 아가씨가 있어요. 제 친척이 되는 볼꼰스끼 공작의 따님입니다." 바씰리 공작은 사교계 인사의 특유한 재빠른 머리회전과 기억력을 가지고 있었기 때문에, 이 정보를 머리에 넣었다는 표시로 고개를 끄덕였으나 대답은 하지 않았다.

"아니, 실은 말입니다, 그 아나똘리에게는 1년에 4만 루블이나 듭니다." 그는 자기 생각이 침체되는 쪽으로 흘러가는 것을 억제하기 어려운 듯이 말했다. 그는 잠시 입을 다물었다.

"만약 이대로 나간다면 5년 후에는 어떻게 될까요? 이대로 간다면. 이거예요. 아버지로서 이득이란 이 정도의 것입니다. 그런데 그녀는 부자입니까? 당신이 말하는 그 공작 영양은?"

"아버지는 굉장한 부자이지만 인색합니다. 시골에서 살고 있습니다. 아시겠지만 저 유명한 볼꼰스끼 공작입니다. 돌아가신 전 황제께서 재위하고 계실 때 퇴직당하여 '프러시아 왕'이라는 별명까지 받은 그 분 말이에요. 매우 명석한 분이지만 괴벽한 데가 있어 다루기가 힘든 분입니다. 가엾은 따님은 마치 돌맹이처럼 불행합니다. 그녀에게는 오빠가 있는데 그는 일전에 리자 마이넨하고 결혼했으며, 꾸뚜조프 장군의 부관입니다. 그분도 오늘 오시게 되어 있습니다."

"이봐요, 안나 양." 공작은 별안간 상대방의 손을 잡고 무엇 때문인지 그 것을 아래쪽으로 구부리듯이 하면서 말했다. "제발 이 이야기를 성사시켜 주십시오. 그렇게 해주신다면 나는 둘도 없는 당신의 충실한 종이 되겠습니다. 그녀는 집안도 좋고 부자이니 나에게는 안성맞춤입니다."

이렇게 말하고 공작은 그에게 특유한, 자유롭고 친밀감이 감도는 우아한 몸짓으로 안나의 손을 잡아 키스했다. 그러고 나서 안락의자에 느긋하게 몸을 뻗어 옆을 보면서 안나의 손을 흔들었다.

"잠깐만요." 안나는 무엇인가를 생각하면서 말했다. "난 오늘 저녁에라도 곧 리자 부인에게 이야기해 보겠어요. 잘 성립될지는 모르겠어요. 그럼 제가 당신 집안을 위해 노처녀의 일을 견습하게 되는 것은 댁의 가족을 통해서군요."

2

안나의 응접실은 조금씩 혼잡해지기 시작하였다. 뻬쩨르부르그 최고의 명문 인사들이 들어왔다. 연령이나 성격은 실로 가지각색이었으나 같은 종류의 사회에서 살고 있는 같은 사람들이었다. 바씰리 공작의 딸인 미모의 엘렌도 왔다. 그녀는 아버지와 함께 영국 공사의 축하연에 가기 위해서 아버지를 모시러 온 것이다. 그녀는 황태후의 머리글자를 조합한 여관(女官) 기장을 달고 무도회용 드레스를 입고 있었다. '뻬쩨르부르그에서 가장 매력적인 여성'으로 이름난 젊고 몸집이 작은 볼꼰스끼 공작 부인도 왔다. 지난 겨울 결혼하여 지금은 임신중이기 때문에 상류 사회에는 나가질 않았지만 아직 오붓한 파티에는 출입하고 있었다. 바씰리 공작의 아들인 이뽈리트 공작은 모르뜨마르 자작과 같이 와서 그를 소개하였다. 뒤이어 모료 신부와 그 밖의 많은 사람들이 몰려들었다.

"당신은 아직 만난 일이 없으셨죠?" 혹은 "당신은 아직 저의 숙모와 알고 지내지 않으셨군요."

안나는 찾아온 손님들에게 이렇게 말하였다. 그리고 손님들이 차차 모여들기 시작하자, 나비꼴의 리본을 달고 옆방에서 미끄러지듯이 나타난 몸집이 작은 노부인한테로 자못 정색한 얼굴로 손님을 데리고 가서, '나의 숙모'라고 소개하면서 손님들의 이름을 하나하나 말하고는 옆으로 비켜서는 것이었다.

누구에게도 알려지지 않고 누구에게도 흥미가 없는 숙모에게 손님들은 모두 정중한 예의를 갖추어 인사하였다. 안나는 말없이 '그것으로 됐어요' 하고 인정하면서도 근심 어린 위엄 있는 표정으로 그 인사를 지켜보고 있었다. '나의 숙모'는 그런 손님들 한 사람 한 사람에게 똑같은 말투로 상대방의 건강, 자신의 건강, 그리고 오늘은 다행히 좋아진 황태후의 건강에 관한 이야기를 하였다. 그녀 옆에 다가간 손님들은 모두 결례를 하지 않도록, 서두르는 태도를 겉으로 나타내지 않은 채 괴로운 의무를 이행하고는 한시름 놓은 양 숙모 곁을 떠나곤 했다. 그들은 파티가 열리는 동안 두 번 다시 그녀 옆에 가까이 가지 않으려고 하였다.

젊은 볼꼰스끼 공작 부인은 금실로 수놓은 비로드 주머니에 자수 일감을 넣어가지고 왔다. 그녀의 약간 거무스름한 솜털이 난 윗입술은 치아에 비해서 짧은 편이었으나 입술이 약간 귀엽게 벌어져 있어, 때로는 한층 귀엽게 앞으로 튀어나와 아랫입술로 늘어지는 것이었다. 매력적인 여성이 흔히 그렇듯, 그녀의 결점인 짧은 입술과 반쯤 벌어진 입이 바로 그녀다운 독특한 아름다움처럼 느껴졌다. 자기의 무거운 몸을 이토록 경쾌하게 견디고 있는, 건강과 생기에 넘친 미래의 어머니를 본다는 것은 누구에게나 즐거운 일이었다. 그녀를 바라보는 노인이나, 따분한 심정을 느낀 젊은 사람들은 잠시 그녀하고 이야기를 나누고 있으면 자기 자신도 그녀와 닮아가는 듯이 느껴졌다. 그녀와 이야기를 나누고 그 한 마디 한 마디에 밝은 미소와 빛나는 하얀 치아가 연방 엿보이는 것을 본 사람은 자기도 오늘은 자못 상냥해진 것처럼 느껴지는 것이었다.

몸집이 작은 공작 부인은 자수 일감이 들어 있는 주머니를 가지고 몸을 좌우로 흔들면서 총총걸음으로 테이블을 돌았다. 그녀는 즐거운 듯이 옷을 매만지면서 은주전자에 가까운 소파에 자리잡았다. 마치 자기가 무엇을 해도 그것은 모든 주위 사람들에게 즐거운 놀이가 된다는 듯한 태도였다.

"나, 일감을 가져왔어요." 그녀는 비로드 주머니를 열면서 여러 사람을 향하여 이렇게 말했다.

"이거 봐요, 안나, 짓궂은 농담을 하시면 난 싫어." 그녀는 여주인에게 말하였다. "오늘밤은 대수롭지 않은 파티라고 써 보내셨기에. 봐요, 저는 이처럼 허술한 옷차림으로 왔잖아요."

그리고 그녀는 가슴 아래쪽에 넓은 리본을 벨트처럼 쥔, 품위 있는 회색 레이스 옷을 보이려고 양손을 펼쳐보였다.

"걱정 마세요, 리자. 당신은 언제나 가장 아름다우신 걸." 안나는 대답했다.

"아시겠지만, 내 남편은 나를 버리려고 해요." 그녀는 장군을 향하여 같은 어조로 말을 이었다. "죽으려고 가는 거예요. 어째서 그런 추잡한 전쟁을 하지 않으면 안 될까요." 그녀는 바씰리 공작에게 이렇게 말했다. 그러고는 대답을 기다리지도 않고 공작의 딸인 아름다운 엘렌에게 말을 걸었다.

"저 조그마한 공작 부인은 참으로 인상이 좋은 분이시군요." 바씰리 공작은 나직한 소리로 안나에게 말했다.

몸집이 작은 공작 부인을 뒤따라 들어온 사람은 뚱뚱한 젊은 남자였다. 머리는 짧게 깎고 안경을 썼으며, 당시 유행을 따라 연한 색깔의 바지에 높게 부푼 가슴 장식을 달고 갈색 연미복을 입고 있었다. 이 뚱뚱한 청년은, 유명한 예까쩨리나 2세의 중신(重臣)으로 지금 모스크바에서 죽어가고 있는 베주호프 백작의 사생아였다 그는 아직 아무 곳에서도 근무하지 않고 있었으며 외국에서 교육받다가 막 돌아와서 이번에 처음으로 사교계에 나온 것이었다. 안나는 그녀의 살롱에서 가장 낮은 서열의 사람들에게 대하는 인사로 그를 맞았다. 그러나 등급으로 말하자면 가장 낮은 그 인사와는 정반대로, 들어온 삐에르의 모습을 보자 안나의 얼굴에는 무엇인가 장소에 걸맞지 않은 거창한 물건을 보았을 때에 나타나는 것 같은 불안과 두려움이 떠올랐다. 분명히 삐에르는 그 방 안의 다른 남자들보다는 약간 큰 편이었으나, 안나가 느낀 두려움은 영리한 것 같으면서도 겁먹은 듯한, 관찰력이 날카로운 자연스러운 눈초리 때문이었는지도 몰랐다. 그 눈이 이 응접실의 모든 사람과 뚜렷한 차이를 이루고 있었던 것이다.

"삐에르, 참 고맙군요, 이런 불쌍한 병자를 문병하여 주시다니." 안나는 겁먹은 듯이 숙모와 눈짓을 하면서 말했다. 그녀는 삐에르를 숙모에게로 데리고 가려 하고 있었던 것이다. 삐에르는 무엇인가 뜻 모를 말을 중얼거리면서 눈으로 무엇인가를 찾고 있었다. 그는 친한 지인을 대하는 태도로 몸집이 작은 공작 부인에게 인사하면서, 기쁜 듯이 밝게 미소를 짓고 나서 숙모 곁으로 다가갔다. 안나의 두려움은 무리가 아니었다. 숙모가 황태후의 건강에 대해 이야기하는 것을 끝까지 듣기도 전에 삐에르는 그 곁을 떠났기 때문이다.

안나는 깜짝 놀라서 이런 말로 그를 불러세웠다.

"당신은 모료 신부를 모르세요? 참 재미있는 분이에요……."

"네, 저도 그분의 영구 평화책(永久平和策)을 들었는데, 퍽 재미있었지만 가능할 것 같지가 않습니다."

"그렇게 생각하세요?" 안나는 말하였다. 그러나 그것은 그냥 손님 대접으로 한마디 던져놓은 것일 뿐, 다시 이 집 여주인으로서 해야 할 일을 하기 위한 말이었다. 그러나 삐에르는 아까와는 반대되는 실례를 범하고 말았다. 아까 그는 상대방의 이야기를 끝까지 듣지 않고 곁을 떠났으나, 이번엔 자기한테서 떠나야 할 상대방을 자기 이야기로 붙잡아 놓은 것이다. 그는 고개를 아래로 수그리고 큰 두 다리를 넓게 벌리면서, 왜 자기가 신부의 생각을 황당무계하다고 생각하는가를 안나에게 설명하기 시작했다.

"그 이야기는 이따가 천천히 하시지요." 안나는 미소를 띠면서 이렇게 말했다. 그리고 세상 물정을 모르는 젊은이에게서 빠져나와 그녀는 여주인으로서의 자기 일로 되돌아와서, 귀를 기울여 사방을 살펴보면서 화제가 끊길 듯한 곳으로 가 도움을 줄 마음의 준비를 하고 있었다. 그것은 흡사 방직공장의 주인이 직공을 제자리에 앉히고 나서 공장 안을 걸어다니는 것과 같았다. 기계가 멈추거나 방추(紡錘)가 삐걱거리며 귀에 익지 않은 큰 소리를 내면 주인은 다급히 와서 기계를 멈추거나 적당한 속도로 조절하는 것과 마찬가지로, 안나도 응접실을 돌아다니면서 잠잠해졌거나 지나치게 이야기가 많은 곳으로 다가서서 한마디 걸거나 사람의 배치를 바꿈으로써 다시 율동적이고 품위 있는 회화의 기계를 돌게 하는 것이었다. 그러나 이러한 배려를 하는 동안에도 그녀에게는 특히 삐에르에 대한 불안한 안색이 엿보였다. 그가 모르뜨마르 자작 주변에서 주고 받는 이야기를 듣기 위해서 다가가고, 또한 신부가 이야기하고 있는 다른 쪽으로 간 사이에 안나는 걱정스러운 시선으로 그를 바라보고 있었다. 외국에서 교육을 받은 삐에르에게는 안나의 이 파티가 러시아에서 본 최초의 파티였다. 그는 여기에 뻬쩨르부르그의 지식인들이 모두 모여 있다는 것을 알고 있었으므로 그의 눈은 마치 장난감 가게에 들어선 아이처럼 두리번거렸다. 그는 모처럼 들을 수 있는 지적인 회화를 놓치면 안 되겠다고 끊임없이 생각하고 있었다. 이곳에 모여든 사람들의 자신만만하고 세련된 표정을 바라보면서 그는 무엇인가 특별히 지적인 것을 기대하고 있었다. 마지막에 그는 모료의 곁으로 다가갔다. 이야기가 재미있을 것 같아 그는 자기 생각을 말할 수 있는 기회를 기다리면서—젊은이는 그것을 좋아하는 법이다—발을 멈추었다.

3

안나의 파티는 무르익어 갔다. 방추는 사방 팔방에서 율동적으로 소리를 내고 있었다. 숙모 옆에는 울음에 지친 듯 얼굴이 여윈 중년 부인 한 사람이 앉아 있었다. 그녀는 눈부신 이 자리에 왠지 어울리지 않았다. 숙모와 그 부인을 뺀 나머지 사람들은 세 그룹으로 나뉘어 있었다. 첫 번째로, 비교적 남성이 많은 그룹에서는 신부가 중심이 되어 있었다. 두 번째로, 청년들의 그룹에는 바씰리 공작의 딸이며 미인인 엘렌과, 기량과 혈색이 좋고 젊음에 비해서 좀 뚱뚱한, 몸집이 작은 볼꼰스끼 공작 부인이 있었다. 세 번째 그룹에서는 모르뜨마르 자작과 안나가 이야기를 이끌었다.

모르뜨마르 자작은 사내답고 뚜렷한 이목구비에 동작이 부드러운 젊은 남자였다. 겉보기에 자기를 명사로 자인하고 있었으며, 착한 품성으로 예절을 갖추고 있었기 때문에 동석한 사람들에게 이용당할 만큼의 아량을 지니고 있는 태도였다. 안나도 분명히 이 사나이를 손님들을 위한 접대에 이용하려 하고 있었다. 지저분한 주방에서 보면 먹을 마음이 생기지 않는 한 조각의 쇠고기를 솜씨 있는 요리장이 진미로서 상에 내놓듯이, 안나는 오늘밤에는 우선 자작을, 그리고 신부를 무엇인가 이 세상 것이 아닌 세련된 것으로 만들어 손님들을 위해 내놓으려 하고 있었다. 모르뜨마르 자작의 그룹에서는 앙기앙 공(公) (프랑스의 귀족, 나폴레옹을 쓰러뜨릴 음모를 계획했으나 체포되어 총살당했다) 의 살해 사건이 화제에 올랐다. 앙기앙 공은 자신의 관대한 마음 때문에 몸을 망치게 된 것으로, 보나빠르뜨의 미움에는 일종의 특별한 이유가 있었던 것이라고 자작은 말했다.

"아! 그래요. 그 이야기를 들려 주세요, 자작!" 이 말투가 어쩐지 루이 15세(루이 15세는 많은 애첩을 거느린 호색한으로 유명하다) 같다고 느끼고 즐거운 마음이 들면서 안나는 다시 말했다. "그것을 이야기해 주세요, 자작."

자작은 그렇게 하겠다는 표시로 머리를 숙이고 공손하게 미소를 지었다. 안나는 자작 주변에 하나의 그룹을 만들어 그가 하는 이야기를 듣도록 여러 사람들에게 권하였다.

"자작은 앙기앙 공하고 개인적으로 잘 아는 사이였어요." 안나는 한 손님에게 속삭였다. "자작은 이야기를 잘 하는 분이십니다." 그녀는 다른 또 한 사람에게 말했다. "역시 집안이 좋은 분은 대번에 알 수 있어요." 그녀는 세 번째 사람에게 말했다. 이리하여 자작은 뜨거운 접시 위에 얹어 파란 야채를 곁들인 로스트 비프처럼 더없이 우아하고 더없이 잘 갖추어진 모습으로 사람들 앞에 세워졌다.

자작은 자기 이야기를 시작하려고 품위 있는 미소를 지었다.

"이리 오세요, 엘렌 양." 다른 그룹의 중심이 되어 좀 떨어진 곳에 자리잡고 있던 아름다운 공작의 딸에게 안나가 말했다.

엘렌은 미소를 띠고 있었다. 그녀는 이 응접실에 들어왔을 때와 꼭 같이, 뛰어나게 아름다운 여인의 변함없는 미소를 여전히 띠면서 일어섰다. 담쟁이와 이끼무늬로 장식한 새하얀 무도복이 스치며 경쾌한 소리를 내고, 하얀 어깨, 머리와 다이아몬드의 광채를 번쩍이면서 그녀는 길을 비켜 주는 남자들 사이를 걸어왔다. 그리고 곧장 아무도 보지 않고, 그러면서도 모두에게 미소를 띠며 자신의 상체와 푹신한 어깨, 당시의 유행을 따라 넓게 판 가슴이나 등의 아름다움을 감상할 권리를 모두에게 골고루 나누어 주면서 안나 곁으로 가까이 갔다. 엘렌은 너무나 아름다웠기 때문에 그녀에게는 교태의 그림자는 조금도 찾아볼 수 없었다. 뿐만 아니라 오히려 반대로, 그녀는 자기의 의심할 여지가 없는 너무나도 강하고 의기양양한 위력적인 아름다움을 어색해 하는 것 같았다. 그녀는 마치 자기 아름다움의 위력을 감추고 싶은데 그것을 할 수 없는 것처럼 보였다.

"얼마나 아름다운 분인가!" 그녀를 본 사람은 누구나 이렇게 말하였다. 마치 무엇인가 이상한 것에 놀란 사람처럼 자작은 어깨를 움츠렸다. 그리고 그녀가 자기 앞에 자리잡고 그 변함없는 미소의 빛을 그에게도 던지고 있는 동안 그는 눈을 떨구고 말았다.

"부인, 이런 청중 앞에서는 나의 화술이 불안해집니다." 그는 빙그레 웃고 고개를 갸웃거리면서 말했다.

엘렌은 드러난 풍만한 팔을 테이블 위에 놓았다. 별다른 말이 필요 없다는 듯한 태도였다. 그녀는 미소를 띠고 기다리고 있었다. 이야기가 계속되는 동안 그녀는 단정히 앉은 채 테이블 위에 가볍게 얹은 자기의 토실토실한 아름다운 팔과 그에 못지 않게 아름다운 가슴을—그 위의 다이아몬드 목걸이를 매만지면서—가끔 바라보고 있었다. 몇 번인가 자기 옷의 주름을 고치고, 이야기가 여러 사람에게 감명을 불러일으키면 안나 쪽을 돌아다보고 이 여관(女官)의 얼굴에 떠오른 것과 같은 표정을 띠고 나서 다시 안심하고 자기의 빛나는 미소에 싸이는 것이었다. 엘렌을 뒤따라 작은 공작 부인도 차 테이블에서 옮아왔다.

"잠깐만 기다려 주세요, 자수 일감을 가지고 오겠어요." 하고 그녀는 말하였다. "무슨 생각을 하고 계세요?" 그녀는 이뽈리트 공작 쪽을 돌아보았다. "내 주머니를 가져다 주세요."

공작 부인은 미소를 지으며 모두와 이야기하면서, 별안간 자리를 바꾸어 자리잡고 즐거운 듯이 옷매를 매만졌다.

"자, 이제 됐어요." 그녀는 이렇게 말하고 이야기를 시작하도록 당부하면서 자수를 시작했다.

이뽈리트 공작은 그녀에게 주머니를 가져다 주고 그녀를 뒤따라 자리를 바꾸고는 안락의자를 그녀 곁으로 끌어당겨 옆에 앉았다.

매혹적인 이뽈리트는 미인인 누이동생과 놀라울 정도로 닮았으나, 그보다 더욱 놀라운 것은 굉장히 닮았음에도 불구하고 누이동생과는 달리 외모가 그다지 아름답지 못하다는 것이었다. 누이동생의 경우는 늘 명랑하고 만족에 넘쳐 흐르며, 젊고 변함없는 미소와 보기 드문 육체의 단정한 아름다움에 빛나고 있었다. 그런데 오빠의 경우는 반대로, 같은 얼굴이면서도 우둔한 안개에 덮여 흐릿하고 자부심이 강하며 불평스러운 표정을 항상 띠고 있었으며, 몸은 메마르고 나약했다. 눈, 코, 입이 하나로 굳어서 찡그린 표정이 되어 있었고 손발도 항상 모양이 부자연스러웠다.

"그건 유령 이야기가 아닙니까?" 그는 공작 부인 곁에 앉자, 마치 이 도구가 없으면 이야기를 시작할 수 없다는 듯이 다급히 자루가 달린 안경을 눈에 갖다 대면서 말했다.

"아니, 아니에요." 깜짝 놀란 자작은 어깨를 움츠리면서 대답했다.

"나는 유령 이야기는 질색이라서." 이뽈리트 공작은 나중에야 그 뜻을 깨달았다는 듯한 어조로 말하였다.

자작이 이야기하고 있을 때의 자신만만한 태도에 현혹되어 누구 하나 그가 하는 말이 이치에 맞는 이야기인지 그렇지 않으면 터무니없는 이야기인지 알지 못했다. 그는 암록색 연미복을 입고, 그의 말에 의하면 놀란 님프의 넓적다리 빛깔을 띤 바지에 긴 양말과 단화를 신고 있었다.

자작은 당시 퍼지고 있던 소문을 매우 재미있게 이야기했다. 앙기앙 대공이 죠르쥬 양과의 밀회를 위하여 몰래 파리에 다니고 있었는데, 거기서 역시 이 유명한 여배우의 사랑을 받고 있던 보나빠르뜨와 마주치고 말았다. 가끔 의식을 잃고 쓰러지곤 했던 보나빠르뜨는 대공을 만났을 때도 의식을 잃고 쓰러져 있었다. 그래서 뜻밖에도 대공이 보나빠르뜨의 생사여탈권을 쥐게 되었는데, 대공은 그것을 이용하지 않았다. 그런데 보나빠르뜨는 훗날 공작의 관대함에 대해서 죽음으로써 보답하였다는 것이다.

이야기는 몹시 재미있었다. 더욱이 연적이 서로 상대방을 눈치채는 장면이 재미있었기 때문에 여자들은 흥분한 것 같았다.

"재미있어요?" 안나는 왜소한 공작 부인 쪽을 바라보며 물어보듯 말했다.

"참 재미있어요." 공작 부인도 이야기의 재미가 일을 계속하는 데에 방해가 된다는 듯이 자수에 바늘을 꽂으면서 낮은 목소리로 말하였다.

자작은 이 무언의 찬사를 고맙게 생각하고 답례로 미소를 짓고 나서 이야기를 계속했다. 그러나 그때 마음이 놓이지 않은 젊은이 쪽을 끊임없이 눈여겨 보고 있던 안나는 그가 너무나 정색을 하고 신부와 이야기를 하고 있다는 것을 알았다. 그래서 급히 그 위험한 자리에 응원하러 갔다. 분명히 삐에르는 신부와 정치적인 이야기를 하는 데에 성공하였고, 신부는 젊은이의 순진한 열성에 흥미를 느낀 모양으로 그의 생각을 그에게 전개하고 있었다. 두 사람 모두 너무나 활기에 넘쳐 마음 놓고 듣거나 이야기를 하고 있었는데, 바로 그것이 안나의 마음에 들지 않았다.

"그 방법은 유럽 권력 균형화와 국제 공법의 확립입니다." 신부가 말했다.

"그것은 러시아 같은 실력 있고 야망을 가진 유명한 나라가 아무 사욕도 품지 않고, 온 유럽의 세력 균형을 목적으로 하는 동맹의 맹주가 되기만 하면 충분합니다. 그로써 러시아는 온 세계를 구하게 되는 것입니다!"

"그러나 그런 균형을 어떻게 발견하시겠습니까?" 삐에르는 말하려 했으나, 이때 안나가 옆에 와서 날카롭게 삐에르를 쏘아보고 나서 이탈리아인 신부에게 이곳 기후는 괴롭지 않느냐고 물었다. 이탈리아인 신부의 안색은 별안간 변하여 얕잡아 본 듯한, 그러면서도 일부러 감미로운 표정을 띠었다. 그것은 그가 여자와 이야기할 때의 버릇인 것 같았다. 그는 말했다.

"나는 다행스럽게 초대된 이 모임의, 특히 여성 여러분의 높은 지성과 교양의 매력에 사로잡혀서 아직 기후를 생각해 볼 겨를이 없었습니다."

안나는 신부와 삐에르를 놓치지 않고 감시하기 위해, 두 사람을 여러 사람과 같은 그룹에 합류시켰다.

이 때 객실에 새 인물이 들어왔다. 그 새 얼굴은 안드레이 볼꼰스끼 공작, 즉 작은 공작부인의 남편이었다. 안드레이는 키가 작고 냉정하고 이목구비가 뚜렷한 매우 아름다운 청년이었다. 그의 용모는 지친 눈동자부터 시작해서 조용하고 일정한 흐름의 걸음걸이에 이르기까지, 작고 쾌활한 아내와 더없는 뚜렷한 대조를 이루고 있었다. 그는 이 객실에 있는 모든 사람들을 잘 알고 있을 뿐만 아니라 그들을 보는 것도 듣는 것도 따분한 모양이었다. 그 싫증이 나는 얼굴 중에서도 아름다운 아내의 얼굴은 더욱이 신물나는 듯했다. 그는 미모를 망칠 만큼 잔뜩 얼굴을 찌푸리고 아내로부터 얼굴을 돌려버리고 말았다. 그는 안나의 손에 키스하고 눈을 가늘게 떠 모든 사람을 돌아보았다.

"공작, 전쟁에 나가신다죠?" 안나는 말했다.

"꾸뚜조프 장군이" 안드레이는 마치 프랑스 사람이 발음하듯 '조프'에 강세를 주면서 말했다. "나를 부관으로 하고 싶다고 하시기에……."

"그래, 리자는, 당신 부인은?"

"시골에 가 있을 예정입니다."

"그런 아름다운 부인을 우리들한테서 빼앗아가다니 너무하시는 거 아니에요?"

"안드레이." 그의 아내는 다른 사람들에게 대하듯이 교태어린 눈으로 남편을 불렀다. "자작이 지금 죠르쥬 양과 보나빠르뜨와의 재미있는 이야기를 해 주셨어요!"

안드레이 공작은 눈을 반쯤 감고 얼굴을 돌리고 말았다. 안드레이 공작이 응접실에 들어왔을 때부터 즐겁고 정다운 눈길을 그에게서 떼지 않고 있던 삐에르는 이때 그에게로 다가와서 그의 손을 잡았다. 안드레이 공작은 자기 손에 닿은 사람에게 화가 난 듯 돌아다 보지도 않고 이맛살을 찌푸렸다. 그러나 미소를 띠고 있는 삐에르의 얼굴을 보자 자기도 모르게 선량하고 흐뭇한 미소를 지었다.

"아니, 자네로군! ……자네까지 사교계에!" 그는 삐에르에게 말했다.

"당신이 오실 줄 알았기 때문이죠." 삐에르는 대답하였다. "저녁 만찬 때 찾아가 뵙겠습니다." 그는 이야기를 계속하고 있는 자작의 방해가 되지 않도록 조용히 덧붙였다. "괜찮겠습니까?"

"아니, 안 되겠는데." 안드레이는 그런 일은 들을 필요도 없다는 듯이 삐에르의 손을 잡고 웃으며 말했다. 그는 좀더 무슨 말을 하려 하였지만 이 때 바씰리 공작이 딸과 같이 일어나자 남자들은 두 사람에게 길을 내주기 위해서 일어섰다.

"부디 용서해 주십시오, 자작." 바씰리 공작은 상대방이 일어서지 않게 하느라고 소맷자락을 다정스럽게 의자 쪽으로 잡아당기면서 프랑스인에게 말했다. "공교롭게도 공사의 축하연이 있어 모처럼의 흥은 깨지고, 이야기도 중단되고 말았습니다. 저는 매우 우울합니다. 이토록 매혹적인 파티를 버리고 도중에 가야 하니 참 유감스럽습니다." 그는 안나에게 말했다.

공작의 딸 엘렌은 옷주름을 살짝 누르면서 의자 사이를 걸어갔다. 그 아리따운 얼굴에는 더욱 밝은 미소가 빛났다. 이 아름다운 여인이 옆을 지나갈 때, 삐에르는 넋을 잃은 듯 감격에 넘치는 눈초리로 그녀를 바라보았다.

"참 아름답군." 안드레이가 말했다.

옆을 지나갈 때 바씰리 공작은 삐에르의 손을 잡고 안나에게 말했다.

"이 곰을 교육 좀 시켜 주십시오." 그는 말하였다. "이미 한 달 동안이나 우리 집에 있습니다만 사교계에서 만나는 것은 오늘이 처음입니다. 총명한 여인의 모임만큼 젊은 사람에게 필요한 것은 없거든요."

4

안나는 미소를 짓고 삐에르를 돌봐준다고 약속했다. 이 사나이가 바씰리 공작과는 아버지 쪽으로 친척이 된다는 것을 알고 있었다. 조금 전에 '나의 숙모'와 같이 앉아 있던 중년 부인은 급히 일어나 현관에서 바씰리 공작을 따라잡았다. 그녀의 얼굴에서 여태까지의 마음에 없는 흥미의 표정이 완전히 사라지고 없었다. 선량하고 울어서 부은 듯한 그 얼굴은 오직 불안과 공포를 드러내고 있을 뿐이었다.

"공작, 우리 보리스 일은 어떻게 될까요?" 현관에서 공작을 따라잡으면서 그녀는 말했다(그녀는 보리스라는 이름을 말할 때 O를 힘주어 발음했다). "나는 이 이상 더 뻬쩨르부르그에 남아 있을 수 없습니다. 가르쳐 주세요, 가엾은 저 아이에게, 저는 어떤 소식을 가지고 돌아갈 수가 있을까요?"

바씰리 공작은 마지못해 이 연배 여인의 이야기를 거의 무례한 태도로 들으면서 초조한 태도도 노골적으로 보였는데, 그녀는 정에 호소하는 듯이 상냥한 미소를 짓고 그가 가버리지 않도록 그의 손을 잡았다.

"한마디만 황제께 말씀하여 주시면 됩니다. 그러면 그 애는 곧 근위대로 옮겨집니다." 그녀는 부탁하였다.

"믿어 주십시오. 저는 할 수 있는 일은 무엇이든지 하겠습니다, 공작 부인." 바씰리 공작은 대답했다. "그러나 나로서는 황제께 말씀드리기는 어렵습니다. 그것보다 고리찐 공작을 통해서 이야기를 끌고 가도록 권하고 싶습니다. 그 편이 더 현명하지 않을까요?"

이 중년 부인은 러시아 최고 집안의 하나인 도르베쯔꼬이 공작 부인이라는 이름을 가지고 있었는데, 지금은 가난해서 사교계에서 물러난 지도 오래되었으며 옛 연고 관계도 다 잃고 있었다. 그녀가 이제 새삼 나오게 된 것은 외아들을 근위대에 넣기 위해 수를 쓰기 위함이었다. 오직 바씰리 공작을 만나기 위해 그녀는 자진해서 안나의 파티에 나왔고, 오직 이를 위해 자작의 이야기를 듣고 있었던 것이다. 그녀는 바씰리 공작의 말에 깜짝 놀랐다. 옛날에는 아름다웠던 그녀의 얼굴은 원망스러운 표정을 띠었으나 그것은 잠시뿐이었다. 그녀는 다시금 미소를 짓고, 바씰리 공작의 손을 더욱 힘차게 잡았다.

"제발 들어주세요, 공작." 그녀는 말했다. "나는 오늘까지 당신에게 한 번도 부탁의 말을 드린 일이 없어요. 앞으로도 하지 않을 겁니다. 또한 나의 아버지가 당신에게 친절하게 대했다는 것을 새삼스럽게 꺼내서 당신에게 이야기한 적도 없습니다. 그러나 이번만은 무슨 일이 있어도 부탁합니다. 제발 내 아들을 위해서 수고해 주세요. 이 은혜는 잊지 않겠습니다." 그녀는 성급히 덧붙였다. "화내지 마시고 약속하여 주세요. 실은 고리쩐에게 부탁해 보았습니다. 그분은 거절했습니다. 제발 옛과 같이 좋은 분이 되어 주세요." 그녀는 억지로 미소를 지으려고 했으나 눈에는 눈물이 괴어 있었다.

"아버지, 늦었어요." 공작의 영애 엘렌이 고전적인 어깨 위에서 아름다운 얼굴을 돌리며 말했다. 그녀는 문간에서 기다리고 있었던 것이다.

그러나 세상에서의 세력이라고 하는 것은 일종의 자본이며, 도태되지 않기 위해서는 그것을 소중하게 해 두지 않으면 안 된다. 바씰리 공작은 그것을 알고 있었다. 그러므로 부탁을 받는 대로 모든 사람을 위해서 황제에게 탄원한다면 정작 자신이 필요할 때 탄원을 할 수 없게 된다고 생각하고 나서부터는 자기 세력을 쓰는 일은 극히 드물었다. 그러나 도르베쯔꼬이 공작 부인의 문제에 대해서는, 그녀의 간청을 받고 보니 양심의 가책 같은 것을 느꼈다. 그녀가 상기시킨 것은 사실이었다. 관계(官界)의 첫걸음을 내디딘 것은 그녀의 아버지 덕택이었다. 뿐만 아니라 그녀의 태도로 봐서 그녀는 한번 무엇이나 마음먹으면 그 소원이 이루어질 때까지는 물러서지 않고, 안 될 경우에는 매일은 고사하고 1분마다 붙들고 늘어져서 소동을 일으킬 만한 여인의 한 사람, 더욱이 어머니의 한 사람이라는 것을 바씰리 공작은 그녀의 태도로 보아 알아차렸다. 이 마지막 생각은 마침내 공작의 마음을 흔들어 놓았다.

"안나 양." 그는 여느 때처럼 목소리에 털어놓은 듯한 권태감을 머금은 음성으로 말했다. "당신이 바라고 계시는 일은 저에게는 거의 불가능합니다. 그러나 제가 얼마나 당신에게 친밀한 정을 가지고 있는가, 돌아가신 아버님의 추억을 소중히 하고 있는가를 분명히 보여드리기 위해 불가능한 일을 해 보겠습니다. 당신 아드님은 근위 연대에 전속됩니다. 이것은 제가 보증하겠습니다. 만족하시겠죠?"

"정말 당신은 나의 은인이에요! 내가 기대했던 대로네요. 당신이 친절하시다는 것을 잘 알고 있었습니다."

공작은 나가려고 했다.

"잠깐, 한마디만 더. 만약 근위대로 전속된다면……." 그녀는 말을 더듬었다. "당신은 꾸뚜조프님하고 친한 사이시니까, 보리스를 그분의 부관으로 추천하여 주세요. 그렇게 되면 나는 안심이 되며, 그야말로……."

바씰리 공작은 미소를 지었다.

"그건 약속할 수 없습니다. 아시는지는 모르겠습니다만 꾸뚜조프는 총사령관으로 임명됐을 때부터 모든 사람의 포위 공세를 받고 있습니다. 그 자신도 나에게 말했습니다만, 모스크바의 부인들은 모두 자기네 아들을 그 사람의 부관으로 만들려 하고 있다고 말입니다."

"아녜요, 약속해 주세요. 나는 봐 드리지 않겠습니다. 신세를 지겠습니다. 공작님."

"아버지." 다시금 같은 어조로 딸이 되풀이하였다. "늦었어요."

"자, 또 뵙겠습니다. 실례합니다. 보시는 바와 같이……."

"그럼, 내일 황제께 상신하여 주시겠죠?"

"꼭 하겠습니다만 꾸뚜조프 쪽은 약속하지 않겠습니다."

"아니, 약속해 주세요. 약속해 주세요. 바씰리 님." 도르베쯔꼬이 공작 부인은 젊은 교태가 어른거리는 미소를 띠며 말했다. 그 미소는 전에는 아마 그녀에게 어울리는 것이었겠지만 지금은 그 여윈 얼굴에는 전혀 어울리지가 않았다.

분명히 그녀는 자기 나이도 잊고 옛부터 버릇이 되어 있는 여성의 무기를 모두 써 본 모양이었다. 그러나 공작이 나가버리자 이내 그녀의 얼굴은 다시금 이전의 냉랭하고 어색한 표정을 지었다. 그녀는 자작이 이야기를 계속하고 있는 그룹 쪽으로 되돌아가서, 다시금 귀를 기울이고 있는 체하면서 물러갈 기회만을 기다리고 있었다. 그녀의 볼일은 다 끝났기 때문이었다.

"그렇지만 밀라노의 대관식(나폴레옹은 1805년 3월 이탈리아 국왕을 자칭하고 5월에 밀라노에서 대관식을 거행했다)이라고 하는 저 최근의 희극을 어떻게 생각하십니까?" 안나는 말했다. "게다가 보나빠르뜨에게 자기의 희망을 위탁하고 있는 제노바와 루까 민중의 새로운 희극, 위대한 보나빠르뜨는 왕좌에 앉아서 민중의 소망을 들어 주고 있다! 근사해요! 아니 이렇게 되면 머리가 이상해져요! 마치 온 세상이 제정신을 잃은 것 같아요."

안드레이는 안나의 얼굴을 똑바로 보면서 빙그레 웃었다.

"하느님은 나에게 왕관을 주셨도다. 이에 손 대는 자 화를 입으리." 그는 대관식 때 보나빠르뜨가 한 말을 그대로 옮겼다. "이렇게 말했을 때의 그는 참 사내다웠답니다." 그는 이렇게 덧붙이고, 다시 한번 그 말을 이탈리아어로 되풀이했다. "Dio mi la dona, quai a chi la tocca"

"결국 저는 이렇게 생각합니다." 안나는 말을 이었다. "그것이 컵에 담긴 물을 넘쳐 흐르게 하는 마지막 한 방울이었습니다. 국왕들은 이제 모든 위협이 되어 있는 인간을 더 이상 바라보고만 있을 수는 없습니다."

"국왕들이라고요? 나는 러시아에 관해서 말하고 있는 것은 아닙니다." 자작은 정중하게 그러나 체념한 듯이 말했다. "국왕들이라고 하셨죠, 부인! 국왕들은 루이 17세와 엘리자베트 왕비를 위해 무슨 일을 했습니까? 아무것도 하지 않았습니다." 그는 흥분하면서 말을 이었다. "사실 그들은 부르봉 집안의 대의(大義)를 배반한 보복으로 벌을 받고 있습니다. 국왕들이라고요? 그들은 왕위를 빼앗은 자에게 축사를 올리기 위해서 사절을 파견하고 있단 말입니다."

그리고 그는 경멸하듯이 한숨을 쉬고는 다시 자세를 바꾸었다. 자루가 달린 안경 너머로 자작을 오랫동안 바라보고 있던 이뽈리트는 이 말을 듣자 갑자기 몸 전체를 몸집이 작은 공작 부인 쪽으로 돌렸다. 그리고 그녀에게서 바늘을 빌려 꽁데 일가(양기앙 대공의 친척이 되는 프랑스의 명가)의 문장(紋章)을 테이블 위에 그리면서 설명하기 시작했다. 그는 마치 공작 부인이 부탁이나 한 것처럼 자못 의미심장한 표정으로 그 문장을 설명하고 있었다.

"동물의 입으로 되어 있고 하늘색 입으로 테를 두른 지팡이가 꽁데 집안의 문장입니다." 그는 말했다.

공작 부인은 미소를 지으면서 듣고 있었다.

"만약 앞으로 1년만 더 보나빠르뜨가 프랑스의 왕위에 머물러 있는다면" 자작은 이미 시작한 이야기를 계속하였다. 그것은 남의 말에는 귀를 기울이지 않고, 자기가 누구보다도 잘 알고 있는 문제에 관해서는 자기의 생각만을 좇는 사람의 태도였다. "그때는 이미 늦을 겁니다. 음모, 폭력, 추방, 처형 때문에 사회는—내가 말하는 것은 좋은 사회, 프랑스적인 사회를 말하는 것이지만—영원히 괴멸될 것입니다. 그렇게 되면……."

그는 어깨를 움츠리고 양손을 펼쳐 보였다. 삐에르는 무슨 말을 하려고 하였다. 이 이야기가 그의 흥미를 끈 것이다. 그러나 그를 감시하고 있던 안나가 그것을 가로막았다.

"알렉산드르 황제는" 그녀는 황실에 대해 이야기할 때마다 항상 따라다니는 근심을 띠고 말하였다. "프랑스 사람 자신에게 정치체제의 선택을 맡긴다고 선언하셨습니다. 저의 생각으로는 틀림없이, 왕위를 약탈한 자로부터 해방된다면 온 국민이 법에 합당한 국왕의 팔에 안길 것입니다." 안나는 왕당파의 망명자에게 상냥하게 보이려고 노력하면서 말했다.

"그건 의심스럽습니다." 안드레이는 말했다. "자작님은, 사태는 이미 지나친 것이 되었다고 매우 올바른 판단을 하고 계십니다. 제 생각으로는 낡은 것으로 돌아간다는 것은 곤란합니다."

"내가 들은 바에 의하면" 얼굴을 붉히면서 삐에르가 다시 이야기에 끼어들었다. "귀족은 거의 다 보나빠르뜨 편으로 넘어갔습니다."

"그건 보나빠르뜨 파의 말입니다." 안드레이는 엷은 미소를 띠면서 말하였다(분명히 그는 자작이 마음에 들지 않아 그쪽을 보지 않고 있었지만 자작을 향하여 자기 말을 퍼붓고 있었다).

"짐은 그들에게 영광을 보여 주었느니라." 잠시 침묵했다가 다시금 나폴레옹의 말을 되풀이하면서 그는 말했다. "'그들은 그것을 원치 않았다. 짐은 그들에게 짐의 대기실을 개방하였다. 그들은 떼를 지어 뛰어들었다……' 그가 이렇게 말한 것이 어느 정도 정당했는지 저는 알 수 없지만."

"전혀 그렇지 않았습니다." 자작이 반박했다. "대공이 살해된 뒤엔 가장 열렬한 자들까지도 그를 영웅으로는 보지 않게 되었습니다. 설사 그가 어느 일부 사람들에게는 영웅이었다고 치더라도" 자작은 안나 쪽을 향하면서 말했다. "대공 살해 후에는 천상에 수난자가 한 사람 늘고 지상에 영웅이 한 사람 준 셈입니다."

안나나 그 밖의 사람들이 자작이 한 말의 값어치를 인정하고 미소를 띨 겨를도 없이 삐에르가 다시 이야기에 끼어들었다. 안나는 이 사나이가 무엇인가 버릇 없는 말을 할 것 같은 예감을 느끼고 있었지만 이젠 그를 말릴 수가 없었다.

"앙기앙 대공의 처형은" 삐에르는 말했다. "국가적으로 필요했습니다. 따라서 나는 나폴레옹이 이 행위의 책임을 몸소 지는 것을 두려워하지 않은 점에서 그의 넓은 마음을 볼 수가 있다고 봅니다."

"어머! 어떻게 그런 말을!" 안나는 겁먹은 듯이 말하였다.

"뭐라고요? 삐에르, 당신은 살인을 넓은 마음으로 여기는 거예요?" 작은 공작 부인도 웃으면서 자수를 자기 곁으로 잡아당기며 말했다.

"호!" "어?" 하는 여러 소리가 들렸다.

"훌륭하다!" 이뽈리트는 영어로 말하고, 손바닥으로 무릎을 치기 시작했다. 자작은 어깨를 움츠렸을 뿐이었다.

삐에르는 안경 너머로 위엄있게 사람들을 바라보았다.

"제가 이렇게 말하는 것은" 그는 필사적으로 말을 이었다. "부르봉 일가의 사람들은 국민을 무정부 상태로 방치한 채 혁명으로부터 도피하려고 하였기 때문입니다. 나폴레옹만이 혁명을 이해하고 그것을 극복할 수 있었습니다. 그러므로 그는 만인의 행복을 위해 한 사람의 생명 앞에서 주저하고 있을 수가 없었던 것입니다."

"저쪽 테이블로 옮기지 않으시겠어요?" 안나가 말했다. 그러나 삐에르는 대답도 하지 않고 자기 이야기를 계속하였다.

"그렇고 말고요." 그는 더욱 흥분해서 말했다. "나폴레옹은 위대합니다. 왜냐하면 그 사나이는 혁명보다 높은 곳에 서서 그 남용을 억제했으니까요. 좋은 것은 전부―국민의 평등도, 언론이나 출판의 자유도―그대로 둔 채 말입니다. 그리고 그렇게 했기 때문에 권력을 잡은 것입니다."

"글쎄요, 가령 그 사나이가 권력을 잡은 뒤 그것을 살인에 사용하지 않고 법에 합당한 국왕에게 반환했다고 한다면" 자작이 말했다. "그렇게 했으면 저는 그를 위대한 인간이라고 말했을 것입니다."

"그는 그렇게 할 수 없었던 것입니다. 국민이 그에게 권력을 부여한 것은 다만 그가 부르봉 왕조로부터 해방시켜 주기를 바랐기 때문입니다. 게다가 민중이 나폴레옹을 위대한 인간으로 봤기 때문입니다. 혁명은 위대한 사업이었습니다." 삐에르는 시비를 거는 듯한 말을 끼워넣으면서, 자기 자신의 젊음과 모든 것을 빨리 말해 버리고 싶다는 마음을 노출시키며 말을 이었다.

"혁명과 황제 살해가 위대한 사업이라고요? …… 그런 말을 해 버리면…… 하여간 저쪽 테이블로 옮기지 않으시겠어요?" 안나는 되풀이하였다.

"당신이 말하는 건 사회 계약이군요." 부드러운 미소를 지으면서 자작이 말했다. 삐에르는 재빨리 말을 받았다. "나는 군주 살해를 말하고 있는 것은 아닙니다. 내가 말하려는 것은 사상입니다."

"그래요, 강탈, 살인, 황제 살해의 사상이군." 다시금 비꼬는 듯한 소리가 뒤섞였다.

"물론 그것은 극단적인 일이었습니다. 그러나 모든 의의는 그런데 있는 것이 아닙니다. 의의는 인간의 권리, 편견으로부터의 해방, 국민의 평등에 있습니다. 그리고 이러한 사상을 나폴레옹은 그의 힘을 조금도 약화시키지 않고 지켰어요."

"자유와 평등 같은 건" 자작은 얕잡아 보듯이 말하였다. 마치 이 젊은이에게 그 의견의 터무니없는 점을 모조리 증명해 주리라고 마음을 먹은 것 같았다. "모두가 상당히 오래 전에 권위가 떨어진 헛된 말들입니다. 도대체 자유와 평등을 사랑하지 않는 자가 어디 있겠습니까? 먼 옛날에 구세주 그리스도가 자유와 평등을 가르쳤잖습니까? 과연 혁명 후에 사람들은 더욱 행복해졌을까요? 전혀 반대입니다. 우리들은 자유를 원했지만, 보나빠르뜨는 그것을 말살하고 말았습니다."

안드레이는 미소를 띠고 삐에르와 자작, 그리고 여주인을 교대로 바라보고 있었다. 삐에르가 엉뚱한 태도를 취한 순간 처세에 익숙한 안나도 소름이 끼쳤다. 그러나 삐에르가 입 밖에 낸 모독적인 말에도 불구하고 자작이 자제를 잃지 않았다는 것을 알고, 더욱이 그 말을 취소할 수 없다고 확신하자 그녀는 용기를 내서 자작 편에 붙어 삐에르를 공격하기 시작하였다.

"그러나 삐에르 씨" 안나는 말했다. "도대체 당신은 어떻게 설명하시겠어요? 그 아무 죄도 없는 대공을 재판도 하지 않고 처형하는 사람을 위대한 인간이라니."

"나도 물어보고 싶군요." 자작이 말했다. "이 분이 부류메르 18일 (혁명력에 의한 부류메르 18일 이란 1788년 11월 9일을 말하며, 그날과 이튿날인 10일의 쿠데타로 나폴레옹은 정권을 잡았다)을 어떻게 설명할 것인지? 과연 그것이 기만이 아닐까요? 그것은 위대한 인간이 하는 방법과는 전혀 다른 기만입니다."

"그리고 아프리카에서 나폴레옹에게 살해당한 포로는요?" 작은 공작 부인이 말했다. "그것은 정말 무서운 일이에요!" 그녀는 어깨를 움츠렸다.

"그는 벼락 출세를 한 건방진 작자에 불과합니다." 이뽈리트가 거들었다.

삐에르는 누구에게 대답하여야 좋을지 몰라서 여러 사람을 둘러보며 빙그레 웃었다. 웃는 얼굴은 그의 경우, 다른 사람과 마찬가지로 웃지 않은 얼굴과 섞여 있는 그러한 웃음이 아니었다. 그의 경우는 반대로 미소가 피어 오르면 시무룩한 표정은 갑자기 사라지고 앳되고 선량하고 멍청해보이기까지 하는, 그리고 용서를 청하기라도 하는, 전혀 다른 표정이 나타나는 것이었다.

처음으로 삐에르를 만난 자작도 이 과격파가 그들이 하는 말만큼 무섭지 않다는 것을 분명히 알았다. 모든 사람은 입을 다물고 말이 없었다.

"설마 이 사나이에게 한꺼번에 대답하라고 하는 것은 아니겠죠?" 안드레이가 말했다. "게다가 국가적 인물의 행위의 경우 개인의 행위인가, 사령관이나 황제의 행위인가를 구별할 필요가 있죠. 나에게는 그렇게 느껴집니다."

"그렇습니다, 그렇습니다. 물론 그렇습니다." 응원이 나타난 것을 반색한 삐에르는 맞장구를 쳤다.

"이것은 인정하지 않을 수 없을 것입니다." 안드레이 공작은 말을 이었다. "나폴레옹은 아르꼴레 다리(북 이탈리아에 있는 다리. 1796년 나폴레옹이 군기를 가지고 돌격하여 위대한 용기를 나타낸 장소)나, 페스트 환자에게 손을 뻗은 야파의 병원에서는 인간으로서 위대합니다. 그러나…… 그러나 그 밖에 변호하기 힘든 다른 행위도 있습니다."

삐에르의 거북한 순간을 덜어 주려고 마음먹은 것 같은 안드레이 공작은 돌아가려고 아내에게 눈짓을 하면서 자리에서 일어났다.

별안간 이뽈리트가 일어나서 손을 흔들어 만류하면서, 잠깐 앉아달라고 부탁하고 말문을 열었다.

"그래요! 오늘 나는 참으로 재미있는 모스크바의 이야기를 들었습니다. 꼭 여러분에게도 이 이야기를 나누어 드려야겠습니다. 용서하십시오, 자작. 나는 러시아어로 그 이야기를 해야겠습니다. 그렇잖으면 이야기의 진미를 맛볼 수 없거든요."

그리고 나서 이뽈리트는 한 1년 동안 러시아에 체류한 프랑스 사람이 러시아어를 말하는 것 같은 어조로 이야기를 시작했다. 모두 발걸음을 멈추었다. 그토록 이뽈리트 공작은 활기를 띠고 끈덕지게 자기의 이야기에 대한 주의를 끌었다.

"모스크바에 한 부인이 있었습니다. 이 사람은 매우 인색합니다. 그녀는 마차의 뒤에 태울 몸종이 한 사람 필요했습니다. 그리고 매우 키가 큰 한 사람이 있었습니다. 그것은 부인의 취향이었습니다. 그리고 또 한 사람의 하녀가 있었습니다. 키가 더 큽니다. 그녀가 말했습니다…….”

여기서 이뽈리트는 생각을 정리하는 데에 무척 애를 쓰는 듯이 보였다.

“그녀는 말했습니다……그렇습니다. 그녀는 말했습니다. 너(하녀에게 말입니다), 제복을 입으렴. 마차 뒤에 타고 나와 같이 가야 한다. 방문할 곳이 있어.”

여기서 이뽈리트는 더 참지 못하고, 듣고 있는 사람보다 먼저 웃음을 터뜨리고 말았다. 이것은 이야기하는 사람에게는 불리한 인상을 주었다. 그러나 중년 부인과 안나도 포함해서 많은 사람은 미소를 띠었다.

“그녀는 갔습니다. 별안간 심한 바람이 일어났습니다. 하녀는 모자를 떨어뜨리고 머리가 풀어졌습니다.”

여기서 그는 다시 띄엄띄엄 웃어대며 웃음 사이에서 이렇게 말했다.

“그래서 모두 알았습니다…….”

이것으로 이야기는 끝났다. 무엇 때문에 그가 이런 이야기를 했는지, 또 무엇 때문에 러시아어로 이야기하지 않으면 안 되었는지 그 까닭은 알 수 없었으나, 안나와 다른 사람들은 삐에르의 불유쾌하고 무뚝뚝한 언동을 이렇게 기분 좋게 끝내 준 이뽈리트의 사교적인 호의에 감탄하였다. 이 이야기가 있은 뒤 대화는 앞으로 있을, 혹은 지나간 무도회와 연극이라든가, 언제, 어디서, 누구하고 만날 것이라는 따위의 사소한 잡담이 되고 말았다.

5

손님들은 안나에게 이 훌륭한 파티에 대한 감사를 말하고 각기 집으로 돌아가기 시작했다.

삐에르는 서툴렀다. 뚱뚱하고 키도 보통보다 크며 어깨가 넓고 큼직한 붉은 손을 가진 그는 흔히 말하는 응접실에 들어가는 요령도 몰랐거니와 그 이상으로 살롱에서 나가는 요령 또한 알지 못했다. 즉, 나가기 전에 무언가 특별한 재치 있는 인사말을 남길 줄 몰랐던 것이다. 게다가 그는 어떻게 해야 할지 몰라 멍하니 있었다. 일어섰을 때 그는 자기 모자 대신에 털이 달린 장군용 삼각모를 들고, 장군이 돌려달라고 말할 때까지 모자의 깃털을 뽑으면서 껴안고 있었다. 그러나 그와 같은 넋 나간 표정도, 객실에서 과격한 이야기를 꺼냈던 것도 모두 선량하며 겸손하고 솔직한 표정으로 완전히 보상받고 있었다. 안나는 그를 돌아보더니, 그의 이상한 행동을 용서해 주겠다는 뜻을 기독교인다운 온후한 표정으로 나타내면서 고개를 끄덕이며 말했다.

"또 뵐 수 있을 것으로 기대하고 있습니다. 하지만 당신의 의견도 바꾸셔야 한다고 생각합니다, 삐에르."

그녀가 삐에르에게 이렇게 말했을 때 그는 아무런 대답도 하지 않았다. 그저 가볍게 인사를 하고 여러 사람에게도 다시 한번 그 독특한 미소를 보였을 뿐이었다. 그 미소는 이렇게 말하고 있었다. '의견은 의견일 뿐입니다. 전 보는 바와 같이 무척 마음이 좋고 훌륭한 녀석입니다.' 그리고 안나와 다른 사람들 모두 그것을 느끼고 있었다.

안드레이는 현관으로 나가자 망토를 입혀 주는 하인에게 어깨를 내밀면서, 역시 현관으로 나온 이뽈리트와 자기 아내가 주고 받는 이야기를 담담하게 듣고 있었다. 이뽈리트는 임신 중인 아름다운 공작부인 옆에 서서 손잡이 안경 너머로 물끄러미 그녀를 바라보고 있었다.

"들어가세요, 안나 양, 감기 드시겠습니다." 몸집이 작은 공작 부인은 안나하고 작별 인사를 나누면서 말하였다. "그럼, 그 일은 결정된 거예요." 그녀는 작은 목소리로 덧붙였다.

안나는 아나똘리와 몸집이 작은 공작 부인의 시누이 사이에 계획한 혼담을 틈을 보아 그녀와 상의하고 있었던 것이다.

"잘 부탁합니다, 리자 씨." 안나도 조용히 말했다. "시누이에게 편지해 주세요. 그리고 이 이야기를 아버님이 어떻게 생각하시는지 알려 주세요. 그럼 또 뵈어요." 그녀는 현관에서 나갔다.

이뽈리트는 몸집이 작은 공작 부인 쪽으로 다가가서, 얼굴을 바짝 갖다 대면서 거의 속삭이듯이 무슨 말을 하기 시작했다.

공작 부인의 하인과 이뽈리트의 하인은 이 두 사람의 이야기가 끝나는 것을 기다리면서, 숄과 코트를 들고 서 있었다. 그리고 그들은 알아 듣지 못하는 프랑스어의 대화를, 마치 무엇을 말하고 있는지 알고는 있으나 그런 태도는 보이고 싶지 않다는 표정으로 듣고 있었다. 리자는 여전히 미소를 지으면서 이야기를 하고, 소리를 내고 웃으면서 듣고 있었다.

"공사의 축하연에 가지 않기 잘했어요." 이뽈리트가 말했다. "지루하니까요…… 훌륭한 파티였습니다. 그렇잖습니까, 훌륭한 파티죠?"

"그러나 굉장한 무도회가 있다던데요." 리자는 솜털이 난 윗입술을 말아올리듯이 하여 대답하였다. "사교계의 아름다운 부인들은 모두 온다던데요."

"모두는 아닙니다, 당신이 가지 않으니까요." 이뽈리트는 즐거운 듯이 웃으면서 이렇게 말하고, 하인을 밀어내듯이 숄을 빼앗아 공작 부인에게 입혀 주었다. 서투른 탓인지, 그렇잖으면 일부러 그런 것인지(그것은 아무도 분간할 수 없겠지만) 숄을 다 입혀 주고 나서도, 그는 오랫동안 손을 떼지 않고 이 젊은 부인을 껴안으려는 것만 같았다.

그녀는 우아한 몸짓으로, 여전히 미소를 띠고 몸을 빼 뒤돌아 남편을 보았다. 안드레이는 눈을 감고 있었다. 그는 무척 피곤해 보였다.

"다 됐소?" 그는 아내를 훑어보면서 물었다.

이뽈리트는 뒤꿈치보다 긴 신형 연미복을 다급히 입자, 연미복에 걸려 휘청거리며 부인 뒤를 쫓아 현관의 층계쪽으로 뛰어갔다. 부인은 하인의 부축을 받아 마차에 오르고 있었다.

"안녕히 가십시오, 공작 부인." 그는 다리를 휘청거리듯이 말도 더듬거리면서 소리쳤다.

공작 부인은 드레스를 약간 잡아들고, 어두운 마차 안에 자리를 잡으려 하고 있었다. 그녀의 남편은 사벨의 위치를 고치고 있었다. 이뽈리트는 돕는다는 구실로 모든 사람을 방해하고 있었다.

"잠깐 실례합니다, 공작님." 안드레이는 통로를 막고 있는 이뽈리트를 향하여 아무렇지도 않게 러시아어로 못마땅한 듯이 말하였다.

"자넬 기다리고 있겠네, 삐에르." 안드레이가 상냥하고 부드럽게 말했다.

선두 말에 탄 마부가 박차를 가했다. 그러자 마차는 바퀴 소리를 내기 시작하였다. 이뽈리트는 짧게 웃으면서 현관의 층계에 서서 자작을 기다리고 있었다. 그는 자작을 집까지 배웅하기로 되어 있었던 것이다.

"여봐요, 당신의 그 몸집이 작은 공작 부인은 정말 훌륭합니다. 정말." 자작은 이뽈리트와 함께 마차에 앉자 말했다. "정말 훌륭합니다." 그는 자기 손 끝에 키스했다. "게다가 꼭 프랑스 여인같이 우아합니다."

이뽈리트는 웃음을 터뜨리더니 소리를 내어 웃었다.

"그런데 당신은 그런 순진한 얼굴에 어울리지 않는 무서운 분이군요." 자작은 말을 이었다. "나는 그 남편이 가엾어 못 견디겠더군요. 당당한 공작과 같은 태도를 하고 있는 저 빈약한 장교 말입니다."

이뽈리트는 다시금 웃음보를 터뜨리면서 이렇게 말했다.

"그러나 당신은 러시아 여인은 프랑스 여인만 못하다고 하시지 않았습니까. 손아귀에 넣지 않으면 말입니다."

먼저 도착한 삐에르는 한 집안 사람인 양 안드레이의 서재에 들어가서, 습관대로 곧 소파에 누웠다. 그리고 우연히 처음에 눈에 들어온 책을(그것은 시저의 수기였다) 책장에서 가져다가 팔꿈치를 괴고 중간에서부터 읽기 시작했다.

"대체 자네는 안나 양에게 무슨 짓을 한 건가. 그녀는 지금쯤 병이 났을 거야." 안드레이는 서재로 들어오면서 작은 흰 손을 비벼대며 말했다.

삐에르는 소파가 삐걱거리는 소리를 낼 만큼 온몸을 돌려, 안드레이 공작에게 활기 띤 얼굴을 보이며 미소를 머금고 한 손을 내저었다.

"아니, 그 신부는 정말 재미있는 분입니다. 다만 문제를 제대로 이해하고 있지는 않지만…… 제가 생각하기에 영원한 평화도 불가능하지는 않습니다. 그러나 무어라고 말하면 좋을지, 나의 능력으로는 무리입니다……. 여하간 정치적 균형에 의해서가 아닙니다."

안드레이 공작은 분명히 이런 추상적인 이야기에는 흥미가 없어 보였다.

"안 되지, 여보게, 생각나는 대로 마구 지껄여서는 안 되네. 그런데 어떤가, 결국 자네는 무엇을 해 볼 결심이 섰나? 특별 근위 기병이 되려나, 그렇잖으면 외교관인가?" 잠시 침묵하고 나서 안드레이 공작이 물었다.

삐에르는 다리를 엉덩이 아래로 굽히고서 소파에 앉았다.

"실은, 저는 아직 아무것도 모릅니다. 어느것도 나는 맘에 안드니까요."

"그러나 어느 것이든 결정하지 않으면 안 되지 않겠나? 자네 춘부장도 고대하고 계시고."

삐에르는 열 살 때부터 가정교사인 신부와 함께 외국에 보내져서 거기서 스무 살 때까지 지냈다. 그가 모스크바로 돌아왔을 때 아버지는 신부를 해고

하고, 청년이 된 삐에르에게 이렇게 말했다.

"이번에는 뻬쩨르부르그로 가서 상황을 보고 골라봐라. 나는 모든 것을 찬성해주마. 자, 이게 바씰리 공작에게 보내는 편지다. 돈은 여기 있다. 편지로 무엇이든지 알려라. 무슨 일이든 도와주마."

삐에르는 석 달 동안이나 출세의 길을 고르려 하고 있었지만 한 일은 아무 것도 없었다. 그 선택에 대해서 안드레이가 그에게 말한 것이다. 삐에르는 자기의 이마를 쓰다듬었다.

"그러나 그 사람은 프리메이슨(석공조합을 본따 17세기에 영국에서 결성된 비밀 결사. 18세기에 러시아에도 퍼졌다)이 틀림없어." 그는 파티에서 만난 신부 이야기를 하였다.

"그런 건 모두 쓸데 없는 소리야." 다시금 안드레이 공작이 말을 가로챘다. "그보다 우리 일이나 이야기하세. 자네는 근위 기병대에 가 본 적 있나?"

"아뇨, 아직은. 그러나 방금 머리에 떠오른 것이 있어서 그것을 당신에게 말하고 싶습니다. 지금 나폴레옹과 전쟁을 하고 있잖아요? 만약 이것이 자유를 위한 전쟁이라면 나도 이해가 가고, 솔선해서 군대에도 들어갔을 겁니다. 그러나 세계에서 가장 위대한 인간을 적으로 삼고 영국과 오스트리아를 돕다니……이건 안 됩니다."

안드레이는 삐에르의 어린애 같은 말에 어깨를 움츠렸을 뿐이었다. 그는 그런 실없는 이야기에는 대답할 수 없다는 표정을 지었다. 사실 이러한 소박한 물음에 대해서 대담한 말 외에 달리 대답을 생각하기란 어려웠다.

"누구나 자기의 신념만으로 싸운다면 전쟁은 없을 거야." 그는 말했다.

"그야말로 훌륭하지 않습니까?" 삐에르가 대답했다.

안드레이 공작은 빙그레 웃었다.

"정말 그것은 훌륭할지 모르나, 그런 일은 있을 수 없어……."

"그럼, 왜 당신은 전쟁에 나가시는 겁니까?" 삐에르가 물었다.

"무엇 때문이냐고? 나도 모르겠어. 그렇게 하지 않을 수가 없어. 더우기 내가 가는 것은……." 그는 말을 멈추더니 다시 이었다. "내가 가는 것은 이 생활이, 지금 여기서 보내고 있는 이 생활이 나에게는 마음에 들지 않기 때문이야!"

6

옆방에서 여인의 옷자락 스치는 소리가 들렸다. 꿈에서 깨어난 듯이, 안드 레이는 온몸을 떨었다. 그의 얼굴은 안나의 응접실에서 보인 것과 같은 표정 을 띠었다. 삐에르는 두 다리를 소파에서 내렸다. 공작 부인 리자가 들어왔 다. 그녀는 이미 다른 평상복을 입고 있었으나, 그 옷도 우아하고 발랄한 느 낌을 주었고 새옷이었다. 안드레이는 새삼스러운 정중한 태도로 안락의자를 끌어당기면서 일어섰다.

"왜 그럴까, 하고 나는 곧잘 생각해요." 그녀는 서둘러 조급한 동작으로 안락의자에 앉으면서 여느 때의 프랑스말로 말하기 시작했다. "어째서 안나 는 결혼하지 않았을까? 당신네 남자분들이 모두 바보예요. 그분하고 결혼하 지 않다니……. 죄송해요. 하지만 당신네들은 여자에 대해서 제대로 아는 것이 없어요. 당신은 대단한 토론가이시더군요, 삐에르 씨!"

"나는 주인 양반하고는 늘 논쟁을 하고 있습니다. 왜 전쟁에 나가려는지 그 까닭을 모르겠습니다."

삐에르는 리자에게 아무런 거리낌없이(흔히 젊은 남자는 젊은 여인을 대 할 때 삼가는 것이 보통이지만) 말했다.

공작 부인은 움찔했다. 분명 삐에르의 말은 그녀의 급소를 찌른 것 같았 다.

"아, 나도 같은 말을 하고 있는 거예요!" 그녀는 말했다. "나는 잘 모르 겠어요. 정말 모르겠어요. 왜 남자분들은 전쟁 없이 살아나갈 수 없을까요? 왜 우리들 여성은 아무것도 원하지 않을까요. 아무것도 필요없을까요? 제 발, 당신이 결정을 내려 주세요. 나는 언제나 남편에게 말하고 있습니다만, 여기서 그가 백부님의 부관으로 있는 것은 굉장한 지위입니다. 여러분이 알 아 주시고, 존경하여 주십니다. 요전에 아쁘라끄신 댁에서 어느 부인이 묻는 것을 들었어요. '저분이 유명한 안드레이 공작이십니까?'라고. 정말이에요!" 그녀는 소리를 내어 웃었다. "남편은 어디서나 이런 대우를 받아 왔습니다. 마음만 먹으면 시종 무관도 될 수 있습니다. 아시겠지만, 황제께서도 자못 친절한 말씀을 해 주셨습니다. 안나 양하고 이야기했습니다만, 마음만 있으 면 문제 없이 시종 무관이 될 수 있을 거예요. 당신은 어떻게 생각하세요?"

삐에르는 안드레이를 바라보았다. 그리고 이 대화가 친구 마음에 들지 않은 것을 눈치채고 아무 대답도 하지 않았다.

"언제 떠나십니까?" 그는 물었다.

"아, 그 출발 이야기는 하지 마세요. 말씀하지 말아 주세요! 듣고 싶지 않아요!" 리자는 응접실에서 이뽈리트와 이야기하던 때와 같은, 변덕스럽고 들뜬 어조로 말했다. 삐에르도 가족처럼 대접받고 있는 이 가정적인 단란한 자리에서 그 어조는 분명히 어울리지 않았다.

"오늘 이토록 소중한 관계를 다 끊어버리지 않으면 안 된다고 생각하니……. 게다가 더욱이…… 당신은 아시죠? 안드레이." 그녀는 의미심장하게 남편에게 눈짓을 하였다. "나는 무서워요, 무서워요!" 그녀는 등을 바르르 떨면서 속삭였다.

남편은 그녀를 바라보았다. 그 표정은 마치 자기와 삐에르 이외에 또 누군가 그 방에 있는 것을 알아채고 깜짝 놀라는 듯했다. 그러나 쌀쌀하고 정중하게 물어보는 것 같은 어조로 아내에게 말을 걸었다.

"무엇이 무섭다는 거요? 리자. 나로서는 모르겠소."

"봐요. 이 모양이에요. 남자들은 이기주의자예요, 모두가 다 이기주의자예요! 아무 이유도 없이, 자기 멋대로 무엇 때문인지도 모르고 나를 내팽개쳐 혼자 시골에 가두려 하니 말이에요."

"아버지와 누이도 같이 있잖아. 잊어선 안 돼." 안드레이 공작은 조용히 말했다.

"혼자나 다름없어요. 나는 친구가 없는 걸요……. 그런데도 날더러 무서워하지 말라니."

그녀의 어조에는 이미 불평이 서려 있었다. 입술이 약간 추켜세워져서 그것이 기쁜 듯한 표정이 아니라 다람쥐 같은 동물적인 표정을 띠게 했다. 그녀는 삐에르 앞에서 자기의 임신 이야기를 하는 것은 점잖지 않다고 생각하고 입을 다물었으나, 실은 그때 이야기의 핵심은 거기에 있었던 것이다.

"그래도 나는 모르겠어. 당신이 무엇을 무서워하고 있는지." 안드레이는 아내한테서 눈을 떼지 않은 채 천천히 말했다.

리자는 얼굴을 붉히고 어찌할 수 없다는 듯이 두 손을 들어올렸다.

"아녜요, 안드레이. 나는 당신이 너무나, 너무나, 변하셨다고 말씀드리고 있는 거예요……."

"의사가 일찍 자라고 하지 않았소." 안드레이가 말했다. "어서 가서 자요."

부인은 아무 말도 하지 않았으나, 느닷없이 솜털이 난 짧은 입술이 떨리기 시작했다. 안드레이는 일어나서 어깨를 움츠리고 방 안을 거닐기 시작했다.

삐에르는 안경 너머로, 안드레이와 리자를 교대로 이상하다는 듯이 순진하게 바라보고 있었다. 그리고 자기도 일어날 생각이 났는지 머뭇거렸으나 마음을 돌렸다.

"여기 삐에르가 계시지만, 난 어떻게 되든 상관 없어요." 갑자기 몸집이 작은 공작 부인이 말했다. 그리고 그 귀여운 얼굴은 갑자기 무너져서 우는 얼굴이 되었다. "나는 전부터 당신한테 말하고 싶었어요, 안드레이…… 어째서 당신은 나에 대해서 그토록 변하셨어요? 내가 당신에게 무엇을 했단 말인가요? 당신은 군대에 들어가겠다고 하시고, 조금도 나를 불쌍히 여기지 않으시다니, 어찌된 까닭이에요?"

"리자!" 안드레이는 그렇게 말했을 뿐이었다. 이 한 마디 안에 부탁도, 위협도, 게다가 무엇보다도 리자 자신이 자기 말을 반드시 후회할 것이라는 뜻도 포함되어 있었다. 그러나 그녀는 한가하게 말을 계속하였다.

"당신은 나를 환자나 아이 취급을 하고 계세요. 나는 모든 걸 알고 있어요. 반년 전의 당신이라면 이러셨을까요?"

"리자, 제발 부탁이니 그만해요." 안드레이 공작은 더욱 의미심장하게 말했다.

이 말이 오고 가는 동안에 흥분한 삐에르는 일어나서, 리자 쪽으로 다가갔다. 그는 눈물을 보는 것이 견딜 수 없었는지 자기도 울상이 되었다.

"진정하십시오, 부인. 그것은 당신에게 그렇게 느껴지는 것뿐입니다. 왜냐하면, 맹세합니다만, 나 자신도 경험했지만…… 왜…… 왜냐하……면, 아니, 죄송합니다. 다른 사람은 이 경우 아무 소용이 없습니다. 진정하십시오……. 그만 실례하겠습니다……."

안드레이가 그의 손을 잡고 만류하였다.

"아니, 잠깐만, 삐에르. 리자는 매우 사람이 좋으니까, 자네와 더불어 하룻밤을 보내는 즐거움을 나에게서 뺏을 생각은 없을 거야."

"아니에요, 이이는 자기만을 생각하고 있어요." 리자는 분한 눈물을 억제하지 못하고 아무렇지도 않게 말하였다.

"리자." 안드레이 공작은, 인내에도 한도가 있다는 것을 나타내리만큼 어조를 높여 무뚝뚝하게 쏘아붙였다.

화가 난, 다람쥐 같은 아름다운 작은 얼굴의 표정이 갑자기 매력 있고, 동정을 자아내는 듯한 겁먹은 표정으로 변했다. 그녀는 아름다운 눈으로 남편을 흘끗 올려다보았다. 그리고 두려운 듯한, 자기가 잘못했다는 것을 인정하는 것 같은 표정이 얼굴에 떠올랐다. 그것은 마치 늘어뜨린 꼬리를 쉴새없이, 그러면서도 약하게 흔들고 있는 개와 같았다.

"아아, 어떻게 할까요, 어떻게 할까요!" 리자는 말하였다. 그리고 한손으로 드레스의 주름을 들어올리더니 남편에게 다가가서 이마에 키스했다.

"편안히 자요, 리자." 안드레이 공작은 일어나면서 마치 남에게 하듯이 공손히 손에 키스하면서 말했다.

두 친구는 잠자코 있었다. 두 사람은 서로 말문을 열려고 하지 않았다. 삐에르는 안드레이 공작을 이따금 바라보고, 안드레이 공작은 조그마한 손으로 이마를 문지르고 있었다.

"야식을 하러 가세." 그는 일어나서 문 쪽으로 걸어가며 한숨을 쉬면서 말했다.

그들은 취미를 살려 새로 호화롭게 개장한 식당으로 들어갔다. 냅킨에서부터 은이나 도자기, 유리 식기에 이르기까지, 모든 물건이 신혼 부부의 가정에 흔히 있는 것처럼, 유달리 신선한 맛이 감돌고 있었다. 야식 도중에 안드레이 공작은 팔꿈치를 괴고, 오랫동안 가슴 속에 간직하고 있던 것을 별안간 입 밖에 내려고 마음먹은 사람처럼 신경질적인 초조한 표정을 띠며 말하기 시작했다. 삐에르는 이제까지 한 번도 이 친구한테서 이러한 태도를 본 적이 없었다.

"여보게, 절대로 결혼 같은 건 하지 말게. 이건 자네에게 주는 나의 충고일세. 결혼을 해서는 안 돼. 자네가 할 수 있는 일은 다 했다고 자신에게 말할 수 있을 때까지는. 더욱이 자네가 선택한 여자를 사랑하지 않게 되어 그 여자를 분명히 들여다볼 수 있을 때까지는 말이야. 그렇잖으면 자네는 비참한, 되찾을 수 없는 과오를 저지르게 될 걸세. 결혼은 늙어서, 아무 쓸모가 없어졌을 때 하게…… 그렇잖으면 자네가 지니고 있는 좋은 것과 훌륭한 것이 모두 못쓰게 된다. 모두 보잘것없는 일에 소모되고 말지. 그래, 그렇다, 그래! 그렇게 놀란 얼굴로 나를 보지 말게. 만약 자네가 무언가 자기 앞날에 기대하고 있어도, 자네는 한 걸음마다 깨닫게 될 것일세. 이제 모든 것은 끝났다. 모든 것에서 쫓겨나고, 남은 것이란 자네가 궁정의 하인이나 큰 바보들과 같은 줄에 서는 응접실뿐이라고 느끼게 돼. 어찌할 수 없는 일이지."

그는 힘을 주어 한 손을 흔들었다.

삐에르는 안경을 벗고—덕택으로 그 얼굴의 느낌이 달라지고, 더욱 선량함을 나타내고 있었지만—놀란 눈으로 친구를 바라보았다.

"나의 아내는" 안드레이는 말을 이었다. "훌륭한 여자야. 같이 살고 있어도 자기 명예에 관해서는 안심할 수 있는 보기 드문 여자의 한 사람이지. 아아, 그러나 할 수 없어. 독신으로 지낼 수만 있다면 지금 나는 무엇이든지 내줄 수 있을 거야! 이런 말은 자네에게만 처음으로 하네. 나는 자네를 좋아하기 때문일세."

안드레이가 이렇게 말하고 있는 것을 보면, 안나의 집에서 안락의자에 깊숙이 몸을 기대어 앉아 실눈을 뜬 채 정해진 프랑스어 문구를 우물거리며 입밖에 내뱉던 볼꼰스끼와는 전혀 다른 사람처럼 여겨졌다. 근육 하나하나가 신경질적으로 약동하기 시작하고 메마른 얼굴 전체가 떨고 있었다. 조금 전까지는 생명의 불이 꺼진 듯이 보이던 눈매는 이제 밝은 빛으로 반짝이고 있었다. 평소에 생기가 없게 보였던 만큼 그는 초조해질 때에는 힘이 넘친다는 것을 나타내고 있었다.

"왜 내가 이런 말을 하는지 자네는 모를 거야." 그는 말을 이었다. "워낙 이것은 인생의 큰일이니까 말이야. 자네는 보나빠르뜨와 그의 출세 이야기를 곧잘 하지만." 삐에르는 보나빠르뜨의 이야기를 한 적이 없었는데도 안드레이는 말했다. "자네는 보나빠르뜨 이야기를 곧잘 하지만, 보나빠르뜨도 열심히 일하고 목적을 향해서 한 걸음 한 걸음 걸어 나갔을 때에는 자유로웠지. 그에게는 목적 이외에는 아무것도 없었거든. 그러니까 그는 그 목적을 달성한 거야. 그런데 자기를 여자에게 묶어놔 봐. 흡사 족쇄가 채인 죄수처럼 모든 자유를 상실하고 마네. 그리고 자네 안에 있는 희망이며 힘은 모든 것이 무거운 짐이 되어, 후회 때문에 자네를 괴롭힐 것이네. 객실, 수다, 무도회, 허영심, 어리석은 일, 이것이 내가 거기서 빠져나올 수 없는 굴레야. 나는 지금 전쟁에 나가려고 하고 있어. 여태까지 있어 본 적이 없는 위대한 전쟁에 말이야. 그런데 나는 아무것도 모르고, 아무런 쓸모도 없다. 나는 몹시 붙임성이 좋지만 심한 풍자가야." 안드레이는 말을 이었다. "그래서 안나 여사의 집에서는 모두들 내 말을 듣는 거야. 나의 아내가 살아가는 데에 없어서는 안 될 저 어리석은 상류 사회의 친구들도, 저 여자들도……. 그 우아한 여자라고 하는 것이 모두 어떤 것인지, 자네가 알 수만 있다면 참 좋겠는데 말이야! 나의 아버지 말씀이 옳아. 이기주의, 허영, 두뇌의 우둔함, 만사에 있어서 무능, 있는 그대로 정체를 보이자면 이것이 여자야. 사교계에서 여자를 잠깐 보면 무엇이 있는 것 같은 생각이 들지만 아무것도, 아무것도 없어! 그러니까 결혼은 하지 말게, 제발 결혼하지 말아." 안드레이는 말을 끝냈다.

"이상해요." 삐에르가 말했다. "당신이 자신을, 자신을 무능하다고 생각하거나 자기 인생을 버린 인생으로 생각하고 계시다니. 당신은 모든 것이, 모든 것이 지금부터예요. 게다가 당신은……."

당신이 무엇인지 그는 말하지 않았으나 그 말투는 이미 친구를 얼마나 높이 평가하고, 얼마나 많은 것을 친구의 미래에 기대하고 있는가를 나타내고 있었다.

'왜 이 사람이 이런 말을 할까?' 삐에르는 생각했다. 삐에르는 안드레이를 모든 장점의 모범이라고 생각하고 있었다. 그것은 다름이 아니라 삐에르가 가지고 있지 않고, 의지력이란 개념이 아마도 가장 가까운 표현이 되는 장점을 안드레이는 모두, 최고의 형태로 지니고 있었기 때문이다. 삐에르는 모든 종류의 사람에게 침착하게 대할 수 있는 안드레이의 능력, 그 뛰어난 기억력, 박식(그는 모든 것을 읽고, 모든 것을 알고 있고, 만사에 관해서 의견을 가지고 있었다), 그리고 무엇보다 그 일이나 연구의 능력에 항상 경탄하고 있었다. 안드레이 안에 공상적 사고의 능력이 결여되어 있는 것이 삐에르를 여러 차례 놀라게 했다 해도(삐에르는 특히 공상적인 사고에 기우는 편이었다), 그것까지도 그는 결점이 아니라 힘이라고 여기고 있었다.

비할 바 없이 친밀하고 털어놓은 관계라도, 움직이기 위해서는 수레에 기름을 칠 필요가 있는 바와 같이 아첨과 찬사가 없어서는 안 된다.

"나는 끝난 사람이야." 안드레이 공작은 말했다. "이제 내 이야길 해서 뭘 해. 그보다 자네 얘기나 하세." 그는 잠시 침묵하고 나서, 마음이 가라앉는 생각이 떠올라 빙그레 웃으면서 말했다. 이 미소는 곧 삐에르의 얼굴에 반영되었다.

"하지만 제 이야기를 해도 별로 쓸모가 없을 것입니다." 삐에르는 느긋하게 밝은 미소를 띠면서 말했다. "대체 나는 무엇입니까? 나는 사생아가 아닙니까!" 그는 느닷없이 홍당무가 되었다. 보아하니 그는 이 말을 하기 위해 상당한 노력을 기울인 것 같았다. "이름도 없고, 재산도 없고……, 아니 좋아요, 실제로……." 그러나 그는 정말 무엇이 실제인지 말하지 않았다. "나는 지금 자유의 몸입니다. 고마운 일이죠. 다만 무엇을 시작하면 좋을지 전혀 알 길이 없습니다. 나는 진정 당신한테 상의하려고 생각하고 있었습니다."

안드레이는 배려의 뜻이 깃든 눈으로 삐에르를 바라보고 있었다. 그러나 그 눈동자에는 역시 자기 쪽이 한 수 위라는 의식이 나타나 있었다.

"자네는 나에게 귀중한 사람이야. 특히 우리 상류 사회 안에서는 자네만이 생기 있는 사람이니까. 자네는 행복한 신분이야. 마음에 드는 길을 택하면 되지 않나. 그것은 아무래도 좋아. 자네는 어디 있으나 제대로 해나갈 수 있어. 하지만 단 한 가지, 저 아나똘리 꾸라긴네(바씰리 공작의 집)에 가서 그런 생활을 하는 것만은 그만두게. 자네에게 어울리지 않아. 그런 술잔치가 모두, 게다가 경기병식 행동도, 그리고 모든 것이……."

"할 수 없지요." 삐에르는 어깨를 움츠리며 말했다. "여자 말이에요. 글쎄, 여자 말입니다!"

"자넨 모르겠나?" 안드레이는 대답했다. "제대로 된 여자라면 별문제지. 그러나 아나똘리의 여인들, 여자와 술…… 이것은 난 알 수가 없어!"

삐에르는 바씰리 꾸라긴 공작 집에 유숙하면서 그의 아들 아나똘리의 방종한 생활에 한 몫 끼어들어 있었다. 아나똘리는 그의 방종한 생활을 고치기 위해서, 바씰리 공작이 안드레이 공작의 여동생과 결혼시키려 하고 있는 바로 그 아들이었다.

"알겠습니다!" 삐에르는 뜻하지 않게 좋은 생각이 떠오른 것처럼 말했다. "진정 난 벌써부터 그것을 생각하고 있었습니다. 그런 생활을 하고 있으면 나는 무엇 하나 결정할 수도, 결심하거나 생각할 수도 없습니다. 골치는 아프고, 돈은 없으니까요. 오늘 그가 나를 꼬였지만 나는 가지 않았습니다."

"그럼, 앞으로 무슨 일이 있어도 절대로 안 가겠다고 맹세하겠나!"

"맹세하겠습니다."

삐에르가 친구 집에서 나온 것은 이미 밤 한 시가 지나서였다. 그날 밤은 6월의 뻬쩨르부르그에 흔히 있는 백야였다. 삐에르는 집으로 돌아가려고 마차에 올랐다. 그러나 집이 가까워질수록 그는 저녁이나 아침과 흡사한 이 밤에는 잠을 이룰 수 없다고 더욱 강하게 느꼈다. 인기척이 없는 거리가 멀리 내다보였다. 문득 아나똘리 집에서는 오늘 밤에도 카드 노름꾼이 모이기로 되어 있다는 것이 생각났다. 그 모임 후에는 대개 실컷 마시고, 삐에르가 좋아하는 어떤 즐거운 놀이로 매듭이 지어지는 것이었다.

'아나똘리 집에 가면 좋을 거야.' 그는 생각하였다. 그러나 이내 그는 안드레이에게 앞으로 아나똘리한테는 가지 않겠다고 맹세한 약속을 상기했다.

그러나 줏대 없는 사람이 흔히 그렇듯이, 그는 이미 맛들인 그 방탕한 생활을 다시 한 번 맛보고 싶은 마음이 솟구쳐, 마침내 가 보기로 했다. 그리고 곧 약속 같은 건 아무런 뜻도 없다, 왜냐하면 자기는 안드레이보다 먼저 아나똘리와 약속을 했으니까 하는 생각이 머리에 떠올랐다. 결국 그는 이렇게 생각했다—약속이라고 하는 것은 모두 뚜렷한 뜻을 갖는 것이 아니다, 그때 그때에 따라 달라진다. 만약에 내일에라도 내가 죽거나, 약속도 배반도 이미 존재하지 않는 그러한 큰일이 자기에게 일어날지도 모른다는 것을 생각하면 특히 그렇다. 이런 식의 이유 부여가 결심도 예정도 모두 파괴하고 줄곧 삐에르의 머리에 떠오르는 것이었다. 그는 아나똘리 집으로 향했다.

근위 기병대 병영에 가까운, 아나똘리가 살고 있는 큼직한 집 현관에 마차가 도착하자, 그는 불이 켜져 있는 층계를 올라가서 열려 있는 문으로 들어섰다. 현관에는 아무도 없었다. 빈 병, 망토, 덧신들이 흩어져 있었다. 술내가 풍기고 멀리서 지껄이는 소리와 외치는 소리가 들려 왔다.

도박도 야식도 이미 끝났으나 손님들은 아직도 돌아가려고 하지 않았다. 삐에르는 망토를 벗고 가까운 방으로 들어갔다. 거기에는 먹다 남은 야식이 그대로 놓여 있고, 한 하인이 아무에게도 들키지 않을 것이라 생각하며 남은 술을 몰래 들이키고 있었다. 세 번째 방으로부터 법석거리는 소리, 크게 웃는 소리, 귀에 익은 외치는 소리, 곰의 으르렁거리는 소리가 들려 왔다. 7, 8명 가량의 청년이 열려 있는 창가에 근심스러운 듯이 모여 있었다. 세 사람은 어린 곰을 놀리고 있었는데, 한 사람이 곰을 쇠사슬로 끌고 다른 사람을 위협하고 있었다.

"나는 스티븐스에게 백 루블을 걸겠다!" 한 사람이 소리쳤다.

"여봐, 붙들고 있으면 안 돼!" 다른 한 사람이 소리쳤다.

"나는 돌로호프에게 걸겠다!" 세 번째 사람이 소리쳤다. "어느 쪽에 걸었는지 잘 봐줘, 아나똘리."

"여봐, 곰은 놔줘. 여기서 지금 내기를 하고 있잖아."

"단숨에 마셔버려. 그렇잖으면 진다." 네 번째 사람이 소리쳤다.

"야꼬프! 술 한 병 가져와, 야꼬프!" 주인이 소리쳤다. 키가 크고 미남이었는데, 가슴 중간까지 벌어진 얇은 셔츠만을 입고 사람들 속에 서 있었다.

"여러분 잠깐만, 이 분은 삐뜨루쉬아(뾰뜨르, 삐에르의 애칭)라는 나의 친구입니다." 그는 삐에르를 바라보며 말했다.

그다지 크지 않은 키에 밝은 파란 눈을 가진 다른 사나이가 이들 술취한 음성 속에서 유달리 강한 인상을 풍기면서 창가에서 외쳤다. "이리 와. 내기의 판정을 해 줘!" 이렇게 말한 사람은 아나똘리하고 동거하고 있는 돌로호프였다. 그는 세묘노프스끼 연대의 장교로, 도박 솜씨가 뛰어나고 결투를 좋아 하는 것으로 유명했다. 삐에르는 즐거운 듯이 주위를 돌아보면서 미소짓고 있었다.

"무슨 영문인지 모르겠어. 대체 어떻게 된 일이야?" 그는 물었다.

"잠깐, 이 친구는 아직 취하지 않았군. 병을 이리 줘." 아나똘리는 이렇게 말하고 테이블에서 컵을 집어들고 삐에르 쪽으로 다가갔다.

"우선 한 잔 하게."

삐에르는 한 잔 한 잔 컵을 비우면서, 다시금 창가에 모여 있는 술취한 손님들을 훑어보고는, 그들이 주고 받는 이야기에 귀를 기울였다. 아나똘리는 그에게 술을 부어 주면서, 돌로호프가 그 자리에 있던 영국인 수병 스티븐스와 내기를 하게 된 경위를 이야기했다. 돌로호프가 두 발을 밖으로 내민 채, 삼층 창턱에 앉아 럼주 한 병을 다 마실 수 있는지를 가리는 내기였다.

"자, 다 마셔!" 마지막 한 잔을 삐에르에게 내주면서 아나똘리가 말했다. "그렇잖으면 안 놔주겠다!"

"아니, 이젠 마시고 싶지 않아." 아나똘리를 밀어내며 이렇게 말하고 삐에르는 창가로 다가갔다.

돌로호프는 영국인의 손을 잡은 채, 주로 아나똘리와 삐에르를 상대로 분명히 내기의 조건을 말했다.

돌로호프는 중키에 고수머리, 밝은 하늘색의 눈을 가진 사나이였다. 나이는 스물 다섯 살. 보병 장교들이 그렇듯 그도 콧수염을 기르지 않았기 때문에 그의 얼굴에서도 가장 눈에 띄는 입이 온전히 드러났다. 이 입가의 선은 몹시 섬세하게 굽어 있었다. 한가운데에서 윗입술이 날카로운 쐐기꼴을 이루어 두툼한 아랫입술에 파고들었고, 양쪽 구석에는 무엇인가 미소 같은 것이 각기 하나씩 패여 있었다. 그리고 전체가 한 덩어리가 되어, 특히 의젓하고 불손하고 영리하게 보이는 눈이 결부되어 이 얼굴에 누구나 주목하지 않을 수 없는 인상을 이루고 있었다. 돌로호프는 유복한 사람도 아니고 부자도 아니며 아무 연줄도 없는 사람이었다. 그리고 아나똘리가 몇 만 루블의 돈을 쓰고 있는데도 불구하고, 돌로호프는 그와 동거하면서 이 두 사람을 알고 있는 모든 사람들이 아나똘리 이상으로 자신을 존경하게끔 만들고 있었다. 돌로호프는 내기라는 내기에는 모두 손을 댔으며, 대개 이기고 있었다. 아무리 마셔도 언제나 머리의 명석함은 잊지 않았다. 아나똘리도 돌로호프도 당시 뻬쩨르부르그의 난봉꾼과 주정꾼들의 세계에서는 이름이 통하고 있었다.

럼주 한 병이 왔다. 창 바깥쪽 사면에 앉는데 방해가 되는 창들을 두 하인이 떼고 있었는데, 주위에 있는 사람들의 참견과 고함소리에 당황하고 질려 있는 것 같았다.

아나똘리는 여느 때의 의젓한 태도로 창가로 다가갔다. 그는 무엇인가 부수어서 떼려고 생각한 것이다. 하인들을 밀어내고 창틀을 잡아당겼으나, 틀은 마음대로 되지 않았다. 그는 유리를 부쉈다.

"어이 장사, 자네가 한번 해 봐." 그는 삐에르에게 말했다.

삐에르가 가로지른 나무를 잡아당기자 전나무의 창틀이 일부만 남고 대부분 떨어져 나갔다.

"모두 떼어 내. 그렇지 않으면 내가 그걸 붙잡고 있다고 여길 테니까." 돌로호프는 말했다.

"영국 사람이 큰소리를 치고 있어…… 어때? …… 괜찮은가? ……." 아나똘리가 말했다.

"염려없어." 삐에르가 돌로호프를 보면서 말했다. 돌로호프는 럼주를 한 병 집어들고 창가로 다가가고 있었다. 창으로부터는 하늘과, 하늘 위에서 융합된 아침놀과 저녁놀의 빛이 내다보였다.

돌로호프는 술병을 들고 창 위에 뛰어올랐다.

"들어봐!" 그는 창턱 위에 서서 방 안을 향하여 소리쳤다. 모두 말이 없었다.

"나는 내길 한다(그는 영국 사람이 알아듣도록 프랑스어로 말했으나 유창하지는 못했다). 15루블 금화 50매를 건다. 100매로 할까?" 그는 영국 사람을 향해서 이렇게 덧붙였다.

"아니, 50이다." 영국 사람이 말했다.

"좋아, 15루블 금화 50매다. 내가 럼주 한 병을 모두 입에서 떼지 않고 마신다. 창 밖 바로 여기 앉아서(그는 몸을 숙이고 창 밖 경사진 외벽을 가리켰다) 아무것도 잡지 않고 마신다…… 그럼 되지?"

"그래, 그대로야." 영국인은 말했다.

아나똘리는 영국인 쪽으로 몸을 돌려 상대방 연미복의 단추를 잡고 위로부터 내려다보면서(영국인은 키가 작았다) 내기의 조건을 영어로 되풀이하기 시작했다.

"잠깐만." 돌로호프는 자기 쪽으로 주의를 모으려고 병으로 창문을 두드리면서 소리쳤다. "잠깐만, 아나똘리. 들어봐. 만약 나와 똑같이 하는 자가 있으면 나는 15루블 금화를 100매 주겠다. 알았나?"

영국인은 고개를 끄덕였으나 그것만으로는 그가 이 새로운 내기에 응할 것인지 전혀 알 수가 없었다. 아나똘리는 영국인을 놔 주지 않고, 상대방이 고개를 끄덕이고 모든 것을 깨달았다고 하는 데도 돌로호프의 말을 모두 영어로 통역해 주고 있었다. 이날 밤 노름에서 돈을 모두 날린, 젊고 수척한 근위 경비병 사관이 창에 기어올라서 몸을 내밀고 아래쪽을 굽어 보았다.

"으윽!" 그는 창문에서 보도의 돌을 내려다보고 웅얼거렸다.

"조심해!" 돌로호프는 외치고 그 장교를 창에서 끌어내렸다. 장교는 박차

(拍車)가 얽혀 어색한 모양으로 방 안에 뛰어내렸다.

잡을 때 편리하도록 병을 창턱 위에 놓고 돌로호프는 신중하게 조용히 창으로 올라갔다. 두 다리를 늘어뜨리고 양손을 넓혀 창 양쪽에 버티더니, 그는 자리를 잘 잡아 허리를 낮추고 손을 떼어 약간 몸을 좌우로 움직여 병을 잡았다. 이제 날이 환히 밝아오고 있었으나, 아나똘리가 초를 두 개 가져다가 창턱 위에 세웠다. 하얀 셔츠를 입은 돌로호프의 등과 고수머리를 양쪽에서 비췄다. 모두가 창가로 모여들었다. 영국인이 맨 앞쪽에 서 있었다. 삐에르는 미소를 띠면서도 아무 말도 하지 않았다. 그들 중에서도 다른 사람보다 나이 많은 한 사람이 어처구니없다는 양, 화난 얼굴로 느닷없이 앞으로 나서더니 돌로호프의 셔츠를 붙잡으려고 하였다.

"여러분, 이 무슨 어리석은 짓들이오. 떨어지면 죽는단 말이오." 다른 사람들보다 분별심이 있는 이 사나이가 말했다.

아나똘리가 말렸다.

"손을 대지 말아요, 놀라게 하면 오히려 그를 떨어뜨려 죽이게 됩니다. 안 그래요? …… 그럼, 어떻게 되죠? …… 예? ……."

돌로호프는 자세를 가다듬고 다시금 두 손을 벌려 버티며 뒤돌아보았다.

"이 이상 말참견을 하는 놈이 있으면" 꼭 다문 얄팍한 입술 사이로 띄엄띄엄 내뱉듯 돌로호프는 말했다. "나는 그 자를 지금 당장 여기서 밀어 떨어뜨리겠다. 알았나! ……."

"알았나!" 하고 말하고, 그는 다시금 몸을 돌려 양손을 놓고 병을 잡아 입에 가까이 가져갔다. 그러고는 머리를 뒤로 젖히고 균형을 잡기 위해 비어 있는 손을 위로 추켜들었다. 유리를 주워 모으고 있던 하인 한 사람이 엉거주춤한 자세로 창문과 돌로호프의 등에서 눈길을 떼지 않고 있었다. 아나똘리는 눈을 부릅뜨고 똑바로 서 있었다. 영국 사람은 입술을 쑥 내밀고 옆을 바라보고 있었다. 조금 전에 말리려고 했던 사나이는 방 한 구석으로 뛰어가서 벽을 향해 소파에 엎드렸다. 삐에르는 얼굴을 두 손으로 감쌌다. 그 얼굴은 이제 겁먹은 표정이었고 힘없는 미소가 얼굴에 그대로 남아 있었다. 모두 침묵하고 있었다. 삐에르는 눈에서 손을 떼었다. 돌로호프는 여전히 같은 자세로 앉아 있었다. 다만 머리만이 뒤로 젖혀져 있어 그 때문에 목덜미의 고수머리가 셔츠 깃에 닿아 있었다. 그리고 병을 쥔 손은 떨리면서 더욱 높이

처들렸다. 병의 술이 줄어드는지 차츰 고개가 뒤로 젖히면서 병 바닥 쪽이 위로 올라갔다. '왜 이렇게 오래 걸리지?' 삐에르는 생각했다. 그에게는 벌써 30분이나 지난 것만 같았다. 문득 돌로호프가 뒤로 내려오는 듯한 움직임을 보였다. 그리고 손이 신경질적으로 떨리기 시작했다. 그런 식으로 떨리면서 비탈면에 앉아 있는 몸이 미끄러져 내려갔다. 동시에 한쪽 손과 머리가 긴장해서 더욱더 떨리기 시작하였다. 한 손이 창턱을 잡으려고 올라갔지만 다시 내려졌다. 삐에르는 다시 눈을 감고, 이젠 절대로 뜨지 않겠다고 스스로 다짐했다. 별안간 주위 전체가 떠들썩해진 것을 느꼈다. 눈을 떴다. 돌로호프가 창턱에 서 있었다. 그의 얼굴은 창백했지만 즐거워 보였다.

"비었다!"

그가 영국 사람에게 병을 내던지자 상대방은 재치 있게 받아들었다. 돌로호프는 창가에서 뛰어내렸다. 럼주 냄새가 그의 입에서 풍겼다.

"옳지! 잘했다! 내기는 이래야지! 제기랄!" 사방에서 외쳤다.

영국 사람은 지갑을 꺼내서 돈을 세었다. 돌로호프는 이맛살을 찌푸리고 잠자코 있었다. 삐에르가 창문에 뛰어올랐다.

"여러분! 누가 나하고 내기하지 않겠소! 나도 똑같이 해 보일 테다." 느닷없이 그는 외쳤다. "아냐, 내기는 하지 않아도 좋아. 그렇지, 술 한 병 가져와 주게. 나는 하겠다……가져오라고 해……."

"시켜라, 시켜라." 돌로호프가 싱글싱글 웃으면서 말했다.

"자네 무슨 소리야. 미쳤나? 누가 자넬 시킬 줄 알아! 사다리에 올라가기만 해도 현기증을 내는 주제에." 사방에서 지껄여댔다.

"나는 마신다, 럼주 한 병 가져와!" 삐에르는 뒤로 물러날 것 같지 않은, 술 취한 동작으로 테이블을 두들기면서 소리치며 창 밖으로 기어나가려고 하였다.

누군가가 그의 팔을 잡았다. 그러나 삐에르는 워낙 힘이 세서 다가오는 사람을 멀리 밀어제쳤다.

"안 돼, 그래서는 절대로 저 녀석을 꺾지 못해." 아나똘리가 말했다. "잠깐만, 내가 잘 속여 볼 테니까. 이봐, 자네하고 내기를 하겠다. 다만 내일이다. 이제부터 다 같이 ×××로 간다."

"가자." 삐에르가 외쳤다. "가자! 곰도 같이 데리고 가자……."

그리고 그는 곰을 붙잡아서 안아 들자 방 안을 빙빙 돌기 시작했다.

7

바씰리 공작은 안나의 파티에서 외아들 보리스의 일을 부탁한 도르베쯔꼬이 부인과의 약속을 이행했다. 보리스의 일은 황제에게 상신되어, 그는 관례를 깨뜨리고 세묘노프스끼 연대 소속의 소위 후보로서 근위 사단에 배속되었다. 그러나 도르베쯔꼬이 공작 부인의 온갖 수고와 공작에도 불구하고 꾸뚜조프의 부관이나 측근으로는 끝내 임명되지 않았다. 안나의 파티 바로 뒤에 도르베쯔꼬이 공작 부인은 모스크바로 돌아가 부유한 친척 로스또프네로 곧장 갔다. 그녀는 모스크바에서 이 집의 신세를 지고 있었고, 군인이 된지 얼마 지나지 않아 이내 소위 후보가 된 귀여운 보리스도 어릴 적에 여기서 여러 해를 보냈다. 근위 부대는 이미 8월 10일에 뻬쩨르부르그를 출발하고 있었으므로, 제복을 마련하기 위해 모스크바에 남아 있던 아들은 라지빌로프로 가는 도중에 부대를 따라잡아야만 했다.

로스또프네에 도착하니 마침 두 나딸리야, 즉 어머니와 막내딸의 명명일(命名日 : 희랍 정교나 가톨릭에서는, 동명인 성자의 제일 (祭日)을 생일처럼 성대하게 축하하는 관습이 있다)을 축하하는 날이었다. 뽀바르스까야 거리에 있는, 모스크바에서도 모르는 사람이 없을 만큼 유명한 로스또프 백작 부인의 큰 저택에는 축하하는 손님을 태운 마차의 행렬이 아침부터 끊길 사이 없이 이어졌다. 백작부인은 아름다운 큰 딸이나 뒤이어 찾아드는 손님들과 더불어 응접실에 앉아 있었다.

백작 부인은 45, 6세 된 얼굴이 갸름한 동양 타입의 여성으로, 아이를 열두 명이나 낳은 탓으로 눈에 띄게 수척해 보였다. 체력의 쇠약함에서 오는 동작과 느린 말투가 오히려 그녀에게 존경심과 무게 있는 태도를 불러일으키게 하였다. 도르베쯔꼬이 공작 부인은 집안 식구나 다름없이 자리를 같이하고 손님의 접대와 말상대를 도우면서 바로 곁에 앉아 있었다. 젊은 패들은 손님의 접대를 도울 필요도 없었기에 안쪽 방에 있었다. 백작은 손님을 맞아들이기도 하고 배웅하기도 하며 모든 사람을 저녁 식사에 초대했다.

"정말 감사합니다. 나 자신을 위해서도, 축하를 받는 본인들을 위해서도, 잊지 말고 꼭 만찬에 와 주세요. 가족을 대표해서 마음으로부터 부탁드립니다."

깨끗하게 수염을 깎은 유쾌하고 토실토실한 얼굴에 똑같은 표정을 띠며, 굳은 악수와 몇 번이나 되풀이하는 가벼운 절을 똑같이 보내면서, 백작은 이 말들을 예외 없이 모든 사람들에게 되풀이하였다. 한 손님을 배웅한 뒤 백작은 아직 응접실에 있는 남자 손님이나 여자 손님한테로 돌아와, 그 옆의 안락의자를 끌어당겨 앉았다. 그러고는 생활력이 있고 또 생활을 사랑하는 사람다운 표정을 짓고는, 젊은 사람처럼 두 다리를 벌리고 양손을 무릎 위에 얹어놓고 의미 있는 듯이 몸을 흔들면서, 때로는 러시아말로 일기 예상을 해보기도 하고 건강 상의도 했다. 또 지쳐 있기는 하지만 의무만은 굳게 지키는 사람다운 표정을 지으며, 벗겨진 머리에 얼마 남지 않은 흰 머리를 쓰다듬으면서 손님을 배웅하러 나가고, 또 저녁 식사에 초대하는 것이었다. 이따금 현관 홀에서 돌아오는 도중 실내 화단과 급사 방을 지나서 대리석으로 만들어진 큰 홀에 들렀다. 80명 분의 식탁이 준비되어 있는 그곳에서는 급사들이 은그릇과 도자기를 운반하거나 식탁을 늘어놓기도 하고, 무늬 놓은 비단 탁보를 펼치고 있었다. 그는 그 모습을 바라보고는 온 집안 일을 맡아보고 있는 귀족 출신인 드미뜨리 바씰리에비치를 불러 말했다.

"잠깐, 드미뜨리 군, 알겠지? 만사가 잘 되도록 말이야. 그래 그래." 그는 크게 펼쳐진 커다란 테이블을 만족스럽게 바라보면서 말했다. "가장 중요한 것은 식탁의 차림새야. 알겠지?" 그리고 그는 만족스럽게 한숨을 쉬고 다시 객실로 돌아갔다.

"까라긴네 부인과 영양께서 오셨습니다!" 백작 부인의 외출용 마차를 모는 커다란 체구의 하인이 응접실 입구에 들어서면서 낮은 음성으로 전했다. 부인은 무언가를 잠시 생각하더니, 남편 초상이 붙은 황금 담뱃갑에서 코담배를 조금 꺼내서 냄새를 맡았다.

"쉴 사이 없는 손님 때문에 녹초가 됐어요." 그녀는 말했다. "그럼, 이 분을 마지막으로 하고 끝내기로 합시다. 매우 딱딱한 사람이지만. 들어오시도록 해요." 그녀는 마치 차라리 숨통을 끊어달라고나 하는 양 슬픈 듯한 음성으로 하인에게 말했다.

키가 크고 토실토실 살찐 거만한 느낌의 귀부인이 둥근 얼굴에 가득 미소를 담은 딸과 함께 사락사락 옷 스치는 소리를 내며 응접실로 들어왔다.

"오래간만입니다. 백작부인…… 가엾게도 이 아이는 앓고 있었기 때문에

…… 라주모프 댁의 무도회에서…… 아쁘라끄신 백작 부인도…… 나는 정말 기뻐요……." 활발한 여성의 음성이 서로 앞장서려는 듯이 옷 스치는 소리와 의자를 움직이는 소리와 더불어 들리기 시작하였다. 이야기가 일단 두절되면 곧 일어나 옷 스치는 소리를 내면서, "무척 기뻐요…… 어머님 건강은? …… 아쁘라끄신 백작 부인도……." 라고 말하고, 다시 옷 스치는 소리를 내고 현관으로 나가 모피 코트나 망토를 입고 돌아가기 위해 교환되는 대화가 시작되었다. 화제는 당시 수도의 주요 뉴스 즉, 이름난 부호이며 예까쩨리나 시대의 미남자였던 베주호프 노(老) 백작의 병과 그의 사생아인 삐에르였다. 삐에르라는 사람은 안나의 파티에서 버릇없이 굴었던 사나이였다.

"정말 그 불쌍한 백작을 진심으로 동정해요." 한 여자 손님이 말했다. "몸도 불편하신데 이번에는 아들 일로 걱정이시니, 이래서야 어디 살겠어요!"

"도대체 무슨 이야깁니까?" 백작 부인은 손님이 무슨 이야기를 하고 있는지 모르는 것처럼 물었으나 실은 그녀는 베주호프 백작이 마음 아파하는 원인을 벌써 열다섯 번 정도 듣고 있었다.

"현대 교육이라는 것이 바로 이런 것이군요! 외국에 있는 동안에" 손님은 이야기를 계속하였다. "그 청년은 제멋대로 하도록 내버려진 데다가 이번에는 뻬쩨르부르그에서 엄청난 일을 저질렀기 때문에 경찰의 감시를 받으며 그곳에서 추방되었다는 이야기예요."

"설마!" 백작 부인이 말했다.

"그분은 친구를 잘못 사귄 거예요." 도르베쯔꼬이 공작 부인이 말참견을 했다. "바씰리 공작의 아드님과, 그 사람과 그리고 돌로호프 집안의 한 사람, 이들이 엉뚱한 짓을 했다는 거예요. 그래서 두 사람이 몹시 혼이 난 것 같아요. 돌로호프는 병사로 강등되고, 베주호프의 아드님은 모스크바로 추방. 꾸라긴은 아버지가 이럭저럭 무마하기는 했지만, 역시 뻬쩨르부르그에서 쫓겨났답니다."

"그래, 대체 무슨 일을 저질렀다는 겁니까?" 백작 부인이 물었다.

"그쯤 되면 완전히 강도입니다. 특히 돌로호프가 나빠요." 손님이 말했다. "그 분은 훌륭한 마리야 돌로호프 씨의 아드님인데, 글쎄 말입니다! 생각 좀 해 보세요. 그 세 사람은 어디서 났는지 곰을 마차에 태워가지고 여배우한테로 데려갔다지 뭐예요. 경찰이 말리려고 달려오자 세 사람은 서장을 붙잡아 곰 등에 반듯이 붙잡아매고는 곰을 모이까 강에 내던졌다는 거예요. 곰은 헤엄치고 서장은 그 등 위에서⋯⋯."

"그 서장의 꼴은 가관이었겠군요, 마 셰르." 배를 안고 웃어대면서 백작이 외쳤다.

"아이, 너무해요! 웃을 일이 아네요, 백작!"

그러나 그렇게 말하는 여인들도 저도 모르게 웃음을 터뜨렸다.

"불쌍한 서장을 간신히 구출했다지만" 손님은 말을 계속했다. "정말로 베주호프 백작의 아들이라는 사람이 그렇게도 못된 장난을 할 수 있단 말입니까!" 그녀는 말을 덧붙였다. "듣자니 교양도 있고 머리도 좋은 사람이라는데 말입니다. 외국에서 받은 교육이란 고작해야 이런 정도겠죠. 아무리 그분이 부유하더라도, 여기서는 아무도 상대해 주지 않을 거라고 생각해요. 나한테도 소개하겠다는 말들이 있었지만, 나는 명백히 거절했습니다. 내게도 젊은 딸들이 있으니까요."

"왜 그 청년이 그토록 부유하다고 말씀하시는 거죠?" 백작 부인은 그 순간 듣고 있지 않은 체 하고 있는 딸들을 피하듯이 몸을 굽히면서 물었다. "베주호프 씨에게는 사생아밖에 없잖아요⋯⋯. 아마 삐에르도 사생아이고."

손님은 손을 내저었다.

"그분에게는 사생아가 20명쯤 있을 거예요."

도르베쯔꼬이 공작 부인은 분명 사교계에서의 자신의 연고와 지식을 보이고 싶은 듯 말참견을 했다.

"문제는 거기에 있어요." 그녀는 뜻이 있는 듯이 소리를 낮추고 말했다.

"베주호프 백작의 명성은 아시는 바와 같고⋯⋯. 그분은 자녀들이 셀 수 없을 정도로 많지만 그중에서도 삐에르를 무척 좋아하시거든요."

"정말 깨끗한 노인이었어요." 백작 부인이 말했다. "작년까지만 해도! 그토록 남자다운 분을 나는 본 일이 아직 없어요."

"그러셨던 분이 지금은 몹시 변해 버리셨어요." 도르베쯔꼬이 부인이 말했다. "그건 그렇고 내가 말씀드리려고 한 것은" 그녀는 말을 이었다. "부인편에서 본다면 전 재산의 직접 상속인은 바씰리 공작이지만, 아버지는 삐에르를 무척 귀여워하시고 교육도 시키고 폐하께 편지도 쓰셨습니다. 그래서, 만약 베주호프 백작이 돌아가시기라도 하는 날에는 (그분은 건강이 매우 나빠서 언제 그렇게 될는지 모를 지경입니다. 로랑 의사 선생도 뻬쩨르부르그에서 오셨습니다), 그 막대한 재산이 삐에르와 바씰리 공작 중 어느 쪽으로 돌아갈 것인지 아무도 모르고 있어요. 어쨌든 농노 4만 명에다가 수백만 루블의 재산이거든요. 내가 그토록 잘 알고 있는 것은 바씰리 공작이 친히 말해 주셨기 때문이에요. 게다가 베주호프 백작도 나에게는 사촌 백부가 되십니다. 보리스에게 세례도 시켜 주셨답니다." 그녀는 그러한 일에는 아무런 뜻도 인정하지 않는다는 듯이 덧붙였다.

"바씰리 공작은 어제 모스크바에 도착하셨습니다. 감사단의 우두머리라고 들었는데요." 손님이 말했다.

"네, 그렇지만 우리끼리의 이야기지만" 공작 부인이 말했다. "그것은 구실이고, 베주호프 백작에게 온 겁니다. 용태가 몹시 나쁘다는 것을 알고 말입니다."

"그건 그렇고, 마 셰르, 그건 정말 굉장한 장난입니다." 백작은 화제를 돌렸으나, 연상의 여자 손님이 그의 말에 귀를 기울이지 않는다는 것을 알고 이번에는 젊은 딸들을 향해 말했다. "서장의 꼴은 가관이었을 거라고 생각합니다."

그리고 서장의 두 손을 휘젓는 모습을 떠올리고 나서, 뚱뚱한 몸을 흔들면서 잘 울리는 굵직한 음성으로 크게 웃었다. 그것은 늘 맛있는 것을 먹고, 특히 잘 마시고 있는 사람의 웃음이었다. "그건 그렇고 부디 저녁 식사에 와 주십시오." 그는 덧붙여 말했다.

8

침묵이 찾아왔다. 백작 부인은 상냥하게 미소지으면서, 설사 여자 손님이 일어나서 돌아가 버린다 하더라도 이젠 조금도 아쉽게 여기지 않는 기색을 감추려 하지 않고 손님을 바라보고 있었다. 여자 손님의 딸이 물어보듯 어머니를 바라보면서 이미 옷매무새를 매만지고 있었다. 그때 별안간 옆방에서 문 쪽으로 몰려 오는 남녀 여럿의 발 소리와 의자에 걸려 쓰러지는 소리가 들리고, 열서넛 돼 보이는 계집아이가 짧은 머슬린 스커트에 무엇인가를 싸 들고 방 안에 뛰어들어와 한복판에 멈추어 섰다. 분명 정신없이 달려오다가 자기도 모르게 여기까지 뛰어든 듯했다. 동시에 새빨간 깃의 제복을 입은 대학생과 근위 장교와, 열너댓 되는 소녀와 어린이용 자켓을 입은 토실토실하게 살찐 볼이 빨간 소년이 나타났다.

백작은 벌떡 일어나서 몸을 크게 좌우로 흔들면서, 달려 들어온 계집아이를 양손을 크게 펼쳐 껴안으려 했다.

"봐요, 이 아이에요!" 웃으면서 그는 소리쳤다. "오늘 축하의 주인공입니다! 귀여운 내 딸입니다!"

"애들아, 모든 일에는 때와 장소가 있는 법이란다." 백작 부인은 엄한 표정을 지으며 말했다. "당신이 언제나 버릇없이 만들기 때문이에요." 그녀는 남편을 보고 말을 덧붙였다.

"안녕하세요, 아가씨. 축하합니다." 여자 손님이 말했다. "어쩌면 이렇게도 귀여우실까." 그녀는 어머니를 돌아보고 덧붙였다.

까만 눈에 큰 입, 아름답지는 않지만 발랄한 소녀는, 다급히 달려왔기 때문에 옷이 흘러내려 작은 어깨의 맨살이 드러나 있었다. 뒤로 헝클어뜨린 검은 고수머리, 드러난 가냘픈 팔, 레이스 달린 바지를 입고 조그마한 발에 앞이 벌어진 단화를 신은 모습은 이미 아이는 아니지만, 그렇다고 해서 아직 젊은 아가씨라고는 말할 수 없는 귀여운 나이임을 보여주었다. 아버지로부터 빠져나가자 소녀는 어머니한테로 달려가서, 엄한 잔소리에는 아랑곳없이 빨갛게 상기된 얼굴을 어머니의 레이스 목도리에 파묻고 웃기 시작했다. 그녀는 스커트 밑에서 꺼낸 인형에 대해서 띄엄띄엄 설명하면서 왜 그런지 계속 웃고 있었다.

"보여? …… 인형이…… 미미가…… 보이죠."

나따샤는 더 말을 하지 못했다(그녀에게는 모든 것이 우스꽝스럽게 생각되었다). 그녀는 어머니 무릎에 엎드리고는 잘 울리는 커다란 음성으로 웃어댔으므로, 까다로운 여자 손님까지 모두 자기도 모르게 웃음을 터뜨렸다.

"자, 그럼 부서진 인형을 가지고 저리로 가거라!" 어머니는 일부러 성난 얼굴을 짓고 딸을 떠밀면서 말했다. "우리 막내딸이랍니다." 그녀는 여자 손님에게 말했다.

나따샤는 어머니의 레이스 목도리에서 얼굴을 떼고, 너무 웃어서 눈물을 글썽이며 아래에서 어머니를 쳐다보고 다시 얼굴을 파묻어 버렸다.

가정 생활의 한 토막을 구경하게 된 여자 손님은 거기에 무엇인가 역할을 하지 않으면 안 된다고 생각하였다.

"저, 가르쳐 줘요, 아가씨." 그녀는 나따샤에게 말했다. "그 미미는 아가씨의 뭐가 되죠? 딸, 그렇죠?"

나따샤는 이 여자 손님이 자기에게 말을 걸었을 때 마치 아이들 눈높이에 맞추는 듯한 겸손한 말투가 마음에 들지 않았다. 그녀는 아무 대꾸도 하지 않고 정색한 표정을 짓고 상대방을 노려보았다.

한편 그러는 동안에 젊은 사람들은—장교이자 도르베쯔꼬이 공작 부인의 아들인 보리스, 백작의 장남인 대학생 니꼴라이, 백작의 조카딸인 열다섯 살의 쏘냐, 막내아들인 아직 어린 뻬쨔도—모두 응접실 여기저기 자리를 차지하고, 아직도 얼굴에 나타난 활기와 즐거움을 예절의 틀 안에 억제하려고 애를 쓰고 있는 것 같았다. 그들이 곧장 이곳에 뛰어들어오기 전의 저편 안방에서는, 이 방에서 주고받는 시중의 소문이나 날씨, 아쁘라끄신 백작 부인의 이야기보다는 훨씬 즐거운 대화가 있었던 것 같았다. 이따금 그들은 서로 바라보고 간신히 웃음을 참고 있었다.

두 사람의 젊은이, 학생과 장교는 어렸을 때부터 친구로, 같은 나이에 모두 미남자이지만 서로 닮은 데는 조금도 없었다. 보리스는 훤칠한 키에 금발 청년이며 조용하고 단정한 용모에 화사했지만, 니꼴라이는 작은 체구의 고수머리 청년으로 표정도 탁 틔어 시원스러웠다. 윗입술에는 벌써 검은 콧수염이 나 있고, 흥분하기 쉬운 성급한 성격이 얼굴 전체에 나타나 있었다. 니꼴라이는 응접실에 들어서자마자 얼굴을 붉혔다. 무슨 말을 하려고 했으나 알맞은 말을 찾아내지 못하고 있는 것 같았다. 반대로 보리스는 곧 재치 있게, 자기는 이 인형 미미를 코흘리개 시절부터 알고 있지만, 내 기억에 남아 있는 5년 동안에 완전히 늙어서, 지금은 온 두개골에 금이 가고 말았다고 농담조의 침착한 어조로 말했다. 이렇게 말하고 그는 나따샤를 흘끗 바라보았다. 나따샤는 외면하고 어린 남동생을 보았다. 동생은 실눈을 뜨고 소리를 죽이고 웃으면서 몸을 흔들고 있었다. 그러자 나따샤는 더 이상 웃음을 참을 수가 없어 벌떡 일어나서 민첩한 다리로 방에서 뛰어나갔다. 보리스는 웃지 않았다.

"어머니도 역시 나가시려고 하셨죠? 마차가 있어야죠?" 그는 웃는 낯으로 어머니를 돌아다보고 말했다.

"그래. 가서 마차 준비를 하도록 분부해 다오." 어머니도 미소를 지으면서 대답했다.

보리스는 조용히 문을 나가, 나따샤의 뒤를 따라갔다. 살찐 사내아이는 자기가 하고 있던 일에 방해라도 당한 것을 못마땅해 하는 듯이 시무룩해서 두 사람을 쫓아 뛰어갔다.

9

젊은 사람들 중에서 로스또프 백작 부인의 큰딸(그녀는 동생보다 네 살 위며, 이미 어른 행세를 하고 있었다)과, 손님의 영양을 제외하면 객실에 남은 사람은 니꼴라이와 조카딸 쏘냐뿐이었다. 쏘냐는 날씬한 조그마한 체구에 검은 머리를 가진 아가씨로, 눈길은 긴 속눈썹으로 그늘이 져 있고, 부드러우면서도 늘어진 검은 머리를 두 번 머리 주위에 감고 있었다. 그리고 얼굴 피부와, 메말랐으나 우아한 힘줄이 드러나보이는 손이나 목 피부는 누르스름한 빛을 띠고 있었다. 동작은 경쾌했고, 조그마한 손발은 부드럽고 유연했으며 거동은 빈틈이 없이 신중했기 때문에 이 아가씨는 아름답지만 아직 어른이 되어 있지 않은, 머지 않아 훌륭한 암고양이가 될 것 같은 새끼 고양이를 연상시켰다. 그녀는 미소를 띠고 모두의 대화에 관심을 표시하는 것을 예의인 양 생각하고 있는 것 같았다. 그러나 그런 기분과는 달리 그녀의 눈은 순진한 아가씨의 격렬한 사랑을 담고, 군대에 가려고 하는 사촌 오빠를 길고 검은 눈썹 아래에서 바라보고 있었기 때문에, 그녀의 웃는 얼굴은 남의 눈을 속일 수가 없었다. 이 암고양이가 잠시 앉아 있는 것은, 보리스와 나따샤처럼, 그녀가 이 응접실을 빠져나가면 그와 함께 힘차게 뛰놀기 위한 것이라는 속셈을 엿볼 수가 있었다.

"실은" 노백작이 니꼴라이를 가리키면서 손님에게 말했다. "애의 친구 보리스가 장교로 임명되었기 때문에 우정을 걸고 뒤지지 않겠다는 모양입니다. 대학도 나도, 이 노인도 버리고 군대에 들어가겠다는 겁니다. 이미 고문서 보관소에 일자리가 있었는데 이제는 소용이 없죠. 이게 우정이란 건가요?" 백작은 물어보듯 말했다.

"그러고 보니, 이미 선전 포고가 되었다던데요." 여자 손님이 말했다.

"그런 소문은 전부터 있었죠." 백작은 말했다. "앞으로도 그저 소문만 나고 그것뿐일 겁니다. 이봐요, 부인, 이게 우정이란 거군요!" 그는 되풀이했다. "이 애는 경기병이 되겠다는 겁니다."

여자 손님들은 어떻게 말해야 좋을지 몰라서 고개를 저었다.

"결코 우정 때문이 아닙니다." 니꼴라이는 얼굴이 빨개지더니 마치 수치스러운 중상을 떨쳐 버리려는 듯이 대답하였다. "우정 때문은 아닙니다. 다만 군무에 대한 사명을 느끼고 있을 따름입니다."

그는 사촌 여동생과 손님의 영양을 돌아다보았다. 두 사람은 모두 찬성하는 미소를 담고 그를 바라보고 있었다.

"오늘 슈베르트 대좌가 저녁 식사를 하러 우리 집에 오십니다. 빠블로그라드 경기병 연대의 연대장입니다. 휴가로 이곳에 오셨기 때문에 우리 아들을 같이 데려가 주시겠다고 합니다. 어떻게 할 수가 없지 않겠어요?" 백작은 어깨를 움츠리고, 분명히 그에게 많은 슬픔을 가져왔을 이 문제를 농담처럼 말했다.

"그래서 전에도 말하지 않았어요, 아버지." 아들이 말했다. "만약 아버지께서 저를 놔 주고 싶지 않으시다면 저는 남겠습니다. 그렇지만 저는 군무에 들어가는 것 이외에는 아무 쓸모도 없다는 것을 잘 알고 있습니다. 저는 외교관도 관리도 될 수 없어요. 자기 감정을 감추질 못하니까요." 이성의 마음을 끌고 싶다는 아름다운 청춘시대 특유의 기분으로 쏘냐와 손님의 따님들을 바라보면서 말했다.

암고양이는 그에게 눈을 떼지 못했다. 당장 고양이의 본성을 나타내어 장난치려고 덤벼들 것만 같았다.

"자, 자, 좋아!" 노백작이 말했다. "이내 발끈하거든. 역시 나폴레옹이 모든 사람의 머리를 돌게 한 탓이야. 그 사나이가 도대체 어떻게 해서 중위에서 황제가 되었을까 하고 모두가 생각하고 있으니 말이야. 좋아, 잘 해주기 바란다." 그는 여자 손님의 비웃는 듯한 엷은 미소도 알아채지 못하고 말을 덧붙였다.

어른들은 나폴레옹 이야기를 시작했다. 까라긴네 부인의 딸 줄리는 니꼴라이에게 말을 걸었다.

"정말로 유감이었어요. 당신이 지난 목요일에 아르하로프 씨 댁에 안 오셔서 어찌나 섭섭했는지 몰라요. 당신이 안 계셔서 나는 지루했어요." 그녀는 상냥하게 미소지으면서 니꼴라이에게 말했다.

달콤한 이런 말에 기분이 좋아진 청년은 여심을 자극하는 청춘의 미소를 띠면서 그녀 옆으로 가까이 가서, 줄곧 미소 짓고 있는 줄리와 두 사람의 이야기를 시작했다. 그러나 자기도 모르게 보인 이 미소가, 얼굴을 붉히고 억지 웃음을 짓고 있는 쏘냐의 마음을 질투의 칼로 찔렀다는 것은 꿈에도 알아채지 못하였다. 이야기 도중에 그는 쏘냐를 돌아다보았다. 쏘냐는 불타는 생각과 원한을 담고 그를 바라보았다. 그리고 눈에는 눈물, 입술에는 억지웃음을 간신히 유지하고 일어나서 방을 나가 버렸다. 니꼴라이의 생기는 이내 가시고 말았다. 그는 이야기가 끊어지는 기회를 타서 흥이 깨진 얼굴로 쏘냐를 찾으러 방을 나갔다.

"젊은 사람의 비밀이란 흰 실로 꿰맨 것처럼 환히 보여요!" 나가는 니꼴라이를 가리키며 도르베쯔꼬이 공작 부인이 말했다. "사촌 사이란 위험한 이웃이지요." 그녀는 덧붙였다.

"그래요." 저 젊은 세대의 친구들과 함께 응접실에 스며들었던 햇살이 사라진 뒤에 백작 부인이 말했다. 그것은 누구의 물음을 받은 것도 아닌데 늘 그녀의 마음에 걸려 있는 문제에 대답하는 것 같았다. "지금 그 애들을 보고 기뻐하기 위해서 얼마나 태산 같은 고생과 걱정을 겪어 왔는지 모르겠어요! 그런데 지금도 진정 기쁨보다 불안이 앞서고 있어요. 노상 두려움이 떠날 날이 없군요!˙ 어쨌든 남자아이에게도 계집아이에게도 태산같이 위험이 있는 나이니까요."

"모든 것이 교육하기에 달렸어요." 여자 손님이 말했다.

"옳아요, 당신 말대로예요." 백작 부인이 말을 계속했다. "고맙게도 오늘날까지 나는 아이들 친구가 되어 왔어요. 그리고 완전히 신용을 얻고 있어요." 자기 아이만은 부모에 대해서 비밀이란 없다고 생각하고 있는 많은 부모들의 그릇된 생각을 되풀이하면서 백작 부인이 말했다. "나는 알고 있어요. 나는 언제든지 딸들이 맨 처음에 마음을 털어놓는 상대가 될 거예요. 또 니꼴라이는 꽤 격한 성격이므로 장난을 좀 저지를지는 몰라도(사내아이는 늘 이러기 마련입니다만), 방금 말씀하신 뻬쩨르부르그 사람들과 같은 일은 결코 저지르지 않으리라고 봐요."

"그렇지, 참 훌륭한 아이들이지." 무엇이든지 훌륭하다고 생각함으로써 자기가 다루기 힘든 문제를 항상 해결해 온 백작이 맞장구를 쳤다. "이봐요! 이번만 해도 경기병을 지원했잖소! 더 무엇을 바라겠소, 부인!"

"작은 따님은 어쩌면 그렇게도 귀여울까요!" 여자 손님이 말했다. "무척 발랄해요!"

"네, 활기가 있어요." 백작이 말했다. "날 닮은 겁니다! 게다가 음성도 참 훌륭합니다. 내 딸이지만 확실히 그 애는 성악가가 될 수 있습니다. 제2의 살로모니(당시 모스크바의 일류 가수)죠. 집에서는 저 애를 가르치기 위해서 이탈리아 사람을 고용했습니다."

"아직 빠르지 않습니까? 그 나이에 배운다는 것은 목소리에 좋지 않다던데요."

"천만에, 빠르다뇨!" 백작이 말했다. "우리네 어머니들은 열두세 살에 시집을 가지 않았습니까?"

"그 애는 벌써 보리스를 사랑하고 있어요! 무슨 애가 그럴까요?" 보리스의 어머니를 바라보고 살포시 웃으면서 백작 부인이 말했다. 그리고 분명히 늘 속으로 생각하고 있는 것에 대답하듯이 말을 계속했다. "그렇지만 만약 내가 그 애를 엄하게 속박해서 이것저것 못하게 한다면…… 그 애들은 몰래 무슨 짓을 할지 몰라요(부인은, 키스 정도는 할지도 모른다는 뜻으로 말한 것이다). 그러나 지금 나는 그 애가 하는 말은 다 알고 있어요. 밤이 되면 그 애는 나한테 뛰어와서 모든 것을 이야기해줍니다. 어쩌면 나는 저 애를 너무 버릇없이 만들고 있는지도 모르겠습니다만 정말 이편이 나은 것만 같아요. 큰애는 엄하게 길렀습니다만."

"그래요, 나는 전혀 다르게 교육을 받았어요." 아름다운 큰딸 베라가 미소 지으면서 말했다.

그러나 그 미소는 여느 때와는 달리 베라의 얼굴을 아름답게 보이게 하지 않았다. 오히려 반대로 그녀의 얼굴은 부자연스러워지고 그 때문에 불쾌하게 느껴졌다. 큰딸 베라는 미인인 데다 머리도 좋고 공부도 잘 했으며, 교양도 풍부하고 목소리도 고왔다. 지금 한 말도 모두 옳았으며 그 자리에 어울리는 말이었다. 그러나 이상하게도, 여자 손님도 백작 부인도 왜 그녀가 그런 말을 했을까 하고 놀란 듯이 그녀를 돌아다보고 쑥스럽게 여겼던 것이다.

"언제나 맏이의 교육에는 손이 많이 가게 마련이에요. 남들보다 특출난

아이로 키우고 싶은 욕심에서지요." 여자 손님이 말했다.

"숨길 일도 아니니 말씀드리지요. 부인, 우리 집사람은 베라의 교육에 과도하게 신경을 쓰기는 했지만" 백작이 말했다. "그러나 그것도 괜찮습니다! 역시 훌륭한 딸이 되었으니까요." 그는 이것으로 좋다는 듯이 베라에게 윙크하면서 말을 덧붙였다. 손님들은 일어나서 만찬에 올 것을 약속하고 돌아갔다.

"대단한 예의로군! 이렇게나 오래 눌어붙어 있으니 말이야!" 손님을 배웅하고 나서 백작 부인이 말했다.

10

나따샤는 객실을 뛰어나갔지만 꽃방까지밖에 가지 않았다. 이 방에서 그녀는 발을 멈추고 응접실의 이야기에 귀를 기울이면서, 보리스가 나오기를 기다리며 서 있었다. 그가 곧 올 것 같지가 않아 나따샤는 참을 수 없는 기분이 들기 시작하여, 발을 동동 구르며 왈칵 울어버릴 뻔했다. 그때 조용하지도 않고 그렇다고 서두르지도 않는 청년의 점잖은 발소리가 들렸다. 나따샤는 재빨리 꽃을 심은 나무통 사이에 뛰어들어 몸을 숨겼다.

보리스는 방 한가운데서 걸음을 멈추어 사방을 둘러보았다. 한 손으로 군복 소매의 먼지를 털고는 거울로 다가가서 아름다운 자기 얼굴을 찬찬히 들여다보았다. 나따샤는 보리스가 이번에는 무엇을 하려나 하는 기대에 숨을 죽이고 숨은 장소에서 훔쳐보고 있었다. 그는 잠시 거울 앞에 서 있다가 빙그레 웃고는 출구 쪽을 향하여 걸어갔다. 나따샤는 부르고 싶었지만 마음을 다시 고쳐먹었다.

'좀 찾게 두면 돼.' 그녀는 혼잣말을 했다. 보리스가 채 나가기도 전에 다른 문에서 얼굴이 새빨개진 쏘냐가 울먹이는 목소리로 무엇인가 원망하듯 중얼거리며 나왔다. 나따샤는 처음에 쏘냐 쪽으로 달려가려고 했으나 그것을 억누르고, 모습을 감추는 모자를 쓴 것처럼 이 세상에서 일어나고 있는 일을 여유 있게 바라보면서 숨은 장소에 가만히 있었다.

그녀는 좀처럼 없는 새로운 즐거움을 맛보고 있었다. 쏘냐는 응접실 문을 돌아다보고 무엇인가 중얼거리고 있었다. 문에서 니꼴라이가 나왔다.

"쏘냐! 어떻게 된 거야? 이상하잖아?" 니꼴라이는 그녀 곁으로 뛰어가면서 말했다.

"아무것도 아니에요, 아무것도 아니에요, 내버려 두세요!" 쏘냐는 왈칵 울음을 터뜨렸다.

"아냐, 난 까닭을 알고 있어."

"그래요, 알고 계시다면 잘 됐어요. 가세요, 그분한테로."

"쏘냐! 한마디만 하겠어! 쓸데없는 상상 때문에 나나 자기를 이렇게 괴롭혀도 된단 말이야?" 니꼴라이는 그녀의 손을 잡고 말했다.

쏘냐는 손을 빼려고도 하지 않고 울음을 멈추었다.

나따샤는 꼼짝하지 않고 숨을 죽이고는 눈을 반짝이며 숨은 장소에서 바라보고 있었다. '앞으로 어떻게 될까?' 그녀는 생각했다.

"쏘냐! 내게 이 세상을 다 준다 해도 필요 없어! 내게는 너만이 전부야." 니꼴라이가 말했다. "나는 그것을 증명해 보일 테야."

"난 당신이 그렇게 말하는 것이 싫어요."

"그래? 그럼 말하지 않겠어. 미안해, 쏘냐!"

그는 쏘냐를 끌어안고 키스했다.

'어머, 멋있어!' 나따샤는 생각했다. 그리고 쏘냐와 니꼴라이가 방을 나가자 보리스 뒤를 따라가 그를 불렀다.

"보리스, 이리 오세요." 그녀는 의미심장한 무엇인가 꾸미고 있는 것 같은 태도로 말했다. "잠깐 한마디 할 말이 있어요. 이쪽, 이쪽이에요." 그녀는 이렇게 말하고, 좀전에 자기가 숨어 있던 실내 화단의 꽃통 사이로 그를 데리고 왔다. 보리스는 미소를 지으면서 따라왔다.

"무슨 일이지?" 그는 물었다.

그녀는 당황해서 사방을 둘러보았다. 그리고 등 위에 내던졌던 가지 인형을 발견하자 그것을 손에 들었다.

"키스해 줘요, 이 인형에게." 그녀는 말했다.

보리스는 주의를 집중한 상냥한 눈으로 그녀의 상기한 얼굴을 보았으나 아무 말도 하지 않았다.

"싫으세요? 그럼 이쪽으로 오세요." 그녀는 더 안쪽 꽃들 속으로 들어가더니 인형을 내던졌다. "더 가까이 곁으로 오세요!" 그녀는 속삭였다. 그리고 두 손으로 장교 제복의 소맷부리를 잡았다. 그녀의 상기한 얼굴에는 엄숙한 표정과 두려움이 감돌고 있었다.

"그럼, 나한테라면 키스하고 싶으세요?" 그를 올려다보고 미소 지으면서도, 흥분한 나머지 울음이 터질 것만 같아 간신히 들리는 음성으로 그녀는 속삭였다.

보리스는 얼굴이 빨개졌다.

"이상한 사람이군!" 그는 이렇게 말하며 그녀 쪽으로 몸을 굽히고 더욱 얼굴을 붉혔다. 그러나 아무것도 하지 못하고 먼저 상대의 태도를 살폈다.

그녀는 별안간 꽃통 위에 뛰어올랐다. 보리스보다 키가 커졌다. 두 손으로 그를 껴안았다. 드러난 가냘픈 팔이 그의 목 위를 휘감았다. 그리고 머리를 세게 흔들어 머리채를 뒤로 젖히더니 정면에서 입술에 키스했다.

그녀는 화분 사이를 빠져나와 꽃이 놓여 있는 반대쪽으로 나오자 고개를 떨구고 걸음을 멈추었다.

"나따샤." 보리스가 말했다. "당신은 알고 있죠? 내가 당신을 좋아한다는 것을. 하지만……."

"당신, 나를 사랑하고 있어요?" 나따샤가 보리스의 말을 가로챘다.

"네, 사랑하고 있습니다. 그러나 지금 같은 짓은 그만 둡시다……. 앞으로 4년……. 그때 나는 청혼하겠습니다."

나따샤는 생각했다.

"열셋, 열넷, 열다섯, 열여섯……." 그녀는 가냘픈 손가락으로 세면서 말했다. "좋아요! 그 말, 진심이시죠?"

그리고 기쁜 듯한, 안심한 듯한 미소가 그녀의 얼굴을 밝게 빛냈다.

"그렇습니다!" 보리스가 말했다.

"영원히?" 아직 어린 여자 아이가 말했다. "죽을 때까지?"

그리고 보리스의 손을 잡고 행복한 얼굴로 그와 함께 조용히 휴게실 쪽으로 걸어갔다.

11

백작 부인은 격식을 차린 방문으로 몹시 피곤했기 때문에 더 이상 아무도 만나지 않겠다고 말하였다. 그리고 지금부터 축하하러 오는 손님들은 모두 식사에 초대하라고 현관지기에게 명령을 내렸다. 백작 부인은 죽마고우인 도르베쯔꼬이 공작 부인하고 단둘이서만 이야기하고 싶었다. 백작 부인은 그녀가 뻬쩨르부르그에서 온 이래 조용히 만나지 못했다. 도르베쯔꼬이 공작 부인은 여느 때와 같이 부은 듯한 낯으로 백작부인의 안락의자 쪽으로 다가앉았다.

"나는 당신한테는 모든 것을 털어놓을 수 있어요." 도르베쯔꼬이 공작 부인이 말했다. "우리 옛 친구들도 몇 명 남지 않았어요! 그래서 나는 당신의 우정이 더없이 소중하게 여겨져요."

도르베쯔꼬이 부인은 베라를 보고 입을 다물었다. 백작 부인은 친구의 손을 잡았다.

"베라." 백작 부인은 분명히 그다지 귀여워하지 않는 맏딸 쪽을 향해서 말했다. "어째서 너는 그렇게도 모든 일에 눈치가 없을까? 여기 있으면 방해가 된다는 것쯤은 알아야 하잖아. 동생들한테로 가거라, 그렇잖으면……."

아름다운 베라는 조금도 기분이 나쁘다는 기색도 없이 멸시하는 듯한 미소를 지었다.

"미리 그렇게 말해 주셨으면 곧 나갔을 거예요, 어머니." 그녀는 이렇게 말하고 자기 방으로 물러갔다. 그러나 휴게실 옆을 지나칠 때, 그녀는 방 안 두 창가에 두 쌍의 남녀가 좌우대칭으로 앉아 있는 것을 보았다. 그녀는 걸음을 멈추고 멸시하는 듯한 미소를 지었다. 쏘냐는 니꼴라이 옆에 앉아 있고 니꼴라이는 처음으로 자기가 썼던 시를 그녀에게 베껴주고 있었다. 보리스와 나따샤는 다른 창가에 자리잡고 있다가 베라가 들어오자 입을 다물었다. 쏘냐와 나따샤는 어색한 듯한, 그러나 행복스러운 낯으로 베라를 보았다.

연애를 하고 있는 여자를 보는 것은 즐겁고 가슴이 두근거리는 일이지만, 두 사람의 모습은 분명히 베라에게 유쾌한 감정을 불러 일으켜 주지 못한 것 같았다.

"몇 번이나 당부했을까." 그녀는 말했다. "내 물건에 손을 대지 말라고, 당신들한테는 당신들 방이 있으니까 말이야." 그녀는 니꼴라이한테서 잉크병을 빼앗았다.

"이제 곧, 다 됐어." 그는 펜에 잉크를 찍으면서 말했다.

"당신들은 무엇이든지 해서는 안 될 때에 하는 것이 주특기군요." 베라가 말했다. "응접실에 뛰어들어 와서 그런 짓을 하니까 당신들 때문에 모두들 창피하잖아."

베라가 말한 것은 옳았으나 오히려 그렇기 때문에 아무도 대꾸하는 사람은 없었고 네 사람은 그저 서로 바라볼 따름이었다. 베라는 잉크병을 손에 든 채 방 한가운데서 머뭇거리고 있었다.

"게다가 그런 나이에, 나따샤와 보리스, 너희들 둘 사이에 무슨 비밀이 있는 거냐. 모두가 시시하고 어리석은 일일 뿐이야."

"그게 언니하고 무슨 관계가 있단 말이에요." 나따샤는 조용한 음성으로 변호하듯이 말했다. 이날 그녀는 누구에게든 여느 때보다 더욱 선량하고 상냥하게 대한 것 같았다.

"참 어처구니 없어." 베라가 말했다. "너희들 때문에 나까지도 창피하지 않니. 대체 무슨 비밀이 있지?"

"누구에게나 비밀은 있는 거예요. 우리들도 언니와 베르그 사이의 일에는 참견하지 않잖아요." 나따샤는 점점 정색이 되어 말했다.

"참견할 이유가 없지." 베라가 말했다. "내 행동에는 언제나 조금도 부끄러운 데가 없기 때문이지. 네가 보리스하고 어떠한 교제를 하고 있는지 어머니한테 말할 테야."

"나따샤는 저와 매우 훌륭한 교제를 하고 있습니다." 보리스는 말했다. "난 아무 불만이 없습니다." 그는 말했다.

"그만두어요, 보리스 씨. 당신은 대단한 외교관이니까(외교관이라는 말은 당시 아이들이 붙인 특별한 의미로, 그들 사이에서 유행되고 있었다) 오히려 싫증이 나요." 나따샤는 기분에 거슬린 듯 떨리는 목소리로 말했다. "왜 언니는 나한테 짓궂게 굴지요?"

"이런 일은 언니가 절대로 이해할 리가 없어요." 그녀는 베라에게 말했다. "언니는 이제까지 한 번도 남을 사랑한 일이 없기 때문이에요. 언니에겐 정이 없어요. 언니는 장리스(프랑스의 여류작가이며 교육가. 주로 상류사회를 다룬 점잖은 소설을 썼다)에 지나지 않아요(이것은 니꼴라이가 베라에게 붙인 별명이며, 몹시 모욕적인 것이었다). 언니의 가장 큰 기쁨은 남을 불쾌하게 하는 거예요. 마음대로 베르그에게 아양이나 떠세요." 그녀는 재빨리 쏘아붙였다.

"그러나 나는 손님 앞에서 젊은 남자를 쫓아다니지는 않는다……."

"이젠 원하신 대로 됐죠." 니꼴라이가 말을 가로챘다. "모두에게 한껏 싫은 소리를 해서 기분을 망치고 말았어. 자 갑시다, 아이들 방으로."

네 사람은 모두 쫓기는 새 무리처럼 일제히 일어나 방에서 나갔다.

"난 너무나 싫은 소릴 들었지만 누구한테도 아무 말도 하지 않았어요." 베라는 말했다.

"마담 드 쟝리스! 쟝리스 부인!" 웃는 목소리가 문 저쪽에서 들렸다.

모두를 이토록 초조하게 만들고 불쾌하게 한 미인 베라는 미소를 짓고, 들은 말에는 별로 기분이 상한 내색도 하지 않고 거울로 다가가서 숄과 머리를 매만졌다. 자기의 아름다운 얼굴을 바라보는 동안에 그녀는 아마 더욱 냉정해지고 침착해진 것 같았다.

응접실에서는 이야기가 계속되고 있었다.

"아아! 나 좀 봐요." 백작 부인은 말했다. "내 일생도 모든 것이 장밋빛은 아니에요. 나는 잘 알아요. 이런 생활을 계속하면 재산도 오래 가지 않을 거예요! 그것은 클럽과 남편 이외의 사람이 호인인 탓이에요. 시골에서 산다고 우리에게 휴식이 있을 것으로 생각해요? 연극이니, 사냥이니, 아리송한 것들 때문에 도대체 끝이 없어요. 그러나 내 이야기 같은 거 해서 무슨 소용이 있겠어요! 그래, 당신은 도대체 어떻게 해서 그런 일을 잘 해나가고 있지요? 나는 당신을 보고 있으면 깜짝 놀라곤 해요, 안나 양. 글쎄 그 나이에 혼자서 마차를 몰고 모스크바로, 뻬쩨르부르그로 돌아다니면서, 모든 대신과 고관들을 모조리 방문하고, 어떤 사람하고도 상대할 수 있으니, 놀라지 않을 수 없어요! 대체 어떻게 그처럼 할 수 있을까? 난 도저히 그렇겐 할 수 없어요."

"아아, 나 좀 봐요." 도르베쯔꼬이 공작 부인이 대답했다. "당신이 그것을 알게 하고 싶지 않아요. 의지하고 있는 것이라곤 하나도 없이, 한없이 사랑하는 아들 하나 데리고 과부가 된다는 것은 정말 괴로운 일이에요. 그러자니 무슨 일이건 경험으로 몸에 익히게 돼요." 그녀는 다소 뽐내며 말을 이었다. "소송 덕택으로 난 배웠어요. 만약에 어떤 거물 인사를 만날 필요가 있을 때에 나는 간단한 편지를 써요. '모 공작 부인이 모 씨를 만나고 싶습니다'라고 말이에요. 그리고 직접 마차를 타고 찾아가요. 두 번이든 세 번이든 네 번이든, 필요한 목적을 달성할 때까지 말이에요. 남이 뭐라고 생각하건 상관없어요."

"그런데 당신은 어떻게 해서 누구에게 보리스의 일을 부탁했나요?" 백작 부인이 물었다. "댁의 아드님은 벌써 근위 장교잖아요? 그런데 우리집 니꼴라이는 사관 후보생으로 출전한답니다. 아무도 사전 교섭을 할 사람이 없기 때문이죠. 그래, 당신은 누구한테 부탁했습니까?"

"바씰리 공작입니다. 그분은 정말 친절하게 해 주셨습니다. 모든 것을 이내 승낙하시고 황제께 상주해 주셨어요." 도르베쯔꼬이 공작 부인은 자기가 목적을 달성하기 위해서 참지 않으면 안 되었던 모욕은 다 잊고 감격해서 말했다.

"바씰리 공작은 요새 어떠신가요? 좀 늙으셨지요?" 공작 부인이 물었다. "나는 루미안체프 댁의 연극이 몇 차례 있은 후에는 그분을 뵙지 못했어요. 아마 내 일은 잊고 계실 겁니다. 내 뒤를 쫓아다닌 적도 있었지요." 백작 부인은 회상을 하고 미소를 지었다.

"모든 것이 옛날과 다름없어요." 도르베쯔꼬이 부인은 대답했다. "친절하고 애교가 있어요. 신분은 높으시지만 성격은 조금도 변하지 않으셨답니다. '별로 도움이 되지 못해 유감입니다, 부인' 하고 그분은 나에게 말하는 거예요. '무엇이든 말해 주십시오'라고 말이에요. 그분은 훌륭하고 친절한 친척이에요. 그러나 당신은 알고 계시죠? 나딸리야, 내가 아들을 사랑하고 있다는 것을. 나는 아들의 행복을 위해서라면 무슨 일이라도 해 주겠어요. 다만, 나의 사정이 너무나 말이 아니어서." 도르베쯔꼬이 부인은 슬픔에 차서 음성을 낮추며 말을 이었다. "어쩌나 지독한지, 지금 가장 심한 상태에 놓여 있습니다. 불행한 신세 때문에 가지고 있는 것은 모두 써버리고 옴짝달싹 못할 형편이에요. 당신은 상상도 못하실 것입니다만, 내 수중에는 문자 그대로 땡전 한 푼 없습니다. 보리스의 군복을 어떻게 장만해 주면 좋을지 갈피를 못잡겠어요." 그녀는 손수건을 꺼내서 눈물을 닦았다. "500루블은 필요한데, 내게는 25루블 지폐 한 장밖에 없습니다. 이런 상태랍니다……. 이제 나의 유일한 희망은 베주호프 백작뿐이에요. 만약 그분이 자기 대자(代子)를 도와서—바로 그분이 보리스의 세례에 입회하셨으니까요—얼마간의 비용을 그에게 보태주실 생각을 하시지 않는다면 내 수고는 수포로 돌아가게 됩니다. 나는 그 애의 군복조차 엄두도 못내게 될 거예요."

백작 부인은 공작 부인을 따라 울면서 말없이 생각에 골몰하고 있었다.

"나는 이따금 생각해요. 이건 죄스러운 이야긴지는 모르겠지만." 공작 부인은 말했다. "곧잘 생각합니다만, 그 베주호프 백작은 혼자 살고 계시는데……. 그토록 막대한 재산……. 대체 무엇 때문에 살고 계실까요? 그분에게는 삶은 괴로움이지만, 보리스는 이제 생활을 시작해야 합니다."

"그분은 틀림없이 보리스에게 얼마간은 남길 것입니다." 백작 부인은 말했다.

"글쎄요, 부인. 그런 부자나 높은 분들은 대단한 이기주의자이니까요. 그러나 여하간 나는 보리스를 데리고 그분한테 가서, 솔직하게 사정을 말하겠어요. 남들이 저를 어떻게 생각하건 아랑곳하지 않습니다. 정말이에요. 아이의 운명이 여기에 달려 있으니까요." 공작 부인은 일어났다. "지금 2시군요. 만찬은 4시에 열리죠? 그때까지는 갔다 올 수 있어요."

시간을 잘 이용할 줄 아는 뻬쩨르부르그의 능숙한 부인다운 태도로, 도르베쯔꼬이 부인은 아들을 불러오게 하여 아들과 같이 현관으로 나왔다.

"그럼, 실례합니다." 그녀는 문까지 배웅 나온 백작 부인에게 말했다. "성공을 빌어 주세요." 아들의 눈치를 보듯이 속삭이는 목소리로 덧붙였다.

"베주호프 백작한테 가십니까, 부인?" 역시 현관으로 나오면서 백작이 식당에서 말했다.

"백작의 병세가 좋으면 삐에르를 만찬에 보내 주십시오. 전에는 자주 우리집에 와서 아이들과 춤을 추었으니까요. 꼭 보내 주십시오, 부인. 그런데 오늘밤, 따라스가 어떤 솜씨를 보여 줄 것인지 볼만할 겁니다. 그의 말로는 오를로프 백작 집에서도 오늘 밤 우리집에서 여는 것과 같은 만찬회는 아직까지 한 번도 없었답니다."

12

"애, 보리스." 두 사람을 태운 로스또프 백작 부인의 마차가 짚을 깔아 놓은 거리를 지나서 베주호프 백작의 널찍한 저택에 들어서고 있었을 때 도르베쯔꼬이 부인은 아들에게 말했다. "애, 보리스." 낡은 외투 밑으로 한 손을 내밀어 머뭇거리는 상냥한 동작으로 아들 손 위에 포개 놓으면서 말했다. "상냥하게 해야 한다. 실수하지 않도록 말이야. 베주호프 백작은 어쨌든 너의 세례 입회인이고 너의 앞으로의 운명도 그분에게 달려 있다는 것을 잊지 말아야 한다. 그러니 될 수 있는 한 인상이 좋게 행동해야 한다."

"그렇게 해서 비굴한 생각 이외의 무엇인가 다른 결과가 나오리라는 것을 알고 있다면 말입니다." 아들은 냉담하게 대꾸했다. "그러나 약속했으니까, 어머니를 위해서 그렇게 하겠습니다."

누군가의 마차가 현관 마차 대는 곳에 서 있는데도 문지기는 모자를 보고 (두 사람은 방문을 전해달라고 청하지도 않고, 외벽의 우묵한 곳에 놓여 있는 두 줄의 조각 사이를 지나 유리문 현관으로 바로 들어갔던 것이다), 그 부인의 낡은 외투를 의미심장하게 바라보고 나서 공작 영양과 백작 어느 쪽에 볼일이 있느냐고 물었다. 백작을 뵈러 왔다고 하자, 각하는 오늘 편찮아서 아무도 만나시지 않는다고 말했다.

"돌아가도 되겠군요." 아들은 프랑스어로 말했다.

"애는!" 어머니는 다시금 아들의 손을 만지면서, 애원하는 듯한 목소리로 말했다. 마치 이처럼 어루만지는 것만이 그를 달래기도 하고, 격려라도 할 수 있는 것 같이.

보리스는 입을 다물었다. 그리고 외투를 벗으려고도 하지 않고 묻는 듯이 어머니를 바라보고 있었다.

"여보세요." 도르베쯔꼬이 부인은 문지기를 향하여 상냥한 목소리로 말했다. "백작이 몹시 편찮으신 것은 알고 있어요……. 그래서 온 것입니다……. 나는 친척입니다……. 폐는 끼치지 않겠습니다……. 다만 바씰리 공작을 만나 뵙고 싶을 뿐입니다. 분명히 공작님은 이곳에 머무르고 계시죠? 제발 좀 안내해 주세요."

문지기는 무뚝뚝한 얼굴로 이층으로 통하는 초인종 줄을 마지못해 잡아당기고 뒤로 돌아섰다.

"도르베쯔꼬이 공작 부인, 바씰리 공작님께 면회입니다." 스타킹과 단화에 연미복 차림으로 위에서 뛰어내려 와서 계단의 돌출한 벽에서 얼굴을 내민 급사에게 현관지기가 외쳤다.

어머니는 염색한 비단 옷의 주름을 다시 매만지고 나서, 벽에 박힌 한 장의 유리로 된 베네치아 식 거울을 들여다 보았다. 그리고 뒤축이 닳은 구두로 기운차게 층계의 양탄자를 밟으면서 이층으로 올라갔다.

"애야, 약속이다." 그녀는 아들 손을 잡고 격려하면서 다시 한 번 말했다.

아들은 눈을 내리깔고 조용히 어머니를 뒤따랐다.

두 사람은 홀로 들어갔다. 그 곳의 한쪽 문이 바씰리 공작이 쓰는 방으로 통해 있었다.

모자가 방 한가운데로 나가서, 그들이 들어오는 것을 보고 뛰어나온 늙은 하인한테 물어보려고 했을 때, 한쪽 문의 청동 손잡이가 한 바퀴 돌더니 비로드 외투에 훈장을 하나만 단 보통 옷차림의 바씰리 공작이 까만 머리의 미남자를 배웅하며 나왔다. 그는 뻬쩨르부르그의 유명한 의사 로랑이었다.

"그럼 그건 확실하겠죠?" 공작은 말했다.

"공작님, 잘못은 누구에게나 있는 법이니까요. 그러나⋯⋯." 의사는 라틴어를 프랑스어식으로 발음하면서 대답했다.

"좋아, 좋습니다⋯⋯."

아들을 데리고 있는 도르베쯔꼬이 공작 부인을 알아차리자 바씰리 공작은 인사를 하고 의사와 헤어진 다음 잠자코, 그러나 묻는 듯한 표정으로 두 사람 쪽으로 다가왔다. 아들은 어머니 눈 속에 느닷없이 깊은 슬픈 빛이 나타나는 것을 눈치채고 엷은 웃음을 띠었다.

"너무나 걱정이 많으실 때 뵙게 되었군요, 공작님⋯⋯. 그런데 환자의 병세는 어떠하십니까?" 그녀는 자기에게 쏠리고 있는 냉랭하고, 모욕적인 눈초리에는 아랑곳없다는 듯이 말했다.

바씰리 공작은 의아스러운 듯 이해할 수 없다는 눈초리로 부인을 보고 나서 보리스를 보았다. 보리스는 공손히 절을 했다. 바씰리 공작은 절에는 답하지 않고, 부인 쪽으로 몸을 돌려 그녀의 물음에 대해 고개와 입술만을 움직이며 대꾸했다. 그것은 환자가 거의 희망이 없음을 표시하는 것이었다.

"설마?" 도르베쯔꼬이 공작 부인은 소리쳤다. "아아, 무서운 일입니다! 생각만 하여도 무서운 일입니다⋯⋯. 이 아이는 내 아들입니다." 그녀는 보리스를 가리키면서 덧붙였다. "애가 당신에게 감사를 드리겠다고 합니다."

보리스는 다시 한 번 공손히 절을 했다.

"믿어주세요, 공작님. 우리들을 위해서 수고해 주신 일을 저는 어머니로서 절대로 잊을 수 없습니다."

"나도 좋은 일을 해드릴 수 있어서 무척 기쁘게 생각합니다, 공작 부인."

바씰리 공작은 나비넥타이를 매만지면서, 자기가 돌봐주고 있는 도르베쯔꼬이 공작 부인 앞에서, 뻬쩨르부르그에서의 안나의 파티 때보다 이 모스크바에서 한층 잘난 체하는 느낌을 몸짓이나 목소리에 나타내며 말하였다.

"임무를 훌륭하게 잘 수행하도록 노력하게." 그는 엄격하게 보리스를 향해 덧붙였다. "나도 기쁘네. 자넨 휴가로 이곳에 있는 건가?" 그는 감정이 없는 어조로 억양 없이 말하였다.

"새로운 임무에 따라 부임하도록 명령을 기다리고 있습니다, 각하." 보리스는 공작의 험한 어조에 화를 낸 기색이나 이야기에 가담하고 싶다는 기색도 보이지 않고 매우 침착하고 정중하게 대답하였다. 공작이 물끄러미 그 얼굴을 바라보았을 정도였다.

"자네는 어머님하고 같이 있나?"

"저는 로스또프 백작 댁에 있습니다." 보리스는 이렇게 말하고 다시금 '각하' 하고 덧붙였다.

"나딸리야 신신하고 결혼한 일리야 로스또프입니다." 도르베쯔꼬이 공작 부인이 말했다.

"알고 있습니다, 알고 있습니다." 바씰리 공작은 예의 억양이 없는 단조로운 목소리로 말했다. "나는 도무지 이해가 가지 않습니다. 왜 나딸리야가 그런 멋없는 사나이와 결혼할 생각이 났는지. 정말 얼빠진 이상한 사나이인데다가 노름을 좋아한다지 않습니까."

"그렇지만 매우 정직한 사람이에요, 공작님." 도르베쯔꼬이 공작 부인은 로스또프 백작이 그런 말을 듣는 것은 당연한 일이지만 가엾은 노인을 동정해달라는 것처럼, 사람의 가슴을 울리는 미소를 띠면서 의견을 말했다.

"그래, 의사는 뭐라고 말하고 있습니까?" 잠시 침묵한 후, 그 울어서 부은 듯한 얼굴에 다시금 깊은 슬픔의 빛을 띠면서 공작 부인은 물었다.

"가망은 거의 없습니다." 공작이 말했다.

"저는 다시 한 번 백부님께 감사를 드리고 싶어요. 나나 보리스가 여러 가지로 은혜를 받았으니까요. 이 애는 그분의 대자(代子)입니다." 그녀는 마치 이 말은 바씰리 공작을 몹시 기쁘게 할 것이 틀림없을 것이라는 어조로 덧붙였다.

바씰리 공작은 생각에 잠겨 미간을 찌푸렸다. 도르베쯔꼬이 공작 부인은 상대방이 자기를 베주호프 백작의 유언을 둘러싼 경쟁자로서 두려워하고 있음을 깨달았다. 그녀는 곧 그를 안심시키려고 했다.

"제가 마음 속으로부터 백부님에 대한 진심으로서의 사랑과 심복을 가지고 있기에 말하는 것입니다만" 그녀는 백부라는 말을 할 때는 유달리 자신을 가지고 아무렇지도 않게 말했다. "나는 그분의 고귀하고 곧은 성격을 알고 있습니다. 그렇지만 곁에 있는 사람은 조카따님들뿐입니다……. 그나마 모두가 젊은 분들입니다……." 그녀는 고개를 수그리고 속삭이는 목소리로 덧붙였다. "백작님은 친척들과의 작별 인사는 끝내셨요, 공작님? 이 최후의 얼마 안 되는 시간은 참으로 귀중한 것입니다. 만약 그토록 병세가 나쁘시다면 이 이상 더 나쁜 일은 없을 것이지만, 만일을 위해서 준비해 두셔야 합니다, 공작님." 그녀는 상냥하게 미소를 지었다. "여자들은 이런 일을 어떻게 이야기하는 것이 좋은지 항상 명심하고 있습니다. 나는 꼭 백부님을 만나야겠어요. 그것은 나에게는 무척 괴로운 일입니다만, 이젠 괴로움에는 익숙해졌으니까요."

공작은 안나의 파티 때와 같이 여기서도 도르베쯔꼬이 부인을 그냥 돌려보내기란 어렵다고 깨달은 것 같았다.

"그러한 대면이 백작에게 고통스럽지 않다면 좋겠습니다만, 공작 부인." 그는 말했다. "저녁때까지 기다려봅시다. 의사들도 그 때가 위험하다고 말하고 있으니까요."

"그러나 공작님, 이럴 때 기다리고만 있을 순 없어요. 생각해 보세요. 백부님의 영혼이 구원되느냐 안 되느냐 하는 이 때입니다……. 아아! 무서워라. 그리스도교도의 마지막 의무를……."

안쪽 방에서 문이 열리더니 공작 따님 한 사람이 나왔다. 그녀는 백작의 조카로, 침울하고 냉랭한 얼굴과 다리에 비해서 너무나 균형 잡히지 않은 긴 몸통을 하고 있었다.

바씰리 공작은 그녀 쪽을 돌아다보았다.

"어떻습니까, 백작은?"

"여전하세요. 좋아하실 대로 하시면 좋을 테지만, 이 소동은……." 공작 따님은 도르베쯔꼬이 공작 부인을 본 일이 없다고 생각하고 훑어보면서 말했다.

"아아, 알아뵙지 못했습니다." 가벼운 동작으로 백작의 조카딸 옆으로 다가서면서 도르베쯔꼬이 공작 부인이 행복스러운 미소를 띠고 말했다. "전

백부님 간호를 도와드리려고 왔어요. 얼마나 괴로우시겠어요." 그녀는 동정 어린 눈을 굴리면서 덧붙였다.

공작 영양은 아무 대꾸도 미소도 짓지 않고 이내 나가 버렸다. 도르베쯔꼬이 공작 부인은 장갑을 벗고, 점령한 진지처럼 안락의자에 앉았다. 바씰리 공작에게도 자기 곁에 앉도록 권했다.

"보리스!" 그녀는 아들에게 말하고 나서 미소를 지었다. "나는 백작님에게 갔다올 테니 너는 그동안에 삐에르한테 가 있거라. 그리고 로스또프네의 초대를 잊지 말고 전해야 한다. 그분도 만찬에 초대를 받고 있으니까. 하지만 안 가실 거야." 그녀는 공작을 향하여 말하였다.

"그럴 리가 있나요." 공작은 분명히 시무룩해져서 말했다. "당신이 그 귀찮은 존재를 쫓아준다면 저는 크게 기뻐할 것입니다. 저기에 죽치고 앉아 있습니다. 백작은 한 번도 그에 관해서 물어보질 않습니다."

그는 어깨를 움츠렸다. 하인은 보리스를 아래층으로 안내하여, 다른 계단을 지나 위에 있는 삐에르의 방으로 데리고 갔다.

13

삐에르는 폭행을 한 탓으로, 결국 뻬쩨르부르그에서 직업을 선택할 틈을 전혀 갖지 못한 채 모스크바로 추방되고 말았다. 로스또프 백작 집에서 모두가 이야기했던 것은 사실이었다. 삐에르는 경찰서장을 곰에 붙잡아 맨 사건에 한몫 끼었던 것이다. 그는 며칠 전에 도착하여 여느 때와 같이 아버지 집에 머무르고 있었다. 자기 사건은 벌써 모스크바에 알려져 있었다. 늘 자기에게 악의를 가지고 있는 주위의 여자들이 아버지를 화나게 하기 위해서 이 사건을 이용하리라고 예상은 한 바 있었지만, 어쨌든 도착한 날에 아버지 방으로 찾아가 보았다. 그는 평소에 공작 영양들이 앉아 있는 응접실로 들어가서, 자수틀이나 책을 앞에 놓고 있는 여성들에게 인사를 하였다.

한 사람은 소리를 내어 책을 낭독하고 있었다. 공작의 딸은 모두 셋이었다. 맏이는 깨끗한 것을 좋아하고 몸통이 길며 성격이 엄한, 도르베쯔꼬이 공작 부인 앞에 나왔던 그 아가씨였다. 책을 읽고 있는 것은 그녀였다. 두 동생은 수를 놓고 있었다. 두 사람 모두 혈색이 좋은 아름다운 아가씨였는데, 놀랄 만큼 닮아 있었다. 한쪽의 입술 위에, 그녀의 아름다움을 한층 더

돋우어 주는 검은 사마귀가 없었다면 얼른 분간하기 힘들 정도였다. 삐에르는 유령이나 페스트 환자 같은 마중을 받았다. 맏딸은 독서를 중단하고 겁에 질린 듯한 눈으로 잠자코 그를 쏘아보았다. 검은 사마귀가 없는 동생도 똑같은 표정을 지었다. 검은 사마귀가 있는 막내 아가씨는 쾌활하고 익살맞은 데가 있어 분명히 앞으로 벌어질 광경을 예상했기 때문인지, 터지려는 웃음을 가까스로 참으려고 자수대 쪽으로 몸을 구부렸다. 그녀는 털실 하나를 아래쪽으로 잡아당겨 생김새를 살펴보는 척 하면서 간신히 웃음을 참고 있었다.

"안녕하십니까, 여러분." 삐에르가 말했다. "여러분은 저를 모르십니까?"

"당신이 누군지 너무나 잘 알고 있어요, 너무너무 잘."

"백작의 병환은 어떠십니까? 만나 뵐 수 있을까요?" 삐에르는 여느 때처럼 어색하지만 당황하지 않고 물었다.

"백작께서는 육체적으로도 정신적으로도 무척 고생하고 계십니다. 그런데 당신은 백작에게 정신적인 고통을 더하려고 마음을 먹은 것 같군요."

"백작을 만나 뵐 수 있을까요?" 삐에르는 되물었다.

"음…… . 당신이 백작을 돌아가시게 할 생각이라면 만날 수 있습니다. 올리가, 백부님께 드릴 수프가 다 되었는지 보고 와요. 시간이 다 됐으니까." 그녀는 이렇게 말하고서, 더욱이 자기들은 삐에르의 아버지를 편하게 해 드리기 위해서 정신없이 바쁜데, 그에 비해서 삐에르는 분명 백작의 속을 썩이는 일에만 힘을 쏟고 있다는 점을 알리면서 덧붙였다.

올리가는 나갔다. 삐에르는 잠시 선 채 자매를 바라보고 있다가 머리를 숙이고 말했다.

"그럼, 난 내 방으로 가겠습니다. 만나 뵐 수 있을 때 알려주십시오."

그는 방에서 나갔다. 검은 사마귀가 있는 동생의 나직하게 울리는 웃음소리가 뒤에서 들렸다.

이튿날, 바씰리 공작이 와서 백작 집에 유숙했다. 그는 삐에르를 자기 방으로 불러서 이렇게 말했다.

"여보게, 만약 여기서도 뻬쩨르부르그에서와 같이 군다면 자네 신세는 망치고 마네. 내가 자네에게 하고 싶은 말은 이것뿐일세. 백작의 병은 너무 무거워서, 자네는 절대로 만나서는 안 돼."

그때부터 삐에르를 상대해 주는 사람은 없었다. 그래서 그는 혼자 이층 자기 방에서 온종일을 지내고 있었다.

보리스가 그 방에 들어왔을 때 삐에르는 방 안을 거닐고 있었다. 이따금씩 구석에서 걸음을 멈추고는 흡사 눈에 보이지 않는 적을 검으로 찌르는 것처럼 벽을 향해서 위협하는 자세를 취하기도 하고, 안경 너머로 모질게 쏘아보는 것이었다. 그러고는 무슨 말인지 중얼거리고 어깨를 움츠리기도 하고 두 손을 펼치기도 하였다.

"영국은 끝났어." 그는 눈쌀을 찌푸리고 무엇인가를 가리키면서 뇌까렸다. "피트(1759~1806, 영국의 유명한 수상)는 국민과 민권에 대한 배반자로서 그 죄……." 그는 그 순간 자기를 나폴레옹으로 공상하면서 자기 영웅과 함께 이미 위험한 도버 해협 횡단을 감행하고, 런던을 점령하여 피트에 대한 형을 선고하려고 하였으나, 마지막까지 다 말하기 전에 자기 방으로 들어선 젊고 날씬한 미남 사관에게 눈이 멎었다. 그는 걸음을 멈추었다. 삐에르는 열네 살 때 보리스하고 헤어진 탓으로 통 기억에 남아 있지 않았다. 그렇지만 남달리 성급하고 친숙한 태도로 보리스의 손을 잡고 정답게 미소를 지었다.

"나를 기억하고 계십니까?" 침착하게 부드러운 미소를 띠면서 보리스가 말했다. "나는 어머니하고 백작한테 왔는데 백작은 그다지 건강이 안 좋으신 것 같군요."

"그렇습니다. 무척 건강이 안 좋으십니다. 모두들 늘 괴롭히기 때문입니다." 삐에르는 이 청년이 누구인지 상기하려고 애쓰면서 대답하였다.

보리스는 삐에르가 자기를 알아보지 못하고 있는 것을 느꼈다. 그렇다고 해서 통성명할 필요는 없다고 생각했다. 그래서 조금도 당황하는 기색도 없이 똑바로 상대방을 응시했다.

"로스또프 백작이 오늘 저녁 식사에 오시기를 바라고 계시더군요." 삐에르에게는 쑥스러운 상당히 오랜 침묵 뒤에 그는 말했다.

"아! 로스또프 백작!" 삐에르는 기쁜 듯이 말문을 열었다. "그럼 당신은 로스또프 백작의 아드님이신 일리야 씨군요? 나는 처음 당신을 알아보지 못했습니다. 기억하십니까. 우리가 참새 언덕에 마담 쟈꼬와 함께 자주 갔었다는 것을……. 오래 된 일입니다만."

"잘못 생각하고 계십니다." 조금도 당황하지 않고 대담한, 약간 비웃는 듯한 미소를 띠면서 보리스가 말했다. "나는 도르베쯔꼬이 공작 부인의 아들로 보리스라고 합니다. 또 일리야는 로스또프네의 아버지 이름이며, 아들은 니꼴라이라고 합니다. 그리고 마담 쟈꼬라는 사람을 나는 전혀 모릅니다."

삐에르는 모기나 벌의 습격이라도 받은 것처럼 두 손과 머리를 흔들었다.

"아, 안 되겠어요! 모든 것을 혼동해 버리다니. 모스크바에는 너무 친척들이 많아서! 당신은 보리스군요……. 그렇군요. 이제는 알았습니다. 그런데 불로뉴(프랑스 칼레 부근 해협의 한 주. 1805년 8월 나폴레옹은 영국 본토 상륙작전의 준비를 시작하고 후에 불로뉴에 선단을 집결했다) 원정을 어떻게 생각하십니까? 만약 나폴레옹이 해협을 건넌다면, 영국 사람들은 궁지에 빠지게 될 것입니다. 이 원정은 매우 가망성이 있다고 나는 생각합니다. 빌누브(영국 본토 상륙작전 때 두통 함대 사령관이었지만 트라팔가르 해협에서 넬슨에게 격파되었다)라면 실수를 하지 않을 것이니까 말입니다."

보리스는 불로뉴 원정에 대해서는 아무것도 몰랐다. 그는 신문을 읽고 있지 않았고 빌누브도 금시초문이었다.

"이 모스크바에선 우리들은 정치보다 만찬이나 소문 이야기에 눈코 뜰 새가 없어서." 그는 독특한 침착하고 비웃는 듯한 어조로 말했다. "나는 그런 문제는 아무것도 알지 못하며 생각한 일도 없습니다. 모스크바는 무엇보다도 남의 소문 이야기에 바쁜 곳입니다." 그는 말을 이었다. "지금은 당신과 백작 이야기가 화제입니다."

삐에르는 여느 때와 같은 선량한 미소를 띠었다. 그것은 마치 이 사나이가 무엇인가 나중에 후회라도 하게 될 무슨 말을 하지 않으면 좋을 텐데, 하고 이야기 상대를 걱정하고 있는 것 같았다. 그러나 보리스는 삐에르의 눈을 똑바로 바라보면서 주저 없이 명쾌하게 아무렇지도 않은 듯이 지껄이고 있었다.

"모스크바에서는 남의 소문 이야기나 하는 외에는 할 일이 없습니다." 그는 말을 이었다. "백작이 재산을 누구에게 남겨주느냐는 이야기로 모든 사람이 들끓고 있지요. 그렇지만 어쩌면 백작이 우리들 중의 어느 누구보다도 더 오래 사실지도 모르는 일 아닙니까? 나는 충심으로 그것을 원하고 있습니다만……."

"그렇군요, 그것은 실로 불쾌한 이야기입니다." 삐에르가 맞장구쳤다. "정말로 불쾌합니다." 삐에르는 이 장교가 자기 자신에게 거북한 이야기에 빠져들지나 않을까 하고 줄곧 걱정하고 있었다.

"당신은 틀림없이 그렇게 생각하실 겁니다." 보리스는 약간 얼굴을 붉혔지만 목소리와 자세는 바꾸지 않은 채 이야기했다. "당신은 틀림없이, 모두가 부자로부터 무엇인가 얻어내는 데에만 정신이 팔려 있다는 생각을 하실 겁니다."

'바로 그대로다' 하고 삐에르는 생각했다.

"그래서 오해를 피하기 위해서 꼭 당신에게 말해두고 싶습니다만, 만일 당신이 나와 어머니를 그런 사람들에게 포함시키면 당신은 큰 잘못을 저지르는 것입니다. 우리는 찢어지게 가난합니다만 나는 적어도 제 입장을 분명히 하기 위해 말해 둡니다. 당신의 아버지가 부자이기 때문에 나는 나 자신을 그분의 친척이라고 생각하지 않습니다. 그리고 나나 어머니는 절대로 아무것도 조르지도 않고 받을 생각도 아예 하지 않습니다."

삐에르는 한참 동안 그 말을 이해하지 못했으나, 간신히 뜻을 깨닫자 소파에서 벌떡 일어나서 그의 독특하면서도 재빠르고 어색한 태도로 보리스의 손을 덥석 움켜쥐었다. 그리고 보리스보다 더 빨개지면서 수치심과 분한 마음이 섞인 기분으로 말문을 열었다.

"참으로 이상하군요! 내가 설마……. 아니 도대체 누가 그런 생각을 품겠습니까……. 나는 잘 알고 있어요……."

그러나 보리스는 다시금 그의 말을 가로챘다.

"나는 모든 것을 털어놓았기 때문에 몹시 후련합니다. 어쩌면 불쾌하셨는지 모르겠습니다만 용서해 주십시오." 그는 삐에르의 위로를 받아야 하는 대신 삐에르를 위로하면서 말했다. "하지만 나는 당신의 기분을 나쁘게 하지는 않았을 것이라고 생각하고 있습니다. 나는 무슨 일이나 솔직하게 말하는 버릇이 있어서……. 어떻게 전하면 좋을까요? 로스또프네의 만찬에 가시겠습니까?"

보리스는 분명히 괴로운 의무를 다하고 나서, 자기는 어색한 상태에서 빠져 나오고 그 대신 상대방을 그 자리에 틀어넣자 다시 완전히 상냥한 청년으로 되돌아갔다.

"아니, 좀 들어보십시오." 삐에르는 침착을 되찾으면서 말했다. "당신은 놀라운 사람입니다. 지금 당신이 하신 말은 참 훌륭합니다, 훌륭해요. 물론 당신은 나라는 인간을 모르십니다. 우리는 너무나 오랫동안 만나지 않았으니까요……. 어린애였었죠, 아직……. 내가 그런 인간일지 모른다고 생각하시는 것은 결코 무리가 아닙니다……. 나는 당신의 기분을 압니다. 충분히 이해합니다. 나라면 이런 이야기는 꺼내지 못했을 겁니다. 그럴 용기가 없으니까요. 아무튼 당신이 한 말은 매우 훌륭합니다. 나는 당신과 알게 돼서 매우 기쁩니다. 그렇지만 이상해요." 그는 잠깐 침묵했다가 웃는 얼굴로 말했다. "당신이 나를 그렇게 상상하시다니!" 그는 소리 내어 웃기 시작했다. "뭐, 상관없습니다! 서로 더 잘 알게 될 것입니다. 잘 부탁합니다." 그는 보리스의 손을 잡았다. "아실지 모르겠습니다만, 나는 아직 백작을 뵙지 못했습니다. 백작은 절 부르지 않으시니까······. 나는 그분을 한 인간으로서 가엾게 여기고 있지만······. 그러나 어찌할 수가 없겠죠?"

"그런데 당신은 나폴레옹이 무사히 군대를 해협 횡단시킬 것이라고 생각하십니까?" 보리스는 미소지으면서 물었다.

삐에르는 보리스가 화제를 바꾸고 싶어하는 것을 알아채고 그의 기분에 동의하면서 불로뉴 해협 횡단 계획의 득실을 늘어놓기 시작했다.

하인이 공작 부인에게로 돌아가도록 보리스를 부르러 왔다. 공작 부인은 돌아갈 채비를 하고 있었다. 삐에르는 보리스하고 더 친해지기 위해서 만찬회에 나갈 약속을 하고 안경 너머로 상대방의 눈을 상냥하게 바라보면서 그의 손을 꽉 잡았다. 보리스가 나간 후 삐에르는 오랫동안 방을 거닐고 있었으나, 이제는 눈에 보이지 않는 적을 검으로 찌르는 시늉은 하지 않고, 그 상냥하고 슬기롭고 건실한 청년을 상기하고는 미소짓고 있었다.

청춘 시절 초기에 특히 고독한 상태에 놓여 있을 때 흔히 있는 일이지만, 그는 이 청년에게 까닭 모를 친밀감을 느끼고는 반드시 친해지리라고 스스로 다짐했다.

바씰리 공작은 도르베쯔꼬이 공작 부인을 배웅했다. 부인은 눈에 손수건을 대고 있고 얼굴은 눈물에 젖어 있었다.

"무서워요! 정말 무서운 일이에요!" 그녀는 말했다. "그러나 나는 어떠한 희생을 무릅쓰고라도 내 의무를 다하겠어요. 밤새워 돌봐드리러 오겠어요. 백작님을 이대로 놔 둘 수는 없어요. 일분 일초가 소중하기 때문입니다. 어째서 아가씨들이 방해하려고 하시는 건지, 나는 영문을 알 수가 없어요. 아가씨들이 어째서 어물거리고 있는지 저로서는 알 수가 없습니다. 어쩌면 저에게 하느님의 가호가 있어서, 그분께 마음의 준비를 시켜드릴 방법을 하느님의 도움으로 발견할 수 있을지 모르겠어요! ······ 그럼 안녕히 계십시오,

공작님. 하느님이 당신을 도와주시기를……."

"실례합니다, 공작 부인." 바씰리 공작은 그녀 쪽으로 등을 돌리면서 대답하였다.

"아아, 그분은 무서운 상태에 계시단다." 모자가 마차를 탔을 때 다시금 어머니가 아들에게 말했다. "그분은 거의 아무도 알아보지 못하신단다."

"나로서는 알 수 없지만, 어머니. 그분은 삐에르에게 어떤 태도이신가요?" 아들이 물었다.

"모두 유언장으로 알 수 있다. 우리들의 운명도 그 유언장에 달려 있다."

"그런데 어머니는 무슨 까닭으로 백작이 우리에게 무엇인가를 남겨 준다고 생각하십니까?"

"아니, 그게 무슨 말이냐! 그분은 그렇게 부자이시고 우리는 이토록 가난하잖니!"

"그러나 그것만으로는 이유가 아직 충분하지 않습니다, 어머니."

"아아, 어떻게 할까! 어떻게 할까! 큰일났어! 그분의 병세가 몹시 위독하니 말이야." 어머니는 소리쳤다.

14

도르베쯔꼬이 공작 부인이 아들을 데리고 베주호프 백작 집으로 가 버린 뒤, 로스또프 백작 부인은 손수건을 눈에 대고 오랫동안 홀로 앉아 있었다. 이윽고 그녀는 초인종을 눌렀다.

"어떻게 된 일이냐?" 그녀는 몇 분이나 기다리게 한 하녀에게 화를 내며 말했다. "일하기가 싫어졌니, 응? 그렇다면 다른 일자리를 찾아봐 줄까?"

백작 부인은 친구의 슬픔과 굴욕적인 가난 때문에 마음이 산란해져서 몹시 기분이 나빴다. 하녀들을 '당신'이라고 하거나 지나치게 정중한 말을 쓴다는 것은 그녀의 경우 언제나 기분이 언짢다는 표시였다.

"죄송합니다." 하녀는 말했다.

"백작을 이곳으로 불러줘요."

백작은 몸을 흔들면서 여느 때와 같이 겸연쩍은 낯빛으로 왔다.

"여보, 부인! 멧닭으로 만든 쏘테 오 마데르(마데르 섬 산의 포도주에 닭근 멧닭을 버터에 볶은 것)는 참 잘 됐소. 나도 조금 맛을 봤지만, 따라스에게 1천 루블을 주고 있는 것은 헛된 일은 아니었소. 그만한 가치가 있소!"

그는 젊은 사람처럼 양손의 팔꿈치를 무릎 위에다 괴고 백발을 헝클어뜨린 채 아내 곁에 앉았다.

"그래 무슨 일이오, 부인?"

"실은 말이에요. 여보, 왜 여길 더럽히셨나요?" 그녀는 조끼를 가리키면서 말했다. "이것은 틀림없이 연육 국물이군요." 하고 웃으면서 덧붙였다. "실은, 여보. 나는 돈이 필요해요."

그녀의 얼굴은 슬픈 빛을 띠었다.

"아, 그래요, 부인……!" 백작은 당황하면서 지갑을 꺼냈다.

"목돈이 필요해요, 여보. 500루블이 필요해요."

그녀는 하얀 고급 무명 손수건을 꺼내서 남편의 조끼를 닦아주었다.

"지금 당장 주겠소. 여봐, 누구 없나?" 그는 소리쳤다.

자기가 부른 사람이 그 소리를 듣기가 무섭게 당장 달려올 것이라고 믿고 있는 사람들만이 내는 큰 외침이었다. "드미뜨리 군을 나한테 보내 주게!"

귀족의 아들로 백작 집에서 자라 지금은 모든 집안 일을 맡고 있는 드미뜨리가 조용한 걸음걸이로 방으로 들어왔다.

"실은 말일세." 백작은 정중한 동작의 젊은이가 들어오자 말했다. "돈을 좀 가져다 주게……." 그는 생각에 잠겼다. "그래, 700루블쯤, 응. 그리고 주의해서, 요전처럼 찢어진 것이나 더러운 것은 가져오지 말고 깨끗한 것을 가져오게. 마나님 거니까."

"그래요, 드미뜨리, 꼭 깨끗한 것으로 갖다 줘요." 백작 부인은 슬픈 듯이 한숨을 쉬면서 말했다.

"나리, 언제 갖다 드릴까요?" 드미뜨리가 말했다. "알아두셔야 할 것이 있습니다만……. 하지만 걱정하실 것은 없습니다." 그는 백작이 숨가쁘게 숨을 쉬기 시작하는 것을 보고 덧붙였다. 그것은 언제나 화를 내기 시작할 때의 징조였기 때문이다. "깜빡 잊을 뻔해서요……. 곧 가져올까요?"

"그래, 그래, 곧 가져와 부인께 드리게."

"정말 저 드미뜨리는 우리집 보물이야." 백작은 청년이 나가자 빙그레 웃으면서 덧붙였다. "못하는 일이 없어. 나는 이 못하는 일이라는 것을 참지 못하는 성미야. 무엇이든지 할 수 있어야 해."

"아, 돈, 돈, 이 때문에 세상엔 얼마나 많은 슬픔이 있는지 모르겠어요!" 백작 부인이 말했다. "그러나 그 돈이 나에게는 꼭 필요해요."

"당신은 유명한 낭비가야." 백작은 이렇게 말하며 아내의 손에 키스하고 나서 다시금 서재로 들어갔다.

도르베쯔꼬이 공작 부인이 다시금 베주호프한테서 돌아왔을 때 백작 부인 집에는 이미 돈이 빳빳한 새 지폐로 테이블 위에 손수건에 덮여 준비되어 있었다. 그리고 도르베쯔꼬이 공작 부인은 백작 부인이 안절부절못하고 있는 것을 알았다.

"그래, 어땠어요, 안나?" 백작 부인이 물었다.

"아아, 그분은 몹시 위독하세요! 알아 볼 수 없을 정도예요. 말할 수 없이 나쁘세요. 나는 잠깐 있었을 뿐이고 한 마디도 하지는 않았어요."

"그런데 안나, 제발 거절하지는 마세요." 백작 부인은 얼굴이 빨개져서─그것은 그녀의 젊지 않고 메마른, 엄숙한 얼굴에는 어울리지 않았다─손수건 아래에서 돈을 꺼내면서 갑자기 말했다.

도르베쯔꼬이 부인은 대뜸 모든 사연을 이해했다. 그리고 적당한 순간에, 재치있게 백작 부인을 포옹하려고 몸을 구부렸다.

"이것은 내가 보리스의 군복을 맞추는 데에 보태는 거예요……."

도르베쯔꼬이 공작 부인은 벌써 그녀를 그러안고 울고 있었다. 백작 부인도 울고 있었다. 두 사람이 운 것은 사이가 좋았기 때문이다. 게다가 서로 선량하다는 것을 생각하며 울고, 또한 청춘시절의 친구가 이처럼 천한 돈 때문에 속을 썩이고 있음을 생각하고, 자기네들의 청춘이 지나가 버렸다는 것을 생각하며 울었다……. 그러나 두 사람의 눈물은 흐뭇한 것이었다…….

15

로스또프 백작 부인은 딸들과, 이미 상당히 모인 손님들과 같이 응접실에 앉아 있었다. 백작은 취미로 모은 터키 파이프 수집품을 보기를 권하면서 남자들을 서재로 안내했다. 그는 이따금 객실로 나와서 아직 안 오셨느냐고 물었다. 상류 사회에서 '무서운 용'이라는 별명으로 불리며, 재력이나 지위로써가 아니라 솔직한 사고방식과 개방적이고 꾸밈 없는 태도로 유명한 여성, 마리야 아흐로씨모바를 기다리고 있었던 것이다. 아흐로씨모바의 이름은 황족 사이에서도 알려져 있었고 모스크바나 온 뻬쩨르부르그에도 알려져 있었다. 그리고 이 두 도시에서는 그녀의 어이없는 태도에 놀라고, 그녀의 거칠고 막된 언행을 비웃으면서 그녀에 관한 일화를 이야기하고 있었다. 그럼에도 불구하고 예외없이 모두가 그녀를 존경하고 두려워하고 있었다.

연기가 자욱한 서재에서는 칙령으로 포고된 전쟁과 징병 이야기가 꽃을 피우고 있었다. 칙령은 아직 아무도 읽고 있지 않았으나 공포된 것은 다들 알고 있었다. 백작은 담배를 피우면서 이야기에 골몰하고 있던 두 손님 사이에 끼여, 등받침이 달리지 않은 오토만 소파에 앉아 있었다. 백작 자신은 담배도 피우지 않고 이야기도 하지 않았으나, 좌우로 고개를 기울이고서는 자못 만족스럽게 담배를 피우고 있는 손님들을 바라보고, 자기가 말을 꺼내어 토론하게 한 두 사람의 이야기를 듣고 있었다.

이야기하고 있는 손님 중 한 사람은 문관이었다. 주름살이 많은 담즙질의 여윈 얼굴은 말끔히 면도질을 하였고, 이미 노경에 가까운 연배였으나 옷차림은 최신 유행을 좇는 청년 같았다. 그는 인척간이나 되는 사람처럼 긴 의자에 책상다리를 하고 앉아, 호박 파이프를 옆으로 깊숙이 입에 물고 뻐끔뻐끔 담배를 빨아 마시고는 실눈을 뜨고 있었다. 그는 신신이라는 늙은 독신자로서, 백작 부인의 사촌 오빠가 되며 모스크바 사교계에서 독설가로서 알려져 있었다. 그는 너그러운 마음에서 이야기 상대를 해주고 있는 것 같았다. 또 한 사람은 젊고 혈색이 좋은 근위 장교였는데, 잘 손질된 얼굴에 머리도 깨끗이 빗어넘기고 단추도 가지런히 채워져 있어 무척 단정한 인상이었다. 그는 입 한가운데에 호박 파이프를 문 채 장밋빛 입술로 가볍게 담배를 빨아들이고는 조그마한 연기 고리로 만들어 고운 입으로 내뿜고 있었다. 그는 세묘노프스끼 연대의 장교 베르그 중위로, 나따샤가 언니인 베라의 약혼자라고 놀린 사나이였다. 이 사람과 함께 보리스는 연대로 가게 되어 있었다. 백작은 두 사람 사이에 앉아서 열심히 귀를 기울이고 있었다. 백작에게 가장 유쾌한 일은, 그가 몹시 즐겨하는 보스턴(카드 놀이의 일종) 노름을 제외하면, 남의 이야기를 듣는 입장에 서는 일이었다. 특히 이야기를 좋아하는 두 사람을 부추겨서 이야기를 시키는 데 성공했을 때였다.

"아니, 당연한 일이에요. 경애하는 베르그 씨." 신신은 잠깐 웃는 목소리를 섞으면서, 가장 소박한 러시아 민중의 표현과 세련된 프랑스의 어구를 섞어 가면서 (이것이 그의 화법의 특징이었다) 말했다. "당신은 국가로부터의 수입을 기대하고 계시는 겁니까, 중대로부터 잔돈을 받고 싶습니까?"

"아닙니다, 신신 씨. 나는 보병에 비해서 기병은 훨씬 불리하다는 것을 명백히 하고 싶었을 뿐입니다. 이제 나의 실정을 잘 생각해 주시기 바랍니다."

베르그는 언제나 매우 정확하고, 냉정하고, 정중하게 이야기했다. 그의 화제는 언제나 자기 일에만 한정되어 있었다. 자기에게 직접 관계가 없는 이야기가 오갈 때는 그는 언제나 조용히 입을 다물고 있었다. 조금도 어색함을 느끼지 않고, 남에게도 느끼게 하지 않고 몇 시간이라도 잠자코 있을 수 있었다. 그러나 화제가 그의 개인 이야기로 돌려지면 그는 만족한 듯이 장황하게 말문을 여는 것이었다.

"나의 경우를 생각해 주십시오, 신신 씨. 기병대에 적을 두고 중위가 되었다 하더라도 나는 4개월에 겨우 200루블 밖에 받지 못합니다. 그러나 지금 나는 230루블을 받고 있거든요." 그는 신신과 백작을 바라보면서 흐뭇하고 유쾌한 미소를 띠며 말했다. 마치 자기의 성공은 항상 다른 모든 사람들의 커다란 희망의 표적이 되고 있다는 것을 잘 알고 있다고 말하는 것 같았다.

"더욱이 말입니다, 신신 씨. 근위대로 옮긴 뒤엔 남의 눈을 끌게 되었고" 베르그는 말을 이었다. "게다가 근위 보병은 휴가가 훨씬 많습니다. 그리고 생각해 보십시오. 어떻게 내가 230루블로 생활해 나갈 수 있다고 생각하십니까? 나는 저금도 하고 있고 아버지에게 송금도 하고 있습니다." 그는 담배 연기로 동그라미를 내뿜으면서 말을 이었다.

"바로 핵심을 찌르고 있군요……. 독일 사람은 도끼 등으로 탈곡한다 ^(절약하는 생활을
한다는 뜻)고 속담에서 말하고 있지만." 신신은 입 반대쪽으로 파이프를 옮겨 물면서 이렇게 말하고 백작에게 눈짓을 했다.

백작은 큰 소리로 웃었다. 다른 손님들도 신신이 얘기하고 있는 것을 보고 듣기 위해서 다가왔다. 베르그는 상대방의 냉소나 무관심에는 아랑곳없이, 자기가 근위대에 전속된 덕택으로 사관학교시대의 친구들보다 이미 한 계급 덕을 보았다는 것, 전쟁으로 중대장이 전사한다면 자기는 중대의 고참이 되어 쉽사리 중대장이 된다는 것, 연대에서 모두들 자기를 좋아하고 있고 아버지도 자기에게 만족하고 있다는 것 등을 지껄이고 있었다. 베르그는 이러한 이야기를 하면서 자못 만족스러워 보였으며 다른 사람에게도 제각기 흥밋거리가 있다는 것을 생각해 보려고도 하지 않는 듯하였다. 그러나 그의 이야기는 모두 느낌이 좋았고 가지런했으며, 청춘 시절 특유한 이기주의의 소박함이 너무나 뚜렷해서 듣는 사람들이 반대할 수 없게 만들어 버리는 것이었다.

"당신 같으면 보병이든 기병이든, 어디로 가든지 인기가 있을 것입니다. 그건 내가 예언해 둡니다만." 신신은 상대편의 어깨를 두드리고 터키 의자에서 다리를 내려놓으면서 이렇게 말하였다.

베르그는 기쁜 듯이 미소를 지었다. 백작은 응접실로 나갔다. 손님들도 그의 뒤를 따라 나섰다.

그것은 모여든 손님들이 전채(前菜)에 초대되기를 은근히 기대하면서, 긴 이야기는 시작하지 않지만, 식탁에 앉는 것을 조금도 서두르고 있지는 않다는 것을 보이기 위해서 짐짓 이리저리 걸어다니기도 하고, 침묵하지 않아야 한다고 생각하고 있는 초대 만찬 전의 한때였다. 주인 측에서는 흘끗 문 쪽을 바라보고 가끔 서로 마주보고 있었다. 손님은 그 눈초리로 누구를 기다리고 있는지 또는 무엇을 기다리고 있는지—늦게 오는 중요한 친척인지 그렇잖으면 아직 준비되지 않은 식사인지—알아내려고 한다.

삐에르는 식사 바로 전에 와서 객실 한가운데의 눈에 띄는 안락의자에 모두의 통행을 방해하며 어색하게 앉아 있었다. 백작 부인은 그에게 이야기를 시키려고 했으나 그는 누군가를 찾아내려는 듯이 안경 너머로 사방을 둘러보는 것이었다. 백작 부인의 물음에 대해서는 간단한 대답을 할 뿐이었다. 그는 거북한 존재였으나 자신은 그것을 눈치채지 못하고 있었다. 그 곰에 관한 사건을 알고 있는 대부분의 손님들은 이 몸집이 크고 뚱뚱한 데다 온순해 보이는 사나이를 신기한 눈으로 바라보았다. 이토록 다소곳하고 온순한 사나이가 어떻게 서장에게 그런 장난을 할 수 있었을까 하고 이상하게 생각하는 것이었다.

"당신은 최근에 이곳에 오셨다고요?" 백작 부인이 삐에르에게 물었다.

"그렇습니다, 부인." 그는 사방을 둘러보면서 대답했다.

"당신은 우리 집 주인을 만나보지 않았죠?"

"네, 부인." 그는 엉뚱한 때에 빙그레 웃었다.

"당신은 요전에 파리에 가셨다던데 그곳은 무척 재미있었겠죠."

"참 재미있었습니다."

백작 부인은 도르베쯔꼬이 공작 부인에게 눈짓을 했다. 도르베쯔꼬이 공작 부인은 이 청년의 말동무가 되어 주기를 부탁받았다는 것을 깨닫고는 그의 옆에 자리잡자 아버지의 이야기를 시작했다. 그러나 백작 부인을 대할 때와 같이 그는 자못 간단한 말로 대꾸할 뿐이었다. 손님들은 모두 자기들끼리의 이야기에 바빴다.

"라주모프스끼 씨의 댁은……." "그것은 좋았어요……." "참 친절하십니다……." "아쁘라끄신 백작 부인은……." 등등 사방으로부터 이런 말들이 들렸다. 백작 부인은 일어나서 홀로 나갔다.

"마리야 아흐로씨모바 씨인가요?" 홀에서 그녀의 목소리가 들렸다.

"그렇습니다." 거친 여인의 목소리가 대답하고 뒤이어 마리야 아흐로씨모바가 방으로 들어왔다.

아가씨들뿐만 아니라 부인네들까지도, 아주 나이 많은 노인을 제외하고는 다들 일어났다. 마리야 아흐로씨모바는 흰 고수머리가 섞인 쉰 살쯤 되어보이는 부인이었다. 그녀는 문간에서 발을 멈추고 머리를 높이 세운 채 손님들을 둘러보았다. 그리고 널찍한 소매를 걷어올리듯이 천천히 매만졌다. 마리야 아흐로씨모바는 늘 러시아어로 말하였다.

"부인과 따님의 명명일을 축하합니다." 그녀는 다른 목소리를 모두 압도하는 크고 굵은 목소리로 말하였다. "어떠세요, 한량 할아버지." 그녀는 자기 손에 키스하는 로스또프 백작에게 말했다. "모스크바는 따분하겠죠? 개를 뛰어다니게 할 장소가 없을 테니까요. 그러나 할 수 없죠. 봐요, 이 애들이 모두 커가니까……." 그녀는 딸들을 가리켰다. "좋건 싫건 사윗감은 찾아보아야 하지 않겠어요."

"그런데 어때요, 까자크 아가씨? (아흐로씨모바는 나따샤의 별명을 이렇게 짓고 있었다)." 그녀는 두려움 없이 쾌활한 낯으로 다가온 나따샤의 손을 어루만지면서 말하였다. "말괄량이라는 것은 알고 있지만 그래도 나는 이 애를 좋아해요."

그녀는 큼직한 손가방에서 배 모양의 호박(琥珀) 귀고리를 꺼냈다. 명명일의 기쁨에 빛나는 얼굴을 붉히고 있는 나따샤에게 그것을 주고 돌아서서 삐에르에게 말을 걸었다.

"아니! 이게 누구야! 잠깐 이리 와요." 그녀는 짐짓 가는 목소리로 말하였다. "이리 오라니깐."

그리고 그녀는 위압하듯이 소매를 더욱 높이 걷어올렸다.

삐에르는 안경 너머로 순진하게 그녀를 바라보면서 다가왔다.

"가까이 와요, 더. 네 아버지가 세도가 좋았을 때도 나만은 언제나 올바른 말을 해 드렸지만, 지금 너에게 이야기하는 건 하느님의 명령이야."

그녀는 잠시 입을 다물었다. 모든 사람들은 사태를 지켜보면서 여태까지는 서두에 지나지 않는다고 느끼고 입을 다물고 있었다.

"대단해, 할 말이 없어! 대단한 아이야! …… 아버지가 임종의 자리에 누워 계신데 서장을 곰 등에 잡아매고 장난을 하고 있어. 부끄럽지도 않으냐. 이봐요, 부끄럽지도 않으냐 말이야! 전쟁에 나가는 것이 훨씬 낫겠다."

그녀는 등을 돌리자 간신히 웃음을 참고 있던 백작에게 손을 내밀었다.

"그런데, 어때요? 이젠 식탁에 앉을 때가 됐는데요?" 아흐로씨모바는 말했다.

백작과 아흐로씨모바가 앞장섰다. 뒤를 이어 경기병 연대장이 백작 부인을 모시고 걸어갔다. 이 사람은 니꼴라이를 데리고 연대를 뒤따라 가기로 되어 있는 귀한 손님이었다. 도르베쯔꼬이 부인은 신신과 짝이었다. 베르그는 베라에게 손을 내밀었다. 미소를 머금은 줄리 까라긴네는 니꼴라이와 같이 식탁으로 향하였다. 뒤이어 다른 짝들도 홀 가득 줄을 지어 앞으로 나아갔다. 그리고 아이들과 남녀 가정교사들이 한 사람씩 뒤를 따랐다. 급사들이 움직이기 시작하여 의자 소리가 나고, 악단석에서는 음악이 시작되고 손님들도 제각기 자리잡았다. 백작 집안에 고용되어 있는 악단의 연주는 나이프와 포크 소리, 손님들의 이야기 소리, 급사들의 조용한 발걸음 소리로 바뀌었다. 식탁 한 끝의 상석에는 백작 부인이 자리잡고 있었다. 그 오른쪽에는 마리야 아흐로씨모바, 위쪽에는 도르베쯔꼬이 공작 부인과 기타 여자 손님이 앉아 있었다. 다른 한쪽 끝에는 백작, 그 오른쪽에 경기병 대령, 왼쪽에 신신과 다른 남자 손님이 앉아 있었다. 긴 테이블 한 쪽에는 연상의 젊은이들—베라와 그 옆에 베르그, 삐에르와 그 옆에 보리스, 반대쪽에는 아이들과 남녀 가정교사가 앉아 있었다. 백작은 술병과 과일을 담은 그릇 뒤에서 아내와 하늘색 리본이 달린 그녀의 실내모자를 흘끗 보면서 양 옆 손님들에게 정성껏 술을 따라 주고 있었다. 자기 몫도 잊지 않았다. 백작 부인도 역시 주부로서의 의무를 잊지 않고, 파인애플 뒤에서 뜻있는 눈길을 남편에게 던지고 있었다. 남편의 대머리와 얼굴은 유난히 빨개서, 주위의 흰머리와는 달리 두드러지게 눈에 띈다고 그녀는 여겼다. 여자 손님 자리에서는 수군수군 잡담이 계속되고 있었지만, 남자측에서는 음성이 높아져 갔다. 특히 경기병 대령의 목소리는 한층 컸다. 대령은 실컷 마시고 먹으며 얼굴을 벌겋게 물들이면서 지껄이고 있었다. 백작이 다른 손님들에게 그를 본받아 달라고 권할 정도였다. 베르그는 상냥한 미소를 띠고 베라에게, 사랑은 지상의 감정이 아니라 하늘의 것이라고 말하고 있었다. 보리스는 새로 친구가 된 삐에르에게 식탁에 앉아 있는 손님들의 이름을 가르쳐 주기도 하고, 맞은편에 앉아 있는 나따샤하고 눈짓을 나누기도 했다.

삐에르는 별로 이야기하지 않고 새로운 얼굴들을 바라보면서 식욕도 왕성하게 먹고 있었다. 우선 두 종류의 수프 중 '거북 수프'를 택하고, 큰 고기만두부터 멧닭에 이르기까지 한 접시의 요리도 빠뜨리지 않았다. 또 하인장이 병을 냅킨에 싸서 '드라이 마데이라', '헝가리안' 또는 '라인 와인' 등이라고 하면서 옆 좌석의 어깨 너머로 무엇인가 신비로운 것을 보이는 양 따라주는 와인도 하나도 놓치지 않았다. 그는 각자 식기 앞에 놓여 있는, 백작네 이니셜이 새겨져 있는 네 개의 고급 크리스탈 유리잔 중 가까이 있는 것을 하나 골라잡고, 포도주를 받아 더욱 유쾌한 낯으로 손님들을 훑어보면서 만족스럽게 그것을 들이켰다. 그 맞은편에 앉아 있는 나따샤는 보리스 쪽을 바라보고 있었으나 그것은 열세 살의 소녀가 처음으로 키스를 나눈 그리운 소년을 바라보는 눈초리였다. 그 눈초리는 삐에르에게로 보내지기도 했다. 그는 이 우스꽝스럽고 발랄한 소녀의 눈초리와 마주치자 자기도 왠일인지 웃고만 싶어졌다.

니꼴라이는 쏘냐한테서 멀리 떨어져서 줄리 옆에 앉아 있었다. 그리고 그는 저도 모르게 떠오르는 미소를 지으면서 무엇인가 그녀와 이야기하고 있었다. 쏘냐는 화사한 웃음을 짓고 있었지만 실은 질투에 고민하고 있음이 분명했다. 붉으락푸르락해지면서, 니꼴라이와 줄리 사이에 오고 가는 이야기에 열심히 귀를 기울이고 있었다. 여자 가정교사는 만약 누구든지 아이들에게 무례한 짓을 하려는 눈치라도 보이기만 하면 항의를 할 각오를 하고 있는 듯이 불안스럽게 사방을 둘러보고 있었다. 남자 독일인 가정교사는 독일에 있는 집안 사람에게 보내는 편지에 소상히 쓰기 위해서, 요리, 디저트, 술의 종류를 빠짐없이 기억하느라고 애썼다. 그래서 냅킨에 싼 술병을 든 하인장이 그를 빼놓고 지나가면 몹시 화를 냈다. 그 독일인은 이맛살을 찌푸리고 그 따위 술은 원하지 않는다, 자기에게 술이 필요한 것은 목이 마르기 때문이 아니고 탐욕하기 때문도 아니며, 성실한 지식욕 때문이라는 것을 아무도 알아 주지 않기 때문에 화가 난다는 태도를 보이려고 애썼다.

16

남자들이 자리잡고 있는 식탁에서는 점점 이야기가 활기를 띠고 있었다. 대령은 선전 포고의 칙령이 이미 뻬쩨르부르그에서 발표되었으며, 그 한 통이 오늘 급사에 의해서 총사령관에게 전달되었고 그것을 직접 보았다고 말했다.

"도대체 무엇 때문에 우리들은 보나빠르뜨하고 싸우지 않으면 안 됩니까?" 신신이 말했다. "그는 벌써 오스트리아를 찍소리 못하게 만들었습니다. 이번에는 우리 차례가 되지 않았으면 좋겠습니다."

연대장은 튼튼한 몸집에 키가 크고 정력적인 독일인으로, 오랫동안 군대에서 근무한 애국자 같았다. 그는 신신의 말에 화를 냈다.

"왜냐하면 말입니다." 그는 외국 사투리로 말했다. "그 이유는 황제께서 알고 계십니다. 칙령에도 있지만 황제께서는 러시아를 위협하고 있는 위기를 묵과하지 않으실 것입니다. 황제께서 무엇보다 우선하시는 것은 제국의 안전과 존엄 및 동맹의 신성입니다." 그는 왜 그런지 '동맹'이라는 말에 유달리 힘주어 말했다. 마치 그 속에 모든 핵심이 깃들어 있기나 하는 듯이.

그리고 이 사나이 특유의 한없이 정확한 군인다운 기억력으로 그는 칙령의 첫머리를 되풀이했다. "그리하여, 짐의 유일 필수의 목적을 이루는 희구(希求), 즉 공고한 기반 위에 서서 유럽에 평화를 건설하려는 생각에 의해 지금 군의 일부를 국외로 움직여 이러한 의도의 달성에 새로운 노력을 하기로 결심하였노라."

"바로 이러한 것들을 위해서입니다. 여러분." 그는 가르쳐 타이르듯이 말하며 술잔을 들이켰다. 그리고 동의를 구하는 듯한 눈빛으로 백작 쪽을 돌아다보았다.

"이러한 속담을 알고 계신가요? '에료마, 에료마, 넌 집에서 방추나 갈고 있거라'." 신신은 낯을 찌푸리고 미소지으면서 말했다. "이것은 우리에게 놀랄 정도로 꼭 들어맞는 속담입니다. 막상 급하면 수보로프(유명한 러시아의 원수, 1730~1800)를 꺼내는데 그 수보로프까지도 산산조각이 되도록 얻어맞지 않았습니까. 그런데 지금 러시아에 그 수보로프만한 사람이 있습니까? 물어보고 싶군요." 연방 러시아어에서 프랑스어로 옮겨가면서 그는 이렇게 말하였다.

"우리는 최후의 한 방울 피가 다할 때까지 싸워야 합니다." 연대장이 테이블을 탕 치며 말했다. "자기 황제를 위해서 죽는 것입니다. 그러면 모두가 좋은 것입니다. 이치 같은 것은 될 수 있는 대로(그는 될 수 있는 대로 라는 말을 길게 끌었다) 줄여야 합니다." 다시금 백작 쪽으로 몸을 돌리면서 그는 이렇게 말을 맺었다. "늙은 기병은 이렇게 생각하고 있습니다. 그 이외에는 없습니다. 그런데 젊은이들은…… 젊은 경기병들은 어떻게 생각하고 있습니까?" 그는 니꼴라이 쪽을 향하여 이렇게 덧붙였다. 니꼴라이는 화제가 전쟁 이야기로 옮겨갔다는 것을 알자, 상대하고 있던 여인을 내버려 두고 눈을 크게 뜨면서 연대장을 바라보고, 온 귀를 기울여서 이야기를 듣고 있었다.

"정말 동감입니다." 니꼴라이는 온몸이 달아오르고 마치 이 순간에 일대 위기에 봉착한 듯했다. 그는 단호하고 필사적인 낯으로 접시를 돌리기도 하고 컵을 옮겨 놓기도 하면서 말했다. "러시아 사람은 죽든지, 이기지 않으면 안 된다고 나는 확신합니다." 그는 이렇게 말했으나, 그 말이 이미 입 밖으로 나간 후였고, 자기 자신도 다른 사람과 마찬가지로 그 말은 이 경우 너무나 열렬하고 거창해서 어색하다는 생각이 들었다.

"참 훌륭하신 말씀이에요." 옆에 앉아 있던 줄리가 한숨을 쉬며 말했다. 쏘냐는 니꼴라이가 이야기하고 있는 동안 온몸을 떨고 귓불까지, 아니 귀 뒤에서 목덜미와 어깨까지 빨개졌다. 삐에르는 대령의 이야기에 귀를 기울이고 찬성하듯이 끄덕였다.

"참 훌륭합니다." 그는 말했다.

"진정한 경기병이오, 젊은 양반." 대령이 다시금 테이블을 치고 소리쳤다.

"당신들은 거기서 무엇을 떠들고 계세요?" 느닷없이 마리야 아흐로씨모바의 나지막한 음성이 테이블 저쪽에서 들려 왔다. "당신은 무엇 때문에 테이블을 두드리고 있는 거예요?" 그녀는 대령에게 말했다. "누구에게 그토록 화를 내고 있죠? 아마 눈앞에 프랑스 군인이라도 있는 걸로 생각하는 게 죠?"

"나는 진실을 말하고 있습니다." 미소를 보이면서 경기병 연대장이 말했다.

"그저 전쟁 이야기 뿐이군." 백작도 테이블 너머로 외쳤다. "아흐로씨모바 씨, 우리 집에서도 아들이 전쟁에 나갑니다."

"우리 아들은 네 명이나 군대에 가 있지만, 나는 슬퍼하지 않아요. 난로 위에 누워서 죽는 것도, 전쟁에 나가서 죽는 것도 모두 하느님 뜻이니까요."

마리야 아흐로씨모바의 굵직한 음성이 테이블 맞은편 끝에서 곧장 울려 왔다.

"그야 그렇습니다만."

그리고 대화는 다시금 초점이 모아져서 여자의 이야기는 여성 쪽에서, 남 자 이야기는 남성 쪽에서 이어졌다.

"거봐, 물어보지 못하면서." 어린 남동생이 나따샤에게 말했다. "못하겠 지?"

"물어볼 수 있어." 나따샤는 대답했다.

그녀의 얼굴은 필사적으로, 그러나 재미있다는 듯이 각오를 굳힌 표정을 띠면서 불타듯이 빨개졌다. 그녀는 마주앉아 있는 삐에르에게 잘 들어달라 고 눈짓을 하면서 일어나자 어머니쪽으로 몸을 돌렸다.

"마마!" 식탁 구석구석까지 그녀의 앳된 가슴에서 나오는 목소리가 울려 퍼졌다.

"왜 그러니?" 백작 부인은 깜짝 놀라서 물었으나, 딸의 표정으로 그것이 장난임을 알아채자 나무라는 듯한 고갯짓을 하면서 딸에게 엄격하게 손을 흔들었다.

주위가 조용해졌다.

"마마! 어떤 디저트가 나와요?" 기죽지 않은 나따샤의 귀여운 목소리가 한층 뚜렷하게 울렸다.

백작 부인은 이맛살을 찌푸리려고 하였으나 할 수 없었다. 마리야 아흐로 씨모바가 굵직한 손가락을 세우고 허락하지 않겠다는 시늉을 하였다.

"까자크!" 그녀는 허용하지 않겠다는 듯이 말했다.

대부분의 손님들은 이 뜻하지 않은 말을 어떻게 받아들여야 할지 몰라서 연장자들 쪽을 바라보았다.

"그만두지 못해!" 백작 부인은 말했다.

"마마! 디저트는 무엇이 나와요?" 자기의 언동은 선의로 해석되리라고 미리 짐작한 나따샤는 서슴없이 명랑한 목소리로 외쳤다.

쏘냐와 뚱뚱한 남동생 뻬쨔는 웃지 않으려고 몸을 움츠리고 있었다.

"자, 물어 봤지." 나따샤는 삐에르 쪽을 흘끗 보고 그의 남동생과 속삭였다.

"아이스크림. 그러나 너는 받을 수 없다." 마리야 아흐로씨모바가 말했다.

나따샤는 아무것도 두려워 할 것은 없다는 것을 알았기 때문에 아흐로씨모바에 대해서도 두려워하지 않았다.

"마리야 아흐로씨모바! 어떤 아이스크림이에요? 난 보통 크림은 싫어요."

"당근을 넣은 것이다."

"거짓말, 어떤 거예요? 아주머니, 어떤 것이에요?" 그녀는 거의 소리치다시피 말했다. "알고 싶어요!"

마리야 아흐로씨모바와 백작 부인은 웃음보를 터뜨리고 뒤따라 손님들도 웃었다. 모든 사람이 웃은 것은 마리야 아흐로씨모바의 대답 때문이 아니라, 마리야 아흐로씨모바를 이렇게 대할 수 있는 소녀의 더없는 용기와 약삭빠름이 재미있기 때문이었다.

나따샤는 파인애플 아이스크림이 나온다는 말을 들을 때까지 물러서지 않았다. 아이스크림 전에 샴페인이 나왔다. 다시금 연주가 시작되었다. 백작은 부인과 키스를 나누고, 손님들도 일어나서 백작 부인에게 축하 말을 하고 테이블 너머로 백작과 그 아이들과 그리고 손님끼리 서로 건배를 했다. 다시금 급사들이 바쁘게 돌아다니기 시작하고, 의자는 소리를 냈다. 손님들은 전과 같은 순서로, 그러나 얼굴만은 더욱 빨개져서 응접실과 백작 서재로 되돌아갔다.

17

보스턴 놀이에 쓰이는 테이블이 놓이고 짝도 결정되었다. 백작의 손님들은 두 응접실과 휴게실, 그리고 서고(書庫)에 자리를 잡았다.

백작은 카드를 부채 모양으로 펼친 채, 식후에 한잠 자는 습관을 간신히 참고 무엇을 보든지 웃고 있었다. 젊은이들은 백작 부인의 권유로 클라비코드(피아노의 전신인 타현악기)와 하프 곁에 모여들었다. 처음 줄리가 여러 사람의 청을 받아 가벼운 변주곡을 하프로 연주했다. 그리고 음악에 대한 재능이 있다고 평판이 난 나따샤와 니꼴라이에게 무엇인가 노래를 해달라고 다른 아가씨들과 함께 청을 했다. 어른 대접을 받은 나따샤는 분명히 자랑스럽기도 했으나, 동시에 두려운 마음도 생겼다.

"무슨 노래를 부를까요?" 그녀는 물었다.

"샘." 니꼴라이가 대답했다.

"그럼, 빨리 합시다. 보리스, 이쪽으로 와요." 나따샤는 말했다. "어머 쏘냐는 어디 갔을까?"

나따샤는 주위를 둘러보고 그녀가 방에 없는 것을 알자 찾으러 달려갔다.

쏘냐의 방으로 뛰어들었으나 거기에 자기 친구가 없다는 것을 알자 나따샤는 아이들 방까지 달려갔다. 그러나 거기에도 쏘냐는 보이지 않았다. 아마 복도의 수납 상자 위에 있을 것이라고 나따샤는 짐작했다. 복도의 수납 상자는 로스또프네 따님들의 한탄의 장소였다. 과연 쏘냐는 장미색의 얄팍한 옷이 구겨지는 것도 아랑곳없이, 상자 위에 놓여 있는 더러운 줄무늬 털 이불에 엎드려 있었다. 그리고 작은 손가락으로 얼굴을 가리고, 드러난 작은 어깨를 떨면서 흐느껴 울고 있었다. 온종일 생일날답게 활기를 띠고 있던 나따샤의 얼굴은 별안간 변했다. 눈이 고정되고, 널쩍한 목덜미는 떨리고 두 입술의 끝은 아래로 처졌다.

"쏘냐! 왜 그래, 응? …… 대체 어떻게 된 거야? 으으윽……!"

나따샤는 입을 크게 벌려 오만상을 찌푸리고 이유도 모르면서, 다만 쏘냐가 울고 있다는 이유만으로 자기도 갓난아기처럼 엉엉 울기 시작했다. 쏘냐는 고개를 들어 대답하려고 하였으나 그러지 못하고 더욱 얼굴을 가렸다. 나따샤는 하늘색 털이불에 앉은 채 친한 친구를 껴안고 울었다. 간신히 마음을 가다듬은 쏘냐는 일어나자 눈물을 닦고 말문을 열기 시작했다.

"니꼴라이가 일주일 후에는 간대. 그이의…… 서류가…… 나왔어……. 그가 나한테 말했……거든. 나는 절대로 울지 않으려고 했는데……(그녀는 손에 쥐고 있던 종이 조각을 내보였다. 그것은 니꼴라이가 쓴 시였다). 나는 절대로 울지 않으려고 했는데, 그러나 너는 몰라……. 아무도 알 수 없어…

…. 그의 마음이 어떤 것인지는."

그리고 그녀는 그의 마음씨가 훌륭하다는 것을 생각하고 다시금 울기 시작했다.

"넌 좋겠다……. 부러워하고 있는 건 아냐……. 나는 네가 좋아, 보리스도." 쏘냐는 어느 정도 기운을 내서 말하였다. "보리스는 친절하고……. 너희들에게는 방해될 것이 없어. 니꼴라이는 나의 '사촌 오빠'거든……. 그래서 반드시…… 주교님의 직접 허가가 필요하단다……. 그게 없으면 안 돼. 그리고 만약 어머님이……(쏘냐는 백작 부인을 어머니처럼 생각하고 그렇게 부르고 있었다)…… 너는 니꼴라이의 출세를 망치고 있다, 너에게는 인정이 없다, 너는 은혜를 모른다고 어머니가 말하신다면, 실은…… 이처럼 하느님께 맹세하지만……(그녀는 성호를 그었다)…… 나는 어머니도, 너희들도 모두 사랑하고 있는데, 다만 베라만은…… 왜 그럴까? 내가 그에게 무엇을 했다는 거지? 나는 너희들을 참 고맙게 생각하고 있단다. 그래서 무엇이든지 희생하고 싶어. 그러나 희생할 것이 나에게는 아무것도 없어……."

쏘냐는 더 이상 말을 하지 못하고, 다시금 머리를 두 손과 털이불 속에 묻었다. 나따샤는 침착을 되찾기 시작했으나, 단짝인 쏘냐의 심각한 슬픔을 모두 이해하려고 하는 기색이 그녀의 얼굴에 분명히 드러나 있었다.

"쏘냐!" 그녀는 이 사촌 언니의 슬픔의 진짜 원인을 깨달은 듯 느닷없이 말했다. "틀림없이 식사 후에 베라가 언니에게 무슨 말을 했지? 응?"

"그래, 이 시는 니꼴라이가 손수 써준 건데 나는 따로 한 장 더 베껴 두었단다. 베라는 내 책상 위에서 그것을 발견하고 어머니에게 보이겠다는 거야. 그러고는 내가 은혜를 모른다느니, 어머니는 나와의 결혼을 니꼴라이에게 절대로 허락하지 않을 거라느니 하면서, 니꼴라이는 줄리하고 결혼한다고 말했어. 너도 보았지, 니꼴라이와 줄리가 온종일……. 나따샤! …… 이게 무슨 불행이지?"

그리고 그녀는 다시금 전보다 더욱 슬프게 울기 시작했다. 나따샤는 그녀를 일으켜서 껴안고 눈물 머금은 미소를 지으면서 위로하기 시작했다.

"쏘냐, 베라가 하는 말을 정말이라고 알면 안돼. 알았어? 정말이라고 믿으면 안 돼요. 기억하고 있잖아. 우리 셋이서, 저녁식사 뒤에 니꼴라이와 휴게실에서 이야기한 것 기억하고 있지? 그때 우리는 모든 것을 분명히 하지 않았어. 앞으로 어떻게 될 것인가를. 나는 이젠 기억하고 있지 않지만, 그러나 모든 일이 뜻대로 잘 되었잖아? 신신 백부님의 형님도 사촌누이하고 결혼하셨잖아. 우리는 사촌간이야. 보리스도 그런 건 문제가 아니라고 말했어요. 나는 보리스에게 다 말했어. 그이는 정말 머리가 좋고 훌륭한 사람이야." 나따샤는 말했다. "글쎄, 쏘냐. 울면 안 돼. 제발, 응, 쏘냐." 나따샤는 웃으면서 쏘냐에게 키스했다. "베라는 짓궂어요, 내버려 둬요! 모든 일이 잘 될 거야. 베라는 어머니에게 이르지는 않아. 니꼴라이는 자신이 틀림없이 이야기할 거예요. 게다가 니꼴라이는 줄리를 생각하고 있지 않아."

이렇게 말하고서 그녀는 쏘냐의 머리에 키스했다. 쏘냐는 일어났다. 그러자 귀여운 새끼고양이는 생기를 되찾았다. 눈은 반짝이고, 금세라도 꼬리를 치고서 부드러운 발로 뛰어올라 새끼고양이답게 공을 가지고 놀 기색이 보였다.

"그렇게 생각해? 정말? 마음 속으로부터?" 그녀는 재빨리 옷과 머리를 매만지면서 말했다.

"정말이야, 마음 속으로부터!" 나따샤도 친구의 땋은 머리 밑에서 밀려나온 빳빳한 머리 타래를 고쳐 주면서 대답했다.

그리고 둘은 웃음을 터뜨렸다.

"자, '샘'을 부르러 가요."

"가."

"그런데, 내 맞은편에 앉아 있던 그 뚱뚱한 삐에르라는 사람, 참 우스운 사람이야." 나따샤는 별안간 걸음을 멈추면서 느닷없이 말했다. "난 참 즐거워!"

나따샤는 복도를 뛰어갔다.

쏘냐는 깃털을 털고 나서 가슴뼈가 불거져 나온 목 근처의 품에 시를 집어넣고, 경쾌한 발걸음으로 얼굴을 붉힌 채 나따샤를 뒤따라 복도를 뛰어 휴게실로 향하였다. 손님의 독촉을 받아 젊은이는 '샘'의 4중창을 노래하였고 모든 사람들의 평이 좋았다. 그 뒤에 니꼴라이가 새로 배운 노래를 불렀다.

즐거운 밤, 달빛을 받으며
생각하니 행복이 몸에 스미네—

이 세상에 그이가 있어서
그대를 그리워하네!
아름다운 그 손은
황금 하프를 타고
애절한 가락으로
그대를 부르면
머지 않아 천국이 오리.
하지만, 아, 그대 그리운 사람
그날을 기다리지 못하고 세상을 떠나리.

그가 아직 마지막 귀절을 다 부르기도 전에 홀에서는 젊은 패들이 춤출 준비를 시작했다. 악단석에서는 발을 구르는 소리가 들리고 악사들은 기침을 하기 시작하였다.

삐에르가 앉아 있던 응접실에서는 신신이 삐에르를 상대로, 외국에서 돌아온 사람을 상대로 흔히 하는 일이지만, 삐에르에게는 따분한 정치담을 꺼내고 다른 손님들도 이에 끼어들었다. 연주가 시작되자 나따샤가 들어와 곧바로 삐에르 곁으로 다가가서 얼굴을 붉히고 웃으면서 말했다.

"당신과 함께 춤을 추라고 어머니께서 분부하셨어요."

"걱정이 됩니다. 스텝을 잘못 밟을 것 같아서." 삐에르는 말했다. "그러나 당신이 나의 선생이 되어 주신다면……."

그리고 그는 그 굵은 팔을 낮게 내리고 메마른 소녀에게 잡게 하였다.

여기 저기에 짝이 짜여지고 악대가 음을 맞추고 있는 동안에 삐에르는 작은 자기 파트너와 앉아 있었다. 나따샤는 더없이 행복하였다. 그녀는 외국에서 돌아온 어른과 춤을 추려고 하는 것이다. 그녀는 모든 사람의 눈에 잘 띄는 곳에 앉아서 어른처럼 삐에르와 이야기를 하고 있었다. 그녀는 한 영양이 빌려준 부채를 손에 쥐고 있었다. 그리고 더없이 세련된 상류 사회의 사람다운 동작으로(언제 어디서 배웠는지 모르지만) 부채를 부치기도 하고, 부채 너머로 미소를 보내면서 자기 파트너와 이야기하고 있었다.

"어머나, 어머나! 좀 보세요, 좀 보세요!" 백작 부인은 홀을 지나치면서 나따샤를 가리키며 말했다.

나따샤는 얼굴을 붉히고 웃기 시작했다.

"아니 뭘 그러세요, 어머니? 또 무슨 말을 하시려는 거예요? 놀라실 건 없잖아요?"

세 번째의 에꼬쎄즈(스코틀랜드의 민족무용. 영국에서 유행했던 포크댄스의 일종. 17세기 말에 프랑스, 18세기 초에 러시아에 들어 왔고, 처음 러시아 무도회에 안그레즈, 후에 에꼬쎄즈로 불리었다)의 중간에 응접실에서 의자가 움직이기 시작하였다. 거기에서는 백작과 아흐로씨모바가 카드 게임을 하고 있었는데, 높은 손님의 대부분과 노인들이 오랫동안 앉아 있던 터라 허리를 펴기도 하고 지갑이나 돈지갑을 주머니에 집어넣으면서 홀 입구로 나왔다. 선두에는 마리야 아흐로씨모바와 백작이 걷고 있었다. 두 사람의 표정은 즐거워 보였다. 백작은 익살스럽지만 공손하게 발레와 같은 동작으로 아흐로씨모바에게 둥근 팔을 내밀었다. 그는 몸을 똑바로 세우고 얼굴에는 일종의 독특한 결기가 있되 빈틈 없는 미소를 띠고 있었다. 그리고 모두가 에꼬쎄즈의 처음 스텝을 끝낸 뒤 악사들이 박수를 치자, 백작은 악사석의 제일 바이올린을 향하여 소리쳤다.

"쎄몬! 다닐로 꾸쁘르를 알고 있지?"

그것은 백작이 젊었을 때 즐겨 춘 춤이었다.

"아버지 좀 보세요오!" 홀 전체에 들리도록 나따샤가 외쳤다(어른과 춤을 추고 있다는 것을 완전히 잊은 것이다). 그녀는 고수머리가 무릎에 닿도록 몸을 구부리고는 온 홀에 울려 퍼지는 웃음을 터뜨렸다.

분명히 홀에 있는 모든 사람은 모두 즐겁게 보이는 노인을 기쁨 어린 미소를 띠고 바라보고 있었다. 백작은 자기보다 키가 크고 풍채도 좋은 귀부인 마리야 아흐로씨모바와 나란히 박자를 잡으며 춤을 추었다. 팔을 흔들면서 그것을 둥글게 하여 허리에 대고, 어깨를 쭉 펴고 가볍게 제자리걸음을 하면서 두 다리를 안짱다리로 벌리기도 하고, 둥근 얼굴에 차츰 퍼져가는 미소로써 보고 있는 사람들에게 이제부터 일어나는 일에 대해 마음의 준비를 시키고 있었다. 더할 나위 없이 즐거운 러시아 풍의 탭댄스 비슷한 다닐로 꾸쁘르의 명랑하고 도전하는 듯한 소리가 들리기 시작한 순간, 홀의 문은 하인들—한쪽은 남자들, 다른 한쪽은 여자들—의 웃는 낯으로 가득 메워졌다. 모두 명랑하게 들떠 있는 나리의 모습을 구경하려고 나온 것이었다.

"어때, 우리집 나리! 멋지지 않아!" 한쪽 문에서 유모가 큰 소리로 말했다.

백작은 멋지게 춤을 추었고 본인도 그것을 인정하고 있었지만, 상대 부인은 전혀 출 줄도 모르고 잘 추려고도 하지 않았다. 그녀의 거대한 몸은 힘차 보이는 양손을 밑으로 드리운 채(그녀는 손가방을 백작 부인에게 맡기고 있었다) 똑바로 서 있었다. 다만 딱딱하지만 아름다운 얼굴만이 춤추고 있었다. 백작의 둥근 몸집 전체에 나타난 활기는, 마리야 아흐로씨모바 쪽에서는 웃음이 차차 번져가는 얼굴과 위로 젖혀진 코에만 나타나 있었다. 그러나 그 대신 백작이 더욱 기운을 내면서 그 부드러운 발을 재치있게 돌리기도 하고 가볍게 뛰기도 하며 저도 모르게 구경꾼을 매혹하고 있었는데 반해, 아흐로씨모바는 턴이나 제자리걸음 사이에 어깨를 움직이기도 하고 팔로 동그라미를 그리기도 하는 별로 힘들이지 않는 노력으로 백작에 못지않게 잘 하고 있다는 느낌을 주고 있었다. 그녀는 살이 많이 쪄서 항상 위압적이었지만 나름대로 제법 한다고 누구나 인정했다. 춤은 더욱 활기를 더해갔다. 파트너들은 단 1분도 주의를 끌 수가 없었고 또 그렇게 하려고도 하지 않았다. 모든 사람은 백작과 마리야 아흐로씨모바에게 마음을 뺏기고 있었다. 나따샤는 춤추고 있는 두 사람으로부터 눈을 떼지 않고 있는, 홀에 있는 모든 사람들의 소매와 옷을 잡아당겨 아버지를 봐달라고 부탁했다. 백작은 춤추는 사이사이에 가쁘게 숨을 쉬며, 더욱 빠르게 연주하라고 악사들을 향해서 손을 흔들며 외쳤다. 그의 움직임은 더욱 빠르고 격해졌다. 때로는 발끝으로 때로는 발꿈치를 대고 아흐로씨모바 주변을 돌고 나서 마지막으로 파트너의 몸을 처음에 앉아 있던 자리로 향하게 하더니, 자신의 탄력성 있는 한 발을 뒤로 높이 차올리고는 땀이 밴 머리와 미소를 담은 얼굴을 기울이면서, 박수와 웃음소리—특히 나따샤의 박수와 웃음소리—의 소용돌이 속에서 오른손을 둥글게 내저은 뒤 마지막 스텝을 밟았다. 춤추고 있던 두 사람은 가쁜 숨을 몰아쉬고 고급 삼베 손수건으로 얼굴을 닦으면서 발을 멈추었다.

"옛적에는 이렇게 춤을 추었죠, 부인." 백작은 말했다.

"아아, 정말 놀라워요. 이 나이에 다닐로 꾸쁘르를 추다니!" 무거운 숨을 길게 내뱉고 소매를 걷어 올리면서 아흐로씨모바가 말했다.

18

로스또프네 홀에서는 모두가 피로에 지쳐 음조가 흐트러지기 시작한 악대의 음에 맞추어 여섯 번째의 안그레즈를 추었고, 녹초가 된 급사와 요리사들이 야식 준비를 시작하고 있을 때, 베주호프 백작은 여섯 번째의 발작을 일으켰다. 의사들은 회복할 가망이 없다고 선고했다. 병자에게는 무언의 고해와 성채 성사가 베풀어지고 임종의 도유식(塗油式)도 준비되었으며, 집안은 이런 경우에 흔히 있는 혼잡과 기대의 불안으로 가득 차 있었다. 집 밖의 문 뒤에서는 백작 장례식의 호화로운 주문을 받으려는 장의사 사람들이 연방 모여드는 마차에 몸을 숨기며 떼를 지어 모여 있었다. 백작의 병세를 알기 위해서 줄곧 부관을 파견하고 있던 모스크바 총독도 예까쩨리나 여제 시대의 고관인 베주호프 백작과 고별하기 위해서 몸소 마차를 타고 왔다.

호사한 대기실은 사람들로 가득 차 있었다. 총독이 병자와 단둘이서 반 시간쯤 보낸 후 병실에서 나오자 모두가 경의를 표하여 일어섰다. 총독은 사람들의 인사에 가볍게 대답하고, 자기에게 쏠려 있는 의사와 신부와 친척들의 눈길에서 되도록 빨리 벗어나려고 애썼다. 요즘 눈에 띄게 여위고 창백해진 바씰리 공작이 총독을 배웅하며 나지막한 목소리로 무엇인가 몇 마디 되풀이해서 말했다.

총독을 배웅하고 나서, 바씰리 공작은 홀 의자에 홀로 앉아 다리를 높게 무릎 위에 포개고 팔꿈치를 괴고 한 손으로 눈을 가렸다. 이렇게 잠깐 동안 앉아 있다가 그는 일어나서, 여느 때에는 없었던 재빠른 걸음과 겁먹은 눈으로 사방을 둘러보면서 긴 복도를 지나 집 안쪽에 있는 맨 손위의 공작 따님 방으로 향하였다.

약한 불빛이 비치고 있는 방에 있던 사람들은 속삭이는 목소리로 서로 이야기를 하고 있었다. 그리고 위독한 병자의 침실로 통하는 문이 사람들의 출입으로 소리를 내면 그때마다 이야기를 멈추고 의문과 기대에 찬 눈으로 그쪽을 바라보는 것이었다.

"인간의 수명은 한계가 있지요." 나이든 신부가 자기 옆에서 허심탄회하게 귀를 기울이고 있던 여인을 향하여 말했다. "한계가 정해져 있어서 그것을 뛰어넘을 수는 없는 것입니다."

"제 생각으로는 병자성사도 이미 늦은 것 같아요." 그 부인은 신부의 성직

(聖職)에 직함을 붙여 말을 걸면서, 마치 이 점에 관해서 자기는 아무 의견도 가지고 있지 않은 것처럼 물었다.

"비의(秘儀)는 위대한 것입니다, 마나님." 신부는 빗질을 한 반백의 머리카락이 3, 4개 세로로 깔린 대머리를 한 손으로 쓰다듬으면서 말했다.

"저분은 누구신가요? 총독이신가요?" 방의 반대쪽 구석에서 묻는 목소리가 들렸다. "참 젊어 보여요……."

"이미 육십이 지나셨대요! 그건 그렇고, 백작은 이미 사람을 알아보지 못하시던데요? 도유식을 하실 건가요?"

"나는 일곱 번이나 도유를 한 남자를 알고 있습니다."

공작의 둘째 딸이 울어서 부은 눈으로 병실에서 나오자 의사 로랑 옆에 앉았다. 로랑은 테이블에 팔꿈치를 괸 채 예까쩨리나 여제의 초상 밑에서 점잖은 자세로 앉아 있었다.

"참 좋습니다." 의사는 날씨에 관한 물음에 이렇게 대답했다. "참 좋습니다, 아가씨. 게다가 모스크바는 시골에 있는 것 같은 느낌이 듭니다."

"그럴까요." 공작의 따님은 한숨을 쉬면서 말했다. "그런데 백작님께 무엇인가 마실 것을 드려도 될까요?"

로랑은 잠깐 생각했다.

"약은 드셨나요?"

"네."

의사는 시계를 보았다.

"끓인 물 한 컵에 약간의 주석산(酒石酸)을 한 줌 넣어서 드리세요." 그는 가는 손끝으로 한 줌의 분량을 보여주었다.

"세 번 발작을 일으키고도 살아계시다니, 전례가 없는 일입니다." 독일인 의사가 떠듬거리는 러시아어로 부관에게 말하였다.

"정말 원기가 왕성한 분이었지요!" 부관이 말했다. "그런데 그 재산은 누구에게 넘어가게 됩니까?" 그는 속삭이는 목소리로 덧붙였다.

"갖고 싶은 자가 나설 겁니다." 미소를 지으면서 독일 사람이 대답했다.

모든 사람이 다시 문 쪽을 돌아다보았다. 문이 삐걱거렸다. 둘째 따님이 로랑이 지시한 마실 것을 만들어서 병자에게 가지고 갔다. 독일인 의사가 로랑 곁으로 다가왔다.

"어쩌면 내일 아침까지는 견디지 않을까요?" 서툰 발음의 프랑스어로 독일인이 물었다.

로랑은 입술을 깨물고 엄격하게 부정하는 표시로 코앞에서 손가락 하나를 내저었다.

"기껏해야 오늘 밤입니다." 자기는 병자의 상태를 분명히 이해하고 있고 언명할 수 있다는 득의의 미소를 품위 있게 띠면서 작은 소리로 말하고는 자리를 떠났다.

한편, 바씰리 공작은 공작 따님의 방문을 열었다.

방 안은 어두컴컴하였다. 다만 성상(聖像) 앞에 조그마한 등불이 두 개 켜져 있고 향내와 꽃향기가 풍길 뿐이었다. 방 안 가득히 찬장, 옷장, 테이블 등 작은 가구들이 놓여 있었다. 칸막이 뒤에 높고 푹신한 하얀 덮개가 보였다.

강아지가 짖기 시작했다.

"어머, 당신이었군요, 사촌 오빠."

그녀는 일어나서 머리를 매만졌다. 그녀의 머리는 언제나 지금과 같은 경우라도 유달리 윤기가 감돌고 흡사 머리와 더불어 한덩어리로 만들어져서 옻칠이라도 한 것만 같았다.

"왜 그러세요? 무슨 일이라도 있었어요?" 그녀는 물었다. "깜짝 놀랐어요."

"별로, 전과 다름없어. 다만 너하고 이야기 좀 하려고 왔다, 예까쩨리나." 공작은 그녀가 일어난 안락의자에 피곤한 듯이 앉으면서 말했다. "의자가 무척이나 따뜻하구나." 그는 말했다. "자, 이리 앉아라. 이야기 좀 하자."

"나는 무슨 일이 일어나지나 않았나 생각했어요." 공작 따님은 이렇게 말하고, 여느 때와 다름없이 돌같이 엄격한 표정으로 이야기를 들어볼 채비를 하면서 공작과 마주앉았다.

"한잠 자려고 했지만 잘 수가 없었어요, 사촌 오빠."

"그런데, 어떠냐?" 바씰리 공작은 영양의 한 손을 잡아 여느 때의 버릇대로 아래로 약간 구부리면서 말했다.

분명히 이 '그런데 어떠냐'라는 말은 자세히 말하지 않아도 서로 잘 알고 있는 많은 일에 관련되어 있는 것 같았다.

공작 따님은 다리에 어울리지 않는 길고 메마른 반듯한 몸을 세우고 약간 튀어나온 회색 눈으로 똑바로 냉정하게 공작을 바라보고 있었다. 그녀는 고개를 한 차례 흔들고 한숨을 쉬고 나서 성상을 보았다. 그 동작은 슬픔과 헌신의 표현 같기도 하고, 피로해서 빨리 쉬고 싶다는 표정 같기도 했다. 바씰리 공작은 이 몸짓을 피로의 표현이라고 해석했다.

"그래도 내 편이" 그는 말했다. "편하다고 생각하니? 나도 역마차의 말처럼 녹초가 됐어. 그러나 너하고 이야기를 하지 않으면 안 돼, 예까쩨리나. 그것도 진지하게."

바씰리 공작은 입을 다물었다. 그의 두 뺨은 양쪽으로 신경질적으로 씰룩거리기 시작하고, 객실에 있을 때에는 보이지도 않았던 불쾌한 표정을 얼굴에 담고 있었다. 눈초리도 여느 때와는 달리 때로는 뻔뻔하고 익살맞은 듯이, 때로는 질린 듯이 사방을 돌아보는 것이었다.

공작 따님은 지방기가 없는 마른 손으로 개를 무릎 위에 끌어안은 채 바씰리 공작의 눈을 주의 깊게 바라보고 있었다. 그러나 비록 아침까지 침묵하고 있어야 할 지경에 놓이더라도, 그녀 편에서 그 침묵을 깨고 물어볼 기색은 없었다.

"실은, 나의 소중한 사촌 누이, 공작 따님 예까쩨리나." 바씰리 공작은 분명히 마음 속에서 무엇인가 싸우고 있는 태도로 말을 이었다.

"지금과 같은 때에는 만사를 생각해 두지 않으면 안 된단다. 장래의 일, 너희들 일을 생각하지 않으면 안 돼…… 나는 너희들을 모두 내 자식처럼 사랑하고 있다. 이것은 너도 알고 있겠지."

공작 따님은 여전히 흐린 눈으로 까딱도 않고 그를 바라보고만 있었다.

"마지막으로 한 가지, 내 가족도 생각하지 않으면 안 되거든." 화가 난 듯이 테이블을 옆으로 밀어 놓으며 상대방은 보지도 않고 바씰리 공작은 말을 이었다. "너도 알다시피 너희들 마몬또프네의 세 자매와 나의 아내가 백작의 직계 상속인이란다. 이런 일을 이야기하고 생각한다는 것이 얼마나 네게 괴로운 일인지 잘 알고 있다. 나도 너만큼 괴롭단다. 그렇지만 말이다, 예까쩨리나, 나는 이미 오십이 넘은 나이니 만사를 준비해 두지 않으면 안 된다. 너도 알고 있는지는 모르지만 나는 삐에르를 데려오도록 했다. 백작이 직접 삐에르의 사진을 가리키며 불러오라고 하셨다."

바씰리 공작은 물어보듯이 공작 따님을 응시했으나, 상대방이 자기가 한 말을 생각하고 있는지 이쪽 얼굴을 바라보고만 있는지 갈피를 잡을 수가 없었다.

"제가 줄곧 하느님께 기도드리고 있는 것은 단 한 가지예요, 사촌 오빠." 그녀는 대답했다. "하느님이 백부님에게 자비를 내리셔서 저 아름다운 영혼이 편안하게 이 세상을 떠나실 수 있도록 하여 주십사고요……."

"응, 그건 그래." 바씰리 공작은 대머리를 닦으면서, 좀전에 밀어냈던 테이블을 다시금 못마땅한 듯이 잡아당기며 초초하게 말을 이었다. "그러나 요컨대…… 요컨대 문제는 너도 알다시피 지난 겨울 백작이 직계 상속인인 우리를 제쳐놓고 삐에르에게 전 재산을 준다는 유언장을 쓴 것이란다."

"백부님이 쓰신 유언장은 한둘이 아니에요." 공작 따님은 침착하게 말했다. "그러나 삐에르에게 유언장을 쓰셨다니 그럴 리가 없어요! 삐에르는 사생아인 걸요."

"그러나, 예까쩨리나." 바씰리 공작은 테이블을 바짝 끌어놓고 갑자기 활기를 띠며 빨리 말하기 시작했다. "그러나 만약 백작이 황제께 상주문을 올려 삐에르를 정식 아들로 삼고 싶다고 청원했다면 어떡하지? 백작의 공로를 봐서라도 그 청원을 고려하게 될 것이니 말이다……."

공작 따님은 미소를 지었다. 그것은 이야기하고 있는 상대방보다 자기 쪽이 문제를 더 잘 알고 있다고 생각하는 사람의 미소였다.

"그럼, 더 소상히 이야기해 주지." 바씰리 공작은 그녀의 손을 잡고 계속했다. "상주문은 아직 발송되어 있지는 않지만, 이미 다 쓰여 있다. 그리고 황제도 이 일을 알고 계시다. 문제는 다만 그것이 파기되었는가 하는 일이다. 만약에 파기되지 않았다면 그것으로 만사는 끝나는 거야." 바씰리 공작은 '만사는 끝나는 거야'라는 말이 무엇을 뜻하고 있는가를 알리기 위해 한숨을 쉬었다. "백작의 서류가 개봉되어 유언장이 편지와 함께 황제 손에 들어가면 백작의 청원은 반드시 존중될 것이다. 그리고 삐에르는 적자로서 모든 것을 상속하게 된다."

"그럼 우리들의 상속 배당은요?" 영양은 비꼬듯 엷은 미소를 지으면서 물었다. 흡사 무슨 일이 일어날지는 모르겠지만, 그런 일만은 있을 수 없을 거라는 듯이.

"그러나 예까쩨리나, 이것은 불을 보듯 명백하다. 그렇게 되면 그 사나이는 모든 것의 법적 상속인이므로 너희들은 조금도 받지 못한다. 그러므로 너는 알고 있지 않으면 안 된다. 유언장과 상소문이 쓰여 있는지 어떤지, 그리고 그것이 파기되었는지 어떤지를 꼭 알아두지 않으면 안 된다. 그리고 만약 그러한 서류들이 그대로 있다면, 너는 그것이 어디 있는지를 알아내고 찾아내야 한다. 왜냐하면……."

"그건 너무하잖아요!" 영양은 냉소를 띠면서 눈 하나 깜짝 않고 상대방의 말을 가로챘다. "전 여자예요. 당신에게는 우리들이 어수룩해 보이겠죠. 그러나 서자는 유산을 상속할 수 없다는 것쯤은 나도 알고 있어요……. 일개 사생아니까요." 그녀는 공작의 근심에 근거가 없다는 것을 그에게 결정적으로 보여 줄 생각으로 이렇게 프랑스어로 덧붙였다.

"어째서 너는 이해 못 하니, 예까쩨리나? 너같이 영리한 사람이 어째서 이해하질 못할까. 만일 백작이 황제께 상주문을 써서 삐에르를 적자로서 인정해 달라고 청원한다면 이미 삐에르는 보통 삐에르가 아니라, 베주호프 백작이 되어 버린단 말이다. 그렇게 되는 날에는 그는 유언에 따라서 모든 것을 상속받게 되는 거야. 그리고 만약 유언장이나 상주문이 파기되어 있지 않으면 네게는 덕이 있는 아가씨라는 평가와 그것이 가져오는 결과 외에는 아무것도 남지 않는다. 이것만은 확실하다."

"유언장이 이미 작성된 것은 저도 알고 있어요. 또 그것이 무효라는 것도, 오빠가 저를 전적으로 바보라고 생각하고 있는 것도 알고 있어요." 무엇인가 풍자가 효력을 나타내어 상대방의 체면을 잃게 만든 말을 했다고 생각하는 여자의 표정으로 말했다.

"애, 나의 소중한 예까쩨리나!" 바씰리 공작은 참지 못하고 말했다. "내가 여기 온 건 너하고 빈정거리기 위해서가 아냐. 너를 피를 나눈 훌륭하고 선량하고 진정한 친척이라고 생각해서 너의 이익에 관해서 상의하러 온 것이다. 이미 열 번이나 되풀이해서 말했듯이 황제께 낼 상주문과 삐에르에게 유리한 유언장이 만약 백작의 서류 중에 끼여 있다면 너희 형제는 상속인이 되지 못한다. 만약 내 말을 믿지 않는다면 전문가의 말을 믿으란 말이다. 나는 방금 드미뜨리 오누프리찌(^{백작 집의}_{변호사였다})하고도 이야기해 봤지만 그도 같은 말을 하고 있었다."

분명히 영양의 생각이 별안간 변한 것 같았다. 얇은 입술은 창백해졌다(눈은 그대로였다). 그리고 그녀가 입을 열었을 때 아마 본인도 예상하지 못했을 만큼 목소리는 커지고 도중에 말은 드문드문 끊어졌다.

"그렇게 되면 얼마나 좋아요." 그녀는 말했다. "나는 아무것도 원하지 않았고 지금도 원하고 있지는 않으니까요."

그녀는 무릎에서 개를 치우고 옷주름을 매만졌다.

"이것이 그분을 위해서 모든 것을 희생한 사람들에 대한 감사의 표시예요." 그녀는 말했다. "훌륭해요! 참 훌륭해요! 그러니까 나는 아무것도 필요 없어요, 공작님."

"그래. 그러나 너는 혼자가 아니다. 너에게는 동생이 있어." 바씰리 공작이 대답했다.

그러나 영양은 그의 말을 듣고 있지 않았다.

"그래요. 나는 벌써부터 이런 일을 알고 있었어요. 다만 잊고 있었어요. 이 비열, 기만, 질투, 음모 이외에는 망은(忘恩), 그것도 지독한 망은 이외에는 기대할 수 없다는 것을 말이에요."

"그래. 그런데 대체 너는 그 유언장이 어디 있는지 알고 있느냐, 모르느냐?" 바씰리 공작은 아까보다 더욱 볼을 경련시키며 물었다.

"네, 내가 바보였어요. 나는 아직 사람을 믿고 사람을 사랑하고 자기를 희생해 왔으니까요. 그런데 이 세상에서 성공하는 것은 비열하고 추잡한 인간들뿐. 이것이 누구의 음모인가를 나는 잘 알고 있어요."

영양은 일어나려고 했으나 공작은 그 손을 잡아 일어나지 못하게 했다. 영양은 별안간 전 인류에 대해서 실망한 듯한 얼굴을 하고 있었다. 그녀는 상대방을 원망스러운 듯이 바라보았다.

"아직 시간은 있다. 잊어서는 안 돼, 예까쩨리나. 그것은 모두 분노와 병 때문에 앞뒤를 가리지 못하고 결정해버린 뒤에 잊고 내버려 둔 것이야. 그러므로 우리들의 의무는 백작의 잘못을 고치고 이러한 그릇된 일을 하지 못하도록, 또한 몇 사람의 인간을 불행하게 했다는 생각을 지닌 채 죽지 않도록 해서 백작의 최후를 편안하게 해 드리는 일이다……."

"불행하게 된 것은 백작을 위해서 모든 것을 희생한 사람들이에요." 영양은 말을 이어 받아 이렇게 말하고 몸을 뿌리치듯 일어나려고 했으나 공작이 놔 주지 않았다. "그 분은 그 희생을 한 번이라도 고맙게 여길 수가 없었던 거예요. 그래요, 오빠." 그녀는 한숨을 쉬면서 덧붙였다. "나도 잊지 않고 있겠어요. 이 세상에서는 보답을 바라서는 안 된다는 것을, 그리고 이 세상에는 신의도 정의도 없다는 것을 말이에요. 이 세상에서는 교활하고 간악하지 않으면 안 돼요."

"자, 자, 진정해라. 너의 훌륭한 마음씨는 나도 알고 있다."

"아니에요, 내 마음은 비틀어져 있어요."

"나는 너의 마음을 알고 있다." 공작은 되풀이했다. "내가 너와 사이 좋게 지내는 것은 고마운 일이야. 너도 나에 대해서 같은 생각을 가져 주면 좋다고 생각하지만 말이야. 마음을 가라앉히고 조리 있게 얘길 하자. 시간이 있는 동안에 말이야. 만 하루가 걸릴지 한 시간이 걸릴지 모르지만, 어쨌든 모든 것을 아는 대로 다 이야기해 다오. 유언장에 대해 네가 알고 있는 것을. 그리고 그것이 어디 있는지도. 그것이 어디 있는지 너는 알고 있을 거야. 우리들은 지금 그것을 찾아내서 백작에게 보여야 한다. 백작은 분명히 그것을 완전히 잊고 계시고, 보여드리면 오히려 찢어 버리고 싶어하실 게다. 너도 알고 있겠지만 나의 유일한 소원은 백작의 의사를 신성하게 이행하는 것이다. 내가 여기 온 것도 그 때문이다. 여기 있는 것도 다만 백작과 너희들을 도와주기 위해서다."

"이제 모든 것을 알았어요. 이것이 누구의 음모인지 알고 있어요. 잘 알고 있어요." 영양이 말했다.

"그건 문제가 아니다, 예까쩨리나."

"그것은 당신이 돌봐주고 있는 사람이며 또 당신이 좋아하는 도르베쯔꼬이 부인의 음모입니다. 그렇게도 천하고 추잡한 여자 같은 건 나 같으면 식모로도 쓰고 싶지 않지만요."

"시간을 낭비하지 말자."

"아아, 그만두세요! 작년 겨울, 그녀가 이 집에 들어와서 우리들을, 특히 쏘피에 대해서 백작에게 갖은 욕설을 퍼붓고—나는 그대로 여기서 말할 수 없어요—그 결과 백작은 병이 나서 두 주 동안이나 우리들을 만나려고도 하지 않으셨어요. 그때에—난 알고 있어요—백작이 그 더럽고, 저주스러운 서류를 쓰셨습니다. 그러나 그런 서류는 아무런 의미도 없다고 생각하고 있어요."

"문제는 바로 그거야. 어째서 여태까지 나한테 한 마디도 하지 않았지?"

"백부님이 베개 밑에 간직하고 계시는 모자이크 서류 가방 속에 있어요. 이제 알았어요." 영양은 대답도 하지 않고 말했다. "그래요. 만약 나에게 죄가, 큰 죄가 있다면 그것은 그 더러운 여자에 대한 증오예요." 영양은 오만상을 찌푸리고 외치듯 말했다. "어째서 그 여자는 이곳에 뛰어들었을까요? 그러나 나는 그 여자에게 모든 것을 말해 주겠어요. 그때가 올 거예요!"

19

이와 같은 대화가 대기실과 공작 따님 방에서 오가고 있을 때 삐에르(심부름꾼이 데리러 갔었다)와 도르베쯔꼬이 공작 부인(그는 삐에르와 동행할 필요가 있다고 생각했다)을 태운 마차가 베주호프 백작 저택 안으로 들어왔다. 마차 바퀴가 창 밑에 깔린 짚 위에서 부드러운 소리를 냈다. 도르베쯔꼬이 부인은 같이 온 삐에르에게 위로의 말을 하려고 했으나 그가 마차 구석에서 잠들어 있는 것을 보고 그를 깨웠다. 잠이 깬 삐에르는 도르베쯔꼬이 부인을 뒤따라 마차에서 내려오자 그때 비로소 자기를 기다리고 있는 위독한 아버지와의 면회를 생각했다. 그는 자기들이 정면 현관이 아니라 뒤쪽에 마차를 댄 것을 알았다. 그가 마차의 발판에서 내리려고 하자 소상인의 특유한 옷차림을 한 두 사나이가 황급히 입구에서 벽 그늘로 뛰어들어 갔다. 삐에르는 잠깐 걸음을 멈추고 저택 양쪽 가려진 곳에 같은 사람이 몇 명 있는 것을 보았다. 그러나 도르베쯔꼬이 부인도 하인도 마부도 그들에게 신경을 쓰지 않았다. 결국 이것은 어쩔 수 없는 일인가보다 하고 삐에르는 스스로 마음먹고 도르베쯔꼬이 공작 부인 뒤를 따라갔다. 공작 부인은 희미하게 비치고 있는 돌층계를 급한 걸음으로 올라가면서 뒤처진 삐에르를 불렀다. 삐에르는 무엇 때문에 자기가 백작한테 갈 필요가 있는지, 더우기 왜 뒤쪽 층계로 올라가야 하는지 전혀 알 길이 없었으나, 공작 부인의 자신 있는 태도와 서두르는 모습으로 봐서 이렇게 해야 하나보다 하고 스스로 마음먹고 있었다. 층계 도중에서 통을 든 사람들이 구두 소리를 내며 달려 내려와서 하마터면 두 사람을 쓰러뜨릴 뻔하였다. 그들은 벽에 몸을 붙여 삐에르와 공작 부인을 지나가게 하려 했으나 두 사람을 보고서도 조금도 놀라는 기색은 보이지 않았다.

"이쪽이 따님 방으로 가는 길인가요?" 도르베쯔꼬이 부인은 그들 중의 한 사람에게 물었다.

"그렇습니다." 하인은 지금은 무슨 짓을 해도 괜찮다는 듯이 큰 소리로 대답했다. "왼쪽 문입니다, 부인."

"어쩌면 백작은 나 같은 거 부르지 않으셨을 지도 몰라요." 층계참으로 나왔을 때 삐에르는 말했다. "저는 제 방에 가 있는게 좋지 않을까요?"

공작 부인은 삐에르와 나란히 서기 위하여 걸음을 멈추었다.

"삐에르." 그녀는 오늘 아침에 자기 아들을 대할 때에 보인 것과 같은 제스처로 그의 손을 만지면서 말했다. "나도 너 못지않게 괴로운 생각을 하고 있단다. 하지만 너는 제발 남자답게 행동해 다오."

"정말 저도 가는 겁니까?" 삐에르는 안경 너머로 상냥하게 공작 부인을 보면서 물었다.

"삐에르, 잊어요. 무엇이 너에게 잘못된 일을 했는지는 몰라도. 알겠니? 그분은 너의 아버지야. 어쩌면 돌아가실지도 몰라." 그녀는 한숨을 쉬었다. "나는 한눈에 네가 내 자식처럼 좋아졌단다. 나를 믿어 줘, 삐에르. 나는 너의 이익이 되는 일을 잊지 않을 거야."

삐에르는 통 영문을 몰랐다. 그러나 모든 것이 이렇게 되는 것이 당연한 일이겠지 하는 느낌이 다시금 더욱 강해져, 이미 문을 열고 있는 도르베쯔꼬이 부인을 얌전하게 뒤따랐다.

문은 뒤쪽 출입실로 통해 있었다. 구석에는 영양의 시중을 드는 늙은 하인이 앉아서 양말을 뜨고 있었다. 삐에르는 한 번도 이 방에 온 일이 없고 이런 방이 있다는 것을 예측하지도 못했다. 공작 부인은 자기들을 앞질러 가려고 했던, 물병을 쟁반에 받쳐 든 하녀들에게(귀여운 아씨라고 말하면서) 영양들의 건강을 물어보고 돌 복도를 지나 안쪽으로 삐에르를 데려갔다. 복도의 왼쪽 맨 앞쪽에 있는 문이 영양들의 방으로 통해 있었다. 물병을 든 하녀가 서두르다가(이 저택에서는 이 때 만사가 분주했다) 문을 닫지 않았으므로 삐에르와 공작 부인은 옆을 지나치면서 무심코 방 안을 들여다보았다. 맏딸과 바씰리 공작이 몸을 가까이 맞대고 이야기에 열중하고 있었다. 지나가는 두 사람을 보자 바씰리 공작은 참지 못하겠다는 몸짓으로 몸을 뒤로 젖히고 영양은 벌떡 일어나자 짜증난 태도로 힘껏 문을 닫아 버렸다.

이 동작은 영양의 여느 때의 침착한 모습과는 어울리지 않았으며 또 바씰리 공작의 얼굴에 떠 있던 공포도 그의 도도함과 어울리지 않았으므로, 삐에르는 걸음을 멈추고 안경 너머로 의아스러운 듯이 자기의 안내자를 바라보았다. 공작 부인은 놀라운 기색도 보이지 않고, 이런 일은 예측하고 있었다는 듯이 살짝 웃으며 한숨을 쉬었다.

"사나이답게 해야 해, 삐에르. 네 이익을 지키는 일은 내가 할 테니까."

그녀는 삐에르의 시선에 이렇게 대답하고 더욱 빨리 복도를 걸어갔다.

삐에르는 무슨 영문인지, 더구나 '당신의 이익을 지켜준다'는 것은 무슨 뜻인지 이해할 수가 없었다. 그러나 다만 모든 일은 이렇게 되어야 한다는 것만을 알고 있었다. 두 사람은 복도를 지나 백작의 대기실에 접하고 있는 약간 어두운 홀로 나왔다. 이것은 늘 정면 현관으로 출입하던 삐에르에게도 눈익은, 춥고 화사한 방의 하나였다. 그러나 이 방에까지 한가운데에 빈 목욕통이 놓여 있고 양탄자 위에 물이 엎질러져 있었다. 하인과 향로를 가진 사제가 조용한 발걸음으로 나왔다. 그러나 그 두 사람은 공작 부인과 삐에르를 거들떠 보지도 않았다. 공작 부인과 삐에르는 겨울의 정원으로 면한 두 개의 이탈리아 풍의 창과 예까쩨리나 여제의 흉상과 등신대의 초상화가 있는, 삐에르에게는 낯익은 응접실로 들어갔다. 응접실에서는 여전히 같은 사람들이 거의 같은 자세로 서로 속삭이고 있었다. 울어서 부은 듯한 창백한 얼굴의 공작 부인과, 고개를 숙이고 공손하게 그 뒤를 따라온 뚱뚱하고 몸집이 큰 삐에르 쪽을 모두 입을 다물고 돌아다보았다.

공작 부인의 얼굴에는 결정적인 순간이 왔다는 의식이 떠올랐다. 그녀는 유능한 뻬쩨르부르그의 귀부인다운 태도로 삐에르를 자기 곁에서 놓지 않은 채 아침보다 더 서슴 없이 방으로 들어갔다. 그녀는 빈사의 병자가 만나고 싶어하는 인물을 자기가 데리고 온 이상 자기가 안내될 것은 틀림 없는 일이라고 느끼고 있었다. 방 안에 있는 모든 사람들을 재빨리 훑어보니 백작의 청죄사제(聽罪司祭)가 보였다. 그녀는 몸을 숙이는 정도는 아니지만 키를 조금 낮추고 잔걸음으로 뛰어서 헤엄을 치듯 청죄사제 곁으로 가서, 공손하게 신부로부터 성호로 축복을 받았다.

"덕택에 늦지 않았습니다." 그녀는 사제에게 말했다. "우리 친척들은 모두 걱정하고 있었습니다. 이 젊은 분이 백작의 아드님입니다." 그녀는 소리를 더욱 낮추고 말했다. "무서운 때가 왔군요!"

이 말을 하고 나서 그녀는 의사 앞으로 다가갔다.

"선생님." 그녀는 의사에게 프랑스어로 말했다. "이 젊은 분이 백작의 아드님이십니다…… 희망이 있을까요?"

의사는 잠자코 빠른 동작으로 눈과 어깨를 위로 추켜올렸다. 공작 부인도 똑같은 동작으로 눈과 두 어깨를 추켜올리고, 눈은 거의 감고 한숨을 후유 쉬고 나서 의사 곁을 떠나 삐에르 쪽으로 돌아왔다. 그녀는 더욱 공손하고 얌전하게, 슬픈 어조로 삐에르에게 말했다.

"하느님의 자비를 믿어요!"

그녀는 이렇게 말한 뒤, 앉아서 자기를 기다려 달라고 소파를 가리켰다. 그녀는 모든 사람들이 주목하고 있는 문 쪽으로 소리없이 다가서서, 거의 들리지 않는 문 열리는 소리에 이어 안으로 사라졌다.

삐에르는 만사를 이 안내자의 말에 따르리라고 마음먹고 그녀가 가리킨 소파 쪽으로 갔다. 도르베쯔꼬이 부인의 모습이 사라지자 곧 그는 방 안에 있는 사람들의 시선이 호기심과 동정 이상의 무엇을 띠면서 자기에게 쏠리고 있다는 것을 깨달았다. 그는 모든 사람이 눈짓으로 자기를 가리키면서 마치 공포와 비굴한 마음을 가지고 있는 태도로 서로 속삭이고 있다는 것을 알았다. 사람들은 그에게 이제까지 한 번도 보인 일이 없는 존경을 나타내고 있었다. 신부와 이야기하고 있던, 삐에르로서는 본 일이 없는 여인이 자기 자리에서 일어나 그에게 자리를 권했다. 부관은 삐에르가 떨어뜨린 장갑을 주워서 공손하게 건네주었다. 그가 옆을 지나갈 때 의사들도 공손하게 입을 다물고 길을 내기 위하여 옆으로 비켜섰다. 삐에르는 처음에는 여인들의 방해가 되지 않도록 다른 자리에 앉을 생각이었고, 장갑도 몸소 집어들고 또 대화에 방해되지 않도록 통로에 서 있는 의사들을 피하여 지나갈 작정이었으나, 문득 그는 그것은 오히려 실례가 되리라고 느꼈다. 자기는 오늘밤 모두가 기다리고 있는, 무서운 의식을 거행해야 할 사람이다, 따라서 모두가 자기에게 친절을 베푸는 것이 당연하다고 그는 느꼈다. 그는 잠자코 부관으로부터 장갑을 받아들고, 자기의 커다란 팔을 좌우대칭으로 세운 무릎 위에 놓고 이집트의 입상(立像) 같은 소박한 자세로 부인이 내준 자리에 앉았다. 그리고 이러한 일은 모두 이렇게 되지 않으면 안 된다, 자기는 오늘밤 당황해서 어리석은 짓을 하지 않기 위해서라도 자기 생각대로 행동하지 않고, 자기를 지도해 주는 사람들의 의사에 모든 일을 맡겨야 하겠다고 스스로 다짐했다.

2분이 채 지나기도 전에 바씰리 공작이 훈장을 세 개 단 긴 겉저고리를 입고 고개를 높이 쳐들면서 위풍당당하게 방 안으로 들어왔다. 그는 아침보다 좀 여위어 보였다. 그가 방을 휘 둘러보고 삐에르를 발견했을 때, 그의 눈은 여느 때보다 더 휘둥그레졌다. 그는 옆으로 다가가서 삐에르의 손을 잡아 (이전에는 한 번도 이렇게 한 일이 없었다), 마치 그 팔이 굳게 달렸는지 알아보려는 것처럼 아래쪽으로 잡아당겼다.

"용기를 내게, 용기를. 여보게, 그분은 자네를 만나 보고 싶다고 하시네. 좋은 일이야……." 그렇게 말하고 그는 가려고 했다.

그러나 삐에르는 무엇인가 물어봐야겠다고 생각했다.

"병세는……." 그는 우물쭈물 말을 흐려버렸다. 위독한 사람을 백작이라고 불러도 좋을지 알 수 없었고, 그렇다고 해서 아버지라고 부르는 것 또한 쑥스러웠다.

"반 시간 전에 또 발작이 있었어. 용기를 내게, 삐에르 군."

삐에르는 머리가 몹시 혼란해 있었으므로 '발작'이라는 말을 들었을 때 무슨 육체적인 타격 같은 것을 상상했다. 그는 이상하게 생각하고 바씰리 공작을 보았다. 그러다가 간신히 발작이라는 것은 병을 말하고 있다는 것을 깨달았다. 바씰리 공작은 거닐면서 로랑에게도 두어 마디 말을 걸고 발돋움으로 문 안으로 들어갔다. 발소리를 내지 않으려고 하다보니 그의 걸음은 마치 깡총깡총 뛰듯 어색했다. 그의 뒤를 맏딸이 따랐고, 격이 높은 신부와 낮은 신부가 들어가고 하인들도 문 안으로 사라졌다. 문 안쪽에서는 무엇인가 옮기는 것 같은 소리가 들렸다. 그리고 마지막으로 여전히 창백하지만 단호히 의무를 다하려는 결심을 띤 낯으로 도르베쯔꼬이 부인이 뛰어나왔다. 그리고 삐에르의 손을 잡으면서 말했다.

"하느님의 자비는 무한하십니다. 이제 임종 도유식이 시작됩니다. 자, 갑시다."

삐에르는 보드라운 양탄자를 밟으면서 문 안으로 들어갔다. 동시에 그는 부관도, 알지 못하는 여인도, 그리고 하인 중의 누구 할 것 없이 모두 이젠 이 방에 들어갈 허가를 받을 필요가 없다는 듯이 그의 뒤를 따라 들어온 것을 알아챘다.

20

삐에르는 둥근 기둥의 열과 아치로 칸막이 되었고 페르시아 양탄자가 전체에 깔려 있는 이 큼직한 방을 잘 알고 있었다. 둥근 기둥 안쪽에는 비단 커튼을 위에 친 마호가니제의 높은 침대가 한쪽에 놓여 있고, 또 다른 한쪽에는 성상(聖像)을 안치한 커다란 감실이 있어서 밤 미사 때의 교회처럼 밝고 눈부시게 조명이 되어 있었다. 비치고 있는 감실의 금은 장식 밑에는 볼쩨르 식의 높은 등이 달린 깊은 안락의자가 놓여 있었다. 방금 갈아 놓은 듯 눈같이 희고 주름이 잡히지 않은 쿠션을 위쪽에 댄 의자에, 삐에르에게 낯익은 아버지 베주호프 백작이 허리까지 밝은 녹색 모포를 두르고 누워 있는 장엄한 모습이 보였다. 사자를 연상케 하는 반백의 갈기 같은 머리칼이 여느 때와 같이 널찍한 이마 위를 덮었고, 붉은 기가 감도는 누렇고 아름다운 얼굴에 굵직한 주름이 잡혀 있는 것도 여전했다. 그는 성상 바로 밑에 누워 있었다. 살찌고 두툼한 두 손은 모포 위에 놓여 있었다. 손바닥이 아래로 향한 오른손 엄지손가락과 집게손가락 사이에 초가 세워져 있고 그것을 의자 뒤에서 몸을 구부린 나이든 하인이 누르고 있었다. 안락의자 위에는 장엄하고 찬란하게 반짝이는 제의를 입은 사제들이 긴 머리를 제의 위에 드리우고, 촛불을 손에 들고 천천히 엄숙하게 미사를 올리고 있었다. 그들 뒤에는 나이 어린 두 딸이 손수건으로 눈물을 닦으며 서 있었고, 또 그 앞에는 맏딸인 예까쩨리나가 증오와 결의에 불타는 얼굴로 성상으로부터 눈을 떼지 않고 서 있었다. 그것은 마치 일단 뒤를 돌아다보기만 하면 자기는 무슨 짓을 저지를지 모르겠다고 모든 사람에게 말하고 있는 것 같았다. 도르베쯔꼬이 공작 부인은 온건한 슬픔과 모든 것을 용서한다는 기분을 얼굴에 띠고 낯선 여인과 문에 붙어 서 있었다. 바씰리 공작은 백작의 안락의자에 가까운 문 반대쪽에 서 있었다. 그는 조각을 한 비로드를 씌운 의자 뒤에 서서 의자 등을 자기 쪽으로 돌려, 촛불을 든 왼쪽 팔꿈치를 그 위에 괴고 오른손으로 성호를 그으면서, 손가락을 이마에 댈 때마다 눈을 위로 향하고 있었다. 그의 얼굴은 조용하고 경건한 마음과 하느님의 의지에 몸을 맡긴다는 뜻을 나타내고 있었다. '만약 너희들이 이러한 기분을 이해하지 않는다면 너희들에게 구원은 없을 것이다' 하고 그의 얼굴은 말하고 있는 것만 같았다.

그의 뒤에는 부관과 의사와 하인들이 서 있고 교회에서와 같이 남자와 여자는 따로 있었다. 모두들 잠자코 성호를 그을 뿐이며, 독송(讀誦)과 억누르는 듯한 굵직한 낮은 노랫소리, 침묵 사이에 발을 옮기는 소리와 한숨 소리만이 들릴 뿐이었다. 도르베쯔꼬이 공작 부인은 자기가 하고 있는 일을 다 알고 있다는 듯이, 뜻있는 표정으로 방을 지나서 삐에르 쪽으로 다가가 그에게 초를 넘겨 주었다. 그는 촛불을 켰으나 사방을 살펴보느라고 정신이 팔려 초를 든 손으로 성호를 그으려고 했다.

혈색이 좋고 잘 웃으며 검은 점이 있는 막내딸 쏘피는 그를 바라보고 있었다. 그녀는 배시시 웃고 손수건으로 얼굴을 가리더니 오랫동안 그러고 있었다. 그러나 삐에르를 보자 다시금 웃기 시작했다. 그녀는 분명히 웃지 않고 그를 바라볼 수 없는 자신을 느꼈지만, 바라보지 않으면 견딜 수 없었는지 그 유혹을 벗어나려고 둥근 기둥 뒤로 살그머니 몸을 옮겼다. 기도 도중에 사제들의 소리가 갑자기 멈추었다. 사제들은 서로 무엇인지 속삭였다. 백작의 손을 받치고 있던 늙은 하인은 일어서자 여인들 쪽으로 몸을 돌렸다. 도르베쯔꼬이 공작 부인이 앞으로 나아가 병자 위에 몸을 굽히고 등 뒤에서 손가락으로 로랑을 불렀다. 이 프랑스 의사는 그때까지 불을 켠 초를 가지지 않고 둥근 기둥에 몸을 기댄 채, 신앙의 차이는 있으나 자기는 지금 집행되고 있는 의식의 중요성을 다 이해하고 있거니와 시인도 하고 있다는 외국인의 경건한 자세로 서 있다가, 발소리를 죽여 병자에게 다가가서 희고 가느다란 손끝으로 병자의 다른 한쪽 손을 모포에서 끌어냈다. 그리고 얼굴을 옆으로 돌리고 맥을 짚어보며 생각에 잠겼다. 병자에게 무엇인가 마실 것이 주어지고 그 주위에서 약간 웅성거림이 있었다. 그러다가 이내 다시금 사람들은 제자리로 돌아가서 기도가 재개되었다. 그 사이에 삐에르는 바씰리 공작이 의자 등받이 뒤에서 나와, 병자에게는 가까이 가지 않고 옆을 지나쳐서 맏딸 영양과 함께 침실 안쪽, 비단 커튼이 드리워진 높은 침대 쪽으로 걸어 가는 것을 보았다. 그의 표정은 마치 자기가 무엇을 하고 있는가를 알고 있으며,

남이 그를 이해하지 않으면 당사자들에게 한층 나쁜 결과가 된다는 것을 알게 하려는 것 같았다. 두 사람은 침대에서 떠나 뒷문 쪽으로 몸을 감추었으나 기도가 끝나기 전에 한 사람씩 뒤를 쫓듯이 자기 자리로 되돌아갔다. 삐에르는 오늘밤 자기 앞에서 일어나고 있는 이 모든 일은 아무래도 이렇게 되지 않으면 안 된다고 생각하고 있었기 때문에, 다른 모든 것에 대해서와 마찬가지로 별다른 주의를 기울이지 않았다.

찬송가의 울림이 멈추고, 성사를 받은 것을 정중하게 병자에게 축복하는 사제의 소리가 들렸다. 병자는 여전히 죽은 듯이 꼼짝하지 않고 누워 있었다. 그의 주변에서 모든 것이 움직이기 시작하고 발소리와 속삭이는 소리가 들려왔다. 그리고 그 중에서도 도르베쯔꼬이 공작 부인의 속삭이는 소리가 가장 날카롭게 들려왔다.

삐에르는 그녀가 말하는 것을 들었다.

"침대로 옮기지 않으면 안 돼요. 여기서는 도저히……."

병자는 의사, 공작 따님, 하인들에게 꽉 둘러싸여 있었기 때문에 삐에르에게는 다른 사람들의 얼굴은 보였으나, 미사가 계속되는 동안 잠시도 머리에서 떠나지 않았던 백발의 갈기가 있는 그 붉고 누런 얼굴은 이젠 보이지 않았다. 삐에르는 안락의자를 둘러싸고 있던 사람들의 신중한 동작으로 봐서 빈사의 병자를 안아들고 다른 곳으로 옮기려 하고 있다는 것을 알았다.

"내 손을 잡아, 그러다간 떨어뜨리겠어." 하인 한 사람의 깜짝 놀란 소리가 그의 귀에 들렸다. "밑에서 받쳐…… 또 한 사람." 여러 소리가 들렸다. 그리고 그들이 운반하고 있는 무거운 것이 힘에 겨운 듯 사람들의 숨소리와 발의 움직임이 빨라졌다.

운반하는 사람들이—그 중에는 도르베쯔꼬이 공작 부인도 끼여 있었다—삐에르의 바로 옆으로 다가왔다. 그러자 그 순간 사람들의 등과 목덜미 너머로, 겨드랑이를 껴안은 사람들에 의해서 부축된 병자의 높고 기름진 드러난 가슴과 통통한 두 어깨와 백발의 사자같은 머리가 보였다. 유달리 넓은 이마와 광대뼈, 잘 생긴 육감적인 입, 위엄이 있고 쌀쌀해 보이는 눈초리를 지닌 그 얼굴은 죽음이 임박했는데도 추악하지 않았다. 그것은 3개월 전에 백작이 삐에르를 뻬쩨르부르그로 떠나 보낼 때 삐에르가 알고 있던 그대로였다. 그러나 그 머리는 운반하는 사람들의 고르지 못한 걸음 때문에 힘없이 흔들렸고, 쌀쌀하고 무관심한 듯한 눈초리는 어디에 머물러야 할지를 모르는 것 같았다.

높은 침대 곁에서 부산한 움직임이 일어나 몇 분이 지났다. 병자를 운반한 사람들은 각기의 장소로 흩어졌다. 도르베쯔꼬이 공작 부인은 삐에르의 손을 만지며 말했다. "이리 와요." 삐에르는 그녀와 함께 침대 곁으로 다가갔다. 그곳에는 분명히 방금 끝난 성례에 관계가 있는 듯, 밝은 자세로 병자가 뉘여 있었다. 그는 베개 위에 높이 머리를 얹고 누워 있었다. 양쪽 손은 손바닥을 아래로 하여 녹색 모포 위에 가지런히 놓여 있었다. 삐에르가 다가가자 백작은 곧바로 그를 바라보았으나 그 눈초리의 의미는 인간으로서는 도저히 이해를 할 수 없는 것이었다. 아마도 그 눈초리는 전혀 아무 말도 하지 않고 오직 눈이 있는 한 무엇인가를 보아야 하는 데에 지나지 않은 것인지, 또는 너무나 많은 것을 말하고 있는지, 둘 중의 하나였다. 삐에르는 어떻게 할 바를 몰라서 걸음을 멈추고 안내자인 도르베쯔꼬이 공작 부인 쪽을 물어보듯이 돌아다보았다. 부인은 그에게 급히 눈짓을 하고 병자의 손을 가리키면서 그 손에 입술로 키스하는 흉내를 내 보였다. 삐에르는 이불에 걸리지 않도록 몸을 숙여, 그녀가 권한 대로 뼈가 굵고 살찐 손에 공손히 키스했다. 백작의 손도 얼굴의 근육도 까딱하지 않았다. 삐에르는 다시금 도르베쯔꼬이 공작 부인을 보았다. 그것은 이번에는 무엇을 하면 좋으냐고 물어보는 것이었다. 공작 부인은 침대 곁에 놓여 있는 안락의자를 눈으로 가리켰다. 삐에르는 하라는 대로 안락의자에 앉을 자세를 취하면서 자기는 당연히 해야 할 일을 했는가요 하고 눈으로 계속 물어보고 있었다. 공작 부인은 됐다는 듯이 고개를 끄덕였다. 삐에르는 자기의 못생긴 뚱뚱한 몸이 이렇게 큰 공간을 차지한 것을 미안하다고 생각하여 어떻게 해서라도 조그맣게 보이게 하느라고 애쓰고 있는 듯이, 다시 이집트의 입상과 같은 좌우대칭의 소박한 자세를 취했다. 그는 백작 쪽을 바라보았다. 백작은 삐에르가 곁에 서 있었을 때 삐에르의 머리가 있었던 곳을 보고 있었다. 공작 부인은 부자 대면의 이 마지막 순간의 감동어린 중요성을 자각했다는 것을 표정 속에 나타내고 있었다. 그것은 2분 정도밖에 계속되지 않았으나 삐에르에게는 한 시간처럼 느껴졌다. 느닷없이 백작 얼굴의 굵직한 힘줄과 주름 속에 경련이 일었다. 경련은 심해지고 아름다운 입도 일그러져서(그때 간신히 삐에르는 자기 아버지가 어느 정도 죽음이 임박하고 있는가를 깨달았다), 그 일그러진 입에서 잘 들리지 않는 쉰 목소리가 흘러 나왔다. 공작 부인은 골똘히 병자의 눈을 바라보며 그가 원하는 것을 알아내려고 애썼다. 삐에르를 가리키거나 마실 것을 가리키기도 하고, 귀엣말로 바씰리 공작을 찾고 있는 것이냐고 물어보거나 모포를 가리키기도 했다. 병자의 눈과 얼굴은 초조한 빛을 띠고 있었다. 그는 침대의 머리맡을 떠나지 않은 채 서 있던 하인 쪽으로 눈길을 돌리려고 몹시 애를 쓰고 있었다.

"돌아눕고 싶으시답니다." 하인은 이렇게 속삭이고 일어나서 백작의 무거운 몸을 벽 쪽으로 돌려 눕히려고 했다.

삐에르도 하인을 돕기 위해서 일어났다.

백작을 돌려 눕히려고 할 때 한 손이 힘없이 뒤로 축 처졌다. 병자는 처진 손을 되옮겨 놓으려고 헛된 노력을 했다. 백작은 이 핏기 없는 손을 바라본 삐에르의 공포에 찬 눈초리를 깨달았거나 그렇지 않으면 이 순간에 환자의 머릿속에 다른 생각이라도 떠올랐는지, 어쨌든 그는 자기의 굳은 손을 본 뒤 삐에르의 얼굴에 떠오른 공포의 표정을 바라보고 다시금 자기 손을 바라보았다. 그러자 그의 얼굴에는 그 생김새에 전혀 어울리지 않는 가냘픈, 자기 자신의 무력에 대한 조소를 보이는 듯한 괴로운 미소가 떠올랐다. 그 미소를 보자 삐에르는 느닷없이 가슴이 두근거리고 코가 시큰해졌다. 눈물로 눈 앞이 흐려졌다. 병자는 벽 쪽으로 방향을 바꾸어 눕혔다. 그는 푹 한숨을 쉬었다.

"이제 잠이 드셨습니다." 공작 부인은 교대하러 온 딸의 모습을 보고 말했다. "자! 가십시다."

삐에르는 방을 나왔다.

21

응접실에서는 바씰리 공작과 맏딸이 예까쩨리나 여제의 초상화 밑에 앉아서 무엇인지 열심히 이야기하고 있었다. 방 안에는 그들 외에는 이제 아무도 없었다. 그들은 삐에르와 그의 안내자를 보자 이내 입을 다물고 말았다. 맏딸은 무엇인가 감추고—삐에르에게는 그렇게 느껴졌다—속삭이듯이 말했다.

"나는 저 여자 보기도 싫어요."

"까쩌쉬가 작은 응접실에 차를 차려놓았어요." 바씰리 공작은 예까쩨리나 공작 부인에게 말했다. "가서 좀 드시고 쉬세요, 공작 부인. 무엇인가 들지 않으면 몸이 못 견딥니다."

삐에르에게는 아무 말도 하지 않고 팔꿈치 위쪽을 약간 힘주어 잡았을 뿐이었다. 삐에르와 공작 부인은 작은 응접실로 갔다.

"밤을 새운 뒤에는 이 고급 러시아 차를 한 잔 마시는 것만큼 원기를 회복시켜 주는 것은 없습니다." 로랑이 넘치는 에너지를 억제하는 표정으로 말하면서 테이블 앞에 서서 손잡이가 없는 얄팍한 찻잔으로 차를 마시고 있었다. 그 테이블에는 차 세트와 식어버린 자그마한 야식이 놓여 있었다. 이날 밤 베주호프 백작 저택에 와 있던 사람들이 모두 힘을 내기 위해 테이블 주위에 모여 있었다. 삐에르는 거울과 작은 테이블이 놓여 있는 이 작고 둥근 응접실을 잘 기억하고 있었다. 춤을 못추는 삐에르는 백작 저택에서의 무도회 때 이 조그마한 거울의 방에 앉아서 관찰하는 것을 좋아했다. 무도회에 어울리는 차림을 하고 드러낸 어깨에 다이아몬드와 진주를 단 여인들이 이 방을 지나면서 그녀들의 모습을 거울에 비추어 보는 것이었다. 지금은 같은 방을 두 개의 초가 희미하게 비추고 단 하나의 테이블에 차 세트와 접시가 잡다하게 놓여 있을 뿐이었다. 화려한 차림이 아닌 여러 사람들이 야밤에 서로 낮은 목소리로 이야기를 주고받으며 이 방에 앉아 있었다. 그들은 거기서 지금 침실에서 일어나고 있는 일, 앞으로 일어날 일을 아무도 잊지 않고 있다는 것을 동작 하나하나 말 하나하나에 나타내고 있는 것이었다. 삐에르는 몹시 시장했지만 먹으려 하지 않았다. 그는 물어보듯이 자기의 안내자를 돌아보았다. 그녀가 바씰리 공작과 맏딸이 남아 있던 응접실로 다시금 발소리를 내지 않고 가는 것이 보였다. 삐에르는 이것도 그렇게 하는 것이 당연하다고 생각되었으므로 잠시 주저하다가 자기도 그 뒤를 따랐다. 예까쩨리나 공작 부인이 영양 곁에 서 있었다. 그리고 그들 두 사람은 흥분하여 떨리는 작은 목소리로 속삭이듯 이야기하고 있었다.

"제발 절 내버려둬요, 공작 부인. 저도 어떤 일이 필요하고 어떤 일이 불필요한지는 잘 알고 있어요." 영양은 자기 방문을 탕! 하는 소리를 내며 닫았을 때와 마찬가지로 흥분 상태에 있는 것처럼 말했다.

"하지만 아가씨." 도르베쯔꼬이 공작 부인은 침실로 통하는 길을 가로막고 영양을 놓지 않으려고 얌전하게 타이르듯이 말하였다. "휴식이 필요한 이때 그런 일은 불쌍한 백부님에게는 너무나 괴로운 일이 아닐까요? 그분의 마음은 이미 각오가 되어 있는데 세속적인 이야기를……."

바씰리 공작은 다리를 높이 포개고 여느 때와 같은 자세로 안락의자에 앉아 있었다. 두 볼은 몹시 씰룩거리고 늘어져서 아래쪽이 부어 있는 것 같았다. 그러나 그는 두 부인의 대화에는 별로 관심이 없는 듯한 태도를 하고 있었다.

"어떻습니까, 공작 부인, 까쩨쉬가 하고 싶은 대로 놔 두세요. 당신도 아시다시피 백작은 이분을 몹시 사랑하고 계시니까요."

"이 서류에 무엇이 쓰여 있는지 나는 전혀 알지 못해요." 영양은 바씰리 공작 쪽으로 몸을 돌려 양손에 쥐고 있는 모자이크 무늬 가방을 가리키면서 말했다. "다만 정식 유언장은 백부님 책상 속에 있으니까, 이것은 대수롭지 않은 서류라는 것만을 알고 있을 뿐이에요……."

그녀는 도르베쯔꼬이 공작 부인 곁을 피해 가려고 했으나 부인은 벌떡 일어나서 다시금 길을 가로막았다.

"나는 알고 있습니다, 착하고 친절하신 아가씨." 공작 부인은 한 손으로 가방을 쉽사리 놓지 않으려는 듯이 꽉 잡고 말했다. "아가씨, 부탁이에요. 손 모아 부탁합니다. 제발 좀더 그분을 가엾게 여겨주세요. 제발……."

영양은 말이 없었다. 가방을 서로 뺏으려는 소리만이 들릴 뿐이었다. 만약 그녀가 말문을 열면 도르베쯔꼬이 공작 부인에게 유쾌한 말이 나오지 않을 것 같은 태도였다. 공작 부인은 가방을 꽉 쥐고는 있었으나 그 음성은 여느 때의 달콤하고 길게 끄는 듯한 부드러움을 지니고 있었다.

"삐에르, 이쪽으로 오세요. 이분도 친척 회의에 필요없는 분은 아니라고 생각해요. 그렇잖습니까, 공작님?"

"왜 오빠는 잠자코 있는 거죠?" 갑자기 영양이 큰 소리로 외쳤다. 응접실에 있던 사람들이 깜짝 놀랄 정도였다. "왜 가만히 있는 거예요? 누군지 정체도 알 수 없는 사람이 참견을 하고 빈사의 병자 방문 앞에서 소동을 일으키고 있는데 말이에요. 이 모사꾼이!" 그녀는 증오에 차서 이렇게 나직한 소리로 말하고 안간힘을 써 가방을 잡아당겼다. 공작 부인은 가방에서 떨어지지 않으려고 몇 걸음 걸어가서 손을 바꾸어 잡았다.

"호오!" 바씰리 공작은 깜짝 놀라 꾸짖듯이 말하였다. "그런 실없는 짓을. 자, 놔요, 놓으라니까."

영양은 손을 놨다.

"당신도!"

공작 부인은 듣지 않았다.

"놓으라니까요. 책임은 내가 지겠습니다. 내가 가서 백작님에게 물어 보겠습니다. 내가…… 그래야 당신도 마음이 풀릴 겁니다."

"그러나 공작님." 도르베쯔꼬이 공작 부인은 말하였다. "그만큼 대단한 의식이 있었으니까 휴식 시간을 드려야죠. 자, 삐에르, 당신의 의견을 말해 보세요." 그녀는 가까이 다가온 삐에르에게 말했다. 그러나 그는 미움으로 일그러지고 자존심도 체면도 모두 잊은 영양의 얼굴과, 경련을 일으키고 있는 바씰리 공작의 뺨을 깜짝 놀라서 바라보고 있을 뿐이었다.

"그럼, 모든 결과에 대해서 책임을 져야 한다는 것을 기억해야 합니다." 바씰리 공작은 엄격하게 말했다. "당신은 자기가 하고 있는 행동을 알지 못합니다."

"밉살스러운 여자 같으니!" 영양은 별안간 도르베쯔꼬이 공작 부인에게 덤벼들어 가방을 뺏으려고 하면서 외쳤다.

바씰리 공작은 고개를 떨구고 두 손을 펼쳤다.

그때 문이—그토록 오랫동안 삐에르가 응시하고 있던, 그리고 이제까지 그토록 조용히 여닫히던 그 기분 나쁜 문이 요란스런 소리로 열려 탁 하고 벽에 부딪쳤다. 그리고 둘째 딸이 거기서 달려나와 손뼉을 쳤다.

"무엇들 하고 계세요!" 그녀는 필사적으로 말했다. "임종이 임박했는데 나를 혼자 남겨 놓고서."

맏딸은 가방을 떨어뜨리고 말았다. 도르베쯔꼬이 공작 부인은 재빨리 몸을 구부려서 승강이의 대상이었던 것을 빼앗아 그대로 침실로 뛰어들어갔다. 맏딸과 바씰리 공작은 정신을 차리고 부인을 뒤따랐다. 몇 분 후 침실에서 맨 먼저 맏딸이 나왔다. 얼굴은 창백하고 무표정했으며 아랫입술을 깨물고 있었다. 삐에르를 보자 그녀는 억제할 수 없는 미움의 빛을 나타냈다.

"그래, 이젠 기뻐하면 돼요." 그녀는 말했다. "당신은 이걸 기다리고 있었으니까요."

그리고 왈칵 울음을 터뜨리고는 손수건으로 얼굴을 감싸고 방에서 뛰어나갔다.

영양을 뒤따라 바씰리 공작이 나왔다. 그는 비틀거리면서 삐에르가 앉아 있는 소파까지 다가와서 한 손으로 눈을 가리고 삐에르 쪽으로 쓰러졌다. 삐에르는 그가 창백해져서 그의 아래턱이 오한에 걸린 듯 와들와들 떨리고 있는 것을 보았다.

"아아, 삐에르 군!" 그는 삐에르의 팔꿈치를 잡았다. 그리고 그의 음성에는 일찍이 들어 보지 못한 진실성과 연약함이 서려 있었다. "우리는 얼마나 죄를 범하고 얼마나 거짓을 저지르고 있는가. 그것은 도대체 무엇 때문일까? 나는 이미 오십 고개를 넘었어…… 정말로 나는…… 모든 것은 죽으면 끝난다, 모든 것이. 죽음은 무섭다." 그는 울기 시작했다.

도르베쯔꼬이 공작 부인은 맨 나중에 나왔다. 그녀는 조용하고 느린 걸음으로 삐에르에게 다가갔다.

"삐에르! ……." 그녀는 말했다.

삐에르는 의아한 듯이 그녀를 바라보았다. 그녀는 삐에르의 이마에 키스하고 눈물로 그의 얼굴을 적셨다. 그녀는 잠시 동안 말이 없었다.

"돌아가셨습니다."

삐에르는 안경 너머로 그녀를 보았다.

"갑시다. 내가 같이 가겠어요. 실컷 우세요. 눈물처럼 마음을 홀가분하게 해 주는 것은 없으니까요."

그녀는 어두운 객실로 삐에르를 안내했다. 삐에르는 거기서 아무도 자기 얼굴을 보는 사람이 없는 것이 기뻤다. 도르베쯔꼬이 공작 부인은 그에게서 물러갔다. 그리고 그녀가 되돌아왔을 때 삐에르는 팔을 머리 아래에 괴고 푹 잠이 들어 있었다.

이튿날 공작 부인은 삐에르에게 말했다.

"그래요, 삐에르, 이번 일은 우리들에게는 큰 타격입니다. 당신은 더 말할 것도 없습니다. 그러나 당신은 아직 젊어요. 하느님이 당신을 도와주실 겁니다. 당신은 막대한 재산의 소유자가 될 것이라고 나는 기대하고 있습니다. 유언장은 아직 개봉되지 않았습니다. 나는 당신을 잘 알고 있으므로 이런 일로 당신이 분별을 잃지 않을 것이라는 것을 알고 있습니다. 그러나 이것은 당신에게 의무를 지우게 됩니다. 그러니까 남자답게 처신해야 합니다."

삐에르는 잠자코 있었다.

"나중에 다시 이야기하겠지만, 내가 없었다면 어떤 일이 일어났을지 몰라요. 아시다시피 백부님은 그저께 보리스의 일은 잊지 않겠노라고 나에게 약속해 주셨어요. 그러나 약속을 지킬 시간이 없었습니다. 이봐요, 삐에르, 당신이 아버지의 뜻을 다해 보리스를 도와줄 것이라고 믿고 있습니다."

삐에르는 무슨 영문인지도 모르고 수줍은 듯 말없이 얼굴을 붉히면서 도르베쯔꼬이 공작 부인을 바라보고 있었다. 공작 부인은 삐에르와 이야기를 마치자 로스또프네로 돌아가서 잠자리에 들었다. 이튿날 아침 잠이 깨자 그녀는 로스또프네 사람들과 모든 아는 사람에게 베주호프 백작 임종시의 모습을 소상히 말했다. 그녀의 말에 의하면 백작은, 그녀도 그렇게 되기를 바랐던 것처럼 죽었고 그 최후는 감동적이었을 뿐만 아니라 교훈적이기도 했다. 또 부자의 마지막 대면은 눈물 없이는 상기할 수 없을 만큼 감격에 넘친 것이었고 저 무서운 순간에 어느 쪽이 훌륭하게 처신했는지—모든 것, 모든 사람을 상기하고 실로 감동적인 말을 아들에게 한 아버지인가, 그렇지 않으면 충격을 받으면서도 죽어가는 아버지의 마음을 아프게 하지 않기 위해 자기의 슬픔을 감추고 있던 보기에도 딱한 삐에르인가, 자기로서는 알 수가 없다고 말했다. "이런 일은 괴롭지만 훌륭한 일입니다. 노백작이나 거기에 어울리는 아들과 같은 사람을 보면 마음이 숭고해 집니다." 그녀는 이렇게 말하였다. 공작 딸과 바씰리 공작의 행동에 대해 그녀는 옳았다고는 인정할 수 없었으므로, 역시 이야기를 해 주었으나 아주 낮은 목소리로 속삭이듯이 말했다.

22

니꼴라이 볼꼰스끼 공작의 영지인 르이스에 고르이(벌거숭이 산)에서는 젊은 안드레이 부부의 귀향을 매일같이 기다리고 있었다. 그러나 기다리고 있다고 해서 노공작의 정연한 생활 질서는 조금도 흐트러지지 않았다. 세간에서 '프러시아 왕'이라는 별명을 듣고 있던 육군 대장인 니꼴라이 볼꼰스끼 공작은 빠베르 황제(예까쩨리나 여제의 아들. 공포 정치를 하다가 1801년 궁중 혁명으로 피살되었다) 시대에 시골로 추방된 이래 딸인 마리야와 그 시녀 부리엔 양과 더불어 이 '벌거숭이 산'에서 두문불출의 생활을 보내고 있었다. 그리고 새로운 치세가 되자 (1801년 빠베르는 암살되고 뒤를 이어 알렉산드르 1세가 즉위하였다) 그는 모스크바와 뻬쩨르부르그에의 출입은 허가 되었으나, 누군가가 자기에게 용무가 있으면 모스크바에서 150킬로 정도 떨어진 이 '벌거숭이 산'까지 올 것이고, 자기는 아무에게나 또 아무것에도 볼일은 없다고 말하며 여전히 그 어디에도 가지 않고 시골에서 살고 있었다. 그는 인간의 악의 근원은 두 가지—무위와 미신 뿐이고, 선(善)도 두 가지—활동과 지성뿐이라고 말하고 있었다.

그는 몸소 딸의 교육을 맡았다. 그녀 안에 근본적인 선 두 가지를 모두 발달시키기 위해 그녀에게 대수(代數)와 기하를 가르치고 그녀의 생활 전체를 중단됨이 없이 공부과 일에 할당하고 있었다. 그 자신도 항상 자기 회상록의 집필이나 고등 수학의 계산, 녹로로 담뱃갑을 만들기도 하고 또는 정원을 다듬거나 영지에서 끊임없이 이루어지는 건축 감독 등을 하고 있었다. 활동의 근본 조건은 정연한 질서였으므로 그의 생활 양식에서는 그것이 철저하게 지켜지고 있었다. 그는 식사도 항상 변하지 않는 같은 조건 밑에서 했으며, 시간뿐만 아니라 분(分)까지도 어기지 않았다. 주위 사람에 대해서는, 딸에서 하인에 이르기까지 공작은 엄격하며 항상 잔소리가 많았다. 그래서 그는 냉혹하지는 않았지만, 더없이 냉혹한 사람이라도 손쉽게 얻을 수 없는 공포와 외경의 마음을 사람들에게 불러일으키고 있었다. 그는 이미 퇴직한 몸으로 지금은 국정에 아무런 요직도 가지고 있지 않았으나, 공작의 영지가 있는 현의 어느 지사도 이따금 문안하는 것을 자기의 의무라고 생각하고, 건축 기사나 정원사, 딸 마리야와 마찬가지로 천장이 높은 급사방에서 공작이 나타나는 지정된 시간을 기다리는 것이었다. 그리고 서재의 크고 높은 문이 열리고, 자그마한 손과 마른 몸에, 가끔 이마를 찌푸렸을 때 현명하고 젊음이 넘치는 눈을 늘어진 회색 눈썹이 덮는 자그마한 노인이 머리분을 칠한 가발을 쓰고 모습을 나타내면, 이 급사실에 있는 사람은 누구나 같은 존경심과 더불어 공포심까지도 품게 되는 것이었다.

젊은 부부가 도착하는 날, 여느 때의 아침처럼 마리야는 정각에 아침 인사를 하기 위해 급사실에 들어와 무서운 기분으로 마음 속으로 기도를 올렸다. 그녀는 그 방에 들어오면, 이날 이루어지는 모든 대면이 무사히 끝나도록 기도하는 것이었다.

급사실에 앉아 있던, 머리에 분을 칠한 늙은 하인이 조용히 일어나서 속삭이듯 말했다.

"어서 오십시오."

문 안쪽에서는 규칙적으로 돌아가는 녹로의 소리가 들리고 있었다. 영양은 가볍게 스르르 열리는 문 안쪽으로 머뭇거리며 가까이 가서 입구 바로 앞에서 걸음을 멈추었다. 공작은 녹로 앞에서 일을 하고 있었으나 흘끗 돌아다보았을 뿐 다시금 일을 계속했다.

지나칠 정도로 넓은 서재는 물건이 가득 차 있었는데 분명히 그것들은 늘 사용되고 있는 것 같았다. 서적과 설계도가 놓여 있는 큼직한 테이블, 문짝에 자물쇠가 달린 유리를 낀 높은 책장, 노트가 펼쳐져 있는 서서 쓰기 위한 높은 테이블, 녹로, 아무렇게나 놓여 있는 도구들과 마구 흩어진 대패삽— 이 모든 물건들은 여러 가지 질서 있는 일이 끊임없이 이루어지고 있음을 말해 주고 있었다. 은실로 자수한 타타르 풍의 구두를 신은 조그마한 발의 움직임과, 힘줄이 세고 마른 손의 뚜렷한 움직임으로 봐서 공작의 몸은 아직도 건장하고 많은 것을 참아낼 수 있는 힘이 깃들어 있어 보였다. 몇 번 돌리더니 그는 녹로의 페달에서 발을 떼고, 끌을 닦아 녹로에 달아 놓은 가죽 주머니에 넣고 나서 테이블 쪽으로 다가가서 딸을 불렀다. 그는 한 번도 자기 아이들을 축복해 준 일이 없었다. 지금도 아직 면도질을 하지 않은 수염이 거친 볼을 내밀어, 엄격하지만 동시에 주의 깊은 상냥한 눈으로 그녀를 바라보고 나서 말했다.

"괜찮니? …… 그럼, 자, 앉아라!"

그는 손수 쓴 기하 노트를 집어들고 한 발로 안락의자를 끌어당겼다.

"내일 배울 곳이다!" 그는 재빨리 페이지를 찾아내어 한 절에서 다음 절까지를 단단한 손톱 끝으로 표시를 하면서 말했다.

영양은 노트가 놓여 있는 테이블 쪽으로 몸을 구부렸다.

"잠깐만, 너한테 편지가 와 있다." 느닷없이 노인은 이렇게 말하고, 테이블 위에 만들어 놓은 편지 철에서 여자 필적의 봉투를 끄집어내어 테이블 위에 내놓았다.

그 편지를 보자 영양의 얼굴은 붉은 점으로 뒤덮였다. 그녀는 당황해서 편지를 집어들자 아버지 쪽으로 몸을 숙였다.

"엘로이즈로부터 온 거냐? (루소의 '신 엘로이즈'의 여주인공인 줄리에 빗대어 한 말)" 공작은 냉정하게 웃으면서 아직은 튼튼하고 누런 치아를 보이며 물었다.

"네, 줄리한테서 온 거예요." 영양은 머뭇거리며 눈을 들고 미소지으면서 말했다.

"두 통까지는 그냥 넘어가겠지만 세 번째 것은 읽어보겠다." 공작은 엄격하게 말했다. "보나마나 시시한 것만 썼겠지. 세 번째 것은 읽어볼 거야."

"이것도 읽으셔도 좋아요, 아버지." 영양은 더욱 얼굴을 붉히고 아버지에게 편지를 내밀면서 대답하였다.

"세 번째 것이라고 했잖아, 세 번째 것." 공작은 편지를 되돌려 주면서 짤막하게 외쳤다. 그리고 테이블에 팔꿈치를 괴고 기하 그림이 그려져 있는 노트를 끌어당겼다.

"자, 그럼." 공작은 딸 곁으로 가까이 다가앉아 노트 위에 몸을 숙이고, 마리야가 앉아 있는 의자의 등에 한쪽 손을 얹고 나서 설명을 시작했다. 영양은 오래 전부터 잘 알고 있는 아버지의 담배 냄새와 코를 찌르는 노인 냄새로 사방이 둘러싸인 기분을 느꼈다.

"자, 이들 세모꼴은 닮은꼴이다. 알겠니? 각(角) ABC는……."

마리야는 바로 곁에서 반짝이는 아버지의 눈을 겁먹은 듯이 바라보고 있었다. 붉은 점이 얼굴에서 진해지기도 하고 엷어지기도 하였다. 그리고 분명히 그녀는 아무것도 이해하지 못했고 몹시 무서워하고 있었기 때문에 아버지의 설명이 제아무리 명쾌해도 잘 알 수가 없었다. 가르치는 사람이 서툰건지 배우는 사람이 부족한 건지, 어쨌든 매일매일 같은 일이 반복되었다. 영양은 눈앞이 흐려지고 아무것도 보이지도 않고 들리지도 않았으며, 다만 엄격한 아버지의 마른 얼굴과 숨과 냄새를 가까이에 느낄 뿐이었다. 이젠 한시바삐 서재에서 빠져나와 자기 방에서 문제를 이해할 수는 없을까 하는 것만을 생각하고 있었다. 노인의 참을성은 점점 약해졌다. 자기가 앉아 있는 안락 의자를 소리내어 앞뒤로 움직이면서 화를 내지 않으려고 자기를 억제하고 있었다. 그래도 거의 매일 화를 내며 야단을 치고 때로는 노트를 내던지기도 했다.

마리야는 틀린 대답을 했다.

"뭐야! 그러니까 바보란 말을 듣는 거다!" 공작은 노트를 밀어 놓고 획 등을 보이고 소리쳤으나, 이내 일어나서 잠시 방을 걸어다니다가 손으로 마리야의 머리를 만지고는 다시 앉았다.

그는 다가앉아 설명을 계속했다.

"안 되겠는 걸, 안 되겠어." 마리야가 숙제를 쓴 노트를 집어들어 덮고 나가려고 했을 때 공작은 말했다. "수학이라는 것은 훌륭한 학문이야. 알겠니? 나는 너를 이 나라에 흔히 보이는 어리석은 여인같이 만들고 싶지는 않다. 참고 견디는 동안에 재미를 붙이게 된다." 그는 한 손으로 그녀의 볼을 살짝 두들겼다. "그렇게 되면 어리석은 생각은 머리에서 빠져나간다."

그녀가 나가려고 하자 공작은 몸짓으로 붙잡아 놓고, 높은 테이블에서 페이지도 끊지 않은 새 책을 집어들었다.

"자, 편지 외에 '신비의 열쇠'라는 것을 엘로이즈가 너에게 보내 왔다. 종교 책이지. 나는 누구의 신앙도 간섭하지 않는다…… 잠깐 훑어보기는 했지만, 가져가렴. 자, 가도 좋다!"

그는 딸의 어깨를 가볍게 두드리고 딸을 내보내자 이내 몸소 문을 닫았다.

마리야는 슬픈 듯한, 겁먹은 얼굴로 자기 방으로 되돌아왔다. 이 표정은 좀체 그녀에게서 사라지지 않았으며, 원래 못생기고 환자 같은 얼굴을 더욱 보기 흉하게 만들고 있었다. 그녀는 조그마한 초상을 세워 놓은, 노트와 책이 전면에 놓인 책상 앞에 앉았다. 마리야는 꼼꼼한 아버지만큼 단정하지 못했다. 그녀는 기하 노트를 놓자 편지 봉투를 뜯었다. 그 편지는 가장 친한 어릴 적 친구한테서 온 것이었다. 그 친구는 다름 아닌 로스또프네의 생일 축하에 왔던 카라긴네의 줄리였다.

줄리의 편지는 프랑스말로 쓰여 있었다.

그립고 소중한 나의 마리야, 이별이란 것은 얼마나 두렵고 무서운 일인가요! 나의 존재와 행복의 절반은 당신 안에 있으며, 아무리 우리들을 갈라 놓고 있는 거리가 멀다 하더라도 우리 둘의 마음은 끊을 수 없는 굴레로 결합되어 있다고 제아무리 스스로 타일러 보지만, 나의 마음은 운명에 반항하고 있어요. 나를 둘러싼 즐거움이나 기분 전환의 보람도 없이, 당신하고 헤어진 이후 마음 속에서 느끼는 슬픔을 억제할 길이 없군요. 왜 우리들은 작년 여름과 같이 댁의 큰 서재에서 그 하늘색 소파, '고백'의 소파에 같이 앉아 있을 수가 없을까요? 왜 나는 석 달 전과 같이 당신의 겸손하고 조용한, 모든 것을 통찰하는 듯한 눈초리 속에서 새로운 정신의 힘을 끌어낼 수가 없을까요? 내가 지금 이렇게 편지를 쓰고 있는 이 순간에도 내가 그토록 좋아하는 그 눈초리가 눈앞에 아물거립니다.

여기까지 읽고 나자 마리야는 한숨을 푹 쉬고는 오른쪽에 있는 거울로 몸을 돌렸다. 거울은 보기 흉하고 나약한 몸과 마른 얼굴을 비추고 있었다. 언제나 침울한 눈이 지금은 거울 속에서 특히 절망적으로 자기를 바라보고 있었다. '이 사람은 아첨을 하고 있어.' 영양은 이렇게 생각하고 돌아서서 다시금 읽어 내려갔다. 그러나 줄리는 절대로 자기 친구에게 아첨을 하고 있는 것은 아니었다. 확실히 크고 깊은 빛을 띠고 있어서(흡사 따사로운 광선이 눈에서 이따금 다발이 되어 방사하는 것 같았다) 얼굴 전체는 아름답지 않지만 그 눈만은 아름다움 이상으로 매혹적이었다. 그러나 마리야는 자기 눈의 좋은 표정을 한 번도 본 일이 없었다. 누구나 그렇지만 그녀의 얼굴도 거울을 들여다보면 이내 일부러 꾸민 듯한 좋지 않은 표정이 되는 것이었다. 그녀는 계속해서 읽었다.

모스크바에서는 요즘 전쟁 이야기로 들끓고 있습니다. 나의 두 형제 중 한 사람은 이미 외국에 가 있으며, 또 한 사람도 국경으로 진격하게 되어 있는 근위 사단에 배속되어 있습니다. 우리들의 경애하는 황제께서도 뻬쩨르부르그를 버리고 몸소 전장에 그 귀하신 몸을 내던지려고 결심하셨다고 합니다. 제발 유럽의 평화를 교란하는 코르시카의 괴물이, 자비로우신 전능의 신이 우리들에게 군주로서 주신 천사의 손에 의해서 타도되기를 기원합니다. 나의 형제는 말할 나위도 없습니다만, 이번 전쟁은 나의 마음에 가장 가까운 친구 한 사람을 앗아 갔습니다. 그는 니꼴라이 로스또프라는 젊은 사람입니다만, 원래 강한 감격성 때문에 무위(無爲)한 생활을 견디지 못하고 군대에 들어가기 위해서 대학을 중퇴하고 말았습니다. 그리운 마리야, 아직 너무나 젊은 분인데다가 이분이 군대에 가버린다는 것은 나에게는 큰 슬픔입니다. 작년 여름에 당신에게도 말했습니다만 이 청년은 요새 스무 살의 철부지들 사이에서는 찾아볼 수 없는 훌륭한 기품과 참다운 젊음에 넘쳐 있습니다. 특히 이분은 솔직하고 정다운 분입니다. 또한 무척 순결하고 시정이 풍부합니다. 나와의 교제는 몹시 짧은 것이었으나 여태까지 온갖 괴로움을 받아온 나의 슬픈 마음에는 가장 감미로운 기쁨의 하나였습니다. 그와 나의 이별과 이별할 때 주고 받은 말은 언젠가 다 이야기하겠습니다. 모든 것은 아직도 너무나 생생합니다. 아아! 마리야, 당신은 행복해요. 이와 같이 애태우는 기쁨과 이와 같이 애태우는 슬픔을 모르니까요. 당신은 행복해요. 보통 슬픔이 기쁨보다는 강하기 때문입니다. 니꼴라이 백작이 나에게 친구 이외의 무엇이 되어 주기에는 너무나 젊다는 것을 나는 잘 알고 있어요. 그러나 이 달콤한 우정, 이토록 시적이고 깨끗한 교제는 내 마음에 필요한 것이었습니다. 그렇지만 이 이야기는 이만 해 두겠습니다.

지금 모스크바의 가장 큰 관심사는 베주호프 백작의 별세와 그 유산 상속 문제입니다. 그런데 공작의 세 영양은 조금씩 받았을 뿐이며 바씰리 공작에게는 전혀 없고, 삐에르가 전 재산을 상속하여 러시아 최대 재산의 소유주가 되었을 뿐만 아니라, 적자(嫡子)로 인정되어 베주호프 백작이 되었습니다. 소문에 의하면 바씰리 공작은 이번 일에서 몹시 비열한 역할을 해서 큰 망신을 하고 뻬쩨르부르그로 떠나 버렸다는 것입니다.

실은 나는 이 유언 사건에 대해서는 잘 모릅니다. 다만 알고 있는 것은 여태까지 우리가 삐에르라는 이름으로만 알고 있던 청년이 별안간 베주호프 백작이 되고 러시아에서도 손꼽히는 재산가가 되었다는 것입니다. 그리고 나는 시집갈 나이의 딸을 가진 어머니들과 또 그 아가씨들의 이 신사에 대한 태도의 변화를 매우 즐거운 마음으로 관찰하고 있습니다. 우리끼리의 이야기지만, 나나 다른 사람들 모두 평소 그를 별 볼일 없는 사람으로 여기고 있었거든요. 벌써 2년 동안이나 모두들 내가 알지 못하는 분을 약혼자로서 나에게 결부시켜 기뻐하고 있었는데, 마찬가지로 이번에도 모스크바의 결혼 기사란이 나를 베주호프 백작 부인으로 만들려 하고 있습니다. 그러나 알아 주시겠지만 나는 그런 건 조금도 원하고 있지 않아요. 이왕 말하는 김에 결혼 이야기를 하나 더 하겠습니다. 알고 계시겠지만,

'우리들 모두의 아주머니'인 도르베쯔꼬이 공작 부인이 요즘 극히 비밀로 당신 결혼을 성사시키려는 계획을 나에게 말해 주었습니다. 그 상대란 바로 바씰리 공작의 영식인 아나똘리예요. 그이를 가문 좋은 부잣집 따님과 결혼시켜서 안정시키려는 거예요. 그래서 부모가 그 후보로 당신을 택한 것입니다. 이야기를 어떻게 생각하실는지는 모르겠습니다만 나로서는 미리 알려드리는 것이 나의 의무라고 생각했어요. 소문에 아나똘리는 대단한 미남자이며 또 굉장한 망나니라고 합니다. 그에 관해서 내가 알 수 있는 것은 이것뿐이에요.

잡담은 이 정도로 하겠습니다. 두 장째도 다 끝나가고 어머니가 아쁘락끄신 댁의 만찬에 가기 위해서 나를 부르러 오셨어요. 보내드리는 신비주의 책을 읽어 주세요. 이곳에서는 대단한 호평을 받고 있습니다. 이 속에는 무력한 인간의 지혜로는 이해하기 어려운 대목도 있습니다만 아무튼 훌륭한 책입니다. 이걸 읽으면 정신이 안정되고 향상됩니다. 그럼 안녕. 아버님과 부리엔에게 안부 전해 주세요. 진심으로 당신을 포옹합니다.

줄리

P.S. 오빠와 아름다운 올케 소식도 알려 주세요.

마리야는 잠깐 무슨 생각에 잠긴 듯 가벼운 미소를 지었다. 그리고 느닷없이 자리에서 일어나자 무거운 발걸음으로 테이블 쪽으로 자리를 옮겼다. 그녀는 종이를 꺼냈다. 그리고 그 손은 종이 위를 달리기 시작하였다. 그녀는 다음과 같이 프랑스어로 답장을 썼다.

더없이 그리운 줄리. 13일자 편지는 나에게 커다란 기쁨을 가져다 주었습니다. 마음씨가 고운 줄리, 당신은 언제나 변함없이 나를 사랑해 주시는군요. 가족들이 헤어져 있는 데 대해서 당신은 부질없는 넋두리를 하고 계시지만 보아하니 이별은 당신에게는 세상의 흔한 영향도 주지 않은 것 같군요. 당신은 헤어져 있는 것을 한탄하고 있지만, 만약에 불평을 할 마음이 들면 나는 뭐라고 해야 좋을까요? 소중한 사람들과는 모두 떨어져 있으니까요. 아, 만약 우리들에게 종교의 위안이 없다면 인생은 얼마나 슬퍼질까요. 당신은 그 젊은 분에 대한 애정 이야기를 하면서 왜 내가 엄격하게 본다고 생각하시는 걸까요? 이런 일에 내가 엄격한 것은 나 자신에 대해서뿐입니다. 다른 사람의 그러한 기분을 나는 이해하고 있어요. 그리고 나는 그런 경험이 한 번도 없으므로 그걸 찬미하지는 않더라도 결코 비난할 생각은 없습니다. 다만 나에게는 젊은 청년의 아름다운 눈이 당신 같은 시적이며 사랑스러운 젊은 여성에게 불러일으킬 수 있는 감정보다는 그리스도교적인 사랑, 이웃에 대한 사랑, 적에 대한 사랑 쪽이 가치가 있고 감미롭고 훌륭한 것이라는 생각이 들 뿐입니다.

베주호프 백작의 부고는 당신 편지보다 먼저 받았습니다. 아버지는 그 소식에 몹시 충격을 받으신 것 같습니다. 백작은 위대한 시대의 마지막에서 두 번째의 대표자로, 이번에는 내 차례인데 내 차례가 될 수 있는 대로 늦게 오도록 할 수 있는 것은 다 하시겠다고 아버지는 말씀하고 계십니다. 제발 이 불행을 피할 수 있게 하여 주시옵소서!

어릴 때부터 알고 있는 삐에르에 대한 당신의 의견에 동의할 순 없어요. 내 생각으로는, 그분은 언제나 아름다운 마음씨를 간직하고 있었어요. 나는 인간이 지니고 있는 것 중에서 이 자질을 무엇보다 존중합니다. 유산의 상속과 거기에서 바씰리 공작이 한 역할에 대해서 말씀드리자면 이것은 두 분에게 모두 몹시 불행한 일입니다. 아아, 착하신 그대여, 부자가 천국에 들어가는 것보다 낙타가 바늘귀로 들어가는 편이 쉽다고 하신 구세주의 말씀은 무서우리만큼 진실입니다! 나는 바씰리 공작을 동정합니다만 그보다도 삐에르를 더 동정합니다. 그렇게도 젊은 분이 그런 막대한 재산을 짊어지고서 얼마나 많은 유혹을 뚫고 나가지 않으면 안 될지 모르니까요! 만약 이 세상에서 무엇을 가장 원하느냐는 질문을 받는다면 가장 가난한 거지보다 더 가난해지고 싶다고 대답할 거예요. 그 곳에서 대단히 호평을 받고 있는 책을 보내주신 데 대해 깊은 감사를 드립니다. 그러나 이 책에는 훌륭한 말들이 쓰여 있지만 무력한 인간의 지혜로는 이해할 수 없는 것도 있다고 말씀하셨는데, 그렇다면 그런 어려운 책을 읽는 것은 공연한 일이라고 생각됩니다. 그것은 아무런 이익도 주지 않기 때문이에요.

세상에서는 흔히 신비주의의 책을 탐독해서 자기 사상을 공연히 혼란시키고 있습니다만 나는 그런 사람들의 정열을 이해할 수 없어요. 그런 책은 다만 머릿속에 의심을 불러 일으키고 상상을 자극하며, 그리스도교의 소박함과는 완전히 반대되는 과장성만을 주기 때문입니다. 그것보다는 사도 행전이나 복음서를 읽으세요. 그리고 이와 같은 책을 읽는다 하더라도 신비적인 면에는 너무 깊이 파고들지 않도록 해요. 우리와 영원한 것 사이에 들여다볼 수 없는 막을 드리우고 있는 이 육체의 옷을 입고 있는 한, 우리네 같은 불쌍한 죄인들은 도저히 하느님의 무서운 신성한 비밀을 알 수 없기 때문입니다. 그것보다는 구세주께서 이 지상에서 우리들을 지도하기 위해 남겨 주신 위대한 숭고한 원리를 배우는 것에만 머물기로 합시다. 이 계율에 따르도록 노력하고, 되도록 자기 마음에 방종을 허용하지 않으면 않을수록 하느님의 뜻에 따르는 것이 됩니다. 하느님은 하느님 아닌 것에서 나온 온갖 지식을 배척하십니다. 그리고 하느님이 우리의 의식으로부터 빼앗아 두는 것이 좋다고 생각하신 것에 우리가 깊이 들어가지 않으려고 할수록 오히려 하느님은 그의 예지로 우리에게 그것을 계시해 주신다는 것을 확신하도록 노력합시다.

아버지는 결혼 상대 이야기는 별로 하지 않으십니다. 다만 바씰리 공작으로부터 편지를 받았으므로 오시기를 기다리고 있을 뿐이라고 말씀하셨습니다. 나의 결혼에 대해서 말씀드리자면, 내 생각으로는 결혼이란 복종해야 할 하느님의 명령입니다. 나에게 그것이 아무리 괴롭더라도 만약 하느님이 아내로서 또 어머니로서의 의무를 지게 하는 것이 좋다고 생각하신다면, 나는 하느님이 남편으로서 내려 주신 사람에 대한 나의 감정 같은 것은 깊이 생각하지 않고 되도록 충실하게 그 의무를 다하도록 노력하겠습니다.

오빠로부터 올케와 함께 이 벌거숭이 산으로 온다는 편지를 받았습니다. 이 기쁨은 오래 가진 않을 것입니다. 왜냐하면 오빠는 우리가 이유도 목적도 모른 채 끌려들고 있는 이번 전쟁에 참가하기 위해서 우리를 버리려 하기 때문이지요. 여러 가지 사건과 사교의 중심이 되어 있는 당신이 계신 곳에서 전쟁이 화제가 되어 있는 것에 못지 않게, 도회지 사람들이 생각하는 시골의 노동과 자연의 정적 속에서도 전쟁에 대한 여러 소리가 들려 우리의 마음을 무겁게 합니다. 아버지는 행군이니 진격이니 그런 말만 하고 계시지만 나는 통 알 수가 없습니다. 그저게 여느 때처럼 마을 거리를 산책하고 있던 나는 가슴이 찢어지는 듯한 광경을 목격했습니다. 그것은 이곳에서 소집되어 군에 나가는 한 떼의 신병들이었습니다. 나는 출발하는 사람들의 어머니, 아내, 아이들의 비참한 모습을 목격하고, 떠나는 사람과 보내는 사람의 통곡을 들어야만 했습니다. 인류는 우리에게 모욕을 용서하는 것과 사랑을 가르치신 구세주의 계율을 잊어버리고 서로 상대방을 죽이는 솜씨를 더없이 큰 장점으로 생각하고 있는 것은 아닐까요?

그럼 이만 실례합니다. 친애하는 친구여, 우리들의 고귀하신 구세주와 성모가 성스럽고 힘찬 보호 밑에 당신을 수호하여 주시기를

마리야

"어머, 아가씨도 편지를 쓰셨군요. 나는 벌써 부쳤어요. 나는 불쌍한 어머니에게 편지를 써 보냈어요."

미소를 띤 부리엔 양이 마리야의 긴장되고 침울한 분위기 속에 전혀 별개의 경쾌하고 명랑하고 충만한 자기 만족을 도입하면서, 목에 걸리는 듯한 r음으로 침착한 목소리로 말하였다.

"아가씨, 미리 알려 드리지 않으면 안 되리라 생각합니다만" 그녀는 음성을 낮추면서 덧붙였다. "공작님이 언쟁을…… 언쟁을" 그녀는 특히 r음을 목 안에서 발음하면서 자기 발음에 만족한 듯이 말하였다. "미하일 이바노비치하고 언쟁을 하셨답니다. 몹시 기분이 나쁘시고, 여간 우울해하시지 않습니다. 그래서 미리 알려드리는 겁니다. 아시는 바와 같이……."

"아아! 부리엔 양." 마리야는 대답했다. "아버지 기분이 어떠시든지 절대로 나한테 미리 말하지 말라고 부탁했잖아요. 난 아버지를 비판하고 싶지 않고, 다른 사람이 그러는 것도 원하지 않아요."

마리야는 흘끗 시계를 보고 클라비코드 연습 시간이 벌써 5분이나 지나가 버린 것을 알자 놀란 낯으로 휴게실로 향하였다. 12시에서 2시까지는 정해진 일과에 따라서 공작은 휴식하고 마리야는 클라비코드를 타기로 되어 있었던 것이다.

23

백발이 성성한 시종은 졸면서도 큰 서재에서 들리는 공작의 코 고는 소리에 귀를 세우고 앉아 있었다. 저택 안쪽으로부터는 꽉 닫은 문 너머로 듀쎄

크 (^{17세기에서 18세기에 걸친}
체코의 피아니스트, 작곡가)의 어려운 소절이 스무 번이나 되풀이되어 들려 왔다.

그때 현관에 포장마차와 경쾌한 여행용 마차가 도착했다. 포장마차에서 안드레이 공작이 내려서 몸집이 작은 아내를 도와 내려주고 앞서게 했다. 가발을 쓴 백발의 찌혼은 하인 방 문에서 몸을 내밀고 공작님이 쉬고 계시다고 나지막한 소리로 전하고는 급히 문을 닫아버렸다. 아들의 도착도, 그 어떤 색다른 사건도 공작의 일과를 깨뜨려서는 안 된다고 찌혼은 알고 있었다. 안드레이도 찌혼 못지않게 잘 알고 있는 것 같았다. 그는 자기와 떨어져 있는 동안에 아버지의 습관이 변했는지 어떤지 확인이라도 하려는 듯이 시계를 보았다. 그리고 변함이 없다는 것을 확인하자 아내에게 말하였다.

"20분이 지나면 아버지는 일어나실 테니 먼저 마리야한테로 갑시다."

몸집이 작은 공작 부인은 요즘 살이 조금 쪘지만, 솜털이 난, 미소를 머금은 짧은 윗입술과 눈은 그녀가 이야기를 시작하자 여전히 즐거운 듯이 귀엽게 위로 추켜 올라가는 것이었다.

"정말 궁전 같군요." 그녀는 사방을 둘러보면서 무도회의 주인에게 찬사를 보내는 것과 같은 표정으로 남편에게 말했다. "어서 가요.!" 그녀는 사방을 둘러보면서 찌혼에게도, 남편에게도, 자기네들을 마중 나온 시종에게도 미소를 보냈다.

"저건 마리야가 연습을 하고 있는 거죠? 슬그머니 가서 놀라게 해 줍시다."

안드레이는 침울해 보이는 표정으로 조심성 있게 그녀의 뒤를 따라갔다.

"자네도 늙었군, 찌혼." 그는 자기 손에 키스한 늙은 시종 곁을 지나가면서 말했다.

클라비코드의 소리가 들리는 방 앞에서 옆문으로부터 금발 머리의 아름다운 프랑스 아가씨가 뛰어나왔다. 부리엔 양은 너무 기뻐서 분별을 잃은 것처럼 보였다.

"어마! 아가씨가 얼마나 기뻐하실까요." 그녀는 말문을 열었다. "마침내 오셨군요! 우선 아가씨에게 알려 드려야겠어요."

"아녜요, 아녜요, 제발…… 당신이 부리엔 양이군요. 나는 이미 알고 있어요." 공작 부인은 그녀와 키스를 나누면서 말했다. "마리야는 설마 우리가 왔다고는 꿈에도 생각지 못할 테죠?"

그들은 연거푸 되풀이하여 연주되고 있는 소절이 들려 오는 휴게실 문으로 다가갔다. 안드레이 공작은 발을 멈추자 무슨 불쾌한 것이라도 기다리듯이 얼굴을 찌푸렸다.

리자가 안으로 들어갔다. 소절은 도중에서 끊어졌다. 외치는 소리와 함께 마리야의 무거운 발소리와 키스 소리가 들렸다. 안드레이가 들어가자 그의 결혼식 때 딱 한 번, 그것도 잠깐 만난 마리야와 리자가 서로 손을 잡고 우연히 처음에 닿았던 곳에 입술을 꼭 대고 있었다. 부리엔 양은 가슴에 두 손을 대고 감격한 미소를 띠면서, 지금 당장이라도 울 것 같지만 그에 못지 않게 웃고 싶은 태도로 두 사람 곁에 서 있었다. 안드레이는 어깨를 움츠리고 마치 음악 애호가가 잘못된 음조를 들었을 때처럼 이맛살을 찌푸렸다. 두 여인은 서로 손을 놓았으나 다시 와락 손을 맞잡고 키스를 하고, 손을 놓았다가 다시 서로의 얼굴에 키스를 했다. 안드레이에게는 정말 뜻밖의 일이었지만 두 사람은 울면서 키스를 멈추지 않았다. 부리엔 양도 울기 시작했다. 안드레이는 그 자리가 왠지 어색하고 불편했다. 그러나 두 여인에게는 자기네들이 울고 있는 것은 극히 자연스럽게 여겨졌다. 이 만남이 이 이외의 모습이 되리라고는 두 사람은 생각도 할 수 없었던 것이다.

"아아! 언니! ……." "아아! 마리야!" 느닷없이 두 여인은 이렇게 말하고 웃기 시작하였다. "난 아침에 꿈을 꿨어요……." "그럼 우리가 오리라고 생각하고 있었군요. 어머, 마리야 양, 야위셨군요……." "언닌 살쪘어요……."

"나는 한눈에 공작 부인이시라는 것을 알아봤어요." 부리엔 양이 말참견했다.

"나도 금방 알았어요!" 마리야가 소리쳤다. "어머! 오빠, 나는 오빠를 알아채지 못했어요."

안드레이는 누이동생과 손을 맞잡고 키스하고는, 너는 여전히 울보구나 하고 놀렸다. 마리야는 오빠 쪽으로 돌아섰다. 그 순간 매우 아름다워진, 커다랗고 반짝이는 두 눈의 애정 어린 따뜻하고 상냥한 눈길이 눈물을 머금고 안드레이의 얼굴에 머물렀다.

공작 부인은 입을 다물지 않고 계속해서 이야기했다. 솜털이 난 짤막한 윗입술은 연방 아래쪽으로 순간적으로 늘어져서 빨간 아랫입술의 필요한 곳에 닿았다가 다시 벌어져 이빨과 눈을 반짝반짝 빛나게 하는 미소가 되는 것이었다. 공작 부인은 임신 중인 자기에게는 위험했을지도 모르는 스빠스까야 산에서의 사건을 이야기하는가 하면, 이어서 자기는 옷을 모두 뻬쩨르부르그에 두고 왔으므로 여기서는 어떤 옷을 입고 다니게 될지 모르겠다는 것, 안드레이가 완전히 변해 버렸다는 것, 오드인쪼바가 노인에게 시집간 일, 마리야에게 정말로 신랑 후보가 있다는 것, 그러나 그것은 나중에 이야기하자는 것 등을 전했다. 마리야는 여전히 말없이 오빠를 바라보고 있었다. 그녀의 아름다운 눈에는 사랑과 수심의 빛이 깃들어 있었다. 분명히 그녀 속에는 올케 이야기와는 관계가 없는 자기만의 생각의 흐름이 확고하게 정해진 것 같았다. 그녀는 올케가 뻬쩨르부르그에서 최근의 축제일에 관한 이야기를 하는 도중에 오빠에게 말을 걸었다.

"그럼 오빠는 무슨 일이 있어도 전쟁에 가시는 거예요?" 그녀는 한숨을 몰아쉬며 말했다.

리자도 같이 한숨을 쉬었다.

"내일이라도." 오빠가 대답했다.

"이분은 날 여기다 내버리고 가실 작정이에요. 전쟁에 가지 않아도 이 분은 출세할 수 있을텐데. 정말 무엇 때문인지 모르겠어요……."

마리야는 그 말을 끝까지 듣지 않고 자기 생각의 실마리를 더듬으면서, 상냥한 눈으로 올케의 배를 보고 물었다.

"확실한가요?"

공작 부인의 낯빛이 변했다. 그녀는 한숨을 쉬었다.

"네, 확실해요." 그녀는 말했다. "아아! 정말 무서운 일이에요……."

리자의 입술이 늘어졌다. 그녀는 자기 얼굴을 올케 얼굴에 가까이 대고 다시금 울기 시작했다.

"이 사람은 쉬어야 해." 안드레이는 얼굴을 찌푸리면서 말했다. "그렇지, 리자? 그녀를 네 방에 데려가 다오. 나는 아버지한테 갔다 올 테니까. 어떠냐, 아버지는 여전하시니?"

"여전하세요, 정말 여전하세요. 오빠 눈에는 어떤지 모르겠지만." 마리야는 기쁜 듯이 대답했다.

"여전히 시간을 지키시고 늘 가로수 길을 산책하시나? 그리고 녹로도?" 안드레이는 간신히 알아볼 수 있는 미소를 띠고 이렇게 물었지만, 그 미소는 그가 아버지에 대해서 충분히 애정과 존경을 품고 있으면서도 아버지의 약점도 알고 있다는 것을 나타내고 있었다.

"네, 시간을 지키시는 것도 녹로도 여전하세요. 그리고 수학 연구도 하시고 나에게 기하도 가르쳐 주세요." 마리야는 기쁜 듯이 대답했다. 마치 기하를 배운다는 것이 생활 중에서 가장 기쁜 일의 하나인 것처럼.

20분이 지나 노공작이 일어나자 찌혼이 젊은 공작을 아버지에게 가도록 부르러 왔다. 노인도 아들의 도착에 경의를 표하고 자기 생활 습관에 예외를 만들었다—식사 전의 옷을 갈아입는 시간에 그를 자기 방에 들여보내도록 한 것이다. 노공작은 옛날 식대로 긴 웃옷을 입고 머리 분을 바르고 있었다. 안드레이가(응접실에서 일부러 꾸몄던 까다로운 표정이나 태도가 아니라 삐에르와 이야기할 때처럼 생기에 찬 얼굴로) 아버지 방에 들어갔을 때, 노인은 화장실에서 폭이 넓은 산양 가죽을 댄 안락의자에 앉아서 화장용 겉옷을 입고 머리를 찌혼의 손에 맡기고 있었다.

"오! 용사가 왔군! 보나빠르뜨를 해치우려는 건가?" 노인은 이렇게 말하고, 찌혼이 잡고 땋고 있던, 분을 뿌린 머리를 움직일 수 있는 한도 내에서 흔들었다. "너만이라도 그놈을 실컷 혼을 내 줘야지. 그렇지 않으면 그놈은 곧 우리들까지 자기 신하로 만들어 버릴 테니 말이다. 잘 왔다!" 그는 자기 볼을 내밀었다.

노인은 식사 전의 낮잠을 잔 뒤에는 언제나 기분이 좋았다(식후의 수면은 은이고 식전의 수면은 금이라고 늘 말하고 있었다). 그는 짙게 늘어진 눈썹 밑으로 기쁜 듯이 아들을 바라보았다. 안드레이는 다가가서 아버지가 가리킨 곳에 키스했다.

그는 현재의 군인, 특히 보나빠르뜨에 대해 조롱하는 아버지가 좋아하는 화제에는 대답하지 않았다.

"아버지, 마침내 아버지에게로 돌아왔습니다. 임신 중인 아내를 데리고요." 안드레이 공작은 씩씩하고 존경 어린 눈초리로 아버지의 안색의 움직임을 하나하나 살피며 말했다. "건강은 어떠십니까?"

"건강하지 않은 것은 바보와 방탕자뿐이야. 네가 알고 있는 것처럼 아침부터 저녁까지 일을 하고 절제도 하고 있다. 당연히 건강하지."

"하느님의 덕택이군요." 아들은 미소를 지으면서 말했다.

"하느님과는 아무 관계도 없다. 그것보다, 이야기나 해 주지 않겠니." 그는 늘 좋아하는 화제로 돌아가면서 말을 이었다. "전략이라는 새로운 과학을 바탕으로 싸우는 것에 대해 독일인과 보나빠르뜨가 너희들에게 어떻게 가르쳐 주더냐?"

안드레이는 미소를 지었다.

"아버지, 잠깐만요." 그는 아버지의 결점도 자기가 아버지를 경애하는 데 방해가 되지 않는다는 것을 보이는 미소를 띠고 이렇게 말했다. "아직 짐도 방에 들여놓지 않았습니다."

"거짓말 마라, 거짓말을." 노인은 머리카락이 단단히 땋아졌는지 어떤지 머리를 흔들어 보면서 아들의 손을 잡고 소리쳤다. "네 아내를 위해서 딴채가 준비되어 있다. 마리야가 데려가서 보이고 잔뜩 수다를 떨겠지. 그게 여자들의 일이니까. 나는 그애가 와 주어서 기쁘다. 앉아서 이야기 좀 하여라. 미헬르쏜(오스트리아의 장군)의 군에 대한 것은 나도 알고 있다. 똘스또이(러시아의 장군)의 군도…… 동시 상륙이란 말이지…… 허나 남방군은 무엇을 하는 거지? 프러시아, 중립…… 이것은 나도 알고 있다. 오스트리아는 어때?" 그는 의자에서 일어나 방 안을 거닐면서 이렇게 말했다. 찌혼은 뒤를 쫓아다니면서 옷을 하나하나 내주는 것이었다. "스웨덴은 어떻게 하지? 포메라니아를 어떻게 돌파하지?"

안드레이는 아버지가 집요하게 요구하자, 결국 예상되어 있는 전쟁의 작전 계획을 말하기 시작했다. 처음에는 마음이 내키지 않았지만 차차 활기를 띠고, 여느 때의 버릇처럼 이야기하는 도중에 저도 모르게 러시아말에서 프랑스말로 바꾸면서 자세히 들려주었다. 프러시아를 중립에서 끌어내어 참전시키기 위해서 9만의 군대가 프러시아를 위협할 것이라는 것, 그 군대의 일부는 스웨덴군과 합류하기 위해서 쉬트라르즌트(발틱해 연안의 소도시)로 가야 한다는 것, 오스트리아군의 22만은 10만의 러시아군과 합동해서 이탈리아와 라인 방면에서 행동해야 한다는 것, 또 5만의 러시아군과 5만의 영국군은 나폴리에 상륙할 것이라는 것, 도합 50만의 군대가 사방에서 프랑스군에 공격을 가할 것이라는 것 등을 이야기했다. 노공작은 마치 귀를 기울이지 않는 것처럼 그 이야기에는 도무지 흥미를 보이지 않고, 걸어다니면서 옷을 입으며 세 번이나 문득 안드레이의 이야기를 가로챘다. 맨 처음은 아들의 이야기를 중단시키고 이렇게 소리쳤다.

"흰 것이야! 흰 것!"

그것은 그가 입으려던 것과는 다른 조끼를 찌혼이 내주었기 때문이다. 두 번째는 걸음을 멈추자 이렇게 물었다.

"그 애는 곧 해산하니?" 그리고 나무라듯이 고개를 흔들며 말했다. "좋지 않아! 계속해라, 계속해."

세 번째는 안드레이가 개략의 설명을 거의 끝냈을 때였다. 그는 음조가 맞지 않는, 몹시 노인다운 소리로 노래를 부르기 시작했다. '마르바라^(프랑스군을 격파한 영국의 사령관)는 싸우러 갔단다. 돌아올 날은 하느님만이 아신다네.'

아들은 빙그레 웃을 뿐이었다.

"저는 이것이 납득이 가는 계획이라고 말하는 것은 아닙니다." 아들은 말했다. "그저 사실대로 말씀드린 것뿐입니다. 나폴레옹도 이미 이것에 못지 않은 작전을 세우고 있습니다."

"새로운 것을 너는 하나도 말하지 않았어." 노인은 생각에 잠겨 빠른 말로 혼자 중얼거렸다. '돌아올 날은 하느님만이 아신다네'―"자, 식당으로 가거라."

24

정해진 시각에 공작은 머리분을 바르고 면도를 한 뒤 식당으로 나왔다. 거기서는 며느리와 마리야와 부리엔 양 그리고 공작의 건축 기사가 기다리고 있었다. 지위로 보아 이 건축 기사는 이런 명예를 전혀 기대할 수 없었으나 공작의 기묘한 변덕으로 식탁에 앉는 것이 허락되어 있었다. 태어난 이래 신분의 차이를 고수하여 현의 고관들도 식탁에 앉는 것을 좀처럼 허락하지 않았던 공작이, 방 한 구석에서 격자 무늬의 손수건으로 코를 푸는 건축 기사 미하일 이바노비치를 앞세워 인간은 모두 평등하다는 것을 증명하려고 했다. 그뿐만 아니라 공작은 종종 마리야에게도, 이바노비치는 너희들보다 못한 사람이 아니라는 것을 잊지 말라고 타일렀다. 식사 때 공작은 말없이 공손해 하는 이바노비치에게 말을 거는 일이 가장 많았다.

이 집의 모든 방과 마찬가지로 매우 크고 천장이 높은 식당에서는 가족과 각자 의자 뒤에 서 있는 급사들이 공작이 나오는 것을 기다리고 있었다. 팔에 냅킨을 건 급사장은 식기류를 돌아보면서 종복들에게 눈짓을 하고 벽시계에서 문 쪽으로—거기에서 공작이 모습을 나타낼 것이었다—끊임없이 눈을 움직이고 있었다. 안드레이는 나무를 본딴 볼꼰스끼 공작 일가의 계도가 들어 있는, 그로서는 처음 보는 큼직한 금빛 액자를 바라보고 있었다. 그 맞은편에는 똑같이 매우 큰 액자가 걸려 있었고, 그 액자에는 관을 머리에 쓴 옛 영주인 대공의 유치한 초상(이 집에서 고용하고 있던 화가가 그린 듯한)이 끼워져 있었다. 이 대공은 류리크(전설상의 러시아 최초의 왕.바라크족 출신, 9세기)의 후예이며 볼꼰스끼 일가의 선조임이 틀림없었다. 안드레이는 나무를 본딴 계도를 보고, 우스울 정도로 닮은 초상을 보고 있을 때와 같은 얼굴로 웃고 있었다.

"여기에 오면 아버지라는 분을 잘 알 수가 있어." 그는 옆으로 다가온 마리야에게 말했다.

마리야는 깜짝 놀라서 오빠를 바라보았다. 오빠가 무엇 때문에 웃고 있는지 그녀는 몰랐다. 아버지가 하는 일은 무슨 일이든지 그녀의 마음 속에 경건한 마음을 불러일으킬 뿐이며 거기에는 비판의 여지가 없었기 때문이다.

"어떤 사람이든지 제각기 아킬레스건(약점)은 가지고 있다." 안드레이는 말을 이었다. "그토록 대단한 두뇌를 가지고 계시면서 이런 이상한 일에 집착하시다니!"

마리야는 오빠의 대담한 비판을 이해할 수 없었으므로 반박하려고 했다. 그때 서재로부터 기다리고 있던 발소리가 들려왔다. 공작이 집안의 엄격한 질서에 일부러 서두르는 듯한 태도로 대조를 이루려는 듯이, 빠른 걸음으로 즐거운 표정을 지으며 들어왔다. 이 순간 큰 시계가 두 시를 치고, 객실에 있는 다른 시계도 가는 소리로 이에 응했다. 공작은 걸음을 멈추었다. 늘어진 짙은 눈썹 밑에서 생기에 차 번득이는 매서운 눈이 모든 사람을 둘러보다가 젊은 공작 부인 위에 못박혔다. 젊은 공작 부인은 그 동안 황제가 나올 때 조신(朝臣)들이 경험하는 기분을 느꼈다. 그것은 이 노인이 모든 사람들에게 불러 일으키고 있는 외경과 존경의 감정이었다. 그는 리자의 머리를 가볍게 만져주고 어색한 손짓으로 목덜미를 가볍게 두들겼다.

"잘 왔다, 잘 왔어." 그는 이렇게 말하고 다시금 그녀의 눈망울을 찬찬히 바라보고는 자리에 앉았다. "자, 앉아라, 앉아! 미하일 이바노비치, 자네도 앉게."

그는 며느리에게 옆 자리를 가리켰다. 급사가 그녀를 위해서 의자를 뒤로 잡아당겼다.

"호!" 노인은 며느리의 둥글게 부른 허리를 바라보면서 말했다. "당황했구나, 좋지 않아!"

그는 여느 때처럼 눈은 움직이지 않고 입만으로 무뚝뚝하고 쌀쌀하게 웃었다.

"걸어야 해, 되도록 더 많이 걸어야지, 되도록 많이 말이다." 그는 말했다.

작은 공작 부인은 그의 말을 듣지 못했다. 어쩌면 들으려 하지도 않았는지 모른다. 그녀는 잠자코 있었지만 난처해 보였다. 노공작이 그녀 아버지에 대해서 물어보자 그녀는 비로소 말문을 열고 미소지었다. 그가 서로 잘 알고 있는 사람들에 대해서 묻자 그녀는 차차 활기를 띠고 이야기를 시작하여, 여러 사람들의 안부를 전하기도 하고 도시의 소문 이야기도 했다.

"불행하게도 아쁘라끄신 백작 부인은 남편을 잃고 눈물로 나날을 보내고 계세요." 그녀는 더욱 활기를 띠면서 말하였다.

그녀가 활기를 띠어감에 따라 노공작은 더욱 엄격하게 그녀를 바라보고 있다가, 마치 며느리를 충분히 연구하여 이젠 모든 것을 뚜렷이 알았다는 듯이 문득 몸을 돌려 미하일 이바노비치에게 말을 걸었다.

"그런데 어떤가, 미하일 이바노비치, 보나빠르뜨도 상당히 형세가 나빠진 모양인 걸. 안드레이 공작(그는 언제나 아들을 이렇게 삼인칭으로 불렀다)이 나한테 한 말에 의하면 그에게 대항하기 위해서 대군이 집결하고 있어! 자네와 난 언제나 그를 알맹이가 없는 인간으로 보고 있었지."

미하일 이바노비치는 언제 자신이 노공작과 함께 보나빠르뜨에 대해서 그런 이야기를 했는지 전혀 알 수 없었지만, 노공작이 좋아하는 화제에 들어가기 위해서는 자기가 필요하게 되었구나 하고 깨닫고 이 이야기가 어떻게 될 것인지 자기도 모른 채 의아스러운 듯이 젊은 공작을 흘끗 바라보았다.

"이 사람은 우리 집안의 대단한 전술가야!" 노공작은 건축 기사를 가리키면서 아들에게 말했다.

그리고 다시금 이야기는 전쟁과 보나빠르뜨, 현대의 장군과 정치가 이야기로 옮겨졌다. 노공작은 요즘 정치가는 모두 군사와 정치의 ABC도 모르는 풋내기들뿐이며, 보나빠르뜨는 다만 그에게 대항하는 뽀쪼므낀이나 수보로프와 같은 인물이 없었기 때문에 어쩌다가 성공한 프랑스 녀석이라고 확신하고 있었다. 게다가 그는, 유럽에는 정치적인 어려운 문제나 전쟁 같은 것은 전혀 없고, 요즈음 있는 것은 친구들이 대단한 일이나 하고 있는 척 저지르는 인형극 같은 짓들뿐이라고까지 말했다. 안드레이는 새로운 사람들을 아버지가 웃음거리로 삼고 있는 것을 밝은 얼굴로 참고 있었다. 그리고 겉으로는 즐거운 듯이 아버지로부터 이야기를 끌어내어 그것에 귀를 기울이고 있었다.

"지난 일은 무엇이나 좋게 생각됩니다." 안드레이가 말했다. "하지만 그 수보로프는 모로가 걸어 놓은 올가미에 걸려 그것에서 벗어나지 못하지 않았습니까?"^(1799년 수보로프의 스위스 원정 실패)

"누가 너한테 그런 말을 했지? 누가 했어?" 노공작은 소리쳤다. "수보로프가!" 그리고 그는 접시를 내던졌지만 찌혼이 그것을 재빨리 받았다. "수보로프가! …… 잘 생각해서 한 말이냐, 안드레이 공작. 두 사람이야—프리드리히하고 수보로프…… 모로라고! 수보로프의 손이 비어 있었다면 모로는 당장 포로가 되었을 것이다. 그런데 말이다, 수보로프는 궁정 군사협의회를 안고 있었다. 이렇게 되면 아무도 견딜 수 없다. 너희들도 가 보면 이 군사협의회의 정체를 알게 될 것이다! 수보로프도 감당하지 못했는데 어떻게 꾸뚜조프 따위가 감당할 수 있단 말인가! 어림 없어." 그는 말을 이었다. "너희들이 그런 장군하고 같이 덤벼 보았자, 보나빠르뜨의 상대가 되지 않는다. 그러므로 그들이 자기 편인 줄 모르고 서로 치도록 프랑스 사람들을 끌어와야 한다. 그런데 일개 프랑스 사람 모로를 데리러 독일 사람 빨렌을 미국의 뉴욕까지 보내다니." 그는 금년에 모로가 러시아군에 들어오도록 초청된 것을 암시하면서 말하였다. "신이 하신 일이다! 대체 뽀쪼므낀이나 수보로프나 오를로프들이 독일 사람이었다는 말인가? 이봐, 너희들이 모두 돌았는지 그렇지 않으면 내가 노망이 들었는지, 둘 중의 하나다. 제발 잘 해라, 우리는 보고 있겠다. 보나빠르뜨가 그놈들 사이에서 대단한 사령관이 됐다니! 흥! ……."

"저는 그의 명령이 모두 훌륭했다고 말씀드리는 것은 아닙니다." 안드레이는 말했다. "다만 저는 어째서 아버지가 보나빠르뜨를 그렇게 비판하시는지 이해할 수가 없습니다. 마음대로 비웃으셔도 좋지만 보나빠르뜨는 역시 위대한 사령관입니다!"

"미하일 이바노비치!" 노공작은 다들 자기 존재를 잊었을 것이라고 생각하고 구운 고기에 전념하고 있던 건축가에게 소리쳤다. "나는 자네에게 보나빠르뜨는 대단한 전술가라고 말한 적이 있지? 그런데 내 아들도 그렇게 말하고 있다네."

"그렇고말고요, 공작님." 건축 기사가 대답했다.

노공작은 예의 쌀쌀한 웃음을 지었다.

"보나빠르뜨는 행운을 타고 났어. 그의 군대는 훌륭해. 더욱이 처음에 그가 친 것은 독일이야. 독일을 치지 않은 것은 게으름뱅이뿐이지. 이 세상이 시작된 뒤 오늘날까지 독일은 모두에게 공격당했다. 그러나 독일은 그 누구도 공격한 일이 없어. 다만 자기들끼리 싸우고 있을 뿐이다. 보나빠르뜨는 그들을 쳐서 이름을 떨친 거야."

그리고 노공작은 모든 전쟁에서, 더 나아가 정치에서도 그가 보는 바 보나빠르뜨가 저지른 잘못을 남김없이 분석해 갔다. 아들은 반박하지 않았지만, 어떤 논증이 나와도 노공작에 못지 않게 그도 자기 의견을 변경할 것 같지가 않았다. 안드레이는 반박을 삼가면서 듣고 있었다. 그리고 이 나이든 분이 이토록 몇 년이고 혼자서 아무 데도 가지 않고 시골에 틀어박혀 있으면서 최근 수년 동안의 유럽의 군사적, 정치적 사정을 이렇게도 소상히 알고 있고 비판할 수 있다는 데에 놀라지 않을 수 없었다.

"나같은 늙은이는 진짜 정세를 모르고 있다고 너는 생각하고 있지?" 그는 이야기를 맺었다. "그렇지만 나는 훤히 알고 있다! 나는 밤에도 자고 있진 않아. 그래, 네가 말하는 그 위대한 사령관은 어디에서, 어디에서 솜씨를 보였지?"

"그 이야기를 하면 길어집니다." 아들은 대답했다.

"가거라, 너의 위대한 보나빠르뜨에게로. 부리엔 양, 여기 또 한 사람 당신네 비열한 황제의 숭배자가 나타났어!"

그는 뛰어난 프랑스어로 소리쳤다.

"제가 보나빠르뜨 파가 아니라는 것을 잘 알고 계시지 않습니까, 공작님." 부리엔은 깜짝 놀라 대답했다.

"돌아오는 날은 하느님만이 알고 계시지……" 노공작은 가락이 맞지 않는 노래를 부르며, 더욱이 장단이 맞지 않는 웃음소리를 내면서 식탁에서 물러났다.

작은 공작 부인은 식사 중에는 줄곧 침묵을 지킨 채 때로는 마리야를, 때로는 시아버지 쪽을 놀란 듯이 흘끗흘끗 바라보고 있었다. 모두들 식탁에서 물러나자 그녀는 시누이의 손을 잡고 옆방으로 불러들였다.

"당신 아버지는 어쩌면 그렇게 총명하실까." 그녀는 말했다. "내가 그분을 무서워하는 건 그 탓인지도 모르겠어요."

"아녜요, 아버님은 참 좋은 분이에요." 마리야가 말했다.

25

다음날 석양 무렵, 안드레이 공작은 막 출발하려는 참이었다. 노공작은 어디까지나 자기 규율을 양보하지 않고 식후엔 자기 방으로 가 버리고 말았다. 작은 공작 부인은 시누이 방에 있었다. 안드레이는 견장(肩章)이 달리지 않은 여행용 프록코트로 갈아입고 정해 준 방에서 시종과 같이 짐을 꾸리고 있었다. 몸소 마차와 트렁크를 두루 살펴 본 뒤 그는 마차에 말을 대도록 분부했다. 방 안에는 안드레이 공작이 늘 가지고 다닐 물건―손궤, 큼직한 은제 식량함, 오차꼬프 부근에서 가지고 돌아온, 아버지의 선물인 두 자루의 터키 권총과 단검―만 남아 있었다. 이와 같은 모든 여행용품을 안드레이는 알뜰하게 챙겨 놓고 있었다. 모든 것이 새롭고 깨끗하게 손질되어, 나사 천 주머니에 넣어져 정성껏 끈으로 잡아매여져 있었다.

출발이나 생활에 변화가 일어날 때 자기 행위를 잘 고려할 수 있는 사람은 흔히 진지한 생각에 사로잡힌다. 이런 경우에는 대개 과거가 반성되고 미래에 대한 계획이 세워진다. 안드레이의 얼굴은 완전히 생각에 잠겼으면서도 부드러웠다. 그는 두 팔로 뒷짐을 지고 앞을 바라본 채 방 안을 구석에서 구석으로 빠른 걸음으로 걸어다니면서 가끔 생각에 잠겨 고개를 내저었다. 전쟁에 나가는 것이 무서웠는지, 아내를 놓고 가는 것이 슬펐는지, 어쩌면 그 양쪽인지 어쨌든 그는 분명히 자기가 이런 상태에 있는 것을 남에게 보이고 싶지 않은 듯, 복도에 발소리가 들리자 다급히 뒷짐을 풀고는 테이블 곁에서 발을 멈추어 손궤 덮개를 매고 있는 체하고, 여느 때와 같은 침착하고 남에게 속셈을 보이지 않는 표정을 지었다. 그것은 마리야의 무거운 발소리였다.

"오빠가 말을 대라고 분부하셨다고 들었기에" 그녀는 헐떡이면서 (아마도 달려온 것 같았다) 말했다. "나는 오빠하고 단둘이서 이야기하고 싶었어요. 얼마 동안이나 헤어져 있어야 할지 모르기 때문이에요. 내가 온 걸 화내고 계시는 건 아녜요? 오빠 많이 변하셨어요, 안드류샤." 그녀는 자기의 이런 질문을 설명하는 것처럼 덧붙였다.

그녀는 '안드류샤'라는 어린애다운 애칭을 입 밖에 내면서 미소를 지었다. 이 근엄하고 미목이 수려한 사나이가, 여위고 장난꾸러기였던 어렸을 때 친구 안드류샤라고 생각하니 이상한 생각이 드는 듯했다.

"리자는 어디 있지?" 그는 누이동생의 물음에는 미소만으로 대답하면서 이렇게 물었다.

"언니는 몹시 피곤해서 내 방 소파에서 쉬고 있어요. 안드레이! 정말로 보물 같은 아내예요." 그녀는 오빠 앞의 소파에 앉으면서 말했다. "언니는 완전히 어린애 같아요. 정말 귀엽고 쾌활한 어린애예요. 나는 참 좋아졌어요."

안드레이는 잠자코 있었으나 마리야는 오빠 얼굴에 나타난 멸시하는 듯한 표정을 눈치챘다.

"그러나 사소한 결점은 너그럽게 봐 드려야 해요. 결점이 없는 사람이란 없으니까요, 안드레이! 언니는 사교계에서 교육을 받고 자라났다는 것을 잊지 마세요. 그리고 언니의 지금 형편은 절대로 편한 것은 아니니까요. 어떤 사람의 경우라도 그 사람의 입장에서 생각해 줘야 해요. 모든 것을 이해하는 자는 모든 것을 용서하는 법이니까요. 오빠, 생각 좀 해 보세요. 여태까지의 익숙해진 생활을 버리고 남편과 헤어져 저런 몸으로 홀로 시골에 남는 언니 마음은 어떨까요? 여간 괴로운 일이 아녜요."

안드레이는 누이동생을 보면서 미소를 띠고 있었다. 그것은 우리가 뱃속까지 다 들여다보고 있는 사람이 말하는 것을 들으면서 띠는 미소와 같은 종류의 것이었다.

"하지만 너도 시골 생활을 하고 있지만 별로 이 생활을 견딜 수 없다고는 생각하지 않고 있잖아." 그는 말했다.

"나는 별문제예요. 내 일을 말해봤자 아무 소용이 없어요! 나는 다른 생활을 원하지도 않거니와 원할 수도 없어요. 다른 생활이라곤 모르는 걸요.

그러나 오빠는 생각해 주어야 해요. 사교계에서 자라난 젊은 여자에게 꽃다운 나이에 시골 구석에 혼자 파묻힌다는 것이 어떤 것인가를. 그것도 혼자서 말예요. 아버지는 늘 바쁘시고 나는…… 오빠도 아시다시피…… 나는 상류사회에 익숙한 여자들에게는 어울리지 않는 시골사람이에요. 부리엔 양만은……."

"난 그 부리엔이 무척 싫다." 안드레이는 말했다.

"어머! 아녜요! 그녀는 인상이 좋은 착한 사람이에요. 무엇보다도 가엾은 아가씨예요. 그녀에게는 아무도, 정말 친척이 아무도 없어요. 실은, 나는 그녀에게는 필요없을뿐더러 귀찮은 존재예요. 오빠도 아시다시피 나는 늘 사람을 싫어했지만 지금은 더 심해졌어요. 나는 혼자 있는 게 좋아요……. 아버지는 그녀를 몹시 좋아하세요. 그녀와 미하일 이바노비치, 이 두 사람이 아버지에게 늘 상냥하고 친절하게 해 드리고 있어요. 그 까닭은 두 사람이 아버지의 은혜를 입고 있기 때문이에요. 스탄(영국의 풍속작가, 유럽 감상
주의의 시조. 1713~68)이 말하고 있잖아요. '우리가 사람을 사랑하는 것은 그 사람들이 우리에게 해 준 좋은 일 때문이라기보다는 오히려 우리가 그 사람에게 한 좋은 일 때문이다.' 아버지는 그녀가 고아였을 때 거리를 헤매던 그녀를 데려온 거예요. 게다가 그녀는 매우 마음씨가 고와요. 아버지가 그녀의 책 읽는 솜씨를 좋아해서, 매일 밤 그녀는 낭독해 드리고 있어요."

"그래, 그러나 솔직히 말해서, 때로는 너도 아버지 성미에 괴로울 때가 있겠지?" 문득 안드레이가 물었다.

마리야는 이 물음을 듣고 처음에는 의아해했으나 이윽고 뜨끔한 생각이 들었다.

"내가?…… 내가 괴로울 때가 있다고요?" 그녀는 말했다.

"아버지는 이제까지 늘 완고한 분이었지만 지금은 더욱 가혹해지신 것처럼 생각되기 때문이야." 안드레이는 분명히 아버지를 가볍게 비평하면서 일부러 누이동생을 난처하게 하든가 시험해 보려고 말하였다.

"오빠는 모든 면에서 훌륭한 분이에요. 그렇지만 어딘지 모르게 생각에 자존심이 있어요." 마리야는 대화의 줄거리보다는 자기 사색의 줄거리를 더듬으면서 말했다. "이건 큰 죄예요. 과연 아버지를 비평해도 좋을까요? 설사 할 수 있다손 치더라도 아버지와 같은 분이 존경 이외에 어떤 감정을 불러 일으킬 수 있을까요? 그래서 나는 아버지하고 같이 살 수 있어서 만족하고 행복해요. 제가 바라는 것이 있다면 오빠와 다른 사람들도 모두 나같이 행복해지길 바랄 뿐이에요."

안드레이는 믿을 수 없다는 듯이 고개를 흔들었다.

"다만 한 가지, 내가 싫은 것은—솔직하게 말하면, 오빠—종교에 대한 아버지의 생각이에요. 그렇게 깊은 지성을 지니고 계신 분이 어째서 태양처럼 분명한 것을 보지 못하고서 길을 잃고 계실까요. 나는 이해할 수가 없어요. 이것만이 나의 단 한 가지 불행이에요. 그러나 요즘 차차 좋아지는 기색이 보여요. 요즘은 아버지의 조소도 그다지 독살스럽지 않고, 곧잘 만나서 오랫동안 이야기를 하시는 수도(修道) 신부도 한 분 계실 정도니까요."

"그런데, 마리야, 너와 그 수도 신부가 정열이라고 하는 화약을 낭비하고 있지나 않나 하는 걱정이 든다." 우스개 같은 말투였지만 상냥하게 안드레이는 말했다.

"어머나, 오빠도. 나는 오직 아버지께서 내가 하는 말을 들어주셨으면 하고 하느님에게 기도 드리고 있고, 그렇게 되리라고 기대하고 있어요." 그녀는 잠시 침묵하고 있다가 머뭇거리며 말을 이었다. "나 오빠에게 중요한 부탁이 있어요."

"뭔데, 마리야?"

"아녜요, 먼저 거절하지 않는다고 약속해 주세요. 이것은 오빠한테는 조금도 귀찮은 일은 아니고 절대로 오빠의 체면에 관한 일도 아닐 거예요. 다만 나의 마음을 위로해 주는 것이 될 거예요. 약속해 주세요, 안드류샤." 그녀는 한 손을 가방 속에 넣고 무엇인가를 쥔 채 그것을 보여 주려고 하지 않았다. 마치 자기가 쥐고 있는 것이 자기가 부탁하는 그 자체이며, 부탁을 들어 줄 것을 약속하지 않는 한 그 무엇인가를 가방에서 꺼낼 수 없다는 태도였다.

그녀는 머뭇거리며 애원하는 듯한 눈으로 오빠를 바라보았다.

"그것이 나에게 몹시 무거운 짐이 된다고 해도?……." 안드레이 공작은 대강은 알아챈 것처럼 대답했다.

"어떻게 생각하셔도 좋아요! 나는 알고 있어요, 오빠는 아버지와 같은 사람이니까. 아무렇게나 좋을 대로 생각해도 좋아요. 하지만 저를 위해서 이것만은 해 주세요. 부탁이에요! 이것은 아버지의 아버지, 우리들의 할아버지가 전쟁 때마다 몸에 지니고 있던 거예요." 그녀는 쥔 것을 손가방에서 아직 꺼내지 않고 있었다. "그럼 약속하시는 거죠?"

"물론이지. 대체 뭐냐?"

"오빠, 나는 이 성상으로 오빠를 축복해 드리겠어요. 그러니 절대로 오빠도 이것을 떼어놓지 않겠다고 약속해 주세요. 약속해 주시겠죠?"

"그것이 30킬로나 돼서 목뼈가 늘어지지만 않는다면…… 네 마음이 시원하게……." 앙드레이는 말했다. 그러나 그 순간 이 농담을 들은 누이동생 얼굴에 나타난 슬픈 표정을 알아채고 후회했다. "무척 기쁘다. 정말 기뻐, 마리야." 그는 말을 덧붙였다.

"오빠가 원하지 않아도 이 분이 오빠를 구해 주시고 은혜를 베푸셔서, 오빠의 마음을 그분에게로 향하게 해 주실 거예요. 왜냐하면 하느님 속에만 진리와 평안이 있으니까요." 그녀는 작은 구세주의 성상을 엄숙하게 손으로 오빠 앞에 받쳐들고, 흥분하여 떨리는 목소리로 말하였다. 그 성상은 섬세하게 세공을 한 은 장식과 은 사실이 달린 계란형의 낡고 유서 있는 것이었다.

그녀는 성호를 긋고 성상에 키스하고는 그것을 앙드레이에게 건네주었다.

"제발, 안드레이, 날 위해서……."

마리야의 큼직한 눈에서는 상냥하고 수줍은 빛이 반짝였다. 그 눈은 그녀의 병적이며 여윈 얼굴을 밝게 해 주고 아름답게 만들었다. 오빠가 성상을 잡으려고 하자 그녀는 그것을 막았다. 안드레이도 알아채고 성호를 긋고 나서 성상에 키스했다. 그의 얼굴은 부드럽고(그는 감동하고 있었던 것이다) 동시에 장난기가 섞인 것 같기도 하였다.

"고맙다, 마리야."

그녀는 오빠 이마에 키스하고 다시 소파에 앉았다. 두 사람은 말이 없었다.

"이미 말씀드렸지만, 안드레이, 제발 전과 같이 친절하고 너그러운 마음을 가져 주세요. 리자에게 너무 심하게 말하지 마세요." 그녀는 말하기 시작했다. "언니는 참으로 착하고 친절한 분이에요. 그리고 지금 그분의 입장이 몹시 괴로울 거예요."

"나는 여태까지 너에게 아내를 비난하거나, 아내에 대한 불만을 이야기한 적이 없어. 그런데 어째서 너는 그런 말을 하니?"

마리야는 얼굴이 얼룩지도록 빨개져서 마치 자기가 나빴다고 느낀 것처럼 입을 다물고 말았다.

"나는 너한테 아무 말도 하지 않았는데 벌써 너한테 다 말한 사람이 있구나. 그것이 나는 서글프다는 말이다."

빨간 얼룩은 더욱 뚜렷이 마리야의 이마와 목과 볼에 나타났다. 그녀는 무슨 말을 하고 싶었지만 말문이 열리질 않았다. 오빠는 짐작했다. 작은 공작부인이 식후에 울면서 자신의 해산은 불행할 것 같은 예감이 들어 무섭다고 마리야에게 말하고, 자신의 운명과 시아버지와 남편에 대해 한탄하며 울고 난 후 잠이 든 것이다. 안드레이는 누이동생이 불쌍하다는 생각이 들었다.

"이것만은 알아다오, 마리야. 나는 나의 아내를 무엇 하나 책망할 수 없고 책망한 일도 없고 절대로 그럴 생각도 없다. 또 아내에 대한 나의 태도에서 나 자신을 비난할 수도 없다. 그리고 이것은 내가 어떤 경우에 놓이게 되더라도 항상 변하지 않을 거야. 그러나 만약 네가 진실을 알고 싶다면…… 내가 행복한지 어떤지 알고 싶다면 솔직히 말해서 행복하지가 않다. 그럼 아내는 행복할까? 역시 행복하지 않아. 왜 그런지는 알 수 없지만……"

이렇게 말하면서 그는 일어나서 누이동생 곁으로 다가가 몸을 굽히고 이마에 키스했다. 아름다운 그의 눈은 선량하고 총명했으며 여느 때와는 다르게 빛났지만, 그가 보고 있던 것은 누이동생이 아니라 그 머리 너머로 보이는 활짝 열린 문 안쪽의 어둠이었다.

"그녀한테로 가자. 작별 인사를 해야 하니까. 아니, 그것보다 넌 먼저 가서 아내를 깨워 주지 않겠니. 나도 곧 갈 테니까. 뼤뜨르시까!" 그는 시종에게 소리쳤다. "여기 와서 날라줘요. 이것은 좌석 아래, 이것은 오른쪽 곁으로."

마리야는 일어나서 문쪽으로 가려다 말고 걸음을 멈추었다.

"안드레이, 만약 오빠가 신앙을 가지셨다면, 오빠가 지금 느끼고 있지 않은 사랑을 주시도록 하느님께 기도를 드리면 그 기도를 들어주셨을 거예요."

"아니, 설마 그런 일이!" 안드레이는 말했다. "아무튼 먼저 가라, 마리야. 나도 곧 갈 테니까."

누이동생의 방으로 가는 도중 중간 복도에서 안드레이는 귀여운 미소를 띠고 있는 부리엔 양과 마주쳤다. 그녀는 이 날 벌써 세 번이나 인기척이 없는 복도에서 환희에 찬 순진한 미소를 띠며 그 앞에 불쑥 나타난 것이다.

"어머! 난 방에 계신 줄만 알았어요." 그녀는 왜 그런지 얼굴을 붉히고 눈을 떨구면서 말했다.

안드레이는 엄한 표정으로 그녀를 보았다. 안드레이의 얼굴에는 문득 분노의 빛이 나타났다. 그는 부리엔에게 아무 말도 하지 않았으나 그녀의 눈을 정면으로 보지 않고 이마와 머리카락을 보았다. 그것이 너무나도 사람을 멸시하는 것 같아서 프랑스 아가씨는 얼굴을 붉히며 잠자코 가 버렸다. 그가 누이동생 방으로 다가갔을 때 이미 잠을 깬 리자의 밝고 귀여운 목소리가 열린 문에서 들려 왔다. 그녀는 마치 오랫동안 참고 있다가 잃은 시간을 되찾으려는 듯이 마구 지껄이고 있었다.

"생각 좀 해 보세요. 그 늙은 주보프 백작 부인이 가발을 쓰고 입에는 의치를 하고 마치 자기 나이 같은 거 문제 삼지 않은 것처럼…… 호, 호, 호, 마리야 양!"

주보프 백작 부인을 화제로 한 이와 같은 말투와 웃음소리를 안드레이는 벌써 다섯 번이나 아내한테서 들었다. 그는 조용히 방 안으로 들어섰다. 토실토실하게 살이 찌고 혈색이 좋은 부인은 편물을 가지고 안락의자에 앉아, 뻬쩨르부르그의 회상과 부질없는 말까지 들추어내며 쉴 새 없이 지껄이고 있었다. 안드레이는 다가가서 그녀의 머리를 쓰다듬고 여독은 풀렸느냐고 물었다. 그녀는 대답하고 또다시 같은 이야기를 계속했다.

여섯 필의 말이 끄는 사륜마차가 현관에 서 있었다. 바깥은 어둑어둑한 가을 밤이었다. 마부에게는 마차의 멍에도 보이지 않았다. 입구 층계에는 각등을 든 사람들이 분주하게 돌아다니고 있었다. 광대한 저택은 커다란 창문 너머로 등불이 환하게 켜져 있었다. 현관은 젊은 공작에게 작별 인사를 하려는 하인들로 붐비고 있었다. 홀에는 온 집안 식구들, 미하일 이바노비치, 부리엔 양, 그리고 젊은 공작 부인이 서 있었다. 안드레이는 둘이서만 작별 인사를 나누겠다는 아버지의 부름을 받고 서재로 들어갔다. 모두들 두 사람이 나오기를 기다리고 있었다.

안드레이가 서재로 들어갔을 때 노공작은 돋보기 안경을 쓰고, 아들 이외에는 그런 옷차림으로 만나지 않는 흰 가운을 입은 채 책상 앞에 앉아 무엇을 쓰고 있었다. 그는 돌아다보았다.

"이제 가니?" 그는 다시 쓰기 시작하였다.

"인사드리러 왔습니다."

"여기다 키스해라." 그는 한쪽 볼을 가리켰다. "고맙다, 고마워!"

"무엇이 말입니까?"

"네가 날짜를 연기하지 않고 여자 치맛자락에 붙어 있지 않기 때문이다. 무엇보다 근무가 제일이야. 고맙다, 고마워!" 그리고 그는 펜을 삐걱거리면서 날아갈 듯이 힘차게 계속 써 나갔다. "만약 필요한 일이 있으면 말하렴. 두 가지 정도는 나도 동시에 할 수 있으니까." 그는 덧붙였다.

"아내 말입니다만…… 아내를 아버지한테 두고 가는 것이 부끄럽기 짝이 없습니다……."

"무슨 쓸데없는 소릴? 필요한 말만 해라."

"아내가 해산할 때가 되면 모스크바 산부인과 의사를 부르러 사람을 보내주셨으면 좋겠어요…… 여기 있도록……."

노공작은 손을 멈추고 납득이 가지 않는다는 듯이 물끄러미 아들을 바라보았다.

"자연이 도와주지 않는다면 아무도 도와줄 수가 없다는 것을 잘 알고 있습니다." 안드레이는 분명히 망설이면서 말했다. "불행한 경우가 생기는 것은 만에 하나쯤이라는 것도 알고 있습니다만 그것이 아내와 저의 머리에 떠오릅니다. 게다가 그녀는 남한테 여러 가지 이야기를 듣고 꿈까지 꾸었기 때문에 몹시 두려워하고 있습니다."

"음…… 음……." 노공작은 끝 부분을 쓰면서 중얼거리듯 말했다. "그렇게 하지."

그는 서명을 끝내자 문득 아들 쪽으로 휙 몸을 돌렸다.

"잘 되어가지 않는구나, 그렇지?"

"무엇이 말입니까, 아버지?"

"아내 말이다!" 노공작은 짧고 의미심장하게 말했다.

"알 수 없습니다." 안드레이는 말했다.

"뭐, 할 수 없지." 공작은 말했다. "여자는 다 그런 거야. 이제 와서 이혼할 수도 없지. 두려워할 건 없다. 나는 아무한테도 말하지 않는다. 너 자신이 알고 있을 것이다."

그는 뼈만 남은 조그마한 손으로 아들의 손을 잡자 한 번 흔들고서, 뱃속까지 들여다보려는 듯이 아들의 얼굴을 뚫어지게 보았다. 그러고는 또다시 냉랭하게 웃었다.

아들은 한숨을 몰아쉬고, 그 한숨으로 아버지가 생각하신 그대로라는 것을 나타냈다. 노인은 편지를 접어 봉을 하면서 여느 때처럼 재빠른 솜씨로 봉랍과 봉인과 편지지를 집었다 내던졌다 하고 있었다.

"어쩔 수 없겠지. 미인이고 보니! 나는 할 일은 다 해줄 테니 안심하여라." 그는 봉을 하면서 띄엄띄엄 말했다.

안드레이는 잠자코 있었다. 그는 아버지가 자기 마음을 알아준 것이 유쾌하기도 하고 한편으로는 불쾌하기도 하였다. 노인은 일어나더니 편지를 아들에게 건네주었다.

"알겠지?" 그는 말했다. "아내 일은 걱정하지 마라. 할 수 있는 일은 다해 줄 테니까. 그리고 이 편지는 꾸뚜조프 장군에게 전하여라. 널 좋은 자리에 써 주라고, 부관 자리에 오래 놔두지 말아달라고 썼다. 부관 같은 건 사실 싫은 일이거든! 그리고 그에게 이렇게 말하여라, 나는 그를 기억하고 있거니와 좋아하고 있다고. 그리고 그가 널 어떻게 대해 주는지 알려야 한다. 만약 좋으면 계속 근무하여라. 니꼴라이 볼꼰스끼의 아들이라면 누구 밑에서라도 남의 동정으로 근무해서는 안 된다. 자, 그럼 이리 오너라."

그는 늘 말의 반도 다 하지 않을 만큼 말이 빨랐지만 아들은 익숙해져서 아버지의 말을 이해했다. 그는 아들을 사무용의 큰 테이블 쪽으로 데려갔다. 책상의 뚜껑을 열고 서랍을 잡아당겨, 눌러 찌그러뜨린 듯한 필적으로 써 놓은 굵직하고 길쭉한 노트를 끄집어냈다.

"틀림없이 내가 너보다 먼저 죽을 것이다, 알겠니? 이것은 나의 비망록이니 내가 죽은 뒤에 이걸 황제께 드려라. 그리고 이 증권과 편지는 장래 수보로프 전사(戰史)를 쓴 사람에게 줄 상금이다. 아카데미에 보내도록 해라. 그리고 이것은 나의 감상록이다. 내가 죽으면 혼자 읽어 보아라. 도움이 될 것이다."

안드레이는, 아버지는 틀림없이 오래 사실 것이라고 말하려다가 그만 두었다. 그런 말은 할 필요가 없다고 깨달았기 때문이다.

"말씀대로 다 하겠습니다, 아버지." 그는 이렇게 말했을 뿐이었다.

"자, 그럼 이젠 작별이군!" 그는 자기 손에 키스하게 하고 아들을 껴안았다. "다만 기억해 둘 일이 하나 있다, 안드레이 공작. 네가 전사하면 이 늙은이를 가슴 아프게 할 것이다⋯⋯." 그는 문득 입을 다물어 버렸지만 다시금 갑자기 외치듯이 말을 이었다. "만약에 네가 니꼴라이 볼꼰스끼의 아들답지 않은 행동을 한 것을 아는 날에는 나는⋯⋯ 부끄러워 못 견딜 것이다!" 그는 큰 소리로 외쳤다.

"그런 말씀은 하실 필요도 없습니다, 아버지." 미소를 띠면서 아들은 말했다.

노인은 입을 다물었다.

"또 한 가지 부탁드릴 것이 있습니다." 안드레이는 말을 계속했다. "만약 제가 전사하고 사내아이가 태어난다면 어제 말씀드린 대로 아버지 곁에서 떼어놓지 마세요. 아버지 밑에서 자라나게 해 주세요⋯⋯ 부탁드립니다."

"아내한테 맡기지 말란 말이냐?"

노인은 이렇게 말하고 웃었다.

두 사람은 침묵한 채 서로 마주보고 서 있었다. 노인의 잘 움직이는 눈은 똑바로 아들 눈을 바라보고 있었다. 노공작의 얼굴 아래쪽에서 무엇인가가 움직였다.

"작별은 끝났다⋯⋯ 가거라!" 느닷없이 그가 말했다. "자, 가!" 그는 서재 문을 열면서 화가 난 듯 큰 소리로 외쳤다.

"왜 그러세요? 무슨 일이죠?" 흰 가운 차림으로 가발도 쓰지 않은 채 돋보기 안경을 쓰고 화가 난 듯이 소리치고 있는 노공작이 문에 나타나자, 그와 안드레이를 번갈아 보며 리자와 마리야가 물었다.

안드레이 공작은 한숨을 몰아쉬었을 뿐 아무 대답도 하지 않았다.

"자," 그는 아내 쪽을 돌아다보고 말했다. 이 '자'라는 말은 냉정하게 비웃는 듯하게 들렸다. 그것은 마치 '자, 이젠 너희들이 좋아하는 일을 시작하여라'고 말하는 것 같았다.

"안드레이, 벌써?" 작은 공작 부인은 파랗게 질려서 공포 어린 낯으로 남편을 바라보고 말했다.

그는 아내를 포옹했다. 그녀는 소리를 지르며 그만 정신을 잃고 남편 어깨에 쓰러졌다.

그는 아내가 기대고 있는 어깨를 조심스럽게 풀고 얼굴을 들여다보고는 안락의자에 앉혔다.

"잘 있어, 마리야." 그는 조그마한 소리로 누이동생에게 말하고 서로 키스를 나눈 뒤 빠른 걸음으로 방을 나갔다. 공작 부인은 안락의자에 누워 있고 부리엔 양은 그녀의 관자놀이를 비비고 있었다. 마리야는 올케를 부축하고 눈물 젖은 아름다운 눈으로 안드레이가 나간 문 쪽을 마냥 바라보면서 오빠를 위해서 성호를 그었다. 서재로부터 연거푸 코를 푸는, 화가 난 듯한 노인의 소리가 총소리같이 들려 왔다. 안드레이가 나간 순간 서재 문이 재빨리 열리고, 흰 가운을 입은 노인이 근엄하게 내다보았다.

"떠났나? 그럼 됐어." 그는 정신을 잃고 있는, 몸집이 작은 공작 부인 쪽을 화가 난 듯이 흘끗 보며 이렇게 말하고는 비난하는 것처럼 고개를 흔들며 문을 쾅 닫아 버리고 말았다.

제2부

1

　1805년 10월, 러시아군은 오스트리아 대공국의 마을과 도시를 점령하고 또 새 연대가 러시아로부터 도착하여 병영 밖 숙영(宿營)의 고통을 주민에게 지우면서 브라우나우 요새 부근에 포진하였다. 브라우나우에는 총사령관 꾸뚜조프의 총사령부가 있었다.

　1805년 10월 11일, 브라우나우 부근에 막 도착한 한 보병 연대가 총사령관의 열병을 기다리면서, 도시에서 반 마일 떨어진 지점에서 머무르고 있었다. 과수원, 돌담, 기와지붕, 아련히 보이는 산들의 지형과 모습, 또 신기한 듯이 병사들을 바라보는 주민들 등 모든 것이 러시아와 다른데도, 그 연대는 어딘가 러시아 한가운데서 열병 준비를 하고 있는 여느 때의 러시아군대와 꼭 같은 모습이었다.

　저녁이 되어 행군의 마지막 행정(行程)으로 들어갔을 때, 총사령관이 연대를 행군 중에 열병한다는 명령이 전해졌다. 명령문에 적힌 말에 애매한 대목이 있어서 그것을 어떻게 해석할 것인가—행군 복장으로 할 것인가? 하는 의문이 생겼지만, 예장으로 열병을 받는 것으로 대대장 회의에서 결정되었다. 인사란 부족하게 하는 것보다는 지나칠 정도로 하는 것이 좋다는 이유에서였다. 그래서 병사들은 30킬로의 행군 뒤에 한잠도 자지 않고 밤새도록 복장과 무기를 손질하고 더러움을 씻어내야 했다. 부관과 중대장들은 계산을 하기도 하고 수를 빼거나 더하기도 하였다. 그리하여 아침녘이 되자, 연대는 전날 밤 마지막 행군을 하고 있었을 때처럼 맥빠지고 무질서한 무리가 아니라 정연한 2천 명의 집단이 되어 있었다. 각자가 자기 위치와 임무를 알고, 각자의 단추와 벨트 하나하나가 제자리에 붙어 있어 눈부실 정도로 깨끗하게 빛나고 있었다. 외형만이 정돈되어 있는 것이 아니라, 만약 총사령관이 군복 밑을 들여다보더라도 어느 병사나 똑같이 깨끗한 셔츠를 입고 어느 배낭에서도 물품을 정해진 수만큼 발견할 수 있었을 것이다. 다만 한 가지 아무도 안심할 수 없는 것이 있었다. 그것은 구두였다. 그들의 반수 이상은 찢어진 구두를 신고 있었다. 그러나 이러한 일이 생긴 것은 연대장의 책임이 아니었다. 수차에 걸쳐 청구하였지만 오스트리아 당국은 연대에 물자를 공급하지 않았고, 연대는 그 상태로 무려 1천 킬로를 걸어온 것이다.

연대장은 연배의 정력적인, 눈썹과 볼수염이 희끗희끗한 장군으로 건장한 몸집에 어깨 너비보다 가슴에서 등쪽이 더 넓었다. 그는 단정히 줄이 잡힌 새 군복을 입고 황금 모르를 넉넉히 사용한 견장을 달고 있었는데, 그것은 그의 살찐 어깨를 아래쪽으로 눌러 내리는 것이 아니라 마치 위로 치켜올리고 있는 것처럼 보였다. 연대장은 평생 가장 엄숙한 일 중의 하나를 행복스러운 마음으로 수행하고 있는 사람 같은 표정을 하고 있었다. 그는 대열 앞을 오가고 있었다. 오가면서 약간 등을 구부리고 한 발짝마다 몸을 떠는 것처럼 보였다. 겉보기에 연대장은 자기 연대에 경탄하고 그것을 행복하게 느끼며, 그의 정신력은 온통 연대에만 집중되고 있었다. 그러나 그러면서도 몸을 떠는 듯한 그 걸음걸이는 마치 전쟁에 대한 관심 이외에, 사교 생활의 흥미와 여성들도 그의 마음 속에 적잖은 자리를 차지하고 있는 것처럼 보였다.

"여보게, 미하일로 미뜨리치 군." 그는 한 대대장에게 말을 걸었다(대대장은 미소를 머금고 앞으로 나왔다. 두 사람은 무척 기분이 좋아보였다). "아침까지 밤새도록 혼났어. 그렇지만 괜찮은 것 같지 않나? 우리 연대도 그다지 나쁜 편은 아닌 것 같아…… 안 그래?"

대대장은 이 명랑한 비꼼을 알아채고 웃기 시작했다.

"이만하면 짜리찐 루크(빼쩨르부르그의 도심에 있는, 열병식 등이 거행되는 광장)에 나가도 쫓겨나진 않을 겁니다."

"뭐라고?" 연대장이 말했다.

그때 신호병이 배치되어 있는 읍으로 통하는 도로에 두 기마병이 나타났다. 그것은 부관과 그 뒤를 따르고 있는 까자크 기병이었다.

부관은 어제의 명령 중에서 말뜻이 분명치 않은 대목을 연대장에게 분명히 알리기 위해 총사령부로부터 파견된 것인데, 총사령관은 연대가 행군할 때와 똑같은 상태로, 즉 외투를 입고 무기에 덮개를 씌운 채 아무 준비도 하지 않은 상태를 사열하고자 한다는 것이었다.

꾸뚜조프 총사령관한테 전날 밤에 빈으로부터 궁정군사협의회의 위원이 도착하여, 페르지난트 대공(오스트리아군／총사령관)과 마크 장군(오스트리아의 장군／1752~1825)의 군대와 합류하기 위해 될 수 있는 대로 빨리 진군하라는 제안과 요구를 전했다. 그래서 그 합류를 유리하지 않다고 보고 있던 꾸뚜조프는 자기 의견에 형편이 좋은 다른 증거를 첨가해서, 러시아로부터 도착하는 부대가 처해 있는 비참한 상태를 오스트리아 장군에게 보여 주려는 속셈이었다. 그가 연대를 맞으러 가려는 것은 그러한 목적에서였다. 따라서 연대의 상태가 나쁘면 나쁠수록 그것은 총사령관에게는 기분이 좋은 일이었다. 부관은 그렇게 소상한 점까지는 알지 못했지만 여하간 모든 병사들은 외투를 입고 무기에 덮개를 씌우도록 하고, 이를 어길 경우에는 불만스럽게 여길 것이라는 총사령관의 절대적인 요구를 연대장에게 전달하였다.

이 말을 듣자 연대장은 고개를 떨구고 잠자코 어깨를 움츠리고는 다혈질적인 몸짓으로 양손을 벌렸다.

"공연한 짓을 했는데!" 그는 말했다. "그래서 내가 말하지 않았나, 미하일로 미뜨리치 군. 행군 중의 사열이니 외투를 입어야 한다고." 그는 비난하듯이 대대장을 돌아다보았다. "아아, 야단났는 걸!" 그는 이렇게 덧붙이고는 단호한 태도로 앞에 나섰다. "중대장 집합!" 그는 호령에 익숙해진 소리로 외쳤다. "상사를 소집하라! …… 총사령관님은 곧 오실까요?" 그는 방금 온 부관을 향하여 자못 공손한 표정으로 말했으나 그 존경은 아무래도 그가 화제로 삼고 있는 사람에게로 향한 것 같았다.

"한 시간 후라고 생각합니다."

"옷을 갈아입을 틈이 있을까요?"

"모르겠습니다, 장군님……."

연대장은 직접 대열 곁으로 다가가서 다시 외투를 갈아입으라고 명령했다. 중대장은 제각기 자기 중대 쪽으로 달려가고 상사들도 바쁘게 서두르기 시작했다(외투는 별로 손질이 되어 있지 않았다). 그러자 그 순간 이제까지 정연하게 조용했던 사각형의 대열이 동요하기 시작하더니 길게 늘어져 웅성거렸다. 병사들은 사방에서 달려나오거나 달려들기도 하고, 메고 있던 배낭을 어깨로 추켜올리고 머리 너머로 끌어내려, 배낭에 붙여둔 오버코트를 벗겨 팔을 높이 쳐들어 소매에 팔을 꿰느라 대열이 어수선해졌다.

30분 후에는 모든 것은 다시금 이전의 질서로 되돌아갔다. 사각형의 검은

색이 회색으로 변했다. 연대장은 다시 떠는 듯한 걸음걸이로 연대 앞으로 나가서 먼 발치에서 그것을 바라보았다.

"저건 또 뭐야? 어떻게 된 거야! ……." 그는 걸음을 멈추면서 소리쳤다. "제3중대장을 불러!"

"제3중대장님, 각하가 부르십니다!" "제3중대장님 각하가 부르십니다." "제3중대장님, 각하께서……." 대열에 전달되는 소리가 들렸다. 그리고 부관은 머뭇거리고 있는 중대장을 찾으러 뛰어갔다.

안간힘으로 부르는 소리가 내용을 왜곡시키면서 나중에는 '장군님을 곧 제3중대로'라고 외치고 목표 지점에 도달했을 때, 호출을 받은 장교가 중대 안쪽에서 모습을 나타냈다. 그는 연배의 사나이로 뛰는 데에 익숙하지도 않았는데 어색하게 다리를 휘청거리면서 장군 쪽으로 뛰어갔다. 이 대위의 얼굴은, 예습해 오지 않은 문제를 질문 받은 학생과 같은 불안한 표정을 짓고 있었다. 빨간(분명히 방종한 탓인 듯한) 얼굴에는 얼룩이 스며나왔고 입은 어떤 모양을 취해야 할지 우물쭈물하고 있었다. 대위가 숨을 헐떡이고 보폭을 줄이면서 가까이 달려오는 동안 연대장은 그를 머리끝에서 발밑까지 훑어보고 있었다.

"자넨 병사들에게 사라판($\binom{\text{러시아 농부의}}{\text{소매가 없는 옷}}$)이라도 입혀서 멋을 내게 할 작정인가! 저건 뭐야?" 연대장은 제3중대의 열 안에서 다른 코트와는 다른, 공장제의 고급 라사 같은 색 코트를 입고 있는 병사를 아래턱을 내밀어 가리키면서 소리를 질렀다. "그리고 자넨 어디 있었나? 총사령관을 기다리고 있는데 자네는 자기 자리를 이탈하고 있나? 응? …… 열병 때 병사에게 구질구질한 옷을 입히는게 어떤 뜻인지 내가 자네에게 가르쳐 줄까? 응?"

중대장은 상관에게서 눈을 떼지 않은 채 두 개의 손가락을 더욱 더 모자 차양에 꼭 대고 거수 경례를 하고 있었다. 마치 이렇게 함으로써 자기의 구원을 발견이라도 한 듯이.

"아니, 뭘 잠자코 있나? 자네 부대에서 헝가리 사람같은 옷차림을 하고 있는 것은 누구냐 말이야?" 연대장이 신랄하게 비꼬았다.

"각하……."

"흥, '각하'가 뭐야? 각하! 각하! 도대체 각하가 어쨌다는 건지 영문을 모르겠다."

"각하, 그자는 강등된 돌로호프입니다……." 대위가 나지막한 소리로 말했다.

"대체 무슨 말을 하는 거야! 강등돼서 원수라도 됐단 말인가? 강등되어 졸병이 됐다면 당연히 다른 병사와 같은 제복을 입어야 하잖나!"

"각하, 그것은 각하께서 행군 중에 허용하신 겁니다."

"허용했어? 허용했다고? 툭하면 자네들은 언제나 그래." 연대장은 약간 냉정해지면서 말했다. "허용했다고? 너희들한테 무슨 말을 하면 너희들은 말이야……." 연대장은 다시 짜증을 내며 말했다. "규정대로 옷을 입혀 주게……."

이렇게 말하고 나서 연대장은 부관을 돌아보고 예의 몸을 흔드는 듯한 걸음으로 연대 쪽으로 향하였다. 분명히 그는 자기가 낸 화가 마음에 들었는지 연대를 돌아다니면서 화를 더 낼 구실을 찾으려 하고 있었다. 휘장을 깨끗이 닦지 않았다고 해서 한 장교를 야단치고, 대열이 정돈돼 있지 않다고 또 한 사람의 장교를 야단친 뒤 그는 제3중대 쪽으로 다가갔다.

"그 서 있는 꼴은 뭐야? 다린 어디 됐어?" 연대장은 파란 외투를 입은 돌로호프까지는 아직 다섯 명의 간격이 있는 곳에서 못해먹겠다는 심정을 목소리에 담고 소리를 질렀다.

돌로호프는 꾸부리고 있던 한쪽 다리를 천천히 뻗고 밝고 오만한 눈초리로 장군의 얼굴을 똑바로 쏘아보았다.

"파란 외투를 입고 어쩔 작정인가. 벗어! …… 상사! 이놈의 옷을 갈아입혀……." 그는 말을 맺지 못했다.

"각하, 저는 명령을 실행할 의무는 있지만 참을 의무는 없습니다……." 돌로호프는 빠르게 말했다.

"대열 속에서 말하면 안 돼! …… 안 된다니까!"

"모욕을 참을 의무는 없습니다." 돌로호프는 크고 잘 울리는 소리로 할 말을 했다.

장군과 병사의 눈이 마주쳤다. 장군은 단단하게 감은 머플러를 화가 난 듯이 아래쪽으로 잡아당기면서 입을 다물었다.

"어쨌든 외투를 갈아입게, 제발." 연대장은 그 자리를 떠나면서 말했다.

"오십니다!" 그때 신호병이 소리쳤다.

연대장은 얼굴이 빨개져서 말 곁으로 뛰어갔다. 떨리는 손으로 등자를 붙잡고 몸을 날려 말에 올라타 자세를 바로잡고는, 칼을 빼들고 행복스러운듯 단호한 표정으로 호령을 할 자세를 취했다. 연대는 날개를 펄럭이며 몸을 안정시키려는 새처럼 움직이다가 곧 잠잠해졌다.

"차려―엇!" 연대장은 아랫배를 뒤흔드는 듯한 소리로 외쳤다. 그것은 자기에게는 즐겁고 연대에 대해서는 엄하고, 다가오는 상관에 대해서는 공손한 목소리였다.

포장되어 있지 않은 널따란 가로수 길을, 스프링 소리를 울리면서 경쾌한 빠른 걸음으로, 한 줄로 말을 맨 키가 높은 빈 식(式) 하늘색 포장마차가 다가왔다. 마차 뒤에서는 크로아티아인(유고슬라비아 민족의 하나) 호위병들이 말을 달리고 있다. 꾸뚜조프 장군 옆에는 검은 옷차림의 러시아 병사들 가운데서는 색다르게 느껴지는 흰 군복차림의 오스트리아 장군이 앉아 있었다. 마차는 연대 옆에 섰다. 꾸뚜조프와 오스트리아 장군은 무엇인가 나지막한 소리로 이야기하고 있었다. 꾸뚜조프는 마차의 발판에서 발을 육중하게 내딛으면서 미소를 지었다. 그 태도는 마치, 숨을 죽이고 자기와 연대장을 바라보고 있는 2천 명의 병사들은 안중에도 없는 듯했다.

호령 소리가 울려퍼지고 다시금 연대는 소리를 내면서 움직여 받들어총을 했다. 죽은 듯한 고요속에서 총사령관의 목소리가 들렸다. 연대는 웅성거렸다. "각하의 건강을 기원합니다!" 연대장이 소리를 질렀다. 그리고 모든 것은 다시 조용해졌다. 처음에 연대가 움직이고 있는 동안에 꾸뚜조프는 한 곳에 서 있었다. 이윽고 꾸뚜조프는 흰 옷의 장군과 나란히 수행원을 거느리고 대열을 따라 걷기 시작하였다.

연대장은 꾸뚜조프를 뚫어지게 바라보며 경례를 하고, 마치 앞으로 꼬꾸라지듯이 떨리는 동작을 간신히 억누르며 장군들의 뒤를 따라갔다. 총사령관의 말 한마디, 한 행동 때마다 총총히 달려가는 그의 모습은 분명히 상관으로서의 의무보다는 오히려 부하로서의 의무를 다하는 데 보다 많은 기쁨을 느끼는 것 같았다. 연대장의 엄격함과 열성 덕택으로 이 연대는 같은 무렵에 브라우나우에 도착한 다른 연대에 비하면 훨씬 좋은 상태에 있었다. 낙오자와 병자는 겨우 217명에 지나지 않았다. 구두를 제외하고는 모든 것이 잘 정비되어 있었다.

꾸뚜조프는 이따금 걸음을 멈추고 터키 전쟁 때부터 알고 있는 장교들과, 때로는 병사에게까지 몇 마디 위로의 말을 해 주면서 대열 끝에서 끝까지 걸어갔다. 가끔 구두를 보면서 그는 몇 번이나 슬픈 듯이 고개를 흔들고, 이것을 누구의 탓으로 책망하는 것은 아니라 해도 이 비참한 상태를 외면할 수 없다는 듯한 표정으로 오스트리아 장군에게 구두를 가리켜 보였다. 연대장은 이 때마다 연대에 관한 총사령관의 말을 한마디도 놓쳐서는 안 되겠다고 생각하고 앞으로 뛰어나갔다. 꾸뚜조프 뒤에는 아무리 작은 말소리라도 들을 수 있을 정도의 거리를 두고 20명 가량의 수행원이 따르고 있었다. 수행원들은 서로 이야기를 주고받고 때로는 서로 웃고 있었다. 총사령관 가까이 붙어서 걷고 있는 것은 미남의 부관이었다. 그는 안드레이 볼꼰스끼 공작이었다. 그와 나란히 걷고 있는 사람은 네스비쯔끼라는 영관(領官)으로, 매우 뚱뚱하고 호인 같은 웃는 얼굴과 차분한 눈매를 하고 있었다. 네스비쯔끼는 자기 옆을 걷고 있는 검은 머리의 경기병 장교가 자아내는 웃음을 간신히 참고 있었다. 경기병 장교는 웃지도 않고 정색한 낯으로 연대장의 등을 바라보면서 그의 동작 하나하나를 흉내 내는 것이었다. 연대장이 몸을 떨고 앞으로 몸을 굽힐 때마다 그것과 꼭 같이 경기병 장교도 몸을 떨고 앞으로 구부리는 것이었다. 네스비쯔끼는 웃으면서 그 익살맞은 인간을 보라고 다른 사람들을 쿡쿡 찔렀다.

꾸뚜조프는 눈알이 튀어나올 정도로 상관의 모습을 쫓고 있는 수천의 눈 옆을 천천히 걸어갔다. 제3중대 옆에 오자 그는 갑자기 걸음을 멈추었다. 수행원들은 이 정지를 예상하지 않았으므로 저도 모르게 그에게 부딪치고 말았다.

"아, 찌모힌!" 총사령관은 좀전에 돌로호프의 파란 외투 일로 호되게 야단을 맞은 코가 빨간 대위를 알아보고 말했다.

연대장으로부터 야단을 맞을 때 찌모힌이 보인 자세 이상으로 차렷 자세를 한다는 것은 불가능하다는 느낌이었다. 그런데 총사령관이 말을 건 이 순간 대위는 총사령관이 조금만 더 오랫동안 그를 바라보고 있었다면 도저히 견디어 내지 못할 것이라는 생각이 들 정도로 차렷 자세를 취했다. 그래서 꾸뚜조프는 그의 상태를 깨달았는지, 견딜 수 없게 하지 않으려고 격려의 말을 한마디 하고는 얼굴을 돌렸다. 부상으로 보기 흉하게 된 부은 듯한 꾸뚜조프의 얼굴에 희미한 미소가 스쳐갔다.

"이즈마일 (흑해 연안의 도시. 1790년의 러시아—터키 전쟁 때 여기에 있던 난공불락의 터키군 요새를 러시아군이 점령하였다. 이 전투에서 당시 소장이었던 꾸뚜조프가 크게 활약하였다) 공격 때부터의 친구야." 그는 말했다. "용감한 장교지! 자네도 이 사나이에게 만족하고 있나?" 꾸뚜조프는 연대장에게 물었다.

그러자 연대장은 자기에게는 보이지 않지만 거울과 같이 경기병 장교들이 흉내를 내고 있는 줄도 모르고 몸을 떨며 앞으로 나가서 대답했다.

"매우 만족하고 있습니다, 각하!"

"누구나 결점이 없는 사람은 없지만." 꾸뚜조프는 미소를 띠고 그 자리를 뜨면서 말했다. "그는 바쿠스(酒神) 신자거든."

연대장은 이것도 자기에게 책임이 있는 것이 아닌가 하고 움찔하고는 아무 대답도 하지 않았다. 경기병 장교는 이때 코가 빨갛고 배가 불쑥 나온 대위의 얼굴을 알아채고 그의 얼굴과 자세를 꼭 같이 흉내 냈는데, 네스비쯔끼는 참지 못하고 웃음을 터뜨렸다. 꾸뚜조프는 돌아다보았다. 그런데 이 장교는 자기 얼굴을 마음대로 조정할 수 있는지, 꾸뚜조프가 돌아다보았을 때 그는 재빨리 잔뜩 찌푸린 얼굴을 하고 나서 이내 자못 진지하고 공손하며 순진한 표정을 지었다.

제3중대가 마지막이었다. 꾸뚜조프는 무엇인가 상기하려는 듯이 생각에 잠겼다. 안드레이가 수행원 속에서 걸어나와 프랑스말로 이렇게 조용히 말했다.

"이 연대에 있는 강등된 돌로호프를 상기해 주시라는 분부였습니다."

"돌로호프는 어디 있나?" 꾸뚜조프는 물었다.

이미 회색 병사 외투로 갈아입은 돌로호프는 부를 때까지 기다리고 있지 않았다. 맑은 하늘색 눈에 금발 머리의 균형 잡힌 몸집의 병정이 열 가운데에서 앞으로 나섰다. 그는 총사령관 쪽으로 다가가서 받들어총을 했다.

"무슨 청원이라도 있나?" 가볍게 얼굴을 찌푸리며 꾸뚜조프는 물었다.

"이자가 돌로호프입니다." 안드레이 공작은 말했다.

"아아!" 꾸뚜조프가 말했다. "이 교훈이 자네를 바로잡아 줄 것으로 기대하고 있다. 열심히 근무하라. 황제는 자비로우신 분이다. 네가 상당한 공적을 세운다면 나도 절대로 널 잊지 않겠다."

하늘색의 맑은 눈은 연대장을 바라보았을 때와 같이 대담하게 총사령관을 바라보고 있었다. 그것은 마치 그 표정으로 총사령관과 한 병사를 멀리 격리시키고 있는 계급의 장막을 무너뜨리려는 것 같았다.

"한 가지만 부탁드릴 것이 있습니다, 각하." 그는 잘 울리며 단호하고 침착한 목소리로 말했다. "제발 제가 죄를 속죄하고 황제와 러시아에 대한 충성을 증명할 기회를 베풀어 주시기 바랍니다."

꾸뚜조프는 외면했다. 그의 얼굴에는 좀전에 찌모힌 대위로부터 얼굴을 돌렸을 때와 꼭 같은 미소가 눈에 스쳐갔다. 그는 얼굴을 옆으로 돌리고 이맛살을 찌푸렸다. 그것은 마치 지금 돌로호프가 자기에게 한 말도 또 자기가 돌로호프에게 할 수 있는 말도 모두 훨씬 전부터 알고 있으며, 그런 것은 정말 싫증이 나 버렸고 조금도 필요한 것이 아니다 하는 것을 그 표정으로 나타내려고 하는 것처럼 보였다. 그는 얼굴을 돌리고 마차 쪽으로 향하였다.

연대는 중대별로 나뉘어 브라우나우에서 그리 멀지 않은 지정된 숙사로 갔다. 거기로 가면 구두도 갈아신고 옷도 갈아입고, 괴로웠던 행군의 피로도 풀 수 있으리라는 기대가 있었다.

"나에 대해 불평을 하면 안 돼, 찌모힌 군!" 연대장은 지정된 장소로 가는 제3중대를 말로 추월하여, 선두에서 가고 있는 찌모힌 대위 쪽으로 말을 대면서 말했다. 연대장의 얼굴은 무사히 열병이 끝난 뒤의 참을 수 없는 기쁨을 담고 있었다. "군무는 황제 폐하를 위한 것이다…… 그런 일이 있으면 안 돼…… 이 다음에 또 그런 일이 있으면 대열 앞에서건 어디서건 사정 없이 나무라겠네. 아무튼 내가 먼저 사과하지. 자네도 내 성미를 알고 있지 않나…… 각하께서도 자네에게 크게 감사하고 계셨어!" 그는 중대장에게 손을 내밀었다.

"천만의 말씀입니다, 장군님. 어떻게 제가 그렇게 생각할 수 있겠습니까!" 대위는 코를 붉히고 미소를 지으면서, 전에 이즈마일 부근의 전투 때에 총대로 얻어맞아 부러진 앞니 두 개가 없는 흔적을 드러내면서 대답했다.

"그리고 돌로호프에게도 전해 주게. 나는 그를 잊지 않았으니 안심하라고. 그렇지, 그리고 말해 주게. 전부터 물어보려고 했었는데 그의 품행은 어떤가? 그리고 줄곧……."

"근무는 매우 성실합니다, 각하…… 그러나 성격이……." 찌모힌은 말했다.

"어쨌다는 거야, 성질이 어쨌다는 거지?" 연대장은 물었다.

"각하, 그날그날 기분이 달라집니다." 대위가 말했다. "때로는 총명하고 교양 있으며 선량합니다마는 때로는 짐승이나 다름없어집니다. 폴란드에서는 유대인 한 사람을 하마터면 죽일 뻔했습니다. 아실 줄 압니다만……."

"음 그래, 그래." 연대장은 말했다. "아무튼 불행 속에 있는 청년이니 동정해 줘야지. 대단한 줄이 있는 사나이니까…… 그러니까 자네는 그……."

"알았습니다, 각하." 찌모힌은 상관의 바람을 잘 알고 있다는 것을 미소로 알리면서 이렇게 말했다.

"음 그래, 그래."

연대장은 대열에서 돌로호프를 찾아내자 말을 멈춰 세웠다.

"첫 전투에서 공을 세울 때까지 참아. 그때는 견장을 달게 될 거야." 그는 돌로호프에게 말했다.

돌로호프는 돌아다보았지만 아무 말도 하지 않고, 비웃는 듯한 미소를 짓고 있는 입 표정을 바꾸려고 하지 않았다.

"자, 이젠 됐어." 연대장은 말을 계속했다. "병사들에게 내가 보드카 한 잔씩 낼테니까 마시게 해." 그는 병사들에게 들리도록 말을 덧붙였다. "다들 수고했다! 덕택으로 잘 되었다." 그리고 그는 제3중대를 앞질러 다른 중대 쪽으로 갔다.

"저분은 정말 좋은 분이다. 저분하고라면 같이 일할 수 있어." 찌모힌은 자기 옆을 걸어가고 있는 신참 장교에게 말했다.

"역시 하트 카드입니다! …… (연대장은 하트 킹이라는 별명으로 불렸다)" 신참 장교는 웃으면서 말했다.

열병을 끝낸 뒤의 장교들의 한시름 놓은 듯한 들뜬 기분은 병사들에게도 옮아갔다. 중대는 즐거운 마음으로 행진했다. 사방에서 주고 받는 병사들의 말소리가 들렸다.

"어째서 모두들 꾸뚜조프가 애꾸눈이니, 눈이 하나니 하고 말했을까?"

"그럴 수밖에! 정말 애꾸눈일 걸."

"아냐…… 여보게, 자네보다도 훨씬 잘 봐. 장화랑, 각반이랑 모든 것을 보고 갔거든……."

"글쎄, 각하가 내 발을 흘끗 봤을 때의 눈초리가…… 자넨 말해줘도 모를 거야……."

"그리고 또 한 사람, 오스트리아 사람 말일세. 각하하고 같이 있던 녀석인데, 그 녀석은 마치 백묵을 잔뜩 칠한 놈 같지 않았어? 밀가루같이 하얗거든. 아마 무기를 닦듯이 매일 옷을 빨고 있을 거야!"

"이봐, 페제쇼! …… 각하는 언제 전투가 벌어진다고 하시던가? 자넨 바로 옆에 서 있었지? 브루노보에 보나빠르뜨가 있다고들 하잖았어."

"보나빠르뜨가 있다고? 거짓말 마라, 바보 같으니! 아무것도 모르는군! 지금 프러시아가 소동을 일으키고 있어서 오스트리아군이 그것을 진압하고 있단 말일세. 그래서 그것이 진압되면 보나빠르뜨하고 전쟁이 시작된대. 그런데 브루노보에 보나빠르뜨가 있다는 말을 하다니! 그러니까 바보라는 거지. 좀더 듣고 오란 말이다."

"빌어먹을 보급계 같으니! 저기 봐. 제5중대는 벌써 마을 쪽으로 돌고 있잖아. 이래서야 그 녀석들이 죽을 다 끓였을 때 우린 아직 숙사에도 도착 못할 거야."

"건빵이라도 줘, 이 자식아."

"담배라면 어제 줬잖아? 할 수 없지, 여기 있다."

"휴식이라도 좀 시켜 주지 않나. 그렇잖으면 아직도 5킬로 더 걸어야 하니 말이야."

"독일군이 마차라도 보내 준다면 얼마나 좋을까. 그럼 이렇게 뽐내며 탈텐데!"

"여기 농부들은 빈털터리야. 저쪽에서는 마치 폴란드인 같았어. 모두 러시아군민인데 말이야. 그런데 지금은 독일놈 천지란 말이지."

"합창병, 앞으로!" 대위의 외치는 소리가 들렸다.

그러자 중대 앞쪽에 여러 대열로부터 20명 가량의 병사가 뛰어나왔다. 지휘자인 고수(鼓手)가 합창병들 쪽으로 얼굴을 돌리고 한 손을 흔들자 '새벽이 아닌가, 아침해가 불타고……'로 시작하여 '아는가 형제여, 우리와 아버지이신 까멘스끼 장군에게 영광이 있으라……'로 끝나는 템포가 느린 군가를 부르기 시작하였다. 이 노래는 터키에서 만들어져 현재 오스트리아에서 불리고 있는 노래로서 '아버지이신 까멘스끼 장군' 대신에 '아버지이신 꾸뚜조프 장군'으로 바꿔 놓은 점만 달랐다.

40쯤 돼 보이는, 말랐으나 미남인 고수는 이 마지막 귀절을 군대식으로 마무리하고 나서, 무엇인가 땅 위에 내던지듯 양손을 흔든 뒤 합창병들을 엄한 눈으로 둘러보고 눈을 가늘게 떴다. 그리고 모든 사람의 눈이 자기에게로 집중되고 있다는 것을 확인하자, 무엇인가 눈에 보이지 않는 귀중한 물건을 머리 위에 들어올려 그대로 2, 3초 동안 있다가 느닷없이 그것을 필사적으로 내던지는 동작을 하였다.

"아아, 집의 문, 내 집의 문!"

"아아, 집의 문, 내 집의 문!" 20명의 목소리가 뒤따랐다. 그러자 스푼형 캐스터네츠 담당이 장비의 무게도 아랑곳없이 불쑥 앞으로 튀어나왔다. 그는 어깨를 잔 동작으로 움직이면서, 캐스터네츠로 누군가를 야단치는 것 같은 손동작을 하면서 뒷걸음질로 중대 앞을 걷기 시작하였다. 병사들은 노래의 박자에 맞추어서 크게 팔을 흔들면서 발을 맞추어 여유 있는 발걸음으로 걸어갔다. 중대 뒤쪽에서 바퀴 소리, 스프링의 삐걱거리는 소리, 말굽 소리가 들려 왔다. 꾸뚜조프가 수행원을 데리고 도시로 돌아가는 참이었다. 총사령관은 병사들에게 그대로 걸음을 계속하라는 신호를 하였다. 그리고 춤을 추듯이 손을 흔들고 있는 병사와 기운차게 앞으로 나가는 중대의 병사를 보고 노래를 듣자, 총사령관의 얼굴이나 수행원들의 얼굴에는 만족스러운 표정이 떠올랐다. 포장마차가 추월해 가는 중대 오른쪽 두 번째 열에, 하늘색 눈을 한 병사 돌로호프의 모습이 자연히 눈에 띄었다. 그는 노래 가락에 맞추어 더욱 용감하게 뽐내어 걸어가고 있었다. 그리고 지금 중대와 함께 걷고 있지 않은 모든 사람을 불쌍히 여기는 듯한 표정으로, 마차나 말을 타고 가는 사람들의 얼굴을 바라보고 있었다. 꾸뚜조프 수행원 중 연대장 시늉을 하던 경기병 소위 후보가 포장마차 뒤에 남아서 돌로호프 쪽으로 다가갔다.

이 경기병 소위 후보 제르꼬프는 한때 뻬쩨르부르그에서 돌로호프를 우두머리로 하는 망나니 패거리에 끼여 있었다. 제르꼬프는 외국에 온 뒤, 일개 병사로 강등된 돌로호프를 만났지만 굳이 아는 체할 필요는 없다고 생각하고 있었다. 그러나 지금 꾸뚜조프가 이 강등당한 병사와 말을 나눈 뒤였으므로, 그도 옛 친구로서의 기쁨을 나타내면서 말을 걸었다.

"여보게, 어떤가?" 그는 말 발걸음을 중대의 발걸음에 맞추면서 노랫소리가 울리는 가운데 말하였다.

"내가 어떠냐고?" 돌로호프는 냉랭한 말투로 대답했다. "보는 바와 같지."

우렁찬 군가는 제르꼬프의 친밀하고 쾌활한 어조와 돌로호프의 마지못해 하는 냉정한 대답에 특별한 뜻을 지니게 했다.

"어때, 상관과의 사이는 어떤가?" 제르꼬프가 물었다.

"그저 그렇지, 좋은 친구들이야. 그런데 자네는 어떻게 해서 참모부에 뚫고 들어갔지?"

"일시 파견이지. 당번이야."

두 사람은 입을 다물었다.

'매를 날려보냈다, 오른쪽 소매에서' 활기가 넘치는 즐거운 기분을 불러일으키면서 노래가 이어졌다. 이런 노랫소리 속에서 이야기를 하지 않았더라면 두 사람의 대화는 아마 달라졌을 것이다.

"오스트리아군이 패배했다는 말은 정말인가?" 돌로호프가 물었다.

"그런 녀석들 알 게 뭐야. 그렇다는 소문이야."

"통쾌한데." 돌로호프는 짧게 분명히 대답했다. 군기가 그렇게 시킨 것이다.

"어떤가, 언제 밤에라도 오지 않겠나? 파라오(카드 놀이의 일종) 놀이를 할 수 있어." 제르꼬프가 말했다.

"돈이라도 많이 생겼나?"

"어쨌든 오게."

"안 돼, 맹세를 했거든. 장교로 돌아갈 때까지 술도 노름도 하지 않기로."

"할 수 없군, 공을 세울 때까지는……."

"그때 되면 알아."

다시 두 사람은 입을 다물었다.

"무슨 필요한 것이라도 있으면 들르게, 참모부에서는 모든 것을 도와줄 수 있거든……." 제르꼬프가 말했다.

돌로호프는 히죽 웃었다.

"공연히 걱정하지 말아 주게. 필요한 것이 있으면 남의 수고를 끼치지 않고 직접 얻겠네."

"좋아, 나는 그저……."

"그래, 나도 그저……."

"그럼, 실례하네."

"몸조심하게……."

'높고, 그리고 멀리

내 고향을 향하여……'

제르꼬프는 말에 박차를 가했다. 말은 흥분해서 어느 쪽 발부터 내디딜 것
인지 몰라 두어 번 발을 구르더니, 간신히 몸을 가다듬고 역시 노래의 박자
에 맞추어 중대를 앞질러 마차를 따라잡기 위해 달리기 시작했다.

3

열병에서 돌아오자 꾸뚜조프는 오스트리아 장군과 함께 자기 집무실로 들
어갔다. 그리고 부관을 불러 도착중인 군대의 상황에 관한 몇 가지 서류와,
선발대를 지휘하고 있는 페르지난트 대공으로부터 받은 편지를 가져오도록
분부했다. 안드레이 공작은 분부를 받은 서류를 가지고 총사령관의 집무실
로 들어갔다. 테이블 위에 펼쳐진 지도를 앞에 놓고 꾸뚜조프와 오스트리아
의 군사협의회 의원이 앉아 있었다.

"아아……." 꾸뚜조프는 잠시 기다리라는 뜻으로 안드레이 쪽을 돌아다보
고 말했다. 그리고 프랑스말로 하고 있던 대화를 계속하였다.

"내가 말하고 싶은 것은 단 한 가지입니다, 장군." 한 마디 한 마디 천천
히 하는 말에 자기도 모르게 귀를 기울이고 싶어지는 말투와 어조로 꾸뚜조
프가 말하였다. 아무래도 꾸뚜조프 자신도 만족스러운 기분으로 자기 말을
듣고 있는 것 같았다. "내가 말하고 있는 것은 단 한 가지입니다, 장군. 만
약 내 소원대로 사태를 좌우할 수만 있다면 프란쯔 황제의 뜻은 벌써 실행되
었을 것입니다. 즉, 나는 벌써 대공의 군대와 합쳤을 것입니다. 제발 나의
진심을 믿어 주시기 바랍니다. 나보다 훨씬 노련한 장군에게―그런 분은 오
스트리아에는 많이 있습니다만―최고 지휘권을 넘겨 주고 이 무거운 모든

책임을 벗는다는 것은 나 개인으로서 큰 기쁨임은 더할 나위가 없습니다. 그러나 주위 정세 쪽이 우리의 힘보다 더 강한 때가 있습니다, 장군.”

이렇게 말하고 빙그레 미소 짓는 꾸뚜조프의 표정은 마치 이렇게 말하고 있는 것만 같았다. ‘당신은 내 말을 믿지 않아도 되는 권리를 가지고 있고, 또 당신이 내 말을 믿건 말건 나 역시 상관없습니다. 그러나 당신은 나에게 불신을 말할 근거를 가지고 있지 않습니다. 바로 그것이 중요한 점입니다.’

오스트리아의 장군은 불만스런 낯으로 듣고 있었지만 같은 어조로 꾸뚜조프에게 대답하지 않을 수가 없었다.

“천만의 말씀입니다.” 그는 내뱉고 있는 간살스러운 말의 뜻과는 정반대로 불평스럽고 화가 난 듯한 어조로 말했다. “정반대입니다. 이 공동 작전에 각하가 참가해 주시는 것을 황제께서 높이 평가하고 계십니다. 그러나 현재와 같이 시간만 끈다면, 명예로운 러시아군과 그 사령관들이 싸움에서 쟁취하도록 되어 있는 월계관을 잃게 될 뿐이라고 우리들은 생각합니다만.” 그는 분명히 미리 준비해 온 듯한 말로 이렇게 맺었다.

꾸뚜조프는 웃는 얼굴을 바꾸지 않고 머리를 숙였다.

“그런데 전부터 굳게 믿고 있기도 하고 또 페르지난트 대공으로부터 최근 받은 편지로 예상하는 바입니다만, 오스트리아군은 마크 장군 같은 노련한 참모의 지휘 아래 지금은 이미 결정적인 승리를 거두고 있고 이 이상 러시아군의 원조 같은 것은 필요없다고 생각합니다.” 꾸뚜조프는 말했다.

장군은 이맛살을 찌푸렸다. 오스트리아군이 패배했다는 확실한 보도는 없었지만 전반적인 불리한 소문을 뒷받침할 만한 사정은 너무나 많았다. 그러므로 오스트리아군의 승리를 예상하는 꾸뚜조프의 말은 완전히 비웃음이나 다름이 없었다. 그러나 꾸뚜조프는 여전히 자기에게는 그것을 예상할 권리가 있다는 표정을 한 채 점잖게 미소를 짓고 있었다. 사실 꾸뚜조프가 마크 장군으로부터 최근 받은 편지는, 그의 군대의 승리와 자못 유리한 전술상의 위치에 놓여 있음을 알리고 있었던 것이다.

“그 편지를 이리 다오.” 꾸뚜조프는 안드레이에게 말했다. “자, 이걸 좀 보십시오.” 꾸뚜조프는 입술 끝에 놀리는 듯한 미소를 띠우며, 독일어로 쓰인 페르지난트 대공의 편지 중의 한 귀절을 오스트리아 장군에게 읽어 주었다. ‘우리에게는 완전히 집결된 병력 약 7만이 있기 때문에, 만약 적군이 레히 강(^{다뉴브 강}_{우안의 지류})을 도하한다면 아군은 이것을 공격, 격파할 수 있습니다. 또 우리는 이미 울름 시(^{다뉴브 강 우안에}_{있는 도시, 요새지})를 점령 중이므로, 다뉴브 양쪽 강변을 지휘하는 이점을 확보할 수 있습니다. 따라서 만약 적군이 레히 강을 건너지 않을 경우에는 우리는 수시로 다뉴브 강을 건너서 적의 연락선을 습격할 수도 있고, 하류에서 다시금 다뉴브 강을 건너서 돌아올 수도 있으며, 적이 그 전력을 우리의 충성스러운 연합군에 집중하려고 하면 그 기도를 실현할 수 없게 할 수 있습니다. 이렇게 해서 우리는 러시아 황제군이 완전히 준비를 갖춘 후, 적이 당연히 걸어가야 할 운명을 우리와 함께 손쉽게 준비할 수 있는 시기를 기다리며, 높은 사기를 유지하면서 대기하고 있는 것입니다.'

꾸뚜조프는 이 구절을 읽고 나자 크게 한숨을 쉬고 조심스럽게 상냥한 눈초리로 군사협의회 의원을 바라보았다.

"그러나 각하, 아시다시피 최악을 예상하라고 가르치고 있는 현명한 규준이 있습니다." 오스트리아 장군은 말했다. 분명히 농담은 이쯤 해 두고 본론으로 들어가길 원하고 있는 것 같았다.

그는 불만스럽게 부관을 바라보았다.

"잠깐 실례합니다, 장군." 꾸뚜조프는 그의 말을 가로채고 역시 안드레이쪽을 돌아다봤다. "이봐, 우리 척후병의 보고를 꼬즐로프스끼한테서 가지고와 주게. 이 두 통의 편지는 노스찌쯔(^{오스트리아의 장군.}_{크로아티아군을 지휘했다}) 백작한테서 온 것이고, 이 한 통은 페르지난트 대공한테서 온 것이고, 그리고 이것은……." 그는 몇 개의 문서를 건네주면서 말했다. "이 모두를 바탕으로 해서 깨끗이 프랑스 말로 메모를 만들어 주게. 우리가 오스트리아군의 행동에 관해서 얻은 모든 정보를 일목요연하게 알 수 있는 메모를 말이야, 알겠나? 그리고 그것을 각하에게 보여 드리게."

안드레이는 처음의 몇 마디로, 꾸뚜조프가 한 말뿐만이 아니라 말하려다가 못다한 것도 알았다는 표시로 머리를 숙였다. 그는 서류를 모아서 두 사람에게 공통된 인사를 하고 조용히 양탄자 위를 걸어나와 대기실로 갔다.

안드레이가 러시아를 떠난 이래 아직 얼마 되지 않았는데 그 동안에 그는 무척 변해 있었다. 얼굴 표정, 동작, 걸음걸이에서는 전과 같이 일부러 꾸민데나 피곤하고 귀찮은 듯한 태도를 거의 찾아볼 수가 없었다. 그는 남에게 주는 인상 같은 것은 돌아다볼 겨를도 없이 즐겁고 재미있는 일에 골몰하고 있는 사람의 느낌을 주었다. 그의 얼굴은 자기와 주변 사람들에 대해 만족하고 있는 표정을 나타내고 있었다. 그 미소와 눈초리는 전보다 더 밝고 매력적이었다.

꾸뚜조프는 자기가 아직 폴란드에 있는 동안에 뒤따라온 안드레이를 실로 반갑게 맞아 주었다. 그의 일을 잊지 않겠다고 약속하고, 다른 부관들과는 구별하여 자기와 함께 빈으로 데려가서 남보다 중요한 임무를 맡겼다. 빈에서 꾸뚜조프는 옛친구인 안드레이의 아버지한테 다음과 같은 사연의 편지를 써 보냈다.

편지는 '귀하의 자제는'으로 시작되었다. '직무에 충실한 점이나, 그의 꿋꿋한 태도와 실행력을 볼 때 많은 점에서 남보다 뛰어난 장교가 될 희망을 걸 수 있습니다. 나도 그와 같은 부관을 곁에 둘 수 있음을 기쁘게 생각하는 바입니다.'

꾸뚜조프의 본부에 근무하는 동료 사이에서, 또 군 전체에서 안드레이는 뻬쩨르부르그의 사교계에서처럼 완전히 상반되는 평을 받고 있었다. 한쪽의 몇 안되는 사람들은 안드레이를 자기네들과 모든 사람과는 다른 어딘지 모르게 특별한 사람이라 생각했다. 그래서 그에게 큰 성공의 기대를 걸고, 그의 말을 따르며 감탄하고 그의 언동을 모방했다. 따라서 이런 사람들에게 안드레이는 솔직했고 호감을 주었다. 그러나 다른 대다수의 사람들은 안드레이를 좋아하지 않았고, 그를 뻔뻔스럽고 냉혹하며 불쾌한 위인으로 생각하고 있었다. 이들에 대해서도 안드레이는 그들로 하여금 자기를 존경하고 두려워하는 태도를 취하게 할 수 있는 요령을 알고 있었다.

꾸뚜조프의 집무실에서 대기실로 나온 안드레이는, 책을 가지고 창가에 앉아 있는 동료 당직 부관 꼬즐로프스끼 곁으로 서류를 가지고 다가갔다.

"여, 그건 뭔가, 공작?" 꼬즐로프스끼는 물었다.

"왜 전진하지 않느냐는 메모를 작성하라는 명령을 받았어."

"그건 또 어째서?"

안드레이는 어깨를 움츠렸다.

"마크한테선 정보가 없어?" 꼬즐로프스끼가 물었다.

"없는데."

"만약 마크가 격파되었다는 것이 사실이라면 정보가 올 텐데."

"아마도." 안드레이는 말하고 출구 쪽으로 향했다. 그러나 그때 마침 그와 마주치듯이, 언뜻 보기에 외부에서 온 듯한 키가 큰 연미복형 군복의 오스트리아 장군이 문을 거칠게 열고 대기실로 들어왔다. 머리를 검은 헝겊으로 감고 목에는 마리야 테레사 훈장을 달고 있었다. 안드레이는 걸음을 멈추었다.

"꾸뚜조프 장군은?" 갓 도착한 장군은 좌우를 둘러보며 걸음을 멈추지 않고 집무실의 문쪽으로 가면서 심한 독일어 사투리로 물었다.

"장군께서는 집무 중이십니다." 꼬즐로프스끼가 낯선 장군에게 급히 다가가서 문으로 가는 도중에 가로막고 말하였다. "뭐라고 말씀드릴까요?"

낯선 장군은 멸시하는 눈초리로 키가 작은 꼬즐로프스끼를 위에서 아래까지 훑어 보았다. 나를 모르는 사람이 있는가 하고 놀라는 것 같았다.

"각하는 집무 중이십니다." 꼬즐로프스끼는 침착하게 되풀이해서 말했다.

장군의 얼굴은 일그러지고 입술이 경련을 일으켰다. 그는 수첩을 꺼내서 연필로 무엇인가 재빨리 적어 그 한 장을 찢어 내주고는 빠른 걸음으로 창가로 다가가서 의자에 몸을 내던졌다. 그리고 왜 그렇게 나를 보고 있느냐는 듯이 방 안에 있는 사람들을 둘러보았다. 장군은 머리를 들어 무슨 말을 하려는 듯이 목을 뺐지만 이내 콧노래라도 부르듯 이상한 소리를 냈다. 그것은 곧 중단되고 말았다. 집무실 문이 열리고 문지방에 꾸뚜조프가 나타났기 때문이다. 얼굴에 붕대를 감은 장군은 위험을 피하려는 듯이 몸을 구부리고 큰 걸음으로 재빨리 꾸뚜조프 쪽으로 다가갔다.

"불행한 마크가 뵈러 왔습니다." 그는 더듬거리는 목소리로 말했다.

집무실 문가에 서 있던 꾸뚜조프의 얼굴은 잠시 동안 움직이지 않았다. 이윽고 물결처럼 얼굴에 주름이 스쳐 가자 이마는 반반해졌다. 그는 공손하게 머리를 숙이고 눈을 지그시 감은 채 잠자코 마크를 불러들이고는 몸소 문을 닫았다.

벌써부터 퍼지고 있던 울름 근처에서의 오스트리아군의 괴멸과 전군 항복의 소문은 사실이었던 것이다. 30분 후에는 벌써 명령을 휴대한 부관들이 각 방면에 파견되었다. 이 명령은 여태까지 실전에 참가하지 않았던 러시아군도 곧 적을 맞아 싸우지 않으면 안 된다는 것을 확인한 것이었다.

참모부에서 전투의 전반적인 추이에 관심을 두고 있는 장교는 극히 적었는데, 안드레이는 그중 한 사람이었다. 마크의 모습을 보고 그 패배에 대해 자세히 들은 그는 싸움이 절반은 이미 패배로 끝났다는 것을 알았다. 또한 러시아군의 곤경도 충분히 이해하여, 전군이 직면하고 있는 사태와 그 속에서 자기가 해야 할 역할을 생생하게 그리고 있었다. 자신감이 지나쳤던 오스트리아는 체면을 구겼다는 것과, 1주일 후에는 수보로프 장군 이래 처음으로 프랑스와 러시아 양군의 충돌을 보고 거기에 참가하게 될 지도 모른다는 것을 생각하면 그는 저도 모르게 흥분하고 기쁜 감정을 느끼는 것이었다. 그러나 그는 러시아군이 제아무리 용맹과감해도 그 이상으로 강할 것 같은 보나빠르뜨의 천재를 두려워하고 있었다. 그러면서도 자기의 영웅 나폴레옹이 굴욕을 당하는 것을 허용할 수는 없었다.

이러한 생각에 흥분도 하고 초조해 하면서, 안드레이는 하루도 거르지 않고 있는 아버지한테 보낼 편지를 쓰기 위해서 자기 방으로 갔다. 복도에서 같은 방에 있는 네스비쯔끼와 익살꾼 제르꼬프와 마주쳤다. 두 사람은 여느때처럼 무엇인가 서로 웃고 있었다.

"뭘 그렇게 오만상을 찌푸리고 있나?" 네스비쯔끼는 안드레이의 눈만 번득이는 창백한 얼굴을 알아채고 이렇게 물었다.

"즐거워할 것도 없기 때문이지." 안드레이는 대답했다.

안드레이가 네스비쯔끼와 제르꼬프하고 마주쳤을 때 복도의 다른 편에서 이쪽을 향하여, 러시아군의 식량을 감찰하기 위해 꾸뚜조프의 본부에 소속된 오스트리아 장군 슈트라우프와 군사협의회 위원이 왔다. 이 두 사람은 어제 저녁에 도착했던 것이다. 넓은 복도에는 장군들이 세 사람의 장교와 서로 스치고 지나갈 만한 여유가 충분히 있었다. 그런데 제르꼬프는 네스비쯔끼를 손으로 옆으로 밀면서 숨찬 소리로 말했다.

"지나가신다! …… 지나가셔! …… 길을 비켜줘!"

장군들은 번거로운 경례는 질색이라는 표정으로 스쳐 지나가려고 하였다. 익살꾼인 제르꼬프의 얼굴에는 문득 참을 수가 없어 보이는 바보 같은 기쁨의 미소가 느닷없이 떠올랐다.

"각하." 그는 앞으로 나아가 오스트리아 장군을 향하여 독일어로 말했다. "삼가 축하를 드립니다."

그는 고개를 숙이고 마치 춤을 갓 배우기 시작한 어린애처럼 서투르게 좌우의 다리를 교대로 끌듯이 뒤로 물러나기 시작하였다.

군사협의회 의원인 장군은 엄한 눈길을 그에게 보냈지만 그의 바보 같은 미소가 장난을 치고 있는 것만이 아니라고 보고 잠시 주의를 하지 않을 수가 없었다. 그는 듣고 있다는 표시로 눈을 가늘게 떴다.

"삼가 축하합니다. 마크 장군께서도 무사히 도착하셨습니다. 다만 여길 좀 부상하셨을 뿐입니다." 그는 만면에 미소를 띠고 자기 머리를 가리키면서 덧붙였다.

장군은 이맛살을 찌푸리고 얼굴을 돌리더니 그대로 걸어가기 시작했다.

"참으로 유치한 인간이군!" 그는 대여섯 발짝 떨어지자 화가 난 듯이 말했다.

네스비쯔끼는 소리내어 웃으면서 안드레이 공작을 껴안았으나, 안드레이는 전보다도 더욱 창백해져 얼굴에 증오의 빛을 띠며 그를 밀어내고 제르꼬프 쪽을 돌아다보았다. 마크의 모습, 그의 패배 소식, 그리고 러시아군을 기다리고 있는 운명에 대한 생각으로 유발된 신경의 초조함은, 때와 장소를 분간 못하는 제르꼬프의 농담에 대해 화를 내는 것으로 돌파구(突破口)를 발견한 것이다.

"실례지만, 만약 당신이" 안드레이는 찢어지는 듯한 목소리로 아래턱을 가볍게 떨면서 말하기 시작했다. "어릿광대가 되고 싶다면 나는 방해할 순 없소. 그렇지만 분명히 말해 두는데, 만약에 다음에도 내 앞에서 그따위 익살스런 수작을 또다시 한다면 나는 예의란 어떤 것인지 맛을 보여 주겠소."

네스비쯔끼와 제르꼬프는 이 말에 기겁하여 눈을 크게 뜨고 입을 다문 채 안드레이를 바라보았다.

"뭐, 나는 다만 축하의 말을 했을 뿐입니다." 제르꼬프가 말했다.

"당신과 농담을 하고 있는 게 아냐, 입 다물어!" 안드레이가 소리쳤다. 그리고 네스비쯔끼의 손을 잡고 뭐라고 대답하면 좋을지 멍청히 서 있는 제르꼬프한테서 떨어져 걷기 시작했다.

"아니, 왜 그러나?" 네스비쯔끼가 달래듯이 말했다.

"뭐가 왜 그러냐야?" 안드레이는 흥분한 나머지 걸음을 멈추면서 말문을 열었다. "잘 생각해 봐. 우리는 황제와 조국에 봉사하고 전체의 성공을 기뻐하며 공통의 실패를 슬퍼하는 장교인가, 혹은 주인의 일에는 관계가 없는 종복인가? 4만 명의 우군이 죽고 우리 동맹군이 전멸했는데도 자네들은 그것을 웃음거리로 삼고 있다." 그는 자기 생각을 프랑스어로 표현함으로써 한층 정확한 것으로 하려는 듯이 말했다. "이런 일은 시시한 꼬마라면 괜찮아. 자네가 친구로 삼고 있는 저 인물처럼 말이야. 그러나 자네는 안 되네, 안 돼. 저런 익살을 해도 좋은 것은 시시한 꼬마 뿐이야." 안드레이는 자기 이야기가 제르꼬프에게 들릴지도 모른다고 생각하고는 '꼬마'라는 말을 프랑스 풍의 악센트로 발음하면서 러시아어로 덧붙였다.

그는 경기병 소위 후보가 무슨 말을 하지 않을까 하고 기다렸지만 소위 후보는 휙 돌아서서 복도에서 나가 버렸다.

4

빠블로그라드 경기병 연대는 브라우나우에서 3킬로 떨어진 곳에 주둔하고 있었다. 니꼴라이 로스또프가 사관 후보생으로 근무하고 있는 기병 중대는 잘쩨네크라는 독일인 마을에 배치되어 있었다. 데니쏘프 바시까라는 이름으로 온 기병 여단에 알려져 있는 중대장 데니쏘프 대위는 마을에서도 가장 좋은 숙사에 머물고 있었다. 사관 후보생 니꼴라이 로스또프는 폴란드에서 이 연대를 따라잡은 이래 이 중대장과 함께 생활하고 있었다.

10월 8일, 마침 마크 패배의 보도로 총사령부에서 큰 소동이 벌어졌던 날, 중대 본부에서는 진중 생활이 종전대로 한가하게 계속되고 있었다. 밤새도록 카드놀이에서 지기만 한 데니쏘프는, 니꼴라이가 아침 일찍 말을 타고 나가 말먹이를 징발하고 온 뒤에도 아직 숙소에 돌아오지 않았다. 견습 사관의 제복을 입은 니꼴라이는 말에 박차를 가하여 현관 층계 옆으로 다가갔다. 말과 헤어지는 것이 섭섭한 듯이 등자 위에 잠시 서 있다가 이윽고 젊은이답게 날렵하게 뛰어내린 뒤 전령병(傳令兵)을 큰 소리로 불렀다.

"아, 본다렌꼬, 수고한다." 그는 자기 말을 향하여 달려온 경기병에게 말했다. "좀 끌고 다녀 숨을 가라앉혀 주게. 부탁하네." 그는 행복한 마음에 잠겨 있을 때의 젊은 사람들이 누구한테나 베푸는 친절하고 명랑한 태도로 말했다.

"네, 상관님." 우크라이나 출신의 병사는 즐거운 듯이 머리를 흔들면서 대답했다.

"잘 가라앉혀주게."

또 한 사람의 경기병이 역시 말 쪽으로 뛰어왔지만 본다렌꼬는 이미 재갈의 고삐를 자기 어깨에 올려놓고 있었다. 이 사관 후보생은 술값을 두둑이 주기 때문에 그에게 봉사하면 득을 본다는 것을 알고 있었다. 니꼴라이는 말의 목덜미를, 그리고 엉덩이를 쓰다듬고 현관의 층계에서 걸음을 멈췄다.

'훌륭하다! 말은 이래야 돼!' 그는 마음 속으로 혼잣말을 하였다. 그리고 미소를 띠며 사벨을 누르고 박차를 가해 층계를 뛰어 올라갔다. 독일인 집주인이 솜옷에 뾰족한 모자를 쓰고 가축의 분뇨를 치우는 쇠갈퀴를 든 채 우사에서 얼굴을 내밀었다. 니꼴라이를 보자 그의 얼굴은 갑자기 밝아졌다. 그는 즐거운 듯이 웃고 윙크를 하였다.

"안녕하십니까, 안녕하십니까!" 그는 이 청년에게 인사하는 것이 즐거운 듯이 되풀이해서 말했다.

"벌써 일을 하십니까!" 생기를 띤 얼굴에 감도는 흐뭇하고 친밀감을 주는 미소를 띠면서 니꼴라이는 말했다. "오스트리아군 만세! 러시아군 만세! 알렉산드르 황제 만세!" 그는 독일인 주인이 잘 쓰는 말을 그대로 되풀이해서 말했다.

독일 사람은 소리를 내어 웃고 우사로부터 나와 모자를 벗어 그것을 머리 위에 흔들며 외쳤다.

"그리고 전 세계 만세!"

니꼴라이 자신도 독일 사람처럼 군모를 머리 위에서 흔들고 웃으면서 외쳤다. "그리고 전 세계 만세!" 우사를 청소하고 있던 독일 사람에게도, 소대를 끌고 건초(乾草) 징발에 갔다 온 니꼴라이에게도 특히 기뻐할 이유는 하나도 없었지만, 이 두 사람은 다 같이 끓어오르는 행복스런 기쁨과 마음을 터놓은 애정을 품고 서로 얼굴을 마주보고, 서로 좋아하고 있다는 표시로 고개를 흔들고는 웃으면서 헤어졌다. 독일 사람은 외양간으로 들어가고, 니꼴라이는 데니쏘프하고 같이 쓰고 있는 농가로 발을 옮겼다.

"대위는 어떻게 됐지?" 니꼴라이는 데니쏘프의 종졸(從卒)로 연대에서도 이름난 라브루시까에게 물었다.

"어제부터 안 돌아오십니다. 아마 틀림없이 잃으신 모양입니다." 라브루시까가 대답했다. "전 잘 알고 있습니다. 이기셨을 때는 자랑을 하러 빨리 돌아오시는데, 아침까지 돌아오시지 않는 것을 보면 분명히 잃으신 겁니다. 이제 화가 나서 돌아오실 겁니다. 커피라도 드릴까요?"

"아, 좋아, 줘."

10분쯤 지나서 라브루시까가 커피를 가져왔다.

"돌아오셨습니다!" 그는 말했다. "이제 큰일나겠군."

니꼴라이가 창문 너머로 내다보니 숙사로 돌아오는 데니쏘프가 눈에 띄었다. 데니쏘프는 빨간 얼굴에 번득이는 까만 눈, 헝클어진 콧수염과 머리털이 까맣고 키가 작은 사나이였다. 그는 후크를 끄른 경기병 외투에 주름이 쭈글쭈글해져서 늘어진 넓은 바지를 입고 구겨진 경기병 모자를 비스듬히 쓰고 있었다. 그는 침울한 표정을 짓고 고개를 떨군 채 현관 층계로 다가왔다.

"라브루시까." 그는 r음을 어물어물 발음하면서 큰 소리로 화가 난 듯이 소리쳤다. "어이, 벗겨 주지 않겠어? 바보 같으니!"

"이렇게 항상 벗겨 드리고 있지 않습니까." 라브루시까가 대답했다.

"아아! 자네 벌써 일어났군." 방으로 들어오면서 데니쏘프가 말했다.

"꽤 됐습니다." 니꼴라이가 말했다. "저는 건초를 가지러 갔다가 마찔드 양^(암손의 이름)도 보고 왔습니다."

"그래! 그런데 나는 몽땅 잃고 말았어, 어제 말이야. 제기랄!" 데니쏘프는 소리쳤다. "정말 운이 없단 말이야! 운이 없어! …… 자네가 돌아간 뒤 이내 망치고 말았어. 여봐, 차 좀 줘!"

데니쏘프는 엷게 미소짓듯이 얼굴을 찌푸리고 짧고 튼튼한 치아를 드러내면서, 숲처럼 곤두선 검은 머리카락을 손가락이 짧은 양손으로 쥐어뜯기 시작했다.

"어쩌자고 나는 그런 생쥐(어느 장교의 별명)를 상대 했을까." 두 손으로 자기 이마와 얼굴을 문지르면서 그는 이렇게 말했다. "거짓말 같지만 한 장도, 단 한 장, 단 한 장의 카드도 내주지 않았어."

데니쏘프는 불을 붙여 내준 파이프를 받아 주먹으로 꽉 쥐고 담뱃불을 뿌리면서 파이프로 마루를 두드리며 계속 소리를 질렀다.

"보통 내기 때는 이기게 해 주고, 갑절 내기에는 자기가 이겨 버리거든. 보통 때는 져 주고 갑절 내기는 따 버린단 말이야."

그는 담뱃불을 사방에 뿌리면서 파이프를 부수더니 내던져 버렸다. 그리고 잠시 잠자코 있다가 문득 번득이는 검은 눈으로 즐거운 듯이 니꼴라이를 바라보았다.

"여자라도 있으면 좋을 텐데. 거기서는 마시는 것 이외에는 아무것도 할 일이 없으니 말이야. 전쟁이라도 빨리 시작됐으면 좋겠어…… 여봐, 거기 있는 건 누구야?" 그는 박차 소리를 내면서 걸음을 멈춘 무거운 구두 소리와 겸손한 기침 소리를 듣자 문을 향해서 이렇게 말했다.

"상사님입니다!" 라브루시까가 말했다.

데니쏘프는 더욱 이맛살을 찌푸렸다.

"제기랄." 그는 금화 몇 개가 든 지갑을 내던지면서 말하였다. "니꼴라이, 미안하지만 얼마 남았는지 세어서 베개 밑에 지갑을 밀어넣어주게." 그는 이렇게 말하고 상사 쪽으로 나갔다.

니꼴라이는 돈을 받아 기계적으로 금화를 새것과 헌것으로 골라내어 세기 시작했다.

"아! 쩨랴닌이군! 나는 어제 녹아버리고 말았다네!" 옆방에서 이렇게 말하는 데니쏘프의 음성이 들렸다.

"누구 집에서요? 브이꼬프의 집에선가요, 그 생쥐의 집에선가요?…… 나도 알고 있었습니다." 다른 사람의 가는 음성이 이렇게 말했다. 그 뒤를 이어 같은 중대의 몸집이 작은 장교 쩨랴닌 중위가 들어왔다.

니꼴라이는 지갑을 베개 밑에 틀어놓고 자기에게 내민 조그마한 젖은 손을 잡았다. 쩨랴닌은 출동하기 전에 무슨 일로 근위대(近衛隊)에서 전속되어 온 사나이였다. 그는 연대 안에서 품행이 몹시 단정했는데도 남들은 그를 좋아하지 않았고, 더우기 니꼴라이는 이 장교에 대한 까닭 없는 증오감을 억제할 수도 감출 수도 없었다.

"그런데 어떻소, 니꼴라이 군, 우리 집 그라치크는 근무를 잘 하고 있습니까?" 그는 물었다(그라치크란 쩨랴닌이 니꼴라이에게 판 말이었다).

중위는 이야기하는 상대편의 눈을 보려고 하지 않았다. 그의 눈은 끊임없이 바삐 움직이고 있었다.

"당신이 타고 가는 것을 오늘 보았어요."

"좋은 말이죠." 니꼴라이는 대답했다. 그러나 실은 700루블로 산 이 말은 그 반값의 가치도 없었다. "왼쪽 다리를 절룩거리기 시작했지만……." 그는 덧붙였다.

"말굽이 갈라졌군! 그건 염려없습니다. 어떻게 징을 박으면 좋은지 가르쳐드리죠."

"네, 꼭 좀 가르쳐 주십시오."

"물론 가르쳐드리지요. 가르쳐드리고말고요. 비밀로 할 것은 아무것도 없습니다. 그 말에 대해서 당신은 나에게 감사하고 싶어질 겁니다."

"그럼, 말을 끌고 오라고 이르죠." 니꼴라이는 쩨랴닌을 내보내고 싶어서 이렇게 말하고, 말을 데리고 오도록 명령하기 위해 밖으로 나갔다.

현관에는 파이프를 문 데니쏘프가 문지방 위에서 상사 앞에 몸을 구부려 웅크리고 있고 상사는 무엇인가를 보고하고 있었다. 니꼴라이를 보자 데니쏘프는 이맛살을 찌푸리고 쩨랴닌이 있는 방 쪽을 어깨너머로 엄지손가락으로 가리키면서, 낯을 찌푸리고는 못마땅하다는 듯 몸서리를 쳤다.

"아아, 그 젊은 친구는 마음에 안 들어." 그는 상사가 앞에 있는데도 아랑곳없이 말했다.

니꼴라이는 '나도 그렇지만 어쩔 수 없습니다.' 하고 말하는 것처럼 어깨를 움츠렸다. 그리고 지시를 하고는 쩨랴닌이 있는 방으로 돌아갔다.

쩨랴닌은 니꼴라이가 그를 남기고 나갔을 때와 똑같은, 맥이 빠진 자세로 조그마한 손을 비비면서 앉아 있었다.

'이런 싫증 나는 얼굴이 때때로 있는 법이야.' 니꼴라이는 방으로 들어서면서 이렇게 생각했다.

"어떻게 됐습니까, 말을 데리고 오라고 일렀습니까?" 쩨랴닌은 일어서서 무심코 사방을 둘러보면서 말했다.

"일렀습니다."

"우리가 직접 갑시다. 나는 다만 어제의 명령에 대해서 데니쏘프 대위한테 들어보려고 들렀을 뿐이니까요. 명령을 받았습니까, 대위님?"

"아니, 아직은. 자네는 어디로 가는 거지?"

"실은 이 젊은 분에게 말의 징을 박는 법을 가르쳐 드리려고요." 쩨랴닌은 말했다.

그들은 현관 층계로 나가서 마구간으로 갔다. 중위는 징을 박는 법을 보여주고 자기 방으로 가 버렸다.

니꼴라이가 돌아와 보니 테이블 위에는 보드카가 든 병이 있고 소시지가 놓여 있었다. 데니쏘프는 테이블 앞에 앉아 펜 소리를 내면서 종이에 무엇인가를 쓰고 있었다. 그는 어두운 낯으로 니꼴라이의 얼굴을 바라보았다.

"여자한테 쓰고 있어." 그는 말했다.

그는 펜을 쥔 테이블에 팔꿈치를 괴고, 쓰려고 마음 먹고 있던 사연을 모두 손쉽게 말로 할 수 있는 기회가 온 것을 기뻐하듯이 편지 내용을 니꼴라이에게 들려주었다.

"알겠나, 자네." 그는 말했다. "사랑을 하고 있지 않는 동안은 우리는 자고 있는 거나 다름없어. 우리는 먼지의 자식이다…… 그러나 사랑을 하면 인간은 신이다. 천지 창조의 첫날처럼 순결하다…… 도대체 누구야! 쫓아 버려, 바빠! 틈이 없어." 그는 조금도 망설이는 기색 없이 다가온 라브루시까를 향해서 소리쳤다.

"올 사람이란 또 누가 있겠습니까? 당신이 명령하잖았습니까. 상사가 돈을 가지러 온 것입니다."

데니쏘프는 이맛살을 찌푸리고 무엇인가 소리를 지르려고 했지만 입을 다물고 말았다.

"제기랄." 그는 혼잣말을 했다. "지갑 속에는 돈이 얼마나 남아 있지?" 그는 니꼴라이에게 물었다.

"새 것이 일곱 닢에 낡은 것이 세 닢입니다."

"아아, 큰일났군! 이봐, 왜 멍청히 서 있는 거야, 허수아비 같은 놈. 상사를 이리 보내!" 데니쏘프는 라브루시까에게 소리를 질렀다.

"저, 데니쏘프, 내 돈을 쓰십시오, 저한테 돈이 있으니까." 니꼴라이는 얼굴을 붉히면서 말했다.

"부하한테서 빌리기는 싫다, 싫어." 데니쏘프는 중얼거렸다.

"만약 당신이 친구로서 내 돈을 써 주시지 않는다면 나는 화를 내겠어요. 정말 나는 얼마간 가지고 있으니까요." 니꼴라이는 되풀이하여 말했다.

"흥, 몇 푼 있지도 않은 주제에."

데니쏘프는 베개 밑에서 지갑을 꺼내려고 침대 쪽으로 다가갔다.

"자네 어디다 두었나, 니꼴라이?"

"아래쪽 베개 밑입니다."

"하지만, 없는데?"

데니쏘프는 베개 두 개를 마루에 내던졌다. 지갑은 없었다.

"참 이상한 일이네!"

"잠깐! 떨어뜨린 것은 아닙니까?" 베개를 하나씩 들어 흔들어 보면서 니꼴라이가 말했다.

그는 모포까지 벗겨서 털어보았다. 지갑은 없었다.

"설마 내가 잘못 안 것은 아니겠지? 아니, 나는 당신이 늘 보물처럼 머리맡에 넣어두는 걸 알고 있어요." 니꼴라이는 말했다. "그래서 나도 여기에 넣어두었습니다. 대체 어디로 간 거지?" 그는 라브루시까를 향하여 말했다.

"저는 방에 들어오지 않았어요. 놔두신 데에 있을 텐데요."

"그런데, 없어."

"당신은 언제나 그러십니다. 아무 데나 내버려 두고는 잊어버리시거든요. 호주머니 속을 찾아보십시오."

"아니, 내가 보물처럼 여기지 않았다 해도 놓아둔 곳은 기억하고 있어."

라브루시까는 침대를 뒤집어서 그 밑과 테이블 밑을 들여다보기도 하고 온 방 안을 뒤집어 놓고서는 방 한가운데에서 걸음을 멈추었다. 데니쏘프는 잠자코 라브루시까의 행동을 눈으로 쫓고 있다가, 라브루시까가 아무 데에도 없다면서 놀란 듯이 양손을 펼쳤을 때 니꼴라이 쪽을 돌아다보았다.

"니꼴라이, 자네는 초등학교 어린애 같이……."

니꼴라이는 데니쏘프의 눈초리를 느끼고 눈을 올려떴지만 이내 떨구었다. 어딘가 목구멍 아래쪽에서 갇혀 있던 온몸의 피가 얼굴과 눈에 왈칵 솟구쳐 올랐다. 그는 숨도 쉴 수가 없었다.

"방에는 중위님과 당신밖엔 아무도 없었으니까 어딘가에 있을 겁니다." 라브루시까가 말했다.

"야, 이 자식아, 어서 모두 찾아 봐!" 데니쏘프는 얼굴을 붉히고 위협하는 듯한 자세로 하인에게 덤벼들듯이 별안간 소리쳤다. "지갑이 나오지 않으면 때려 죽이겠다. 다 때려 죽일 테야!"

니꼴라이는 데니쏘프를 흘끗 바라보면서 웃옷의 단추를 채우고 사벨을 찬 뒤 군모를 썼다.

"지갑을 찾아내란 말이야!" 데니쏘프는 종졸의 어깨를 잡아 흔들며 벽 쪽으로 밀어붙이면서 소리쳤다.

"데니쏘프, 그를 놔 주세요. 나는 누가 훔쳤는지 알고 있습니다." 니꼴라이는 문 쪽으로 다가가면서 눈을 들지 않은 채 말했다.

데니쏘프는 동작을 그만 두고 잠시 생각하고는 니꼴라이의 암시를 깨달았는지 그의 팔을 잡았다.

"바보 같은 소리를!" 그는 혈관이 새끼처럼 목덜미와 이마에 부풀어 오르도록 소리쳤다. "이봐! 자네는 미쳤어. 나는 그런 짓을 용서할 수 없단 말이야. 지갑은 여기 있어. 이 더러운 자식을 혼을 내주겠다. 그러면 지갑은 나올 테니깐."

"나는 누가 훔쳤는지 알고 있어요." 니꼴라이는 떨리는 음성으로 되풀이하고 문 쪽으로 갔다.

"쓸데 없는 짓은 하지 말라는 말이다!" 데니쏘프는 니꼴라이를 말리려고 그에게 덤벼들듯이 소리쳤다.

그러나 니꼴라이는 데니쏘프의 손을 뿌리치고 원수처럼 증오에 찬 눈으로 그를 쏘아보았다.

"당신은 자기가 무슨 말을 하고 있는지 아십니까?" 그는 떨리는 음성으로 말했다. "나 이외에는 아무도 방에 들어오지 않았습니다. 그러므로 만약 그 녀석이 아니면 그것은……."

그는 끝까지 말을 하지 못하고 방에서 뛰어나갔다. "제기랄, 제멋대로 하라지." 이것이 니꼴라이가 들은 마지막 말이었다.

니꼴라이는 쩨랴닌의 숙사로 갔다.

"상관은 안 계십니다. 본부에 가셨습니다." 쩨랴닌의 종졸이 말했다. "그런데 무슨 일이라도 있었습니까?" 종졸은 사관 후보생의 흥분한 낯에 놀라서 이렇게 덧붙였다.

"아니, 아무것도."

"방금 나가셨어요." 종졸이 말했다.

본부는 잘쩨네크에서 3킬로쯤 되는 곳에 있었다.

니꼴라이는 자기 숙사에는 들르지 않고 거기서 말을 빌려서 본부로 향했다. 본부가 자리잡고 있는 마을에는 장교들이 드나드는 술집이 있었다. 니꼴라이는 그 술집으로 가 보았다. 현관 계단 옆에서 쩨랴닌의 말을 보았다.

술집 두 번째 방에 중위가 소시지 접시와 포도주 병을 앞에 놓고 앉아 있었다.

"아, 당신도 들르셨군요, 니꼴라이 군." 그는 웃으면서 눈썹을 추켜올리며 이렇게 말했다.

"네." 니꼴라이는 이 한 마디를 무척 힘이 드는 것처럼 말하고 옆 테이블에 앉았다.

두 사람은 잠시 말이 없었다. 방 안에는 독일 사람 둘과 러시아 장교 한 사람이 앉아 있었다. 모두들 잠자코 있었기 때문에 칼이 접시에 닿는 소리와 중위가 씹는 소리가 들릴 뿐이었다. 아침 식사를 끝내자 쩨랴닌은 두 겹으로 된 지갑을 호주머니에서 꺼내서, 위쪽으로 휜 조그마한 하얀 손가락으로 버클을 열어 금화 한 닢을 꺼내어 눈썹을 추켜올리면서 급사에게 내주었다.

"미안하지만, 빨리 계산해 주게." 그는 말했다.

금화는 새 것이었다. 니꼴라이는 일어나서 쩨랴닌 곁으로 다가갔다.

"그 지갑을 잠깐 보여 주시겠습니까?" 그는 겨우 들릴 정도로 조용한 음성으로 말했다. 쩨랴닌은 눈을 크게 뜨고 둘러보고 나서 눈썹을 추켜올린 채 지갑을 내주었다.

"네, 근사한 지갑이죠…… 그래요……." 그는 이렇게 말하고 별안간 파랗게 질렸다. "자, 보세요, 니꼴라이 군." 그는 말을 덧붙였다.

니꼴라이는 지갑을 손에 들고 지갑과, 그 안에 들어 있는 돈과 쩨랴닌을 물끄러미 바라보았다. 중위는 여느 때의 버릇대로 사방을 둘러보고 있었다. 그러자 느닷없이 몹시 명랑해진 것 같았다.

"빈에 가면 모든 것을 써 버리겠지만 이런 보잘것없는 도시에서는 쓸 데가 없거든요." 그는 말했다. "자, 돌려 주시오. 나는 이제 가야겠습니다."

니꼴라이는 잠자코 있었다.

"당신은 어떻게 하겠습니까? 역시 식사를 하겠습니까? 요리가 상당히 근사해요." 쩨랴닌은 말을 이었다. "자, 돌려달라니깐."

그는 손을 내밀어 지갑을 잡았다. 니꼴라이는 지갑을 놓았다. 쩨랴닌은 지갑을 잡아 승마 바지에 집어넣으면서 눈썹을 추켜올리고 살짝 입을 열었다. 그것은 마치, '그래, 그런 거야, 호주머니에 내 지갑을 넣고 있는 거야. 따라서 이것은 매우 당연한 일로 아무하고도 관계가 없는 일이지.' 하고 말하는 것 같았다.

"아니, 왜 그러시죠? 니꼴라이 군." 그는 한숨을 몰아쉬고 눈썹 밑으로 니꼴라이의 눈을 보며 말했다. 무엇인가 눈빛이 번개처럼 빠른 속도로 쩨랴닌의 눈에서 니꼴라이의 눈으로, 또 반대로, 또 그 반대로 스쳐갔다. 모든 것이 일순간의 일이었다.

"이쪽으로 와주시오." 니꼴라이는 쩨랴닌의 손을 잡으며 말했다. 그는 거의 끌다시피 상대방을 창문 쪽으로 데려갔다. "이것은 데니쏘프의 돈입니다. 당신은 그것을 훔쳤어요……." 그는 상대편의 귀에 대고 속삭이듯 말했다.

"아니! …… 뭐라고요…… 감히 그런 말을!" 쩨랴닌이 말했다.

그러나 그 말은 가엾은, 필사의 외침과 용서를 구하는 애원 같았다. 이 소리를 들은 순간 니꼴라이의 마음에서 커다란 의혹의 돌이 굴러떨어졌다. 그는 기쁨을 느낌과 동시에 자기 앞에 서 있는 불행한 인간이 불쌍해졌다. 그러나 시작한 일은 끝까지 밀고 나가지 않으면 안 되었다.

"여기서는 사람들이 무슨 생각을 할지 모를 일이니" 쩨랴닌은 모자를 잡고 작은 빈방으로 발을 돌리면서 중얼거렸다. "분명히 이야기를 해야죠……."

"나는 이 일을 알고 있고 증명해 드리겠습니다." 니꼴라이가 말했다.

"나는……."

겁에 질린 쩨랴닌의 창백한 얼굴 근육이 온통 떨리기 시작했다. 눈은 여전히 불안스럽게 움직이고 있었지만 어딘가 아래쪽을 바라보고 있고 니꼴라이의 얼굴까지는 올라오질 않았다. 그리고 흐느끼는 소리가 들렸다.

"백작! …… 젊은 사내의 인생을 파멸시키지 말아 주십시오…… 이것이 그 비극의…… 돈입니다. 가지고 가 주십시오……." 그는 돈을 테이블 위에 놓았다. "나에게는 늙은 아버지와 어머니가 있습니다!"

니꼴라이는 쩨랴닌의 눈길을 피하면서 돈을 집었다. 그리고 한 마디도 하지 않고 방에서 나가려다가 문간에서 걸음을 멈추고 돌아보았다.

"이게 어떻게 된 일입니까?" 그는 두 눈에 눈물을 글썽이며 말했다. "어쩌자고 당신은 그런 짓을 한 건가요?"

"백작." 쩨랴닌은 견습 사관 니꼴라이 곁으로 다가가면서 말했다.

"나에게 손을 대지 마시오." 니꼴라이는 뒷걸음질을 치면서 말했다. "만약 당신이 곤란하다면 이 돈을 받아 두시오."

그는 지갑을 상대에게 던지고 술집에서 뛰쳐나왔다.

5

같은 날 밤, 데니쏘프의 숙사에서는 중대의 장교들이 열을 올리며 이야기를 나누고 있었다.

"니꼴라이 군, 자네는 연대장에게 사과하지 않으면 안 된다고 나는 말하고 있는 거야." 흥분한 나머지 얼굴을 붉히고 있는 니꼴라이에게 머리와 콧수염이 희끗희끗해지기 시작한, 이목이 뚜렷하고 주름살이 눈에 띄는 키가 큰 이등 대위가 말했다.

이 이등 대위 끼리스쩬은 결투 사건 때문에 두 번이나 병사로 강등되었다가 두 번이나 다시 승진한 사람이다.

"나는 누구든지 날 거짓말쟁이라고 하면 용서하지 않을 겁니다!" 니꼴라이는 외쳤다. "연대장이 날 거짓말쟁이라고 말했기 때문에 나도 연대장 쪽이 거짓말을 하고 있다고 말했던 겁니다. 피장파장이지요. 나에게 매일 당번을 명해도 좋고, 체포해서 구금해도 좋습니다. 그러나 나에게 사죄하라고 강요할 수는 없어요. 만약 그분이 자기가 연대장인 이상 나와 결투할 가치가 없다고 생각한다면……."

"잠깐 기다리게. 내 말을 들어봐." 이등 대위는 긴 콧수염을 어루만지면서 녹이 슨 듯한 목소리로 말하였다. "자네는 다른 장교가 있는 앞에서 연대장에게 어떤 장교가 도둑질을 했다고 했어……."

"다른 장교들 앞에서 화제가 그 쪽으로 돌아간 것은 내 탓이 아닙니다. 모두가 있는 앞에서 말할 일이 아니었는지는 몰라도 나는 외교관이 아니니까요. 내가 경기병이 된 것은 여기라면 쩨쩨하게 굴 필요가 없다고 생각해서였는데, 그분은 내가 거짓말을 했다고 하는 거야…… 그렇다면 결투를 신청할 수 밖에요……."

"그것으로 됐지 않은가. 아무도 자네를 겁쟁이라고 생각하지 않아. 그러나 문제는 그런 데 있는 것이 아니야. 견습 사관인 주제에 연대장한테 결투를 신청하다니, 그런 일이 있을 수 있는지 없는지 데니쏘프한테 물어 보게."

데니쏘프는 콧수염을 씹으면서 어두운 낯으로 귀를 기울이고 있었는데,

말참견을 하고 싶지 않은 듯 보였다. 이등 대위의 질문에 그는 고개를 옆으로 저었다.

"자네는 장교들 앞에서 연대장에게 그러한 듣기 거북한 이야기를 했지." 이등 대위는 말을 이었다. "그래서 보그다누이치 아저씨(모두들 연대장을 이렇게 부르고 있었다)가 자네를 야단친 거야."

"야단을 친 것이 아니고, 제가 거짓말을 하고 있다고 말했습니다."

"하여간 자네도 연대장에게 부질없는 말을 했으니 사과해야 하네."

"절대로 싫습니다!" 니꼴라이는 소리쳤다.

"자네가 그런 말을 했다는 것은 정말 뜻밖이었네." 진지하고 엄하게 이등 대위는 말했다. "자네는 사과하려고 하지 않지만 말이야, 자네는 전적으로 연대장뿐만 아니라 연대 전체, 아니 우리들 모두에 대해서 책임이 있네. 다시 말하면, 이 문제를 어떻게 처리할 것인가를 여러 사람한테 상의했더라면 좋았을 텐데 자네는 별안간, 더군다나 장교들 앞에서 폭로하고 말았어. 그런 경우 연대장은 어떻게 하면 좋지? 그 장교를 군법회의에 붙여서 연대 전체에 망신을 줘야 하나? 한 사람의 망나니 때문에 연대 전체에 모욕을 줘야 하나? 자네 생각은 그런가? 그런데 우리 생각은 그렇지 않아. 보그다누이치는 참 훌륭해. 그가 자네가 거짓말을 한다고 말했으니까 자네로선 좋은 기분은 아닐 테지만 할 수 없잖나, 자네 자신이 덤벼든 것이니까. 그런데 지금 사건을 얼버무리려 하고 있을 때 자네는 자존심을 내세우며 사죄하려고도 하지 않고 모든 것을 털어놓으려 하고 있어. 당번을 하게 되면 화가 나겠지만, 나이 든 고지식한 장교에게 사과하는 것쯤 아무 일도 아니잖은가! 보그다누이치 아저씨는 어느 누구보다도 성실하고 용감하며 더우기 연대장이어서. 그런데 자네는 화를 내고 있어. 연대에 망신을 시키는 것을 아무렇지도 않게 생각하고 있어!" 이등 대위의 목소리는 떨리기 시작했다. "이봐, 자네는 연대에 온지 얼마 되지 않았어. 오늘은 여기 있는가 하면 내일은 어딘가 부관으로 가 있게 돼. 그래서 자네는 '빠블로그라드 연대의 장교 안에 도둑놈이 있다'는 말을 듣더라도 아무 상관이 없을 테지. 그러나 우리는 그대로 넘겨 버릴 수는 없는 일이야. 글쎄, 그렇지 않은가, 데니쏘프? 그대로 넘겨 버릴 수는 없잖아!"

데니쏘프는 여전히 말없이 움직이지도 않고 이따금 그 반짝이는 검은 눈으로 니꼴라이를 바라보고 있었다.

"자네는 자기의 자존심이 귀중하니까 사과하고 싶은 마음이 없는 거야."
이등 대위는 말을 이었다. "그러나 우리 나이든 사람들은 다 이 연대에서 자라나서 어쩌면 이 연대에서 죽을지도 모르는 신세야. 따라서 우리에게는 연대의 명예가 소중해. 그리고 보그다누이치도 그것을 알고 있어. 정말로 소중해, 아, 얼마나 소중한지 모르겠어! 그러니까 이것은 안 된단 말이야. 자네가 화를 내건 말건 나는 언제나 진실을 말하겠네. 이건 안 돼!"

이등 대위는 일어나자 니꼴라이에게 등을 돌렸다.

"제기랄, 정말이야?" 데니쏘프는 벌떡 일어나면서 소리쳤다. "그래, 니꼴라이, 그런 거야!"

니꼴라이는 붉으락푸르락하면서 이등 대위를 보기고 하고 데니쏘프를 보기도 하였다.

"아닙니다. 여러분, 아닙니다…… 그렇게 생각하지 마십시오…… 나는 잘 알고 있습니다. 여러분은 부질없이 나에 대해서 그렇게 생각하고 계시지만…… 나는…… 나에게는…… 연대의 명예를 위해서라면…… 무슨 일이든 하겠습니다. 이것을 사실로써 증명해 보이겠습니다. 나에게도 군기(軍旗)의 명예는…… 아니, 여하간, 정말로, 내가 잘못했어요! ……." 그의 눈에는 눈물이 괴어 있었다. "내가 잘못했어요, 모두 내가 잘못했어요! …… 자, 이것으로 충분하죠?"

"그래 그래, 그것으로 됐어, 백작." 이등 대위가 돌아다보면서 커다란 손으로 그의 어깨를 치면서 말했다.

"그래서 내가 자네에게 말한 거야." 데니쏘프도 소리쳤다. "이 녀석은 좋은 데가 있는 사나이라고."

"그렇게 하는 것이 좋아요, 백작." 마치 니꼴라이가 잘못을 인정한 답례로 백작이란 칭호로 부르기 시작한 것처럼 이등 대위는 되풀이했다. "그럼, 가서 사과하고 와요, 백작."

"여러분, 나는 무슨 일이라도 하겠습니다. 아무한테도 불평을 하지 않겠습니다." 애원하는 듯한 음성으로 니꼴라이는 말했다. "그러나 사과만은 할 수 없습니다. 절대로 할 수 없습니다. 무슨 말을 듣더라도! 도대체 어떻게 사과를 하면 좋단 말입니까. 어린애처럼 용서를 빌라는 것입니까?"

데니쏘프는 웃기 시작하였다.

"자네가 오히려 손해를 볼 거야. 보그다누이치 아저씨는 집념이 강해. 고집을 부리고 있으면 봉변을 당하네." 끼리스쩬이 말했다.

"솔직하게 말하자면 고집이 센건 아닙니다! 어떤 기분인지 설명을 할 수가 없습니다. 할 수 없지만……."

"그럼 마음대로 해." 이등 대위가 말했다. "그런데 그 망나니는 어디 갔어?" 그는 데니쏘프에게 물었다.

"아프다고 하던데. 내일 명령으로 제대하게 될 거야." 데니쏘프가 말했다.

"그는 아파. 달리 설명할 수는 없어." 이등 대위가 말했다.

"아프든 안 아프든 내 눈에 띄지 않게 하란 말이야—때려 죽일 테다!" 피에 굶주린 것처럼 데니쏘프가 소리쳤다.

방 안으로 제르꼬프가 들어왔다.

"자네가 웬일인가?" 장교들은 들어온 제르꼬프에게 일제히 말했다.

"출동입니다, 여러분. 마크가 전군을 이끌고 항복했어요!"

"거짓말 마라!"

"내 눈으로 직접 봤다니까요?"

"뭐라고? 살아 있는 마크를 보고 왔다고! 수족이 붙어 있었나?"

"출동이다, 출동! 이 친구에게 한 잔 대접하지 않을 수 없군. 그러나 자네는 어쩌자고 여기에 나타났나?"

"실은 마크 덕택으로 또다시 연대로 쫓겨왔어요. 오스트리아 장군이 푸념을 늘어놓는 바람에. 나는 그 장군에게 마크의 생환을 축하한 것뿐인데…… 자네는 왜 그래? 니꼴라이, 마치 방금 목욕탕에서 막 올라온 것 같잖아?"

"여기서는 이틀 동안이나 야단법석을 피웠지."

연대 부관이 들어와서 제르꼬프가 가져온 소식을 뒷받침했다. 내일 진격하라는 명령이 내린 것이다.

"출동이다, 여러분!"

"고마운 일이야. 너무 오래 앉아 있어서 쥐가 날 정도야."

6

총사령관 꾸뚜조프는 후방에서 인 강($\substack{브라우나우\\시내}$)과 뜨라운 강($\substack{린쯔\\시내}$)의 교량을 건널 때마다 파괴하면서 빈을 향하여 후퇴했다. 10월 23일, 러시아군은 엔스 강을 건너려 하고 있었다. 러시아군의 물자 수송차, 화포, 행동 종대가 낮 무렵에 엔스 시를 종단하여 다리 이쪽과 저쪽에 꼬리를 물고 늘어섰다.

그날은 따뜻하고 비가 올 것 같은 가을날이었다. 교량의 엄호(掩護)를 위해 러시아 포병 중대가 진을 치고 있는 고지에서 널따란 전망이 한없이 펼쳐져 있었다. 때로는 그것이 느닷없이 레이스 커튼과 같은 가로로 퍼붓는 비에 가리고, 때로는 별안간 활짝 열려서 햇살을 받아 모든 것이 옻칠이라도 한 것처럼 보이기도 했다. 발 아래에는 흰 집들과 빨간 지붕, 사원, 다리가 있는 작은 고을이 보이고, 다리 양쪽에는 러시아의 대군이 빽빽하게 밀어닥치면서 흘러가고 있었다.

도나우의 만곡점에는 배와 섬과 성이 보이고, 성과 성의 정원은 도나우에 흘러드는 엔스의 흐름에 둘러싸여 있었다. 절벽을 이루어 소나무 숲에 덮인 도나우 강 왼쪽 기슭이 저 멀리 신비로운 녹색의 산정과 푸르스름한 협곡과 함께 보였다. 손을 댄 흔적도 없어 보이는 소나무 원시림의 저쪽에는 수도원의 탑이 솟아 있고, 엔스 강의 맞은편 멀리 보이는 산정에는 적의 척후병이 눈에 띄었다.

고지의 포열(砲列) 사이에 후위 부대장인 장군이 막료 장교를 데리고 망원경으로 지형을 관찰하면서 서 있었다. 그 조금 뒤에는 총사령관으로부터 후위 부대로 파견된 네스비쯔끼가 대포의 포신에 걸터앉아 있었다. 네스비쯔끼를 따라온 까자크 병이 작은 배낭과 수통을 넘겨 주자 네스비쯔끼는 장교들에게 삐로시끼(고기만두)와 진짜 돗뻬르큄멜 술(홀란드 젤리의 열매 등으로 조미한 술의 일종)을 대접했다. 장교들은 기꺼이 그의 주위에 모여 젖은 풀 위에 무릎을 꿇기도 하고, 어떤 사람은 터키식으로 책상다리를 하고 앉았다.

"여기에 성을 세운 이 오스트리아 영주(領主)는 전혀 바보는 아니었어. 어째서 먹지 않는가, 제군?" 네스비쯔끼가 말했다.

"참으로 고맙습니다, 공작님." 한 장교가 이렇게 높은 총사령부의 담당자와 이야기를 나누는 것을 영광으로 생각하면서 대답하였다. "참으로 좋은 곳입니다. 우리들은 정원 옆을 지나왔는데 노루를 두 마리 보았고 집은 그야말로 거창했습니다."

"보십시오, 공작님." 다른 장교가 말했다. 그는 고기만두를 한 개 더 집고 싫었지만 쑥스러운 마음이 들어 지형을 관찰하고 있는 것처럼 가장하고 있던 사나이였다.

"보십시오, 저기 벌써 우리 보병이 들어오고 있습니다. 바로 저깁니다. 마을 저쪽 초원에서 세 사람이 무엇인가 잡아당기고 있잖습니까. 저자들은 이 궁전도 망쳐버릴 작정이군요." 그는 분명히 거기에 찬성의 뜻을 나타내면서 말했다.

"정말이야." 네스비쯔끼는 말했다. "하지만 나라면" 그는 젖은 입으로 고기만두를 씹으면서 이렇게 덧붙였다. "저기, 건너편 쪽으로 기어들어가고 싶군."

그는 산 위에 있는, 탑이 솟은 수도원을 가리켰다. 그는 싱긋 웃었다. 그의 눈은 가늘어지고 빛을 띠었다.

"여러분, 어때? 참 좋을 것 같지?"

장교들은 웃기 시작하였다.

"저기 수녀들을 좀 놀라게 해 주고 싶군. 젊은 이탈리아 여자가 있다고 하던데. 정말 5년 정도의 인생을 바쳐도 좋아!"

"분명히 수녀들도 지루할 것이니까." 약간 대담해진 장교가 웃으면서 말했다.

한편 앞에 서 있던 막료 장교가 장군에게 무엇인가 가리키고 있었다. 장군은 망원경을 들여다보았다.

"응, 역시 그렇군." 장군은 망원경으로부터 눈을 떼고 어깨를 움츠리면서 화가 난 듯이 말하였다. "분명히 그렇다. 강을 건널 때 치려는 것이군. 그런데 저 친구들은 무엇을 우물거리고 있는 거야?"

맞은편 강변에는 적군과 적의 포병대가 있는 것이 육안으로 보였고 그 포구(砲口)로부터 하얀 우윳빛 연기가 피어오르고 있었다. 연기를 뒤따라 멀리서 포성이 울렸다. 그리고 아군이 도하(渡河)를 서두르고 있는 것도 눈에 띄었다.

네스비쯔끼는 크게 한숨을 쉬고 일어나 미소지으며 장군에게 다가갔다.

"각하, 조금 드셔보시겠습니까?" 그는 말했다.

"정세가 시원치 않아." 장군은 그의 말에는 대꾸도 하지 않고 말했다. "아군이 망설이기 시작했어."

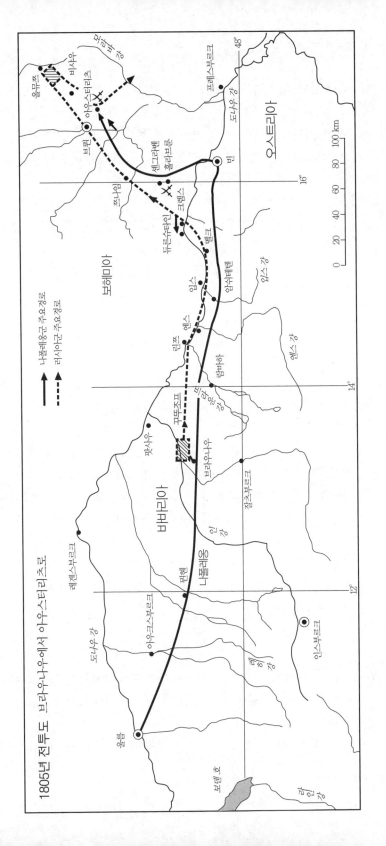

1805년 전투도 브라우나우에서 아우스터리츠로

라인 호
보덴 호
울름
도나우 강
레겐스부르크
아우크스부르크
뮌헨
레히 강
인스부르크
바버리아
팟사우
나블레옹
인 강
란츠부르크
레겐스부르크
쿠토조프
브라우나우
란 강
잘츠부르크
암바허
린츠
엔스 강
엔스
엔스 강
암슈테텐
멜크
크렘스
드룬슈타인
즈나임
브륀
셰그라베
홀라부른
빈
도나우 강
프레스부르크
울므츠
비사우
모라바 강
아우스터리츠
보헤미아
오스트리아

나폴레옹군 주요정로
러시아군 주요정로

48°
16°
14°
12°

0 20 40 60 80 100 km

"뛰어갔다 올까요, 각하?" 네스비쯔끼가 말했다.

"음, 수고스럽지만 좀 갔다 와 주게." 장군은 이미 소상히 명령한 사항을 다시금 되풀이하면서 말했다. "경기병에게 말해 주게. 내가 말한 대로 경기병이 마지막으로 건너서 다리에 불을 지르라고. 그리고 다리 위에 있는 가연물(可燃物)을 다시 한 번 검사하도록 말이야."

"알았습니다." 네스비쯔끼는 대답했다.

그는 말을 지키고 있는 까자크 병을 불러 배낭과 물통을 챙기라고 분부한 뒤, 무거운 몸으로 안장 위에 가볍게 올라탔다.

"자, 정말 수녀님들한테 갔다오지." 그는 자기를 바라보고 있는 장교들에게 미소를 지으며 이렇게 말하고는 꾸불꾸불 굽이친 산길을 따라 산을 내려갔다.

"자, 어디까지 닿나 해보지 않겠나, 대위!" 장군은 포병 대위 쪽을 바라보고 말했다. "심심풀이가 될 걸세."

"포수, 제자리에!" 장교가 명령했다. 그러자 일 분 후에는 포병들이 모닥불에서 즐거운 듯이 뛰어나와 포탄을 장탄하였다.

"제 일포 사격!" 명령이 들렸다.

제 일포가 반동으로 뒤로 튕겼다. 귀를 쩔 정도로 대포가 금속성 소리를 내더니 산기슭에 있는 러시아군 머리 위를 윙윙거리며 날아갔다. 그러나 적을 훨씬 못 미친 지점밖에 가지 않아 낙하점을 연기로 표시하며 작렬하였다.

병사와 장교들의 얼굴은 이 소리를 듣고 명랑해졌다. 모두 일어나 손에 잡힐 듯 가깝게 보이는 아래쪽 아군의 움직임과, 전방에 접근하고 있는 적군의 행동을 관찰하기 시작했다. 이 순간 태양은 완전히 구름 사이에서 모습을 나타냈다. 그리고 단 한 발의 아름다운 소리와 눈부신 태양의 반짝임이 융합되어서 활기가 넘치는 밝은 인상을 자아내고 있었다.

7

이미 적탄이 두 발이나 다리 위를 날아가자 다리 위에서는 밀치락달치락이 시작되었다. 다리 중간쯤에는 네스비쯔끼 공작이 말에서 내려, 비대한 몸을 난간에 바싹 붙이고 서 있었다.

그는 말 두 필의 고삐를 붙잡고 몇 발짝 뒤에 서 있는 까자크 쪽을 웃으면서 뒤돌아보고 있었다. 네스비쯔끼가 앞으로 나아가려는 순간 다시 병사들과 짐마차가 밀려와 그를 난간에 밀어붙였기 때문에 어찌할 수가 없었다.

"이봐! 뭐 하는 거야!" 까자크는 마차 바퀴와 말 바로 옆에 떼를 지은 보병들에게 밀어닥친 짐마차를 끄는 수송병에게 소리쳤다. "뭐야, 이 녀석! 좀 기다려. 보라, 장군님이 지나가신다."

그러나 수송병은 장군이라는 칭호에는 귀도 기울이지 않고, 자기 길을 가로막고 있는 병사들에게 소리쳤다.

"어이! 동포들! 왼쪽으로 비켜나서 좀 기다려!"

그러나 동포들은 서로 어깨를 떠밀고 총검이 얽히면서 한 무리가 되어 계속 다리 위를 움직여 갔다. 난간 너머로 아래쪽을 내려다보고 있던 네스비쯔끼의 눈에는, 별로 높지는 않으나 요란스럽게 흐름이 빠른 엔스 강의 강물이 보였다. 그것은 하나로 융합되어 잔물결을 일으키고 교각 둘레를 소용돌이치면서 흘러가고 있었다. 눈길을 다리쪽으로 돌리자 역시 모두 같은 병사들의, 산 인간들의 물결이 보였다. 군모(軍帽)의 끈, 챙을 씌운 기다란 군모, 배낭, 총검, 장총, 군모 밑으로 보이는 넓은 광대뼈, 푹 패인 볼, 낙천적이나 피로에 지친 표정을 띤 얼굴, 다리의 판자 위에까지 묻혀온 끈적거리는 진흙을 밟으며 움직이는 발들이 보였다. 때로는 병사들의 단조로운 물결 사이를 헤치고, 마치 엔스 강의 물결 사이에 이는 하얀 물거품의 물보라처럼, 레인 코트를 입고 병사들과는 다른 표정을 한 장교가 빠져나갔다. 또 때로는 물결에 떠가는 나뭇잎처럼 말에서 내려 걸어가는 경기병과 종졸(從卒), 주민이 보병의 물결에 휩쓸려 밀려 내려가고 있었다. 때로는 강을 흘러가는 통나무처럼 사방이 둘러싸여, 꼭대기까지 짐을 가득 싣고 가죽 덮개를 덮은 중대장이나 장교의 짐마차가 다리 위를 흘러갔다.

"마치 제방이라도 끊어진 것 같군." 까자크가 체념한 듯이 걸음을 멈추면서 말했다. "저쪽에 아직 아군이 많이 있나?"

"100만 명에서 한 사람 모자랄 정도지!" 마침 옆을 지나치던, 다 떨어진 외투를 입은 명랑한 병정이 눈짓을 하면서 이렇게 말하고 사라졌다. 그 뒤를 따라 늙은 병사가 지나갔다.

"이제 놈들(프랑스군)이 다리를 태우려 덤빈다면" 그 늙은 병사는 동료를 향하여 침울한 낯으로 말했다. "몸이 가려운 것도 다 잊어버릴 거야."

그리고 그 병사도 지나가 버렸다. 그를 뒤따라 다른 병사가 짐마차를 타고 갔다.

"제기랄, 어디다 각반을 틀어넣었지?" 종졸이 짐마차 뒤를 따라 달리면서 뒤쪽을 손으로 뒤지며 말했다.

그도 짐마차와 함께 지나가 버렸다.

그 뒤를 이어 명랑한, 분명히 한 잔 한 듯한 병사들이 걸어왔다.

"글쎄, 그놈은 개머리판으로 그 녀석의 이빨을 정면에서 내리쳤거든……." 외투 자락을 높이 걷어올린 한 병사가 한 손을 크게 내저으면서 기쁜 듯이 말했다.

"그래 그래, 맛있는 햄이었을 거야." 다른 사람이 큰 소리로 웃어대면서 대답했다.

이렇게 말하면서 이 병사들은 지나가 버렸으므로 네스비쯔끼는 누가 이빨을 얻어맞고 햄이란 무슨 뜻으로 말했는지 알 길이 없었다.

"몹시도 서두르고 있군! 놈들이 싸늘한 한 방을 쏘아대면 모두 몰살이다" 하사관이 책망하듯이 말했다.

"포탄이 내 옆을 날아갔을 때 말이야." 입이 큰 젊은 병정이 웃음을 겨우 참으면서 말했다. "난 그만 정신을 잃었어. 정말 깜짝 놀랐지. 아이고 맙소사!" 이 병정은 마치 자기가 놀란 것을 자랑이라도 하듯이 말하였다.

그 병사도 지나갔다. 그 뒤를 이어 여태까지 지나간 어떤 마차와도 다른 짐마차가 왔다. 그것은 집 한 채를 몽땅 실은 것 같은 독일식 대형 짐마차로 말 두 필이 끌고 있었다. 독일 사람이 끌고 있는 이 짐마차 뒤에는 유방이 큰 아름다운 얼룩 암소가 매여 있었다. 털이불 위에는 젖먹이를 안은 여자와 노파, 볼이 새빨간 건강해 보이는 젊은 독일 여자가 앉아 있었다. 이들은 피난하는 주민들 같았으며 통행이 특별히 허가된 것 같았다. 모든 병사의 눈은 여인들에게로 쏠렸다. 이 짐마차가 한 걸음 한 걸음 느릿느릿 지나가는 동안 병사들의 대화는 모두 이 젊은 여인에 관계된 것뿐이었다. 그 여자에게 응큼한 상상을 한 모든 병사의 얼굴에는 거의 똑같은 엷은 미소가 서려 있었다.

"저 봐, 독일인도 역시 떠나가고 있는 건가!"

"아가씨를 팔지 않겠나!" 다른 병사가 말꼬리에 힘주어 말했다. 독일인 남자는 눈을 내리깐 채 화가 난 듯이, 그러나 겁에 질린 것처럼 성큼성큼 걸어갔다.

"잘도 달아나는군! 빌어먹을!"

"자네가 따라가 봐, 페도또프!"

"이봐! 실컷 봤잖아."

"어디로 가는 거니?" 사과를 먹고 있던 보병 장교가 역시 엷은 미소를 띠고 아름다운 아가씨를 바라보면서 물었다.

독일인 남자는 지그시 눈을 감고 무슨 말인지 알아들을 수 없다는 시늉을 했다.

"먹고 싶으면 받아요." 장교는 사과를 아가씨에게 내주면서 말했다.

아가씨는 생긋 웃고 사과를 받았다. 네스비쯔끼도 다리 위에 있던 다른 패들과 같이 여자들이 다 지나갈 때까지 여자들한테서 눈을 떼지 않았다. 그들이 지나가 버리자 다시금 같은 병사들이 같은 이야기를 지껄이면서 걸어갔지만 마침내 모두가 오도가도 못하게 되었다. 흔히 있는 일이지만, 다리를 빠져나가는 곳에서 중대장 짐마차의 말이 앞으로 나아가는 것을 망설였기 때문에 사람과 말들이 모두 기다리지 않으면 안 되었다.

"왜 서 있는 거지? 엉망진창이군!" 병사들은 지껄였다. "어디에 끼어드는 거야? 망할 자식! 기다릴 수 없어. 적이 다리를 불태우면 이대로 끝이야! 저기 봐, 장교님도 밀려 있잖아." 발이 묶인 사람들이 서로를 바라보면서 사방팔방에서 지껄였다. 그리고 끊임없이 다리의 출구를 향해서 앞으로 밀쳐대고 있었다.

다리 밑의 엔스 강물을 바라보았을 때 네스비쯔끼는 문득 지금까지 듣지 못했던 소리를 들었다. 무엇인가 급히 다가왔다…… 무엇인가 물 속에 풍덩하고 떨어진 소리였다.

"이 자식 봐, 어디로 날아오는 거야!" 바로 곁에 서 있던 병정이 소리가 난 쪽을 돌아보면서 쏘아붙였다.

"빨리 지나가라고 우리를 북돋아 주는 것일 거야." 다른 병정이 불안스럽게 말했다.

군중은 다시 움직이기 시작했다. 네스비쯔끼는 그것이 포탄임을 알아챘다.

"까자크, 말을 이리 줘!" 그는 말했다. "여보게들 길을 비켜줘, 길을 비키라니까!"

그는 간신히 말 곁으로 다가갔다. 그리고 연방 소리를 지르면서 앞으로 나아가기 시작했다. 병사들은 그에게 길을 내주려고 서로 몸을 비켰지만 다시 몰려와서 그의 발을 밟았다. 곁에 있던 사람의 잘못은 아니었다. 그 자신이 더 심하게 떠밀렸기 때문이다.

"네스비쯔끼! 네스비쯔끼! 어—이!" 그때 뒤쪽에서 쉰 목소리가 들렸다.

네스비쯔끼가 돌아다보았다. 움직이고 있는 보병대의 살아있는 넋들 사이, 열댓 발짝쯤 떨어진 곳에 빨간 얼굴에 검은 머리가 헝클어진, 모자를 비스듬히 쓰고 저고리를 한쪽 어깨에 걸친 데니쏘프를 발견하였다.

"이 악마들에게 길을 비키라고 명령해!" 데니쏘프는 분명히 울화가 치미는 듯 눈에는 핏발이 서고, 숯처럼 검은 눈을 반짝이며 두리번거리면서, 얼굴처럼 빨간 조그마한 손으로 사벨을 칼집째 흔들며 소리치고 있었다.

"여! 데니쏘프!" 네스비쯔끼는 기쁜 듯이 대답하였다. "자넨 왜 그러나?"

"중대가 지나갈 수 없잖아." 데니쏘프는 하얀 치아를 짓궂게 드러내고 아름다운 검은 털의 애마 베두인에게 박차를 가하면서 소리쳤다. 베두인은 부딪칠 것 같은 총검을 피해 귀를 쫑긋거리며 콧김을 거칠게 쉬고 재갈에서 침을 사방에 뿌리면서 발굽으로 다리 판자를 탕탕 구르고 있었다. 만약 자기 등에 탄 사람이 허용만 해 준다면 당장 다리 난간을 뛰어넘을 기세였다.

"이건 뭐야? 마치 양 떼 같군! 비켜…… 길을 내라! …… 거기 서라! 이 자식, 그 짐차, 빌어먹을 것! 군도로 쳐 버릴 테다!" 그는 정말 사벨을 빼서 휘두르면서 소리쳤다.

병사들은 겁에 질린 낯을 하고 서로 맞대어 한 덩어리가 되었다. 그래서 데니쏘프는 네스비쯔끼의 곁으로 갈 수가 있었다.

"어째서 자네는 오늘 한 잔 하지 않았나?" 네스비쯔끼는 데니쏘프가 옆에 다가오자 이렇게 말했다.

"한 잔 할 시간을 주지 않아!" 데니쏘프는 대답했다. "진종일 이쪽저쪽 하며 연대를 끌고 다닐 뿐이야. 싸우려면 제대로 싸우란 말이야. 이래서야 뭐가 뭔지 통 알 수가 없어!"

"오늘은 더욱 멋을 부리고 있군 그래!" 상대방의 웃옷과 안장 방석을 바라보면서 네스비쯔끼는 말했다.

데니쏘프는 싱긋 웃고 검대(劍帶)에서 향수 내가 나는 손수건을 꺼내서 네스비쯔끼 코에 내밀었다.

"싸움하러 나가니 말이야! 면도하고 이도 닦고 향수를 뿌리고 왔지."

까자크를 거느린 네스비쯔끼의 의젓한 모습과 사벨을 휘두르고 안간힘을 다하여 소리를 지르는 데니쏘프의 기세가 효과를 거두어, 두 사람은 다리 저쪽으로 빠져나가서 보병의 걸음을 멈추게 했다. 네스비쯔끼는 명령을 전해야 할 필요가 있던 연대장을 다리 출구에서 찾아내어 임무를 마치고는 다시 되돌아갔다.

데니쏘프는 길을 완전히 열고 다리 어귀에서 걸음을 멈추었다. 동료들에게 가고 싶어서 발을 굴리고 있는 수말을 억제하면서, 그는 자기 쪽으로 오고 있는 경기병 중대를 지켜보고 있었다. 마치 몇 마리의 말이 달리는 듯한 맑은 발굽소리가 다리 바닥 판자에 울리자, 기병 중대가 장교들을 선두로 네 사람씩 가로로 나란히 전방의 건너편 강가로 건너가기 시작했다.

행진을 저지당한 보병들은 다리 옆의 짓밟힌 진흙 위에서, 떼를 지어 정연하게 자기들 옆을 지나가는 멋진 경기병들을 심술궂은 무관심과 비웃는 것 같은 기분으로 바라보고 있었다. 그것은 병종이 다른 부대가 서로 마주칠 때 흔히 볼 수 있는 일이었다.

"멋을 부린 녀석들이야! 모스크바의 공원에서 구경거리로 쓰면 딱 알맞겠군!!"

"저따위가 무슨 소용이 된담! 다만 보이기 위해서 데리고 다니는 것뿐이지!"

"보병님이시다. 먼지를 내지 마!" 말이 약간 거칠게 굴어 보병에게 흙탕을 튀긴 경기병이 농담을 하였다.

"너 같은 건 배낭을 짊어지고 행군을 두어 번 해 봐야 돼. 장식 끈이 닳아 끊어질 정도로 말이야." 얼굴의 진흙을 소매로 닦아내면서 보병이 대꾸했다. "그 꼴이 뭐냐? 인간이 아니라 새가 앉아 있는 것 같다!"

"그렇고말고. 지낀, 차라리 네가 말을 타면 어때? 너 같으면 잘 탈 거야." 상등병이 배낭의 무게 때문에 등을 구부리고 있는 여윈 병사를 놀려 댔다.

"통나무를 네 사타구니에 끼워 봐. 그게 바로 너한테 어울리는 말이 될 거다." 경기병이 대꾸했다.

8

이윽고 남은 보병대는 다리 어귀에서 밀집하여 깔때기 모양으로 죄어들면서 서둘러 다리를 지나갔다. 간신히 짐마차가 모두 지나가고 혼잡이 줄어들자 마지막 포병대가 다리에 들어섰다. 데니쏘프의 경기병 중대만은 적과 대치(對峙)하여 다리 건너편에 남아 있었다. 강 건너편 산 위에 멀리 보이는 적은 아래쪽 다리에서는 아직 보이지 않았다. 그것은 강물이 흐르고 있는 저지(低地)에서는 500미터도 채 되지 않는 앞쪽 고지에 의해서 지평선이 가로막혀 있었기 때문이다. 앞에는 황야(荒野)가 있고 그 황야에서 이쪽 경기병 척후대의 까자크가 이리저리 움직이고 있었다. 별안간 길 저쪽 고지에 파란 외투를 입은 부대와 포병대가 모습을 나타냈다. 프랑스군이었다. 까자크 기병 척후대는 빠른 걸음으로 고개를 내려와 후퇴하였다. 데니쏘프의 경기병 중대의 장교와 병사들은 모두 되도록 딴 이야기를 하고 옆을 보려고 애를 쓰고는 있었지만, 역시 그 산 위에 있는 것이 무엇인가 하는 것에 관심이 쏠리지 않을 수 없었다. 그들은 지평선에 나오는 점들을 끊임없이 바라보고 그것이 적군이라는 것을 차차 확인해 갔다. 날씨는 낮부터 다시 활짝 개고 태양은 다뉴브 강과 주위의 어두운 산 위로 밝게 기울고 있었다. 고요했다. 그리고 그 산 위로부터 이따금씩 적군의 나팔 소리와 외치는 함성이 들려 왔다. 경기병 중대와 적군 사이에는 약간의 정찰대 외에는 아무도 없었다. 텅 빈 공간이 500~600미터에 걸쳐 적과 기병대를 갈라놓고 있었다. 적은 포격을 멈추었다. 그러자 서로 적대하는 두 부대를 나누고 있는 엄하고 무서운, 넘기 어렵고 파악하기 힘든 일선이 더욱 뚜렷하게 느껴지는 것이었다.

'산 사람과 죽은 사람을 갈라 놓고 있는 이 선을 한 발짝 넘어서면—불가사의와 고뇌와 죽음이다. 그리고 그 저편에는 무엇이 있는가? 그 저편에는 누가 있는가? 건너편의 들이나 나무, 태양이 비치는 지붕 저쪽에는? 아무도 모르지만 알고 싶어한다. 이 선을 넘는 것은 무섭지만 넘어 보고 싶다. 그리고 모두는 알고 있는 것이다—조만간 이것을 넘어 그 선 저쪽에 무엇이 있는가를 알게 된다. 그것은 마치 죽음 저쪽에 무엇이 있는가를 아는 것을 피할 수 없는 것과 같다는 것을 알게 된다. 그런데 나 자신은 강하고 건강하고 명랑하면서도 초조해 있으며, 이렇게 건강하고 초조한, 활기에 찬 사람들에게 둘러싸여 있다.' 지금 적과 마주 대하고 있는 모든 사람들은 비록 이렇게는 생각하지 않더라도 이런 식으로 느낀다. 그리고 이 감각이 이 순간에 일어나는 모든 것에 대하여 일종의 특별한 인상의 광채와, 마음이 편안한 날카로움을 주는 것이다.

적측 언덕 위에 발사 연기가 보였다. 포탄은 휘파람 같은 소리를 내면서 경기병 중대 머리 위를 날아갔다. 같은 곳에 서 있던 장교들은 각기 다른 장소로 흩어졌다. 경기병들도 열심히 말을 일선에 정렬시키기 시작했다. 중대는 모두가 조용했다. 모두 명령을 기다리면서 때때로 전방의 적과 중대장을 바라보고 있었다. 제2탄, 제3탄이 날아갔다. 분명히 경기병을 노린 포격이었지만 포탄은 일정한 리듬으로 재빨리 휘파람 소리를 내면서 경기병 머리 위를 날아가 뒤쪽 어딘가에 떨어졌다. 경기병들은 돌아보지 않았지만, 포탄이 날아가는 소리가 날 때마다 마치 명령이라도 받은 듯이 온 중대가 숨을 죽이고 있었다. 병사들은 고개를 돌리지 않고 서로 곁눈질하면서 호기심을 가지고 동료의 반응을 살피고 있었다. 어느 얼굴에나, 데니쏘프를 비롯해서 나팔수에 이르기까지, 입술과 턱 언저리에 초조와 불안과 싸우고 있는 공통된 특징이 나타나 있었다. 상사는 병사들을 둘러보며 처벌하겠다고 위협하는 듯이 이맛살을 찌푸렸다. 사관 후보생인 미로노프는 탄환이 날아갈 때마다 몸을 움츠렸다. 니꼴라이는 다리를 다치기는 했지만 외관이 좋은 애마 그라치크를 타고 좌익에 서 있었다. 그는 훌륭한 성적을 받을 자신이 있는 시험을 치기 위해 대중 앞에 불려나온 학생과 같은 행복스러운 표정을 하고 있었다. 그는 포탄 아래에서 태연히 서 있는 것을 주목해 달라는 듯이 맑고 밝은 얼굴로 모두를 둘러보고 있었다. 그러나 그의 얼굴에도 그의 뜻과는 반대로 무엇인가 여태까지 보지 못하던 엄숙한 표정이 입가에 나타나 있었다.

"거기서 고개를 움츠리고 있는 건 누구야? 미로노프 사관 후보생인가! 안 되겠는데, 나를 봐!" 한 곳에 가만히 있질 못하고, 중대 앞을 말을 타고 왔다갔다 하던 데니쏘프가 소리쳤다.

납작코에 머리가 검은 데니쏘프의 얼굴과, 힘줄이 불거진 손목으로 사벨 자루를 잡고 있는 자그마하고 튼튼한 그의 모습은 여느 때와 똑같았으며, 특히 저녁 때 술 두 병을 마신 뒤와 같았다. 다만 여느 때보다 더욱 얼굴이 빨

겠다. 그는 새가 물을 마실 때처럼 텁수룩한 머리를 위로 쳐들고, 조그마한
두 발로 베두인 옆구리에 마구 박차를 가하며 뒤로 쓰러질 정도로 몸을 젖히
고는, 중대 반대 측면으로 달려가서 권총을 검사해 두라고 쉰 음성으로 소리
쳤다. 그는 끼리스쩬에게로 다가갔다. 이등 대위는 몸집이 넓은 육중한 암말
을 타고 빠른 걸음으로 데니쏘프 쪽으로 왔다. 긴 콧수염을 기른 이등 대위
는 여전히 진지했지만 눈만은 여느 때보다 더욱 반짝이고 있었다.

"어떻게 된 겁니까?" 그는 데니쏘프에게 말했다. "전투까지는 가지 않아
요. 두고 봐요, 우리는 퇴각이오."

"제기랄, 도대체 무슨 짓을 하고 있는 거야!" 데니쏘프가 신음하듯이 말
했다. "오! 로스또쁜가!" 그는 견습 사관의 즐거운 듯한 얼굴을 보고 외쳤
다. "어때, 기다리고 기다리던 것이 왔다."

그는 니꼴라이의 태도가 마음에 들었는지 칭찬하듯이 빙그레 웃었다. 니
꼴라이는 매우 행복한 기분이었다. 그때 대장이 다리 위에 모습을 나타냈다.
데니쏘프는 그쪽으로 말을 달려갔다.

"각하! 공격을 허락해 주십시오! 제가 놈들을 박살내겠습니다."

"공격 이야기를 할 때가 아냐." 대장은 귀찮은 파리라도 쫓듯이 얼굴을 찌
푸리면서 싫증이 난 듯한 목소리로 말했다. "그리고 왜 자네들은 이런 데에
서 있나? 봐라, 측면 부대가 퇴각하고 있다. 중대를 후퇴시켜라."

중대는 한 명의 병사도 잃지 않고 다리를 건너서 사정권 밖으로 물러났다.
그 뒤를 이어 산개하고 있던 또 하나의 기병 중대도 건넜고 마지막 까자크
병들이 강 건너편 기슭에서 철퇴하였다.

빠블로그라드의 두 중대가 다리를 건너자 차례로 언덕길을 올라 후퇴하였
다. 연대장 보그다노비치 슈베르트는 데니쏘프의 중대로 말을 타고 다가가
서 니꼴라이 곁을 보통 걸음으로 나란히 갔으나, 쩨랴닌 사건으로 충돌한 이
래 두 사람이 만나도 니꼴라이에게는 전혀 눈도 돌리지 않았다. 니꼴라이는
지금은 스스로도 미안함을 느끼고 있는 이 사람의 손에 전선에서의 자기의
생사여탈권이 쥐어져 있다는 것을 느끼고, 그의 운동선수 같은 등과, 엷은
갈색 머리의 후두부와 빨간 목에서 눈을 떼지 않았다. 니꼴라이는 보그다누
이치 아저씨는 다만 무관심을 가장하고 있을 뿐이며, 그의 목적은 자기의 용
기를 시험하는 게 아닐까 하는 생각이 들었다. 그래서 그는 가슴을 펴고 즐

거운 듯이 좌우를 돌아보고 있었다. 그러자 이번에는 보그다누이치 아저씨가 자기에게 용기를 보이기 위해 일부러 가깝게 걸어가고 있다는 생각이 들었다. 혹은 그의 적인 자기, 즉 니꼴라이를 응징하기 위해 일부러 지금 중대를 목숨을 건 공격으로 내몬다는 생각이 들었다. 아니면 공격이 끝난 후 그가 자기 곁으로 다가와, 부상한 자기에게 너그럽게 화해의 손을 내밀지 모른다는 생각도 들었다.

빠블로그라드 연대 사람들에게 낯익은, 어깨를 쭉 피며 으스대는 제르꼬프의 모습이(그는 최근 자기 연대에서 막 전출당한 참이었다) 연대장 쪽으로 다가갔다. 제르꼬프는 참모본부에서 쫓겨난 뒤 자기는 전선에서 혹사당할 바보가 아니다, 본부에 속해 있으면 아무것도 하지 않아도 포상을 많이 받을 수 있다고 말하면서, 연대에는 남아 있지 않고 전령 장교로서 바그라찌온 공작 측근으로 교묘히 들어갔다. 그는 후위대장 바그라찌온으로부터의 명령을 가지고 애초의 상관에게로 온 것이다.

"연대장님." 그는 여전히 까다롭고 진지한 태도로 니꼴라이의 적을 향하여, 이전의 동료들을 둘러보면서 말했다. "정지해서 다리를 태우라는 명령입니다."

"누구의 명령이야?" 연대장이 사투리가 섞인 러시아어로 언짢은 듯이 물었다.

"누구의 명령인지 그건 알 수 없습니다, 연대장님." 정색을 하고 제르꼬프가 대답했다. "그러나 여하간 저에게 공작님이 명령하셨습니다. '가서 연대장에게 말하라. 경기병은 다리를 태우고 빨리 돌아오도록 하라'고 말입니다."

제르꼬프를 뒤따라 같은 명령을 가지고 막료 장교가 경기병 연대장한테 왔다. 그 막료 장교를 뒤따라 까자크 말을 타고 뚱뚱한 네스비쯔끼가 왔다.

"어떻게 된 겁니까? 연대장님." 그는 말이 달리고 있는 동안에 소리쳤다. "나는 다리를 태우라고 말했는데 지금 또 누가 잘못된 말을 전했어요. 모두 머리가 이상해져서 어떻게 된 영문인지 통 알 수가 없단 말이야."

연대장은 당황하지 않고 연대를 정지시킨 뒤 네스비쯔끼에게 말했다.

"당신은 나에게 다리에 불을 붙일 물건에 대해서는 말했지만" 그는 말했다. "불을 지르라는 말은 한마디도 하지 않았소."

"아니, 이봐요." 네스비쯔끼는 모자를 벗고 땀에 젖은 머리를 두툼한 손으로 매만지면서 말했다. "말도 안 됩니다. 가연물을 놓으라는 말을 하면서 다리를 태워야 한다는 말을 하지 않을 리가 없습니다."

"나는 당신에게 '이봐요'라고 불릴 까닭이 없소, 영관님. 나에게 다리를 태우라고 말한 적이 없소! 나는 내 직무를 알고 있습니다. 명령을 엄격히 지키는 버릇이 있습니다. 당신은 다리를 태우라고 하지만 누가 태워야 하는지 나는 통 모르겠습니다……."

"쳇, 언제나 이렇거든." 손을 내저으며 네스비쯔끼는 말했다. "자네는 어째서 여기 있나?" 그는 제르꼬프 쪽을 돌아보았다.

"같은 용건이지요. 그런데 흠뻑 젖어 있군요. 내가 좀 짜 줄까요?"

"당신이 말한 것은, 영관……." 연대장은 화가 난 어조로 말을 이었다.

"연대장님." 막료 장교가 말을 가로챘다. "급히 서둘러야 합니다. 그렇잖으면 적이 산탄 사정 안에 화포를 전진시킵니다."

연대장은 말없이 사령부 소속 막료 장교와 뚱뚱한 영관, 그리고 제르꼬프를 바라보며 이마를 찌푸렸다.

"그럼 다리를 불태우겠습니다." 그는 엄숙한 어조로 말했다. 마치 자기는 아무리 불쾌한 일을 당하더라도, 역시 할 일은 한다는 것을 말하려고 하는 것 같았다.

연대장은 마치 모든 것이 말의 책임이라는 듯이 긴 다리로 말을 차고 앞으로 나와, 니꼴라이가 데니쏘프의 지휘하에 근무하고 있는 바로 그 제2중대에게 다리로 되돌아가라고 명령했다.

'역시 그렇군.' 니꼴라이는 생각했다. '그는 나를 시험해 보려고 한다!' 마치 심장이 죄어드는 것처럼 피가 얼굴로 솟구쳐 올랐다. '두고 봐라, 내가 겁쟁이인가 아닌가.' 그는 생각했다.

중대원의 쾌활한 모든 얼굴에, 조금 전에 그들이 포탄 밑에 놓여 있었을 때와 같은 심각한 표정이 떠올랐다. 니꼴라이는 자기의 적인 연대장에게서 눈을 떼지 않고, 자기의 추측을 뒷받침할 만한 것을 그의 얼굴에서 발견하려 했다. 그러나 연대장은 한 번도 니꼴라이 쪽을 보지 않고, 전선에서의 여느 때의 예와 같이 엄격한 눈을 하고 있었다. 호령이 들렸다.

"서둘러라! 서둘러!" 그의 주변에서 몇 명의 목소리가 말했다.

사벨을 고삐에 감고 박차를 울리며, 경기병들은 자기네들이 이제부터 무엇을 하는지도 모르면서 서둘러 말에서 내렸다. 그들은 성호를 그었다. 니꼴라이는 이제 연대장을 보고 있지 않았다. 그럴 겨를이 없었던 것이다. 그는 혹시나 경기병들에게 뒤처지지나 않을까 불안하게 생각하였다. 심장이 멈출 만큼 불안했다. 말을 마부에게 맡겼을 때 그의 손은 떨렸고, 피가 두근두근 소리를 내어 심장으로 흘러드는 것을 느끼고 있었다. 데니쏘프가 몸을 뒤로 젖히면서 무엇인가 외치며 그의 옆을 말을 타고 지나갔다. 니꼴라이는 자기 주위를 달리며 박차 소리를 내고 사벨을 짤깍거리는 경기병 이외에는 아무 것도 눈에 들어오지 않았다.

"들것!" 누군가가 뒤에서 소리쳤다.

니꼴라이는 들것을 요구하는 것이 무엇을 뜻하는지 생각해 보지도 않았다. 그는 다만 누구보다 앞장서려고 달려갔다. 그러나 발 밑을 보고 있지 않았기 때문에, 다리 바로 곁에서 찐득거리는 진흙 속에 발이 빠져서 비틀거리다 두 손을 짚고 쓰러지고 말았다. 다른 병사들은 그를 피해서 달려갔다.

"대위, 양쪽으로!" 니꼴라이의 귀에 연대장의 목소리가 들렸다. 연대장은 말에 탄 채 의기양양한 표정으로 앞으로 다가서서, 다리 근처에서 멈추었다.

니꼴라이는 흙투성이가 된 두 손을 승마 바지에 닦으면서 자기의 적(연대장)을 돌아보았다. 그리고 조금이라도 더 나아갈수록 좋다고 생각하고 앞으로 달려나갔다. 그러나 보그다누이치 아저씨는 그때까지 니꼴라이를 보고 있지도 않았고, 그것이 니꼴라이인줄도 모른 채 그를 향해 소리쳤다.

"다리 한복판을 달려가는 것은 누구야? 오른쪽으로 붙어! 후보생, 돌아와!" 그는 화가 난 듯이 소리쳤다. 그리고 자기의 대담함을 과시하듯이 말을 타고 다리에 들어선 데니쏘프 쪽으로 몸을 돌렸다.

"어째서 위험한 짓을 하고 있는 거야, 대위! 말에서 내려!" 연대장이 말했다.

"괜찮아요, 죄 지은 녀석들이나 죽는 법이니까." 데니쏘프는 안장 위에서 몸을 비틀면서 말했다.

한편, 네스비쯔끼와 제르꼬프 그리고 막료 장교 세 사람은 사정거리 밖에 서서, 다리 주위에서 웅성거리고 있는 노란 모자, 모르를 장식한 진한 회색 저고리, 푸른 바지를 입은 아군의 작은 집단을 보기도 하고, 건너편 저 멀리에서 접근해 오는 파란색 군복과 말에 탄 몇몇 무리를 보고 있었다. 그것은 한눈에 대포라고 알아볼 수 있었다.

'다리를 불태울 수 있을까, 아니면 실패할까? 적과 아군, 어느 쪽이 먼저인가? 아군이 먼저 도착해 다리에 불을 붙일 것인가, 그렇지 않으면 프랑스군이 산탄의 사정거리로 육박해서 경기병들을 몰살시킬 것인가?' 이러한 물음을 많은 부대원들이 각자 심장이 멎는 심정으로 자기 자신에게 물어보고 있었다. 그들은 밝은 석양빛 속에서 다리와 경기병, 그리고 건너편의 총검이나 대포와 함께 다가오는 푸른 코트를 내려다보고 있었다.

"아! 경기병이 당한다!" 네스비쯔끼가 말했다. "이젠 산탄의 사정거리다."

"안 돼, 저렇게 많은 병사들을 보낸 건 연대장의 실수야." 막료 장교가 말했다.

"정말이야." 네스비쯔끼도 말했다. "저런 곳에는 두 명쯤 원기 왕성한 병사만 보냈으면 좋았을 텐데."

"아아, 각하." 제르꼬프가 말참견을 하였다. 경기병에서 눈을 떼지 않은 채 있다가 여전히 진심인지의 여부가 의심스러운 어조로 말하였다. "아아, 공작! 그런 생각은 아무래도…… 고작 병사 둘을 보내면 누가 우리에게 블라지미르 훈장을 줍니까? 그것보다 이왕 이렇게 된 바에는 설사 전멸해도 중대를 대표해서 자기는 훈장을 받을 수가 있다고 생각하는 겁니다. 우리 보그다누이치는 이런 점을 잘 알고 있어요."

"봐." 막료 장교가 말했다. "저것은 산탄이다!"

그는 포차의 앞부분에서 분리되어 떨어져 나간 프랑스군의 포를 가리켰다.

프랑스 쪽 화포가 모여 있는 곳에서 작은 연기가 하나, 둘, 셋이 보였고, 거의 동시에 최초의 발사 소리가 울린 순간 네 번째 연기가 보였다. 두 개의 소리가 이어지고 다시 세 번째 소리가 들렸다.

"앗!" 네스비쯔끼는 타는 듯한 아픔을 느낀 듯이 막료 장교의 손을 잡으면서 신음 소리를 냈다. "봐요, 쓰러졌어요, 한 사람 쓰러졌어!"

"두 사람 아닌가?"

"내가 황제라면, 절대로 전쟁 같은 건 하지 않을 거야." 네스비쯔끼는 얼굴을 돌리면서 말하였다.

프랑스군 포병은 다시 서둘러 장탄(裝彈)했다. 파란 외투를 입은 보병이 빠른 걸음으로 다리를 향하여 전진해 왔다. 다시금 이번에는 고르지 않은 간격을 두고 연기가 일고 산탄이 다리에 작렬하기 시작했다. 그러나 이번엔 다리 위에서 무슨 일이 일어나고 있는지 네스비쯔끼도 분간할 수가 없었다. 다리 위에서 새까만 연기가 일어났기 때문이다. 경기병들이 때를 잘 맞추어 다리에 불을 질렀던 것이다. 그리고 프랑스군의 포병대는 이제는 저지하기 위해서가 아니라, 이미 포의 조준(照準)이 돼 있고 사격 목표도 있었기 때문에 경기병대에 사격을 가해왔다.

경기병들이 마부 곁으로 되돌아가기 전에 프랑스군은 산탄을 세 번 발사할 수 있었다. 처음 두 번의 일제 사격은 부정확했고 산탄은 모두 위로 날아가 버렸지만, 마지막 사격은 경기병들의 한복판에 떨어져서 세 명을 쓰러뜨렸다.

니꼴라이는 보그다누이치에 대한 자기의 태도가 신경이 쓰여 어떻게 하면 좋을지 모른 채 다리 위에 서 있었다. 칼로 베어 쓰러뜨릴(그는 늘 전투를 그렇게 상상하고 있었다) 상대가 없었다. 다리를 불태우는 것을 도우려고 해도 다른 병사들처럼 짚다발을 가지고 오지 않았기 때문에 그것도 할 수 없었다. 그가 선 채로 사방을 둘러보고 있으려니까, 느닷없이 다리 위에 호두를 뿌린 것 같은 소리가 울리더니 가장 가까이에 있던 한 경기병이 신음 소리를 내면서 난간에 쓰러졌다. 니꼴라이는 다른 병사들과 같이 달려갔다. 또 누군가가 "들것!" 하고 소리쳤다. 그 경기병을 네 사람이 안아서 들었다.

"아얏! …… 내버려둬요, 제발." 부상자는 소리쳤다. 그래도 안아 일으켜서 들것에 실었다.

니꼴라이는 고개를 돌려 무엇인가를 찾는 듯이 먼 경치, 다뉴브 강의 물, 하늘과 태양을 바라보았다. 하늘은 더없이 아름다웠다. 어쩌면 저렇게 푸르고 고요하고 깊을까! 멀리 내다보이는 다뉴브 강의 물은 얼마나 부드럽게 빛나고 있는가! 또 멀리 다뉴브 저쪽에 파랗게 보이는 산들, 수도원, 신비스러운 골짜기, 산정까지 안개에 싸인 솔밭은 더욱 훌륭했…… 저편은 조용하다, 행복하다…… '아무것도, 아무것도 나는 원하지 않아, 거기에 있을 수만 있다면, 아무것도, 아무것도 원하지는 않아.' 니꼴라이는 생각했다. '오직 내 안에, 그리고 저 태양 속에 넘치는 행복이 있다…… 그러나 여기에는 …… 신음과 고통과 공포와 그리고 이 혼탁, 이 어수선함…… 저기 또 무엇인가 외치고 있다. 그리고 또 모두가 뒤쪽으로 뛰기 시작했다. 나도 모두와 같이 뛰고 있다. 그리고, 봐, 그 녀석이, 죽음이 내 위에, 내 주위에…… 순간적으로 나는 영원히 저 태양, 저 물, 저 골짜기를 볼 수 없게 된다…….'

이때 마침 태양은 구름 속에 숨기 시작하고 니꼴라이 앞에 다른 들것이 나타났다. 그리고 죽음과 들것에 대한 공포도, 태양과 생명에 대한 사랑도 모든 것이 하나의 병적인 불안한 인상 속에 녹아들었다.

'아, 하느님! 저 멀리 하늘에 계신 하느님이시여, 우리를 구하시고 사하시고 지켜 주옵소서!' 니꼴라이는 혼잣말로 중얼거렸다.

경기병들이 마부 곁으로 달려갔다. 병사들의 목소리는 컸으나 곧 차분히 가라앉았고, 들것은 눈앞에서 사라졌다.

"어떤가, 여보게, 화약 냄새 좀 맡았나? ……." 데니쏘프가 귓전에서 외쳤다.

'모든 것은 끝났다. 그러나 나는 겁쟁이다. 그렇다, 나는 겁쟁이다.' 니꼴라이는 이렇게 생각했다. 크게 한숨을 쉬면서, 한쪽 다리를 옆으로 내밀고 있는 그라치크를 마부한테서 인계받아 올라타려고 했다.

"그건 뭐였지? 산탄입니까?" 그는 데니쏘프에게 물었다.

"굉장한 녀석이었어!" 데니쏘프가 소리쳤다. "모두들 잘해 주었어! 지독한 임무였지만 말이야! 공격이라면 재미있지. 개새끼를 베어버리는 거나 다름없거든. 그런데 참 어이가 없어. 과녁처럼 얻어맞았으니 말이야."

이렇게 말하고 데니쏘프는 니꼴라이 옆에 서 있는 연대장, 네스비쯔끼, 제르꼬프, 막료 장교들에게로 가버렸다. '그러나 아무도 보지 않은 것 같군.' 니꼴라이는 속으로 생각했다. 사실 누구 한 사람 아무것도 알아채지 못했다. 왜냐하면 한 번도 포격을 당해 본 일이 없는 사관 후보생이 처음으로 경험하는 감정은 누구나 알고 있었기 때문이다.

"이로써 전투 보고를 훌륭하게 할 수 있다." 제르꼬프가 말했다. "나도 소위로 승진이다."

"내가 다리를 불태웠다고 공작님께 보고하게." 연대장은 뽐내며 유쾌하게 말했다.

"만약 손실에 대한 질문을 받는다면요?"

"별 것 아냐!" 연대장은 낮은 음성으로 대답했다. "경기병 두 명 부상, 한명 즉사!" 그는 기쁜 듯이, 그리고 행복한 웃음을 억제하지 못하고, 즉사라는 아름다운 말을 서글서글한 목소리로 뚜렷하게 발음하면서 말하였다.

9

꾸뚜조프 장군이 지휘하는 3만 5천 명의 러시아군은 보나빠르뜨가 지휘하는 10만 프랑스군의 추격을 당했다. 각지의 주민으로부터 적의에 찬 마중을 받았다. 이제는 동맹군도 믿을 수가 없고 식량 부족을 실감하며, 예상되었던 전쟁의 모든 조건 밖에서 행동하지 않을 수 없었다. 러시아군은 적이 따라잡은 지점에서 적을 반격하면서, 중포 따위를 잃지 않고 다뉴브 강 하류를 향해서 서둘러 후퇴해 갔다. 람바하, 암쉬테텐, 멜크 부근에서 전투가 있었다. 그러나 적이 스스로 인정하는 용맹하고 완강한 러시아군의 분투에도 불구하고 이 전투의 결과는 오직 퇴각이 더욱 빨라졌을 뿐이었다. 울름 근처의 전투에서 포로가 되는 것을 모면하고 브라우나우 근처에서 꾸뚜조프에 합류한 오스트리아군은 지금은 다시 러시아군에서 떨어져 나갔으므로, 꾸뚜조프로서는 약해지고 녹초가 된 자기 병력에만 운명을 걸지 않을 수가 없게 되었다. 빈을 그 이상 지킨다는 것은 생각할 수도 없었다. 꾸뚜조프가 빈에 있었을 때에 오스트리아 군사협의회가 그에게 준 새로운 학문, 즉 전략학의 법칙에 입각해서 깊이 연구된 공격계획은 휴지 조각이 되고 말았다. 대신에 지금 꾸뚜조프 앞에 있는 유일한, 거의 실현될 가망성이 없는 목적은 다만 울름 근처에서의 마크처럼 군대를 파멸시키지 않고 러시아로부터 진군 중에 있는 부대와 합류하는 일이었다.

10월 28일, 꾸뚜조프는 군을 거느리고 다뉴브의 좌안(左岸)으로 건너가서 프랑스군의 주력과 자기편 사이에 다뉴브를 끼고 비로소 정지했다. 30일에 그는 왼쪽 강변에 있던 모르쩨 여단을 공격하여 이를 격파했다. 이 전투에서 처음으로 전리품을 노획했다. 군기와 화포 등의 전리품을 빼앗고 적의 장군 두 명을 잡았다. 2주일에 걸친 퇴각 후에 처음으로 러시아군은 전선을 구축하고, 전투가 끝난 후에도 전장(戰場)을 확보했을 뿐만 아니라 프랑스군을 퇴각시킨 것이다. 군은 피로에 지치고 물자가 턱없이 부족했으며 낙오자, 부상자, 전사자, 환자 때문에 병력의 3분의 1을 잃어 약해져 있었다. 또 적군의 인간애에 호소하는 꾸뚜조프의 편지와 더불어 환자와 부상자를 다뉴브 건너편에 남기고 올 수밖에 없었고, 크렘스의 큰 병원과 주택을 몽땅 야전병원으로 쓰고 있는데도 부상병을 전부 수용할 수 없는 비참한 상황이었다. 이와 같은 모든 사정에도 불구하고, 크렘스 부근에서 퇴각을 멈추고 모르쩨 군에 승리를 거두었다는 것은 전군의 사기를 크게 고무시켰다. 러시아로부터 증원군이 가까이 와 있다거나, 오스트리아군이 어디서 승리를 거두었다거나, 놀란 보나빠르뜨가 기겁을 해서 퇴각을 했다는 등 옳지는 않지만 더없이 즐거운 소문이 전군과 본부에 파다하게 퍼졌다.

안드레이 공작은 전투 내내, 이번 전투에서 전사한 오스트리아의 쉬미트 장군 곁에 있었다. 그의 애마도 부상하고 그 자신도 총탄으로 손에 찰과상을 입었다. 총사령관의 특별한 배려로 그는 이 승전 소식을 가지고 오스트리아 궁정으로 파견되었다. 궁정은 당시 이미 프랑스군의 위협 아래 있던 빈에서 브르노로 옮겨져 있었다. 전투가 있던 날 밤 흥분하고 있었지만 피로를 느끼지는 않았던(보기에는 별로 건장한 체격은 아니었지만 안드레이 공작은 건장한 사람보다 훨씬 육체적인 피로를 잘 참을 수가 있었다) 안드레이는 도프뚜로프 장군의 보고를 가지고 크렘스에 있는 꾸뚜조프한테로 말을 타고 달려왔는데, 도착한 그날 밤 급사(急使)로서 브르노에 파견되었다. 급사로 간다는 것은 은상(恩賞) 이외에 승진을 향한 중대한 한 걸음을 뜻하는 것이었다.

별이 빛나는 어두운 밤이었다. 전날, 전투가 있던 날에 하얗게 내린 눈 사이에 한 줄기 길만 까맣게 보였다. 지나간 전투의 인상을 하나하나 회상하기도 하고, 자기가 승리의 소식을 가지고 가서 일으킬 인상을 즐겁게 상상하기도 하며, 총사령관이나 동료들의 전송을 상기하면서, 안드레이는 우편 마차를 타고 달렸다. 그리고 오랫동안 기다린 끝에 마침내 바랐던 행복의 단서를 잡은 인간의 기분을 맛보고 있었다. 눈을 감자마자 그의 귓전에는 소총과 대포의 일제 사격 소리가 울리고 그것은 바퀴 소리와 승리의 여운과 하나로 융합되었다. 이따금 그는 러시아군이 패주하고 자기도 전사한 듯한 느낌이 들었다. 그러나 그는 급히 눈을 뜨고 제정신으로 돌아와, 그러한 일은 전혀 없었고 반대로 프랑스군이 패주했다는 것을 행복한 기분으로 새삼 확인하는 것이었다. 그는 다시 한번 승리의 자초지종과 전투 중의 자기의 용감성을 떠올리고 나서야 안심하고 다시 졸기 시작하는 것이었다……. 달이 없는 별이 빛나는 밤 뒤에는 활짝 갠 눈부신 아침이 찾아 들었다. 눈이 햇살에 녹고 말은 질주했다. 좌우 양측에 다 같이 새로운 갖가지 모양의 숲과 들과 마을이 주마등처럼 지나갔다.

어느 역참(驛站)에서 그는 러시아의 부상병들을 실은 짐마차를 앞질러 갔다. 수송대의 지휘를 맡고 있던 러시아 장교는 선두의 마차에 몸을 기대고 거친 말로 병사를 야단치면서 무엇인가 소리치고 있었다. 긴 독일식 짐마차에는 핏기가 없는, 붕대를 감은 흙투성이 부상병이 여섯 명씩, 아니면 그 이상이 타고 돌길에 흔들거리면서 가고 있었다. 그들 중 어떤 사람은 이야기를 하고 있었다(안드레이는 러시아어의 이야기 소리를 들었다). 어떤 사람은 빵을 먹고 있었다. 가장 상처가 깊은 사람들은 잠자코, 얌전히 병자다운 어린이와 같은 관심을 가지고, 자기들 옆을 달려가는 급사(急使)를 바라보고 있었다.

안드레이 공작은 역마차를 멈추게 하여 한 병사에게 어느 전투에서 부상했느냐고 물었다.

"그저께, 다뉴브에서입니다." 병사가 대답했다. 안드레이는 지갑을 꺼내서 병사에게 금화 세 닢을 내주었다.

"모두에게 나눠 주게." 그는 옆으로 다가오는 장교를 향하여 덧붙였다. "모두들 빨리 회복해야 해." 그는 병사들에게 말했다. "아직 할 일은 많이 있으니까."

"뭡니까, 부관님. 무슨 소식입니까?" 장교가 여러 가지 이야기를 하고 싶은 듯이 물었다.

"좋은 소식이다! 자, 가자!" 그는 마부에게 소리치고 갈 길을 서둘렀다.

안드레이 공작이 브르노에 이르렀을 때는 벌써 깜깜했다. 높은 집들과 상점, 주택의 창문, 가로등의 불, 포도(鋪道)를 요란스러운 소리를 내며 지나가는 아름다운 마차 등, 안드레이는 진중 생활을 한 군인에게는 언제나 더없이 매력적인 활기에 찬 도시의 분위기에 완전히 감싸여 있는 자신을 발견했다.

안드레이는 바쁜 여행으로 눈을 붙이지 못했음에도 불구하고, 궁정으로 다가감에 따라 전날 밤보다 더 활기에 넘쳐 있는 자신을 느꼈다. 눈은 열에 들뜬 것처럼 반짝이고 갖가지 생각이 이상하리만큼 뚜렷하게 떠올랐다. 전투의 소상한 모습이 다시금 상기되었지만 그것은 막연한 것이 아니라 생생한 모습으로, 자기가 상상 속에서 프란쯔 황제에게 상신할 간결한 서술의 형태로 뚜렷하게 그의 뇌리에 떠올랐다. 황제가 자기에게 무심코 물어볼지도 모르는 질문과 그것에 대한 답변까지도 뚜렷하게 뇌리에 떠올랐다. 그는 바로 황제께 배알하게 될 것이라고 생각하고 있었다. 궁전의 넓은 현관 앞에서 그에게로 한 관리가 뛰어나와서 그가 급사임을 알자 다른 현관으로 안내했다.

"복도에서 오른쪽입니다. 거기 당직 시종 무관이 있습니다, 부관님." 관리는 그에게 말했다. "그가 군사 대신에게로 안내해 드릴 것입니다."

당직인 시종 무관은 안드레이를 맞이하자 잠시 기다리라고 해놓고 군사 대신에게로 갔다. 5분 가량 지나서 시종 무관은 돌아왔다. 그는 유달리 공손하게 머리를 숙이고, 안드레이 공작을 앞세워 복도를 지나 군사 대신의 집무실로 안내했다. 시종 무관은 러시아의 부관이 허물 없는 태도를 취하려는 것을 그의 세련된 정중한 몸가짐으로 막으려 하고 있는 것 같았다. 군사 대신의 방 입구로 다가가는 동안에 안드레이의 즐거운 기분은 상당히 약화되고 있었다. 그는 체면이 손상된 것 같은 느낌이 들었고, 그런 느낌은 그 자신도 알아채지 못한 채 순간적으로 아무런 근거도 없는 멸시감으로 변하고 말았다. 회전이 빠른 두뇌가 시종 무관과 군사 대신을 멸시할 수 있는 시점(視點)을 그에게 가르쳐 주었다. '화약 냄새를 맡아 본 일이 없으니까, 필시 승리를 얻는 것은 몹시 쉬운 일이라고 생각하고 있을 거야!' 그의 눈은 멸시하듯 가늘어졌다. 그는 천천히 군사 대신의 방으로 들어갔다. 군사 대신을 보았을 때 그러한 기분은 한층 강화되었다. 군사 대신은 커다란 책상에 엎드리듯이 앉아서, 안드레이가 들어간 지 2분이 지나도록 눈길조차 주지 않았다. 군사 대신은 귀밑털이 흰 대머리를 두 자루의 촛불 사이에 숙이고 연필로 표시를 해가면서 서류를 읽고 있었다. 문이 열리고 발소리가 들렸는데도 그는 머리를 들지 않고 서류를 끝까지 읽었다.

"이것을 가지고 가서 건네 주게." 군사 대신은 서류를 주면서 급사에게는 여전히 눈을 주지 않고 자기 부관에게 말했다.

안드레이는 이 군사 대신이 안고 있는 모든 문제 중에서 꾸뚜조프군의 행동은 가장 관심을 끌지 못하며, 그러한 것을 러시아군의 급사에게 알릴 필요가 있다고 생각하고 있는지도 모른다고 느꼈다. '그러나 나에게는 어느 경우든 상관 없다.' 그는 생각하였다. 군사 대신은 나머지 서류를 옆으로 밀어놓고 가지런하게 정돈하고 나서 머리를 들었다. 명석하고 고집스러운 인상이었다. 그러나 안드레이 쪽을 바라본 순간 군사 대신의 머리가 좋을 것 같은, 야무진 얼굴의 표정은 아마도 여느 때의 버릇으로 의식적으로 바뀌었다. 그 얼굴에는 차례로 많은 청원인을 접견하고 있는 인간의 얼빠진, 더욱이 일부러 꾸민 그 표정을 감추려 하지 않는 미소가 굳어 있었다.

"꾸뚜조프 원수로부터 오신 분이군요?" 그는 물었다. "좋은 소식이라고 생각합니다만? 모르쩨와 충돌이 있었군요? 이겼습니까? 이제 이길 때도 되었는데."

그는 자기한테로 보내진 지급보(至急報)를 손에 들고 그것을 읽더니 슬픈 듯한 표정이 되었다.

"아아, 이게 어찌된 일인가. 쉬미트가!" 그는 독일어로 말했다. "이 무슨 불행이람! 이 무슨 불행이야!"

지급보를 대강 훑어 읽고는 그는 그것을 테이블 위에 놓고 무엇인가 생각하는 듯이 안드레이를 바라보았다.

"아니, 실로 불행한 일입니다. 이 전투를 당신은 결정적이라고 말하는 것입니까? 여하간 모르쩨는 잡히지 않았군요(그는 잠깐 생각했다). 당신이 좋은 소식을 가져다 준 것은 매우 기쁩니다. 쉬미트의 전사는 승리에 대한 몹시 비싼 대가이긴 합니다만. 황제께서는 아마 당신을 만나실 것이지만 오늘은 아닙니다. 고맙습니다, 편히 쉬십시오. 내일 열병 후에 접견식에 나와 주십시오. 자세한 건 사람을 보내 알려드리겠습니다."

이야기하는 동안 자취를 감췄던 얼빠진 것 같은 미소가 다시 군사 대신의 얼굴에 나타났다.

"그럼, 실례합니다. 대단히 고맙습니다. 황제께서는 분명히 만나 주실 겁니다." 그는 이렇게 되풀이하고 가볍게 고개를 숙였다.

궁전에서 나왔을 때 안드레이 공작은 승리가 갖다 준 흥미와 행복감이 모두 이제 자기를 떠나 군사 대신과 시종 무관의 냉담한 손에 넘어간 것을 느꼈다.

그의 모든 사고 방식이 순간적으로 변해 버렸다. 그 전투가 그에게는 먼 옛날의 추억처럼 여겨졌다.

10

안드레이 공작은 브르노에서 잘 아는 러시아 외교관 빌리빈 집에서 묵었다.

"어서 오십시오, 공작님, 이 이상 반가운 손님은 없습니다." 빌리빈은 안드레이를 맞아들이면서 말했다. "프란쯔, 내 침실로 공작의 짐을 갖다 놔라!" 그는 안드레이를 안내해 온 하인을 향해서 말했다. "뭐라고요, 승리의 사자라고요? 좋습니다. 보시다시피 나는 병 때문에 틀어박혀 있습니다만."

안드레이는 세수를 하고 옷을 갈아입고 나서, 외교관의 호사한 서재로 나가 준비된 식사 앞에 앉았다. 빌리빈은 난로 옆에 느긋하게 자리를 잡았다.

안드레이는 여행 직후였을 뿐만 아니라, 생활을 청결하고 우아하게 갖추어줄 쾌적한 것이 하나도 없는 진중 생활이 죽 계속된 뒤였으므로, 실로 오랜만에 어린 시절부터 익숙한 사치스런 생활 환경 속에서 쾌적한 휴식감을 맛보고 있었다. 더욱이 오스트리아 정부의 무례한 태도를 본 뒤였기에, 러시아어를 쓰지는 않았지만(그들은 프랑스어로 이야기하고 있었다), 오스트리아 사람에 대한 러시아인 공통의(지금 특히 뼈저리게 느껴지는) 혐오감을 공유하고 있다고 안드레이가 여기는 러시아인을 상대로 이야기를 하는 것은 기분 좋은 일이었다.

빌리빈은 35, 6세의 독신자로 안드레이와 같은 상류 사회에 속하는 사람이었다. 그들은 뻬쩨르부르그에 있을 때부터 아는 사이이며, 최근 안드레이가 꾸뚜조프를 따라 빈에 온 뒤로는 더욱 친한 사이가 되었다. 안드레이가 군부에서 앞날이 유망한 청년인 것처럼 빌리빈은 그 이상으로 외교계에서 촉망을 받고 있었다. 그는 아직 청년이었지만 외교관으로서는 이제 젊은 편은 아니었다. 왜냐하면 16살 때부터 근무를 시작하여 파리와 코펜하겐에 주재한 적도 있고 지금은 빈에서 상당한 요직을 차지하고 있었기 때문이다. 오스트리아의 수상과 빈 주재 러시아 공사도 그를 알고 있고 경의를 표하고 있었다. 일류 외교관이 되기 위해서 어느 종류의 행동을 하지 않도록 하거나 프랑스어로 회화를 하는 따위의 소극적인 자격만을 꼭 습득하고 싶다고 생각하는 대다수의 외교관과는 달리 그는 일을 좋아하는 유능한 외교관의 한 사람이었다. 그래서 본시 게으른 편인데도 불구하고, 때로는 밤새도록 책상 앞에 앉아 있기도 했다. 그는 일의 본질이 어떤 것이든 간에 한결같이 일을 잘 해냈다. 그의 관심거리는 '무엇 때문에?'가 아니라, '어떻게 해서?'라는 데 있었다. 외교상의 문제가 어디에 있느냐는 것은 그에게는 아무래도 좋았다. 회람장과 각서와 보고서를 요령있고 정확하게 세련된 문장으로 작성하는 데에 그는 커다란 만족감을 느끼고 있었다. 문서의 일 외에 상류 사회에서 사람과 접촉하거나 이야기를 하는 솜씨에 있어서도 빌리빈은 능력을 인정받고 있었다.

빌리빈은 일을 좋아하는 것과 마찬가지로 대화도 좋아했으나, 단 대화가 품위가 있고 재치 있는 것이 될 가능성이 있는 경우에 한해서였다. 사람들 사이에서 그는 무엇인가 훌륭한 일을 말할 기회를 끊임없이 기다리고 있었고, 그러한 상황이 아니면 대화에 가담하지 않았다. 빌리빈의 대화에는 모두의 흥미를 끄는 독특하고 재치 있는 명문구가 항상 풍부하게 들어 있었다. 이러한 말은 시시한 사교계 인사들도 손쉽게 외워서 살롱에서 살롱으로 가지고 다니기 알맞도록 마치 휴대용으로 맞춘 것 같았으며, 모두 빌리빈의 머릿속에 있는 공방(工房)에서 만들어지는 것이었다. 실제로 모두가 말하고 있는 것처럼 빌리빈의 말은 빈의 살롱에 퍼져서 이른바 중요한 사항에 영향을 미치는 일이 자주 있었다.

여위고 지친 창백한 그의 얼굴은 온통 주름으로 덮여 있고, 그 주름은 목욕을 한 사람의 손가락처럼 꼼꼼하게 손질된 것 같이 청결한 느낌을 주었다. 그 주름살의 움직임이 그의 얼굴 표정 변화의 중심이 되어 있었다. 때로는 이마에 넓은 주름이 생겼고, 눈썹이 위로 올라가거나 때로는 아래로 내려가서 뺨에 큰 주름이 잡혔다. 안으로 들어간 작은 눈은 항상 똑바르고 밝았다.

"자, 그럼 자네의 무용담이나 들려 주게." 그가 말했다.

안드레이는 자기 이야기는 한마디도 꺼내지 않고, 매우 겸손한 어조로 전투와 군사 대신을 만난 이야기를 했다.

"그들은 좋은 보고를 가져간 날 마치 구주희(九柱戲 : 아홉 개의 작은 기둥을 세우고 / 원반을 던져 넘어뜨리는 놀이)를 방해하는 개처럼 대했어." 그는 이렇게 말을 맺었다.

빌리빈은 쓴웃음을 짓고 얼굴의 주름살을 폈다.

"그러나, 여보게." 그는 손톱을 멀리서 바라보며 왼쪽 눈 위에 주름살을 잡으면서 말했다.

"나는 '정교(正敎)의 러시아군'을 크게 존경하고 있지만 자네들의 이번 승리는 진정 빛나는 승리는 아니군."

그는 멸시하거나 새삼 강조하고 싶은 말만을 러시아어로 발음하면서 여전히 프랑스어로 말을 계속하였다.

"그렇지 않아? 자네들은 1개 여단밖에 없는 가엾은 모르쩨에게 전군으로 덤벼들었지? 더욱이 그 모르쩨는 자네들 손아귀에서 빠져나가지 않았나? 도대체 승리가 어디 있단 말인가?"

"그러나 사실대로 말하자면" 안드레이는 말을 이었다. "어쨌든 우리는 자만하지 않고 말할 수 있어. 이번의 일이 울름보다는 좀 낫다고."

"어째서 자네들은 한 사람이라도, 한 사람만이더라도 원수(元帥)를 포로로 잡지 않았지?"

"그거야 만사가 예상한 대로 되지 않았기 때문이지. 열병식처럼 정확하게 되지는 않거든. 지금 말한 대로 우리는 아침 7시까지는 배후로 돌 예정이었는데 오후 5시가 되어도 도착하지 않았어."

"어째서 오전 7시까지 도착하지 않았지? 오전 7시까지 도착했어야 했다면" 미소를 지으면서 빌리빈은 말하였다. "오전 7시에 적의 배후에 도착했어야 했다면 말이야."

"그럼 어째서 자네들은 제노바를 포기하는 것이 낫다고 외교적인 방법으로 보나빠르뜨를 설득하지 않았지?" 같은 어조로 안드레이가 말했다.

"그거야 나도 알고 있어." 빌리빈이 말을 가로막았다. "이처럼 난로 앞의 소파에 앉아서 원수를 포로로 하기란 몹시 쉬운 일이겠지만 실제로는 그렇게 되지 않는다고 자네는 생각하고 있겠지. 그것은 사실이야. 그러나 여하간 자네들은 어째서 원수를 잡지 않았지? 그러니까 말이야, 군사 대신 뿐만 아니라 신성로마제국 황제인 프란쯔까지도 자네들의 승리를 대견하게 여기지 않는다고 해서 놀랄 것은 없어. 또 러시아 공사관의 한낱 서기관에 지나지 않는 나도 별로 특별한 기쁨은 느끼고 있지 않거든."

그는 똑바로 안드레이를 바라보다가 갑자기 주름 잡고 있던 피부를 이마에서 아래로 내렸다.

"이번에는 내가 '왜' 라고 물어볼 차례로군, 빌리빈 군." 안드레이가 말했다. "솔직히 말하지만 나는 이해가 가지 않네. 어쩌면 여기에는 나의 박약한 머리를 초월한 외교적인 비책이 있는지 모르지만 나는 납득이 가지 않아. 마크는 전군을 잃었고, 페르지난트 대공(大公)과 까를르 대공은 너무나 무기력한 실패를 거듭했지. 겨우 꾸뚜조프만이 분명한 승리를 거두어 프랑스군의 '마력'을 격파했는데, 군사 대신은 자세한 사연을 알려는 관심조차 없거든"

"바로 그것이 원인이야. 만세! 황제를 위하여, 러시아를 위하여, 신앙을 위하여! 라는 거지. 이것은 모두 훌륭하네. 그러나 우리에게, 즉 나는 오스트리아 궁정을 대신해서 말하는 것이지만, 자네들 승리가 어쨌단 말인가? 만약 자네가 까를르 대공이나 페르지난트 대공이—아는 바와 같이 두 사람 다 피장파장한 위인이지만—최소한 보나빠르뜨의 소방 중대라도 좋으니 해치웠다는 소식이라도 가져왔다면 이야기는 다르지. 우리는 축포를 쏘겠네. 그런데 이번 일은 마치 빗대서 한 것처럼 우리를 초조하게 할 뿐이야. 까를르 대공은 손 하나 까딱도 하지 않고 페르지난트 대공은 추태만 부릴 뿐이지. 또 자네들은 빈을 포기해 버리고 더 이상 방어하려고 하지 않았어. 그건 마치 우리들이 자네들로부터 이런 말을 들은 것과 마찬가지였어. '우리는 하느님이 편들어 주시니까 염려 없습니다. 당신들이나 당신들의 도시도 하느님이 편드시지만, 종말을 맞이하는 것 또한 하느님의 뜻입니다.' 우리 모두 쉬미트 장군을 좋아했어. 자네들은 그 쉬미트 장군을 총알받이로 내보내 놓고 우리에게 승리를 축하한다는 거야. 그렇다면 자네가 가져온 이 승리의 보고만큼 남의 비위를 거슬리게 하는 것은 생각할 수 없다는 것을 납득해 주어야 해. 이것은 완전히 빗댄 거야. 더욱이 설사 자네들이 빛나는 승리를 거두었다고 치더라도, 아니 까를르 대공이 거두었다 치더라도 그것으로 대세에 어떤 변화가 생긴단 말인가? 이제와서는 늦었어. 빈이 프랑스군에 점령된 이 마당에 말이야."

"뭐, 점령되었다고? 빈이 점령되었다고?"

"점령되었을 뿐 아니라 보나빠르뜨는 벌써 셴브룬(빈에 있는 오스트리아 황제의 궁성)에 있다네. 그리고 우리가 친애하는 브르브나 백작은 명령을 받으러 그에게 가기로 돼 있네."

안드레이는 여독, 여행의 여러 가지 인상, 군사 대신과 회견, 특히 식사를 한 뒤의 나른함 때문에, 듣고 있는 말의 뜻을 잘 이해할 수 없다는 생각이 들었다.

"오늘 아침에 여기에 리히텐펠스 백작이 오셔서" 빌리빈은 말을 이었다. "빈에서 열린 프랑스군의 열병식을 소상하게 설명한 편지를 나에게 보여 주었지. 뮈러 친왕이나 그 밖의 여러 가지 일이 적혀 있었어⋯⋯. 이것으로 자네들의 승리가 별로 기쁜 일은 아니고 구세주처럼 환영을 받을 이유가 없다는 것을 알 거야⋯⋯."

"사실 나에게는 그런 것은 아무래도 좋아, 정말 아무래도 좋은 일이야!" 오스트리아 수도의 점령 같은 사건으로 보자면 크렘스 부근의 전투를 알린 그의 보고는 실제로 그다지 중대한 뜻을 지니고 있지 않다고 깨닫기 시작하면서 안드레이는 말했다. "어째서 빈이 점령당한 거지? 다리는, 그 유명한 교두보는? 그리고 아우엘스페르크 공작(오스트리아의 원수)은? 우리들 사이에서는 아우엘스페르크 공작이 빈을 방어하고 있다는 소문이 퍼지고 있었는데."

"아우엘스페르크 공작은 이쪽, 즉 우리 쪽에 머물면서 우리를 지켜주고 있네. 지극히 졸렬한 방어라고 생각하지만 하여간 우리를 지켜주고 있지. 그런데 빈은 강 저쪽에 있거든. 아니, 다리는 아직 점령당하지는 않았고 점령당할 리도 없으리라고 생각해. 왜냐하면 폭약이 장치되어 있어 명령이 있는 대로 폭파하게 되어 있기 때문이야. 그렇지 않으면 우리는 벌써 보헤미아의 산중으로 달아났을 것이고, 자네나 자네들의 군대도 양군의 포화 사이에 끼여서 15분 가량 혼이 났을 거야."

"그러나 그렇다고 해서 이 전쟁이 끝난 것은 아니잖아." 안드레이는 말했다.

"난 끝났다고 생각해. 이곳에 있는 머리가 텅 빈 친구들도 그렇게 생각하면서도 그것을 공언하지 않는 거야. 내가 전쟁 시초에 말한 대로 되는 셈이지. 즉 사태를 결정하는 것은 자네들의 듀른슈타인 부근에서의 소규모 분규나 일반론으로서의 화약의 힘이 아니라 그것을 생각해낸 친구들이야." 빌리빈은 자기의 명문구 하나를 꺼내서 말한 뒤, 이마의 주름살을 펴고 잠깐 말을 끊었다. "문제는 알렉산드르 황제와 프러시아 왕과의 베를린 회견이 어떻게 될 것인지 하는 점에 있네. 만약 프러시아가 동맹에 참가하면 오스트리아도 할 수 없이 참가할 것이므로 또 전쟁이 되는 거지. 그렇게 되지 않으면 문제는 단 하나, 새로운 캄포 포르미오(이탈리아의 한 마을. 1797년 오스트리아가 프랑스와 굴욕적인 평화조약을 체결한 곳)의 초안을 작성할 장소를 정하는 것뿐이지."

"그러나 얼마나 대단한 천재인가!" 안드레이는 조그마한 주먹으로 테이블을 치면서 느닷없이 소리쳤다. "그리고 얼마나 운이 좋은가, 그 사나이는!"

"부오나빠르뜨 말인가?" 빌리빈은 이맛살을 찌푸리고 지금 당장 명문구가 튀어나올 것이라는 것을 느끼게 하면서 물어보듯이 말했다.

"부오나빠르뜨 말인가?" 그는 새삼스럽게 부오나빠르뜨라고 발음하면서 말했다. "여하간 내 생각으로는 셴브룬에서 그 사나이가 오스트리아의 법률을 정하고 있는 이 마당에 이 '부우'라고 하는 천한 호칭은 용서해 주어야 해. 나는 단연 개혁을 해서 그를 개운하게 보나빠르뜨라고 부르겠어."

"아니, 농담은 그만두고." 안드레이는 말했다. "자네는 정말 전쟁이 끝났다고 생각하나?"

"나는 이렇게 생각하네. 바보가 된 것은 오스트리아인데 이 나라는 그런 일에 익숙해 있지 않아. 따라서 보복을 할 거야. 그런데 오스트리아가 바보가 됐다는 것은 첫째, 시골이 황폐되고 군은 분쇄되고, 수도는 점령되었기 때문인데, 그러한 일은 모두 사르디냐(1710~1861년까지 이탈리아 안에 있던 왕국)에게는 아무런 보상이 없었어. 따라서 여기에서만의 이야기인데 내 생각으로는 이번엔 우리가 바보가 될 것 같아. 내 느낌으로는, 분명 프랑스와 접촉해서 단독으로 맺을 비밀 강화의 초안을 만들고 있을 거야."

"설마 그런 일이!" 안드레이는 말했다. "그건 너무 비열해."

"차차 알게 될 거야." 빌리빈은 이야기가 끝났다는 표시로 다시금 이맛살을 펴면서 말했다.

안드레이는 자기를 위해 마련된 방으로 갔다. 깨끗한 내의를 입고 털이불과 향기가 풍기는 따뜻한 베개 위에 몸을 뉘었을 때, 자기가 보고를 가져온 저 전투가 자기로부터 멀리 떨어져 버렸다는 것을 느꼈다. 프러시아의 동맹, 오스트리아의 배반, 보나빠르뜨의 새로운 승리, 내일의 접견식, 군사 퍼레이드, 프란쯔 황제 배알 등이 그의 마음을 사로잡고 있었다.

그는 지그시 눈을 감았다. 동시에 그의 귓속에서는 포격, 일제사격, 마차 바퀴의 울림이 튀기듯이 들려오고, 다시 일선으로 늘어선 소총 부대가 언덕을 내려가고 프랑스군이 사격을 가했다. 그는 가슴이 두근거리는 것을 느꼈다. 그는 쉬미트와 나란히 말을 몰았다. 총알이 그의 주변에서 즐거운 듯이 윙윙거렸다. 그리고 그는 어렸을 때부터 한 번도 경험해 본 일이 없는 몇십 배나 부풀어오른 삶의 기쁨을 느끼는 것이었다.

그는 눈을 떴다……

"그렇다, 이것은 모두 정말 있었던 일이다!……." 그는 행복스럽고, 앳된 어린애처럼 미소를 띠면서 말했다. 그리고 젊음에 찬 깊은 잠에 푹 빠졌다.

11

이튿날 그는 늦게서야 잠에서 깼다. 지난날의 인상을 새삼 되새기면서 그는 우선 오늘 프란쯔 황제께 배알해야 함을 상기하고, 또 군사 대신, 정중한 오스트리아 시종 무관, 빌리빈, 어젯밤 이야기 등을 생각했다.

그는 궁중에 나가기 위해서 이미 오랫동안 입지 못했던 예복을 입고, 상쾌하고 활기에 찬 낯으로 한 손은 붕대를 감은 채 빌리빈의 서재로 들어갔다. 서재에는 외교관이 네 사람 와 있었다. 공사관 소속 서기관 이뽈리트 꾸라긴 공작하고는 아는 사이였다. 다른 사람들에게는 빌리빈이 소개해 주었다.

빌리빈한테 와 있던 사람들은 모두 상류 사회 출신의 부유하고 쾌활한 젊은이들이며 빈에서도 여기에서도 별개의 서클을 만들고 있었다. 그 서클의 우두머리격인 빌리빈은 그것을 '우리 패거리'라고 부르고 있었다. 거의 외교관만으로 이루어진 이 서클에서는 아무래도 전쟁과 정치와는 아무런 공통점이 없는 상류 사회나 이러저러한 여성과의 관계, 근무상의 사무적인 면 등이 그들 나름대로의 관심사였다. 이들은 기꺼이 자기네 패거리로서(그것은 소수의 사람에게만 주는 명예였다) 안드레이를 서클에 맞아들였다. 예의상으로, 또는 좌담을 시작하기 위한 화제로서 그에게 군대와 전투에 관한 몇 가지 질문을 한 뒤, 대화는 또다시 두서 없는 명랑한 농담과 남을 헐뜯는 이야기로 번져 나갔다.

"그러나 특히 좋은 것은" 한 사람이 동료 외교관의 실패에 대해서 이야기하면서 말했다. "특히 좋은 것은 말이야, 수상이 그 녀석에게, 자네의 런던

부임은 영전이니까 자네도 그렇게 생각하지 않으면 안 된다고 단호히 말해 버린 거야. 그때 녀석의 표정을 상상할 수 있겠나?"

"그런데 가장 나쁜 것은 말이야, 여러분, 나는 꾸라긴의 비밀을 들추는 셈이 되지만, 그는 지금 불행한 처지에 있는데 그것을 이 돈 판은 이용하고 있는 거야. 정말 지독한 사나이야!"

이뽈리트 공작은 의자 팔걸이에 두 다리를 얹은 채 볼테르 식 안락의자에 누워 있었다. 그는 웃기 시작했다.

"이야기를 해 보시오." 그는 말했다.

"아니, 돈 판!" "오오, 뱀!" 여러 가지 소리가 들렸다.

"자네는 모를 거야, 볼꼰스끼 군." 빌리빈은 안드레이를 향하여 말했다. "프랑스군(하마터면 러시아군이라고 할 뻔 했다)이 저지른 그 어떤 무서운 일이라도, 이 사나이가 여인들 사이에서 저지른 죄에 비한다면 아무것도 아니야."

"여자는 남자의 친구야." 이뽈리트는 이렇게 말하고, 들어올린 두 다리를 손잡이가 달린 안경으로 들여다보기 시작했다.

빌리빈과 패거리들은 이뽈리트의 눈을 보고 크게 웃어댔다. 안드레이는 자기가(고백하지 않으면 안 되지만) 아내의 일로 거의 질투하고 있던 이 이뽈리트가 이 패거리에서는 어릿광대라는 것을 알았다.

"아냐, 자네가 이 꾸라긴을 잘 알아야 해." 빌리빈은 조용히 안드레이에게 말했다. "그는 정치 이야기를 하는 폼은 굉장해. 그 관록은 볼만한 가치가 있어."

그는 이뽈리트 곁에 자리잡고 이마에 주름살을 모으면서, 그를 붙잡고 정치 이야기를 늘어놓기 시작했다. 안드레이도 다른 패들도 두 사람을 둘러쌌다.

"베를린 정부는 동맹에 관한 자기 의견을 표명할 수 없어." 이뽈리트는 모든 사람을 뜻있게 둘러보면서 말문을 열었다. "표명은 하지 않고…… 최후의 각서처럼…… 알겠습니까…… 알겠죠? …… 그러나 만약 황제가 우리 동맹의 원칙에 위배하지 않는다면……."

"잠깐만, 내 이야기는 아직 끝나지 않았으니까……." 그는 안드레이의 손을 잡고 안드레이에게 말했다. "내 생각으로는 간섭 쪽이 불간섭보다 확실합니다. 게다가……." 그는 잠깐 입을 다물었다. "11월 28일자의 우리 급보가 수리되지 않았다고 해서 그것으로 일이 끝났다고는 생각할 수 없습니다. 이렇게 되면 끝장이 돼요."

이렇게 말하고 그는 이것으로 모두 끝났다는 것을 표시하면서 안드레이의 손을 놓았다.

"데모스테네스여(고대 그리스 연설가. 기원전 384~322), 나는 너의 황금 입 속에 감춘 돌맹이로 너를 알 수 있노라!" 빌리빈이 말했다. 너무 만족한 나머지 그의 모자와 같은 머리털이 머리 위에서 약간 움직였다.

모두들 웃었다. 이뽈리트는 누구보다 큰 소리로 웃었다. 그는 보기에도 괴로워하며 숨을 헐떡이고 있었지만, 여느 때에는 움직임이 없는 얼굴을 펴는 것 같은 웃음을 억제할 수가 없었다.

"그런데 실은, 여러분." 빌리빈이 말했다. "볼꼰스끼 군은 우리 집과 이 브르노에서 나의 손님이므로 나는 될 수 있는 대로 이곳 생활의 온갖 즐거움으로 만족시켜 주고 싶네. 빈이라면 이런 일은 아무것도 아니지만 이 초라한 모라비아의 동굴에서는 그건 좀 어려워. 그래서 여러분의 후원을 부탁하는 거야. 이 사나이에게 부끄럽지 않은 브르노의 대접을 해 주어야 해. 자네는 연극을 맡아 줘. 나는 사교계, 이뽈리트, 자네는 물론 여인을 부탁하네."

"이 사나이에게 아멜리를 보여 줘야지. 근사 하지!" 패거리의 한 사람이 손가락 끝에 키스하면서 말했다.

"대체로 이러한 피에 굶주린 병사는" 빌리빈이 말했다. "좀더 인간애가 넘친 사고 방식을 갖게 해야 해."

"그러나 나는 여러분의 대접을 받을 수가 없을 것 같습니다. 이제 가야하니까요." 시계를 들여다보면서 안드레이가 말했다.

"어디로?"

"황제에게로."

"그래요?"

"자, 그럼, 볼꼰스끼 군!" "안녕, 공작. 되도록 빨리 식사하러 돌아와 주게." 여러 소리들이 들렸다. "우리는 당신을 책임질 테니까."

"황제하고 이야기를 할 때, 식량 수송과 교통로가 정비되어 있다는 점을 칭찬해 드리게." 안드레이를 현관까지 배웅하면서 빌리빈이 말했다.

"칭찬하고 싶은 마음은 태산 같지만 내가 실태를 아는 한 그럴 수가 없어." 미소지으면서 안드레이가 대답했다.

"하여간 되도록 많이 말을 하게. 황제가 가장 좋아하는 것은 배알(拜謁)이거든. 그런데 본인은 이야기하는 것을 싫어하고 또 할 수도 없어. 자네도 알게 될 거야."

12

접견 때에 프란쯔 황제는 오스트리아 장교들 사이에서 정해진 자리에 서 있던 안드레이의 얼굴을 골똘히 바라보고 그 긴 얼굴로 그에게 끄덕여 보였을 뿐이었다. 그러나 접견 후 어제의 시종 무관이 안드레이에게 배알을 허락한다는 황제의 의지를 공손히 전했다. 프란쯔 황제는 방 한가운데 서서 그를 맞았다. 이야기를 시작하기에 앞서 안드레이는 황제가 무슨 말부터 꺼내야 할지 몰라서 망설이는 양 얼굴을 붉혔기 때문에 놀랐다.

"전투는 언제 시작되었는지 이야기해 주겠소?" 황제는 다급하게 물었다.

안드레이는 물음에 대답했다. 이 질문 뒤에 "꾸뚜조프는 건강한가? 그가 크렘스에서 출발한 것은 언제인가?" 하는 몇 가지 질문이 이어졌다. 황제는 마치 자기 목적이 다만 일정한 양의 질문을 하는 데 있다는 듯한 표정을 지으며 말했다. 이와 같은 질문에 대한 대답은 너무나 뻔한 것이어서 황제의 흥미를 끌 리가 없었다.

"전쟁은 몇 시에 시작하였소?" 황제는 물었다.

"전선 쪽에서는 싸움이 몇 시에 시작됐는지 폐하께 보고드릴 수 없습니다만 제가 있던 듀른슈타인에서는 오후 5시가 지나서 한 부대가 공격을 개시했습니다." 안드레이는 자기가 알고 있는 것, 본 것을 남김 없이 정확하게 설명할 말을 이미 자기 머릿속에 준비하고 있었기 때문에, 그것을 이 기회에 피력할 수 있다고 생각하고 활기를 띠며 대답했다.

그러나 황제는 빙그레 미소 짓고 그의 말을 가로챘다.

"몇 킬로입니까?"

"어디서 어디까지 말씀입니까, 폐하?"

"듀른슈타인에서 크렘스까지 말이오."

"약 5킬로 반입니다, 폐하."

"프랑스군이 좌안(左岸)을 포기하였습니까?"

"척후병의 보고에 의하면, 밤중에 뗏목으로 마지막 부대가 강을 건넜습니다."

"크렘스에서는 말먹이는 충분하오?"

"말먹이는 필요한 양이 보급되지 않……."

황제는 그의 말을 가로챘다.

"쉬미트 장군은 몇 시에 전사했소?"

"7시였다고 생각합니다."

"7시? 참으로 슬프오! 참으로 슬픈 일이오!"

황제는 감사하다고 말하고 가볍게 머리를 숙였다. 안드레이가 물러나자 이내 신하들이 그를 둘러쌌다. 사방에서 상냥한 눈길이 그에게로 보내지고 붙임성이 좋은 말들이 들렸다. 어제의 시종 무관은 어째서 궁정에서 자지 않았느냐면서 그를 나무라고 자기 집을 제공했다. 군사 대신은 황제가 안드레이에게 수여한 마리아 테레사 삼등 훈장에 대한 축하를 말하면서 그의 곁으로 왔다. 황후의 시종은 그를 황후한테로 초대했다. 대공비도 그를 만나고 싶다고 했다. 안드레이는 누구에게 대답하면 좋을지 몰라서 몇 초 동안 생각을 가다듬고 있었다. 러시아 공사는 그의 어깨를 붙잡고 창문 쪽으로 데리고 가서 이야기를 시작하였다.

빌리빈의 말과는 달리 그가 가져온 보고는 환영을 받았다. 감사 기도식도 올리게 되었다. 꾸뚜조프에겐 대십자 마리아 테레사 훈장이 수여되고 전군이 상을 받았다. 안드레이는 각 방면으로부터 초대를 받고 오전 내내 오스트리아의 중요 고관들을 차례로 방문해야 했다. 저녁 4시 전에 방문을 끝내고, 이번 전투와 브르노 여행에 관한 아버지에게 보낼 편지를 머릿속으로 궁리하면서 안드레이는 머물고 있는 빌리빈의 집으로 돌아왔다. 빌리빈의 집으로 돌아오는 도중 안드레이는 행군 중에 읽을 책을 사기 위해 서점으로 갔는데, 그 서점에서 시간을 오래 끌고 말았다. 그런데 빌리빈이 머물고 있는 집에 돌아와 보니 현관 가까이에 반쯤 짐을 실은 승용 마차가 서 있었다. 빌리빈의 하인 프란쯔가 간신히 트렁크를 들고 문에서 나왔다.

"무슨 일인가?" 안드레이는 물었다.

"아아, 장교님!" 프란쯔는 간신히 트렁크를 마차 속에 밀어올리면서 말했다. "더 멀리 갑니다. 악당이 다시 우리 뒤를 쫓아와서!"

"뭐라고? 어떻게 됐단 말인가?" 안드레이는 물었다.

빌리빈이 안드레이를 마중 나왔다. 여느 때는 침착했던 빌리빈 얼굴에 동요의 빛이 감돌고 있었다.

"안 돼, 안 돼, 자네도 인정해야 해. 이런 일이 일어나다니." 그는 말했다. "빈에 있는 타보르 다리 말이야, 그들은 아무 저항도 받지 않고 다리를 통과하고 말았어."

안드레이는 아무것도 몰랐다.

"대체 자네는 어디서 오는 길인가? 온 거리의 마부까지도 알고 있는 일을 자네가 모르다니!"

"대공비(大公妃)를 뵙고 오는 길이네. 거기서는 아무 말도 듣지 못했는데."

"온통 짐을 꾸리고 있는 것을 보지 못했나?"

"못 봤는데…… 대체 어떻게 된 건가?" 참질 못하고 안드레이가 물었다.

"어떻게 된 거냐고? 요컨대 아우엘스페르크가 방어하고 있던 다리를 프랑스군이 건너 버렸단 말이야. 다리는 폭파되지 않았어. 뮤라는 브르노로 통하는 길을 달려오는 중이니 오늘 내일 사이에 여기에 들이닥칠 거야."

"여기로? 그런데 지뢰 장치가 되어 있는데 왜 다리를 폭파하지 않았을까?"

"그건 내가 묻고 싶은 말이야. 이것은 아무도, 보나빠르뜨 자신도 모르는 일일 거야."

안드레이는 두 어깨를 움츠렸다.

"그러나 다리를 건너 버렸다면, 즉 아군은 끝장이란 말이지. 아군은 적에게 차단되었으니까 말이야." 그는 말했다.

"그게 중요해." 빌리빈이 대답했다. "알겠어? 내가 말한 바와 같이 빈으로 프랑스군대가 들어왔어. 성공리에 말이야. 다음날, 즉 오늘, 뮤러, 란, 벨랴르 이 세 원수가 말을 타고 다리로 향했다는 거야(이 세 사람은 모두 가스코뉴 출신 허풍쟁이야). '여러분' 하고 그 중 한 사람이 말했네. '아시다시피 타보르 다리는 지뢰 장치와 불발 장치도 되어 있습니다. 그리고 다리 앞쪽에는 다리를 폭파하고 우리가 지나가지 못하도록 하라는 명령을 받은 적군 1만 5천 명이 강력한 교두보를 구축하고 있습니다. 그러나 우리 나폴레옹 황제 폐하는 만약에 우리가 이 다리를 빼앗으면 무척 기뻐하실 겁니다. 우리 세 사람이 가서 이 다리를 점령합시다.' 그러자 '갑시다' 하고 다른 두 사람이 말했어. 그래서 그들은 앞으로 나아가서 다리를 점령하고, 그것을 건너서 이제 전군을 거느리고 다뉴브 강 이쪽에서 우리나 자네들, 우리들의 연락로를 향하여 밀어닥치고 있다는 거야."

"농담은 작작 하게." 안드레이는 슬픈 듯이, 그러나 진지하게 말했다.

이 소식은 안드레이에게는 슬프기도 하고 동시에 즐겁기도 했다. 러시아군이 전적으로 절망 상태에 빠져 있음을 안 순간 그의 머리에 떠오른 것은 러시아군을 이런 상태에서 구출하는 것이 바로 자신의 사명이며, 이번 사건이야말로 자기를 무명 장교 중에서 끌어내어 영광의 첫발을 열어 주는 뚤롱^(나폴레옹이 처음 공훈을 세운 장소)인 것이다. 빌리빈 이야기에 귀를 기울이면서, 그는 자기가 귀대해서 군사 회의에서 군을 구출할 수 있는 유일한 의견을 제출하고 그 계획의 실행이 자기에게만 위임되는 것을 머릿속에 그리고 있었다.

"농담은 이제 그만 하게." 그는 말했다.

"농담이 아냐." 빌리빈은 말을 이었다. "이 이상 정확하고 비참한 이야기는 없네. 그들은 다리 옆에 오자 흰 수건을 들었어. 휴전이다, 자기들이 온 것은 아우엘스페르크 공작과 교섭하기 위해서라고 선서했어. 당직 장교가 그들을 교두보로 안내했지. 그들은 가스코뉴 식의 큰소리를 마구 늘어놓았어. 전쟁은 끝났다, 프란쯔 황제가 보나빠르뜨와 만나기로 했다, 자기들은 아우엘스페르크 공작을 만나고 싶다 하고 말이야. 장교는 아우엘스페르크를 부르러 사람을 보냈지. 세 원수들은 장교들을 껴안고 농담을 하기도 하고 대포 위에 올라타기도 했어. 그러는 동안에 프랑스 대대가 살며시 다리에 들어서서 가연물(可燃物)이 든 주머니를 물 속에 내던지고 교두보에 접근했어. 그러자 마침내 우리의 친애하는 아우엘스페르크 공작이 나타났지. '적이면서도 칭찬할 만한 장군! 오스트리아군의 꽃, 터키의 영웅! 적대 관계는 끝났소. 우리는 서로 손을 잡을 수 있게 됐소…… 나폴레옹 황제는 아우엘스페르크 공작을 친히 뵙고 싶은 생각에 불타고 계십니다.' 요컨대 이들은 가스코뉴 사람이라는 이름에 부끄럽지 않게 아우엘스페르크 공작에게 듣기 좋을 말을 퍼붓고, 아우엘스페르크 공작은 이렇게 빨리 프랑스 원수들과 친해진 데 대해 매우 기분이 좋아져서 우쭐해진 거야. 그리고 뮈러의 망토와 타조 깃털에 넋을 잃었기 때문에 상대방의 불같이 화려한 모습만 눈에 들어와, 자기가 쏘아야 할, 적을 향해 쏘지 않으면 안 되는 포화(砲火)를 잊어버린 거야(열변을 토하면서도 빌리빈은 멋부린 자기 말솜씨를 상대방이 감상하도록 잠깐 틈을 두는 것을 잊지 않았다). 그 틈을 타 프랑스군 대대가 교두보에 돌입하여 대포에 뚜껑을 닫아버렸지. 그래서 다리를 빼앗겨 버린 거야. 아니, 가장 걸작인 것은"

그는 자기의 훌륭한 말솜씨에 흥분하고 있었으나 약간 침착을 되찾고 말을 이었다. "그것은 말이야, 폭약에 불을 붙이고 다리를 폭파하는 신호를 내기로 되어 있었던, 포를 담당한 하사관 말인데, 그는 다리를 향해서 프랑스군이 달려오는 것을 보자 곧 발포하려고 했어. 그런데 란이 그 손을 밀어냈지. 그러나 장군보다 영리한 하사관은 아우엘스페르크 쪽으로 가서 소리쳤어. '공작, 당신은 속고 계십니다. 봐요, 저기 프랑스군이!' 뮈러는 이 하사관의 입을 막지 않으면 일이 실패할 것이라는 것을 알아채고는, 어이가 없다는 시늉을 하면서(진짜 가스코뉴 사람답게) 아우엘스페르크에게 이렇게 말해. '전 세계에서 칭찬받고 있는 오스트리아군의 군규(軍規)가 바로 이런 것이었나요? 당신은 부하들이 이렇게 무례하게 구는 것을 허락하시는군요!' 이것은 정말 천재적이야. 체면을 구긴 아우엘스페르크 공작은 하사관을 체포하라고 명령하지. 하지만 인정하지 않으면 안 돼. 타보르 다리의 이 사건은 매우 훌륭해. 이것은 터무니 없는 일도 아니고 비열한 일도 아냐……."

"그것은 혹시 배반이 아닐까?" 안드레이는 회색 외투, 부상, 초연, 일제 사격 소리, 그리고 자기를 기다리고 있는 영광을 생생하게 떠올리면서 말하였다.

"그렇지도 않아. 이것은 궁정을 매우 난처한 입장에 빠뜨리고 있어." 빌리빈은 말을 이었다. "이것은 배반도 비열한 행동도 어리석은 행위도 아니야. 이것은 울름 때와 똑같아." 그는 표현을 찾으면서 생각에 잠겼다. "이것은…… 이것은 마크식(式)이야. 우리는 마크화(化)가 되어 버렸어." 빌리빈은, 자기는 되풀이해서 입에 오를 만한 새로운 농담을 했다고 느끼면서 말을 맺었다.

그때까지 이마에 잡혀 있던 주름살은 만족의 표시로 활짝 펴졌다. 그리고 그는 잠시 미소지으면서 손톱을 꼼꼼하게 바라보기 시작했다.

"어디로 가나?" 일어서서 자기 방으로 돌아가려는 안드레이를 향해 빌리빈은 느닷없이 말했다.

"나는 출발하겠네."

"어디로?"

"군대로."

"그러나 자네는 이틀 더 머무를 작정이었잖나?"

"이렇게 된 바에야 나는 곧 떠나야겠어."

안드레이는 출발 지시를 하고 자기 방으로 갔다.

"여보게." 빌리빈은 자기 방으로 들어가면서 말했다. "나는 자네 생각을 했네. 왜 자네는 떠나는 거지?"

그리고 이 생각은 반박할 여지가 없다는 듯이 그의 얼굴에서 주름살이 몽땅 가시고 말았다.

안드레이 공작은 의아스럽다는 듯이 상대편을 바라보고 아무 대답도 하지 않았다.

"무엇 때문에 가지? 나는 알고 있어. 군대가 위기에 빠져 있는 지금나의 의무는 군으로 달려가는 것이다 하고 자네는 생각하고 있지. 그건 알겠어. 그것은 훌륭한 영웅적인 행동이네."

"천만에." 안드레이는 말했다.

"그러나 자네는 철학자니까 어디까지나 철학자답게 사물을 다른 면에서 관찰해 보게. 그러면 자네 의무는 오히려 자기를 소중히 해야 하는 것임을 깨닫게 될 걸세. 그런 것은 그런 재간밖에 없는 다른 사람들에게 맡겨 두게 ……. 자네는 귀환 명령을 받고 있는 것도 아니고 여기서 나가도 좋다는 말을 듣고 있는 것도 아냐. 자네는 여기 남아서 우리들과 같이 가도 좋아, 불행한 운명이 끌고 가는 곳으로 말이야. 소문에 의하면 올로모츠로 철퇴한다고들 하더군. 올로모츠는 여간 정이 드는 거리가 아냐. 나와 같이 마차를 타고 편안히 가지 않겠나."

"농담은 그만하게. 빌리빈." 안드레이는 말했다.

"나는 친구로서 진심으로 자네에게 말하는 것일세. 생각해 보게. 자네는 지금 여기 남을 수 있는데 어디로 무엇 때문에 가려는 것인가? 자네를 기다리고 있는 것은 둘 중 하나일세(그의 왼쪽 관자놀이 위에 주름이 잡혔다).
자네가 군대에 도착하기도 전에 강화가 체결되든지, 그렇잖으면 꾸뚜조프의
전군의 패배와 치욕이 있든지."

이렇게 말하고 나서 빌리빈은 자기의 양도논법은 반론할 수 없을 것이라
느끼고 주름을 폈다.

"나는 그런 걸 고려하고 있을 수 없네." 안드레이 공작은 냉정하게 말하
고, 속으로는 '나는 군을 구하기 위해서 간다'고 생각했다.

"여보게, 자넨 영웅이야." 빌리빈은 말했다.

13

그날 밤 안드레이는 군사 대신에게 작별 인사를 하고 나서 우군이 있을 것
같은 방향을 향하여 출발했다. 하지만 어디서 군대를 만날 것인지도 몰랐고,
또 크렘스로 가는 도중에 프랑스군에 잡힐지도 모른다는 것이 걱정이었다.

브르노에서는 궁정과 관계가 있는 사람들은 모두 짐을 꾸리고, 무거운 짐
은 이미 올로모츠로 발송되어 있었다. 에쩰스도르프 부근에서 안드레이는
러시아군이 더없이 갈팡질팡하면서, 엉망진창이 된 질서 속에서 이동하고
있는 길로 나왔다. 길은 짐마차로 꽉 메워져 도저히 마차로는 지나갈 수가
없었다. 그래서 안드레이는 까자크 대장으로부터 말과 까자크 병사를 빌려,
굶주림과 피로에 시달리면서 수송대를 앞질러 총사령관과 자기 짐마차를 찾
으러 갔다. 도중에서 아군의 상황에 관한 몹시 불길한 소문을 들었다. 무질
서하게 도망치는 군대 모습이 이 소문을 입증해 주고 있었다. '영국의 돈으
로 세계 끝에서 운반된 이 러시아군에 우리는 같은 운명(울름에서와 같은
운명)을 맛보게 해 주려는 것이다.' 그는 나폴레옹이 싸움을 앞두고 자기 군
대에 준 훈시를 상기했다. 이 말은 그의 마음에 천재적인 영웅에 대한 놀라
움과, 긍지에 상처를 입은 기분과 영광에의 기대를 불러 일으켰다. '그러나
만약 죽음 이외에는 아무것도 남지 않는다면?' 그는 생각했다. '좋아, 그것
이 필요하다면 할 수 없지! 나도 그 누구 못지않게 훌륭하게 보여 줄 테다.'

한없이 계속되는 무질서하게 뒤섞인 부대, 군용마차, 물자 수송대, 포병
대, 그리고 또 서로 앞질러 가려다가 석 줄 넉 줄이 되어 진창길을 꽉 메우
고 있는 온갖 형의 짐마차의 무리를 안드레이 공작은 바라보고 있었다. 앞뒤

할 것 없이 들을 수 있는 온갖 방향으로부터, 바퀴 소리, 짐마차와 포가(砲架)의 차체(車體)가 덜거덕거리는 소리, 말굽 소리, 채찍질 소리, 말을 몰아대는 외침, 병사나 종졸(從卒), 장교들의 꾸짖는 소리가 들려 왔다. 길가에는 가죽이 벗겨진 말의 사체와 벗겨지지 않은 사체, 부서진 짐마차와 그 옆에서 무엇을 기다리고 있는지 홀로 앉아 있는 병사, 부대에서 떨어져서 떼를 지어 근처 마을로 밀려가는 병사, 마을에서 닭과 양, 건초(乾草), 무엇인가 잔뜩 집어 넣은 전대를 메고 오는 병사들이 끊임없이 눈에 띄었다. 오르막과 내리받이 고개에서는 병사의 무리가 움쭉달싹 못하게 꽉 들어차고, 신음하듯이 외치는 소리가 끊임없이 들렸다. 병사들은 진창 속에 무릎까지 빠지면서 포와 짐마차를 들어올리고 있었다. 채찍 소리가 나고 말굽이 미끄러지는가 하면, 말의 고삐는 끊어지고 가슴은 고함을 지르느라 터질 것만 같았다. 병사들을 지휘하고 있던 장교들은 짐마차 사이를 누비며 앞뒤로 왔다갔다하면서 말을 몰고 있었다. 그들의 목소리는 전체의 웅성거림 속에서 연약하게 들렸고, 이 혼란을 진정시킬 수 없다고 체념했다는 것을 그 표정으로 보아 알 수 있었다.

'이것이 친애하는 정교(正敎)의 군대란 말인가.' 안드레이는 빌리빈의 말을 기억 속에 더듬으면서 생각했다.

총사령관은 어디에 있는가, 이들 중 누군가에게 물어보려고 그는 짐마차의 열로 가까이 갔다. 그의 눈앞에 말을 한 마리만 맨 기묘한 마차가 앞으로 나아가고 있었다. 그것은 병사가 이것저것 재료를 구해 두드려 맞춘 것으로, 짐마차와 1인승 마차와 포장마차의 중간에 해당하는 모양을 하고 있었다. 병사가 말을 다루고 있었고, 가죽 포장 아래의 비가리개 뒤에는 몸 전체를 여러 장의 스카프로 싼 여인이 앉아 있었다. 안드레이가 다가가서 병사에게 물어보려는 순간, 그 포장마차에 타고 있던 여인이 절망적인 소리로 외쳤다. 마차의 열을 지휘하고 있던 장교가, 다른 마차를 추월하려 한다고 이 포장마차의 마부 역할을 하고 있는 병사를 치려고 하다가 채찍이 비가리개에 맞은 것이다. 여자는 쩨지는 목소리로 소리를 지르고 있었다. 안드레이를 보자 여자는 차양 밑에서 몸을 내밀고, 털 스카프 아래로 내민 가는 손을 흔들며 외쳤다.

"부관! 부관님!······ 제발······ 보호해 주세요······ 대체 어떻게 되는 거예요?…… 저는 제7추격대 군의관의 아내입니다…… 지나갈 수 없을까요? 우리는 늦어서, 일행을 잃었어요…….”

“두들겨 패서 묵사발을 만들 테다, 어서 되돌아가!” 잔뜩 화가 난 장교가 병사에게 소리쳤다. “저년을 데리고 돌아가!”

“부관님, 살려 주세요! 이게 어떻게 된 일입니까?” 군의관의 아내가 소리쳤다.

“이 마차를 보내 주시오. 이분이 여자라는 것을 모르시오?” 안드레이는 장교 쪽으로 말을 가까이 대면서 말했다.

장교는 그를 흘끗 보았으나 대꾸도 하지 않고 다시금 병사 쪽으로 돌아섰다.

“이 녀석, 짓밟아 버리겠다…… 돌아가!”

“보내 주라고 하지 않소.” 안드레이는 입술을 깨물면서 다시 이렇게 되풀이했다.

“대체 넌 뭐야?” 장교는 갑자기 술취한 사람처럼 화를 내며 그에게 덤벼들었다. “넌 누구야? 네가(그는 너라는 말에 힘을 주었다) 지휘관이라도 되나, 응? 여기서는 내가 지휘관이다. 네놈이 아냐. 이봐, 돌아가!” 장교는 다시 되풀이했다. “묵사발을 만들어 놓을 테다.”

이 표현은 분명히 장교의 마음에 든 것 같았다.

“보기 좋게 부관을 물리쳤군.” 뒤에서 소리가 들렸다.

안드레이는 장교가 이유도 없는 화를 내어 술 취한 사람처럼 굴고 있고, 이런 경우에 인간은 자기가 무슨 말을 지껄이고 있는지 의식이 없는 상태에 있다는 것을 알았다. 포장마차에 탄 군의관의 아내 편을 드는 것은 자기가 이 세상에서 가장 두려워하는 것, 즉 우스꽝스러운 짓에 해당한다는 것을 알고 있었다. 그러나 그의 본능은 다른 말을 속삭이고 있었다. 장교가 마지막 말을 다 하기도 전에 안드레이는 분노로 일그러진 얼굴로 장교 옆으로 가서 채찍을 추켜들었다.

“보내 주게!”

장교는 한 손을 내젓고 황급히 옆으로 물러섰다.

“이런 무질서는 모두 참모본부 녀석들 때문이야.” 그는 중얼거렸다. “좋을 대로 하라지.”

안드레이는 급히 눈을 아래로 깔고, 자기를 구세주라고 부르는 군의관의 아내 옆을 떠났다. 그리고 이 굴욕적인 장면의 소상한 점까지 혐오에 찬 마음으로 상기하면서, 총사령관이 있다고 들은 마을을 향하여 말을 몰았다.

마을에 들어서자 그는 말에서 내려 맨 먼저 눈에 띈 집으로 갔다. 잠깐이라도 쉬면서 무엇인가를 먹고, 자기의 자존심을 짓밟는 이 괴로운 생각을 말끔히 정리하려 했다. '이것은 불량배 무리지 군대가 아냐.' 그는 맨 먼저 눈에 띈 집 창문으로 다가가면서 생각했다. 마침 그때 귀에 익은 목소리가 그의 이름을 불렀다.

그는 돌아다보았다. 그 조그마한 창문에서 네스비쯔끼의 얼굴이 내다보고 있었다. 네스비쯔끼는 젖은 입으로 무엇인가 씹으면서 두 손을 흔들어 그를 부르고 있었다.

"볼꼰쓰끼, 볼꼰스끼! 안 들리나, 응? 빨리 오게." 그는 소리쳤다.

집으로 들어서자 가벼운 식사를 하고 있는 네스비쯔끼와 또 한 사람의 부관이 그의 눈에 띄었다. 두 사람은 무슨 소식이 없느냐고 안드레이에게 물었다. 안드레이 공작은 낯익은 두 얼굴에 동요와 불안의 빛이 서려 있음을 알아챘다. 그 표정은 늘 웃고 있는 네스비쯔끼의 얼굴에서 특히 눈에 띄었다.

"총사령관은 어디 계셔?" 안드레이가 물었다.

"여깁니다. 저 집입니다." 부관이 대답했다.

"그런데, 어떤가. 강화니 항복이니 하는 것은 정말인가?" 네스비쯔끼가 물었다.

"그것은 내가 묻고 싶네. 나는 간신히 여기까지 왔을 뿐이지 아무것도 모르고 있네."

"우리편의 꼴이 그게 뭔가? 너무 참담하기 그지 없어! 나는 정말 후회하고 있네. 우리는 마크를 비웃었지만 우리편이 더 추태를 드러낼 것 같아." 네스비쯔끼는 말했다. "좀 앉아서 무엇이라도 먹게."

"공작님, 지금에 와서는 짐차도 아무것도 찾을 수가 없습니다. 당신의 종복 뾰뜨르도 어디로 갔는지 모르겠어요." 부관이 말했다.

"본부는 도대체 어딨지?"

"쯔나임에서 숙영하고 있습니다."

"나는 필요한 것을 말 두 마리에 다 실어 버렸어." 네스비쯔끼가 말했다. "짐은 훌륭하게 꾸려진 말짐이었지. 보헤미아의 산을 넘어서 달아날 수 있을 정도지. 상황이 나빠. 아니, 왜 그러나? 몸이라도 편찮은건가? 몹시 떨고 있지 않나?" 네스비쯔끼는 안드레이가 전기에라도 닿은 듯이 경련하는 것을 보고 물었다.

"아무것도 아냐." 안드레이는 대답했다.

그 순간 그는 아까의 군의관 아내와 수송 장교의 충돌을 상기했던 것이다.

"총사령관은 여기서 무엇을 하고 계신가?" 그는 물었다.

"전혀 모르겠어." 네스비쯔끼가 말했다.

"내가 알고 있는 것은 다만 한 가지, 모든 것이 저열하고 저열하고 또 저열하다는 것뿐이야." 안드레이는 이렇게 말하고 나서 총사령관이 머물고 있는 집으로 향했다.

꾸뚜조프의 마차와 막료들의 피로에 지친 말, 큰 소리로 서로 말을 주고받는 까자크들 곁을 지나서 안드레이는 현관으로 들어갔다. 안드레이가 들은 대로 꾸뚜조프는 바그라찌온과 바이로터와 함께 농가에 있었다. 바이로터는 전사한 쉬미트 후임인 오스트리아 장군이었다. 현관에는 몸집이 작은 꼬즐로프스끼가 서기 앞에 웅크리고 앉아 있었다. 서기는 거꾸로 엎은 통 위에서 군복의 소맷자락을 접어 올린 채 바쁘게 무엇인가 쓰고 있었다. 꼬즐로프스끼의 얼굴은 피로에 지쳐 있었다. 이 사나이 역시 한잠도 자지 못한 것 같았다. 그는 안드레이를 흘끗 보았지만 인사도 하지 않았다.

"제2군은…… 썼나?" 그는 서기에게 계속 받아쓰게 했다. "끼에프 척탄 부대, 뽀돌리스크 추격 부대……."

"너무 빨라서 따라갈 수가 없어요, 영관님." 서기가 꼬즐로프스끼 쪽을 보며 화난 듯 버릇없이 말했다.

그때 문 안쪽으로부터 힘찬, 못마땅한 듯한 꾸뚜조프의 소리가 들리고 귀에 익지 않은 다른 소리가 그것을 가로막고 있었다. 두 목소리의 어조, 꼬즐로프스끼가 그를 바라보았을 때의 무관심한 모습, 피로에 지친 서기의 무례한 태도, 서기와 꼬즐로프스끼가 이렇게 총사령관 바로 옆에서 나무통 위에 앉아 있다는 것, 말을 맡고 있는 까자크들이 집 창문 밑에서 큰 웃음소리를 내고 있는 것—이러한 일들로 보아 안드레이는 무슨 중대한 불행한 일이 일어날 것이라고 느꼈다.

안드레이는 끈질기게 꼬즐로프스끼에게 물었다.

"잠깐만 기다려 주게, 공작." 꼬즐로프스끼는 말했다. "바그라찌온에게 보내는 병력 배치 계획일세."

"항복은?"

"어림 없는 소리. 전투 준비가 이루어지고 있어."

안드레이는 소리가 들려 오는 문 쪽으로 걸어갔다. 그러나 그가 문을 열려고 했을 때 방 안의 이야기 소리가 뚝 그치고 문이 저절로 열렸다. 그리고 꾸뚜조프가 부은 얼굴에 매부리코로 문지방에 나타났다. 안드레이는 꾸뚜조프 바로 정면에 서 있었다. 그러나 한쪽 눈밖에 보이지 않는 사령관의 표정으로 보아, 사령관은 온갖 생각과 상념과 근심으로 눈에 막이 끼어 있는 듯한 상태임을 알았다. 그는 자기 부관의 얼굴을 골똘히 바라보면서도 상대편을 알아보지 못했다.

"어때, 끝났나?" 그는 꼬즐로프스끼에게 말하였다.

"이제 곧 끝납니다, 각하."

키가 작고 동양적인, 거세고 움직이지 않는 표정을 한 얼굴, 여위기는 했지만 아직 늙지 않은 바그라찌온이 총사령관 뒤를 따라 나왔다.

"지금 돌아왔습니다." 안드레이는 봉투를 건네면서 상당히 큰 목소리로 되풀이했다.

"아아, 빈으로부터? 좋아. 이따가, 이따가!"

꾸뚜조프는 바그라찌온과 함께 현관 계단 쪽으로 나갔다.

"그럼, 공작, 부탁드리오." 그는 바그라찌온에게 말했다. "제발 무사하길. 당신이 큰 공을 세우도록 빌겠소."

꾸뚜조프의 안색은 뜻밖에 누그러지고 그의 눈에는 눈물이 떠올랐다. 그는 반지를 낀 오른손을 들어 자못 익숙한 손짓으로 그에게 성호를 긋고, 왼손으로 바그라찌온을 잡아당기며 부은 볼을 내밀었지만 바그라찌온은 볼 대신 목덜미에 키스했다.

"그럼 몸 건강히!" 꾸뚜조프는 이렇게 되풀이하고 포장마차 쪽으로 다가갔다. "나하고 같이 타세." 그는 안드레이에게 말했다.

"각하, 저는 여기서 도움이 되고 싶습니다. 바그라찌온 공작의 부대에 남게 해 주십시오."

"자, 타게." 꾸뚜조프는 이렇게 말했다. 그리고 안드레이가 망설이고 있는 것을 보고 덧붙였다. "내게도 훌륭한 장교가 필요하네. 나 자신에게 말이야."

두 사람은 마차를 타고 잠자코 수 분 동안 달렸다.

"앞으로 여러 가지 일들이 태산 같이 있네." 그는 날카롭게 통찰하는 노인다운 표정으로, 안드레이의 마음 속에서 생기고 있는 모든 것을 깨달은 듯이 말하였다. "만약 공작의 부대에서 내일 그 10분의 1만이라도 귀환한다면 나는 하느님께 감사하겠네." 꾸뚜조프는 혼잣말처럼 덧붙였다.

안드레이는 흘끗 꾸뚜조프를 바라보았다. 그러자 3, 40센티 떨어진 곳에서 그의 눈에 띈 것은 이즈마일 전투에서 총알이 머리에 관통했을 때의 상처를 꿰맨 자국과 일그러진 눈이었다. '그렇다, 이 분이라면 그들의 죽음에 대해서 이토록 태연하게 말을 할 수 있는 권리를 가지고 있는 것이다!' 안드레이는 생각했다.

"그러니까 저도 그 부대에 보내 달라고 부탁드리는 겁니다." 그는 말했다.

꾸뚜조프는 대답하지 않았다. 그는 벌써 자기가 말한 것을 잊어버린 듯이 깊은 생각에 잠겨 앉아 있었다. 5분쯤 지나, 마차의 부드러운 용수철에 경쾌하게 몸을 흔들리면서 꾸뚜조프는 안드레이 쪽을 돌아다보았다. 그의 얼굴에는 불안한 흔적도 없었다. 그는 안드레이에게 미묘한 풍자를 섞어서, 황제와 회견했을 때의 소상한 이야기, 크렘스 전투에 관한 반향, 두 사람이 알고 있는 몇몇 여인에 관해서 여러 가지로 물었다.

14

11월 1일 아군의 척후를 통해서 얻은 정보에 따르면, 꾸뚜조프가 지휘하고 있는 군은 거의 구원받을 길이 없는 상태에 있었다. 우세한 프랑스군이 빈의 다리를 건너, 꾸뚜조프 군과 러시아로부터 오는 부대를 잇는 연락 지점을 향해서 진격 중이라는 것이었다. 만약 꾸뚜조프가 크렘스에 남아 있기로 결심한다면 15만의 나폴레옹군이 그를 모든 연락에서 차단하고 4만의 지친 군대를 포위하여, 그는 마치 울름 부근에서의 마크와 같은 상태가 되어 버린다. 그렇다고 해서 러시아에서 보낸 원군(援軍)과의 연락로를 포기한다면, 우세한 적군을 방어하면서 길도 없는 생소한 보헤미아 산악으로 쫓겨들어가, 부끄스헤벤(러시아 원군 지휘관)과의 연락에 대한 모든 희망을 다 버려야만 했다. 더욱이 만약 꾸뚜조프가 러시아로부터의 원군과 합류하기 위해서 크렘스에서 올로모츠로 향한 길을 따라 퇴각할 결의를 하면, 빈의 다리를 건너온 프랑스군이 이 길에서 앞지를 위험이 있었다. 그렇게 되면 세 배나 강한 적에게 두 방향에서 포위되어, 짐과 짐마차 행렬을 이끈 채 행군 중에 싸움에 응해야 하는 위험을 저지르게 된다.

꾸뚜조프는 이 제3의 방책을 택했다.

척후의 보고에 의하면 프랑스군은 빈의 다리를 건너 꾸뚜조프의 퇴각로에 있으며, 그 전방 100킬로 이상이나 떨어져 있는 쯔나임을 향해 강행군으로 나아가고 있었다. 프랑스군보다 먼저 쯔나임에 도착한다면, 전군을 위기에서 구할 커다란 희망을 얻는 것이 된다. 프랑스군을 쯔나임에 먼저 가게 한다는 것은 분명히 전군이 울름에서와 같은 망신, 즉 전멸을 당하게 된다는 것을 의미하고 있었다. 그러나 전군이 프랑스군에 앞선다는 것은 불가능했다. 빈으로부터 쯔나임에 이르는 프랑스군의 길은, 크렘스로부터 쯔나임에 이르는 러시아군의 도로보다는 거리도 짧고 길도 좋았다.

보고를 받은 날 밤, 꾸뚜조프는 4천 명으로 이루어진 바그라찌온의 전위부대를 크렘스―쯔나임 가도에서 빈―쯔나임 가도를 향하여 산을 타고 우측으로 보냈다. 바그라찌온은 쉬지 않고 강행군하여 빈을 앞에, 쯔나임을 배후에 두고 정지해야 하며, 만약 한 발 늦어 프랑스군이 그들을 앞질렀다면 어떻게 해서든 프랑스군을 저지해야만 했다. 꾸뚜조프 자신도 치중대를 전부 데리고 쯔나임으로 향하였다.

바그라찌온은 굶주린 데다가 구두도 제대로 신지 못한 병사들을 이끌고 길도 없이, 산을 따라 폭풍이 몰아치는 야밤에 45킬로를 걸었다. 그는 병력의 3분의 1을 낙오자로 잃은 끝에, 빈에서 홀라브룬에 접근하고 있던 프랑스군보다 몇 시간 앞서 빈―쯔나임 가도에 가까스로 도착했다. 꾸뚜조프가 짐마차 대열을 거느리고 쯔나임에 도착하기 위해서는 앞으로 3일 밤낮을 더 나아가야 했다. 그래서 바그라찌온은 우군을 구하기 위해서, 홀라브룬에서 마주친 적군을 굶주리고 지친 병사 4천 명과 함께 수주야에 걸쳐 막아내야만 했다. 그것은 분명히 불가능한 일이었다. 그러나 기묘한 운명이 불가능을 가능하게 했다. 싸우지 않고 빈의 다리를 프랑스군 손에 넣은 그 기만에 자극을 받아 뮤러는 꾸뚜조프도 속이려 하였다. 뮤러는 쯔나임 가도에서 만난 바그라찌온의 약소 부대를 꾸뚜조프의 전군이라고 잘못 생각했다. 그 군을 확실히 괴멸시키기 위해서, 그는 빈에서 오는 도중에 뒤로 처진 부대를 기다리고 있었다. 그리고 이를 위해 양군은 위치를 바꾸지 않고 그 자리에서 움직이지 않는다는 조건으로 3일간의 휴전을 제의하였다. 뮤러는 이제 강화 교섭이 진행되고 있으므로, 무익한 유혈을 피하기 위해 휴전을 제의하는 바라고 설득을 시도했다. 전초지를 지키고 있던 오스트리아 장군 노스찌쯔 백작은 뮤러의 군사(軍使)의 말을 믿고 후퇴하여 바그라찌온 부대를 적 앞에 노출시켰다. 또 한 사람의 군사가 같은 화평 교섭을 알리고 러시아군에 3일간의 휴전을 제안하기 위해 러시아군의 산병선(散兵線)으로 갔다. 바그라찌온은 휴전을 받아들이는 것도 거절하는 것도 자기로서는 할 수 없다고 대답하고, 자기가 받은 제안의 보고를 부관에게 들려서 꾸뚜조프에게로 보냈다.

휴전은 꾸뚜조프에게는 피로에 지친 바그라찌온 부대에 휴식을 주고, 수송 마차나 무거운 짐을(프랑스군은 러시아군 치중대의 움직임을 모르고 있었다) 쯔나임까지 최소한 한 행정(行程)이라도 더 보낼 시간을 얻을 수 있는 유일한 수단이었다. 휴전 제안은 군을 구할 수 있는 유일한, 예기치 않은 가능을 부여해 주었다. 이 소식을 받자 꾸뚜조프는 곧 측근인 시종 무관 빈찐게로데를 적진에 파견했다. 빈찐게로데는 휴전을 수락했을 뿐만 아니라 항복 조건까지도 제안하기로 되어 있었다. 한편 꾸뚜조프는 부관들을 후방으로 보내어 크렘스─쯔나임 가도를 따라 나아가는 짐마차의 이동을 될 수 있는 대로 서두르게 하였다. 피로와 굶주림에 시달리는 바그라찌온 부대만이 이 짐마차와 전군의 움직임을 엄호하면서, 8배나 우세한 적군을 앞에 두고 움직이지 않고 머물러 있어야만 했다.

아무 의무도 가져오지 않는 항복의 제안이 일부의 짐마차를 통과시키는 시간을 줄 것이라는 점에서, 또 뮤러의 실책이 곧 밝혀질 것이라는 점에서 꾸뚜조프의 예상은 적중하였다. 홀라브룬에서 25킬로 떨어진 쉔브룬에 있던 보나빠르뜨는 뮤러의 보고와 휴전이나 항복에 관한 제안을 받자 곧 적의 속임수를 간파하고 뮤러에게 다음과 같이 편지를 썼다.

뮤러 공(公)에게. 쉔브룬, 1805년 브뤼메르(프랑스 제2공화국 때 쓰인 달력의 제2월, 태양력) (10월 22일부터 11월 20일에 이르는 사이를 말함) 25일 오전 8시.

귀하에 대한 나의 불만은 어떠한 말로도 표현할 수 없음. 귀하는 나의 전위 부대를 지휘할 뿐 나의 명령 없이는 휴전할 권한을 가지고 있지 않음. 귀하는 나로 하여금 온 전과(戰果)를 상실시키려 하고 있음. 즉시 휴전을 파기하고 적을 향하여 진격할 것. 항복문서에 서명한 장군은 그 권한을 가지고 있지 않을뿐더러 그 권한을 가진 자는 러시아 황제뿐이라는 것을 그 장군에게 선고하기 바람.

만일 러시아 황제가 기재된 조건에 동의한다면 나도 또한 동의할 것이나, 이것은 계략에 지나지 않는 것임. 진격할 것, 러시아군을 섬멸할 것……… 귀하는 적의 수송 물자와 그 화포를 노획할 수 있는 위치에 있음.

러시아 황제의 시종 무관은 일개 거짓말쟁이임…… 권한을 가지지 않은 장교는 아무것도 아니며, 그 시종 무관도 아무런 권한을 가지고 있지 않음…… 오스트리아군은 빈의 다리를 건널 때 귀하에게 기만당했으나, 지금은 귀하가 한 시종 무관에 의해 기만당하려 하고 있음.

나폴레옹

보나빠르뜨의 부관은 뮈러에게 보낸 이 위협적인 편지를 가지고 전속력으로 말을 달렸다. 나폴레옹 자신도 자기 장군들을 신용하지 않고, 얻을 수 있는 상대방의 희생을 놓쳐서는 큰일이라는 듯이 근위대를 모두 데리고 전장(戰場)을 향하여 진격했다. 그러나 4천 명의 바그라찌온 부대는 불을 피우면서 옷을 말리기도 하고 몸을 쬐기도 하며 사흘 만에 처음으로 죽을 끓였다. 부대의 누구 한 사람 눈앞에 다가오는 것을 알지도 못하고 생각하지도 않았다.

15

저녁 네 시경에 그룬트에 도착하자, 안드레이는 꾸뚜조프에게 간청하여 곧 바그라찌온을 만났다. 보나빠르뜨의 부관은 아직 뮈러의 부대에는 도착하지 않았고 전투는 시작될 기색이 보이지 않았다. 바그라찌온 부대는 전국의 대세에 대해서 아무것도 몰랐고, 강화의 소문을 말하고들 있었지만 그 실현 가능성은 아무도 믿지 않았다. 전투의 소문도 있었지만, 그것 또한 곧 닥쳐오리라고는 믿지 않았다.

바그라찌온은 안드레이가 꾸뚜조프의 사랑과 신임을 받고 있는 부관이라는 것을 알고 있었으므로 상관으로서 특히 주목하고 있는 것 같았다. 그는 관대하게 그를 맞아 아마도 오늘이나 내일에라도 전투가 있을 것이라고 그에게 설명하고, 원하는 대로 자유롭게 행동할 수 있도록 허락했다. 전투 중 자기 옆에 있던가 후위대에서 후퇴의 절차를 관찰하든가 하라며 "이것도 역시 중요한 일이다"라고 말하였다.

"그렇지만 오늘은 아마 전투는 없을 거야." 바그라찌온은 안드레이를 안심시키려는 듯이 이렇게 말했다.

'만약 이 사나이도 훈장을 받기 위해서 파견되어 오는 참모본부의 잘난 척하는 사나이라면 후위(後衛)에 있어도 은상은 받을 수 있다. 만약에 나하고 같이 있고 싶다면, 있게 해 주겠다…… 용감한 장교라면 쓸모가 있겠지.' 바그라찌온은 생각했다. 안드레이는 아무 대답도 하지 않고, 임무를 받았을 경우 어디로 가면 좋은가를 알 수 있도록 진지(陣地)를 한 바퀴 돌아보고 군의 배치를 확인하는 것을 허락해 달라고 청했다. 미남이고 멋진 옷차림에 집게손가락에 다이아몬드 반지를 낀, 서투르면서도 프랑스어로 말하고 싶어 하는 바그라찌온 부대의 당직 장교가 안내를 자청하고 나섰다.

흠뻑 젖어 침울한 낮으로 마치 무엇인가를 찾고 있는 듯한 장교들과 문, 걸상, 울타리 등을 마을에서 끌고 오는 병사들이 사방에서 눈에 띄었다.

"정말 이런 자들에게는 당할 수 없습니다, 공작." 영관은 그들을 가리키면서 말했다. "지휘관들이 모이지 말라고 말은 하고 있지만, 여기를 보세요." 그는 주보(酒保)의 천막을 가리켰다. "모두 모여서 도사리고 있습니다. 오늘 아침에도 모두 쫓아냈는데, 보십시오. 또 만원입니다. 잠깐 들러서 혼내야겠습니다, 공작. 잠깐이면 됩니다."

"들러봅시다. 나도 거기서 치즈와 흰 빵을 사겠습니다." 아직 식사를 할 틈이 없었던 안드레이는 말했다.

"왜 말씀해 주시지 않았습니까, 공작님? 내가 대접했을 텐데."

그들은 말에서 내려 주보 천막으로 들어갔다. 얼굴이 새빨간, 피로에 지친 수 명의 장교들이 테이블에 앉아서 먹고 마시고 있었다.

"아니, 이게 무슨 꼴입니까, 여러분!" 당직 영관은 이미 몇 번이나 같은 말을 되풀이한 사람처럼 비난조로 말했다. "이렇게 제자리를 뜨면 안 되잖아, 한 사람도 빠짐없이 모두 돌아가도록. 바그라찌온 공작의 명령이다. 어이, 자네로군." 그는 몸집이 작은, 차림새가 지저분하고 여윈 포병 장교를 향해 말했다. 장교는 구두도 없이(말리기 위해 주보 주인에게 맡긴 것이다) 양말만 신고, 들어온 두 사람 앞에 버티고 서서 별로 자연스럽지도 않은 미소를 띠었다.

"이봐, 뚜신 대위. 부끄럽지 않은가?" 당직 영관은 말을 이었다. "자네는 포병 장교로서 모범을 보여야 할 텐데 구두도 안 신고 있다니. 경보(警報)라도 울린다면 구두도 신지 않은 꼴이 볼만하겠군(이등 대위는 히죽 웃었다). 자, 여러분, 자기 부서로 돌아가요. 전원 모두." 그는 상관답게 뽐내며 말했다.

안드레이는 뚜신 이등 대위를 흘끗 보고 저도 모르게 빙그레 웃었다. 뚜신은 말없이 미소를 머금고 맨발로 제자리걸음을 하면서 큼직하고, 영리하고 온화한 눈으로 안드레이와 영관을 번갈아 바라보고 있었다.

"병사들이 하는 말에 의하면, 구두를 벗는 것이 빠르면……." 뚜신 대위는 자기의 꼴불견을 벗어나 농담으로 옮길 생각을 했는지 싱글싱글 웃으면서도 주저하듯 말했다.

그러나 그는 말이 끝나기도 전에 자기 농담이 그대로 받아들여지질 않고 실패한 것을 느꼈다. 그는 우물거렸다.

"가게." 당직 영관은 위엄을 유지하려고 애쓰면서 말했다.

안드레이는 다시 한 번 포병 장교의 왜소한 모습을 보았다. 그의 몸집에는 무엇인지 독특한 것이, 전혀 군인답지 않은, 좀 우스꽝스럽지만 사람을 끄는 힘 같은 것이 있었다.

영관과 안드레이 공작은 말을 타고 앞으로 갔다.

두 사람은 온갖 부대의 병사와 장교들을 앞질러가거나 그들과 스쳐지나가며 마을 밖으로 나왔다. 왼쪽에 새롭게 막 파헤친 진흙이 붉게 보이는, 구축 중인 방어 토루(土壘)가 보였다. 몇 개 대대의 병사들이 찬바람 속에서 셔츠 바람으로 개미처럼 그 토루 위에서 움직이고 있었다. 토루 뒤에서는 누가 하고 있는지는 모르지만 끊임없이 삽으로 빨간 진흙을 퍼내고 있었다. 두 사람은 토루로 다가가서 잠깐 바라보고 앞으로 나아갔다. 그들은 마침 토루 뒤에서, 교대하여 꼬리를 물고 보루에서 뛰어내려 오는 수십 명의 병사를 만났다. 두 사람은 악취로 더럽혀진 공기로부터 탈출하기 위해 코를 누르고 말을 달리지 않으면 안 되었다.

"저것이 진중 생활의 쾌적한 점입니다, 공작." 당직 영관이 말했다.

그들은 반대쪽 산 위로 나왔다. 그 산에서는 이제 프랑스군이 보였다. 안드레이는 말을 멈추고 유심히 내려다보았다.

"여기에 아군의 포병 중대가 있습니다." 영관은 가장 높은 지점을 가리키면서 말했다. "아까 구두도 없이 앉아 있던 그 괴상한 자의 중대입니다. 거기서라면 다 내다보입니다. 갑시다, 공작."

"정말 감사합니다. 이젠 혼자 가겠습니다." 안드레이는 이 영관으로부터 해방되고 싶어서 말하였다. "염려 마십시오."

영관은 뒤에 남고 안드레이는 혼자서 갔다.

그가 앞으로, 적 가까이 가면 갈수록 부대의 모습은 정연하고 즐거워 보였다. 가장 심한 혼란과 무질서가 보인 것은 안드레이가 아침에 앞지른, 쯔나임 바로 앞의 마차의 일대(一隊)로 그것은 프랑스군으로부터 10킬로 떨어져 있었다. 그룬트에서도 역시 약간의 불안과 무엇인가에 대한 공포가 느껴졌다. 그러나 안드레이가 프랑스군의 산병선에 다가감에 따라 우군의 모습은 차차 자신이 넘쳐 보였다. 외투 차림의 병사들이 일렬로 정렬하고, 상사와 중대장이 인원을 점호하면서 분대의 맨 끝에 있는 병사 가슴을 손가락으로 찌르고는 그 병사에게 손을 들라고 명령하고 있었다. 근처 사방에 흩어져 있는 병사들은 장작과 마른 나무를 끌고 오기도 하고 즐겁게 웃기도 하면서 병사를 짓고 있었다. 모닥불 곁에는 옷을 입은 자와 알몸의 병사가 앉아서 셔츠와 각반을 말리거나 구두와 외투를 수선하기도 하고, 냄비와 취사병 주위에 모여 있기도 하였다. 어느 중대에서는 식사 준비가 다 되어서 병사들은 탐욕스런 표정으로 김이 무럭무럭 나는 냄비들을 바라보고는, 보급계 하사관이 병사 앞 통나무 위에 앉아 있는 장교에게 맛보기를 가지고 가는 것을 기다리고 있었다.

다른 중대와는 달리 운 좋게 보드카가 있는 중대에서는, 병사들이 떼를 지어 어깨가 넓은 곰보 상사 주변에 모여 서서 상사가 차례로 따라 주는 술을 수통 뚜껑에 받고 있었다. 병사들은 아까운 듯이 수통 뚜껑을 입에 가져다가 단숨에 들이켜고는, 양치질 하듯이 맛을 보고 외투 소매로 입을 닦으면서 행복해진 얼굴로 상사 곁을 떠나는 것이었다. 그 얼굴은 모두 놀랄 만큼 차분하여, 마치 모든 일이 적을 앞둔 싸움터에서가 아니라 조국의 그 어딘가에서 평화로운 숙영(宿營)을 기다리고 있는 것 같았다. 추격병 연대를 지나자, 역시 평화로운 일을 하고 있는 끼에프 척탄부대의 활기 넘치는 병사들의 대열이 보였다. 안드레이는 다른 것과는 한층 다르게 보이는 연대장용 병사(兵舍) 옆에서 척탄 소대의 전열(戰列)을 만났다. 그 앞에는 벌거벗은 남자가 쓰러져 있었다. 병사 두 사람이 그 사나이를 누르고, 다른 두 사람이 나끈나끈한 매를 들어올려 노출된 등을 일정한 박자로 때리고 있었다. 벌을 받는 사나이는 비명을 지르고 있었다. 뚱뚱한 소령이 전열 앞을 걸어다니면서 그 비명에는 귀도 기울이지 않고 끊임없이 말하고 있었다.

"병사가 도둑질을 하는 것은 수치다. 군인은 정직하고, 품성이 고결하며, 용감해야 한다. 친구의 것을 훔치는 것은 부끄러움을 모르는 놈이 하는 짓이다. 이 녀석은 비열한 녀석이다. 더 때려, 더!"

그리고 여전히 매로 치는 소리와, 필사적이지만 일부러 지르는 것 같은 비명 소리가 들렸다.

"더 때려, 더." 소령은 걸으면서 말하고 있었다.

젊은 장교가 납득이 가지 않는 듯 고통스러운 표정으로, 의아하다는 눈빛으로 지나가는 부관을 돌아다보면서 처벌받는 병사 곁을 떠났다.

안드레이는 제일선으로 나와 전선을 따라 전진했다. 적과 이쪽 양군의 산병선은 좌익(左翼)과 우익에서는 서로 멀리 떨어져 있지만 중앙의, 아침에 군사(軍使)가 지나간 장소에서는 산병선이 가까이 붙어 있어서 서로의 얼굴이 보이고 말도 할 수 있을 정도였다. 이 지점에서 산병선을 형성하고 있는 병사들 외에, 어느 쪽에서나 호기심이 많은 사람들이 서서 웃으면서 자기들에게는 기묘하고 낯선 적들을 바라보고 있었다.

산병선에 접근하는 것은 금지되어 있는데도, 아침 일찍부터 각 부대 대장들은 호기심 많은 사람들을 쫓아보낼 수가 없었다. 산병선에 서 있는 병사들은 이제는 프랑스 병사들을 보지 않고, 무엇인가 신기한 것을 구경거리로 내보이고 있는 사람처럼 밀려오는 사람들 쪽을 관찰하고 있었다. 그리고 따분해 하면서 교대를 기다리고 있었다. 안드레이는 프랑스군을 잘 보기 위해 말을 멈추었다.

"봐, 저것 봐." 한 병사가 러시아군 소총병을 가리키면서 동료에게 말했다. 소총병은 장교와 함께 산병선으로 가까이 가서 무엇인가 열심히 프랑스군 척탄병과 이야기를 하고 있었다. "어때, 제법 곧잘 지껄이잖아! 프랑스놈도 못 따라갈 정도야. 너도 해봐, 씨도로프!"

"기다려, 잠깐 들어봐. 야, 참 잘 하는데!" 프랑스어를 하는 데는 명수라고 이름난 씨도로프가 대답했다.

병사들이 웃으면서 가리킨 것은 돌로호프였다. 안드레이는 그것이 돌로호프라는 것을 알고 그의 이야기에 귀를 기울였다. 돌로호프는 자기네들의 연대가 있던 좌익(左翼)에서 이 산병선으로 자기 중대장과 같이 온 것이다.

"어이, 더, 더해!" 중대장은 앞쪽으로 몸을 숙이고, 자기는 알아듣지 못하는 말을 한마디도 놓치지 않으려고 애쓰면서 부추겼다. "부탁한다, 더 이야기해. 녀석은 뭐라고 말하고 있나?"

돌로호프는 중대장에게 대답하지 않았다. 그는 프랑스 척탄병과 심한 논쟁을 하느라고 정신이 없었다. 프랑스 병은 오스트리아군과 러시아군을 혼동해서, 러시아군은 항복하고 올름에서 패주(敗走)하지 않았느냐고 말했다. 그러자 돌로호프는 러시아군은 항복하기는커녕 프랑스군을 격파했다고 대꾸했다.

"여기서 네놈들을 쫓아내라는 명령이 나와 있다. 곧 그 명령대로 해줄 테니 각오해라." 돌로호프는 말했다.

"잘 해봐. 까자크와 함께 붙잡히지 않도록 말이야." 프랑스 척탄병이 말했다.

이야기를 듣고 있던 프랑스 병들이 웃었다.

"네놈들은 춤을 추게 될 거야, 수보로프 장군 앞에서 춘 것처럼." 돌로호프가 말했다.

"저 녀석은 뭐라고 지껄이고 있는 거야?" 한 프랑스 병이 말했다.

"옛날 이야기지." 또 한 사람이, 옛날 전쟁 이야기가 화제가 되어 있다고 어림을 잡고 말하였다. "황제 폐하께서는 다른 녀석들과 마찬가지로 수바라 ^(수보로프를 사투리로 한 말)인지 하는 녀석에게도 패배가 뭔지 뼈저리게 느끼게 해 주실 거야."

"보나빠르뜨······." 돌로호프가 말하려고 하자 프랑스 병이 가로챘다.

"보나빠르뜨라니! 황제 폐하야! 빌어먹을 자식." 그는 화난 듯이 소리쳤다.

"황제가 다 뭐냐!"

돌로호프는 러시아말로 거칠게 군대식으로 욕지거리를 퍼붓고는 총을 메고 그 자리를 물러났다.

"갑시다, 대장님." 그는 중대장에게 말하였다.

"오, 정말 대단한 프랑스어로군." 산병선 병사들이 말했다. "자, 너도 해봐, 씨도로프!"

씨도로프는 눈짓을 하고 프랑스 병사 쪽을 향해 무슨 말인지 알 수 없는 말을 지껄이기 시작했다.

"까리, 말라, 따빠, 싸피, 무테르, 까스까." 그는 자기 말에 실감을 주기 위해 억양을 붙이려 애쓰면서 지껄였다.

"우하하!" "하하하!" "흐흐흐!" 병사들 사이에서 자못 건강하고 즐거운 듯한 웃음소리가 터져나오고, 그것은 전선을 넘어서 프랑스 쪽으로도 전해졌다. 이렇게 된 바에는 될 수 있는 대로 빨리 총에서 총알을 빼고 탄약을 폭발시켜버린 뒤, 하루 속히 각기 자기 집으로 돌아가야 한다는 생각이 들 정도였다.

그러나 총은 장전된 채였고 건물이나 보루의 총안(銃眼)은 여전히 앞을 노리고 있었으며, 포차 앞쪽에서 떼어낸 포(砲)는 서로 마주본 채 대치하고 있었다.

16

우익(右翼)에서부터 좌익까지 군의 모든 전선을 돌아보고 나서, 안드레이는 당직 영관이 전장(戰場) 전체를 바라볼 수 있다고 말한 포대(砲臺)로 올라갔다. 여기서 그는 말에서 내려, 포차 앞에서 떼어낸 네 문의 포 중 가장 끝에 있는 포 옆에 섰다. 포 앞쪽에는 보초병이 거닐고 있었다. 그 병사는 장교를 보자 차렷 자세를 취하려고 했으나 안드레이의 지시에 따라 다시 일정한 보조로 따분한 듯이 걷기 시작했다. 포 뒤에는 포차의 앞부분이 놓여 있고, 또 그 뒤쪽에는 말을 매는 말뚝과 포병들의 모닥불이 있었다. 왼쪽에는 맨 끝 대포 가까이에 잔가지로 엮은 가설 움막이 있고 거기에서는 활기찬 장교들의 이야기 소리가 들려오고 있었다.

확실히 이 포병 중대에서 러시아군의 배치 거의 전부와 적의 대부분을 전망할 수가 있었다. 포대 정면 건너편 언덕의 지평선에는 솅그라벤 마을이 보였다. 그 좌우 세 곳에서 모닥불 연기 사이로 프랑스 대군을 구별할 수가 있었다. 아무래도 프랑스군의 대부분은 그 마을과 산 뒤에 있는 것 같았다. 마을 왼쪽 연기 속에는 포대 같은 것이 보였지만 육안으로는 잘 분간할 수가 없었다. 아군의 우익은 프랑스군 진지를 내려다보는, 상당히 가파른 고지에 자리잡고 있었다. 거기에는 아군 보병대가 배치되어 있고 맨 끝에는 용기병(龍騎兵)도 보였다. 중앙에는—마침 거기에 뚜신의 포병 중대가 있어서 거기에서 안드레이는 진지를 바라보고 있었는데—극히 완만하고 곧장 뻗은 내리막길과 오르막길이 러시아군과 솅그라벤 사이에 있는 작은 내에 통하고 있었다. 왼쪽에 있는 아군은 숲에 인접해 있고 그 숲에서는 땔감을 자르고 있는 아군 보병의 모닥불이 보였다. 프랑스군의 전선은 러시아군보다 폭이 넓어서, 프랑스군이 손쉽게 양쪽에서 아군을 협공할 수 있다는 것은 분명했다. 아군의 진지 뒤에는 깊고 험한 골짜기가 있어 그곳으로 포병과 기병이 철퇴하기란 어려웠다. 안드레이는 대포에 팔꿈치를 괴고 수첩이 달린 지갑을 꺼내 부대의 배치도를 기록하였다. 바그라찌온에게 그것을 보고할 작정으로 그는 두 곳에 연필로 표시를 하였다. 그는 첫째로 포병을 중앙으로 집중시킬 것과, 둘째로 기병대를 골짜기 뒤쪽으로 물러가게 할 것을 생각하였다. 안드레이는 늘 총사령관 곁에 머무르면서 커다란 집단의 움직임과 군 전체에 미치는 명령에 주의를 기울이고 여러 가지 전투를 역사가처럼 기록하는 일에 종사하고 있었기 때문에, 전투를 눈앞에 둔 이때에도 자기도 모르게, 닥쳐올 전투의 추이를 전반적인 관점에서 생각하고 있었다. 그의 머리에 떠오른 것은 다음과 같은 대략적인 상황들 뿐이었다. '만약 적이 우익을 공격해 온다면' 그는 혼잣말을 했다. '끼에프 척탄 부대와 뽀돌리스크 추격 부대는 중앙의 예비군이 구원하러 올 때까지는 그 진지를 사수해야만 한다. 그렇게 하면 용기병이 측면을 쳐서 적을 퇴각시킬 수 있다. 또 중앙을 공격당할 경우에는 우리는 이 고지에 중앙의 포병대를 배치하여, 그 엄호 아래 좌익을 중앙으로 끌어서 사다리꼴 대형으로 골짜기까지 후퇴한다.' 그는 혼자서 이런 생각을 하고 있었다……

그가 포병대의 대포 옆에 있는 동안, 흔히 있는 일이지만 병사(兵舍) 안에서 장교들의 이야기 소리가 끊임없이 들려왔다. 안드레이는 그들이 무슨 이야기를 하고 있는지 잘 알아들을 수 없었다. 갑자기 병사 안에서 들려온 이야기 소리 중의 하나가 너무나도 친근한 어조여서 그는 저도 모르게 귀를 기울였다.

"아냐, 여보게." 듣기가 좋은, 안드레이에게 친숙한 목소리가 말하였다. "내가 말하는 것은, 죽은 뒤에 어떻게 된다는 것을 알 수만 있다면 아무도 죽음을 두려워하지 않을 거라는 거야. 그렇지, 여보게."

다른 더 젊은 소리가 가로챘다.

"두려워하거나 두려워하지 않거나 결국 마찬가지야. 피할 길은 없으니까."

"그래도 역시 두려운 거야! 교양이 있는 여러분들도." 세 번째의 남자다운 음성이 양쪽을 가로막으면서 말했다. "그래, 자네들 포병은 매우 교양이 있어. 워낙 무엇이든지 가지고 있으니까 말이야. 보드카나 술안주도."

그리고 보병 장교인 듯한 남성적인 소리의 사나이는 웃었다.

"그래도 역시 두려워." 첫 번째의, 귀에 익은 음성이 다시 말을 이었다. "모르니까 두려운 거지. 바로 그거야. 넋은 천국으로 올라간다고 제아무리 말해도…… 우리는 이미 알고 있어. 천국 같은 건 없어. 있는 건 공기뿐이야."

다시 남성적인 음성이 포병의 말을 가로챘다.

"그건 그렇고, 그 약초로 담근 술 좀 주게, 뚜신."

'아, 구두를 신지 않고 주보에 있던 대위구나.' 안드레이 공작은 이 철학론을 늘어놓고 있던, 귀에 익은 음성이 누구의 것인지를 알고 흐뭇해했다.

"약초술은 마셔도 좋지만." 뚜신은 말했다. "어쨌든 내세(來世)를 이해한다는 것은……." 그는 끝까지 말을 맺지 못했다.

이때 공중에서 퓽 하는 소리가 들린 것이다. 차차 가까이, 더 가까이, 더욱 빨리 소리가 높아지고, 포탄은 마치 필요한 말을 다 하지 못한 것처럼, 초인간적인 힘으로 흙먼지를 튀기면서, 병사에서 멀지 않은 지면에 쾅 하고 떨어졌다. 대지는 이 무서운 타격에 비명을 지른 것 같았다.

순간 맨 먼저 병사에서 튀어나온 것은 파이프를 비스듬히 입에 문 왜소한 뚜신이었다. 선량하고 영리해 보이는 그의 얼굴은 약간 창백했다. 그를 뒤따

라 음성이 남성적인 씩씩한 보병 장교가 나와서 옷 단추를 끼면서 자기 중대
로 달려가기 시작했다.

17

안드레이는 포탄이 튀어나온 대포의 연기를 바라보면서 말을 탄 채 포대에
서 있었다. 그의 눈이 넓은 공간을 이리저리 두리번거렸다. 그러나 눈에 띈
것은 좀 전까지도 꼼짝하지 않던 프랑스군의 집단이 움직이기 시작한 것과,
왼쪽에 분명히 포대가 있다는 것뿐이었다. 포대에서는 아직 연기가 사라지지
않았다. 아마도 부관인 듯한 말을 탄 프랑스 군인 두 사람이 산등을 달려 지
나갔다. 고개를 내려가 아마도 산병선을 강화하기 위한 것이리라. 적의 소부
대가 이동하는 모습이 분명히 보였다. 아직 첫 번째 포연이 가시기 전에 다음
연기와 발사가 보였다. 전투가 시작된 것이다. 안드레이는 말을 돌려 바그라
찌온 공작을 찾기 위해서 그룬트를 향하여 되돌아갔다. 뒤에서 그는 포성이
더욱 요란해지는 것을 들었다. 아마도 우군이 응전을 시작한 것 같았다. 아래
쪽, 군사가 지나간 곳에서는 소총 사격 소리가 들리기 시작했다.

르마르와^{(나폴레옹의}가 보나빠르뜨의 위협적인 편지를 가지고 방금 뮤러가 있
는 곳에 도착했고, 창피를 당한 뮤러는 자기 실수를 만회하려고 이내 군을 중
앙과 양 날개의 측면으로 움직였다. 밤이 되기 전에—황제가 도착할 때까지
—앞에 있는 보잘것없는 부대를 분쇄해 버리기로 마음먹은 것이다.

'시작되었군! 마침내 왔다!' 안드레이는 피가 심장에 밀려드는 것을 느끼면
서 이렇게 생각했다. '그러나 나의 뚤롱은 어디인가? 어떤 식으로 나타날 것
인가?' 그는 생각하였다.

그는 15분 전에 죽을 먹고 보드카를 마시던 중대 사이를 지나가면서, 정렬
하기도 하고 각자 총을 풀어 챙기고 있는 병사들의 재빠른 움직임을 도처에
보았다. 그리고 그는 자기 가슴에 넘치는 활기가 끓어오르는 기분을 모두의
얼굴에서도 보았다. '시작됐다! 마침내 왔다! 무섭다. 그러나 즐겁다!' 모든
병사나 장교의 얼굴들이 이렇게 말하고 있었다.

구축 중인 방어 보루까지 채 가기 전에, 그는 가을날의 저물기 시작한 햇살
속에 이쪽을 향하여 말을 타고 오는 몇 사람을 보았다. 앞장 선 사람은 소매
가 없는 외투에 양가죽이 달린 차양 없는 모자를 쓴 차림으로 백마를 타고 있

었다. 그는 바그라찌온 공작이었다. 안드레이는 말을 멈추고 그를 기다렸다. 바그라찌온 공작은 잠시 말을 멈추고 안드레이라는 것을 알자 그에게 고개를 끄덕였다. 안드레이가 보고 온 것을 이야기하는 동안 그는 앞을 지켜보고 있었다.

'시작됐군! 마침내 왔다!' 하는 표정은 마치 잠이 모자란 듯한, 반쯤 감은 흐린 눈을 한 바그라찌온 공작의 굳은 갈색 얼굴에까지 나타나 있었다. 안드레이는 불안한 호기심을 품고 까딱도 하지 않는 얼굴을 바라보았다. 그리고 이 순간 이 사람은 무엇을 생각하고 느끼고 있는가, 알고 싶은 생각이 들었다. '대체 저편에, 이 움직이지 않는 얼굴 속에 무엇이 있단 말인가?' 안드레이는 바그라찌온 공작을 보면서 자신에게 물어보았다. 바그라찌온 공작은 안드레이의 말에 동의한 듯 고개를 끄덕이고, 지금 일어나고 있는 일, 또 자기에게 알려준 일은 모두 바로 자기가 예견하고 있었던 일이라는 표정으로 "좋아" 하고 말했다. 안드레이는 다급히 말을 몰고 왔기 때문에 헐떡이면서 빠르게 말했다. 바그라찌온 공작은 서두를 필요는 없다는 식으로 동방계 사투리로 천천히 말을 하였다. 그러나 그는 뚜신의 포병대 쪽으로 빠른 걸음으로 말을 몰았다. 안드레이는 수행원들과 함께 그 뒤를 따랐다. 바그라찌온 공작을 따라간 사람은 막료 장교, 공작의 부관, 제르꼬프, 전령(傳令), 영국식으로 꼬리를 짧게 자른 아름다운 말을 탄 당직 영관, 그리고 호기심으로 전장(戰場)에 가기를 지원한 문관인 법무관 등이었다. 몸집이 뚱뚱한 법무관은 말 위에서 흔들리면서 순진한 웃음 띤 얼굴로 주위를 둘러보고 있었다. 그가 경기병이나 까자크 기병, 부관들 사이에서 거친 모직물 코트를 입고 수송병용 안장에 앉은 모습은 참으로 기묘했다.

"글쎄, 이 사람은 전투를 보고 싶다는군요." 제르꼬프가 안드레이에게 말했다. "그런 주제에 명치 끝이 아프답니다."

"자, 그만하십시오." 법무관은 순진한, 동시에 빈틈 없는 미소를 띠며 이렇게 말했다. 마치 자기가 제르꼬프의 놀림감이 되어 있는 것이 즐거우며, 일부러 실제 이상으로 어리석게 보이려고 애쓰고 있는 것 같기도 하였다.

"참 재미 있군요, 공작님." 당직 영관이 말했다.

이때 일행은 이미 뚜신 포병대에 접근하고 있었다. 그러자 그들 앞에 포탄이 떨어졌다.

"지금 떨어진 것은 뭡니까?" 법무관이 순진한 웃는 얼굴로 물었다.

"프랑스제 전병(煎餅)이지요." 제르꼬프가 말하였다.

"저것으로 죽이는 겁니까?" 법무관이 말했다. "오, 정말 무섭군요!"

그리고 그는 만족한 나머지 얼굴 전체가 늘어진 것처럼 보였다. 그가 말을 끝내기가 무섭게 또다시 뜻하지 않은 무서운 소리가 픙 하고 울리더니, 무엇인가 물 같은 것에 맞아 그 소리가 갑자기 끊어졌다. 그리고 철썩 하는 소리가 들린 순간, 법무관의 오른쪽 뒤에서 오고 있던 까자크 병이 말과 함께 푹 쓰러졌다. 제르꼬프와 당직 영관은 안장 위에서 몸을 약간 숙이고 말을 옆으로 돌렸다. 법무관은 호기심으로 물끄러미 까자크를 보면서 그 한가운데에 서 있었다. 까자크는 죽어 있었지만 말은 아직 꿈틀거리고 있었다.

바그라찌온 공작은 실눈을 뜨고 돌아다보고 지금 일어난 소동의 원인을 알아채자, '이런 부질없는 일에 관계할 건 없어!'라는 듯이 태연하게 외면하고 말았다. 그는 명기수다운 솜씨로 말을 멈추자 약간 몸을 굽히고 외투에 얽힌 칼의 위치를 고쳤다. 칼은 보통 사용되고 있는 것과는 달리 구식 칼이었다. 안드레이는 이탈리아에서 수보로프가 자기 칼을 바그라찌온에게 보냈다는 이야기를 떠올렸다. 그리고 그는 이 순간 그 회상이 더욱 흐뭇했다. 일행은 좀 전에 안드레이가 전장(戰場)을 관찰할 때 서 있던 그 포대에 가까이 갔다.

"누구의 중댄가?" 바그라찌온 공작은 포탄 상자 옆에 서 있던 하사관에게 물었다.

그는 "누구의 중댄가?" 하고 물었지만, 실은 그는 "너희들은 지금 겁을 집어먹은 건 아니겠지?" 하고 물어본 것이다. 그리고 포병 하사관은 그것을 알아챘다.

"뚜신 대위의 부대입니다, 각하." 빨간 머리에 주근깨투성이인 포병 하사관이 부동자세를 하며 밝은 음성으로 이렇게 소리쳤다.

"알았어, 알았어." 바그라찌온은 무슨 생각을 하면서 이렇게 말하고 맨 끝의 포를 향하여 갔다.

그가 가까이 다가갔을 때 그 포에서 그와 막료들의 귀가 멀 정도로 발사 소리가 울리고, 갑자기 포를 휩싼 연기 속에 대포를 애초의 자리에 갖다 놓으려고 서둘러 애를 쓰는 포병들의 모습이 보였다. 어깨가 넓고 몸집이 건장한 제1포수가 포신 청소용 세간(洗杆)을 잡고 두 다리를 넓게 벌리며 대포 바퀴 쪽으로 물러섰다. 제2포수는 떨리는 손으로 탄약을 포구(砲口)에 집어넣으려 하고 있었다. 몸집이 작고 등이 굽은 사나이가—그것은 뚜신이었다—포의 후미에 부딪히면서 앞으로 뛰어나와, 장군을 알아보지 못한 채 조그마한 손을 이마에 대고 사방을 둘러보았다.

"5밀리 늘려, 그럼 딱 맞을 거다." 그는 가느다란 음성으로 외치고 그 모습에 어울리지 않는 위세를 목소리에 더하려고 애썼다. "2호포!" 그는 날카로운 소리로 말하였다. "해치워, 메드베데프!"

바그라찌온은 이 장교를 불렀다. 그러자 뚜신은 군인의 경례와는 전혀 다른 주저하는 듯한 어색한 동작으로, 사제가 축복이라도 하듯이 세 손가락을 군모 차양에 대고 장군 쪽으로 다가갔다. 뚜신의 포병대는 골짜기를 사격하라는 지시를 받고 있었지만 그는 앞에 보이는 셴그라벤 마을을 소이탄으로 포격하고 있었다. 마을 전면에 프랑스군의 대집단이 꿈틀거리고 있었던 것이다.

아무도 뚜신에게 어디에 무엇으로 공격하라는 명령을 하지 않았기 때문에, 그는 그가 늘 크게 존경하고 있는 자하르첸 상사와 상의하여 마을을 태우는 것이 좋겠다고 결정한 것이다. "좋아!" 뚜신의 보고에 대해서 바그라찌온은 이렇게 말하고 마치 무엇인가 생각하는 듯, 자기 앞에 펼쳐져 있는 전장 전체를 바라보았다. 오른쪽에서 프랑스군이 가장 가까이 다가오고 있었다. 끼에프 연대가 있는 고지 약간 아래, 작은 내가 흐르고 있는 저지에서 가슴을 철렁하게 하는 단속적인 소총 소리가 들렸다. 그리고 저 멀리 오른쪽 용기병 너머를 막료 장교가 가리키면서, 아군의 측면을 우회하려고 하는 프랑스군의 한 부대를 공작에게 알려주었다. 왼쪽은 가까운 숲으로 시야가 막혀 있었다. 바그라찌온 공작은 중앙의 2개 대대에 우익의 응원을 가도록 명령하였다. 막료 장교가, 이 2개 대대가 가버리면 대포를 보호할 수 없게 된다고 과감하게 공작에게 지적하였다. 바그라찌온 공작은 흐린 눈으로 말없이 막료 장교를 보았다. 안드레이의 판단으로도 막료 장교의 지적이 옳았고, 실제로 그에 대해 더 말할 이유가 없어보였다. 그러나 그때 저지에 있던 연대장이 보낸 부관이 달려와서, 저지를 따라 프랑스의 대군이 진군하고 있으며 연대는 뿔뿔이 흩어져서 끼에프 척탄 부대 쪽으로 퇴각하고 있다는 보고를 가져왔다. 바그라찌온은 이에 동의하여 승인한다는 표시로 고개를 끄덕였다. 그는 말을 보통 걸음으로 몰아 오른쪽으로 나아가, 프랑스군을 공격하라는 명령을 부관에게 주어 용기병 부대로 보냈다. 그러나 그 부관은 30분 후에 돌아와서, 용기병 연대장은 이미 골짜기 뒤로 후퇴했다고 말했다. 연대가 심한 포화를 입어 병사를 개죽음시킬 것 같아서, 사격병을 말에서 내리게 해 도보로 숲으로 향하게 했다는 것이다.

"좋아!" 바그라찌온은 말하였다.

그가 이 포대에서 떠나려 했을 때 왼쪽 숲 속에서도 포격 소리가 들렸다. 그러나 좌익이 너무 멀어서 자기가 가기에는 시간이 없었기 때문에, 바그라찌온 공작은 제르꼬프를 그곳으로 파견하여, 브라우나우에서 꾸뚜조프에게 연대의 사열을 받은 고참 장군에게 명령을 전하게 했다. 우익은 아마도 오랫동안 적을 막아내지 못할 것 같으므로 좌익 부대도 되도록 속히 골짜기 너머로 퇴각하라는 명령이었다. 그런데 뚜신과 그를 원호하고 있던 대대는 완전히 잊혀지고 있었다. 안드레이는 바그라찌온 공작과 지휘관들의 대화나 그들에게 주어지는 명령을 주의깊게 듣고 있었다. 그리고 놀랍게도 바그라찌온 공작은 명령 같은 것은 조금도 내리지 않고, 자기의 명령에 따른 것이 아니라 필연이나 우연, 개개의 지휘관의 의지에 따른 군사행동이라도 모두 자기의 계획에 일치한 것이라는 태도를 보이려 애쓰고 있다는 것을 알아차렸다. 바그라찌온 공작이 발휘하는 이 교묘한 태도로, 이러한 일들은 지휘관의 의지와는 관계없이 우연히 일어났음에도 불구하고 그의 존재가 실로 큰 역할을 하고 있었다. 당황한 낯으로 바그라찌온 공작에게로 오는 지휘관들은 싸우는 방법을 터득한 듯한 그의 모습을 보고 이내 침착을 되찾았다. 또 병사나 장교들도 기꺼이 그를 맞아, 그가 있는 곳에서는 활기를 띠고 분명히 그 앞에서 자기의 용감함을 과시하려 하는 것이었다.

18

바그라찌온 공작은 아군 오른쪽 가장 높은 지점에 다다르자 아래쪽으로 내려가기 시작했다. 거기서는 단속적인 총소리가 들리고 초연(硝煙) 때문에 아무것도 보이지 않았다. 일행이 낮은 곳으로 내려감에 따라 시계(視界)는 한층 나빠졌으나, 정말 전장이 가깝다는 것이 한층 절실히 느껴졌다. 이따금 부상병도 만났다. 모자도 없이 머리가 피투성이가 된 병사를 두 명이 껴안고 가고 있었다. 그는 가쁜 숨을 쉬며 침을 뱉고 있었다. 아마 입이나 목구멍에 총알을 맞은 것 같았다. 이어서 만난 다른 병사는 총도 가지지 않은 채, 상처의 고통으로 소리를 지르면서 손을 휘두르며 혼자서 힘차게 걸어가고 있었다. 그의 팔에서는 병에서 흘러내리듯이 피가 외투에 흐르고 있었다. 얼굴은 괴로워하기보다는 놀란 듯한 표정이었다. 그는 방금 부상을 당한 것이다. 일행은 길을 건너 가파른 비탈을 내려갔다. 비탈 도중에서도 몇 명 쓰러져 있는 것이 눈에 띄었다. 아직 부상하지 않은 자가 섞여 있는 병사의 무리도 만났다. 병사들은 무거운 숨을 몰아쉬면서 산을 올라가서, 장군의 모습이 보이는데도 불구하고 큰 소리로 지껄이거나 손을 휘두르고 있었다.

앞쪽 연기 속에서는 이미 회색 외투의 행렬이 보였다. 한 장교가 바그라찌온을 보자, 떼를 지어 걸어가는 병사들에게로 무엇인가 외치며 달려가서 그들에게 되돌아오라고 명령했다. 바그라찌온은 병사 대열 쪽으로 다가갔다. 대열 여기저기에서 발사 소리가 울리기 시작하여 이야기 소리와 호령의 외침을 지우고 있었다. 대기는 완전히 초연으로 가득 차 있었다. 병사들의 얼굴은 모두 화약에 그은 채 활기를 띠고 있었다. 어떤 병사는 탄약을 재는 쇠꼬치를 쑤셔넣고 있었고, 배낭에서 탄약통을 꺼내는 자가 있는가 하면 사격하는 자도 있었다. 그러나 화약 연기가 바람에도 흩어지지 않아, 누구를 겨누어 쏘고 있는지 잘 보이지 않았다. 브르르, 풍 하는 맑은 소리가 상당한 사이를 두고 들렸다. '도대체 이것은 뭐야?' 안드레이는 그 병사들에게 가까이 가면서 생각하였다. '이것이 산병선(散兵線)일 턱이 없다. 병사들이 모여 있으니까! 움직이지 않고 있으니 공격일 리도 없다. 또한 저런 식으로 열을 짓고 있는 걸 보니 방진(方陣)일 리도 없다.'

여위고 언뜻 보아 나약한 노인으로 보이는 연대장이 다가왔다. 온화한 미소를 띠고 눈까풀이 눈을 반쯤 덮어, 그것이 그의 풍채에 온건한 분위기를 더해 주고 있었다. 그는 바그라찌온 공작 옆으로 가서 집 주인이 귀빈을 맞이하듯이 그를 맞았다. 그는 자기 연대가 프랑스군 기병의 공격을 받았다는 것, 그 공격은 격퇴되었지만 반수 이상의 병력을 잃었다는 것을 바그라찌온 공작에게 보고하였다. 연대장이 공격이 격퇴되었다고 말한 것은, 자기 연대에 일어난 것과 같은 일을 군대에서는 그렇게 말한다는 것이 생각났기 때문이었다. 그는 자기가 맡은 부대에 지난 30분 동안 어떤 일이 일어났는지 실은 그 자신도 잘 몰랐고, 과연 공격이 격퇴되었는지, 그렇지 않으면 자기 연대가 공격을 받아 분쇄되었는지 확실하게 말할 수가 없었다. 전투 시초에 그가 알고 있었던 것은 연대 전체를 향하여 포탄과 유탄(榴彈)이 날아와 사람을 죽이기 시작한 것과, 그 후에 누군가가 "기병이다!" 하고 소리치자 아군이 사격을 개시한 것밖에 몰랐다. 이제까지 사격하고 있었지만, 그 목표는 이미 자취를 감춘 기병에 대해서가 아니라, 저지(低地)에 나타나서 아군에게 사격하고 있던 프랑스군 보병에 대해서였다. 바그라찌온 공작은 그것은 모두 자기가 바라고 예상한 대로라는 표시로 고개를 끄덕였다. 부관 쪽을 돌아다보고 그는 지금 막 그 옆을 지나온 제6추격연대의 2개 대대를 산에서 이쪽으로 이동시키라고 명령했다. 바그라찌온 공작 얼굴에 일어난 변화는 이 순간 안드레이를 놀라게 했다. 그의 얼굴은 더운 날에 물 속에 뛰어들려고 마지막 힘을 다하여 뛰어가는 사람에게 흔히 볼 수 있는 집중력과 행복해 보이는 결의를 나타내고 있었다. 잠을 설친 흐린 눈도, 짐짓 생각이 깊은 듯한 얼굴도 사라지고 없었다. 그의 동작에는 아까까지의 느긋함과 규칙적인 리듬이 남아 있었지만, 둥글고 야무진, 매 같은 눈은 그 어디에도 머물지 않고 기쁨에 넘쳐 약간 멸시의 빛을 띠며 앞을 바라보고 있었다.

연대장은 바그라찌온 공작에게 여기는 너무 위험하니까 되돌아가도록 간청했다. "제발, 각하, 부탁합니다!" 그는 동의해 주기를 바라는 듯이 막료 장교를 바라보면서 이렇게 말했지만 막료는 그에게서 눈길을 돌렸다. "자, 보십시오!" 그는 주위에서 비명을 지르기도 하고 노래를 부르거나 휘파람을 불고 있는, 탄환이 자아내는 소리에 상관의 주의를 돌리려고 하였다. 그의 어조에는, 마치 손도끼를 잡으려는 귀족에게 목수가 "우리에게는 익숙한 일입니다만, 나리가 하시면 손에 못이 박일 겁니다" 하고 말하는 것 같은 탄원과 비난이 섞여 있었다. 바그라찌온은 이 포탄이 자기를 죽일 리가 없다는 어조로 말했고, 반쯤 감은 눈이 그 말을 한층 설득력 있게 만들고 있었다. 영관도 연대장의 설득에 편들었다. 그러나 바그라찌온 공작은 그들에게는 대꾸도 하지 않고, 곧 도착할 2개 대대에 장소를 내주기 위해 사격을 중지하고 대열을 정돈하라고 명령했을 뿐이었다. 그가 이야기하는 동안에, 흡사 눈에 보이지 않는 손으로 움직여진 듯이, 저지를 뒤덮고 있던 연기의 막이 우에서 좌로 불어닥친 바람으로 걷혀, 건너편 언덕과 그 위를 움직이고 있는 프랑스군이 바그라찌온 공작 앞에 펼쳐졌다. 모든 사람들의 눈은 자기들 쪽을 향하여 사행(蛇行)하는 프랑스군의 한 부대에 쏠렸다. 털이 푹신한 병사용 모자가 보였다. 이제 장교와 병사들의 구별도 할 수 있게 되었고, 군기가 깃대에 부딪혀 펄럭이는 것도 분간할 수 있었다.

"당당히 대드는군." 바그라찌온의 막료 중에서 누군가가 이렇게 말했다.

종대의 선두는 이미 저지대로 내려섰다. 충돌은 비탈길 이쪽에서 일어날 것임에 틀림없었다.

전투에 참가한 아군 연대의 생존자는 급히 대열을 갖추면서 오른쪽으로 모였다. 그 뒤에서 뒤떨어진 자들을 몰듯이 제6추격연대의 2개 대대가 대열도 정연하게 다가왔다. 그들은 아직 바그라찌온 옆까지 오지 않았으나, 한 떼의 인간이 보조를 맞추고 걸어오는 묵직한 발소리가 이미 들려왔다. 중대장이 좌익에서 바그라찌온에게 가장 가까운 곳을 걸어왔다. 그는 뚜신의 병사(兵舍)에서 뛰어나간 그 장교로, 행복한 듯한 얼빠진 표정을 한 둥근 얼굴의 균형이 잡힌 사나이였다. 그는 맵시 있게 사령관 옆을 지나가는 것 외에는 이 순간 아무런 생각도 하지 않은 것 같았다.

최전선에 있다는 의기양양한 표정을 짓고 그는 가볍게 손발을 뻗으며 근육질 다리로 경쾌하게 앞으로 나아가고 있었다. 대장과 보조를 맞추어 나아가고 있는 병사들의 둔한 보조와는 다른, 한층 경쾌함이 돋보이는 그의 몸짓은 마치 헤엄을 치고 있는 것 같았다. 그는 다리 옆의 칼집에서 뺀, 가늘고 좁은 칼(무기라고는 여겨지지 않을 정도로 굽은 작은 칼이었다)을 들고 사령관을 보기도 하고 뒤를 돌아보기도 하면서, 보조를 늦추지 않고 건장한 상체를 유연하게 움직이고 있었다. 아무래도 그의 모든 정신력은 최고의 멋을 부려 훌륭하게 상관 곁을 통과하는 데 집중되어 있고, 또 그것을 잘 수행할 수 있다고 느끼고 있어서 행복한 듯했다. '왼발…… 왼발…… 왼발……' 그는 한 발자국마다 마음 속으로 이렇게 말하고 있는 것 같았다. 배낭과 총을 멘 병사들도 그 박자에 따라서 다 같이 움직이고 있었다. 그것은 마치 이 수백의 병사들이 제각기 머릿속에서 '왼발…… 왼발…… 왼발……' 하고 따라서 말하고 있는 것 같았다. 몸이 뚱뚱한 소령이 숨을 헐떡이면서 길 중간에 있는 관목을 우회하였다. 뒤처진 병사 하나가 숨을 헐떡이며, 자기의 야무지지 못한 동작에 놀란 얼굴로 뛰어서 중대를 쫓아가고 있었다. 그러자 포탄이 대기를 뚫고 바그라찌온 공작과 막료의 머리 위를 지나 "왼발…… 왼발…… 왼발……." 하는 박자에 맞추듯이 종대 속에 떨어졌다. "밀집 대형으로!" 중대장의 뽐내는 듯한 목소리가 들렸다. 병사들은 포탄이 떨어진 곳에서 방향을 돌려 우회하였다. 그리고 가장자리에 있던 나이 든 기병 하사관은 전사자 옆에 남아 있다가, 자기 대열을 따라잡자 뛰듯이 발을 바꿔 보조를 맞추고는 화가 난 것처럼 흘끗 사방을 둘러보았다. 어딘지 모르게 위협하는 듯한 침묵과, 일제히 대지를 밟는 단조로운 발소리 뒤에서 '왼발…… 왼발…… 왼발……' 하는 소리가 들려오는 것 같았다.

"다들 힘을 내주게!" 바그라찌온 공작이 말했다.

"하느님을 위해서……!" 하는 소리가 행렬 중에서 들렸다. 왼쪽에서 걸어온 침울한 병사는 마치 '말하지 않아도 알고 있습니다' 하는 듯한 표정으로 바그라찌온 쪽을 돌아보았다. 또 한 사람은 돌아보지 않고, 마치 정신이 산란해지는 것을 두려워하는 것처럼 입을 크게 벌리고 소리치면서 지나갔다.

정지하여 배낭을 벗으라는 명령이 떨어졌다.

바그라찌온은 자기 곁을 지나간 열을 한 바퀴 돌아보고 말에서 내렸다. 그는 까자크에게 고삐를 주고, 외투를 벗자 그것도 주고는 두 다리를 쭉 펴고 군모를 고쳐 썼다. 장교를 앞세운 프랑스군 부대의 선두가 언덕 그늘에서 나타났다.

"하느님의 가호가 있기를!" 바그라찌온은 단호하고 뚜렷한 음성으로 이렇게 말하고는 잠깐 선두 부대 쪽을 돌아보았다. 그리고 가볍게 손을 흔들면서, 마치 힘이 드는 것처럼 기병 특유의 어색한 걸음으로 울퉁불퉁한 밭을 걸어가기 시작했다. 안드레이는 그 어떤 저항할 수 없는 힘이 자기를 앞으로 끌어당기는 것을 느끼고 커다란 행복감을 느꼈다.

이미 프랑스군은 가까이 다가오고 있었다. 바그라찌온과 나란히 걷고 있던 안드레이는 이미 프랑스군의 배낭과 빨간 견장(肩章)과 얼굴까지도 뚜렷하게 분간할 수 있었다(그는 각반을 찬 안짱다리로 관목을 붙잡으면서 간신히 산을 올라오는 한 늙은 프랑스 장교를 뚜렷이 보았다). 바그라찌온 공작은 새 명령을 주지 않고 여전히 잠자코 열을 앞장서서 걸어갔다. 문득 프랑스군 사이에서 총소리가 한 방 울리고 뒤이어 두 방, 세 방…… 그리고 적의 전선에 걸쳐서 화약 연기가 퍼져 나가고 사격 소리가 요란스럽게 나기 시작했다. 이쪽 병사가 대여섯 명 쓰러졌다. 그중에는 그토록 명랑하게 열심히 걸어온 그 둥근 얼굴의 장교도 있었다. 그러나 최초 사격음이 울린 순간 바그라찌온은 병사들을 돌아보며 소리쳤다. "우라!"

"우라아—아—아!" 길게 내뽑는 외침 소리가 우군 전선에 울려 퍼졌다. 그리고 바그라찌온 공작을 앞지르고 서로 앞서거니 뒤서거니 하면서, 정연하다고는 말할 수 없지만 밝고 활기찬 무리를 이루어, 혼란에 빠진 프랑스군을 쫓아 고개를 뛰어내려갔다.

19

제6추격연대의 공격은 우익의 퇴각을 용이하게 했다. 중앙에서는 잊혀졌던 뚜신 포병 중대의 활동이 셴그라벤에 불을 지르는 일에 성공하여 프랑스군의 움직임을 멈추게 했다. 프랑스군은 바람으로 번진 불을 끄는 동안에 적에게 후퇴의 여유를 주었다. 골짜기를 넘어야 하는 중앙의 후퇴는 황급히, 그리고 소란스럽게 이루어졌다. 그래도 부대는 후퇴할 때 명령이 엇갈려 혼란에 빠지는 일은 없었다. 그러나 병력이 우세한 란 지휘하의 프랑스군의 공격과 포위를 동시에 받은 아즈프, 뽀돌리스크 보병 연대와 빠블로그라드 경기병 연대로 이루어진 좌익은 혼란에 빠졌다. 바그라찌온은 곧 후퇴하라는 명령을 제르꼬프를 시켜 좌익 장군에게로 보냈다.

제르꼬프는 모자에서 손을 떼지 않고 기운차게 말을 달리기 시작하였다. 그러나 그는 바그라찌온 곁을 떠나기가 무섭게 힘이 빠지고 말았다. 그는 억제할 수 없는 공포에 사로잡혀 위험한 곳에 갈 수가 없었다.

좌익 부대 옆까지 오자 그는 사격이 이루어지고 있는 전방으로는 가지 않고, 그들이 있을 리가 없는 곳에서 장군과 지휘관을 찾기 시작하였다. 그래서 그는 명령을 전달할 수가 없었다.

좌익의 지휘는 고참 순에 의해서, 브라우나우 부근에서 꾸뚜조프의 열병을 받은, 돌로호프가 병졸로서 근무하고 있는 연대의 연대장이 맡고 있었다. 그런데 맨 좌익의 지휘는 니꼴라이 로스또프가 근무하고 있는 빠블로그라드 연대장에게 미리 지정되어 있었으므로 그 때문에 차질이 생겼다. 두 연대장은 서로 상대편에 대해서 몹시 분개하고 있었기 때문에, 우익에서는 훨씬 이

전에 프랑스군이 공격을 개시하여 이미 전투가 벌어지고 있을 때에도, 두 연대장은 서로 상대편을 모욕하는 것을 목적으로 하는 교섭에 몰두하고 있었다. 한편 기병 연대나 보병 연대도 마찬가지로 눈앞에 닥친 전투에 대해서는 거의 조금도 준비를 하고 있지 않았다. 연대 사람들은, 병사에서 장군에 이르기까지 전투를 예기하지 않았고, 기병대에서는 말에 사료를 주고 보병대에서는 땔감을 모으는 평화로운 일을 하고 있었다.

"분명히 그분, 하여간 계급이 나보다 위군요." 독일인 경기병 연대장은 자기 옆으로 다가온 부관을 향하여 얼굴을 붉히며 말하였다. "그가 하고 싶은 대로 내버려 두십시오. 나는 내 부하 경기병들을 희생할 수 없습니다. 나팔수! 퇴각 나팔을 불어!"

그러나 사태는 절박해졌다. 포격과 총성이 뒤섞여 우익과 중앙에서 울리고, 란 장군 휘하의 프랑스 저격병들의 외투 모습이 이미 물레방앗간의 둑을 넘어와 2단 사격 대형을 만들어 정렬하고 있었다. 보병 연대장은 떨리는 듯한 걸음으로 말에 다가가서 오르고, 똑바로 높은 자세를 유지하며 빠블로그라드 연대장한테로 갔다. 두 연대장은 가슴에 미움을 감춘 채 공손히 머리를 숙이고 가까이 갔다.

"또 같은 말이지만, 연대장" 장군이 말했다. "나로서는 반수의 병력을 숲속에 남겨둘 순 없습니다. 그래서 부탁하오. 부탁하는 거요." 그는 되풀이했다. "진을 치고 공격 준비를 해주시오."

"나도 부탁드립니다만, 자기 일도 아닌데 참견하시지 말기 바랍니다." 대령은 흥분해서 대꾸했다. "만약 당신이 기병이라면……."

"나는 기병이 아니오, 연대장. 나는 러시아의 장군이오. 당신이 그걸 모른다면……."

"잘 알고 있습니다, 각하." 대령은 말을 몰면서, 얼굴이 빨갛게 되어 느닷없이 소리쳤다. "전선에 가서 우리를 보세요. 이런 진지는 아무런 쓸모가 없어요. 나는 각하의 만족을 위해서 내 연대를 몰살시키고 싶진 않습니다."

"당신은 제정신을 잃고 있소, 연대장. 나는 자기 만족이 중요하다고 생각하지 않으며, 그런 말은 용서할 수도 없어요."

장군은 연대장이 걸어온 담력 시험을 받아들여, 가슴을 쭉 펴고 이맛살을 찌푸리며 그와 함께 산병선으로 향하였다. 그것은 마치 그들의 대립을 모두 거기에서, 산병선의 총탄 밑에서 해결하지 않으면 안 된다는 것 같았다. 그들은 산병선에 도착했다. 몇 발의 총탄이 그들의 머리 위를 날아갔다. 그리고 그들은 말없이 발을 멈추었다. 산병선에서 볼 것은 아무것도 없었다. 왜냐하면 그들이 이제까지 서 있던 지점에서도, 관목이나 골짜기 사이에서 기병의 행동이 불가능하다는 것과 프랑스군이 좌익을 우회중이라는 것을 분명히 알 수 있었기 때문이다. 장군과 대령은 싸울 채비를 하고 있는 두 마리 수탉처럼 의미심장하게 서로를 바라보고 상대편이 겁을 내는 징후를 기다리고 있었으나 헛수고였다. 양쪽 모두 시험은 합격이었다. 아무것도 할 말은 없었고 어느 쪽이나 자기가 먼저 탄환을 피해 달아났다는 구실을 상대편에게 주고 싶지 않았기 때문에, 만약에 그때 그들 뒤쪽 숲 속에서 소총의 볶는 듯한 소리와 둔하고 뒤섞인 듯한 외침 소리가 들리지 않았더라면, 두 사람은 서로 상대편의 담력을 시험해 보면서 오랫동안 거기 서 있었을 것이다. 그것은 나무를 하느라고 숲 속에 있던 병사들에게 프랑스군이 공격해 온 것이다. 경기병은 이젠 보병하고 같이 퇴각할 순 없었다. 그들 왼쪽으로의 퇴로는 프랑스군의 산병선에 의해서 차단되어 있었다. 이젠 아무리 지형이 불리하더라도, 자신의 혈로를 뚫기 위해서 부득이 공격을 하지 않을 수가 없었다.

니꼴라이가 근무하고 있던 기병 중대는 막 말에 오른 참이었는데 적과 직면하고 말았다. 또다시 엔스 강 다리 위에서와 마찬가지로 기병 중대와 적 사이에는 아무도 없었다. 그리고 그 사이에는 미지와 공포의 일선이 가로놓여 있었다. 그것은 마치 죽은 자와 산 자를 나누는 선과 같았다. 모두가 이 선을 느끼고 있었다. 그리고 자기들은 이 선을 넘을 것인가 넘지 않을 것인가, 또 어떤 식으로 넘을 것인가 하는 물음이 그들의 마음을 심란하게 하고 있었다.

전선에 연대장이 말을 타고 와서 장교들의 물음에 무엇인가 화난 듯이 대답하고, 자기 생각에 고집하고 있는 사람처럼 무엇인가 명령을 내렸다. 아무도 분명한 말을 하지 않았으나 공격의 소문이 기병 중대에 퍼졌다. 정렬 호령이 울리고, 그에 이어 칼집에서 뺀 사벨이 딸가닥 소리를 내었다. 그러나 여전히 아무도 움직이지 않았다. 좌익 부대는 보병도, 경기병도, 지휘관 자신도 어떻게 하면 좋을지 모르고 있다는 것을 깨달았다. 그리고 지휘관들의 망설임이 부대에 전파되었다.

'빨리, 빨리 해!' 니꼴라이는 동료 경기병들로부터 수도 없이 들었던 공격의 쾌감을 맛볼 때가 마침내 왔다는 것을 느끼고 있었다.

"모두에게 하느님의 가호가 있기를!" 데니쏘프의 목소리가 울렸다. "돌격, 앞으로!"

앞줄에서 말의 궁둥이가 흔들리기 시작했다. 그라치크는 고삐를 잡아당겨 움직이기 시작했다.

니꼴라이는 오른쪽으로 자기 중대 경기병의 앞줄을 보았다. 그 훨씬 앞쪽에는 거무튀튀한 줄무늬가 보였다. 그는 그것을 분간할 수 없었지만 적일 것이라고 생각했다. 사격 소리가 들리고 있었지만 먼 곳이었다.

"속도를 더 내!" 호령 소리가 들렸다. 그리고 니꼴라이는 그라치크가 구보로 발걸음을 바꾸면서 그의 궁둥이가 요동치는 것을 느꼈다.

그는 말의 움직임을 미리 짐작할 수 있었으므로 더욱더 유쾌해졌다. 그는 앞쪽에 나무 한 그루가 서 있는 것을 보았다. 그 나무는 처음에 그 앞쪽, 즉 그토록 무섭게 느껴졌던 일선(一線)의 복판에 있었다. 그러나 이젠 그 일선도 넘어 버렸으니 무서운 것은 없어졌을 뿐만 아니라 더욱 즐겁고 활기가 넘쳐왔다. '아, 나는 그놈을 어떻게 베어 버릴까' 니꼴라이는 사벨의 자루를 힘주어 잡으면서 생각했다. "우라—아—아!" 외치는 소리들이 일제히 울렸다.

'자, 어떤 놈이든 덤벼라!' 니꼴라이는 그라치크에 박차를 가하면서 생각했다. 그리고 다른 자들을 앞질러 가면서 전속력으로 그라치크를 몰았다. 앞쪽에는 이미 적의 모습이 보였다. 갑자기 폭이 넓은 빗자루를 휘두르듯 무엇인가가 중대를 획 하고 휩쓸었다. 니꼴라이는 베어 버릴 작정으로 사벨을 쳐들었으나, 그때 앞을 달리고 있던 병사 니끼첸코가 그로부터 떨어졌다. 니꼴라이는 꿈 속에서처럼 이상하리만치 빠른 속도로 질주하면서도 제자리에 서 있는 것 같은 느낌이 들었다. 뒤에서 낯익은 기병 반다르추크가 그가 있는 쪽으로 말을 타고 달려와서 화가 난 듯이 쏘아보았다. 반다르추크의 말은 그대로 그의 옆을 스쳐 달려가 버렸다.

'도대체 어떻게 된 거야? 나는 움직이지 않고 있는 건가? 나는 낙마했다,

나는 죽음을 당했다……' 순간 니꼴라이는 이렇게 묻고 대답하였다. 그는 이제 들판 한가운데에 홀로 남아 있었다. 움직이고 있던 말과 경기병들의 등 대신에, 그는 자기 주위에 움직이지 않는 땅과 추수가 끝난 그루터기를 보았다. 따뜻한 피가 몸 아래에 흐르고 있었다. '아냐, 나는 부상하고 말은 피살된 거야.' 그라치크는 뒷다리로 일어서려고 했지만 기수의 발을 깔고 쓰러졌다. 말의 머리에서 피가 흐르고 있었다. 말은 허우적거렸지만 일어서지 못했다. 니꼴라이는 일어나려고 했으나 그도 역시 쓰러지고 말았다. 배낭이 안장에 걸렸던 것이다. 아군은 어디 있는지, 프랑스군은 어디 있는지, 그는 알 길이 없었다. 주변에는 아무도 없었다.

다리를 빼고 그는 일어섰다. '그토록 분명히 두 부대를 갈라놓았던 그 선은 지금은 어디에, 어느 쪽에 있는 것인가?' 그는 자신에게 물어 보았지만 대답할 수가 없었다. '무슨 좋지 못한 일이라도 나에게 일어났단 말인가? 이런 일은 흔히 있는 일일까? 그리고 이런 경우에는 어떻게 해야 하나?' 그는 일어서면서 스스로에게 물어보았다. 그때 감각이 없어진 왼팔에 무엇인가 쓸데없는 것이 매달려 있는 듯한 느낌이 들었다. 그의 손목은 마치 남의 것만 같았다. 그는 피를 찾아보았으나 헛수고였다. '아, 저기 사람이 있다.' 그는 자기 쪽으로 달려오는 몇몇 사람을 알아보고 기쁜 듯이 이렇게 생각했다. '저 사람들은 나를 구해 줄 거야!' 높은 모자를 쓰고, 파란 외투를 입고, 햇볕에 검게 탄, 매부리코의 사나이가 앞장서서 달려왔다. 그리고 또 두 사람, 아니 더 많은 사람이 뒤에서 달려왔다. 그중 한 사람은 무엇인가 기묘한, 러시아어가 아닌 말을 하였다. 뒤에서 오는 같은 모자를 쓴 사람들 사이에 러시아 경기병 한 사람이 있었다. 그는 손을 붙잡혀 있었다. 뒤에 그의 말도 잡혀 있었다.

'아마도 아군의 포로다…… 그렇다! 그럼, 나도 잡히는 것일까? 저자들은 누구인가?' 니꼴라이는 자기 눈을 믿지 못하고 여전히 생각에 잠겼다. '정말 프랑스 병일까?' 그는 다가오는 프랑스 병들을 바라보고 있었다. 조금 전만 해도 이 프랑스 병들에게 덤벼들어 그들을 베어 넘기기 위해 정신없이 달려왔는데, 지금은 그들이 다가오는 것이 너무나 무섭게 느껴졌기 때문에 그는 자기 눈을 믿을 수가 없었다. '저들은 누굴까? 무엇 때문에 뛰고 있는가? 정말 날 향해서? 정말 나에게로 뛰어 오는 것일까? 도대체 무엇 때문에? 나를 죽이기 위해서? 그토록 모든 사람의 사랑을 받고 있는 나를?' 자기에 대한 어머니, 가족, 친구들의 애정이 생각났다. 그리고 자기를 죽이려하는 적의 생각 같은 건 있을 리가 없는 것처럼 여겨졌다. '그러나 어쩌면……죽일지도 모른다!' 그는 그 자리에서 꼼짝도 하지 않고, 자기 처지를 이해하지도 못하고 10초 이상이나 우두커니 서 있었다. 앞장서 있던 매부리코의 프랑스 병은 이미 얼굴의 표정까지 알아볼 만큼 가까이 달려와 있었다. 그리고 총검을 수평으로 겨누고 숨을 억누르며 경쾌하게 앞쪽으로 달려오는 그 사나이의, 후끈거리는 낯선 표정이 니꼴라이를 놀라게 했다. 그는 권총을 꺼내 들었으나, 그것을 쏘는 대신에 프랑스 병을 향하여 내던지고 있는 힘을 다하여 덤불 쪽으로 뛰기 시작했다. 엔스 강의 다리로 갔다가 돌아왔을 때 품었던 저 회의(懷疑)와 투쟁의 감정을 가지고 뛰는 것이 아니라, 개로부터 벗어나는 토끼의 기분이었다. 다만 자기의 젊고 행복한 인생을 잃는 것이 두렵다는 그 한 점으로 압축된 기분만이 그의 전 존재를 사로잡고 있었다. 그는 흡사 숨바꼭질하는 것처럼 곧장 밭을 날 듯이 달려 도랑을 안간힘을 다하여 뛰어넘으면서, 이따금 파랗게 질린 젊고 착해 보이는 얼굴로 뒤를 돌아보았다. 그리고 무서운 나머지 공포의 오한이 등골을 스쳐갔다. '아냐, 보지 않는 것이 좋아.' 그는 이렇게 생각했지만 관목 덤불 옆으로 달려가서 다시한 번 돌아다보았다. 프랑스 병들은 뒤떨어져 있었다. 그리고 그가 돌아다보았을 때, 선두의 병사가 빠른 걸음을 보통 걸음으로 바꾸어 뒤돌아보고 뒤에있는 동료에게 무엇인가 소리를 질렀다.

니꼴라이는 걸음을 멈추었다. '어쩐지 이상하다.' 그는 생각했다. '있을 수없다. 저자들이 날 죽이려고 하다니.' 그러나 그것과는 별도로 왼쪽 팔이 너무 무거워서 마치 30킬로그램이나 되는 추를 달아맨 것 같았다. 그는 그 이상 달릴 수가 없었다. 프랑스 병도 걸음을 멈추고 총을 겨누었다. 니꼴라이는 눈을 반쯤 감고 몸을 숙였다. 한 방, 또 한 방, 총알은 윙 하는 소리를 내며 그의 곁을 날아갔다. 그는 마지막 힘을 다하여 왼손을 오른손으로 잡고 덤불까지 달려갔다. 덤불 속에는 러시아 저격병(狙擊兵)들이 있었다.

20

숲 속에서 불의의 기습을 당한 보병 연대는 숲에서 뛰어나와 다른 중대와 섞여 제각기 떼를 지어 도망갔다. 겁을 먹은 한 병사가 자기도 모르게 "퇴로가 막혔어!" 하고 외쳤다. 평상시에는 아무 의미 없지만 전장에서는 엄청난 공포감을 몰고 오는 이 말은 순식간에 전군에 전파되었다.

"포위 당했다! 퇴로가 막혔어! 이제 틀렸다!" 패주하는 자들이 소리쳤다.

연대장은 뒤쪽의 사격 소리와 외치는 소리를 들은 순간 무엇인가 무서운 일이 자기 연대에 일어났다는 것을 알았다. 그리고 모범적이고 오랜 세월을 근무하면서 한 점 나무랄 데가 없는 장교인 자기가, 부주의 또는 통솔력 부족으로 사령부로부터 문책당할지도 모른다는 생각이 그에게 충격을 주었다. 때문에 그 순간 그는 명령에 따르지 않는 기병 연대장도, 장군으로서의 위엄도, 또 자기가 처한 위험과 자기 몸을 지켜야 한다는 생각도 전적으로 잊고, 안장 끝을 잡고 박차를 가하면서 연대 쪽으로 말을 달렸다. 총알은 우박처럼 날아왔으나 운 좋게 그에게는 맞지 않았다. 그가 바라는 것은 단 한 가지—사태가 어떻게 되어 있는가를 확인한 뒤 원조를 하고, 잘못이 자기 쪽에 있다면 어떤 일이 있어도 그것을 바로 잡아, 22년 동안 근무하며 아무런 책망도 받지 않은 모범적인 장교인 자기가 책임을 문책당하는 일이 없도록 한다는 것뿐이었다.

다행히 프랑스군 사이를 무사히 빠져나가자 그는 숲 뒤쪽의 밭으로 말을 몰았다. 아군은 그 숲을 지나 도망을 치기 시작하여 명령도 듣지 않고 고개를 내려갔다. 싸움의 운명을 결정하는 정신적 동요의 순간이 찾아왔다. 이 혼란에 빠진 병사의 무리가 지휘관의 소리를 듣느냐 그렇지 않으면 지휘관을 잠깐 돌아보고 먼저 도망가 버리느냐, 둘 중의 하나였다. 이제까지는 병사들이 그토록 무서워하던 연대장의 목소리가 필사적으로 외치고 있는 데도, 또 평소와는 달리 화를 내어 얼굴이 새빨개진 연대장이 칼을 휘두르고 있는 데도 불구하고, 병사들은 여전히 떠들썩거리고 공중에 총을 쏘아대며 도망치고 있을 뿐, 명령을 들으려고 하지 않았다. 싸움의 운명을 결정하는 정신적 동요는 분명히 공포 쪽으로 기울어진 것 같았다.

장군은 절규와 초연 때문에 기침을 하며 어찌할 줄을 몰라 걸음을 멈추었다. 모든 것이 끝났다는 기분이 들었다. 그런데 이때 아군을 추격하던 프랑스군이 별안간, 뚜렷한 이유도 없이 뒤돌아서 달아나기 시작하여 숲의 초지

(草地)에서 사라졌다. 이어서 그 숲에 러시아 저격병들이 나타났다. 그것은 찌모힌 부대였다. 이 중대만이 혼란을 일으키지 않고 숲에 머물러 숲 옆의 도랑에 숨어 있다가 느닷없이 프랑스군을 습격한 것이다. 찌모힌이 작은 칼 하나를 들고 무서운 함성을 지르며 프랑스군에 덤벼들었다. 그가 미친 듯이 날뛰며 술에 취한 듯이 마구 칼을 휘둘렀기 때문에 프랑스 병들은 정신을 차릴 겨를도 없이 무기를 버리고 도망갔다. 찌모힌과 나란히 뛰고 있던 돌로호프는 총구를 눌러대듯이 프랑스 병 한 사람을 죽이고, 항복한 장교의 목덜미를 휘어잡았다. 도망치고 있던 병사들도 되돌아와 두 개의 대대가 집결했다. 그리고 좌익의 부대를 둘로 분단시키려던 프랑스군은 순식간에 격퇴되었다. 응원 부대가 합류하고, 명령을 듣지 않고 도망가던 병사들도 발을 멈추었다. 연대장이 에꼬노모프 소령과 함께 다리 옆에 서서 후퇴하는 중대를 통과시키고 있을 때, 한 병사가 그의 곁으로 다가와서 등자를 붙잡고 거의 쓰러질 것처럼 기댔다. 그 병사는 푸른 빛이 감도는 고급 나사로 만든 외투를 입고 있었고, 머리에 붕대를 감고 어깨에는 프랑스군의 탄약 주머니를 걸치고 있었다. 그는 손에 장교용 사벨을 쥐고 있었다. 그 병사의 얼굴은 창백했으나, 하늘색 눈은 대담하게 연대장의 얼굴을 바라보며 입가에는 미소마저 띠고 있었다. 연대장은 에꼬노모프 소령에게 명령을 주기에 바빴지만 이 병사에게 주의를 돌리지 않을 수 없었다.

"각하, 여기 전리품이 두 개 있습니다." 돌로호프는 프랑스군의 검과 주머니를 가리키면서 말했다. "장교를 포로로 잡고 중대의 퇴각을 막은 사람은 접니다." 돌로호프는 피로 때문에 가쁜 숨을 몰아쉬고 있었다. 그는 띄엄띄엄 말했다. "온 중대가 증인입니다. 꼭 기억해 주십시오, 각하!"

"좋아, 좋아." 연대장은 이렇게 말하고 에꼬노모프 소령 쪽으로 몸을 돌렸다.

그러나 돌로호프는 물러가지 않았다. 그는 머리의 붕대를 풀고 그것을 벗겨 머리털에 달라붙은 피를 보였다.

"총검의 상처입니다. 저는 정면에 버티고 있었습니다. 기억해 주십시오, 각하."

뚜신 포병 중대의 일은 잊혀졌다. 그러나 간신히 전투가 끝날 무렵에 여전히 중앙에서 포격 소리가 나자, 바그라찌온 공작은 될 수 있는 대로 빨리 퇴각하도록 포병 중대에 명령하기 위해 당번 영관을 보내고 뒤이어 안드레이를 그곳으로 파견하였다. 뚜신의 포 곁에 있던 엄호부대는 전투 중간에 누군가의 명령으로 철수하고 말았다. 그러나 포대는 여전히 포격을 계속하면서도 프랑스군에 점령되지 않았다. 그것은 오직 4문의 포가 보병 부대의 보호도 없이 이토록 대담하게 포격을 하리라고는 적이 예상하지 못했기 때문이다. 오히려 이 포대의 활발한 활동으로 미루어 적은 이 중앙에 러시아군의 주력이 집결하고 있다고 잘못 생각했다. 그리하여 두 차례 이 지점에 공격을 시도해 봤으나 두 번 다 이 고지에 고립해 있는 포 4문의 산탄 포격으로 격퇴되었던 것이다.

바그라찌온 공작이 떠난 뒤 이내 뚜신은 셴그라벤 마을에 불을 지르는 데에 성공했다.

"보라, 당황하고 있다!" "불타고 있다!" "연기다!" "잘한다!" "굉장하다." "연기다, 연기!" 포수들은 사기가 올라 떠들어대기 시작하였다.

별다른 명령이 없었는데도 모든 포문은 불이 난 쪽을 향해서 쏘고 있었다. 그리고 병사들은 뒤따르듯이 포격 때마다 외쳤다. "잘한다!" "그래, 그래! 그렇지!" "이 새끼…… 굉장한데!" 바람을 탄 불은 순식간에 퍼져나갔다. 마을 밖에 있던 프랑스군 종대는 되돌아갔지만 자기들 실책의 보복이기라도 하듯이, 적은 마을 오른쪽에 10문의 포를 장치하고 뚜신 쪽을 향하여 쏘기 시작하였다.

불 때문에 어린애처럼 흥분하고, 프랑스군에 대한 포격에 열중하고 있었기 때문에 포병들은 적의 포병대를 알아차리지 못했다. 두 발의 포탄과 이어 네 발이 대포 사이에 맞아, 한 발이 말 두 마리를 쓰러뜨리고 다른 한 발이 탄약차 마부의 다리를 잘라버렸을 때 그들은 비로소 상황을 알아챘다. 일단 치솟은 활기는 약해지지 않았으나 다만 그 분위기는 변했다. 말은 예비 포가(砲架)에서 떼어낸 다른 말로 교체되고 부상자는 운반되었다. 그리고 네 문의 포구가 열 문의 포를 가진 적의 포병대로 돌려졌다. 뚜신의 동료 장교는 전투 초반에 전사하고 한 시간 사이에 40명의 포병 중에서 17명이 전열을 떠났지만 포병들은 여전히 명랑하고 활기에 차 있었다. 그들은 아래쪽 근처에 프랑스 병이 나란히 나타난 것을 두 번이나 알아채고 그때마다 산탄을 퍼부었다.

몸집이 작은 사나이가 어색한 동작으로 "포상으로 또 한 대." 하고는 끊임없이 종졸에게 담배를 재게 했다. 그러고는 파이프의 불을 흩뿌리면서 앞으로 뛰어나와서 작은 손을 눈 위에 대고 프랑스군을 바라보았다.

"모두 해치워라!" 그는 이렇게 말하고, 직접 포의 수레바퀴를 안고 나사를 돌려서 빼기도 하였다.

초연(硝煙) 속에서 포탄을 쏠 때마다 몸을 뒤흔드는 발포 소리에 귀도 잘 들리지 않았다. 뚜신은 짤막한 파이프를 입에서 떼지 않고 포에서 포로 뛰어다니며 조준을 정하거나 탄약을 세기도 하고, 죽거나 다친 말의 교대를 지시하면서 예의 빈약하고 짧은, 박력이 없는 소리로 외치고 있었다. 그의 얼굴은 더욱 활기를 띠었다. 다만 병사가 죽거나 부상을 당했을 때에만 그는 얼굴을 찡그리거나 전사자한테서 얼굴을 돌리고, 부상자나 시체를 안아 일으키는 것을 주저하는 병사에게 화가 난 듯이 소리를 질렀다. 태반이 훌륭한 젊은이였던 병사들은(포병 중대에선 흔히 그러했지만, 그들은 장교보다 머리 두 개쯤 높고 어깨도 두 배나 넓었다) 모두들 난처해진 아이들처럼 지휘관을 바라보았다. 그리고 지휘관 얼굴에 나타난 표정은 반드시 병사들의 얼굴에도 반영되는 것이었다.

이렇게 무서운 소리가 울리고 주위가 웅성거려 주의를 집중해서 활동하지 않으면 안 되었기 때문에 뚜신은 공포감 같은 것은 조금도 느끼지 않았고, 자기가 전사하거나 심한 부상을 입을지 모른다는 생각은 한 번도 머리에 떠오르지 않았다. 오히려 그는 더욱 즐거운 기분이 들었다. 자기가 적을 발견하고 처음 한 발을 발사한 순간은 훨씬 이전의, 거의 어제의 일이었고, 자기가 서 있는 밭 구석은 전부터 낯이 익은, 끊으려야 끊을 수 없는 인연이 있는 장소라는 생각이 들었다. 그는 가장 우수한 장교가 이런 입장에 놓여 있을 때 할 수 있는 일은 모두 염두에 두고 생각하며 실행을 하고 있었지만, 열에 들떠 있던가 술에 취한 사람과 같은 상태에 있었다.

사방에서 일어나는, 귀청을 때리는 듯한 아군의 포성, 적탄이 내는 소리와 명중하는 소리, 포 곁에서 땀을 흘리며 바삐 움직이고 있는 포수들의 모습, 사람이나 말의 피, 건너편의 적진에서 일어나는 초연(이 연기가 보인 뒤엔 반드시 포탄이 날아와서, 대지, 사람, 포, 말에 명중하였다)—그러한 여러 가지 사물로부터 그의 머리에는 독특한 환상적 세계가 구성되어, 그것이 지

금 그의 도취를 자아내고 있었다. 적의 대포는 그의 공상 속에서는 대포가
아니라, 눈에 보이지 않는 애연가가 가끔 연기 고리를 뿜어내는 파이프였다.

"봐, 또 내뿜었다!" 뚜신은 산에서 연기 덩어리가 튀어나와 바람에 띠 모
양으로 왼쪽으로 흘러갔을 때, 속삭이듯 혼잣말을 했다. "이번에는 공이 온
다—되던져 주어야지."

"무슨 명령하실 일이 있으십니까, 대장님?" 그가 무슨 말을 중얼거리는
것을 듣고 옆에 서 있던 하사관이 물었다.

"아무것도 아냐, 유탄을 보내……." 그는 대답했다.

'됐어요? 마뜨베브나 아주머니?' 그는 마음 속으로 말했다. 그의 공상 속
에서는, 포대 가장 끝에 있는 구식 대포는 마뜨베브나라고 불렸다. 적의 대
포 둘레에 있는 프랑스 병은 개미처럼 보였다. 두 번째 포의 1번 포수를 맡
고 있는 미남의 술꾼은 그의 세계에서는 아저씨였다. 뚜신은 누구보다도 이
사나이에게 눈을 돌리는 일이 많았고, 그의 동작 하나하나에 흐뭇해 하고 있
었다. 때로는 조용해졌다가 때로는 다시 강해지는 언덕 아래의 소총 총격전
은 그에게는 그 누군가의 호흡처럼 여겨졌다. 그는 그 소리가 조용해지기도
하고 격렬해지기도 하는 데에 귀를 기울이고 있었다.

"저것 봐, 또 숨을 쉬기 시작했다. 숨을 쉬기 시작했어." 그는 혼잣말을
했다.

자기 자신은 프랑스군을 향해 두 손으로 포탄을 던지고 있는, 무지하게 키
가 큰 장사 같은 사나이처럼 여겨졌다.

"자, 마뜨베브나 아주머니, 도와줘요!" 그는 대포 곁을 떠나면서 말하였
다. 그때 머리 위에서 귀에 익지 않은 목소리가 들렸다.

"뚜신 대위! 대위!"

뚜신은 깜짝 놀라서 돌아다보았다. 그는 그룬트에서 뚜신을 쫓아낸 그 영
관이었다. 영관은 숨 가쁜 소리로 그에게 소리쳤다.

"자네는 어떻게 된 거야, 미쳤나? 이미 두 번이나 퇴각 명령이 내렸는데
도 자네는……."

'흥, 어쩌자고 이자들은 나를? ……' 뚜신은 두려운 눈으로 상관을 바라보
면서 마음 속으로 생각했다.

"저는…… 아무것도……." 그는 두 손가락을 모자 차양에 댄 채 말했다.

"저는……."

그러나 대령은 뚜신하게 하려던 말을 다 하지 못했다. 가까이 날아간 포탄 때문에 그는 자기도 모르게 머리를 숙이고 말 위에 엎드렸다. 입을 다물고 있다가 무엇인가 말하려고 한 순간 또다시 포탄이 그의 입을 막았다. 그는 말의 방향을 바꾸고 뒤로 물러났다.

"퇴각! 전원 퇴각!" 그는 먼 발치에서 소리쳤다.

병사들은 웃기 시작했다. 이윽고 부관이 같은 명령을 가지고 왔다.

그는 안드레이였다. 뚜신의 포가 자리잡고 있는 장소로 나왔을 때 그가 처음으로 본 것은 포차에 맨 말 옆에서 울고 있는, 다리가 부러진 말이었다. 포차에서 풀린 그 말의 다리에서는 피가 샘처럼 흐르고 있었다. 몇 개의 포차 사이에 수 명의 전사자가 쓰러져 있었다. 그가 접근하는 사이에 포탄이 차례로 머리 위를 스쳐가고, 등이 부르르 떨리는 것을 느꼈다. 그러나 그는 자신이 무서워하고 있다고 생각했을 뿐 다시 용기가 솟았다. '내가 무서워하다니, 그럴 리가 없다.' 그는 이렇게 생각하고 포 사이에서 천천히 말에서 내렸다. 그는 명령을 전하고 나서도 포대에서 떠나지 않았다. 그는 여기 남아서 대포를 진지에서 떼어 이동하리라고 결심하였다. 그는 뚜신과 함께, 시체를 넘어다니며 프랑스군의 포화 밑에서 대포의 철거에 착수하였다.

"방금 상관이 오셨습니다만 곧 가셨습니다." 하사가 안드레이 공작에게 말했다. "그는 부관님 같지 않았습니다."

안드레이는 뚜신하고는 아무 말도 하지 않았다. 두 사람은 바빠서 서로 눈에도 들어오지 않는 것 같았다. 네 문 중 무사했던 두 문의 포를 포차에 달고 모두가 산기슭을 내려오기 시작하였을 때(파괴된 한 문과 다목적포는 내버렸다) 안드레이는 비로소 뚜신 쪽으로 말을 접근시켰다.

"그럼, 실례하겠소." 안드레이는 뚜신에게 손을 내밀면서 말했다.

"안녕히 가세요, 부관님." 뚜신은 말했다. "많은 도움이 되었습니다! 안녕히." 왜 그런지 모르지만 뚜신은 갑자기 눈시울을 적시는 눈물을 글썽이며 말했다.

21

바람은 잔잔해졌다. 검은 구름은 전장에 낮게 깔려 지평선에서 초연과 녹아 있었다. 그리고 그에 따라 하늘을 물들인 화재의 불빛이 두 곳에서 더욱 뚜렷이 드러나 보였다. 포격은 약해졌지만 후방과 오른쪽의 소총 소리는 더욱 자주, 그리고 가깝게 들려왔다. 뚜신이 자기 부대의 대포를 끌고 부상병을 추월하거나 스치고 지나가면서, 포화가 닿지 않는 곳으로 나와 골짜기로 내려오자 바로 상관이나 부관이 그를 맞았다. 그중에는 당직 영관도 있었고, 또 두 번이나 파견되었으면서도 한 번도 뚜신의 포병대에 도착하지 못한 제르꼬프도 끼어 있었다. 어떻게 해서 어디로 갈 것인가 하는 명령을 모두가 서로 앞을 다투어 주기도 하고 전하기도 하면서 뚜신을 비난하거나 야단을 쳤다. 뚜신은 아무 반응 없이 가만히 있었다. 한마디 할 때마다 왠지 모르게 울어버릴 것 같아 말을 하는 것이 두려워서, 포차를 끄는 말을 타고 말없이 뒤에서 따라갔다. 부상자는 방치하라는 명령을 받고 있었지만, 그 대부분은 몸을 끌듯 간신히 부대의 뒤를 따라와서 대포 위에 태워달라고 애원했다. 전투 전에 뚜신의 임시 막사에서 뛰어나간, 위세가 당당했던 보병 장교는 배에 총을 맞고 마뜨베브나 포차에 실려 있었다. 언덕 아래에서 창백한 경기병 견습 사관이 한쪽 팔을 다른 손으로 받치면서 뚜신 옆으로 와서 태워달라고 부탁하였다.

"대위님, 제발 부탁합니다. 팔에 타박상을 입었습니다." 그는 머뭇거리며 말했다. "부탁합니다! 걸을 수가 없습니다. 제발 부탁합니다!"

분명히 이 후보생은 이미 한 번만이 아니라 여러 곳에서 태워달라고 부탁했고 가는 곳마다 거절당한 것 같았다. 그는 망설이는 듯 슬픈 목소리로 부탁했다.

"태우라고 말해 주십시오, 제발."

"태워 줘라, 태워 줘." 뚜신이 말했다. "외투라도 깔고 말이야. 여봐, 아저씨." 그는 자기가 좋아하는 병사를 향해서 말했다. "그건 그렇고, 부상당했던 장교는 어디 갔지?"

"내려놨습니다. 죽었습니다."

"태워 줘라. 타게. 여보게, 타. 외투를 깔아 줘라, 안또노프."

그 견습 사관은 니꼴라이였다. 그는 한 손으로 다른 한쪽 손을 받치고 있었고 얼굴이 창백했으며, 아래쪽 턱이 열병의 오한으로 떨리고 있었다. 그는 마뜨베브나 위에 태워졌다. 죽은 장교를 내려놓은 그 포차였다. 밑에 깔린 외투에는 피가 묻어 있어 니꼴라이의 승마바지와 손은 그 피로 더러워졌다.

"왜 그러나, 자넨 부상했나? 견습 사관." 뚜신은 니꼴라이가 앉아 있는 포차에 다가와서 말했다.

"아닙니다. 타박상입니다."

"왜 피가 포가(砲架)에 묻어 있나?"

"이건 죽은 그 장교가 묻힌 겁니다, 상관님." 한 포병이 포가 더러워진 것을 사과라도 하듯이 외투의 소매로 피를 닦으면서 말했다.

보병의 도움을 받아 간신히 포를 언덕으로 끌어올려, 군테르스도르프 마을에 도착하여 일행은 정지했다. 벌써 어두워져서 열 발짝쯤 떨어지면 병사들의 제복도 분간할 수가 없었다. 그리고 서로 쏘아 대는 총소리도 잠잠해졌다. 그러자 별안간 가까이 오른쪽에서 다시금 사격소리가 들렸다. 어둠 속에서 발사의 빛이 번쩍였다. 이것은 프랑스군의 마지막 공격이었다. 마을 민가에 은신해 있던 병사들이 이에 응사했다. 다시금 모든 사람이 마을에서 뛰어나왔지만, 뚜신의 포는 움직일 수가 없었다. 포병들과 뚜신과 견습 사관은 운을 하늘에 맡기고 말없이 서로 마주보고 있었다. 총격전은 이내 수그러들었다. 그리고 기운을 되찾은 병사들이 말을 주고 받으며 옆길에서 쏟아져 나왔다.

"무사했나, 뻬뜨로프." 한 사람이 물었다.

"뜨거운 맛을 보여 줬지. 이제 함부로 덤비지 못할 거야." 또 한 사람이 말했다.

"아무것도 안 보이는데. 저놈들이 저희들끼리 쏘는 꼴이라니! 아무것도 안 보여, 어두워서. 여봐, 마실 거 없나?"

프랑스군은 마침내 격퇴되었다. 그리고 뚜신의 포차는 떠들어대는 포병에 둘러싸여, 다시금 캄캄한 어둠 속을 뚫고 어딘가 앞쪽으로 움직이기 시작하였다.

어둠 속에서 마치 눈에 보이지 않는 침울한 강이 같은 방향으로, 속삭임과 이야기 소리와 말굽 소리를 웅성대게 하면서 흘러가는 것 같았다. 전체의 웅성거림 속에서 다른 모든 소리를 뚫고 어둠 속에서 부상병의 신음 소리가 한층 높이 들려왔다. 그 신음 소리가 부대를 감싸고 있는 이 어둠 전체를 채우고 있는 것처럼 보였다. 부상병의 신음 소리와 이 어둠—그것은 같은 것이었다. 얼마 후 이 이동하는 무리 속에서 동요가 생겼다. 백마를 탄 누군가가 수행원을 거느리고 지나갔고, 지나가면서 무슨 말인가를 한 것이다.

"뭐라고 했어? 이번에는 어디로 가는 거야? 숙영인가? 감사하다는 말이라도 했나?" 사방에서 궁금하다는 듯이 묻는 소리가 들렸다. 그리고 움직이고 있는 무리 전체가 서로 떠밀기 시작했다(선두가 걸음을 멈춘 것 같았다). 정지 명령이 내렸다는 소리가 퍼졌다. 모두들 걸어온 그대로 진흙길 한가운데서 걸음을 멈추었다.

불이 켜지고 이야기 소리가 높아졌다. 뚜신 대위는 중대에 대한 지시를 마친 뒤, 후보생을 위해 붕대소나 군의를 찾으러 한 병사를 보내고 병사들이 길가에 피워놓은 불 옆에 앉았다. 니꼴라이도 불 옆으로 비틀비틀 다가왔다. 아픔과 추위와 습기 때문에 오한이 들어 몸 전체가 덜덜 떨리고 있었다. 참을 수 없을 만큼 졸렸지만 지끈거리는 팔의 심한 아픔 때문에 잘 수가 없었다. 그는 눈을 감아보거나 새빨갛게 타고 있는 불을 보기도 하고, 자기 곁에 편한 자세로 앉아 있는 뚜신의 모습을 보고 있었다. 선량하고 현명해 보이는 뚜신의 큰 눈이 동정의 빛을 띠고 그를 바라보고 있었다. 그는 뚜신이 진심으로 자기를 도와주고 싶어하면서도 지금으로선 아무것도 할 수 없다는 것을 잘 알고 있었다.

걷거나 말을 타고 지나가는 자들과, 주변에 자리를 잡으려 하는 보병 부대의 발소리와 이야기하는 소리가 사방에서 들려왔다. 목소리, 발소리, 진창속에서 발을 구르는 말굽 소리, 멀리 또는 가까이에서 장작불 튀는 소리가 하나의 둔한 음향으로 녹아들고 있었다.

지금은 전처럼 보이지 않는 강이 어둠 속에서 흐르고 있는 것이 아니라, 폭풍이 지나간 뒤에 음침한 바다가 가라앉으면서 잔물결이 일고 있는 것 같았다. 니꼴라이는 자기 앞과 주위에서 일어나고 있는 일을 멍하니 바라보며 듣고 있었다. 보병 한 사람이 모닥불로 가까이 와서 손을 쬐면서 얼굴을 돌렸다.

"괜찮습니까, 대장님?" 그는 뚜신 쪽을 향하여 물어보듯이 말했다. "중대에서 낙오했습니다, 대장님. 제가 지금 어디에 있는지 통 알 수가 없어서 난처합니다!"

뒤이어 머리에 붕대를 감은 보병 장교가 모닥불 옆에 다가와서, 짐마차를 지나가게 하기 위해서 포를 잠깐 움직이도록 명령해 줄 수 없느냐고 뚜신에게 부탁했다. 중대장을 따라 두 명의 병사가 모닥불 쪽으로 뛰어왔다. 그들은 어디에선가 가지고 온 장화 한 짝을 서로 차지하려고 필사적으로 욕지거리를 하며 서로 움켜쥐고 다투고 있었다.

"뭐라고, 네가 주웠다고! 흥, 무슨 소릴 하는 거야!" 한 사람이 쉰 목소리로 말했다.

그리고 피에 물든 각반으로 목을 감은 메마른 창백한 얼굴의 병사가 다가와, 화가 난 음성으로 포병들에게 물을 달라고 요구하였다.

"개처럼 죽어버리란 말인가, 응? 개처럼?" 그 사나이는 말했다.

뚜신은 이 사나이에게 물을 주라고 명령했다. 곧이어 활발해 보이는 병사가 달려와 보병 부대에 가져갈 불씨를 달라고 부탁했다.

"새빨간 불씨를 보병에게 나누어 주세요! 그럼 안녕히, 고향 친구 여러분. 불씨 고맙습니다. 이자를 붙여서 갚겠습니다." 그는 빨갛게 타는 불씨를 어딘가 어둠 속으로 가져가면서 말했다.

그 뒤를 이어 네 명의 병사가 무엇인가 무거운 것을 외투에 담아 운반하면서 모닥불 옆을 지나갔다. 그중 한 사람이 무엇인가에 걸려 비틀거렸다.

"쳇, 제기랄, 길가에 장작을 놔 두다니." 그는 중얼거렸다.

"죽어 버린 자를 어째서 운반해야 한담?" 한 사람이 말했다.

"뭐라고, 이 새끼들!"

그들은 그 짐을 메고 어둠 속으로 사라졌다.

"어때? 아픈가?" 뚜신은 속삭이듯 니꼴라이에게 물었다.

"아픕니다."

"대장님, 장군께서 부르십니다. 바로 저기 농가에 계십니다." 하사가 뚜신에게 다가와서 말했다.

"알았다, 수고했다."

뚜신은 일어나 외투에 단추를 끼우며 모닥물에서 물러섰다.

포병들의 모닥불에서 멀지 않은, 특별히 준비된 농가에서 바그라찌온 공작은 자기한테로 모인 몇 명의 부대장들과 이야기하면서 식사를 하고 있었다. 그중에는 양의 뼈를 기갈이 난 듯이 뜯고 있는, 눈을 반쯤 감은 몸집이 작은 노인도, 한 잔의 보드카와 식사로 빨개진 22세의 나무랄 데가 없는 장군도, 이름이 새겨진 보석 반지를 낀 영관도, 근심스럽게 모든 사람을 둘러보고 있는 제르꼬프도, 파리한 얼굴에 입술을 깨물고 열병에 걸린 양 눈을 반짝이고 있는 안드레이 공작도 끼여 있었다.

집 안에는 노획한 프랑스군기가 한구석에 세워져 있고, 순진한 얼굴의 법무관이 깃발의 천을 만져보고 이해할 수 없다는 듯이 고개를 갸우뚱거리고 있었다. 그것은 정말로 그가 군기의 천이나 모양에 흥미가 있기 때문이었는지도 모르지만, 그가 식사를 하기에는 식기가 모자란 탓에 주린 배를 참고 식사를 기다리는 것이 괴로웠기 때문이었는지도 모른다. 이웃 농가에는 용기병이 포로로 잡은 프랑스군 연대장이 있었다. 그 주위에 아군 장교들이 모여서 흘끗흘끗 바라보고 있었다. 바그라찌온 공작은 각 대장에게 감사의 말을 하고, 전투의 상세한 상황과 손실에 대해서 이것저것 자세히 물었다. 브라우나우에서 검열을 받은 연대장은 전투 개시와 동시에 자기는 숲 밖으로 퇴각하여, 땔감을 자르고 있던 병사들을 모아 자기보다 뒤로 후퇴시키고, 2개 대대를 이끌고 돌격하여 프랑스군을 격퇴했다고 보고하였다.

"저는 제1대대가 혼란에 빠진 것을 봤을 때 길에 서서 생각했습니다. '이들을 철퇴시키고 연속 사격으로 응전하리라.' 그 생각대로 했던 것입니다, 각하."

연대장은 그렇게 하고 싶었고, 실전에서 그렇게 할 여유가 없다는 것을 마음으로부터 유감으로 생각하고 있었기 때문에, 그러한 일이 모두 정말로 있었던 것 같은 생각이 들었다. 아니 어쩌면, 정말로 있었던 것이 아닐까? 그 혼란 속에서 도대체 무엇이 있고 무엇이 없었던가를 구별할 수 있었을까?

"게다가 꼭 말씀드릴 일이 있습니다만, 각하." 그는 돌로호프와 꾸뚜조프와의 대화와, 자기가 아까 이 강등병과 만났던 일을 상기하면서 말을 이었다. "한 병졸이, 그 강등된 돌로호프가 제 눈앞에서 프랑스군 장교를 포로로 잡아 눈부신 공훈을 세웠습니다."

"각하, 여기서 저는 빠블로그라드 연대의 공격을 목격했습니다." 침착하지 못한 태도로 주위를 둘러보면서 제르꼬프가 끼어들었으나, 그는 이날 전혀 경기병 등을 본 일은 없고 보병 장교로부터 경기병의 이야기를 들었을 뿐이었다. "방진(方陳)을 두 개나 짓밟았습니다, 각하."

제르꼬프가 이야기를 시작하자 몇 사람은 여느 때처럼 농담을 기대하고 미소지었다. 그러나 그의 이야기가 역시 아군의 명예와 오늘 하루를 칭찬하려는 것임을 알아채고, 제르꼬프가 하는 말은 터무니없는 거짓임을 잘 알고 있었지만 진지한 표정이 되었다. 바그라찌온 공작은 나이 든 연대장 쪽을 향하였다.

"감사합니다, 여러분. 보병도 기병도 포병도, 각 부대가 모두 훌륭하게 싸워 주었습니다. 그런데 중앙에서 어떻게 해서 두 문의 포가 유기되었습니까?" 그는 눈으로 누군가를 찾으면서 말했다. (바그라찌온 공작은 좌익 포에 대해서는 묻지 않았다. 전투 초기에 좌익의 모든 포가 파기되었다는 것을 이미 그는 알고 있었다) "자네에게 부탁한 것 같은데." 그는 당번 영관에게 말했다.

"하나는 파괴되었습니다만." 당번 영관이 대답했다. "또 한 문은 저로서는 알 수 없습니다. 저는 줄곧 좌익에서 명령을 하고 있었고 떨어진 후 곧…… 정말 격전이었습니다." 그는 겸손한 어조로 덧붙여 말했다.

누군가가 뚜신 대위는 이 마을 바로 옆에 숙영하고 있고, 이미 데리러 사자를 보냈다고 말했다.

"그래, 그래 자네도 갔었지." 바그라찌온 공작은 안드레이를 향하여 말했다.

"그렇습니다. 우리는 거의 전투 내내 함께 있었습니다." 당직 영관은 안드레이에게 온화한 미소를 보내면서 말했다.

"유감스럽게도 나는 당신을 보지 못했습니다." 안드레이는 냉랭하고 무뚝뚝하게 말했다.

모두들 입을 다물었다. 그때 뚜신이 장군들의 뒤에서 머뭇거리며 모습을 나타냈다. 뚜신은 여느 때처럼 상관들을 보고 당황하고 있었기 때문에, 비좁은 농가 안에서 장군들의 옆을 돌다가 깃대를 보지 못하고 걸려 비틀거렸다. 몇 사람이 웃었다.

"어떻게 해서 포가 유기되었지?" 바그라찌온은 대위보다는 오히려 웃은 사람들에게 이마를 찌푸리고—그중에서 가장 크게 들린 것은 제르꼬프의 소리였다—물었다.

뚜신은 상관의 엄한 낯을 대하자, 비로소 오늘 자기는 살아남으면서 두 문의 대포를 잃어버린 죄와 불명예가 더할 나위 없이 무섭게 느껴졌다. 그는 몹시 흥분하고 있었기 때문에 이 순간까지 그러한 일을 생각할 여유가 없었던 것이다. 장교들의 웃음소리는 더욱 그를 당황케 했다. 그는 아래턱을 떨면서 바그라찌온 앞에서 간신히 이렇게 말했다.

"모르겠습니다…… 각하…… 인원이 없었기 때문입니다, 각하."

"엄호부대의 도움을 받았으면 되었을 것 아닌가!"

엄호부대가 없었다는 것은 명백한 사실인데도 뚜신은 말하지 않았다. 그는 그 때문에 다른 대장들에게 피해를 줄까 두려웠던 것이다. 그래서 어리둥절해진 생도가 시험관의 눈을 바라보듯이, 잠자코 움직이지 않는 눈으로 바그라찌온의 얼굴을 똑바로 바라보고 있었다.

침묵은 상당히 오랫동안 계속되었다. 바그라찌온 공작은 분명히 엄한 태도를 취하고 싶지 않아 무어라고 말해야 좋을지 모르는 모양이었다. 다른 사람들도 감히 이 대화에 끼어들려고 하지 않았다. 안드레이 공작은 눈을 위로 뜨고 뚜신을 바라보면서 손가락을 신경질적으로 움직이고 있었다.

"각하." 안드레이는 여느 때의 날카로운 음성으로 침묵을 깨뜨렸다. "각하는 저를 뚜신 대위의 포병 중대에 파견하셨습니다. 저는 거기서 인마(人馬)의 3분의 2를 잃고 포 2문이 파괴되는 모습을 보았습니다. 엄호부대라곤 전혀 없었습니다."

바그라찌온 공작과 뚜신은, 흥분을 억제하면서 겸손하게 말하고 있는 안드레이를 바라보고 있었다.

"그리고 만약 각하께서 저에게 기탄없이 의견을 말하게 해 주신다면" 그는 말을 이었다. "오늘의 전과는 무엇보다도 이 포병 중대의 활동과, 뚜신 대위와 그 중대의 혁혁한 불굴의 정신 덕분입니다." 안드레이는 말을 끝냈다. 그리고 대답도 기다리지 않고 곧 일어서서 식탁을 떠났다.

바그라찌온 공작은 뚜신을 바라보았다. 그리고 단호한 안드레이의 단정에 의심을 표하고 싶지 않으나, 그렇다고 그를 전적으로 믿을 수도 없다는 생각이 드는 모양으로, 뚜신에게는 가볍게 고개를 끄덕이고 물러나도 좋다고 말하였다. 안드레이는 그 뒤를 따라 밖으로 나갔다.

"고맙습니다. 덕택에 살았습니다." 뚜신은 그에게 말했다.

안드레이는 뚜신을 흘끗 보았으나 아무 말도 하지 않고 그의 곁을 떠났다. 안드레이는 슬프고 괴로웠다. 모든 것은 너무나 이상해서 그가 기대하고 있는 것과는 전혀 동떨어진 것이었다.

'저들은 누구일까? 무엇 하러 오는 것일까? 무엇이 필요하단 말인가? 그리고 그런 것은 대체 언제 끝날 것인가?' 니꼴라이는 자기 앞에서 변해가는 그림자를 보면서 생각하고 있었다. 손의 아픔은 더욱 심해져서 괴로웠다. 졸음을 견딜 수 없어 눈 속에서 빨간 고리가 이리저리 날아다니고 있었다. 그리고 그 많은 소리, 많은 얼굴의 인상과 고독감이 아프다는 감각과 하나로 녹아들었다. 그 친구들이, 부상하거나 부상하지 않은 저 병사들이—바로 그 친구들이 부러진 그의 팔과 어깨의 혈관을 짓누르고 압박하고 뒤집어서 살을 지지고 있는 것이다. 그 친구들로부터 벗어나기 위해서 그는 지그시 눈을 감았다.

그는 잠깐 자신을 잊었으나 그 짧은 망아(忘我) 상태 동안에 무수한 것을 보았다. 그는 자기 어머니와 그녀의 큰 손을 보았다. 소냐의 메마른 어깨, 나따샤의 눈과 그녀의 웃음, 예의 목소리와 콧수염을 기른 데니쏘프도, 쩨랴닌도, 쩨랴닌이나 보그다누이치에 얽힌 사건 등도 보았다. 그 사건은 날카로운 음성을 한 병사와 같은 것이었다. 그리고 이 사건과 그 병사가 그의 팔을 끈질기게 붙잡고 억누르고 끊임없이 같은 방향으로 잡아당기고 있었다. 그는 그것을 피하려고 했으나 그것은 그의 어깨를 잠시도, 단 1초도 놓아주지 않았다. 그것이 잡아당기지 않았더라면 어깨는 아프지 않았을 것이고 정상적이었을 것이다. 그러나 거기서 벗어날 수는 없었다.

그는 눈을 뜨고 위를 바라보았다. 밤의 검은 장막이 다 타서 숯이 된 장작불 위 6, 70cm쯤에 내려앉아 있었다. 그 빛 속에 떨어지는 눈송이가 춤을 추고 있었다. 뚜신은 돌아오지 않았고 의사도 오지 않았다. 그는 혼자가 되었다. 다만 한 병사가 벌거벗고 불 저쪽에 앉아 메마른 노란 몸을 불에 쬐고 있을 뿐이었다.

'나는 아무한테도 필요 없어, 나는!' 니꼴라이는 생각했다. '아무도 도와주지 않고 슬퍼해 주지도 않는다. 하지만 나도 이전에는 집에서 건강하고 명랑했으며 호감을 받고 있었다.' 그는 한숨을 쉬었다. 그리고 한숨과 함께 신음 소리를 냈다.

"아니, 어디가 아프십니까?" 병사가 불 위에서 자기 셔츠를 털면서 물었다. 그리고 대답도 기다리지 않고 끅 하는 신음 소리를 내더니 이렇게 덧붙였다. "하루 동안에 얼마나 많은 사람이 죽고 다쳤는지, 무서운 일입니다!"

니꼴라이는 병사의 말을 듣고 있지 않았다. 그는 불 위로 흩날리는 눈송이를 바라보고 있었다. 그리고 따뜻하고 밝은 집, 푹신한 모피 코트, 빠른 썰매, 건강한 육체가 있고 가족의 애정과 배려로 가득찬 러시아의 겨울을 상기하였다. '도대체 무엇 때문에 나는 이런 곳에 오고 말았는가!' 그는 생각했다.

이튿날 프랑스군은 다시 공격을 하지 않았고, 바그라찌온 부대의 생존자들은 꾸뚜조프 군에 합류하였다.

제3부

1

바씰리 공작은 자기 계획을 면밀히 검토하는 일이 없었고, 하물며 이익을 얻기 위해서 남에게 나쁜 짓을 하는 일은 더욱 생각하지도 않았다. 그는 다만 상류 사회에서 성공하고, 그 성공을 습관으로 만들어 버린 상류 사회의 인간에 지나지 않았다. 그의 머리에는 항상 상황이나 사람과의 교제에 따라, 여러 가지 계획이나 생각이 형성되어 있었다. 그 자신이 그 내용을 상세한 점까지 의식하고 있었던 것은 아니지만, 그 계획이나 생각이 그의 모든 인생의 관심사를 형성하고 있었다. 그의 머릿속에서 움직이고 있는 그러한 계획은 한두 가지가 아니라 수십 가지가 있어서, 그중 어떤 것은 마음 속에 갓 떠오른 것도 있으며, 어떤 것은 실현되어 가는 것도 있고, 또 어떤 것은 취소된 것도 있었다. 그는 결코 마음 속으로 '그렇다, 저 사나이는 지금 힘을 가지고 있으며, 나는 그의 믿음과 우정을 얻어 그 사람에게서 일시금을 받아내도록 해야 되겠다'느니, 또는 '그렇다, 삐에르는 부자다. 나는 그 녀석을 잘 꼬드겨 딸과 결혼시켜, 내가 필요한 4만 루블의 돈을 빌려야겠다'라고 말하지는 않았다. 그런데 힘이 있는 인간을 만나면 그 순간에 본능이, 이 사나이는 쓸모가 있다고 남몰래 가르쳐준다. 그래서 바씰리 공작은 좋은 기회를 놓치지 않고 얼른 그 사나이에게 접근하여, 아무런 준비도 없이 그저 본능이 시키는 대로 비위를 맞추고, 친숙해지고 필요한 일을 화제로 삼는 것이었다.

모스크바에서 삐에르는 그의 손이 닿는 곳에 있었다. 그래서 바씰리 공작은 삐에르가 그 당시의 5등관에 해당하는 연소시종(年少侍從)에 임명되도록 주선해주고, 자기하고 같이 뻬쩨르부르그로 가서 자기 집에 머무르도록 그를 끈질기게 설득했다. 겉으로는 아무렇지도 않은 듯이, 그러나 이렇게 되지 않으면 안 된다는 확신을 가지고 바씰리 공작은 삐에르를 자기 딸과 결혼시키기 위해 필요한 온갖 수단을 다했다. 만약 바씰리 공작이 미리 자기 계획을 신중히 고려하는 사람이었다면, 그는 자기보다 지위가 위에 있거나 아래에 있는 모든 사람과의 교제를 이토록 자연스럽게 탁 터놓고 하지는 못했을 것이다. 무엇인가가 끊임없이 그를 자기보다 힘이나 돈이 많은 사람에게 끌어갔다. 그리고 그 자신도 사람을 이용해야 할 필요가 있었으며, 또 그것이 가능한 그 순간을 포착하는 보기 드문 수완을 타고났던 것이다.

삐에르는 좀 전만 해도 고독하지만 아무 근심 걱정 없는 편한 신세였지만, 뜻하지 않게 자산가가 되고 베주호프 백작이라는 신분이 되어, 혼자 있게 되는 것은 잠자리에 들 때뿐일 정도로 사람들에게 둘러싸이는 바쁜 몸이 되었다. 그는 서류에 서명을 하거나, 무엇을 하는 곳인지 잘 알지도 못하는 관청과 교섭하기도 하고, 무슨 일을 총지배인에게 물어 보기도 했다. 또는 모스크바 부근 영지(領地)에 가기도 하고, 많은 사람들을 접대하지 않으면 안 되었다. 그 사람들은 전에는 그의 존재를 알려고도 하지 않았지만, 지금은 그가 만나주지 않으면 화를 내거나 비관에 빠지는 것이었다. 이와 같은 갖가지 사람들—사무가, 친척, 지인—은 모두 이 젊은 상속자를 친절하고 상냥하게 대해 주었다. 누구 할 것 없이 삐에르의 우수한 자질을 분명히 의심하지 않고 믿고 있는 듯했다.

그는 끊임없이 "당신의 남달리 뛰어난 상냥한 마음으로 하신다면"이라든가, "당신처럼 아름다운 마음씨를 가진 분은" 또는 "당신은 실로 순결하신 분이니까…….", "만약 그 사람이 당신처럼 총명하다면" 등의 말을 듣고 있었다. 그 때문에 그는 진심으로 자기는 보기 드문 친절한 남자이며, 보기 드문 뛰어난 두뇌를 가지고 있다고 믿게 되었다. 더욱이 늘 전부터, 마음 속으로는 자기를 몹시 선량하고 총명한 사나이처럼 생각하고 있었으니 더 말할 것도 없다. 전에는 성질이 고약하고 분명히 적의를 품고 있던 사람들까지 그에게 친절하고 상냥해졌다. 그토록 화를 내던, 몸통이 길고 인형처럼 머리를 빗어 붙인 공작의 맏딸이 장례식이 끝나자 몸소 삐에르의 방으로 왔다. 눈길을 떨구고 줄곧 얼굴을 붉히면서 그녀는 삐에르에게, 서로 오해가 있었던 것을 유감스럽게 생각하고 있으며, 지금은 무엇 하나 부탁할 자격이 없다는 생각이 들지만 다만 그와 같은 타격을 받은 뒤이므로, 자기가 많은 사랑과 희생을 바쳐온 이 집에 앞으로 수 주일 동안만 남아 있는 것을 허가해 주기 바란다고 말하였다. 그녀는 그렇게 말하면서 참지 못하고 울음보를 터뜨리고 말았다. 이 조각상 같은 공작의 딸이 이렇게도 변할 수 있구나 하고 감동을 받은 삐에르는 그녀의 손을 잡고, 자기가 무엇을 사과해야 하는지도 모르면서 용서해 달라고 말했다. 이날부터 영양은 삐에르를 위해서 바둑 무늬 목도리를 짜기 시작했으며, 그에 대한 태도가 완전히 바뀌었다.

"삐에르, 그 애를 위해 이것을 해주게. 그 애는 돌아가신 백작의 일로 고생을 많이 했다네." 바씰리 공작은 무엇인가 영양에게 유리하게 될 어떤 서류에 서명을 하도록 하면서 삐에르에게 말했다.

바씰리 공작은 저 모자이크 무늬 가방의 건에 자기가 관계하고 있다는 것을 공작 영양이 문제 삼을 마음을 일으키지 않도록, 이제는 가난하게 된 공작 영양에게 뼈를, 즉 3만 루블의 어음을 던져 주어야겠다고 판단한 것이다. 삐에르는 어음에 서명하였다. 그리고 그 후 공작 영양은 더욱 친절해졌다. 그녀의 동생들도 그를 대하는 태도가 좋아져, 기량이 좋고 검정 사마귀가 있는 막내는 그를 보면 빙그레 웃기도 하고 어색한 듯한 태도를 취하여 삐에르를 몇 번이고 난처하게 만들었다.

모두가 자기를 좋아해 주는 것이 삐에르에게는 극히 자연스럽게 여겨졌고, 만약 누군가 자기를 좋아해 주지 않으면 부자연스러운 느낌이 들 것이라는 마음이 들었으므로, 자기 주위에 있는 사람들의 성실성을 믿지 않을 수가 없었다. 게다가 그는 이 사람들이 성실한가 아닌가 자기 자신에게 물어볼 틈도 없었다. 그는 언제나 항상 온건하고 즐거운 도취 속에 있는 것 같은 기분이 들었다. 그는 자기 자신이 무엇인가 중요한 전체의 움직임의 중심이 되어 있다는 것과, 자기에게 무엇인가 끊임없이 사람들이 기대하고 있다는 것을 느끼고 있었다. 자기가 만약에 이러이러한 일을 하지 않으면 많은 사람들을 실망시키고 그들의 기대를 저버리는 일이 되지만, 이러이러한 일을 하면 모두가 잘 되어갈 것이라고 생각했다. 그래서 그는 요구되는 일을 하고 있었으나, 그럼에도 해야 할 그 무엇인가 좋은 일들이 여전히 앞날에 남아 있는 것이었다.

누구보다도 이 최초의 시기에 삐에르의 일과 삐에르 자신을 좌우하고 있던 것은 바씰리 공작이었다. 베주호프 백작 사망 후, 그는 삐에르를 손에서 놔 주지 않았다. 바씰리 공작은 많은 일에 쫓기고 있어 피곤하기는 했지만, 친구의 아들이자 이렇게 많은 자산을 가지고 있는 이 무력한 청년의 운명을 사기꾼들이 하는 대로 내버려 둔다는 것은 차마 볼 수 없다는 얼굴을 하고 있었다. 베주호프 백작이 죽은 뒤 그가 모스크바에서 보낸 며칠 동안에, 그는 삐에르를 자기 방으로 부르기도 하고 혹은 몸소 찾아가기도 하여, 피곤하지만 확신에 찬 어조로, 해야 할 일을 삐에르에게 지시했다. 그때마다 마치 그는 이렇게 타이르고 있는 것 같았다.

'자네도 알다시피, 나는 산더미 같은 일에 골몰하고 있네. 내가 자네 일을 돌보는 것은 순수하게 동정심에 따른 것일 뿐이야. 게다가 자네도 잘 알고 있는 바와 같이, 내가 자네에게 권하고 있는 일이 자네가 할 수 있는 유일한 일일세.'

"여보게. 내일은 마침내 가는 거야." 어느 날 그는 눈을 감고 삐에르의 팔꿈치를 손가락으로 꼬집으면서, 자기가 지금 이야기하려는 것은 먼 옛날 두 사람 사이에 이미 정해져 있는 일로 그 이외의 경우는 있을 수 없다는 어조로 삐에르에게 말하였다.

"내일 우리는 가는 거야. 나의 포장마차에다 자네 자리를 잡아 두었으니까. 나는 정말 기쁘네. 여기에서 중요한 일은 모두 끝났어. 나는 벌써 갔어야 했어. 이걸 보게. 이건 수상한테서 온 거야. 내가 자네를 부탁해 두었던 대로 자네는 외교단 그룹에 편입되어 연소시종이 되었지. 이젠 자네에게는 외교관으로서의 길이 열린 셈이지."

이 말을 했을 때의 피로한 듯한, 더욱이 자신 어린 어조는 반박할 수 없는 힘을 가지고 있었지만, 자기의 인생 항로를 상당히 오랫동안 생각하고 있던 삐에르는 반대하려고 하였다. 그러나 바씰리 공작은 비둘기 목을 울리는 것 같은 낮은 소리로 상대편의 말을 가로챘다. 그것은 그가 무엇인가를 강하게 설득하지 않으면 안 될 경우에 그를 방해하지 못하도록 하기 위해 사용하는 목소리였다.

"그러나 여보게, 내가 이렇게 한 것은 나를 위해, 나의 양심을 위해서 한 것이므로 나한테 감사할 것은 없네. 이제까지 남의 사랑을 너무 받는다고 해서 불평하는 자는 아무도 없었네. 게다가 자네는 자유의 몸이니까 내일이라도 그만 둘 수 있네. 어쨌든 뻬쩨르부르그에 가면 자네 스스로 다 알게 될 걸세. 그리고 자네는 이런 무서운 추억에서 이미 멀어졌어야 했어." 바씰리 공작은 길게 한숨을 쉬었다. "그렇고 말고. 그리고 내 시종을 자네 마차에 태우도록 하게. 아, 그렇지, 하마터면 잊어버릴 뻔했군." 바씰리 공작은 다시 한마디 덧붙였다. "알곤 있겠지만, 나하고 고인 사이에는 셈이 남아 있어서 내가 랴잔의 영지에서 받은 것을 나한테 놔두기로 하겠네. 자네에겐 별로 필요도 없을 테니까. 나중에 둘이서 셈하면 돼."

바씰리 공작이 '랴잔의 영지에서' 라고 말한 것은 수천 루블의 연공(年貢)을 말하는 것으로, 그것을 바씰리 공작은 자기한테 놔두고 있었던 것이다.

뻬쩨르부르그에서도 모스크바에서와 마찬가지로 친절한 애정 어린 사람들의 분위기가 삐에르를 둘러쌌다. 그는 바씰리 공작이 알선해 준 지위를, 아니 직함을(왜냐하면 그는 아무 일도 하지 않았으니까) 거절할 순 없었다. 그리고 교제나 초대나 사회적인 일이 매우 많이 있었기 때문에 삐에르는 모스크바에서보다도 까닭 모를 부산한 기분을 느끼고, 끊임없이 밀어닥치기는 하지만 성취되지 않은 행복 같은 것을 느끼고 있었다.

이전의 독신 시대의 친구들 가운데 대부분은 뻬쩨르부르그에 없었다. 근위 연대는 원정을 나가고 없었다. 돌로호프는 강등당하고, 아나똘리는 군대에 들어가 지방에 있었고 안드레이 공작은 외국에 있었다. 그 때문에 삐에르는 전처럼 즐기며 밤을 새울 수도 없었고, 존경하는 손위 친구들과 속을 털어놓으며 울적한 마음을 풀 수도 없었다. 그의 모든 시간은 만찬회와 무도회, 특히 바씰리 공작 집에서, 공작의 아내인 살찐 부인과 미인인 엘렌과 함께 지나갔다.

안나 셰레르도 다른 사람들처럼 삐에르에 대한 변화를 보였으나 그것은 그에 대한 세상 일반의 변화와 같았다.

이전에 삐에르는 안나 앞에서 자기가 하는 말은 모두 품위가 없고 예의에 어긋나며 초점이 벗어나 있다는 느낌이 끊임없이 들었다. 자기 머릿속에서 만들어내고 있을 때는 제법 그럴싸하게 여겨졌던 말이 막상 입 밖으로 나가면 이내 바보같은 소리가 되어 버리고, 그와는 반대로 더할 나위 없이 어수룩한 이뽈리트의 말이 영리하고 좋은 느낌을 준다는 생각이 들었다. 그러나 지금에 와서는 그가 하는 말은 무엇이든지 훌륭한 것이 되어 버리는 것이었다. 비록 안나가 그것을 입 밖으로 말하지 않았다 해도, 또 그녀는 하고 싶은 말이 있는데도, 다만 그의 겸손함을 존중해서 말하지 않고 참고 있다는 것을 삐에르는 짐작할 수 있었다.

1805년에서 1806년에 걸친 초겨울, 삐에르는 안나로부터 여느 때와 같은 장밋빛 초대장을 받았다. 그 안에는 다음과 같이 적혀 있었다. "저의 집에서 아무리 보아도 싫증이 나지 않는 아름다운 엘렌 양을 만나게 될 것입니다."

이 대목을 읽으면서 삐에르는 자기와 엘렌 사이에, 남들에 의해서 인정되고 있는 어떤 종류의 관계가 진행되고 있다는 것을 처음으로 느꼈다. 그리고 이 생각은 견딜 수 없는 의무가 덮쳐온 것처럼 그를 겁먹게 하고, 동시에 또 즐거운 억측으로서 그의 마음에 들었다.

안나의 파티는 처음 때와 마찬가지였지만, 다만 안나가 손님들의 접대에 이용한 새 얼굴이 이번에는 모르뜨마르가 아니라 베를린에서 돌아온 한 외교관이었다. 그는 알렉산드르 황제가 포츠담에 머물고 있다는 것과, 거기서 고귀한 두 맹우가 인류의 적에 대항하여 정의와 대업을 관철하기 위한 굳은 동맹을 맹세한 일 등, 최신의 소상한 보도를 가져온 것이었다. 안나는 슬픈 빛을 띠고 삐에르를 맞았다. 그 슬픔은 이 젊은이에게 닥친 아직도 생생한 상처, 즉 베주호프 백작의 죽음에 관련되어 있는 것 같았다(요즘 모든 사람이 삐에르에게 아버지의 죽음으로 얼마나 슬프냐며 위로의 말을 건네는 것을 의무로 생각하였으나, 사실 삐에르는 아버지를 거의 몰랐고 슬픔도 느끼지 않았다). 그리고 그것은 마리야 표도로브나 황태후의 이름을 부를 때에 나타나는 더없이 신성한 수심과 동일한 것이었다. 삐에르는 그것으로 자존심이 부추겨지는 것을 느꼈다. 안나는 여느 때의 솜씨로 응접실의 그룹을 형성하였다. 바씰리 공작과 장군들이 있는 큰 그룹은 외교관을 상대로 하고 있었다. 또 하나의 그룹은 차 테이블 옆에 자리잡았다. 삐에르는 첫째 그룹에 끼려고 했지만, 무수한 새로운 착상이 뒤를 이어 떠올라 거의 실행으로 옮길 틈이 없는 전장의 사령관과 같은 흥분 상태에 있던 안나는 삐에르를 보자 손가락으로 그의 소매를 만졌다.

"잠깐만, 나는 오늘밤 당신을 위해 생각하고 있는 일이 있어요." 그녀는 엘렌을 흘끗 보고 미소지었다.

"엘렌 양, 불쌍한 우리 집 백모께 자비를 베풀어 줘요. 백모는 당신을 매우 좋아하시니까요. 10분가량 같이 있어 주시겠어요? 그리고 당신이 너무 지루하시지 않도록 이렇게 친절하신 백작님도 당신 곁에 붙여 드리겠어요. 백작도 당신과 함께라면 마다하지 않으실 겁니다."

아름다운 여인은 백모 쪽으로 갔지만 안나는 아직도 삐에르를 자기 옆에 붙들어두고, 마지막 중요한 지시를 하지 않으면 안 된다는 표정을 지었다.

"어떠세요, 정말 아름다운 분이죠?" 그녀는 미끄러지듯이 사라져 가는 당당한 미인을 가리키면서 말하였다. "게다가 저 훌륭한 몸가짐!' 저렇게도 젊은 아가씨가 저 정도로 빈틈 없는 세련된 거동을 보이다니! 그것은 마음에서 우러나오는 거예요! 저런 분을 아내로 맞이하는 양반은 행복할 거예요. 저 여인하고 부부가 되면 아무리 비사교적인 양반도 저절로 사교계에서 가장 빛나는 지위를 차지할 거예요. 그렇지 않아요? 나는 잠깐 당신의 의견을 물어보고 싶었을 뿐이에요." 그리고 그녀는 삐에르의 손을 놔 주었다.

삐에르는 엘렌의 훌륭한 몸가짐에 대한 안나의 물음에 대해서는 진심으로 찬성했다. 이제까지 그가 엘렌을 생각한 일이 있다면 그것은 다름 아닌 그녀의 미모와, 사교계에서 말이 없으면서도 뛰어나게 보이는 비범하고 침착한 그녀의 수완을 생각해서였을 것이다.

백모는 자기가 자리잡고 있던 한 구석에서 이 두 젊은이를 맞았으나, 엘렌에게 심취한 마음을 감추고, 오히려 안나를 두려워하는 마음을 나타내려는 것처럼 보였다. 그녀는 이 사람들을 어떻게 대하면 좋을지 물어보듯이 조카 쪽을 흘끗흘끗 바라보았다. 이 세 사람 곁을 떠날 때 안나는 다시 한 번 삐에르의 소매에 손가락을 대고 이렇게 말했다.

"저의 집에서 따분하다는 말을 이제는 하시지 않을 거예요." 이렇게 말하고 그녀는 엘렌을 흘끗 바라보았다.

엘렌은 나를 보고 황홀해지지 않을 사람은 아무도 없을 것이라는 듯이 싱긋 미소지었다. 백모는 기침을 하고 침을 삼키고는, 엘렌을 만나서 무척 기쁘다고 프랑스어로 말했다. 그리고 삐에르에게도 같은 인사와 웃는 낯을 보였다. 따분하고 끊어지기 쉬운 대화 도중에 엘렌은 삐에르를 돌아다보고 모두에게 보이는 것과 같은 밝고 아름다운 미소를 그에게 보였다. 삐에르는 그 미소에 익숙해 있었고, 그 미소는 그에게는 거의 아무런 뜻도 없었기 때문에 거기에는 눈도 주지 않았다. 백모는 삐에르의 죽은 아버지 베주호프 백작의 담배합 수집에 대해 이야기하면서 자기 담배합도 보여 주었다. 엘렌은 그 담배합에 붙어 있던 백모 남편의 초상을 보여달라고 부탁했다.

"이것은 틀림없이 비네스가 만든 거군요." 삐에르는 유명한 세밀화가 이름을 들면서, 담배합을 손에 잡기 위해서 테이블에 몸을 구부리며 다른 테이블의 대화에 귀를 기울였다.

그는 옆으로 돌아가려고 잠깐 자리에서 일어났으나, 백모는 엘렌 뒤에서 불쑥 어깨 너머로 담배합을 건네주었다. 엘렌은 방해가 되지 않도록 앞으로 몸을 굽히고 미소지으면서 돌아다보았다. 그녀는 여느 때의 야회와 마찬가지로 당시 유행을 따라서 앞뒤가 크게 파인 옷을 입고 있었다. 삐에르가 늘 대리석 같다고 생각하고 있는 그녀의 상반신은 삐에르의 눈에서 너무 가까운 거리에 있었다. 때문에 그는 좋든 싫든 그의 근시안으로도, 생생한 엘렌의 훌륭한 어깨와 목덜미를 분명히 볼 수 있었다. 더욱이 잠깐 몸을 굽히기만 하면 닿을 수 있을 만큼 그의 입술 가까이에 있었다. 그는 그녀의 체온과 향수 냄새를 느끼고, 숨을 쉴 때마다 코르셋이 내는 소리를 들었다. 그가 보았던 것은 드레스와 하나의 완성체를 이루고 있는 대리석과 같은 아름다움이 아니었다. 그는 다만 한 장의 옷으로밖에 감추어져 있지 않은 그녀의 훌륭한 육체를 남김없이 보고 느끼고 있었던 것이다. 그리고 일단 거짓말이 탄로나면 두 번 다시 원상으로 되돌아갈 수 없듯이, 그는 그것을 보고 나자 그녀를 다르게 볼 수가 없었다.

그녀는 뒤를 돌아보고 검은 눈을 반짝이면서 그에게 미소를 지었다.

'그럼 당신은 내가 얼마나 아름다운지 여태까지 모르고 있었나요?' 하고 엘렌은 말하는 것 같았다. '당신은 내가 여자라는 것도 알아채지 못하셨나요? 그래요, 난 여자예요. 누구의 것도 될 수 있고, 당신의 것도 될 수 있는 여자예요.' 그녀의 눈이 말하고 있었다. 그 순간 삐에르는 엘렌이 자기 아내가 꼭 되어야 하며 그렇게 될 수밖에 없다고 느꼈다.

그는 이 순간, 그녀와 결혼식에 같이 나란히 섰을 때처럼 정확하게 안 것이다. 어떻게 해서, 언제 그렇게 될 것인가는 알 수 없었다. 또 그렇게 되는 것이 과연 좋은 것인지 어떤지도 몰랐다(오히려 그에게는 어쩐지 그것은 좋지 않다고 느껴졌다). 그러나 그렇게 되리라는 것을 알고 있었다.

삐에르는 눈을 내리깔았지만 다시 쳐들고, 여태까지 매일 보고 있었던 것과 같이 자기에게는 먼, 인연도 없는 아름다운 여인으로서 그녀를 다시 한 번 바라보려고 했다. 그러나 그는 이미 그럴 수가 없었다. 조금 전까지 안개 속에서 풀 줄기를 보고 그것을 나무라고 생각하고 있던 사람이, 그것을 풀 줄기라고 알게 된 뒤에는 다시는 그것을 나무라고 볼 수 없는 것과 마찬가지로 그는 그렇게 할 수 없었다. 그녀는 무섭게도 그에게 가까운 사람이 되었다. 그녀는 이미 그를 지배하고 있었다. 그리고 그와 그녀 사이에는 이미 자기 자신의 의지의 벽 이외에는 아무런 장애도 없었다.

"잘 됐어요. 당신네들은 거기에 조용히 놔 두겠어요. 그편이 좋으실 테니까요." 안나의 소리가 들렸다.

삐에르는 움찔하여, 무엇인가 비난받을 만한 짓을 하지 않았는지 돌이켜보면서 얼굴을 붉히고 주위를 돌아보았다. 자기 마음 속에 일어난 일을 모든 사람이 자기와 똑같이 알고 있는 것처럼 여겨졌다.

잠시 후 그가 큰 그룹 쪽으로 다가가자 안나가 그에게 말했다.

"듣자하니, 뻬쩨르부르그의 저택을 수리하고 계시더군요."

(그것은 사실이었다. 건축사가 그렇게 해야 한다고 말했기 때문에, 삐에르는 자기도 무엇 때문에 그런지 모른 채 뻬쩨르부르그의 호화 저택 수리를 시키고 있었다.)

"그건 좋은 일이에요. 하지만 바씰리 공작 댁에서 이사하시지 않는 편이 좋을 거예요. 공작 같은 분을 친구로 가진다는 것은 좋은 일이니까요." 그녀는 바씰리 공작에게 미소를 보내면서 말했다. "나도 이런 일에 대해서는 다소 아는 것이 있어요. 그렇잖아요? 당신은 아직 이토록 젊으시니까 충고가 필요해요. 나이든 사람의 권리를 내세운다고 해서 너무 기분 나쁘게 생각하지 마세요." 여자는 자기 나이에 대해 말을 한 후에는 상대방이 무슨 말을 할 것인가 하고 잠시 입을 다무는 법인데, 그녀 역시 잠시 입을 다물었다. "만약에 당신이 결혼이라도 하신다면 그건 별문제지만요." 이렇게 말하고 그녀는 두 사람을 한 시선 속에 붙잡았다. 삐에르는 엘렌을, 엘렌은 삐에르를 보지 않았다. 그러나 그녀는 여전히 그에게 가까웠다. 그는 무엇인가 중얼거리고 얼굴을 붉혔다.

집으로 돌아온 뒤에도 삐에르는 오늘의 일을 생각하느라 오랫동안 잠을 이룰 수가 없었다. 그러나 대체 무엇이 일어났단 말인가? 아무것도 아니다. 자기가 어렸을 때부터 알고 있었던 여자, 남들이 엘렌은 미인인데 하고 말하면 자기도 멍청히 "응, 아름다워." 하고 말했던 여자, 그 여자가 어쩌면 자기 것이 될지도 모른다는 것을 그는 깨달았을 뿐이었다.

'그러나 그 여자는 머리가 나쁘다. 나는 저 여자는 머리가 나쁘다고 말했지 않았던가.' 그는 생각했다. '이런 것은 애정이 아니다. 오히려 그녀가 내 마음 속에 불러일으킨 감정 속에는 무엇인가 더러운 것, 있어서는 안 될 것이 있다. 그녀의 오빠인 아나똘리가 그녀에게 홀딱 반하여 여러 가지 곡절이 생겨 그 때문에 멀리 보내졌다는 이야기를 들은 적이 있다. 그녀의 오빠가 이뽈리트…… 아버지가 바씰리 공작…… 이건 안 좋아.' 그는 생각했다. 그리고 그는 이런 이치로 생각하면서(이 이치는 아직 정리되어 있지는 않다), 어느덧 미소짓고 있는 자기를 알아챘다. 또 이 생각 뒤에서 또 다른 생각이 떠올라, 엘렌은 시시한 인간이라고 생각하면서, 동시에 그녀가 자기 아내가 된다는 것, 그녀가 자기를 사랑하게 될지도 모른다는 것, 그리고 딴 사람처럼 사람이 달라질지도 모른다는 것, 자기가 그녀에 대해서 생각하거나 듣고 있었던 모든 것은 사실이 아닐지도 모른다는 것 등을 꿈처럼 공상하고 있다는 것을 의식하였다. 그리고 또 그의 눈에 보이는 것은 바씰리 공작의 딸인 엘렌이 아니라, 회색 드레스로 덮혀 있는 데에 지나지 않은 그 육체의 모든 것이었다. '어째서 이제까지 나의 머리에 이런 생각이 떠오르지 않았을까?' 그리고 또 이런 일은 있을 수 없으며, 이 결혼에는 무엇인가 그 어떤 혐오스럽고 부자연한 더러운 무엇이 있는 것 같다고 자기 자신에게 타이르는 것이었다. 그는 엘렌의 아까의 말이나 눈동자, 두 사람이 함께 있는 것을 본 사람들의 말이나 눈동자를 상기하였다. 그는 안나가 저택 이야기를 자기에게 했을 때의 말과 눈초리를 상기했다. 또 바씰리 공작과 다른 사람들의 수많은 암시까지도 상기하였다. 그러자 분명히 좋지 않은 일, 해서는 안 될 일을 하지 않을 수 없도록 무엇인가가 자기를 묶어버리는 것은 아닌가 하는 공포감에 사로잡혔다. 그러나 그는 이런 일을 해서는 안 된다고 하는 결의를 스스로 다짐하면서도, 마음 한 구석에서는 여성의 아름다움이 넘치는 엘렌의 모습이 떠오르는 것이었다.

2

1805년 11월, 바씰리 공작은 시찰을 위해 네 개의 현(縣)에 출장가지 않으면 안 되었다. 그가 자신에게 이러한 임무가 주어지도록 공작을 한 것은, 시찰과 동시에 경영이 잘 되어 가지 않는 몇몇 자기 영지에 들르기 위한 것이었고, 또 아들 아나똘리를(그 연대 소재지에서) 데려와 함께 니꼴라이 볼꼰스끼 공작에게 가서, 아들을 이 부유한 노인의 딸과 결혼시키려는 속셈이 있었기 때문이다. 그러나 이 새로운 용건 때문에 출발하기에 앞서, 바씰리 공작은 우선 삐에르의 일을 해결해 둘 필요가 있었다. 삐에르는 분명히 최근 온종일 집에, 즉 바씰리 공작의 집에만 붙어 있었고, 엘렌 앞에 나서면(사랑을 하는 남자라면 당연하지만) 우스꽝스러울 정도로 안절부절하고 바보 같았으나 여전히 청혼은 하지 않고 있었다.

'이것은 만사가 좋은 일이고 바람직한 일이지만 어쨌든 끝장을 내야지.' 어느 날 아침 바씰리 공작은, 이토록 자기 신세를 지고 있는 삐에르가(아니, 뭐 그건 그렇다손 치고!) 그 일로 별로 좋지 않은 태도를 취하고 있는 것을 의식하고 수심어린 한숨을 쉬면서 이렇게 혼잣말을 하였다. '젊고…… 생각이 얕고…… 할 수 없지.' 바씰리 공작은 자신의 선량한 심성을 흐뭇하게 여기면서 생각했다. '그러나 이것은 빨리 끝장을 봐야 한다.' 모레는 엘렌의 생일이니까 몇몇 사람을 초대해야지. 그것으로 그 사나이가 자기가 해야 할 일을 깨닫지 못한다면 그때는 나의 책임이다. 그렇다, 나의 책임이지. 나는— 아버지니까!'

삐에르는 안나의 파티가 끝난 뒤, 잠을 이루지 못하는 흥분된 하룻밤을 보냈다. 그때 엘렌과의 결혼은 불행해질 것이므로 그것을 피해서 이곳을 떠나야만 한다고 결심을 하였지만, 그 후 한 달 반이나 지났는데도 아직 바씰리 공작 집에서 이사하려고도 하지 않았다. 그리고 세상 사람의 눈으로 볼 때, 나날이 자기는 엘렌에게 결부되어 가고 있다는 것, 자기는 이제 전과 같은 생각으로 그녀를 바라볼 수 없다는 것, 그녀를 뿌리치는 일 같은 것은 할 수 없다는 것, 무섭지만 자기는 이윽고 자기의 운명을 그녀에게 결부시키지 않으면 안 된다는 것 등을 느끼고 으스스한 생각이 들었다. 어쩌면 그는 거절해도 좋았지만 바씰리 공작 집에서는(이제까지 손님을 초대하는 일은 거의 없었는데) 파티가 없는 날은 하루도 없었고, 만약 삐에르가 사람들의 기분을 상하게 하거나 모두의 기대를 저버리고 싶지 않다면 거기에 출석해야만 했다. 바씰리 공작이 어쩌다가 집에 있을 때에는, 삐에르 곁을 지나갈 때마다 그의 손을 아래로 잡아당기고는, 키스를 받기 위해서 추켜든 주름투성이의 볼을 그에게로 무심히 내밀고 "그럼 내일 또." 혹은 "식사 때 보세. 그렇지 않으면 나는 자넬 만날 수 없거든." 혹은 "난 자네를 위해 집에 있겠네." 하고 말하는 것이었다. 그러나 바씰리 공작은(그의 말에 의하면) 삐에르를 위해 집에 있을 때에도 그와는 두 마디 이상은 이야기하지 않았다. 삐에르는 공작의 기대를 저버릴 수 없다고 느끼고 있었다. 그는 매일 끊임없이 같은 말을 마음 속으로 되풀이하고 있었다. '자, 이제는 슬슬 그녀를 이해하여 분명히 판단을 내려야겠다. 대체 그녀는 어떤 여자인가? 나는 전에 잘못 생각하고 있었는지, 그렇지 않으면 지금 잘못 생각하고 있는 것인지? 그녀는 바보가 아니다. 아니야. 그녀는 훌륭한 아가씨다!' 때로는 이렇게 자신에게 말하는 것이었다. '그녀는 한 번도 잘못을 한 일이 없고 한 번도 어리석은 말을 한 적이 없다. 그녀는 말수가 적었지만 하는 말은 언제나 간단하고 분명했다. 그녀는 바보가 아니다. 그녀는 한 번도 이성을 잃은 일이 없다. 그러고 보면 그녀는 나쁜 여자가 아니다!' 그는 자주 그녀와 승강이를 벌이기도 하고 의견을 나누는 일이 있었는데, 그 때마다 그녀는 짤막하기는 하여도 요령 있게 대답하였다. 자기는 그런 일에 별로 흥미가 없다고 상대편이 느끼게 하려는 듯이 짧지만 급소를 찌르는 말로 대답하거나, 자기가 우위에 서 있다는 것을 삐에르에게 실감케 하는 무언의 미소와 눈길로 대답하는 것이었다. 그 미소에 비하면 어떤 이치도 쓸모가 없다고 그녀는 자인하고 있었는데 바로 그대로였다.

그녀는 그를 대하면 언제나 믿음을 담은, 그에게만 보이는 미소를 띠는 것이었다. 항상 그녀의 얼굴을 아름답게 장식하고 있는, 모두를 향한 미소 속에 있는 것보다도 더 의미심장한 무엇이 그 미소에 담겨 있었다. 삐에르는 모든 사람들이 자신이 마침내 어떤 한 마디 말을 하여 어떤 선을 넘어서는 것을 기다리고 있다는 것을 알고 있었고, 또 자기도 조만간에 그 선을 넘어서리라는 것도 알고 있었다. 그러나 이 무서운 한 발을 내디디는 것을 생각하기만 해도 그는 까닭을 알 수 없는 공포에 사로잡히는 것이었다. 이렇듯 자기가 이 무서운 심연(深淵)으로 끌려가는 것을 느끼고 있던 최근 한 달 반 동안에, 삐에르는 몇천 번이나 혼잣말을 했는지 모른다. '대체 이건 어떻게 된 일이냐? 필요한 것은 결단력이다! 나에게는 그와 같은 결단력이 없단 말인가?'

그는 결심을 하려고 했지만, 자기 안에 있다고 알고 있었던, 또 사실 그의 안에 있었던 결단력이 막상 닥치고 보면 없어지는 것을 느끼고 움찔했다. 삐에르는 자신이 완전히 결백하다고 느꼈을 때만 강해지는 타입의 인간이었다. 그러나 안나의 집에서 담배합을 내려다 보면서 맛보았던 그 욕정이 그를 사로잡은 이래, 그 욕정은 죄라고 하는 무의식적인 느낌이 그의 결단력을 마비시키고 있었다.

엘렌의 생일날에는 공작 부인의 이른바 친척과 친구, 즉 가장 가까운 사람들만이 바씰리 공작 집 만찬에 초대되어 오붓한 모임을 가졌다. 이들 친척과 친한 친구들은 이날 생일 축하를 받고 있는 주인공의 일생의 운명이 결정될 것이라는 예감을 품고 있었다. 손님들은 만찬의 자리에 앉아 있었다. 옛날에는 미인이었던, 육중한 몸매의 꾸라긴 공작 부인은 남편 곁에 자리잡았다. 그 양쪽에는 귀한 손님들—노장군과 그의 부인, 안나가 앉아 있었다. 테이블 끝쪽에는 나이가 젊고 지위도 대단치 않은 손님들이 앉고, 집안 사람들—삐에르와 엘렌도 나란히 앉았다. 바씰리 공작은 식사는 하지 않고, 기분이 좋아서 이 손님 저 손님 옆에 앉으면서 테이블을 돌아다니고 있었다. 그는 어느 손님한테도 숨김없는 기분좋은 말을 던지고 있었지만, 삐에르와 엘렌에게는 예외여서 마치 이 두 사람의 존재를 알아채지 못하기라도 한 것 같았다. 바씰리 공작은 모든 사람의 마음을 즐겁게 북돋았다. 하얀 초는 밝게 타오르고, 은과 고급 유리 그릇, 부인의 의상, 금과 은의 견장(肩章)들이 반짝였다. 빨간 겉옷 모습의 하인들이 식탁 둘레를 바삐 돌아다니고 있었다. 나이프, 컵, 접시 소리와 몇몇의 활기 띤 이야기 소리가 이 테이블을 둘러싸고 들렸다. 테이블 한쪽 끝에서는 늙은 시종이 역시 늙은 남작 부인에게 불타는 사랑을 고백하는 소리와 부인의 웃음소리가 들리고, 다른 끝에서는—마리야 비끄또로브나인가 뭔가 하는 여자의 실패담이 들렸다. 식탁 중간쯤에서는 바씰리 공작이 주위에 청중을 모으고 있었다. 그는 입가에 농담어린 미소를 띠고, 얼마 전 수요일에 있었던 참의원 회의의 이야기를 여인들에게 하고 있는 참이었다. 그 회의에서는, 전쟁 중 알렉산드르 빠블로비치 황제가 내린, 당시 유명한 조서가 신임 뻬쩨르부르그 총독 쎄르게이 뱌즈미찌노프 (1802년에 해군 대위, 1805. 12. 16년에 뻬쩨르부르그 군관구사령관이었고, 후에 각료의 의장도 지냈다) 에 의해서 배수(拜受)되고 낭독되었다. 그 속에서 황제는 뱌즈미찌노프에게, 나는 전국 국민들로부터 국민의 충성에 관한 상소문을 받지만, 뻬쩨르부르그의 상소문은 실로 기쁘기 그지없다, 나는 이와 같은 국민의 원수임을 자랑으로 여기며, 이 명예에 보답하고자 노력하고 있다고 말하였다. 이 조서는 다음과 같이 시작하고 있었다. "뱌즈미찌노프 장군! 사방에서 나에게 들리는 소문은……."

"정말로 '뱌즈미찌노프 장군'하는 데서 더 읽어나가지 못했나요?" 한 귀부인이 물었다.

"그렇습니다, 그렇습니다. 털끝만큼도." 바씰리 공작은 웃으며 대답했다. "'뱌즈미찌노프 장군…… 사방에서, 뱌즈미찌노프 장군……' 가엾게도 뱌즈미찌노프는 도무지 앞을 낭독할 수가 없었습니다. 몇 번이나 처음부터 다시 시작했습니다만, '뱌즈' 하고는…… 흐느끼고…… '미…… 찌…… 노프'에서 눈물, '사방에서'는 흐느낌 때문에 들리지 않고, 그래서 앞으로 나아갈 수가 없었습니다. 그리고 또 손수건, 그리고 또 '뱌즈미찌노프 장군, 사방에서'에서 다시 눈물…… 그래서 나중에는 다른 사람에게 낭독을 부탁했습니다."

"'장군…… 사방에서……'에서 눈물이라……." 누군가가 웃으면서 되풀이했다.

"그런 짓궂은 소린 마세요." 손가락으로 위협하는 시늉을 하면서 테이블 다른 끝에서 안나가 말했다. "그분은 용감하고 훌륭한 분이에요, 경애하는 뱌즈미찌노프 장군은……."

모든 사람이 크게 웃었다. 높은 사람들이 있는 상좌에서는 가지각색의 명랑한 기분의 영향을 받아 즐거워보였지만 삐에르와 엘렌만은 거의 말석에 잠자코 나란히 앉아 있었다. 두 사람의 얼굴에는 뱌즈미찌노프 장군과는 아무 관계도 없는 억눌린 듯한 밝은 미소가 있었다. 그것은 자기네의 여러 가지 감정에 대해 부끄럽게 생각하는 미소였다. 다른 사람들이 무슨 말을 하거나 아무리 웃고 농담을 하고, 얼마나 맛있게 라인 포도주나 소테^(쏘스를 친 고기나 생선 요리)나 아이스크림을 마시거나 먹더라도, 제아무리 이 두 사람한테서 눈길을 돌리더라도, 또 아무리 이 한 쌍의 남녀에 대해서 무관심하거나 모르는 체하더라도, 이따금 두 사람에게 던져지는 시선에 의해서 분명히 알 수 있었다. 그것은, 뱌즈미찌노프의 이야기도 웃음도 요리도 다 가장된 것이며, 여기에 모인 모든 사람의 주의력은 모두 이 한 쌍의 남녀, 즉 삐에르와 엘렌에게만 집중되고 있다는 느낌이 드는 것이었다. 바씰리 공작은 뱌즈미찌노프의 흐느끼는 흥내를 내면서도, 틈을 타서 딸에게 눈길을 보내고 있었다. 그리고 그가 웃고 있을 때에도 그의 얼굴 표정은 이렇게 말하고 있었다. '그래, 좋아. 매사는 순조롭게 되고 있군. 오늘은 모든 것이 결말이 날 거야.' 안나는 경애하는 뱌즈미찌노프의 편을 들어 바씰리 공작에게 무서운 얼굴을 해 보였으나, 그 순간 바씰리 공작은 삐에르 쪽을 향해 번쩍 빛난 그녀의 눈 속에서 장래 사위와 딸의 행복에 대한 축복을 알아챘다. 늙은 공작 부인은 쓸쓸한 한숨을 쉬고 옆의 여자손님에게 술을 권하면서, 화난 듯이 딸 쪽을 흘끗 보았지만, 그 한숨은 이렇게 말하고 있는 것 같았다. '그래요, 나나 당신은 이젠 달콤한 술이라도 마시는 수밖에 없어요. 여보, 이제부터는 이 두 젊은이가 보라는 듯이 행복해질 때이거든요.' '아냐, 마치 흥미가 있는 듯이 내가 하고 있는 이야기 같은 건 모두가 어리석은 일이야.' 외교관은 연인들의 행복에 찬 얼굴을 바라보면서 생각했다. '이것이야말로 행복이다!'

이 자리에 모인 사람들을 결합시키고 있는 부질없고 사소한 조작된 흥미속에, 아름답고 건강한 젊은 남녀가 서로 구하고 있는 소박한 감정이 스며들고 있었다. 그리고 그 인간다운 감정은 모든 것을 압도하여, 그들의 인위적인 잡담 위에 높이 날고 있었다. 농담은 즐겁지 않았고 뉴스는 재미 없었으며 활기는—분명히 가짜였다. 식탁에 있는 사람뿐만 아니라 식탁에서 시중을 들고 있던 하인들까지도 같은 기분을 느꼈는지, 빛나는 얼굴의 미녀인 엘렌과 빨갛고 살찐, 행복스러워 보이지만 침착하지 않은 삐에르의 얼굴을 흘끗 보면서 시중드는 순서조차 잊기 일쑤였다. 촛불까지도 이 두 사람의 행복스러운 얼굴에 집중되어 있는 것 같았다.

삐에르는 자기가 모든 것의 중심이라고 느꼈다. 이 상태는 그를 기쁘게도 했지만 거북한 느낌도 주었다. 그는 무슨 일에 골몰하고 있는 사람과 같은 상태에 있었다. 무엇 하나 그에게는 뚜렷이 보이지도 않고, 이해할 수도 없었으며, 들리지도 않았다. 다만 이따금, 뜻하지 않게 단편적인 생각과 현실의 인상이 마음 속에 순간적으로 스칠 뿐이었다.

'이것으로 모든 것은 끝났다!' 그는 생각했다. '그렇긴 하지만, 도대체 어떻게 이렇게 되었지? 이렇게 빨리! 이것은 그녀만을 위해서, 나 한 사람만을 위해서가 아니라, 모든 사람을 위해서 무슨 일이 있더라도 꼭 그렇게 되지 않으면 안 되는 것이다. 이 사람들은 모두 그렇게 되기를 마음으로부터 기다리고 있고 그렇게 되리라고 굳게 믿고 있으므로, 나는 이 사람들을 배반할 수가 없다. 그러나 어떻게 해서 그렇게 되지? 모르겠다. 아무튼 그렇게 된다. 반드시 그렇게 된다!' 삐에르는 자기 옆에 앉은 그녀의 두 어깨를 보면서 이렇게 생각했다.

그러자 느닷없이 그는 왜 그런지 부끄러워졌다. 자기만이 일동의 주의를 독점하고 있는 것이, 남의 눈에 자기가 행복한 사람으로 비치고 있는 것이, 잘생기지도 않은 자기가 마치 헬레네를 자기 것으로 만든 파리스(그리스 신화. 트로이의 왕자 파리스가 스파르타 왕비 헬레나를 빼앗았다)와 같다는 것이 쑥스러웠다. '그러나 분명히 언제나 이렇게 될 것이고, 이렇게 되지 않으면 안 될 것이다.' 그는 자위했다. '그렇지만 나는 이를 위해서 무엇을 했단 말인가? 이것은 언제 시작된 것일까? 나는 모스크바에서 바씰리 공작과 같이 떠났다. 그때는 아직 아무 일도 없었다. 내가 바씰리 공작 집에 머물면 안 된다는 이유도 없었을 것이다. 나는 그녀와 트럼프 놀이를 하기도 하고, 같이 마차를 타고 다니기도 했다. 대체 이것은 언제 시작된 일인가. 언제 이런 일이 모두 이루어졌단 말인가?' 그리고 이제 그는 약혼자처럼 그녀 곁에 앉아 있다. 그녀가 가까이 있다는 것을, 그 숨결을, 그 움직임과 그 아름다움을 듣기도 하고 보기도 하고 느끼고 있다. 문득 그는 이런 생각이 들었다. '그녀 때문이 아니라 바로 내가 드물게 보는 미남자이니까 사람들이 저런 식으로 나를 보고 있는 것이다.' 이렇게 생각하자 그는 모두가 자기를 보고 감탄하고 있는 것에 신이 나서, 가슴을 펴고 머리를 곧게 쳐들며 자기 행복을 기뻐했다. 갑자기 귀에 익은 누군가의 목소리가 났고, 그에게 다시 한 번 무엇인가 말하고 있었다. 그러나 삐에르는 다른 일에 정신이 팔려 무슨 말을 하고 있는지 알아듣지 못했다.

"난 자네에게 묻고 있는 거야. 언제 볼꼰스끼 공작한테 편지를 받았나?" 바씰리 공작은 이미 세 번이나 되풀이해서 말하고 있었다. "뭘 멍청이 앉아 있나? 여보게."

바씰리 공작은 미소를 지었다. 그리고 삐에르는 모든 사람이 자기와 엘렌 쪽을 보고 미소 짓고 있는 것을 보았다. '그야 할 수 없잖아요, 이렇게 모든 사람이 다 알고 있다면.' 삐에르는 마음 속으로 생각했다. '할 수 없지. 사실 그대로니까.' 그리고 그는 부드러운 어린이와 같은 미소를 지었다. 엘렌도 방그레 웃었다.

"도대체 자네는 언제 편지를 받았나? 올뮤쯔로부턴가?" 바씰리 공작은 논의의 결말을 짓기 위해서 꼭 그것을 알아야만 한다는 듯이 이렇게 되물었다.

'대체 이런 부질없는 얘길 하고, 생각해도 괜찮다는 말인가?' 삐에르는 생각했다.

"네, 올뮤쯔로부터입니다." 그는 한숨과 더불어 이렇게 대답했다.

야식 후에 삐에르는 다른 사람들을 따라 엘렌을 객실로 데리고 갔다. 손님들은 뿔뿔이 헤어지기 시작하고, 개중에는 엘렌에게 작별 인사도 나누지 않고 돌아가는 사람도 있었다. 또 중요한 일에서 그녀를 떼어놓기를 원하지 않는 것처럼, 잠깐 곁에 와서 인사를 나눈 뒤 배웅을 거절하고 황급히 물러가는 사람도 있었다. 외교관은 객실을 나오면서 슬픈 듯이 잠자코 있었다. 그에게는 삐에르의 행복에 비하면 자기의 외교계에서의 출세도 다 헛된 것처럼 느껴졌다. 발은 좀 어떠냐고 아내가 묻자 늙은 장군은 화난 듯이 중얼거렸다. '쳇, 이 늙은 할멈 같으니.' 그는 마음 속으로 생각했다. '저 엘렌을 봐. 오십이 되더라도 변함없이 미인일 거야.'

"당신에게 축하의 말을 해도 좋을 것 같군요." 안나는 공작 부인에게 이렇게 속삭이고 힘차게 키스했다. "편두통이 없으면 좀 더 남아 있고 싶지만요."

공작 부인은 아무 대답도 하지 않았다. 딸의 행복이 부러워서 마음이 쑤셨다.

손님들이 나가는 동안 삐에르는 두 사람이 앉아 있던 작은 객실에 엘렌하고 둘이서 남아 있었다. 여태까지의 한 달 반 동안에도 그는 엘렌과 단둘이 있는 일이 흔히 있었지만 한 번도 사랑을 말한 적이 없었다. 지금 그는 그것이 필요하다고 느꼈지만 아무래도 마지막 한 발짝을 내디딜 결심이 서지 않았다. 부끄러웠다. 이렇게 엘렌 곁에 앉아 있으면서도 마치 남의 자리를 차지하고 있는 것 같았다. '이 행복은 널 위해서가 아니다.' 어디서 나왔는지 마음 속의 목소리가 그에게 말했다. '이 행복은 네가 가지고 있는 것을 가지고 있지 않은 사람들을 위해 있는 것이다.' 그러나 무슨 말을 해야 했으므로, 그는 말문을 열기 시작했다. 그는 엘렌에게 오늘 파티는 만족했느냐고 물었다. 그녀는 여느 때의 단순한 어조로 오늘의 생일 축하는 나에게는 가장 즐거운 것의 하나였다고 대답했다.

가장 가까운 친척 몇 사람은 아직도 남아 있었다. 그들은 큰 객실 쪽에 앉아 있었다. 바씰리 공작은 천천히 삐에르 옆으로 다가왔다. 삐에르는 일어나서 "시간이 늦었습니다" 하고 말했다. 바씰리 공작은 엄한, 물어보려는 눈초리로 그를 쏘아보았다. 그것은 마치 삐에르가 한 말을 알아듣지 못한 것 같은 표정이었다. 그러나 곧 엄한 표정은 사라지고, 바씰리 공작은 삐에르의 손을 아래로 잡아당겨 그를 자리에 앉히자 상냥하게 미소를 지었다.

"그런데, 어쨌니, 엘렌?" 그는 이내 익숙한 어조로 딸에게 말을 걸었다. 그 어조는 어렸을 때부터 아이를 귀여워하는 어버이가 몸에 지닌 것이지만, 바씰리 공작의 경우는 다만 다른 어버이들을 흉내 냈을 뿐이었다.

그리고 그는 삐에르 쪽으로 몸을 돌렸다.

"뱌즈미찌노프 장군, 사방에서⋯⋯." 그는 조끼의 윗단추를 끄르면서 되풀이 하였다.

삐에르는 미소를 지었다. 그 미소는 지금 바씰리 공작의 마음에 걸려 있는 것은 뱌즈미찌노프 장군의 우스개 이야기가 아니라는 것을 삐에르가 알아차렸다는 것을 나타내고 있었다. 바씰리 공작도 삐에르가 알아채고 있다고 생각하였다. 바씰리 공작은 갑자기 무엇인가 외치고 나가 버렸다. 바씰리 공작까지도 당황하고 있다고 삐에르는 생각했다. 이 늙은 사교가의 당황한 모습이 삐에르를 감동시켰다. 그는 엘렌을 돌아다보았다. 그녀 역시 당황한 모습이었고, 그녀의 눈동자는 이렇게 말하고 있는 것 같았다. '할 수 없어요. 당신 자신의 탓인걸요.'

'무슨 일이 있어도 한 걸음 딛고 넘어서지 않으면 안 되겠다. 하지만 할 수 없다. 나는 할 수 없다.' 삐에르는 이렇게 생각하고 다시 다른 일, 뱌즈미찌노프 장군의 이야기를 시작했다. 그는 그 우스개 소리의 요점은 무엇인지, 자기는 잘 알아들을 수가 없으니 알려달라고 물었다. 엘렌은 미소를 지으며 자기도 모른다고 대답하였다.

바씰리 공작이 객실에 들어왔을 때, 공작 부인은 중년 부인과 작은 소리로 삐에르 이야기를 하고 있었다.

"물론 저들은 참 훌륭한 배필이에요. 그러나 행복이란 건⋯⋯."

"결혼은 하늘에서 성취되는 거예요." 중년 부인이 대답했다.

바씰리 공작은 여자들 이야기에는 귀를 기울이고 있지 않은 체하고 안쪽 구석으로 가서 소파에 앉았다. 그는 지그시 눈을 감고 졸고 있는 것 같았다. 고개가 앞으로 쓰러지자 그는 제정신을 차렸다.

"알리나." 그는 아내에게 말했다. "가서 두 사람이 무엇을 하고 있나 보고 와요."

공작 부인은 문가로 다가가서 짐짓 뜻있는, 무관심한 눈초리로 문 옆을 지나치며 객실 안을 슬쩍 바라보았다. 삐에르와 엘렌은 여전히 앉아서 이야기하고 있었다.

"별 일 없어요." 그녀는 남편에게 대답했다.

바씰리 공작은 이맛살을 찌푸리고, 입가에 주름살을 잡고 옆으로 벌렸다. 그의 볼은 그의 특유한, 불쾌하고 거친 표정을 띠고 경련하기 시작했다. 그는 몸을 부르르 떨고 일어나서, 고개를 뒤로 젖히고 결심한 듯한 걸음걸이로 여인들 옆을 지나 작은 객실로 갔다. 그는 빠른 걸음으로 기쁜 듯이 삐에르에게로 다가갔다. 공작의 얼굴은 이상하리만큼 엄숙했으므로 삐에르는 그를 보고 깜짝 놀라서 일어났다.

"고마운 일이야!" 그는 말했다. "안사람한테 다 들었네." 그는 한 손으로 삐에르를, 다른 한 손으로 딸을 껴안았다. "엘렌, 나는 무척 기쁘다." 그의 목소리는 떨렸다. "나는 자네 부친을 좋아했고…… 애는 자네의 좋은 아내가 될 거야……. 하느님이 두 사람을 축복해 주시길!"

그는 딸을, 그리고 또 삐에르를 껴안고 노인 냄새가 나는 입으로 그에게 키스했다. 눈물이 정말 그의 두 볼을 적셨다.

"여보, 이리 와요." 그는 소리쳤다.

공작 부인도 나와서 울기 시작했다. 중년 부인도 역시 손수건으로 눈을 닦고 있었다. 삐에르는 모든 사람의 키스를 받고, 그도 몇 번인가 아름다운 엘렌의 손에 키스했다. 잠시 후 두 사람만 남았다.

'이것은 모두 이렇게 되지 않으면 안 되었고 달리 도리가 없었다.' 삐에르는 생각했다. '그러니까 이것이 좋은 일인가 나쁜 일인가? 하고 물어도 소용 없어. 좋은 일이야. 이제는 모든 것이 분명히 정해져서 전과 같은 괴로운 방황은 없어졌으니까.' 삐에르는 잠자코 약혼녀의 손을 잡고 울렁거리는 아름다운 가슴을 보고 있었다.

"엘렌!" 그는 소리내어 말하고 말을 끊었다.

'이런 경우에는 무슨 특별한 말을 해야 하는 거지?' 그는 생각했으나 이런 경우에 과연 어떤 말을 하는 것인지 도무지 생각이 나지 않았다. 그는 그녀의 얼굴을 흘끗 보았다. 그녀는 더 가까이 그에게로 다가갔다. 그녀의 얼굴은 빨갛게 물들었다.

"아아, 그것을 벗어 주세요…… 뭐라고 했죠, 이거……." 그녀는 안경을 가리켰다.

삐에르는 안경을 벗었다. 그러자, 안경을 벗은 사람의 눈은 대개 기묘하게 보이는 법인데 삐에르의 경우 그 눈은 놀란 듯한, 무엇인가를 묻는 듯한 빛을 띠었다. 그는 그녀 손 위에 몸을 숙여 그 손에 키스하려고 하였다. 그러나 그녀는 재빨리 거칠게 머리를 움직여 그의 입술에 자기 입술을 겹쳤다. 그녀 얼굴은 완전히 변하여, 방심한 듯한 표정으로 삐에르를 놀라게 하였다.

'이젠 이미 늦었다. 만사는 끝난 것이다. 게다가 나는 이 여자를 사랑하고 있다.' 삐에르는 생각했다.

"나는 당신을 사랑하고 있습니다!" 그는 이런 경우에 이렇게 말하지 않으면 안 된다는 것을 상기하고 프랑스어로 말했다. 그러나 이 말은 그가 자신도 부끄럽게 여길 만큼 비참하게 울렸다.

한 달 반 후에 그는 식을 올리고, 소문대로 미인인 아내와 수백만의 재산의 소유자로서, 새로 손질을 한 뻬쩨르부르그의 호화로운 베주호프 백작 저택에서 살게 되었다.

3

니꼴라이 볼꼰쓰끼 노공작은 1805년 12월, 바씰리 공작으로부터 편지를 받았다. 그것은 그가 아들을 데리고 온다는 소식이었다. '저는 시찰 때문에 갑니다만, 존경하는 공작님을 방문하기 위해서는 백리 길도 마다하지 않겠습니다' 하고 그는 썼다. '그리고 아들 아나똘리도 소생을 배웅할 겸 군대로 돌아갑니다. 따라서 아들도 아버지를 따라 공작님에 대해서 품고 있는 깊은 존경의 마음을 몸소 보여드리는 것을 허용해 주시길 바랍니다.'

"그럼 마리야를 끌어낼 건 없어요. 신랑 후보가 자기편에서 이쪽으로 오니까요." 이 이야기를 듣고 작은 공작 부인 리자는 저도 모르게 말했다.

노공작은 이맛살을 찌푸리고 아무 말도 하지 않았다.

편지를 받은 후 2주일이 지난 어느 날 저녁때 바씰리 공작의 하인들이 먼저 도착하고, 그 이튿날 당사자인 공작이 아들과 함께 왔다.

볼꼰스끼 노공작은 평소 바씰리 공작의 인격을 높이 평가하고 있지 않았다. 특히 요즘 파베르나 알렉산드르 새 치세(治世)가 되어 그의 관직이나 위계가 높아진 후로부터는 더욱 그러했다. 지금 편지와 작은 공작 부인의 완곡한 말로 노공작은 어디에 그 뜻이 있는가를 알았다. 그리하여 그의 마음속에서는 바씰리 공작에 대한 원래 높지 않았던 평가가 악의에 찬 멸시의 마음으로 변하고 말았다. 그는 바씰리 공작에 관한 이야기를 하면서 끊임없이 콧방귀를 뀌고 있었다. 바씰리 공작이 오기로 되어 있는 날, 노공작은 특히 언짢은 심정인 것 같았다. 바씰리 공작이 오기 때문에 기분이 나빴는지, 혹은 기분이 좋지 않기 때문에 바씰리 공작이 오는 것이 더 못마땅했는지, 여하간 공작은 기분이 언짢았기 때문에 찌혼은 아침부터 건축 기사에게 노공작 한테 보고하러 들어가는 것을 그만 두라고 일러주었다.

"저 걸음걸이가 들리시죠?" 찌혼은 건축 기사의 주의를 노공작의 발소리로 환기시키면서 말했다. "발꿈치로 디디면서 걷고 계십니다…… 우리는 훤히 다 알 수 있어요……."

그러나 여느 때처럼 8시가 지나자, 공작은 검은 담비 깃이 달린 비로드 외투에다 같은 검은 담비 모자를 쓰고 산책에 나섰다. 전날 밤 눈이 내렸다. 노공작이 온실 쪽으로 걸어가는 길은 깨끗이 치워져 있고, 길 양쪽에 치운 눈더미에는 비로 쓴 자리와 삽이 꽂혀 있었다. 공작은 이맛살을 찌푸리고 말없이 온실, 하인방, 건축 중인 현장을 보며 돌아다녔다.

"썰매가 다닐 수 있겠는가?" 그는 집까지 배웅해 온, 얼굴도 동작도 주인을 꼭 닮은 지배인에게 물었다.

"눈이 깊습니다, 나리. 저는 큰 거리의 눈을 치우라고 일러두었습니다."

공작은 고개를 기울인 채 현관 계단으로 다가갔다. '휴우!' 지배인은 생각했다. '천둥 구름이 지나갔군!'

"썰매 탈 길 내기가 참 힘이 들었습니다, 각하." 지배인은 덧붙였다. "들리는 말에는 대신이 이곳에 오신다죠?"

공작은 지배인 쪽으로 몸을 돌리며 잔뜩 찌푸린 눈으로 그를 쏘아보았다.

"뭐? 대신? 무엇이 대신이야? 누가 명령했어?" 그는 천성인, 날카로운 음성으로 말했다. "내 딸을 위해 눈을 치운 게 아니라 대신을 위한 것이었나? 나에게는 대신 같은 건 없어!"

"나리, 제가 생각한 것은……."

"자네가 생각했다고!" 공작은 더욱 성급히, 두서없이 소리를 질렀다. "자네가 생각했다고…… 이 도둑놈 같으니! 망할 놈! …… 생각하는 방법을 가르쳐 주겠다." 그러고는 지팡이를 쳐들어 지배인을 향해 내리쳤다. 만약 지배인이 저도 모르게 몸을 피하지 않았더라면 얻어맞을 뻔했다. "생각했다고! …… 망할 놈 같으니! ……." 그는 다급히 소리쳤다. 그러나 주인의 지팡이를 피한 자신의 불손한 태도에 스스로 깜짝 놀라 지배인이 공작 앞에 얌전히 수그리고 곁으로 다가갔는데, 그렇게 해서인지 몰라도 공작은 "망할 놈 같으니! …… 길에 눈을 깔아!" 하고 여전히 소리를 지르면서 두 번 다시 지팡이를 쳐들려 하지 않고 그대로 방 안으로 들어갔다.

식사 전에, 노공작이 기분이 나쁘다는 것을 알고 있던 영양과 부리엔 양은 선 채 그를 기다리고 있었다. 부리엔 양의 얼굴은 '저는 아무것도 몰라요. 저는 평소와 조금도 다름없어요'라고 말하는 듯했다. 마리야는 얼굴이 창백해져서 겁을 먹고 눈을 깔고 있었다. 마리야에게 무엇보다도 괴로운 것은 이런 경우에는 부리엔 양처럼 행동해야 한다고 알고 있으면서도 그럴 수가 없다는 것이었다. 그녀에게는 이런 생각이 드는 것이었다. '만약 내가 모른 척하고 있으면 아버지는 나에게 배려하는 마음이 없다고 하실 거야. 내가 언짢아하고 있으면 아버지는…… 이제까지 흔히 있었던 것처럼…… 풀이 죽어 있다고 하실 거야.'

공작은 겁먹은 듯한 얼굴을 보자 콧방귀를 뀌었다.

"한심하군…… 바보 같으니라고! ……." 그는 말했다.

'그 애도 없군! 벌써 누군가가 그 애에게 쓸데없는 말을 했어.' 그는 식당에 보이지 않는 공작 부인을 생각했다.

"공작 부인은 어디에 있나?" 그는 물었다. "숨어 있나?"

"아씨께서는 좀 편찮으셔서요." 밝은 미소를 지으면서 부리엔이 대답했다. "못 나오십니다. 그런 몸이시니 무리는 아닙니다." "흥!" 공작은 콧방귀를 뀌고 식탁에 앉았다.

접시가 깨끗하지 않다고 느껴졌다. 그는 얼룩진 곳을 가리키며 접시를 내던졌다. 찌혼이 그것을 받아서 식당 담당에게 주었다. 몸집이 작은 젊은 공작 부인은 몸이 불편한 것은 아니었다. 공작이 무서워서 견딜 수 없었으므로 그의 기분이 언짢다는 말을 듣고 식사하러 나가지 않기로 마음먹은 것이다.

"나는 아기를 생각하면 무서워요." 그녀는 부리엔 양에게 말했다. "몹시 놀라면 어떻게 될지 모르니까요."

몸집이 작은 젊은 부인은 이 '벌거숭이 산' 에 살면서 늘 노공작을 무서워하고 반감을 품으면서 생활하고 있었는데, 반감 쪽은 의식하고 있지 않았다. 왜냐하면 반감을 느낄 수가 없을 정도로 무서웠기 때문이다. 노공작 쪽에서도 같은 반감을 품고 있었지만, 이것은 멸시하는 마음의 그늘에 밀려 있었다. 공작 부인은 '벌거숭이 산'에서의 생활에 익숙해지자 특히 부리엔 양과 가까워졌다. 낮에는 그녀와 함께 지내고 밤에도 함께 자달라고 부탁하였으며, 그녀를 상대로 곧잘 시아버지 이야기를 나누며 이런 저런 비판을 가하는 것이었다.

"댁으로 손님이 오신다던데요, 공작님." 부리엔 양은 장밋빛 손으로 하얀 냅킨을 펼치면서 말했다. "바씰리 꾸라긴 공작께서 아드님과 함께 오신다고 들었습니다만?" 그녀는 묻는 듯이 말하였다.

"흠…… 그놈의 풋내기 각하 말인가…… 내가 그를 관청에 넣어 주었지." 공작은 무뚝뚝하게 말했다. "대체 무엇 때문에 아들이 오는 건지 난 알 수 없어. 리자와 마리야는 알고 있는지도 모르지. 나는 왜 그가 아들을 데리고 오는지 통 모르겠는데. 나에게 볼 일이 있을 리는 없어." 그는 빨개진 딸의 얼굴을 바라보았다.

"몸이라도 불편하냐? 아니면 오늘 아침에 그놈의 바보 같은 지배인이 말한 것처럼 너도 그 대신이 무서운 거냐?"

"아녜요, 아버지."

부리엔 양이 기죽지 않고, 온실과 새로 핀 꽃 등에 대해서 이야기를 하기 시작했다. 그녀가 꺼낸 화제는 그 자리에서는 어색한 것이었으나, 공작의 마음에 들었는지 공작은 수프를 마신 뒤 기분이 누그러졌다.

식사 뒤에 그는 며느리 방으로 갔다. 몸집이 작은 젊은 부인은 조그마한 테이블 앞에 앉아 하녀 마샤와 이야기를 하고 있었다. 그녀는 시아버지를 보자 파랗게 질렸다.

젊은 부인은 상당히 변해 있었다. 그녀는 아름답기보다는 오히려 추해 보였다. 두 볼은 늘어지고 입술은 위로 젖혀지고, 눈은 아래쪽으로 늘어져 있었다.

"네, 어쩐지 몸이 나른해서." 그녀는 기분이 어떠냐고 묻는 노공작의 말에 이렇게 대답했다.

"뭐 필요한 건 없니?"

"없어요. 고맙습니다, 아버님."

"오냐, 그래. 그래."

그는 방에서 나오자 하인 방으로 갔다. 지배인 알빠뚜이치가 고개를 떨구고 하인 방에 서 있었다.

"길에 눈은 덮었나?"

"덮었습니다, 각하. 용서해 주십시오. 그저 어리석은 짓을 했습니다."

공작은 말을 막고 여느 때와 같은 부자연한 소릴 내어 웃었다.

"그래, 좋아, 좋아."

그는 손을 내밀어 지배인에게 입을 맞추게 하고 서재로 들어갔다.

저녁 때 바씰리 공작이 도착했다. 마부와 시종꾼들이 큰길에서 공작을 맞아들였다. 그리고 구령을 지르면서 소리를 맞추어, 공작 일행의 썰매를 일부러 눈을 덮은 길을 따라 별채로 안내해 갔다.

바씰리 공작과 아나똘리에게는 방이 각각 주어졌다.

아나똘리는 재킷을 벗고 양손을 허리에 대고 테이블 앞에 앉아서, 미소를 머금은 맑은 커다란 눈으로 멍청이 테이블 한 구석을 바라보고 있었다. 그는 자기의 인생 전체를 끊임없는 즐거움의 연속으로 보고 있었다. 그리고 누군가가 왜 그런지 의무로서 그를 위해 그것을 채워주도록 되어 있었다. 지금도 그는 짓궂은 노인과, 유복하기는 하지만 지독하게 못생긴 상속 예정자인 딸에게로 온 것을 역시 그러한 즐거움으로 보고 있었다. 그의 예상으로는 이것은 매우 좋은, 재미있는 결과가 될 것 같았다. '결혼을 해도 나쁘지는 않겠지. 여자가 상당한 부자라면 결혼해도 방해는 되지 않을 거야.' 아나똘리는 생각했다.

그는 꼼꼼하게 멋을 내기 위해—그것이 그의 습관이 되어 있었다—수염을 깎고 향수를 뿌리고, 타고난 상냥함과 의기양양한 느낌의 표정으로 잘 생긴 얼굴을 높이 쳐들고 아버지 방으로 들어갔다. 바씰리 공작 주위에서는 두 명의 시종이 그에게 옷을 입히면서 부지런히 움직이고 있었다. 공작 자신은 생기에 넘치는 눈으로 주위를 돌아보고 들어오는 아들을 보자 즐거운 듯이 고개를 끄덕여 보였다. 그것은 마치 이렇게 말하고 있는 것 같았다.

'그렇지, 그런 모습이라면 내가 원하는 대로다!'

"그런데 아버지, 그 아가씨는 그렇게도 못난 여잡니까?" 그는 여행 중 몇 번이나 오른 화제의 계속인 양 프랑스말로 물었다.

"바보같은 소리는 그만 둬! 노공작에게 정중하고 신중한 태도를 취하는 것 잊지 마라."

"그러나 만약에 공작이 난폭한 말을 하시면 저는 나가겠습니다." 아나똘리는 말했다. "저는 그런 늙은이는 참지 못하거든요. 아셨죠?"

"알겠니? 네 일생의 모든 것이 그것으로 결정된다."

이 때 하녀 방에서는 대신 부자의 도착이 알려져 있었을 뿐 아니라, 두 사람의 모습도 이미 소상히 전해져 있었다. 마리야는 홀로 자기 방에 앉아서 마음의 흥분을 억누르려고 부질없는 노력을 하고 있었다.

'왜 그분들은 편지를 보냈을까. 어째서 리자는 나한테 그런 소릴 했을까? 그렇게 될 리는 없을 텐데!' 그녀는 거울을 들여다보면서 자신에게 말했다. '어떻게 객실로 나갈까? 가령 내가 그이를 바람직한 사람이라고 생각해도 새삼스럽게 그분을 자연스럽게 대할 수가 없을 거야.' 아버지가 자기를 보는 눈초리를 생각만 해도 그녀는 무서워졌다.

작은 공작 부인과 부리엔 양은 이미 하녀 마샤한테서 대신의 아들은 눈썹이 검고 혈색이 매우 좋은 미남이라느니, 아버지는 간신히 다리를 끌고 계단을 올라가는데 아들은 독수리처럼 세 계단씩 넘어서 아버지 뒤를 따라 뛰어 올라갔다는 등의 정보들을 입수하고 있었다. 이와 같은 정보를 입수하자 작은 공작 부인과 부리엔 양은 활기 띤 목소리로 복도에서 대화를 주고 받으면서 마리야 방으로 들어갔다.

"도착하셨어요, 마리야 양, 아세요?" 작은 공작 부인은 커다란 배를 흔들고 뒤뚱거리면서 나른한 듯이 안락의자에 앉으며 말했다.

그녀는 이미 아침에 방 안에 있을 때의 블라우스가 아니라 가장 좋은 옷 중의 하나를 입고 있었다. 머리도 정성껏 손질하고 얼굴에는 생기를 볼 수 있었으나, 그래도 늘어지고 탄력이 없는 얼굴 맵시는 감출 수가 없었다. 늘 뻬쩨르부르그의 사교계에서 입고 있던 옷으로 치장하고 보니, 빛을 잃은 그녀의 미모가 한층 눈에 띠었다. 부리엔 양은 눈에 띄지 않는 몸차림을 하고 있었지만, 그것이 그녀의 귀엽고 생생한 얼굴에 더욱 매력을 보태 주고 있었다.

"어마, 아직 옷도 갈아입지 않으신 거예요, 아가씨?" 그녀는 말했다. "그분들이 응접실에 오셨대요. 아래층으로 가셔야 하는데 아가씨는 아무런 준비도 하고 있지 않으시다니!"

몸집이 작은 공작 부인은 의자에서 일어나자 초인종을 울려서 하녀를 불렀다. 그리고 즐거운 듯이 마리야를 위한 의상을 생각하고는 그것을 실행에 옮기기 시작했다. 마리야는 자기를 보러 온 신랑 후보자 때문에 자신이 동요한 일로 무척 자존심이 상해 있었다. 그러나 이에 못지 않게 마음에 상처를 준 것은, 자기와 사이가 좋은 두 여성이 자신이 신랑 후보를 의식하여 한껏 멋을 부릴 것이라고 생각하고 있다는 것이었다. 자기 자신과 이 두 사람의 일로 자기가 얼마나 부끄럽게 생각하고 있는지, 그것을 두 사람에게 말하면 자기의 동요를 노출시키는 것이 된다. 더욱이 권해 주는 몸차림을 거절하면 앞으로 두고두고 놀림을 받기도 하고 끈질기게 설득을 당할지도 모른다. 그녀는 순식간에 얼굴이 빨개졌다. 맑은 눈빛은 사라지고 그녀의 얼굴은 기미로 덮였다. 그녀의 얼굴에 항상 나타나는 보기 흉한 희생자의 표정을 띠고 부리엔 양과 리자가 하자는 대로 몸을 맡겼다. 마리야의 외모가 볼품없었기 때문에, 두 사람 모두 머릿속에 그녀와 경쟁해 보리라는 생각은 떠오르지 않았다. 공작 부인과 부리엔 양은 진심으로 그녀를 아름답게 해 주고 싶었다. 두 사람은 진정으로 멋을 부리면 얼굴도 예뻐진다는 단순하고 굳은 여자의 신념으로 마리야의 옷을 갈아입히기 시작하였다.

"아녜요, 정말, 이 옷은 좋지 않아요." 리자는 좀 떨어진 곳에서 옆으로 마리야를 바라보면서 말했다. "가지고 오라고 말해요, 저쪽에 밤색 옷이 있잖아요! 정말이에요! 어쩌면 이것으로 일생의 운명이 정해질지도 몰라요. 이것은 너무 밝아요, 안 돼요. 역시 좋지 않아요!"

좋지 않은 것은 옷이 아니라 마리야의 얼굴과 모습 전체였으나, 부리엔 양과 작은 공작 부인은 그렇게 생각하지 않았다. 위로 빗어올린 머리에 하늘색 리본을 달고, 갈색 옷에 하늘색 숄을 드리우면 모든 것이 좋아진다는 두 사람의 생각은 변하지 않았다. 겁먹은 듯한 얼굴과 모습은 어떤 것으로도 바꿀 수가 없다는 것을 잊고 있었다. 제아무리 머리 모양과 장식을 바꾸어 봐도 얼굴 그 자체는 여전히 초라하고 미운 그대로였다. 두서너 차례 꾸밈새를 바꾸어 보면서 머리를 위로 올리고(그 머리 모양은 그녀의 얼굴을 완전히 변형시켜 망쳐 버렸다), 하늘색 숄과 갈색 의상을 입히는 동안 마리야는 얌전하게 거기에 따랐다. 작은 공작 부인은 두 번 가량 그녀의 주위를 돌며 조그마한 손으로 옷의 주름을 고쳐 잡기도 하고, 숄을 잡아당기기도 하면서 고개를 갸우뚱거리며 좌우에서 바라보았다.

"아녜요, 이건 안 돼요." 그녀는 손뼉을 치고 단호하게 말하였다. "안 돼요, 마리야. 이건 절대로 당신에겐 맞지 않아요. 나는 역시 매일 입고 있는 그 회색 옷을 좋아해요. 안 돼요. 제발 나를 위해서 그렇게 해 줘요. 까쨔." 그녀는 하녀에게 말했다. "아가씨에게 회색 옷을 가져다 드려요. 자, 부리엔. 내 솜씨를 잘 봐요." 그녀는 예술가다운 기쁨을 벌써 느끼면서 미소를 띠고 말했다.

그러나 까쨔가 옷을 가져왔을 때 마리야는 자기 얼굴을 바라보면서 여전히 거울 앞에 앉아 있었다. 그리고 자기 눈에 눈물이 괴고 입가는 당장 울음보가 터질 것만 같이 바르르 떨리고 있는 것을 거울 속에서 보았다.

"자, 아가씨." 부리엔 양이 말했다. "잠깐만 참으면 돼요."

몸집이 작은 공작 부인은 하녀 손에서 옷을 받아들자 마리야에게로 다가섰다.

"자, 이번에는 시원하게, 귀엽게 보이게 하겠어요."

공작 부인, 부리엔, 여기에 무슨 일인지 웃기 시작한 까쨔의 목소리가 한데 어우러져 새의 지저귐과 같은 즐거운 웅성거림으로 변했다.

"아녜요, 이젠 내버려 두세요." 마리야가 말했다.

그리고 그녀의 목소리가 너무나도 진지하고 고통스러웠기 때문에 새의 지저귐은 이내 멎어 버렸다. 그녀들은 눈물과 생각에 찬, 기도하는 듯이 자기네들을 바라보고 있는 맑고 커다란 아름다운 눈을 봤다. 그리고 그 이상 강요하는 것은 무익하며 잔혹하다는 것을 깨달았다. "그럼, 머리만이라도 바꾸세요." 작은 공작 부인이 말했다. "제가 말했잖아요." 그녀는 부리엔 양을 향해 비난어린 어조로 말했다. "마리야와 같은 얼굴은 이런 머리가 전혀 어울리지 않는다고 말이에요. 안 돼요. 전혀 안 돼요. 제발 고쳐줘요."

"내버려 둬요. 내버려 둬요. 난 무슨 짓을 해도 똑같아요." 간신히 눈물을 참고 있는 목소리가 이렇게 대답했다.

부리엔 양과 몸집이 작은 공작 부인은 마리야가 이런 모습을 하면 몹시 보기 흉하여, 오히려 평소 모습보다도 못하다는 것을 인정하지 않을 수 없었다. 그러나 이미 늦었다. 그녀는 낯익은 예의 표정으로 두 사람을 바라보았다. 그것은 생각에 잠긴 슬픈 듯한 표정이었다. 그 표정이 두 사람에게 마리야를 두려워하는 마음을 일으키게 한 것은 아니었다(마리야는 누구에게도 그런 느낌을 품게 하지 않았다). 그러나 이 표정이 그녀 얼굴에 나타날 때에는 그녀는 침묵한 채 자기의 결심을 바꾸지 않는다는 것을 두 사람은 알고 있었다.

"다시 손보실 거죠?" 리자가 말했다. 그리고 마리야가 아무 대답도 하지 않자 리자는 방을 나가 버렸다.

마리야는 홀로 남았다. 그녀는 리자의 바람을 행하지 않고 머리 모양을 고치지 않았을 뿐 아니라, 거울 속의 자신을 들여다보려고도 하지 않았다. 그녀는 눈과 팔을 힘없이 내리고 잠자코 앉아서 생각에 잠겨 있었다. 그녀는 남편이라는 것을, 아니 남자라는 것을 씩씩하고 압도할 정도의 수수께끼와 같은 매력이 있는 존재로 마음 속에 그리고 있었다. 그는 느닷없이 남자 자신의 전혀 다른 행복한 세계로 그녀를 데리고 날아가버리는 존재였다. 자기 아기를, 마침 어제 그녀가 보았던, 유모의 딸이 안고 있던 것과 같은 갓난아이를 자기 가슴에 안고 있는 것을 그녀는 마음 속에 그렸다. 남편이 서서 자기와 아이를 상냥하게 바라보고 있다. '그러나 안 돼. 그런 일은 있을 수가 없어. 나는 너무 못생겼어.' 그녀는 생각했다.

"차를 드시러 오세요. 공작님도 곧 오십니다." 문 뒤에서 하녀가 말했다.

그녀는 제정신이 들어 자기 생각에 움찔했다. 그래서 아래층으로 내려가기 전에 성상(聖像)의 방으로 들어가서, 등불에 비친 커다란 구세주 상의 검은 얼굴에 골똘히 눈길을 박은 채, 손을 모으고 잠시 그 앞에 서 있었다. 마리야의 가슴에는 괴로운 의혹이 서려 있었다. 과연 자기에게 사랑의 기쁨, 남성에 대한 지상의 사랑의 기쁨이 가능할까? 결혼을 생각할 때마다 마리야는 가정의 행복과 아이를 꿈꾸었으나, 그녀에게 가장 중요한, 가장 강하고 남몰래 간직한 그녀의 꿈은 현세의 사랑이었다. 그 감정은 그녀가 그것을 남에게, 아니 자기 자신에게 감추려고 하면 할수록 더욱 강해졌다. '아아, 하느님' 그녀는 말했다. '이 악마의 생각을 이 마음 속에서 어떻게 억제하면 좋을까요? 조용히 하느님의 뜻을 수행하기 위해서 저는 어떻게 못된 생각을 영원히 떨쳐 버리면 좋을까요?' 그리고 그녀가 이 물음을 채 입 밖에 내기도 전에 하느님은 이미 그녀 자신의 마음 속에서 그녀에게 대답하고 있었다. '자신을 위해서는 아무것도 바라지 말라. 구하지 말라. 마음을 흐트러뜨리지 말라. 부러워 말라. 인간의 미래와 너의 운명은 너는 알 수가 없을 것이다. 그러나 모든 것에 대해서 각오를 가지고 살아나가라. 만약 결혼 생활의 의무에서 하느님이 너를 시험해 보고 싶어하시면, 너는 하느님의 의사를 수행할 각오가 되어 있도록 하면 된다.' 마음이 가라앉는 이와 같은 생각을 품고(그러나 역시 금지된 현세적인 꿈을 다하고 싶다는 소원을 품고), 마리야는 한숨을 쉬고 성호를 긋고 나서, 자기의 옷에 대해서도, 머리 모양에 대해서도, 또 어떤 식으로 객실로 들어가서 무슨 말을 하면 좋을지도 생각하지 않고 아래층으로 내려갔다. 하느님의 섭리에 비하면 이러한 일은 모두 어떤 뜻이 있단 말인가? 하느님의 의지 없이는 인간의 머리에서 머리카락 하나 떨어지지 않는다고 하는데……

4

마리야가 들어갔을 때 바씰리 공작과 아들은 이미 객실에 앉아서 작은 공작 부인과 부리엔 양을 상대로 잡담을 하고 있었다. 그녀가 여느 때와 같은 무거운 걸음으로 발꿈치를 내디디면서 들어가자 남자 손님들과 부리엔 양은 일어났다. 몸집이 작은 공작 부인은 손님들에게 그녀를 가리키며 "마리야입니다" 하고 말했다. 마리야는 그 자리에 있는 사람들을 자세히 살펴보았다. 그녀는 자기를 본 순간 동작을 멈추고 곧 미소를 띤 바씰리 공작의 얼굴과, 마리야가 손님들에게 준 인상을 읽으려고 흥미를 가지고 손님들을 살피는 작은 공작 부인의 얼굴을 보았다. 그녀는 또 부리엔 양이 리본을 달고 아름다운 낯으로, 전에 없던 생생한 눈초리로 그 사람을 골똘히 바라보고 있는 것도 보았다. 그러나 그녀는 그를 볼 수가 없었다. 그녀는 방에 들어갔을 때, 자기에게로 다가온 무엇인가 크고 찬란할 정도로 훌륭한 아름다운 것이 보였을 뿐이었다. 우선 그녀 옆으로 바씰리 공작이 다가왔다. 그녀는 자기 손 위에 숙인 대머리에 키스하고, 그가 하는 말에 대해서, 그런 일은 없습니다, 공작님에 대해서는 매우 잘 기억하고 있습니다 하고 대답하였다. 이윽고 옆으로 아나똘리가 다가왔다. 그녀는 여전히 그가 보이지 않았다. 다만 자기 손을 꽉 잡은 부드러운 손을 느끼고, 포마드를 바른 엷은 갈색 머리 아래에 있는 흰 이마에 잠깐 입술이 닿았을 뿐이었다. 그를 흘끗 보았을 때 그의 아름다움이 그녀를 크게 감동시켰다. 아나똘리는 단정하게 채운 군복 단추에 오른손 엄지손가락을 대고, 가슴은 내밀고 등은 뒤로 젖히며 한쪽 다리를 옆으로 기울여 가볍게 흔들면서 서 있었다. 그는 약간 고개를 숙이고 말없이, 즐거운 듯이 마리야를 바라보고 있었는데, 그녀의 일 같은 건 전혀 생각하지 않는 것 같았다. 아나똘리는 재치가 있는 편이 아니고 좌담에 구변이 좋은 것도 아니었지만, 그 대신 상류 사회에서는 귀중한 재능인 침착과, 무슨 일에도 동하지 않는 자신을 가지고 있었다. 처음 만났을 때 자신 없는 사람이 말없이 있다가, 자기가 말없이 있는 것이 실례라는 의식을 가지고 무엇인가 화제를 찾고 싶다는 기분으로 서두르면 일이 잘 되어가지 않는다. 그런데 아나똘리는 즐거운 듯이 마리야의 머리 모양을 관찰하면서, 말없이 한쪽 다리를 흔들고 있었다. 그는 그런 식으로 태연하게 상당히 오랫동안 말없이 있을 수 있을 것 같은 태도였다. '말없이 있는 것이 쑥스럽다면 이야기를 하는 것이 좋을 겁니다. 그러나 나는 이야기하고 싶지 않아요.' 그의 표정은 마치 그렇게 말하고 있는 것 같았다. 더욱이 여인을 대하는 아나똘리의 태도에는 무엇보다 여성들의 마음에 호기심과 두려움과 애정마저 불러일으키게 하는 그 무엇이 있었다. 그것은 상대편을 내려다보면서도 자기의 우월성을 의식하고 있는 것 같은 태도였다. 마치 그는 그 표정으로 여자들에게 이렇게 말하고 있는 것 같았다. '알고 있습니다. 당신네들의 일은 잘 알고 있어요. 그러나 당신들을 상대로 해서 뭣하겠습니까? 하기야 당신들은 즐거우실테지만!' 여성을 만났을 때 그는 이런 일을 생각하지 않았을지도 모르지만(아마 생각하지 않았다고 해도 좋을 것이다. 왜냐하면 원래 그는 그다지 사물을 생각하는 사나이는 아니었기 때문이다), 여하간 그는 그런 표정과 태도를 하고 있었다. 마리야는 그것을 느끼고, 자기는 아나똘리의 마음을 끌려고 하는 거창한 생각은 가지고 있지 않다는 것을 보여주기 위한 것처럼 바씰리 공작에게 말을 걸었다. 대화는 모두가 참가해서 활기가 있었다. 그것은 몸집이 작은 공작 부인의 귀여운 음성과, 하얀 치아 위로 걷어올라간 솜털이 난 귀여운 윗입술 덕택이었다. 그녀는 가벼운 농담어린 말투로 바씰리 공작을 맞이하였다. 그것은 수다스럽고 명랑한 사람들이 곧잘 쓰는 수법이었다. 그것은, 그러한 태도로 접하는 상대방과 자기 사이에 무엇인가 전부터 정해져 있는 농담이나, 다른 사람은 알지 못하는 즐겁고 재미 있는 추억이 있다는 것을 전제로 하고 있었다. 그러나 실제로는 그러한 추억은 아무것도 없는 것이다. 몸집이 작은 공작 부인과 바씰리 공작 사이에도 역시 그런 것은 없었다. 바씰리 공작은 기다리고 있었다는 듯이 여기에 보조를 맞추었다. 작은 공작 부인은 전혀 있지도 않은 우스꽝스러운 추억에, 이제까지 잘 알지도 못했던 아나뜰리까지 끌어들였다. 부리엔도 역시 모두에게 공통된 추억을 나누었고, 마리야까지 이 즐거운 추억에 자기도 끌려들어가는 것을 느끼고 기뻤다.

"아시겠습니까? 적어도 우리들은 당신을 이번에는 돋보이게 해드리겠어요, 공작님." 몸집이 작은 공작 부인은 물론 프랑스어로 바씰리 공작에게 말했다. "여기는 안나 양의 파티와는 사정이 다르니까요. 당신이 달아나시도록 놔 두지 않을 거예요. 안나 양을 기억하고 계시죠?"

"아, 그러나 당신은 안나 양처럼 정치담은 하지 말아주세요!"

"그럼, 차라면 어떠세요?"

"아, 그거라면!"

"당신은 어째서 한 번도 안나 양네 집에 오지 않으셨죠?" 몸집이 작은 공작 부인은 아나뜰리에게 물었다. "아, 알고 있어요, 알고 있어요." 그녀는 눈짓을 하면서 말했다. "당신 형님인 이뽈리트가 당신이 하신 일을 다 얘기해 주셨어요." 그녀는 손가락으로 그를 위협하는 시늉을 했다. "그리고 파리에서의 장난도 잘 알고 있어요!"

"그건 그렇고, 이뽈리트 녀석이 너에게 이야기하지 않았니?" 바씰리 공작은 공작 부인이 도망가려고 하는 것을 겨우 잡았다는 식으로 그녀의 손을 잡은 채 아들에게 말했다. "너에게 말하지 않았니? 이뽈리트 녀석이 그리운 공작 부인을 몸이 여위도록 사모했는데, 공작 부인은 그를 집에서 쫓아냈다는 것을."

"아! 정말 이분은 여성의 꽃이십니다, 아가씨!" 그는 마리야에게 말하였다.

부리엔 양은 파리라는 한 마디가 나온 기회를 놓지지 않고 자기도 역시 모두의 추억담에 참가하였다.

그녀는 아나똘리가 파리를 떠난 것은 상당히 오래 된 일인지, 또 파리라는 도시는 그의 마음에 들었는지를 용기를 내어 물어 보았다. 아나똘리는 기꺼이 이 프랑스 여자의 물음에 대답하고, 미소를 띠고 그녀를 바라보면서 그녀의 조국에 대한 이야기를 나누었다. 귀여운 부리엔을 보고 아나똘리는 이 '벌거숭이 산'에서도 그다지 지루하지 않을 거라고 생각했다. '정말 좋은 여자다!' 그는 부리엔을 훑어보면서 생각했다. '이 말상대는 정말 마음에 드는군. 저 여자가 나와 결혼할 때에는 이 아가씨를 같이 데려가면 좋을 텐데.' 그는 생각했다. '귀엽고 인상이 좋다.'

노공작은 잔뜩 이맛살을 찌푸리고 자기가 해야 할 일을 생각하면서 서재에서 천천히 옷을 갈아입고 있었다. 이들 손님의 방문은 그의 비위를 거슬린 것이다. '바씰리 공작과 그의 아들이 나에게 무슨 용건이 있단 말인가. 바씰리 공작은 속이 텅 빈 우쭐거리는 인간이야. 그 아들도 어지간히 뻔한 놈이겠지.' 그는 혼잣말로 중얼거렸다. 그가 화난 것은, 이 두 손님의 내방으로 그의 마음 속에서 늘 억눌려 있는 미해결의 문제—노공작이 항상 자기 자신을 속여온 문제가 머리를 쳐들었기 때문이다. 그 문제란, 자기가 과연 앞으로 언젠가 마리야와 헤어져서, 그녀를 남편이 될 사람에게 맡길 결심을 할 수 있을까 하는 것이었다. 공작은 한 번도 정면에서 이 문제를 자기에게 제기할 결심이 서지 않았다. 그 까닭은, 자기는 공정한 기분으로 이 물음에 대답할 것이지만, 그 공정한 기분이라는 것이 그의 감정이라기보다는 오히려 자기가 살아가기 위한 모든 가능성과 모순된다는 것을 미리 알고 있었기 때문이다. 언뜻 보기에 그는 마리야를 그다지 소중히 여기지 않는 것처럼 보였지만, 마리야가 없는 인생은 노공작에게는 생각할 수도 없는 일이었다. '무엇 때문에 그 애는 시집을 가야 한단 말인가?' 그는 생각했다. '불행해질 것은 뻔한 일이다. 보라, 리자는 안드레이와 결혼하였으나—남편으로서 그만한 사나이는 요즘 좀처럼 찾아보기 힘들 것이다—리자가 자기 운명에 만족하고 있을까? 그리고 누가 마리야에게 반해서 그 애를 아내로 삼을 것인가? 못생긴 데다 재치가 없다. 그런 자가 있다면 분명 가문이나 재산을 노리는 것이다. 그리고 세상에는 노처녀로 지내는 사람이 없는 것은 아니잖아? 그 편이 행복하지!' 노공작은 옷을 갈아 입으면서 이렇게 생각하고 있었지만, 그와 동시에 항상 앞으로 미뤄둔 문제가 지금 당장 해결을 필요로 하고 있었다. 바씰리 공작은 아들을 데리고 온 이상 분명히 청혼을 할 속셈이고, 오늘 아니면 내일이라도 솔직한 대답을 요구할 것이다. 가문도, 사회의 지위도 상당하다. '좋아, 나는 별로 반대하지는 않아.' 노공작은 혼잣말을 했다. '그저 본인이 딸에게 알맞는 인간이라면 말이야. 우선 그걸 단단히 알아봐야겠어.'

"우선 그걸 단단히 알아봐야겠어." 그는 소리내어 말했다. "그걸 알아봐야 해."

그리고 그는 여느 때처럼 힘찬 걸음으로 객실로 들어가서, 일동을 재빨리 훑어보았다. 그리고 몸집이 작은 공작 부인의 옷의 변화도, 부리엔의 리본도, 마리야의 보기 흉한 머리도, 부리엔과 아나똘리의 미소도, 좌담 속에서 자기 딸만이 혼자 떨어져 있는 것도 알아차렸다. '참 바보 같은 몸치장을 하고 있군!' 그는 딸을 증오에 찬 눈으로 보며 생각했다. '부끄럽지도 않은가! 그 녀석은 마리야 같은 건 거들떠보지도 않아!'

그는 바씰리 공작에게로 다가갔다.

"안녕하시오, 안녕하시오. 잘 오셨소."

"친한 친구를 위해서라면 천 리도 십 리라고들 하지 않습니까." 바씰리 공작은 여느 때처럼 빠르고 자신만만한 어조로, 몹시 정답게 말하였다. "얘가 내 둘째 아들입니다. 잘 좀 봐 주십시오."

노공작은 아나똘리를 흘끗 보았다.

"훌륭한 사내군, 훌륭한 사내야!" 그는 말했다. "자, 여기 와서 키스해주게." 그는 아나똘리에게 볼을 내밀었다.

아나똘리는 노인에게 키스하고 호기심에 찬 눈으로 매우 침착하게 그를 바라보면서, 꼭 나올 것이라고 아버지가 다짐한 색다른 행동을 노인이 곧 하지나 않을까 기다리고 있었다.

니꼴라이 노공작은 소파 구석에 정해져 있는 평소의 자기 자리에 앉아, 바씰리 공작을 위해서 안락의자를 가까이 끌어다가 가리키고 권하면서, 정계의 사정과 새로운 사건들을 이것저것 묻기 시작했다. 그는 바씰리 공작의 얘기를 주의깊게 듣고 있는 시늉을 하면서 줄곧 마리야 쪽으로 눈길을 보내고 있었다.

"그럼, 이미 포츠담에서 그런 편지가 왔나?" 그는 바씰리 공작의 마지막 말을 되풀이하고 불쑥 일어나서 딸 쪽으로 다가갔다.

"넌 손님을 위해서 그렇게 단장을 한 거냐, 응?" 그는 말했다. "아름답다. 대단히 아름답다. 너는 손님 앞에서 신식 머리 모양을 보여 주었지만, 나도 손님 앞에서 말해 둔다. 앞으로는 내 허락 없이 옷을 바꿔서는 안 된다."

"그건 제 잘못이에요, 아버님." 몸집이 작은 공작 부인이 얼굴을 붉히면서 말참견을 했다.

"당신은 마음대로 해도 괜찮아요." 니꼴라이 노공작은 며느리 앞에서 바른 발을 뒤로 빼고 정중하게 절을 하면서 말했다. "그러나 이 애는 자기를 보기 싫게 할 필요는 없어요. 그렇잖아도 상당히 못난 아이니까요."

그는 벌써 눈물을 머금고 있는 딸에겐 눈도 주지 않고 제자리에 앉았다.

"천만의 말씀, 이 머리는 따님에게 참 잘 어울립니다." 바씰리 공작이 말했다.

"그런데, 여보게, 젊은 공작, 이름이 뭐라고 했지?" 니꼴라이 노공작은 아나똘리 쪽을 돌아보고 말했다. "이 쪽으로 오게, 이야기나 하면서 친해지세."

'자, 장난이 시작됐군.' 아나똘리는 생각하고, 엷은 웃음을 띠면서 노공작 옆에 앉았다.

"그런데 자네는 외국에서 교육을 받았다던데, 나나 자네 아버지처럼 교회 머슴한테서 읽고 쓰는 법을 배운 것과는 천지 차야. 그래, 자네는 지금 근위 기병대에서 근무하고 있다지?" 노인은 아나똘리에게로 다가가서 물끄러미 그의 얼굴을 바라보며 물었다.

"아닙니다. 일반 부대로 옮겼습니다." 아나똘리는 간신히 웃음을 참고 대답했다.

"아! 그건 잘 됐군. 물론 자네는 황제와 조국에 봉사하고 싶다는 거지? 지금은 전시야. 자네 같은 훌륭한 젊은이는 봉사해야 하네. 봉사해야 한단 말이야. 그럼 전선 근무란 말인가?"

"아닙니다, 공작님. 연대는 벌써 출동했습니다만, 저는 배속되었습니다.

저는 어디로 배속됐죠, 아버지?" 아나똘리는 웃으면서 아버지에게 말하였다.

"참 훌륭한 근무야, 훌륭하네. 자기가 어디에 배속되었느냐고? 핫, 핫, 핫!" 노공작은 웃기 시작했다.

그러자 아나똘리도 더욱 큰 소리로 웃기 시작했다. 별안간 니꼴라이 노공작은 이맛살을 찌푸렸다.

"자, 저리 가 보게." 그는 아나똘리에게 말했다.

아나똘리는 엷은 미소를 띠면서 다시 여인들 쪽으로 갔다.

"바씰리 공작, 자네는 아이들을 외국에서 교육시켰다면서?" 노공작은 바씰리 공작에게 말하였다.

"나는 할 수 있는 데까지 해 주었습니다. 그래서 말씀드립니다만 그쪽 교육이 우리나라보다 훨씬 좋습니다."

"그래, 오늘날은 모든 것이 변했거든. 모든 것이 신식이야. 참 훌륭한 청년이야! 훌륭해! 자, 내 방으로 갑시다."

그는 바씰리 공작의 팔을 잡고 서재로 데리고 갔다.

바씰리 공작은 노공작과 단둘이서 마주앉자, 곧 자기의 희망과 기대를 상대편에게 털어놓기 시작했다.

"어째서 자네는 그렇게 생각하지?" 노공작은 화난 듯이 말했다. "내가 딸을 붙잡아 놓고, 헤어지지 않으려 한다고 말이야. 사람들은 제멋대로 생각하고 있어!" 그는 화가 나서 말했다. "나는 내일이라도 좋아! 다만 자네에게 말해 두지만, 나는 내 사위가 될 사람을 잘 알고 싶네. 자네는 나의 방식을 알고 있지? 만사 개방주의야! 나는 내일 자네가 있는 앞에서 딸에게 물어보겠네. 만약 걔가 원한다면, 자제를 잠시 머무르게 해 주기 바라네. 머물게 해서 내가 살펴보겠어." 노공작은 콧방귀를 뀌었다. "시집을 보내면 돼. 나는 아무래도 좋아." 그는 아들과 헤어지던 때처럼 날카로운 소리로 외쳤다.

"솔직하게 말씀드리겠습니다." 바씰리 공작은 뱃속까지 들여다보는 상대에게 잔꾀를 부려봤자 아무 소용도 없다는 것을 깨달은 교활한 사람다운 말투로 대답했다. "공작님은 사람의 마음을 다 들여다보십니다. 아들놈은 천재는 아닙니다. 그러나 정직하고 선량한 녀석이고, 나에게는 둘도 없는 피를 나눈 아들입니다."

"음, 좋아. 이제 알게 될 거요."

오랫동안 남자와 교제하지 않고 홀로 지내고 있는 여자에겐 흔히 있는 일이지만, 아나똘리의 출현에 의해서 니꼴라이 노공작네의 세 여인들은 여태까지의 생활은 참된 생활이 아니었다고 느꼈다. 생각하고, 느끼고, 관찰하는 힘이 그녀들의 마음 속에서 수십 배로 늘어나고, 흡사 여태까지 암흑 속에서 지내온 자기들의 인생이 마치 갑자기 새로운, 의의에 찬 빛을 받은 것 같았다.

마리야는 자기 얼굴과 머리 모양 같은 것은 전혀 생각도 하지 않았고 의식하지도 않았다. 자기 남편이 될지도 모르는 남자의 아름다운, 너그러운 얼굴이 그녀의 주의를 몽땅 삼켜버렸다. 그는 그녀에게 마음씨가 좋고, 용감하고, 결단력이 있으며, 남성답고, 마음이 넓은 사람처럼 여겨졌다. 미래의 가정 생활을 둘러싼 무수한 꿈 같은 생각이 그녀의 뇌리에 끊임없이 솟아났다. 그녀는 그것을 쫓아버리고 감추려고 애를 썼다.

'그런데 나는 저분에 대해서 너무 냉담한 건 아닐까?' 마리야는 생각했다. '나는 마음 속으로 나 자신을 억제하려고 노력하고 있다. 그것은 그이와 너무 친해졌다고 느끼기 때문이다. 그러나 내가 자기를 어떻게 생각하고 있는지 그이는 잘 몰라. 어쩌면 내가 그이를 싫어한다고 생각하고 계실지도 모른다.'

그래서 마리야는 이 새 손님에게 상냥하게 하려고 노력해 보았지만 잘 되어가지 않았다.

'불쌍한 아가씨다! 지지리도 못생겼군.' 아나똘리는 그녀를 이렇게 생각했다.

아나똘리의 내방에 의해서 역시 흥분의 극에 달한 부리엔 양은 다른 생각을 하고 있었다. 물론 상류 사회에 이렇다할 지위도 없고 친척도 친구도, 고향마저도 없는 이 젊고 아름다운 아가씨는, 노공작을 돌보고 그에게 책을 읽어 주고, 마리야의 친구가 되는 일에 자기 일생을 바치리라고는 생각하고 있지 않았다. 부리엔 양은 이전부터 러시아 공작을 기다리고 있었다. 그 공작은 못생기고 옷차림이 시원치 않으며 몸가짐이 서투른 공작 영양보다도 자기가 더 잘났다는 것을 바로 알아주고, 자기를 사랑하고 여기에서 끌어내 줄 거라고 생각했다. 그런데 바로 그러한 러시아 공작이 찾아온 것이다. 부리엔 양에게는 백모가 들려준, 마지막 결말은 그녀 자신이 꾸민 이야기가 있었는데, 그녀는 그것을 공상 속에서 되풀이하는 것을 좋아했다. 그 이야기란, 유혹에 진 딸에게 그녀의 불쌍한 어머니의 환상이 나타나서, 딸이 결혼도 하지 않고 남자에게 몸을 내맡겼다고 책망한다는 이야기다. 부리엔 양은 자기 상상 속에서 그에게, 즉 유혹을 한 남자에게 이 이야기를 하면서 눈물을 흘릴 정도로 감동하는 일이 자주 있었다. 그런데 지금 그가, 진짜 러시아 공작이 나타난 것이다. 그는 나를 데려간다. 그리고 나의 불쌍한 어머니가 나타나고, 그는 나와 결혼한다. 아나똘리와 부리엔 양이 파리 이야기를 나누고 있을 때, 그녀의 머릿속에서는 앞으로의 이야기가 이렇게 꾸며져 있었다. 부리엔 양은 타산(打算)으로 움직이고 있었던 것이 아니라(그녀는 자기가 무엇을 하면 좋은가 같은 것은 한순간이라도 생각한 적이 없었다), 이러한 일은 모두 훨씬 이전부터 그녀 안에 준비되어 있었고, 지금은 다만 눈앞에 나타난 아나똘리에게 그것이 집중된 데 지나지 않았다. 그리고 그녀는 될 수 있는 대로 그의 마음에 들고 싶어했고 그렇게 노력하고 있었던 것이다.

몸집이 작은 공작 부인은 나팔 소리를 들은 역전의 군마처럼, 무의식 중에 자기의 몸 상태도 잊어버리고 습관이 된 교태를 전속력으로 띄울 준비를 하였다. 아무런 속셈도, 내심의 갈등도 없이 순진하고 경박하게 즐기고 있을 뿐이었다.

아나똘리는 여자 사이에 들어오게 되면 여자들이 짓궂게 쫓아다니는 데 싫증이 난 사나이의 입장을 취하는 것이 보통이었는데, 자기가 이 세 여성들을 움직였다는 것을 알고 허영심의 만족을 느꼈다. 뿐만 아니라, 그는 미모의 도발적인 부리엔에게서 격렬한 야수와 같은 욕정을 느끼기 시작했다. 그것은 이상할 정도의 속도로 그를 사로잡아 더없이 거칠고 대담한 행위로 몰아넣는 욕정이었다.

차를 마시고 난 뒤에 일동은 소파가 있는 방으로 옮겨서, 마리야는 클라비코드 연주를 요청 받았다. 아나똘리는 부리엔 옆에서 마리야와 서로 마주보고 팔꿈치를 괴고 있었다. 그의 눈은 웃으면서 기쁜 듯이 마리야를 바라보고 있었다. 마리야는 괴로우면서도 기꺼운 흥분으로 울렁거리는 가슴을 안고, 그의 시선이 자기에게로 향하고 있다는 것을 느끼고 있었다. 평소 좋아하는 소나타의 음률이 로맨틱한 세계로 그녀를 유인했다. 더구나 자기를 향한 그의 눈길 때문에 그녀의 감정은 더욱 부풀어올랐다. 그러나 아나똘리의 시선은 그녀에게 향하고 있었지만 실은 그 관심의 대상은 그녀가 아니라, 그때 피아노 밑에서 그의 다리와 닿고 있는 부리엔 양의 다리의 움직임에 대한 것이었다. 부리엔 양도 역시 마리야를 보고 있었다. 그리고 그녀의 아름다운 눈 속에는 마리야가 처음으로 보는 겁먹은 듯한 기쁨과 기대가 나타나 있었다.

'부리엔도 정말 날 사랑하고 있구나!' 마리야는 생각했다. '지금 나는 얼마나 행복한가. 이런 친구와 이런 남편이 옆에 있다면 얼마나 큰 행복일까? 아니, 이 사람이 정말 내 남편이 될 사람일까?' 그녀는 아나똘리의 얼굴을 들여다볼 용기도 없이, 여전히 자기 위에 못박혀 있는 것 같은 아나똘리의 눈길을 느끼면서 이렇게 생각했다.

밤에 야식이 끝나고 제각기 자기 방으로 돌아갈 때, 아나똘리는 마리야의 손에 키스했다. 그녀는 어떻게 자기에게 그런 용기가 솟아났는지 자기도 몰랐지만, 근시의 눈앞에 다가오는 뛰어나게 아름다운 얼굴을 똑바로 바라보았다. 마리야 다음에 그는 부리엔 양의 손에 가까이 갔다(그것은 예의에 벗어난 것이었지만 그는 무엇이든지 자못 자신 있게, 그리고 아무렇지도 않게 해치웠다). 그러자 부리엔 양은 빨갛게 얼굴을 붉히고 겁에 질린 듯이 마리야를 흘끗 보았다.

'이 얼마나 섬세한 마음씨일까.' 마리야는 생각했다. '정말 아멜리(이것은 부리엔 양의 이름이었다)는 내가 그녀에게 질투해서, 나에 대한 그녀의 순수한 친절과 성실을 내가 고마워하고 있지 않다고 생각하고 있는 것일까?' 마리야는 부리엔 양 옆으로 다가가서, 강하게 그녀에게 입을 맞추었다. 아나똘리는 작은 공작 부인의 손으로 가까이 갔다.

"안 돼요, 안 됩니다! 당신 아버님으로부터 당신의 몸가짐이 단정해졌다는 편지가 오면, 그때 이 손에 키스를 허락하겠어요. 그 때까지는 안 돼요."

그리고 손가락을 들어 위협하는 동작을 보이고는 미소를 지으면서 그녀는 방에서 나갔다.

5

모두 제각기 방으로 헤어졌다. 그리고 침대에 눕자마자 잠이 들어 버린 아나똘리를 제외하고는 이날 밤은 모두 오랫동안 잠을 이루지 못했다.

'정말 그이가 내 남편이 될까, 아무 관계도 없었던 아름답고 친절한 남자가. 아무튼 친절한 사람이야.' 마리야는 이렇게 생각했다. 그러자 이제까지 거의 한 번도 느끼지 않았던 공포가 그녀를 사로잡았다. 그녀는 뒤를 돌아다보는 것이 무서웠다. 칸막이 뒤에, 어두운 구석에 누가 서 있는 것만 같았다. 그리고 이 누군가는 바로 악마였다. 그리고 그것은, 저 하얀 이마와 검은 눈썹과 빨간 입을 가진 사나이였다.

그녀는 초인종을 울려 하녀를 불러서 자기 방에서 자도록 부탁했다.

부리엔 양은 이날 밤, '겨울의 정원'이라고 불리는 실내 온실 정원을 오랫동안 돌아다니며 공연히 누군가를 기다리면서 그 누군가에게 미소를 던지고, 자기의 타락을 책망하는 '불쌍한 어머니'의 말을 공상하고는 눈물이 나도록 감격하기도 하였다.

몸집이 작은 공작 부인은 침대가 거북하다고 하녀에게 불평을 하였다. 그녀는 옆으로 누워도 엎드려도 잠이 들지 않았다. 모두가 답답하고 편치가 않았다. 그녀는 자기 배가 방해가 되었다. 오늘은 특히 여느 때 이상으로 그것이 거추장스러웠다. 아나똘리가 여기에 있기 때문에, 그녀의 생각은 이러한 배가 아니라 모든 것이 편하고 즐거웠던 시절로 날아가버리고 있었기 때문이다. 그녀는 카디건을 입고 보닛을 쓰고 안락의자에 앉았다. 헝클어진 머리에 졸린 듯한 까쨔는 무엇인가 중얼거리면서, 이미 세 번이나 무거운 깃이불을 두들기기도 하고 뒤집기도 했다.

"말했잖아, 이불이 산과 골짜기처럼 되어 있어." 몸집이 작은 공작 부인은 끈질기게 말했다. "나도 잠이 들면 좋겠어. 그러나 이건 내가 나쁜 건 아냐." 그리고 지금이라도 울음을 터트릴 것 같은 어린이처럼 떨었다.

노공작도 역시 자지 않았다. 찌혼은 노공작이 화난 듯이 걸어다니고 콧방귀를 뀌는 것을 잠결에 듣고 있었다. 노공작은 딸 때문에 자기가 모욕을 당하는 것처럼 느꼈다. 그 모욕이 자기가 아니라 다른 사람, 즉 자기 이상으로 사랑하는 딸에게 향한 것이기 때문에 그것은 더없이 쓰라린 모욕이었다. 그는 이 문제를 구석구석까지 차분하게 생각하여 공정하게, 해야 할 일을 발견하리라고 자신에게 타일렀다. 그러나 그렇게 할 수록 그는 더욱더 자신을 초조하게 만들 뿐이었다.

'느닷없이 한 사나이가 나타나자, 아버지도 뭣도 잊은 듯이 뛰어가서 머리 모양을 바꾸고 꼬리를 흔들고 있어. 분수도 모르고! 아버지 같은 건 내팽개쳐 버리고! 더욱이 내가 알게 될 것을 뻔히 알면서 말이야……. 쿵, 쿵, 쿵…… 나의 눈에 띄지 않을 거라고 생각했나? 그 바보 놈은 부리엔만을 쳐다보고 있는데! 그 여자는 쫓아내야 해! 이런 일을 모르다니 그 애에게는 긍지가 없어! 비록 자기를 위한 긍지가 없다고 해도 적어도 날 위해서는 있을 법한 일인데. 그 애에게 알게 해주어야겠다. 그놈의 바보녀석이 그저 부리엔만을 보고 있었다는 것을. 그 애에게 긍지가 없어도 내가 그것을 알게 해야겠다.'

딸에게 너는 잘못 생각하고 있다, 아나똘리는 부리엔을 설득하려 한다는 것을 알려 준다면, 마리야의 자존심은 상처를 입고 그의 소원(딸과 헤어지고 싶지 않다는 소원)은 달성된다는 것을 알았기 때문에 노공작은 그것으로 안심했다. 그는 찌혼을 불러 옷을 갈아입기 시작했다.

'저런 녀석들이 기어들어와서!' 가슴에 흰털이 난, 노인다운 마른 몸에 찌혼이 잠옷을 걸쳐주고 있는 동안에 노공작은 생각했다. '내가 그를 부른 것은 아냐. 그들은 나의 인생을 파괴하기 위해 온 거야. 그렇지 않아도 얼마 남지 않은 인생을.'

"제기랄!" 그는 잠옷을 머리에 뒤집어쓰는 동안에 이렇게 중얼거렸다.

찌혼은 이따금 자기 생각을 입 밖에 내는 노공작의 버릇을 잘 알고 있었기 때문에, 잠옷 밑에서 나타난 공작 얼굴의 물어보는 듯한 화난 눈초리도 별로 놀라는 기색 없이 맞았다.

"이제들 자나?" 노공작은 물었다.

훌륭한 모든 하인처럼 찌혼도 주인의 생각하는 방향을 감각으로 알고 있었다. 그는 노공작이 바씰리 공작 부자에 대해서 묻고 있다는 것을 알아차렸다.

"잠자리에 드시고 불도 끄셨습니다, 나리."

"헛수고다, 헛수고……." 노공작은 이렇게 말하고 발을 덧신에, 그리고 손은 잠옷에 쑤셔 넣고 언제나 침대로 쓰고 있는 소파 쪽으로 갔다.

아나똘리와 부리엔 양 사이에는 아무 약속도 주고 받은 것은 아니었지만, 두 사람은 불쌍한 어머니가 나타날 때까지의 연애 소설의 제1편에 대해서 서로 완전히 이해하고, 자기들이 남의 눈을 피해서 여러 가지 이야기를 하지 않으면 안 된다는 것을 이해하였다. 그래서 아침부터 두 사람은 서로 마주앉을 기회를 찾고 있었다. 마리야가 여느 때의 시간에 아버지에게로 갔을 때 부리엔은 '겨울의 정원'에서 아나똘리와 만나고 있었다.

마리야는 이날 특별히 가슴이 두근거리는 것을 느끼면서 서재의 문으로 다가갔다. 그녀에게는 오늘 자기의 운명이 결정된다는 것을 모두가 알고 있을 뿐만 아니라, 그것을 둘러싸고 자기가 생각하고 있는 일까지 알고 있는 것처럼 여겨졌다. 그녀는 그러한 표정을 찌혼의 얼굴에서도, 더운 물을 손에 든 채 복도에서 만나자 몸을 푹 수그리고 인사를 한 바씰리 공작의 시종 얼굴에서도 알아챘다.

노공작은 이날 아침 딸에 대해 몹시 상냥하고 진지했다. 아버지의 그러한 진지한 표정을 마리야는 잘 알고 있었다. 노공작은 마리야가 산수 문제를 이해하지 못할 때면 화를 내고 마른 손을 움켜쥐고 일어서서, 그러한 표정으로 딸 곁을 떠나 작은 목소리로 몇 차례 같은 말을 되풀이하곤 했다.

그는 곧장 용건에 들어가서, 마리야를 '당신'이라고 남처럼 부르며 말을 끄집어냈다.

"나는 이번 당신 일로 청혼을 받았소." 그는 부자연스런 미소를 지으면서 말했다. "당신도 알아챘을 거라고 생각하지만" 그는 말을 이었다. "바씰리 공작이 여기 왔고, 자기 제자를(웬일인지 노공작은 아나똘리를 제자라고 말하였다) 데리고 온 것은 단순한 놀이가 아닙니다. 나는 어제 당신의 일로 청혼을 받았습니다. 그래서 당신도 나의 방식을 알고 있으므로 나는 당신에게 물어보는 것입니다."

"그것은 무슨 뜻일까요, 아버지?"

"무슨 뜻이냐니!" 아버지는 붉으락푸르락해지면서 소리쳤다. "바씰리 공작이 널 자기 며느리로서 바람직하다고 보고 자기 제자와 결혼해 주지 않겠느냐고 청혼하고 있는 거야. 이렇게 해석하면 된다. 그래서 너한테 묻고 있는 것이다."

"저는 모르겠어요. 아버지는 어떠신지요." 마리야는 속삭이듯 말했다.

"나? 나 말이냐? 내가 어쨌다는 거냐? 나 같은 건 신경쓰지 마라. 시집가는 건 내가 아니니까. 난 네 생각이 어떤지 알고 싶은 거다."

마리야는 아버지가 이 혼담을 좋게 보고 있지 않다는 것을 알고 있었다.

그러나 그 순간 그녀의 머릿속에 자기의 운명이 결정되는 것은 바로 이때라는 생각이 번뜩였다. 그녀는 아버지의 시선이 보이지 않도록 눈을 내리깔고 말했다. 그녀는 그 시선을 만나면 아무 생각도 할 수가 없었고 여느 때의 습관에 의해서 복종할 수밖에 없다고 느끼고 있었기 때문이다.

"제가 원하는 것은 그저 한 가지—아버지의 뜻에 따르는 것뿐입니다." 그녀는 말했다. "그렇지만, 만약 제 희망을 말씀드려야 할 필요가 있다고 하신다면……."

그녀는 끝까지 다 말하지 못했다. 공작이 말을 막았기 때문이다.

"응, 좋아!" 그는 소리쳤다. "그 녀석은 지참금과 함께 너를 데려가는 김에 부리엔 양도 데려갈 것이다. 그리고 그 여자가 아내가 되고, 너는……."

공작은 말을 멈추었다. 이 말이 딸에게 준 영향을 알아챘기 때문이다. 그녀는 고개를 떨구고 울음을 터뜨릴 것만 같았다.

"아냐, 아냐, 농담이다. 농담." 그는 말했다. "다만 이것만은 명심하고 있어야 한다, 마리야. 딸이 선택할 권리를 완전히 가지고 있어야 한다는 것이 나의 주의다. 따라서 너에게 그 권리를 주겠다. 한 가지만 알아두어라. 너의 결심 여하에 따라서 너의 행복이 결정된다. 내 일을 말해 보았자 아무 소용이 없다."

"그렇지만 전 모르겠어요…… 아버지."

"이러쿵저러쿵 할 건 없어! 그 사나이는 부모 말대로 하고 있을 뿐이다. 그래서 상대가 너만인 것은 아니다. 어떤 여자하고도 상관없이 결혼한다. 그러나 너에게는 선택의 자유가 있다…… 방에 돌아가서 곰곰 생각해 보아라. 그리고 한 시간 후에 다시 나한테 와서, 승낙할 것인가 안 할 것인가를 그 사나이 앞에서 말해라. 알고 있다, 너는 기도를 하겠지. 좋아, 기도해라, 그러나 그것보다 잘 생각해라. 자, 가거라."

"승낙이냐 아니냐, 승낙이냐 아니냐, 승낙이냐 아니냐!" 그는 마리야가 안개 속을 걸어가듯이 비틀거리면서 서재에서 나가버린 뒤에도 여전히 이렇게 소리치고 있었다.

그녀의 운명은 결정되었다. 더욱이 행복한 결정이었다. 그러나 아버지가 부리엔 양에 관해서 한 말—멀리 돌려서 한 말은 무서웠다. 가령 거짓말이라 해도 역시 그것은 무서웠다. 그녀는 그것을 생각하지 않을 수 없었다. 그녀에게는 아무것도 보이지 않고, 귀에 들리지도 않았다. 다만 곧장 자기 앞을 향해서 '겨울의 정원'을 지나갔다. 그러자 갑자기 귀에 익은 부리엔 양의 속삭임이 그녀의 명상을 깨웠다. 그녀는 눈을 들었다. 그리고 자기로부터 두어 발짝쯤 떨어진 곳에 프랑스 아가씨를 안고 무엇인가 속삭이고 있는 아나똘리의 모습이 눈에 띄었다. 아나똘리는 무서운 표정으로 마리야를 돌아다 보았지만 부리엔의 허리는 놓지 않았다. 부리엔 쪽에서는 마리야가 보이지 않았다.

'거기 있는 것은 누굽니까? 무슨 일입니까? 잠깐만 기다려 주세요!' 아나똘리의 얼굴은 이렇게 말하고 있는 것 같았다. 마리야는 잠자코 두 사람을 바라보고 있었다. 그녀에게는 이 모습이 얼른 이해되지 않았다. 마침내 부리엔 양이 소리를 지르며 달아났다. 아나똘리는 이 어색한 사건을 웃어달라는 듯이 마리야에게 미소를 짓고, 머리를 숙이고 어깨를 움츠리고 나서 자기 방으로 통하는 문 안으로 들어갔다.

한 시간 후에 찌혼이 마리야를 부르러 왔다. 그는 공작님 방으로 와 주십사 하고 마리야에게 말하고 바씰리 공작도 거기 계시다고 덧붙였다. 찌혼이 왔을 때 마리야는 자기 방 소파에 앉아서 울고 있는 부리엔의 머리를 조용히 어루만지고 있었다. 마리야의 뛰어나게 아름다운 눈은 이제까지와 마찬가지로 침착성과 빛을 잃지 않고, 상냥한 애정과 연민의 정을 띠고 부리엔의 귀여운 얼굴을 바라보고 있었다.

"아녜요, 아가씨. 저는 영원히 아가씨 총애를 잃고 말았어요." 부리엔 양은 말했다.

"왜요? 나는 어느 때보다도 더 당신을 사랑하고 있어요." 마리야는 말했다. "그리고 당신의 행복을 위해서라면 힘 닿는 데까지 해볼 생각이예요."

"그렇지만 아가씬 날 멸시하고 계실 거예요, 아가씨는 정말 순수한 분이니까요. 아가씬 이런 정열의 실수 같은 것은 모르실 거예요. 아아, 알아주실 분은 가엾은 나의 어머니뿐이에요……."

"난 다 알고 있어요." 마리야는 쓸쓸하게 미소지으면서 대답했다. "마음을 가라앉히세요. 나 잠깐 아버지한테 갔다 오겠어요." 그녀는 이렇게 말하고 나갔다.

바씰리 공작은 한쪽 다리를 높이 꺾어들고, 손에 담배합을 가지고 자못 감개무량한 듯, 또 스스로 자신의 다감함을 후회하고 그것을 비웃듯이, 얼굴에 감동어린 미소를 띠고 앉아 있었다. 마리야가 들어오자 그는 급히 코담배를 손가락으로 집어 코로 가져갔다.

"아, 아가씨." 그는 일어나면서 그녀의 두 손을 잡고 말했다. 그는 한숨을 쉬고 덧붙였다. "아들의 운명은 당신의 손 안에 있습니다. 결정해 주세요, 아가씨. 내가 늘 딸처럼 사랑하고 있는, 나의 친절하고 소중하고 상냥한 마리야."

그는 곁에서 물러났다. 진짜 눈물이 그의 눈에 떠올랐다.

"킁…… 킁……." 니꼴라이 노공작이 콧소리를 냈다.

"공작께서 자기의 제자를…… 아드님을 대신하여 너에게 청혼하고 계신다. 너는 아나똘리 꾸라긴 공작의 아내가 되기를 원하는가, 그렇지 않으면 원하지 않는가? 말해 봐라!" 그는 소리쳤다. "나는 내 의견을 말하는 권리를 보류해 두겠다. 그렇다, 내 의견, 그것은 단지 의견에 지나지 않지만." 노공작은 바씰리 공작 쪽을 향해서 그의 애원하는 듯한 표정에 대답하면서 덧붙였다. "어때, 결정했나?"

"제가 원하는 것은, 아버지, 절대로 아버지를 버리고 싶지 않고, 내 생활을 절대로 아버지 생활에서 떼어놓고 싶지 않다는 거예요. 저는 시집가고 싶지 않아요." 그녀는 아름다운 눈으로 바씰리 공작과 아버지를 보고 단호히 이렇게 말했다.

"부질없는 어리석은 소리! 어리석은, 어리석은, 어리석은!" 니꼴라이 노공작은 눈썹을 찌푸리며 소리쳤지만, 딸의 손을 잡고 자기 쪽으로 끌어당겼다. 키스는 하지 않고 그저 딸의 이마에 자기 이마를 대고는, 잡고 있던 딸의 손을 꽉 쥐었다. 때문에 그녀는 저도 모르게 소리를 질렀다.

바씰리 공작이 일어났다.

"아가씨, 나는 이 순간을 절대로 잊지 않겠습니다. 그러나 아가씨, 이토록 친절하시고 너그러우신 마음을 언젠가는 움직이게 할 수 있을지도 모르는 조그마한 희망 같은 걸 우리에게 주실 수 없겠습니까? '사정에 따라서는'이라고 말씀해 주십시오…… 미래는 창창하니까요. 자, '사정에 따라서는'이라고 말씀해 주십시오."

"공작님, 제가 말씀드린 것은 제 가슴 속에 있는 것 전부입니다. 정말 영광으로 생각합니다만, 저는 절대로 아드님과 결혼하지 않겠어요."

"그럼 이것으로 일은 끝났군. 자네, 자네를 만나서 참 기쁘네. 만나서 정말 기뻐. 얘야, 넌 방으로 가거라. 어서 가." 노공작은 말했다. "자넬 만나서 정말 기쁘네." 그는 바씰리 공작을 껴안으면서 이렇게 되풀이했다.

'내 사명은 따로 있어.' 마리야는 속으로 생각했다. '나의 사명은 다른 행복, 즉 사랑과 자기 희생으로 나 스스로 행복해지는 거야. 따라서 어떤 대가를 지불하더라도, 그 불쌍한 아멜리를 행복하게 만들어 줘야 해. 아멜리는 그토록 열렬히 그분을 사랑하고 있으니까. 아멜리는 그토록 후회하고 있으니까. 나는 그 두 사람의 결혼을 이루어내기 위해서라면 무슨 일이라도 할 거야. 그분에게 재산이 없다면 내가 아멜리에게 재산을 주어야지. 아버지에게도 부탁하고 안드레이 오빠에게도 부탁해야겠어. 아멜리가 그분의 부인이 된다면 나는 얼마나 행복할까. 아멜리는 외국인이고, 외롭고 의지할 곳도 없는 정말 불행한 사람이니까! 아멜리가 그토록 제정신을 잃고 있는 것을 보면 얼마나 그분을 열렬하게 사랑하는지 알 수 있어. 어쩌면 나도 그렇게 했을지도 모르지만……' 마리야는 이렇게 생각했다.

6

로스또프네는 오랫동안 니꼴라이의 소식을 알지 못했다. 간신히 겨울 중간 무렵에 백작은 한눈에 아들의 필적임을 알 수 있는 편지 한 통을 받았다. 이 편지를 받아들자 백작은 깜짝 놀라서, 황급히 남이 알지 못하도록 발끝으로 자기 서재로 뛰어들어가서 문을 잠그고 읽기 시작했다. 도르베쯔꼬이 공작 부인은 편지가 도착했다는 것을 알고(그녀는 이 집안에서 일어나는 모든 일을 다 알고 있었다) 조용히 백작 방으로 들어갔다. 백작은 편지를 손에 들고 소리를 내어 울기도 하고 웃기도 하고 있었다.

도르베쯔꼬이 공작 부인은 생활이 좋아졌는데도 여전히 로스또프네에서 살고 있었다.

"백작님, 저." 그녀는 어떤 동정이라도 당장에 표시할 수 있는 채비를 하면서 의아스러운, 수심에 찬 어조로 말했다.

백작은 더욱 심하게 울기 시작했다.

"니꼴라이 녀석이…… 편지를…… 부상을…… 당했어요…… 아내는……

부상해서…… 그 애가…… 우리 아이가…… 장교로 임관되었어요…… 고맙게도…… 아내에겐 어떻게 말하면 좋을지? ……."

도르베쯔꼬이 공작 부인은 그의 옆에 앉아, 손수건을 꺼내 그의 눈과 눈물이 떨어진 편지에서 눈물을 닦아 내고, 자기 눈물도 닦은 뒤 편지를 읽고 백작을 안심시켰다. 그리고 식사 사이와 차 마시는 시간에 백작 부인에게 미리 마음의 준비를 하게 하고, 잘 되면 차 마신 후에 모든 것을 분명히 이야기해 버리리라고 마음 먹었다.

식사하는 동안 도르베쯔꼬이 공작 부인은 전쟁 소문과 니꼴라이 이야기를 화제로 삼았다. 전부터 알고 있었으면서도 니꼴라이로부터의 마지막 편지가 도착한 것은 언제였느냐고 두 번이나 물어보고, 어쩌면 오늘쯤 편지가 와도 좋을 것 같다고 말했다. 이런 식으로 말을 들을 때마다 백작 부인은 안절부절못하여 불안스럽게 백작과 도르베쯔꼬이 공작 부인을 번갈아 바라보았고, 도르베쯔꼬이 공작 부인은 아무렇지도 않다는 듯이 화제를 돌려 시시한 이야기를 꺼내는 것이었다. 나따샤는 말의 억양, 눈초리, 얼굴의 표정 등의 뉘앙스를 느끼는 능력이 집안에서 가장 뛰어났기 때문에, 식사가 시작되었을 때부터 귀를 곤두세우고 있었다. 그리고 아버지와 도르베쯔꼬이 공작 부인 사이에 무엇인가가, 그것도 오빠에 관계되는 그 무엇인가가 있어서 도르베쯔꼬이 공작 부인이 그 준비 공작을 하고 있음을 눈치채고 있었다. 언제나 대담했음에도 불구하고(니꼴라이 오빠의 안부에 관한 것이라면 무엇이든지 어머니가 몹시 민감해져 있다는 것을 알고 있었다), 그녀는 식사하는 동안 질문할 마음이 나지 않았다. 그리고 불안해서 식사 동안에 아무것도 먹지 않고, 가정교사의 충고에도 귀를 기울이지 않고 의자 위에서 안절부절하고 있었다. 그녀는 식사가 끝나자 곧장 뛰어나가 도르베쯔꼬이 공작 부인을 쫓아가서, 휴게실로 들어가 그녀의 목에 매달렸다.

"백모님, 가르쳐 주세요, 어떻게 된 거예요?"

"아무것도 아니야, 나따샤."

"거짓말, 그렇죠? 제가 정말 좋아하는 친절하신 백모님, 난 물러서지 않겠어요. 백모님이 알고 계시는 것, 저도 알고 있어요."

도르베쯔꼬이 공작 부인은 고개를 흔들었다.

"여간 아니구나, 넌." 그녀는 말했다.

"니꼴라이 오빠로부터 편지가 왔죠? 틀림없어요!" 나따샤는 도르베쯔꼬이 공작 부인의 얼굴에서 그것을 인정하는 대답을 읽어내고 외쳤다.

"그러나 제발 조심해 다오. 알잖아. 네 어머니께서 얼마나 놀라실지 모르니까."

"걱정마세요, 조심하겠어요. 괜찮으니 얘기해 주세요. 얘기 안 해 주시는군요. 그럼 좋아요, 난 이제 곧 가서 어머니한테 알리겠어요."

도르베쯔꼬이 공작 부인은 아무한테도 말하지 않는다는 조건으로, 나따샤에게 편지 내용을 간단히 이야기해 주었다.

"정말, 맹세코." 성호를 그으면서 나따샤는 말했다. "아무한테도 말하지 않겠어요." 그리고 이내 쏘냐한테로 달려갔다.

"니꼴라이 오빠가…… 부상을 당했어요…… 편지가 왔어요……." 그녀는 거창하게, 그리고 기쁜 듯이 말했다.

"니꼴라이 씨가!" 쏘냐는 순간 파랗게 질려, 그저 이렇게 말했을 뿐이었다.

나따샤는 오빠의 부상 소식에 쏘냐가 받은 충격을 알아채고, 비로소 이 소식의 슬픈 일면을 뼈저리게 느꼈다.

그녀는 쏘냐에게 달려들어 그녀를 껴안고 울음을 터뜨렸다.

"부상은 가벼워요. 그리고 장교가 됐어. 오빠는 지금은 다 나아서 직접 편지를 쓴 거야." 그녀는 눈물이 글썽하여 이렇게 말했다.

"거참, 여자란 모두 울보로군." 뻬쨔는 성큼성큼 힘찬 걸음으로 방 안을 거닐면서 말했다. "난 정말 기뻐. 참 기뻐, 형이 굉장히 큰 공을 세웠으니 말이야. 누나들은 모두 울보군! 아무것도 모르고 있어."

나따샤는 눈물이 글썽하여 미소지었다.

"너는 편지를 읽지 않았니?" 쏘냐가 물었다.

"읽지 않았어, 그러나 백모님이 말하셨어. 모두 좋아지고 이제는 장교라고!……."

"아, 고마워라." 쏘냐는 성호를 그으면서 말했다. "그러나 어쩌면 백모께서 너를 속이셨는지도 모르잖아. 어머님한테 가보자."

뻬쨔는 말없이 방 안을 걸어다니고 있었다.

"내가 니꼴라이 형이라면 더 많은 프랑스 병을 죽였을 텐데." 그는 말했다. "정말 나쁜 놈들이야. 나 같으면 시체가 산을 이루도록 그놈들을 죽이겠어." 뻬쨔가 말했다.

"그만 둬, 뻬쨔. 무슨 바보 같은 소릴 하는 거야!"

"난 바보가 아냐, 시시한 일로 우는 것들이야말로 바보지." 뻬쨔가 대꾸했다.

"넌 그이를 기억하고 있니?" 잠깐 말이 없다가 느닷없이 나따샤가 물었다. 쏘냐는 미소를 지었다.

"니꼴라이를 기억하고 있느냐고?"

"아, 아니, 쏘냐. 그이를 잘 기억하고 있느냐 말이야, 모든 것을 다 기억하고 있을 만큼." 나따샤는 자기 말에 자못 진실한 뜻을 덧붙이려는 것처럼 열심히 손짓을 하면서 말하였다. "나는 니꼴라이 오빠를 기억하고 있어. 기억하고 있어." 그녀는 말했다. "그러나 보리스는 기억하고 있지 않아. 전혀."

"어머! 보리스를 기억하고 있지 않다고?" 쏘냐가 놀라서 물었다.

"기억하고 있지 않다고 말하는 건 아냐―보리스의 모습은 알고 있어. 하지만 니꼴라이 오빠처럼 기억하고 있지 않아. 오빠는 눈을 감으면 기억에 되살아나지만, 보리스는 그렇지가 않아(그녀는 눈을 감았다). 그래 기억하고 있지 않아, 아무것도!"

"어마, 나따샤!" 쏘냐는 자기 친구를 보지 않고 기쁨에 차서 진지하게 말하였다. 그것은 마치 자기가 말하려는 것을 나따샤는 들을 가치가 없다고 생각하고 있는 것 같았고, 농담조로 말해서는 안 되는 진지한 다른 사람을 상대로 이 이야기를 하는 것 같기도 하였다. "나는 일단 네 오빨 좋아하게 된 이상 그이나 내 신변에 무슨 일이 일어나더라도, 절대로 그이를 사랑하는 내 마음은 평생 변하지 않을 거야."

나따샤는 깜짝 놀라 호기심에 찬 눈으로 쏘냐를 바라보면서 가만히 있었다. 그녀는 쏘냐가 말한 것은 정말이며, 쏘냐가 말한 그런 사랑도 있을 것이라는 생각이 들었다. 그러나 나따샤는 그러한 일은 한 번도 경험한 일이 없었다. 그녀는 그러한 일은 있을 수 있다고 믿고는 있었지만 이해할 수는 없었다.

"오빠에게 편지 쓰겠어?" 나따샤가 물었다.

쏘냐는 생각에 잠겼다. 니꼴라이에게 어떤 편지를 쓰면 좋은가, 또 쓸 필요가 있는지 어떤지 하는 문제는 늘 그녀를 괴롭히고 있는 것이었다. 그가 이제 장교가 되었고 부상당한 영웅이 된 지금, 쏘냐 쪽에서 자기 일과 자기에 대해서 그가 한 약속을 상기시키는 것 같은 일을 해서 괜찮을까?

"모르겠어. 그러나 그이가 편지를 쓰시면 나도 쓸 거야." 그녀는 얼굴을 붉히며 말했다.

"하지만, 오빠에게 편지 쓰는 거 부끄럽지 않아?"

쏘냐는 미소지었다.

"아니."

"나는 보리스에게 편지 쓰는 것이 부끄러워. 그래서 나는 쓰지 않는 거야."

"어머나, 어째서 부끄럽지?"

"글쎄, 잘 모르겠어. 쑥스럽고 부끄러워."

"어째서 부끄러운지 난 알고 있어." 처음에 나따샤로부터 바보라는 말을 듣고 언짢게 생각하고 있던 뻬쨔가 말했다. "누나는 안경을 쓴 뚱뚱보(그는 자기와 이름이 같은 젊은 베주호프 백작을 이렇게 부르고 있었다)를 좋아했지만, 지금은 그 음악선생이 좋아졌기 때문이지(나따샤의 성악 교사인 이탈리아 사람을 말한 것이다). 그래서 누나는 부끄러운 거지."

"뻬쨔, 넌 바보야." 나따샤가 말했다.

"누나보다는 똑똑해, 아주머니." 아홉 살의 뻬쨔는 마치 고참 여단장 같은 말투로 뽐내며 말했다.

백작 부인은 식사 때 도르베쯔꼬이 공작 부인의 암시에 의해서 마음의 준비를 갖추고 있었다. 자기 방으로 돌아오자 그녀는 안락의자에 앉아 담배합에 끼워넣은 아들의 조그마한 초상에서 눈을 떼지 않고 있었다. 눈에는 눈물이 넘쳤다. 도르베쯔꼬이 공작 부인은 편지를 가지고 발소리를 내지 않고 백작 부인 방으로 다가가자 걸음을 멈추었다.

"들어오지 마세요." 그녀는 뒤따라 온 노백작에게 말했다. "이따가." 하고 말하며 손을 뒤로 하여 문을 닫았다.

백작은 열쇠 구멍에 귀를 대고 곤두세웠다.

처음에 그의 귀에는 온건한 이야기 소리가 들렸지만, 뒤이어 길게 이야기하는 도르베쯔꼬이 공작 부인의 소리만 들리고, 이어서 외치는 소리, 그리고 침묵. 그리고 또 두 사람의 목소리가 기쁨 어린 어조로 말하고, 발소리가 들리더니 도르베쯔꼬이 공작 부인이 그에게 문을 열어 주었다. 도르베쯔꼬이 공작 부인의 얼굴에는 흡사 어려운 수술을 끝낸 의사가 자기 솜씨를 인정받기 위해서 많은 참관인들을 안으로 들어오게 할 때처럼 뽐내는 표정이 서려 있었다

"끝났어요!" 그녀는 의기양양한 태도로 백작 부인을 가리키면서 말하였다. 백작 부인은 한 손에 초상화가 붙은 담배합을, 또 한 손에는 편지를 들고 양쪽에 번갈아 입술을 누르고 있었다.

백작을 보자 그녀는 양손을 내밀어 남편의 대머리를 껴안고, 대머리 너머로 다시 편지와 사진을 보고, 다시금 그것에 입술을 대기 위해서 대머리를 살짝 밀어냈다. 곧 베라, 나따샤, 쏘냐, 그리고 뻬짜도 들어와서 편지의 낭독이 시작되었다. 편지에는 원정과, 니꼴라이가 참가한 두 차례에 걸친 전투, 장교 승진에 대해서 간단히 적혀 있었고, 부모님께 키스를 보냅니다, 저를 축복해 주세요, 그리고 베라, 나따샤, 뻬짜에게 키스합니다 하고 적혀 있었다. 그 밖에도 그는 무슈 셸링, 마담 쇼스(가정교사), 유모에게도 안부를 전해달라고 쓰고, 또 늘 변함없이 사랑하고 항상 생각하고 있는 소중한 쏘냐에게 키스해 달라고 덧붙여 적혀 있었다. 이 말을 듣자 쏘냐는 눈에 눈물이 넘치도록 빨개졌다. 그리고 자기에게 쏠리고 있는 시선을 참지 못하고, 그녀는 홀로 뛰어나가 달려온 여세로 빙빙 돌기 시작하였다. 그리고 드레스를 풍선처럼 부풀게 하고, 빨개진 얼굴에 미소를 띠면서 바닥에 앉았다. 백작 부인은 울고 있었다.

"왜 울고 계세요, 어머니?" 베라가 말했다. "오빠가 써 보낸 사연은 모두 기쁜 일뿐인데 울 것은 없잖아요."

그것은 정말 옳은 말이었다. 그러나 백작도 백작 부인도 나따샤도 모두 나무라듯이 그녀를 바라보았다. '애는 대체 누굴 닮아서 이렇게 되었을까!' 백작 부인은 생각했다.

그리운 니꼴라이의 편지는 몇백 번 되읽혀졌는지 모른다. 이 편지 낭독을 들을 자격이 있다고 생각되는 사람들은 편지를 손에서 놓지 않고 있는 백작 부인한테 찾아가야만 했다. 가정교사, 유모, 드미뜨리, 그리고 몇 사람의 친

지들이 찾아왔지만, 백작 부인은 그 때마다 새로운 기쁨을 되새기며 편지를 읽었고, 읽을 때마다 이 편지에서 그리운 니꼴라이의 새로운 미덕을 발견하는 것이었다. 20년 전에는 자기 태내에서 겨우 알아챌 만한 조그마한 사지를 움직이고 있었고, 아이를 너무 귀여워하는 백작과 곧잘 말다툼의 불씨가 되었던 그 아들, 처음으로 "그루샤"(배), 그리고 "바바(아주머니)" 라는 말을 배웠던 그 아들이, 지금은 먼 타향에서 통 모르는 사람들 속에 끼여서 도움도 지도도 없이 홀로 씩씩한 군인으로서 무엇인가 남자다운 일을 하고 있는 것이다. 백작 부인은 자못 이상야릇하기도 하고, 예사롭지 않은 생각이 들었으며 한편으론 무척 기뻤다. 아이는 어느 틈엔가 요람시대로부터 훌륭한 어른이 되어간다는 것을 가르치고 있는 만국 공통의, 먼 옛날부터의 경험은 모두 백작 부인에게는 존재하지 않았다. 자기 아들이 어른이 되어 가는 것은, 어른이 되어가는 그 어느 시기에 있어서나 그녀에게는 특별한 일이었다. 그것은 마치 같은 길을 거쳐 성장한 몇백만 몇천만의 사람들이 이제까지 존재하지 않았던 것 같았다. 20년 전에는 어딘가 그녀 심장 아래의 태내에서 숨쉬고 있던 작은 존재가, 울거나 젖꼭지를 빨기도 하고 겨우 말을 하기 시작하리라는 것이 믿어지지 않았던 것과 마찬가지로, 지금은 그 존재가 씩씩하고 용감한 사나이가 되어 세상 사람들의 모범이 되었다는 것은, 이 편지로 판단하면 명백한데도 도저히 믿어지지가 않았다.

"이 얼마나 훌륭한 문장일까, 이 얼마나 훌륭한 필치일까!" 그녀는 편지 안의 서술적인 부분을 읽으면서 이렇게 말했다. "그리고 얼마나 착한 마음씨일까! 자기 일에 대해서는 한 마디도……한 마디도 하지 않았어! 데니쏘프라는 사람에 대해서는 쓰고 있지만. 그 애는 그 누구보다도 용감했을 거야. 자기의 괴로움에 대해서는 한 마디도 쓰고 있지 않아. 훌륭한 마음씨야! 이것이 그 애라니! 그리고 어쩌면 이토록 모든 사람을 기억하고 있을까! 아무도 잊고 있지 않아. 나는 늘 말하고 있었어, 그 애가 아직 조그마할 때부터 늘 말하고 있었어……."

온 집안 식구가 니꼴라이한테 보내는 편지는 일주일 이상이나 초안을 잡아 초고가 작성되었고, 여러 번 깨끗하게 정서되고 고쳐졌다. 그리고 백작 부인의 감독과 백작의 배려로 필요한 물건과, 신임 장교를 위한 군장과 비품에 필요한 돈이 모아졌다. 도르베쯔꼬이 공작 부인은 실천적인 여성으로, 편지 왕래를 위해 자기와 자기 아들에게 편리한 통로를 군대 안에 만들어놓고 있었다. 그녀는 근위 연대를 지휘하고 있는 꼰쓰딴틴 대공 ^{(1779~1831.}_{알렉산드르 황제의 동생)} 에게 가끔 자기 편지를 보낼 기회가 있었다. 로스또프 집안 사람들은 재외 러시아 근위 사단이라는 분명한 주소로, 근위대를 지휘하고 있는 대공 손에 가기만 하면, 틀림없이 그 근처에 주둔하고 있는 빠블로그라드 연대에 그것이 도착하지 않을 리는 없다고 생각했다. 그래서 편지와 돈은 대공의 급사(急使)에게 부탁하여 보리스에게 보내기로 결정하였다. 이렇게 하면 보리스가 반드시 그것을 니꼴라이에게 전달해 줄 것이라고 생각했기 때문이다. 편지는 노백작 부처, 뻬짜, 베라, 나따샤, 쏘냐들로부터 온 것으로 여기에 더하여 백작이 아들에게 보내는, 제복과 여러 가지 물건을 갖추는 데 드는 6천 루블도 포함되어 있었다.

7

11월 12일, 올뮤쯔 부근에서 야영하고 있던 꾸뚜조프가 지휘하는 실전 부대는 이튿날로 닥쳐온 러시아, 오스트리아 양국 황제의 열병 준비를 하고 있었다. 러시아로부터 막 도착한 근위대는 올뮤쯔로부터 15킬로 떨어진 곳에 숙영(宿營)하고, 13일, 바로 열병을 위해 아침 10시 전에 올뮤쯔의 들로 나왔다.

니꼴라이는 12일, 짧은 편지를 보리스로부터 받았다. 그것은 이즈마일로프 연대가 올뮤쯔 앞쪽 15킬로 지점에서 숙영하고 있다는 것과, 보리스가 편지와 돈을 주기 위해 그를 기다리고 있다는 것을 알려 온 것이었다. 때마침 니꼴라이는 돈이 특히 필요했다. 원정에서 돌아와 부대가 올뮤쯔 부근에 주둔하자, 충분한 물건을 준비한 주보상인과 오스트리아의 유대인들이 온갖 유혹을 갖춘 물건을 팔면서 야영지에 넘치고 있을 때였기 때문이다. 빠블로그라드 연대 친구들은 연이어 술자리나 원정 은상(恩賞)의 축하연을 열고 다시 올뮤쯔로 와서, 여급이 있는 술집을 차려놓은 헝가리 여자 까뚤리나의 술집에 드나들고 있었다. 니꼴라이는 극히 최근에 자기의 소위 승진을 축하하는 연회를 베풀고 데니쏘프의 말 베두인을 사들였기 때문에, 동료나 상인들에게 빚투성이였다. 보리스의 편지를 받자 니꼴라이는 동료 한 사람과 함께 올뮤쯔까지 가서 거기에서 식사를 하고 포도주를 한 병 마시고 나서, 죽마고우를 찾으러 혼자 근위대 야영지로 향했다. 니꼴라이는 아직 군장을 갖출 틈이 없었다. 그는 사병용 십자훈장이 달린 낡아빠진 후보생 겉옷을 입고 역시 닳아빠진 가죽을 잇댄 승마 바지, 그리고 술이 달린 사벨을 몸에 지니고 있었다. 타고 있던 말은 원정 때에 까자크에게서 산 돈(돈 강 지역)종이었다. 마구 구겨진 경기병 모자는 대담하게 좀 뒤로 젖혀 비스듬히 머리에 얹혀 있었다. 이즈마일로프 연대의 야영지에 가까워짐에 따라 그는 싸움터에 익숙해진 경기병다운 자신의 씩씩한 모습이, 보리스를 위시해서 그의 동료 근위 장교들을 얼마나 놀라게 할지 생각하니 자못 마음이 뿌듯했다.

근위대는 산책이라도 하듯이, 청결과 군기를 과시하면서 행군의 전 행정을 걸어왔다. 각 행정은 짧았고 배낭은 짐마차로 운반되었으며, 장교들에게는 오스트리아 사령부가 각 행정에서 훌륭한 식사를 준비해 주었다. 부대가 도시로 들어가거나 나올 때에는 군악대가 뒤따르고, 전 행정을(그것이 근위대의 자랑이었는데) 대공의 명령대로 병사들은 보조를 맞추고 장교들은 소정의 위치에서 도보로 나아갔다. 보리스는 행군 중 줄곧, 지금은 중대장이 되어 있는 베르그와 걷거나 숙영하거나 했다. 베르그는 행군 때 중대를 맡으면서 천성인 실행력과 꼼꼼한 성품으로 상관의 신임을 얻었고, 자신의 경제 상태도 자못 유리하게 처리했다. 보리스는 행군 중에 자기에게 이로울 만한 많은 사람들과 사귀었고, 삐에르가 보내 준 소개장을 통해서 안드레이 공작하고도 친분을 쌓아, 그를 통해서 총사령부에 자리를 얻기를 기대하고 있었다. 베르그와 보리스는 깨끗하고 단정한 옷차림으로 마지막 날의 행정을 끝내고 잠시 휴식을 취한 후, 자기들에게 할당된 깨끗한 숙사의 둥근 테이블 앞에 앉아서 장기를 두고 있었다. 베르그는 두 무릎 사이에 피우던 파이프를 끼고 있었다. 보리스는 베르그가 두기를 기다리면서, 그의 특유한 꼼꼼한 성품으로 가는 손을 움직여 장기짝을 피라미드 모양으로 쌓아올리고 상대방의 얼굴을 바라보고 있었다. 그는 항상 자기가 하고 있는 일밖에 생각하지 않기 때문에, 지금도 분명히 장기의 승부만을 생각하고 있는 것 같았다.

"자, 어떻습니까? 이걸 어떻게 벗어나죠?" 그는 말했다.

"해봐야지." 베르그는 이렇게 말하고 장기짝에 손을 댔지만 다시 손을 내려놓고 말았다.

"야, 간신히 찾아냈군!" 그때 니꼴라이가 소리쳤다. "베르그도 같이 있군! 아, 여보게, 아이들은 이제 가서 주무세요!" 그는 옛날에 보리스와 함께 우스개로 삼았던 자장가의 익살스런 한 구절을 프랑스말로 흉내 내면서 소리쳤다.

"아니! 자넨 정말 변했는데!" 보리스는 니꼴라이를 맞으려고 일어나면서도, 떨어질 것 같은 장기짝을 눌러 애초의 자리에 놓는 것을 잊지 않았다. 그리고 친구를 껴안으려고 했다. 그러나 니꼴라이는 몸을 뺐다. 이미 다져진 길을 싫어하는 그는 남의 흉내를 내지 않고 새로운 방식으로, 자기식으로 자기 감정을 나타내고 싶었다. 자기들보다 연상의 사람들이 대개 겉치레로만 감정을 나타내는 것과 다른 방법으로 하고 싶다는 청춘의 독특한 감정으로, 니꼴라이는 친구를 만났을 때에는 무엇인가 특별한 일로 반가움을 나타내고 싶다고 생각했다. 이를테면 보리스를 꼬집든가 찌르거나 하되, 누구든지 하는 평범한 키스 같은 건 하고 싶지 않았다. 그런데 보리스는 그와는 반대로 조용히, 친숙하게 니꼴라이를 껴안고 세 번 키스했다.

두 사람은 반 년 동안 거의 만나지 못했다. 그들은 인생의 첫발을 내디딜 나이였기 때문에 두 친구는 서로 몹시 변했다는 것을 알았다. 두 사람 모두 마지막으로 만났을 때 이후 상당히 변해 있었다. 그리고 두 사람은 자기 안에 생긴 변화를 될 수 있는 대로 들어내 보이려고 하였다.

"야, 자네들은 속이 편한 친구들이군. 깨끗하고 기운차고 마치 산보에서 돌아온 것 같다. 우리처럼 비참하고 평범한 군대와는 천양지차야." 니꼴라이는 진흙이 튄 자기의 승마 바지를 가리키면서, 보리스에게는 귀에 익지 않은 바리톤 음성으로 일선 군인다운 태도로 말했다.

독일인 여주인이 니꼴라이의 커다란 목소리를 듣고 문에서 얼굴을 내밀었다.

"뭐죠? 멋쟁이 아주머니." 그는 윙크를 하고 말했다.

"자넨 뭘 그렇게 소리치고 있지! 모두들 깜짝 놀라고 있잖아." 보리스가 말했다. "설마 오늘 자네가 오리라고는 생각하지 않았네." 보리스가 덧붙였다. "꾸뚜조프 장군의 부관을 하고 있는, 아는 친구 안드레이를 통해서 어제 자네에게 막 편지를 보낸 참이었어. 이렇게 빨리 그분이 자네에게 전해줄지는 몰랐는걸. 그건 그렇고 어때? 잘 지내나? 벌써 총알 세례를 받았나?" 보리스가 물었다.

니꼴라이는 그 말에는 대꾸도 하지 않고 군복 끈에 매단 일반 병사의 게오르기 십자훈장을 흔들어 보인 다음, 붕대를 한 자기 팔을 가리키면서 미소를 짓고 베르그를 바라보았다.

"보는 바와 같네." 그는 말했다.

"그렇군, 그래, 아, 그렇군!" 미소를 지으면서 보리스는 말했다. "우리도 굉장한 행군을 했지. 자네도 알고 있지. 황태자께서 늘 우리 연대에 계셔서, 덕택에 우리에게는 온갖 편의와 이익이 있었지. 폴란드에서는 훌륭한 환영회가 있었고 만찬회랑, 무도회랑 얼마나 훌륭했는지 자네에게는 이루 다 말할 수 없어. 그리고 황태자께서는 우리네 장교에게 무척 친절하게 해 주셨거든."

그리고 두 사람은 서로 이야기를 주고받았다. 한 사람은 자기네들의 경기병 방식의 술잔치와 진중 생활 이야기를 했고, 또 한 사람은 높은 자리에 있는 사람들의 지휘하에 근무하는 쾌적함과 유리함에 대해서 이야기했다.

"근위대란 것은 말이야!" 그러다가 니꼴라이는 말했다. "어때, 술이라도 사 오게 할까?"

보리스는 얼굴을 찡그렸다.

"자네가 꼭 마시고 싶다면." 그는 말했다. 그리고 침대로 다가가서 깨끗한 베개 밑에서 지갑을 꺼내어 술을 가져오라고 분부했다.

"그렇지, 자네에게 돈과 편지를 줘야지." 그는 덧붙였다.

니꼴라이는 편지를 받아들고, 돈은 소파 위에 던져놓고 차 테이블에 팔꿈치를 괴고 읽기 시작하였다. 그는 몇 줄 읽어내려가다가 언짢은 듯이 베르그를 보았다. 그의 시선에 부딪히자 니꼴라이는 편지로 얼굴을 가렸다.

"그런데 당신은 상당히 많은 송금을 받았군요." 소파에 푹 들어갈 만큼 무거워 보이는 지갑을 바라보면서 베르그가 말했다. "우리같은 사람은, 그야말로 봉급만으로 간신히 지내고 있지만 말이에요, 백작. 내 이야기를 하자면……."

"저, 베르그." 니꼴라이가 말했다. "만약에 당신이 집에서 온 편지를 받고, 여러 가지 물어보고 싶은 일도 있는 집안 사람을 만났다고 합시다. 내가 그 자리에 있었다고 하면 나는 당신을 방해하지 않도록 곧 자리에서 나갈 것입니다. 그러니까 당신도 제발, 어디든지, 어디든지…… 마음대로 나가 주시오!" 그는 소리쳤다. 그리고 곧 베르그의 어깨를 잡고 그의 얼굴을 상냥하게 바라보면서, 분명히 자기의 난폭한 말씨를 부드럽게 하려는 듯이 덧붙였다. "화내지 마십시오, 베르그. 여봐요, 나는 오래 사귀어 온 사람의 허물없는 마음에서 털어놓고 말했을 뿐이니까요."

"아, 천만의 말씀, 백작. 나도 잘 알겠습니다." 베르그는 일어나면서 목구멍에 걸리는 음성으로 혼잣말처럼 말했다.

"당신은 집주인들한테 가보십시오. 그들은 당신이 왔으면 합니다." 보리스도 덧붙여서 말했다.

베르그는 얼룩도 먼지도 묻지 않은 깨끗한 프록코트를 입고, 거울 앞에서 관자놀이의 머리털을 알렉산드르 황제처럼 쓸어올렸다. 그리고 자기의 프록코트가 주목을 받은 것을 니꼴라이의 눈초리로 확인하자 흐뭇한 미소를 띠며 방에서 나갔다.

"아, 그러나 난 어쩌면 이토록 바보 같지?" 니꼴라이는 편지를 읽으면서 말했다.

"왜 그러나?"

"나는 어쩌면 이토록 바보일까. 한 번도 집에 편지를 하지 않고 있다가 갑자기 완전히 모든 사람을 놀라게 하고 말았어. 나는 어쩌면 이토록 바보일까!" 별안간 얼굴이 빨개지며 그는 이렇게 되풀이했다. "할 수 없지. 가브릴라에게 술을 사오게 해! 한 잔 기분 좋게 하세." 그는 말했다.

가족들로부터의 편지에는 바그라찌온 공작에게 보내는 소개장도 동봉되어 있었다. 그것은 도르베쯔꼬이 공작 부인의 충고에 따라 백작 부인이 친지들을 통해 입수하여 아들에게 보내온 것으로, 지정된 사람에게 가져가서 이것을 잘 이용해 주기 바란다고 적혀 있었다.

"쳇! 나에게 무슨 필요가 있단 말인가." 니꼴라이는 추천장을 테이블 밑에 던지면서 말했다.

"왜 자네는 그걸 내던지나?" 보리스가 물었다.

"추천장이야, 나에게는 소용 없어!"

"뭐? 소용 없다고?" 그는 소개장을 주워 겉봉의 글자를 읽으면서 말하였다. "이 편지는 자네에게 크게 소용이 될 건데."

"나는 아무것도 필요 없어. 그 누구의 부관도 되기 싫어."

"그건 또 왜 그런가?" 보리스가 물었다.

"하인 같은 일이잖아!"

"자네는 여전히 이상주의자군." 보리스는 고개를 흔들며 말했다.

"자네는 여전히 외교관이야. 그런 건 어떻든 상관 없어. 그런데 자네는 어떻게 하고 있나?" 니꼴라이가 물었다.

"뭐, 보는 바와 같지. 여태까지는 만사가 잘 되고 있지. 그러나 실토를 하면 나는 꼭 부관이 되고 싶어. 전선에는 어슬렁거리고 싶지 않아."

"어째서?"

"어째서라니, 일단 군직에 발을 들여놓은 이상 되도록 빛나는 경력을 쌓도록 노력해야 하니까."

"그런가?" 니꼴라이는 이렇게 말했지만 분명히 다른 생각을 하고 있는 듯했다.

그는 무엇인가 어떤 문제의 해결을 찾아내려는 듯이 친구의 눈을 물어보듯 골똘히 바라보고 있었으나 찾지 못한 것 같았다.

늙은 시종 가브릴라가 술을 가지고 왔다.

"이제 베르그를 불러오는 게 좋지 않을까?" 보리스가 말했다. "그러면 자네와 함께 마실 거야. 나는 안 돼."

"부르러 보내게! 그래, 베르그는 어떤 사람이야?"

"성실하고 느낌이 좋은 사나이지." 보리스가 말했다.

니꼴라이는 다시 한 번 골똘히 보리스의 눈을 바라보고 한숨을 푹 쉬었다. 베르그가 되돌아왔다. 그리고 술병을 앞에 놓고, 세 장교 사이에서는 이야기가 활기를 띠었다. 근위 장교들은 행군 얘기며, 자기네들이 어떻게 러시아, 폴란드, 혹은 외국에서 환영을 받는가에 대한 이야기를 니꼴라이에게 했다. 또 그들의 지휘관인 황태자의 언행과, 그의 선량하고 격하기 쉬운 성격에 관한 일화도 이야기했다. 베르그는 여느 때처럼, 이야기가 자기 자신에 관한 것이 아닐 때에는 잠자코 있었지만, 대공의 격하기 쉬운 성격에 관한 일화가 화제에 오르자, 황태자가 갈리샤(폴란드 남부에 있는 지방)에서 연대를 순시하고 잘못을 지적하며 화를 냈을 때 대공과 말을 나눌 수 있었다는 것을 사뭇 의기양양하게 이야기했다. 유쾌한 미소를 띠면서 그가 말한 바에 의하면, 몹시 화를 낸 황태자가 그의 옆으로 다가가서 "알바니아 놈들."(알바니아 놈들이라는 것은 황태자가 격분했을 때 즐겨쓰는 말이었다) 하고 소리쳤다는 것이다.

"정말이야, 백작, 나는 내가 옳다는 것을 알고 있었으므로 전혀 놀라지 않았어. 나는 말이야, 백작, 이건 자랑이 아니지만 연대에 내려진 명령이라면 줄줄 외고 있고, 모든 규칙도 '하늘에 계시는 우리 아버지시여'와 같을 정도로 잘 알고 있어. 그래서 백작, 우리 중대에는 태만이란 없어요. 따라서 내 양심도 태연했지. 나는 앞으로 나갔어요(베르그는 일어나서 손을 모자 차양에 대고 걸어나갔을 때의 모습을 해 보였다. 사실 이보다 더 정중함과 의기양양함을 얼굴에 나타내기란 쉬운 일이 아니었다). 그러자 황태자는 내게 세상에서 흔히 말하는, 욕을 했어요. 죽도록 욕을 먹었지. '알바니아 놈들' '빌어먹을 자식' '시베리아 유형이다' 하고 말이야." 베르그는 상대방 속을 들여다보는 것 같은 미소를 띠고 말하였다. "나는 내가 올바르다는 것을 알고 있었기 때문에 잠자코 있었지. 어때, 그렇지 않아? '대체 넌 뭐야, 벙어리야?' 하고 황태자가 소리쳤어. 그래도 나는 잠자코 있었지. 그래, 어떻게 되었다고 생각해요, 백작? 이튿날 명령 속에는 한 마디의 책망도 없었어. 의연하게 하고 있으면 이렇게 되는 거야. 그런 거야, 백작." 베르그는 파이프를 빨아 동그란 담배 연기를 뿜어내면서 말했다.

"그렇군, 장하군." 엷은 미소를 띠고 니꼴라이가 말했다.

그러나 보리스는 니꼴라이가 베르그를 놀리려는 것을 깨닫고 교묘하게 말머리를 돌렸다. 그는 니꼴라이에게, 어디서 어떻게 부상했는지 말해달라고 청했다. 니꼴라이는 그 물음에 흐뭇한 마음이 들어 차차 신이 나서 얘기하기 시작했다. 그는 셴그라벤 마을의 전투 이야기를 했지만, 그의 어조는 전투에 참가한 사람이 흔히 말하는 것과 꼭 같았다. 즉, 이렇게 되었으면 좋았다고 생각한 것이나, 다른 사람으로부터 들은 것처럼 이야기가 돋보이게, 그리고 실제로 있었던 것과는 전혀 다르게 이야기한 것이다. 니꼴라이는 정직한 청년이었다. 평소 그는 결코 고의적으로 거짓말을 하지 않았다. 그러나 이번에는 자기도 모르게 무의식 중에 할 수 없이 거짓말을 하고 만 것이다. 한편 듣는 사람 쪽에서도 니꼴라이와 마찬가지로 벌써 공격에 대한 이야기를 여러 차례 듣고 있었으므로, 그들 나름대로 공격이란 이러한 것이다 하고 머릿속에 정리해 놓고 있었다. 그래서 두 사람은 니꼴라이에게서 자신들이 생각한 것과 같은 이야기를 듣기를 바라고 있었기 때문에, 만약 니꼴라이가 사실 대로 이야기했다면 그들은 그것을 믿지 않았을 것이다. 그렇지 않으면, 보통 공격할 때 기병들이 겪는 일을 니꼴라이가 겪지 않은 것은 무언가 니꼴라이 에게 큰 문제가 있기 때문이라고 여겼을 지도 모른다. 아무튼 전원이 빠른 걸음으로 말을 몰고 가는 동안에 자기는 말에서 떨어지고 허리를 삐어 프랑 스 병에게 쫓겨 필사적으로 숲 속으로 도망갔다고, 지극히 간단하게 그들에 게 이야기하는 것은 니꼴라이로서는 할 수 없는 일이었다. 게다가 모든 것을 있는 그대로 이야기하기 위해서는 있었던 일만을 이야기하도록 노력하지 않 으면 안 되었다. 정말 있었던 이야기를 한다는 것은 어렵고, 젊은이로서 그 것을 할 수 있는 사람은 드물다. 듣는 사람은 니꼴라이가 포화를 받고 불타 올라 자신을 잊고 폭풍처럼 방진을 습격하여, 그 속으로 뛰어들어 사방으로 마구 칼을 휘둘러, 사벨은 피와 살점을 충분히 맛보고 자기는 힘이 다하여 쓰러졌다는 식의 이야기를 기대하고 있었다. 그래서 니꼴라이도 전부 그와 같이 이야기해 준 것이다.

그 이야기 도중에 그가 "공격 때 얼마나 기묘한, 미친 듯한 기분을 맛보는 지 자네들은 몰라" 하고 말했을 때 안드레이가 방으로 들어왔다. 보리스는 그가 오는 것을 기다리고 있었던 것이다. 젊은 사람들의 뒤를 보아주거나 보 호자의 입장을 취하는 것을 좋아하는 안드레이는—보리스 쪽은 전날 밤 그 의 환심을 사 두었다—이 청년의 소원을 이루어주고 싶다고 생각하였다. 꾸 뚜조프의 서류를 황태자에게 전하라는 명령을 받은 그는 거기에 보리스 한 사람밖에 없을 것이라 생각하고 그 숙사에 들른 것이다. 방 안에 들어와서 피 끓는 전쟁 얘길 하고 있는 실전 부대의 경기병을 보자(안드레이 공작이 도저히 참을 수 없는 종류의 인간이었다), 그는 부드럽게 보리스에게 미소 를 짓고는 얼굴을 찌푸리고 가늘게 뜬 눈으로 니꼴라이를 보았다. 그리고 가 볍게 고개를 숙이고는 피곤한 듯이 소파에 주저앉았다. 그는 시시한 패들과 마주친 것이 불쾌했다. 니꼴라이는 그것을 알아채고 얼굴이 붉어졌다. 그러 나 그런 것은 그에게는 아무래도 좋은 일이었다—아무 인연도 없는 남이 아 닌가. 그러나 보리스를 보니, 이 친구까지 실전 부대 경기병인 자신을 부끄 럽게 생각하는 듯한 태도를 하고 있다는 것을 알았다. 불쾌한 듯한, 얕잡아 본 듯한 태도를 취한 것은 안드레이 쪽이었는데, 또 니꼴라이는 실전 군인의 입장에서 이러한 사령부 부관 전체를—지금 들어온 사나이도 그 중의 한 사람임이 틀림없는—멸시하고 있었는데, 자기 쪽에서 쑥스러움을 느껴 얼굴을 붉히고 입을 다물고 말았다. 보리스는 사령부에는 무슨 뉴스가 없는지, 그리고 꼭 가르쳐달라는 것은 아니지만 자기들 부대의 예정에 대해 무엇인가 들은 일은 없느냐고 물었다.

"아마 전진할 거요." 분명히 관계가 없는 다른 사람 앞에서 그 이상은 얘기하고 싶지 않다는 듯이 안드레이는 대답했다.

베르그는 소문대로 실전 부대의 중대장에게는 앞으로 배나 되는 군량 수당이 지급되느냐고 새삼스럽게 정중한 태도로 물었다. 이에 대해서, 안드레이는 그런 중요한 국가의 처치에 대해서 자기가 판단을 내릴 수는 없다고 미소를 띠면서 대답했다. 베르그도 기쁜 듯이 소리를 내어 웃었다.

"당신의 용건에 관해서는" 안드레이는 다시 보리스에게 말했다. "이따가 이야기합시다." 그리고 그는 니꼴라이 쪽을 돌아보았다. "열병이 끝난 후에 나한테로 와 주시오. 할 수 있는 데까지 해드릴 테니."

그는 방 안을 둘러보고, 도무지 억제할 수 없는 미움으로 변하기 시작한, 어린애 같은 니꼴라이의 당황한 상태에는 주의를 기울이지 않고 그를 향해 말했다.

"당신은 쉔그라벤 전투 얘길 하고 있는 모양이군요. 거기에 참가했습니까?"

"참가했습니다." 마치 이 부관을 모욕하려는 듯이 미움을 담고 니꼴라이는 말했다.

안드레이는 이 경기병의 심정을 알아채고 재미있는 사람이라는 생각이 들었다. 그는 잠시 멸시하는 듯한 미소를 지었다.

"그렇군요! 그 전투에 관해서는 지금 여러 가지 이야기가 나와 있습니다."

"네, 여러 가지 이야기가 있더군요!" 니꼴라이는 갑자기 미친 듯한 눈초리로 보리스와 안드레이를 번갈아 바라보면서 큰 소리로 말하였다. "네, 그야 이야기는 많습니다. 그러나 우리들의 이야기는 실제로 적의 포화 한가운데에 있던 사람의 이야깁니다. 우리들 이야기에는 무게가 있습니다. 아무것도 하지 않고 상을 받는 사령부 풋내기들의 이야기와는 다릅니다."

"그래, 나도 그런 족속에 속한다고 생각하시는군요?" 침착하게, 그러나 유쾌해서 견딜 수 없다는 듯이 미소를 띠면서 안드레이는 말했다.

미움과 동시에 이 인물의 냉정함을 존경하는 묘한 기분이 니꼴라이의 마음 속에서 하나로 녹아들었다.

"나는 당신 얘길 하고 있는 것은 아닙니다." 그는 말했다. "나는 당신이라는 사람을 모르며, 그리고 실은 알고 싶지도 않습니다. 나는 일반적인 사령부 사람들에 대해서 말하고 있는 것입니다."

"제가 하고 싶은 말은 이겁니다." 침착한 권위를 목소리에 담고 안드레이는 그를 가로막았다. "당신은 날 모욕하려 하고 있고, 나도 만약에 당신이 자기 자신을 그다지 존중할 생각이 없다면, 나를 모욕하는 일 같은 건 매우 간단하다고 인정할 용의는 있습니다. 그러나 그러기에는 때와 장소를 고르는 방법이 매우 졸렬하다는 것을 인정하셔야겠습니다. 머지않아 우리는 모두 더 크고, 더 목숨을 건 결전에 임하지 않으면 안 됩니다. 게다가 나의 용모가 불행히도 당신 마음에 들지 않는다고 해서, 당신이 옛 친구라고 말하고 있는 보리스 군이 여기에 책임이 있는 것도 아니고 말입니다. 하지만" 그는 일어나면서 말했다. "당신은 내 이름을 알고 있고, 내가 어디 있는지도 알고 있습니다. 그러나 이것만은 잊지 마십시오." 그는 덧붙였다. "나는 나 자신도, 당신도 모욕을 받았다고는 조금도 생각하지 않습니다. 당신보다 연장자로서 충고합니다만, 이 일은 뒷말이 나지 않도록 깨끗이 해 두어야 합니다. 그럼 금요일에 열병이 끝나면 당신을 기다리고 있겠습니다. 도르베쯔꼬이 군, 그럼." 안드레이는 이렇게 마무리를 짓자 두 사람에게 인사를 하고 나갔다.

니꼴라이는 안드레이가 나가자, 간신히 자기가 대답으로서 했어야 할 말을 생각해 냈다. 그리고 그것을 말하지 않았기 때문에 그는 더욱 화가 났다. 니꼴라이는 곧 말을 대라고 분부하고 보리스와 싱겁게 헤어지는 인사를 나눈 뒤 자기 숙사로 향하였다. 내일 총사령부로 가서 그 잘난 체하는 부관에게 결투를 신청할 것인가, 그렇지 않으면 이 일을 그대로 내버려 둘 것인가? 이것이 돌아오는 도중 계속 그를 괴롭힌 문제였다. 저 키가 작고, 나약하고, 오만한 사나이가 자기 권총 아래에서 겁을 먹고 있는 것을 보면 얼마나 통쾌할까 하고 원한을 가지고 생각하면서도, 한편으로는 자기가 알고 있는 모든 사람 중에서 저 얄미운 부관만큼 자기 친구로 삼고 싶은 자는 한 사람도 없다는 것을 느끼고 이상한 생각도 드는 것이었다.

8

보리스와 니꼴라이가 만난 이튿날 오스트리아군과 러시아군의 열병이 있었다. 러시아에서 방금 도착한 생기에 찬 부대도, 꾸뚜조프와 함께 전쟁에서 돌아온 부대도 포함되어 있었다. 두 황제가—러시아 황제는 동생인 대공을 거느리고, 오스트리아 황제는 황태자를 거느리고—동맹군 8만에 대한 열병을 행한 것이다.

아름다울 만큼 깨끗하게 정돈된 부대가 요새 앞의 연병장에 정렬하기 위해 아침부터 이동하기 시작했다. 무수한 발과 총검이 펄럭이는 군기와 함께 이동하고, 장교의 호령으로 정지하기도 하고 방향을 바꾸기도 하며, 다른 군복을 입은 다른 보병대를 우회하여 일정한 간격을 두고 정렬하였다. 자수로 장식한 군악대를 선두에 세우고, 청색·적색·녹색의 자수를 한 군복을 입고 모양을 낸 화려한 기병대가 규칙 바른 말굽 소리와 금속성 소리를 냈다. 어떤 곳에서는 잘 닦여 번쩍번쩍 빛나면서 포가(砲架) 위에서 흔들리는 대포의 독특한 구리쇠 소리와 화승간(火繩杆)의 내음과 함께 길게 늘어선 포병대가, 보병과 기병 사이를 기듯이 앞으로 나아가 소정의 장소로 나뉘어서 정렬하였다. 화려하게 차려입고 굵은 허리와 가는 허리를 힘껏 잡아맨, 빨개진 목을 옷깃으로 받치고 수장(授章)과 훈장을 몽땅 단 장군뿐 아니라, 포마드를 발라 빗어넘긴 단정한 머리에 정성껏 몸치장을 한 장교들, 또 깨끗이 씻고 면도한 뒤 그 이상 빛날 수 없을 정도로 장신구를 닦아서 단 여러 병사와, 꼼꼼하게 손질하여 털이 공단처럼 반짝이고 젖은 갈기가 하나하나 가지런히 늘어진 듯이 갖추어진 말에 이르기까지, 모든 것이 어딘지 모르게 예사롭지 않은, 뜻이 있는 장엄한 행사가 이루어지려 하고 있다는 것을 느끼게 하였다. 장군도 병사도, 이 인파 속에서 자기는 한 알의 모래에 지나지 않는다고 의식하면서 자신의 무력함을 느끼면서도, 동시에 자기는 이 거대한 전체의 일부라고 생각하고 자신의 든든함을 느끼고 있었다.

이른 아침부터 긴장된 어수선한 움직임과 있는 힘을 다한 노력이 시작되어, 10시에는 모든 것이 정해진 질서대로 정돈되었다. 거대한 들판에 열이 생겼다. 전군이 세 줄로 늘어서 있었다. 전면에는 기병, 그 뒤에 포병, 또 그 뒤에는 보병이었다.

각 병종의 부대 사이에는 흡사 길이 생긴 것 같았다. 이 군의 셋으로 갈라진 부분은 서로 뚜렷이 구분되어 있었다. 실전 부대인 꾸뚜조프군(그 우익의 앞줄에 빠블로그라드 연대가 있었다), 러시아로부터 도착한 일반 부대와 근위대, 그리고 오스트리아군이었다. 그러나 모든 병사가 같은 계통, 같은 지휘, 같은 질서하에 정렬되어 있었다.

나뭇잎을 스치는 바람처럼 긴장된 낮은 목소리가 전달되었다. "오신다! 오신다!" 흥분된 소리가 들리고 마지막 준비를 하는 부산함이 물결처럼 전군을 빠져나갔다.

올뮤쯔 앞쪽으로 접근해 오는 일단의 사람들이 있었다. 그러자 마침 그때 바람이 없는 날이었는데, 한 줄기 산들바람이 전군을 스쳐 지나가 창에 달린 작은 기와 깃대에 나부끼고 있는 군기를 가볍게 흔들었다. 군 전체가 두 군주가 가까이 오고 있는 기쁨을 이 가벼운 움직임으로 나타낸 것처럼 보였다. "차렷!" 하는 소리가 울려 퍼지자 새벽녘의 닭처럼 이 목소리는 사방팔방에서 되풀이 되었다. 그리고 모든 것이 잠잠해졌다.

죽은 듯한 고요 속에 말굽 소리만 들렸다. 그것은 두 황제의 시종 무관이었다. 황제들이 대열 끝에 가까이 왔다. 그러자 최초의 근위 연대에서 그 부대의 행진곡을 연주하는 나팔 소리가 울렸다. 그것은 나팔수가 부는 것이 아니라, 군 자체가 황제의 접근을 기뻐하여 자연히 이 소리가 나는 것 같았다. 이 소리를 통하여 알렉산드르 황제의 젊고 상냥한 음성만이 뚜렷이 들렸다. 그가 인사말을 하자, 제1연대가 "우라(만세)!" 하고 외쳤다. 귀먹으리만큼 오래 오래 계속된 기쁨에 찬 소리는, 병사들도 자신들이 이루고 있는 거대한 집단의 수와 힘에 놀랄 정도였다.

니꼴라이는 황제가 맨 처음 다가간 꾸뚜조프 군의 전열에 서 있었는데, 이 군대의 모든 사람이 느낀 것과 같은 기분을 느끼고 있었다. 그것은 자기의 일은 잊고, 힘을 자랑스럽게 느끼고 이 엄숙한 환희의 원인이 되어 있는 인물에 격렬하게 끌리는 기분이었다.

그는 이 사람의 한 마디에 따라서 이 대군이(그리고 여기에 결부되어 있는 자기도—보잘것없는 한 알의 모래로서) 불 속이나 물 속, 범죄나 죽음에도, 또는 더없이 위대한 영웅적인 행위에 돌진하는 것도 마다하지 않을 기분을 느끼고 있었다. 그리고 그는 그 말이 접근하는 것을 눈앞에 보면서 울렁거리는 가슴과 굳어지는 몸을 느끼지 않을 수 없었다.

"우라! 우라! 우라!" 사방에서 외침이 천둥처럼 울리고 각 연대가 차례로 황제를 부대 행진곡으로 맞이하였다. 그리고 "우라!", 부대 행진곡, 다시 "우라! 우라!" 소리가 울리고, 그것이 끊임없이 높아지고 서로 녹아들어 귀가 먹을 정도의 굉음(轟音)이 되었다.

아직 황제가 접근해 오지 않는 동안은, 어떤 연대도 침묵하고 움직이지 않아 생명이 없는 덩어리처럼 보였다. 그러나 그 앞에 황제가 오자 이내 활기를 띠고 천둥처럼 울려 황제가 이미 통과한 부대의 고함 소리에 합류하였다. 마치 화석이 된 것처럼 꿈쩍도 하지 않는 네모진 대형 속에서, 귀를 먹게 할 것 같은 고함소리와 울림 사이를 말을 탄 시종들이 균형을 잡으며 지나가고, 그 맨 앞에 두 사람—두 황제가 있었다. 그 두 사람에게 이 대군의 억제된, 그러나 열렬한 주목이 일제히 집중되고 있었다.

니꼴라이는 나팔수 옆에 서 있었는데, 잘 보이는 눈으로 멀리서 황제를 구별하여 황제가 가까이 오는 것을 바라보고 있었다. 황제가 약 20보 거리에 접근하여 니꼴라이가 황제의 아름답고 젊고 행복스러운 얼굴을 분명히 구석구석까지 잘 보았을 때, 그는 이제까지 맛보지 못했던 정과 감격을 느꼈다. 황제의 모든 것, 이목구비의 모든 것, 동작의 모든 것이 그에게는 더할 나위 없는 매력으로 느껴졌다.

빠블로그라드 연대 앞에서 말을 멈추자 황제는 오스트리아 황제에게 무엇인가 프랑스말로 말하고 미소지었다.

그 미소를 보고 니꼴라이는 저도 모르게 빙그레 웃으며 황제에 대한 애정이 더 강하게 솟구치는 것을 느꼈다. 그는 어떻게 해서든지 황제에 대한 자기의 애정을 나타내고 싶었다. 그러나 할 수 없다는 것을 알고 있었으므로 그는 울고 싶었다. 황제는 연대장을 불러 두서너 마디 하였다.

'아, 만약에 폐하께서 나에게 말을 거신다면 나는 어떻게 될까!' 니꼴라이는 생각했다. '나는 행복한 나머지 죽어 버릴지도 모른다.'

황제는 장교들에게도 말을 걸었다.

"모든 여러분께(한 마디 한 마디가 니꼴라이에게는 하늘의 소리처럼 들렸

다) 충심으로 감사한다."

지금 이 황제를 위해서 목숨을 바칠 수 있다면 니꼴라이는 얼마나 행복했을까!

"여러분은 성(聖)게오르기우스 군기에 어울리는 군공을 세우고 앞으로도 그 이름을 더럽히지 않으리라 믿는다."

'여하간 죽는 거다. 이 분을 위하여!' 니꼴라이는 생각했다.

황제는 또 무슨 말을 했지만 니꼴라이는 알아들을 수가 없었다. 그리고 병사들은 가슴이 찢어질 정도로 "우라!" 하고 소리쳤다.

니꼴라이도 안장 위에 몸을 숙이듯이 하여 힘껏 소리쳤다. 이 외침으로 자기 몸에 상처가 나도 좋았다. 황제에 대한 감격을 남김없이 나타내고 싶었다.

황제는 무엇인가 망설이듯이 몇 초 동안 경기병 앞에 서 있었다.

'폐하께서 망설이실 일이 있을까?' 니꼴라이는 생각하였으나 이윽고 그 주저도, 니꼴라이에게는 황제가 하는 모든 일처럼 위엄이 있고 매력에 넘쳐 있는 것처럼 보였다.

황제의 망설임은 순간적이었다. 당시의 유행이었던 끝이 가는 장화를 신은 황제의 다리가, 올라타고 있는 영국식으로 꼬리를 짧게 자른 갈색 암말의 발목에 닿았다. 흰 장갑을 낀 황제의 손은 고삐를 가볍게 들어올렸다. 그리고 그는 부관들을 거느리고 움직이기 시작하였다. 그는 다른 연대 옆에 걸음을 멈추면서 점점 멀어져 갔다. 그리고 마침내 니꼴라이는 두 황제를 둘러싼 수행원들 사이에서 황제가 쓴 하얀 모자의 깃털만을 볼 뿐이었다.

니꼴라이는 막료들 중에서 귀찮은 듯이 느슨하게 말을 타고 있는 안드레이를 봤다. 니꼴라이는 어제의 자기와 이 사나이의 입싸움을 상기하고, 이 사나이에게 결투장을 낼 것인가 하는 문제가 머리에 떠올랐다. '물론 그렇게 해선 안 된다.' 지금의 니꼴라이는 그렇게 생각했다. '게다가 지금과 같은 때 그런 일을 생각하거나 말할 가치가 있을까? 이와 같은 사랑과 감격과 자기 희생을 생각하고 있을 때 우리들의 논쟁과 사적인 원한에 무슨 뜻이 있단 말인가! 나는 지금 모든 사람을 사랑하고 있다. 모두의 죄를 용서한다.' 니꼴라이는 생각했다.

황제가 거의 모든 연대의 순시를 끝내자, 각 부대는 분열 행진으로 황제 앞을 통과하기 시작했다. 니꼴라이는 데니쏘프에게서 새로 사들인 베두인을 타고 자기 중대의 연결점, 즉 혼자 완전히 황제 눈 앞에 모습을 드러내고 지나갔다.

황제가 있는 곳 직전에서 승마의 명수인 니꼴라이는 베두인에게 두 번 박차를 가하여 솜씨 있게 빠른 걸음으로 옮겼다. 베두인은 성이 나면 항상 이렇게 달리는 것이었다. 베두인 또한 황제의 시선을 느낀 듯 거품을 뿜은 코를 가슴팍에 대고 꼬리를 추켜들고는, 마치 발을 땅에 대지 않고 하늘을 나는 것처럼 두 발을 보기 좋게 높이 쳐들고 서로 바꾸어 내디디면서 멋있게 그곳을 지나갔다.

니꼴라이 자신은 몸을 튕기듯이 배를 죄고는 말과 사람이 일체가 된 것처럼 느끼면서, 이맛살을 찌푸리면서도 행복스러운 얼굴로, 데니쏘프의 말을 빌리면 쏜살같이 황제 곁을 통과했다.

"빠블로그라드 연대는 훌륭하구나!" 황제는 말했다.

'아아! 만약 황제께서 지금 불 속으로 뛰어들라고 명령하신다면 나는 얼마나 행복할까.' 니꼴라이는 생각했다.

열병이 끝나자, 새로 도착한 장교들도 꾸뚜조프 군의 장교들도, 삼삼오오 모여서 논공 행상, 오스트리아군과 그들의 제복, 전선, 보나빠르뜨에 관한 일, 특히 에쎈 군단이 도착한 지금, 프러시아가 우리편이 된다면 보나빠르뜨는 곤경에 빠질 것 등을 화제로 잡담이 시작되었다.

그러나 어느 그룹에서도 가장 화제가 된 것은 알렉산드르 황제의 일로, 그한 마디 한 마디, 행동 하나하나를 서로 전하며 감격하는 것이었다.

모든 사람의 소망은 단 한 가지, 그것은 폐하의 지휘하에 될 수 있는 대로 빨리 적과 대결하고 싶다는 것이었다. 황제의 지시라면 상대가 누구이든 이기지 못할 리는 없다. 열병 뒤에 니꼴라이와 대부분의 장교들이 그렇게 생각하였다.

열병 후, 모두가 승리를 확신하였다. 비록 두 차례에 걸친 전투에 이겼다 해도 이 정도의 확신을 가지지는 않았을 것이다.

9

열병이 끝난 이튿날 보리스는 가장 좋은 군복을 입고, 숙식을 같이 하고 있는 베르그로부터 성공을 빈다는 작별 인사를 받으며 올뮤쯔의 안드레이가 있는 곳으로 떠났다. 그가 노리는 것은 그의 호의를 이용하여 자기에게 가장 유리한 지위, 그 중에서도 특히 군대 내에서 매력적으로 여겨지는 부관의 위치가 돌아오도록 하는 것이었다. '아버지로부터 일만 루블이나 되는 송금을 받고 있는 니꼴라이는 아무한테나 머리를 수그리고 싶지 않다느니, 남의 하인이 되기는 싫다고 말할 수 있다. 그러나 나 자신의 머리 이외에는 아무것도 가진 것이 없는 나는 출세의 길도 자신이 만들어야 하고, 기회는 놓치지 말고 이용해야 하는 것이다.'

올뮤쯔에서 그는 이날 안드레이를 만나지 못했다. 그러나 총사령부와 외교단이 주재하고, 두 황제가 정신(廷臣)과 측근 막료들과 더불어 숙영하고 있는 올뮤쯔를 눈 앞에 보자, 이런 상류 사회의 한 사람이 되고 싶다는 그의 소망은 더욱 굳어질 따름이었다.

보리스는 이곳에 아무도 아는 사람이 없었다. 그래서 그가 멋을 부린 근위병 제복을 입고 있었는데도, 거리를 돌아다니는 상류층 친구들은—정신(廷臣)이건 군인이건 모두 깃털장식이나 리본, 훈장으로 꾸민 화려한 옷을 입고, 스프링이 달린 고급 마차를 타고 있었다—자신들이 한낱 근위 장교인 보리스보다 헤아릴 수 없이 높은 곳에 서 있고, 그의 존재 같은 건 인정하지 않을 뿐만 아니라 인정할 수도 없다는 태도였다. 총사령관 꾸뚜조프의 숙사에서 보리스는 안드레이에게 면회를 신청했으나, 거기에 있는 부관이나 종졸까지 모두 당신과 같은 장교가 넘칠 정도로 찾아와 이제는 싫증이 난다는 듯이 그를 보았다. 그럼에도 불구하고, 아니 그 때문에 더욱 오기가 생긴 그는 이튿날인 15일에 점심을 먹은 후 다시 올뮤쯔로 가서, 꾸뚜조프가 살고 있는 집으로 들어가서 안드레이에게 면회를 청했다. 안드레이는 그 집에 있었기 때문에 보리스는 큰 홀로 안내되었다. 거기는 분명히 전에는 무도회를 여는 장소였겠지만, 지금은 침대가 다섯 개, 테이블, 의자, 클라비코드 등 갖가지 가구가 놓여 있었다. 부관 한 사람이 페르시아 풍의 가운을 입고 책상 앞에 앉아 무엇인가 쓰고 있었다. 또 한 사람, 얼굴이 붉고 몸집이 뚱뚱한 네스비쯔끼는 두 손을 머리 밑에 괴고 침대에 누운 채, 자기 옆에 앉아 있는 장교와 웃으며 이야기하고 있었다. 또 한 사람은 클라비코드로 빈 왈츠를 연주하고, 또 한 사람은 그 클라비코드 위에 누워 연주에 맞추어 노래부르고 있었다. 안드레이는 거기에 없었다. 이 부관들은 보리스를 보고도 누구 한 사람 자세를 바꾸려 하지 않았다. 무엇인가 쓰고 있는 사나이에게 보리스 가 물어보았으나 그 사나이는 못마땅한 표정으로 돌아다보고, 볼꼰스끼는 당직이므로 만나고 싶으면 왼쪽 문에서 응접실로 가라고 말했다. 보리스는 감사하다고 말하고 응접실로 갔다. 응접실에는 열 명 가량의 장교와 장군들 이 있었다.

보리스가 들어갔을 때, 안드레이 공작은 멸시하듯 눈을 반쯤 감고(직무가 아니면 일분도 당신과 이야기할 틈이 없는데 하고 말하려는 듯이, 그러나 정 중하지만 피곤한 표정으로), 훈장을 많이 단 나이먹은 러시아인 장군의 이 야기를 듣고 있었다. 장군은 거의 발끝으로 설 정도로 차렷자세를 하고, 새 빨간 얼굴로 병사와 같은 비굴한 표정을 짓고 안드레이에게 무엇인가 보고 하고 있었다.

"좋습니다, 잠깐 기다리십시오." 그는 모욕적인 말을 하고 싶을 때에 쓰는 러시아어를 프랑스어 식 발음으로 장군에게 말했다. 그리고 보리스를 알아 차리자 장군 쪽은 돌아다보지도 않고(장군은 좀 더 무엇인가 들어달라고 빌 듯이 그에게 매달렸다), 즐거운 듯이 웃으며 보리스에게 고개를 끄덕여 보 이면서 말을 걸었다.

보리스는 전부터 예상하고 있던 일을 이 순간 분명히 깨달았다. 그것은, 군대에는 규정에도 쓰여 있고 연대에서도 자신을 포함해 누구나 알고 있는 상하 관계나 규율 외에 보다 더 본질적인 상하 관계, 즉 새빨간 얼굴을 한 장군을 공손하게 기다리게 하고 한편으로는 대위 안드레이가 자기 만족을 위해 소위 후보인 보리스와 이야기하는 것을 바람직하다고 여길 수 있는 상 하 관계가 있었던 것이다. 보리스는 앞으로 규정에 적혀 있는 것이 아니라 이 적혀 있지 않은 상하 관계에 따라 근무하리라고 전보다 더욱 굳게 결심했 다. 그는 지금 안드레이 공작에게 소개되었다는 것만으로도 자기는 이 장군 보다 높은 위치에 서 있다는 기분이 들었다. 이와는 다른 경우, 이를테면 전 장에서라면 이 장군은 근위 소위 후보인 자기의 목숨까지도 빼앗을 수가 있 었던 것이다. 안드레이는 보리스 곁으로 와서 그의 손을 잡았다.

"어제는 내가 없을 때 와서 정말로 유감이었습니다. 나는 온종일 독일인 을 상대로 바빴어요. 바이로터(오스트리아 장군)와 함께 부대의 배치를 조사하러 갔다

왔습니다. 독일인의 꼼꼼함이란 끝이 없습니다."

보리스는 안드레이가 누구나 알고 있는 사실로서 완곡하게 암시한 것을 마치 이해한 것처럼 미소를 지었다. 그러나 실은 바이로터라는 이름은 처음 들었고, 부대 배치에 관해서도 아는 것이 없었다.

"그런데 어떻습니까, 당신은 역시 부관이 되기를 바랍니까? 그 후 나도 당신 일을 잠깐 생각해 두었습니다만."

"네, 저는." 웬일인지 저도 모르게 얼굴을 붉히면서 보리스는 말했다. "총사령관님께 부탁해 보려고 생각했습니다. 바씰리 공작이 써 주신 추천장이 있습니다. 제가 부탁하려고 한 것은 단지." 그는 변명이라도 하듯이 덧붙였다. "근위대가 전투에는 참가하지 않을까 봐 걱정했을 뿐입니다."

"좋아요, 좋아! 모든 것을 터놓고 상의합시다." 안드레이는 말했다. "잠깐, 이 분이 찾아오신 것을 전하게 해주시오. 그럼 나는 완전히 당신 것이니까."

안드레이가 데리고 온 얼굴이 새빨간 장군은 규정에 없는 상하 관계가 유리하다는 것을 보리스처럼 이해하지 않은 것 같았다. 이 장군은 자기가 온 것을 안드레이가 전하러 간 동안, 자기와 부관의 이야기를 방해한 뻔뻔스런 소위 후보를 구멍이 뚫어질 정도로 쳐다보고 있었기 때문에 보리스는 쑥스러워졌다. 그는 얼굴을 돌리고 안드레이가 총사령관실에서 나오는 것을 초조하게 기다렸다.

"실은 말이오, 난 당신을 이렇게 생각하고 있었어요." 안드레이는 클라비코드가 놓여 있는 큰 홀로 들어가자 말했다. "총사령부 같은 곳으로 와도 별 것 없어요." 그는 말을 이었다. "총사령관께서는 당신을 칭찬하시고 갖은 호의를 베풀며 식사에 초대하실테지만('그것도 그 상하 관계로 말해서 근무에 나쁠 건 없잖아' 하고 보리스는 생각했다), 그러나 그 이상은 아무것도 아닙니다. 왜냐하면 우리 부관이나 전령 장교는 곧 일개 대대를 만들 수 있는 인원이 될 것 같으니까 말입니다. 이렇게 해 보면 어떻겠소. 나한테 좋은 친구가 있는데, 시종 무관이지만 참 좋은 사나이입니다. 돌고르꼬프 공작이라고 하는 사람입니다. 당신은 잘 모를지 모르지만, 요컨대 지금 꾸뚜조프와 그의 막료와 우리는 아무런 실권도 가지고 있지 않아요. 전권은 황제께 집중되어 있기 때문입니다. 그러니 이제부터 함께 돌고르꼬프한테 가서 이렇게 말해

봅시다. 나는 그에게 가야 할 용건이 있으니까. 나는 그에게 당신 이야기를 해 두었습니다. 그러니 돌고르꼬프가 당신을 자기 옆이나, 어딘가 태양에 될 수 있는 대로 가까운 곳에 넣어줄 수가 있는지 어쩐지 두고 보기로 합시다."

안드레이는 젊은 사람을 지도해서 출세를 도울 수 있는 기회가 있으면 항상 매우 신이 났다. 남에게 힘을 빌려준다는 구실하에 출세의 길을 열어줄 것 같은, 그리고 안드레이가 매력을 느끼고 있는 그룹 가까이에 몸을 두어보는 것이었다. 그는 그의 자존심으로 보아 자기 자신을 위해서는 절대로 그렇게 할 수 없었을 것이다. 그는 최선을 다하여 보리스를 돌보고, 그와 함께 돌고르꼬프에게로 갔다.

그들이 두 황제와 측근들이 있는 올뮤쯔 궁전에 들어선 것은 이미 이슥한 밤중이었다.

마침 이날은 작전 회의가 있어, 여기에는 궁정 군사협의회 의원 전원과 두 황제가 참석하였다. 회의에서 노인들, 즉 꾸뚜조프와 쉬바르츠베르그 공작 (오스트리아 외교관 겸 군사령관)의 의견과는 반대로 즉각 공격을 개시해서 보나빠르뜨와 일대 결전을 해야 한다는 결정이 내려졌다. 안드레이가 보리스를 데리고 돌고르꼬프를 찾으러 궁전에 도착했을 때는 회의가 막 끝났을 때였다. 총사령부 사람들은 모두 오늘 청년파에 승리를 가져온 작전 회의의 감명에 취해 있었다. 아직 공격은 하지 말고 무엇인가 좀 더 기다리자고 충고한 신중파의 소리는 만장일치로 말살되어, 그들의 논거는 공세로 나가는 편이 유리하다는, 의심할 여지가 없는 입증으로 보기 좋게 뒤집혀졌다. 때문에 회의에서 논의된 것, 즉 앞으로의 전투와 의심할 여지가 없는 승리가 이미 미래의 것이 아니라 과거의 일처럼 여겨질 정도였다. 유리한 점은 모두 아군 측에 있었다. 분명히 나폴레옹의 병력을 능가하는 거대한 병력이 한 곳에 집결되어 있었다. 각 부대는 두 황제의 왕림으로 사기가 충천했고, 전투를 갈망하고 있었다. 전투가 일어날 것 같은 전술 지점에 대해서는 군을 지휘하고 있는 오스트리아의 바이로터 장군이 상세한 점까지 다 알고 있었다(행복한 우연으로, 지금 프랑스군과의 전투가 육박하고 있는 들판에서 작년에 오스트리아군이 훈련을 한 것이다). 따라서 이곳 지형은 상세한 점까지 알려져 있고 지도에 기록되어 있었다. 더욱이 보나빠르뜨는 힘이 꺾인 듯 아무 일도 획책하고 있는 것 같지가 않았다.

가장 열렬한 공격론자의 한 사람인 돌고르꼬프는 막 회의에서 돌아와 녹초가 되어 있었지만, 획득한 승리에 활기가 넘치고 자랑스러워 보였다. 안드레이가 자기가 돌봐주고 있는 장교를 소개했지만, 돌고르꼬프는 그의 손을 공손히 꼭 잡았을 뿐 보리스에게는 아무 말도 하지 않았다. 그리고 그때 가장 강하게 자기 마음을 사로잡고 있는 생각을 말하지 않을 수 없다는 듯이 안드레이에게 프랑스어로 말을 건넸다.

　"여봐요, 우리는 지금 격렬한 논쟁을 이겨냈소!! 바라건대 이 결과로 생기는 전투도 역시 승리를 거둬 주면 좋겠는데. 그런데 말이오." 그는 띄엄띄엄, 그러나 열을 띠며 말했다. "나는 오스트리아군, 특히 바이로터에 대해서는 미안하다고 할 수밖에 없어요. 뛰어난 정확성, 모든 세부를 미리 꿰뚫어 보는 힘! 여봐요, 지금 우리가 놓여 있는 유리한 조건보다 더 유리한 것을 생각해 내려고 해도 도저히 할 수 없단 말이야. 오스트리아군의 정확성에다 러시아군의 용감성을 합친다면—또 무엇을 바랄 수 있겠나."

　"그럼 공격은 최종적으로 결정되었군요?" 안드레이가 말했다.

　"그런데 자네, 보나빠르뜨는 완전히 곤경에 빠져 버린 것 같아. 실은 오늘 황제께 보내는 그의 편지가 도착했거든." 돌고르꼬프는 뜻 있는 미소를 지었다.

　"그래요! 뭐라고 써 왔습니까?" 안드레이가 물었다.

　"무엇을 쓸 수 있겠나? 이러쿵저러쿵 늘어놓고 있지만, 요컨대 목적은 그저 시간을 끌려는 것뿐이지. 말해두지만, 그는 이젠 이미 우리 손아귀에 들어 있어, 정말이야. 그러나 무엇보다 재미있는 것은." 그는 별안간 부드러운 미소를 지으면서 말했다. "답서에 직함을 어떻게 하면 좋을지 도무지 생각이 나질 않아. 집정관도 아니고, 물론 황제도 아니라면 보나빠르뜨 장군이라고 해야 할 것 같은데."

　"그러나 황제라고 인정하지 않는 것과 보나빠르뜨 장군이라고 부르는 것에는 차이가 있지요." 안드레이가 말했다.

　"바로 그거야." 웃으면서 상대방의 말을 막으며 빠른 말로 돌고르꼬프가 말했다. "빌리빈을 알고 있지? 그는 매우 머리가 좋은 사람인데 그가 이런 직함을 생각해 냈지—왕위 찬탈자(簒奪者) 겸 인류의 적 앞."

　돌고르꼬프는 즐거운 듯이 크게 웃었다.

"그것뿐입니까?" 안드레이가 말했다.

"그러나 여하간 빌리빈이 좋은 직함을 생각해 냈지. 머리의 회전이 빠르고 영리한 사나이야."

"어떻게요?"

"'프랑스 정부 원수에게'라고 말이야." 돌고르꼬프는 만족스러운 듯이 말하였다. "어때, 좋지 않아?"

"좋군요. 그러나 보나빠르뜨에겐 그다지 마음에 들지 않을 겁니다."

"아냐, 마음에 들 거야. 내 형이 그를 알고 있어. 형은 지금은 프랑스 황제인 그 사나이와 몇 차례 파리에서 식사를 한 적이 있는데, 그 이상 세련되고 빈틈 없는 외교술을 몸에 지닌 사나이는 본 일이 없다고 말하고 있으니까. 워낙 프랑스식 기민성과 이탈리아식 과시 솜씨가 합쳐 있으니까 말이야. 그 사나이와 마르꼬프 백작의 일화를 알고 있나? 그와 맞설 수 있는 사람은 마르꼬프 백작뿐이거든. 손수건 사건은 어때? 그건 참 걸작이었지!"

이야기를 좋아하는 돌고르꼬프가 보리스와 안드레이를 번갈아 바라보면서 그 이야기를 하였다. 보나빠르뜨가 러시아 공사 마르꼬프를 시험해 보려고 일부러 그의 앞에 손수건을 떨어뜨린 뒤, 마르꼬프가 그것을 서둘러 정중히 주워 줄 것을 기대하고 그의 얼굴을 보면서 서 있었다. 그러자 마르꼬프는 바로 그 옆에 자기 손수건을 떨어뜨리고는 보나빠르뜨의 손수건을 집어들지 않고 자기 것만을 집었다는 것이다.

"근사하군요." 안드레이는 말했다. "그건 그렇고, 실은 공작님, 제가 찾아온 것은 이 청년에 대해서 부탁이 있어선데요, 실은……."

그러나 안드레이가 끝까지 다 말하기도 전에 부관이 한 사람 들어와서, 돌고르꼬프 공작에게 황제가 부르신다고 말했다.

"유감이군!" 돌고르꼬프는 급히 일어서면서 안드레이와 보리스의 손을 잡고 말했다. "알고 있겠지만, 나는 자네를 위해서나 이 젊은 사람을 위해서 내 힘으로 할 수 있는 일이라면 무엇이든지 기꺼이 할 준비가 되어 있소." 그는 선량하고 거짓 없는, 그리고 활기에 찬 가벼운 표정을 짓고 다시 한 번 보리스의 손을 잡았다. "그러나 보시다시피…… 그럼 또 봅시다!"

보리스는 이 순간 최고 권력 곁에 있다는 생각에 흥분하고 있었다. 그는 지금 그가 그 권력의 안쪽에 있다는 것을 느끼고 있었다. 그는 자기가 이곳에서 전 대군의 거대한 움직임을 모두 지배하고 있는 원동력에 접촉하고 있다는 것을 의식하였다. 자기 연대 안에서 그는 자기를 그 대군의 작고 쓸모없는 한 부분으로 느끼고 있었던 것이다. 두 사람은 돌고르꼬프의 뒤를 따라 복도로 나와, 돌고르꼬프가 들어갈 황제의 방에서 나온 평상복의 키가 작은 남자를 만났다. 얼굴은 영리해 보였고, 앞으로 튀어나온 턱이 날카로운 선을 그리고 있으나 그것이 용모를 해치지 않고 이 사나이의 표정에 특수한 생기와 민첩함을 주고 있었다. 이 몸집이 작은 사나이는 숙친한 자에게 하듯이 돌고르꼬프에게 인사를 하고 곧장 안드레이 쪽으로 걸어오면서, 그가 자기에게 머리를 숙이든가 길을 양보하는 것을 기다리는 태도로 차가운 눈으로 물끄러미 안드레이를 바라보았다. 안드레이는 머리를 숙이지 않고 길도 양보하지 않았다. 그 얼굴에는 미움이 나타나 있었기 때문에 젊은 사나이는 외면한 채 복도 옆을 지나갔다.

"저 사람은 누굽니까?" 보리스가 물었다.

"그는 가장 유명한, 그러나 나에게는 가장 불쾌한 인간의 한 사람인 외무대신 아담 차르또리시스끼야."

두 사람이 궁전에서 나왔을 때 안드레이는 억누를 수 없었던 한숨을 쉬면서 말했다. "바로 저 친구들이야. 국민의 운명을 결정하고 있는 것은 저런 친구들이지."

이튿날 군은 진군을 시작하였다. 보리스는 그 아우스터리츠 회전(回戰)까지 줄곧 안드레이에게도, 돌고르꼬프에게도 갈 틈이 없이 얼마 동안 이즈마일로프 연대에 머물고 있었다.

10

니꼴라이가 근무하고 있는, 바그라찌온 공작의 지대에 속해 있던 데니쏘프 기병 중대는 16일 날이 샐 무렵 숙영지를 떠나 전장으로 진군했다. 부대는 다른 대열의 뒤를 따라 약 1킬로 나아가서 큰 가도로 나온 곳에서 정지하였다. 니꼴라이는 까자크 부대, 제1, 제2경기병 중대, 화포를 가진 보병 대대가 자기 옆을 통과 전진하는 것을 보았다. 부관을 거느린 바그라찌온 장군과 돌고르꼬프 장군도 지나갔다. 그가 전에 전투를 앞두고 느끼던 공포도, 그 공포를 극복하기 위한 마음 속의 싸움도, 이 전투에서 경기병다운 뛰어난 공훈을 세우고 싶다는 공상도 모두가 헛수고로 끝났다. 기병 중대는 뒤에 남겨지고, 니꼴라이는 지루하고 쓸쓸하게 나날을 보냈다. 아침 8시가 지나 그는 전방에서 사격 소리와 "우라!" 하고 외치는 소리를 듣고, 후방으로 운반되어 가는 부상병을 보았다(그 수는 많지 않았다). 그리고 마지막으로 까자크 기병 중대에 둘러싸여 프랑스 기병 부대가 몽땅 후송되어 가는 것을 목격했다. 전투는 끝난 듯 했으며, 대단하지는 않지만 좋은 결과로 끝난 것 같았다. 후방으로 철수하는 병사와 장교들은 눈부신 승리와, 비샤우 시 점령과, 프랑스 중대 전원을 포로로 한 이야기들을 하고 있었다. 그날 날씨는 차가운 새벽녘이 걷히자 활짝 개어 있었다. 그리고 가을날의 밝은 햇빛은 전투에 참가한 사람들의 이야기뿐만 아니라, 니꼴라이 곁을 오가는 병사, 장교, 장군 부관들의 즐거운 표정이 전해 주고 있는 승리의 소식에 어울리는 것이었다. 이 때문에 니꼴라이의 가슴은 한층 아팠다. 그는 전투에 앞서서 밀어닥치는 공포를 모두 맛본 끝에 이 즐거운 날을 하는 일 없이 보내고 만 것이다.

"로스또프, 이리 오게. 기분 전환으로 한 잔 하세!" 수통과 술안주를 앞에 놓고 길가에 앉아 데니쏘프가 소리쳤다.

장교들은 둥글게 모여서 술안주를 집기도 하고, 지껄이기도 하면서 데니쏘프의 휴대용 식량함을 둘러쌌다.

"야, 또 한 사람 끌고 온다!" 한 장교가 프랑스 용기병 포로를 가리키며 말했다. 까자크 병 두 사람이 그 포로를 데리고 오는 참이었다.

까자크 한 사람은 포로한테서 뺏은 아름답고 훌륭한 프랑스 말의 고삐를 끌고 있었다.

"그 말 나에게 팔게." 데니쏘프가 까자크를 향하여 소리쳤다.

"네, 장교님……."

장교들은 일어나서 까자크와 프랑스 포로를 둘러쌌다. 프랑스 용기병은 독일어 사투리가 섞인 프랑스어로 말하는 알자스 태생의 청년이었다. 그는 흥분해서 헐떡이듯이 숨을 쉬고 얼굴을 붉혔다. 프랑스어를 듣자 그는 장교들 이 사람 저 사람을 상대로 빠른 말로 지껄이기 시작했다. 나는 잡히지 않을 수 있었으며, 내가 잡힌 것은 내 실수가 아니라, 그곳에 러시아군이 있다고 했는데도 자신의 마의(馬衣)를 가지고 오라고 명령한 하사 때문이라는 것이었다. 그리고 한 마디 할 때마다 그는 나의 귀여운 말을 학대하지 말아

달라고 하면서 자기 말을 쓰다듬어 주었다. 분명히 그는 자기의 처지를 잘 이해하지 못하는 것 같았다. 그는 자기가 잡힌 변명을 하기도 하고, 자기 앞에 상관들이 있는 것처럼 생각하고 자기가 병사로서 근무를 제대로 하여 세심한 배려를 하고 있었다는 것을 과시하려고도 하였다. 그는 러시아군에는 전혀 이질적인 프랑스군의 분위기를 그대로 러시아군의 후위 부대에 가지고 들어온 것이다.

까자크들은 금화 두 닢으로 말을 양도했는데, 송금을 받은 지 얼마 되지 않아 장교 중에서 돈이 가장 많은 니꼴라이가 그것을 샀다.

"나의 귀여운 말을 소홀히 다루지 마십시오." 말이 니꼴라이에게 인도되자 알자스 태생인 병사가 착한 어조로 말했다.

니꼴라이는 미소를 지으며 이 용기병을 안심시키고 돈을 내주었다.

"알료! 알료! (걸어! 걸어!)" 까자크는 포로의 손을 잡고 앞으로 갔다.

"폐하다! 폐하다!" 갑자기 경기병들 사이에서 이런 소리가 들렸다.

모두 당황해서 뛰어나가기 시작하였다. 니꼴라이는 뒤쪽 도로에서 모자에 하얀 털 장식을 단 몇 사람이 말로 가까이 오고 있는 것을 보았다. 순간 전원이 각자의 위치에 서서 기다렸다.

니꼴라이는 자기가 어떻게 자기 자리까지 달려가서 말을 탔는지 기억하지도 못했거니와 느끼지도 못했다. 전투에 참가하지 못한 분함이나 친구들 사이에서 지냈던 무미건조한 기분도 일순에 사라지고, 자기 자신의 일에 관한 온갖 생각도 순식간에 사라지고 말았다. 황제 곁에 있는 것으로 생기는 행복한 기분에 그는 완전히 삼켜지고 만 것이다. 그는 기다리고 기다렸다가 마침내 밀회에 성공한 연인처럼 행복하였다. 대열 속에서 한눈을 파는 것은 성실하지 못한 태도라고 생각하여, 그는 눈을 돌리지 않고 그 사람이 가까이 오는 것을 환희에 넘친 직감으로 느끼고 있었다. 그는 다가오는 말굽소리만이 아니라, 밝아지고 기쁨에 넘치며 화려해지는 뜻 깊은 주위 분위기로 황제가 가까이 오는 것을 더욱 강하게 느꼈다. 니꼴라이에게는 태양이 온건하고 장엄한 빛을 주위에 뿌리면서 점점 가까이 다가오는 것 같았다. 그는 이미 그 빛에 싸였다는 것을 느끼고 그 사람의 목소리를—저 상냥하고 조용하며 당당한, 실로 꾸밈이 없는 목소리를 들었다. 죽은 것 같은 정적이 찾아왔다—니꼴라이의 감각으로 보자면 그것은 당연한 일이었다—그리고 그 정적 속에서 황제의 음성이 울려퍼졌다.

"빠블로그라드의 경기병대인가?" 그는 묻는 듯이 말했다.

"예비대입니다, 폐하!" 누군가가 말했다. "빠블로그라드의 경기병대인가?" 하고 말한 그 인간이 아닌 것 같은 목소리에 비하면, 그것은 너무나 인간적이었다.

황제는 니꼴라이 옆까지 오자 말을 멈추었다. 알렉산드르 황제의 얼굴은 사흘 전의 열병 때보다 더욱 훌륭하게 보였다. 그의 얼굴은 열서너 살의 장난꾸러기 같은 명랑하고 순진한 젊음으로 빛나고 있었지만 그래도 역시 위대한 황제의 얼굴이었다. 마침 기병 중대를 둘러보고 있을 때, 황제의 눈이 니꼴라이의 눈과 마주쳐 2초 가량 머물렀다. 황제가 니꼴라이의 마음에 생기고 있는 것을 모두 알아차렸는가는 알 수 없으나(니꼴라이는 황제가 모든 것을 알아차렸다는 생각이 들었다), 그는 하늘색 눈으로 니꼴라이의 눈을 2초 가량 바라보았다(그의 눈에서는 부드럽고 온화한 빛이 흘러나오고 있었다). 그리고 갑자기 그는 눈썹을 추켜들고 왼발로 말을 차더니 빠른 걸음으로 말을 앞쪽으로 몰았다.

전위대의 사격 소리를 듣고, 젊은 황제는 싸움터에 있고 싶은 열망을 억제할 수가 없었다. 정신들의 여러 상소에도 불구하고, 함께 나아가고 있던 제3종대에서 떨어져 전위 쪽으로 말을 몬 것이다. 경기병대까지 채 가기도 전에, 수 명의 부관들이 황제를 맞아 성공적으로 끝난 전투의 결과를 보고하였다.

프랑스군 기병 1개 중대를 사로잡은 데 지나지 않은 전투가 프랑스군에 대한 빛나는 승리처럼 보고되었기 때문에, 전장의 초연(硝煙)이 가시기 전까지 황제와 전군은 프랑스군이 격파되어 부득이 퇴각하고 있다고 믿고 있었다. 황제가 통과한 수 분 후에 빠블로그라드 연대의 1개 대대가 전진 명령을 받았다. 독일의 작은 도시 비샤우 시내에서 니꼴라이는 다시 한 번 황제를 보았다. 황제가 도착하기 전에 상당히 심한 총격전이 있었던 도시 광장에는, 치울 틈이 없었던 수 명의 사상자가 쓰러져 있었다. 문관 수행원에 둘러싸인 황제는 열병 때와는 달리 영국식으로 꼬리를 짧게 깎은 적색 암말을 타고 금테 안경을 쓰고 있었다. 그는 모자가 벗겨져 피투성이 머리를 드러낸 채 쓰러져 있는 병사를 몸을 숙여 바라보고 있었다. 그 부상병의 모습은 너무나도 불결하고 끔찍해서 차마 볼 수 없었으므로, 니꼴라이는 이런 것이 황제 옆에 있다는 것은 있을 수 없는 일이라고 생각하였다. 니꼴라이는 으스스한 한기를 느낀 것처럼 황제의 수그린 등이 떨리고, 그 왼발이 경련을 일으키듯이 박차로 말 옆구리를 차는 것을 보았다. 훈련된 말은 태연히 주위를 둘러볼 뿐 그 자리를 떠나려고 하지 않았다. 말에서 내린 부관들이 병사의 팔을 안고 들것에 실었다. 병사는 신음 소리를 냈다.

"좀 더 주의해서, 좀 더 주의해서 다룰 수 없나?" 죽어가는 병사보다도 더 괴로운 듯한 모습으로 황제가 말하고 곁을 떠났다.

니꼴라이는 황제 눈에 넘칠 듯한 눈물을 보았고, 그가 떠날 때 차르또리시스끼에게 이렇게 말하는 것을 들었다.

"전쟁이란 참 무서운 거야, 참 무서운 것이다! Quelle terrible chose que la guerre!"

전위 부대는 비샤우 직전에서 온종일 계속된 사격전으로 아군에 자리를 빼앗긴 적의 산병선을 눈앞에 둔 곳에 배치되었다. 전위군에 황제의 감사의 말이 포고되고 은상이 약속되었으며, 병사들에게는 보드카가 평소의 두 배가 지급되었다. 어제보다도 더 즐겁게 야영의 모닥불이 타고 병사의 노래가 울려퍼졌다. 데니쏘프는 이날 밤 자기의 소령 진급을 축하하는 술자리를 마련했는데, 거나하게 취한 니꼴라이는 술자리 마지막에 황제의 건강을 위한 건배를 제의했다. "그러나 공식 만찬회에서 말하듯, '황제 폐하의'가 아니라" 그는 말했다. "'선량하고 매력있는 위대한 인간으로서의 폐하의 건강을 축하하며'다. '그 분의 건강과 프랑스군에 대한 틀림없는 승리를 축하하며' 마시자!"

"우리는 이제까지 전력을 다해서 싸웠어." 그는 말했다. "저 셴그라벤의 싸움에서와 같이 프랑스군을 호되게 해치워 왔지. 그런데 드디어 폐하께서 선두에 서시게 되는 이번에는 어떻게 될 거라고 생각해? 우리는 모두 다 죽는다, 기꺼이 폐하를 위해서 죽는다. 그렇지, 여러분? 어쩌면 나는 이상한 말을 하고 있는지 모른다. 나는 꽤 마셨거든. 그러나 나는 그렇게 느끼고 있어. 여러분도 나와 같을 거야. 알렉산드르 1세의 건강을 축복하노라! 우라!"

"우라!" 의기 왕성한 장교들의 외침이 울렸다.

늙은 기병 대위 끼리스쩬도 스무 살의 니꼴라이에 못지않게 감격하여 의기 왕성하게 진심으로 외쳤다.

장교들이 건배하고 제각기 컵을 깨뜨리자 끼리스쩬은 다른 컵에 술을 따라 손에 들고, 셔츠 한 장에 승마 바지 차림으로 병사들의 모닥불에 가까이 갔다. 그는 엄숙한 태도로 손을 들어올리고, 열어젖힌 셔츠 사이로 흰 가슴을 드러낸 채 모닥불 옆에 섰다. 희고 긴 콧수염이 유난히 눈에 띄었다.

"모두들, 황제 폐하의 건강과 적에 대한 승리를 축하하며, 우라!" 그는 천성인 씩씩하고 노인다운 경기병 특유의 바리톤으로 소리쳤다.

경기병들은 모여들어 커다란 소리로 일제히 호응했다.

그날 밤 늦게 모두가 헤어지자 데니쏘프는 짧은 손으로 자기가 좋아하는 니꼴라이의 어깨를 쳤다.

"원정에서 반할 사람이 없어서 황제한테 반한 건가?" 그는 말했다.

"데니쏘프, 농담이라도 그런 말은 하지 말아요." 니꼴라이가 소리쳤다. "이건 실로 고상하고 아름다운 감정입니다. 정말……."

"알고 있어, 알고 있어. 나도 마찬가지야. 그것으로 좋아."

"아냐, 당신은 알지 못해요!"

니꼴라이는 일어나서 모닥불 사이를 왔다갔다하며 생각에 잠겼다. 목숨을 아끼지 않고(그런 거창한 것은 생각하려고도 하지 않았다) 오직 황제 앞에서 죽을 수만 있다면 얼마나 행복할까 하고 공상하고 있었다. 그는 분명히 황제에게도, 러시아군의 영광에도, 앞으로 올 승리의 기대에도 반하고 있었다. 그러나 아우스터리츠 전투를 앞두고 저 기억할 만한 수일 동안에 이러한 감정을 경험한 것은 그만이 아니었다. 러시아군 10명 중 9명은 비록 니꼴라이만큼 열렬하지는 않았다 해도, 자기들의 황제와 러시아군의 영광에 반하고 있었던 것이다.

11

이튿날 황제는 비샤우에 머물렀다. 시의(侍醫) 빌리에는 몇 차례 황제에게로 불려갔다. 통수부(統帥府)와 인근 부대에는 황제가 건강이 좋지 않다는 소문이 퍼졌다. 측근 말에 의하면, 황제는 아무것도 먹지 않고 이날 밤 잠도 제대로 자지 못했다는 것이다. 그 원인은, 황제의 민감한 마음이 사상자를 목격함으로써 받은 강렬한 인상에 있었다.

17일 해뜰 무렵, 러시아 황제와의 회견을 요청하여 군사(軍使)의 표시로 흰 깃발을 들고 온 프랑스 장교가 전초(前哨)로부터 호송되어 왔다. 이 장교는 싸바리(나폴레옹의 부관)였다. 때마침 황제는 막 잠자리에 들었기 때문에 싸바리는 기다려야만 했다. 정오에 그는 황제 알현이 허락되어, 한 시간 후에는 돌고르꼬프 공작과 더불어 프랑스군의 전초로 떠났다.

소문에 의하면 싸바리가 파견된 목적은, 강화를 제의하여 알렉산드르 황제와 나폴레옹의 회견을 제안하는 데 있었다. 전군이 기뻐하고 긍지를 느낀 것은, 황제에 대한 직접적인 회견은 거부되고, 황제 대신에 비샤우 전투의 승리자인 돌고르꼬프 공작이 나폴레옹과의 교섭을 위해서 싸바리와 함께 가도록 결정된 일이었다. 단, 러시아 측의 뜻에 반대되는 나폴레옹의 교섭이 진심으로 강화를 목적으로 할 때에 한한다는 조건이 있었다.

저녁 때 돌고르꼬프가 돌아와서, 곧장 황제와 단둘이 오랫동안 이야기를 나누었다.

11월 18일, 19일에 부대는 다시 두 차례 진군했다. 적의 전초는 짧은 총격전이 있은 뒤 후퇴하였다. 19일 정오부터 군 수뇌부에서는 매우 다급하고 긴장된 움직임이 시작되었다. 그것은 잊을 수 없는 아우스터리츠 전투가 일어난 11월 20일 아침까지 계속되었다.

19일 정오까지는 움직임이나 활기에 찬 대화, 분주함과 부관의 파견 등은 러시아, 오스트리아 두 황제의 통수부에만 한정되어 있었다. 그러나 이날 오후 움직임은 꾸뚜조프의 본영과 각 군단장의 참모부에도 전파되었다. 석양이 되자 부관들을 통해서 이 움직임은 군 전체의 구석구석까지 퍼져나가고, 19일부터 20일에 이르는 밤 사이에 동맹군 8만 대군은 숙영지를 떠나, 웅성거리면서 9킬로에 걸친 거대한 띠를 이루며 움직이기 시작하였다.

두 황제의 통수부에서 아침 일찍 시작하여 그 이후 전체의 움직임에 계기를 준 중앙으로 집중된 움직임은, 시계탑에 있는 큰 시계의 중심에 있는 톱니바퀴의 처음 움직임과 비슷했다. 하나의 톱니바퀴가 천천히 움직이기 시작하자 제2, 제3의 톱니바퀴가 그에 따라 돌고, 그리고 점점 빨리, 그 밖의 톱니바퀴와 도르래와 기어가 움직여 소리가 나거나 인형이 튀어나오면서 그러한 움직임의 결과로 바늘이 규칙적으로 돌기 시작한 것이다.

군의 기구도 시계의 기구와 같아서 일단 움직이기 시작하면 최후의 결과에 이르기까지 멈출 수가 없고, 그 구조 속에서 아직 차례가 오지 않은 부분은 움직임이 전달되기 바로 전까지 역시 국외자처럼 정지하여 움직이지 않았다. 몇 가지 톱니바퀴가 서로 맞물리면서 축을 삐걱거리게 하고 회전하는 도르래는 속력 때문에 쉿쉿 소리를 내고 있는데, 그 옆의 톱니바퀴는 마치 몇백 년쯤 꿈쩍하지 않으려는 듯이 태연하게 서 있다. 그러나 어느 순간이 오면—지렛대가 걸리고 톱니바퀴가 돌면서 끽 끽 소리가 나며 하나의 움직임 속으로 녹아든다. 그러나 톱니바퀴는 그 결과나 목적은 알 수가 없다.

시계의 경우, 수없이 많은 갖가지 톱니바퀴나 도르래의 복잡한 움직임의 결과가, 시간을 표시하는 바늘의 느리고 규칙 바른 움직임밖에 되지 않는 것처럼, 이들 16만의 러시아인과 프랑스인의 모든 정열, 희망, 후회, 굴욕, 고뇌, 자존심의 고양, 공포, 환희의 분출 등 갖가지 복잡한 인간적인 움직임의 결과는 아우스터리츠 전투, 이른바 삼제(三帝) 회전의 패배에 지나지 않았다. 즉, 인류 역사의 시계판 위에서 세계사 바늘이 느리게 움직인 것에 지나지 않았다.

안드레이는 그날 당직으로 총사령관의 곁을 떠나지 않고 있었다.

저녁 5시가 지나서 꾸뚜조프는 두 황제의 통수부에 도착하여 잠시 황제의 방에 있다가 궁내장관 똘스또이 백작에게 들렀다.

안드레이는 그 사이를 이용하여 사태의 상세한 사정을 알기 위해서 돌고르꼬프에게 들렀다. 안드레이의 느낌으로는, 꾸뚜조프는 왜 그런지 기분이 상해서 불만을 느끼고 있으며, 통수부에서는 꾸뚜조프에게 불만을 가지고 있고, 황제의 통수부에 있는 사람들은 모두, 자기들은 다른 사람은 모르고 있는 무엇인가를 알고 있는 사람들이란 태도로 꾸뚜조프를 대하고 있었다. 그래서 안드레이는 돌고르꼬프와 이야기를 하고 싶었던 것이다.

"여, 안녕, 볼꼰스끼 군. 잘 있었소?" 차를 앞에 놓고 빌리빈과 함께 앉아 있던 돌고르꼬프가 말했다. "내일은 축제다. 댁의 할아버지는 어때? 기분이 언짢으신가?"

"별로 나쁜 것은 아니지만, 자기 말을 잘 들어주기를 바라고 계시는 것 같습니다."

"그분의 이야기라면 작전 회의에서 들었고, 사리에 맞는 얘기라면 이쪽에서도 듣겠어. 그러나 보나빠르뜨가 대결전을 무엇보다도 무서워하고 있을 때 어물어물하거나 무엇인가를 기다린다는 것은—안 돼요."

"그렇군요, 보나빠르뜨를 만나셨지요?" 안드레이 공작이 말했다. "그래, 보나빠르뜨는 어떻습니까? 어떤 인상을 받았습니까?"

"나는 그를 만나보고 확신했어요. 그가 이 세상에서 가장 무서워하고 있는 것은 결전이라고 말이야." 돌고르꼬프는 보나빠르뜨와의 회견에서 얻은 이 총체적인 결론을 분명히 존중하고 있는 듯이 다시 한 번 이렇게 되풀이했다. "만약 그가 전투를 두려워하지 않는다면 무엇 때문에 이런 회견을 요구하고 회담을 하고, 무엇보다도 철퇴를 하겠어? 철퇴는 그 사나이의 전법에 어긋나는 일인데. 내가 하는 말은 틀림 없어. 그는 결전을 두려워하고 있어요, 무서워하고 있어. 결전의 때가 온 거야. 나는 단언하는 바야."

"하여간 들려주세요. 어떤 느낌의 사내입니까? 그는 어떠한 녀석입니까?" 안드레이 공작은 다시 물었다.

"그는 회색 프록코트를 입고, 줄곧 내가 '폐하'라고 불러주길 바라고 있었지만, 유감스럽게도 나로부터 아무런 경칭도 받지 못한 사나이지. 그는 이런 사나이야. 그 이상 아무것도 아냐." 돌고르꼬프는 미소를 머금고 빌리빈을 돌아다보면서 이렇게 대답했다.

"꾸뚜조프 노인은 충분히 존경하고 있지만." 그는 말을 이었다. "지금 나폴레옹이 틀림없이 우리 손 안에 있는데도 무엇인가를 기다리고, 그러는 동안에 상대편이 달아나거나 우리를 속일 기회를 그에게 준다면 우리는 모두 큰일을 당해요. 수보로프 장군과 그 교훈을 잊어서는 안 돼. 공격당하는 위치에 있지 마라, 스스로 공격하라고 말이야. 알겠어? 전쟁터에서는 젊은 사람들의 정력 쪽이, 우유부단한 늙은 사람들의 경험을 모두 합친 것보다도 정확한 이정표가 되는 일이 흔히 있는 거요."

"그러나 우리는 대체 어떤 진형(陣形)으로 공격하는 겁니까? 오늘 나는 전초에 가 봤지만, 그가 어디에 주력을 두고 진을 치고 있는지 좀처럼 판단이 가질 않아요." 안드레이 공작이 말했다.

그는 자기가 작성한 공격 계획을 돌고르꼬프에게 이야기하고 싶었던 것이다.

"아, 그런 건 정말 아무래도 상관 없어요." 돌고르꼬프는 일어나서, 테이블 위에 지도를 펼쳐놓으면서 말했다. "모든 경우를 생각해 보는 거요—만약 보나빠르뜨가 브루노 옆에 있다면⋯⋯."

그리고 돌고르꼬프는 바이로터의 측면 이동 계획을 이야기했으나 말이 빨라 요령부득이었다.

안드레이는 반박하고 자기 계획을 설명하기 시작하였다. 그것은 바이로터의 계획과 마찬가지로 훌륭한 것이었지만, 단 한 가지 결점은 바이로터의 계획 쪽이 이미 승인되었다는 것이었다. 안드레이가 바이로터의 계획의 불리한 점과 자기 계획의 유리한 점을 논증하기 시작했으나 돌고르꼬프 공작은 그의 말을 듣지 않고, 지도가 아닌 안드레이 공작의 얼굴을 그저 멍청히 바라보았다.

"여하간 오늘 꾸뚜조프가 작전회의를 열 것이니, 당신은 거기서 의견을 다 말할 수 있을 겁니다." 돌고르꼬프가 말했다.

"그렇게 하겠습니다." 안드레이는 지도에서 물러서면서 말했다.

"두 분은 뭘 걱정하고 있습니까?" 이제까지 즐거운 미소를 담고 두 사람 이야기를 듣고 있던 빌리빈이 잠시 농담이나 할 생각으로 말했다. 이제부터 좀 놀려주려는 눈치였다. "내일 승리하건 패배하건 러시아군의 영광은 이미 보증되어 있잖습니까. 여러분의 꾸뚜조프 외에는 러시아인 군단장은 한 사람도 없어요. 뷤펜 장군, 랑쥬롱 백작, 리히텐쉬타인 공작, 호헨로 공작, 그리고 또 쁘루쉬⋯⋯ 쁘르쉬인지 뭔지, 폴란드인의 이름은 모두 그렇지만."

"입 좀 다물게." 돌고르꼬프가 말했다. "잘못 알고 있군. 지금은 러시아 사람이 두 명이나 있어. —밀로라도비치와 돌고르꼬프. 또 한 사람 아라끄체에프도 있는데 이 사람은 신경이 약해서."

"그러나 밀로라도비치 장군은 퇴역했다고 생각하는데요." 안드레이는 말했다. "행운과 성공을 빕니다, 여러분." 그는 이렇게 덧붙인 뒤, 돌고르꼬프와 빌리빈과 악수하고 나갔다.

숙사로 돌아오는 도중 안드레이는 참을 수가 없어서, 자기 옆에 앉아 있는 꾸뚜조프에게 내일의 전투를 어떻게 생각하시느냐고 묻지 않을 수가 없었다.

꾸뚜조프는 날카롭게 자기 부관을 쏘아보고 잠시 잠자코 있다가 이렇게 대꾸했다.

"난 전투는 패배한다고 생각한다. 나는 폐하께 그렇게 전해달라고 똘스또이 백작에게 부탁했다. 그런데 폐하께서는 어떤 대답을 하셨다고 자넨 생각하나? '아, 장군, 난 지금 카레라이스를 먹으려던 참이오. 전쟁은 당신이 다루어 주시오' 하시더군…… 나는 이런 대답을 들었다네."

12

밤 9시가 지나서 바이로터는 자기 계획안을 들고, 작전회의 장소로 지정된 꾸뚜조프 장군의 숙사로 왔다. 군단장은 전원 총사령관에게로 소집되어 있었으므로, 출석을 거절한 바그라찌온 공작을 제외하고는 전원이 정각에 모여들었다.

예상되는 전투의 지휘를 한 손에 쥔 바이로터는 활기에 차고 분주하여, 작전회의의 의장과 진행역을 마지못해 보고 있는 불만스럽고 졸려 보이는 꾸뚜조프와는 뚜렷한 대조를 이루고 있었다. 바이로터는 이미 억제할 수 없게 된 운동의 선두에 자기가 서 있다는 것을 느끼고 있는 것 같았다. 그는 산을 달려 내려가는 짐마차에 매달린 말과도 흡사했다. 그는 자기가 끌고 있는지, 끌리고 있는지 몰랐다. 여하간 그는 이 운동이 어떤 결과에 이를지 곰곰이 생각할 여유가 없이, 할 수 있는 힘을 다하여 빠른 속도로 돌진하고 있었다. 바이로터는 이날 저녁, 자기가 직접 시찰을 하기 위해서 두 번이나 적의 산병선으로 갔고, 보고와 설명을 위해서 두 차례 러시아 황제와 오스트리아 황제에게로 갔으며, 또 자기 관방에도 들러서 독일군의 배치를 구술시켰다. 그래서 지금 그는 지칠 대로 지쳐서 꾸뚜조프에게로 온 것이다.

그는 너무나 바빠서 총사령관에게 경의를 표하는 것조차 잊은 듯했다. 총사령관의 말을 가로막고 자기에게 주어진 질문에도 대답하지 않는가 하면, 상대편의 얼굴도 보지 않고 흐릿한 발음으로 빠르게 지껄였다. 옷도 흙투성이고 초라하고 피로에 지쳐 넋 나간 듯한, 그러면서도 자신에 가득찬 오만한 표정을 짓고 있었다.

꾸뚜조프는 오스뜨라리쯔 근처의 조그마한 귀족의 성에 자리잡고 있었다. 총사령관의 집무실이 된 커다란 응접실에 모인 것은 꾸뚜조프 자신을 비롯해서 바이로터, 그리고 군사회의 의원들이었다. 모두들 차를 마시고 있었다. 작전 회의를 시작하기 위해서 바그라찌온 공작 한 사람을 기다리고 있었다.

7시가 지나서, 바그라찌온의 전령(傳令)이 와서 공작은 출석하지 못한다는 소식을 알려왔다. 안드레이는 그것을 총사령관에게 전하러 가서, 회의에 참석해도 좋다고 미리 꾸뚜조프 장군으로부터 허가를 받은 것을 기화로 그 방에 남았다.

"바그라찌온 공작이 오지 않는다면, 이젠 시작해도 되겠습니다." 바이로터는 자리에서 일어나서, 불로뉴 근교의 커다란 지도가 펼쳐진 테이블 쪽으로 다가서면서 말했다.

꾸뚜조프는 제복 단추를 끄르고 있었는데 거기서 지방으로 굵어진 목이 마치 해방이라도 된 듯이 옷깃에서 삐져나와 있었다. 그는 볼쩨르식 안락의자에 앉아서 퉁퉁한 노인다운 양손을 가지런히 팔받이에 얹어놓고 거의 졸고 있었다. 바이로터의 음성에 그는 그 외눈(꾸뚜조프는 애꾸눈이다)을 간신히 떴다.

"그래, 그래, 어서. 늦었어요." 그는 이렇게 말하고 끄덕이더니 고개를 떨구고 다시 눈을 감고 말았다.

처음에 군사회의 의원들은 꾸뚜조프가 조는 시늉을 하고 있다고 생각했다. 그러나 그 후의 낭독 때에 그의 코에서 나온 소리로 보아 그는 틀림없이 졸고 있다는 것을 알았다. 지금 총사령관에게 필요한 것은, 군의 배치나 그밖의 어떤 일에 대해서 자신의 멸시감을 표시하고 싶다는 희망보다 훨씬 중요한 것, 즉 수면이라는 억제할 수 없는 인간적 욕구를 무슨 일이 있어도 충족시키는 것이었다. 바이로터는 설사 1분이라도 헛되이 할 수 없는 사람다운 태도로 꾸뚜조프 쪽을 흘끗 보고 그가 자고 있음을 확신하자, 서류를 집어들고 앞으로 닥쳐올 전투의 작전 계획을 크고 단조로운 목소리로 읽기 시작하였다. 그 제목은 다음과 같았다. 그는 그것도 읽었다.

'꼬벨니쯔와 소꼴니쯔 마을 후방의 적진 공격을 위한 작전 계획. 1805년 11월 20일'

작전 계획은 매우 복잡하고 어려웠다. 원문의 작전 계획에는 이렇게 적혀 있었다.

'적은 숲으로 뒤덮인 구릉을 배경으로 좌익을 배치하고, 꼬벨니쯔와 소꼴니쯔를 따라 거기에 점재(點在)하는 연못 후방으로 우익을 연장하였으며, 이에 반하여 아군은 좌익에서 적의 우익을 압도하고 있으므로 이 측면에서 적을 공격하는 것이 유리하다. 특히 아군이 소꼴니쯔와 꼬벨니쯔 두 마을을 점령하여 적의 측면을 공격하고, 쉴라빠니쯔 마을과 쮸라사의 숲 사이의 평지에서 적을 추격할 수 있으므로, 쉴라빠니쯔 마을과 적의 전선이 지키는 베로비쯔 마을 사이의 좁은 길을 피하면 유리하다. 이 목적을 위해서 필요한 것은…… 제1군단은 ……에 진격하고…… 제2군단은 ……에 진격하고…… 제3군단은 ……진격하여 운운, 운운' 하고 바이로터가 낭독했다. 장군들은 이 난해한 작전 명령을 마지못해 듣는 듯했다. 금발 머리의 키가 큰 부끄스헤벤 장군은 벽에 몸을 기댄 채 서서 타고 있는 초에 눈길을 박고 있었지만 듣고 있지도 않았거니와, 듣고 있다고 남들이 생각하는 것도 원하지 않는 것처럼 보였다. 바이로터 바로 앞에는 두 팔꿈치를 펼치고 손으로 무릎을 괸 군인다운 자세로 밀로라도비치가 앉아 있었는데, 번득이는 커다란 눈으로 그를 쏘아보며 콧수염과 두 어깨를 추켜올리고 있었다. 그는 완고하게 말없이 바이로터의 얼굴을 바라보고 있었다. 그리고 이 오스트리아 참모장이 입을 다물었을 때만 상대편에게서 눈길을 떼었다. 그럴 때 밀로라도비치는 뜻 있는 눈초리로 다른 장군들을 돌아보았다. 그가 그 작전 계획에 찬성하는지 찬성하지 않는지, 그 작전 계획에 만족한지 불만인지는 알 수가 없었다. 누구보다도 바이로터 옆에 가까이 앉아 있던 사람은 랑쥬롱 백작이었다. 그는 낭독하는 동안 끊임없이 남프랑스 사람 특유의 섬세한 미소를 띠면서, 초상이 든 금 담뱃갑의 모퉁이를 재빨리 빙빙 돌리고 있는 자기의 가느다란 손가락을 바라보고 있었다. 무섭게도 긴, 복잡하게 구성된 한 문장 도중에서 그는 담뱃갑의 회전 운동을 중단하고, 고개를 쳐들어 얄팍한 입술 꼬리에 불쾌하면서도 공손한 표정을 띠며 바이로터의 말을 막고 무슨 말을 하려고 했다. 그러나 오스트리아 장군은 낭독을 중단하지 않고, 화난 듯이 이맛살을 찌푸리고 팔꿈치를 흔들었다. 그것은 마치, 당신은 이따가 자기 의견을 말할 수 있습니다, 지금은 지도를 보고 얘길 들어 주시오 라고 말하고 있는 것 같았다. 랑쥬롱은 어리둥절한 표정으로 눈을 치뜨면서 설명을 요구하는 것처럼 밀로라도비치 쪽을 돌아다보았으나, 아무 뜻도 없는 밀로라도비치의 눈초리에 부딪히자 슬픈 듯이 눈을 떨구고 다시 담뱃갑을 돌리기 시작했다.

"지리한 강의 같군." 그는 중얼거리듯 말했지만 그 음성은 남에게 들릴 정도로 높았다.

쁘르제브이세프스끼는 경의를 알맞게 나타내면서 온몸으로 경청하고 있다는 듯이 귀 뒤에 손을 대고 듣고 있었다. 키가 작은 도프뚜로프는 열성어린 겸손한 표정으로 바이로터 바로 정면에 앉아, 펼쳐진 지도 위에 몸을 숙이고 진지하게 군의 배치와 자기가 잘 모르는 지형을 연구하고 있었다. 그는 잘 알아들을 수 없었던 말과 어려운 마을 이름을 다시 한 번 말해달라고 여러 번 바이로터에게 부탁했다. 바이로터가 그의 청을 받아주자 도프뚜로프는 그것을 적어넣고 있었다.

한 시간 이상이나 계속되었던 낭독이 끝나자, 랑쥬롱은 다시금 담뱃갑을 돌리는 손길을 멈추고 바이로터의 얼굴도 보지 않고, 특히 그 누구의 얼굴도 보지 않고 입을 열었다. 적은 이동 중이므로 그 위치를 우리가 알 리가 없는 데, 적의 위치를 안 것처럼 가정한 작전 계획을 실시하는 것은 곤란하다는 것이었다. 랑쥬롱의 반발은 확실한 근거가 있었다. 그러나 이 반발의 목적은, 마치 초등학생들을 대하듯 자신있게 자기가 작성한 작전 명령을 읽고 있던 바이로터 장군에게, 그것을 듣고 있는 사람은 바보들만은 아니며 개중에는 군사에 관해서는 그를 가르쳐 줄 수 있는 정도의 사람도 있다는 것을 깨우쳐 주려는 데 있었다. 바이로터의 단조로운 음성이 가라앉을 무렵, 꾸뚜조프는 졸음을 유혹하는 방앗간의 수차 소리가 끊어지자 눈을 뜨는 방앗간 사람처럼 잠에서 깨어났다. 그는 잠시 랑쥬롱이 하는 말에 귀를 기울인 뒤, 마치 '자네들은 아직도 그런 바보 같은 소리를 하고 있나!' 하고 말하는 듯이 황급히 눈을 감고 다시 전보다도 낮게 고개를 떨구었다.

작전 입안자로서의 바이로터의 자존심에 될 수 있는 대로 신랄하게 상처를 주기 위해 랑쥬롱은, 보나빠르뜨가 공격을 받기는 커녕 오히려 그쪽에서 공격을 개시하여, 그 결과 이와 같은 작전 명령은 전혀 의미가 없는 것이 되어버린다는 것을 논증하려고 하였다. 바이로터는 모든 반박에 단호하게 얕잡아보는 듯한 미소로 응했다. 그것은 무슨 말을 듣더라도 아랑곳하지 않으며, 어떤 반론에도 미리 각오를 세우고 있다는 것을 나타내는 미소였다.

"만약에 그가 우리를 공격할 수 있다면, 그는 오늘이라도 그걸 실행했을 겁니다." 그는 말했다.

"그렇다면 적은 무력하다고 생각하시는 겁니까?" 랑쥬롱이 말하였다.

"그의 병력은 고작 4만입니다." 바이로터는, 민간요법을 하는 여자로부터 치료법을 가르쳐 주겠다는 말을 들은 의사와 같은 미소를 띠고 대답하였다.

"그렇다면 그는 우리쪽 공격을 기다리면서 자멸의 길을 더듬고 있는 거군요." 랑쥬롱은 비꼬는 듯한 미소를 띠고 동의를 구하는 듯, 가까이에 있는 밀로라도비치 쪽을 돌아다보면서 말했다.

그러나 밀로라도비치는 분명히 이 순간, 장군들이 논의하고 있는 문제같은 것은 도무지 생각하고 있는 것 같지가 않았다.

"내일 전장에서 모든 것을 알게 됩니다."

바이로터는 러시아 장군으로부터 반론을 받거나, 자기가 싫증이 나도록 확신하고 있을 뿐만 아니라 두 황제에게도 이미 설득을 끝낸 일을 논증하거나 하는 일은 자기에게는 우스꽝스러운 일이라는 듯이 다시 한 번 빙그레 웃었다.

"적은 불을 끄고, 야영장에서는 끊임없이 떠드는 소리가 들리고 있습니다." 그는 말했다. "이건 뭣을 뜻하고 있을까요? 적은 우리가 두려워하고 있는 단 한 가지, 즉 철퇴를 하려 하고 있거나 그렇잖으면 진형을 변경하고 있거나 둘 중의 하나입니다(그는 빙그레 웃었다). 그러나 설사 적이 쮸라사에 진지를 구축했다 하더라도 그것은 다만 우리의 수고를 덜어줄 뿐이며, 명령은 모두 세세한 점에 이르기까지 변함이 없습니다."

"도대체 어떻게 변함이 없다는 겁니까?" 오랫동안 자기 의문을 말할 기회를 노리고 있던 안드레이가 말했다.

꾸뚜조프는 눈을 뜨고 무겁게 기침을 하고는 장군들을 둘러보았다.

"여러분, 내일의, 아니 오늘의(이미 열두 시가 지났기 때문이다) 작전 명령을 변경한다는 것은 무리한 일입니다." 그는 말했다. "여러분은 작전 명령을 들었으니까 모두 자기 의무를 다해야 할 것입니다. 전투를 눈앞에 두고 가장 중요한 일은…… (그는 잠깐 입을 다물었다) 푹 자는 겁니다."

그는 잠깐 허리를 드는 것 같은 동작을 하였다. 장군들은 가볍게 인사를 하고 물러났다. 이미 한밤중이었다. 안드레이 공작도 방에서 나왔다.

안드레이가 기대한 대로 자기 의견을 말할 수 없었던 작전 회의는 그의 마음에 분명치 않은 불안한 인상을 남겼다. 어느 쪽이 옳았는가. 돌고르꼬프와 바이로터인가, 그렇지 않으면 꾸뚜조프와 랑쥬롱, 그리고 공격안에 찬성하지 않았던 그 밖의 사람들인가, 그는 알 수가 없었다. '그러나 도대체 왜 꾸뚜조프는 직접 황제께 자기 의견을 말할 수 없었을까? 이 밖에는 달리 어떻게 할 도리가 없는 것일까? 도대체 왜 궁정인 특유의 개인적인 생각 때문에 몇만의 생명과 나의, 이 나의 목숨을 희생해야 한단 말인가?'

'그렇다, 나는 내일 전사할지도 모른다.' 그는 생각했다. 그러자 갑자기 이 죽음의 생각에 수반하여 갖가지 추억이, 아득한 일련의 추억이, 더없이 마음속에 간직한 추억이 뇌리에 떠올랐다. 그는 아버지와 아내와의 마지막 이별을 회상하였다. 그는 또 아내와 연애하던 시절을 상기하였다. 아내의 임신을 회상하였다. 그러자 그녀도 자신도 가엾게 여겨졌다. 감상적인 흥분에 빠져 신경이 날카로워진 그는 네스비쯔끼와 함께 유숙하고 있는 농가에서 나와 집 앞을 걷기 시작하였다.

그날 밤은 안개가 끼어 있었고 그 안개를 통해서 달빛이 신비스럽게 비치고 있었다. '그렇다. 내일이다, 내일이다!' 그는 생각했다. '어쩌면 내일 나의 모든 일이 다 끝날지도 모른다. 이와 같은 추억도 다 없어지고, 나에게는 아무 뜻도 남지 않을지도 모른다. 그러나 내일, 혹시—아니 틀림없이 내일이다. 그런 예감이 든다. 내가 할 수 있는 것을 모두 발휘할 때가 마침내 찾아왔다.' 그의 머릿속에 전투가 일어나, 패배하고, 싸움이 한 지점에 집중되어 지휘관들이 당황하는 모습이 떠올랐다. 그러자 그때 그가 그토록 오랫동안 기다렸던 행복한 순간이, 뚤롱(나폴레옹이 처음으로
공을 세운 장소)이 마침내 다가왔다. 그는 꾸뚜조프에게도, 바이로터에게도, 두 황제에게도 자기 견해를 단호히, 뚜렷하게 진술한다. 모두가 그의 생각이 옳다는 것을 알고 깜짝 놀라지만 누구 하나 그 실행을 맡으려 하지 않는다. 그래서 그는 1개 대대, 아니 1개 여단을 받아 앞으로 아무도 자기의 명령에 간섭하지 않는다는 조건을 낸다. 그리하여 자기 여단을 데리고 결전 지점으로 가서 단독으로 승리를 거둔다. '그러나 죽음이나 고통은?' 하고 다른 소리가 말한다. 그러나 안드레이는 이 소리에는 대꾸하지 않고 더욱 자기 성공을 계속 공상한다. 다음 전투의 작전 명령은 그가 혼자 세운다. 그는 꾸뚜조프 군의 당직 사관의 직함이지만 모든 것을 혼자서 한다. 다음 전투는 혼자의 힘으로 승리로 이끈다. 꾸뚜조프는 해임되고, 안드레이가 임명된다……. 그리고 그 다음은? 그러자 다시금 다른 소리가 말한다. 그리고 그 다음은? 만약에 네가 그렇게 될 때까지 열 번이나 부상도 전사도 하지 않고 적의 속임수에 걸리지 않는다고 해도, 도대체 그 다음은 어떻게 되는가? '음, 그 다음이란 말이지.' 안드레이는 자문자답한다. '그 다음의 일은 난 모른다. 알고 싶지도 않거니와 알 수도 없다. 그러나 설사 내가 그것을 원한다고 해도, 명성을 원하고, 남에게 알려지는 것을 원하고, 그들의 사랑을 받기를 원한다고 해도, 내가 그것을 바란다는 것, 다만 그것만을 바라고 있다는 것, 단지 그것만을 위해서 살아간다고 하는 것은 죄가 아니다. 그렇다, 그것만을 위해서 나는 살고 있다! 나는 절대로 누구한테도 이런 말을 하지 않는다. 그러나 아아! 만약 내가 영예와 남의 사랑을 받는 일 외에 아무것도 사랑하지 않는다고 해도 어찌할 수 없잖은가. 죽음도, 부상도, 가족을 잃는 것도, 나에겐 무서울 것이 하나도 없다. 그리고 많은 사람이, 아버지, 누이동생, 아내가—나에게 있어 가장 소중한 사람들이—제아무리 소중하고 제아무리 그리워도, 나는 일순의 영예를 위해, 내가 알지도 못하고 앞으로도 알 일이 없는 사람들의 사랑을 받기 위해서라면, 아버지, 누이동생, 아내를 지금 당장이라도 버리겠다. 그것이 아무리 무섭고 부자연스러운 일이라도 상관없다.' 그는 꾸뚜조프의 집 안마당에서 주고받는 이야기에 귀를 기울이면서 이렇게 생각했다. 꾸뚜조프의 안마당에서는 짐을 꾸리는 병사들의 소리가 들렸다. 마부로 보이는 사람이 안드레이도 알고 있는 찌트라는 꾸뚜조프의 늙은 요리사를 놀리고 있었다.

"찌트, 여봐, 찌트!"

"뭐야." 늙은이가 말했다.

"찌트, 타작이라도 하러 가." 농담을 좋아하는 사람이 말했다.

"쳇, 망할 놈." 하는 소리가 들리고 그 목소리는 병사와 하인들의 큰 웃음소리에 휩싸였다.

'역시 나는 이런 자들에 대해 의기양양해 하는 것을 좋아하고 그것이 나에게는 소중하다. 내 머리 위의, 이 안개 속에 떠다니고 있는 저 신비로운 힘과 명성이 소중한 것이다. !'

13

니꼴라이는 이날 밤 작은 부대와 함께 바그라찌온 지대 전방의 측면 엄호 산병선에 있었다. 산병선에는 부하 경기병이 두 명씩 배치되어 있었다. 니꼴라이 자신은 견딜 수 없을 만큼 내습해 오는 졸음을 이겨내려고 애쓰면서 산병선 위를 말을 타고 오가고 있었다. 뒤쪽에는 안개 속에서 흐릿하게 불타고 있는 우군의 모닥불이 거대한 공간이 되어 내다보이고 있었다. 앞쪽은 안개에 쌓인 어둠이 있었다. 니꼴라이가 그 안개 속을 아무리 들여다보아도 아무것도 보이지 않았다. 무엇인가가 때로는 잿빛으로, 또 때로는 검게 보였다. 적군이 있어야 할 곳에 작은 불 같은 것이 깜박이고 있었다. 그것은 단지 자기 눈에 그렇게 보이는 것으로 여겨졌다. 그의 눈은 저절로 감겼다. 그러자 뇌리에 황제와 데니쏘프와, 모스크바의 추억이 떠올라 그는 황급히 눈을 떴다. 그러자 눈앞에 자기가 타고 있는 말의 머리와 귀가 보이고, 때로는 여섯 발짝 거리까지 접근했을 때 부딪칠 뻔한 경기병의 검은 모습을 보았지만, 먼 저쪽은 여전히 깊은 안개의 어둠이 깔려 있을 뿐이었다. '어째서 있을 수 없는가? 충분히 있을 수 있는 일이 아닌가.' 니꼴라이는 생각했다. '황제께서 날 만나시고, 다른 장교에게 하시듯이 명령을 주고 말씀하신다. "잠깐 가서, 저쪽 사정을 보고 오라." 폐하가 어느 장교를 우연히 보고 측근으로 삼으셨다는, 꽤 여러 가지 이야기가 있었잖은가. 만약 황제가 나를 측근으로 해 주신다면 어떻게 될까? 아, 그땐 나는 힘이 다할 때까지 폐하를 수호하고, 진실을 속속들이 상소하며, 폐하를 속이고 있는 녀석들을 있는 힘을 다해서 폭로하고 말겠다!' 그리고 니꼴라이는 황제에 대한 자기 애정과 충성을 생생하게 그리기 위해, 적이나 사기꾼인 독일인을 생각하고 가슴이 후련해지도록 그를 죽이거나 황제의 눈앞에서 그의 뺨을 때리는 것이었다. 갑자기 멀리서 외치는 소리를 듣고 니꼴라이는 눈을 떴다.

'난 어디 있단 말인가! 그렇다. 여긴 산병선이다. 군호와 암호는—끌채와 올뮤쯔였지. 유감이다, 내일 우리 중대가 예비군으로 남는다니⋯⋯.' 그는 생각했다. '전투에 참가할 수 있도록 부탁해 보아야지. 어쩌면 이것이 황제를 만나는 유일한 기회가 될지도 모르겠다. 그렇다. 교대까지는 얼마 남지 않았다. 다시 한 번 돌아보고, 곧바로 장군한테 가서 청원해보자.' 그는 말 위에서 자세를 바로잡고 다시 한 번, 자기 부대의 경기병들을 순시하기 위해서 말을 몰았다. 사방이 좀 밝아진 것처럼 느껴졌다. 왼쪽에는 완만한 밝은 사면과 그 건너편에 벽처럼 가파른 검은 언덕이 보였다. 그 언덕 위에는 하얀 반점이 있었는데, 니꼴라이는 그것이 무엇인지 잘 알 수가 없었다. 달빛에 비친 숲 속의 초지(草地)인지 그렇지 않으면 남아 있는 눈인지, 그렇지 않으면 하얀 집인지? 그는 그 하얀 얼룩 표면에서 무엇인가가 움직이는 것 같은 생각이 들었다. '저 얼룩은 틀림없이 눈이다. 얼룩은 프랑스어로는 타슈였지.' 니꼴라이는 생각했다. '타슈가 아니면 큰일이다……'

'나따샤, 누이, 검은 눈동자(황제를 만났다고 그녀에게 말하면 무척 놀랄 거야!). 나따샤.'

"오른쪽으로 비켜주세요, 대장님. 거긴 숲입니다."

니꼴라이가 졸면서 말을 몰고 경기병 옆을 지나가려고 했을 때 그가 말하였다. 니꼴라이는 말의 갈기까지 닿도록 수그러진 머리를 쳐들고, 경기병 옆에서 걸음을 멈추었다. 젊고 어린애 같은 졸음이 견디기 어려울 만큼 그를 내습했다. '그렇군, 그런데 나는 무슨 생각을 하고 있었지? ―잊으면 안 된다. 황제에게 어떻게 말하느냐는 것이었지? 아니, 그렇지 않아―그건 내일의 일이다. 그렇지, 그렇지―공격이다―누구를? 경기병들이지. 하지만 경기병과 콧수염은…… 뚜베르스까야 거리를 저 콧수염을 기른 경기병이 지나가고 있었어. 그때 이미 나는 그 사나이에 대해 생각하고 있었어. 구리에프 집 바로 앞에서…… 구리에프 할아버지…… 아, 데니쏘프는 참 좋은 사나이다! 그렇다, 이런 일은 모두 시시하다! 중요한 것은 지금―폐하가 여기 계시다는 것이다. 폐하가 나를 바라보셨을 때의 그 눈, 폐하가 무슨 말씀을 하시려고 했는데 삼가신 거다. 아니, 삼간 것은 나지. 그러나 이것 역시 시시하다. 중요한 것은―내가 필요한 것을 생각하고 있었다는 것을 잊지 않는 일이다. 그렇다.' 그는 다시 말 목덜미로 고개를 떨어뜨렸다. 그러자 느닷없이 누군가가 자기를 향해 발포하는 듯한 느낌이 들었다. '뭐야? 뭐야?…… 베어 버려! 뭐야?……' 제정신이 들자 니꼴라이는 말했다. 눈을 뜬 순간 니꼴라이는 자기 앞의, 적이 있었던 근처에서 길게 꼬리를 끄는 무수한 고함 소리를 들었다. 니꼴라이와 곁에 있던 경기병의 말은 그 고함 소리에 귀를 곤추세웠다. 고함 소리가 들려오는 근처에서는 작은 불이 타다 꺼졌다. 뒤이어 또 한 점, 그리고 산 위의 프랑스군 전선에 걸쳐서 불이 켜지고 외치는 소리는 더욱 높아졌다. 니꼴라이는 프랑스어로 울리는 소리를 들었지만 무슨 말인지 잘 알아들을 수가 없었다. 너무나도 많은 소리가 으르렁대듯이 울리고 있었다. 다만 아아아! 하는 소리와, 르르르! 하는 소리만이 들릴 뿐이었다.

"저건 뭐야? 자넨 어떻게 생각하나?" 니꼴라이는 옆에 서 있던 경기병을 향하여 말했다. "저건 적 쪽이지?."

경기병은 아무 대답도 하지 않았다.

"자넨 안 들리나?" 상당히 오랫동안 대답을 기다리고, 니꼴라이는 다시 물었다.

"그건 아무도 모릅니다, 대장님." 경기병은 마지못해 대답했다.

"위치로 본다면 적이 틀림없지?" 니꼴라이는 다시 되풀이했다.

"적일 수도 있고, 어쩌면 아무것도 아닐 수도 있죠." 경기병은 말했다. "한밤중이니 알 수가 없군요. 이놈! 장난하지 마!" 그는 자기 아래에서 잠시 움직인 말을 나무랐다.

니꼴라이의 말도 역시 초조해서 외침소리에 귀를 기울이고, 불 쪽을 바라보면서 얼어붙은 땅을 발로 차고 있었다. 고함은 차차 강해지고, 서로 녹아들어 수천 명의 군대만이 낼 수 있는 웅성거림이 되었다. 불은―아마도 프랑스군 숙영의 선을 따라서―점점 번져 나갔다. 니꼴라이는 졸음이 싹 달아났다. 적진의 들뜬 우쭐거리는 외침은 그의 잠을 깨웠다. "황제 폐하, 황제 폐하 만세." 이젠 니꼴라이에게 뚜렷이 들렸다.

"음, 멀진 않다―틀림없이 강 저쪽이다." 그는 옆에 서 있던 경기병을 향하여 말했다.

경기병은 아무런 대답도 하지 않고 다만 한숨만 몰아쉬고는 화난 듯이 기침을 했을 뿐이었다. 기병대의 산병선을 따라 빠른 걸음으로 달려오는 기병의 말굽 소리가 들리고, 밤 안개 속에서 별안간 거대한 코끼리를 연상시키는 경기병 하사관의 모습이 불쑥 나타났다.

"대장님, 장군님들이십니다." 하사는 니꼴라이 가까이로 말을 몰면서 말했다.

니꼴라이는 불빛과 외치는 방향을 여전히 돌아다보면서, 산병선을 따라 이쪽으로 오는 수 명의 말을 탄 사람들을 맞기 위해서 하사관과 함께 말을 몰고 나갔다. 그 중 한 사람은 백마를 타고 있었다. 바그라찌온 공작이 돌고르꼬프 공작과 부관들을 거느리고, 적진의 불과 외침의 괴상한 현상을 보기 위해 나온 것이다. 니꼴라이는 바그라찌온 곁으로 가서 보고를 하고, 부관들 사이에 끼어서 장군들이 하는 말에 귀를 기울였다.

"분명해요." 돌고르꼬프가 바그라찌온을 향하여 말했다. "이건 속임수 외에 아무것도 아닙니다. 적은 퇴각했습니다. 그리고 우리를 속이기 위해서 후위에 명령하여 불을 피우고 떠들게 하고 있습니다."

"설마." 바그라찌온이 말했다. "나는 저녁때부터 저 언덕에서 적을 봤습니다. 퇴각했다면, 거기서 철퇴했을 겁니다. 이봐, 장교." 바그라찌온 공작은 니꼴라이에게 말하였다. "저기에는 아직 적의 측면 엄호대가 있나?"

"저녁때에는 있었습니다만, 지금은 잘 모르겠습니다. 명령해 주시면 제가 경기병 몇 명을 데리고 보고 오겠습니다." 니꼴라이가 말했다.

바그라찌온은 말을 멈추어 세우고는 대답을 하지 않고, 안개 속에서 니꼴라이의 얼굴을 알아보려고 애썼다.

"좋아, 보고 오게." 잠시 잠자코 있다가 그는 말했다.

"알겠습니다."

니꼴라이는 말에 박차를 가하고, 하사관 페드첸꼬와 경기병 두 명을 불러 뒤를 따라오라고 명령했다. 외침 소리가 계속되고 있는 산기슭을 향하여 질주했다. 니꼴라이에게는 이전에 아무도 가 본 일이 없는 이 신비스럽고 위험한 안개가 낀 저쪽으로, 고작 경기병 셋을 거느리고 가는 것은 무섭기도 하고 즐겁기도 했다. 바그라찌온은 냇가에서 더 앞으로 가지 말라고 산에서 소리쳤지만, 니꼴라이는 그 말이 들리지 않는 체하였다. 그리고 쉬지 않고 앞으로 앞으로 나아가면서, 관목을 큰 나무로 착각하기도 하고, 땅이 움푹 들어간 곳을 사람으로 잘못 보기도 하며, 이내 자신의 실수를 깨닫고 주의력을 다잡곤 했다. 빠른 걸음으로 언덕을 내려가자 이미 아군의 불도 적의 불도 보이지 않았지만, 프랑스군의 외침은 더욱 크고 뚜렷이 들렸다. 옴폭한 곳에서 그는 앞쪽에 무엇인가 냇가 같은 것을 발견하였다. 그러나 거기에 이르고 보니, 그것은 말이나 수레가 다니던 길이라는 것을 알았다. 길로 나오자 그는 결단을 내릴 수가 없어 말을 잠시 멈췄다. 이 길을 따라 전진할 것인가, 아니면 까맣게 보이는 들을 가로질러 산쪽으로 갈 것인가. 안개 속에서 밝게 보이는 길을 지나가는 것이 안전했다. 왜냐하면 적을 속히 알아볼 수 있기 때문이었다. "자, 따라와." 그는 이렇게 말하고 도로를 질러가서, 저녁때부터 프랑스 보초가 서 있던 지점을 향하여 전속력으로 언덕을 오르기 시작했다.

"대장님, 적이!" 뒤에서 경기병 한 사람이 외쳤다.

별안간 안개 속에 거무스름하게 나타난 무엇인가를 니꼴라이가 채 알아볼 겨를도 없이 작은 불이 번쩍이고 총소리가 났다. 그리고 총알이 안개 속에서 소리를 내며 어디론지 날아가 버리고 말았다. 또 하나의 총은 발사되지는 않았지만 불접시 속에서 작은 불꽃이 튀었다. 니꼴라이는 말머리를 돌려 빠른 걸음으로 돌아갔다. 그러나 또 네 발의 총성이 제각기 울리고, 탄환은 안개 속에서 역시 갖가지 소리를 냈다. 니꼴라이는 자기처럼 총성을 듣고 즐거워진 것 같은 말을 억제하면서 보통 걸음으로 나아갔다. '자, 와라, 더 해봐!' 그의 마음 속에서 무엇인가 명랑한 목소리가 이렇게 말했다. 그러나 사격은 더 이상은 없었다.

간신히 바그라찌온 쪽으로 접근했을 때 니꼴라이는 다시금 말을 빠른 걸음으로 몰고, 한 손을 모자의 차양에 대고 거수경례를 하면서 그의 쪽으로 다가갔다.

돌고르꼬프는 여전히 프랑스군은 퇴각했으며 다만 우리를 속이기 위해서 불을 여기저기에 붙이고 있다고 주장하였다.

"그런 것이 대체 무슨 증명이 된다는 건가?" 그는 니꼴라이가 그들 곁으로 가자 말했다. "퇴각하고 보초만 남겨 두었는지 모르지."

"아무래도 모두 철퇴한 건 아닌 성 싶습니다, 공작." 바그라찌온이 말했다. "내일 아침이 되면 모든 것을 알게 됩니다."

"산 위에는 보초가 있습니다, 각하. 여전히 어제 저녁때와 같은 장소에 있습니다." 니꼴라이는 앞으로 몸을 구부리고 한 손을 차양에 댄 채 보고했다. 그는 자신의 용기를 보인 이 정찰과, 특히 등 뒤에서 울리던 총알 소리를 떠올리며 즐거운 미소를 감추지 못했다.

"좋아, 좋아." 바그라찌온이 말했다. "수고했군, 장교."

"각하." 니꼴라이가 말했다. "부탁이 있습니다만."

"뭔가?"

"내일 우리 중대는 예비대로 돌려져 있습니다만, 저를 제1중대로 파견해 주셨으면 합니다."

"성은 뭔가?"

"로스또프 백작입니다."

"아, 좋아. 전령으로서 내 곁에 남아 있게."

"일리야 로스또프 씨의 영식인가?" 돌고르꼬프가 말했다.

그러나 니꼴라이는 대답하지 않았다.

"그럼, 그렇게 알고 있겠습니다, 각하."

"그렇게 명령해 주지."

'어쩌면 내일 드디어 명령서를 들고 폐하를 뵙게 될지도 모르겠다.' 그는 생각했다. '근사하다!'

적진에 고함이 일어나고 불빛이 나타난 것은 각 대에서 나폴레옹의 명령이 낭독되었을 때, 황제 자신이 말을 타고 노영지(露營地)를 순시했기 때문이었다. 병사들은 황제를 보자 짚다발에 불을 붙여, "황제 폐하 만세!" 하고 소리치면서 그의 뒤를 따라 달렸다. 나폴레옹의 명령은 다음과 같은 것이었다.

병사 여러분! 러시아군이 울름에서 패퇴한 오스트리아군의 복수를 하기 위해 여러분을 향하여 진격하고 있다. 이것은 여러분이 홀라브룬 근처에서 격파한 이래, 줄곧 이곳까지 추격해 온 바로 그 부대이다. 지금 우군이 점령중인 진지는 강력하며, 적은 나를 오른쪽에서 포위하려고 이동하고 있는 사이에 나에게 측면을 드러내게 된다! 병사 여러분! 나는 몸소 군을 지휘할 것이다. 만약에 여러분이 평소의 용기를 발휘하여 적진에 혼란과 낭패를 가져오게 할 수 있다면, 나는 포화로부터 멀리 떨어져 있을 것이다. 그러나 만약 한 순간이라도 승리가 의심되는 날에는, 여러분은 여러분의 황제가 공격의 선두에 서 있는 것을 보게 될 것이다. 왜냐하면 승리에는 주저가 있어서는 안 되기 때문이다. 우리 국민의 명예에 필수불가결한 프랑스 보병의 명예를 묻는 날에 있어서는 특히 그러함을 믿노라.

부상자 후송을 구실로 전열(戰列)을 어지럽혀서는 안 된다! 우리 국민에 대한 강한 적의로 불타는 이들 영국의 용병들을 반드시 격파하지 않으면 안 된다는 각오를 각자 가슴 깊이 새겨둘 것을 빈다. 이 승리는 우리의 원정에 종지부를 찍고, 우리는 겨울 숙사로 돌아가 프랑스에서 편성되고 있는 새로운 프랑스 부대에 의해 마중을 받을 것이다. 내가 체결하는 화평은 우리 국민에게, 즉, 여러분에게 어울리는 것이 될 것이다.

나폴레옹

새벽 5시는 아직 깜깜했다. 중앙의 예비군과 바그라찌온의 우익군은 아직 움직이지 않고 기다리고 있었다. 그러나 작전 계획에 의하면 프랑스군의 우익을 공격하여 보헤미아 구릉 지대까지 함락시키기 위해 맨 먼저 고지를 내려가도록 되어 있는 보병, 기병, 포병의 대열이, 좌익 쪽에서 이미 행동에 들어가 야영지에서 일어나기 시작했다. 불필요한 물건을 다 처넣은 장작불의 연기에 눈이 매웠다. 춥고 어두웠다. 장교들은 서둘러 차를 마시거나 아침 식사를 했다. 병사들은 건빵을 씹어 먹거나 불을 쬐면서 두 발을 동동 구르기도 하고, 병영 막사의 잔해, 의자, 테이블, 수레바퀴, 통 등 가지고 갈 수 없는 물건을 모조리 장작 대신에 던져 넣으면서 모닥불 앞에 모여 있었다. 오스트리아의 분대장들이 러시아군 사이를 바삐 왔다갔다하면서, 공격의 예고를 하는 역할을 하고 있었다. 오스트리아의 한 장교가 연대장 숙사 가까이에 나타나자 연대는 움직이기 시작하였다. 병사들은 모닥불 옆을 떠나, 파이프는 장화 허리에, 주머니는 짐마차 안에 치우고 몇 자루씩 모아서 세워두었던 총을 각기 가지고 정렬했다. 장교들은 단추를 끼고, 사벨, 배낭을 몸에 지고 소리를 지르면서 대열을 점검했다. 수송계와 종졸들은 짐마차에 말을 매고 짐을 쌓아 새끼로 묶었다. 부관, 대대장, 연대장은 말에 올라 성호를 긋고, 뒤에 남는 수송계에 마지막 명령과 주의와 임무를 주었다. 그리고 무수한 발이 내는 단조로운 발소리가 울렸다. 대열은 앞으로 나아갔으나 어디로 가는지도 모른 채, 주위를 둘러싼 인파, 연기, 짙어지는 안개 때문에 자기네가 나온 장소도, 앞으로 갈 길도 분간하지 못했다.

움직이는 병사는 자기 연대에 둘러싸여 한정되어 끌려간다. 그것은 선원과 타고 있는 배의 관계와 비슷했다. 병사가 제아무리 멀리 가더라도, 아무리 진기하고 알 수 없는 위험한 지역에 들어가더라도 그의 주위에는—언제 어디서나 선원에게는 자기 배의 동일한 갑판, 돛대, 밧줄이 있듯이—언제 어디서나 같은 전우, 같은 대열, 같은 상사 이반 미뜨리치, 같은 중대의 개 검둥이, 같은 지휘관들이 있다. 병사는 자기 배 전체가 있는 장소를 좀처럼 알고 싶어 하지 않는다. 그러나 전투 날에는 어떻게 해서인지는 모르지만 부대의 정신적인 세계에 모두에게 공통되는 엄격한 음계가 들리고, 그것이 무엇인가 결정적이고 엄숙한 것이 접근하는 소리를 느끼게 하여, 원하든 원치 않든 그들에게 어울리지 않는 호기심을 일으키게 한다. 병사들은 전투 날에는 용기를 내어 자기 연대의 이해로부터 빠져나오려 하고, 귀를 곤두세우고 눈을 부릅뜨며 자기들 주변에서 일어나고 있는 일을 탐욕적으로 묻는다.

안개가 짙어지고, 벌써 날이 샐 시간인데도 열 발짝 떨어진 자기 앞이 하나도 보이지 않았다. 관목이 거대한 수목으로 보이기도 하고, 평지나 낭떠러지가 비탈길로 보이기도 했다. 어딜 가나 열 발짝만 떨어지면, 사방에서 보이지 않는 적과 충돌할 것만 같았다. 그러나 대열은 여전히 안개 속을 전진하고 있었다. 언덕을 내려갔다 올라오고 과수원이나 야채밭 곁을 지나가기도 하면서 새롭고 알 수 없는 곳을 나아갔는데도, 그 어디에서도 적과 부딪치는 일이 없었다. 오히려 병사들은 사방에서 아군인 러시아군의 대열이 같은 방향으로 전진해 오는 것을 보았다. 자기가 나아가고 있는 곳과 같은 곳으로, 즉 어딘가 알 수 없는 곳으로 자기 외에 많은 아군이 나아가고 있다는 것을 알고 어느 병사나 마음이 즐거웠다.

"저 봐, 쿠르스크 녀석들도 지나갔어." 대열 속에서 누가 이렇게 말하였다.

"굉장한데. 여보게, 어쩌면 이렇게도 많은 우군이 모여들었을까! 어제 보았는데, 모닥불이 여기저기 생겨서 끝이 보이지 않았어. 한마디로 말하자면 마치 모스크바와 같았어!"

군단장은 누구 한 사람 대열에 가까이 가지 않았고 병사들과 이야기를 하지 않았으나(군단장은 우리가 작전회의장에서 본 것처럼 기분이 좋지 않고 예정된 작전에 불만이었기 때문에 다만 명령을 수행하고 있을 뿐, 병사들의 사기를 높여 주려는 걱정은 할 생각조차 하지 않았다), 병사들은 그에 아랑곳없이 즐겁게 행군했다. 그러나 여전히 짙은 안개 속을 한 시간 가량 전진했을 때, 대부분의 부대들은 정지하지 않으면 안 되었다. 그리고 질서도 없이 이치에 닿지 않은 일을 하고 있다는 혐오스런 감정이 대열에 퍼졌다. 이런 의식이 어떻게 전해지는 것인지 알아내기란 매우 어렵다. 그러나 그것은 이상하리만치 정확하게 전달되고 재빨리 퍼져서, 낮은 곳으로 흐르는 물처럼 눈에 띄지 않고 더욱이 억제할 수가 없다는 것은 의심할 여지가 없다. 만약 러시아군이 동맹군 없이 단독이었다면 이 혼란 의식이 전체의 확신이 될 때까지 더 많은 시간이 걸렸을지도 모른다. 그러나 지금은 실로 기분이 좋아서 자연히 혼란의 원인을 독일인 탓으로 돌려, 그들 때문에 좋지 않은 혼란이 일어나고 있으며 그것을 저지른 것은 소시지 녀석(독일인에 대한 욕설)이라고 모두가 확신하고 말았다.

"왜 멈췄지? 길이라도 막혔나? 그렇잖으면 벌써 프랑스 병하고 부딪쳤단 말인가?"

"아냐, 그럴 리 없어. 그렇다면 사격을 시작했을 게 아냐."

"이렇다니까, 출발을 서두르라고 들볶아 놓고선 이제는 들 한복판에 까닭 없이 세워두다니. 모든 게 독일놈들이 엉망으로 만든 탓이야. 정말 돌대가리 들이야."

"그래, 나 같으면 그놈들을 선두로 보내겠어. 그렇지 않으면 뒤쪽에서 우물거리고 있을 테니까. 빌어먹을, 밥도 못 먹고 서 있어야 하다니."

"어떻게 된 거야, 이제 곧 도착하나? 기병이 길을 막고 있다던데." 장교가 말했다.

"빌어먹을 독일놈들, 제 땅도 모르다니!" 또 장교가 말했다.

"자네들은 몇 여단인가?" 말을 가까이 몰면서 부관이 말했다.

"제18여단입니다."

"그럼 왜 이런 데 있나? 자네들은 벌써 앞으로 가 있어야 하잖아. 이러다 간 밤까지 걸려도 갈 수 없겠다. 이건 명령이 잘못돼 있어서 그래. 무엇을 하고 있는지 자신도 모르고 있어." 장교는 이렇게 말하고 다른 곳으로 갔다.

그 뒤에 한 장군이 말을 타고 지나가면서, 화가 나서 러시아어가 아닌 다른 말로 외치고 있었다.

"따파 라파라고? 무슨 잠꼬대야. 통 알아들을 수가 있어야지." 가버린 장군의 흉내를 내면서 병사가 이렇게 말했다. "나 같으면 저런 놈은 쏴 죽이겠다. 정말 시시한 놈들이야!"

"8시 전에 그쪽에 도착하라는 명령이었는데 아직 절반도 못 왔다. 어이없는 명령이야!" 여기저기서 같은 말이 되풀이되었다.

그리하여 부대가 출발할 당시 가지고 있던 신바람은 엉터리 명령과 독일인에 대한 미움으로 변하기 시작했다.

혼란의 원인은, 좌익의 오스트리아 기병이 진군하고 있는 동안에 아군의 중앙이 우익에서 너무 떨어져 있음을 최고사령부가 알아채고, 기병대 전원에게 우측으로 옮기라고 명령한 데 있었다. 수천 명의 기병대가 보병 앞을 지나가는 바람에 보병은 그동안 기다리고 있어야만 했던 것이다.

전방에서는 오스트리아군 중대장과 러시아 장군 사이에 충돌이 생겼다. 러시아 장군이 기병에게 정지하라고 외치자, 오스트리아 장교 쪽은 자기의 잘못이 아니라 최고사령관의 명령 때문이라고 항변했다. 부대는 그러는 동안 그 자리에 서서 지루해지고 기운을 잃었다. 한 시간쯤 지체한 다음 부대는 간신히 앞으로 움직이기 시작하여 산을 내려갔다. 산 위에 퍼져 있던 안개는 부대가 내려간 저지에서는 한층 짙었다. 전방의 안개 속에서 한 발, 또 한 발 총성이 울렸다. 처음에는 고르지 않은 간격을 두고 다닷 다닷 울리다가 이윽고 소리에 균형이 잡히고, 사격 간격이 짧아졌다. 이리하여 마침내 골드바하 강변의 전투가 시작된 것이다.

강변 저지에서 적을 만나리라고는 예기치도 않은데다가 안개 속에서 별안간 적과 마주쳤고, 대장으로부터는 아무런 격려의 말도 듣지 못한데다가 각 부대에 퍼져버린 이미 때는 늦었다는 의식, 또 무엇보다도 짙은 안개 속에서 자기 주위가 보이지 않았기 때문에, 러시아군은 무기력하게 마지못해 응사하면서 앞으로 나아갔다가는 다시 정지해 버리는 것이었다. 아군을 찾지 못하고 낯선 땅의 안개 속을 헤매고 있는 사령관이나 부관들에게서는 필요한 때 명령을 받을 수가 없었다. 아래로 내려간 제1, 제2, 제3 군단은 이렇게 전투를 시작했다. 꾸뚜조프 장군이 몸소 인솔한 제4군단은 쁘라쯔 고지에 머물러 있었다.

전투가 시작된 저지에는 여전히 짙은 안개가 깔려 있었으나 상공은 개어 있었다. 그러나 전방에서 일어나고 있는 일은 아무것도 보이지 않았다. 적의 총 병력은 과연 이쪽이 예상한 대로 10킬로 정도 떨어진 곳에 있는지, 그렇지 않으면 바로 거기 안개 속에 있는 것인지 9시가 될 때까지 아무도 알지 못했다.

아침 9시가 됐다. 안개는 허허바다처럼 저지를 온통 덮고 있었지만, 나폴레옹이 심복 원수들에게 둘러싸여 있는 쉴라빠니쯔 마을 부근의 고지는 완전히 밝았다. 그의 머리 위에는 활짝 갠 푸른 하늘이 걸려 있고, 태양의 커다란 덩어리가 흡사 거대한, 속이 빈 새빨간 부표처럼 젖빛 안개의 바다 위에 흔들리고 있었다. 프랑스군 전체뿐만이 아니라 막료를 거느린 나폴레옹 자신도, 아군이 진을 치고 전투를 시작하려고 계획하고 있던 소꼴니쯔 마을과 쉴라빠니쯔 마을의 저지와 냇가 쪽이 아닌 이쪽의 아군에서 매우 가까운 곳에 있었고, 나폴레옹이 눈으로 아군의 보병과 기병을 구분할 수 있을 정도였다. 나폴레옹은 이탈리아 전쟁 때와 같이 푸른 외투 차림에 작달막한 잿빛 아라비아 말을 타고, 부하 원수들보다 약간 앞쪽에 서 있었다. 그는 러시아군이 멀리 움직이는 안개의 바다에 떠 있는 듯한 언덕을 잠자코 바라보고는 골짜기에서 일어나는 사격 소리에 귀를 기울이고 있었다. 그때는 아직 야윈 그의 얼굴은 근육 하나 까딱하지 않았다. 빛나는 눈은 골똘히 한 곳을 뚫어지게 바라보고 있었다. 그의 예상은 옳았다는 것이 판명되었다. 러시아군의 일부는 이미 저지의 연못과 호수 쪽으로 내려갔고, 일부는 그가 공격을 계획하고 진지의 주요 지점으로 생각하고 있던 쁘라쯔 고지에서 철수하려 하고 있었다. 나폴레옹은 두 개의 산에 끼어 쁘라쯔 마을 부근에 만들어진 분지 속을 러시아의 군단이 오직 저지를 향하여 총검을 번쩍거리면서 나아가고 있고, 각 대가 꼬리를 물고 안개의 바다에 빨려들어가는 것을 안개 너머로 보고 있었다. 그가 어제 저녁부터 얻고 있는 정보나 밤에 전초 지점에서 들렸던 마차 소리와 발소리, 러시아군의 무질서한 움직임, 온갖 판단과 예상으로 동맹군이 자기네들로부터 훨씬 먼 전방에 나폴레옹이 있다고 생각하고 있는 것, 쁘라쯔 부근을 이동하고 있는 부대는 러시아군의 중앙이라는 것, 그리고 이 중앙 부대는 이미 상당히 약화되어, 순조로운 공격은 할 수 없다는 것을 나폴레옹은 분명히 알고 있었다. 그러나 그는 아직 전투를 시작하려고 하지 않았다.

오늘은 그에게 축제일—대관기념일이었다. 날이 밝기 전에 그는 두어 시간 잠을 자고, 건강하고 쾌활하고 생생한 낯으로, 온갖 것이 가능하게 여겨지고 모든 것이 성공할 것만 같은 행복한 기분으로 말을 달려 전장으로 나갔다. 그는 안개 저쪽에서 나타나는 고지를 바라보면서 까딱하지 않고 서 있었지만, 그 냉철한 얼굴에는 사랑에 빠져 있는 행복한 소년의 얼굴에서 흔히 보듯이 자신에 찬, 당연히 승리를 거둔 자의 행복감이 스며나와 있었다. 원수(元帥)들은 그의 뒤에 서 있었지만, 감히 그의 주의를 산란케 하려고들 하지 않았다. 그는 쁘라쯔 고지와 안개 속에서 떠오른 태양을 번갈아 바라보고 있었다.

태양이 완전히 안개 속에서 나타나 눈부신 햇살을 들과 안개에 쏟았을 때 (마치 전투 개시를 위해서 이것만을 기다리고 있었던 것처럼), 그는 하얀 아름다운 손에서 장갑을 벗어들고 원수들에게 신호를 보내어 전투 개시 명령을 내렸다. 원수들은 부관을 거느리고 사방으로 말을 달려, 수 분 후에 프랑스군의 주력은, 왼쪽 저지로 내려가는 러시아군이 차차 철퇴해 가는 쁘라쯔 고지를 향하여 신속히 이동하였다.

15

오전 8시, 꾸뚜조프는 제4밀로라도비치 군단의 선두에 서서, 쁘라쯔를 향하여 말을 타고 출발했다. 이 군단은 이미 산을 내려간 쁘르제브이세프스끼 군단과 랑쥬롱 군단이 있었던 위치에 진을 치기로 되어 있었다. 꾸뚜조프는 선두 연대 병사들과 인사를 나누고 진군 명령을 내려, 그것으로 몸소 이 종대를 통솔할 의도를 분명히 했다. 쁘라쯔 마을 근처까지 진출했을 때 그는 말을 멈추었다. 총사령관의 막료를 구성하고 있는 많은 사람들 중의 한 사람으로서 안드레이는 총사령관 뒤에 서 있었다. 안드레이는 오랫동안 기다렸던 순간이 찾아왔을 때 사람들이 경험하는 것과 같은 흥분과 초조로 안절부절 못했으며, 그와 동시에 침착하게 가라앉아 있는 듯 느껴졌다. 그는 오늘이 자기의 '뚤롱' 아니면, '아르꼴레 다리'의 날이라고 확신하고 있었다. 그것이 어떻게 실현될 것인지 그 자신도 알 수 없었지만, 다만 그렇게 되리라고 확신하고 있었다. 지형과 아군의 상황도, 아군의 누구나가 알 수 있었던 정도는 그도 알고 있었다. 그 자신의 전략 계획은 지금은 실행에 옮길 수 없었으며 그도 그것을 잊어버리고 있었다. 지금은 바이로터의 계획 안에서 일어날 것 같은 돌발적 상황에 생각을 집중하여, 자기의 빠른 머리 회전과 결단력으로 새로운 구상을 짜고 있었다.

왼쪽 아래의 안개 속에서 모습이 보이지 않는 부대끼리의 총격전이 들려왔다. 안드레이의 느낌으로는 그 근처에서 싸움이 집중되고, 그 근처에서 적군을 만나 '바로 그곳으로 내가 파견될 것이다'라고 생각하고 있었다. '여단이나 사단을 인솔하고, 거기서 나는 군기를 손에 들고 전진하여 눈 앞에 있는 것을 모조리 분쇄해 버리는 것이다.'

안드레이는 지나가는 각 대대의 군기를 무심히 보고 있을 수가 없었다. 군기를 보고 있으면 그는 끊임없이 이런 생각이 드는 것이었다. '어쩌면 이것은 내가 앞장 서서 전진할 때에 들게 될 군기일지도 모른다.'

밤안개는 새벽녘이 되자 고지에 서리만을 남기고 차차 이슬로 변했지만, 저지대에는 여전히 하양 우윳빛 바다처럼 퍼져 있었다. 우군이 내려가 사격소리가 들리는 왼쪽 저지에는 아무것도 보이지 않았다. 고지 위에는 어두운 맑은 하늘이 있고, 오른쪽에는 거대한 태양 덩어리가 있었다. 먼 앞쪽의 안개 바다 건너편에는, 틀림없이 적군이 있을 숲으로 덮인 산이 차차 모습을 보였고 그 밖에도 또 무엇인가가 보였다. 오른쪽에는 군화와 수레바퀴 소리를 내고 때로는 총검을 번쩍거리면서 근위대가 안개 속으로 들어가고, 왼쪽의 마을 저편에서는 기병의 무리가 접근하여 안개의 바다 속으로 모습을 감추었다. 앞과 뒤에서 보병이 움직이고 있었다. 총사령관은 마을 입구에 서서, 부대를 자기 옆으로 전진시키고 있었다. 꾸뚜조프는 이날 아침 피로에 지쳐 초조해 보였다. 옆을 지나가고 있던 보병대가 명령도 없이 정지했다. 분명히 선두가 무엇에 막힌 것 같았다.

"대대마다 적당하게 종대를 만들어 마을을 우회시키시오." 말을 타고 가까이 온 장군에게 꾸뚜조프가 화난 듯이 말했다. "지금 적을 향하여 진군 중인데, 마을의 이러한 좁은 길에 부대를 늘어세우면 안 된다는 것을 어째서 당신은 모르는 거요?"

"저는 마을 건너편에서 대열을 짤 예정이었습니다, 각하." 장군이 대답하였다.

꾸뚜조프는 화가 난 듯이 웃었다.

"적 앞에서 대열을 확대할 수 있다면 참 훌륭한 일이오. 당신도 대단하군, 정말 대단해."

"적은 아직 먼 데 있습니다, 각하. 작전 명령에 의하면……."

"작전 명령이라고?" 꾸뚜조프는 비위가 상한 듯 소리쳤다. "그래, 대체 누가 그런 소릴 했단 말이오? …… 내 명령대로 하시오."

"알겠습니다."

"여보게." 네스비쯔끼가 속삭이듯 안드레이 공작에게 말했다. "우리 영감, 무척 기분이 나쁘신 모양이야."

이 때 모자에 녹색 털 장식을 단 군복 차림의 오스트리아군 장교가 꾸뚜조프에게로 달려와, 제4군단이 전투에 들어갔는지의 여부를 묻는 황제의 말을 전했다.

꾸뚜조프는 그 말에는 대꾸도 하지 않고 외면했다. 그 시선은 우연히 옆에 서 있던 안드레이에게 부딪쳤다. 안드레이를 보자 꾸뚜조프는 사태의 추이에 자기 부관은 책임이 없다는 것을 인정하는 양 심술궂은 눈의 표정을 누그러뜨렸다. 그리고 오스트리아 부관에게는 대답도 하지 않고 안드레이에게 말했다.

"여보게, 가서 제3사단이 마을을 통과했는지 보고 와주게. 그리고 정지하고 내 명령을 기다리라고 전해주게."

안드레이가 말을 몰고 가려고 했을 때 꾸뚜조프는 그를 불러 세웠다.

"그리고 저격병을 배치했는지 물어봐 주게." 그는 덧붙였다. "대체 녀석들은 뭣들 하고 있는 거야. 뭣을 하고 있어!" 그는 여전히 오스트리아군 장교에게는 대답하지 않고, 혼잣말로 이렇게 중얼거렸다.

안드레이는 임무를 다하기 위해서 말을 몰았다.

앞을 전진하고 있는 대대를 모두 앞지르자 그는 제3사단을 정지시키고, 확실히 아군 군단 전방에는 저격병 산병선이 없다는 것을 확인했다. 선두 연대의 연대장은 저격병을 배치하라는 총사령관의 명령을 전해 듣자 몹시 놀랐다. 연대장은 자기 전방에는 아직도 부대가 있고, 적은 10킬로 이내에는 없을 것이라고 굳게 믿고 있었기 때문에 거기에 서 있었던 것이다. 실제로 전방은 내리막길이 되어 있어서 광막한 땅 이외에는 아무것도 보이지 않았다. 등한시했던 일을 수행하라고 총사령관의 이름으로 명령하고 안드레이는 말을 달려 되돌아왔다. 꾸뚜조프는 아직도 같은 곳에 선 채, 비대한 몸으로 안장 위에 노인답게 앉아 눈을 감고서 피곤한 듯이 하품을 하고 있었다. 군은 이젠 까딱도 하지 않고 총은 발 아래 세워놓고 있었다.

"좋아, 좋아." 그는 안드레이에게 말하고, 이미 좌익의 군단이 모두 내려갔으므로 움직여도 좋을 때라고, 시계를 손에 들고 있는 장군을 향해 말했다.

"아직 늦진 않았네, 장군." 하품을 억누르면서 꾸뚜조프는 말했다. "아직 늦지 않았어!" 그는 되풀이했다.

이 때, 꾸뚜조프 뒤쪽에서 만세, 만세 외치는 각 연대의 환성이 멀리 들렸다. 그 소리는 공격하러 가는 러시아군대의 길게 뻗은 대열 끝에서 끝까지 전달되어 급속히 접근해왔다. 아무래도 그 환호를 받고 있는 사람이 빨리 말을 몰고 오는 것 같았다. 뒤쪽에 서 있던 연대의 병사들이 환호성을 올리기 시작하자 그는 잠시 옆으로 비껴 눈썹을 찡그리고 되돌아보았다. 쁘라쯔 가도를 따라 갖가지 색깔의 기마병같이 보이는 한 부대가 달려왔다. 그 중 두 사람은 다른 사람들보다 앞서서 빠른 걸음으로 달려오고 있었다. 한 사람은 하얀 깃털 장식이 달린 모자에 검은 군복을 입고 꼬리를 짧게 깎은 밤색 말을 타고 있고, 또 한 사람은 흰 군복을 입고 검은 말을 타고 있었다. 그들은 막료들을 거느린 두 황제였다. 꾸뚜조프는 전선에 있는 노병답게, 정지하고 있는 부대에 "차렷!" 호령을 하고 경례를 하면서 황제 곁으로 다가갔다. 그의 모습과 태도 전체가 갑자기 바뀌었다. 그는 명령으로 움직이는, 스스로는 판단하지 않는 사람과 같은 얼굴이 되었다. 그는 공손한 모습으로—그것은 분명히 알렉산드르 황제에게는 불쾌한 인상을 주었다—가까이 가서 황제에게 경례를 했다.

불쾌한 인상은 활짝 갠 하늘에 남은 안개처럼, 젊고 행복스러운 황제 얼굴을 잠깐 스쳐갔을 뿐 곧 사라지고 말았다. 그는 몸 상태가 좋지 않았던 뒤라서 이날은 안드레이가 처음으로 국외에서 황제를 보았던 올뮤쯔 들판 때보다도 수척해 보였다. 그러나 그 아름다운 잿빛 눈 속에는, 위엄과 온화함이 여전히 매력적으로 한데 융합되어 있고, 엷은 입술에는 여전히 여러 가지 표정을 띨 수 있는 느낌이면서도 무엇보다도 우선 온건하고 맑은 젊음을 간직하고 있었다.

올뮤쯔의 열병식 때가 더 위엄이 있었고 즐겁고 활기가 있었다. 그는 3킬로 가량 말을 달려 온 탓에 얼굴이 약간 상기되어 있었다. 그는 말을 멈추자 숨을 몰아쉬고는 자기와 같이 젊고 활기에 넘쳐 있는 막료들 쪽을 돌아다보았다. 차르또리시스끼와 노보씰리쩨프도, 볼꼰스끼 공작과 스뜨로가노프도, 그 밖의 사치스러운 옷차림을 한 명랑한 청년들이 아름답고 잘 손질이 된, 기름이 흐르는 약간 땀이 밴 말을 타고, 지껄이기도 하고 미소지으면서 황제 뒤에 서 있었다. 프란쯔 황제는 혈색이 좋은 긴 얼굴의 청년으로, 아름다운 검은 암말 위에서 몸을 똑바로 세우고, 불안하고 초조한 듯이 사방을 둘러보고 있었다. 그는 흰 군복 차림의 자기 부관을 한 사람 불러다가 무엇인가 물었다. '분명히 몇 시에 나왔느냐고 묻고 있을 거야.' 안드레이는 낯익은 프란쯔 황제를 바라보고, 자기가 알현했을 때의 일을 회상하면서 미소를 억누를 수 없었다. 두 황제의 수행원 중에는 근위 연대와 일반 연대에서 고르고 고른, 러시아와 오스트리아의 활기에 넘치는 전령 장교들이 있었다. 그리고 그들 사이에는 자수를 한 옷을 입힌, 황제의 아름다운 예비 말이 조마사(調馬師)에 의해서 끌리고 있었다.

마치 열린 창문에서 신선한 들 공기가 느닷없이 숨막히는 방 안으로 풍겨오듯이, 지금 달려온 이 화사한 청년들한테서, 젊음과 정력과 성공에 대한 확신이 음산한 꾸뚜조프의 본부에 풍겨 왔다.

"왜 시작하지 않소? 꾸뚜조프 장군." 알렉산드르 황제가 꾸뚜조프에게 급히 말하면서 동시에 정중하게 프란쯔 황제를 보았다.

"저는 기다리고 있습니다, 폐하." 정중하게 몸을 앞으로 굽히면서 꾸뚜조프는 대답했다.

황제는 가볍게 이맛살을 찌푸리고 잘 들리지 않는다는 듯이 귀에 손을 댔다.

"기다리고 있습니다, 폐하." 꾸뚜조프는 되풀이했다('기다리고 있습니다' 하고 말했을 때, 꾸뚜조프의 윗입술이 부자연스럽게 순간적으로 떨리는 것을 안드레이는 알아챘다). "아직 전 군단이 집결하지 않았습니다, 폐하."

황제는 알아들었지만 그 대답은 그의 마음에 들지 않은 것 같았다. 그는 꾸부정한 어깨를 움츠리고, 옆에 서 있던 노보씰리쩨프 쪽을 흘끗 바라보았다. 마치 그 눈초리로 꾸뚜조프에 대한 불만을 나타내고 있는 것 같았다.

"우리는 지금 짜리쩐 루크(메쩨르부르그의 연병장)에 있는 것이 아닙니다, 꾸뚜조프 장군. 거기서라면 전 부대가 다 모일 때까지 열병식이 시작되지 않지만." 황제는 비록 자기 편을 들어주지 않더라도, 듣기만이라도 해 주었으면 하는 양, 다시 프란쯔 황제의 눈을 흘끗 보고 말하였다. 그러나 프란쯔 황제는 여전히 여기저기 바라보느라고 듣고 있지 않았다.

"그래서 시작 안 하고 있는 것입니다, 폐하." 잘못 듣는 일이 없도록 꾸뚜조프는 잘 울리는 음성으로 말했다. 그의 얼굴에서 또 무엇인가 바르르 떨렸다. "열병식도 아니고 짜리쩐 루크에 있는 것도 아니므로 시작하지 않는 것입니다, 폐하." 그는 단호하고 분명히 말했다.

순간적으로 흘끗 서로 바라본 수행원들의 얼굴에는 불복과 비난의 빛이 떠올랐다. '아무리 노인이긴 하지만 저런 말투가 어디 있어. 절대로 저래선 안 된다.' 이들의 표정은 이렇게 말하고 있는 것 같았다.

황제는 꾸뚜조프가 또 무슨 말이라도 하지 않을까 기다리면서, 꾸뚜조프의 눈을 주의 깊게 바라보고 있었다. 그러나 꾸뚜조프는 자기대로 공손히 고개를 수그린 채 무엇인가를 기다리고 있는 듯했다. 침묵이 1분쯤 계속되었다.

"그렇지만, 폐하, 명령이시라면." 꾸뚜조프는 고개를 들고, 애초의 둔하고 이유 없이 명령에 따르는 장군의 태도로 바꾸면서 말하였다.

그는 말을 몰고 달려가, 밀로라도비치 군단의 지휘관을 불러모아 공격 명령을 전했다.

부대는 다시 움직이기 시작하고, 노브고로드 연대의 2개 대대와 아쁘셰론 연대의 1개 대대가 황제의 옆을 지나 전진하기 시작하였다.

이 아쁘셰론 대대가 통과해 갔을 때, 얼굴이 붉은 밀로라도비치가 외투도 없이 군복에 훈장을 달고, 커다란 털 장식이 달린 모자를 옆으로 쓰고 힘차게 말을 몰아 앞으로 달려나왔다. 그는 황제 앞에서 말을 급히 멈추고 멋지게 경례하였다.

"무운을 빈다, 장군." 황제가 그에게 말했다.

"우리는 전력을 다할 각오입니다, 폐하." 그는 명랑하게 대답하였으나, 그래도 역시 서투른 프랑스어 발음으로 수행한 귀공자들의 냉소를 샀다.

밀로라도비치는 말 머리를 돌리고 황제의 조금 뒤에 섰다. 황제의 존재로 용기를 얻은 아쁘셰론 연대의 병사들은 씩씩하고 활발한 보조를 취하면서 두 사람의 황제와 수행원들의 옆을 통과했다.

"여러분!" 밀로라도비치는 크고 자신에 찬 명랑한 목소리로 외쳤다. 사격 소리를 들은 데다가, 전투를 눈앞에 두고 기운차게 두 황제 앞을 지나가는, 수보로프 시대부터의 전우인 아쁘셰론 연대의 병사들을 보고 그는 완전히 흥분하여 황제가 눈앞에 있는 것조차도 잊은 것 같았다. "여러분, 마을을 점령하는 것은 이번이 처음은 아니다!" 그는 소리쳤다.

"힘을 다하여 노력하겠습니다!" 병사들은 외쳤다.

황제의 말은 갑작스런 함성에 놀라 뒤로 물러섰다. 러시아에서의 열병식 때부터 황제를 태워온 이 말은, 이곳 아우스터리츠의 들에서도 여느 때의 승마자를 태우고 무심코 가하는 왼발의 박차를 견디며 마르스의 들(^(뻬쩨르부르그)_(의 연병장))에서와 같이 사격 소리에 귀를 곤두세우고 있었지만, 들려오는 포성의 뜻도, 프란쯔 황제의 검은 수말이 옆에 있는 뜻도, 자기 위에 타고 있는 인간이 이날 말하고 생각하고 느낀 모든 것의 뜻도 알지 못했다. 황제는 아쁘셰론 연대의 용사들을 가리키면서 미소를 머금고, 측근 한 사람을 돌아다보고 무엇인가 말을 했다.

16

꾸뚜조프는 부관들을 거느리고 기총병(騎銃兵) 뒤에서 보통 걸음으로 앞으로 나아갔다.

군단 후미를 따라 반 킬로쯤 가자, 그는 황폐한(분명히 전에는 선술집이었을 것이다) 집 근처에서 말을 멈추었다. 집 옆에서 두 갈래로 갈라진 길은 모두 내리막길로, 양쪽 길 모두 부대가 전진하고 있었다.

안개는 걷히기 시작하고, 2킬로쯤 되는 거리의 정면 고지에는 이미 희미하지만 적군의 모습이 보였다. 왼쪽 저지대에서는 총성이 더욱 뚜렷이 들려왔다. 꾸뚜조프는 오스트리아 장군과 이야기하면서 걸음을 멈추었다. 안드레이는 좀 뒤에 서서 적을 바라보고 있었다. 그리고 한 부관으로부터 망원경을 빌리기 위해 돌아다보았다.

"보십시오, 저거 보십시오." 그 부관은 먼 곳의 적군을 보지 않고 앞쪽 산기슭을 따라 아래쪽을 바라보면서 말했다. "저건 프랑스군입니다!"

두 장군과 부관들은 서로 빼앗듯이 하나의 망원경에 매달렸다. 모두의 안색이 별안간 변하여, 모두의 얼굴에 공포의 빛이 떠올랐다. 프랑스군은 2킬로 저쪽에 있으리라 생각하고 있었는데 느닷없이 아군 앞에 나타난 것이다.

"저것이 적이라고? …… 설마! …… 그렇군, 적이다, 분명히…… 어떻게 된 일이야?" 여러 소리가 들렸다.

안드레이는 오른쪽 저지의 아쁘셰론 연대를 향하여 올라오는 프랑스 병의 밀집 대형을 육안으로 보았다. 그것은 꾸뚜조프가 서 있는 곳에서 500보도 채 떨어져 있지 않았다.

'마침내 왔구나, 결정적인 순간이! 내가 나설 때가 왔다.' 안드레이는 이렇게 생각했다. 그리고 말에 박차를 가해 꾸뚜조프 곁으로 다가갔다.

"아쁘셰론 연대를 정지시켜야 합니다." 그는 소리쳤다. "사령관 각하!"

그러나 그 순간, 모두가 연기에 뒤덮이고 가까이에서 총성이 울렸다. 그리고 안드레이에게서 두서너 발짝 떨어진 곳에서, 어린이와 같이 겁에 질린 목소리가 외쳤다. "여봐, 형제들, 이제 끝장이다!" 그리고 마치 이 소리가 호령이나 된 것 같았다. 그 소리에 따라 모두 도망치기 시작했다.

뒤범벅이 되어 더욱더 수가 늘어나는 군중은, 5분 전에 부대가 두 황제 옆을 통과해 간 그 자리로 퇴각해 갔다. 이 군중을 제지한다는 것은 불가능했을 뿐만 아니라, 자기 자신도 군중과 함께 움직이지 않을 수 없었다. 안드레이는 꾸뚜조프에게서 떨어지지 않으려고 오직 신경을 쓴 나머지 자기 눈앞에서 일어나고 있는 일을 이해하지 못하고 주위를 돌아보고 있었다. 네스비쯔끼는 여느 때의 그와는 달리 잔뜩 화가 나 새빨간 얼굴이 되어 꾸뚜조프를 향하여, 곧 이곳을 떠나지 않으면 포로가 된다고 외치고 있었다. 꾸뚜조프는 같은 장소에 선 채 대꾸도 하지 않고 손수건을 끄집어냈다. 그의 볼에서는 피가 흐르고 있었다. 안드레이 공작은 인파를 헤치고 그의 곁으로 다가갔다.

"부상하셨습니까?" 그는 아래턱이 떨리는 것을 간신히 억제하면서 물었다.

"부상은 여기가 아냐, 저기다!" 꾸뚜조프는 상처를 입은 볼에 손수건을 대고, 달아나는 장병을 가리키면서 말했다.

"그들을 멈추게 해야 한다!" 그는 외쳤다. 그리고 그와 동시에, 그들을 정지시키기란 불가능함을 확신했는지 말에 박차를 가해 오른쪽으로 달려갔다.

새로 밀어닥친 패주자들의 무리는 꾸뚜조프를 싸고 뒤로 밀고 갔다.

부대는 밀집된 무리를 이루어 패주하고 있었으므로, 일단 이 무리 속에 말려들면 거기서 벗어나기는 쉬운 일이 아니었다. 어떤 자는 "빨리 가! 뭘 꾸물거리고 있어?" 하고 소리치고 있었다. 어떤 자는 그 자리에서 뒤를 돌아보고 공중에 발포하였다. 또 어떤 자는 다름 아닌 꾸뚜조프가 타고 있는 말을 두드리고 있었다. 안간힘을 다하여 무리의 흐름에서 왼쪽으로 빠져나오자, 꾸뚜조프는 반수 이상이나 줄어든 수행원들을 데리고 가까이에서 들리는 포성 쪽으로 갔다. 안드레이는 패주하는 무리에서 빠져나와 꾸뚜조프에게 뒤지지 않으려고 애쓰면서, 산비탈의 연기 속에서 아직도 포격을 계속하고 있는 러시아군의 포병대와, 그 중대를 향하여 달려드는 프랑스군의 모습을 보았다. 약간 위쪽에는 러시아 보병대가 있었는데, 포병대를 돕기 위해 전진하려고도 하지 않고 패주병과 같은 방향으로 뒤로 움직이려고도 하지 않았다. 말을 탄 한 장군이 이 보병대에서 떨어져 꾸뚜조프 곁으로 다가섰다. 꾸뚜조프의 막료 중 남은 것은 겨우 네 명뿐이었다. 모두들 파랗게 질려 잠자코 서로 얼굴을 바라보고 있었다.

"저 비겁한 놈들을 멈추게 해야 한다!" 꾸뚜조프는 패주병 쪽을 가리키면서 가쁜 숨을 몰아쉬며 연대장에게 말했다. 그러나 그 순간 흡사 이 말에 대해 벌이나 주려는 것처럼, 새 떼와 같이 윙윙 소리를 내며 몇 발의 총알이 연대와 꾸뚜조프의 수행원들의 머리 위를 날아갔다.

프랑스군은 포병 중대를 공격하고 있었지만, 꾸뚜조프의 모습을 보자 그를 겨누고 쏜 것이다. 이 일제 사격에 연대장은 한쪽 다리를 손으로 눌렀다. 수 명의 병사가 쓰러지고, 군기를 가지고 서 있던 소위 후보는 손에서 군기를 놓쳤다. 군기는 펄럭이며 옆 병사들의 총 위로 쓰러졌다. 병사들은 명령도 없는데 발포하기 시작했다.

"오, 오!" 꾸뚜조프는 절망의 빛을 띠고 이렇게 중얼거리더니 돌아다보았다. "볼꼰스끼." 그는 지리멸렬이 된 대대와 적을 가리키면서 속삭이듯이 말했다. "이건 도대체 어떻게 된 일인가?"

그러나 그가 이 말을 채 다하기도 전에 안드레이는 치욕과 분노의 눈물이 목구멍까지 치미는 것을 느끼면서, 이미 말에서 뛰어내려 군기 쪽으로 달리고 있었다.

"전원, 전진!" 그는 어린애처럼 쨍쨍 울리는 소리로 외쳤다.

'마침내 왔군!' 안드레이는 군기를 잡고, 분명히 자기를 겨누고 있는 듯한 탄환의 울림을 즐겁게 들으면서 생각했다. 수 명의 병사가 쓰러졌다.

"우라!" 안드레이는 무거운 군기를 간신히 두 손으로 받치면서 외쳤다. 그리고 온 대대가 자기를 뒤따라 올 것이라는 확신을 가지고 앞으로 뛰어나갔다.

그러나 사실 그가 뛰어간 것은 겨우 몇 발짝이었다. 한 사람 또 한 사람, 병사가 움직이기 시작하여, 대대 전체가 "우라!" 소리를 지르며 앞으로 달려나와 곧 그를 앞질러 갔다. 대대의 하사관이 달려와 안드레이의 손에서 휘청거리는 무거운 군기를 받아들었으나 곧 총에 맞아 죽고 말았다. 안드레이는 다시 군기를 잡고 깃대를 질질 끌면서 대대와 함께 뛰었다. 앞쪽에서 그는 우군의 포병대를 보았다. 그 중 어떤 사람은 달라붙어 격투를 하고 있고, 어떤 사람은 적과 대포를 버리고 안드레이 쪽으로 도망오는 참이었다. 그는 프랑스군 보병들도 보았다. 그들은 포병의 말을 억누르고 대포의 방향을 바꾸고 있었다. 안드레이와 대대는 이미 포에서 20보 가량 떨어진 곳에 있었다. 머리 위에서는 끊임없이 총알 소리가 들리고, 좌우에서는 끊임없이 병사들이 소리를 지르고는 쓰러졌다. 그러나 그는 병사들을 보고 있지 않았다. 그는 다만 자기 앞, 포병 진지에서 일어나고 있는 것만을 바라보고 있었다. 모자를 옆으로 틀어 쓴 빨간 머리의 포병이 포의 세척간을 잡아당기고 있고, 프랑스 병이 그 반대쪽을 잡고 자기 쪽으로 잡아당기고 있었다. 안드레이는 자기네들이 무엇을 하고 있는지도 모르는 것 같은 이 두 사람의 공허하고 미움이 가득한 표정을 분명히 보았다.

'저놈들은 무엇을 하고 있는 거야?' 안드레이는 두 사람을 바라보면서 생각했다. '빨간 머리의 포병은 무기도 가지고 있지 않은데 왜 도망가지 않는가? 왜 프랑스 병은 찔러 죽이지 않을까? 거기까지 달려가기 전에 프랑스 병은 총을 가지고 있다는 것을 생각해 내고 저놈을 찔러 죽일 것이다.'

실제로 또 한 사람의 프랑스 병이 총을 수평으로 겨누고, 다투고 있는 두 사람 쪽으로 달려갔다. 그리고 여전히 자기가 어떻게 될지 깨닫지 못하고, 그저 뺏은 세척간을 자랑하고 있는 듯한 빨간 머리 포병의 운명은 이것으로 정해질 것이었다. 그러나 안드레이는 이 결말을 보지 못했다. 그 순간 곁에 있던 어느 병사한테 단단한 몽둥이로 힘껏 얻어맞은 것 같은 느낌이 들었다. 약간 아팠으나 무엇보다도 먼저 불쾌했다. 왜냐하면 이 고통이 그의 주의를 산만하게 하여, 자기가 보고 싶었던 것을 보지 못하게 했기 때문이다.

'뭐야, 이건? 나는 쓰러져 있는 것인가? 다리가 후들거린다.' 그는 생각했다. 그리고 뒤로 쓰러졌다. 프랑스 병과 포병과의 싸움이 어떤 결말이 되었는지, 빨간 머리의 포병이 죽었는가 죽지 않았는가, 대포를 빼앗겼는가 빼앗기지 않았는가를 보기 위해 눈을 떴다. 그러나 아무것도 보이지 않았다. 머리 위에는 하늘 외에는 아무것도 없었다—개어 있지는 않았지만 그래도 한없이 드높고, 그 아래를 회색 구름이 조용히 흐르고 있는 높은 하늘이었다. '어쩌면 이렇게도 조용하고 평온하고 엄숙할까. 내가 달리고 있었던 때와 판이하다.' 안드레이는 생각하였다. '우리들이 달리고 외치고 서로 잡고 싸운 것과는 전혀 다르다—구름이 이 드높고 끝없는 하늘을 흘러가는 모습은 전혀 다르다. 왜 나는 전에 이 높은 하늘을 보지 못했을까? 그리고 이것을 알아차린 나는 얼마나 행복한가. 그렇다! 모든 것은 공허다. 이 끝없는 하늘 이외에는 모든 것이 거짓이다. 아무것도, 아무것도 없다. 아니, 이 하늘 외에는 그것조차도 없다. 정적과 평안 이외에는 아무것도 없다. 고맙게도!'

17

바그라찌온이 이끄는 우익에서는, 9시가 되어도 전투는 시작되지 않았다. 행동을 개시하라는 돌고르꼬프의 요구에 응할 마음도 없고 책임을 피하고 싶다는 생각에서, 바그라찌온은 전투 개시를 총사령관에게 질문하기 위해서 사자(使者)를 보낼 것을 돌고르꼬프에게 제안했다. 우익과 좌익 사이의 거의 10킬로에 이르는 거리로 보아, 사자로 간 사람이 비록 총에 맞아 죽지(그것은 충분히 있을 수 있는 일이었다) 않아도, 또 총사령관을 발견한다고 해도(그것은 매우 곤란한 일이었다), 사자는 저녁때 이전에는 돌아오지 않을 것이라는 것을 바그라찌온은 알고 있었다.

바그라찌온은 그 커다랗고 무표정한, 잠이 덜 깬 눈으로 자기 수행원들을 둘러보았다. 그러자 흥분과 기대로 저절로 굳어져 가는 어린이 같은 얼굴이 맨 먼저 눈에 띄었다. 그는 니꼴라이를 사자로 보내기로 하였다.

"만약 총사령관보다 폐하를 먼저 뵙게 된다면 어떻게 할까요? 각하." 니꼴라이는 한 손을 차양에 댄 채 말했다.

"폐하께 말씀드려도 좋아." 바그라찌온을 막으면서 돌고르꼬프가 말했다.

근무의 교대로 산병선을 떠나자 니꼴라이는 날이 새기 전에 몇 시간 동안 눈을 붙일 수 있었으므로 즐겁고 용기와 결단력에 찬 기분이었고, 동작에는 기운이 넘쳐 있었다. 그는 자신의 행운을 확신하고 있었고, 모든 것이 홀가분하고 아름답고 가능해 보이는 기분을 느끼고 있었다.

그의 소원은 이날 아침 모두 이루어지려 하고 있었다. 대결전이 벌어지려 하고 자기는 그 전투에 참가하고 있으며, 또한 자기는 용감무쌍한 장군의 전령병인 것이다. 뿐만 아니라 명령을 가지고 꾸뚜조프 장군에게도 가려고 하는 것이다. 아니, 어쩌면 황제께 가게 될지도 모른다. 그날 아침은 개운하게 개어 있었고 타고 있는 말의 상태는 좋았다. 그의 마음은 즐겁고 행복했다. 명령을 받자 그는 이내 말을 몰아 대열을 따라 달리기 시작했다. 처음 그는 아무 움직임 없이 가만히 서 있는 바그라찌온 부대의 대열을 따라 나아갔다. 이윽고 그는 우바로프 기병대가 진을 치고 있는 지역으로 들어갔다. 그러자 거기서는 이미 이동하여 전투 준비를 하고 있는 징후를 알아볼 수 있었다. 우바로프의 기병대를 지나가자, 니꼴라이는 이제 전방에서 대포나 그 밖의 사격 소리를 분명히 들을 수 있었다. 그 총성과 포성은 점점 강해졌다.

예전처럼 고르지 못한 간격을 두고 두 발, 세 발의 총소리와 그 뒤를 이어 한 발 또는 두 발의 포성이 들리는 것이 아니라, 쁘라쯔 전방 산비탈을 따라 신선한 아침 공기 속에서 볶아대는 총소리가 들리고 그것을 가로막으면서 포성이 들렸다. 그것은 간격이 매우 짧아져서 때로는 몇 개의 포성이 따로따로 들리지 않고 하나의 울림이 되었다.

사면(斜面)을 따라 소총 연기가 서로 쫓아가며 달리는 것처럼 보이고, 대포 연기가 고리를 이루어 퍼지고 서로 융합되는 것이 보였다. 또 연기 사이에서 총검의 번쩍거림을 따라 움직이는 보병의 밀집부대가 보였고, 가는 띠처럼 보이는 포병대가 푸른 탄약함과 함께 가는 것이 보였다.

니꼴라이는 약간 높은 언덕 위에서 주위에서 일어나고 있는 사태를 알아보기 위해 잠시 말을 멈추었다. 그러나 아무리 주의를 집중시켜 봐도, 전개되고 있는 사태를 통 이해도 분간도 할 수 없었다. 거기서는 연기 속을 인간 같은 것이 움직이고, 앞뒤에서도 군대의 열 같은 것이 움직이고는 있었지만, 그러나 무엇 때문에? 누가? 어디로? 라는 것은 이해할 수가 없었다. 이 광경과 음향은 그의 마음 속에 무엇인가 우울하고 겁에 질린 감정을 불러 일으키기는 커녕 오히려 그에게 활력과 결단력을 주는 것이었다.

'자, 더, 더 해라!' 속으로 그는 그 소리들을 향하여 이렇게 말하고 다시 대열을 따라서 말을 달려, 이미 행동을 일으키고 있는 부대 구역으로 점점 깊이 들어갔다.

'앞으로 어떻게 될 것인지 난 모르지만, 만사는 잘 되어갈 것이다.' 니꼴라이는 이렇게 생각했다.

오스트리아군의 알 수 없는 어느 부대를 통과하자, 니꼴라이는 전선의 후속 부분이(그것은 근위대였다) 이미 전투에 들어간 것을 알아챘다.

'좋아! 더 가까이 가보자.' 그는 생각했다.

그는 거의 맨 앞의 전열을 따라 나아갔다. 몇 명의 기마병이 그에게로 달려왔다. 그것은 열을 이루지 않고 공격에서 돌아오는 아군의 근위 창기병(近衛槍騎兵)이었다. 니꼴라이는 그들 옆을 지나가면서 그 중 한 사람이 피투성이가 돼 있는 것을 알았다. 그는 계속 앞으로 나아갔다.

'나는 그런 것에 관여하고 있을 수 없다.' 그는 생각했다. 거기서 미처 수백 보도 가기 전에 왼쪽에서 그의 앞을 가로질러, 검은 말을 탄 반짝이는 하얀 군복 차림의 기병대가 큰 집단을 이루며 온 들에 걸쳐 나타났다. 그들은 그를 향하여 곧장 빠른 걸음으로 전진해 왔다. 니꼴라이는 이 기병대의 통로를 피하려고 전속력으로 말을 몰았다. 만약 그들이 같은 속도로 계속 전진해 온다면 그는 그들을 피할 수 있었겠지만, 그들은 차차 속도를 더하여 개중에는 벌써 질주하는 말도 있었다. 니꼴라이에게는 그들의 말굽 소리와 무기의 덜거덕거리는 소리가 차차 분명히 들려왔고, 그 말과 기수의 모습이나 얼굴마저 보이게 되었다. 그것은 아군의 근위 기병으로, 자기들을 향하여 오는 프랑스군 기병대를 공격하러 가는 중이었다.

근위 기병들은 질주해 왔지만 아직 말을 억제하고 있었다. 니꼴라이에게는 이미 그들의 얼굴이 보이고, 순종 말을 전속력으로 몰고 오는 장교의 "전진, 전진!" 하는 호령 소리가 들렸다. 니꼴라이는 짓밟히거나 프랑스군으로 향하는 공격에 말려들 위험을 느끼고, 있는 힘을 다하여 전선을 따라 달렸지만 그래도 역시 기병을 피할 여유가 없었다.

맨 끝에 있던 근위 기병은 엄청나게 키가 큰 곰보 사나이였는데, 눈 앞에 나타난 니꼴라이와 충돌을 피할 수 없을 만큼 가까워지자 성난 듯이 얼굴을 찡그렸다. 만약 니꼴라이가 그 근위 기병 말의 눈앞에 칼을 휘두를 생각을 하지 않았더라면 그 근위 기병은 니꼴라이를 그의 말 베두인과 함께 송두리째 쓰러뜨렸을 것이다(니꼴라이에게는 이 거인과 말에 비하면 자신이 무척 작고 빈약하게 여겨졌다). 체중이 무겁고 키가 2m 가까이 되는 검은 말은 귀를 뉘고 물러섰지만, 곰보 근위병이 커다란 박차를 옆구리에 힘껏 가하자 말은 꼬리를 들어올리고 목을 내밀며 더욱 빨리 달렸다. 근위병들이 니꼴라이 옆을 채 지나가기도 전에 "우라!" 하는 함성이 들렸다. 니꼴라이가 돌아다보니 선두의 전열이 전혀 다른, 빨간 견장을 단 프랑스 병으로 보이는 낯선 기병들과 뒤섞여 있는 것이 눈에 들어왔다. 그 앞은 아무것도 보이지 않았다. 왜냐하면 그 직후 어디선가 포격이 시작되고 모든 것이 연기에 싸였기 때문이다.

근위 기병들이 니꼴라이 옆을 지나 연기 속으로 사라진 순간 그는 망설였다. 그들 뒤를 따라 달려갈 것인가, 아니면 명령된 곳으로 갈 것인가. 그것은 프랑스 병까지도 감탄했을 정도로 뛰어난 근위 기병의 공격이었다. 니꼴라이는 나중에 이 거대한 미남자들—자기 옆을 달려 지나간 씩씩하고 유복한 젊은 장교나 견습 사관 중 공격을 끝내고 남은 것은 불과 18명뿐이란 말을 나중에 듣고 오싹했다.

'부러워할 거 없다. 내 몫이 없어진 것도 아니다. 게다가 나는 지금, 어쩌면 황제를 만날 수 있을지 모른다.' 니꼴라이는 이렇게 생각하고 앞으로 말을 몰았다.

근위 보병 앞으로 왔을 때 그는 머리 위와 주변에 포탄이 날아오고 있다는 것을 깨달았다. 그것도 포탄 소리를 들어서가 아니라 병사들의 얼굴에 나타난 불안한 기색과, 장교들의 부자연스럽고 호전적인 몹시 엄숙한 표정을 보았기 때문이다.

한 근위 보병 연대의 대열 후방을 지나가려고 했을 때 그는 자기 이름을 부르는 목소리를 들었다.

"로스또프!"

"누구야?" 그것이 보리스라는 것을 깨닫지 못하고 그는 대답하였다.

"어때, 마침내 우리도 제일선으로 나왔어! 우리 연대는 돌격을 했다!" 보리스는 처음으로 포화 속에 서게 된 청년에게서 흔히 보듯이 행복스러운 미소를 띠면서 말했다.

니꼴라이는 말을 멈추어 세웠다.

"그래?" 그는 말했다. "어땠나?"

"격퇴했지!" 신바람이 나서 보리스는 활기를 띠고 말했다. "자넨 상상할 수 있나?"

보리스는 부서에 있던 근위 연대가 전방에 군대 모습을 발견하고 그것을 오스트리아군이라고 생각했는데, 별안간 그 군대에서 발사된 포탄에 의해서 자기가 제일선에 있음을 알고 전투에 참가하지 않으면 안 되었던 자초지종을 이야기하기 시작하였다. 니꼴라이는 보리스의 말을 다 듣지도 않고 말을 움직이려고 했다.

"어디로 가나?" 보리스가 물었다.

"폐하께, 명령을 가지고."

"저기 계셔!" 보리스는 '폐하'가 아니라 '전하'라고 잘못 듣고 이렇게 말하며 대공을 가리켰다. 대공은 두 사람으로부터 백 보쯤 떨어진 곳에 철모를 쓴 근위 기병복 차림으로 서 있었다. 그는 천성인 추켜진 어깨에 이맛살을 찌푸리고, 창백한 흰옷 차림의 오스트리아 장교에게 무엇인가 소리치고 있었다.

"저분은 대공이 아닌가. 내가 볼일이 있는 분은 총사령관이 아니면 폐하야." 니꼴라이는 이렇게 말하고 말을 몰려고 했다.

"백작, 백작!" 보리스처럼 활기를 띠고 베르그가 반대쪽에서 달려오면서 소리쳤다. "백작, 난 오른손에 부상을 입었지만(그는 잡아맨 피투성이의 손목을 보이면서 말했다) 전선에 남았어요. 칼은 왼손으로 쥡니다. 우리 폰 베르그 집안은 모두 기사였답니다, 백작."

베르그는 또 무엇인가를 말하고 있었지만 니꼴라이는 그것을 끝까지 듣지 않고 이미 앞으로 말을 몰고 있었다.

근위 부대의 대열과 아무도 없는 공간을 지난 니꼴라이는, 아까 근위 기병의 공격 속에 말려든 것처럼 다시 제일선에 휩쓸리지 않기 위해, 총격과 포격이 가장 심하게 들리는 곳을 우회해서 예비군의 전열을 따라 전진했다. 그러자 별안간 적을 전혀 예기하지 않았던, 자기 앞 아군의 후방에서 그는 가까운 총성을 들었다.

'도대체 저건 뭐야?' 니꼴라이는 생각했다. '설마 적이 아군의 배후에?' 니꼴라이는 이렇게 생각했다. 그리고 자기 몸과 전투 전체의 결과를 걱정하는 무서움이 갑자기 그를 내습했다. '그러나 어쨌든' 그는 생각했다. '이렇게 되고 보면 이젠 우회해도 소용이 없다. 나는 여기서 총사령관을 찾아야 한다. 그리고 만약 모든 것이 종말을 맞이하면 모두와 함께 죽는 것이 내가 할 일이다.'

갑자기 니꼴라이를 사로잡은 불길한 예감은, 갖가지 병종의 부대가 진을 치고 있는 쁘라쯔 마을 후방으로 가면 갈수록 더욱더 확실한 것이 되었다.

"어떻게 된 거야? 누굴 겨누고 있는 거야? 누가 쏘고 있지?" 니꼴라이는 자기의 앞길을 가로막고 뒤범벅이 되어 도망가는 러시아와 오스트리아 양군의 병사들 앞까지 가서 물었다.

"제기랄, 몰살이다! 전멸이다!" 니꼴라이와 마찬가지로 지금 일어나고 있는 일을 잘 알지 못하는 자들의 무리가 도망가면서 러시아어, 독일어, 체코어로 대답했다.

"독일놈들을 해치워라!" 한 사람이 소리쳤다.

"배반자, 죽일 놈 같으니!"

"이 빌어먹을 러시아놈들." 한 독일 사람이 무엇인가 중얼거렸다.

수 명의 부상병이 길을 걸어가고 있었다. 매도(罵倒), 외침, 신음 소리가 녹아들어 하나의 웅성거림이 되었다. 총성은 잠잠해졌다. 나중에 니꼴라이가 들은 바에 의하면, 그것은 러시아 병과 오스트리아 병이 저희들끼리 사격한 것이었다.

"오오! 이 무슨 꼴이람?" 니꼴라이는 생각했다. '게다가 언제 폐하 눈에 띨지 모르는 이런 곳에서…… 그러나, 아냐, 이것은 아마 소수의 보잘것없는 자들의 짓이다. 이런 일은 곧 지나가 버릴 것이다. 이런 일이 있어서는 절대로 안 된다.' 니꼴라이는 생각했다. '여하간 되도록 빨리, 이런 자들을 앞질러 가야 한다!'

패배해서 도망가고 있다는 생각은 니꼴라이의 머리에 도저히 떠오르지 않았다. 그는 총사령관을 찾으라는 명령을 받은 바로 그때, 프랑스군의 포와 부대를 쁘라쯔의 고지에서 보았는데도, 그것을 믿을 수가 없었고 믿고 싶지도 않았다.

18

니꼴라이는 쁘라쯔 마을 부근에서 꾸뚜조프와 황제를 찾으라는 명령을 받고 있었다. 그러나 여기에는 이 두 사람이 없었을 뿐만 아니라 지휘관도 한 사람도 없었고, 지리멸렬이 된 여러 부대의 잡다한 무리들이 있을 뿐이었다. 그는 되도록 속히 이 무리를 지나가고 싶어서 말을 몰아댔지만, 앞으로 가면 갈수록 무리의 혼란은 더욱 심해졌다. 그가 말을 몰고 나온 큰길에는 포장마차와 모든 종류의 마차, 모든 병종의 러시아 병과 오스트리아 병, 그것도 부상당한 사람과 부상당하지 않은 사람이 무리를 지어 있었다. 그들은 신음하듯이 웅성거리고, 쁘라쯔 고지에 설치된 프랑스군 포병대로부터 날아오는 포탄의 음산한 소리를 들으면서 잡다하게 뒤섞여 꿈틀거리고 있었다.

"폐하께서는 어디 계시지? 꾸뚜조프 각하는?"

니꼴라이는 잡아세울 수 있는 모든 사람에게 물어보았지만 아무한테서도 대답을 얻지 못했다.

마침내 그는 한 병사의 목덜미를 잡고 억지로 대답을 하게 하였다.

"아, 모두 멀리 갔어요. 앞으로 달아났어요!" 병사는 뿌리치고 가려다가 무엇이 우스운지 낄낄거리면서 니꼴라이에게 말했다.

분명히 술에 취한 그 병사를 내버려 두고, 니꼴라이는 고관의 종졸 아니면 조교사 같은 사나이의 말을 세우며 이것저것 물었다. 그는 황제는 치명적인 중상을 입어, 유개 마차(有蓋馬車)에 실려 한 시간 전에 전속력으로 이 길을 달려갔다고 말했다.

"그럴 리가 없어." 니꼴라이가 말했다. "분명히 누군가 다른 사람일 거야."

"내가 직접 봤습니다." 종졸은 자신있는 미소를 띠고 말했다. "나도 이젠 폐하의 얼굴을 알아볼 수 있습니다. 뻬쩨르부르그에서도 몇 번이나 뵈었는지 모릅니다. 창백한, 정말 무섭게도 창백한 낯으로 마차를 타고 계셨습니다. 네 말이 끄는 마차로 날아가듯이 우리들 곁을 덜거덕거리면서 지나가셨습니다. 이젠 폐하의 말이나 일리야의 얼굴쯤은 알아볼 수 있습니다. 확실히 마부 일리야는 폐하 이외의 사람은 안 태우거든요."

니꼴라이는 말을 몰아 좀 더 앞으로 가려고 하였다. 곁을 지나가던 부상한 장교가 그에게 말을 걸었다.

"도대체 당신은 누구를 만나고 싶습니까?" 그는 물었다. "총사령관입니까? 그러시다면 알려드리죠. 그분은 포탄에 맞아 전사하셨습니다. 이 연대 앞에서 가슴을 맞았습니다."

"전사가 아냐, 부상이야." 다른 장교가 정정했다.

"누가 말입니까? 꾸뚜조프 각하가 말입니까?" 니꼴라이가 물었다.

"꾸뚜조프가 아니라, 글쎄, 뭐라고 했던가―누군들 어떻습니까, 살아남은 자는 몇 명 안 되는데. 자, 저리 가보세요. 저 마을에 사령부 친구들이 모두 모여 있으니까요." 그 장교는 호스쩨라데크 마을을 가리키면서 이렇게 말하고는 그대로 지나가 버렸다.

니꼴라이는 이젠 무엇 때문에, 누구한테 가는 것인지도 모르고, 보통 걸음으로 말을 몰았다. 폐하는 부상하고, 싸움은 패하고 말았다. 지금은 그걸 믿지 않을 수가 없었다. 니꼴라이는 가르쳐 준 대로 갔는데 그 방향에는 멀리 탑과 교회가 보였다. 어디로 서둘러 가야 하는가? 지금에 와서 황제나 꾸뚜조프에게 무엇을 말하면 좋은가? 비록 그들이 부상을 당하지 않고 살아있다 해도.

"이쪽 길로 가세요, 장교님. 그쪽으로 가시면 죽습니다." 한 병사가 그에게 소리쳤다. "그쪽은 죽습니다!"

"무슨 말을 하고 있어!" 또 한 사람이 말했다. "어디를 가시는지 알아? 이쪽이 가까워."

니꼴라이는 잠깐 생각한 뒤 그쪽으로 가면 죽는다고 한 방향으로 갔다

'이렇게 된 바에는 마찬가지다. 폐하가 부상하셨다면, 나 같은 놈은 목숨을 아낄 것도 없지.' 그는 생각했다. 그는 쁘라쯔로부터 도망가는 자들이 가장 많이 죽은 곳으로 들어섰다. 프랑스군은 아직 그 지점을 점령하지 않았으나 러시아군은, 즉 살아 있는 자나 부상자들은 이미 이곳을 포기하고 있었다. 벌판에는 약 1헥타르마다 열 명에서 열다섯 명의 전사자와 부상자가 마치 보리 더미처럼 쓰러져 있었다. 부상자는 두세 명씩 같이 기어들어 모여 있었고, 때로는 니꼴라이에게, 때로는 일부러 내는 것처럼 여겨지는 그들의 고함 소리와 신음 소리가 들리고 있었다. 니꼴라이는 괴로워하는 사람들이 눈에 들어오지 않도록 빠른 걸음으로 말을 몰았다. 그는 무서워졌다. 그가 무서워한 것은 자기 목숨을 잃는 것이 아니라 용기를 잃는 것이었다. 자기에게는 용기가 필요하지만 이 불행한 사람들을 보고 있는 동안 용기를 모두 잃어버릴 것만 같았다.

이미 살아남은 자는 한 사람도 없었으므로, 사상자가 산재한 이 벌판에 대한 사격을 중지하고 있던 프랑스군은, 거기에 말을 몰고 오는 한 부관을 보자 포를 그쪽으로 돌려 수 발의 탄환을 날렸다. 휘파람을 부는 것 같은 무서운 소리의 느낌과 주위의 주검이 니꼴라이에게는 하나의 인상으로 융합되어, 공포와 자기에 대한 연민의 정이 생겼다. 그는 최근 받은 어머니의 편지

가 생각났다. '어머니는 어떤 마음이 드실까?' 그는 생각했다. '만약, 지금 이 들에서 대포의 과녁이 되고 있는 나를 보신다면 마음이 어떠실까?'

　호스쩨라데크 마을은 전장에서 퇴각해온 러시아군들 때문에 혼란을 이루고 있었지만, 어느 정도 질서가 유지되어 있었다. 프랑스군의 포탄도 여기까지는 닿지 않고, 총성도 아련하게 여겨졌다. 여기서는 모두가 이미 싸움에 졌다는 것을 분명히 깨닫고 그렇게 얘기하고 있었다. 니꼴라이가 누구한테 물어봐도, 누구 한 사람 황제와 꾸뚜조프의 소재를 대답할 수 있는 사람은 없었다. 황제가 부상했다는 소문이 옳다는 사람도 있었고 그렇지 않다는 사람도 있었다. 이와 같은 잘못된 소문이 퍼진 것은, 황제의 수행원의 한 사람으로 전장에 나간 궁내장관 똘스또이 백작이 창백한 얼굴로 황제 마차를 몰고 전장에서 도망갔기 때문이라고 설명하기도 했다. 한 장교가 마을 안쪽에서, 누군가 최고사령부의 한 사람을 봤다고 니꼴라이에게 말해 주었다. 그래서 니꼴라이는 이젠 누군가 찾을 수 있다는 기대는 저버리고 다만 자기 자신의 양심에 떳떳하기 위해서 그곳으로 향하였다. 3킬로쯤 지나가 최후의 러시아군을 본 후, 니꼴라이는 관개용 도랑으로 둘러싸인 채소밭 근처에서 도랑을 앞에 두고 서 있는 두 사람의 기수를 봤다. 모자에 흰 깃털장식을 단 한 사람은 어딘지 모르게 니꼴라이에게는 낯익은 사람 같았다. 또 한 사람은 훌륭한 밤색 말을 타고(이 말도 니꼴라이는 낯이 익다고 생각했다), 도랑 쪽으로 다가서자 말에 박차를 가하여 고삐를 늦추더니 가볍게 밭도랑을 뛰어 넘었다. 말의 뒷발로 흙이 약간 무너졌을 뿐이었다. 휙 하고 방향을 돌리더니 그는 다시 반대로 도랑을 뛰어넘어 흰 깃털 장식의 기수에게 무엇인가 공손하게 말하였다. 아무래도 그 사나이에게 같은 일을 하라고 권하는 것 같았다. 그 모습이 니꼴라이에게는 낯익은 생각이 들었고, 왜 그런지 그의 주의를 끈 그 기수는 머리와 손으로 거절하는 몸짓을 했다. 그 순간 니꼴라이는 그 사람이 그의 마음을 그지없이 아프게 한, 존경하는 황제라는 것을 알았다.

　'그러나 이런 들 한복판에 홀로 있는 것을 보니 황제일 리가 없다.' 니꼴라이는 생각했다. 이 때 알렉산드르 황제는 고개를 돌렸다. 그리고 니꼴라이는 자기 기억 속에 생생하게 아로새겨져 있던 더없이 사랑하는 황제의 용모를 보았다. 황제의 얼굴은 창백하고, 볼은 여위고, 눈은 움푹 들어가 있었다.

그러나 그 때문에 오히려 그의 용모에는 더없이 우아함과 온순함이 감돌고 있었다. 니꼴라이는 황제의 부상 소문이 잘못임을 확인할 수 있어 행복했다. 그는 직접 황제를 배알할 수도 있었다. 아니 반드시 배알해야 하며, 돌고르 꼬프로부터 받은 명령도 상주해야 한다는 것을 그는 잘 알고 있었다.

그러나 마치 사랑에 빠진 젊은이가 마침내 고대하던 순간이 와서 그녀와 마주 있게 되었는데, 밤마다 공상하던 말을 끄집어내지 못하고 몸을 떨며 마비된 듯, 누가 구해 줄 사람은 없는가 하고 사방을 돌아다보는 것처럼, 지금 니꼴라이도 이 세상에서 가장 바라고 있던 것이 성취되었는데도 어떻게 황제에게 접근하면 좋을지를 모르고, 그것이 왜 부적당하고 무례하고 불가능한가 하는 무수한 이유가 머리에 떠오르는 것이었다.

'뭐야! 나는 마치 기뻐하고 있는 것 같지 않은가. 폐하께서 혼자 낙심하고 계시는 것을 잘 이용할 수 있는 기회를 말이야. 이렇게 슬플 때 낯선 얼굴 같은 건 폐하께서는 불쾌하고 거추장스럽게 여기실지도 모른다. 게다가 지금 나는 폐하께 무슨 말을 할 수 있는가? 폐하를 잠깐 뵙는 것만으로 나의 심장은 멎고 입 안이 바짝 말라버리는데.' 황제를 향하여 그가 마음 속에 구상하고 있었던 무수한 말은 지금 하나도 머리에 떠오르지 않았다. 그 말의 대부분은 전혀 다른 상황을 위해 준비된 것이었다. 그것은 승리의 기쁨 때, 특히 그가 부상당하여 죽음의 자리에 누워 있을 때 황제가 그의 영웅적인 활약에 감사하고, 그는 죽어가면서 행위로서 실증된 황제에 대한 사랑을 털어놓을 때 할 말들이었던 것이다.

'게다가 나는 우익에 대한 명령에 관해서 도대체 무엇을 폐하께 물어볼 수 있으랴? 이제는 오후 4시에 가깝고 더욱이 싸움은 지고 말았는데. 아냐, 나는 절대로 폐하 옆으로 가서는 안 된다. 폐하의 명상을 깨뜨리면 안 된다. 폐하께 불쾌한 눈초리와 불쾌한 말을 받을 바에는, 천 번이고 죽는 편이 낫다.' 니꼴라이는 이렇게 결심하자, 비애와 절망을 가슴에 품고, 여전히 망설이는 태도로 서 있는 황제 쪽을 몇 번이고 돌아다보면서 그 자리를 떠났다.

니꼴라이가 이와 같이 이것저것을 생각하면서 쓸쓸히 황제 곁에서 물러가려고 하자, 마침 폰 또르 대위가 같은 장소에 와 있다가 황제 모습을 알아채고는 곧장 그쪽으로 다가가서 스스로 봉사를 제의하고, 황제를 도와서 도보로 도랑을 넘게 하였다. 황제는 쉬고 싶었고 몸도 편찮다고 느끼고 있었기 때문에 사과나무 밑에 앉았다. 또르도 그 곁에 걸음을 멈추었다. 니꼴라이는 또르가 무엇인지 열심히 황제에게 말을 하는 모습과, 황제가 울고 싶은 듯 한 손으로 또르의 손을 잡고 있는 것을, 먼발치에서 선망과 후회의 마음으로 바라보았다.

'나도 저와 같은 입장에 설 수 있었어!' 니꼴라이는 속으로 이렇게 생각했다. 그리고 황제의 불운에 대한 동정의 눈물을 간신히 참으면서, 지금은 어디로 무슨 목적으로 가는지도 모르고, 극도의 절망에 빠져서 앞으로 말을 몰았다.

그는 자기 자신의 나약함이 이 슬픔의 원인임을 느끼고 있었기 때문에 그 절망은 더욱 강했다.

그는 황제 곁으로 갈 수 있었다…… 아니, 갈 수 있었을 뿐 아니라 가야 했던 것이다. 그리고 그것은 황제에 대한 자신의 충성을 보이는 유일한 기회 이기도 했다. 그런데도 그는 그 기회를 이용하지 않았다…… '나는 어떻게 이런 실수를 했단 말인가?' 그는 생각했다. 그래서 말 머리를 돌려 아까 황제를 본 장소로 달려가 봤지만, 도랑 저쪽에는 이미 아무도 없었다. 다만 짐마차와 마차가 나아가고 있을 뿐이었다. 한 수송병으로부터 니꼴라이는 마차의 행렬이 향한 마을 근처에 꾸뚜조프의 본부가 있다는 것을 알았다. 니꼴라이는 마차의 뒤를 따라 말을 몰았다.

그의 앞을 꾸뚜조프의 말 조교사가 옷을 입힌 몇 마리 말을 끌고 걸어가고 있었다. 조교사 뒤에는 짐마차가 따르고, 그 뒤에는 늙은 하인이 걷고 있었다. 군모처럼 생긴 모자를 쓴 반코트 차림에 다리는 안짱다리였다.

"찌트, 찌트!" 조교사가 말했다.

"뭐야?" 노인은 건성으로 대답했다.

"찌트! 보리타작하러 가게."

"흥, 이 바보가, 쳇!" 노인은 화난 듯 침을 뱉고 말했다. 말없이 걸어가다 가 잠시 후 또 같은 농담이 되풀이되었다.

오후 5시쯤 전투는 모든 지점에서 패배로 끝났다. 100문 이상의 포가 이 미 프랑스군의 제압하에 있었다.

쁘르제브이세프스끼는 예하 전군과 함께 항복했다. 다른 군단은 약 반수

아우스터리츠 전투 전날 밤의 포진 1805년 11월 19일

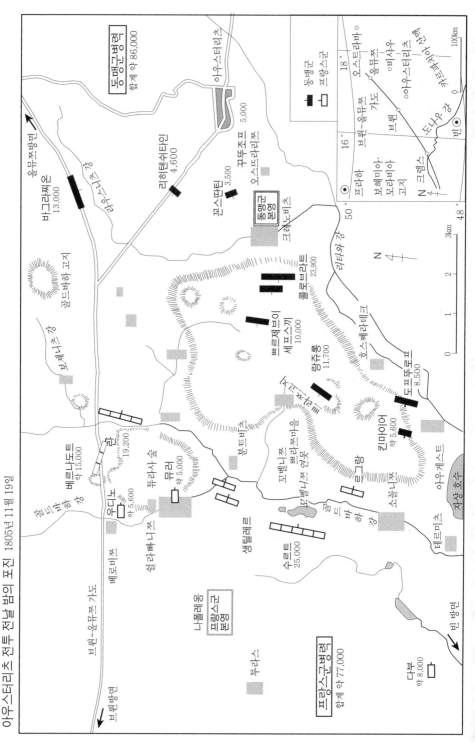

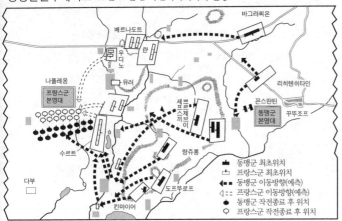

동맹군전투계획도 11월 19일 밤 작전회의에서의 결정

바그라찌온
베르나도트
란
우디노
뮤러
나폴레옹
프랑스군
본영대
세르제
스쩨꼬이
리히텐쉬타인
꼰스딴틴
꾸뚜조프
동맹군
본영대
랑쥬롱
수르트
다부
도프뚜로프
킨마이어

● 동맹군 최초위치
凸 프랑스군 최초위치
◀┅ 동맹군 이동방향(예측)
◁┄ 프랑스군 이동방향(예측)
● 동맹군 작전종료 후 위치
○ 프랑스군 작전종료 후 위치

아우스터리츠전 전투 전반도 11월 20일 정오까지의 전황

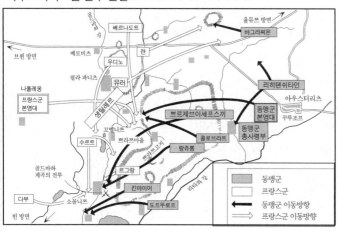

울뮤쯔 방면
바그라찌온
브륀 방면
베르나도트
베로비츠
란
얼라 파니츠
우디노
뮤러
리히텐쉬타인
아우스터리츠
나폴레옹
프랑스군
본영대
생틸레르
꼬벤니쯔
쁘라쯔마을
쁘라쯔고지
쁘르제브이셰프스끼
동맹군
본영대
동맹군
총사령부
꾸뚜조프
골드바하
계곡의 전투
르그랑
콜로브라트
랑쥬롱
다부
킨마이어
소콜니쯔
도프뚜로프
리타바강
빈 방면

□ 동맹군
□ 프랑스군
← 동맹군 이동방향
⇒ 프랑스군 이동방향

전투후반도 11월 20일 오후부터의 전황

바그라찌온
란
뮤러
리히텐쉬타인
안드레이가
중상을 입고
쓰러진다
베르나도트
콜로브라트
동맹군본영대
생틸레르
리히텐쉬타인
우디노
프랑스군
본영대
니꼴라이가
알렉산드르
황제를
보다
수르트
르그랑
다부
랑쥬롱
쁘르제브이셰프스끼
호스쩨라데크
킨마이어
도프뚜로프
아우게스트

□ 동맹군
□ 프랑스군
← 동맹군 퇴각방향
⇒ 프랑스군 공격방향

*아우스터리츠전 전투 전날 밤
의 포진에 대해서는 396쪽 지
도 참조.
*병력 등의 정확한 수치 규모는
확실하지 않다. 복수자료에 의
한 계산이다.
*큰 글자는 장군 이름.
*위 동맹군 전투계획도는 본문
358쪽 참조.
*동맹군은 알렉산드르 1세와 프
란쯔 1세 두 황제가 나폴레옹
프랑스군과 싸웠다.

의 병력을 잃고 대열이 무너져 뒤범벅이 된 무리를 이루고 퇴각했다.

랑쥬롱과 도프뚜로프군의 생존 부대는 뒤섞여서, 아우게스트 마을 부근의 몇몇 연못가의 둑이나 물가에서 밀치락거리고 있었다.

5시가 지나자 프랑스군은 쁘라쯔 고지의 사면에 수많은 포병대를 배치하여, 퇴각하는 아군에 일방적인 맹포격을 가했다. 그 소리가 아우게스트 제방 근처에서 아직도 들려오고 있었다.

후위에서는 도프뚜로프 등이 대대를 모아, 아군을 추격하는 프랑스군을 총격으로 저지하고 있었다. 땅거미가 깔리기 시작했다. 폭이 좁은 아우게스트의 둑 위에서는 여러 해 동안, 낚싯줄을 드리운 물레방앗간 할아버지가 뾰족한 모자를 쓰고 평화스럽게 앉아 있고, 그의 손자는 셔츠 소매를 걷어올리고 팔딱팔딱 뛰는 은빛 물고기를 망으로 건져올리고 있었다. 역시 같은 둑을 텁수룩한 모자를 쓰고 파란 재킷을 입은 모라비아 사람들이, 밀을 가득 실은 두 필의 말이 끄는 짐마차를 타고 지나가고, 다시 하얀 밀가루투성이가 된 짐마차와 함께 온 길을 되돌아가는 평화로운 광경을 오랜 세월동안 볼 수 있었다. 그 폭이 좁은 둑 위에, 지금은 수송 화물이나 대포 사이에, 말 아래나 바퀴 사이에, 죽음의 공포로 얼굴이 일그러진 자들이 떼를 지어 서로 밀고, 날아오는 탄환에 쓰러지거나, 죽어가는 사람을 밟고 넘어가기도 하고, 서로 죽이기까지 했다. 그것도 그저 몇 발짝만 가면 같은 시체가 되기 위한 데 지나지 않았다.

10초마다 공기를 제압하면서 포탄이 물소리를 내거나 유탄이 이 밀집한 인파의 한복판에 파열되어 사람을 죽이고, 근처에 서 있는 자에게 피보라를 끼얹었다. 손에 부상을 입고 도보로 걸어가고 있는 돌로호프와 그 중대(그는 이미 장교가 돼 있었다)의 병사 10명 가량, 여기에 말을 탄 연대장만이 연대 생존자의 전부였다. 무리에 휩싸여 그들은 둑 입구로 들어가 사방에서 밀리면서 멈춰 서고 말았다. 왜냐하면 앞쪽에서 말이 대포 아래에 쓰러져 군중이 그것을 끌어내려 하고 있었기 때문이다. 한 발의 포탄이 그들 뒤에서 누군가를 죽이고, 다음 한 발은 앞쪽에 떨어져서 돌로호프에게 피보라를 끼얹었다. 무리는 죽을 힘을 다하여 전진하려고 뒤에서 밀어대고 몇 발짝 내디디고는 다시 멈추고 말았다.

'이 백 보를 통과하면 틀림없이 산다. 그러나 2분쯤 그대로 더 서 있으면 반드시 죽는다.' 누구나 이렇게 생각하고 있었다.

무리 한가운데에 서 있던 돌로호프는 병사 두 명을 밀어제치고 제방 끝으로 달려나갔다. 그리고 연못을 뒤덮고 있던 미끄러운 얼음 위로 뛰어내렸다.

"방향을 바꿔!" 그는 얼음 위에서 뛰며 소리쳤다. 얼음은 발 아래에서 우지직 소리를 냈다. "방향을 바꿔!" 그는 대포 쪽을 향해 소리쳤다. "충분히 견딜 수 있다……."

얼음은 그의 몸을 받치고 있었지만 휘어서 우지직우지직 소리를 내고 있었다. 포나 무리는커녕, 한 사람의 무게만으로도 당장 꺼질 것처럼 보였다. 모두들 그를 바라보면서 얼음 위로 내려갈 엄두도 못 내고 물가로 밀려갔다. 말을 탄 채 제방 입구에 서 있던 연대장이 돌로호프에게 무엇인가 말을 하려고 입을 열었다. 그러자 느닷없이 포탄 한 발이 소리를 내며 무리 위를 낮게 날아와 모두가 몸을 숙였다. 무엇인가가 젖은 것에 퍽 하고 맞는 소리가 났다. 그 순간 장군이 말과 함께 피가 가득한 웅덩이 속에 쓰러졌다. 그러나 누구 한 사람 장군 쪽을 보지 않았고 그를 안아 일으키려고도 하지 않았다.

"얼음 위로 내려가! 얼음 위로 가라! 방향을 바꿔라! 들리지 않나! 내려가!" 장군이 포탄에 맞자 갑자기 자기도 무엇을, 무엇 때문에 외치고 있는지도 모르는 수많은 소리가 들렸다.

제방으로 올라간 후방의 대포 중 한 문이 방향을 바꾸어 얼음으로 내려갔다. 병사의 무리가 제방에서 얼어붙은 연못으로 뛰어내려 가기 시작했다. 앞장선 한 병사 발 밑에서 얼음이 우지직 소리 내고, 한쪽 발이 물 속에 빠졌다. 병사는 몸을 가누어 잡으려다가 허리까지 빠지고 말았다. 옆에 있던 병사는 주춤하고 포의 기수는 말을 멈추었지만, 뒤에서는 아직도 외치는 소리가 들리고 있었다. "얼음 위로 내려가, 뭘 서 있는 거야, 내려가! 내려가라니까!" 공포의 외침 소리가 무리 속에서 일었다. 포 둘레에 서 있던 병사들은 말을 향해 손을 흔들거나 말을 두드리거나 해서 말이 방향을 바꾸어 나가게 하려고 하였다. 말이 못가에서 움직이기 시작하였다. 도보자들을 떠받치고 있던 얼음은 커다란 조각이 되어 갈라지고 말았다. 얼음 위에 있던 40명쯤 되는 사람들 중 어떤 사람은 앞으로, 어떤 사람은 뒤로 물러서면서 물에 빠지고 말았다.

포탄은 여전히 같은 간격을 두고 휘파람처럼 윙윙거리며 날아와 얼음이나 물, 대개는 제방과 못가, 못가를 뒤덮고 있는 무리 위에 떨어지는 것이었다.

19

쁘라쯔 산 위에서 깃대를 쥔 채 쓰러진 바로 그 장소에 안드레이가 출혈로 몸의 기운이 빠진 채 쓰러져 있었다. 그리고 저도 모르게 가냘픈, 구슬프고 앳된 신음을 내고 있었다.

해가 질 무렵 그의 신음도 멈추고 완전히 잠잠해졌다. 그는 인사불성의 무의식 상태가 얼마나 계속되었는지 몰랐다. 그러나 문득 자기가 아직 살아 있고, 무엇인가 찢기거나 불타는 듯한 머리의 아픔에 시달리고 있다는 것을 느꼈다.

'저건 어디일까? 여태까지 알지 못했고 오늘 비로소 본 저 드높은 하늘은?' 이것이 그의 머릿속에 떠오른 최초의 생각이었다. '이 고통도 나는 역시 몰랐다.' 그는 생각하였다. '그렇다, 나는 여태까지 아무것도, 아무것도 몰랐었다. 그러나 나는 어디에 있는 것일까?'

그는 힘을 내 귀를 기울여 보았다. 그러자 몇 마리의 말이 가까이 오는 말굽 소리와, 프랑스어로 이야기를 나누는 말소리가 들렸다. 그는 눈을 떴다. 머리 위 먼 곳에 전보다도 더욱 높이 흐르는 구름이 걸려 있는, 여전히 드높은 하늘이 펼쳐져 있고, 구름 사이로 푸른 무한한 세계가 내다보였다. 그는 고개를 옆으로 돌릴 수가 없었으므로, 말굽 소리와 이야기 소리로 미루어 틀림없이 자기 쪽으로 다가와서 걸음을 멈춘 듯한 사람들의 얼굴을 볼 수 없었다.

말을 타고 다가온 사람들은 나폴레옹과 그를 따라온 부관 두 명이었다. 보나빠르뜨는 전장을 순시하면서, 아우게스트 제방을 포격하고 있는 포병 중대를 강화하라는 마지막 명령을 내리고, 전장에 남아 있는 사상자의 점검을 하고 있었다.

"훌륭한 친구다!" 나폴레옹은 얼굴을 땅에 처박고 꺼멓게 된 후두부를 보인 채, 벌써 굳어지기 시작한 한쪽 팔을 멀리 내던지고 엎드려 쓰러져 있는 전사한 러시아 척탄병을 바라보면서 말했다.

"포병대의 포탄이 다 떨어졌습니다, 폐하!" 이때 아우게스트를 포격 중이던 포병 중대에서 달려온 부관이 말했다.

"예비대 것을 가져오도록 하시오." 나폴레옹은 이렇게 말하고 몇 발짝 걸어가서, 곁에 깃대를 내던지고 누워 있는 안드레이를 내려다보며 말을 멈추었다(군기는 이미 전리품으로 프랑스군에 빼앗겨 있었다).

"참 훌륭한 주검이군." 나폴레옹은 안드레이를 내려다보면서 말했다.

안드레이는 그것이 자기에 대해서 한 말이고, 그것을 말한 사람은 나폴레옹이라는 것을 알아챘다. 그는 이 말을 한 사람이 '폐하'라고 불리는 것을 들었다. 그러나 그는 마치 파리가 윙윙거리는 소리를 듣는 것처럼 그 말을 듣고 있었다. 거기에 흥미를 느끼지 않았을 뿐만 아니라 신경도 쓰지 않고 곧 잊어버리고 말았다. 머리가 타는 듯했다. 그는 자기가 출혈로 쇠약해 가는 것을 느끼고 있었다. 그리고 자기 위에 멀리 드높은, 영원한 하늘을 바라보고 있었다. 그는 이 사람이 나폴레옹—그가 동경하는 영웅이라는 것을 알고 있었다. 그러나 자기의 마음과, 이 구름이 떠 있는 높고 무한한 하늘 사이에서 지금 일어나는 일에 비하면 이때 그에게는 나폴레옹이 너무나 작고 보잘것없는 인간처럼 느껴졌다. 이 순간의 그에게는, 머리 위에 서 있는 것이 누구이건, 자기가 무슨 말을 듣든 지금은 아무래도 좋았다. 다만 그는 자기 머리 위에 사람들이 발길을 멈춘 것이 기뻤다. 그리고 이들이 자기를 돕고, 삶으로 되돌려주기를 바라고 있었다. 그는 이제까지 삶을 전혀 다른 형태로 이해하고 있었기 때문에 그것이 매우 훌륭한 것으로 보였다. 그는 몸을 움직여, 무슨 소리를 내보려고 안간힘을 썼다. 그는 간신히 한쪽 다리를 움직이고, 스스로도 불쌍하게 여겨지는 약하고 괴로운 신음 소리를 냈다.

"아! 살아 있다." 나폴레옹은 말했다. "이 청년을 일으켜서 구호소로 데려가라!"

이렇게 말하고 나폴레옹은 란 원수 쪽으로 말을 다가세웠다. 란은 모자를 벗고 미소를 띠며 승리의 축하를 말하면서 황제 쪽으로 다가왔다.

안드레이는 그 뒤의 일은 아무것도 기억하고 있지 않았다. 그는 흔들리는 들것에 실려 운반되었고, 구호소에서 상처에 검사용 막대를 넣어 조사할 때 엄청난 아픔 때문에 의식을 잃고 만 것이다. 그가 겨우 제정신이 든 것은 이미 해가 진 후로, 그때 그는 부상해서 포로가 된 다른 러시아군 장교들과 함께 병원으로 운반되어 갔다. 이 이동 때에 그는 어느 정도 상쾌한 기분이 들어서 사방을 둘러보기도 하고 말을 할 수도 있었다.

그가 제정신이 들고 나서 처음 들은 말은 성급하게 지껄이는 프랑스군 호송 장교의 말이었다.

"여기 있어야 해. 폐하께서는 곧 지나가실 테니까. 이 포로들을 보시면 기분이 좋으실 것이다."

"오늘의 포로는 마치 러시아군 전체처럼 많은데, 아마 폐하께서도 진절머리를 내실 거야." 다른 장교가 말했다.

"그러나 어쨌든 말이야! 이 사람은 알렉산드르 황제의 전 근위대의 지휘관이라던데." 처음 장교가, 부상한 근위 기병의 흰 군복 차림의 러시아 장교를 가리키며 말했다.

안드레이는 그 사람이 뻬쩨르부르그의 사교계에서 만난 일이 있는 레쁘닌 공작임을 알았다. 그의 곁에는 나란히 19세 가량의 소년이 서 있었다. 그도 역시 부상한 근위 기병 장교였다.

보나빠르뜨는 전속력으로 다가와서 말을 멈추었다.

"누가 최고참인가?" 그는 포로들을 둘러보고 말했다.

대령 레쁘닌 공작이 거명되었다.

"그대는 알렉산드르 황제의 근위 기병 연대장인가?" 나폴레옹이 물었다.

"저는 기병 중대를 지휘하고 있었습니다." 레쁘닌이 대답했다.

"자네 연대는 훌륭하게 의무를 다했어." 나폴레옹이 말했다.

"위대한 장성의 찬사는 병사에 대한 더없는 보답이십니다." 레쁘닌이 대답했다.

"그 찬사를 기꺼이 자네에게 주겠네." 나폴레옹이 말했다. "그 옆에 있는 젊은이는 누구지?"

레쁘닌 공작은 수흐테렌 중위라고 이름을 댔다.

그 중위를 바라보고 나폴레옹은 미소 지으면서 말했다.

"그 젊음으로 용케도 우리에게 대항했군."

"젊음은 용자(勇者)의 방해가 되지 않습니다." 띄엄띄엄 수흐테렌이 말했다.

"훌륭한 대답이다." 나폴레옹은 말했다. "자넨 상당히 출세하겠네!" (수흐테렌은 후에 중장, 시종 장군이 되었다.)

안드레이는 포로라는 전리품이 한층 잘 보이도록 역시 앞쪽, 황제 눈에 띄기 쉬운 곳에 있었기 때문에 그의 주의를 끌지 않을 수 없었다. 나폴레옹은 어쩌면 안드레이를 전장에서 본 것을 상기했는지, 안드레이가 그의 기억에 처음으로 남았을 때의 '젊은이'라는 명칭으로 그에게 말을 걸었다.

"아, 자네였나, 젊은이?" 그는 말하였다. "기분은 어떠시오, 나의 용사?"

5분 전만 해도 안드레이는 자기를 운반해 준 병사에게 두서너 마디 할 수 있었는데 지금은 시선을 골똘히 나폴레옹에게 박은 채 잠자코 있었다…… 그에게는 이 순간, 나폴레옹의 마음을 사로잡고 있던 모든 관심이 실로 부질 없이 여겨지고, 보잘것없는 허영과 승리의 기쁨에 사로잡힌 이 영웅의 모습이, 자기가 보고 이해했던 저 드높고 공평하고 선량한 하늘에 비하면 몹시 시시하게 여겨졌다—그래서 그는 나폴레옹에게 대답을 할 수가 없었다.

뿐만 아니라 출혈로 인한 쇠약, 고통, 죽음을 가깝게 각오했기 때문에 그의 마음 속에 불러일으켜진 준엄하고 장중하게 구성된 생각에 비하면, 모두가 무익하고 쓸모없는 것처럼 여겨졌다. 안드레이는 나폴레옹의 얼굴을 정면으로 보면서, 위대함의 부질없음과 아무도 그 뜻을 이해할 수 없는 삶의 부질없음에 대해서, 그리고 또 살아 있는 자는 누구 한 사람 그 뜻을 이해할 수도, 설명할 수도 없는 죽음이 지니는 삶 이상의 부질없음에 대해서 생각하고 있었다.

황제는 대답을 기다리지도 않고 말 머리를 돌려 돌아가면서 한 지휘관에게 말하였다.

"이 사람들을 잘 돌봐 주고, 내 숙영으로 옮기도록 하게. 시의(侍醫) 라레이로 하여금 이들의 상처를 봐주게 해야지. 그럼 또 만나세, 레쁘닌 공작." 그는 말에 박차를 가하여 전속력으로 앞으로 나아갔다.

그의 얼굴은 자기 만족과 행복에 빛나고 있었다.

병사들은 안드레이 공작을 실어오는 도중, 마리야가 오빠 목에 걸어 준 황금 성상이 눈에 띄어 그것을 그의 몸에서 몰래 벗겨냈었다. 그러나 포로에 대한 황제의 친절한 태도를 보고 병사들은 황급히 그 성상을 되돌려 놓았다.

안드레이는 누가 어떻게 그것을 다시 걸어주었는지 알아채지 못했지만, 어느덧 군복 가슴 위로 가느다란 금줄이 달린 성상이 걸려 있다는 것을 알았다.

'아아, 얼마나 좋을까.' 안드레이는 누이가 정성껏 자기 목에 걸어 준 이 성상을 들여다보면서 생각했다. '마리야가 생각하고 있듯이 모든 것이 간단 명쾌하다면 얼마나 좋을까. 어디에서 이 삶을 살아갈 지주를 구하고, 삶이 끝나면 저쪽, 무덤 저쪽에서 무엇을 각오하면 좋은지 알 수 있다면 얼마나 좋을까. 지금 신이여, 우리를 불쌍히 여기소서 하고 말할 수 있다면 얼마나 나는 행복하고 안심이 될까…… 그러나 난 누구에게 이걸 말할 수 있단 말인가? 그것은 분명치 않은, 파악할 수 없는, 내가 호소할 수 없을 뿐만 아니라 말로써는 표현할 수 없는 힘! —즉 위대한 전(全) 또는 무(無)인가.' 그는 마음 속으로 말하였다. '그렇잖으면 그것은 이 부적 주머니에 마리야가 넣어준 신인가! 내가 알 수 있는 모든 것의 왜소함과, 무엇인지 알 수 없지만 더없이 중요한 그 어떤 것의 위대함 외에는 확실한 것은 아무것도, 아무것도 없다!'

들것이 움직이기 시작했다. 그것이 흔들릴 때마다 그는 다시 견딜 수 없는 아픔을 느꼈다. 고열 상태가 더욱 심해졌다. 그리고 환각이 시작되었다. 아버지, 아내, 누이, 앞으로 태어날 자식에 대한 생각, 그리고 전투 전날 밤에 경험한 평온한 마음, 작달막한 보잘것없는 나폴레옹의 모습, 그리고 이들의 아득히 먼 위에 있는 높은 하늘—그것이 그의 열띤 환상의 중심을 이루고 있었다.

'벌거숭이 산'에서의 조용한 생활과 평온한 가정의 행복도 떠올랐다. 그가 그 행복을 즐기고 있을 때, 느닷없이 저 무관심하고 좁은 세계에 굳어버린, 남의 불행으로 행복한 눈초리를 한 작은 나폴레옹이 나타났다. 그리고 회의와 고민이 시작되어 다만 하늘만이 평안을 약속해 주는 것이었다. 새벽녘에, 모든 생각이 엉크러지고 서로 융합되어 의식 불명과 혼수의 혼돈과 어둠이 되었다. 그것은 나폴레옹의 시의(侍醫) 라레이의 의견에 의하면, 회복보다 오히려 죽음으로 해결될 가능성이 훨씬 많은 상태였다.

"이 사나이는 신경질이고 담즙질이야." 라레이는 말했다. "회복할 수 없어요."

안드레이는 가망이 없는 다른 부상자들과 함께 주민들의 보호에 맡겨졌다.

제2편

제1부

1

1806년 초, 니꼴라이는 휴가를 얻어 집으로 돌아왔다. 데니쏘프도 역시 보로네시의 자기 집으로 간다고 해서, 니꼴라이는 모스크바까지 동행해서 자기 집에서 묵으라고 데니쏘프를 설득하였다. 종착역 바로 전 역에서 친구를 만난 데니쏘프는 그 사나이와 술을 세 병 마신 탓으로, 모스크바가 다가와도 니꼴라이의 발밑, 썰매 바닥에 누운 채 눈을 뜨지 않았다. 니꼴라이는 모스크바에 접근함에 따라 더욱 안절부절못했다.

'아직? 아직인가? 아아, 이 싫증나는 거리, 가게, 빵, 가로등과 대절 마차!' 니꼴라이는 검문소에서 휴가 귀성이라는 것을 적고 모스크바 시내로 들어갔을 때 이렇게 생각했다.

"데니쏘프, 다 왔다! 아직도 자나?" 그는 몸 전체를 앞쪽으로 내밀면서 말하였다. 그렇게 하면 썰매의 속도를 높일 수 있다고 생각한 것 같았다. 데니쏘프는 대답하지 않았다.

"바로 여기가 대절 마차의 마부 자하르가 손님을 기다리던 네거리구나. 아! 저것은 분명히 자하르다. 말도 똑같아. 저것은 진짜 케이크를 팔고 있던 가게다. 아직인가! 속력을 더 내!"

"어느 집이십니까?" 마부가 물었다.

"저기 저 끝에 있는 커다란 집이야. 안 보일 리는 없을 텐데! 저게 내 집이다!" 니꼴라이는 말했다. "분명히 저것이 내 집이다!"

"데니쏘프! 데니쏘프! 곧 도착하네."

데니쏘프는 머리를 들어 기침을 했지만 아무 대답도 하지 않았다.

"드미뜨리." 니꼴라이는 마부석에 앉아 있는 하인에게 말하였다. "저건 우리 집에 켜져 있는 불이겠지?"

"그렇습니다. 아버님 서재에도 불이 켜져 있습니다."

"아직 주무시지 않나? 자네는 어떻게 생각해? 알겠나, 잊으면 안 된다. 새 헝가리식 제복을 꺼내." 니꼴라이는 갓 기르기 시작한 콧수염을 만지면서 덧붙였다. "자, 달려가!" 그는 마부에게 소리쳤다. "어이, 일어나, 데니쏘프." 그는 다시 고개를 떨군 데니쏘프에게 말하였다. "자, 빨리 몰아, 팁으로 은화 3루블이다. 빨리!" 니꼴라이는 이미 썰매가 현관에서 세 집 앞에 이르렀을 때 소리쳤다. 그는 말이 움직이고 있지 않은 것 같은 생각이 들었다. 간신히 썰매는 마차 대는 곳을 향하여 오른쪽으로 돌았다. 니꼴라이는 머리 위에 벽토가 떨어진 낯익은 벽을 보고, 현관의 층층대와, 말을 매는 보도의 기둥을 봤다. 그는 썰매가 멎기도 전에 뛰어내려 현관 홀로 뛰어들었다. 저택은 이제까지와 마찬가지로 무뚝뚝하게 서서 마치 누가 들어오든 아랑곳없다는 듯했다. 현관에는 아무도 없었다. '어떻게 된 거야. 모두들 아무 일 없겠지?' 니꼴라이는 순간 걸음을 멈추면서 이렇게 생각했지만, 곧 그대로 현관을 지나서 낯익은 계단을 올라 앞으로 나아갔다. 백작 부인이 늘 더럽다면서 잔소리를 하던, 역시 낡아 빠진 문의 손잡이가 예나 다름없이 맥없이 열렸다. 현관방에는 양초 한 개가 켜져 있었다.

미하일로 노인은 물건 상자 위에서 자고 있었다. 나들이 때 데리고 다니는 하인으로, 유개 마차 뒤를 넉넉히 들어올릴 만한 장사인 쁘로꼬피는 앉아서 헝겊으로 샌들을 삼고 있었다. 그는 열린 문을 보았다. 그러자 무표정하고 졸린 듯한 표정은 별안간 환희와 놀라움이 어린 빛으로 변했다.

"아이구머니나! 백작 도련님!" 그는 젊은 나리임을 알아채고 소리쳤다. "대체 이건 어떻게 된 겁니까요? 도련님이 돌아오시다니!" 그는 흥분으로 몸을 떨면서 객실로 통하는 문 쪽으로 뛰어갔다. 아마도 여러 사람에게 알려주려고 한 것이었지만 다시 마음을 고쳐먹은 듯 되돌아와서 젊은 나리에게로 다가왔다.

"다들 잘 있나?" 니꼴라이는 물었다.

"덕택에! 모두 덕택에! 방금 식사를 드셨습니다! 얼굴 좀 보여 주십시오, 나리!"

"정말 모두들 별일 없지?"

"네, 덕택으로!"

니꼴라이는 데니쏘프를 완전히 잊어버리고, 누구한테도 자기가 돌아온 것을 알리지 못하게 한 다음 모피 외투를 벗고 발끝으로 어두운 큰 객실로 들어갔다. 모든 것이 여전했다─같은 카드 게임 테이블, 커버를 씌운 샹들리에, 그러나 누군가가 벌써 젊은 나리 모습을 발견하고, 그가 객실에 채 뛰어들기도 전에, 무엇인가가 폭풍처럼 옆문에서 튀어나와서 껴안고 그에게 키스하기 시작했다. 그리고 제2, 제3과 같은 것이 제2, 제3의 문에서 튀어나왔다. 다시 포옹, 다시 키스, 다시 외치는 소리, 다시 기쁨의 눈물. 니꼴라이는 어디에 있는 누가 아버지인지, 누가 나따샤인지, 누가 뻬쨔인지 분간할수가 없었다. 일동이 일시에 외치고, 얘기를 하고, 그에게 키스했다. 다만어머니만이 그 안에 없었다─그것은 그도 알고 있었다.

"아니, 나는 몰랐어…… 니꼴라이 형!"

"돌아왔군요…… 변했어요! 빨리 초를 켜! 차를 내와!"

"나한테 키스해줘요!"

"나한테도."

쏘냐, 나따샤, 뻬쨔, 도르베쯔꼬이 공작 부인, 베라, 노백작이 그를 껴안았다. 그리고 하인과 하녀들도 방 안에 가득히 모여들어 그것을 보고 무엇인가 말하기도 하고, 어머나! 하고 감탄하기도 하였다.

뻬쨔는 니꼴라이의 두 다리에 매달렸다.

"내게도 키스해 줘!" 그는 소리쳤다.

나따샤는 니꼴라이를 자기 쪽으로 몸을 구부리게 하여 온 얼굴에 키스를퍼붓고는, 그의 헝가리풍 제복 자락을 잡은 채 염소처럼 같은 곳에서 깡충깡충 뛰면서 소리를 질렀다.

사방에 기쁨의 눈물로 빛나는 애정 어린 눈이 있었다. 사방에서 키스를 바라는 입술들이 있었다.

쏘냐는 빨개진 얼굴로 역시 그의 손을 잡은 채 온몸이 빛에 싸인 것처럼, 행복이 넘치는 눈초리로 니꼴라이의 눈을 물끄러미 바라보면서 그의 눈이 자기에게로 향하기를 기다리고 있었다. 쏘냐는 이미 열여섯 살이 되어 몹시아름다웠다. 이 행복과 환희와 활기에 넘친 순간에는 특히 그러했다. 그녀는 눈을 떼지 않고 미소를 머금고 숨을 죽이며 그를 바라보고 있었다. 니꼴라이는 감사의 눈으로 그녀를 흘끗 바라보았으나 여전히 누군가를 기다리고 찾고 있었다. 노백작 부인이 아직 나오지 않은 것이다. 그때 문간에 발소리가 들렸다. 그 발소리는 너무 빨라서 어머니의 발소리라고는 도저히 여겨지지 않았다.

그러나 그것은 역시 어머니였다. 어머니는 그가 없을 때 맞춘, 니꼴라이가 본 적 없는 새 옷을 입고 있었다. 모두들 니꼴라이로부터 떨어져 있었으므로 그는 어머니 쪽으로 달려갔다. 두 사람이 만나자, 어머니는 큰 소리로 울면서 그의 가슴에 쓰러졌다. 그녀는 얼굴을 들지 못하고, 아들의 헝가리풍 군복의 차가운 장식끈에 얼굴을 대고 있을 뿐이었다. 아무도 알아채지 못하는 동안에 방 안에 들어선 데니쏘프는, 거기 선 채 그들을 바라보면서 자기 눈을 닦고 있었다.

"바씰리 데니쏘프입니다. 자제님의 친구입니다." 그는 자기를 의아스러운 눈으로 바라보고 있던 백작에게 자기 소개를 하면서 말했다.

"참 잘 오셨소이다. 잘 알고 있소이다. 잘 알고 있소이다." 백작은 이렇게 말하고, 데니쏘프에게 키스하고 껴안으면서 말했다. "우리 집 아이도 편지로 알려 왔습니다…… 나따샤, 베라, 바로 이분이 데니쏘프 씨다."

다들 행복스러운, 기뻐 어쩔 줄 모르는 여러 얼굴이 데니쏘프의 텁수룩한 모습을 향하고 그를 둘러쌌다.

"잘 오셨어요, 데니쏘프 씨!" 나따샤는 기쁜 나머지 제정신을 잃고 이렇게 소리치며, 그의 옆으로 달려가서 그를 껴안고 키스했다. 일동은 나따샤의 행동에 당황했다. 데니쏘프도 얼굴을 붉혔지만 빙그레 미소짓고 나따샤의 손을 잡아 키스했다.

데니쏘프는 그를 위하여 준비된 방으로 안내되고, 로스또프네 사람들은 니꼴라이를 둘러싸고 휴게실에 모였다.

노백작 부인은 아들 손을 놓지 않고 끊임없이 그의 손에 키스하면서 옆에 앉아 있었다. 다른 사람들은 이 두 사람 둘레에 모여 그 동작, 말, 눈초리 하나하나를 놓칠세라, 기쁨과 사랑에 넘치는 눈을 그에게서 떼지 않았다. 동생들은 될 수 있는 대로 니꼴라이에게 가까운 자리를 뺏으려고 서로 다투고, 그에게 차와 손수건, 파이프를 가져오는 일로 서로 다투고 있었다.

니꼴라이는 자기에게 쏟아지는 이 애정에 자못 행복을 느꼈다. 그러나 자기를 맞이한 첫 순간이 너무나도 행복에 넘치는 것이었기 때문에 지금의 자기 행복이 사소한 것처럼 여겨졌다. 그리고 그는 끊임없이 더욱더 그 무엇인가를 기다리고 있었다.

이튿날 두 사람은 여독이 풀리지 않아 10시 가까이까지 잤다.

앞방에는 사벨, 배낭, 가죽 주머니, 열린 채로 있는 트렁크, 흙투성이 장화 등이 흩어져 있었다. 깨끗이 닦은 박차가 달린 장화 두 켤레는 방금 벽 옆에 가져다 놓은 참이었다. 하인들이 운반용 세면기, 면도용 더운 물, 깨끗하게 솔질한 양복을 가져왔다. 방 안에는 담배와 사내 냄새가 풍기고 있었다.

"이봐, 리쉬까, 파이프를 이리 줘!" 데니쏘프의 쉰 소리가 외쳤다. "로스또프, 일어나게!"

니꼴라이는 달라붙은 두 눈을 비비면서 헝클어진 머리를 뜨거운 베개에서 쳐들었다.

"왜 그러나, 늦었나?"

"늦었어요, 10시예요." 나따샤의 소리가 대답했다. 그리고 옆방에서는 풀을 먹인 옷의 살랑거리는 소리와, 아가씨들의 속삭이고 낄낄거리는 소리가 들렸다. 약간 열린 문 틈에서는 무엇인가 하늘색을 한 것과, 리본, 검은 머리, 그리고 즐거운 듯한 얼굴들이 어른거리고 있었다. 그것은 나따샤와 쏘냐, 뻬쨔가 그들이 일어났는가 알아보러 온 것이다.

"니꼴라이 오빠, 일어나요!" 다시금 문가에서 나따샤의 소리가 들렸다.

"곧 일어난다!"

그때 뻬쨔는 앞방에서 사벨을 발견하여 손에 쥐었다. 그리고 씩씩한 형의 모습을 본 사내아이가 느끼는 감격을 맛보면서, 옷을 입지 않은 남자를 누나들이 보면 점잖지 못한 일이 된다는 것도 잊어버리고 문을 열었다.

"이거 형의 사벨이야?" 그는 소리쳤다. 소녀들은 뒤로 물러섰다. 데니쏘프는 놀란 눈으로 도움을 청하듯이 친구 쪽을 바라보면서 털투성이의 두 다리를 모포 속에 감추었다. 문은 뻬쨔를 통과시키자 곧 다시 닫혔다. 문 밖에서 웃음소리가 들렸다.

"니꼴라이 오빠, 가운을 입고 나오세요." 나따샤의 목소리가 말하였다.

"이거 형의 사벨이야?" 뻬쨔가 물었다. "그렇잖으면 아저씨 거야?" 그는 비굴할 정도로 존경심을 가지고 검은 콧수염의 데니쏘프를 향해 말하였다.

니꼴라이는 급히 신을 신고, 가운을 걸치고 나왔다. 나따샤는 박차가 달린 장화를 한 쪽만 신고 또 한 쪽에 발을 넣으려고 하는 참이었다. 쏘냐는 빙빙 돌면서 옷자락을 풍선처럼 부풀리고 주저앉으려고 했다. 그때 니꼴라이가 나왔다. 두 사람은 새로 같이 지은 하늘색 옷을 입고 있었다. 활기차고 혈색 좋은 얼굴은 즐거워 보였다. 쏘냐는 달아났지만 나따샤는 오빠 손을 잡고 휴게실로 데리고 가서 이야기를 나누었다. 그들은 자기네에게만 흥미가 있는, 수없이 많은 조그마한 일들에 관해서 서로 물어보고 대답하며, 아무리 얘기를 해도 그칠 줄 몰랐다. 나따샤는 오빠와 자기가 얘기하는 한 마디 한 마디에 소리내어 웃었지만, 그건 두 사람의 얘기가 우습기 때문이 아니라 마음이 즐겁고, 웃음으로 나타나는 자기의 기쁨을 억제할 수가 없었기 때문이다.

"아아, 훌륭해, 굉장해!" 그녀는 무엇에나 이렇게 덧붙였다. 니꼴라이는 이 나따샤의 뜨거운 사랑의 빛을 받아 1년 반 만에 비로소, 집을 나간 후 한 번도 지어 보지 못했던 앳된 미소가 마음에도 얼굴에도 퍼져가는 것을 느꼈다.

"저 말예요, 내 말 좀 들어봐." 그녀는 말했다. "오빤 이젠 완전히 어른 아녜요? 난 정말 기뻐요, 이런 오빠가 있어서." 그녀는 오빠의 콧수염을 만졌다. "난 오빠들 같은 남자란 어떤 사람인지 알고 싶어요. 우리들과 같을까?"

"다르지. 쏘냐는 왜 달아났지?" 니꼴라이가 물었다.

"그래요, 여러 가지 까닭이 있어요! 오빠는 쏘냐에게 어떤 말투를 쓸 거예요? 너? 아니면 당신?"

"그야, 때에 따라서지." 니꼴라이가 말했다.

"그녀한테 당신이라고 해 주세요. 이유는 이따 얘기할게요."

"왜 그러지?"

"좋아요, 그럼 지금 말하겠어요. 쏘냐가 내 친구라는 것쯤은 오빠도 알고 계시죠? 그녀를 위해서라면 손가락도 지질 만한 사이예요. 자, 보세요." 그녀는 자기 소매를 걷어올려 길고 여윈 화사한 팔을 보였다. 팔꿈치보다 훨씬 위, 어깨 바로 아래(무도회용 드레스로 감춰지는 곳)에 빨갛게 된 얼룩이 있었다.

"이거, 내가 그녀에게 사랑의 증거를 보이느라고 지진 거예요. 다만 쇠자를 불에 넣었다가 그것을 댔을 뿐이지만."

자기의 옛날 공부방에서 팔걸이에 작은 쿠션을 얹은 소파에 앉아서, 앞뒤 가리지 않는 신바람이 난 나따샤의 눈을 바라보고 있는 동안에, 니꼴라이는 가정적인, 어린이다운 세계로 다시 한 번 빠져들었다. 그것은 그 자신 외에는 아무런 뜻도 없는 것이었지만, 그에게는 인생 최고의 즐거움 하나를 주는 것이기도 했다. 그리고 사랑을 보여 주기 위해서 자로 팔을 지졌다는 것도 그에게 공연한 일 같지가 않았다. 그 기분을 그는 잘 알 수 있었으므로 별로 놀라지 않았다.

"그래, 그게 어떻다는 거지? 그것뿐인가?" 그가 물었다.

"그래요, 그만큼 우린 친해요, 그만큼 친하다는 얘기예요! 하지만 그런 건 시시한 일이에요—자로 지진다는 건. 그렇지만 우리들은 언제까지나 친구예요. 그녀는 누군가를 좋아하게 되면 언제까지나 그대로예요. 그렇지만 난 그런 거 몰라요. 나는 곧 잊어버릴 거예요."

"그래, 그게 어쨌다는 거지?"

"그래요, 그만큼 그녀는 나와 오빠 좋아하고 있어요." 나따샤는 별안간 얼굴을 붉혔다. "오빠, 기억하고 계시죠? 출발하기 전에…… 그래서 그녀는 말하고 있어요, 오빠가 그 일을 다 잊었으면 좋겠다고요…… 그녀는 이렇게 말했어요—난 그분을 언제까지나 사랑하지만, 그분을 자유롭게 해 드리고 싶다고요. 정말 훌륭하잖아요, 고상하지 않아요? 네, 그렇잖아요! 참 고상하죠? 네?" 나따샤가 매우 진지하게 흥분해서 물었기 때문에, 니꼴라이는 그녀가 지금 하고 있는 말을 이전에 두 사람이 눈물을 머금고 주고받은 일이 있었다는 것을 알았다. 니꼴라이는 생각에 잠겼다.

"난 무슨 일이든 간에, 일단 한 말은 취소하지 않는다." 그는 말했다. "그리고 쏘냐는 그토록 매력이 있는 사람이니까, 자기 행복을 버리는 그런 바보는 아냐."

"아녜요, 아녜요." 나따샤는 소리쳤다. "그 얘기라면, 난 벌써 그녀와 얘기했어요. 오빠가 그렇게 말하실 거라고 알고 있었어요. 그렇지만 그러면 안 된단 말예요. 왜냐하면, 아시겠어요? 만약 오빠가 그런 식으로 말해서—자기는 그 말로 속박을 받고 있다고 생각한다면 그녀가 일부러 그렇게 말한 것이 돼버려요. 오빠는 할 수 없이 그녀와 결혼하게 되어, 전혀 이상한 일이 되어버려요."

니꼴라이는 두 사람이 이런 일들을 잘 생각한 끝에 결정한 것이라는 것을 알아챘다. 쏘냐는 어제도 그 아름다움으로 니꼴라이의 마음을 흔들었다. 오늘도 흘끗 봤을 뿐이지만 그는 더욱 아름답게 생각되었다. 그녀는 아름다운 16세 소녀로 분명히 자기를 열렬히 사랑하고 있다(그는 이것을 조금도 의심하지 않았다). 내가 그녀를 사랑해서는 안 되며 결혼도 해서는 안 된다고 생각할 이유는 하나도 없다고 니꼴라이는 생각하였다. 그러나 지금은 아니다. 지금은 그 밖에 할 일이 많이 있다. '분명히 그들은 참 좋은 일을 생각했어.' 그는 생각하였다. '자유인 채로 있어야 한다.'

"그것에 대해 할 말은 없다." 그는 말했다. "나중에 얘기하지. 널 만나 참 기쁘다!" 그는 덧붙였다. "그런데, 넌 어떠냐? 보리스에 대한 마음은 변하지 않았니?" 오빠가 물었다.

"어머, 그런 바보 같은 소리!" 나따샤는 웃으면서 소리쳤다. "그이건 누구건, 나는 생각하고 있지도 않고 알고 싶지도 않아요."

"흥, 그래! 그럼 넌 어떻게 한다는 거냐?"

"나요?" 나따샤는 되물었다. 그러자 행복스러운 미소가 그녀의 얼굴에 활짝 피었다. "뒤뽀르를 만난 적 있어요?"

"아니."

"유명한 뒤뽀르를, 그 무용가를 만난 적이 없어요? 그럼, 오빠 아실 리가 없어요. 난 말이에요, 바로 이래요." 나따샤는 양손으로 동그라미를 그리고, 춤출 때처럼 자기 스커트 자락을 잡아올리고는, 두어 발짝 뛰어가서 휙 몸을 돌려 안뜨라샤(가벼운 도약)를 하고, 발과 발을 마주치고, 발끝으로 서서 두어 발짝 걸었다. "봐요, 섰죠?" 그녀는 이렇게 말했지만, 발끝으로 몸을 지탱하지 못했다. "자, 난 대충 이래요! 아무한테도 시집가지 않고, 무용가가 되겠어요. 다만, 누구한테도 말하지 마세요."

니꼴라이는 데니쏘프까지 자기 방에서 듣고 부러워할 정도로 큰 소리로 쾌활하게 웃었다. 나따샤도 참지 못하고 오빠와 함께 웃었다. "참 근사하죠?" 그녀는 여전히 말을 이었다.

"근사해. 그럼, 이젠 보리스한테 시집갈 생각은 없는 거냐?"

나따샤는 얼굴이 빨개졌다.

"난 아무한테도 시집가고 싶지 않아요. 이번에 만나면 그이한테 말해 줄 작정이에요."

"그래?" 니꼴라이는 말했다.

"뭐 어때요? 이런 건 다 시시하니까요." 나따샤는 계속 지껄였다. "그런데 그 데니쏘프라는 분은 좋은 사람이에요?" 그녀는 물었다.

"좋은 사람이지."

"그래요? 그럼 이따가 봐요. 옷을 갈아입으세요. 정말 그 분은 무서운 사람 아니죠?"

"무섭다니, 왜 그러지?" 오빠는 물었다. "아냐, 바시까는 훌륭한 사람이야."

"오빠 그 분을 바시까라고 부르세요? …… 이상해요. 그래, 어때요? 정말 좋은 사람이에요?"

"참 좋은 사람이지."

"그럼 차를 드시러 빨리 오세요. 다들 같이."

나따샤는 발끝으로 일어나서 무용가같은 몸가짐으로 방에서 나갔지만, 그녀의 얼굴에 나타난 미소는 역시 15살 난 행복한 소녀의 미소였다. 니꼴라이는 쏘냐와 객실에서 만나자 얼굴을 붉혔다. 그는 어떻게 그녀를 대하면 좋을지 몰랐다. 어제는 재회의 첫 순간에 기쁨으로 키스를 나누었지만, 오늘은 그렇게 할 순 없다는 것을 두 사람은 느끼고 있었다. 모두, 어머니도, 누나도, 누이동생도 묻는 듯이 자기를 바라보고 자기가 쏘냐에게 어떤 태도를 취하는가 기대하고 있는 것 같았다. 그는 그녀 손에 키스하고, 그녀를 당신—쏘냐 양이라고 불렀다. 그러나 두 사람의 눈이 마주치자, 서로 연인처럼 말을 하고 키스를 교환했다. 쏘냐는 자기가 나따샤를 통해서 그에게 옛날 약속을 염치없게 회상하게 한 것을 용서해 달라고 눈으로 부탁하고 그의 애정에 눈으로 감사했다. 니꼴라이는 그녀가 자유를 준다고 제의한 데에 대해 눈으로 감사하고, 그런 말을 듣던 듣지 않던 결코 당신을 사랑하는 것을 그만 두지 않겠으며 그 까닭은 도저히 당신을 사랑하지 않을 수 없기 때문이라고 눈으로 말하였다.

"그렇지만 참 이상해요." 베라가 모두 입을 다문 순간을 이용하여 말했다. "이번에 만난 뒤로 쏘냐와 니꼴라이가 서로 당신이라고 부르며 서먹해 하고 있어요."

베라의 말은, 늘 그녀의 말이 그러했듯이 옳은 말이었다. 그러나 그녀의 대개의 의견과 마찬가지로 모두를 쑥스럽게 만들었다. 쏘냐, 니꼴라이, 나따샤뿐만 아니라, 아들로부터 좋은 혼담을 빼앗을지도 모르는 쏘냐와 아들의 연애를 두려워하고 있는 노백작 부인까지도 소녀처럼 빨개졌다. 한편 데니쏘프는 새 제복 차림에 포마드를 바르고 향수 냄새를 풍기며, 전장에 나갈 때와 마찬가지로 멋을 내고 객실에 나타나 니꼴라이를 놀라게 했다. 그는 지극히 상냥한 기사처럼 여자들을 대했는데, 그런 그의 모습은 니꼴라이에게는 꿈에도 생각지 않았던 일이었다.

2

군대에서 모스크바로 돌아오자 니꼴라이는 집안 사람들로부터는 더없는 훌륭한 아들로서, 영웅으로서, 아무리 보아도 싫증이 나지 않는 니꼴라이로서 환영을 받았다. 친척들로부터는 매력이 있고, 인상이 좋고, 동작이 정중한 젊은이로서 환영을 받았고, 아는 사람으로부터는 미남의 경기병 중위로, 춤의 명수로, 모스크바 최고 신랑 후보의 한 사람으로서 환영을 받았다.

로스또프네의 교제 범위는 모스크바 전역에 걸쳐 있었다. 금년, 노백작은 영지를 모두 저당잡혔기 때문에 돈이 많이 있었다. 그래서 니꼴라이 도련님은 자기 전용 말과, 아직 모스크바에서는 아무도 입고 있지 않은 최신 유행의 특별 승마 바지와, 끝이 몹시 가늘고 조그마한 은으로 만든 박차가 달린 최신 유행의 장화를 사들여 몹시 즐거운 시간을 보내고 있었다. 니꼴라이는 집에 돌아온 후, 옛날의 생활 환경에 익숙해질 때까지 얼마간의 시간이 지나자 쾌적한 기분이 되었다. 그는 자기가 꽤 어른이 되어 성장한 것 같은 기분이 들었다. 종교 교리 시험에 불합격했을 때 실망한 일, 하인 가브릴라한테서 마차 삶을 꾼 일, 쏘냐와 숨어서 키스한 일—그러한 모든 일이 이제는 아득히 먼 어린애다운 일로 회상되었다. 지금 그는 모피로 깃을 대고 가슴에 끈 장식이 달린 은색 상의를 입은, 병사용이지만 게오르기 훈장을 달고 있는 경기병 중위이며, 발이 빠른 말을 훈련시키고 존경을 받는 상당한 연배의, 승마를 좋아하는 유명한 사람들과 함께 지내고 있었다. 그는 밤이 되면 가로수 거리에 사는 아는 귀부인을 찾아갔다. 그는 아르하로프네의 무도회에서는 마주르카(폴란드의 경쾌한 무용)의 지휘도 하고, 까멘스끼 원수와 전쟁 이야기를 나누며, 영국 클럽에 출입도 하고, 데니쏘프가 소개한 사십 연배의 어느 대령하고는 너, 나 하는 숙친한 교제를 하고 있었다.

황제에 대한 그의 심취는 모스크바에 온 후 황제를 만나지 않았기 때문에 어느 정도 식었다. 그러나 그는 여전히 황제에 대한 일, 자기가 황제를 경모(敬慕)한다는 것을 이야기하고, 그래도 아직 자기는 모든 것을 다 이야기한 것은 아니며, 황제에 대한 자기의 기분에는 누구나 이해한다고 여길 수 없는 그 무엇이 있다고 상대방으로 하여금 느끼게 하는 것이었다. 그리고 당시 모스크바에서는 '천사의 화신'이라는 별명을 바쳐 알렉산드르 황제를 경모하고 있었는데, 니꼴라이도 마음으로부터 모두와 그 기분을 나누고 있었다.

니꼴라이가 군대로 돌아갈 때까지 모스크바에 머문 이 짧은 기간에 그는 쏘냐와의 사이가 깊어지기는커녕 그와는 반대로 멀어지고 말았다. 그녀는 몹시 아름답고 귀엽고 또 그를 열렬하게 사랑하고 있는 것은 분명했다. 그러나 그는 이런 일에 관여할 틈이 없을 정도로 할 일이 많이 있다고 여겨지는 청춘의 한 시기에 있었다. 더욱이 젊은이는 자기를 속박하는 것을 싫어 하는, 즉 다른 여러 가지 일에 필요한 자유를 소중히 하는 법이다. 이 모스크바 체재 중에 그는 쏘냐의 일을 생각하고는 자신에게 이렇게 말하는 것이었다. '그 정도의 여자는 얼마든지 있다. 어딘가 다른 곳에도 내가 모르는 여자가 많이 있다. 앞으로도 시간은 충분하며, 사랑을 하고 싶다면 언제든지 마음껏 할 수 있다. 그러나 지금은 그럴 겨를이 없다.' 더구나 그는 여자와의 교제는 어딘지 모르게 남자로서의 품격이 깎인다는 생각이 들었다. 그는 무도회나 여자들 모임에 나가기도 하였으나 그때는 언제나 마지못해서 하는 시늉을 했다. 경마, 영국 클럽, 데니쏘프와의 술자리, 그리고 거기에 가는 일―그것은 별개의 일이었다. 그것은 잘나가는 경기병에게 어울리는 일이었다.

3월 초, 노백작 일리야 로스또프는 바그라찌온 공작 환영을 위해 영국 클럽에서 개최하는 만찬회 준비에 골몰하고 있었다.

백작은 가운을 입은 모습으로 객실을 왔다갔다 하며, 클럽 사무장과 페옥치스트라고 하는 영국 클럽의 유명한 요리장에게 바그라찌온 공작의 환영 만찬회에 쓸 아스파라거스나 신선한 오이, 딸기와 송아지 고기, 생선에 관한 지시를 하고 있었다. 백작은 클럽 창설 이래의 회원이자 간사였다. 그는 바그라찌온 환영 축하회의 준비를 클럽으로부터 부탁받았다. 왜냐하면 백작만 큰 호화롭게, 세심한 배려로 환영연의 메뉴 준비를 훌륭하게 해낼 사람이 없었기 때문이고, 특히 연회 준비에 필요하다면 자기 돈을 쓸 수 있는 사람, 자진해서 쓰려는 사람이 드물었기 때문이다. 요리장과 사무장은 즐거운 표정으로 백작의 지시에 귀를 기울이고 있었다. 왜냐하면 백작 이외의 그 누구 아래에서 일을 한다고 해도 수천 루블이나 드는 만찬회를 개최해서 좋은 돈벌이를 할 수 없다는 것을 알고 있었기 때문이다.

"알겠나, 세리를 톨체(거북 껍데기에 닮은 요리)에 넣는 거야. 알겠지!"

"그렇게 되면 차가운 요리가 셋이 되겠군요?……." 요리장이 물었다.

백작은 생각에 잠겼다.

"그보다 적으면 안 돼, 셋이다…… 마요네즈 것으로 하나." 그는 손가락을 꼽으면서 말했다.

"그럼 철갑상어는 큰 걸 구하라는 말씀이군요?" 사무장이 물었다.

"깎아 주지 않는다면 할 수 없지. 사오게. 아, 참, 하마터면 잊을 뻔했군. 또 하나 다른 앙트레(생선과 고기 사이에 나오는 요리)를 내놔야 해. 아차!" 그는 양손으로 머리를 감쌌다. "꽃은 누가 갖다 주지? 드미뜨리 군, 지금 빨리 교외에 갔다와 주지 않겠나?" 부름을 받고 들어온 지배인에게 그는 말했다. "교외로 빨리 가서 정원사 마끄심카에게 일꾼들을 모아 온실 꽃을 몽땅 펠트에 싸서 이리 가져오도록 말하게. 그리고 금요일까지 여기로 화분을 200개 보내도록 말이야."

또 이것저것 지시를 하고, 그는 좀 쉬기 위해 아내의 방으로 가려고 했지만, 또 볼일을 생각하고 돌아와서 요리장과 관리인을 불러 다시 지시하기 시작했다. 그러자 문간에서 경쾌한 남자의 발소리와 찰각거리는 박차 소리가 들리고, 모스크바의 평온한 생활로 피로를 회복하고 영기(英氣)를 찾은 듯한, 아름답고 혈색이 좋은 거무스름한 콧수염을 기른 젊은 백작이 들어왔다.

"아아, 너냐! 어찌나 바쁜지 눈코 뜰 새가 없구나." 노백작은 아들 앞에서 멋쩍은 듯이 미소지으면서 말했다. "최소한 너라도 도와주었으면 하는데! 또 노래를 부를 친구들이 필요하지 않을까? 악대는 집에 있지만 집시를 부르는 것이 좋을까? 너희들 군인은 그걸 좋아하니까 말이야."

"아버지, 사실 바그라찌온 공작이 쉔그라벤 전투 준비를 했을 때도 지금의 아버지만큼 고생을 하시지 않았다고 생각해요." 아들은 미소지으면서 말했다.

노백작은 짐짓 화가 난 체하였다.

"글쎄, 이치를 따지려거든 네가 직접 해 보렴!"

그리고 백작은, 영리한 듯한 정중한 표정과 날카로운 관찰력으로 상냥하게 부자를 바라보고 있는 요리장에게 말하였다.

"젊은 사람은 이렇다니까, 여봐, 페옥치스트!" 그는 말했다. "우리 같은 노인을 놀리고 웃고 있어."

"할 수 없습니다, 나으리. 젊은 분들은 그저 잔뜩 잡수시면 되며, 여러 가지 것을 어떻게 모아서 식탁에 내놓는가 하는 것은 젊은 사람들에게는 관계 없는 일로……."

"하기야 그렇지!" 백작은 소리쳤다. 그리고 유쾌한 듯이 아들의 두 손을 잡고 또 소리쳤다. "그럼 한 가지 부탁하자. 네가 스스로 이런 곳으로 들어 왔으니까 말이야! 지금 바로 두 필의 말이 끄는 썰매를 타고 베주호프에게 가서 말해다오. 일리야 로스또프 백작의 심부름으로 신선한 딸기와 파인애 플을 가지러 왔다고 말이야. 이것은 다른 데서 구할 수가 없거든. 만약 본인 이 집에 없거든, 공작 딸들한테 가서 부탁해라. 그리고 그 길로 곧 라즈그랴 이 거리로 가 다오—길은 마부 이빠뜨까가 잘 알고 있다—거기서 집시 일 류시까를 찾아내는 거다. 바로 언젠가 오를로프 백작 집에서 춤을 추었던 친 구다, 기억하고 있겠지? 하얀 까자크 옷을 입고 춤춘 자다. 그를 찾으면 여 기, 우리 집으로 데리고 와."

"집시 여자들도 같이 데려오는 건가요?" 니꼴라이는 미소지으면서 물었다.

"이 녀석, 무슨 말을 하는 거야!"

이때 발소리도 내지 않고 보기에 일꾼다운 걱정스러운 얼굴로, 그러나 한 시도 가시지 않는 그리스도교도다운 온화한 얼굴로 도르베쯔꼬이 백작 부인 이 방으로 들어왔다. 공작 부인은 가운을 입은 백작을 매일 보는데도 그때마 다 백작은 그녀를 만나면 얼굴을 붉히고 옷차림에 대한 양해를 비는 것이었 다. 지금도 그는 그렇게 하였다.

"괜찮습니다, 백작님." 그녀는 온건하게 눈을 감으면서 말했다. "베주호프 댁엔 제가 갔다 오겠습니다." 그녀는 말했다. "젊은 백작이 와 계시니까 지 금이라면 온실에 있는 것은 무엇이든지 얻을 수 있어요, 백작님. 나도 그분을 만나볼 일이 있고요. 그분은 저에게 보리스의 편지를 보내주었어요. 덕택으로 그 아이는 지금 사령부 소속이 되어 있습니다."

백작은 도르베쯔꼬이 공작 부인이 자기 일의 일부를 맡아준 것을 기뻐하고, 그녀를 위해서 소형 유개 마차에 말을 매라고 분부했다.

"공작 부인, 삐에르 군한테도 오도록 말해 주시오. 자리는 내가 잡아 둘 테니까. 그런데, 엘렌을 데리고 오실 건가요?" 그는 물었다.

도르베쯔꼬이 공작 부인은 눈을 들었다. 그녀의 얼굴에는 깊은 슬픔의 빛이 떠올랐다.

"아아, 백작님, 그이는 몹시 불행합니다." 그녀가 말했다. "만약에 우리들이 들은 소문이 사실이라면 실로 무서운 일이에요. 우리가 그이의 행복을 그렇게 기뻐했던 무렵에는 생각할 수도 없었던 일입니다. 그것도, 그렇게 훌륭하고 천사 같은 마음씨의 그이가, 저 젊은 베주호프 백작이! 그래요, 난 진심으로 불쌍한 생각이 들어 되도록 위로해 드리려고 생각하고 있어요."

"도대체 어떻게 된 겁니까?" 로스또프 부자는 동시에 물었다.

도르베쯔꼬이 공작 부인은 긴 한숨을 쉬었다.

"돌로호프가, 마리야 이바노브나의 자제가 말이에요." 그녀는 자못 비밀인 양 속삭이듯 말했다. "엘렌 양의 평판을 못쓰게 만들었다는 거예요. 젊은 베주호프 백작이 돌로호프를 뻬쩨르부르그에서 자기 집에 초대했어요. 그런데 …… 엘렌이 모스크바로 오자 앞뒤를 가리지 않는 그 남자도 뒤를 따라와서" 도르베쯔꼬이 공작 부인은 삐에르에 대한 동정을 나타내려고 이렇게 말했지만, 저도 모르는 사이에 입 밖에 내는 어조나 살짝 띠는 미소 속에, 오히려 그녀가 말하는 난폭자에게 동정을 나타내고 있었다. "삐에르 자신은 완전히 비탄에 잠겨 있다는 거예요."

"아무튼 클럽에는 꼭 오도록 말해주십시오. 기분이 한층 나아질 거예요. 워낙 대단한 연회니까요."

이튿날 3월 3일 오후 2시 전, 영국 클럽 회원 250명과 초대객 50명이 오늘의 귀빈이며 오스트리아 원정의 영웅인 바그라찌온 공작이 만찬회에 나타나는 것을 기다리고 있었다. 아우스터리츠 전투의 보도를 받고 나서 처음에는 모스크바에서는 반신반의했다. 당시 러시아 사람들은 너무나 승리에 익숙해져 있었으므로 패전의 소식을 받자 아예 믿지 않는 자도 있었고, 또 이와 같은 기묘한 사건에는 무엇인가 이상한 원인이 있을 것이라고 해석하기도 했다. 정확한 정보와 영향력이 큰 명사들이 다 모여드는 영국 클럽에서는, 보도가 도착하기 시작한 12월에는 전쟁이나 최후의 전투에 대해서는 전혀 화제에 올리지 않고, 마치 모두가 그 일에 대해서는 침묵하기로 약속이라도 한 것 같았다. 대화의 방향을 정하는 사람들, 즉 라스또쁘친 백작, 돌고루끼 공작, 발루에프, 마르꼬프 백작, 뱌젬스끼 공작은 클럽에 나타나지 않고 집에서 극히 친한 사람들과 모여 있었다. 그리고 남의 말을 흉내내어 지껄이는 모스크바내기들(일리야 로스또프도 그 중 한 사람이었다)에게는 얼마 동안 전쟁에 관해 판단을 정해주는 사람도, 이를 이끌어 주는 사람도 없는 상태였다. 모스크바내기들은 무엇인가 잘 되어가지 않는 일이 있는 듯한데 좋지 않은 보도를 논의하는 것은 안 좋으므로 가만히 있는 것이 좋다고 느끼고 있는 것 같았다. 그러나 얼마 후, 배심원이 협의실에서 나오는 것처럼 클럽의 의견을 지배하는 높은 분들이 다시 모습을 나타내자, 모두가 헤매지 않고 내놓고 이야기를 시작하였다. 러시아군이 격파되었다는 믿기 어렵고 들어본 일도 없는, 있을 수 없는 사건의 원인이 발견되어 모든 것이 명백해지고, 모스크바 도처에서 같은 얘기가 오가게 되었다. 그 원인은 오스트리아군의 배반, 군의 식량 부족, 폴란드 사람 쁘르제브이세프스끼와 프랑스 사람 랑쥬롱의 배반, 꾸뚜조프의 무능(남몰래 얘기된 것이지만), 바보 같은 보잘것없는 인간들을 신용한 황제의 젊음과 경험 부족 등이었다. 그렇지만 러시아군대는, 모두가 말한 바에 의하면 뛰어났으며 기적과 같은 용감성을 발휘했다. 병사도, 장교도, 장군도 다 영웅이었다. 그러나 영웅 중의 영웅은, 예의 셴그라벤 전투와 아우스터리츠 전투로부터의 철퇴로 용명을 떨친 바그라찌온으로, 아우스터리츠 전투에서는 오직 혼자서 군단의 질서를 흐트러뜨리지 않고 유도하여 두 배나 되는 적의 병력을 온종일 격퇴했던 것이다. 바그라찌온이 모스크바에서 영웅으로서 선출된 데에는 그가 모스크바에는 아무런 연고 인맥이 없는 타관 사람이라는 것도 큰 도움이 되었다. 그는 인맥이나 음모에 인연이 없는 용감하고 소박한 러시아군인으로서, 또 이탈리아 원정의 추억으로 지금도 명장으로 불리는 수보로프의 이름을 떠올리게 하는 사람으로서 경의를 받은 것이었다. 더욱이 이러한 경의를 바그라찌온에게 바치는 데에는 꾸뚜조프에 대한 불만과 비난이 무엇보다도 잘 나타나 있었다.

"만약 바그라찌온이 없었다면 그런 사람을 발명했어야 하지 않을까요?" 농담을 좋아하는 신신이 볼테르의 말을 흉내 내며 이렇게 말했다. 꾸뚜조프에 대해서는 다들 아무 말도 하지 않고 일부 사람만이 궁정의 어릿광대니, 늙은 호색한이니 하며 은근히 그를 깎아내리고 있었다.

전 모스크바에서 러시아군의 패배를 옛날의 승리에 대한 추억으로 위로하려는 '고생이 쌓여야 물건이 된다'는 돌고르꼬프 공작의 말이 되풀이되었다. 또 프랑스 병은 거창한 미사여구로 전투로 몰아세우지 않으면 안 되고, 독일병에게는 전진하는 것보다도 도망가는 것이 더 위험하다는 것을 논리적으로 증명해야 하지만, 러시아 병에게는 다만 힘을 억제하고 좀 더 침착하라고 부탁하기만 하면 된다는 라스또쁘친의 말도 되풀이되었다. 러시아의 장병이 아우스터리츠 전투에서 보인 산발적인 용감한 예를 둘러싸고 연이어 새로운 이야기들이 여러 곳에서 들렸다. 군기를 구한 자도 있었고, 다섯 명의 프랑스 병을 죽인 자도 있었고, 또 혼자서 다섯 문의 포를 장전한 사람도 있었다. 베르그에 관해서도, 그를 모르는 사람들 사이에서 화제가 되었다. 베르그가 오른손에 부상을 당하자, 왼손으로 칼을 잡고 돌격했다는 것이었다. 안드레이에 관해서는 아무 이야기도 화제에 오르지 않았다. 다만 그를 가까이 알고 있는 사람들은, 그가 몸이 무거운 아내를 아버지 집에 남긴 채 일찍 죽고 만 것을 가엾게 생각했을 뿐이었다.

3

3월 3일, 영국 클럽의 모든 방에서 이야기 소리가 웅성거리고 있었다. 마치 이른 봄에 분가하는 꿀벌처럼 여기저기 바삐 돌아다니고, 앉기도 하고 서기도 하며 모이기도 하는 군복이나 연미복 모습이 보였다. 더 나아가서는, 몇 사람 되지는 않지만 머리 분을 바르고 러시아풍의 긴 겉옷을 입은 클럽의 초대객과 회원들이 있었다. 머리 분을 바르고, 긴 양말에 단화, 그리고 제복을 입은 하인들은 문간에 서서, 쓸모 있는 서비스를 제공하기 위해 손님과 회원들의 일거일동을 놓칠세라 긴장하고 있었다. 출석자의 대다수는 폭이 넓은 자신만만한 얼굴과 굵은 손가락, 당당한 동작과 목소리를 가진 연배의 높은 분들이었다. 이런 종류의 손님과 회원들은 언제나 정해진 자리에 앉아,

역시 정해진 친숙한 클럽을 만들고 있었다. 출석자의 극히 일부는 가끔 오는 손님—주로 젊은이들로 그 중에는 데니쏘프, 니꼴라이, 다시 세묘노프 연대의 장교가 된 돌로호프 등도 끼여 있었다. 젊은 사람, 특히 젊은 군인들 얼굴에는 노인들을 멸시하면서도 정중히 모시는 기분이 여실히 나타나 있었다. 그러나 그들의 표정은 마치 낡은 세대에 대해서 '우리는 당신들을 존경하고 숭배하는 마음을 가지고 있습니다만, 어쨌든 미래는 우리의 것임을 잊지 마시기를' 하고 말하는 것 같았다.

네스비쯔끼 공작도 클럽의 오랜 회원으로서 출석하고 있었다. 삐에르는 아내의 권유로 머리를 길게 기르고, 안경을 벗고 옷차림은 유행을 따르고 있었지만, 침울하고 힘없는 얼굴로 홀을 거닐고 있었다. 여느 때와 같이 부(富) 앞에 무릎을 꿇는 사람들의 분위기가 있어서, 그는 그 속에서 군림하는 습관이 몸에 배어 긴장감이 없는, 얕잡아보는 태도로 그들을 대하고 있었다.

나이로 봐서는 당연히 젊은 사람들 사이에 끼여야 하겠지만, 부와 교제 범위 때문에 나이 든 높은 분들의 서클의 일원이었으므로 여기저기 그룹을 오가고 있었다. 나이 든 사람들이 중심이 되어 있는 가장 높은 분들의 몇몇 그룹에는 모르는 사람들까지도 유명인의 이야기를 듣기 위해 공손한 태도로 가까이 모여 있었다. 그보다도 큰 그룹이 라스또쁘친 백작, 발루에프, 나르이쉬낀 둘레에 형성되어 있었다. 라스또쁘친은 도망치는 오스트리아군 때문에 러시아군이 몹시 혼란을 일으켜, 도망가는 병사들 사이를 뚫고 총검으로 진로를 만들지 않으면 안 되었다는 얘기를 하고 있었다.

발루에프는 우바로프 장군이 뻬쩨르부르그에서 파견된 것은 아우스터리츠 전투에 관한 모스크바 시민의 의견을 알아보기 위해서라고, 그 자리에 한한 비밀이라고 하면서 이야기하였다.

세 번째 그룹에는 나르이쉬낀이 오스트리아 군사협의회의 이야기를 하고 있었다. 그 회의 석상에서 오스트리아 장군들의 우둔한 발언에 대답해서 수보로프 장군이 꼬꼬댁 하고 외쳤다는 것이었다. 마침 거기에 서 있던 신신은 잠깐 농담을 하고 싶어져서, 꾸뚜조프는 이런 간단한, 수탉처럼 소리치는 기술조차 수보로프한테서 배우지 못한 것 같다고 말했다. 그러나 노인들은 엄격한 눈초리로 이 어릿광대를 보고, 오늘 이와 같은 자리에서 꾸뚜조프 얘기를 하는 것은 몹시 무례한 일이라는 것을 그 눈으로 깨닫게 하고 있었다.

일리야 로스또프 백작은 부드러운 장화를 신고 식당과 객실 사이를 근심스러운 듯이 황급히 왕복하면서, 명사이건 아니건 그가 아는 한의 모든 사람에게 똑같은 말투로 인사를 하고, 이따금 균형잡힌 몸매의 씩씩한 아들 모습을 눈으로 찾아내서는 기쁜 듯이 눈길을 멈추고 윙크를 하는 것이었다. 젊은 로스또프는 돌로호프와 창가에 서 있었다. 그는 최근 돌로호프와 알게 되어 이 새로운 사귐을 소중히 여기고 있었다. 노백작이 두 사람 곁으로 다가가서 돌로호프의 손을 잡았다.

"우리 집에도 와 주시오, 자넨 우리 아들하고는 잘 아는 사이니까…… 같이 싸움터에 있었고, 훌륭하게 싸웠으니까…… 아아! 바씰리 이그나찌이치…… 안녕하십니까." 그는 그의 곁을 지나가는 노인에게 이렇게 말을 걸었으나 그 인사가 끝나기도 전에 사방이 웅성거리기 시작했고, 달려온 하인이 놀란 낯으로 보고했다. "오셨습니다!"

벨이 울리고, 간사들은 앞쪽으로 뛰어나갔다. 여러 방에 흩어져 있던 손님들은 쟁기가 갈아엎은 호밀처럼 한 덩어리가 되어 큰 객실 입구에서 걸음을 멈추었다.

현관문에 바그라찌온이 모습을 나타냈다. 모자를 벗고 칼을 풀고 있었다. 클럽 규칙에 따라 그것들을 현관 지기에게 맡겨야 하는 것이다. 그는 아우스터리츠 전투 전날 밤에 니꼴라이가 보았을 때처럼 양피모자도 안 쓰고, 짤막한 가죽 채찍도 어깨에 걸지 않고, 새로 맞춘 꼭 맞는 군복에 러시아와 외국 훈장을, 가슴 왼쪽에는 게오르기 성장(星章)을 달고 있었다. 그는 분명히 이 만찬회에 오기 직전에 머리와 수염을 깎고 온 듯했지만, 그건 오히려 그의 용모를 불리하게 변형시키고 있었다. 그의 얼굴에는 어딘지 모르게 앳된 밝은 데가 있었지만, 그것이 그의 꿋꿋한 남성적인 윤곽과 하나가 되어서, 약간 우스꽝스럽게 느껴지는 표정마저 더해주고 있었다. 그와 함께 온 베끌레쇼프와 우바로프는 주빈인 그를 먼저 보내려고 입구에서 걸음을 멈추었다. 그러나 바그라찌온은 그들의 공손한 태도에 응하는 것을 망설였다. 그 때문에 문간에서 잠시 멈추었으나 결국 바그라찌온이 앞장서서 지나갔다. 그는 손둘 곳을 모르는 양 수줍어하면서, 어색한 듯이 대기실의 조각 나무바닥을 걸어갔다. 그는 셴그라벤에서 쿠르스크 연대의 선두에 서서 앞으로 나아갔던 때처럼, 탄환 밑을 뚫고 경작된 밭을 지나가는 것이 익숙했고 편했다. 간사들은 첫 입구에서 그를 맞아, 이와 같은 귀빈을 맞이하는 것은 기쁜 일이라고 두서너 마디 하고, 대답을 기다리지 않고 마치 그를 손 안에 넣은 양 주위를 둘러싸고 객실로 안내해 갔다. 객실 입구에서는 서로 밀면서 마치 신기한 짐승이라도 보듯이, 바그라찌온을 어깨너머로 보려고 애를 쓰는 클럽 회원과 손님들 때문에 지나갈 수가 없었다. 일리야 로스또프 백작은 누구보다도 부지런하게 미소를 지으며, "가게 해주시오, 여봐요, 가게 해줘요" 하고 말하면서 사람들을 헤치고 손님을 객실로 안내하여 한가운데 소파에 앉혔다. 높은 분들, 즉 가장 대우를 받는 클럽의 회원들이 새로 도착한 손님들을 둘러쌌다. 로스또프 노백작은 다시 사람을 헤치고 객실에서 나와, 또한 사람의 간사와 함께 바그라찌온에게 드리는 커다란 은접시를 가지고 모습을 나타내었다. 접시에는 이 영웅을 기념해서 만들어지고 인쇄된 시가 얹혀 있었다. 바그라찌온은 접시를 보자 깜짝 놀라 마치 도움이라도 바라듯이 주위를 돌아다보았다. 그러나 모든 사람의 눈은 얌전하게 하라는 대로 따르라는 빛이 나타나 있었다. 자기가 모든 사람이 바라는 대로 움직여야 하는 것을 알자 바그라찌온은 단호히 두 손으로 접시를 받아들고, 그것을 가지고 온 백작을 화가 나서 책망하는 눈초리로 바라보았다. 누군가가 재치 있게 바그라찌온의 손에서 접시를 받아들고(그렇지 않으면 그는 밤까지 들고 있다가 그대로 식탁으로 가 앉을 것만 같았다) 시를 보시라고 재촉하였다. '그럼 읽어보겠소.' 이렇게 말하듯 바그라찌온은 피로한 눈을 종이로 옮겨 진지한 얼굴로 읽기 시작했다. 그러자 작자 자신이 그 시를 받아 들고 낭독하기 시작했다. 바그라찌온은 고개를 기울여 듣고 있었다.

알렉산드르 성세의 영예를 높이고
우리 티투스의 옥좌를 지킬지어다.
맹장이자 선인의 덕을 한몸에 갖추어
조국에서는 인자하기가 리바에이의 산과 같고
싸움터에서는 그 용맹이 시저와 같도다.
아아, 행운의 나폴레옹도
쓰라린 경험을 거듭하여
몸소 바그라찌온의 진가를 안다면,

감히 러시아의 헤라클레스를
두 번 다시 괴롭히지 않으리……

그러나 아직 시의 낭독이 끝나기도 전에 하인 우두머리가 큰 목소리로 알렸다. "식사 준비가 되었습니다!" 문이 열리고, 식당에서 폴란드의 무도곡 '승리의 우뢰여 울려라, 용감한 러시아여 마음껏 즐겨라'가 울리기 시작했다. 로스또프 노백작은 시 낭독을 계속하고 있는 작가 쪽을 화난 듯이 바라보고 바그라찌온 앞에 머리를 숙였다. 일동은 시보다 식사가 더 중요하다고 느끼고 일어났다. 바그라찌온은 다시 일동 앞에 서서 식탁 쪽으로 향하였다. 같은 이름을 가진 두 알렉산드르, 베끌레쇼프와 나르이쉬낀 사이의 가장 상좌에 바그라찌온을 앉혔다. 삼백 명이나 되는 출석자들은 제각기 관등과 지위에 따라서 식탁에 앉았다. 지위가 높은 사람일수록 주빈 가까이 앉고, 그것은 물이 낮은 곳으로 흘러들듯이 매우 자연스럽게 이루어졌다.

식사 직전에, 로스또프 노백작은 자기 아들을 공작에게 소개했다. 바그라찌온은 니꼴라이임을 알아채자, 두어 마디 사리에 닿지 않은 어색한 말을 하였다. 이날 그가 한 말은 모두 그러했다. 로스또프 노백작은 바그라찌온이 아들과 이야기하는 동안, 기쁜 듯이 뽐내며 일동을 둘러보고 있었다.

니꼴라이는 데니쏘프와, 새로 알게 된 돌로호프와 함께 식탁 거의 한가운데에 앉았다. 그 맞은편 쪽에는 삐에르가 네스비쯔끼 공작과 나란히 자리잡고 있었다. 로스또프 노백작은 다른 간사들과 함께 바그라찌온 정면에 앉아 모스크바풍의 따뜻한 마음을 자기 몸에 구현하면서 바그라찌온을 대접하고 있었다.

그의 노고는 헛되지 않았다. 식사는 고기를 넣은 요리와 넣지 않은 요리 두 가지로 호화스러웠지만, 로스또프 노백작은 식사가 끝날 때까지 안심을 할 수가 없었다. 그는 식기 담당에게 눈짓을 하거나 작은 목소리로 급사들에게 명령을 하고, 자신이 알고 있는 요리가 나오는 것을 접시마다 가슴을 울렁이면서 기다리는 것이었다. 커다란 철갑상어와 같이 나온 두 번째 접시 때에는(이 철갑상어를 보자, 로스또프 노백작은 기쁨과 수줍음 때문에 얼굴을 붉혔다), 하인들이 벌써 샴페인 마개를 펑펑 소리내어 뽑아 붓기 시작했다. 어느 정도의 감명을 준 이 철갑상어 뒤에, 로스또프 노백작은 다른 간부들과 서로 눈짓을 주고받았다. "건배가 많이 있으니 이젠 시작해야지!" 그는 속 삭였다. 그리고 잔을 손에 들고 일어났다. 일동은 침묵하고 그의 말을 기다 렸다.

"황제 폐하의 건강을 축복하여!" 그는 외쳤다. 그리고 순간 선량한 그의 눈은 환희와 흥분의 눈물에 젖었다. 그 순간 '승리의 우뢰여 울려라'가 연주 되기 시작하였다. 일동은 자리에서 일어나 "우라!" 하고 소리쳤다. 바그라 찌온도 셴그라벤의 전장에서와 같은 음성으로 "우라!" 하고 소리쳤다. 젊은 로스또프의 환희에 찬 환성은 삼백 명의 음성 속에서도 알아들을 수 있었다. 그는 거의 울 것 같은 기분이었다.

"황제 폐하의 건강을 축복하여!" 그는 소리쳤다. "우라!" 자기 잔을 단숨 에 들이켜자, 그는 그것을 마루에 내던졌다. 많은 사람이 그를 뒤따랐다. 그 리고 높게 외치는 소리가 계속되었다. 목소리가 잠잠해지자 급사들은 깨진 잔을 재빨리 치웠다. 모두들 자리에 앉아, 자기 외침 소리에 잠시 웃는 얼굴 을 보이면서 이야기를 나누기 시작했다. 로스또프 노백작은 다시금 일어나 옆에 놓여 있는 메모를 흘끗 들여다보고, "이번 전투의 영웅인 바그라찌온 공작의 건강을 기원하고 건배합니다!" 소리 높이 알렸다. 그러자 그의 파란 눈은 다시 눈물에 젖었다. "우라!" 또다시 삼백 명의 손님들이 외치고, 이 번에는 음악 대신에 빠벨 이바노비치 꾸뚜조프(꾸뚜조프 장군과는 다른 사 람)가 지은 칸타타를 부르는 합창대의 소리가 들려왔다.

> 어떤 모든 장애도,
> 우리 러시아에겐 소용도 없도다.
> 용기는 승리의 근원이요,
> 바그라찌온이 우리에게 있으니,
> 적은 발 밑에 굴복하리

합창이 끝나자마자 뒤이어 새로 건배가 계속되고, 로스또프 노백작은 더 욱 감격했다. 더욱 많은 술잔이 깨지고, 외치는 소리도 더욱 커졌다. 일동은 베끌레쇼프, 나르이쉬낀, 우바로프, 돌고르꼬프, 아쁘락끄신, 발루에프들의 건강을 위시해서, 간사들의 건강, 회장의 건강, 온 클럽 회원 전체의 건강,

내빈 일동의 건강, 그리고 마지막으로, 개별적으로 이 만찬회를 주선한 로스
또프 노백작의 건강을 위해서 건배했다. 이 건배 때 백작은 손수건을 꺼내서
얼굴을 가리더니, 마침내 울음을 터뜨리고 말았다.

4

삐에르는 돌로호프와 니꼴라이 맞은편에 앉아 있었다. 그는 여느 때처럼
많이 먹고 마셨다. 그러나 그와 숙친한 사람들은 이날, 그에게 어떤 큰 변화
가 일어나고 있다는 것을 알았다. 그는 식사 중 잠자코 있었다. 그리고 실눈
을 뜨고 얼굴을 찌푸리기도 하면서 사방을 둘러보았다. 그런가 하면 넋이 나
간 듯한 얼굴로 한 곳에 눈을 골똘히 박고 손가락으로 코를 후비고 있었다.
그의 얼굴은 수심에 차고 어두웠다. 그에게는 주위에서 일어나는 일들은 아
무것도 보이지 않고 들리지 않는 듯하며, 무엇인가 답답하고 해결되지 않은
문제라도 생각하고 있는 것만 같았다.

그를 괴롭히고 있는 이 미해결의 문제란, 모스크바에서 공작 영양으로부
터 돌로호프가 아내와 친밀한 관계에 있다는 암시를 받았다는 것과, 오늘 아
침 받은 익명의 편지였다. 그 편지에는 모든 익명의 편지 특유의 비열하고
조롱하는 말투로, 넌 안경을 쓰고 있으면서도 주위를 잘 보지 못하는 모양이
구나, 네 아내와 돌로호프와의 관계를 모르는 것은 너뿐이다 라고 씌어 있었
다. 삐에르는 공작 영양의 비꼬는 말도, 익명의 편지도, 절대로 믿지는 않았
지만, 지금 자기 앞에 앉아 있는 돌로호프의 모습을 보는 것은 그에게는 무
서웠다. 문득 시선이 돌로호프의 아름다운 대담한 눈과 마주칠 때마다 삐에
르는 속으로 무엇인가 무섭고 추악한 것이 솟구쳐 오르는 것을 느끼고 다급
히 얼굴을 돌렸다. 아내의 모든 과거와 돌로호프와의 관계를 혼자 상기하면
서, 삐에르는 편지에 적혀 있는 일이 만약에 자기 아내가 아닌 다른 여자에
관한 일이라면 그것이 사실일 것 같았고, 적어도 충분히 있을 법한 일로 여
겨졌을지도 모른다는 것을 분명히 깨달았다. 삐에르는, 전쟁이 끝나고 모든
것이 원상으로 복귀된 돌로호프가 뻬쩨르부르그로 돌아와서 자기를 찾아왔
을 때를 상기하였다. 삐에르와의 술친구 때의 우의를 이용해서 돌로호프는
곧장 그의 집으로 찾아왔다. 그리고 삐에르는 그를 집에 놓아두고 돈을 빌려
주기도 했다. 돌로호프가 집에서 자고 먹고 하는 데 대해 웃는 얼굴로 엘렌

이 불평을 했던 일, 돌로호프가 삐에르에게 아내의 미모를 거침없이 칭찬한 일, 돌로호프가 그 때부터 모스크바에 올 때까지 잠시도 그들 곁을 떠나려 하지 않았던 일들을 상기했다.

'그렇다, 이 사나이는 확실히 미남자야.' 삐에르는 생각했다. '나는 이 사나이를 알고 있다. 이 사나이라면, 내가 그를 위해 여러 가지로 바삐 돌아다니고 돌보고 도와주었기 때문에, 내 이름을 더럽히고 나를 우스개로 삼는 것이 통쾌할지도 모른다. 나는 알고 있다. 만약에 그것이 정말이라면, 이 녀석 눈으로 보아 그것은, 신의에 어긋난 자기 행동을 얼마나 고소하다고 여기게 만들까. 그렇다, 그것이 사실이라면 말이다. 그러나 나는 믿지 않는다. 믿을 자격도 없고 믿을 수도 없다.' 삐에르는 돌로호프가 잔인한 기분에 사로잡혔을 때 그의 얼굴에 나타나는 표정을 상기하였다. 그것은, 그가 경찰서장을 곰에 잡아매서 물 속에 던지거나 아무런 이유 없이 남에게 결투를 제의하기도 하고, 역마차의 말을 권총으로 쏘아 죽일 때의 표정이었다. '그렇다, 그는 결투를 좋아한다.' 삐에르는 생각했다. '저놈에게는 사람을 죽이는 것쯤은 아무것도 아니다. 저놈은 틀림없이 모든 사람이 자길 두려워한다고 생각하고 있을 것이다. 그리고 그것이 저놈에게는 통쾌할 것이다. 그래서 저놈은 나도 자기를 두려워한다고 생각하고 있음이 틀림없다. 또 사실, 나는 저놈을 두려워하고 있다.' 이렇게 생각하자, 다시금 그는 무엇인가 무서운 것이 마음 속에 떠오르는 것을 느꼈다. 돌로호프, 데니쏘프, 니꼴라이가 지금 바로 그의 정면에 앉아 있고 몹시 즐거운 듯이 보인다. 니꼴라이는 두 친구—한 사람은 쾌활한 경기병, 또 한 사람은 유명한, 결투를 좋아하는 깡패—와 즐거운 듯이 이야기를 하고 있었다. 그리고 무엇인가 깊은 생각에 잠겨 방심한 듯한 커다란 몸집으로 이 자리의 사람들의 눈을 끌고 있는 삐에르 쪽을 이따금 비웃듯이 바라보았다. 니꼴라이는 심술궂은 눈초리로 삐에르를 보고 있었다. 그것은 첫째, 그의 경기병 특유의 생각으로 보자면 삐에르는 군대 문턱도 밟지 않은 벼락부자이며 미녀의 남편인, 이를테면 놈팡이였고, 둘째로, 삐에르가 무엇인가에 집중하여 멍한 기분 탓으로 니꼴라이를 알아보지 못하고 그의 인사에도 대답하지 않았기 때문이다. 황제의 건강을 축복하는 건배가 시작되었을 때도, 삐에르는 생각에 잠겨서 일어나지도 않았고 잔도 손에 잡지 않았다.

"당신은 왜 그러십니까?" 니꼴라이가 잔뜩 흥분하여 미움에 찬 눈으로 그를 바라보면서 소리쳤다. "당신은 황제 폐하의 건강을 축복하는 건배 소리가 안 들립니까!" 삐에르는 한숨을 내쉬고, 얌전히 일어나서 잔을 비우고 일동이 앉는 것을 기다려서, 여느 때의 특유한 미소를 로스또프 쪽으로 보내면서 말했다.

"아, 당신인 줄은 몰랐습니다." 그는 말했다. 그러나 니꼴라이는 그런 건 아랑곳없이 "우라!" 하고 외치고 있었다.

"왜 자네는 옛정을 돈독히 하지 않나?" 돌로호프가 니꼴라이에게 말했다.

"마음대로 하라지, 그런 바보는." 니꼴라이가 말했다.

"미인의 남편은 친절하게 대해주어야 해." 데니쏘프가 말했다.

삐에르에게는 그들의 이야기가 들리지 않았지만, 자기 이야기를 하고 있다는 것은 알고 있었다. 그는 붉어진 얼굴을 돌렸다.

"자, 이번엔 미인의 건강을 축복합시다." 돌로호프는 말하고 정색한 낯으로, 그러나 입가에는 미소를 띠며 잔을 들고 삐에르에게 말했다. "미인의 건강과 그 정부의 건강도 말이야."

삐에르는 눈을 떨군 채, 돌로호프 쪽을 보지도 않고 잔을 들이켰다. 꾸뚜조프의 가요곡을 나눠주던 급사가, 다른 사람보다 소중한 손님으로서 삐에르 앞에 종이를 놓았다. 그가 그걸 집으려고 하자, 돌로호프가 몸을 내밀어 그의 손에서 그 종이를 빼앗아 읽기 시작했다. 삐에르는 돌로호프를 바라보았다. 그의 눈동자는 아래로 깔리고 있었다. 식사하는 동안 그를 괴롭히고 있던, 무엇인가 무섭고 추악한 것이 고개를 들어 그의 마음을 사로잡았다. 그는 묵직한 몸을 테이블 너머로 구부렸다.

"빼앗을 것까지는 없잖습니까!" 그는 소리쳤다. 이 외침을 듣고 그것이 누구를 놓고 하는 말인지 알아채자, 네스비쯔끼와 그 오른쪽 옆자리에 있던 사람은 놀라 당황해서 삐에르 쪽을 바라보았다.

"적당히 해 두시오, 적당히. 무슨 짓입니까?" 놀란 두 사람의 음성이 말하였다. 돌로호프는 맑고 즐거운 듯한, 잔인한 눈초리로 삐에르를 보고 '그래, 나는 이런 일을 좋아해' 하고 말하는 것처럼 예의 미소를 띠었다.

"못 줘." 돌로호프는 분명히 말하였다.

새파래진 삐에르는 입술을 바들바들 떨면서 그 종이 쪽지를 빼앗았다.

"자녠…… 자녠…… 망나니다! …… 나는 당신에게 결투를 신청한다." 그는 이렇게 말하였다. 그리고 의자를 뒤로 밀어내고 식탁에서 일어났다. 삐에르가 이 동작을 하고 그 말을 입 밖에 낸 그 순간, 그는 며칠 동안 자기를 괴롭히던 아내의 부정에 관한 의문이 결정적으로 의심할 여지없이 '부정이다'라는 쪽으로 결정되었다는 것을 느꼈다. 그는 아내를 미워하고 영원히 그녀하고는 인연을 끊어버린 것이다. 이런 사건에는 관계하지 말아달라는 데니쏘프의 부탁도 듣지 않고, 니꼴라이는 돌로호프의 결투의 입회자가 되는 데 동의하고, 식사가 끝난 뒤에 삐에르의 입회인 네스비쯔끼와 결투 조건에 관해서 이야기하였다. 삐에르는 집으로 돌아갔지만, 니꼴라이와 돌로호프, 데니쏘프 세 사람은 밤 늦게까지 클럽에 앉아서 집시와 합창대의 노래에 귀를 기울였다.

"그럼, 내일 쏘꼴리니끼에서 보세." 돌로호프는 클럽의 현관에서 니꼴라이와 헤어지면서 말하였다.

"그래, 자네는 아무렇지도 않은가?" 니꼴라이가 물었다.

돌로호프는 발을 멈추었다.

"그럼 자네에게 결투의 비결을 알기 쉽게 모두 알려주지. 결투에 나갈 때 유언을 남기거나, 부모님께 마지막 편지를 쓰거나, 자기는 죽음을 당할지도 모른다고 생각한다면 그 녀석은 바보다. 그는 반드시 죽는다. 상대방을 될 수 있는 대로 빨리, 될 수 있는 대로 확실하게 죽이겠다고 각오를 단단히 세우고 가면 만사가 잘 된다. 이것은 꼬스뜨로마의 곰 사냥꾼이 곧잘 나에게 얘기해 준 것이야. 상대가 곰이니 무섭지 않을 리는 없지. 그러나 곰을 보자마자 공포 같은 것은 다 사라지고 그저 어떻게 해서든지 놓치지 않으려고 한다는 거야. 그래서 나도 그렇게 하는 거지. 그럼, 내일 또 만나세. 이만 실례하겠네!"

이튿날 아침 8시에 삐에르와 네스비쯔끼가 쏘꼴리니끼 숲으로 마차를 몰고 가 보니, 이미 거기에는 돌로호프, 데니쏘프, 그리고 니꼴라이가 와 있었다. 삐에르는 눈앞의 일과는 전혀 관계가 없는 생각에 잠겨 있는 사람 같았다. 볼이 여윈 얼굴은 흙빛이었다. 분명히 어젯밤은 한잠도 자지 못한 것 같았다. 그는 멍청히 주위를 둘러보고, 강렬한 햇살을 피하듯 얼굴을 찌푸렸다. 두 가지 생각이 완전히 그의 마음을 사로잡고 있었다. 하나는, 잠을 이루지 못한 하룻밤이 밝은 지금 이미 손끝만큼도 의심이 없어진 아내의 죄와, 또 하나는 돌로호프에게는 죄가 없다는 생각이었다. 이 사나이에게는 타인에 지나지 않은 인간의 명예를 지킬 까닭이 조금도 없었기 때문이다. '어쩌면 나도 그의 입장에 있다면, 같은 짓을 했을지도 모른다.' 삐에르는 생각했다. '아니, 틀림없이 같은 짓을 했을 것이다. 도대체 이런 결투가, 이런 살인이 무슨 소용이 있단 말인가. 내가 그를 죽이든지, 그렇잖으면 그놈이 내 머리나 팔꿈치나 무릎에 총알을 명중시킨다. 둘 중 하나다. 여기서 돌아가든지, 달아나든지, 어디로 숨든지.' 문득 이런 생각이 떠올랐다. 그러나 이런 생각이 떠오른 바로 그 순간, 그는 그를 보는 사람에게 존경심을 불러 일으키는, 특히 침착하고 무심한 모습으로 물었다. "이제 채비는 다 됐습니까?"

모든 준비가 갖추어지자 양쪽에서 접근할 선을 가리키는 사벨이 눈 속에 꽂히고, 권총도 장전되었다. 네스비쯔끼가 삐에르 곁으로 다가섰다. "백작님, 제가 이 중대한 순간에, 실로 중대한 순간에" 그는 겁을 먹은 소리로 말했다. "당신께 진실을 모두 말하지 않는다면 전 제 책임을 다하지 못하는 것이 됩니다. 그리고 당신이 저를 입회인으로 선택하심으로써 저에게 보여준 신뢰와 저에게 주신 명예를 저버리는 것이 됩니다. 제 생각으로는 이 결투에는 충분한 이유가 없습니다. 저 사나이를 위해 피를 흘릴 가치가 없습니다…… 당신은 옳지 않았습니다. 당신은 너무 격분했습니다……"

"아아, 그렇습니다. 터무니없이 어리석은 일입니다." 삐에르는 말했다.

"그럼, 당신의 유감의 뜻을 전하게 해 주십시오. 그러면 그쪽도 틀림없이 당신의 사과를 받아들이는 데 동의할 것입니다." 네스비쯔끼는(이 사건의 다른 관계자들과 마찬가지로, 또 이러한 사건에 관계한 모든 사람과 마찬가지로 사태가 진짜 결투까지 나아가리라고는 아직 믿지 않고) 말하였다. "잘 아시리라고 생각합니다만, 백작님, 일을 회복할 수 없는 데까지 가져가기보다는 자기 과실을 인정하는 편이 훨씬 훌륭합니다. 어느 쪽에도 조금도 모욕은 없었으니까요. 제발 내가 가서 얘기하게 해 주십시오……"

"아닙니다, 별로 얘기할 건 없습니다!" 삐에르는 말했다. "매한가집니다…… 그럼, 준비는 됐습니까?" 그는 덧붙였다. "다만 어디로 가서, 어딜 쏘아야 하는지, 그것만을 가르쳐 주시오." 그는 부자연스럽게 겸손한 미소를 띠며 말했다. 그는 권총을 손에 잡자, 방아쇠를 당기는 방법을 물었다. 그는 여태까지 권총을 손에 잡아본 일이 없었지만 그것을 고백하고 싶지 않았던 것이다. "아아, 그렇군, 이렇게 하는 거군요. 알고 있습니다. 그저 잠깐 잊고 있었을 뿐입니다." 그는 말했다.

"사과라니 어림도 없지, 절대로 안 되는 말이다." 이쪽에서도 역시 화해를 시도해 보려고 역시 소정의 위치로 다가온 데니쏘프에게 돌로호프는 이렇게 말하였다.

결투장으로는 썰매를 두고 온 길에서 80보쯤 떨어진, 소나무 숲 속에 있는 어느 조그마한 풀밭이 선택되었다. 거기에는 요즘 계속된 포근한 봄날씨로 녹은 눈이 덮여 있었다. 두 결투자는 서로 40보쯤 떨어져서 초원 양쪽 끝에 서 있었다. 입회인은 걸음수를 재면서; 결투하는 두 사람이 서 있는 장소로부터 경계선의 표지로서 서로 10보 간격으로 세워져 있는 네스비쯔끼와 데니쏘프의 사벨까지 젖은 깊은 눈 위에 뚜렷한 발자국을 남겼다. 날씨는 여전히 따뜻하고 안개가 끼어 있었다. 40보의 거리를 두면 서로 아무것도 보이지 않았다. 모든 준비가 되어 3분 가량이 지나고 있었다. 그래도 사람들은 시작을 망설이고 침묵하고 있었다.

5

"자, 시작하게!" 돌로호프가 말했다.

"할 수 없지." 삐에르는 여전히 미소를 짓고 말했다.

무서워졌다. 그토록 간단하게 시작된 일이 이미 무엇으로도 막을 수 없게 되어, 이제 인간의 의지와는 관계없이 저절로 진행되고 마지막까지 가지 않으면 안 된다는 것이 분명했다. 우선 데니쏘프가 경계선에 나와서 선언했다.

"그럼, 쌍방이 화해를 거절했으므로 시작하겠습니다. 권총을 가지고, 셋을 센 순간 서로 걸어오는 겁니다."

"하나! …… 둘! …… 셋!" 데니쏘프는 화난 듯이 이렇게 소리치며 옆으로 물러섰다. 두 사람은 상대방을 알아내려고 안개 속을 노려보면서 다져진 오솔길을 지나 서서히 발을 내디뎠다. 두 사람은 경계선까지 가는 동안에 어느 쪽이나 언제든지 좋다고 생각할 때에 쏠 권리를 가지고 있었다. 돌로호프는 권총을 겨누지 않고 맑은 번쩍번쩍 빛나는 파란 눈으로 상대편의 얼굴을 바라보면서 천천히 앞으로 나아갔다. 그의 입가에는 여느 때처럼 미소 같은 것이 어려 있었다.

"셋!" 하는 소리와 함께 삐에르는 다져진 길을 벗어나 깨끗한 눈 위를 걷기도 하면서 빠른 걸음으로 나아갔다. 삐에르는 오른손을 앞으로 내밀고 권총을 쥐고 있었다. 그 권총으로 자기 자신을 죽여서는 안 된다고 두려워하는 것 같았다. 왼손은 되도록 뒤로 빼고 있었다. 왼손으로 오른손을 받치고 싶었으나 그러면 안 된다는 것을 그도 알고 있었다. 5, 6보 나아가 길을 벗어나 눈 위로 발을 내디뎠을 때 삐에르는 발 밑을 둘러보다가 다시 한 번 재빨리 돌로호프를 흘끗 보고, 네쓰비쯔끼가 가르쳐 준 대로 한 손가락으로 방아쇠를 당겨 발사하였다. 이토록 굉장한 소리가 나리라고는 꿈에도 생각하지 않았다. 삐에르는 자기 총성에 깜짝 놀라고 자기가 받은 어리둥절한 감정에 쓴웃음을 지으면서 걸음을 멈췄다. 유달리 짙은 안개는 처음 순간 삐에르의 시계를 가로막았다. 그러나 그가 기다리던 상대방의 총성은 일어나지 않았다. 다만 돌로호프의 황급한 발소리만이 들리더니 안개 속에서 그의 모습이 나타났다. 돌로호프는 한 손을 왼쪽 옆구리에 대고, 한 손으로 총구가 아래로 처진 권총을 쥐고 있었다. 그의 얼굴은 창백했다. 니꼴라이가 달려가서 무엇인가 그에게 말했다.

"아…… 아냐." 돌로호프는 이를 악물고 말했다. "아냐, 아직 안 끝났어." 그리고 사벨 바로 옆까지 다시 몇 걸음 비틀거리며 앞으로 나아가 사벨 옆의 눈 위에 쓰러졌다. 왼손은 피투성이가 되어 있었다. 그는 그것을 프록코트형 군복으로 닦아내고 그 손으로 몸을 받쳤다. 그의 얼굴은 창백하게 일그러져 떨리고 있었다.

"자아……." 돌로호프는 말을 하려고 했지만 단숨에 다 말하지 못했다. "자, 이리 와주겠소?" 그는 있는 힘을 다하여 마자막까지 말하였다. 삐에르는 간신히 울음을 참고 돌로호프 쪽으로 달려갔다. 그가 두 경계선을 갈라놓은 공간을 막 넘어가려고 했을 때 돌로호프가 외쳤다. "경계선까지다!" 삐에르는 그 뜻을 알아차리고 자기 쪽 사벨이 있는 곳에서 걸음을 멈추었다. 두 사람의 거리는 불과 10보였다. 돌로호프는 눈 위에 고개를 떨구고 기갈이 난 듯 눈을 먹고는, 다시 고개를 쳐들어 자세를 바로잡고 두 다리를 꺾어 확실한 중심을 찾으면서 앉았다. 그는 찬 눈을 삼키기도 하고, 핥기도 했다. 입술은 떨리고 있었지만 눈은 여전히 미소를 띤 채 마지막 안간힘을 다한 긴장과 미움에 반짝이고 있었다. 그는 권총을 들어 겨누었다. "옆으로 서서 권총으로 몸을 막아요!" 네스비쯔끼가 말했다.

"몸을 피해요!" 데니쏘프마저 상대편을 향해 외쳤다.

삐에르는 허탈함과 후회 어린 미소를 띠고 움직이지 않았다. 그는 손발을 펴고 넓은 가슴을 정면으로 돌로호프 앞에 드러낸 채 서서 슬픈 표정으로 그를 바라보고 있었다. 데니쏘프도, 로스또프도, 네스비쯔끼도 눈을 반쯤 감았다. 그러자 그들은 총소리와 돌로호프의 몹시 분한 듯 외치는 소리를 동시에 들었다.

"빗나갔다." 돌로호프는 이렇게 소리치며 힘없이 눈 위에 엎어졌다. 삐에르는 자기 머리를 움켜쥐고 돌아서서 숲 쪽으로 걷기 시작하였다. 눈 위를 걸으면서 무슨 소린지 알 수 없는 말을 뇌까리고 있었다.

"터무니 없는! …… 터무니 없는 일이다! …… 죽음…… 허위……." 그는 얼굴을 찌푸리며 되풀이하고 있었다. 네스비쯔끼는 그를 만류하여 집으로 데리고 갔다.

니꼴라이와 데니쏘프는 부상한 돌로호프를 썰매에 태웠다.

돌로호프는 잠자코, 눈을 감은 채 썰매에 누워, 여러 가지 묻는 말에는 한 마디도 대답하지 않았다. 그러나 모스크바 시내에 들어서자 그는 별안간 제정신이 들어 간신히 고개를 쳐들고, 옆에 앉아 있는 니꼴라이의 손을 잡았다. 니꼴라이는 돌로호프의 완전히 변해 버린, 그리고 뜻하지 않을 만큼 감격에 찬 상냥한 표정에 깜짝 놀랐다.

"기분은 어때?" 니꼴라이가 물었다.

"아주 나빠! 그러나 그런 건 문제가 아냐." 돌로호프는 띄엄띄엄 말했다. "지금 어딘가? 모스크바에 들어섰지. 알고 있어. 나는 아무렇지도 않지만, 나는 그녀를 죽을 지경으로 만들었어, 죽을 지경으로 말이야…… 그녀는 도저히 이런 일은 참지 못해, 도저히……."

"누구 말인가?" 니꼴라이가 물었다. "내 어머니야. 내 어머니, 내 천사, 내가 숭배하고 있는 천사, 내 어머니." 그리고 돌로호프는 니꼴라이의 손을 꽉 쥐면서 울음을 터뜨리고 말았다. 마음이 약간 가라앉자 그는 니꼴라이에게, 자기는 어머니와 함께 살고 있으며, 만약 위독한 자기 모습을 보면 어머니는 도저히 견디지 못할 것이라고 설명했다. 그리고 그는 니꼴라이에게 먼저 어머니한테 가서 마음의 준비를 시켜 달라고 부탁했다.

니꼴라이는 이 부탁을 다하기 위해서 먼저 갔다. 그리고 난폭하고 싸움을 좋아하는 이 돌로호프가, 모스크바에서 늙은 어머니와 곱사등이 누이와 같이 살고 있고, 더욱이 정말 착한 아들이며 오빠라는 것을 알고 몹시 놀랐다.

6

삐에르는 요즘 아내와 마주 대하는 일이 드물었다. 뻬쩨르부르그에서도, 모스크바에서도, 그들의 집은 늘 손님으로 가득 차 있었기 때문이다. 결투가 있었던 다음날 밤은, 그가 흔히 하듯 침실로는 가지 않고 넓은 자기 서재, 베주호프 노백작이 죽은 바로 그 방에 들어앉아 있었다. 잠을 이루지 못했던 어젯밤의 마음이 제아무리 괴로웠다고 해도 지금보다 더 괴롭지는 않았다.

그는 소파에 누워 자기 신변에 일어난 모든 것을 잊기 위해 잠들려고 했다. 그러나 잠이 들 수가 없었다. 여러 가지 감정이나 생각, 추억의 폭풍이 마음 속에 일어 잘 수가 없었을 뿐만 아니라 그 자리에 가만히 앉아 있을 수도 없었다. 그래서 그는 소파에서 벌떡 일어나서, 빠른 걸음으로 방 안을 걸어다니지 않으면 안 되었다. 그러자 결혼 당초의, 어깨를 크게 노출시킨 나른한 듯한 음란한 그녀의 모습이 떠올랐다. 그리고 바로 옆에 연회 때와 마찬가지로 아름답고 대담하고 고집이 센 비웃는 듯한 미소를 띤 돌로호프의 얼굴과, 옆으로 돌아서서 눈 위에 쓰러졌을 때의 그의 창백하고 고통에 가득 차 떠는 얼굴이 떠올랐다.

'도대체 무슨 일이 있었단 말인가?' 그는 자기 자신에게 물었다. '나는 정부(情夫)를 죽였다. 그렇다, 아내의 정부를 죽였다. 그렇다, 그런 일이 있었다. 그러나 왜 그랬나? 어째서 나는 이런 짓을 저질렀을까? 그것은, 네가 그 여자와 결혼한 탓이 아니냐.' 마음의 소리가 대답했다.

'그러나 나에게 무슨 책임이 있는가?' 그는 물었다. '그것은 네가 그 여자를 사랑하지 않으면서 결혼한 데에 있다. 네가 자신은 물론 그 여자를 기만한 데에 있는 것이다.' 그러자 바씰리 공작 집에서의 야식 뒤에, '나는 당신을 사랑합니다.' 라는 마음에도 없는 말을 입 밖에 냈을 때의 그 순간이 뚜렷이 상기되었다. '모든 것은 그것이 원인이다! 나는 그 때도 느끼고 있었다.' 그는 생각했다. '그때 나는 느끼고 있었다, 그것은 잘못되어 있으며 나에게는 그런 권리는 없다는 것을. 일은 그대로 되어버렸다.' 그는 밀월을 상기하고 얼굴을 붉혔다. 특히 그에게 생생하여 부끄럽고 화가 치밀어오는 추억은, 결혼 후 얼마 안 되는 어느 날 낮 열두 시 경이었다. 그가 비단 가운을 입고 침실에서 서재로 가자 그곳에는 총지배인이 있었고, 그는 공손하게 인사를 하고는 삐에르의 얼굴과 가운을 보고, 마치 주인의 행복에 대한 경건한 공감의 뜻을 나타내듯이 가볍게 미소를 띤 일이었다.

'하지만 나는 얼마나 그녀를 자랑으로 여겼던가.' 그는 생각하였다. '주위를 제압하는 그 아름다움을, 사교의 능란한 솜씨를, 그녀가 온 뻬쩨르부르그를 초빙했던 나의 집을, 그녀의 가까이하기 어려운 기품과 아름다움을 얼마나 자랑으로 여겼던가. 도대체 왜 나는 그것을 자랑으로 삼았다는 말인가? 그 무렵 나는 그녀를 이해하지 못하고 있다고 생각했다. 나는 얼마나 여러 번 그녀의 성격을 파헤치고 생각해 보고, 내가 나쁘다, 나는 이 여성을 이해하지 못하고 있으며 이 변함없는 침착과 충만한 느낌, 아무런 집착도 욕망도 없는 것을 이해하지 못하고 있는 것이라고 나를 타일렀던가. 그런데 그 수수께끼에 대한 대답은 그녀가 타락한 여자라는 무서운 한 마디에 있었던 것이다. 그래서 이 무서운 한 마디를 자신에게 말하자마자 이내 모든 것이 분명해진 것이다!'

'아나똘리는 이따금 그녀에게 돈을 빌리러 와서는 그녀의 드러난 어깨에 키스를 했었지. 그녀는 돈은 빌려주지 않았지만 키스만은 허용하고 있었다. 그의 아버지가 농담 삼아 그녀의 질투심을 불러일으키려고 한 일이 있었다. 그러자 그녀는 침착한 미소를 띠고, 질투를 할 정도로 바보는 아니니까 하고 싶은 대로 놔 두면 된다고 나에 대해서 말했었다. 언젠가 나는 그녀에게 임신의 징후는 느끼지 않느냐고 물은 적이 있었다. 그러자 그녀는 멸시하듯 웃고, 나는 아이를 가지고 싶다고 생각하는 바보는 아니에요, 당신의 아이는 안 낳겠어요 하고 말했었다.'

그리고 그는 상류의 특권 귀족 계층에서 자랐다고는 여겨지지 않는, 그녀의 특유한 조잡하고 단순한 생각, 야비한 말투를 상기했다. '나는 그런 바보가 아녜요…… 자신이 해보면 어때요? …… 저리 가시라니까요,' 그녀는 이런 말을 했었지, 그녀가 남녀 노소를 불문하고 환영받는 것을 보고 삐에르는 어째서 자기가 그녀를 사랑하지 않는지 이해하지 못했다. '그렇다, 나는 한 번도 그녀를 사랑한 적이 없다.' 삐에르는 자신에게 말했다. '나는 그녀가 타락한 여자라는 것을 알고 있었던 것이다.' 그는 자신에게 거듭 이렇게 말했다. '그러나 감히 그걸 인정할 용기가 없었던 것이다.'

'그리고 지금 돌로호프는…… 눈 위에 웅크리고 앉아서 억지로 웃음을 짓고 죽어가고 있다. 어쩌면 일부러 허세를 부리고, 나의 후회를 고소하게 생각하면서……'

삐에르는 겉으로 보기에는 성격이 약하다고 느껴지지만, 자기의 고민을 털어놓을 사람을 구하려고 하지 않는 타입이었다. 그는 혼자서 자기 고민을 되새기는 것이었다.

'모든 것은 그녀가 나쁜 탓이다, 그녀가 나쁜 것이다.' 그는 자신에게 말했다. '그러나 그게 어쨌다는 말이냐? 왜 나는 그런 여자와 결합했을까. 왜 '나는 당신을 사랑합니다'라는 말을 했을까. 그것은 거짓이었다. 아니, 거짓말보다 더 나쁜 것이었다.' 그는 자신에게 말했다. '역시 내가 나쁘다. 그러니 당연히 그 책임을 져야 한다…… 그러나 무엇을 책임진단 말이냐? 이름에 상처를 입는 일인가? 인생이 불행해지는 일인가? 다 시시한 일이다.' 그는 생각했다. '가문의 수치도 명예도 그때뿐이다. 나하고는 관계가 없다.'

'루이 16세가 처형된 것은 일부 사람들이 그를 파렴치한 범죄자라고 말했기 때문이다(문득 삐에르는 생각했다). 그리고 그들은 그들 나름의 관점에서 옳았다. 루이 16세를 위해 순교자처럼 죽으려 했고, 루이 16세를 성자의 한 사람으로 넣으려고 한 사람들도 또한 옳았던 것처럼. 그 후 로베스삐에르는 폭군이라고 해서 처형되었다. 대체 누가 옳고, 누가 잘못이란 말인가? 아무도 아니다. 살아 있는 자는 사는 거다. 내일 죽을 지도 모르기 때문이다. 내가 한 시간 전에 죽었을지도 모르는 것처럼 말이다. 게다가 그런 일을 고민할 가치가 있을까? 영원에 비하면 1초에 지나지 않는데.' 그러나 그가 이와 같은 생각으로 마음을 진정시키려 하는 바로 그때 그의 뇌리에 그녀의 모습이, 더욱이 자기가 그 거짓 사랑을 더없이 그녀에게 쏟고 있을 때의 그녀의 모습이 떠올랐다. 그러자 그는 심장에 왈칵 피가 솟아오르는 것을 느꼈다. 그는 참을 수가 없어, 다시 일어나서 걸어다니며 닥치는 대로 물건을 부수고 잡아 찢었다. '왜 나는 그녀에게 '당신을 사랑합니다.' 라고 말했을까?' 그는 끊임없이 이 말을 되풀이하였다. 그리고 열 번도 더 되풀이했을 때, 문득 그의 머리에 '무슨 인과로 노예선을 타게 됐나'라고 한 몰리에르의 말이 떠올랐다. 그리고 그는 스스로를 비웃었다.

밤 늦게 그는 시종을 불러 뻬제르부르그로 떠날 짐을 꾸리라고 분부했다. 그는 이젠 그녀와 같은 집에 머무를 수가 없었다. 또 앞으로 어떻게 그녀와 말을 할 것인지 상상할 수도 없었다. 그는 내일 떠나기로 마음먹고, 그녀에게 편지를 써서 영원히 이별하려는 자기의 의사를 표명하기로 했다.

이튿날 아침 시종이 커피를 가지고 서재로 들어왔을 때, 삐에르는 커다란 소파에 누워 책을 손에 펼쳐든 채 잠들어 있었다.

그는 눈을 뜨자, 자기가 어디 있는지도 모르고 깜짝 놀란 듯이 오랫동안 사방을 둘러보았다.

"나리께서 방에 계신지 물어보고 오라는 마님의 분부이십니다." 시종이 말했다.

그러나 삐에르가 해야 할 대답을 결정하기도 전에, 백작 부인이 은으로 수를 놓은 하얀 공단 옷을 입고, 머리에는 아무것도 쓰지 않고(커다랗게 두 갈래로 딴 머리카락이 그녀의 아름다운 머리에 이중으로 감겨 있었다), 침착하고 당당하게 방으로 들어왔다. 다만 대리석 같은 좀 튀어나온 이마에는 작은 노여움의 잔주름이 하나 새겨져 있었다. 그녀는 천성적인, 모든 것을 참아내는 침착성을 보이며 시종이 있는 앞에서는 말문을 열지 않았다. 그녀는 하인이 커피를 놓고 나갈 때까지 기다리고 있었다. 삐에르는 안경 너머로 머뭇거리듯이 그녀를 보았다. 그리고 개에 둘러싸인 토끼가 적을 보고 귀를 쫑긋거리면서 여전히 몸을 낮추고 있는 것처럼 책을 계속 읽으려고 하였다. 그러나 그런 일은 무의미하고 불가능하다고 느끼고 다시 한 번 머뭇거리며 그녀를 보았다. 그녀는 앉으려고도 하지 않고 시종이 나가기를 기다리면서, 멸시하는 듯한 미소를 띠고 그를 바라보았다.

"도대체 어떻게 된 거예요? 당신은 무슨 짓을 하신 거죠? 말씀 좀 해 주세요." 그녀는 엄하게 말했다.

"내가? …… 무엇을? 나는……." 삐에르가 말했다.

"실로 겁 없는 분이 계셨군요! 자, 대답을 해주세요, 이건 대체 무슨 결투인가요? 당신은 그것으로 무엇을 증명하려고 하셨죠? 무엇을! 나는 묻고 싶은 거예요." 삐에르는 무겁게 소파 위에서 몸을 뒤척이며 입을 열었지만 대답을 할 수가 없었다.

"대답해 주시지 않으면 제가 말하겠어요." 엘렌은 말을 이었다. "당신은 남한테 들은 말을 다 믿으시는군요. 당신은 이런 말을 들으셨죠……." 엘렌은 소리를 내어 웃었다. "돌로호프가 내 정부라고요." 그녀는 그 '정부' 라는 프랑스말을 다른 말과 같이 뻔뻔스러울 만큼 정확하게 발음하면서 말했다. "그리고 당신은 그걸 믿으셨죠! 그렇지만 당신은 대체 그것으로 무엇을 증명하셨지요? 그 결투로 당신은 무엇을 증명하신 거예요? 당신이 바보라는 것은 누구한테나 다 알려졌어요! 그 짓을 해서 무슨 소용이 있다는 거죠? 내가 온 모스크바의 웃음거리가 될 뿐이에요. 그리고 모든 사람들한테 당신이 취해서 정신을 잃고, 아무런 이유도 없이 질투 때문에 상대편에게 결투를 걸었다는 말을 들을 뿐이에요." 엘렌은 차차 음성을 높여 흥분했다. "게다가 그 상대는 모든 점으로 보아서 당신보다 훌륭한 사람이라고요……."

"음…… 음……." 삐에르는 얼굴을 찌푸린 채 손발 하나 까딱하지 않고, 입 안에서 신음하고 있었다.

"그런데 어째서 당신은 그이가 나의 정부라고 믿으셨어요?…… 어째서냐고요! 내가 그분과 같이 있기를 좋아하기 때문인가요? 만약 당신이 더 슬기롭고 인상이 좋은 사람이라면 나도 당신과 함께 있는 것을 좋아했을 거예요."

"듣고 싶지 않아…… 부탁이오." 삐에르는 쉰 음성으로 속삭이듯 말했다.

"왜 내가 말을 하면 안 되죠? 나는 말할 수 있으니까 분명히 말하겠어요. 당신 같은 남편을 가진 아내로서 '정부'를 만들지 않는 여자는 드물어요. 그렇지만 나는 그런 짓은 하지 않았거든요." 그녀는 말했다.

삐에르는 무슨 말을 하려다가, 아내로선 이해할 수 없는 기묘한 눈초리로 그녀를 흘끗 보고 다시금 눕고 말았다. 그는 이 때 육체적으로 고민하고 있었던 것이다. 가슴이 죄고 숨도 쉴 수가 없었다. 이 고통을 없애기 위해서 어떻게 하지 않으면 안 된다고 알고 있었지만, 그가 하고 싶다고 생각하는 것은 너무나 무서운 일이었다.

"헤어지는 편이 좋겠소." 그는 띄엄띄엄 말했다.

"헤어지자고요? 좋아요. 단, 당신이 나에게 재산을 주신다면요." 엘렌이 말했다. "헤어진다는 것으로 협박하려는 건가요?"

삐에르는 소파에서 벌떡 일어나 비틀거리면서 그녀에게 덤벼들었다.

"널 죽이겠다!" 그는 이렇게 소리치며 자기도 몰랐던 힘으로 테이블 위에서 대리석판을 움켜쥐고, 그녀에게 한 발짝 다가서서 상대를 향해 머리 위로 추켜들었다.

엘렌의 얼굴은 무섭게 일그러졌다. 그녀는 비명을 지르며 뒤로 물러섰다. 아버지의 피가 삐에르의 몸 안에 솟기 시작했다. 삐에르는 노여움에 도취와 매력을 느꼈다. 그는 판을 내던져 그것을 부수자 양손을 펼친 채 엘렌 쪽으로 다가서면서 외쳤다. "나가!" 그 소리가 너무 처절했기 때문에 온 집안 사람이 그 소리를 듣고 소름이 끼칠 정도였다. 만약 엘렌이 방에서 뛰쳐나가지 않았다면 그 순간 삐에르는 무슨 짓을 했을지 몰랐다.

일주일 후, 삐에르는 그의 재산의 태반을 이루고 있던 대러시아의 영지 전부의 관리를 아내에게 위임하고 홀로 뻬쩨르부르그로 떠나고 말았다.

7

아우스터리츠 전투와 안드레이 공작 전사의 통지가 '벌거숭이 산'에 도착한지 두 달이 지났다. 그리고 대사관을 통하여 여러 번 편지를 내기도 하고 수사를 의뢰해 보았지만 안드레이의 주검은 발견되지 않았고 또 포로 속에도 있지 않았다. 가족들에게 무엇보다 나빴던 것은, 여전히 한 가닥의 희망이 남아 있다는 것이었다. 그가 전장에서 현지 주민들의 구조를 받아, 어쩌면 어딘가 타국인 사이에서 혼자 건강을 회복하거나 또는 죽어가면서 병상에 누운 채 자기 소식을 알리지 못하고 있는 것이 아닌가 하는 것이었다. 노공작이 아우스터리츠 전투를 처음 안 신문에는 러시아군이 빛나는 전투 끝에 퇴각하지 않을 수 없었다는 것과, 퇴각은 질서 정연하게 이루어졌다는 것이, 예에 따라 극히 간단하고 막연하게 씌어 있었다. 노공작은 그 공식 보도로 아군이 패퇴했다는 것을 깨달았다. 아우스터리츠의 패보를 전한 신문의 보도가 있은지 일주일이 지나서, 아들에게 닥친 운명을 알리는 꾸뚜조프의 편지가 공작에게 도착했다.

'귀하의 영식은 소생의 눈 앞에서' 꾸뚜조프는 쓰고 있었다. '군기를 손에 잡고 연대 선두에 서서, 아버지와 조국의 이름을 더럽히지 않는 영웅으로서 쓰러졌습니다. 소생과 전군이 다 같이 유감으로 여기는 바는, 오늘날까지 영식의 생사가 분명치 않다는 것입니다. 그러나 소생은 영식이 생존하고 있으리라 기대하고, 나 자신과 귀하를 위로하는 바입니다. 왜냐하면, 만약 그렇지 않다면 전장에서 발견되어, 군사(軍使)를 통하여 소생에게 교부된 전사 장교의 명부 속에 영식의 이름도 당연히 기재되어 있어야 하기 때문입니다.'

　마침 밤 늦게 혼자 서재에 있을 때 이 통지를 받은 노공작은 여느 때처럼 이튿날 아침 산책을 하러 나갔다. 그러나 그는 집사에게도 정원사에게도 건축 기사에게도 말을 하지 않고, 몹시 화난 낯이었지만 누구한테도 한 마디도 하지 않았다.

　여느 때처럼 정해진 시간에 마리야가 방으로 들어왔을 때, 그는 녹로 앞에 선 채 무엇을 깎고 있었지만 딸 쪽을 돌아다보지 않았다.

　"아! 마리야!" 느닷없이 그는 부자연스럽게 이렇게 말하며 끌을 내던졌다 (녹로의 바퀴는 아직 타성으로 돌고 있었다. 마리야는 점점 사라지는 바퀴 소리를 오랫동안 기억하고 있었다. 그 소리가 그녀에게는 그 뒤에 일어난 일과 하나로 녹아 있었던 것이다).

　마리야는 아버지에게로 다가가 얼굴을 보았다. 그러자 무엇인가 갑자기 그녀 마음 속에서 덜컥 내려앉았다. 그녀는 슬프거나 풀이 죽은 것이 아니라 심술궂은, 억지로 자신을 억제하고 있는 아버지의 얼굴을 보았다. 무서운 불행이, 그녀가 아직 경험한 적이 없는 인생 최악의 불행이, 돌이킬 수 없는, 알 수 없는 불행이—사랑하는 사람의 죽음이 바로 자기 머리 위에 다가와 자신을 짓누르려 한다는 것을 깨달았다.

　"아버지! —안드레이 오빠가!" 아름답다고는 할 수 없는, 못생긴 마리야가 이루 말할 수 없을 정도로 아름다운 슬픔과 망연자실한 표정으로 말하자 아버지는 그녀의 시선을 견디지 못하고 저도 모르게 흐느끼며 얼굴을 돌리고 말았다.

　"통지가 있었다. 꾸뚜조프 편지에 의하면 포로 속에도 없고 전사자 속에도 없다는 구나." 그는 마리야를 야단쳐서 내쫓으려는 듯이 소리쳤다. "죽었어!".

마리야는 쓰러지지 않았다. 현기증도 나지 않았다. 얼굴은 파랗게 질려 있었지만 이 말을 듣자, 그녀의 얼굴빛은 변하지 않고 빛이 넘친 그 아름다운 눈에 무엇인가가 반짝였다. 마치 기쁨이, 그것도 이 세상의 기쁨과 슬픔과는 관계가 없는 지상(至上)의 기쁨이, 그녀 속의 강한 슬픔을 넘어서 넘쳐나온 것 같았다. 그녀는 아버지에 대한 두려움을 모두 잊고 곁으로 다가가서, 그의 손을 잡고 자기 쪽으로 끌어당겨 힘줄 투성이의 마른 목덜미를 끌어안았다.

　"아버지." 그녀는 말했다. "얼굴을 외면하지 마시고 같이 울어요."

　"지독한 놈들이다! 비겁한 놈 같으니!" 노인은 딸에게서 얼굴을 돌리며 소리쳤다. "군을 멸망시키고 사람을 파멸시킨다! 무엇 때문에? 가, 가서 리자에게 말해 줘라."

　마리야는 아버지 옆의 안락의자에 힘없이 몸을 던지며 울음을 터뜨리고 말았다. 그녀는 지금 상냥한 동시에 오만한 낯으로 자기와 리자에게 작별 인사를 했을 때의 오빠 모습이 떠올랐다. 그가 상냥하게, 그러나 얕잡아 보는 듯한 태도로 성상을 목에 건 그 순간의 모습이 떠올랐다. '믿고 있었을까? 자기가 신앙을 가지지 않았다는 것을 후회하셨을까? 지금은 천국에 있을까? 거기, 영원한 평안과 행복의 나라에?' 그녀는 생각했다.

　"아버지, 어떻게 된 거죠? 말해 주세요." 그녀는 울먹이며 물었다.

　"가라, 가, 전투에서 죽었다. 러시아의 가장 훌륭한 사람들을 죽이고 러시아의 명예를 때려눕히기 위해 시작한 전투에서 말이야. 가거라, 마리야. 가서 리자에게 얘기해 줘라. 나도 가겠다."

　마리야가 아버지한테서 돌아오자, 몸집이 작은 젊은 공작 부인은 자수를 하면서, 몸이 무거운 여자의 특유한 내면적이고 행복해 보이는 침착한 눈으로 마리야를 보았다. 분명히 그녀의 눈은 마리야를 보고 있는 것이 아니라 자기 속을—그녀 안에 생기고 있는 무엇인가 행복하고 신비로운 것을 보고 있는 것 같았다.

　"마리야." 그녀는 자수대에서 물러나 몸을 젖히면서 말했다. "여기 손 좀 대 보아요." 그녀는 마리야의 손을 잡자, 자기 배에 가져다 대었다.

　그녀의 눈은 기다리면서 웃고 있었다. 솜털이 난 짧은 윗입술은 어린이처럼 올라간 채로 있었다.

마리야는 그 앞에 무릎을 꿇고 올케 옷의 주름 사이에 얼굴을 묻었다.

"자, 자—들리죠? 난 무척 이상한 생각이 들어요. 그리고 마리야, 난 이 애를 지극히 사랑하게 될 것 같아요." 리자는 행복한, 그리고 빛나는 눈으로 시누이를 바라보면서 말했다. 마리야는 고개를 들 수가 없었다. 울고 있었던 것이다.

"왜 그래요, 마리야?"

"아무것도 아녜요…… 그저 슬퍼져서…… 안드레이 오빠를 생각하니 슬퍼져서."

그녀는 올케 무릎에 얼굴을 대고 눈물을 닦았다. 오전 내내 몇 번이나 마리야는 올케에게 마음의 각오를 시키려고 해보았으나 그때마다 자신이 울고 말았다. 작은 공작 부인으로서는 이유를 알 수 없었던 그 눈물이, 제아무리 주위의 일에 신경을 쓰지 않는다 해도 역시 그녀를 불안하게 만들었다. 그녀는 아무 말도 하지 않았지만 무엇인가를 찾는 것처럼 불안스럽게 주위를 돌아보고 있었다. 식사 전에 그녀의 방으로 노공작이 들어왔다. 그녀가 항상 무서워하고 있었던 노공작이 지금은 특히 불안스럽고 심술궂은 얼굴을 하고 있다가 아무 말도 하지 않고 나가 버렸다. 그녀는 마리야를 보았다. 그리고 임신 중인 여자가 흔히 하듯이, 주의를 자기 내부에 집중시키는 듯한 표정의 눈으로 깊은 생각에 잠겨 갑자기 울기 시작했다.

"안드레이한테 무슨 소식이 있었군요?" 그녀가 말했다.

"아니, 아직 소식이 올 리는 없잖아요. 그러나 아버님은 걱정하고 계세요. 그리고 나도 무서워요."

"그럼, 아무것도 아닌가요?"

"아무것도 아녜요." 마리야는 번쩍이는 눈으로 골똘히 올케를 바라보면서 말했다. 그녀는 무서운 소식을 받았다는 것을 며칠 후로 임박한 출산까지 올케에게는 말하지 않겠다고 마음먹고, 그녀에게는 숨기기로 아버지를 설득했다. 마리야와 노공작은 제각기 자기 나름의 슬픔을 안고 그것을 숨겨 두었다. 노공작은 희망을 가지려 하지 않았다. 그는 안드레이가 전사했다고 생각했다. 아들의 소식을 알기 위해 관리 한 사람을 오스트리아로 보내기는 했지만, 아들의 묘비를 모스크바에 주문하여 그것을 자기 집 마당에 세울 계획이었고, 누구에게나 아들은 전사했다고 말했다. 그는 이제까지의 생활 형태를 바꾸지 않고 계속하려고 노력하였으나 뜻대로 기운이 나지 않았다—그는 전처럼 걷지도, 먹지도, 자지도 않고 나날이 쇠약해졌다. 마리야는 희망을 품고 있었다. 그녀는 오빠가 살아 있다고 믿고 그를 위해 기도하며, 귀국 소식을 이제나저제나 기다리고 있었다.

8

"여봐요." 몸집이 작은 공작 부인이 이렇게 말한 것은 3월 19일 아침식사 후였다. 그리고 솜털이 난 그녀의 입술은 여느 때의 버릇으로 추켜올라갔다. 그러나 무서운 소식을 받은 날부터 이 집에서는 웃는 얼굴뿐만 아니라 말소리나 걸음걸이까지 슬픔이 배어 있었기 때문에, 이유는 알 수 없었지만 모두의 기분에 휩싸인 작은 백작 부인의 웃는 얼굴은, 지금은 모두의 슬픔을 한층 강하게 되새기게 하였다.

"이봐요, 걱정이에요. 오늘 아침식사 뒤부터 몸이 좋지 않아요."

"어떻게 된 거예요, 언니? 창백해요. 정말 창백해요." 마리야는 여느 때의 무거운 듯한, 그러나 부드러운 발걸음으로 올케 곁으로 뛰어가면서 놀란 듯이 말했다.

"마님, 마리야 보그다노브나에게 사람을 보낼까요?" 그 자리에 있던 한 하녀가 말했다(마리야 보그다노브나란 군청 소재지에서 불러온 조산사로 이미 '벌거숭이 산'에서 2주일 전부터 머물고 있었다).

"정말" 하고 마리야가 말했다. "어쩌면 그럴지도 몰라요. 내가 갔다 오겠어요. 기운을 내요, 언니!" 그녀는 리자에게 키스하고 방에서 나가려고 했다.

"어머, 아녜요, 아녜요!" 창백할 뿐만 아니라, 피할 수 없는 육체적 고통을 두려워하는 어린애다운 공포가 작은 공작 부인 얼굴에 나타났다.

"아녜요, 위 때문이에요…… 위라고 말해줘요, 마리야. 그렇게 말해 줘요." 이렇게 말하며 리자는 어린애처럼 고통스러운 듯이, 또 어딘지 일부러 어리광을 부리는 듯이 작은 손을 비비면서 울기 시작했다. 마리야는 마리야 보그다노브나를 데리러 가기 위해 방을 뛰어나갔다.

"아아! 하느님! 하느님!" 그녀는 뒤에서 말하는 소리를 들었다.

살찐 조그마한 손을 비비면서, 이쪽을 향해 위엄 있는 침착한 낯으로 조산사가 이미 걸어오고 있는 중이었다.

"마리야 보그다노브나! 시작한 것 같아요." 마리야는 놀란 듯 크게 뜬 눈으로 조산사를 보면서 말했다.

"고마운 일이에요, 아가씨." 별로 걸음을 서두르지도 않고, 마리야 보그다노브나가 말했다. "아가씨처럼 시집 가기 전의 여자들은 이런 일 몰라도 돼요."

"그렇지만 모스크바의 의사 선생은 왜 아직 오시지 않을까?" 마리야는 말했다(리자와 안드레이 공작의 희망으로, 때에 늦지 않도록 모스크바로 산부인과 의사를 불러 오도록 사람을 보냈기 때문에 모두는 그를 초조히 기다리고 있었다).

"괜찮습니다, 아가씨. 염려 마세요." 마리야 보그다노브나는 말했다. "의사가 안 오셔도 잘 될 거예요."

5분 후에 마리야는 무엇인가 무거운 것을 운반하는 소리를 자기 방에서 들었다. 그녀는 얼굴을 내밀고 보았다―하인들이 안드레이 공작 서재에 있던 가죽을 씌운 소파를 무엇에 쓰려는 건지 침실로 운반해 가는 참이었다. 그것을 운반하고 있는 사람들 얼굴은 어딘지 모르게 엄숙하고 조용했다.

마리야는 홀로 방에 앉은 채, 집 안의 소리에 귀를 기울이기도 하고, 누군가 방 옆을 지나가면 문을 이따금 열어보고는 복도의 일을 엿보기도 했다. 몇 명의 여인들이 발소리를 죽여 가며 왔다갔다하고 있었지만, 마리야를 보자 외면하는 것이었다. 그녀도 물어볼 용기가 없어 문을 닫고는 자기 방으로 돌아와서, 안락의자에 앉아 보기도 하고, 기도서를 펼쳐 보기도 하고, 성상함 앞에 무릎을 꿇기도 했다. 불행하게도 그녀는 기도가 자기 흥분을 진정시켜 주지 않는 것을 느끼고 또 깜짝 놀랐다. 그러자 문득 그녀의 방문이 조용히 열리더니, 그 문지방 위에 스카프를 쓴 유모 쁘라스꼬비야가 모습을 보였다. 그녀는 노공작의 금지령 때문에 한 번도 마리야의 방에 들어온 적이 없었다.

"아가씨, 아가씨와 잠깐 같이 있고 싶어서 왔습니다." 유모는 말했다. "도련님의 혼례 때 쓴 양초(순산을 돕는 신비로운 힘이 있다고 한다)를 성자께 바치려고 이렇게 가져왔답니다, 아가씨." 그녀는 한숨을 쉬고 말했다.

"아아, 참 기뻐요, 할멈"

"하느님은 자비로우십니다, 아가씨."

유모는 금박지를 감은 양초를 선상함 앞에 켜 놓고, 짜다 만 양말을 가지고 문 옆에 앉았다. 마리야도 책을 집어들고 읽기 시작했다. 다만 발소리와 음성이 들릴 때에만 마리야는 놀라서 물어보듯이, 또 유모는 그녀를 안심시키려는 듯이 서로 얼굴을 마주보았다. 마리야가 자기 방에 앉아서 느끼고 있던 것과 같은 기분이 집안 구석구석까지 넘쳐 모든 사람의 마음을 사로잡고 있었다. 산모의 고통을 아는 사람이 적으면 적을수록 산모 자신의 고통도 덜어진다는 미신으로, 누구나 모르는 체 하려고 애를 썼다. 그리고 누구 한 사람 말은 하지 않았으나, 공작의 집 안에 충만하고 있는 여느 때와 같은 훌륭한 말솜씨와 태도의 단정함, 예의 바름 외에 무엇인가 공통되는 불안과 마음의 평안함과, 지금 바로 일어나려는 위대하고 신비스러운 일을 의식하는 모습이 모두에게 나타나 있었다.

커다란 하녀 방에서도 웃음소리 하나 들리지 않았다. 하인 방에서도 모든 사람들이 무엇인가를 기대하고 앉은 채 잠자코 있었다. 지저깨비나 초에 불을 켜고 아무도 자지 않았다. 노공작은 발꿈치에 힘을 주어 무거운 걸음으로 서재 안을 걸어다니고, 찌혼을 마리야 보그다노브나에게 보내서 사정을 물어보게 했다.

"공작께서 어떻게 되어가고 있는지 듣고 오라고 말씀하셨다고만 말해라. 그리고 돌아와서 그녀가 무어라고 말했는지 알려다오."

"해산이 시작됐다고 공작님께 말씀드려 주세요." 마리야 보그다노브나는 의미심장하게 심부름꾼을 바라보며 말했다. 찌혼은 돌아가서 공작에게 보고했다.

"좋아." 노공작은 뒷손질로 문을 닫으면서 이렇게 말했다. 그리고 찌혼은 그 이상 서재에서 아무 소리도 듣지 못했다. 잠시 후에 찌혼은 촛불을 돌보는 체하고 서재로 들어왔다. 공작은 소파에 누워 있었다. 찌혼은 그 모습과 평소의 침착성을 잃은 얼굴을 보자 고개를 흔들고, 잠자코 곁으로 다가가서 주인의 어깨에 키스했다. 그리고 촛불도 매만지지 않고, 무슨 일로 들어왔는지도 말하지 않은 채 그대로 나와 버렸다. 이 세상에서 가장 엄숙한 신비가 이루어지려 하고 있었다. 석양이 지나 밤이 되었다. 그리고 신비로운 것을 앞에 둔 기대와 마음의 긴장 상태는 누그러지지 않고 오히려 높아만 갔다.

아무도 자는 사람이 없었다.

　겨울이 마치 자기 고집을 세우기라도 하려는 것처럼 안간힘을 다하여 마지막 눈보라를 흩날리고 있는 3월의 밤이었다. 모두 모스크바로부터 오는 독일인 의사의 도착을 이제나저제나 기다렸다. 그것 때문에 마을 길로 접어드는 큰길 근처에 갈아탈 말까지 보냈고, 여기에 다시 길의 구덩이와 눈 아래의 웅덩이를 안내하기 위하여 초롱을 가지고 말을 탄 몇몇 사람들이 보내어졌다.

　마리야는 벌써부터 책을 놓고 있었다. 그녀는 자세한 데까지 알고 있는 유모의 주름살투성이인 얼굴에, 스카프 밑으로 삐져나온 흰 머리의 숱에, 또 턱밑에 주머니처럼 늘어진 피부에 빛을 담은 눈을 고정시킨 채 말없이 앉아 있었다.

　유모인 쁘라스꼬비야는 짜던 양말을 손에 든 채, 돌아가신 공작 부인께서는 조산사 대신에 모르다비아인 여자 농부의 도움으로 끼시뇨프에서 마리야 님을 낳으셨어요 하고, 이미 수백 번이나 해 온 이야기를 나직한 음성으로 이야기했다.

　"하느님은 자비를 내려주십니다. 의사 같은 것은 전혀 필요없습니다." 그녀는 말했다. 갑자기 돌풍이, 떼어 놓은 한 창틀에 불어닥쳐(공작 명령에 따라, 방마다 창틀은 매년 종달새의 소리와 더불어 하나씩 떼어 놓고 있었다) 두툼한 커튼을 펄럭였다. 그리고 냉기와 눈의 향기를 불어넣으면서 촛불을 꺼버렸다. 마리야는 몸을 떨었다. 유모는 양말을 내려놓자 창문으로 다가가서, 몸을 내밀고 벗겨진 창틀을 잡으려고 하였다. 찬바람이 스카프 끝과 머리카락을 펄럭이게 했다.

　"아가씨, 큰길에서 누군가가 오고 있어요." 유모는 창틀을 누른 채 그것을 닫으려고도 하지 않고 말했다. "손등이 보입니다…… 틀림없이 의사일 겁니다……."

　"아아, 잘 됐어! 고마워라!" 마리야가 말했다. "마중 가야지, 의사 선생은 러시아어를 모르시니까."

　마리야는 숄을 걸치고 썰매로 오는 손님을 마중하려고 달려갔다. 현관을 지나갈 때, 누구의 것인지는 모르지만 썰매 한 대와 등이 현관의 마차 대는 곳에 서 있는 것이 창 너머로 보였다. 그녀는 계단 위로 나섰다. 난간 기둥에는 수지초가 꽂혀 있고, 바람에 촛불이 흔들리고 있었다. 급사인 필립이 놀란 얼굴로 다른 초를 손에 들고 아래쪽의 층계참에 서 있었다. 그 아래쪽 모퉁이 저편에 계단을 지나 가까이 다가오는 방한용 장화의 발소리가 들렸다. 그리고 마리야의 느낌으로 귀에 익은 음성이 무엇인가 말하고 있었다.

"거 다행이다!" 그 음성은 말했다. "그런데, 아버지는?"

"주무십니다." 이미 아래에 와 있는 하인장 데미얀이 대답하였다.

또 먼저의 목소리가 무엇인가 말하고 데미얀도 무엇인가 대답을 하였다. 그리고 방한용 장화를 신은 발소리가 위에서는 보이지 않는 계단 모서리를 지나 이제까지보다 빨리 접근하고 있었다. '안드레이 오빠다!' 마리야는 생각했다. '아니야, 그럴 리는 없어, 그건 너무 이상해.' 그녀는 고개를 저었다. 그리고 마침 그녀가 이렇게 생각한 순간 하인이 초를 들고 서 있던 층계참에, 깃에 눈이 쌓인 모피 코트를 입은 안드레이 공작의 얼굴과 모습이 나타났다. 그렇다, 그것은 안드레이였다. 다만 그 안색은 창백하고 여위었으며, 얼굴의 표정은 변하여 이상하게 풀려 있었지만, 그러면서도 불안한 것 같았다. 그는 층계를 올라와 누이동생을 끌어안았다.

"내 편지를 받지 않았니?" 그는 이렇게 물었다. 그리고 대답을 기다리지 않고—마리야는 말도 못하고 있었으므로 대답이 있을 리가 없었다—그는 뒤로 돌아가 자기 뒤를 따라온 산부인과 의사와 함께(그는 의사와 마지막 역참에서 만났던 것이다), 빠른 걸음으로 다시 계단으로 올라와 누이동생을 안았다.

"그야말로 운명적이다!" 그는 말했다. "안 그래, 마리야!" 그는 모피 코트와 장화를 벗어던지고 리자의 방으로 향하였다.

9

작은 공작 부인은 하얀 실내 모자를 쓰고, 베개에 머리를 파묻고 있었다 (방금 고통이 누그러진 참이었다). 검은 머리가 몇 개의 타래가 되어 그녀의 달아오른 땀 투성이인 뺨 근처에 얽혀 있었다. 빨간, 매혹적인 입은 크게 벌어져 있었다. 그리고 그녀는 기쁜 듯이 미소를 짓고 있었다. 안드레이 공작은 방으로 들어와서 그녀 앞에, 그녀가 누워 있는 소파 발 밑에 섰다. 어린애처럼 겁먹은 듯이, 흥분의 빛을 띠고 바라보고 있던 그녀의 눈초리는 표정을 바꾸지 않고 그대로 그에게 머물렀다. '나는 당신들을 모두 사랑하고 있습니다. 나는 누구한테도 나쁜 짓을 하지 않았어요. 그런데 나는 왜 괴로울까요? 날 도와주세요.' 그녀의 표정은 이렇게 말하고 있었다. 남편의 모습이 그녀의 눈에 들어왔지만, 지금 자기 앞에 그가 나타난 뜻은 이해할 수가 없었다. 안드레이 공작은 소파 곁을 돌아서 그녀의 이마에 키스했다.

"여보." 그는 여태까지 그녀에게 한 번도 해본 일이 없는 말을 했다. "하느님은 자비로우셔……." 그녀는 묻는 듯이 어린애처럼 책망하듯 안드레이를 바라보았다.

'나는 당신이 도와주기를 원하고 있었어요. 그런데 아무것도, 뭣 하나…… 당신도 역시 마찬가지군요.' 그녀의 눈은 말하고 있었다. 그녀는 남편이 돌아온 것에 놀라지 않았다. 그가 돌아온 것을 이해하지 못했다. 그가 돌아온 것은 그녀의 고통과 그 고통을 더는 것과는 아무 관계도 없었다. 진통이 다시 시작되어 마리야 보그다노브나는 안드레이 공작에게 방에서 나가도록 권했다.

산부인과 의사가 방으로 들어왔다. 안드레이 공작은 방을 나왔다. 마리야를 만나자 다시 한 번 그녀 곁으로 다가갔다. 두 사람은 나직한 소리로 이야기를 시작했지만, 이야기는 자주 끊겼다. 두 사람은 기다리면서 귀를 기울였다.

"가 봐 주세요, 오빠." 마리야가 말했다. 안드레이 공작은 다시 아내한테로 가려다가 옆방에 앉아 기다렸다. 누군지 모르지만 여인이 놀란 낯으로 산실에서 나와 안드레이를 보자 당황하였다. 그는 두 손으로 얼굴을 감싸고, 그대로 몇 분 동안을 앉아 있었다. 문 저쪽에서는 슬프고, 의지할 데가 없는 동물이 내는 것 같은 신음 소리가 들려왔다. 안드레이는 일어나서, 문으로 다가가 그것을 열려고 했다. 문을 누군가가 누르고 있었다.

"안 돼요, 안 돼요." 안에서 놀란 듯한 목소리가 말했다. 그는 방 안을 거닐기 시작했다. 외치는 소리는 잠잠해지고 몇 초가 흘렀다. 그러자 별안간 무섭게 외치는 소리가—아내의 외침이 아니었다. 그녀는 그렇게 소리치지는 않았다—옆방까지 들렸다. 안드레이는 문가로 달려갔다. 외치는 소리는 가라앉았으나 다른 외침이, 갓난애의 울부짖는 소리가 들렸다.

'무엇 때문에 거기에 갓난아이를 데려왔을까?' 처음 순간 안드레이는 생각했다. '갓난아이? …… 어째서 저기에 갓난아이가? 혹은 갓난아이가 태어난 것일까?'

그때, 문득 그는 그 울음소리의 기쁜 뜻을 깨닫자 눈물로 숨이 막혔다. 그리고 그는 창턱에 두 팔꿈치를 괴고 흐느끼면서 아이처럼 울기 시작했다. 문이 열렸다. 의사가 셔츠 소매를 걷어올리고 프록코트를 벗고 파랗게 질려 턱을 떨면서 방에서 나왔다. 안드레이는 그에게 말을 걸려고 했지만 의사는 당황해서 그를 보자 아무 말도 하지 않고 옆을 지나갔다. 한 여인이 달려나와서 안드레이를 보자 문지방 위에서 머뭇거렸다. 그는 아내의 산실로 들어갔다. 그녀는 죽어 있었다. 안드레이가 5분 전에 본 것과 같은 자세로, 여전히 같은 표정이―눈은 움직이지 않고, 볼은 창백했으나―검은 솜털로 덮인 짧은 윗입술의 귀엽고 어린애다운 얼굴 위에 남아 있었다.

'나는 당신들을 모두 사랑하고 누구한테도 나쁜 짓을 하지 않았어요. 그런데 당신들은 이 무슨 짓을 나에게 하셨나요. 아, 당신들은 나에게 무슨 짓을 하신 거예요?'

그녀의 귀엽고 슬픔을 자아내는 것 같은 죽은 얼굴이 이렇게 말하고 있었다. 방 구석에서 무엇인가 작은, 빨간 것이 마리야 보그다노브나의 떨리는 하얀 팔 속에서 꿈틀거리며 소리를 지르고 있었다.

그로부터 두 시간 후, 안드레이는 조용한 발걸음으로 아버지 서재로 들어갔다. 노인은 이미 모든 일을 알고 있었다. 그는 문 바로 옆에 서 있었다. 그리고 문이 열린 순간 노인은 말없이, 노인다운 딱딱한 팔로 아들의 목을 껴안고 어린애처럼 목메어 울기 시작했다.

사흘 후에 작은 공작 부인의 장례식이 거행되고, 안드레이는 아내에게 마지막 작별을 하기 위해서 관이 놓인 받침대의 계단을 올라갔다. 관 속에는 눈은 감겨 있지만 여전히 같은 그 얼굴이 있었다. '아아, 당신들은 나에게 이 무슨 짓을 하신 거예요?' 역시 그 얼굴은 이렇게 말하고 있는 것 같았다. 안드레이는 가슴 속에서 무엇인가 찢어진 것 같았고, 자기에게는 죄가 있고 그것을 보상할 수도 잊을 수도 없다고 느꼈다. 그는 울 수도 없었다. 노공작이 들어와서 밀랍과 같은 작은 손에 키스하였다. 그러자 그 얼굴이 그에게 이렇게 말하고 있었다. '아, 어째서 당신들은 나를 이런 꼴로 만드셨어요?' 노인은 그 얼굴을 보자 화난 듯 외면하고 말았다.

그로부터 닷새가 지난 뒤에 안드레이의 아들, 어린 니꼴라이 공작의 세례가 있었다. 사제가 사내아이의 주름투성이 빨간 손바닥과 발바닥에 거위 털로 성수를 바르는 동안, 유모는 턱으로 포대기를 누르고 있었다.

대부인 조부는 떨어뜨릴까 두려워하면서 떨리는 손으로 갓난아이를 안고 울퉁불퉁한 함석 세례반(洗禮盤) 둘레를 돌고, 세례모인 마리야에게 넘겨주었다. 안드레이는 갓난아이가 세례반 속에서 물에 빠지지나 않을까 하는 두려움 때문에, 숨을 죽이면서 별실에 앉아서 의식이 끝나는 것을 기다리고 있었다. 그는 유모가 갓난아이를 안고 나왔을 때 기쁜 표정으로 자기의 아이를 보았다. 그리고 머리카락이 묻은 밀랍을 세례반 속에 던지자 가라앉지 않고 성수반에 떠 있었다고 유모가 말해주자, 잘 된 일이라는 듯이 고개를 끄덕여 보였다.

10

니꼴라이가 돌로호프와 삐에르의 결투에 관계한 일은 노백작의 노력으로 말소되었다. 그리고 니꼴라이는 본인이 각오하고 있던 것처럼 장교에서 병사로 강등되는 대신 모스크바 총독의 부관으로 임명되었다. 그 때문에 그는 가족과 함께 시골에 가지도 못하고, 새 직무를 수행하면서 여름 내내 모스크바에 머물러 있었다. 돌로호프는 건강을 회복하였다. 그리고 니꼴라이는 그 회복기에 그와의 우정을 한층 돈독히 하였다. 돌로호프는 자기를 사랑해 주는 어머니 곁에서 상처 입은 몸을 치료하고 있었다. 아들의 친구라 해서 니꼴라이가 좋아진 돌로호프의 노모는 그에게 곧잘 아들 이야기를 하였다.

"그래요, 백작님, 그애는 마음이 너무나 곧고 깨끗하답니다." 그녀는 이렇게 말하는 것이었다. "오늘날과 같이 타락한 세상에서 좋은 일 같은 건 누구도 좋아하지 않아요. 그런 건 모두 눈에 거슬리는 것들이랍니다. 그건 그렇다손 치고, 백작님, 어떻습니까? 그 삐에르라는 남자가 한 일이 옳은 일일까요? 그렇지 않으면 바람직하다고 할 수 있을까요? 우리 집 아이는 깨끗한 마음씨로 그 사람을 좋아했고, 지금도 그 사람 일은 무엇 하나 나쁘게 말하지 않는답니다. 뻬쩨르부르그에서 서장에게 한 그 장난, 그쪽에서 조롱을 했 겠죠. 두 사람이 함께 한 일이 아닙니까? 그런데 삐에르는 아무렇지도 않 고, 우리 집 아이가 모두 혼자 뒤집어쓰고 말았어요! 정말 큰 일을 당한 겁 니다. 복관된 것도 당연한 일이 아니겠습니까? 그 아이처럼 전쟁터에서 용 감하고 나라를 위해 충성을 다한 사람은 그렇게 흔하지 않다고 나는 생각해 요. 그런데 어떻습니까? 이번에는 결투를 벌이다니요! 그 사람들에게 마음 이라는 것이, 부끄러움이라는 것이 있을까요! 그 애가 외아들이란 걸 알면 서도 결투에 불러내서 다짜고짜 쏘다니! 다행히 하느님의 덕택으로 무사히 끝나긴 했습니다만, 도대체 무슨 보복일까요? 요즘 세상에 간통을 하지 않 는 사람이 어디 있겠어요? 그 남자가 그토록 질투를 낸다면—나는 알고 있 어요—미리 그것을 넌지시 깨닫게 했으면 좋았을 텐데. 일년 동안이나 계속 되었으니 말이에요. 우리 집 아이가 빚을 지고 있기 때문에 결투를 하지 않 을 것이라고 내다보고 결투에 불러낸 것입니다. 이 얼마나 더럽고 비열한 짓 입니까? 당신은 우리 집 아이의 마음을 이해하시는 걸 알고 있어요. 그러니 까 나는 진심으로 당신을 좋아하고 있어요. 믿어 주세요, 백작님. 그 애의 마음을 알아주는 사람은 드물어요. 그 애는 정말로 고상한, 천국에만 있는 영혼이에요……."

돌로호프도 회복기에 있는 동안 자주 니꼴라이에게 전혀 생각지도 않았던 말을 하는 것이었다.

"날 악당이라고 남들이 생각한다는 것을 나도 잘 알고 있어." 그는 말했 다. "그렇게 생각하라지. 나는 내가 좋아하는 사람 이외에는 아무도 안중에 없어. 좋아하는 사람은 목숨이라도 바칠 만큼 좋아해. 다른 녀석들은 방해가 된다면 닥치는 대로 짓밟아 버리겠어. 나에게는 소중한, 그 무엇과도 바꿀 수 없는 어머니와 두서너 명의 친구가 있어. 자네도 그 중 한 사람이야. 나 머지 녀석들에게 내가 관심을 두는 것은, 그들이 쓸모가 있는지 해가 되는지 따져볼 경우에 지나지 않아. 그런데 대개는 해가 되지. 특히 여자는 그래. 그렇다니까." 그는 말을 이었다. "남자의 경우, 나는 남을 사랑할 수 있는, 마음이 곧은 높은 정신의 소유자를 만난 일이 있다. 그러나 여자의 경우는, —백작 부인이건 하녀건 마찬가지다—모두 몸 파는 여자들뿐이었어. 내가 여성에게서 찾고 있는, 천사와도 같이 맑은 헌신적인 사랑은 아직 만난 적이 없어. 만약 그런 여자가 발견되면 나는 목숨을 바쳐도 좋아. 그렇지만 그 여자는!" 그는 멸시하는 몸짓을 하였다. "사실 내가 아직도 인생의 가치를 인정하고 있다고 한다면, 그것은 오직 나를 갱생시키고 발전하게 해 주고 높여주는 천사와 같은 존재를 다시 만날 수 있을 것이라는 기대를 가지고 있기 때문이야. 그러나 자네는 이것을 이해하지 못할 걸."

"아냐, 난 잘 알고 있네." 이 새 친구의 영향을 강하게 받고 있는 니꼴라이는 이렇게 대답했다.

가을에 로스또프 일가는 모스크바로 돌아왔다. 초겨울에 데니쏘프도 돌아와서 로스또프네에 머물렀다. 니꼴라이가 모스크바에서 보낸 1806년의 초겨울은, 그와 그 집안에 있어 가장 행복에 찬 즐거운 시기의 하나였다. 니꼴라이는 부모의 집에 많은 젊은이들을 끌어왔다. 베라는 스무 살의 아름다운 아가씨였다. 쏘냐는 금방 핀 꽃 같은 아름다움을 지닌 열여섯 살의 아가씨였다. 나따샤는 반은 아가씨, 반은 소녀로, 때로는 앳되고 우스꽝스럽기도 하고, 때로는 나이가 찬 아가씨처럼 매혹적이었다.

당시 로스또프네에는, 매우 사랑스럽고 젊은 아가씨들이 있는 집에서 흔히 볼 수 있듯이 무엇인가 특수한 사랑의 분위기가 감돌고 있었다. 로스또프네를 방문하는 젊은 사람들은 누구나 이 젊고 다감하고 무엇인가를(아마도 자기 행복을) 향해 미소 짓는 순결한 여성들의 얼굴을 보고, 활기에 넘치는 떠들썩함을 보았다. 걷잡을 수 없지만 누구에게나 상냥한 이 젊은 여인들의, 모든 일에 적극적이고 희망에 넘치는 수다를 듣고, 때로는 제멋대로 부르고 연주하는 노래나 음악을 듣고 있는 동안에 지금 당장이라도 사랑을 할 것 같고 행복을 기대하는 기분을 맛보는 것이었다.

니꼴라이가 맨 처음 데리고 온 청년들 중 한 사람은 돌로호프로, 그는 나따샤를 제외한 온 집안 사람들의 마음에 들었다. 돌로호프 일로 나따샤는 하마터면 오빠와 싸울 뻔했다. 그녀는 돌로호프는 불쾌하고 부자연스러운 나쁜 사람이며, 삐에르와의 결투에서도 정당한 것은 삐에르라고 주장했다.

"그 분을 알려고 해도 소용 없어요." 완강한 고집을 피우며 나따샤가 소리쳤다. "그이는 나쁜 사람으로 인정 같은 건 없어요. 난 데니쏘프가 좋아요. 그이도 떠들썩한 사람이지만 그래도 역시 난 그이가 좋아요. 그이를 알 수 있을 것 같아요. 뭐라고 말하면 좋을지 잘 모르기는 하지만……. 돌로호프는 모든 것이 타산적이에요. 난 그게 싫어요. 그 점 데니쏘프 쪽은……."

"아니, 데니쏘프는 별문제다." 돌로호프에 비하면 데니쏘프도 문제가 되지 않는다는 것을 느끼게 하려고 하면서 니꼴라이는 대답했다. "그 돌로호프가 어떤 마음을 가지고 있는지 그걸 이해해야 해. 어머니와 둘이서 있는 것을 봐야 해. 정말 대단한 마음씨야!"

"그런 건 난 모르겠어요. 그렇지만 그분과 같이 있으면 싫은 생각이 들어요. 그리고 그이가 쏘냐를 사랑하는 걸 오빠 아세요?"

"무슨 터무니없는 소리냐?"

"정말이에요. 이제 아시게 될 거예요."

나따샤의 에언은 들어맞았다. 여성과의 교제를 좋아하지 않았던 돌로호프는 자주 이 집을 방문하게 되었고, 그가 누구를 위해 오는가 하는 의문에는 이윽고(아무도 그것을 말로 한 사람은 없었지만) 쏘냐 때문에 온다는 해답이 나왔다. 쏘냐는 절대로 그런 말을 할 수 있는 용기는 없었지만 그런 기미를 알아채고는, 돌로호프가 나타날 때마다 얼굴이 빨개지는 것이었다.

돌로호프는 자주 로스또프네 집에서 식사를 하고, 그들이 가는 연극이나 오페라는 빠지지 않고 참석했다. 또 로스또프네 사람들이 늘 가는, 무도 교사 요겔이 주최하는 청소년 무도회에도 나갔다. 그가 쏘냐에게 유달리 눈을 두고 있었기 때문에, 그녀는 얼굴을 붉히지 않고는 그 눈초리를 받을 수가 없었을 뿐만 아니라, 그 시선을 알아챈 백작 부인과 나따샤까지 얼굴이 빨개질 정도였다.

분명히 이 색다른 용감한 사나이는 다른 남자를 사랑하고 있는 검은 머리의 소녀가 자아내는 힘에 의해 어쩔 수 없이 압도당하고 있었다.

니꼴라이는 돌로호프와 쏘냐 사이에 무슨 새로운 사태가 일어난 것을 깨달았다. 그러나 그것이 어떠한 새로운 관계인지 분명히 밝히려 하지 않았다. '그들은 모두 누군가에게 반하고 있다.' 그는 쏘냐와 나따샤에 대해서 이렇게 생각하고 있었다. 그러나 니꼴라이는 쏘냐와 돌로호프가 옆에 있으면 전과 같이 좋은 기분이 들지 않았기 때문에 차츰 집을 비울 때가 많아졌다.

1806년 가을경부터 모두가 다시 나폴레옹과의 전쟁 이야기를 하기 시작하여 그것은 전해보다도 더 열을 띠게 되었다. 1000명에 열 사람 비율의 신병 소집 뿐만 아니라 아홉 명의 비율로 민병 징집이 결정되었다. 도처에서 나폴레옹을 저주하고 모스크바에서는 눈앞에 닥친 전쟁 소문으로 들끓고 있었다. 로스또프네 가족에게 이 전쟁 준비에 대한 관심은, 니꼴라이가 무슨 일이 있어도 모스크바에 남는 일에 동의하지 않고, 크리스마스가 지나면 함께 연대로 향하기 위해 데니쏘프의 휴가가 끝나는 것만을 기다리고 있는 데에 집중되어 있었다. 출발이 임박하고 있다는 것은, 니꼴라이가 즐겁게 노는 데에 방해가 되지 않았을 뿐만 아니라 여기에 한층 박차를 가하였다. 대부분의 시간을 그는 집 밖에서 만찬이나 연회, 무도회에서 지냈다.

11

크리스마스 축제의 사흘째 되던 날, 니꼴라이는 보기 드물게 집에서 식사를 했다. 그것은 정식 송별연이었다. 왜냐하면 그는 주현절(1월 6일)이 끝나면, 데니쏘프와 함께 연대로 돌아가게 되어 있었기 때문이다. 20명 정도가 회식했으며, 그 중에는 돌로호프와 데니쏘프도 끼어 있었다.

로스또프네 집에서 이 크리스마스 축제 동안 만큼 사랑에 찬 공기와 연애 분위기가 느껴진 일은 일찍이 없었다. '행복의 순간을 붙잡아라, 자신을 사랑하게 하고, 자신도 사랑하라! 이것만이 이 세상의 진실이며, 그 외의 것은 모두 실없는 일이다. 그래서 오직 이것만을 우리는 여기서 하고 있는 것이다.' 그 분위기는 그렇게 말하고 있었다.

니꼴라이는 여느 때처럼 네 필의 말이 녹초가 되도록 마차를 몰아댔지만, 그래도 가야 할 곳과 초청을 받은 곳을 전부 돌지도 못하고 식사 직전에 돌아왔다. 들어오자마자 그는 집안이 연애의 분위기로 가득 차 있다는 것을 느꼈다. 뿐만 아니라 그들 중 몇 사람 사이에 충만한, 묘하게 안절부절 못한 분위기를 느꼈다. 특히 쏘냐와 돌로호프와 백작 부인이 안절부절못하고 나따샤도 다소 그러했다. 니꼴라이는 식사 전에 쏘냐와 돌로호프 사이에 무슨 일이 있었다는 것을 깨달았다. 그리고 그는 민감한 마음을 가지고 있었으므로, 식사하는 동안 이 두 사람 모두에 대해서 친절하면서도 신중한 태도를 취하고 있었다. 크리스마스 축제 사흘째가 되는 이날 밤에는 댄스 교사 요겔의 주최로, 축제마다 자기 학생들을 위해 개최하는 무도회의 하나가 열리기로 되어 있었다.

"오빠, 요겔 선생의 파티에 가세요? 부탁이니 가세요." 나따샤가 니꼴라이에게 말했다. "선생님께서 오빠더러 꼭 와달라고 하셨어요. 게다가 데니쏘프도 가신대요."

"아가씨의 명령이라면 제가 가지 않을 곳이 있겠습니까?" 로스또프네 집에서 재미삼아 나따샤의 기사역을 맡은 데니쏘프가 말했다. "숄을 걸치고 추는 춤이라도 추겠습니다."

"시간이 있으면! 나는 아르하로프네에 선약이 있어. 거기서 파티가 있거든." 니꼴라이가 말했다.

"자네는? ……." 그는 돌로호프에게 말하였다. 그러자 그 순간 물어서는 안 된다는 것을 깨달았다.

"응, 어쩌면……." 돌로호프는 쏘냐를 흘끗 보고 이맛살을 찌푸리며 냉정하게 화가 난 것처럼 대답하고, 클럽의 만찬에서 삐에르를 보았을 때와 꼭 같은 눈초리로 다시 한 번 니꼴라이를 바라보았다.

'무엇인가 있군.' 니꼴라이는 생각했다. 그리고 돌로호프가 식사를 끝내고 곧 돌아간 것으로 보아 이 추측이 더욱 확실하다고 생각했다. 그는 나따샤를 불러내어 도대체 어떻게 된 거냐고 물었다.

"나도 오빠 찾고 있었어요." 나따샤가 그에게로 뛰어오면서 말했다. "내가 말했는데도 오빠는 믿지 않았잖아요." 그녀는 의기양양하게 말했다. "그분이 쏘냐에게 청혼했어요."

이 무렵 니꼴라이가 아무리 관심을 가지고 있지 않았다 해도 이것을 들었을 때 마음 속에서 무엇인가가 쥐어뜯긴 느낌이 들었다. 돌로호프는 지참금이 없는 고아인 쏘냐에게는 나쁘지 않은, 어느 의미로 보자면 훌륭한 상대였다. 백작 부인이나 상류 사회의 관점에서 보자면 돌로호프를 거절할 수는 없었을 것이다. 그래서 이것을 들었을 때의 니꼴라이의 처음 기분은 쏘냐에 대한 원망이었다. 그는 이렇게 말하려는 마음의 준비를 하였다. "잘 된 일이다! 물론 어렸을 때의 약속 같은 건 잊고 청혼을 승낙해야 한다." 그러나 그가 채 그 말을 하기도 전에…….

"글쎄, 생각 좀 해 보세요! 쏘냐는 거절했어요. 완전히 거절해 버렸어요." 나따샤는 말했다. "다른 사람을 사랑한다고 말했어요." 그녀는 잠시 침묵하다가 덧붙였다.

'그렇지, 나의 쏘냐는 그렇게 말할 수밖에 없었겠지.' 니꼴라이는 생각했다.

"어머니가 아무리 부탁해도 쏘냐는 거절했어요. 난 알고 있지만 그녀는 한 말을 절대로 바꾸지 않아요……."

"어머니가 부탁했다고!" 니꼴라이는 나무라듯이 말했다.

"네." 나따샤는 말했다. "그러나 오빠, 화내지 말아요. 난 알고 있어요. 오빠는 그녀와 결혼하지 않을 거예요. 난 알고 있어요. 왜 그런지는 모르겠지만, 나는 오빠가 결혼하지 않을 것이라는 것을 알고 있어요."

"흥, 넌 그런 건 알 리가 없어." 니꼴라이가 말했다. "여하간 쏘냐와 잠깐 이야기해야지. 정말 미인이야, 쏘냐는!" 그는 미소지으면서 말을 덧붙였다.

"정말 미인이에요! 난 그녀를 오빠한테 보내겠어요." 이렇게 말하자 나따샤는 오빠에게 키스하고 뛰어갔다.

이윽고 쏘냐가 놀란 듯, 당황한 듯, 나쁜 짓이라도 한 것처럼 들어왔다. 니꼴라이가 앞으로 다가가서 그녀 손에 키스했다. 이번 귀가한 동안 두 사람이 마주앉아서 자기네 사랑을 이야기하기는 이것이 처음이었다.

"쏘냐." 그는 처음에는 머뭇거리다가 차차 대담해지더니 이렇게 말했다. "만약 당신이 거절하려는 것이 훌륭하고 유리한 혼담만이 아니라면…… 그런데 그는 훌륭한 사람입니다…… 나의 친구입니다……."

쏘냐는 그의 말을 막았다.

"저는 벌써 거절했어요." 그녀는 성급히 말했다.

"만약 당신이 나 때문에 거절했다면, 내가 두려워하는 것은, 나와……."

쏘냐는 다시 그의 말을 막았다. 그녀는 기도하듯, 겁에 질린 듯한 눈초리로 그를 바라보았다.

"니꼴라이, 그런 말은 하지 마세요." 그녀는 말했다.

"아냐, 난 해야겠어요. 이건 나로서는 '자만'일런지는 모르지만 모든 것을 말하는 편이 좋아요. 만약에 당신이 나 때문에 거절한다면 나는 본심을 털어놔야겠어요. 나는 당신을 좋아해요. 누구보다도 좋아한다고 생각하고 있어요."

"난 그것으로 만족해요." 얼굴이 빨개지며 쏘냐가 말했다.

"여하간 나는 여태까지 여러 차례 사랑을 했고 앞으로도 사랑을 할 거요.

당신에 대해서 느끼고 있는 그런 우정과, 신뢰와, 사랑의 감정은 누구에 대해서도 가지지 않을 테지만. 게다가 나는 젊어요. 어머니도 이걸 바라고 있잖아요. 간단히 말해서 나는 아무런 약속도 할 수가 없어요. 그래서 돌로호프의 청혼을 잘 생각해 주길 바라는 거요." 그는 간신히 친구 이름을 들어 말했다.

"그런 말씀은 하지 마세요. 나는 아무것도 바라지 않아요. 나는 당신을 오빠처럼 사랑하고 있어요. 언제까지나 사랑합니다. 그리고 그 이상은 난 아무것도 필요 없어요."

"당신은 천사요. 나는 당신의 사랑을 받을 가치가 없어요. 그저 나는 당신을 속이게 되지 않을까 그것이 걱정이오." 니꼴라이는 다시 한 번 그녀 손에 키스했다.

12

요겔이 주최하는 것은 모스크바에서도 가장 즐거운 무도회였다. 이것은, 갓 배운 스텝을 어떻게든 밟아보려는 소년, 소녀들을 보면서 어머니들이 하는 말이었다. 쓰러질 때까지 춤추는 소년, 소녀들 자신도 그렇게 말하고 있었다. 청소년의 눈높이까지 내려올 작정으로 이 무도회에 온 다 큰 아가씨나 청년들은 그 무도회가 최고로 즐겁다는 것을 알고 역시 같은 말을 하고 있었다. 마침 금년에 이 무도회에서 두 쌍의 결혼이 이루어졌다. 고르차꼬프 공작네의 두 아름다운 따님이 결혼 상대를 발견하여 결혼한 것이다. 그 때문에 이 무도회는 더욱 평판이 자자했다. 이 무도회의 특색은 남자 주인공이나 여자 주인공이 없다는 것이었다. 깃털이 나는 듯한 우아한 몸짓으로 무도회 법칙대로 발을 빼고 인사하는, 사람이 좋은 요겔은 어느 손님으로부터나 레슨 수강권을 받았다. 또 이 무도회에는 처음으로 옷자락이 긴 옷을 입은 열서너 살쯤 되는 소녀들처럼, 춤을 추고 즐기고 싶다는 사람들만이 왔다. 모두, 극히 소수의 예외를 제외하고 귀엽거나 그렇게 보였다—모두 무척 기뻐서 싱글벙글 했고 그들의 눈은 불타고 있었다. 때로는 가장 뛰어난 문하생들이 숄을 걸치고 추는 춤까지 추었다. 그 중에서도 최고는 나따샤로, 그녀의 우아한 모습은 모든 사람 중에서도 빼어났다. 그러나 이번 무도회에서는 에꼬쎄즈, 안그레즈, 여기에 막 유행하기 시작한 마주르카밖에 추지 않았다. 요겔이 삐에르의 집을 빌려 연 무도회는 모두의 평판이 좋아 대성공이었다. 아름다운 여자들이 많이 있었고, 그 중에서도 로스또프네의 영양들은 돋보였다. 두 사람 모두 그날 밤은 특히 행복스럽고 마냥 쾌활하게 보였다. 쏘냐는 돌로호프의 청혼과 자기가 거절한 일, 그리고 니꼴라이와 서로 사랑을 이야기하였다는 것이 무척이나 자랑스러워, 아직 집에 있을 때부터 빙빙 돌며 뛰어다녀 하녀들이 그녀의 머리를 따는 데에 고생을 할 정도였고, 지금은 몸 안으로부터 분출하는 듯한 기쁨으로 빛나고 있었다.

나따샤는 처음으로 긴 옷을 입고 본격적인 무도회에 나왔기 때문에 쏘냐에 못지 않게 자랑스러웠고 쏘냐보다도 더 행복했다. 두 사람은 분홍 리본이 달린 흰 드레스를 입고 있었다.

나따샤는 무도회장에 들어간 순간부터 사랑에 사로잡히고 말았다. 그녀는 특히 누군가를 사랑한 것이 아니라 모두를 사랑한 것이다. 자기가 눈을 돌린 순간 눈에 들어온 사람을 모두 사랑하고 말았다.

"어머, 참 훌륭해요!" 그녀는 쏘냐 쪽으로 달려와서는 끊임없이 이렇게 말하는 것이었다.

니꼴라이와 데니쏘프는 춤추는 사람들을 상냥하게 보호자처럼 둘러보면서 홀을 거닐고 있었다.

"정말 귀여운데, 미인이 될 거야." 데니쏘프가 말했다.

"누가?"

"백작 따님 나따샤지." 데니쏘프가 대답했다.

"춤 솜씨도 대단하고, 정말 우아해!" 잠시 침묵했다가 그는 다시 말했다.

"자넨 대체 누구 얘길 하고 있나?"

"자네 누이 말일세." 화난 듯이 데니쏘프가 소리쳤다.

로스또프는 코웃음을 쳤다.

"백작님, 당신은 나의 수제자의 한 사람이니 꼭 춤을 추어야겠습니다." 몸집이 작은 요겔이 니꼴라이에게로 다가와서 말했다. "보세요, 아름다운 아가씨들이 많이 있잖습니까." 그는 역시 옛 제자였던 데니쏘프에게도 같은 부탁을 했다.

"아닙니다, 선생님. 저는 앉아 구경하겠습니다." 데니쏘프가 말했다. "선생님께 레슨을 받는 동안 제가 얼마나 엉망이었는지 선생님도 기억하고 계시잖습니까."

"오오, 천만에!" 당황해서 그를 위로하면서 요겔이 말했다. "당신은 그저 좀 주의가 산만했을 뿐입니다. 당신에게는 재능이 있었습니다. 그렇고말고요, 재능이 있었습니다."

새로 도입되기 시작한 마주르카의 연주가 시작되었다. 니꼴라이는 요겔의 권고를 거절하지 못하고 쏘냐에게 춤을 청했다. 데니쏘프는 나이 든 부인들 옆에 자리잡고 사벨에 팔꿈치를 괴고 발로 박자를 맞추면서, 무엇인가 즐거운 듯이 얘기하고 있는 부인들을 웃기며, 춤추며 돌아가는 젊은 사람들을 바라보고 있었다. 요겔은 자기가 자랑하는 가장 우수한 제자인 나따샤와 추었다. 작은 구두를 신은 작은 발을 부드럽고 보기 좋게 움직이면서 겁을 먹으면서도 열심히 스텝을 소화하려고 애쓰는 나따샤와 함께 요겔은 맨 먼저 홀을 돌기 시작했다. 데니쏘프는 나따샤로부터 눈을 떼지 않고, 자기가 춤을 추지 않는 것은 춤을 출줄 몰라서가 아니라 맘이 내키지 않아서라는 것을 분명히 나타내는 듯이, 사벨로 탕탕 바닥을 치며 박자를 맞추고 있었다. 연이은 동작 도중에 그는 옆을 지나간 니꼴라이를 불러들였다.

"저것은 전혀 다른데?" 그는 말했다. "저것이 폴란드의 마주르카라고? 그렇지만 그녀의 춤은 대단한데."

데니쏘프가 본고장인 폴란드에서 마주르카의 명수로서 이름을 날린 일을 알고 있었으므로, 니꼴라이는 나따샤 옆으로 달려왔다.

"가서 데니쏘프에게 춰 달라고 부탁해 봐. 그의 춤은 정말 굉장해!" 그는 말했다.

다시 자기 차례가 돌아오자, 나따샤는 일어나서 리본이 달린 무도화를 재빠르게 내디디면서 약간 겁을 먹으면서도 혼자 데니쏘프가 앉아 있는 구석쪽을 향하여 홀을 질러 뛰어갔다. 그녀는 모든 사람이 자기를 보고 기대를 걸고 있음을 알아챘다. 니꼴라이는 데니쏘프와 나따샤가 미소지으면서 다투고 있고, 데니쏘프가 거절하면서도 즐거운 듯 미소짓고 있는 것을 보았다. 니꼴라이는 달려갔다.

"제발 부탁해요, 데니쏘프 씨." 나따샤가 말했다. "자아, 함께 나가요."

"왜 그러십니까. 용서해 주십시오, 아가씨." 데니쏘프는 말했다.

"어이, 적당히 해둬, 바시까." 니꼴라이가 데니쏘프를 애칭으로 부르면서 말했다.

"마치 고양이(바시까)를 달래는 것 같군." 놀리듯이 데니쏘프가 말했다.

"밤새도록이라도 난 조를 테에요." 나따샤가 말했다.

"이 마녀에게는 난 꼼짝 못 해!" 데니쏘프는 이렇게 말하고 사벨을 풀었다. 그는 의자 뒤에서 나오자 자기 파트너의 손을 굳게 잡고, 고개를 약간 쳐들고 발을 벌리고 박자를 기다렸다. 말을 탔을 때와 마주르카를 출 때만은 데니쏘프의 작은 키가 눈에 띄지 않았다. 그리고 본인도 자부하고 있듯이 씩씩한 미남자로 보이는 것이었다. 기다리고 있던 박자가 나오자 그는 의기 양양하게, 그러나 장난기 어린 눈초리로 비스듬히 상대편을 흘끗 바라본 뒤, 느닷없이 한 발을 탕 하고 굴리더니 공처럼 탄력있게 마루에서 튀어올라, 파트너를 자기 뒤로 끌듯이 원을 그리면서 돌기 시작하였다. 그는 한쪽 발로 홀의 반을 뛰듯이 달려, 자기 앞에 있는 의자도 눈에 들어오지 않고 정면으로 그것을 향하여 돌진하는 것처럼 보였다. 그런데 별안간 박차를 절거덕 소리내고 발을 크게 벌려 발꿈치로 멈춰서서, 그 자세로 1초 정도 선 채 박차 소리를 크게 울리면서 같은 장소에서 발을 굴리고 재빨리 회전하자, 왼쪽 다리로 오른쪽 다리를 탁탁 치면서 다시 원을 그려 달리기 시작하였다. 나따샤는 그의 동작을 감으로 알아채면서 자기로서도 어떻게 하면 좋은지 알지 못한 채 그의 뒤를 따라갔다—그녀는 그에게 몸을 맡긴 채였고, 그는 나따샤를 때로는 오른손 때로는 왼손으로 회전시키고, 때로는 무릎을 꿇고 자기 주위를 돌게 했다. 그리고 나서 재빨리 일어나 숨도 쉬지 않고 방을 뛰어나가려는 듯이 힘껏 앞으로 달리기 시작했다. 때로는 다시 멈춰서서 또 새로운 움직임을 하였다. 그가 이렇듯 상대편을 세차게 돌리고 그녀에게 인사를 하면서 박차를 짤각 하고 소리냈을 때 나따샤는 그에게 허리를 굽힐 수도 없었다. 그녀는 마치 그가 누군지 모르는 양 미소를 짓고 의아스럽게 그를 바라보고 있었다.

"대체 어떻게 된 거예요?"

요겔은 이런 마주르카를 정통적인 것으로는 인정하지 않았지만, 일동은 데니쏘프의 묘기에 도취되어 너도나도 그에게 상대해 달라고 청했고, 노인들도 미소를 띠고 폴란드 얘기와 옛날의 좋은 시대 얘기를 하기 시작했다. 데니쏘프는 마주르카 때문에 새빨개진 얼굴을 손수건으로 닦으면서 나따샤 곁에 자리잡고, 무도회가 끝날 때까지 줄곧 그녀 곁에서 떠나지 않았다.

13

그 일이 있은지 이틀 동안 니꼴라이는 돌로호프를 친구들이 모이는 곳에서 보지 못했고, 그의 집에 가도 만나지 못했다. 사흘째가 되던 날, 그는 돌로호프로부터 짧은 편지를 받았다.

'자네도 잘 아는 이유지만, 난 앞으로 자네 집에는 드나들지 않을 작정이네. 곧 부대로 돌아가려 하기에, 오늘 밤 친구들과 송별연을 열기로 했네. 영국 호텔로 와 주게.' 니꼴라이는 지정된 날 아홉 시가 지나서, 가족과 데니쏘프와 같이 갔던 극장을 떠나 영국 호텔로 갔다. 그는 곧 그날 밤 돌로호프가 하룻밤 빌린, 호텔의 가장 좋은 방으로 안내되었다.

한 20명이 테이블 둘레에 모여 있고, 테이블 앞의 양초 두 개 사이에 돌로호프가 앉아 있었다. 테이블 위에는 금화와 지폐가 놓여 있고 돌로호프는 카드를 나누어주고 있었다. 청혼을 하고 나서 쏘냐가 그것을 거절한 이후 니꼴라이는 아직 그와 만나지 않았으므로, 막상 만났을 때를 생각하면 어떻게 하면 좋을지 몰랐다.

돌로호프의 맑고 차가운 시선은 마치 오랫동안 그를 기다리고 있었던 것처럼 벌써 문간에서 니꼴라이를 맞았다.

"오랜만이군." 그는 말했다. "와줘서 고맙네. 카드를 다 나누면 곧 일류시까가 합창대를 데려올 거야."

"나는 자네 집에 들렀었네." 니꼴라이는 얼굴을 붉히면서 말했다. 돌로호프는 대답하지 않았다.

"내기를 해도 좋아." 그는 말했다.

니꼴라이는 그 순간, 돌로호프와 나눈 적이 있는 묘한 대화를 상기하였다. '행운을 바라고 노름을 하는 놈은 바보뿐이야.' 그때 돌로호프가 말했던 것이다.

"설마 나와 내기를 하는 것이 무서운 것은 아니겠지?" 이번에는 니꼴라이의 생각을 간파한 것처럼 돌로호프는 말하고 히죽 웃었다. 그 미소 뒤에 니꼴라이는 그러한 기분을 그에게서 알아챘다. 그것은 언젠가 클럽의 만찬회 때, 또 일상 생활에서 권태를 느끼고 무엇인가 색다른, 대개는 잔인한 행위로 그 생활을 탈출해야 한다고 느끼고 있을 때 으레 돌로호프가 품는 기분이었다.

니꼴라이는 입장이 난처했다. 그는 돌로호프의 말에 대꾸할 말을 머릿속에서 찾아 보았지만 찾을 수가 없었다. 그가 대답하기도 전에 돌로호프는 정면에서 니꼴라이를 바라보면서 모든 사람에게 들리도록, 천천히 사이를 두고 이렇게 말했다.

"기억하고 있나? 두 사람이 도박 이야기를 했던 것을…… 행운을 바라고 도박을 하려는 놈은 바보다. 자신을 가지고 해야 한다, 그러나 나는 해보겠다."

'행운을 바라고 하겠다는 건가, 그렇잖으면 자신을 가지고 한다는 것인가?' 니꼴라이는 생각했다.

"그러나 자네는 하지 않는 것이 좋아." 그는 이렇게 덧붙이고는 새로운 카드 포장을 뜯으며 말했다. "자, 모두들 걸게나!"

돈을 앞으로 밀어내놓고 돌로호프는 트럼프를 나눌 채비를 했다. 니꼴라이는 그의 옆에 앉아 처음엔 걸지 않았다. 돌로호프는 이따금 그의 쪽을 흘끗 보았다.

"왜 하지 않나?" 돌로호프가 말했다. 그러자 이상하게도 니꼴라이는 자기도 트럼프를 받아 약간의 돈을 걸고 승부를 하지 않으면 안 된다는 생각이 들었다.

"난 가진 돈이 없어." 로스또프가 말했다.

"후불로 해도 좋아!"

니꼴라이는 5루블을 걸었다가 지고, 다시 걸고 또 졌다. 돌로호프는 계속해서 니꼴라이의 카드를 열 장 연이어 죽였다. 이긴 것이다.

"여보게들." 그는 얼마 동안 물주 역할을 한 후에 말했다. "돈을 트럼프 위에 놔 주게, 그렇잖으면 계산이 틀릴지도 모르니까."

승부를 하던 한 사람이 자기도 돈이 떨어졌으니 후불로 하겠다고 말했다.

"자네를 믿어도 좋지만 계산이 복잡해지니까 싫어. 자, 돈은 카드 위에 얹어 주게." 돌로호프가 대답했다. "자넨 걱정할 것 없네, 자네하곤 나중에 셈할 테니까." 그는 니꼴라이에게 말을 덧붙였다.

승부는 계속되었다. 급사가 계속해서 샴페인을 따르며 다녔다.

니꼴라이는 한 번도 이기지 못했다. 그의 빚은 800루블까지 올라갔다. 그는 카드 한 장 위에 또 800루블을 썼다가, 급사가 샴페인을 따르는 동안에 생각이 바뀌었다. 다시 보통 거는 20루블을 썼다.

"그대로 둬." 니꼴라이 쪽을 보고 있지 않은 것 같던 돌로호프가 이렇게 말했다. "그렇게 하는 것이 회수(回收)가 빠르네. 나는 다른 자들에게는 져 주고 자네에게는 이기려 하고 있어. 설마 무서운 것은 아니겠지?" 그는 되풀이했다.

니꼴라이는 그의 말대로 씌어 있는 800루블을 그대로 놔 두고 구석이 찢어진 하트 7을 마루에서 집어서 그것에 걸었다. 이 트럼프를 그는 후에도 잘 기억하고 있었다. 그는 하트 7에 걸고 그 위에 부러진 백묵으로 둥글고 곧은 숫자로 800이라고 썼다. 그는 미지근해진 샴페인의 컵을 들이키고 돌로호프의 말에 미소지어 보였다. 그리고 심장을 졸이며 '7'이 나오는 것을 기다리면서, 카드를 쥐고 있는 돌로호프의 손을 바라보았다. 이 하트 7로 이기느냐 지느냐 하는 것은 니꼴라이에겐 큰 뜻이 있었다. 지난 주 일요일, 아버지 백작은 아들에게 2000루블을 주었다. 늘 궁색한 돈 이야기를 듣기 싫어하는 그는, 이 돈은 5월까지의 마지막 돈이니 이번에는 가급적 절약해서 쓰라고 했다. 니꼴라이는 이것은 자기에게는 많은 돈이니 봄까지는 절대로 돈을 달라지 않겠다고 맹세했다. 지금, 그 돈 중에서 남아 있는 것은 1200루블이었다. 따라서 하트 7은, 만약 진다면 1600루블을 잃어버리는 것을 뜻할 뿐 아니라, 아버지에 대한 맹세를 어기지 않으면 안 된다는 것을 뜻하고 있었다. 그는 가슴을 죄며 돌로호프의 손을 바라보면서 생각했다. '자, 빨리, 7의 카드를 내게 줘. 그렇게 되면 나는 모자를 집어들고 집으로 돌아가서 데니쏘프와 나따샤, 쏘냐들과 야식을 한다. 그리고 절대로 다시는 카드를 만지지 않을 것이다.' 그 순간, 자기 집의 생활이—뻬짜와의 농담 섞인 말다툼, 쏘냐와 나눈 이야기, 나따샤와 부른 이중창, 아버지와 함께 한 비껫 놀이 (카드 놀이의 일종), 그리고 뽀바르스까야 거리의 집의 안락한 침대까지—다 이미 옛날에 지나가 버리고 상실된, 그 소중함을 이해하지 않았던 행복처럼 강하고 뚜렷하고 뛰어난 매력을 가지고 그의 마음에 떠올랐다. 그는 어리석은 우연이 7의 카드를 왼쪽에 내기 전에 오른쪽에 내놓음으로써, 지금 새삼 자기가 이해하고 분명히 알게 된 이 행복을 다시 빼앗기고, 아직 경험한 적이 없는 막연한 불행의 심연 속에 자기를 떨어뜨린다는 것을 도저히 인정할 수가 없었다. 그런 일은 있을 수가 없었다. 그래도 그는 마음을 죄며 돌로호프의 손의 움직임을 기다리고 있었다. 셔츠 밑으로 털이 보이는 뼈가 굵고 불그스름한 양손이 트럼프를 놓고, 가지고 온 컵과 파이프를 집어들었다.

"그럼 자네는 나와 승부하는 걸 두려워하지 않는단 말이지?" 돌로호프는 되풀이하였다. 그리고 마치 무슨 즐거운 이야기라도 하는 양으로 트럼프를 놓고 의자 등받이에 몸을 젖히고는, 미소를 띠면서 이야기하기 시작했다.

"그런데 여보게들, 사람들 말로는 모스크바에선 내가 사기꾼이라는 소문이 퍼져 있다더군. 그래서 충고하지만, 자네들도 나와 노름을 할 때는 조심하는 것이 좋을 거야."

"자, 빨리 나누게!" 니꼴라이가 말했다.

"거참, 모스크바 아주머니한테는 못 당해!" 돌로호프는 이렇게 말하고는 미소지으면서 트럼프를 잡았다.

"앗!" 니꼴라이는 양손으로 머리를 감싸면서 하마터면 외칠 뻔했다. 그에게 필요했던 7은 이미 트럼프 맨 위에 얹혀 있었던 것이다. 그는 지불할 수 있는 이상으로 지고 말았다.

"그러나 자네는 도망가서는 안 돼." 돌로호프는 흘끗 니꼴라이를 바라보고 여전히 카드를 돌리면서 말했다.

14

1시간 반이 지났을 때 내기를 하고 있던 대부분의 사람들은 이제 자기 자신의 승부를 놀이처럼 바라보고 있었다.

모든 승부는 니꼴라이 한 사람에게 집중되어 있었다. 그의 빚은 1600루블이 아니라 긴 숫자의 열로 기록되었다. 그는 그것을 1만까지 세고 있었지만 지금은 대충 추산하면 1만 5000루블에 이르고 있었다. 그러나 실제로는 이 숫자는 이미 2만 루블을 초과하고 있었다. 돌로호프는 이미 잡담에는 귀를 기울이지 않았다. 그는 니꼴라이의 손의 움직임을 하나하나 눈으로 쫓고, 때로는 자기가 적어놓은 니꼴라이의 빚을 흘끗 보기도 하였다. 그는 이 계산이 4만 3000루블이 될 때까지 승부를 하리라고 마음먹었다. 그가 이 숫자를 택한 것은, 자기와 쏘냐의 나이를 합하면 43이 되기 때문이었다. 니꼴라이는 두 손으로 머리를 받치고, 숫자가 복잡하게 적혀 있으며 술이 엎질러지고 카드가 흩어져 있는 테이블 앞에 앉아 있었다. 한 가지 괴로운 인상이 그의 마음을 사로잡고 놓지 않았다. 그것은 셔츠 밑으로 털이 내다보이는, 뼈가 굵은 불그스레한 두 손이, 그가 사랑하기도 하고 미워하기도 한 그 두 손이 이제 자기를 마음대로 조종하고 있다는 생각이었다.

'600루블, 에이스, 배 걸기, 9…… 돌이킬 수가 없다! …… 집에 있었으면 얼마나 즐거웠을까. …… 잭인가, 아냐…… 이럴 수가! …… 어째서 이 녀석은 나를 이렇게 골탕을 먹이는가? ……' 니꼴라이는 곰곰 생각하기도 하고 상기하기도 했다. 때로는 그는 크게 걸려고 했지만, 돌로호프는 그것을 죽이는 것을 싫어하여 자신이 판돈을 정하는 것이었다. 니꼴라이는 그의 말대로 했다. 전에 전장인 암쉬테텐의 다리 위에서 기도한 것처럼 하느님에게 기도하기도 하였다. 때로는 점을 치기도 하였다. ―테이블 아래에 떨어져 있는 꺾인 카드 더미 속에서 처음 손에 닿은 것이 자기를 구해 줄 것이라는 점이었다. 때로는 돌로호프의 저고리에 모르(moor)가 몇 개 달려 있는가를 세서 그것과 같은 수의 카드에 지고 있는 금액 전부를 걸려고도 하였다. 때로는 도움을 청하기 위해, 승부를 하고 있는 다른 사람들을 돌아보기도 하였다. 때로는 이제는 냉정한 돌로호프의 얼굴을 바라보고 그의 속셈을 알아보려고도 했다.

'이 녀석은 알고 있다.' 니꼴라이는 마음 속으로 생각하였다. '이 패배가 나에게 무엇을 뜻하는가를. 이 녀석이 나의 파멸을 바랄 리는 없을 것이다. 이 녀석은 나의 친구였다. 나는 이 녀석을 좋아했던 것이다…… 그러나 그가 나쁜 것은 아니다. 나로서는 어찌할 수 없지 않은가. 운이 좋으면 나도 나쁘지는 않을 것이다.' 그는 마음 속으로 말하였다. '나는 나쁜 짓은 한 번도 하지 않았다. 내가 누군가를 죽이거나, 모욕하거나, 불행을 바란 일이 있었던가? 어째서 이토록 무서운 불행에 부딪혔을까? 대체 이 불행은 언제 시작됐을까? 조금 전이다. 100루블 벌어서 어머니의 생신 축하를 위해 귀중품 상자라도 사 가지고 집으로 돌아갈 작정으로 이 테이블에 다가섰을 때이다. 그때 나는 그토록 행복했고, 자유롭고, 쾌활했었는데! 그러나 나는 그때 내가 얼마나 행복한지 몰랐다! 그 행복은 언제 끝났고 이 새로운, 무서운 상태가 언제 시작되었는가? 그 변화의 징후는 무엇이었을까? 나는 쭉 전과 같이 이 테이블 옆 자리에 앉아 있다. 그리고 여전히 카드를 골라서 앞으로 내놓으며, 이 뼈가 굵은, 재치 있는 손을 바라보고 있다. 대체 어느 틈에 이렇게 되어 버렸을까. 나는 건강하고 씩씩하고 원래 그대로이다. 그리고 여전히 같은 장소에 있다. 아니, 이런 일은 있을 수 없다!'

방 안은 덥지도 않았는데 그는 얼굴이 빨개지고 온몸이 흠뻑 땀에 젖어 있었다. 그의 얼굴은 무섭고 비참했다. 특히 냉정한 체하려고 생각하면서도 그와 같은 바람은 무력해서 더욱 그러했다.

계산은 마침내 운명의 수인 4만 3000루블에 이르고 말았다. 니꼴라이는 방금 자기가 꾼 3000루블에서 시작하여 배로 걸 카드를 준비하였다. 그때 돌로호프는 카드를 옆으로 밀어제치더니 백묵을 들고 재빨리 야무진 필적으로 로스또프가 잃은 돈의 합계를 냈다.

"야식이다, 야식 시간이다! 봐, 집시들도 왔어!"

분명히 검은 머리와 눈을 한 남녀들이 밖에서 들어오면서 독특한 집시 사투리로 무엇인가 이야기를 하고 있었다. 니꼴라이는 모든 것이 끝났다는 것을 깨달았다. 그러나 그는 태연한 목소리로 말했다.

"왜 그러나, 더 안 해? 나는 굉장한 카드를 가지고 있는데." 마치 자기가 가장 흥미를 가지고 있는 것은 게임 그 자체의 즐거움이라는 듯이 말했다.

'모든 것은 끝났다, 나는 파멸이다!' 그는 생각했다. '이렇게 되었으니 이젠 이마에 총알 한 발—남은 것은 그것뿐이다.' 그러면서도 그는 즐거운 듯한 소리로 이렇게 말했다.

"자, 한 판만 더 하세."

"좋아." 돌로호프는 합계를 끝내고 대답했다. "좋아! 21루블로 가자." 그는 4만 3000의 끝에 자투리처럼 붙어 있는 21이란 숫자를 가리키면서 말했다. 그는 트럼프를 집어 돌릴 채비를 했다. 니꼴라이는 하라는 대로 두 배로 돈을 건다는 표지로 접었던 카드 구석을 펴고, 예정했던 6000 대신에 21이라고 꼼꼼하게 적었다.

"나는 아무래도 좋아." 그는 말했다. "다만 자네가 10이라는 카드를 죽이느냐 살리느냐 그것에 흥미가 있을 뿐이야."

돌로호프는 진지하게 트럼프를 돌리기 시작했다. 아, 그 순간 니꼴라이는 불그레하고 손가락이 짧은, 셔츠 아래로 털이 보이는, 자신의 운명을 마음대로 할 수 있는 이 손을 얼마나 미워했던가…… 10의 카드가 이겼다.

"당신의 빚은 4만 3000루블입니다, 백작." 돌로호프는 이렇게 말하고 기지개를 켜면서 테이블에서 일어났다. "피곤한데, 이렇게 오래 앉아 있어서 말이야." 그는 말했다.

"그래, 나도 피곤해." 니꼴라이가 말했다.

돌로호프는 이런 때 농담을 하는 것은 실례임을 상대편에게 깨닫게 하려는 듯이 말을 가로막았다.

"돈은 언제 갚아 주시겠습니까, 백작?"

니꼴라이는 얼굴을 붉히고 돌로호프를 다른 방으로 불러냈다.

"나는 지금 당장 갚지 못해. 자네는 어음을 받게 될 거야." 그는 말했다.

"여보게, 니꼴라이." 밝은 미소를 띠고 니꼴라이의 눈을 보면서 돌로호프가 말했다. "자넨 이런 속담을 알고 있겠지? '사랑에 행복한 자는 카드엔 불행하다.' 자네 사촌 누이는 자네에게 반하고 있어. 난 알고 있네."

'아! 이 사나이의 손아귀에 잡혀 있다고 느끼는 것은 무서운 일이다.' 니꼴라이는 생각했다. 카드 놀이에서 졌다는 이야기를 하면 아버지와 어머니가 어떤 충격을 받을 것인가를 니꼴라이는 잘 알고 있었다. 그는 이 모든 일에서 구조된다면 얼마나 행복할 것인가를 알고 있었다. 그리고 이 수치와 슬픔에서 자기를 구해줄 수 있는 것은 돌로호프뿐이지만, 그는 고양이가 쥐를 가지고 놀듯이 자기를 가지고 놀려고 한다는 것을 니꼴라이는 잘 알고 있었다.

"자네 사촌 누이는……." 돌로호프가 말하려고 했지만 니꼴라이는 그것을 가로막았다.

"나는 내 사촌 누이와는 아무 관계도 없네. 그러니 그녀 얘길 할 필요는 없어!" 그는 욱하는 마음으로 소리쳤다.

"그럼 돈은 언제 받게 되지?" 돌로호프가 물었다.

"내일!" 니꼴라이는 말하고 방에서 나왔다.

15

'내일'이라고 말하고 점잖은 태도를 유지하기란 그다지 어렵지는 않았지만, 혼자 집으로 돌아와서 누이동생과 동생, 어머니와 아버지의 얼굴을 보며 모든 것을 고백하고 돈을 달라고 하는 것은—이제 더는 필요 없다고 맹세한 이상 받을 자격이 없으므로—무서운 일이었다.

집에서는 아직 자고 있지 않았다. 로스또프네의 젊은이들은 극장에서 돌아오자 야식을 들고 나서 클라비코드 옆에 앉아 있었다. 니꼴라이는 홀에 들어서자, 이번 겨울 동안에 로스또프네 집안에 감돌았던 저 로맨틱한 사랑의 분위기에 사로잡혔다. 이 분위기는, 돌로호프의 청혼과 요젤의 무도회가 개최된 후 지금은 쏘냐와 나따샤 머리 위에 흡사 소나기를 앞둔 대기처럼 더욱 짙게 깔려 있었다. 쏘냐와 나따샤는 극장에 입고 갔던 하늘색 드레스를 입은 채 귀엽게, 더욱이 자신이 그것을 알고 행복하다는 듯이 미소를 띠고 클라비코드 옆에 서 있었다. 베라는 신신을 상대로 객실에서 장기를 두고 있었다. 노백작 부인은 아들과 남편이 돌아오길 고대하면서, 이 집에 동거하는 귀족 출신 노파와 카드 점을 치고 있었다. 데니쏘프는 눈을 반짝이며 머리를 흐트러뜨리고는, 한 발을 뒤로 물려 클라비코드 앞에 앉아 있었다. 짧은 손가락으로 건반을 두드리면서 화음을 타고 눈망울을 굴리며, 작고 쉰, 그러나 음정이 정확한 음성으로 자작시 '마법의 소녀'를 노래하고 있었다. 그는 그 시에 곡을 붙이려 하고 있었다.

　　매혹의 아가씨여, 가르쳐다오, 무슨 힘이
　　나를 버린 현(絃)에 나를 끌어당기는가
　　아, 당신이 나의 가슴에 떨어뜨린 이 불
　　아, 손가락에 넘치는 이 즐거움!

그는 깜짝 놀란 행복스런 나따샤를 향하여 까만 눈을 반짝이면서 정열적인 소리로 노래했다.

"훌륭해요! 굉장해요!" 나따샤는 소리쳤다. "또 한 소절 다음 것을 불러줘요." 그녀는 니꼴라이를 알아채지 못하고 이렇게 말했다.

'우리 집 사람들은 여전하군.' 니꼴라이는 객실을 들여다보면서 거기에 있는 베라와, 어머니와 곁에 있는 노파의 모습을 보고 생각하였다.

"아! 오빠예요!" 나따샤가 달려왔다.

"아버지는 집에 계시냐?" 그는 물었다.

"오빠가 돌아오셔서 난 정말 기뻐요!" 나따샤는 대답도 하지 않고 이렇게 말했다. "우리에겐 기쁜 일이 있어요. 데니쏘프가 날 위해서 하루를 더 머물기로 하셨어요, 아세요?"

"아버님은 아직 돌아오지 않으셨어요." 쏘냐가 말했다.

"니꼴라이, 돌아왔구나. 자, 이리 오너라." 객실에서 백작 부인의 소리가 들렸다. 니꼴라이는 어머니 옆으로 다가가 손에 키스하고, 테이블 곁에 잠자코 앉아 트럼프를 늘어놓는 어머니의 손을 바라보았다. 홀에서는 끊임없는 웃음소리와 무엇인가 나따샤를 설득하는 듯한 명랑한 소리가 들려 왔다.

"자, 좋아요, 좋아." 소리친 것은 데니쏘프였다. "핑계를 대려고 해도 안 됩니다. 당신이 '베니스의 뱃노래'를 부를 차례입니다. 제발 부탁합니다."

백작 부인은 말없이 있는 아들을 돌아다보았다.

"무슨 일 있었니?" 어머니는 니꼴라이에게 물었다.

"아니, 아무것도 아녜요." 마치 똑같은 질문에 싫증이 난다는 듯이 그는 대답했다. "아버지는 곧 돌아오십니까?"

"그럴 게다."

'우리 집 사람들은 여전하군. 모두들 아무것도 모르고 있구나! 난 어디다 몸을 두면 좋단 말인가?' 니꼴라이는 생각하고, 다시 클라비코드가 놓여 있는 홀로 갔다.

쏘냐는 클라비코드 앞에 앉아서, 데니쏘프가 특히 좋아하는 뱃노래의 전주를 타고 있었다. 나따샤는 노래할 채비를 하고 있었다. 데니쏘프는 감격에 넘치는 눈초리로 그녀를 바라보고 있었다.

니꼴라이는 방 안을 이리저리 거닐기 시작했다.

'글쎄, 무슨 재미로 그녀에게 노래를 부르게 하려는 것일까! 그녀가 무슨 노래를 부를 수 있단 말인가? 그런 것에 무슨 재미가 있담.' 니꼴라이는 생각했다.

쏘냐가 전주의 첫 화음을 탔다.

'아, 나는 파렴치한 사람이다. 나는 파멸한 사람이다. 머리에 한 방—남은 것은 그것뿐이다. 노래가 다 뭐냐.' 그는 생각했다. '달아날까? 그러나 어디로? 매한가지다. 부르게 해 둬!'

니꼴라이는 침울한 눈으로 방을 걸으면서, 데니쏘프와 여자들을 바라보고 그러면서도 그녀들의 시선을 피하려 했다.

'니꼴렌까, 어찌된 일이에요?' 골똘히 바라보는 쏘냐의 시선이 이렇게 물었다. 그에게 무슨 일이 있었음을 그녀는 이내 알아챘던 것이다.

니꼴라이는 그녀한테서 고개를 돌렸다. 나따샤도 타고난 직감으로 역시 오빠의 상태를 알아챘다. 그녀는 알아챘지만, 그 순간의 그녀 자신은 무척 들뜬 기분에 잠겨 있었고, 슬픔, 우수, 비난 같은 것으로부터 멀리 떨어져 있었으므로(젊은 사람에게 흔히 있는 일이지만) 그녀는 일부러 자신을 기만하고 말았다. '아녜요, 지금 나는 남의 슬픔에 동정해서 기분을 상하게 하기에는 너무나도 즐거워요.' 그녀는 이렇게 느끼고 자신에게 말했다. '아니야, 틀림없이 내가 틀렸을 거야. 오빠도 나처럼 즐거우실 거야.'

"그럼, 쏘냐." 그녀는 이렇게 말하고는 반향이 가장 좋다고 자기가 생각하는 홀 한복판으로 걸어갔다. 댄서가 흔히 하듯이, 머리를 약간 쳐들고 두 손을 힘없이 축 드리우고, 나따샤는 정력적인 동작으로 발꿈치에서 발끝으로 중심을 옮기면서 방 한가운데로 걸어가 발을 멈추었다.

'자, 이것이 나예요!' 그녀는 자기를 뒤쫓는 데니쏘프의 황홀한 눈초리에 이렇게 대답하는 듯했다.

'뭘 기뻐하고 있을까?' 누이동생을 바라보면서 니꼴라이는 생각했다. '저러고도 따분하지도 부끄럽지도 않은 모양이군!'

나따샤가 첫 음을 냈다. 목구멍은 넓어지고 가슴은 펴고, 눈은 진지한 표정이 되었다. 그 순간 그녀는 아무도, 아무것도 생각하지 않았다. 그리고 미소를 띠는 모양을 한 입에서 음성이 흘러나오기 시작하였다. 그 음성은, 같은 길이를 유지하면서 같은 사이를 두고 누구나 낼 수 있는 소리였지만, 천번은 냉담한 기분을 가지게 하다가도 천한 번째에 비로소 듣는 사람에게 전율을 느끼게도 하고 눈물마저 흘리게 하는 음성이었던 것이다.

나따샤는 금년 겨울에 진지하게 노래를 시작하였다. 그것은 특히 데니쏘프가 그녀의 노래에 감격했기 때문이었다. 그녀의 노래에는 지금은 앳된 데가 없고, 그 노래 솜씨는 이제까지와 같이 우스꽝스럽고 앳되게 힘을 주는 대목은 사라지고 없었다. 그러나 그녀의 노래는, 그녀의 노래를 많이 들은 사람들이 말하는 것처럼 아직은 잘 부르는 편은 아니었다. "세련되지 않다. 그러나 훌륭한 음성이다. 다듬어야 해" 모든 사람이 이렇게 말했다. 그러나 그것은 그녀의 노래가 끝나고도 한참 후에 하는 말들이었다. 세련되지 않고 숨이 이어지는 것도 옳지 않고 음성의 옮김도 무리한 데가 있는, 다듬어지지 않은 음성이 울리는 동안은, 조예가 깊은 사람들도 아무 비판도 하지 않고, 그저 이 세련되지 않은 소리를 즐기고는 다시 한 번 더 듣고 싶어할 뿐이었다. 그녀의 음성에는 순결한, 태어난 그대로인 점, 자기의 역량을 모르고 있는 점, 아직은 미완성의 윤기와 탄력이 있어 그것이 미숙한 노래 솜씨와 융합되어 있어서, 이 목소리를 망치지 않고서는 거기에 있는 것을 하나도 바꿀 수 없다고 여겨질 정도였다.

'도대체 이건 뭐야?' 니꼴라이는 누이의 목소리를 듣고 생각했다. '나따샤에게 무슨 일이 있었던 거지? 오늘은 노래 솜씨가 대단하잖아.' 그는 생각했다. 그리고 갑자기 그에게는 모든 것이 다음 음, 다음 가사를 기다리는 데에 집중되었고, 모든 것이 3박자로 나누어지고 말았다. '오오, 나의 무자비한 사랑이여…… 하나, 둘, 셋…… 하나, 둘, 셋…… 하나…… 오오, 무정한 사랑이여…… 하나, 둘, 셋…… 하나. 제기랄, 인생이란 시시하다!' 니꼴라이는 생각했다. '불행도, 돈도, 돌로호프도, 미움도, 명예도 모두 다 시시하다…… 이것이야말로 진짜다…… 해라, 나따샤! 잘한다! 훌륭하다! …… 그녀는 그 'si음'을 어떻게 부를까? 잘했다! 굉장하다!' 그리고 그는 자기가 노래를 부르고 있다고는 깨닫지 못하고 그 'si음'을 뒷받침하기 위하여 높은 음의, 3도의 저음(3도의 화음 '솔시레'의 솔)을 냈다. '아! 참 훌륭하다! 정말 이건 내가 부른 것일까? 얼마나 행복한가!' 그는 생각했다.

아아, 그 3도는 훌륭하게 울려 니꼴라이의 마음에 있던 더없이 좋은 것이 호응하였다. 그 더없이 좋은 일은 이 세상의 그 어떤 것과 관계가 없고 그 무엇보다도 높았다. 도박에서 진 일? 그게 어쨌단 말이냐. 돌로호프 같은 녀석이 어쨌단 말인가, 약속이 다 뭐야! 다 시시하다! 사람을 죽여도, 도둑질을 해도, 인간은 역시 행복할 수가 있는 것이다. ……

16

니꼴라이가 이날처럼 오랫동안 음악의 기쁨을 맛본 일은 없었다. 그러나 나따샤가 뱃노래를 다 부르고 나자 현실이 다시금 그의 마음에 되살아났다. 그는 말없이 홀을 나와서 자기 방으로 갔다. 한 15분쯤 지나서, 노백작이 즐겁고 흐뭇한 얼굴로 클럽에서 돌아왔다. 니꼴라이는 아버지가 돌아온 것을 알고 아버지 방으로 갔다.

"어때, 재미있었니?" 아버지는 기쁘고 자랑스러운 듯 아들에게 미소지으면서 말했다. 니꼴라이는 "네" 하고 말하고 싶었지만 말하지 못했다. 그는 울음이 터질 것만 같았다. 백작은 아들의 처지를 알아채지 못하고 파이프에 불을 붙이고 있었다.

'어쨌든 피할 길은 없다!' 니꼴라이는 처음이자 마지막으로 이렇게 생각했다. 그리고 문득 자기 자신도 싫증이 날 만큼 거친 어조로, 마치 시내로 나갈 마차를 부탁이나 하듯 아버지에게 말했다.

"아버지, 볼 일이 있어서 왔습니다. 하마터면 잊을 뻔 했습니다. 실은 돈이 필요합니다."

"그것 봐." 유달리 기분이 좋았던 아버지가 말했다. "그래서 모자랄 거라고 말하지 않았느냐. 많은 돈이냐?"

"무척 많습니다." 얼굴을 붉히면서, 그 후 자신에게 허용할 수 없는 어리석고 조심성 없는 가벼운 웃음을 띠고 니꼴라이는 말했다. "전 도박에서 좀 졌습니다. 아니, 많이, 무척 많이요. 4만 3000루블입니다."

"뭐라고? 누구에게? 농담이겠지!" 백작은 노인에게서 흔히 볼 수 있듯이 목과 목덜미가 뇌출혈 환자처럼 새빨개지면서 소리쳤다.

"전 내일 갚겠다고 약속했어요." 니꼴라이는 말했다.

"뭐라고! ……." 노백작은 양손을 크게 펼치면서 이렇게 말하며 힘없이 소파에 주저앉고 말았다.

"할 수 없잖습니까! 누구에게나 있는 일인 걸요." 아들은 내심 자신을 평생 속죄할 수 없는, 비열한 망나니라고 생각하고 있으면서도, 이와 같은 뻔뻔스럽고 대담한 어조로 말했다. 그는 아버지 손에 입맞추곤 무릎을 꿇고 용서를 빌고 싶었지만, 버릇없이 오히려 거친 어조로 누구에게나 있는 일이라고 말하고 말았던 것이다.

노백작은 아들의 이 말을 듣자 눈길을 떨구고 무엇을 찾는 듯이 안절부절 못했다.

"그래, 그래." 그는 말했다. "그러나 어려운 걸. 돈을 마련하기란 어려울 것 같다…… 그야 흔히 있는 일이지! 그렇다마다, 누구에게나 흔히 있는 일이지……."

백작은 아들 얼굴을 흘끗 보고는 방에서 나가버렸다…… 니꼴라이는 호된 꾸지람과 거부를 각오한 터였지만 설마 이렇게 되리라고는 예기치 않았다.

"아버지! 아……버지!" 그는 울부짖으면서 아버지 등 뒤에서 외쳤다. "용서해 주세요!" 그리고 그는 아버지의 손을 잡자, 입술을 꼭 누르면서 울기 시작했다.

아버지가 아들과 이야기하고 있을 때, 어머니와 딸 사이에서도 이에 못지 않은 중대한 이야기가 오가고 있었다. 나따샤가 흥분해서 어머니 방으로 뛰어들어 왔다.

"어머니! 어머니! …… 그이가 저에게 하셨어요……."

"뭘 했다고?"

"했어요, 청혼을 했어요! 어머니! 어머니!" 그녀는 소리쳤다.

백작 부인은 자기 귀를 믿을 수가 없었다. 데니쏘프가 청혼한 것이다. 누구에게? 이 작은 아가씨 나따샤에게. 바로 얼마 전만 해도 인형놀이를 하고 있었고, 지금도 아직 가정교사로부터 공부를 하고 있는 어린 소녀에게.

"나따샤, 적당히 해두어라. 부질없는 일이다!" 그녀는 아직 농담이길 바라면서 말했다.

"너무하세요, 부질없다니! 전 사실을 말하고 있는데." 발끈해서 나따샤가 말했다. "전 어떻게 하면 좋은지 물어보러 왔는데 부질없다고 하시다니……."

백작 부인은 두 어깨를 움츠렸다.

"만약 데니쏘프가 너한테 청혼을 한 게 사실이라면 넌 그이에게 바보라고 말해 줘라, 그뿐이야."

"아녜요, 그이는 바보가 아녜요." 자존심에 상처를 입고 나따샤가 진지하게 말했다.

"그럼 넌 대체 무엇을 원하는 거냐? 너희들은 요즘 너나할 것 없이 사랑하고 있잖니. 좋다, 좋아졌다면 결혼해라." 백작 부인은 화가 나서, 그러나 웃으면서 말하였다. "마음대로 해라!"

"아녜요, 어머니, 전 그이를 사랑하지 않아요…… 사랑할 리가 없어요."

"그렇다면 그이에게 그렇다고 말해라."

"어머니, 화나셨어요? 화내지 마세요. 글쎄, 제가 무슨 잘못이라도 했어요?"

"아니다. 그런데 어떻게 하면 좋지? 뭣하면 내가 가서 거절해도 좋다." 백작 부인은 미소지으면서 말했다.

"아녜요, 제가 말하겠어요. 어떻게 말하면 좋지요? 어머니는 무슨 일이든지 손쉽게 하실 수 있으니까요." 어머니의 미소에 대답하면서 그녀는 말을 덧붙였다. "그렇지만 그이가 어떻게 저에게 말하셨는지, 보셨더라면 좋았을 거예요. 저는 다 알고 있어요. 그이는 그런 말을 할 생각은 없었는데, 어쩌다가 입 밖에 내신 거예요."

"하여간 거절해야 한다."

"아녜요, 하지 않아도 돼요. 그이가 너무 불쌍해요! 정말 착하신 분이에요."

"그럼 청혼을 받으려무나. 너도 이젠 시집갈 나이니 말이다." 화가 나서 놀리듯이 어머니가 말했다.

"아녜요, 어머니, 전 그이가 너무 불쌍해요. 전 뭐라고 말하면 좋을지 모르겠어요."

"그러니까 넌 아무 말도 할 필요가 없다. 내가 직접 말해 주겠다." 백작 부인은 이런 나따샤를 뻔뻔스럽게 어른 취급을 한 사람이 나타난 데에 화를 내고 이렇게 말했다.

"싫어요, 절대로. 제가 말할 테니 어머니는 문 밖에서 들어주세요." 나따샤는 객실을 지나서 홀 쪽으로 달려갔다. 거기에는 여전히 데니쏘프가 클라비코드 옆의 의자에 앉아서 양손으로 얼굴을 감싸고 있었다. 그는 나따샤의 경쾌한 발소리에 벌떡 일어났다.

"나따샤." 빠른 걸음으로 그녀 쪽으로 다가가면서 그가 말했다. "나의 운명을 결정해 주세요. 내 운명은 당신 손 안에 있습니다!"

"데니쏘프 씨, 난 당신이 몹시 불쌍해요! 하지만 당신은 참 훌륭한 분이에요…… 그러나 그것은…… 안 돼요…… 하지만 나는 언제까지나 당신을 좋아하겠어요."

데니쏘프는 그녀 손 위에 몸을 수그렸다. 그러자 그녀의 귀에는 기묘한,

뜻을 알 수 없는 소리가 들렸다. 그녀는 그의 헝클어진, 곱슬곱슬한 검은 머리에 입맞추었다. 이때 백작 부인의 다급한 옷자락이 스치는 소리가 들렸다. 그녀는 두 사람 곁으로 다가왔다.

"데니쏘프 씨, 정말 영광으로 생각해요." 백작 부인은 당황한 목소리로 말했다. 그러나 그 소리는 데니쏘프에게 엄격하게 들렸다. "그렇지만 이 애는 아직 나이도 어린데다 당신은 우리 아들의 친구니까 우선 나한테 이야기해주실 줄 알았어요. 그러면 나도 이렇게 거절하지 않으면 안 될 처지에 놓이지도 않았을 거예요."

"마나님……." 데니쏘프는 눈을 내리깔고 미안하다는 태도로 말하고 나서 무슨 말을 하려다 머뭇거렸다.

나따샤는 그의 이러한 비참한 모습을 태연히 보고 있을 수가 없었다. 그녀는 크게 흐느껴 울기 시작했다.

"마나님, 죄송합니다." 데니쏘프는 띄엄띄엄 끊기는 음성으로 말을 이었다. "그러나 저는 목숨이 둘 있다면 그걸 바쳐도 후회하지 않을 만큼 아가씨와 댁의 온 가족을 존경하고 있습니다……." 그는 백작 부인을 보았다. 그리고 그녀의 엄한 낯을 알아챘다. "그럼 실례합니다, 마나님." 그는 이렇게 말하고 그녀 손에 입맞추고는 나따샤 쪽은 보지도 않고, 다급하고 단호한 걸음걸이로 방에서 나갔다.

이튿날, 니꼴라이는 하루라도 모스크바에 더 머무르고 싶지 않다는 데니쏘프를 전송하였다. 모스크바의 모든 친구들은 집시 집에서 데니쏘프의 송별회를 열었다. 그리고 그는 어떻게 썰매에 태워졌는지, 어떻게 해서 처음 세 역참을 지나갔는지 통 기억에 없었다.

데니쏘프가 출발한 뒤, 니꼴라이는 노백작이 당장 모을 수는 없었던 돈을 기다리면서, 한 발짝도 집에서 나가지 않고 주로 누이동생의 방에 틀어박혀 2주일을 더 모스크바에서 보냈다.

쏘냐는 전보다 더 상냥하고 충실하게 그를 대했다. 그녀는 그가 카드 놀이에 진 것이 희생적인 사랑이며, 그 때문에 지금은 더욱 그를 사랑하고 있다는 것을 알려주고 싶어하는 것 같았다. 그러나 니꼴라이는 이제 자기는 그녀에게 어울리지 않는 인간이라고 생각하고 있었다.

그는 소녀들의 앨범에 시와 악보들을 마구 써넣었다. 그리고 마침내 간신히 4만 3000루블이라는 돈을 모두 보내어 돌로호프의 영수증을 받아들자, 아는 사람 그 누구에게도 작별 인사를 하지 않고, 이미 폴란드에 있는 연대를 뒤쫓아서 11월 말에 출발하였다.

제2부

1

아내와 헤어지는 이야기를 한 뒤 삐에르는 뻬쩨르부르그로 출발했다. 또르조크의 역참에는 말이 없었는지, 아니면 역참지기가 말을 내려고 하지 않았는지 삐에르는 기다리지 않으면 안 되었다. 그는 옷도 벗지 않고 둥근 테이블 앞의 가죽 소파에 누워서, 방한 장화를 신은 커다란 두 다리를 그 테이블 위에 얹고 생각에 잠겼다.

"트렁크를 가져올까요? 잠자리를 깔까요? 차는 어떻게 할까요?" 시종이 물었다.

삐에르는 아무것도 들리지 않고 아무것도 눈에 들어오지 않았기 때문에 대답을 하지 않았다. 그는 이미 그 전 역참에 있을 때부터 생각에 잠기기 시작하여 여전히 같은 것을 생각하고 있었다. 그것은 매우 중요한 일이었기 때문에 그는 주위에서 일어나고 있는 일에 주의를 기울일 수가 없었다. 그는 자기가 뻬쩨르부르그에 도착하는 것이 빠를 건가 늦을 건가, 이 역참에 휴식 장소가 있는가 없는가와 같은 일에는 관심이 없었을 뿐만 아니라, 오늘 자기를 사로잡고 있는 생각에 비하면 이 역참에서 몇 시간을 보내든, 한평생을 보내든, 그런 것은 아무래도 좋았다.

역참지기와 그의 아내, 시종, 또르조크의 명산인 자수를 든 여자가 방으로 들어와서 무엇인가 시중들 일은 없느냐고 물었다. 삐에르는 테이블 위에 얹어놓은 다리의 위치도 바꾸지 않고 안경 너머로 그들을 바라보고 있었지만, 이 사람들이 무슨 용건으로 왔는지, 어째서 이 사람들은 지금 자기의 마음을 사로잡고 있는 문제를 해결하지도 않고 살아갈 수 있는지 이해할 수가 없었다. 그를 사로잡고 있는 문제란, 그 결투 후에 쏘꼴리니끼에서 돌아와서, 괴롭고 잠을 이루지 못한 첫날 밤을 보냈던 이래 줄곧 그의 마음을 사로잡고 있었던 것으로, 지금은 여행의 고독 속에서 그 문제가 특히 그를 사로잡고 있었다. 무엇인가를 생각하기 시작해도, 그는 스스로 해결할 수 없고 또 자신에게 묻는 것을 그만 둘 수 없는, 그때의 그 문제로 되돌아가는 것이었다. 마치 그의 온 생애를 지탱하는 중요한 나사가 머릿속에서 헛도는 것만 같았다. 나사는 그보다 더 들어가지도 않고 빠지지도 않고, 언제까지나 같은 홈에서 돌고 있었다. 더욱이 그것을 돌리는 것을 그만둘 수도 없는 것이었다.

역참지기가 들어와서, 이제 두 시간만 기다려 주신다면 나리를 위해서—되는 대로 밖에는 할 수 없는 일이지만—빨리 달리는 말을 내드리겠습니다 하며 허리를 굽혔다. 이것은 분명히 역참지기의 거짓말이며, 다만 나그네로부터 좀 더 돈을 받아내려는 데 지나지 않는 것 같았다. '이것은 나쁜 일인가, 좋은 일인가?' 삐에르는 자문했다. '나에게는 잘 됐지만, 다른 손님에게는 좋지 않은 일이다. 그러나 역참지기에게는 피할 수 없는 일이겠지. 그렇게라도 하지 않으면 먹고 살 수 없으니까—역참지기는 말이 없어서 장교에게 얻어맞은 일이 있다고 말했다. 그러나 그 장교는 더 빨리 가야 했기 때문에 때린 것이다. 내가 돌로호프를 쏜 것은 모욕을 당했다고 생각했기 때문이다. 루이 16세가 처형된 것도 죄인으로 여겨졌기 때문이지만, 루이 16세를 처형한 자들도 1년 후에 처형되었다. 역시 무엇인가 이유가 있었던 것이다. 악이란 무엇이고, 선이란 무엇인가? 무엇을 사랑하고, 무엇을 미워해야 하는가? 무엇 때문에 사는 것이고, 또 나는 대체 무엇이냐? 삶이란, 죽음이란 무엇이냐? 어떤 힘이 만물을 지배하고 있는 것일까?' 그는 자신에게 물었다. 이들 의문에 대해서 단 하나의 대답도 얻지 못했다. 한 가지 있기는 했지만, 그것조차 논리적인 대답은 못 되었고, 또 전혀 이들 의문에 대한 대답도 아니었다. 그 대답이란, '죽으면—모든 것은 끝난다. 죽으면 모든 것을 알게 된다—또는 이런 물음은 하지 않게 될 것이다' 하는 것이었다. 그러나 죽는 것은 무서웠다.

또르조크의 아낙네 장사치는 특히 산양 가죽으로 만든 샌들을 소리를 높여가며 권하고 있었다. '나는 쓸 데도 없는 거대한 재산을 가지고 있는데, 이 여자는 다 해진 외투를 입고 서서 머뭇거리며 날 바라보고 있다.' 삐에르는 생각했다. '도대체 무엇 때문에 이 여자는 돈이 필요할까? 과연 이 돈이 그녀에게 한 올의 머리카락만한 행복이나 편안한 마음을 더해 줄 수 있단 말인가? 도대체 이 세상의 그 무엇이 그녀나 나에게 닥쳐오는 악이나 죽음의 손으로부터 조금이라도 지켜준단 말인가? 모든 것을 끝장내고, 반드시 오늘이나 내일이라도—영원에 비하면 순간적으로—다가오는 죽음으로부터 그 무엇이 지켜준단 말인가.' 그리고 그는 다시 잘 맞지도 않는 나사를 조였지만 나사는 같은 곳에서 여전히 헛돌 뿐이었다.

시종이 반쯤 읽은 마담 수저(프랑스의 여류 작가)의 서한체 소설을 삐에르에게 건네주었다. 그는 아멜리 드 만스펠드라는 여인의 고뇌와 선행의 투쟁 이야기를 읽기 시작했다. '도대체 어째서 이 여자는 자기를 유혹한 남자와 싸웠을까?' 삐에르는 생각했다. '그 사나이를 사랑하고 있는데도 말이야. 하느님은 자기 의지에 위배되는 소원을 이 여자의 영혼 속에 주입할 수가 없었던 것이다. 나의 아내였던 여자는 싸우지 않았다. 그러나 어쩌면 그것이 옳았을지도 모른다.' 다시금 삐에르는 혼잣말을 했다. '아무것도 생각해 낼 수 없다. 우리가 알 수 있는 것은 우리는 아무것도 모른다는 것뿐이다. 그리고 이것이 인간의 지혜의 최고 단계인 것이다.'

자기 자신의 내부와 둘레에 있는 모든 것이 헝클어지고, 무의미하고, 혐오스럽게 여겨졌다. 그러나 둘레의 모든 것에 대한 혐오감 그 자체 속에서 삐에르는 일종의 독특한 쾌감을 발견하였다.

"죄송스러운 말씀입니다만, 나리, 이분들을 위해서 좀 자리를 내주실 수 없을까요?" 역참지기가 방으로 들어오면서 이렇게 말하고, 말이 부족해 발이 묶인 다른 여객을 데리고 들어왔다. 나그네는 땅딸막한 키에 골격이 크고 안색이 좋지 않은 주름투성이의 노인으로, 흰머리가 늘어진 눈썹 아래 무슨 색이라고 말하기 힘든 회색 어린 눈이 빛나고 있었다.

삐에르는 들어온 사나이를 가끔 보면서, 테이블에서 두 다리를 내리고 일어서서 자기를 위해 준비된 침대에 누웠다. 들어온 나그네는 피로하고 침울한 표정을 짓고, 삐에르 쪽을 돌아다보지도 않고 하인의 도움을 받아 천천히 옷을 갈아입었다. 몸에는 낡은 남경 무명의 짧은 코트, 마르고 뼈만 남은 여윈 발에는 펠트 장화를 신은 모습으로 손님은 긴 의자에 앉았다. 그리고 관자놀이가 넓고 짤막하게 깎은 큼직한 머리를 의자 등받이에 기대고 삐에르를 바라보았다. 엄하고 영리해 보이는, 꿰뚫는 것 같은 그 눈의 표정이 삐에르를 놀라게 했다. 그는 이 손님과 이야기를 하고 싶었다. 그러나 그가 길에 대해서 물어보려고 하자 나그네는 벌써 눈을 감고, 손가락에 아담의 머리가 달린 큼직한 쇠반지를 낀 주름투성이의 노인다운 양손을 깍지 낀 채 꼼짝 않고 앉아 있었다. 삐에르에게는 그가 쉬고 있거나, 그렇잖으면 무슨 깊은 사색에 잠긴 것처럼 보였다. 그 나그네의 하인은 역시 주름투성이의 얼굴이 누런 노인으로, 콧수염도 턱수염도 없었는데 그것은 분명히 깎은 것이 아니라 한 번도 난 일이 없었던 것 같았다. 부지런한 늙은 하인은 여행용 식량함을 열어 차 테이블 준비를 하고, 끓는 사모바르를 가지고 왔다. 채비가 완전히 되었을 때, 나그네는 눈을 뜨고 테이블 쪽으로 다가가서 먼저 손수 차를 한 잔 따르고, 턱수염이 없는 늙은 하인에게도 한 잔 따라줬다. 삐에르는 이 나그네와 이야기를 시작하는 것이 불안하였다. 그러나 이야기를 시작하지 않으면 안 된다는 마음을, 아니 그것을 도저히 피할 수 없을 것 같다는 기분까지도 느끼기 시작했다.

늙은 하인은 비워서 엎어 놓은 컵과, 갉아먹다 남긴 설탕(러시아 사람들은 설탕을 차 속에 넣는 것이 아니라 조금씩 갉아 먹으면서 차를 마셨다) 덩어리를 정리하고 나서 다른 볼일은 없느냐고 물었다.

"아무것도 없어. 책을 주게." 나그네는 말했다. 하인이 책을 건네주자 나그네는 독서에 열중하였다. 그 책은 종교서적인 듯했다. 삐에르는 그 나그네를 보고 있었다. 그러자 갑자기 나그네는 책을 옆에 놓고 서표를 끼워 책을 덮었다. 그리고 다시금 눈을 감고 의자 등받이에 기대어 전과 같은 자세를 하고 앉았다. 삐에르는 그를 바라보고 있었다. 그러자 노인은 눈을 뜨고는, 삐에르가 눈길을 돌릴 겨를도 없이 그 단호하고 엄한 시선을 정면으로 삐에르의 얼굴에 못박았다.

삐에르는 쑥스러움을 느끼고 그 시선을 피하려고 했지만, 번쩍번쩍 빛나는 노인의 눈은 거역할 수 없이 그를 끌어당기는 것이었다.

2

"만약에 내가 잘못 본 것이 아니라면, 반갑게도 베주호프 백작과 이야기를 나누게 되었군요." 나그네는 천천히 큰 소리로 말했다. 삐에르는 잠자코 안경 너머로 상대방을 바라보았다.

"난 당신 소문을 들었습니다." 나그네는 말을 이었다. "당신이 당하신 불행도 말입니다." 그는 불행이란 말에 힘을 주어 마치 이렇게 말하고 있는 것 같았다. —'그렇습니다. 불행이죠. 당신께서 무슨 말을 하시더라도 그것은 불행입니다. 모스크바에서 당신에게 일어난 일은 불행이었습니다.'―"정말 나는 그 사건을 유감스럽게 생각하고 있습니다, 백작님."

삐에르는 얼굴을 붉히더니 황급히 침대에서 발을 내리고, 부자연스럽게 머뭇거리는 미소를 띠면서 노인 쪽으로 몸을 굽혔다.

"나는 호기심으로 이런 말을 하는 것은 아닙니다, 백작님. 보다 더 중대한 이유에서 이렇게 말씀드리는 겁니다." 그는 삐에르를 자기 시선에서 놓치지 않고 잠시 입을 다물었다. 그리고 긴 의자 위에서 약간 옆으로 비켜 앉으면서 삐에르에게 자기 곁에 앉도록 권했다. 삐에르는 이 노인과 이야기하는 것이 어쩐지 꺼림칙했지만 자기도 모르게 그가 하라는 대로 곁으로 가서 그 옆에 앉았다.

"당신은 불행합니다, 백작님." 그는 말을 이었다. "당신은 젊으시고, 나는 노인입니다. 나는 힘 닿는 대로 당신을 도와드리고 싶습니다."

"아, 그렇습니까." 부자연스러운 웃는 얼굴로 삐에르는 말하였다. "대단히 감사합니다……. 그런데 당신은 어디서 오셨습니까?"

나그네의 얼굴은 상냥한 데가 있다고는 말할 수 없고 오히려 차갑고 엄격할 정도였지만, 그러면서도 이 새로 알게 된 사람의 말투와 얼굴은 반항하기 어려운 매력으로 삐에르를 끌어당기는 것이었다.

"그러나 만약에 어떤 이유로 나와 이야기하기가 불쾌하시다면" 노인은 말했다. "망설이지 말고 말해 주세요, 백작님." 그는 뜻하지 않게 아버지 같은 상냥한 미소를 지었다.

"아, 아닙니다. 천만의 말씀입니다. 오히려 당신과 알게 된 것을 몹시 기쁘게 생각하고 있습니다." 삐에르는 이렇게 말했다. 그리고 다시 한 번 이 새로 만나 알게 된 사람의 손을 들여다보고, 아까보다도 더 가까이에서 반지를 보았다. 그는 반지 위에 아담의 머리를 보았다. 그것은 프리메이슨 (1723년 영국에서 발생하여 유럽에 퍼진, 1730년대에 러시아에 들어온 신비적인 종교 비밀결사. 평등과 형제애의 원칙에서 인간의 도덕적 완성을 목적으로 삼았다. 중세의 석공조합의 규약에서 의식의 신비성을 본땄기 때문에, 자유석공조합이라고도 불렸다) 의 표지였다.

"실례입니다만" 그는 말했다. "당신은 프리메이슨이시군요."

"그렇습니다. 나는 자유 석공의 우애 단체에 소속하고 있습니다." 차차 깊이 삐에르의 눈을 들여다보면서 나그네는 말했다. "그래서 나는 개인으로서, 또 자유 석공을 대표하여 당신에게 우애의 손을 내미는 것입니다."

"저는 걱정입니다." 삐에르는 미소를 지으면서 이렇게 말하면서도, 이 늙은 프리메이슨의 인품에 의해 환기된 신뢰감과, 프리메이슨들의 신념을 얕잡아보고 비웃었던 습관 사이에서 망설이면서 말했다. "저는 걱정입니다. 이해하기에는 너무 거리가 떨어진 것이 아닌가 하고 말입니다. 뭐라고 할까요, 저는 우주 전체에 대한 저의 생각이 당신 생각과 너무 대립되어 있어서, 서로 이해할 수 없지 않을까 하는 것입니다."

"당신 생각은 나도 잘 알고 있습니다." 늙은 프리메이슨은 말했다. "당신이 말하는 생각, 당신 자신의 정신적인 노력의 결과처럼 생각되는 당신의 생각이라고 하는 것은 대다수 인간의 생각으로, 틀에 박힌 거만, 나태, 무지에서 생긴 결과에 지나지 않습니다. 실례지만, 백작님, 만약 내가 당신의 생각을 몰랐다면 이렇게 당신과 이야기를 하지는 않았을 것입니다. 당신의 생각은 슬프고 그릇된 것입니다."

"마찬가지로 저의 입장에서도 당신이 헤매고 있다고 생각해도 좋겠군요." 삐에르는 힘없이 미소를 띠면서 말했다.

"나는 절대로 내가 진리를 알고 있다고는 감히 말하지는 않겠습니다." 프리메이슨은 명확하고 단호한 말투에 나타난 확고한 신념으로 말했고, 이와 같은 그의 확고한 태도는 삐에르를 놀라게 하였다. "혼자서 진리에 도달할 수 있는 사람은 없습니다. 다만 만인이 협력해서 돌을 하나하나 쌓아 올려, 인류의 아버지 아담에서부터 현대에 이르기까지의 수백만의 세대를 거쳐서, 비로소 위대한 하느님이 사시기에 부끄럽지 않은 전당이 세워지는 것입니다." 프리메이슨은 이렇게 말하고는 지그시 눈을 감았다.

"당신에게 꼭 말씀드려야 하겠습니다만, 나는 신을 믿지 않습니다. 신을 믿지 않아요……." 진실을 몽땅 털어놔야 하겠다고 느끼고 삐에르는 유감스러운 듯이 간신히 이렇게 말했다.

프리메이슨은 주의깊게 삐에르를 바라보고는 미소지었다. 그것은 마치 수백만의 돈을 가지고 있는 부자가, 자기에게는 자기를 행복하게 할 수 있는 단돈 5루블도 없다고 말하는 가난한 사람에게 보이는 그러한 미소였다. "그렇습니다. 당신은 신을 모르고 계십니다, 백작님." 늙은 조합원이 말했다. "당신은 신을 아실 수가 없습니다. 당신은 그것을 모르십니다. 그래서 당신은 불행한 겁니다."

"네, 네, 저는 불행합니다." 삐에르는 맞장구를 쳤다. "그러나 도대체 나는 어떻게 하면 좋다는 말입니까?"

"당신은 하느님을 모르십니다, 백작님. 그래서 당신은 몹시 불행합니다. 당신은 하느님을 모르십니다만 하느님은 여기에 있습니다. 하느님은 내 안에, 나의 말 속에 있습니다. 하느님은 당신 안에, 당신이 지금 말한 모독적인 말 속에도 있는 것입니다." 프리메이슨은 엄하고 떨리는 목소리로 말했다.

그는 잠시 침묵하고, 분명히 자기 마음을 가라앉히려는 듯이 한숨을 몰아쉬었다.

"만약 하느님이 없다면" 그는 나지막한 음성으로 말했다. "나와 당신이 하느님에 대해 이야기할 리가 없습니다. 백작님, 우리는 무엇에 대해서, 누구 이야기를 했습니까? 당신은 누구를 부정했습니까?" 그는 고양된 감정에 따른 엄격함과 권위를 말 속에 담고 느닷없이 말했다. "만약에 하느님이 없다면 누가 그걸 생각해냈단 말입니까? 왜 당신의 마음 속에, 이러한 알 수 없는 존재가 있는 것이 아닌가 하는 생각이 생겼을까요? 왜 당신과 전 세계가, 이러한 이해를 초월한 존재, 그 모든 자질에서 만능, 영원, 무한한 존재가 있다는 것을 상상했을까요?" 그는 말을 멈추고 오랫동안 침묵하고 있었다.

삐에르는 이 침묵을 깨뜨릴 수도 없었고 그럴 생각도 나지 않았다.

"하느님은 있습니다. 그러나 그걸 이해하기는 힘듭니다." 프리메이슨은 삐에르의 얼굴이 아니라 자기 앞을 바라보면서, 마음 속의 흥분 때문에 가만히 있을 수 없는 노인다운 손으로 책장을 넘기고 있었다. "만약에 그 존재를 의심할 수 없는 인간이었다면, 나는 그 인간의 손을 잡고 여기에 데리고 와서 당신한테 보여 주었을 것입니다. 그러나 눈이 먼 자나 혹은 하느님을 보지 않으려고 하거나, 하느님을 깨닫지 못하고, 자기 자신의 추악함, 죄 많음을 보지 못하고 눈을 감는 자에게, 어떻게 나 같은 쓸모 없는 하찮은 늙은이가 하느님의 전능과 영원과 자비를 남김 없이 보일 수가 있단 말입니까?" 그는 잠깐 침묵했다. "대체 당신은 누구이며, 무엇입니까? 당신은 자기가 현명한 사람이라고 몽상하고 있습니다. 왜냐하면 당신은 그와 같은 모독적인 말을 할 수 있으니까요." 그는 뒤에 숨은, 얕잡아보는 듯한 엷은 웃음을 띠고 말했다. "실은 당신은 흡사 정교하게 만들어진 시계의 부품을 만지작거리면서, 그 시계의 용도를 모르니까 그것을 만든 사람도 믿지 않는다고 서슴지 않고 말하는 어린애보다도 더 어리석고 더 무지한 사람입니다. 하느님을 이해하기란 어렵습니다. 우리는 인류의 아버지 아담으로부터 현대에 이르는 여러 세기 동안, 이것을 인식하기 위해서 노력하고 있지만 이 목적을 달성하기에는 아직도 요원합니다. 그러나 하느님을 이해하지 못한다는 바로 그 점에 우리들의 취약점과 하느님의 위대함을 보게 되는 것입니다……."

삐에르는 심장이 멎을 것만 같은 생각으로 두 눈을 반짝이며 프리메이슨의 얼굴을 바라보면서, 그의 말을 귀담아 듣고, 말참견이나 질문도 하지 않고, 이 낯선 사람이 자기에게 하는 말을 진심으로 믿고 있었다. 그는 프리메이슨의 이야기 가운데 나타난 조리 있는 논거를 믿었는지, 혹은 어린이들이 믿는 것처럼 억양을, 즉 프리메이슨의 말 속에 깃든 신념과 진정, 그리고 이따금 따르는 그를 절구(絶句)시킨 목소리의 떨림을 믿었는지, 그렇지 않으면 바로 이 신념을 가지고 나이를 먹은 노인의 눈을 믿었는지, 또는 이 조합원의 전신에서 빛나는, 특히 강하게 삐에르를 감동시킨 그 평온함과 의연함, 자기 사명에 대한 인식을 믿었는지─여하간 그는 진심으로 믿고 싶었고 또 믿었으며, 평안과 재생과 인생으로의 회귀(回歸)를 느끼기도 한 것이다.

"하느님은 이성으로는 파악할 수 없고, 살아가는 것으로 파악할 수 있는 겁니다." 프리메이슨은 말했다.

"저는 납득이 가지 않습니다." 삐에르는 마음 속에서 고개를 들기 시작한 의혹을 느끼고 무서운 생각이 들면서 말하였다. 그는 상대방의 논증이 명석하지 않거나 상대방을 믿을 수 없다면 곤란하다고 생각하였다. "저는 납득이 가지 않습니다." 그는 말했다. "당신이 말씀하시는 그 지식이 어째서 인간의 이성으로는 파악할 수 없는 것인가요?"

프리메이슨은 아까와 같은 온화하고 아버지 같은 미소를 지었다.

"최고의 지혜와 진리는, 우리가 몸 안으로 섭취하고 싶어하는 순수한 수분과 같은 것이오." 그는 말했다. "그 깨끗한 물을 더러운 용기에 넣어두고 그 청결함을 운운할 수 있을까? 다만 인간은 내면적으로 자기 자신을 정화해야만 비로소 받아들인 액체를 어느 정도 청결하게 유지할 수 있는 것입니다."

"그래요, 그래요, 옳은 말씀입니다!" 삐에르는 기쁜 듯이 말했다.

"최고의 지혜는 단지 이성에만, 또는 물리학, 역사, 화학 등등 이지적인 지식이 흩어져 있는 세속의 학문에만 입각한 것이 아닙니다. 최고의 지혜는 하나뿐이오. 최고의 지혜가 가지고 있는 것은 단 하나의 학문—모든 것의 학문, 전 우주와 그 속에서 인간이 자리잡고 있는 위치를 밝히는 학문뿐입니다. 자기 속으로 이 학문을 받아들이기 위해서는, 자신의 내적 인간을 정화하고 새로워지지 않으면 안 됩니다. 따라서 알기에 앞서 믿고, 자신을 완성할 필요가 있는 것입니다. 그리고 이 목적을 달성하기 위해서 우리의 마음속에는 양심이라고 일컬어지는 신의 빛이 들어와 있는 것입니다."

"그렇습니다, 그렇습니다." 삐에르는 맞장구를 쳤다.

"마음의 눈을 뜨고, 자신의 내적 인간을 바라보고, 자기 자신에게 물어야 합니다—그대는 자기에게 만족하느냐고. 그대는 이성으로만 인도되어 무엇을 얻었는가? 그대는 도대체 무엇인가? 하고 말입니다. 당신은 젊고 많은 재산을 가지고 있습니다. 당신은 머리가 좋고 교양이 있습니다. 백작님, 당신은 자신에게 주어진 이러한 모든 혜택으로부터 무엇을 낳았습니까? 당신은 자신과 자신의 생활에 만족하고 있습니까?"

"아닙니다, 나는 내 생활을 증오하고 있습니다." 얼굴을 찌푸리면서 삐에르는 말했다.

"당신은 증오하고 있습니다. 그렇다면 그것을 바꾸세요. 자기를 정화하십시오. 정화됨에 따라 당신은 지혜를 인식하게 됩니다. 자기 생활을 잘 보십시오, 백작님. 당신은 여태까지 어떻게 그 생활을 보내왔습니까? 떠들썩한 주연과 방탕 속에서였습니다. 세상으로부터 모든 것을 받으면서 무엇 하나 되돌리지 않고 말입니다. 당신은 재산을 손에 넣었습니다. 그것을 어떻게 사용하였습니까? 이웃을 위해 무엇을 했습니까? 당신은 수만 명에 이르는 자기 농노에 대해서 생각한 적이 있습니까? 육체적, 정신적으로 그들을 도와준 일이 있습니까? 없잖습니까. 당신은 방탕한 생활을 보내기 위해서 그들의 노력을 이용했습니다. 이것이 당신이 한 일입니다. 당신은 동포에게 이익을 가져다 주기 위한 일자리를 선택한 일이 있습니까? 없습니다. 당신은 아무 하는 일 없이 생활해 왔습니다. 그리고 당신은 결혼을 하셨죠, 백작님? 젊은 부인을 지도하는 책임을 스스로 맡은 것입니다만, 당신이 하신 일은 어떻습니까? 당신은 진리의 길을 발견하도록 부인을 돕기는커녕, 부인을 허위와 불행의 구렁텅이로 몰아넣지 않았습니까. 남이 당신을 모욕했다고 해서 당신은 그 상대를 죽이고, 게다가 자기는 하느님을 모른다느니, 생활을 증오한다느니 말하고 있습니다. 그건 조금도 이상할 것이 없습니다, 백작님!"

이렇게 말하고 나서 늙은 조합원은 긴 이야기로 피로한 듯, 다시금 소파의 등받이에 팔꿈치를 괴고 눈을 감았다. 삐에르는 이 엄하고 꼼짝도 하지 않는 노인의 거의 죽은 사람 같은 얼굴을 바라보고, 소리도 내지 않고 입술을 희미하게 움직이고 있었다. '그렇습니다. 추잡하고 몹시 게으르고 음탕한 생활이었습니다.' 그는 이렇게 말하려고 했지만 침묵을 깰 용기가 없었다.

프리메이슨은 쉰 소리로 노인다운 기침을 하고 하인을 불렀다.

"말은 어떻게 됐나?" 그는 삐에르를 보지 않고 물었다.

"갈아 댈 말을 데려왔습니다." 하인이 대답했다. "이젠 쉬지 않으십니까?"

"아니, 썰매에 매라고 이르게."

'정말 이 사람은 가 버리는 것일까? 이야기도 다 하지 않고, 나에게 구원도 약속하지 않고, 날 혼자 남겨 둘 생각일까?' 삐에르는 일어나자 고개를 떨구고, 이따금 프리메이슨을 바라보면서, 방 안을 이리저리 걸으면서 생각했다. '그렇다, 나는 생각해 보지도 않았지만, 확실히 나는 멸시를 받을 음탕한 생활을 해 왔다. 그러나 나는 별로 그런 생활이 좋았던 것도 아니고 원했던 것도 아니다.' 삐에르는 생각했다. '그런데 이 분은 진리를 알고 있다. 그래서 만약 마음만 내키면 나에게 그것을 계시해 줄 수도 있을 것이다.' 삐에르는 이 말을 노인에게 하고 싶었지만 그럴 용기가 나지 않았다. 나그네는 노인다운 익숙한 솜씨로 물건들을 챙기자, 짧은 모피 외투의 단추를 채웠다. 그런 뒤 그는 삐에르 쪽으로 돌아서서 침착하고 공손한 어조로 말했다.

"이제 어디로 가십니까, 백작?"

"저 말입니까? …… 저는 뻬쩨르부르그로 갑니다." 삐에르는 앳된, 결심이 서지 않은 듯한 목소리로 대답했다. "감사합니다. 나는 모든 점에서 당신 말씀에 찬성입니다. 그렇지만 나를 그토록 나쁜 사나이라고는 생각하지 마십시오. 나도 당신이 원하시는 인간이 되고 싶다고 진심으로 바랐습니다만, 여태까지는 아무도 도와주는 사람이 없었기 때문에…… 하기야, 그런 나 자신이 무엇보다 만사에 있어 잘못이었습니다. 도와주십시오, 가르쳐 주십시오.

그러면 나도 이제부터……" 삐에르는 더 말을 하지 못했다. 그는 코를 훌쩍이며 외면하고 말았다.

프리메이슨은 무슨 생각에 잠긴 듯이 오랫동안 잠자코 있었다.

"도움은 하느님께서만 주시는 겁니다." 그는 말했다. "그러나 우리 교단이 줄 수 있는 범위의 도움이라면 당신은 받을 수 있습니다, 백작님. 뻬쩨르부르그에 가시면 이것을 빌라르스끼 백작에게 주십시오(그는 지갑에서 넷으로 접은 큰 종이를 꺼내 몇 자 적었다). 다만 한 가지 충고드리는 것을 용서하십시오. 그곳에 가시면 처음 며칠은 고독과 자성(自省)의 시간을 가지고, 전과 같은 생활의 길로 들어서지 않도록 하십시오. 그럼, 무사한 여행을 하시길 빕니다, 백작님." 그는 하인이 방에 들어온 것을 알아채고 이렇게 말했다. "그리고 성공을……"

삐에르가 역참지기의 명부로 안 바에 의하면, 그 나그네는 오씨프 알렉쎄비치 바즈데에프였다. 바즈데에프는 이미 노비꼬프(1744~1818. 문명비평가, 중년에 프리메이슨에 참가, 러시아 문화를 위해서 많은 공헌을 했다) 시대부터 가장 유명한 프리메이슨의 한 사람이며, 또 마르찌니스트(마르쩐 빠스칼이 제창한 18세기의 신비적 종교의 신자들)였다. 그가 떠난 뒤에도 삐에르는 말을 독촉하는 것도 잊은 채, 오랫동안 잠자리에 들지 않고 역참 방을 걸어다녔다. 그는 죄 많은 자신의 과거를 회상하기도 하고, 행복하고 나무랄 데 없는 도덕적인 미래를 상상하기도 하며, 갱생의 환희를 마음에 그려보고 있었다. 자기가 그토록 죄가 많았던 것은, 도덕적이라는 것이 얼마나 좋은 것인지를 어쩌다가 잊었기 때문이라고 그에게는 느껴졌다. 그의 마음에는, 이제까지의 의심은 흔적도 남아 있지 않았다. 그는 선의 길에서 서로 도울 목적으로 결합된 사람들의 우애 단체가 있을 수 있다는 것을 확신하였다. 그리고 그에게는 프리메이슨이야말로 그에 알맞은 단체라고 여겨졌다.

3

뻬쩨르부르그에 도착하고서도 삐에르는 아무에게도 자신의 도착을 알리지 않고, 아무 데도 외출하지 않고 토마스 아 켐피스(1380~1471. 중세 독일의 신비 사상가)의 저서를 읽으면서 온종일 시간을 보냈다. 누군가로부터인지는 모르지만 그 책이 삐에르에게로 온 것이다. 그 책을 읽으면서 삐에르가 이해한 것은 단 한 가지였다. 완전한 것에 도달할 수 있는 가능성과, 바즈데에프가 그에게 계시해 준 인간 상호간의 형제와 같은 행동적인 사랑의 가능성을 믿는다고 하는, 자기가 일찍이 맛보지 못했던 기쁨이었다. 도착한 지 일주일 후에, 뻬쩨르부르그의 사교계에서 삐에르가 겉으로만 알고 있는 폴란드의 젊은 백작 빌라르스끼가 방문했다. 그는 마치 그 돌로호프와의 결투 때 입회자가 들어왔을 때처럼 정색을 하고 장중한 태도로 그의 방으로 들어왔다. 문을 닫고, 방 안에는 삐에르 외에 아무도 없다는 것을 확인하고는 그에게 말했다.

"저는 권고해 드릴 일과 위임된 일을 가지고 왔습니다, 백작님." 그는 앉지도 않고 말했다. "우리의 우애 단체에서 매우 높은 지위에 계신 어느 인물이 당신을 정한 기일보다 빨리 단체에 가입하도록 알선하셔서 제가 당신의 보증인이 되도록 제의하셨습니다. 나는 그분의 의사를 이행하는 것을 신성한 의무라고 생각합니다. 어떠십니까, 당신은 내 보증으로 자유 석공의 단체에 가입하실 것을 희망하십니까?"

항상 무도회에서 화사한 부인들에게 둘러싸여, 상냥한 미소를 띠고 있는 것을 늘 보아온 사나이의 차갑고 엄격한 어조가 삐에르를 놀라게 했다.

"네, 원하고 있습니다." 삐에르는 대답했다.

빌라르스끼는 고개를 끄덕였다.

"또 하나 질문이 있습니다, 백작." 그는 말했다. "얼마 후 프리메이슨이 되실 분으로서가 아니라 성실한 인간으로서 성의껏 대답해 주시길 바랍니다. 당신은 이제까지의 신조를 포기하셨습니까? 당신은 하느님을 믿으십니까?"

삐에르는 생각에 잠겼다.

"네…… 네, 나는 하느님을 믿습니다." 그는 말했다.

"그러면……." 빌라르스끼가 말하자 삐에르가 가로챘다.

"네, 나는 하느님을 믿습니다." 그는 다시 한 번 말했다.

"그렇다면 같이 갑시다." 빌라르스끼가 말했다. "내 마차를 내겠습니다."

도중에 빌라르스끼는 쭉 잠자코 있었다. 삐에르가, 자기는 무엇을 해야 하며 어떤 대답을 하면 좋으냐고 물어보아도, 빌라르스끼는 그저 자기보다 훌륭한 형제가 시험을 할 테니까 당신은 다만 사실을 말하면 된다고 말했을 뿐이었다.

프리메이슨 단체의 지부가 있는 큰 건물의 문에 들어서서 어두운 층계를 올라가자, 그들은 불이 켜져 있는 조그마한 현관으로 들어갔다. 그리고 하인의 도움도 받지 않고 모피 외투를 벗었다. 현관에서 두 사람은 다음 방으로 갔다. 누군가 이상한 옷차림을 한 사람이 문간에 나타났다. 빌라르스끼는 그 쪽으로 가서, 무엇인가 프랑스말로 조용히 말하곤 조그마한 찬장 곁으로 다가갔다. 삐에르는 그 속에 본 적도 없는 옷이 들어 있는 것을 알아챘다. 의복장에서 천을 꺼내자, 빌라르스끼는 그것을 삐에르 눈에 대고 뒤에서 매듭을 지었다. 매듭에 머리카락이 끼여 아팠다. 그리고 그는 삐에르를 자기 쪽으로 몸을 숙이게 하여 키스를 하고는 손을 잡아 어디론지 데려갔다. 삐에르는 머리카락이 매듭에 끌려 아팠다. 그는 아파서 얼굴을 찌푸리기도 하고, 왜 그런지 쑥스러워서 엷은 웃음을 띠고 있었다. 두 팔을 늘어뜨린 채 얼굴을 찌푸리고 웃는 그의 큼직한 모습이 믿음직스럽지 못한, 위태롭고 머뭇거리는 걸음걸이로 빌라르스끼를 뒤따라갔다.

손을 끌고 열 발짝쯤 데리고 가자 빌라르스끼는 걸음을 멈추었다.

"무슨 일이 일어나도" 그는 말했다. "당신이 우리 조합에 들어올 결심을 굳게 하신 이상, 용기를 가지고 모든 것을 참으셔야 합니다(삐에르는 알았다는 뜻으로 고개를 끄덕였다). 문을 두드리는 소리가 들리거든 가린 눈을 스스로 푸십시오." 빌라르스끼는 말을 덧붙였다. "용기를 가지고 좋은 결과를 얻으시기를 빕니다." 삐에르의 손을 쥐고는 빌라르스끼는 나가 버렸다.

홀로 남은 뒤에도, 삐에르는 여전히 엷은 미소를 짓고 있었다. 두 번쯤 그는 어깨를 으쓱하고, 눈을 가린 손수건을 벗기려는 동작을 하였으나 다시 손을 내리고 말았다. 눈이 가려진 채로 보낸 5분 동안이 그에게는 한 시간으로 생각되었다. 손은 저리고 다리는 휘청거렸다. 그는 피곤한 느낌이 들었다. 그는 몹시 복잡한 온갖 감정을 경험했다. 이제부터 자신에게 일어나는 일도 두려웠지만, 그것보다도 더 두려운 것은, 혹시 이 공포가 얼굴에 나타나지나 않을까 하는 것이었다. 자기가 어떻게 될 것인지, 자기에게 무엇이 해명될 것인지 알게 되는 것에 호기심을 가졌지만, 무엇보다도 기뻤던 것은, 그 바즈데에프와 만난 이후 공상해 온 갱생과 실천적인 착한 생활의 길로 들어갈 때가 마침내 왔다는 것이었다. 문을 강하게 두드리는 소리가 들렸다. 삐에르는 눈을 가린 것을 벗고 사방을 둘러보았다. 방 안은 어둠처럼 깜깜하고, 단 한 곳에서 무엇인가 하얀 것으로 덮인 등명(燈明)이 켜져 있을 뿐이었다.

삐에르가 더 다가가 보니 등명은 검은 테이블 위에 놓여 있고, 거기에는 펼쳐진 책이 한 권 놓여 있었다. 책은 복음서였다. 등명이 들어 있는 하얗게 보이는 것은 눈구멍과 이가 있는 사람의 두개골이었다. '처음에 말이 있고, 말은 하느님과 같이 있었다'는 복음서 첫머리를 읽고서 삐에르는 테이블을 돌았다. 무엇인가 가득 담겨 열린 큼직한 궤가 눈에 띄었다. 그것은 뼈가 든 관이었다. 그의 눈에 띈 것은 그를 조금도 놀라게 하지 않았다. 완전히 새로운, 종전과는 전혀 다른 생활로 들어갈 것을 원하고 있던 그는 모든 이상한 것을, 지금 보고 있는 것보다도 더 이상한 것을 예기하고 있었기 때문이다. 두개골, 관, 복음서—그는 자기가 이런 것은 물론이고 더 이상의 것을 예기하고 있었다고 생각했다. 그는 심중에 감동을 환기시키려고 애를 쓰면서 사방을 둘러보았다. '신, 죽음, 사랑, 사람들의 우정'—그는 자신에게 이렇게 말하면서, 막연하지만 기쁜 어떤 공상을 이들 말과 결부시켜 보았다. 문이 열렸다. 그리고 누군가가 들어왔다.

약한, 그러나 이미 삐에르의 눈에 익숙해진 빛 속에, 몸집이 작은 사람이 들어왔다. 아마 밝은 곳에서 어둠 속으로 들어선 탓인지, 그 사람은 잠깐 걸음을 멈추고 나서 신중한 걸음걸이로 테이블로 다가서서, 가죽 장갑을 낀 조그마한 양손을 그 위에 놓았다.

그 몸집이 작은 사람은 가슴과 다리의 일부를 가릴 정도의 흰 가죽 앞치마를 두르고 있었다. 목에는 목 장식 같은 것이 있고 그 목 장식 뒤로부터는 높고 하얀 장식 깃이 나와서, 아래쪽에서 빛을 받고 있는 길쭉한 얼굴의 윤곽을 형성하고 있었다.

"무슨 일로 당신은 여기 오셨습니까?" 들어온 남자는 삐에르가 내는 옷자락 스치는 소리에 그에게로 몸을 돌리면서 물었다. "빛의 진리를 믿지 않고, 빛을 보지 않는 당신이 무엇 때문에 여기 오셨습니까? 당신은 무엇을 구하시려는 것입니까? 지혜입니까, 선입니까, 광명입니까?"

문이 열리고 누군지 모르는 사람이 들어온 순간 삐에르는 어렸을 무렵 고해(告解) 때에 경험한 것과 같은 두려움과 경건한 기분을 느꼈다. 그는 생활 조건으로 말하자면 전혀 아무 인연도 없는, 그러나 인류의 결합이라는 점에서 본다면 몹시 친숙한 사람과 대면하고 있는 자신을 느꼈다. 삐에르는 숨이 끊어질 정도로 심장의 고동을 느끼며, 리또르(프리메이슨에서 조합에 들어가려는 자를 위해 마음의 준비를 시키는 회원) 쪽으로 다가갔다. 더 가까이 다가간 삐에르는 그 리또르가 자기도 알고 있는 스모랴니노프임을 알았다. 그러나 그에게 아는 체를 하는 것은 무례한 일이라고 생각했다. 지금 들어온 사람은 단지 형제이며 선행의 스승 이외 아무것도 아니었기 때문이다. 삐에르는 오랫동안 한 마디도 할 수 없었기 때문에 리또르는 질문을 되풀이하지 않으면 안 되었다.

"네, 나는…… 나는…… 갱생을 원합니다." 간신히 삐에르는 이렇게 말했다.

"좋소." 스모랴니노프는 말했다. 그리고 곧 말을 이었다. "당신은 신성한 우리 교단이 당신의 목적 달성을 돕기 위해서 쓰는 방법에 관해서 알고 계십니까? ……." 리또르는 조용하나 빠른 말로 말했다.

"나는…… 기대하고 있습니다…… 갱생의 인도를…… 원조를……." 삐에르는 흥분 때문에 떨리는 음성으로, 또 추상적인 일에 관해 러시아어로 말하는 습관이 없었기 때문에 고생을 하면서 말하였다.

"당신은 프리메이슨에 대해서 어떤 생각을 가지고 계십니까?"

"나는 프리메이슨이란 선한 목적을 지닌 사람들의 형제애와 평등이라고 이해하고 있습니다." 삐에르는 말을 하면 할수록, 자기의 말이 이때의 장엄한 공기에 어울리지 않는 것을 부끄럽게 생각했다. "내가 알기에는……."

"좋습니다." 리또르는 그 대답으로 충분히 만족한 듯이 급히 이렇게 말했다. "당신은 자신의 목적을 달성하는 수단을 종교에서 구한 일이 있습니까?"

"아뇨, 나는 종교를 옳지 않은 것으로 생각하고 그에 따르지 않았습니다." 삐에르는 이렇게 말했지만, 음성이 낮았기 때문에 리또르는 듣지 못하고 뭐라고 말했느냐고 되물었다. "나는 무신론자였습니다." 삐에르는 대답했다.

"당신이 진리를 구하고 있는 것은 인생에서 진리의 법칙에 따르기 위한 것입니다. 따라서 당신은 지혜와 선을 구하고 있습니다. 그렇잖습니까?" 리또르는 잠시 침묵하고 나서 이렇게 말했다.

"그렇습니다, 그렇습니다." 삐에르는 맞장구를 쳤다.

리또르는 기침을 하고, 장갑을 낀 양손을 가슴 위에 깍지를 끼고는 말하기 시작했다.

"이제 나는 우리 교단의 주요 목적을 당신에게 분명히 말해야겠습니다."

그는 말을 이었다. "만약 이 목적이 당신의 목적과 일치한다면, 우리 단체에 들어와 도움이 될 것입니다. 우리 교단의 가장 중요한 첫째 목적이며, 또 우리 교단의 근거로서 어떠한 사람의 힘으로도 뒤집을 수 없는 기반은, 어떤 종류의 중요한 신비를 보존하고 후대에 전달하는 것입니다. …… 그것은 가장 오래된 시대에서 더 거슬러 올라가 최초의 인간으로부터 우리 시대까지 이어진, 아마도 인간의 운명을 좌우할 만한 신비입니다. 그런데 이 신비는, 만약 오랫동안 부지런한 정화에 의해서 자기 단련을 하지 않으면 아무도 이것을 알고 이용할 수 없는 특질을 지니고 있기 때문에, 누구나 빨리 이것을 발견하기를 바라기는 어려울 것입니다. 그래서 우리는 두 번째 목적을 가지고 있습니다. 그것은 이 신비의 탐구에 힘쓴 사람들이 전하는 말에 의해서, 우리에게 계시된 수단에 의해서 가능한 한 우리 회원의 준비를 갖추고 그 마음을 바로잡고, 지성을 정화하고 계몽하여 그에 의해서 회원들이 신비를 받아들일 수 있게 하는 일입니다.

우리 회원을 정화하고 교정하면서 우리는 세 번째로 우리 회원 안에 경건과 선의 모범을 보임으로써 전체 인류도 교정하도록 노력하며, 그에 의해서 세계에 군림하는 악과 힘이 닿는 한 싸우려고 노력하는 것입니다. 이 일을 잘 생각해 주십시오. 나는 다시 오겠습니다." 이렇게 말하고 그는 방에서 나갔다.

"세계를 지배하는 악과 싸운다……." 삐에르는 되풀이했다. 그러자 이 영역에서의 자기의 장래 활동이 마음 속에 떠올랐다. 그의 마음에 2주일 전의 자기와 같았던 인간들이 떠오르고, 그는 마음 속에서 그들을 타이르는 말을 하였다. 그는 죄 많은 불행한 사람들을 마음 속에 그리고, 그 사람들을 말과 행동으로 도우려고 하였다. 또 남을 괴롭히는 사람들을 마음 속에 그리고, 그 손에서 희생자를 구하려고 하였다. 리또르가 말한 세 가지 목적 중 이 마지막—인류의 교정이 삐에르에게는 가장 가까운 것이었다. 리또르가 말한 무엇인가 중대한 신비 등은 그의 호기심을 자아내기는 했지만 본질적인 것으로는 여겨지지 않았다. 또 자기의 정화와 교정이라는 두 번째의 목적은 그다지 관심이 가지 않았다. 왜냐하면 이때 이미 그는 여태까지의 악에서 완전히 교정되어, 이제는 선만을 행하려는 준비가 되어 있는 자신을 느끼고 있었기 때문이다.

30분 후에 리또르가 돌아와, 솔로몬 신전의 일곱 층계에 해당하는 것으로 모든 프리메이슨이 자기 마음 속에 육성하지 않으면 안 되는 일곱 가지 덕을 '찾는 자'에게 전했다. 그 덕이란—1. 겸허, 교단의 비밀을 지킬 것, 2. 교단 상위자에 대한 복종, 3. 온순, 4. 인류애, 5. 용기, 6. 관용, 7. 죽음에 대한 사랑이었다.

"일곱 번째로 노력해야 할 일은" 리또르가 말했다. "죽음에 관해서 자주 사색함으로써, 마침내 그것이 당신에게는 두려운 적이 아니라 친한 친구라고…… 선을 행하는 노력 속에서, 고뇌하는 영혼을 근심이 많은 이 인생으로부터 해방시키고, 보답과 평안의 장으로 인도하기 위한 친구라고 느끼는 경지에 자신을 이르게 하는 일입니다."

'그렇다, 그것은 그래야 할 것이다.' 리또르가 다시 그를 고독한 사색에 맡기고 나갔을 때 삐에르는 생각하였다. '그것은 그래야 한다. 그러나 나는 아직 약하니까 나의 인생을 사랑한다. 그 뜻을 이제 겨우 조금씩 알아가고 있으니까.' 그러나 손가락을 꼽으며 상기한 다른 다섯 가지 미덕은 자기 마음 속에 있다고 그는 느꼈다—용기도, 관용도, 온순도, 인류애도, 복종도. 특히 복종은 선이기는커녕 행복으로까지 여겨졌다(그는 지금 자신의 버릇없는 행동에서 벗어나, 의심이 없는 진리를 알고 있는 한 분과 여러 사람들에게 자기 의지를 내맡기는 것이 매우 기뻤던 것이다). 일곱 번째의 미덕은 잊어버려서 아무래도 상기할 수가 없었다.

세 번째로 리또르가 전보다 빨리 돌아와서 삐에르에게 그의 의지는 역시 굳은가 어떤가, 요구되는 모든 것에 자기 몸을 바칠 결의는 하고 있는가 물었다.

"무슨 일이라도 각오하고 있습니다." 삐에르가 말했다.

"또 하나 말해 둘 것이 있습니다." 리또르는 말했다. "우리 교단은 교의를 말로만 가르치는 것이 아니라 어떤 방법을 쓰고 있으며, 그 방법은 지와 덕을 진실로 탐구하는 사람에게는 말에 의한 설명보다 더욱 강하게 작용할 것입니다. 이를테면 이 방도, 만약 당신의 마음이 성실하다면, 말 이상의 무엇인가를 당신 마음에 설명했을 것입니다. 이와 같은 설명의 형태는, 앞으로 당신이 입회하실 적에 아마 보시게 될 겁니다. 즉 우리 교단은 상형문자로 그 교의를 보여 준 옛 단체를 모방하고 있습니다." 리또르는 덧붙였다. "상형문자란 감각에 종속되지 않는 그 무엇이자, 표시되는 사물과 유사한 성질을 갖는 말입니다.”

삐에르는 상형문자가 어떤 것인지 잘 알고 있었지만, 감히 말하려고 하지 않았다. 그는 모든 일로 봐서 곧 시련이 시작되리라고 느끼면서, 잠자코 리또르의 말에 귀를 기울이고 있었다.

“만약 당신의 결심이 굳었다면, 나는 당신의 입회식을 착수해야겠습니다.” 리또르는 삐에르 쪽으로 다가가면서 말했다. “관용의 표시로 귀중품을 몽땅 나에게 내주십시오.”

“그러나 나는 아무것도 가지고 있지 않습니다.” 삐에르는 소지품을 다 내놓으라고 요구될 거라고 생각하고 이렇게 말했다.

“당신이 몸에 지니고 있는 것 말입니다. 시계, 돈, 반지 따위의…….”

삐에르는 재빨리 지갑과 시계를 꺼내고, 살찐 손가락에서 오랫동안 뺄 수가 없었던 약혼 반지를 건네주었다. 그것이 끝나자 조합원은 말했다.

“복종의 표시로 옷을 벗으시오.” 삐에르는 리또르의 지시대로 연미복과 조끼와 장화를 벗었다. 프리메이슨은 그의 셔츠의 왼쪽 가슴을 열고 몸을 숙이고는 왼쪽 다리의 바지를 무릎 위까지 말아올렸다. 삐에르는 잘 알지도 못하는 사람에게 이런 수고를 끼치지 않으려고 급히 오른쪽 장화를 벗어 바지를 걷어올리려고 했지만, 프리메이슨은 그럴 필요는 없다고 말하고 왼쪽 발에 신을 슬리퍼를 내주었다. 어린애같이 수줍고, 납득이 가지 않는 듯한, 자기 자신을 비웃는 듯한 미소를 띠고—그것은 그의 의지에 반해서 떠오른 것이었다—삐에르는 손을 늘어뜨리고 발을 벌려 형제인 리또르 앞에 서서 새로운 명령을 기다리고 있었다.

“그럼 끝으로 마음이 맑다는 표시로, 당신이 가장 집착하는 것을 저에게 밝혀주시기를 바랍니다.” 그는 말했다.

“내가 집착하는 거 말입니까! 그건 무척 많았습니다.” 삐에르는 말했다.

“선의 길에서 무엇보다도 당신을 현혹시킨 집착 말입니다.” 조합원은 말했다.

삐에르는 속으로 이것저것 찾으면서 가만히 있었다.

‘술? 포식? 무위? 태만? 증오? 여자?’ 그는 자신의 악덕을 세어 가며 마음 속으로 저울질해 보았지만 어떤 것이 중요한 것인지 알 수 없었다.

"여깄습니다." 간신히 들리는 나직한 음성으로 삐에르는 말했다. 프리메이슨은 이 대답을 들은 후 오랫동안 꼼짝도 하지 않았고 말도 하지 않았다. 마침내 그는 삐에르 쪽으로 다가가, 테이블 위에 있던 손수건을 집어 다시금 그의 눈을 가렸다.

"마지막으로 한 번 더 말해 둡니다. 당신의 주의력을 전부 자기 자신에게 집중해서 자신의 감정을 사슬로 묶고, 즐거움을 정욕에서가 아니라 자기 마음에서 구하십시오. 즐거움의 근원은 우리의 밖에 있는 것이 아니라 안에 있습니다."

삐에르는 지금 그의 넋을 희열과 감격으로 가득 채워주는 이 상쾌한 행복의 샘을 이미 자기 안에 느끼고 있었다.

4

그 뒤 곧, 이번에는 이제까지의 리또르가 아니라 보증인인 빌라르스끼가 삐에르를 맞으러 어두운 방으로 들어왔다. 삐에르는 목소리를 듣고 그라는 것을 알았다. 결심이 굳은지 어떤지 새삼 질문을 받고 삐에르는 대답했다.

"네, 네, 승낙합니다." 그리고 어린이와 같은 미소로 밝은 얼굴을 하며 살찐 가슴을 드러내고, 한 발은 신을 신고 한 발은 맨발인 채 머뭇거리면서, 고르지 못한 걸음걸이로 앞으로 나아갔다. 방을 나오자 그는 복도를 여기저기 돈 끝에 마침내 프리메이슨 단체 지부의 문간으로 안내되었다. 빌라르스끼가 기침을 하였다. 이 조합의 독특한 망치 소리가 그 소리에 대답하였다. 두 사람 앞에 문이 열렸다. 누군가의 나직한 소리가(삐에르의 눈은 여전히 가려진 채였다) 당신은 누구며, 어디서 언제 태어났느냐고 물었다. 그리고 그는 눈이 가려진 채 또 어딘지 끌려갔는데, 걸어가면서 그의 여행의 고생, 신성한 우정, 유사 이전의 세계의 창조주나 고난과 위험을 참고 견디는 용기 등에 대해서 우화적인 이야기를 들었다. 그 동안 삐에르는, 자기가 때로는 '찾는 자', 때로는 '고뇌하는 자', 또 때로는 '구하는 자'라고 불리고, 그 때마다 망치와 검을 여러 가지 방식으로 두드린다는 것을 알았다. 어떤 물건 옆으로 이끌려왔을 때 그는 지도자들 간에 무슨 동요와 주저가 일어나고 있는 것을 알아챘다. 주위 사람들이 속삭이듯 서로 논의를 시작하고, 한 사람이 삐에르를 무엇인가 양탄자 같은 것 위로 통과시키라고 주장하는 소리가 들렸다. 그러자 누군가가 그의 오른손을 잡아 그 무엇인가의 위에 서게 하고, 왼손으로 컴퍼스를 왼쪽 가슴에 대라고 일렀다. 그리고 또 한 사람이 다른 사람이 읽는 말을 되풀이하면서, 조합의 규약을 준수한다는 서약을 시켰다. 그 일이 끝나자 사람들은 촛불을 끄고, 삐에르가 냄새로 느낀 바로는 알코올이 분명한 액체에 불을 붙였다. 그리고 그대는 작은 불을 볼 것이라고 말했다. 눈가리개가 벗겨졌다. 삐에르는 꿈속처럼 알코올의 약한 불빛 속에 몇 사람을 보았다. 그들은 리또르와 같은 앞치마를 두르고 삐에르 앞에 서서 그의 가슴에 칼을 들이대고 있었다. 그들 중에 피에 물든 흰 셔츠를 입은 사람이 서 있었다. 그것을 본 삐에르는 칼이 자기 가슴을 찔러주기를 바라며 가슴을 내밀어 칼 쪽으로 나아갔다. 그러나 칼은 옆으로 비키고 그는 다시 눈이 가려졌다.

"지금 그대는 조그마한 빛을 보았다." 누군가의 목소리가 말했다. 그리고 다시 촛불이 켜지고, 이번에는 완전한 빛을 봐야 한다고 말하고는 또다시 눈가리개가 벗겨졌다. 그러자 열 사람 이상의 목소리가 별안간, "이렇듯 속세의 영광은 허무하다"라고 말했다.

삐에르는 차차 제정신이 들어, 자기가 있는 방과 그 안에 있는 사람들을 둘러보기 시작했다. 검은 천으로 덮인 테이블 주위에 열두어 명의 사람이 앉아 있었다. 역시 좀 전에 본 사람들과 같은 옷차림을 하고 있었다. 그 중 몇 사람을 삐에르는 뻬쩨르부르그의 사교계에서 알고 있었다. 좌장 자리에는 낯선 젊은 남자가 앉아서 특별한 십자가를 목에 걸고 있었다. 그 오른쪽에는 삐에르가 2년 전에, 안나 셰레르 집에서 본 적이 있는 이탈리아인 신부가 앉아 있었다. 그 밖에 상당히 지위가 높은 고관과, 전에 꾸라긴^(바씰리 공작) 집에 있던 스위스인 가정교사가 앉아 있었다. 일동은 모두 엄숙하게 말없이 손에 망치를 가진 좌장의 말을 듣고 있었다. 벽에는 불타는 별이 박혀 있었다. 테이블 한쪽에는 갖가지 무늬가 새겨진 조그마한 양탄자가 있고, 반대쪽에는 복음서와 두개골을 얹어 놓은 제단 같은 것이 있었다. 테이블 둘레에는 교회에서 쓰는 것과 같은 일곱 개의 대형 촛대가 서 있었다. 두 조합원이 삐에르를 계단 쪽으로 데리고 가서 발을 직각으로 벌리게 하여, 이제부터 그대는 신전 문 앞에 엎드리는 것이라고 말하면서, 그에게 누우라고 명령했다.

"먼저 석공의 끝을 줘야 하지 않습니까?" 형제의 한 사람이 속삭이듯 말했다.

"어림 없는 소리! 적당히 해두세요." 다른 한 사람이 말했다.

삐에르는 하라는 대로 따르지 않고 어리둥절하다는 듯이 근시의 눈으로 주위를 둘러보았다. 그러자 별안간 그는 의혹에 사로잡혔다. '나는 어디 있나? 나는 무엇을 하고 있는가? 이 사람들은 나를 조롱하고 있는 게 아닐까? 나중에 이것을 상기하더라도 부끄럽지는 않을까?' 그러나 이 의문은 한 순간밖에 계속되지 않았다. 그는 자기를 둘러싼 사람들의 진지한 얼굴을 보고, 여태까지 지내온 모든 일을 상기했다. 그리고 도중에서 그만둘 수는 없다고 마음먹었다. 그는 자신의 의심에 대해서 스스로 움찔하고, 좀 전의 감동을 마음 속에 환기하려고 노력하면서, 신전 문 앞에 엎드렸다. 그러자 정말 전보다도 더 강한 감동이 솟구쳤다. 잠시 쓰러진 채로 있자 이윽고 일어나라는 명령을 받았다. 그에게 다른 사람과 같은 흰 가죽의 앞치마가 둘리고, 끌과 장갑 세 켤레가 주어졌다. 그때 두령(개별적인 그룹의 장)이 그에게, 이 앞치마는 불굴과 순결을 표시하는 것이므로 절대로 이 순백성을 더럽히지 않도록 해야 한다고 말했다. 또 그 뜻을 알 수 없는 끌에 대해서는, 이것을 가지고 악덕으로부터 자신의 마음을 정화하고, 또 이것을 가지고 겸손한 마음으로 동포의 마음을 부드럽게 하도록 힘쓰라고 말했다. 그리고 그 뜻을 삐에르는 알 수가 없었지만, 첫 번째 남자용 장갑은 소중하게 보존해 두어야 한다고 말하고, 두 번째 남자용 장갑은 집회 때 끼어야 한다고 말했다. 그리고 마지막으로 세 번째 여자용 장갑에 관해서는 다음과 같이 말했다.

"친애하는 형제여, 이 여인용 장갑은 당신에게 정해져 있는 것입니다. 이것은 장차 당신이 누구보다 존경하게 될 여인에게 주시오. 이 선물로, 당신은 석공의 반려자로서 고르는 여인에게 당신의 마음의 순결을 증명하시오." 잠시 침묵하고 있다가 그는 다시 말을 덧붙였다. "그러나 친애하는 형제여, 이 장갑이 더러운 손을 장식하는 일이 없도록 조심하시오." 두령이 '더러운 손'이라고 말했을 때 좌장이 당황한 것처럼 삐에르에게는 느껴졌다. 삐에르는 더욱 당황하여, 어린애처럼 눈물이 날 만큼 얼굴을 붉히고는 불안한 듯이 사방을 둘러보기 시작했다. 어색한 침묵이 일었다.

한 형제가 이 침묵을 깼다. 그는 삐에르를 양탄자 쪽으로 데리고 와서, 태양, 달, 망치, 수직추, 끌, 자연 그대로의 입방체 돌, 기둥, 세 개의 창 등,

거기에 적힌 모든 도형의 설명을 노트를 보고 읽기 시작하였다. 그리고 삐에르의 자리가 정해지고 지부의 기호가 그에게 제시되고, 건물로 들어올 때의 암호를 가르쳐준 뒤 마침내 앉도록 허락되었다. 두령이 강령을 읽기 시작했다. 강령은 몹시 길었고, 삐에르는 기쁨과 흥분과 부끄러움 때문에 무슨 말인지 이해할 수가 없었다. 그는 다만 강령의 마지막 구절만은 귀담아 듣고 기억에 새겼다.

"우리의 신전에서 우리는" 하고 두령은 읽었다. "선과 악 사이에 있는 다른 단계를 모른다. 평등을 침범할 염려가 있는 그 어떤 차별을 피하라. 누구든 동포를 구조하기 위해 뛰어가라. 길을 잃은 자를 인도하고, 쓰러진 자를 일으켜 주고, 동포에 대해서 조금도 증오나 적의를 품지 말라. 항상 상냥하고 공손하라. 만인의 마음 속에 미덕의 불을 불러 일으켜라. 너의 친한 자와 행복을 나누고, 부러워하는 마음으로 이 깨끗한 희열을 어지럽게 하지 말라. 너의 원수를 용서하고, 보복하지 말고, 선만을 행하라. 이렇듯 최고 법칙을 행한다면, 너는 스스로 잃었던 옛적의 위대한 흔적을 발견하게 되리라." 그는 낭독을 끝내자 일어나서, 삐에르를 껴안고 입맞추었다.

삐에르는 환희의 눈물을 눈에 글썽이고, 자기를 둘러싼 축복의 말과 친목을 새롭게 하는 인사말에 어떻게 대답할 줄도 모르고 사방을 둘러보았다. 그는 아는 사람 같은 건 아랑곳없이, 그 모든 사람을 다만 동포라고만 보고, 그들과 더불어 빨리 일에 착수하고 싶은 마음에 불타고 있었다.

두령이 망치를 두드렸다. 모두 각기 자리에 앉고, 한 사람이 겸손의 필요성에 대한 가르침을 낭독했다.

두령이 마지막 의무를 다하도록 재촉하였다. 그러자 희사금을 모으는 역할을 맡은 고관이 조합원 사이를 돌기 시작했다. 삐에르는 자기가 가지고 있는 돈을 몽땅 기부 대장에 써 넣으려고 했지만, 그것으로 거만을 나타내는 것이 되어서는 안 된다고 생각하여, 다른 사람이 적어넣은 것과 같은 액수를 써 넣었다.

회의는 끝났다. 집으로 돌아오자 삐에르는 자기가 수십 년이나 걸린 여행에서 돌아와 완전히 변해서 이제까지의 생활 형태나 습관에서 멀리 떨어져 버린 것처럼 느껴졌다.

　프리메이슨에 가입한 이튿날 삐에르는 집에 틀어박혀서, 책을 읽으면서 정방형의 뜻을—하나의 변으로 하느님, 다른 또 하나의 변으로 정신적인 것, 제3의 변으로 물질적인 것, 제4의 변으로 그 혼합을 나타내고 있는 정방형의 뜻을 밝히려고 열심히 노력하였다. 이따금 그는 책과 정방형을 떠나서, 생활의 새로운 계획을 마음 속에 그려보았다. 어저께 프리메이슨의 회합에서 그는, 결투 소문이 황제의 귀에까지 들어갔으니 뻬쩨르부르그를 떠나 있는 편이 현명할 것이라는 말을 들었다. 삐에르는 남쪽에 있는 자기 영지로 가서, 거기서 농민들과 같이 지내 볼 생각을 했다. 그가 기쁜 마음으로 이 새로운 생활을 이것저것 생각하고 있을 때 뜻밖에도 바씰리 공작이 방 안에 들어왔다.

　"여보게, 자넨 모스크바에서 그 무슨 짓을 저질렀나? 왜 엘렌과 싸웠나. 여보게! 자넨 오해를 하고 있어." 바씰리 공작은 방 안으로 들어서면서 이렇게 말했다. "난 다 알고 있네. 나는 단언할 수 있네. 엘렌이 자네에 대해 결백하다는 것은 그리스도가 유대인에게 나쁜 짓을 하지 않았다는 것만큼 분명한 일일세."

　삐에르가 대꾸하려고 하자 그는 말을 막았다.

　"게다가 왜 자네는 나에게, 친구로서 직접 솔직하게 얘기해 주지 않았나? 나는 모든 것을 알고 있고, 만사를 이해하고 있네." 그는 말했다. "자네는 명예를 존중하는 사람다운 점잖은 행동을 했어. 좀 성급한 데가 있기는 하지만, 그것에 대해서는 이러쿵저러쿵 하지 않겠네. 다만 이것만은 잊지 말아 주길 바라네. 자네 덕분에 딸과 나는 사교계뿐만 아니라, 궁중에서도 형편없는 위치에 서게 되었네." 그는 나직한 음성으로 말을 덧붙였다. "그 애는 모스크바에 살고 있고, 자네는 여기 있으니 말일세. 알겠나, 여보게." 그는 삐에르의 손을 아래로 잡아당겼다. "이건 단지 오해일 뿐이야. 자네 자신도 아마 깨달았으리라 생각하지만. 그러니 지금 곧 나와 함께 편지를 써 주지 않겠나. 그러면 그 애도 여기로 올 것이고 만사가 깨끗이 될 거야. 그리고 이런 소문은 모두 없어질 거야. 말해 두겠는데, 그렇게 하지 않으면 자네는 싫은 꼴을 당할 가능성이 크네, 삐에르."

　바씰리 공작은 타이르는 듯한 눈으로 삐에르를 바라보았다.

"확실한 데서 들은 애기지만, 황태후께서 이 일로 몹시 걱정하고 계시다는 거야. 자네도 알다시피 황태후께서는 엘렌을 몹시 총애하시거든."

삐에르는 몇 번이나 말문을 열려고 했지만, 한편으로는 공작이 못하게 했고, 또 한편으로는 이 장인에게 단호한 거절과 불찬성의 어조로 대답하려고 굳게 마음 먹고 있는데 그것과는 다른 어조로 말이 나오지 않을까 두려워하고 있었다. 게다가 프리메이슨 강령의 '상냥하고 공손하라'라는 말도 생각이 났다. 그는 얼굴을 찌푸리거나 붉히기도 하고, 일어서기도 하고 앉기도 하면서, 이 세상에서 그에게 가장 어려운 일을 자기 자신에게 억지로 강요하고 있었던 것이다. 그것은 상대방이 누구이건 그 사람을 맞대고 불쾌한 일을 말하는, 말하자면 그 사람이 예기하지 않았던 말을 하는 것이었다. 그는 바씰리 공작의 깊이 신경을 쓰는 것 같지 않은 자신만만한 말투에 복종하는 것이 너무나도 익숙해져 있어서, 지금도 그는 이 말투에 저항할 수 없다고 느끼고 있었다. 그러나 그는 자기가 어떻게 말하느냐에 따라서, 자기가 이제까지대로의 길을 갈 것인가, 그렇지 않으면 프리메이슨들이 자기에게 제시해 주고 새로운 인생에의 부활을 찾을 수 있다고 자신이 확신한 매력 있는 새로운 길을 갈 것인가—앞으로의 자기 운명이 결정된다고 느꼈다.

"여보게, 삐에르." 바씰리 공작이 농담같은 어조로 말하였다. "나에게 알았다고 말해주게. 그럼 내가 그 애한테 편지를 쓰겠네. 그렇게 되면 통통한 송아지를 잡을 수 있네(^{방탕아가 돌아왔을 때 기꺼이 환영하고 송아지를 잡았다는 복음서의 고사})." 그러나 바씰리 공작이 이 농담을 다 말하기도 전에 삐에르는 세상을 떠난 아버지의 모습을 생각하게 하는 광기어린 표정을 띠고, 상대편의 눈은 보지도 않고 속삭이듯 이렇게 말했다.

"공작님, 저는 당신을 여기에 오라고 한 적이 없습니다. 나가 주세요, 제발 나가 주세요." 삐에르는 벌떡 일어나서 바씰리 공작을 위해 문을 열었다. "자, 나가주십시오." 삐에르는 자신의 말이 믿기지 않으면서도, 바씰리 공작 얼굴에 나타난 낭패와 공포의 표정을 통쾌하게 생각하면서 되풀이했다.

"자네 왜 그러나? 몸이라도 편찮은가?"

"나가 주십시오!" 떨리는 음성으로 다시 한 번 말했다. 바씰리 공작은 아무 설명도 듣지 못하고 나가지 않으면 안 되었다.

일주일 후, 삐에르는 프리메이슨의 새 친구들과 헤어져, 거액의 돈을 그들에게 기부하고 자기 영지로 떠났다. 그의 새로운 형제들이 끼에프와 오뎃사의 프리메이슨에게 보내는 소개장을 써 주었다. 그리고 삐에르에게 편지를 써서 새로운 활동의 지침을 주겠다는 약속도 해 주었다.

6

삐에르와 돌로호프의 사건은 무마되었다. 그리고 그 당시 황제가 결투에 대해서 엄격했음에도 불구하고 쌍방의 당사자도 입회자들도 문책받지 않았다. 그러나 삐에르가 아내와 절연한 것으로 뒷받침된 결투의 경위는 사교계의 떠들썩한 화제가 되었다. 삐에르가 사생아였던 무렵에는 세상 사람들은 너그럽게 감싸주는 눈으로 보았고, 러시아 제국의 가장 훌륭한 신랑감이었을 무렵에는 칭찬을 아끼지 않았지만, 삐에르가 결혼을 한 후, 딸 본인들이나 딸을 가진 어머니들이 그에게 기대할 것이 없어지자 그의 사교계의 평판은 떨어지고 말았다. 그에게는 세상에 아부해서 호감을 가지게 하는 재주도 없고 그럴 생각도 없었으므로 더욱 그러했다. 그래서 이번의 경우 그에게만 책임이 지워지고, 삐에르의 아버지와 마찬가지로 잔인 광포한 발작에 사로잡힌 무분별한 질투라는 말을 들었다. 그리고 삐에르가 떠난 후 엘렌이 뻬쩨르부르그로 돌아오자, 그녀는 따뜻함을 넘어서 그녀의 불행에 경의를 나타내는 것 같은 느낌으로 아는 사람들의 환영을 받았다. 화제가 남편에게 이르자 엘렌은 그 분위기에 알맞은 표정을 지었다. 그녀는 그 표정의 뜻은 몰랐지만 그녀에게 특유한 처세의 육감으로 그것을 몸에 지닌 것이다. 그 표정은 이렇게 말하고 있었다. '저는 불평을 말하지 않고 이 불행을 견딜 각오를 세웠습니다. 저의 남편은 하느님이 보내주신 십자가입니다.' 바씰리 공작은 더욱 뚜렷이 자기 의견을 말하고 다녔다. 화제가 삐에르에 미치면 그는 두 어깨를 움츠리고 이마를 가리키며 이렇게 말했다.

"머리가 좀 이상한 놈입니다—내가 항상 말하고 있었죠."

"나도 전에 말한 일이 있어요." 안나도 삐에르 이야기를 했다. "나는 그때 곧 말했어요. 누구보다도 먼저 말이에요(그녀는 자기가 가장 빨랐다는 것을 강조했다). 그는 현대의 타락한 사상에 오염된 분별없는 젊은이라고. 나는 그때 바로 그렇게 말했어요. 그가 외국에서 막 돌아왔을 때, 모든 사람이 그에게 매혹되었을 때였죠. 글쎄, 언젠가 우리 야회 때 마치 그이는 마라

(프랑스 혁명 주동자의 한 사람. 1744~1893)처럼 행세하지 않았어요? 그 결과는 어떻습니까? 나는 그 때부터 이미 이 결혼은 바람직하지 않다고 생각하였고 어떻게 될 것인지 다 예언했어요."

안나는 공무가 없는 날에는 여전히 자택에서 이전과 마찬가지로, 더욱이 그것을 진행할 수 있는 사람은 자기밖에 없다는 듯이 파티를 열고 있었다. 그 파티에는 우선 첫째, 안나 자신의 말을 빌리자면, 상류 사회의 핵심, 뻬쩨르부르그 사교계의 지적인 에센스의 꽃이 모였다. 이러한 구성원의 엄선 외에 안나의 파티의 특색이 되어 있었던 것은, 파티가 열릴 때마다 안나가 모인 사람들에게 누군가 새로운, 흥미를 끌 만한 인물을 제공한다는 것과, 정통적인 뻬쩨르부르그 상류 사회의 기분의 바탕이 되어 있는 정치적 온도계의 눈금을 이 파티만큼 분명히 느낄 수 있는 파티는 아무데도 없다는 점이었다.

1806년 말, 예나와 아우에르슈타트 부근에서 나폴레옹이 프러시아군을 분쇄하여 프러시아군 요새의 대부분이 항복했다는 슬픈 소식이 남김없이 전해지고, 아군이 이미 프러시아로 들어가서 나폴레옹과의 두 번째 전쟁이 시작되었을 때 안나는 자기 집에서 파티를 열었다. 그날의 진짜 상류 사회의 핵심은 남편의 버림을 받은 불행한, 매혹적인 엘렌, 모르뜨마르 자작, 빈에서 막 돌아온 매력적인 이뽈리트 공작, 외교관 두 사람, 백모, 살롱에서 단지 '장점이 많은 사람'이라고 불리는 어느 청년, 새로 임명된 궁녀와 그의 어머니, 그 밖에 몇 명의 별로 대단치 않은 사람들로 이루어져 있었다.

새로운 얼굴로서 이날 밤 안나가 대접하려고 한 인물은, 급사(急使)로서 프러시아로부터 최근 도착한, 프러시아에서는 매우 중요한 인물의 부관으로 있었던 보리스 도르베쯔꼬이였다.

이 파티에서 모든 사람에게 제시된 정치적 온도계의 눈금은 다음과 같은 것이었다. 유럽의 황제나 장군들이 제아무리 보나빠르뜨에게 관대한 태도를 취하여, '우리 러시아인'에게 불쾌와 슬픔을 주려는 한심한 일을 하려고 해도, 보나빠르뜨에 대한 우리의 생각은 변할 리가 없고, 우리는 이에 대해 여전히 있는 그대로의 생각을 말하는 것을 중단하지 않을 것이며, 프러시아 왕이나 그 밖의 친구들에게 이렇게 말할 수밖에 없다. "그건 오히려 당신네들에게 이롭지 못해요. 이건 당신들 스스로가 바란 것이니까요. '죠르즈 다단

^(작업자득
이라는 뜻)', 우리가 말할 수 있는 것은 이것뿐이에요." 이것이 안나의 파티에서
정치적 온도계가 가리키는 눈금이었다. 손님들에게 소개될 보리스가 객실에
들어왔을 때 손님은 다들 모여 있었고, 안나가 이끌고 있는 화제는 오스트리
아에 대한 러시아의 외교 관계와 양국의 동맹에 대한 가망성에 관한 것이었
다.

보리스는 멋진 부관 군복을 입고, 씩씩하고 신선한 홍안의 어른 같은 모습
으로 객실로 들어왔다. 그리고 당연한 의무로서 인사를 위해 백모에게 안내
되었고 그 후 모두에게 끼어들었다.

안나는 자신의 여윈 손을 내밀어 그에게 키스하게 하고 몇몇 안면이 없는
사람들을 소개하고는, 그 한 사람 한 사람에 대한 평가를 속삭이듯 말해 주
었다.

"이뽈리트 꾸라긴 공작—매혹적인 청년. 코펜하겐의 대리공사 꾸루그 씨
—대단한 두뇌의 소유자예요." 그리고 극히 짧게 "시또프 씨—장점이 많은
사람."

보리스는 이제까지 군대에서 근무하는 동안 어머니의 수고, 자기 자신의
분별력, 그리고 신중한 성격에서 오는 몇 가지 장점 덕분으로 군에서 더할
나위 없이 유리한 입장에 설 수가 있었다. 그는 매우 유력한 어떤 사람의 부
관이 되어, 몹시 중요한 임무를 띠고 프러시아로 가서 거기에서 급사로서 막
돌아온 길이었다. 그는 올뮤쯔에서 매우 마음에 든, 규정에 적혀 있지 않은
상하관계를 완전히 몸에 지니고 있었다. 그 상하관계에 의하면 소위 후보가
장군보다도 비교가 되지 않을 정도로 높은 자리를 차지할 수가 있고, 또 군
무에서 성공하기 위한 비결은 노력도, 고생도, 용기도, 불굴의 정신도 아니
요, 다만 근무의 은상을 다루고 있는 사람과 잘 어울리는 요령뿐이었다. 그
리고 그가 자주 이상하게 느낀 것은, 자기는 빠르게 출세하고 있는데 다른
사람들이 어째서 이 요령을 이해하지 않는가 하는 것이었다. 이 일을 발견했
기 때문에 그의 생활 형태, 이제까지의 아는 사람과의 관계, 장래에 대한 그
의 계획은 모든 것이 변하고 말았다. 그는 부자는 아니었지만 남보다 나은
옷차림을 하기 위해서, 남은 돈을 아낌없이 털어 썼다. 초라한 마차를 몰고
다니거나, 낡은 군복을 입고 뻬쩨르부르그의 거리로 나갈 바에는 차라리 다
른 즐거움을 버리는 편이 낫다고 생각하였다. 그는 자기보다 높은, 즉 윗자

리에 있어 자기에게 이득이 될 만한 사람에게만 접근했고 그 외의 사람들은 알고 지내려고도 하지 않았다. 그는 뻬쩨르부르그를 좋아했고, 모스크바를 멸시했다. 로스또프네와 나따샤에 대한 어린애같은 사랑의 추억은 그에게는 불쾌했기 때문에, 군대에 들어간 뒤에는 한 번도 로스또프네 집에는 가지 않았다. 안나의 객실에서는 여기 참석하는 것을 근무상의 중요한 승진이라고 생각했기 때문에, 그는 곧 자신의 역할을 깨닫고 자기 안에 있는 모든 흥미는 안나가 이용하는 대로 내맡기고는, 한 사람 한 사람 주의깊게 관찰하면서 그들에게 접근하는 것이 이익이냐, 또 그 가능성이 있는가를 평가하고 있었다. 그는 아름다운 엘렌 곁에 지정된 자기 자리에 앉고, 일동의 대화에 귀를 기울였다.

"'빈에서는 이번에 제안된 조약의 근본을 불가능한 것으로 보고, 그것을 실현하기 위해서는 최고의 눈부신 성공을 연이어 거두어야 하는 것으로 보고 있습니다. 더욱이 빈에서는 러시아로 하여금 그런 승리를 거두게 할 수단이 있는지 의문으로 생각하고 있습니다.' 이것은 진짜 빈 정부의 말입니다." 덴마크의 대리 공사가 말했다.

"그것은 유쾌한 의문이군요." 깊은 두뇌를 가진 사람이 미묘한 미소를 띠며 말했다.

"빈 내각과 오스트리아 황제는 구별할 필요가 있습니다." 모르뜨마르 자작이 말했다. "오스트리아 황제는 그런 일을 한 번도 생각하지 않았을 겁니다. 그것은 정부가 한 말에 지나지 않습니다."

"그렇지만 자작님." 안나가 말참견했다. "유럽은 절대로 우리의 참된 동맹자가 될 수가 없습니다."

그러고 나서 보리스가 활약할 수 있도록 프러시아 왕의 용맹성으로 화제를 돌렸다.

보리스는 자기가 나갈 차례를 기다리면서 사람들의 이야기에 골똘히 귀를 기울이고 있었지만, 그와 동시에 옆에 있는 아름다운 엘렌 쪽을 몇 번이나 돌아다볼 여유가 있었다. 그녀도 미소를 짓고 여러 번 아름답고 젊은 부관의 시선을 맞았다.

프러시아의 정세를 이야기하면서 극히 자연스럽게 안나는 보리스에게 그의 글로가우(^{프러시아의}_{요새 도시}) 여행과 그가 본 프러시아군의 상태를 얘기해 달라고 부탁했다. 보리스는 침착하게 사투리가 없는 정확한 프랑스어로, 군대와 궁정을 둘러싼 재미있는 이야기를 여러 가지 했고, 더욱이 그 이야기를 하는 동안에 줄곧 자기가 전하는 사실에 대해서 자기의 의견을 분명히 말하는 것을 신중하게 피하고 있었다. 얼마 동안 보리스는 모두의 주목을 모았고, 안나는 자기가 소개한 새로운 얼굴을 손님들이 모두 기뻐해 주었다고 느꼈다. 누구보다도 보리스 이야기에 관심을 보인 것은 엘렌이었다. 그녀는 몇 가지 그의 여행에 관한 소상한 점에 대해서 여러 번 물어보고, 프러시아군의 상태에 몹시 관심을 가진 듯했다. 그가 이야기를 끝내자, 그녀는 여느 때의 미소를 띠고 그를 향해 말했다.

"꼭 한번 저희에게 들러주세요. 부탁드려요." 그녀의 말투는, 마치 무엇인가 보리스로서는 알 수 없는 사정이 있어서 꼭 그렇게 해야 한다는 것 같았다. "화요일 8시에서 9시 사이에 와 주신다면 더 기쁜 일은 없겠어요."

보리스는 그녀의 희망에 따를 것을 약속하고 무슨 이야기를 하려고 했다. 그러자 안나는 백모가 보리스의 이야기를 듣고 싶어한다는 것을 구실 삼아 그를 불러냈다.

"당신도 그분의 바깥 주인을 알고 계시죠?" 안나는 눈을 감고, 침울한 손짓으로 엘렌을 가리키면서 말했다. "그녀는 정말 안됐어요. 그녀 앞에선 그 양반 이야기는 하지 않도록 해 주세요, 제발 하지 마세요. 그녀에겐 너무나 괴로우니까요!"

7

보리스와 안나가 모두의 자리로 돌아왔을 때에는, 그 곳 대화의 중심이 되어 있는 사람은 이뽈리트 공작이었다. 그는 안락의자에 앉은 채 몸을 내밀고 말했다. "프러시아 왕!" 그는 이렇게 말하고 웃기 시작했다. 모두들 그의 쪽으로 몸을 돌렸다. "프로이센 왕이라고?" 그는 물어보듯 말하고 다시 웃다가 유유히 정색을 하고 안락의자에 깊숙이 앉았다. 안나는 잠시 이뽈리트의 다음 말을 기다렸지만 그는 입을 열지 않았다. 그녀는 신을 두려워하지 않는 보나빠르뜨가 포츠담에서 프리드리히 대왕의 검을 훔친 이야기를 시작했다.

"이것은 프리드리히 대왕의 검이었는데, 그것을 내가……." 그녀가 이야기를 시작하려고 하자 이뽈리트가 말을 막았다.

"프로이센 왕……." 그리고 다시 사람들이 자기 쪽으로 몸을 돌리자, 그는 사과하고 입을 다물고 말았다. 안나는 얼굴을 찌푸렸다. 이뽈리트의 친구인 모르뜨마르 자작이 울컥하고 그에게 말했다.

"대체 그 프로이센 왕이 어쨌다는 거요?"

이뽈리트는 스스로 자기 웃음이 부끄럽다는 듯 웃기 시작했다.

"아니, 아무것도 아니야. 다만 내가 말하려는 것은 단지……(그는 빈에서 들은 농담을 여기서 그대로 말하기 위해 그것을 어디에 삽입할 것인가 생각하고 있었다) 프러시아 왕을 위해서 전쟁을 하는 것은 잘못이라는 겁니다."

보리스는 이 농담이 어떻게 받아들여지느냐에 따라서 자기의 미소가 냉소로도, 도의로도 받아들여지도록 애매한 미소를 지었다. 모두들 웃기 시작하였다.

"당신의 농담은 질이 나빠요. 몹시 날카롭지만 맞지 않아요." 안나는 주름진 손가락으로 타이르는 동작을 하면서 말했다. "우리는 절대로 부질없는 일 때문에 싸우는 것은 아닙니다. 훌륭한 대의를 위해서입니다. 정말로 심술궂은 분이에요, 이 이뽈리트 공작이란 분은!" 그녀는 말했다.

회화는 주로 정치적인 뉴스를 둘러싸고 밤새도록 그칠 줄을 몰랐다. 파티가 끝날 무렵에 황제가 하사하는 포상에 이야기가 미치자 더욱 활기를 띠었다.

"작년엔 N씨가 초상이 든 담뱃갑을 하사받지 않았습니까." 깊은 두뇌의 소유자가 말했다. "S씨도 같은 포상을 받지 못할 이유는 없지요."

"실례입니다만, 초상이 든 담뱃갑은 상이지 훈공(勳功)의 표시는 아닙니다." 외교관이 말했다. "오히려 선물입니다."

"전에도 그런 예는 있었습니다. 쉬바르츠베르그가 그렇잖습니까."

"그럴 리는 없습니다." 다른 한 사람이 말했다.

"내길 해도 좋습니다. 대수장(大綬章)이라면 얘긴 다르지만……."

일동이 돌아가려고 일어섰을 때, 밤새도록 별로 말을 하지 않았던 엘렌이 다시 보리스를 향하여 화요일에 방문해 달라고 부탁했다. 그것은 상냥하고 뜻이 있는 듯한 명령이었다.

"꼭 그렇게 해 주시지 않으면 전 곤란해요." 그녀는 안나 쪽을 돌아보면서 미소를 띠고 말했다. 안나는 자기의 고귀한 보호자인 황태후 이야기를 할 때 늘 따라다니는 것과 같은 슬픈 미소로 엘렌의 희망을 뒷받침했다. 이날 밤, 보리스가 프러시아군에 대해서 말한 그 어떤 말이 계기가 되어 엘렌은 느닷없이 그를 만나지 않으면 안 될 필요성을 깨달은 것 같았다. 그녀는 마치 보리스가 화요일에 오면 그렇게 해야 할 이유를 설명하겠다고 약속한 것 같았다.

화요일 밤, 보리스는 엘렌의 화사한 객실을 방문했는데도 왜 자기가 와야 했는지 뚜렷한 설명을 얻지 못했다. 다른 손님들도 있어서, 백작 부인 엘렌은 별로 그와 말을 나누지 않았다. 그러나 헤어질 무렵 그녀 손에 키스했을 때, 그녀는 이상하게 미소가 사라진 낯으로 뜻밖에 속삭이듯 말했다.

"내일 식사하러 와 주세요…… 석양에. 꼭 와 주셔야 합니다……."

이번 뻬쩨르부르그에 머무는 동안에 보리스는 베주호프 백작 부인과 가까운 사이가 되었다.

8

전쟁은 치열해지고, 전장은 차차 러시아 국경으로 접근해 왔다. 인류의 원수 보나빠르뜨에 대한 저주의 소리는 곳곳에서 들렸다. 마을에서는 국민병과 신병이 소집되었고, 전장으로부터는 언제나 그렇듯 거짓이 많은, 따라서 갖가지 왜곡된 모순투성이의 보도가 들어왔다.

볼꼰스끼 노공작, 안드레이 공작, 그리고 마리야의 생활도 1805년 이래 많은 점에서 변화가 있었다.

1806년, 노공작은 당시 온 러시아에 걸쳐 임명된 8명의 의용군 사령관의 한 사람으로 임명되었다. 노공작은 아들이 전사했다고 생각한 무렵부터 유달리 눈에 띄게 된 노쇠에도 불구하고, 황제가 몸소 임명한 직무를 사퇴할 수는 없다고 생각했다. 새로 눈앞에 열린 일은 그를 고무하고 건강을 회복시켰다. 그는 줄곧 자기 관할하에 놓여 있는 세 현을 순시하고는 지나치게 고지식하리만큼 직무에 충실하고, 부하에겐 가혹하리만큼 엄격하며 사소한 일에까지 몸소 간섭했다. 마리야는 이미 아버지한테서 배우는 수학 공부는 그만두고, 다만 아버지가 집에 있을 때에는 매일 아침 유모와 어린 니꼴라이 공작(조부는 니꼴렌까를 이렇게 부르고 있었다)을 데리고 아버지 서재로 들어갔다. 젖먹이인 니꼴렌까는 세상을 떠난 공작 부인 리자가 머물던 방에서 유모와 보모인 쁘라스꼬비아와 함께 지냈고, 마리야는 될 수 있는 대로 어린 조카의 어머니 역할을 하면서 하루의 대부분을 이 갓난애 방에서 지냈다. 부리엔 양도 역시 갓난애를 무척 귀여워하여, 마리야는 어린 천사(그녀는 조카를 이렇게 부르고 있었다)를 어르거나 함께 노는 즐거움을 친구인 부리엔에게 자주 양보해 주었다.

'벌거숭이 산'의 교회 제단 옆에는 작은 공작 부인의 묘를 내려다 볼 수 있도록 사당이 서 있고, 그 안에는 이탈리아에서 가져온 대리석 비석이 세워져 있었다. 거기에는 날개를 펴고 하늘로 날아오르려는 천사의 모습이 새겨져 있었다. 천사는 지금 당장이라도 웃으려는 것처럼 윗입술을 약간 들어올리고 있었다. 그리고 어느 날 안드레이와 마리야는 사당을 나오면서, 이상하게도 이 천사의 얼굴이 고인의 얼굴을 상기시킨다는 남모른 생각을 서로 털어놓았다. 그러나 그보다 더 이상한 일은, 안드레이가 누이동생에게 말하지는 않았지만, 조각사가 우연히 천사의 얼굴에 나타낸 표정 속에, 그때 그가 죽은 아내의 얼굴에서 읽었던 것과 같은 겸손한 비난의 말을 읽어냈다는 점이었다. "아, 당신은 어쩌면 날 이렇게 만드셨어요?……."

안드레이가 돌아오자 곧 노공작은 아들을 분가시켜서, '벌거숭이 산'에서 한 40킬로쯤 떨어진 곳에 있는 보구차로보라는 광대한 영지를 주었다. 한편으로는 '벌거숭이 산'과 결부되어 있는 쓰라린 추억 때문에, 또 한편으로는 늘 아버지의 성격을 참을 수 있는 것도 아니라고 느끼고 있었고, 게다가 다소는 고독해질 필요도 있었기 때문에, 안드레이는 보구차로보의 영지를 이용해서 거기에 자기 집을 짓고 대부분의 시간을 거기서 보내고 있었다.

안드레이는 아우스터리츠 전투 후, 이젠 절대로 군복무는 하지 않으리라고 굳게 마음먹었다. 그래서 전쟁이 시작되고 국민이 총동원되자 그는 실전 부대의 근무를 피하기 위해서, 아버지가 지휘하는 의용군의 징집 일을 맡아 보기로 했다. 노공작과 아들은 1805년의 전쟁 이후, 마치 서로의 역할을 교환한 것처럼 된 셈이다. 그 활동으로 자극된 노공작은 이번 전쟁에는 좋은 결과만을 기대하고 있었다. 안드레이는 그것과는 반대로 전쟁에는 참가하지 않고 내심 남몰래 그걸 유감스럽게 여기고 있었기 때문에, 좋지 못한 면만 그의 눈에 띄었다.

1807년 2월 26일, 노공작은 관구의 순찰에 나섰다. 아버지가 없을 때는 대개 그러했지만, 안드레이는 이 때도 '벌거숭이 산'에 남아 있었다. 니꼴렌까는 이미 3일 전부터 몸이 좋지 않았다. 늙은 공작을 태워간 마부들이 읍에서 돌아와 서류와 편지를 안드레이 공작에게 전달하였다.

편지를 가지고 온 시종은 서재에서 젊은 공작을 보지 못하자 마리야의 방이 있는 곳으로 갔다. 그러나 거기에도 안드레이는 없었다. 시종은 공작이 아이 방에 갔다는 것을 알았다.

"나리, 잠깐 와 주십시오. 뻬뜨르시까가 편지를 가져왔습니다." 보모를 도와주던 하녀 한 사람이 안드레이에게 말했다. 때마침 그는 조그마한 어린이 의자에 앉아 떨리는 손으로 낯을 찌푸리고, 물이 반쯤 들어 있는 잔에 유리병에 든 물약을 따르고 있었다.

"뭐야?" 그는 화난 듯이 이렇게 말하며 부주의하게도 한 손을 흔들었기 때문에, 유리병에서 잔에 약을 몇 방울인가 더 따르고 말았다. 그는 약을 홱마루에 쏟아 버리고, 다시 물을 가져오라고 말했다. 하녀가 물을 가지고 왔다.

방 안에는 어린이용 작은 침대, 의류 상자 두 개, 큰 탁자, 팔걸이의자 두 개, 여기에 어린이용 작은 탁자와 의자가 있고 그 의자에 안드레이는 앉아 있었다. 창문에는 모두 커튼이 쳐져 있었고, 테이블 위에는 양초 한 개가 켜져 있었지만, 그것은 침대에 비치지 않도록 제본된 악보가 가리개 대신으로 세워져 있었다.

"오빠." 침대 곁에 서 있던 마리야가 오빠 쪽을 돌아다보고 말했다. "좀 기다리시는 것이 나을 거예요…… 이따가……."

"아, 제발 그만둬. 넌 바보 같은 소리만 하는구나. 덮어놓고 기다리라고만 하니까 이렇게 되고 말았지 뭐야." 안드레이는 분명히 누이동생의 아픈 곳을 찔러줄 작정으로 소리를 죽이고 심술궂게 말하였다.

"아녜요, 오빠. 정말 깨우지 않는 편이 좋을 거예요, 막 잠든 걸요." 마리야는 애원하는 듯이 말했다.

안드레이는 일어서서, 잔을 손에 든 채 발끝으로 침대 쪽으로 다가갔다.

"정말로 너는 깨우지 않는 편이 좋다고 생각하니?" 그는 망설이듯 말했다.

"마음대로 하세요…… 정말…… 나는 그렇게 생각하지만…… 하지만, 마음대로 하세요." 마리야는 자기 의견이 이긴 것을 오히려 쑥스럽게 여기는 듯 머뭇거리면서 이렇게 말했다. 그리고 그녀는 나지막한 소리로 오빠를 부르고 있는 하녀를 가리켰다.

오빠와 누이 두 사람은 몸에 열이 난 어린애를 간호하면서 이틀 밤낮을 눈을 붙이지 못했다. 그 2주야 동안, 주치의가 미덥지 않아 읍으로 하인을 보내 모셔오도록 한 의사를 초조하게 기다리면서 그들은 이것저것 온갖 약을 써 보았다. 수면 부족과 근심 걱정으로 녹초가 된 두 사람은, 제각기 슬픔의 책임을 상대에게 떠넘기고는 서로 책망도 하고 다투기도 했다.

"뻬뜨르시까가 어르신네 편지를 가져왔습니다." 하녀가 말하였다. 안드레이 공작은 방에서 나갔다.

"아냐, 그건 어떻게 되든 상관 없어!" 그는 홧김에 이렇게 말했다. 그리고 아버지로부터 전하는 말을 듣고 나서, 아버지가 쓴 편지를 받아들자 다시 아이 방으로 돌아왔다.

"어때?" 안드레이는 물었다.

"여전해요, 제발 좀 더 기다려 주세요. 수면이 무엇보다 중요하다고 의사도 입버릇처럼 말하고 있어요." 마리야가 한숨을 쉬면서 속삭였다. 안드레이는 갓난애에게로 다가가서 살짝 만져보았다. 타는 듯이 뜨거웠다.

"너도, 의사도 모두 비켜!" 그는 약을 따른 컵을 들고 다시 옆으로 다가섰다.

"안드레이 오빠, 안 돼요!" 마리야가 말했다.

그러나 그는 밉살스러운 듯이, 그러면서도 괴로운 눈으로 누이에게 이맛살을 찌푸리고서 잔을 가지고 갓난애 위에 몸을 숙였다.

"그러나 나는 이렇게 하고 싶다." 그는 말했다. "자, 제발, 이걸 먹어 다오."

마리야는 두 어깨를 으쓱했지만 얌전히 잔을 잡고 유모를 불러서 약을 먹였다. 갓난애는 쉰 목소리를 내며 울기 시작했다. 안드레이는 이맛살을 찌푸리며, 양손으로 머리를 감싸고 방을 나가 옆방의 소파에 앉았다.

편지는 여전히 그의 손에 쥐어져 있었다. 그는 기계적으로 그것을 뜯어서 읽기 시작했다. 노공작은 파란 편지지에다 여느 때처럼 큼직하고 길쭉길쭉한 필체로 군데군데에 약어를 사용하면서 다음과 같이 쓰고 있었다.

'현재 크게 기뻐할 정보를 급사를 통하여 입수하였다. 만약 이것이 오보가 아니라면, 베니그쩬(러시아군 사령관, 독일인)이 아일라우에서 보나빠르뜨에 대해 완전 승리를 거둔 것 같다. 뻬쩨르부르그에서는 모두들 기뻐 날뛰고, 군에 보내지는 보상은 끝이 없다. 그는 독일 사람이지만—어쨌든 축하할 일이다. 꼬르체보 시의 장관 한드리꼬프라는 사나이는 무엇을 하고 있는지 통 알 수가 없다. 여태까지 보충병도 군량도 보내오지 않는다. 곧 꼬르체보로 달려가서, 일주일 이내에 모든 것을 갖추지 못하는 날에는 내가 목을 자르겠다고 전해라. 프로이시쉬 아일라우 전투에 관해서는 또 뻬뜨르시까로부터 편지를 받았다. 그는 이 전투에 참가했으므로 이것은 모두 사실이다. 쓸데없는 녀석이 간섭하여 방해만 하지 않는다면 독일 사람도 보나빠르뜨를 패배시킬 수 있다. 듣기에는 혼비백산하여 서로 뒤엉켜 패주 중이라더라. 그럼 한시도 지체 말고 꼬르체보로 달려가서 임무를 다하라!'

안드레이는 한숨을 쉬고, 또 하나의 봉투를 뜯었다. 그것은 편지지 두 장에 가득 쓰인 빌리빈이 보내온 편지였다. 그는 그것을 읽지도 않고 접은 뒤, '꼬르체보로 달려가서 임무를 다하라!'는 말로 끝난 아버지의 편지를 다시 읽었다.

'안 됩니다. 용서하십시오. 아이가 나을 때까지는 당분간 가지 않겠습니다.' 그는 이렇게 생각하고, 문가로 다가가서 아이 방을 들여다보았다. 마리야는 여전히 침대 곁에 서서 갓난애를 조용히 흔들어주고 있었다.

'그렇지, 또 무엇인가 불쾌한 말이 씌어 있었지?' 안드레이는 아버지 편지의 내용을 되살려보았다. '그렇지, 러시아군이 보나빠르뜨에게 이긴 거다. 마침 내가 군무에 있지 않을 때에. 그렇다, 그렇다, 모두 날 조롱하고 있어…… 흥, 좋을 대로 하라지…….' 그리고 그는 프랑스어로 쓰인 빌리빈의 편지를 읽기 시작했다. 그는 그 내용의 반도 이해하지 못했다. 다만 자기가 너무나 오랫동안 단 한 가지, 쓰라리고 괴로운 심정으로 생각하고 있던 일을 한 순간이나마 생각하지 않기 위해 읽고 있었던 것이다.

9

빌리빈은 지금 외교사무관으로서 통수부 소속이 되어 있었다. 그리고 프랑스어로 쓰고 프랑스어의 멋진 말투를 사용한 것이지만, 자기 자신을 비판하고 조소하는 것을 두려워하지 않는, 러시아인에게만 있는 대담성을 가지고 전쟁의 자초지종을 적고 있었다. 빌리빈은 외교관으로서의 겸손 때문에 괴로웠으나, 군대에서 이루어지고 있는 일을 눈앞에 보고 자기 마음 속에 축적된 울적한 불만을 송두리째 털어 놓을 수 있는, 믿을 수 있는 편지 친구로서 안드레이가 있다는 것을 다행으로 생각한다고 쓰고 있었다. 이 편지는 오래된 것으로, 아일라우 전투 이전에 쓰인 것이었다.

"친애하는 공작이여, 아시는 바와 같이 아우스터리츠에서의 우군의 빛나는 승리 이래" 하고 빌리빈은 썼다. "나는 쭉 통수부를 떠나지 않고 있습니다. 나는 완전히 전쟁 맛을 알게 되었고 그것으로 자못 만족하고 있습니다. 내가 요즘 석 달 동안에 본 것은 믿을 수 없는 것들이었습니다.

처음부터 쓰기로 하겠습니다. 인류의 적은 아시는 바와 같이 프러시아를 공격하고 있습니다. 프러시아군은 3년 동안 우리를 세 번 밖에 속이지 않은 성실한 동맹군입니다. 우리는 그들을 감싸주고 있습니다. 그런데 인류의 적은 우리의 미사여구에는 아무런 주의를 하지 않은 모양이어서, 모처럼 시작된 열병식을 끝낼 여유도 주지 않고 프러시아군에 덤벼들어 이를 분쇄하고 포츠담 궁전을 점거하고 말았습니다.

그런데 프러시아 왕은 보나빠르뜨에게 이렇게 써 보냈습니다. '나는 황제께서, 나의 궁전에서 황제에게 가장 흐뭇한 환대를 받으시기를 간절히 바라며, 그러기 위해서 각별한 배려를 다하여 사정이 허락하는 대로 필요한 조처를 했습니다. 바라건대 나의 이 목적이 달성되길!' 프러시아 장군들은 뽐내며 프랑스군에 공손한 태도를 보이고 처음부터 이내 무기를 버리고 있습니다.

글로가우 수비대장은 1만 명의 병사를 거느리고 있으면서, 항복을 요구하면 어떻게 하면 좋으냐고 프러시아 왕에게 물어보고 있습니다. 이것은 모두 분명한 사실입니다.

요컨대 단순히 전투적인 자세로 위압하는 것만을 바라고 있으면서, 그 결과 우리는 본격적인 전쟁에, 그것도 우리나라 국경에서 프러시아 왕과 함께 전쟁에 휘말린 것입니다. 우리에겐 모든 것이 넘쳐나지만 단 한 가지 사소한 것이 부족합니다. 그것은 다름이 아니라 총사령관입니다. 아우스터리츠의 승리는 만약 총사령관이 그렇게 젊지 않았다면 더욱 결정적인 것이었을지도 모르므로, 80대의 장군들을 둘러본 결과, 쁘로조로프스끼와 까멘스끼 중에서 후자가 임명됩니다. 장군이 수보로프 풍의 포장마차로 도착하자 모두들 환희와 승리의 외침으로 그를 맞습니다.

4일에는 뻬쩨르부르그에서 급사가 도착합니다. 뭐든 몸소 하길 좋아하는 원수 방으로 트렁크가 반입됩니다. 편지를 가려서 우리에게로 보내진 것을 골라내기 위해 내가 불려갑니다. 원수는 우리가 골라내는 것을 보면서 자기에게 온 편지가 나오는 것을 기다리고 있습니다. 우리는 찾습니다, 그러나 없습니다. 초조해진 원수는 손수 찾기 시작하여, T백작과 V백작에게로 보낸 황제의 편지를 발견합니다. 그래서 원수는 창백해져서 화를 냅니다. 주위 사람들에게 화풀이를 하고, 다른 사람에게 보낸 황제의 편지를 빼앗아 봉투를 뜯고 읽습니다. '어허, 황제는 나를 이렇게 대하시는군. 난 신임을 잃었나! 아, 나를 감시하라고 명령하신다, 좋은 일이지. 맘대로 하라지!' 그리고 원수는 베니그쎈 장군 앞으로 그 유명한 명령을 씁니다.

'나는 부상하여 말을 탈 수가 없고, 따라서 군의 지휘도 불가능합니다. 귀관은 분쇄된 휘하 군단을 뿔뚜스크로 이끄셨지만 지금 거기는 무방비 상태인데다가, 장작도 없고 말 사료도 없습니다. 따라서 원조가 필요합니다. 어제 귀하가 부끄스헤벤에게 건의한 대로 우리나라 국경으로의 퇴각을 고려해 볼 때입니다. 이것은 오늘 곧 실행해야 하리라 생각됩니다.'

'말을 타고 돌아다녔기 때문에' 하고 그는 황제에게 써보냅니다. '안장과의 마찰로 찰과상이 생겨, 그것은 이전에 붕대를 하고 있었을 때보다도 더, 승마와 이와 같은 대군의 지휘를 방해하고 있습니다. 따라서 본인은, 본인 다음의 선임 장군인 부끄스헤벤 백작에게 지휘권을 물려주고 당번 장교 전원과 이에 따르는 모든 것을 동 장군에게 보내어, 군량이 바닥나면 프러시아 내부에 보다 더 가깝게 퇴각하도록 조언해 두었습니다. 왜냐하면 군량은 불과 하루치밖에 남아 있지 않고, 여단장 오스테르만과 세드모레쯔끼의 언명에 의하면 일부 연대에는 아무것도 없으며 농민들도 모든 것을 다 먹어치웠기 때문입니다. 본인은 전쾌할 때까지는 오스뜨롤렌까 병원에 남아 있겠습니다. 병원의 인원수에 대해서 알려드리고 싶은 것은, 만약 군이 현재의 야영을 앞으로 15일 더 계속한다면 내년 봄에는 건강한 자는 한 사람도 남아 있지 않으리라는 것입니다.

노인을 해임하여 시골로 돌려보내 주십시오. 이 노인은 위대하고 영광 있
는 운명을 위해 선발되었으면서도 그것을 다할 수 없을 만큼 부끄러운 상태
에 있습니다. 군에서 지휘관이 아닌 서기 노릇을 하고 싶지 않기 때문입니
다. 본인이 군을 떠나도 아무런 동요도 일어나지 않을 겁니다. 그것은 장님
한 사람이 군을 떠난 데에 지나지 않습니다. 저와 같은 사람은 러시아에는
헤아릴 수 없이 많이 있습니다.'

원수는 황제에 대해서 화를 내고는 우리들에게 마구 짓궂게 굴고 있습니
다. 확실히 이것은 논리적이지 않습니까!

이것이 제1막입니다. 앞으로 진행됨에 따라 흥미와 우스꽝스러운 일이 더
해갈 것입니다. 원수가 떠난 뒤 우리는 적을 눈앞에 두고 싸움을 하지 않으
면 안 됩니다. 부끄스헤벤은 군 경력으로 보면 총사령관이지만 베니그쎈 장
군은 그렇게 생각하지 않습니다. 하물며 그는 자기 군과 함께 적전에 있고,
독일인의 말을 빌리자면 '자기 손으로' 싸울 기회를 얻으려 하고 있으므로
더욱 그렇습니다. 그는 싸움을 시작합니다. 이것이 뿔뚜스크의 싸움으로 대
승을 거두었다고 여겨지고 있습니다만, 내 의견은 전혀 다르답니다. 우리 민
간인은 잘 아시다시피, 싸움에서 이겼는가 졌는가를 결정하는 몹시 나쁜 습
관을 가지고 있습니다. 전투 뒤에 후퇴한 편이 졌다는 것입니다. 따라서 뿔
뚜스크의 싸움에서는 아군이 진 것이 됩니다. 한 마디로 말한다면, 아군은
싸움이 끝나고 후퇴한 것인데, 급사(急使)를 뻬쩨르부르그로 보내어 승리의
소식을 알린 것입니다. 장군(베니그쎈)은 승리의 은상으로 총사령관 칭호를
받을 것을 기대하고, 군의 지휘권을 부끄스헤벤에게 양보하려 들지 않습니
다. 이 지휘권 공백 동안에 아군은 실로 재미있고 기발한 작전 계획을 시작
하였습니다. 우리의 목적은 적을 피하든가 공격하는 본래의 목적이 아니라,
군 경력으로 보아 당연히 우리 군의 총사령관이 될 부끄스헤벤 장군을 피하
는 데에 있는 것입니다. 우리는 이 목적을 열심히 좋아, 여울도 없는 강을
건너갈 때 아군은 적과 멀어지기 위해 다리를 태울 정도입니다. 그 적은 지
금의 경우 바로 보나빠르뜨가 아니라 부끄스헤벤이지만. 우리를 적으로부터
구해 준 훌륭한 작전 덕택으로 부끄스헤벤 장군은 하마터면 포로가 될 뻔했
습니다. 부끄스헤벤이 우리를 추격하고, 우리는 달아납니다. 그가 강 이쪽으

로 건너가자마자 우리는 다시금 반대쪽으로 옮아갑니다. 마침내 우리의 적 부끄스헤벤은, 우리를 따라잡고 공격해 옵니다. 두 장군은 서로 화를 냅니다. 이내 부끄스헤벤 쪽에서는 결투를 걸어오고 베니그쎈 쪽은 지병(持病)의 발작을 일으킵니다. 그러나 결정적인 순간 뿔뚜스크의 승리 소식을 가지고 간 급사가 뻬쩨르부르그로부터 총사령관 임명 소식을 전합니다. 이래서 첫 번째의 적 부끄스헤벤은 패배하고 두 번째의 적 보나빠르뜨를 생각할 수 있게 됩니다. 그런데 공교롭게도 이때 마침 우리 앞에 세 번째 적이 나타납니다. 그것은 큰 소리로 빵이나 쇠고기, 건빵, 건초, 이것저것을 요구하는 정교도 패거리입니다. 상점은 텅 비고 길을 지나갈 수가 없습니다. 정교도 패거리들은 약탈을 시작합니다. 더욱이 일전의 전쟁에서는 상상도 할 수 없는 방법으로 말입니다. 군대의 반수는 제멋대로의 집단을 이루어 모든 것을 강탈하면서 온 나라 안을 설치고 다닙니다. 주민은 완전히 곤궁에 빠지고, 병원은 환자로 붐비고, 식량의 결핍은 도처로 확대됩니다. 두 차례나 통수부가 약탈 패거리의 습격을 받아 통수부는 이를 격퇴하기 위하여 부득이 1개 대대를 사용하지 않으면 안 됩니다. 그 중 한 번의 습격 때 나는 빈 트렁크와 가운을 빼앗겼습니다. 황제께서는 각 사단장들에게 폭도를 총살하는 권한을 부여하려고 하십니다만, 이것은 군의 절반이 다른 절반을 사살하게 되는 것은 아닌지 나는 무척 걱정이 됩니다."

안드레이는 처음에는 목독하고 있었지만, 어느덧 그 내용은(그는 어느 정도까지 빌리빈의 말을 믿어야 하는가를 잘 알고 있으면서도) 차차 그의 마음을 사로잡아 갔다. 여기까지 읽어 내려오자 그는 편지를 구겨서 내던졌다. 편지 내용에 화가 난 것이 아니라, 자기에게는 아무 인연도 없는 먼 고장의 생활에 흥분한 일이 못마땅했기 때문이다. 그는 눈을 감고 방금 읽은 일에 대한 모든 관심을 쫓아버리듯, 한 손으로 이마를 비비고 아이 방의 동정에 귀를 기울였다. 문득 문 저쪽에서 이상한 소리가 난 것 같았다. 그는 움찔했다. 자기가 편지를 읽는 동안에 아이에게 무슨 일이 일어난 것은 아닌지, 이렇게 생각하고 그는 발끝으로 아이 방으로 다가가서 문을 열었다.

들어선 순간, 유모가 놀란 낯으로 무엇인가 슬쩍 감추는 것을 보았다. 그리고 마리야의 모습은 이미 침대 곁에 없었다.

"오빠." 그에게는 절망한 것처럼 여겨진 마리야의 속삭이는 음성이 들렸다. 오랫동안 계속된 불면과 흥분 뒤에 흔히 있는 일이지만 그는 괜히 공포에 사로잡혔다. 문득 갓난애가 죽은 것은 아닐까 하는 생각이 떠올랐기 때문이다. 그가 본 것, 들은 것 모두가 이 공포를 뒷받침하고 있다고 생각되었다.

'모든 것은 끝났다.' 그는 생각했다. 그러자 식은땀이 이마에 스며나왔다. 침대가 비어 있다. 유모가 감춘 것은 아이의 시체였을 것이다. 그는 이렇게 믿고 방심한 듯 침대 쪽으로 다가갔다. 그는 커튼을 열어 보았다. 그리고 겁을 먹고 분주히 움직이는 눈은 오랫동안 갓난애를 발견할 수가 없었다. 그러다가 마침내 그는 발견했다. 혈색이 좋은 어린애는 사지를 펴, 베개에서 머리를 아래로 떨어뜨린 채 침대 위에서 모로 누워 있었다. 그리고 잠든 채 입술을 움직이면서 쪽쪽 소리를 내며 고른 숨을 쉬고 있었다.

안드레이는 이미 잃은 아이를 발견한 듯이 기뻤다. 그는 누이가 가르쳐 준 대로, 몸을 굽히고 아이에게 열이 있는지 어떤지 입술로 알아보았다. 부드러운 이마는 축축했다. 한 손으로 머리를 만져보았다. 머리카락까지 젖어 있었다. 갓난애는 그토록 몹시 땀을 내고 있었다. 아이는 죽지 않았을 뿐더러 지금은 위기를 모면하고 회복되었다는 것이 분명했다. 안드레이는 이 조그마한, 무력한 생물을 붙잡아 마구 구겨서 자기 가슴에 눌러대고 싶었다. 그러나 그렇게는 하지 못했다. 그는 아이를 덮듯이 몸을 수그리고 아이의 머리와 모포 아래 그 모양을 알 수 있는 작은 손, 작은 발을 둘러보았다. 그러자 바로 옆에서 옷자락 스치는 소리가 들리고, 침대 휘장 밑에서 그림자 같은 것이 나타났다. 그는 그쪽을 돌아다보지 않고 갓난애의 얼굴을 바라보면서, 여전히 고른 숨소리에 귀를 기울이고 있었다. 검은 그림자는 마리야였다. 그녀는 발소리를 내지 않고 침대로 다가서서, 휘장을 들추고 들어서자 다시 그것을 내렸다. 안드레이는 돌아보지 않았지만 누이임을 알고 누이 쪽으로 손을 내밀었다. 그녀도 그 손을 쥐었다.

"땀이 났어." 안드레이는 말했다.

"나도 그 말을 하러 오빠한테 가려고 했었어요."

갓난아이는 꿈 속에서 살짝 몸을 움직이고, 방그레 미소를 띠고 이마를 베개에 비벼댔다.

안드레이는 누이 쪽을 바라보았다. 마리야의 번득이는 눈은 휘장의 희미한 부드러운 빛 속에서, 스며나오는 행복한 눈물 때문에 여느 때보다 더욱 빛나고 있었다. 마리야는 오빠 쪽으로 몸을 뻗어 침대 휘장에 살짝 얽히면서 키스했다. 두 사람은 서로 손짓으로 조용히 할 것을 다짐하고 잠시 커튼 안의 칙칙한 빛 속에 서 있었다. 그것은 마치 그들 세 사람이 온 세상과 분리된 이 세계와 헤어지기를 싫어하는 것처럼 보였다. 안드레이가 머리카락을 커튼의 머슬린 천에 헝클어뜨리면서 먼저 침대에서 물러났다. "그렇다, 지금 나에게 남겨진 것은 이것뿐이다." 그는 한숨을 쉬면서 이렇게 중얼거렸다.

10

삐에르는 프리메이슨 단체에 가입한 뒤 곧, 자기 영지에서 해야 할 일에 관해서 자신이 직접 쓴 충실한 지침서를 가지고 자기가 소유한 농민의 대부분이 살고 있는 끼에프 현으로 갔다.

끼에프에 도착하자, 삐에르는 모든 관리인들을 본부 사무소로 불러서, 자기 의도와 희망을 일동에게 설명했다. 그는 농노적 예속에서 농민을 완전히 해방하기 위하여 곧 수단이 강구될 것이라는 것, 그때까지 농민에게 지나친 노동을 시키지 말 것, 애를 가진 여자는 부역에 내보내지 말 것, 농민에게 원조를 줄 것, 처벌은 훈계에 그치고 체형을 가하지 말 것, 각 영지에 병원, 고아원, 학교 등을 설치해야 한다는 것을 관리인들에게 말하였다. 몇 사람의 관리인들은(그 중에는 제대로 읽지도 못하는 관리계도 있었다), 젊은 백작이 자기네들의 관리 방법과 돈을 착복한 데 대해서 불만을 품고 있을 거라고 해석하고 겁내면서 듣고 있었다. 다른 사람들은 처음에는 두려워하고 있었지만, 한편으로는 삐에르의 더듬거리는 말투와 들은 적도 없는 새로운 말을 사용하는 것을 재미있게 여기고 있었다. 개중에 몇몇은 주인 이야기를 듣는 것만으로도 매우 재미있어 했다. 또 다른, 가장 머리가 좋은 사람들은—그 중의 한 사람이 총관리인이었다—이 이야기를 듣고 자기네들의 목적을 달성하기 위해서는 어떻게 주인을 다루어야 좋은가를 깨달았다.

총관리인은 삐에르의 의도에 깊은 동감을 표했지만, 이들 개혁 외에도 현재 좋지 못한 상태에 있는 몇 가지 문제를 전반적으로 다루어야 할 필요가 있다는 의견을 말했다.

베주호프 백작의 거대한 재산에도 불구하고 삐에르가 그것을 손에 넣은 후, 소문에 의하면 50만 루블의 연수(年收)를 얻게 된 이래 그는 돌아간 선친한테서 1만 루블의 배당을 받았을 때보다도 더 돈에 여유가 없다는 생각이 들었다. 대체적으로 그는 다음과 같은 수지(收支)를 막연하게 느끼고 있었다. 재산보호원에 영지 전체로 약 8만 루블이 지불되고 있었다. 모스크바 교외의 장원, 모스크바의 저택, 공작 따님들의 비용이 약 3만 루블 들었다. 연금으로 약 1만 5000루블 나가고, 자선 시설에도 같은 금액이 나갔다. 백작 부인의 생활비로 15만 루블 보내고 있었다. 빚 이자가 약 7만 루블, 공사를 시작한 교회의 건축에도 최근 2년 동안에 매년 1만 루블씩 들었다. 나머지 10만은 여러 곳으로 나가, 그 자신도 어떻게 사용되고 있는지도 모르고 거의 해마다 빚을 지지 않으면 안 되었다. 게다가 해마다 총관리인은 불이 났다느니, 흉작이니, 각종 공장의 개축이 필요하다느니 하고 편지를 보내는 것이었다. 그래서 삐에르를 기다리고 있던, 그가 맨 먼저 해야 할 일은 가장 능력이 없고 성격적으로도 맞지 않는 일, 즉 실무를 다루는 일이었다.

삐에르는 총관리인과 함께 매일 일을 했다. 그러나 그는 자기가 하는 일이 한 발짝도 앞으로 나아가고 있지 않다는 것을 느끼고 있었다. 그는 자기가 하는 일이, 일의 근간(根幹)과는 아무 관계없이 행해지고 있고, 사무의 근간과도 맞물리지 않아 그것을 움직이도록 되어 있지 않다는 것을 느끼고 있었다. 한편 총관리인은 사태를 최악인 것처럼 설명하여, 빚을 갚고 농노의 노동력으로 새로운 사업을 시작할 필요가 있다는 것을 삐에르에게 깨닫게 하려고 하였으나 삐에르는 이에 찬성하지 않았다. 그 반면 삐에르는 농노 해방 사업에 착수할 것을 요구하였으나 관리인은 우선 재산보호원에 빚을 갚을 필요가 있다는 것, 따라서 곧 실시할 수 없다는 것을 분명히 하려고 하였다.

관리인은 그것이 전혀 불가능하다고는 말하지 않았다. 그는 그 목적을 달성하기 위해서 우선 꼬스뜨로마 현의 숲과, 하류 지방, 그리고 크리미아에 있는 땅을 매각할 것을 제안했다. 그렇지만 관리인이 말하는 이러한 일들의 진행은 모두 제한의 철폐, 허가의 신청 등등 매우 복잡한 절차와 얽혀 있었다. 때문에 삐에르는 앞뒤의 가닥을 알 수가 없어 다만 관리인에게 "그래, 그래, 그렇게 해 주게" 하고 말할 수밖에 없었다.

삐에르에게는 자신이 직접 사무에 종사할 만한 실무적인 끈기가 없었다.

따라서 그는 일을 싫어했고, 다만 일을 하고 있다는 시늉을 관리인 앞에서 보이고 있는 데에 지나지 않았다. 그러자 관리인 쪽에서는, 이러한 업무는 주인에게는 정말 유익한 것이지만 자기에게는 무거운 짐이라는 것을 주인 앞에 보이려 애쓰고 있는 것처럼 보였다.

이 큰 고을에는 아는 사람도 있었다. 모르는 사람들은 서둘러 친숙해지기 위해 현에서 가장 큰 지주인 새내기 부자를 기꺼이 맞이하였다. 삐에르가 프리메이슨에 입회할 때 고백한 그의 큰 약점에 얽힌 유혹도 대단해서, 그는 여간해선 억제할 수 없을 정도였다. 또다시 삐에르의 생활은 매일, 매주, 매월, 어수선하고 바쁘게 파티, 만찬회, 조찬회, 무도회 속에서 지나가 뻬쩨르부르그에서와 마찬가지로 그에게 제정신으로 돌아갈 틈을 주지 않았다. 그가 의욕적으로 시작하려고 한 생활 대신에 삐에르는 여전히 이전과 같은 생활을 다만 다른 환경에서 보내고 있는 데에 지나지 않았다.

프리메이슨의 세 가지 사명 중에서, 도덕적 생활의 모범이 되라고 하는, 모든 프리메이슨 회원에게 정해져 있는 것을 삐에르는 실행하지 못하고, 일곱 가지 미덕 중에서 두 가지—온순과 죽음에 대한 사랑을 자기는 전혀 가지고 있지 않다는 것을 의식하고 있었다. 그 대신 그는 인류의 교정이라고 하는 다른 사명을 다하고 있으며, 이웃에 대한 사랑과 특히 관용이라고 하는 다른 미덕을 가지고 있다고 생각함으로써 자신을 위로하고 있었다.

1807년 봄, 삐에르는 뻬쩨르부르그로 돌아가려고 마음먹었다. 돌아가는 도중에 자기 영지를 빠짐없이 순회하고, 자기가 지시한 일 중에서 무엇이 이루어지고 있는가, 또 하느님으로부터 자기에게 위임되어 자기가 선을 베풀어주기로 마음먹은 민중이 지금 어떤 상태에 있는가를 직접 확인하려고 생각한 것이다.

총관리인은, 젊은 백작의 계획은 모두 거의 상식을 벗어나 있는 것으로 자기에게나 삐에르에게, 그리고 농민들에게도 불리한 것으로 여기고 있었지만 양보했다. 여전히 해방 사업이 불가능하다는 것을 알게 하려고 하면서도, 그는 모든 영지 내에 학교, 병원 등 큰 건물의 건축을 지시하였다. 나리의 도착에 대비해서 도처에서 그를 마중할 준비를 시켰다. 그것은 삐에르의 마음에 들지 않을 것이라고 그가 알고 있는 화려하고 거창한 것이 아니라 성상(聖像)과 빵과 소금을 가지고 마중하는, 바로 종교적인 감사의 마음을 나타내는, 그가 주인을 이해하고 있는 한에서 주인을 움직일 수 있고 그 눈을 틀림없이 속일 수 있는 것들이었다.

남국의 봄, 빈식 포장마차의 쾌적하고 빠른 여행, 그리고 도중의 고독이 삐에르를 즐겁게 했다. 아직 가본 적이 없었던 영지는 모두가 그림처럼 아름다웠다. 민중은 도처에서 평온한 나날을 보내고, 자기들에게 베풀어진 선행에 삐에르 쪽에서 감동할 정도로 감사하고 있는 것처럼 보였다. 도처에서 환영이 있었고 그것은 삐에르에게 어색한 기분을 가지게 했지만 마음 속으로는 즐거운 감정을 환기시켜 주었다. 어느 곳에서는 농민들이 빵과 소금, 그리고 베드로와 바울의 성상을 가지고 와서 삐에르와 같은 이름의 성자인 베드로와 바울을 기념해서, 또 그가 베푼 은혜에 대한 사랑과 감사의 표시로서 자기들의 비용으로 교회에 부제단을 세우는 것을 허가해달라고 청했다. 또 어느 곳에서는 젖먹이를 안은 아낙네들이 그를 맞아, 과격한 노동을 면제케 해 준 데에 대해 감사를 했다. 또 어느 곳에서는 십자가를 손에 든 사제가, 백작의 자비로 그가 읽기와 쓰기, 종교를 가르쳐 주고 있는 아이들에 둘러싸여 그를 맞았다. 어느 영지에서나 삐에르는 같은 계획에 의해서 이미 건축된, 혹은 건축 중에 있는 병원, 학교, 자선 시설의 석조 건물을 자기 눈으로 보았다. 가는 곳마다 삐에르는 전에 비해서 감소되고 있는 부역에 관한 관리인들의 보고서를 보았고, 파란 옷을 입은 농민 대표들의 감격에 넘친 말을 들었다.

그러나 삐에르는 실정을 알지 못했다. 빵과 소금을 바치며 자기를 환영하고 베드로와 바울의 부제단을 세우고 있던 곳은 상업 마을로서, 베드로의 제일(祭日)에는 정기적인 장이 서고, 부제단은 마을의 부유한 농민들에 의해서 훨씬 이전에 세워진 것이었다. 또 그를 환영했던 농민들은 바로 그 부유한 농민들이며, 이 마을 농민의 9할은 극심한 빈곤 상태에 있었던 것이다. 그의 명령으로 젖먹이를 가진 여자들이 부역에 나가지 않게 되었기 때문에 그 여자들이 집에서 가장 힘든 일을 맡고 있다는 것을 그는 몰랐다. 그는 십자가를 들고 그를 맞은 사제가 돈을 걷어 농민들을 괴롭히고 있다는 것과, 거기에 모인 생도들은 부모들이 울면서 사제의 손에 내준 것이며, 거금을 내고 아이를 되찾아 온다는 것도 몰랐다. 또 설계도대로 석조 건물이 영지 내의 노동자들의 손으로 세워지고, 서류상으로만 경감된 농민의 부역을 증대

시키고 말았다는 것을 몰랐다. 그는 관리인이 그의 뜻에 따라 연공(年貢)을 3분의 1로 경감시켰다는 것을 장부로 제시한 곳에서는 부역 의무가 5할이 늘어났다는 것도 알지 못했다. 그 때문에 삐에르는 영지 순회 여행에서 기분이 매우 좋아져서, 뻬쩨르부르그를 떠났을 때와 같은 박애스러운 기분으로 완전히 되돌아가, 그가 그랜드 마스터라고 부르는 프리메이슨 회원의 지도자에게 감격에 넘친 편지를 썼다.

'이토록 많은 선을 하기 위해 적은 노력밖에 필요치 않다니 얼마나 놀라운 일인가.' 삐에르는 생각했다. '그리고 우리는 이러한 일에 왜 도무지 마음을 쓰지 않았던 것일까!'

그는 자기에게 표시된 감사 말에 행복을 느꼈지만, 그것을 받자 부끄러운 생각이 들었다. 감사를 받자 자기는 훨씬 더 많은 일을 이 소박하고 선량한 사람들을 위해서 해야 했다는 것을 뼈저리게 느꼈다.

몹시 어리석고 교활한 총관리인은, 머리가 좋으면서도 순진한 백작의 마음을 빤히 들여다보고 장난감처럼 그를 농락했다. 그는 미리부터 준비해둔 방법이 삐에르에게 효과를 나타냈다는 것을 알자, 더욱 단호한 태도로 농노 해방은 불가능하며, 현재 행복하게 살고 있는 농노를 해방시킬 필요가 없다는 논리를 한층 더 분명하게 삐에르에게 제시하기 시작했다.

삐에르는 그 이상 행복한 인간을 그리기란 어렵고, 자유롭게 되면 그들이 어떤 꼴을 당할지 모른다는 점에서 관리인의 말에 찬성이었다. 그러나 그는 마음이 내키지 않으면서도 자기가 옳다고 생각하는 것을 주장했다. 관리인은 백작님의 뜻을 수행하기 위해 온갖 노력을 다하겠습니다 하고 약속했지만, 숲과 영지를 팔기 위해서, 또 보호원에서 저당을 빼기 위해서 모든 수단을 다했는지에 대해 백작이 관리인을 조사할 수는 절대로 없을 것이라는 것을 알고 있었다. 뿐만 아니라 건설된 건물은 아마도 텅 빈 채이고, 농민들은 여전히 부역도 조세도 다른 지주의 농민들과 마찬가지로 착취당할 것이며, 백작은 그런 일들을 절대로 묻지 않을 것이고 이를 알지도 못할 것이라는 것을 분명히 간파하고 있었던 것이다.

11

더없이 행복한 기분으로 남부 지방의 여행에서 돌아오는 도중 삐에르는 자기가 이전부터 품었던 소원을 풀었다. 그것은 2년 동안이나 만나지 않았던 친구 안드레이 볼꼰스끼한테 들르는 일이었다.

가야 할 역참을 하나 앞둔 데에서 안드레이가 '벌거숭이 산'이 아니라 독립한 새로운 자기 영지에 있다는 것을 알고 삐에르는 그쪽으로 향하였다.

보구차로보 마을은 아름답다고는 할 수 없는 평평한 땅에 있었고 거기에는 밭과, 벌채된 곳과 벌채되지 않은 곳이 산재하는 자작나무가 섞인 전나무 숲으로 덮여 있었다. 지주의 저택은 큰 길을 따라 똑바로 뻗어 있는 마을 끝에 있었다. 물이 가득 괴고 아직 그 둘레에는 풀도 나 있지 않은 새로 판 연못을 지나, 몇 그루의 큼직한 소나무가 섞인 작은 숲 안에 있었다.

저택은 탈곡장과 부속 건물, 마구간, 목욕장, 딴채, 그리고 반원형의 정면을 가진 아직 건축 중인 커다란 석조 집으로 이루어져 있었다. 집 둘레에는 어린 초목과 꽃을 심은 뜰이 배치되어 있었다. 울타리도 문도 튼튼하고 새것이었다. 처마 끝에는 소방용 호스 두 개와 푸른 색깔로 칠한 물통이 놓여 있었다. 길은 똑바로 뻗어 있고, 다리에는 난간이 달려 있고 튼튼했다. 어디나 꼼꼼함과 야무진 농업 경영의 모습이 나타나 있었다. 지나치다 만난 하인들은, 공작이 어디 있느냐는 삐에르의 물음에 대해서, 연못 맨 끝 옆에 서 있는 신축된 조그마한 딴채를 가리켰다. 안드레이의 늙은 하인 안똔이 삐에르를 부축하여 마차에서 내려주고, 주인은 집에 있다고 말하고 깨끗하고 조그마한 현관으로 안내했다.

삐에르는 뻬쩨르부르그에서 마지막으로 친구를 만났을 때 화려했던 환경을 보았던 참이라, 깨끗하지만 조그마한 집의 검소함에 놀랐다. 그는 아직 소나무 향기가 풍기는, 석회를 바르지 않은 조그마한 홀로 서둘러 들어갔다. 그대로 앞으로 가려고 했으나, 안똔이 소리도 내지 않고 앞질러 달려가서 문을 노크했다.

"무슨 일이오?" 무뚝뚝한 목소리가 들렸다.

"손님이십니다." 안똔이 대답했다.

"잠시 기다리시게 해." 그리고 의자를 끄는 소리가 들렸다. 삐에르는 빠른 걸음으로 문 쪽으로 다가갔다. 그리고 잔뜩 이맛살을 찌푸리고 이쪽으로 나오던 약간 나이 들어 보이는 안드레이와 딱 마주쳤다. 삐에르는 그를 껴안고 안경을 추켜들어 상대편의 두 뺨에 키스한 뒤 가까이에서 친구를 바라보았다.

"어쩐 일이야? 정말로 반갑네." 안드레이는 말했다. 삐에르는 아무 말도 하지 않았다. 그는 놀란 듯이 눈을 떼지 않고 친구 얼굴을 바라보았다, 안드레이에게 일어난 변화가 그를 놀라게 했다. 말은 상냥하고 미소는 입술에도 얼굴에도 서려 있었지만, 그의 눈초리는 죽은 듯이 생기를 잃고 있었다. 안드레이는 그 눈에 기쁘고 즐거운 빛을 띠게 하려고 분명히 애를 쓰고 있었지만 그렇게 할 수가 없는 것 같았다. 친구는 별로 여위거나 창백하거나 늙은 것도 아니었다. 그러나 무엇인가 한 가지 일을 오랫동안 골똘히 생각하고 있는 것처럼 보이는 그 눈초리와 이마의 한 줄기 가는 주름살이 삐에르를 놀라게 했다. 그는 그것에 익숙해질 때까지 친근한 마음이 들지 않았다.

오래 떨어져 있다가 다시 만났을 적에 흔히 있는 일이지만 대화는 오랫동안 안정되지 않았다. 두 사람은 나중에 천천히 이야기해야 한다고 생각하고 있는 일에 관해서, 짤막하게 묻기도 하고 대답도 했다. 마침내 화제는 그때까지 단편적으로 주고받은 일, 즉 과거의 생활과 미래의 계획, 삐에르의 여행과 하는 일, 전쟁 등을 둘러싼 여러 가지 문제로 조금씩 안정되어 갔다. 삐에르가 안드레이 공작의 눈초리 속에서 알아챈, 무슨 생각에 골몰한 듯하고 풀이 죽은 듯한 표정은, 삐에르의 얘기를 들으면서 띠고 있던 미소 속에 더욱 강하게 나타나고, 특히 삐에르가 과거와 미래의 기쁨을 감격어린 목소리로 이야기했을 때에는 더욱 눈에 띄었다. 그것은 마치, 안드레이는 삐에르의 말에 아무리 관심을 가지려 해도 할 수 없는 것 같았다. 삐에르는 안드레이 앞에서 행복과 선에 대한 기쁨이나 공상, 희망 등을 말한다는 것은 실례 같이 느껴졌다. 그는 자기의 새로운 프리메이슨적 사상을, 그것도 이번 여행에서 마음 속에서 더욱 갱신되고 왕성해진 사상을 다 털어놓기에는 쑥스러웠다. 그는 자신을 억제하고 철부지같은 태도를 취하지 않으리라고 생각했다. 그러면서도 지금은 완전히 다른 사람이 되어, 뻬쩨르부르그 때보다 훌륭한 삐에르가 된 것을 빨리 친구에게 보이고 싶은 마음을 누를 수가 없었다.

"요즘 내가 얼마나 많은 경험을 했는지 도저히 다 이야기할 수 없어요. 나 자신도 이것이 나인가 하고 헷갈릴 정도입니다."

"그렇군, 그 이후 우리는 너무 너무 변했어." 안드레이는 말했다.

"그런데 당신은?" 삐에르는 물었다. "당신은 어떤 계획을 가지고 있나요?"

"계획?" 안드레이는 비꼬듯이 이 말을 되풀이했다. "내 계획 말인가?" 그는 이 말의 뜻을 이해하지 못하는 것처럼 다시 한 번 되풀이했다. "보다시피 집을 짓고 있는 중이지. 내년까지는 완전히 이사하려고 해……."

삐에르는 잠자코 안드레이의 늙은 얼굴을 골똘히 바라보았다.

"아니, 내가 묻고 싶은 것은" 삐에르가 말했지만 안드레이는 말을 가로막았다.

"내 얘긴 해서 뭣해…… 그것보다 자네의 그 여행과 영지에서 한 일들을 들려 주게."

삐에르는 자기가 영지에서 한 개혁에 대해 자기가 관계한 것을 되도록 감추려고 노력하면서 이야기하기 시작했다. 안드레이는 삐에르가 한 것은 모두 이미 다 알고 있는 이야기라는 듯이, 몇 번이나 그가 이야기하려는 것을 자신이 먼저 이야기하고, 흥미를 가지고 듣고 있지 않을뿐더러 삐에르가 말하고 있는 것을 부끄럽게 생각하며 듣고 있는 것 같았다.

삐에르는 이 친구와 같이 있는 것이 쑥스러워지고 괴롭기도 했다. 그는 침묵하고 말았다.

"실은, 여보게" 안드레이가 분명히 손님과 마주 앉아 있는 것이 괴롭고 거북해진 듯이 말했다. "여기는 나의 임시 거처야. 잠깐 보러 왔을 뿐이야. 오늘 다시 누이한테 갈 생각인데, 자네에게 누이동생을 소개하고 싶네. 아니, 자넨 이미 알고 있지?" 그는, 이젠 분명히 아무 공감도 가지고 있지 않은 손님을 대접하려는 듯이 말하였다. "식사가 끝나면 가기로 하세. 지금 이 집이라도 구경하지 않겠나?" 두 사람은 밖으로 나갔다. 그리고 서로 별로 숙친하지 않은 사이처럼, 정치상의 뉴스와 서로 아는 사람에 대한 얘기를 하면서 식사 때까지 걸어다녔다. 안드레이가 어느 정도 기운을 차려 흥미를 가지고 이야기한 것은, 자기가 지금 계획 중인 새로운 장원의 배치와 건축에 관한 일뿐이었다. 그것조차도 역시 건축물 발판 위에서 앞으로 세워질 집의 방의 배치를 설명하고 있을 때, 이야기 도중에 입을 다물었다. "그러나 이런 건 통 재미가 없네. 식사하러 가세. 그리고 나서 가세." 식사하는 동안 삐에르의 결혼이 화제가 되었다.

"그 이야길 들었을 때 나는 무척 놀랐네." 안드레이는 말했다.

삐에르는 이 이야기가 나오자 여느 때처럼 얼굴을 붉히고는 당황해서 이렇게 말했다.

"그 사연은 언젠가 기회를 봐서 얘기하겠어요. 그렇지만 아시다시피 이것은 다 끝난 일입니다. 영원히."

"영원히?" 안드레이는 말했다. "영원이란 절대로 있을 수 없지."

"그러나 그것이 어떻게 결말이 났는지 아나요? 결투 얘긴 들었습니까?"

"아, 자네는 그것도 겪었단 말이지."

"단 한 가지, 내가 하느님께 감사하는 것은, 그 사나이를 죽이지 않은 거예요." 삐에르는 말했다.

"어째서?" 안드레이는 말했다. "흉악한 개를 죽인다는 건 오히려 좋은 일 아닌가?"

"아냐, 사람을 죽이는 것은 좋지 않아요, 옳지 않아."

"왜 옳지 않지?" 안드레이는 되물었다. "무엇이 옳고 무엇이 옳지 않은가 —그것은 인간으로서는 판단할 수 없는 일이지. 인간은 언제나 헤매어 왔고 앞으로도 그럴 거야. 무엇이 옳고 무엇이 옳지 않다고 생각하는가—이것 이상으로 헷갈리게 하는 일은 없어."

"옳지 않다는 것은 남에게 악이 되는 경우지요." 삐에르는 자기가 도착한 후 비로소 안드레이가 활기를 띠는 것을 보았고, 자기를 지금과 같은 인간으로 만든 사연을 속속들이 털어놓으려는 마음이 생기고 있다는 것을 느끼면서 기쁜 마음이 들어 말했다.

"그러나 남에게 악이란 것은 무엇인가, 누가 그런 것을 가르쳐 주었나?"

"악? 악 말인가요?" 삐에르는 말했다. "자기에게 어떤 것이 악인지, 우리는 누구나 다 알고 있지 않은가요?"

"알고 있지. 그러나 나는 내가 알고 있는 악을 남에게 할 수는 없어." 더욱 활기를 띠고, 안드레이는 분명히 자기의 새로운 생각을 삐에르에게 이야기하고 싶은 태도로 말했다. 그는 프랑스어로 말했다. "내가 인생에서 알고 있는 참다운 불행은 오직 후회와 병뿐이야. 행복이란 이러한 불행이 없다는 거지. 이 두 가지 악만을 피하면서 자기를 위해 산다는 것, 나의 지혜는 모두 여기에 귀착되네."

"그럼, 이웃에 대한 사랑은, 자기 희생은요?" 삐에르가 말문을 열었다.

"나는 그 생각에 찬성할 수 없어요. 다만 악한 일을 하지 않으며, 후회를 하지 않기 위해 살아가다니 그것만으로는 부족합니다. 나도 지금까지 그렇게 살았고, 자기를 위해서 살았지요. 그 때문에 나의 인생을 망치고 말았어요. 그리고 겨우 이제 남을 위해서 살고, 적어도 살려고 노력하는 지금에 이르러 비로소 나는 인생의 행복을 알게 되었습니다. 나는 당신 말에 찬성할 수 없어요. 게다가 당신도 지금 말하고 있는 것을 진지하게 생각하는 것은 아니겠지요." 안드레이는 말없이 삐에르를 바라보고 얕잡아 보듯이 미소를 띠고 있었다.

"지금 곧 누이동생 마리야를 만나게 되네. 그 애하고라면 이야기가 맞을 거야." 그는 말했다. "어쩌면 자네는 자네로서 옳을지도 몰라." 그는 잠시 침묵하고 있다가 말을 이었다. "그러나 사람은 제각기 자기식으로 살아가고 있어. 자네는 자신을 위해서 살아왔고 그 때문에 하마터면 평생을 망칠 뻔했으나, 남을 위해 살려고 했을 때 비로소 행복을 알았다고 말하고 있어. 그런데 나는 그 반대의 경험을 했지. 나는 명예를 위해서 살았어. 명예란 뭔가? 역시 남에 대한 사랑이 아닌가. 남에게 무엇인가 하고 싶다는 마음, 남의 칭찬을 받고 싶다는 마음이 아닌가. 즉 나는 남을 위해서 살아왔고, 하마터면이 아니라 완전히 내 인생을 못쓰게 만들고 말았어. 그리고 나 자신만을 위해서 살게 되면서 마음이 안정되었지."

"하지만 어떻게 자기만을 위해서 살 수 있단 말입니까?" 삐에르는 정색을 하고 물었다. "그럼 아들은, 누이동생은, 아버지는?"

"그건 모두 역시 나지, 남이 아냐." 안드레이는 말했다. "그러나 남은, 자네나 누이 마리야의 말을 빌리자면 남, 이웃, 동포라는 것—이것은 헤맴과 악의 근원이야. 동포란, 즉 자네가 선을 베풀려는 끼에프의 농민들이야."

그리고 그는 얕잡아 보고 도전하는 듯한 눈으로 삐에르를 보았다. 분명히 그는 삐에르에게 도전하려 하고 있었다.

"당신은 농담을 하고 있습니다." 삐에르는 더욱 활기를 띠면서 말했다. "도대체 어떤 잘못이나 악이 된다는 건가요? 내가 선을 행하려고 생각하여 (극히 적게, 대단한 것은 아니지만), 아무튼 그것을 희망하여 다소 실천했다는 것이 도대체 어떤 악이 된다는 겁니까? 불행한 인간이, 성상과 무의미한 기도 외에는 신이나 진리에 대해서 아무것도 알지 못한 채 우리와 마찬가지로 자라서 죽어가는 농민들이 내세, 선의 보답, 악의 보답, 위로 등을 알아가며 마음이 편안해지는 신앙을 배우는 것이 대체 무슨 잘못이나 악이란 말입니까? 극히 간단하게 물질적인 원조를 할 수 있는데, 인간이 아무런 도움 없이 병으로 죽어가고 있어요. 그래서 내가 의사와 병원을 마련해주고, 노인 시설도 제공하는 겁니다. 이것이 분명히 실감할 수 있는, 의심 없는 행복이 아닐까요? 농부나 아이가 있는 아낙네가 낮이나 밤이나 쉬는 시간이 없는데 내가 휴식과 여가를 준다는 것이……." 삐에르는 성급히, 혀가 엉키는 말을 했다. "그래서 나는 그것을 한 겁니다. 보잘것없고 조금밖에 하지 않았지만, 아무튼 이를 위해서 다소나마 한 거예요. 게다가 당신은, 좋은 일을 했다는 나의 신념을 파괴하지 못할 뿐만 아니라, 당신 자신도 입으로 말한 것을 생각하고 있지 않다는 나의 신념을 파괴할 수가 없어요. 무엇보다도" 삐에르는 말을 이었다. "내가 알고 있는 것은, 더욱이 분명히 알고 있는 것은 이 선을 실천한다는 기쁨이 인생의 유일하고 확실한 행복이라는 겁니다."

"음, 이런 방식으로 문제를 제기한다면 이야기는 달라지지." 안드레이는 말했다. "나는 집을 짓고 뜰을 꾸미고 있지만, 자네는 병원을 짓고 있네. 어느 쪽도 시간을 보내는 데는 도움이 되겠지. 그러나 무엇이 옳고 무엇이 선인가는—우리가 아니라 모든 것을 알고 있는 사람에게 맡겨야 한다. 그런데 자네는 토론을 하려고 해." 그는 말을 덧붙였다. "자, 해 보세." 그들은 식탁에서 물러나서 발코니 구실을 하고 있는 입구 층계에 앉았다.

"자, 논의를 시작하세." 안드레이는 말했다. "자네는 학교라고 말했지." 그는 손가락을 꼽으면서 말을 이었다. "학교니 교육이니, 즉 자네는 저 사나이를" 그는 모자를 벗고 두 사람 곁을 지나간 한 농민을 가리키면서 말했다. "그를 동물적인 상태에서 끌어내서 정신적인 욕구를 주려는 거지. 그러나 내가 생각하기로는 행복은 단 하나밖에 없어. 그것은 동물적인 행복이야. 그런데 자네는 그것을 그들에게서 뺏으려 하고 있어. 나는 그를 부러워하고 있는데, 자네는 그를 나와 같이 만들려 하고 있어. 게다가 나의 두뇌도, 나의 감정도, 나의 재산도 주지 않은 채 말이야. 또 하나—자네는 그들이 하는 일을 덜어주겠다고 말했지. 그러나 내 생각으로는 육체적 노동은, 나와 자네에게 지적 노동이 필요한 것처럼, 그들에겐 생존상의 필요 조건이야. 자네는 생각을 하지 않을 수 없을 거야. 나도 2시 지나서 잠자리에 들지만, 온갖 생각이 머리에 떠올라서 잠들 수가 없어. 이리저리 뒤척거리며 아침까지 잠을 이루지 못하지만, 그것은 내가 생각하기 때문이야. 생각하지 않을 수 없기 때문이야. 그와 마찬가지로 그들은 땅을 갈거나 풀을 베지 않을 수가 없지. 그렇게 하지 않으면, 술집에 가거나 병에 걸리고 말지. 흡사 내가 그와 같이 무서운 육체적 노동을 견디지 못하고 일주일 만에 죽어버리듯이, 그들도 나의 육체적인 무위를 견디지 못하고 마구 살이 쪄서 죽어버릴 거야. 셋째로…… 자네는 뭐라고 말했지?"

안드레이는 세 번째 손가락을 꼽았다.

"아, 그렇지. 병원, 약이었지. 뇌졸중에 걸려 죽어가는 사람을 자네가 사혈(瀉血)을 해서 고쳐준다고 하세. 그러나 그는 불구자가 되어 10년을 살겠지. 모두의 짐이 되어. 죽는 것이 훨씬 편하고 간단한데 말이야. 다른 사람이 그 대신 태어날 거고, 그렇지 않아도 그런 자는 넘쳐나거든. 자네는 일꾼 하나가 없어지는 것이 아깝다고 한다. 그러나 내 생각으로는 그는 여분의 일꾼이야. 그런데 자네는 그에 대한 사랑 때문에 치료해 주려고 해. 그러나 그에게는 그럴 필요가 없어. 게다가 의학이 이제까지 누군가를 고친 일이 있다니, 그건 어이 없는 망상이다…… 죽이는 일이라면—분명하지만!" 그는 밉살스럽게 이맛살을 찌푸리고 삐에르로부터 얼굴을 돌리면서 말했다.

안드레이는 이런 생각을 여러 차례 하고 있었다는 것을 느낄 수 있도록 명쾌하게 자기 생각을 말했다. 더욱이 그는 오랫동안 이야기를 하지 않은 사람처럼 열심히 그리고 빠르게 말하였다. 그의 눈은 그의 생각이 비관적이 되면 될수록 더욱 생기를 띠었다.

"아, 그건 너무 심한, 너무 심한 일이 아닙니까!" 삐에르는 말했다. "어떻게 그런 생각을 가지고 살아갈 수 있는지, 나는 이해할 수 없어요. 나도 그와 같은 때가 있었지요. 그것도 최근에 말입니다. 모스크바에 있었을 때와 여행하는 도중이었어요. 그때 나는 기가 죽어, 더는 살아갈 수 없다는 생각까지 들었어요. 모든 것이, 무엇보다 자기 자신이 싫어지더군요. 그때 나는 먹지도 않고, 세수도 하지 않은 채…… 그런데 당신은……."

"어째서 얼굴을 안 씻지? 그러지 않아도 되잖아." 안드레이는 말했다. "나는 반대야. 자기 인생을 될 수 있는 대로 즐거운 것이 되도록 노력해야 해. 나는 살고 있고 이것은 죄가 아냐. 그렇다면 될 수 있는 대로 잘, 남을 방해하지 않고 죽을 때까지 살아남아야 하지 않나."

"그러나 당신을 살아가도록 몰아세우는 것은 도대체 뭡니까? 그런 생각을 가지고 움직이지 않고, 일에도 손을 대지 않고 가만히 앉아 있다니……."

"생활이라는 것이 그렇게 내버려 두지 않고 있네. 아무 일도 하지 않고 있을 수 있다면 나는 즐겁지. 그런데 한편에서는 이 고장 귀족들이 날 귀족단장으로 선출하는 영광을 안겨 주었는데 이건 간신히 거절했지. 그들은, 나에게는 필요한 것이 갖추어져 있지 않다는 것을 이해하지 못했어. 그런 일을 위해 필요한, 사람이 좋고 생각이 잘 돌아가는 속물 근성이 결여되어 있다는 것을 말이야. 그리고 바로 이 집이야. 편히 있을 수 있는 장소를 얻기 위해서 이것을 잘 지어 놓지 않으면 안 돼. 그 외에 지금은 의용군 모집도 해야 하고."

"왜 당신은 군대에 근무하지 않습니까?"

"아우스터리츠 이래 말인가!" 안드레이는 침울하게 말했다. "이젠 지긋지긋해. 나는 이제 실전부대에 근무하지 않겠다고 나에게 맹세했어. 그래서 복무를 하지 않는 거지. 만약 보나빠르뜨가 당장 저기 스몰렌스크 근처까지 밀고 와서 이 '벌거숭이 산'을 위협한다 하더라도 러시아군에 복무하지 않겠어. 나는 자네에게 말했잖아." 안정을 되찾으면서 안드레이는 말을 이었다. "지금은 의용군이야. 아버지가 제3관구의 총사령관이니까, 내가 군무에서 벗어나는 유일한 방법은 아버지 밑에 있는 일이지."

"그렇다면 당신은 근무를 하고 있는 셈이로군요?"

"근무는 하고 있지만……." 그는 잠깐 침묵했다.

"그럼, 무엇 때문에 근무하는 거죠?"

"그건 이런 이유 때문이지. 나의 아버지는 그 세대의 가장 뛰어난 인물의 한 사람이었어. 그러나 이미 나이도 들고, 비정할 정도는 아니지만 너무나 지나치게 일에 열중하시는 성격이야. 아버지는 무한한 권력이 습관화되어 있고, 지금은 황제로부터 의용군 사령관에게 주어진 그런 권력을 가지고 있기 때문에 더욱 무서운 존재가 되셨어. 2주일 전의 일인데, 만약 내가 두서너 시간 늦었다면 아버지는 유흐노프에서 조서작성계를 교수형에 처할 뻔했지." 안드레이는 엷은 미소를 띠고 말했다. "그래서 내가 근무하는 것은, 나이외에는 아무도 아버지에게 영향을 줄 만한 사람이 없기 때문이며, 나는 때와 장소에 따라서는 아버지 당신이 후에 괴로워할 행위로부터 아버지를 구해드릴 수 있기 때문이야."

"아, 그것 봐요!"

"그래, 그렇지만 그것은 자네가 생각하고 있는 그런 것이 아냐." 안드레이 공작은 말을 이었다. "나는 의용군으로부터 장화인지 뭔지를 훔친 그 서기 놈 같은 건 손톱만큼도 생각하지를 않았고, 지금도 생각하고 있지 않아. 오히려 그놈이 교수형이라도 받는 것을 볼 수 있다면 기쁠 지경이야. 그러나 내가 불쌍하게 여기는 것은 아버지, 다시 말해 나 자신인 거지."

안드레이 공작은 더욱 활기를 띠었다. 삐에르에게, 자기의 행동 속에는 이웃에 대한 선의 같은 건 있어 본 적이 없다는 것을 납득시키려고 했을 때 그의 눈은 열병에 걸린 듯 반짝였다.

"그런데 말일세, 자네는 농민을 해방하려고 하고 있어." 그는 말을 이었다. "그것은 대단히 훌륭한 일이야. 그러나 그것은 자네를 위한 것이 되는 것도 아니고(자네는 절대로 그 누구도 태형에 처하거나 시베리아로 추방한 일이 없다고 생각하지만) 농민들에게는 도움이 되지 않네. 설사 그들을 때리거나, 채찍으로 치거나, 시베리아로 추방하더라도, 그들은 그런 것으로는 그다지 나빠지지 않는다고 난 생각해. 시베리아에서 그들은 역시 가축 같은 생활을 할 것이요, 몸의 상처도 아물 것이며, 옛과 다름없이 행복할 거야. 해방은 자기가 옳은 형벌을 내릴 수도, 옳지 않은 형벌을 내릴 수도 있다는 생각에, 정신적으로 파멸하거나, 후회하거나, 그 후회를 억누르다 황폐해가는 사람에게 필요한 거야. 그런 인간이 나는 불쌍해. 그런 사람을 위해 나는 농민의 해방을 원하고 있는 거야. 자네는 혹시 아직 보지 못했을런지 모르지만 나는 본 일이 있어. 훌륭한 사람들이 이 무제한의 권력이 대대로 이어지는 환경에서 자라면서 해마다 점점 초조해지고 잔인하고 난폭해지고, 그것을 알면서도 억제할 수가 없어 점점 불행해지는 것을 말이야."

안드레이가 너무 열을 올려 이야기를 했기 때문에 삐에르는 그가 이런 생각을 가지게 된 것은 아버지 때문이라고 생각하지 않을 수가 없었다. 그는 안드레이에게 아무런 대답도 하지 않았다.

"요컨대 이러한 인간, 이러한 것, 즉 인간적인 존경, 양심의 평안, 순결을 아까워하는 거야. 그들의 등이나 머리가 아냐. 그런 건 암만 매질해도, 면도질해도 여전히 등이나 이마에는 변함이 없거든." (당시 징병을 당하면 머리의 앞쪽 반을 면도질했기 때문에,) ('머리를 면도한다'는 말은 '군대에 나간다'는 뜻이다)

"아니, 절대 그렇지 않아요! 나는 절대로 당신의 말에 찬성할 수가 없습니다." 삐에르는 말했다.

12

저녁 무렵 안드레이와 삐에르는 포장마차를 타고 '벌거숭이 산'으로 향하였다. 안드레이는 이따금 삐에르를 바라보면서 자기가 기분이 좋다는 것을 나타내는 이야기로 침묵을 깼다.

그는 밭을 가리키면서 자신의 농업 경영상의 개선에 관해서 삐에르에게 이야기하였다.

삐에르는 짧게 대답하면서 침울한 낯으로 말없이 생각에 잠겨 있었다.

삐에르가 생각하고 있는 것은 안드레이가 불행하다는 것, 그는 잘못되어 있다는 것, 그는 참된 광명을 모르고 있다는 것, 그리고 자기는 그를 구하러 가서 그에게 빛을 주고 돕지 않으면 안 된다는 것이었다. 그러나 삐에르가 어떤 식으로 무엇인가를 말하려고 생각하면 곧 안드레이는 단 한 마디, 단 하나의 이치로 자기가 믿고 있는 교의(敎義)를 부숴버리고 말 것이라는 예감이 드는 것이었다. 그래서 그는 말을 꺼내기가 두려웠다. 자기가 사랑하는 신성한 것이 조소의 대상이 될지도 모른다는 것이 무서웠다.

"아니, 당신은 어째서 그렇게 생각합니까?" 삐에르는 고개를 떨군 채, 소가 뿔로 받는 모습으로 느닷없이 말했다. "어째서 당신은 그런 생각을 하죠? 당신이 그렇게 생각할 리가 없어요."

"내가 무엇을 생각하고 있다는 건가?" 안드레이 공작은 이해할 수 없다는 듯이 말했다.

"인생을, 인간의 사명을 말입니다. 그럴 리는 없어요. 나도 그렇게 생각하고 있었습니다. 그러나 나는 구제됐어요. 무엇에 의해서라고 생각하십니까? 프리메이슨입니다. 웃지 말아주세요. 프리메이슨, 이것은 내가 생각했던 것처럼 종교적인 의례를 주로 하는 종파가 아니었습니다. 프리메이슨이야말로 인류의 영원불멸의 면을 가장 훌륭하고 유익하게 표현하고 있어요." 그는 안드레이에게 자기가 이해하는 한에서 프리메이슨에 대해 이야기하기 시작했다.

그는 프리메이슨이야말로 국가나 종교의 속박에서 해방된 그리스도교의 가르침이며 평등, 동포 정신, 사랑의 가르침이라고 말했다.

"오직 우리의 신성한 우애 단체만이 인생에서 진정한 뜻을 가지고 있어요. 그 밖의 것은 모두 꿈입니다." 삐에르는 말했다. "알아주세요, 이 결사 밖에서 모든 것은 거짓과 허위에 차 있어요. 따라서 나는 머리가 좋고 마음이 올바른 사람은, 당신처럼 오직 남의 방해를 하지 않으려고 애쓰면서 자기의 일생이 끝날 때까지 살아가는 것 외에는 아무것도 없다는 당신의 생각에 찬성입니다. 그러나 우리의 근원적인 신념을 당신도 터득해 보세요. 우리의 우애 단체에 들어와 자신을 우리에게, 우리가 당신을 인도하도록 맡겨 보세요. 그러면 당신은 곧 내가 느낀 것과 마찬가지로 자기 자신을 거대한, 눈에 보이지 않는 발단이 하늘에 숨어 있는 쇠사슬의 일부라고 느끼게 될 겁니다." 삐에르는 말했다.

안드레이는 잠자코 앞쪽을 바라보면서 삐에르의 이야기에 귀를 기울이고 있었다. 여러 번, 그는 마차 소리로 듣지 못한 말을 삐에르에게 되물었다. 안드레이의 눈 속에서 불타는 여느 때와는 다른 빛으로, 또 그의 침묵으로, 삐에르는 자기가 한 말이 허사가 아니고, 안드레이는 자기 말을 가로막거나 비웃지 않을 것이라는 것을 알아챘다.

두 사람은 물이 불어난 강가에까지 왔다. 그것은 뗏목으로 건너지 않으면 안 되었다. 마차와 말을 싣는 동안 두 사람은 뗏목 쪽으로 걸어갔다.

안드레이는 뗏목 난간에 팔꿈치를 괴고, 석양에 반짝이는 불어난 수면을 잠자코 바라보고 있었다.

"안드레이, 당신은 어떻게 생각해요?" 삐에르는 물었다. "왜 잠자코 있지요?"

"무엇을 생각하느냐고? 나는 자네 얘길 듣고 있었지 않았나. 모두 맞는 이야기야." 안드레이는 말했다. "자네는 말했지, 우리 우애 단체에 들어오라고. 그러면 우리가 인생의 목적이나 인간의 사명, 그리고 세계를 지배하고 있는 법칙을 가르쳐 주겠다고. 그런데 그 우리라는 것은 누군가? 인간이 아닌가. 어떻게 해서 자네들은 모든 것을 알고 있나? 어째서 나에게만 자네들이 보고 있는 것이 보이지 않는 거지? 자네들은 지상에 선과 진리의 왕국을 보고 있는데 나에게는 그것이 보이지 않아."

삐에르는 그의 말을 가로막았다.

"당신은 내세를 믿습니까?" 그는 물었다.

"내세?" 안드레이는 앵무새처럼 흉내 냈지만, 삐에르는 그에게 대답할 겨를도 주지 않고, 흉내 낸 이 말을 부정하는 뜻으로 생각했다. 그는 안드레이의 전부터의 무신론적인 신념을 잘 알고 있었기 때문에 더욱 그러했다.

"당신은 이 지상에 선과 진리의 왕국을 볼 수 없다고 말하고 있는데 나도 그것은 본 일이 없습니다. 게다가 그것은 이 인생을 모든 것의 끝이라고 생각하는 한에는 볼 수가 없어요. 지상에, 바로 이 지상에는(삐에르는 들판을 가리켰다) 진리는 없습니다. 모든 것이 허위와 악이지요. 그러나 세계에는, 온 세계에는 진실의 왕국이 있습니다. 그리고 지금 우리는 지상의 아들이지만, 영원으로 보자면—온 세계의 아들입니다. 우리는 느끼고 있지 않은가요? 자기가 이 거대한 조화된 전체의 일부라는 것을. 우리는 느끼고 있지 않은가요? 신성(神性)이, 최고의 힘이—어느 쪽이든 좋을 대로 말해 주세요—나타나 있는 이 무수한 존재 가운데서, 내가 최저의 존재에서 최고의 존재에 이르는 하나의 고리, 하나의 단계라는 것을. 식물에서 인간에 이르는 이 단계를 내가 보고 있는 이상, 분명히 보고 있는 이상, 아래의 끝이 보이지 않는 이 단계가 식물 속에서 사라져 없어진다고 생각할 수 있을까요? 이 단계가 나에게서 끝나고 최고의 존재에 이르기까지 더욱 앞으로 이어져 있지 않다고 어찌 내가 생각할 수 있을까요? 나는 느낍니다. 세상의 것이 무엇 하나 소멸하지 않는 것과 마찬가지로 나 자신은 소멸하지 않을 뿐만 아니라 언제까지나 존재할 것이며 언제나 존재하고 있었다고. 나는 느낍니다. 나 외에, 그리고 나 위에 영적인 것이 살아 있다고. 또 이 세계에는 진리가 있다고."

"음, 그건 헤르더(^{18세기 후반의}/_{독일 사상가})의 설이군." 안드레이는 말했다. "그렇지만, 여보게, 그런 것으로는 날 설득할 수 없네. 나를 설득할 수 있는 것은 삶과 죽음이야. 바로 이것이 나를 믿게 하는 것이지. 자기에게 소중한, 자기와 결부된, 자기가 죄를 느끼고 있고 보상을 하려고 생각하고 있던 존재가(안드레이의 목소리가 떨리고 그는 얼굴을 돌렸다), 그러한 존재가 갑자기 고민하고, 괴로워하고 없어지고 만다, 이것이 나를 믿게 하는 거야…… 이것은 무

엇 때문일까? 대답이 없을 순 없지! 그래서 나는 대답이 있다고 믿는 거야
…… 이것이 나를 믿게 하는 거야, 이것이…….” 안드레이는 말했다.

“그렇습니다, 그렇습니다.” 삐에르는 말했다. “내가 한 말과 마찬가지가
아닙니까.”

“아냐. 내가 말하고 있는 것은 다만, 내세의 필연성을 믿게 하는 것은 이
치가 아니라, 어떤 사람과 손에 손을 잡고 인생을 걸어가다가 갑자기 그 인
간이 어딘지도 모르는 건너편으로 사라지고, 나는 그 심연(深淵) 앞에서 가
지도 못하고 건너편을 바라볼 때의 일을 말하는 거야. 나는 그 곳을 들여다
봤지.”

“그것으로 좋습니다! 당신은 저편이 있다는 것, 누군가가 있다는 것을 알
고 있습니다. 저편이라고 하는 것은 내세입니다. 누군가라고 하는 것은 하느
님이고요.”

안드레이는 대답하지 않았다. 마차와 말은 이미 강 맞은편 기슭에 끌어 올
려져 매여 있었다. 해는 벌써 절반쯤 지고, 저녁 서리가 나루터 곁의 풀밭을
별처럼 뒤덮고 있었다. 그러나 삐에르와 안드레이는 아직도 뗏목 위에 서서
이야기에 정신이 팔려, 하인과 마부와 뱃사공을 놀라게 했다.

“만약에 하느님이 있고 내세가 있다면, 진리도 있고 선도 있을 것입니다.
그리고 인간의 최고 행복은 이것들에 도달하기 위해서 노력하는 데 있지요.
살아야 합니다. 사랑해야 합니다. 믿어야 합니다.” 삐에르는 말하였다. “우
리는 지금 이 땅의 한구석에서만 살고 있는 것이 아니라, 영원한 저쪽에서,
모든 것 속에서(그는 하늘을 가리켰다) 살아 왔고 앞으로도 산다는 것을.”
안드레이는 뗏목의 난간에 팔꿈치를 괴고 서 있었다. 그리고 삐에르의 말에
귀를 기울이면서 눈길을 떼지 않고, 푸른 빛이 도는 수면에 비치는 붉은 석
양빛을 바라보고 있었다. 삐에르는 침묵했다. 뗏목은 벌써 도착하여, 흐르는
물결이 찰락찰락 약한 소리를 내며 밑바닥에 부딪치고 있을 뿐이었다. 안드
레이에게 그 물결 소리는 삐에르의 말을 따라, ‘그렇다, 그것을 믿으라’ 하
고 속삭이는 것처럼 느껴졌다.

안드레이는 한숨을 쉬고, 이야기에 열중하여 빨개진 삐에르의 얼굴을 빛
을 담은 어린이같은 상냥한 눈으로 바라보았다.

“그래, 그것이 정말 그렇다면!” 그는 말했다. “자, 마차를 타자고.” 안드

레이는 이렇게 말을 덧붙였다. 그리고 뗏목에서 내리면서 삐에르가 가리킨 하늘을 쳐다보았다. 그리고 아우스터리츠의 들판에 쓰러져서 보았던 저 높고 영원한 하늘을 아우스터리츠 전투 이래 처음으로 그는 보았다. 그러자 훨씬 이전에 잠들어버린 그 무엇인가가, 그의 내부에 있었던 가장 좋은 그 무엇인가가 갑자기 즐겁고 싱싱하게 가슴 속에 되살아났다. 이 기분은 안드레이가 다시 익숙해진 생활 환경 속에 들어가자 곧 사라져 버렸지만, 그는 자신이 키울 수 없었던 이 감정이 마음 속에 살아남아 있다는 것을 알고 있었다. 삐에르를 만난 것은 안드레이에게는 한 계기가 되었다. 이 만남과 함께, 겉으로 보기에는 변함없었지만 내면 세계에서는 새로운 생활이 시작되고 있었던 것이다.

13

안드레이 공작과 삐에르가 '벌거숭이 산' 저택의 정면 현관에 도착했을 무렵 이미 황혼이 깔리고 있었다. 마차를 현관에 대려고 할 때 안드레이는 미소를 띠면서, 삐에르의 눈을 뒷문 옆에서 일어난 떠드는 소리 쪽으로 돌리게 했다. 등에 배낭을 맨 꼬부랑 노파와 검은 옷차림에 머리를 길게 기른, 키가 작은 사나이가 들어오는 포장마차를 보자 허둥지둥 문 안쪽으로 되돌아갔다. 그러자 두 여자가 다시 그 뒤를 이어 도망갔고, 네 사람이 모두 마차 쪽을 돌아다보면서 놀란 듯이 뒷문 쪽으로 뛰어갔다.

"저건 마리야의 '신의 사람'들이야." 안드레이 공작이 말했다. "그들은 우리를 아버지라고 생각한 모양이지? 누이동생이 아버지 말을 듣지 않는 유일한 일이지. 아버지는 그런 순례자들을 쫓아버리라고 하지만 누이는 들어오게 하고 있거든."

"대체 그 '신의 사람'이란 뭐죠?" 삐에르는 물었다. 안드레이는 대답할 겨를이 없었다. 하인들이 마중나왔으므로, 그는 노공작은 어디 계시냐, 곧 돌아오시냐고 자세히 물었다.

노공작은 아직 읍에 있었다. 지금 곧 돌아올지도 몰랐다.

안드레이는 항상 말끔히 치워져 있는, 그가 아버지 댁으로 오는 것을 기다리고 있는 자기 방으로 삐에르를 안내하고 자기는 아이 방으로 갔다.

"누이한테 가 보세." 안드레이는 삐에르에게로 돌아오자 이렇게 말했다.

"나도 아직 만나지 않았어. 누이는 지금 '신의 사람'들과 함께 숨어 있을 거야. 내 탓이지. 그녀는 당황했겠지만 자네는 '신의 사람'을 만날 수 있어. 재미 있을 거야. 장담하지."

"도대체 그 '신의 사람'이라는 건 뭡니까?" 삐에르는 물었다.

"곧 알게 돼."

두 사람이 들어가자 마리야는 정말 당황하여 얼굴이 빨개졌다. 성상 앞에 등명을 밝혀 놓은 아담한 그녀 방의 소파에, 사모바르를 앞에 놓고 수도자의 옷을 입은 긴 코와 긴 머리카락의 젊은 남자 아이가 그녀 옆에 앉아 있었다.

옆의 안락의자에는 어린애와 같은 얼굴에 온화한 표정을 한 주름투성이의 메마른 노파가 앉아 있었다.

"오빠, 왜 미리 말해주시지 않았어요?" 그녀는 암탉이 병아리를 감싸는 것처럼 방랑자 앞을 가로막고 상냥하게 책망하는 빛을 보이며 말하였다.

"참 잘 오셨어요. 만나 뵈서 정말 기뻐요." 그녀는 삐에르가 손에 키스했을 때 말했다. 그녀는 어렸을 때의 삐에르를 알고 있었다. 그리고 지금은 그와 오빠 안드레이와의 우정, 아내와의 불행한 사건, 특히 그의 선량하고 소박한 얼굴 때문에 삐에르에게 호의를 품고 있었다. 그녀는 여느 때의 아름답고 빛나는 눈으로 그를 바라보며 이렇게 말하는 것 같았다. '나는 당신을 매우 좋아해요. 그러나 제발 제 친구들을 비웃지 마세요.' 짧은 인사를 나누자 그들은 앉았다.

"아, 이바누쉬까도 있었군!" 안드레이는 웃으면서 젊은 순례자를 가리키며 말했다.

"안드레이!" 애원하듯 마리야가 말했다.

"알아두어야 하겠지만, 이 사람은 여자야." 안드레이가 삐에르에게 말했다.

"안드레이, 제발!" 마리야가 되풀이했다.

보기에, 방랑자들에 대한 안드레이의 놀리는 듯한 태도와 그들을 옹호하려는 마리야의 서툰 솜씨는 두 사람 사이에 굳어진 습관 같았다.

"그러나 너는" 안드레이는 말했다. "오히려 나에게 감사해야 한다. 나는 지금 너와 이 젊은이와의 친밀한 관계를 삐에르에게 설명하고 있으니까."

"정말입니까?" 삐에르는 안경 너머로 이바누쉬까의 얼굴을 들여다 보면서 호기심에 찬, 진지한 얼굴로(그것이 특히 마리야에게는 고마웠다) 말하였다. 이바누쉬까는 자기가 화제에 오르고 있다는 것을 알고 빈틈없는 눈으로 모두를 둘러보고 있었다.

마리야가 자기 친구들에게 신경을 쓰고 당황한 것은 완전히 부질없는 일이었다. 그들은 조금도 겁을 내지 않았다. 노파는 눈을 떨구었지만 들어온 사람들을 곁눈으로 보고는, 찻잔을 접시 위에 엎어 놓은 뒤 갉아먹던 설탕 덩어리를 옆으로 밀어놓고, 다시 차 한 잔을 권해 줄 것을 내심 기다리면서 조용히 꼼짝도 하지 않은 채 안락의자에 앉아 있었다. 이바누쉬까는 차를 접시로 옮겨 조금씩 마시면서(러시아 서민은 뜨거운 차를 접시에 옮겨 마시는 것이 보통이었다), 빈틈없는 여성적인 눈을 위로 뜨고 두 청년을 흘겨보았다.

"어디 갔었지, 끼에프인가?" 안드레이가 노파에게 물었다.

"그렇습니다, 나리." 이야기를 좋아하는 듯이 노파는 대답하였다. "마침 크리스마스 날에 성자님들한테서, 성스러운 천국의 비밀을 가르침 받았습니다, 나리. 그리고 이번엔 깔랴진에서 굉장한 기적이 나타나서……."

"그럼 이바누쉬까도 함께였나?"

"저는 저대로 달리 가고 있는 중입니다, 나리." 낮은 음성으로 이야기하려고 애쓰면서 이바누쉬까가 말했다. "단지 유흐노프에서 이 뻬라게유쉬까 할머니와 만났을 따름입니다."

뻬라게유쉬까가 옆에서 말을 막았다. 아마 자기가 보고 온 것을 얘기하고 싶은 것 같았다.

"깔랴진에서, 나리, 굉장한 기적이 나타나서……."

"그럼, 새 성골이라도 나왔단 말인가?" 안드레이가 물었다.

"그만두세요, 안드레이." 마리야는 말했다. "얘긴 그만둬요, 뻬라게유쉬까."

"왜 그러세요…… 아가씨, 왜 얘길 해서는 안 됩니까? 나는 나리를 좋아합니다. 좋은 분입니다. 하느님께서 선택하신 분이며, 나에게는 은인이십니다. 10루블을 베풀어 주신 것도 기억하고 있습니다. 그런데 끼에프에 있을 때 류로지브이의 끼류샤가 나에게 말했습니다. 그는 진정한 '신의 사람'으로 겨울에도 여름에도 맨발로 다니고 있습니다. 그 사나이가 어째서 너는 자기 장소가 아닌 곳을 걷고 있느냐고 말하는 거예요. 깔랴진으로 가 보라고 하더군요. 거기에는 놀라운 힘을 가진 성상이, 성모님의 상이 나왔다고 말이에요. 나는 그 말을 듣자 성자들과 작별하여 떠나왔습니다……."

모두 잠자코 있었다. 다만 방랑의 노파만이 숨을 들이마시고 매끄러운 어조의 음성으로 말하고 있었다.

"가 보니까 나리, 모두가 저에게 말하는 겁니다. 대단한 영험이 나타났다, 성모 마리아의 볼에서 성유가 방울져 떨어지고 있다고……."

"자, 그만 그만, 나중에 들려줘요." 얼굴을 붉히면서 마리야가 말했다.

"질문을 해도 좋을까요?" 삐에르가 말했다. "자신이 직접 봤소?" 그는 물었다.

"그럼요, 나리, 이 눈으로 보았습니다. 얼굴빛은 흡사 해님 같고, 성모님의 볼에서는 저절로 뚝뚝……."

"그건 거짓이야." 주의 깊게 여자 순례자의 말을 듣고 있던 삐에르가 솔직하게 말했다.

"어머, 나리, 무슨 말씀을……!" 뻬라게유쉬까는 깜짝 놀라 응원을 청하려는 듯 마리야 쪽을 돌아보았다.

"그건 민중을 속이고 있는 거야." 그는 되풀이했다.

"주 예수 그리스도여." 성호를 그으면서 방랑 노파가 말했다. "오, 그런 말씀 하시면 안 됩니다, 나리. 어떤 장군님도 믿지 않으시고, '수도자가 속이고 있다'고 하셨습니다. 그러자 그 순간 이내 눈이 멀었습니다. 그런데 꿈속에 뻬체르스끼 성모님이 그 장군에게 나타나서 말하는 겁니다. '나를 믿으라, 그러면 네 눈을 고쳐 주리라.' 그래서 장군은 자기를 그 성모님에게로 데려가 달라고 부탁했습니다. 이것은 제가 이 눈으로 본 거짓 없는 사실 얘깁니다. 그 소경을 곧 성모님한테 데려가자 그는 다가가서 쓰러지더니, '고쳐 주십시오! 황제께서 주신 것을 다 드리겠습니다' 하고 말했습니다. 그러자 어떤 일이 일어났는지 아세요? 저는 이 눈으로 봤습니다. 곧 성모님의 몸에 별이 하나 나타났습니다. 그러자 장군님의 눈이 번쩍 뜨이지 않았겠습니까! 그런 말씀을 하시면 벌을 받으십니다. 하느님의 벌을 받으십니다." 그녀는 타이르듯이 삐에르에게 말했다.

"왜 별이 성상에 나타났을까?" 삐에르가 물었다.

"성모도 장군으로 승진한 게 아냐?" 안드레이가 미소지으면서 말했다.

삐라게유쉬까는 별안간 파랗게 질려서 손뼉을 짝 쳤다.

"나리, 나리, 벌을 받으십니다. 댁에는 아드님도 계시잖습니까!" 노파는
느닷없이 창백한 안색이 새빨개지면서 말했다.

"나리, 무슨 말씀을 하십니까. 하느님, 용서해 주시기를." 그녀는 성호를
그었다. "주여, 이분을 용서해 주옵소서. 아가씨, 이게 어찌 된 일입니까…
…." 그녀는 마리야를 향하여 말했다. 그녀는 일어나자 당장 울음이라도 터
뜨릴 것만 같은 얼굴로 자기 배낭을 챙기기 시작했다. 그녀는 무서웠고, 이
런 말을 한 인간이 불쌍했고, 이런 말을 할 수 있는 집에서 은혜를 받고 있
었던 것이 부끄러웠으며, 게다가 이제 이 집의 은혜를 잃게 된 것이 애석한
것 같기도 했다.

"무엇을 바라시고" 마리야가 말했다. "당신네들은 무엇하러 저의 방에 오
셨어요? ……."

"아냐, 난 농담을 했을 뿐이야, 삐라게유쉬까." 삐에르가 말했다. "아가
씨, 난 절대로 모욕을 줄 생각은 없었어요. 다만, 어쩐지 그저—하는 심정
이었습니다. 너무 언짢게 여기지 말아 줘요. 난 잠깐 농담을 했을 뿐이야."
그는 머뭇거리며 미소를 지으면서 자기의 죄를 보상이라도 하려는 듯이 말
했다.

삐라게유쉬까는 미심쩍은 듯이 걸음을 멈추었지만, 삐에르의 얼굴에는 진
심으로 후회하는 빛이 서려 있었고, 안드레이도 얌전해져서 진지하게 삐라
게유쉬까와 삐에르를 번갈아 바라보고 있었기 때문에 그녀의 마음도 차차
가라앉았다.

14

방랑 노파는 마음을 가라앉히고서, 다시금 이야기에 끌려들자, 손에서 향
내가 날 정도로 성스러운 생활을 한 암필로히 신부 이야기며, 최근 끼에프를
순례했을 때 잘 아는 수도사한테 동굴의 열쇠를 받아서 건빵을 가지고 2주
야 동안을 그 동굴에서 성자들과 같이 보냈다는 얘기를 했다. "한 성자에게
기도를 올리고, 감사의 말씀을 드리고 다음 성자한테로 갑니다. 잠깐 자거나
누워서 쉬기도 합니다. 정말로, 아가씨, 조용하고 매우 행복한 심정이어서
세상에 나가는 것이 싫어질 정도로……."

삐에르는 주의 깊게, 정색을 하고 그녀의 이야기를 듣고 있었다. 안드레이는 방에서 나가 버렸다. 그 뒤를 이어 마리야는 천천히 차라도 마시라고 순례자들을 남겨 두고는 삐에르를 객실로 안내했다.

"당신은 참 좋은 분이세요." 그녀는 그에게 말했다.

"나는 정말 그 여자를 모욕할 생각은 없었습니다. 나는 그런 기분을 잘 알고 있고 매우 좋은 일이라고 생각하고 있습니다."

마리야는 말없이 그를 바라보며 상냥하게 미소지었다.

"실은 나는 옛날부터 당신을 잘 알고 있고, 형제 같은 친밀감을 느끼고 있어요." 그녀는 말했다. "오빠를 어떻게 보셨어요?" 그녀의 상냥한 말에 대해서 삐에르가 무슨 말을 할 겨를도 주지 않고 마리야는 물었다. "난 오빠가 무척 걱정이 돼요. 겨울이 온 뒤 다행히 건강이 좋아졌지만 작년 봄에는 상처가 도져서 의사 선생님도 요양하러 가야 한다고 말씀하셨어요. 그리고 정신적인 면에서도 나는 오빠가 무척 걱정돼요. 오빠 우리네 여자처럼 자기 슬픔을 마음껏 슬퍼하거나 울거나 해서 잊어버리는 그런 성질은 아네요. 오빠 그걸 마음 속에 안고 있어요. 오늘 같은 날은 명랑하고 기분이 좋지만 그것은 당신이 오셨기 때문이에요. 이런 일은 보기 드물어요. 외국에라도 가도록 당신께서 설득해 주시면 좋겠어요! 오빠에겐 활동이 필요해요. 이곳의 평온하고 조용한 생활은 오히려 해로워요. 다른 사람들은 알아채지 못합니다만 난 잘 알고 있어요."

9시가 지나서, 다가오는 노공작의 마차 방울 소리를 듣고, 시종들이 현관으로 뛰어갔다. 안드레이도 삐에르도 현관으로 나왔다.

"자넨 누군가?" 마차에서 내리면서 삐에르를 보자 노공작은 물었다.

"아 그런가! 잘 왔어! 자, 키스해 주게." 그는 낯선 청년이 누군지를 알아채고는 이렇게 말했다. 노공작은 몹시 기분이 좋았기 때문에 삐에르에게도 다정했다.

야식 전에 안드레이가 아버지 서재로 들어가자, 노공작은 삐에르와 열심히 논쟁을 하는 중이었다. 삐에르는 이제는 전쟁이 없는 시대가 온다고 논증하려 하고 있었다. 노공작은 별로 화내는 기색도 없이 삐에르에게 반론하고 있었다.

"혈관에서 피를 뽑아내고 물을 넣는다, 그러면 전쟁은 없어진다. 여자들의 헛소리다, 여자들의 헛소리야." 그는 이렇게 말했지만, 그래도 상냥하게 삐에르의 어깨를 두드리고 테이블 곁으로 갔다. 거기에서는 안드레이가 분명히 이야기에 끼어들고 싶지 않은 듯이, 아버지가 읍에서 가져온 서류를 살펴보고 있었다. 노공작은 그의 쪽으로 다가서자, 일에 관한 이야기를 하기 시작했다.

"귀족 단장인 로스또프 백작은 군사를 절반도 보내지 않았다. 게다가 읍에 와서, 날 식사에 초대할 생각을 했거든. 나도 야무진 대접을 해 줬지……아, 그렇지, 이 서류를 살펴두어라…… 그건 그렇고, 애야." 노공작은 삐에르의 어깨를 치면서 아들을 향하여 말했다. "네 친구는 대단하구나. 나는 마음에 들었다! 날 선동하거든. 다른 사람들은 영리한 체 말을 하지만 듣고 싶은 마음이 생기지 않는다. 이 사람은 터무니없는 것 같은 말을 하지만 이 늙은 나를 선동한단 말이야. 자, 가게나, 가게나." 그는 말했다. "자네들 야식 자리에 나도 갈지 모르네. 또 그때 논의하세. 우리 바보 딸 마리야를 사랑해 주게." 그는 문 안에서 삐에르를 향하여 소리쳤다.

삐에르는 이번 이 '벌거숭이 산'으로 와서 비로소 안드레이와의 우정의 힘과 그 훌륭함을 충분히 깨달았다. 그 훌륭함은 그와의 관계보다도 오히려 그의 가족과 식구 전체와의 관계에 나타나 있었다. 삐에르는 까다로운 노공작이나 얌전하고 겸손한 마리야에 대해서 거의 몰랐는데 이내 오래된 친구가 된 것 같은 기분이 들었다. 그들은 모두 이제는 삐에르를 좋아하고 있었다. 삐에르가 순례자들에 대해 얌전한 태도를 취했기 때문에 호의를 품게 된 마리야가 빛이 넘친 눈으로 그를 바라보았기 때문만은 아니었다. 어린, 한 살 난 니꼴라이 공작(할아버지가 이렇게 부르고 있었다)까지도 삐에르에게 웃는 낯을 보이고 그의 손에 안겼다. 건축기사 미하일 이바노비치도, 부리엔 양도, 그가 노공작과 이야기하고 있는 동안 밝은 미소를 띠며 그를 바라보고 있었다.

노공작은 야식을 먹기 위해 나왔다. 이것은 분명히 삐에르를 위한 것이었다. 그는 삐에르가 '벌거숭이 산'에 머문 이틀 동안, 자못 상냥한 태도를 보이고 자주 놀러와 달라고 말했다.

삐에르가 떠나간 뒤에 온 가족이 한자리에 모여서, 흔히 새 손님이 돌아간 뒤에 볼 수 있듯이 그를 비평하기 시작했을 때도, 보기 드물게 모든 사람이 그의 좋은 점만을 이야기했다.

15

이번 휴가에서 돌아와 보니, 니꼴라이는 데니쏘프를 비롯하여 연대 전체와 자기와의 관계가 얼마나 강한가를 비로소 느끼고 알 수가 있었다.

니꼴라이는 연대로 가까이 오자, 전에 뽀바르스까야 거리의 집으로 다가갔을 때와 같은 기분을 느꼈다. 제복의 앞을 열어젖힌 자기 연대 경기병을 처음 봤을 때, 붉은 머리의 데멘쩨프를 알아차리고 붉은 말이 말뚝에 매여 있는 것을 봤을 때, 라브루시까가 즐거운 듯이 주인인 데니쏘프를 향하여 "백작께서 돌아오셨습니다!" 하고 외치고, 침대에서 자고 있던 데니쏘프가 헝클어진 머리로 참호 막사에서 뛰어나와 니꼴라이를 안고 장교들이 돌아온 니꼴라이 곁으로 모였을 때, 니꼴라이는 어머니나 아버지, 자매들이 자기를 안고 기쁜 눈물이 솟아 말을 할 수 없었던 때와 같은 기분을 느꼈다. 연대도 역시 집이었다. 그것도 양친의 집과 조금도 다를 데가 없는 그립고 소중한 집이었다.

연대장에게로 출두하여 종전과 같은 중대에 배속을 받고, 당직이나 사료 증발에 나가기도 하고, 연대 내의 온갖 사소한 이해 관계 속에 파묻혀 자유를 잃었다. 하나의 조그마한 변하지 않는 틀에 들어박혔다고 느끼자, 니꼴라이는 양친 집의 지붕 밑에서 느꼈던 것과 같은 안도감과 마음 든든한 기분, 여기는 내 집이다, 내가 있을 곳이다 하는 의식을 경험하는 것이었다. 자기가 있을 곳을 알지 못하고, 늘 잘못 선택하고 있던 저 분방한 세상의 혼잡은 전혀 없었다. 마음을 터놓고 말을 할 필요가 있을 것도 같고 없을 것도 같은 쏘냐도 없었다. 어떤 장소에 가도 좋고 가지 않아도 좋은 일도 없었다. 실로 여러 가지 방법으로 사용할 수 있는 하루의 24시간도 없었다. 누구 하나 특히 친한 사람도 없고 특별히 관계가 먼 무수한 사람도 없었다. 아버지와의 분명치 않은 위태로운 금전 관계도 없었다. 돌로호프와 그 무서운 도박의 패배에 대한 기억도 없었다! 이곳 연대 안에는 모든 것이 분명하고 단순했다. 온 세계는 대소(大小)의 둘로 구분되어 있었다. 하나는 빠블로그라드 연대이며, 또 하나는 그 밖의 모든 것이었다. 그리고 이 그 밖의 부분에는 아무런 관계도 없다. 연대 안에서는 모든 것을 알고 있었다. 누가 중위이고 누가 대위인지, 누가 착한 사람이고 누가 악인인가, 그리고 더 중요한 일은 누가 친구인가였다. 주보에서는 외상을 얻을 수 있고, 봉급은 4개월 분을 꼬박꼬박 받는다. 별로 궁리를 하거나 선택할 필요는 없으며, 다만 빠블로그라드 연대에서 나쁜 것으로 정해져 있는 짓만 하지 않으면 된다. 파견되었을 때에는 임무가 명백하고 정확하게 정해져 있으므로, 그것을 어김없이 명령된 대로 완수하기만 하면 만사는 아무 탈이 없는 것이다.

다시 이 분명한 연대 생활의 환경으로 들어와서 니꼴라이는 피로에 지친 사람이 쉬기 위해 누워서 느끼는 기쁨과 안도감을 맛보았다. 이 전쟁의 시기에 이 연대 생활이 니꼴라이에게 한층 즐거웠던 것은, 그가 돌로호프에게 카드 노름에서 진 후(집안 사람들은 그 행위를 모두 위로해 주었지만, 그는 아무리 하여도 자신을 용서할 수가 없었다) 이제까지와는 달리, 자기 죄를 보상하기 위해서 훌륭하게 근무하리라, 그래서 진정 뛰어난 동료나 장교로, 즉 훌륭한 인간이 돼야겠다고 결심했기 때문이었다. 이것은 속세에서는 어려운 일로 여겨졌지만 연대 안에서는 충분히 가능한 일로 보였다.

니꼴라이는 도박에 진 이래 그 빚을 5년 안에 갚으리라 마음먹었다. 그는 1년에 1만 루블씩 송금을 받아 왔지만, 지금은 2000루블만을 받고 나머지는 빚을 갚기 위해서 부모에게 맡기기로 결심했다.

러시아군은 몇 차례에 걸친 후퇴와 공격과 뿔뚜스크 부근, 아일라우 부근에서 전투를 한 후, 바르텐쉬타인 부근에 집결하려 하고 있었다. 황제가 군에 도착하여 새로운 작전이 시작되는 것을 기다리는 것이었다.

1805년의 원정에 참가했던 군단에 소속해 있던 빠블로그라드 연대는 러시아에서 보충, 정비를 하고 있었기 때문에 이번 전쟁의 초기 몇몇 전투에는 시간이 맞지 않았다. 뿔뚜스크 전투에도 아일라우 전투에도 참가하지 않고, 전쟁 후반기에 실전 부대에 합류해서 쁠라또프 지대에 편입되었다.

쁠라또프 지대는 본군에서 독립하여 행동하고 있었다. 빠블로그라드 연대는 여러 번 적군과의 교전에 참가했고, 포로를 잡기도 했다. 한번은 우디노 원수(1767~1847, 프랑스 장군, 러시아 원정에)(참가, 1813년에 베르나돗뜨에서 패배함)의 마차까지 노획한 일도 있었다. 4월에 빠블로그라드 연대는, 여지없이 짓밟힌 독일의 텅 빈 마을 부근에서 꼼짝하지 않고 한 곳에 주둔하고 있었다.

눈이 녹을 무렵 진창길이 생기고, 날씨는 춥고 강의 얼음이 갈라졌으며, 길은 지나다닐 수가 없었다. 며칠씩 말이나 장병에게 식량이 지급되지 않았다. 수송이 불가능했던 탓으로, 병사들은 버려져서 인기척도 없는 마을들을 뒤지며 감자를 찾았지만 이제는 그것조차 찾을 수가 없었다.

모든 먹을 것은 다 없어지고 주민은 모두 달아나고 없었다. 남아 있는 자는 거지보다도 비참한 상태였으므로, 자비심이 부족한 병사들까지도 그들로부터 뺏는 대신에, 자기들도 부족한 물건까지 주어야 할 형편이었다.

빠블로그라드 연대는 전투에서 두 명의 부상자를 냈을 뿐이었지만, 굶주림과 병으로 거의 반수의 인원을 상실했다. 병원으로 들어가면 틀림없이 죽게 되므로, 좋지 않은 음식으로 인한 열병과 종기를 앓고 있는 병사들도, 병원에 들어가느니보다는 차라리 일선에서 간신히 발을 끌면서 근무하는 편을 택했다. 봄이 찾아올 무렵 병사들은 땅 속에서 얼굴을 내민, 아스파라거스와 비슷하게 생겼으며 그들이 '마쉬까의 단뿌리'(그것은 매우 입에 썼다)라고 부른 식물을 찾기 위해 들판이나 초원에 흩어졌다. 그리고 사벨로 그것을 캐서, 그 유독 식물은 먹지 말라는 명령에도 불구하고 먹고 있었다. 이른 봄에는 병사들 사이에 손발과 얼굴에 종기가 생기는 새로운 병이 발생하여, 군의관은 그 원인을 단뿌리 탓으로 돌렸다. 그러나 금지되어 있는데도 빠블로그라드 연대에 속한 데니쏘프 중대의 병사들은 주로 마쉬까의 단뿌리를 먹고 있었다. 왜냐하면 마지막 건빵으로 이미 2주일이나 연명해 왔고, 그것도 한 사람에게 반 파운드밖에 배급되지 않았으며, 마지막 짐으로 도착한 감자도 얼어붙었거나 싹이 나 있었기 때문이다.

말도 마찬가지로, 2주일 동안이나 지붕에서 벗겨낸 짚만 먹였기 때문에 볼품 없이 여위고, 몸은 아직 겨울 털로 덮여 있었으며 여기저기 털이 덩어리져 뭉쳐 있었다.

이와 같은 끔찍한 상태이긴 했지만, 병사와 장교의 생활은 평상시와 조금도 변함이 없었다. 퍼렇게 부은 얼굴에 해진 군복을 걸치고는 있지만, 경기병들은 지금도 여전히 점호를 받기 위해 정렬하기도 하고, 징발하러 나가거나 말과 무기를 손질하고, 마초 대신에 지붕에서 짚을 빼내 오기도 하고, 식사를 하기 위해 냄비 옆에 모여들었다가 지독한 음식과 자신의 허기증을 농담으로 얼버무리면서 굶주린 채 그 냄비 곁을 떠나는 것이었다. 병사들은 여느 때처럼, 근무하다 한가하면 모닥불을 피워놓고 불 옆에서 알몸으로 땀을 내어 몸을 깨끗이 하고, 담배를 피우기도 하고, 싹이 터서 썩기 시작한 감자를 골라내서 굽기도 하며, 뽀쪼므낀과 수보로프의 원정담이나 악당 알프샤 이야기, 사제의 하인 미꼴르까의 이야기를 하거나 듣거나 하고 있었다.

장교들은 여느 때처럼 두 사람 혹은 세 사람씩, 지붕이 벗겨지고 반쯤 무너진 집에 살고 있었다. 상급 장교들은 짚과 감자를 입수하는 일이나 식량을 확보하는 방법에 머리를 썩였고, 하급자는 여느 때처럼 카드 놀이를 하거나 (식량은 없지만 돈은 많았다) 혹은 스바이까(대가리가 큰 못을 땅 위의 동그라미에 던져 꽂는 놀이) 같은 순진한 놀이에 열중하고 있었다. 전체 전황은 별로 화제가 되지 않았다. 그것은 확실한 것을 몰랐기 때문이기도 했지만, 한편으로는 전황 전반이 잘 되어가지 않는다는 것을 막연히 느꼈기 때문이다.

니꼴라이는 종전대로 데니쏘프와 함께 지냈다. 두 사람의 친교 관계는 그들의 휴가 이래 더욱 굳어졌다. 데니쏘프는 니꼴라이의 집안 일에 대해서 한번도 말한 일은 없었지만, 니꼴라이는 대장인 데니쏘프가 부하 장교인 자기에게 보여주는 친절한 우정으로, 이 베테랑 경기병의 나따샤에 대한 짝사랑이 이와 같은 우정의 강화에 한 몫 한 것으로 느끼고 있었다. 데니쏘프는 되도록 니꼴라이가 위험에 빠지지 않게 노력하였고, 그를 보호해 주고, 전투가 끝난 뒤에는 부상을 입지 않고 무사히 돌아오는 그를 특히 기뻐하면서 맞이하였다. 언젠가 임무를 띠고 파견되었을 때, 니꼴라이는 식량을 징발하러 들렀던 황폐한 마을에서, 늙은 폴란드 사람과 젖먹이를 안은 그 노인의 딸인 한 가족을 발견했다. 그들은 옷도 제대로 걸치지 못한 채 허기에 지쳐 있었고, 게다가 걸어서 떠날 기력조차 없는데다, 타고 갈 것을 구할 돈도 없었다. 니꼴라이는 그들을 자기 숙사로 데려다가 자기 방에 살게 해 주고, 노인이 건강을 회복할 때까지 수 주일 동안 돌봐주었다. 니꼴라이의 한 동료가 여자 이야기를 하던 끝에, 자넨 가장 교활하다, 자네가 구해 준 예쁜 폴란드 여자를 친구들에게 소개한다고 해서 나쁠 것이 없잖느냐고 니꼴라이를 놀리기 시작했다. 니꼴라이가 그 농담을 모욕으로 느끼고 벌컥 화를 내고는 그 장교에게 대들자, 데니쏘프는 간신히 두 사람을 말려서 결투까지는 이르지 못하게 하였다. 장교가 물러간 뒤에 니꼴라이와 폴란드 여자와의 관계를 모르는 데니쏘프가 그의 성급함을 책망하자, 니꼴라이는 이렇게 말했다.

"마음대로 생각하게…… 그 여잔 나에게는 누이동생 같은 마음이 드네. 그래서 그런 말을 듣고 얼마나 화가 났는지, 도저히 자네에게 설명할 수 없어…… 글쎄…… 그 까닭은…….”

데니쏘프는 니꼴라이의 어깨를 두드리며, 그 쪽을 보지 않은 채 성급히 방안을 걷기 시작했다. 이것은 그가 흥분했을 때 언제나 하는 버릇이었다.

"자네 로스또프 일족은 참 바보야." 그는 말했다. 니꼴라이는 데니쏘프의 눈 속에 눈물을 보았다.

16

4월에 접어들자, 각 부대는 황제 도착의 통지를 받고 활기를 띠었다. 니꼴라이는 황제가 빠르테쉬타인에서 행한 열병에 참가하지 못했다. 빠블로그라드 연대가 빠르테쉬타인보다 훨씬 앞쪽 전초선에 주둔하고 있었기 때문이다.

빠블로그라드 연대는 야영을 하고 있었다. 데니쏘프와 니꼴라이는 병사들이 두 사람을 위해서 파놓은, 나뭇가지와 잔디를 덮은 참호 막사에서 살고 있었다. 참호 막사는 당시 유행을 따라 다음과 같이 구축되어 있었다. 폭 1m, 깊이 1.5m, 길이 2m 정도의 도랑을 판다. 도랑 한쪽 끝에 발판이 만들어지고 이것이 내려가는 곳, 즉 현관 계단이 된다. 도랑 그 자체가 방이며, 기병 중대장과 같은 혜택을 받은 사람의 경우는 발판과 반대편 안쪽의 4개의 말뚝 위에 판자가 한 장 깔려 있다. 이것이 테이블이다. 도랑을 따라 양쪽에는 70cm 가량 흙이 깎여 그것이 두 개의 침대와 소파가 된다. 지붕은 한가운데서 사람이 설 수 있고, 침대 위에서는 테이블 쪽으로 가까이 가면 앉을 수 있게 만들어져 있다. 기병 중대 병사들은 모두 데니쏘프를 좋아하고 있었다. 그들 덕분에 호화롭게 생활하고 있던 데니쏘프의 호에는 지붕의 3각 부분에 다시 한 장의 판자가 있어서, 그 판자에는 깨지기는 했지만 이어붙인 유리가 한 장 끼어 있었다. 몹시 추울 때에는, 병사들이 빨갛게 탄 장작을 아궁이에서 구부린 철판 위에 얹어서 발판 옆으로(데니쏘프는 참호의 이 부분을 대기실이라고 불렀다) 가지고 온다. 그러면 매우 따뜻해져서, 항상 데니쏘프와 니꼴라이에게 모이던 장교들은 셔츠 한 장으로 있어도 더울 정도였다.

4월에 니꼴라이는 당직이 되었다. 아침 7시가 지나 철야 후에 자기의 참호로 돌아오면 불을 가져오도록 일러서 비에 젖은 내복을 갈아 입고, 기도를 하고 나서 차를 넉넉히 마시고 불을 쬐고는, 참호 한쪽 구석과 테이블 위를 정리하였다. 비바람에 노출되었던 얼굴이 후끈거리자 셔츠 하나만 입고, 두 손을 머리 밑에 괴고는 침대에 누웠다. 그는 일전의 정찰의 은상으로 곧 한 계급 승진하게 되어 있는 것을 흐뭇하게 떠올리면서, 어딘가로 외출한 데니쏘프가 돌아오길 기다리고 있었다. 니꼴라이는 그와 잠시 이야기를 하고 싶었던 것이다.

가건물 뒤에서 몹시 화를 내는 것 같은 데니쏘프의 우뢰와 같은 고함 소리가 들렸다. 니꼴라이가 누구에게 화를 내고 있는지 알아보려고 창가로 다가가자 또프체옌꼬 상사의 모습이 보였다.

"자네에게 명령했잖아. 저 뿌리를, 마쉬깐지 뭔지 하는 것을 먹이지 말라고!" 데니쏘프는 소리쳤다. "내가 이 눈으로 똑똑히 봤다, 라자르츠크가 들에서 가지고 오는 것을……."

"명령했습니다만 듣질 않습니다, 상관님." 상사가 대답했다.

니꼴라이는 다시금 침대에 누워 태평한 마음으로 생각했다. '저 녀석은 제 멋대로 떠들고 걱정하게 놓아두면 돼. 난 내 임무를 끝냈으니까―기분 좋다.' 참호 막사 벽 너머로 그는 상사 외에 민첩하고 빈틈 없는 데니쏘프의 종졸 라브루시까가 지껄이는 것을 듣고 있었다. 라브루시까는 식량을 징발하러 나갔을 때 본 짐마차와 건빵, 소 이야기를 하고 있었다.

참호 막사 위에서 또 멀어지는 데니쏘프의 외치는 소리와 "안장을 얹어! 제2소대!"라는 말이 들렸다.

'어딜 갈 작정일까!' 니꼴라이는 생각했다.

5분 후에 데니쏘프는 참호 막사로 들어와서, 흙이 묻은 발로 침대로 올라가 화가 난 듯이 파이프 담배를 한 대 피우고 나서 자기 소지품을 모두 주위에 내던지고, 채찍과 사벨만 착용한 채 참호 막사에서 나가려고 하였다. 어디로 가느냐는 니꼴라이의 물음에 그는 화를 내며 볼일이 있다고만 애매하게 대답했다.

"하느님과 황제의 심판을 받겠다!" 데니쏘프는 나가면서 말했다. 니꼴라이는 몇 마리 말들이 발로 참호 막사 뒤에서 흙탕물을 튀기는 소리를 들었다. 니꼴라이는 데니쏘프가 어디로 가는지 알고 싶지도 않았다. 자기 자리에서 몸이 더워지자 그는 잠이 들었다가 일몰 전에 간신히 참호 막사에서 나왔다. 데니쏘프는 아직 돌아오지 않았다. 저녁이 깊어졌다. 이웃 참호 막사 곁에서 장교 두 명이 후보생과 함께 웃으면서, 무릎 징 대신에 부드러운 진흙 속에 꽂으며 징 꽂기 놀이를 하고 있었다. 니꼴라이도 끼어들었다. 놀이를 하는 동안에 장교들은 그들에게로 다가오는 짐마차를 보았다. 열다섯 명 가량 되는 경기병이 말을 타고 뒤따르고 있었다. 경기병들의 호위를 받은 짐마차가 말을 매는 말뚝으로 가까이 다가갔다. 그러자 경기병들이 그것을 둘러쌌다.

"드디어 왔구나. 데니쏘프가 늘 걱정하고 있었는데." 니꼴라이가 말했다. "마침내 식량이 도착했군."

"왔구나!" 장교들이 말했다. "저 봐, 기뻐하는 병사들을!" 경기병들로부터 좀 뒤떨어져서 데니쏘프가 말을 타고 왔다. 곁에는 보병 장교가 두 명 있었고 그는 그 장교들과 무슨 이야기를 하고 있었다. 니꼴라이는 데니쏘프 쪽을 향하여 걸어갔다.

"미리 경고해 두겠습니다, 대장님." 메마르고 키가 작은 한 장교가 말했다.

"절대로 돌려주지 않겠다고 하지 않았나." 데니쏘프가 말했다.

"책임을 져야 합니다, 대장님. 이건 폭력 행위입니다. 우군의 수송 물자를 가로채다니! 우리 병사는 이틀 동안이나 먹지 못했습니다."

"우리 쪽은 2주일 동안 먹지 못했어." 데니쏘프가 대꾸했다.

"이건 약탈입니다. 문책을 당하십니다, 대장님!" 보병 장교가 소리 높여 되풀이했다.

"어쩌자고 이렇게 치근거리지? 응?" 별안간 벌컥 화를 내고 데니쏘프가 소리쳤다. "책임을 지는 건 나야, 자네들이 아니야. 다치기 전에 넋두리는 그만 둬. 돌아가!" 그는 장교들을 향해서 소리쳤다.

"좋습니다!" 몸집이 작은 장교가 기죽지 않고 떠나려고도 하지 않으며 소리쳤다. "약탈이므로 저는 당신을……."

"빨리 꺼져, 다치기 전에! ……." 데니쏘프는 장교 쪽으로 말머리를 돌렸다.

"어디, 두고 봅시다……." 장교는 위협하듯 말하고는 말을 돌려세우고 안장 위에서 몸을 흔들면서 빠른 걸음으로 떠나갔다.

"울타리 위의 개새끼다, 울타리 위의 개새끼." 데니쏘프는 그의 등에다 대고 말하였다. 이것은 말을 탄 보병에 대한 기병의 더없는 욕지거리였다. 그리고 니꼴라이 곁으로 오자 큰 소리로 웃었다.

"보병한테서 뺏었지, 힘으로 수송 물자를 뺏었어!" 그는 말했다. "할 수 없어. 병사들을 굶겨 죽일 순 없잖아?"

뺏어온 짐마차는 보병 연대로 가는 것이었는데, 그 수송대가 호위 없이 이동한다는 정보를 라브루시까한테서 듣자, 데니쏘프는 경기병들을 거느리고 가서 힘으로 그걸 약탈했던 것이다. 병사들에게는 건빵을 충분히 분배해 주고 다른 중대에까지 나누어 주었다.

이튿날 연대장은 데니쏘프를 불러내어 펼친 손가락으로 눈을 가리고 이렇게 말했다. "나는 이 일을 이렇게 보고 못 본 체 한다. 나는 아무것도 모르며 일을 복잡하게 하려는 생각도 없다. 그러나 일단 본부로 가서 식량과에서 일을 원만히 해결하도록 권고한다. 그리고 만약 할 수 있다면, 이러저러한 식량을 받았다는 영수증을 써 줘. 그렇지 않으면—수송 청구서는 보병 연대 앞으로 작성된다—문제가 일어나서 말썽이 날지도 모르거든."

데니쏘프는 연대장의 권고를 진심으로 실행할 작정으로 곧 그 자리에서 사령부로 나갔다. 밤이 되어 참호 막사로 돌아온 그는 여태까지 니꼴라이가 한 번도 본 일이 없는 모습을 하고 있었다. 데니쏘프는 말도 하지 못하고 숨을 가쁘게 쉬고 있었다. 왜 그러느냐고 니꼴라이가 물어도 그는 힘없는 쉰 목소리로 무슨 소린지 알 수 없는 책망과 위협하는 말을 지껄일 뿐이었다.

데니쏘프의 모습에 놀란 니꼴라이는, 옷을 벗고 물을 마시게 한 뒤 군의관을 불러오도록 했다.

"내가 약탈죄로 재판이라고? —제기랄! 물 한 잔 더 주게. 재판을 하라면 하라지. 그러나 나는 언제든지 비열한 놈들을 해치우겠다. 언제든지 말이야. 황제에게도 상소하겠다. 물을 주게." 그는 말하였다.

달려온 연대 군의관은 사혈(瀉血)이 필요하다고 했다. 깊은 접시 가득 검은 피가 데니쏘프의 털투성이 팔에서 나왔다. 그래서 간신히 그는 무슨 일이 일어났는가를 남김없이 이야기할 수 있게 되었다.

"사령부에 가서 말이야." 데니쏘프는 말문을 열었다. "'여봐, 너희들 대장은 어디 있어?' 하고 말하자 가르쳐 주었어. '잠깐 기다려 주시겠어요?' '난 군무에도 불구하고, 30킬로나 떨어진 곳에서 왔다. 기다릴 겨를이 없어, 알려라.' 했지. 그러자 알겠습니다 하고 나온 것이 그 도둑놈의 우두머리였어. 나를 가르치려는 터무니없는 생각을 하고 말이야. '그건 약탈이다!' '약탈이라고? 약탈은 자기 병사들에게 먹이기 위해 식량을 빼앗는 사람이 아니라 자기 호주머니에 넣기 위해 빼앗는 자들이 하는 짓이다.' 라고 해주었지. '좋습니다. 납품 담당에게 가서 영수증을 써주십시오. 당신 사건은 명령에 따라 가야 할 곳으로 회부됩니다.' 납품계로 갔지. 들어가보니—테이블 앞에…… 도대체 누구야? 아니, 생각 좀 해 보게! …… 우리들을 굶겨 괴롭히고 있는 놈은 누구라고 생각하나?" 데니쏘프는 소리치면서 다친 손을 쥐고 테이블을 내리쳤다. 하마터면 테이블이 쓰러질 뻔했고 그 위에 있던 컵이 튀어올랐다. "쩨랴닌이었어! (이전에 빠블로그라드 연대의 중위이며, 데니쏘프의 지갑을 훔친 사나이. 제1부 제2편) '아니, 너로구나, 우리를 굶겨 괴롭히고 있는 것은!' 하고 철썩 상판을 갈겨 주었지. 멋지게 명중했어…… '알겠니, 이자식아……' 흠씬 두들겨 주었지! 덕분에 몹시 속은 시원했어." 데니쏘프는 검은 콧수염 밑에서 하얀 이를 드러내면서 외쳤다. "만약 나를 말리지 않았더라면 그놈을 때려 죽였을 거야."

"그렇게 소리칠 건 없잖아, 진정해." 니꼴라이가 말했다. "그 봐, 또 피가 났어. 잠깐만 기다리게, 붕대를 갈아야 하네."

붕대를 갈아 주고는 데니쏘프를 뉘었다. 다음날, 그는 밝은 얼굴로 마음이 가라앉은 기분으로 눈을 떴다.

그러나 낮에 연대 부관이 심각하고 슬픈 표정으로, 데니쏘프와 니꼴라이가 함께 쓰고 있는 참호 막사로 찾아와서, 침통한 낯으로 연대장으로부터 데니쏘프 소령에게 보내는 정식 문서를 보였다. 부관은, 이 사건은 매우 나쁜 방향으로 진행되어 군법 회의가 설치되었으며, 각 부대의 약탈 행위와 무법 행위에 대한 지금의 엄격성으로 보아, 운이 좋으면 강등으로 끝날지도 모른다고 말했다.

피해자 측에서 보자면 이 사건은 데니쏘프 소령이 수송 물자를 약탈한 후 아무런 소환도 받지 않았는데, 잔뜩 술에 취해 식량과장 앞에 나타나서 과장을 도둑놈이라고 부르고 구타한다고 위협하다가, 밖으로 쫓겨나자 사무소로 뛰어들어가서 관리 둘을 구타하고 그 중 한 사람의 팔을 부러뜨린 것으로 보고 있었다.

데니쏘프는 니꼴라이가 새삼스럽게 질문하자 웃으면서 대답하였다. 그 자리에 누군가 느닷없이 뛰어든 것은 확실하지만 그런 것은 모두 쓸데없는 일이며, 자기는 재판 같은 것은 아랑곳 없고, 만약 그놈들이 이러쿵저러쿵 한다면 혼을 내주겠다고 말했다.

데니쏘프는 이 사건을 완전히 무시하고 있는 말투였지만, 니꼴라이는 그를 너무나 잘 알고 있었기 때문에 마음 속으로는(남에게는 감추고 있었지만) 그가 재판을 두려워하고 있고, 분명히 나쁜 결과가 될 것이 틀림없는 이 사건을 고민하고 있다는 것을 알아채지 않을 수 없었다. 심문 서류와 법정 출두장이 매일 오기 시작했다. 5월 1일에, 데니쏘프는 식량과에서의 난투 사건에 관한 답변을 위해서 중대를 차석 장교에게 맡기고 사단 사령부로 출두하라는 호출장을 받았다. 그 전날 밤에, 쁠라또프는 까자크 2개 연대와 경기병 2개 중대를 거느리고 적정을 정찰했다. 데니쏘프는 여느 때처럼 자기 용기를 과시하여 산병선 앞으로 나갔다. 그러자 프랑스군 저격병이 쏜 탄환이 그의 넓적다리에 명중했다. 아마도 이것이 다른 경우였다면 이 정도의 경상으로 연대를 떠날 데니쏘프가 아니었지만, 그는 이 기회를 이용하여, 사단 출두를 거부하고 그대로 야전 병원으로 들어가 버렸다.

17

6월에 프리틀란드 전투가 있었지만, 빠블로그라드 연대는 거기에는 참가하지 않았다. 이 회전에 이어 휴전이 공포되었다. 데니쏘프가 떠난 이래 그에 관한 아무 소식도 받지 못하고, 그의 사건과 상처의 경과에 대해 걱정하면서 친구가 없는 괴로움을 맛보고 있던 니꼴라이는 이 휴전을 이용하여 데니쏘프를 문병하기 위해 야전 병원으로 갈 외출 허가를 받았다.

병원은 러시아군과 프랑스군에 의해서 두 번이나 파괴된 프러시아의 조그마한 고을에 있었다. 지붕과 울타리가 파괴되고 거리는 더러우며, 거리를 배회하는 다 해진 옷을 입은 주민과 주정꾼과 부상병의 모습이 눈에 띄는 이 고장은, 야외의 경치가 유달리 아름다운 여름이었기에 더욱 음산한 광경을 드러내고 있었다.

마당에는 파괴된 울타리의 잔해가 남아 있고, 군데군데 창틀과 유리가 깨진 석조 건물에 야전 병원이 자리잡고 있었다. 붕대를 감고 해쓱하게 부은 병사 몇 사람이 뜰 안을 걸어다니기도 하고 햇볕을 쬐면서 앉아 있었다.

니꼴라이가 이 건물의 문을 들어서자마자 썩은 시체와 병원 냄새가 그를 감쌌다. 층계에서 잎담배를 입에 문 러시아군의관을 만났다. 군의관 뒤에서 러시아인 의무 조수가 걸어오고 있었다.

"몸이 두 개 세 개 있는 것이 아니니까." 군의관이 말했다. "저녁에 마까르 알렉쎄비치에게로 와. 나도 갈테니까." 조수가 또 무엇인가 그에게 질문했다.

"아! 좋을 대로 해! 어쨌든 매한가지가 아닌가?" 군의관은 층계를 올라오는 니꼴라이를 보았다.

"무슨 볼일이 있습니까, 장교님?" 군의관이 물었다. "무슨 볼일이 있으십니까? 설마 총알을 맞지 않았으니 티푸스라도 걸리고 싶은 건 아니시겠죠? 여긴 격리 전염 병동과 같은 곳입니다."

"어째서요?" 니꼴라이는 물었다.

"티푸스입니다. 들어간 자는 모두—죽습니다. 여기서 버티고 있는 것은 나와 마께에프(그는 조수를 가리켰다) 둘뿐입니다. 여기에서 벌써 동료 의사가 다섯 명 가량 차례로 죽었습니다. 새 사람이 와도 일주일이면 뻗어 버리거든요." 군의관은 마치 신이 난 듯이 말했다. "프러시아인 의사를 소집하려고 했으나 이 동맹국 사람들도 이것만은 맘이 내키지 않는 모양입니다."

니꼴라이는 여기에 입원중인 경기병 소령 데니쏘프를 만나고 싶다고 말했다.

"본 일도 들은 일도 없는데요. 워낙 나 한 사람이 세 개의 병원, 400명 이상의 환자를 맡고 있으니까요. 아직도 다행인 것은, 자선을 좋아하는 프러시아 부인들이 매달 2파운드씩 커피와 린트천(붕대용으로 쓰는 메리아스천)을 보내주고 있어요. 그것마저 없으면 손을 들어야죠." 그는 웃었다. "400명입니다. 게다가 끊임없이 새 환자를 보내온답니다. 분명히 400명은 있지? 그렇지?" 그는 조수에게 말하였다.

조수는 피로에 지친 표정을 짓고 있었다. 그는 분명히 이 수다스러운 군의관이 빨리 저쪽으로 가주기를 초조하게 기다리고 있는 것 같았다.

"데니쏘프 소령입니다." 니꼴라이는 되풀이해서 말했다. "몰리텐 부근에서 부상했습니다."

"아마 죽었을 거야, 안 그래? 마께에프." 군의는 냉정한 낯으로 조수에게 물었다.

그러나 조수는 의사의 말이 맞다고는 하지 않았다.

"어떻습니까? 그 사람은 후리후리한 키에 머리가 빨간 편입니까?" 의사가 물었다.

니꼴라이는 데니쏘프의 용모를 설명했다.

"있었습니다, 그런 사람이 있었습니다." 의사는 자못 기쁜 듯이 말하였다. "그분은 분명히 죽었습니다. 하지만 우리한테 명부가 있으니 일단 조사는 해보겠습니다. 자네한테 있나, 마께에프?"

"명부는 마까르 알렉쎄비치한테 있습니다." 조수는 말했다. "장교 병동에 가시면 직접 볼 수 있습니다." 그는 니꼴라이에게 이렇게 덧붙였다.

"아닙니다. 거긴 가시지 않는 편이 좋습니다!" 의사가 말했다. "그렇잖으면 당신도 그곳에 드러눕게 됩니다." 그러나 니꼴라이는 의사에게 인사를 하고 조수에게 안내를 부탁했다.

"저에게 애로 사항을 가지고 오셔도 소용 없습니다, 아시겠죠?" 의사가 계단 아래에서 소리쳤다.

니꼴라이는 조수를 따라 복도로 들어섰다. 그 어두컴컴한 복도에서는 병원 냄새가 유달리 심했으므로, 니꼴라이는 용기를 내어 앞으로 나아가기 위해 코를 막고 잠시 서 있지 않으면 안 되었다. 오른쪽 문이 열리고, 협장을 짚은 여위고 누런 얼굴의 사나이가 맨발로 내복만 입고 나왔다. 그는 기둥에 몸을 기대고, 번쩍번쩍 빛나는 눈초리로 지나가는 두 사람을 바라보았다. 니꼴라이가 문으로 들여다보자, 부상병들이 마루 위에 짚과 외투를 깔고 누워 있는 것이 보였다.

"들어가서 봐도 괜찮은가?" 니꼴라이는 물었다.

"무엇을 보시려는 겁니까?" 조수는 말했다. 조수는 분명히 들어가게 하고 싶지 않은 태도를 보였기 때문에 니꼴라이는 일부러 사병 병실로 들어갔다. 복도에서 이미 간신히 익숙해졌던 악취가 여기서는 더욱 심했다. 그 냄새는 여기서는 좀 달라서, 더 찌르는 것 같고, 여기가 바로 그 냄새의 근원지라고 느껴졌다.

커다란 창문으로 들어오는 햇살로 눈부시도록 밝은 긴 방에서, 부상병들이 벽 쪽으로 머리를 돌리고, 한가운데에 길을 남겨놓고 두 줄로 누워 있었다. 대부분은 의식을 잃고 있고, 들어온 두 사람에게도 주의하지 않았다. 그러나 의식이 있는 자들은 모두 약간 몸을 일으키거나 그렇지 않으면 여위고 누런 얼굴을 쳐들어, 모두 다 같은 구조의 기대와 비난과 타인의 건강에 대한 선망의 표정으로 눈을 떨구지 않은 채 니꼴라이를 바라보았다. 니꼴라이는 방 한가운데로 나가서, 활짝 열려 있는 양쪽 방을 들여다 보았다. 그리고 거기에서도 마찬가지 광경을 보았다. 그는 말없이 주위를 둘러보면서 그 자리에 선 채 움직이지 못하고 있었다. 설마 이런 광경을 목격하리라고는 생각조차 하지 못했던 일이었다. 그의 바로 눈앞에, 가운데 통로를 거의 가로지르듯이 하여 맨바닥에 환자가 누워 있었다. 머리 양쪽을 깎아올린 것을 보면 까자크 같았다. 그 까자크는 큼직한 손과 발을 벌리고 등을 대고 누워 있었다. 얼굴은 새빨갛고 눈동자는 위로 치켜져 흰자위밖에 보이지 않았다. 아직 붉은 기가 남아 있는 맨손과 발에는, 혈관이 새끼줄처럼 두드러져 있었다. 그는 뒤통수를 마루에 부딪치고는 쉰 음성으로 무슨 말을 지껄이고, 그 말을 되풀이하기 시작했다. 니꼴라이는 귀를 기울여, 이 사나이가 되풀이하는 말을 알아들었다. 그 말은 물—물—물이었다. 니꼴라이는 이 환자를 제자리에 눕히고 물을 줄 수 있는 사람을 찾으면서 사방을 둘러보았다.

"여기서는 누가 환자를 돌봐주고 있지?" 그는 조수에게 물었다. 이 때, 옆방에서 병원의 잡일을 보고 있는 수송병이 나와서 군대식 걸음으로 니꼴라이 앞으로 와서 차렷 자세를 취했다.

"건강하시길 빕니다, 장교님!" 그 병사는 니꼴라이를 향하여 눈을 부릅뜨듯이 하면서 소리쳤다. 그를 병원의 장교로 오인한 것 같았다.

"이 환자를 제자리에 눕히고 물을 먹여 줘라." 니꼴라이는 까자크를 가리키면서 말했다.

"알았습니다, 장교님." 병사는 만족스럽게 말하고는 더욱 눈을 크게 뜨고 몸을 뒤로 젖혔으나, 그 자리에서 움직이려고 하지 않았다.

'여기서는 어쩔 수가 없다.' 니꼴라이는 눈을 떨구고 이렇게 생각했다. 그리고 이내 나가려고 했지만, 그는 오른쪽에서 자기에게 집중되고 있는 뜻있는 시선을 느끼고는 그쪽을 돌아다보았다. 거의 맨 구석에, 해골처럼 혈색이 없는 얼굴에 엄숙한 표정을 한, 깎지도 않은 턱수염이 덥수룩한 나이든 병사가 앉아서 니꼴라이 쪽을 물끄러미 바라보고 있었다. 또 한쪽에서는, 그 노병 옆의 사나이가 그에게 니꼴라이를 가리키면서 무엇인가 속삭이고 있었다. 니꼴라이는 그 노인이 무엇인가 자기에게 호소할 것만 같아서 옆으로 가보았다. 가까이 가 보니 구부리고 있는 것은 한쪽 다리뿐이고, 다른 한쪽 다리는 무릎부터 없었다. 노인 반대쪽에 있는 사람은 머리를 내던지듯이 노인과 상당히 떨어진 곳에 가만히 누워 있는 젊은 병사로, 주근깨 투성이의 얼굴은 밀랍처럼 창백하고 눈은 눈꺼풀 밑으로 부릅뜨고 있었다. 니꼴라이는 그 넓적코의 병사를 바라보았다. 그러자 그의 등골에 오한이 스쳐 갔다.

"저건 분명히, 아무래도……." 그는 조수에게 말하였다.

"이미 여러 번 부탁드렸습니다만, 장교님……." 노병이 아래턱을 떨면서 말했다. "이미 아침결에 죽었습니다. 그래도 역시 인간입니다. 개는 아닙니다……."

"곧 사람을 보내서 치워요, 치워." 당황해서 조수가 말했다. "자, 가시지요, 장교님."

"가세, 가세." 니꼴라이는 다급하게 말하고 눈을 내리깔고 몸을 움츠리고는, 자기에게로 쏠려 있는 책망하는 것 같기도 하고 원망하는 것 같기도 한 눈길들을 뚫고 남몰래 빠져나오듯이 방을 나섰다.

18

복도를 빠져나가자, 조수는 장교 병동으로 니꼴라이를 안내하였다. 그것은 모든 문이 활짝 열려 있는 세 개의 방으로 되어 있었다. 그 방에는 모두 침대가 놓여 있었다. 부상하거나 병든 장교들이 그 위에 앉아 있거나 누워 있었다. 몇몇 사람은 하얀 환자복을 입고 방 안을 걸어다니고 있었다. 이 장교용 병동에서 니꼴라이가 처음 만난 사람은, 한쪽 팔이 없는 몸집이 작고 여윈 사나이였다. 그는 실내 모자를 쓰고 환자용 가운을 입고 파이프를 입에 문 채 방을 거닐고 있었다. 니꼴라이는 그 사나이를 어디서 봤는지 열심히 상기하려고 애를 썼다.

"야, 이런 곳에서 만나게 됐군요." 몸집이 작은 사나이가 말했다. "뚜신,

뚜신입니다. 기억하고 계십니까? 쉔그라벤에서 당신을 안내했었죠 나도 약간 잘렸답니다. 자, 보슈⋯⋯." 그는 미소지으면서 환자복의 텅 빈 소매를 가리키며 말하였다. "데니쏘프를 찾으시는 거죠? 같은 방에 있습니다!" 니꼴라이가 찾고 있는 사람을 안다는 듯이 말했다. "여깁니다." 뚜신은 몇 사람의 높은 웃음소리가 들려 오는 다음 방으로 그를 안내했다.

'어째서 이런 곳에서 큰 소리로 웃을 수 있을까? 아니, 어떻게 이런 곳에서 살아갈 수 있는 것일까?' 니꼴라이는 사병 병실에 배어버린 시체 냄새를 아직도 느끼고, 양쪽에서 그를 바라보고 있던 선망에 찬 눈초리와 눈을 부릅뜨고 있던 그 젊은 병사의 얼굴이 아직도 보이는 것만 같아서 이렇게 생각했다.

데니쏘프는 낮 열두 시가 가까운데도 머리에 모포를 뒤집어쓰고 침대에서 자고 있었다.

"야아, 니꼴라이 아냐? 잘 왔네, 잘 왔어." 그는 연대에 있을 때와 조금도 다름없는 목소리로 외쳤다. 그러나 니꼴라이는 여느 때와 같은 그의 솔직하고 씩씩한 태도의 그늘 뒤에, 무엇인가 새롭고도 좋지 않은 숨겨진 기분이 얼굴 표정이나 억양에 스며나와 있다는 것을 깨닫고 슬퍼졌다.

그의 상처는 대단한 것은 아니었지만 부상을 당한 지 벌써 6주일이 지났는데도 아직 완쾌되지 않았다. 그의 얼굴은 병원 안에서 어느 누구의 얼굴에서도 볼 수 있는 것처럼 창백하게 부어 있었다. 그러나 니꼴라이를 놀라게 한 것은 그 때문이 아니었다. 그를 놀라게 한 것은, 데니쏘프가 자기가 찾아온 것을 기뻐하는 기색도 없이 부자연스러운 미소를 지었다는 것이었다. 데니쏘프는 연대 이야기도, 전황 전반에 대해서도 물어보지 않았다. 니꼴라이가 그런 말을 해도 귀를 기울이지 않았다.

연대나 병원 밖에서 영위되고 있는 자유로운 생활을 상기한다는 것은 데니쏘프에게는 불쾌한 일이라는 것까지도 니꼴라이는 알아챘다. 그는 이전의 생활을 잊으려고 애쓰는 것 같았고 식량과의 관리들과 자기 사건에만 관심이 있는 듯했다. 그 사건은 어떻게 되어 있느냐는 니꼴라이의 물음에 그는 대뜸 베개 밑에서 군법위원회가 보낸 서류와, 그것에 대한 자신의 답변 원고를 꺼냈다. 원고를 읽기 시작하자 그는 활기를 띠었고 그 원고에서 상대편에게 토하고 있는 독설을 니꼴라이로 하여금 알아채게 하려고 했다. 데니쏘프가 있는 병실 동료들은 니꼴라이가 외부에서 온 사람이어서 그의 주위에 모여들었으나, 데니쏘프가 자기 서류를 읽기 시작하자 곧 한 사람씩 떨어져 나갔다. 그들의 얼굴로 보아 니꼴라이는 이 친구들이 이 이야기를 들은 것은 한두 번이 아니며, 이제 완전히 진절머리가 나 있다는 것을 깨달았다. 다만 옆 침대의 뚱뚱한 창기병만은 침울하게 낯을 찌푸리고 파이프를 빨면서 자기 침대에 앉아 있었고, 한 팔이 없는 작은 뚜신도 난처하다는 식으로 고개를 흔들면서 여전히 듣고 있었다. 읽는 도중에 창기병이 데니쏘프의 말을 가로막았다.

"이건 내 생각이지만" 그는 니꼴라이 쪽을 돌아보면서 말했다. "직접 황제게 특사를 탄원하지 않으면 안 됩니다. 앞으로 상당한 은상이 나온다고 하니까 틀림없이 용서될 겁니다……."

"날더러 황제게 청원하라고!" 데니쏘프는 말하였다. 목소리에 전과 같은 정력과 격렬함을 담아 보려고 했지만 그것은 쓸모가 없는 초조감으로 들렸을 뿐이었다. "무엇을 탄원하란 말인가? 만약 내가 강도라면 자비를 빌어도 무방하지만, 반대로 나는 그런 강도들의 소행을 폭로하기 위해서 재판을 받고 있는 중이야. 재판하면 된다. 난 아무도 두려워하지 않아. 나는 황제와 조국을 위해서 성심껏 일해왔을 뿐이며 도둑질을 한 일은 없단 말이야! 그런 날 강등시키다니 될 말인가, 게다가…… 좀 들어 주게. 나는 단도직입적으로 그놈들에게 써 보냈지. 봐, 여기에 이렇게 씌어 있어. '만약에 내가 관물 횡령자라면……'"

"훌륭하게 쓰셨습니다. 흠 하나 잡을 데가 없습니다." 뚜신이 말했다. "그렇지만 문제는 그런 것이 아닙니다, 데니쏘프 님." 그는 니꼴라이 쪽을 향하여 말했다. "머리를 숙여야 하는데 데니쏘프 님은 그렇게 하지 않으려고 합니다. 검찰관도 이 사건은 불리하다고 말하고 있잖습니까."

"흥, 불리하면 불리해도 좋아." 데니쏘프는 말했다.

"모처럼 검찰관도 당신을 위해서 탄원서를 써 주셨지 않습니까." 뚜신은 말을 이었다. "그러니까 서명을 해야 합니다. 봐요, 이분이 가져가시게 해야 합니다. 이분은 틀림없이(그는 니꼴라이를 가리켰다) 사령부 안에도 연줄이 있을 테니까요. 다시 없는 기회가 아닙니까."

"아까부터 말했잖아, 나는 비겁한 짓은 하지 않겠다고." 데니쏘프는 이렇게 말을 막고 다시 서류를 읽기 시작했다.

니꼴라이는 뚜신과 다른 장교들이 권하는 방법이 가장 좋다는 것을 본능적으로 느끼기도 했고, 또 자기 자신이 데니쏘프에게 구원의 길을 열어줄 수만 있다면 얼마나 행복할까 생각하면서도, 데니쏘프를 감히 설득하지 못했다. 데니쏘프의 꺾을 수 없는 고집과 고지식하기만 한 격한 성품을 잘 알고 있었기 때문이다.

데니쏘프의 신랄한, 한 시간이 넘는 서류 낭독이 끝났을 때에도 니꼴라이는 한 마디도 하지 않았다. 그리고 다시금 자기 주위에 모여든, 데니쏘프와 같이 입원하고 있는 친구들 속에 끼여, 자신이 알고 있는 것을 이야기하거나 남의 이야기를 들으면서 침울한 기분으로 밤이 깊도록 시간을 보냈다. 데니쏘프는 밤새도록 어두운 낯으로 침묵하고 있었다.

그날 밤 늦게 니꼴라이는 출발할 채비를 하면서 무슨 부탁할 일은 없느냐고 데니쏘프에게 물었다.

"글쎄, 잠깐만 기다려 주게." 데니쏘프는 이렇게 말하곤 장교들 쪽을 돌아다보며 베개 밑에서 서류를 꺼냈다. 그는 잉크병이 놓여 있는 창문 옆으로 다가가서 앉더니 무엇을 쓰기 시작했다.

"역시 강한 자에게는 당할 길이 없군." 그는 창가에서 걸어오면서 니꼴라이에게 커다란 봉투를 내주면서 말했다. 그것은 검찰관이 작성한 황제에게 보내는 탄원서로, 그 속에서 데니쏘프는 식량과의 책임에 관해서는 일언반구도 언급하지 않고 다만 사면만을 호소하고 있었다.

"내 주게, 역시……." 그는 끝까지 다 말하지 않고 병적인, 조작된 미소를 희미하게 띠었다.

19

연대로 돌아오자, 데니쏘프 사건이 어떤 상태에 있는가를 연대장에게 보고하고 니꼴라이는 황제에게 보내는 서한을 가지고 틸지트로 떠났다.

6월 13일에 러시아와 프랑스의 두 황제가 틸지트에서 만나게 되어 있었다. 보리스는 자기가 모시고 있는 상관에게, 틸지트에서 근무하게 될 수행원단에 넣어 주도록 부탁했다.

"저는 그 위대한 인물을 보고 싶습니다!" 그는 나폴레옹에 대해 말하면서 이런 말을 사용했으나, 이제까지는 멸시해서 보나빠르뜨라고 부르고 있었다.

"자네가 말하고 있는 건 보나빠르뜨인가?" 싱글싱글 웃으면서 직속 상관인 장군이 보리스에게 말했다.

보리스는 의아한 눈으로 이 장군을 바라보았지만, 곧 이것은 농담삼아 해보는 시험이라고 깨달았다.

"공작님, 제가 말씀드리고 있는 것은, 나폴레옹 황제입니다." 그는 대답했다. 장군은 미소를 띠고 그의 어깨를 두드렸다.

"자넨 출세할 거야." 그는 이렇게 말하고 보리스를 데려가기로 했다. 보리스는 두 황제가 만나는 날 네만 강변에 있었다. 그는 머릿글자가 붙은 부교(浮橋)와 건너편의 프랑스 근위대 옆을 나폴레옹이 통과하는 것을 보았고, 또 나폴레옹이 도착하는 것을 기다리면서 네만 강변의 주막에 묵묵히 앉아 있는 알렉산드르 황제의 깊은 생각에 잠긴 얼굴을 보았다. 두 황제가 각기 보트에 탄 것도, 나폴레옹이 먼저 뗏목에 도착하여 빠른 걸음으로 걸어나가서 알렉산드르 황제를 맞으러 손을 내민 것도, 두 황제가 정자 안으로 사라진 것도 보았다. 상류 사회에 발을 들여 놓게 된 이래, 보리스는 주위에서 일어나는 일을 주의깊게 관찰하고는 그것을 적어 두는 습관을 몸에 지니게되었다. 틸지트에서 만났을 때에도, 그는 나폴레옹을 따라온 사람들의 이름과 입고 있던 그 군복들에 관해서 이것저것 묻고 나서, 대관들이 주고받는 말에 주의깊게 귀를 기울였다. 두 황제가 정자에 들어갔을 때 그는 시계를 보았고, 알렉산드르가 정자에서 나왔을 때에도 다시 시계를 보는 것을 잊지 않았다.

회견은 1시간 53분 동안 계속되었다. 그날 밤, 그는 이 일을 역사적 의의를 갖는다고 자기가 판단한 다른 사실과 함께 적어두었다. 황제의 수행단은 극히 소수였기 때문에, 근무상 출세를 존중하는 사람에게 있어, 두 황제 회견 때에 틸지트에 있게 되었다는 것은 매우 중요한 일이었다. 보리스도 운좋게 틸지트에 와서, 그 후 자기 지위가 이젠 완전히 굳혀졌다고 느꼈다. 그는 사람들에게 알려졌을 뿐 아니라 주목을 받고 낯익은 사람이 되었다. 그는 두서너 차례 황제를 만나는 임무를 다했으므로 황제는 그의 얼굴을 알고 있었고, 측근들도 모두 이전처럼 그를 낯선 사람으로서 피하지 않았을 뿐만 아니라, 그가 보이지 않으면 오히려 이상하게 생각할 정도였다.

보리스는 다른 부관인 질린스끼 백작과 동숙하고 있었다. 질린스끼는 파리에서 자라난 유복한 폴란드 사람으로, 프랑스 사람을 몹시 좋아했다. 그래서 틸지트에 머무르는 동안에도 거의 매일같이 질린스끼와 보리스한테로 프랑스의 근위대와 참모 본부로부터 장교들이 아침과 점심을 먹으러 모여들었다.

6월 24일 밤, 보리스의 동숙자 질린스끼 백작은 친한 프랑스 사람들을 위해서 만찬회를 열었다. 그 만찬에는 귀빈으로서 나폴레옹의 부관 한 사람과, 수 명의 근위 장교들과 프랑스의 오랜 명문 출신인 나폴레옹의 어린 시종들, 오랜 귀족 집안의 젊은 남자가 왔다. 마침 이 날, 니꼴라이는 남의 눈에 띄지 않게 평복으로 갈아입고 어둠을 틈타 틸지트로 와서 질린스끼와 보리스의 숙소로 들어갔다.

니꼴라이의 내부에서는, 그가 여기에 올 때까지 있었던 군대의 병사들과 마찬가지로, 적에서 친구가 된 나폴레옹과 프랑스군에 대해서, 총사령부와 보리스에게 일어난 것과 같은 전환이 전혀 이루어지지 않고 있었다. 일반 군대에서는 보나빠르뜨와 프랑스군에 대해서 증오와 멸시와 공포가 섞인, 이제까지대로의 기분을 여전히 느끼고 있었다. 얼마 전까지만 해도 니꼴라이는 쁠라또프 지대(支隊)의 까자크 장교들과 이야기를 했을 때, 만약 나폴레옹이 포로가 된다면 그를 황제로서가 아니라 전범자로서 취급해야 한다고 벼른 일이 있었다. 또 얼마 전 여행 중에 부상한 프랑스 대령을 만나서, 니꼴라이는 합법적인 황제와 범죄자 사이에는 화평 같은 것은 있을 수 없다고 정면으로 논증하려고 하였다. 그래서 그는 적과 대치했던 초계선에서, 눈에 익숙했던 제복을 입은 프랑스 장교를 보리스의 숙사에서 보고 기이한 놀라움을 느꼈다. 문으로 고개를 내민 프랑스인 장교를 본 순간, 적을 볼 때마다 느꼈던 그 전쟁 감각, 적의의 감정이 니꼴라이를 사로잡았다. 그는 문지방에 멈춰서서 여기에 보리스가 살고 있느냐고 러시아말로 물었다. 보리스는 현관에서의 낯선 목소리를 듣고 나왔다. 그것이 니꼴라이라고 안 순간, 그의 얼굴은 재미가 없다는 듯한 표정을 지었다.

"아, 자넨가, 정말 기쁘네. 자넬 만나다니 참 기뻐." 그는 미소지으면서 니꼴라이 쪽으로 와서 말했다. 그러나 니꼴라이는 상대편의 첫 표정의 움직임을 놓치지 않았다.

"형편이 나쁜 때에 온 것 같군 그래." 그는 말했다. "올 생각은 없었지만 볼일이 생겨서." 그는 쌀쌀하게 말했다.

"아냐, 다만 내가 놀란 것은, 어떻게 자네가 부대에서 나올 수 있었나 해서." 그는 자기를 부르고 있는 목소리에 프랑스어로 대답했다. "지금 곧 갑니다."

"역시 나쁜 때에 온 것 같은데." 니꼴라이는 되풀이했다.

못마땅한 표정은 이미 보리스 얼굴에서 사라지고 없었다. 그는 자기가 해야 할 일을 빈틈없이 생각하고 결정한 듯이 새삼 침착하게 니꼴라이의 두 손을 잡고 다음 방으로 안내했다. 조용히 침착하게 니꼴라이를 바라보는 보리스의 눈은 마치 무엇인가 막을 씌운 것 같았다. 그 어떤 뚜껑 같은 것—공동 생활의 색안경이 씌워진 것 같다고 니꼴라이는 생각했다.

"그런 말 하지 말게. 자네가 나쁜 때에 오다니, 그럴 리가 있나." 보리스는 말했다. 보리스는 저녁식사 준비가 다 되어 있는 방으로 그를 안내하여 그의 이름을 알리고, 이 남자는 문관이 아니라 경기병 장교이며 자기의 오랜 친구라고 설명하면서 손님들에게 소개했다. "질린스끼 백작, N백작, S대위" 그는 손님들의 이름을 들었다. 니꼴라이는 까다로운 얼굴로 프랑스 사람들을 바라보고 마지못해 머리를 숙이고 잠자코 있었다.

질린스끼는 이 새로 끼어든 러시아 사람을 자기네 클럽에 들여 놓은 것이 분명히 기쁘지 않은 것처럼 니꼴라이에게 아무 말도 하지 않았다. 보리스는 이 낯선 사람이 끼어들었기 때문에 생긴 어색한 기분을 알아채지 못하고, 니꼴라이를 맞았을 때와 같은 기분이 좋은 침착한 태도와 무엇인가 막을 씌운 듯한 눈초리로 회화의 활기를 돋우려고 애쓰고 있었다. 한 프랑스 사람이 프랑스인에 공통된 정중한 태도로, 잠자코 있는 니꼴라이에게, 아마도 당신은 황제 폐하를 보기 위해서 틸지트에 오셨겠죠 하고 물었다.

"아뇨, 나는 볼일이 있어서요." 니꼴라이는 무뚝뚝하게 대답했다.

보리스 얼굴에 감도는 불만의 빛을 보자, 니꼴라이는 이내 기분이 상하고 말았다. 그리고 기분이 나쁜 사람이 으레 그러하듯이 모든 사람이 자기를 적의를 가지고 보고 있고, 자기는 모든 사람의 방해자라고 생각하였다. 사실 그는 모든 사람을 방해하고 있었고, 공통된 회화에 끼어들지 않았다. '어째서 저 사나이는 여기 앉아 있을까?' 그에게 쏟아지는 손님들의 시선은 이렇게 말하고 있었다. 그는 일어나서 보리스 쪽으로 다가갔다.

"역시 내가 있으면 자네도 어색할 테니까." 그는 조용히 보리스에게 말했다. "잠깐 저리 가서 용건만을 얘기하세. 그리고 나는 갈 테니까."

"응, 아니, 그럴 건 없네." 보리스가 말했다. "그러나 만약 자네가 피곤하다면 내 방으로 가서 좀 쉬게."

"그것도 그렇군……."

두 사람은 보리스의 침실로 되어 있는 조그마한 방으로 들어갔다. 니꼴라이는 앉으려고도 하지 않고, 느닷없이 불쑥 화가 난 듯한 어조로—마치 보리스가 그에게 무슨 나쁜 짓이라도 한 것처럼—데니쏘프의 사건을 보리스에게 말하기 시작하고, 직속 장군을 통해서 황제에게 편지를 건네주어 그에 대해서 탄원해 줄 의향이 있는가, 또 그렇게 할 수 있는가의 여부를 물었다. 두 사람만이 남았을 때, 니꼴라이는 비로소 보리스의 눈을 정면으로 보는 것이 쑥스럽다는 것을 분명히 깨달았다. 보리스는 다리를 괴고 오른손의 가느다란 손가락을 왼손으로 어루만지면서, 흡사 장군이 부하의 보고라도 듣는 것처럼 옆을 돌아다보기도 하고, 예의 막을 씌운 것 같은 눈으로 니꼴라이의 얼굴을 정면으로 보기도 하면서 그 이야기를 듣고 있었다. 니꼴라이는 그럴 때마다 쑥스러워져서 눈을 떨구었다.

"나도 그런 종류의 사건은 들어본 일이 있고, 그런 경우에는 폐하가 매우 엄격하시다는 것도 알고 있지. 이건 내 생각이지만, 이 일은 황제의 귀에 들어가지 않는 편이 좋다고 생각하네. 나는 오히려 직접 군단장에게 탄원하는 것이 좋은 것 같아…… 그러나 일반적으로 내가 생각하기에는……."

"그럼 자네는 아무것도 해 줄 생각이 없단 말이군. 그렇다면 그렇다고 말하면 되지 않는가!" 니꼴라이는 보리스의 눈을 보지 않고 거의 외칠 듯이 말했다.

보리스는 빙그레 미소지었다.

"천만에! 내가 할 수 있는 일이라면 다 하겠네. 다만 내가 생각한 것은……."

이때 보리스를 부르는 질린스끼의 목소리가 문간에서 들렸다.

"어서 가게." 니꼴라이는 말하고서, 야식을 거절하고 작은 방에 홀로 남은 채, 오랫동안 이리저리 거닐면서 옆방에서 흘러나오는 즐거운 듯한 프랑스어의 이야기 소리에 귀를 기울이고 있었다.

20

니꼴라이가 틸지트에 도착한 날은 데니쏘프를 위한 탄원에는 가장 나쁜 때였다. 그 자신도 연미복을 입고 있고 상관의 허가도 없이 틸지트에 와 있는 이상, 몸소 당직 장군한테 갈 수도 없었다. 보리스 쪽에서는 설령 그런 생각이 있었더라도, 니꼴라이가 도착한 다음날 그런 일을 할 수는 없었다. 그날, 즉 6월 27일(이것은 똘스또이가 잘못 안 것으로 강화 조인은 26일이다)에는 강화의 최초의 조항이 체결되었던 것이다. 두 황제는 훈장을 교환했다. 알렉산드르 황제는 레지옹 도뇌르 훈장을, 나폴레옹은 안드레이 훈1등 훈장을 받았고 역시 그날 쁘레오브라젠스끼 근위 연대의 한 대대를 위해서 저녁 만찬회가 예정되어 있었다. 프랑스군의 근위 대대가 그것을 개최하도록 되어 있었던 것이다. 두 황제도 이 축연에 참석하기로 되어 있었다.

니꼴라이는 보리스와 함께 있는 것이 어색하기도 하고 기분도 상했으므로, 야식 후에 보리스가 방을 들여다보러 왔을 때에도 잠든 시늉을 하고 있었다. 그리고 다음날 그를 만나지 않으려고 아침 일찍 숙사를 나오고 말았다. 연미복에 둥근 모자 차림으로, 니꼴라이는 프랑스 병과 그들의 제복을 바라보기도 하고, 러시아와 프랑스의 두 황제가 거처하고 있는 숙사를 바라보면서 거리를 헤매고 다녔다. 광장에서 그는 테이블이 가지런히 놓여 연회 준비가 되어 있는 것을 보았고, 거리에는 러시아와 프랑스 두 나라 국기가 서로 장식되고, 또 두 폐하의 이름의 첫 글자 A와 N의 커다란 조합 문자를 보았다. 집집마다 창가에 역시 깃발과 머리글자가 보였다.

'보리스는 나를 도울 생각이 없고, 나 역시 그에게 부탁하고 싶지 않다. 이건 결말이 난 거다.' 니꼴라이는 생각했다. '우리 두 사람의 관계는 이것으로 끝났다. 그러나 나는 여기서 나가서 돌아가거나 하지 않겠다. 데니쏘프를 위해서 해 줄 수 있는 일을 다 하기 전에는. 무엇보다도 편지를 폐하에게 드릴 때까지는. 폐하에게! 폐하는 여기에 계시지 않은가!' 니꼴라이는 알렉산드르 황제 숙소 쪽으로 무의식적으로 가까이 가면서 생각했다.

이 집 옆에는 승마용 말이 몇 필 대기하고 있고, 황제의 외출 준비를 하고 있는 모양으로 시종 무관들이 모여 있었다.

'지금 당장이라도 폐하를 뵐 수 있을지도 모른다.' 니꼴라이는 생각했다. '하여간 직접 폐하에게 편지를 드려서 모든 것을 말할 수가 있다면…… 평복이니까 체포되는 일은 없을 것이다. 그럴 리가 없다! 폐하라면 알아주실 거야. 어느 쪽이 옳은가. 폐하께서는 모든 것을 알아주실 거다, 모든 것을 알고 계신다. 폐하보다도 옳고 관대한 분이 또 있을까? 좋아, 내가 여기 있어서 체포된다고 해도 별일은 아닐 것이다.' 그는 황제가 머물고 있는 숙사로 들어가는 장교를 바라보면서 생각했다. '봐, 모두 들어가지 않는가. 어떻게 되든 상관없어. 가서 직접 폐하께 편지를 드려야지. 보리스가 난처해지겠지만 어쩔 수 없어. 그 녀석이 나를 여기까지 몰아넣은 거야.' 니꼴라이는 자기도 의외로 여겨질 정도의 결단성을 가지고 호주머니 속의 편지를 뒤지고는 곧장 황제의 숙사로 걸어갔다.

'이번에는 꼭, 아우스터리츠 전투가 끝났을 때처럼 기회를 놓치지 않을 테다.' 그는 당장이라도 황제를 만날 수 있을지도 모른다고 기대하였고, 그러자 피가 심장으로 솟구치는 것을 느끼면서 생각했다. '황제 발밑에 엎드려서 탄원하겠다. 황제는 나를 안아 일으켜서, 모든 것을 들어 주시고, 게다가 나한테 감사의 말씀을 하신다. "좋은 일을 할 수 있으면 다행이지만, 부정을 바로잡는 것은 짐의 최대의 행복이야"라고.' 니꼴라이는 황제가 자기에게 하는 말을 공상하였다. 그리고 그는 호기심에 찬 눈으로 자기를 바라보는 사람들 옆을 지나서, 황제 숙사의 현관 층계를 향하여 걸어갔다.

현관에서 넓은 층계다리가 곧장 이층으로 통해 있었다. 오른쪽에 닫힌 문이 눈에 띄었다. 층층다리 밑에는 아래층으로 통하는 문이 있었다.

"누구를 만나러 오셨습니까?" 누군가 이렇게 물었다.

"편지를, 탄원서를 폐하께 드리고 싶습니다." 니꼴라이는 떨리는 목소리로 말했다.

"탄원서라면 당직에게. 이쪽으로 오십시오(그는 아래층으로 통하는 문을 가리켰다). 그러나 면회는 할 수 없을 것입니다."

이 냉담한 목소리를 듣고, 니꼴라이는 자기가 하려는 짓에 놀랐다. 지금 당장이라도 황제를 만날지도 모른다는 생각은 그에게는 몹시 마음이 끌리는 일이었지만, 그래서 니꼴라이에게는 너무나 무서운 일이었기 때문에 그는 달아나고 싶은 생각도 났다. 그러나 그를 맞은 궁정 사무관이 당직실 의 문을 열어 주었기 때문에 니꼴라이는 안으로 들어갔다.

키가 크지 않고 살찐, 30세 가량 되는 사나이가 흰 바지에 기병용 장화를 신고, 방금 입은 듯한 마 셔츠 한 장만 걸친 모습으로 방 안에 서 있었다. 시종이 등 뒤에서, 비단으로 자수한 새 바지 멜빵의 단추를 채워 주고 있었다. 니꼴라이는 왜 그런지 그 바지 멜빵이 눈에 들어왔다. 그 사나이는 옆방에 있는 누군가와 이야기를 하고 있었다.

"스타일이 좋고 대단한 미인이야." 그 사나이는 말했다. 그리고 니꼴라이를 보자 말을 멈추고 이마를 찌푸렸다.

"무슨 일이십니까? 탄원입니까?"

"무슨 일이야?" 누가 옆방에서 물었다.

"또 탄원이야." 바지 멜빵의 사나이가 대답했다.

"이따 하라고 말하시오. 곧 가야 하니까. 나가야 해."

"이따가, 내일이야. 늦었으니까……."

니꼴라이가 등을 돌리고 나가려고 하자 바지 멜빵의 사나이가 그를 만류하였다.

"누구의 부탁을 받았습니까? 당신은 누굽니까?"

"데니쏘프 소령의 것입니다." 니꼴라이는 대답했다.

"당신은 누굽니까? 장교입니까?"

"중위입니다. 니꼴라이 백작입니다."

"대담한 일이군! 명령 계통을 통해서 내시오. 당신은 돌아가시오, 돌아가요……." 이렇게 말하고 그는 시종이 내주는 군복을 입기 시작했다.

니꼴라이는 다시 현관으로 나왔다. 그러자 현관 계단에 이미 옷을 차려입은 여러 명의 장교와 장군이 있는 것을 보았다. 그는 그 옆을 지나가야만 했다.

그는 자기의 대담성을 저주하고, 지금이라도 곧 황제를 만나 그 앞에서 모욕을 당하고 유치장으로 보내어질지도 모른다는 생각에 가슴이 메이는 듯했다. 비상식적인 자기 행동을 깨닫고 그것을 후회하면서, 잘 차려입은 수행원들로 둘러싸인 집에서 눈을 아래로 깔고 빠져나오려고 하였다. 그 때 귀에 익은 목소리가 그를 부르더니 누군가의 손이 그를 붙잡았다.

"여보게, 자네, 이런 곳에서 무엇을 하고 있는 거야? 평복으로." 낮은 목소리가 물었다.

그것은 이번 전투에서 전공을 세우고 특별히 황제를 뵙게 된 기병 장군으로, 니꼴라이가 근무하고 있는 여단의 전 여단장이었다.

니꼴라이는 놀라서 변명하기 시작했지만, 장군의 호인같은 얼굴을 보자 옆으로 가서 흥분한 목소리로 장군에게 사정을 속속들이 털어놓고, 장군도 알고 있는 데니쏘프를 위해서 힘써달라고 부탁했다. 장군은 니꼴라이의 말을 다 듣고, 정색하며 고개를 흔들었다.

"안됐군, 그 씩씩한 사람이, 안됐어. 좋아, 그 편지를 이리 주게."

니꼴라이가 편지를 건네주고, 데니쏘프 사건의 자초지종을 채 다 말하기도 전에, 층계에서 박차를 단 구두 소리가 들려오자 장군은 그로부터 떨어져서 현관 층계 쪽으로 다가섰다. 황제의 시종 무관들이 층계를 내려와서 말쪽으로 갔다. 아우스터리츠에 있었던 조마사 에네가 황제의 말을 끌고 왔다. 그러자 층계를 따라 경쾌한 발소리가 들렸다. 니꼴라이는 곧 누구의 발소리인지 알아챘다. 그는 눈에 띌 위험도 잊고, 호기심에 찬 주민들과 더불어 층계 쪽으로 다가갔다. 그리고 2년 만에, 그지없이 존경하는 그 똑같은 용모, 같은 얼굴, 같은 눈초리, 같은 걸음걸이, 같은 위엄과 온화함이 하나가 된 동작을 보았다…… 그러자 환희와 황제에 대한 사랑의 감정이 옛과 변함없는 힘을 가지고 니꼴라이의 마음에 되살아났다. 황제는 쁘레오브라젠스끼 연대의 제복을 입고, 사슴 가죽의 흰 바지에 높은 기병 장화를 신고, 니꼴라이가 처음 보는 훈장(그것은 레지옹 도뇌르 훈장이었다)을 달고, 모자를 옆에 끼고 장갑을 끼면서 현관 층계로 나왔다. 그는 사방을 둘러보고, 그 시선으로 둘레를 밝게 하면서 걸음을 멈추었다. 두서너 명의 장군들에게 잠시 말을 걸었다. 니꼴라이의 전 여단장도 알아보고 미소를 짓고는, 가까이 오도록 불렀다.

막료들은 모두 옆으로 물러서고, 니꼴라이는 이 장군이 상당히 오랫동안 황제와 이야기하는 것을 보았다.

황제는 그에게 몇 마디 대답을 하고, 말에 다가서기 위해서 한 발짝 내디디었다. 다시금 막료들의 무리와 니꼴라이도 낀 군중이 황제 쪽으로 밀려들었다. 말 옆에서 걸음을 멈추고 한 손으로 안장을 잡은 황제는, 그 기병 장군 쪽으로 몸을 돌리고는 분명히 모든 사람에게 들리는 것을 바라고 큰 소리로 말했다.

"그건 안 되네, 장군. 그 까닭은 법이 나보다 강하기 때문이야." 황제는 이렇게 말하고 한 발을 등자에 올려놓았다. 장군은 공손하게 고개를 조아렸다. 황제는 말에 올라타 빠른 걸음으로 거리를 달려갔다. 니꼴라이는 감격에 자기를 잃고 무리와 더불어 그 뒤를 따라 뛰어갔다.

21

황제가 말을 몰고 간 광장에는 서로 마주보고 오른쪽에 쁘레오브라젠스끼 연대의 1개 대대, 왼쪽에 곰 가죽 모자를 쓴 프랑스 근위병 1개 대대가 서 있었다.

황제가 받들어총을 하고 있는 대대 대열의 한쪽 끝에 접근했을 때, 반대쪽 끝에 다른 기마대가 달려왔다. 니꼴라이는 그 선두에 있는 나폴레옹의 모습을 보았다. 그는 바로 나폴레옹이었다. 그는 빠른 걸음으로 말을 몰고 왔다. 작은 모자를 쓰고, 훈1등 안드레이 대수장(大綬章)을 어깨에 걸치고 흰 조끼 위에 앞을 열어젖힌 푸른 군복을 입고, 금실로 자수를 한 새빨간 안장 방석을 깐 아라비아종의 보기 드문 잿빛 준마를 타고 있었다. 알렉산드르 황제 옆까지 오자 그는 약간 모자를 추켜들었다. 그가 이 동작을 했을 때, 니꼴라이의 기병으로서의 눈은, 나폴레옹의 말 타는 솜씨가 서투르고 불안정한 것을 알아채지 않을 수가 없었다. 두 대대는 "만세!" "황제 만세!" 하고 소리쳤다. 나폴레옹은 알렉산드르에게 무슨 말을 했다. 두 황제는 말에서 내려 서로 악수했다. 나폴레옹의 얼굴에는 느낌이 좋지 않은 조작된 웃음이 떠올랐다. 알렉산드르는 상냥한 표정으로 그에게 무슨 말을 하고 있었다.

니꼴라이는 군중을 둘러싸고 있는 프랑스 헌병의 말에 짓밟힐 뻔한 것도 아랑곳하지 않고 알렉산드르 황제와 보나빠르뜨의 일거 일동을 하나하나 눈을 떼지 않고 바라보았다. 뜻밖에 그를 놀라게 한 것은, 알렉산드르 황제가 보나빠르뜨와 대등하게 행동하고 있다는 것과, 보나빠르뜨 쪽에서도 황제와의 이 숙친한 관계가 익숙하고 자연스러운 일인 것처럼, 사뭇 자유롭고 대등하게 러시아 황제를 대하고 있다는 것이었다.

알렉산드르와 나폴레옹은 막료들의 긴 대열을 거느리고 쁘레오브라젠스끼 대대 오른쪽 측면으로, 마침 거기에 서 있는 군중을 향해 곧장 가까이 오고 있었다. 군중은 뜻밖에 두 황제가 눈앞에 서게 되어, 앞줄에 서 있던 니꼴라이는 혹시 자기가 눈에 띄지나 않을까 하여 덜컥 겁이 날 정도였다.

"폐하, 폐하의 병사 중 가장 용감한 자에게 레지옹 도뇌르를 수여할 것을 허락해 주십시오." 한 마디 한 마디 또렷또렷하게 발음하는 야무지고 정확한 목소리가 이렇게 말했다.

그것은 키가 작은 보나빠르뜨가 밑에서 알렉산드르의 얼굴을 똑바로 보면서 한 말이었다. 알렉산드르는 상대방이 하는 말을 주의깊게 듣고, 약간 고개를 끄덕이며 기분 좋은 미소를 지었다.

"이번 전쟁에서 가장 용감하게 행동한 병사에게 말입니다." 나폴레옹은 한 마디 한 마디 분명하게 발음하면서, 니꼴라이에게는 밉살스럽게 여겨질 만큼 침착한 태도와 자신을 가지고, 자기 앞에서 부동자세를 취하고 받들어총을 한 채 자기 나라 황제 얼굴을 골똘히 바라보고 있는 러시아 병사들의 대열을 바라보면서 이렇게 덧붙였다.

"폐하가 허락하신다면 대대장의 의견을 들어보고 싶습니다." 알렉산드르는 이렇게 말하고 대대장 꼬즐로프스끼 공작 쪽으로 몇 발짝 걸어갔다. 한편, 보나빠르뜨는 희고 조그마한 손에서 장갑을 벗어 그것을 갈기갈기 찢어서 내던져 버렸다. 뒤에서 다급히 앞으로 달려나온 부관이 장갑을 주워들었다.

"누구에게 주면 되나?" 알렉산드르 황제는 음성을 낮추어 러시아어로 꼬즐로프스끼에게 물었다.

"누구로 할까요, 폐하."

황제는 못마땅하게 미간을 찌푸리고 뒤를 돌아보고 나서 말했다.

"어쨌든 대답을 해야 하지 않나."

꼬즐로프스끼는 단호한 표정으로 대열을 돌아보았다. 그 시선 안에 니꼴라이도 들어왔다.

'설마 나는 아니겠지.' 니꼴라이는 생각했다.

"라자레프!" 이마를 찌푸리고 대장은 이렇게 말했다. 그러자 키순으로 선두에 서 있던 병사 라자레프가 씩씩하게 앞으로 나왔다.

"어디 가는 거야? 여기야, 서 있어!" 어디로 가야 할지 모르고 있던 라자레프에게 이렇게 몇몇 목소리들이 속삭였다. 라자레프는 머뭇거리며 대장을 곁눈으로 보고 걸음을 멈추었다. 대열 앞으로 불려나온 병사들이 흔히 하듯이 그의 얼굴은 경련을 일으켰다.

나폴레옹은 약간 고개를 뒤로 돌려 무엇을 잡으려는 듯이 조그마하고 토실토실한 손을 등 뒤로 뻗었다. 막료들은 순간 그 진의를 깨닫고, 바삐 움직여 차례로 무엇인가를 전하면서 서로 작은 목소리를 교환하기 시작하였다. 그리고 어제 니꼴라이가 보리스 숙사에서 본 그 소년 시종이 앞으로 달려나와 뻗은 손 위에 공손하게 몸을 굽혀, 1초도 기다릴 겨를 없이 그 손에 빨간 리본이 달린 훈장을 놓았다. 나폴레옹은 그걸 보지도 않고 두 손가락을 좁혔다. 훈장은 손가락 사이에 끼여 있었다. 나폴레옹은 라자레프에게로 다가갔다. 라자레프는 눈을 부릅뜨듯이 하여 황제만을 바라보았다. 나폴레옹은 알렉산드르 황제 쪽을 바라보고, 자기가 지금 하고 있는 것은 자기의 동맹자를 위한 것이라는 것을 그의 동작으로 나타냈다. 작은 흰 손이 병사 라자레프의 단추에 닿았다. 나폴레옹은 이 병사가 영원히 행복해지고 공적을 칭송받고 세계의 모든 사람으로부터 구별되기 위해서는, 다만 자기의, 나폴레옹의 손이 이 병사의 가슴에 닿기만 하면 된다는 것을 마치 알고 있는 것 같았다. 나폴레옹은 라자레프의 가슴에 십자형 훈장을 누르기만 했을 뿐 손을 확 떼고, 훈장이 라자레프의 가슴에 붙을 것이라는 것을 알고 있는 것처럼 알렉산드르 쪽을 보았다. 훈장은 정말로 붙어 있었다. 러시아와 프랑스 병사들의 부지런한 손이 눈 깜박할 사이에 그 십자 훈장을 누르고 그것을 가슴에 달아주었기 때문이다. 라자레프는 자기에게 무엇인가를 해 준, 손이 하얗고 몸집이 작은 사람을 우울한 눈으로 바라보았다. 그리고 받들어총을 계속하면서 알렉산드르의 얼굴을 다시 똑바로 바라보기 시작했다. 그 모습은 마치 알렉산드르에게 이렇게 묻고 있는 것 같았다. '저는 계속 이렇게 서 있어야 합니까? 그렇지 않으면 이제 걸어가라고 명령이 떨어질까요? 그렇지 않으면 또 다른 명령을 받게 될까요?' 그러나 아무 명령도 없었으므로, 그는 오랫동안 움직이지 않고 그대로 부동자세를 취하고 있었다.

두 황제는 말을 타고 가 버렸다. 쁘레오브라젠스끼 부대의 대원들은 대열을 풀고 프랑스 근위병들과 뒤섞여 자기들을 위해 이미 준비되어 있는 식탁에 자리잡았다.

라자레프는 상석에 앉았다. 러시아와 프랑스 양군의 장교들은 그를 껴안기도 하고, 축하하기도 하고, 악수를 나누기도 했다. 라자레프를 한 눈으로라도 보려고 장교와 주민들이 몰려왔다. 러시아어, 프랑스어의 이야기 소리와 웃음소리가 웅성거림이 되어 광장의 식탁 주변에 감돌고 있었다. 빨간 얼굴의, 명랑하고 행복해 보이는 두 장교가 라자레프의 옆을 지나갔다.

"어떤가, 여보게, 굉장한 대접이 아닌가? 모든 요리가 은 식기에 담겨 있어." 한 사람이 말했다. "라자레프를 보았나?"

"봤지."

"내일은 쁘레오브라젠스끼의 친구들이 프랑스군을 대접한다네."

"라자레프는 참 운이 좋은 놈이야! 1200프랑의 종신 연금을 받을 수 있거든."

"여보게, 이 모자 좀 보게!" 쁘레오브라젠스끼 부대의 한 병사가 털이 푹신한 프랑스 병의 털모자를 쓰면서 외쳤다.

"훌륭하다, 굉장해!"

"자네는 암호를 들었지?" 근위 장교가 다른 한 장교에게 말했다. "그저께는 '나폴레옹, 프랑스, 용감'이었고, 어제는 '알렉산드르, 러시아, 위대'였어. 오늘 이쪽 황제가 암호를 말하면, 다음날에는 나폴레옹이 내지. 내일은 황제가 프랑스 근위병의 가장 용감한 자에게 게오르기 훈장을 보낸대. 당연히 동등한 보답은 해야 하니까."

보리스는 동료인 질린스끼와 함께 쁘레오브라젠스끼 부대의 연회를 보러 왔다. 돌아가는 길에 보리스는 집 모퉁이에 서 있는 니꼴라이를 보았다.

"니꼴라이! 별일 없었나? 여유 있게 만날 틈도 없었군." 그는 이렇게 말하고 나서 니꼴라이에게 어떻게 된 거냐고 묻지 않을 수가 없었다. 그토록 니꼴라이의 낯은 침울하고 기가 죽어 있었다.

"아냐, 아무것도 아냐." 니꼴라이는 대답했다.

"들러 가지 않겠나?"

"응, 들러 볼까."

니꼴라이는 먼 발치에서 주연을 벌이고 있는 사람들을 바라보면서, 오랫동안 집 모퉁이에 서 있었다. 그의 마음 속에는 도저히 결말을 낼 수 없는 괴로운 한 생각이 계속되고 있었다. 마음 속에 무서운 의혹이 일고 있었다. 때로는 완전히 표정이 달라지고 몹시 얌전해진 데니쏘프나, 떨어져 나간 손발, 불결과 질병으로 가득 찬 병원의 광경이 떠올랐다. 그것이 너무나도 생생하게 떠올랐기 때문에 그는 지금 그 병원의 시체 냄새를 느끼고 그 냄새가 도대체 어디서 오는 것인가를 확인하기 위해 주위를 둘러보았을 정도였다. 때로는 그는 자만심에 가득 찬 희고 작은 손의 보나빠르뜨를 상기하였다. 그 사나이가 지금은 황제이며, 그 사나이를 알렉산드르 황제가 사랑하고 존경하고 있는 것이다. 잘려나간 손, 다리, 수많은 죽음은 도대체 무엇을 위한 것이었나? 때로는 그는 은상을 받은 라자레프와, 벌을 받고 용서 받지 못한 데니쏘프를 상기하였다. 그는 이렇게 이상한 상념에 잠겨 있는 자신을 깨닫자 자기도 모르게 움찔했다.

쁘레오브라젠스끼 부대의 연회의 음식 냄새와 공복감이 그를 이 상태에서 벗어나게 하였다. 가기 전에 무엇인가를 먹어야 했다. 그는 아침에 보았던 여관 쪽으로 걸어갔다. 거기에는 그와 마찬가지로 평복을 입고 와 있는 장교와 일반인이 많이 있었기 때문에 간신히 식사를 할 수가 있었다. 그와 같은 여단의 두 장교와 동석했다. 당연히 강화 문제가 화제에 올랐다. 니꼴라이의 동료인 이 장교들은 일반 부대의 대다수의 사람들과 같이, 프리틀란드 전쟁 뒤에 체결된 이 강화에 불만이었다. 좀 더 견디었던들 나폴레옹군에는 건빵도 탄약도 없었기 때문에 패배했을 것이라는 것이다. 니꼴라이는 말없이 먹고 마시고 있었다. 그는 혼자서 포도주를 두 병 마셔버렸다. 그의 내부에서 떠오른 마음의 동요는 해결되지 않은 채 여전히 그를 괴롭히고 있었다. 그는 자기 상념에 골몰하기를 두려워했지만, 그렇다고 그것을 뿌리칠 수도 없었다. 두 사람 중의 한 장교가 프랑스 병을 보면 화가 난다는 말을 하자 니꼴라이는 갑자기 발끈해서 소리쳤다. 왜 발끈했는지 전혀 그 까닭을 몰랐으므로 장교들은 어이가 없었다.

"자네들이 판단할 수 있을 리가 없지. 어떻게 했으면 좋았겠다니!" 그는 느닷없이 핏발이 선 얼굴로 말했다. "자네들은 폐하가 하시는 일을 이러쿵저러쿵 비판할 수 있나? 우리에게 권리가 어디 있단 말인가! 우리 따위가 황제의 목적이나 행위를 어떻게 알 수 있단 말인가!"

"나는 황제에 대해서 한 마디도 하지 않았네." 장교가 변명을 하였다. 그는 니꼴라이가 울컥한 것은 취했기 때문이라고밖에 해석할 수가 없었다.

그러나 니꼴라이는 그 말에 귀를 기울이지 않았다.

"우리는 외교를 하는 관리가 아냐, 군인이다. 그 이상 아무것도 아냐." 그는 말을 이었다. "우리는 죽으라는 명령을 받으면 죽어야 한다. 벌을 받았다면 죄가 있는 것이다. 우리가 판단할 일이 아냐. 황제 폐하가 보나빠르뜨를 인정하고 동맹을 맺는 것이 좋다고 하셨으면 그럴 필요가 있는 것이다. 우리가 모든 것을 판단하거나 논의하기 시작하면 무엇 하나 신성한 것은 없어지고 만다. 그리하여 마침내 우리는 하나님도 무엇도 없다고 주장하게 될 것이다." 테이블을 치며 니꼴라이는 떠들어댔다. 그것은 듣는 사람으로 말하자면 어리둥절한 일이었지만 니꼴라이 자신의 생각에서 보자면 논리에 닿는 것이었다.

"우리가 할 일은 자기 의무를 다하고 싸움을 하며 생각하지 않는 일, 그것뿐이다." 그는 결론으로 이렇게 말하였다.

"그리고 마시는 일이지." 말다툼을 할 마음이 없는 장교 한 사람이 말했다.

"그렇다, 마시는 일이다." 니꼴라이가 말을 받았다. "어이, 여보게, 또 한 병 가져와!" 그는 소리쳤다.

제3부

1

1808년, 알렉산드르 황제는 나폴레옹 황제와 다시 회견하기 위해서 에르푸르트(^{베를린 남서쪽 약 280km 지점에 있는 중세 이래의 상업 도시})로 떠났다. 뻬쩨르부르그 상류 사회에서는 이 엄숙하고 심원한 회견의 중대성이 화제에 올랐다.

1809년에 세계의 두 지배자(나폴레옹과 알렉산드르는 이렇게 불리고 있었다)의 친밀함은, 나폴레옹이 그해 오스트리아에 전쟁을 선언하자, 러시아의 군단이 옛 맹우 오스트리아 황제를 적으로 삼아 옛날의 적 보나빠르뜨를 돕기 위해 국경을 넘을 정도가 되었고, 상류 사회에서는 나폴레옹이 알렉산드르 황제의 여동생 한 사람과 결혼할지도 모른다는 소문이 떠돌았다. 그러나 이와 같은 외견상의 여러 가지 구상 외에 당시 러시아 사회의 주목이 특히 집중된 것은, 그 무렵 국정의 여러 부문에서 이루어지고 있던 국내의 개혁이었다.

그러나 한편, 건강, 병, 노동, 휴식과 같은 본질적인 관심을 갖는 진짜 생활—사상, 학문, 시, 음악, 사랑, 우정, 증오, 정열과 같은 관심을 갖는 진짜 생활은 여느 때와 마찬가지로, 나폴레옹과의 정치적인 밀접함이나 적대 관계에 상관 없이 이러한 일들 밖에서, 또 모든 개혁과는 아무런 관계없이 진행되고 있었다.

안드레이 공작은 두문불출하여 2년 동안을 시골에서 보냈다. 삐에르가 자기 시골에서 생각해 내어 연이어 차례로 손을 댄 일에 아무런 성과도 거두지 못했던 모든 영지 경영 사업을, 안드레이는 아무에게도 말하지 않고, 또 눈에 띄는 고생도 하지 않고 수행해 버렸다.

그는 삐에르에게는 결여된 실무적인 끈기를 충분히 갖추고 있었다. 이 때문에 안간힘을 다하거나 무리를 하지 않아도 일은 추진되어 나갔다.

300명의 농노 농민이 있는 한 영지가 자유 경작으로 전환되었고(이것은 러시아에서 최초의 일이었다), 다른 영지에서는 부역이 소작료로 바뀌었다. 보구차로보 마을에서는 산모를 돕기 위해서 안드레이의 비용으로 지식이 있는 조산원이 초청되고, 사제가 봉급을 받고 농민과 하인들의 아이들에게 읽고 쓰는 법을 가르쳤다.

안드레이 공작은 절반의 시간을 '벌거숭이 산'에서 아버지와, 아직 유모가 돌보고 있는 아들과 함께 보냈다. 남은 시간의 절반은 보구차로보의 '수도원'(아버지가 안드레이의 마을을 이렇게 부르고 있었다)에서 보냈다. 그는 이 세상의 모든 외면적인 일에는 무관심한 태도를 삐에르에게는 보였지만, 실은 그러한 사건에 열심히 주의를 기울여 많은 책을 사들여 읽고 있었다. 그리고 뻬쩨르부르그로부터, 즉 현실의 한복판에서 내로라 하는 사람들이 그나 그의 아버지를 찾아왔을 때, 그 사람들이 내외적으로 생기고 있는 모든 일에 대한 지식면에서 시골에 갇혀 있는 자기보다 훨씬 뒤지고 있는 것을 알아채고 놀라움을 감추지 못했다.

영지의 일과 여러 가지 책을 읽는다는 전반적인 공부 외에, 안드레이는 그 당시 러시아의 실패로 끝난 최근의 두 전투의 비판적 분석과, 러시아군의 법규와 규정의 개정안 작성에도 몰두하고 있었다.

1807년 봄, 안드레이는 자기가 후견인이 되어 있는, 랴잔에 있는 아들의 영지로 갔다.

봄날의 따뜻한 빛을 받으면서 그는 포장마차에 앉아, 지금 막 싹이 트기 시작한 풀, 자작나무의 잎, 맑게 갠 푸르른 하늘을 흘러가는 하얀 초봄의 구름을 바라보았다. 그는 아무 생각도 하지 않고, 마냥 즐겁고 부질없이 사방을 둘러보고 있었다.

1년 전에 삐에르와 이야기를 나누던 나루터도 지나갔다. 질퍽질퍽한 마을, 탈곡장, 겨울 보리의 새싹, 다리 근처의 눈이 남은 비탈길, 녹은 눈에 씻긴 진흙의 언덕길, 그루터기만 남은 밭, 군데군데 파릇파릇한 덤불을 지나 길 양쪽에 우거진 자작나무 숲으로 들어섰다. 숲 속은 오히려 더울 정도였고 바람도 느껴지지 않았다. 자작나무는 온통 끈적거리는 푸른 새싹으로 덮여 까딱도 하지 않았다. 그리고 묵은 낙엽 밑에서는 낙엽을 쳐들고 풀과 엷은 자주색 꽃이 얼굴을 내밀고 있었다. 자작나무 숲 속 여기저기 흩어져 있는 어린 전나무는, 볼품없는 상록으로 겨울을 되새겨주고 있었다. 숲 속에 들어서자 말들은 콧김을 내기 시작하고 눈에 띄게 땀을 흘렸다.

하인 뾰뜨르가 마부에게 무슨 말을 하자 마부는 고개를 끄덕였다. 그러나 뾰뜨르는 마부의 동감만으로는 불만이었던지 마부대에서 주인 쪽을 돌아다보았다.

"나리, 정말 마음이 홀가분해집니다!" 그는 공손하게 미소짓고 말했다.

"뭐라고?"

"홀가분합니다, 나리."

'이 녀석이 무슨 말을 하고 있는 것일까?' 안드레이는 생각했다. '그렇지, 봄 얘기군, 아마.' 그는 사방을 둘러보면서 생각했다. '그렇지, 이미 완전히 푸르군…… 참 빠르다! 자작나무도, 체료무하($^{마하레브}_{벚꽃}$)도, 오리나무도 벌써 파래졌어…… 그러나 떡갈나무가 보이지 않는데. 아, 저기 있다. 저게 떡갈나무다!'

길가에 떡갈나무가 서 있었다. 숲을 이루고 있는 자작나무보다 열 배도 더 연륜이 많은 듯한 이 자작나무는 어느 나무보다도 굵고, 키도 배는 높았다. 그것은 두 아름이나 되는 거대한 떡갈나무로서, 오래 전에 꺾인 듯한 가지와, 역시 상처투성이인 낡은 딱지가 생긴 껍질을 가진 거목이었다. 커다랗고 볼품없는, 고르지 않게 내뻗은 손과 손가락을 가진 이 고목은 마치 화를 잘 내고 남을 깔보는 늙은 추한 인간처럼, 미소짓고 있는 자작나무 사이에 서 있었다. 오직 그만이 봄의 매혹에 몸을 맡기려 하지 않고 봄도, 태양도 보려고 들지 않았다.

'봄, 사랑 행복' 그 떡갈나무는 말하고 있는 것 같았다. '너희들은 용케도 싫증을 내지 않는구나. 늘 똑같은, 부질없고 무의미한 속임수에 말이야. 봄도, 태양도, 행복도 어디에 있단 말인가! 저 봐. 저기 짓눌려 죽은 떡갈나무가 웅크리고 있지 않아? 언제나 같은 모양으로 말이야. 그리고 봐, 꺾여서 껍질이 벗겨진 손가락을 펼치고 있다. 그것이 어디서 나든─등이건 옆구리건 상관 없어. 솟아나면 난 대로 그대로 서 있다. 너희들의 희망과 속임수에 누가 속을 줄 알고?'

안드레이는 숲을 빠져나가면서 마치 그 떡갈나무로부터 무엇인가를 기대하듯, 그것을 몇 번이고 돌아다보았다. 꽃과 풀은 떡갈나무 밑에도 있었지만, 나무는 여전히 까다로운 표정으로 꼼짝하지 않고 모양새 없이 짓궂게 꽃과 풀 한복판에 서 있었다.

'그렇지, 저 떡갈나무 쪽이 백 배 천 배 옳다.' 안드레이는 생각했다. '다른 녀석들은, 젊은 친구들은 이런 속임수에 속고 있으라지. 그러나 우리들은 인생을 알고 있다. 우리의 인생이야 다 끝난 것이니까 말이야!' 절망적이면서도 이 떡갈나무와 결부되자 슬프면서도 기분 좋은 생각이, 새로운 무리를 이루어 안드레이의 마음 속에 솟구쳤다. 이 여행 중에 그는 마치 자신의 인생 전체를 다시 진지하게 생각하여, 전과 같이 마음을 위로해 주고 더욱이 희망이 없는 결론에 도달한 것 같았다. 그것은, 자기는 아무것도 시작할 필요는 없다, 자기는 악을 행하지 않고, 고민도 하지 않고, 무엇 하나 바라지도 않고 자신의 여생을 보내야 한다는 결론에 도달한 느낌이었다.

2

랴잔 영지의 후견에 관한 일로 안드레이 공작은 군(郡)의 귀족 단장과 만날 필요가 있었다. 귀족 단장은 일리야 로스또프 백작이었기 때문에 안드레이 공작은 5월 중순께 백작한테로 갔다.

이미 더운 봄철이었다. 숲은 온통 옷을 입고 있었다. 뽀얗게 먼지가 일고 있고, 물 옆을 지나칠 때 미역을 감고 싶을 정도였다.

안드레이는 귀족 단장을 만나면 용건에 관해서 무엇을 물어야 할 것인지 이 생각 저 생각에 골몰하면서, 들뜬 얼굴로 정원의 가로수길을 지나 로스또프네의 영지 오뜨라도노에의 저택으로 가까이 갔다. 오른쪽 나무 뒷전에서 즐거운 여자들의 외치는 소리가 들려왔고, 포장마차 앞을 가로질러 달려가는 소녀들이 눈에 띄었다. 맨 앞장을 서서 마차 옆으로 바싹 달려온 것은, 머리와 눈동자가 까맣고 몹시 여윈 소녀였다. 그녀는 노란 캘리코 천의 옷을 입고 하얀 손수건으로 머리를 질끈 동여 매고 있었는데, 그 밑에서 빗어 올린 머리 타래가 밀려나와 있었다. 소녀는 무슨 말을 외쳤지만 낯선 사람을 알아채자, 그쪽은 외면한 채 웃음소리를 지르면서 오던 길을 되돌아 달려갔다.

안드레이는 왜 그런지 문득 가슴이 아팠다. 이토록 화사한 날씨에 햇살도 밝고 주위는 모든 것이 들떠 있는데도, 그 여윈 아름다운 소녀는 그의 존재 같은 것은 아랑곳없고 또 알려고도 하지 않는다. 그러면서도 자기만의, 분명히 부질없는, 그러나 즐겁고 행복한 생활에 만족하고 행복을 느끼고 있는 것이다. '저 여자아이는 무엇을 저렇게도 기뻐하고 있는 것일까? 무엇을 생각하고 있을까? 설마 육군 규정이나, 랴잔의 소작료를 조정하는 일은 아닐테고. 도대체 무슨 생각을 하고 있는 것일까? 무엇 때문에 저렇게도 행복스럽단 말인가?' 자기도 모르게 안드레이는 호기심에서 스스로 자문해 보았다.

로스또프 백작은 1809년에는 이전과 마찬가지로, 즉 현의 모든 사람을 손님으로 초대하여 사냥이니 연극이니 만찬회니 음악회니 하며 오뜨라도노에에서 살고 있었다. 그는 다른 손님을 맞이할 때와 마찬가지로 안드레이의 방문을 기뻐하고 강요하다시피 해서 묵어가게 하였다.

주인 내외와 생일날이 가깝다 해서 노백작의 집에 밀어닥친 최상의 손님들이 안드레이를 상대해 준 따분한 하루 동안 그는 이 모임의 반을 차지하는, 젊은이들의 그룹 사이에서 무엇인가 웃고 즐기고 있는 나따샤를 여러 번 바라보면서 끊임없이 이렇게 자문하고 있었다. '저 애는 무슨 생각을 하고 있을까? 무엇이 저렇게도 즐거울까?'

그날 밤, 새로운 장소에서 혼자 남게 되자 그는 오랫동안 눈을 붙일 수가 없었다. 책을 읽고 나서 촛불을 껐지만 다시 켰다. 셔터가 안쪽에서 가려져 있어 방 안은 무더웠다. 그는 필요한 서류가 읍에 있고, 아직 오지 않았다고 주장하여 자기를 붙들어놓은 그 멍청한 늙은이(그는 로스또프를 이렇게 불렀다)가 밉살스러웠고, 마지못해 유숙한 자신에 대해서도 화가 치밀었다.

안드레이 공작은 일어나서 창가로 다가가 창문을 열려고 했다. 셔터를 열자마자 달빛이 마치 오랫동안 골똘히 기다리고 있었다는 듯이 왈칵 방 안으로 흘러들었다. 그는 창문을 활짝 열어젖혔다. 밤은 상쾌하고, 죽은 듯 고요하고 밝았다. 바로 창 앞에는 가지치기를 한 나무들이 늘어서 있는데, 나무 한쪽은 거무스름하고 또 한쪽은 은빛으로 빛나고 있었다. 나무 밑은 이슬이 깔려 축축히 젖어 있고, 우거진 풀 사이로 군데군데 은빛 잎새와 줄기가 반짝이고 있었다. 거무스름한 나무 저쪽에는 이슬에 반짝이는 지붕이 보이고, 그 오른쪽에는 눈부시도록 하얀 줄기와 가지를 드러낸 울창한 큰 나무가 서 있었다. 그 머리 위에는 보름달에 가까운 밝은 달이 거의 별이 없는 봄 하늘에 걸려 있었다. 안드레이 공작은 창턱에 팔꿈치를 괴었다. 그의 눈은 그 하늘에 못박혔다.

안드레이의 방은 2층에 있었다. 그 위의 방에도 사람이 있었고, 역시 잠들어 있지 않았다. 위쪽에서 여자들의 이야기 소리가 들렸다.

"꼭 한 번만." 위에서 여자 목소리가 말했다. 안드레이는 곧 그것이 누구의 음성인가를 알아챘다.

"글쎄, 넌 대체 언제 잘 작정이야?" 다른 음성이 대답했다.

"난 안 잘거야. 잘 수 없는 걸. 할 수 없잖아! 그럼, 마지막으로 한 번더……."

두 여인의 음성은 무슨 음악의 마지막 구절 같은 것을 부르기 시작했다.

"아아, 너무나 훌륭해! 자, 자자. 이제 마지막이야."

"넌 이제 자도 돼. 하지만 나는 잘 수가 없어." 첫 번째 음성이 창 쪽으로 다가와서 대답했다. 그녀는 창문에서 몸을 내민 듯, 옷자락 스치는 소리와 숨소리마저 들렸다. 사방은 조용해지고, 달이나 그 빛과 그림자처럼 움직이지 않게 되었다. 안드레이는 뜻하지 않은 자신의 존재가 알려질까봐 몸을 움직이는 것조차도 두려워했다.

"쏘냐! 쏘냐!" 다시 첫 번째 음성이 들렸다. "잘도 자고 있군! 좀 봐봐. 참 훌륭해! 아, 얼마나 훌륭한가! 글쎄, 일어나라니까, 쏘냐." 그녀는 울먹일 것만 같은 목소리로 말했다. "이토록 아름다운 밤이란 한 번도 있지 않았어."

쏘냐는 무엇인가 마음이 내키지 않는 대답을 하였다.

"안 돼. 자, 좀 봐. 저 달을! …… 얼마나 훌륭해! 이리 와 봐, 쏘냐. 이리 오라니까. 보여? 이렇게 몸을 쪼그리고, 이렇게 자기 무릎을 끌어안아봐—더 꼭, 되도록 꼭 끌어안아야 해—그리고 날고 싶어, 이렇게!"

"그만 해, 떨어진다니까."

다투는 소리와 싫증이 난 듯한 쏘냐 목소리가 들렸다.

"벌써 1시가 지났어."

"아, 넌 언제나 내 마음을 상하게 하는구나. 좋아. 저리 가, 가라니까."

다시 사방은 잠잠해졌지만, 안드레이는 그녀가 아직 거기 앉아 있는 것을 알았다. 이따금 조용히 옷자락 스치는 소리와 숨소리가 들렸다.

"아아, 싫다! 싫어! 어쩌자고 이처럼 훌륭할까!" 느닷없이 그녀는 소리쳤다. "그러나 자야 한다면, 잘 수밖에." 이렇게 말하고 창문을 탕 닫아 버렸다.

'내 존재 같은 건 상관 없는 일이다!' 안드레이는 그 이야기 소리에 귀를 기울이고, 그녀가 무엇인가 자기에 관한 이야기를 해주기를 왜 그런지 기대도 하고 두려워도 하면서 생각했다. '하필이면 또 그 아이가 아닌가!' 그는 생각하였다. 그러자 그의 마음 속에 문득 자신의 전체 생활과는 모순되는 너무나 뜻하지 않은 젊은 생각과 희망이 한 데 섞여 솟아올랐다. 그는 자기 상태를 분명히 이해할 수 없다고 느끼고 곧 잠이 들고 말았다.

3

이튿날, 여인들이 나오는 것을 기다리지도 않고 백작한테만 작별 인사를 하고 안드레이는 집으로 돌아갔다.

안드레이는 집으로 돌아가는 도중, 그 늙은 울퉁불퉁한 떡갈나무가 매우 기묘하고 잊을 수 없는 감명을 준 자작나무 숲으로 다시 들어갔다. 벌써 6월 초였다. 숲 속으로 들어가자 마차 방울은 한 달 반 전보다도 더 맑게 울렸다. 숲 전체가 완전히 충실하게 우거져 그늘은 짙고 울창했다. 숲 속에 흩어져 있는 어린 전나무도 전체의 아름다움을 깨뜨리지 않고, 전체의 느낌을 따라 솜털로 덮인 어린 싹이 터서 부드러운 녹색을 나타내고 있었다.

하루 종일 무더운 날씨였으며, 어디선지 뇌우(雷雨)의 기색이 보였으나 다만 작은 비구름이 길가의 먼지와 물기가 많은 잎에 한 줄기 빗방울을 뿌렸을 뿐이었다. 숲 왼쪽은 어둡고 그늘져 있고, 오른쪽은 흥건히 젖어서 윤기가 감돌고 있었으며, 산들바람에 가볍게 흔들리면서 햇살에 비치고 있었다. 모든 것이 절정에 놓여 있었고 꾀꼬리는 멀리서 혹은 가까이에서 서로 울어대고 있었다.

'그렇다, 여기다. 이 숲에, 내가 공감한 떡갈나무가 있었다.' 안드레이는 생각했다. '그건 어디였지?' 그는 길 왼쪽에 떡갈나무가 있다는 것을 알아챘으나 그것이 자기가 지금 찾고 있는 떡갈나무라는 것도 모른 채 매혹되어 바라보고 있었다. 완전히 모습이 달라진 늙은 떡갈나무는, 물기가 많은 짙은 푸른 잎을 덮개처럼 펼치고 석양 햇빛 속에서 가볍게 흔들리면서 황홀한 기쁨에 젖어 있었다. 구부러진 손가락도, 딱지도, 늙었다는 슬픔도 회의도—아무것도 보이지 않았다. 단단한, 백 년을 묵은 단단한 나무 껍질로부터 가지도 없는 곳에 물기 찬 어린 잎이 얼굴을 내밀고 있었다. 그것은 이 노목이 만들어낸 것이라고는 믿어지지가 않을 정도였다. '그렇다, 이것이 그 떡갈나무인 것이다.' 안드레이 공작은 생각했다. 그러자 문득 까닭 모를 환희와 만물이 소생하는 봄의 감정에 사로잡혔다. 자기 인생의 가장 훌륭했던 순간 순간이 한꺼번에 상기되었다. 높은 하늘의 아우스터리츠도, 책망하는 듯한 아내의 죽은 얼굴도, 나룻배 위의 삐에르도, 아름다운 밤에 가슴을 설레던 소녀도, 그날 밤도, 달도—모든 것이 별안간 그의 마음에 떠올랐다.

'아냐, 인생은 서른 한 살에 끝나는 것은 아니야.' 안드레이는, 갑자기 최후의 결단으로서 단호히 결론을 내렸다. '내가 내 안에 있는 모든 것을 아는 것만으로는 모자라다. 이것을 모든 사람이 알도록 해야 한다. 삐에르도, 하늘을 날아가고 싶었던 그 소녀도, 모두가 나를 아는 것처럼, 나의 인생의 영위(營爲)가 나 혼자의 것이 아닌 것처럼, 모두가 그 여자아이처럼, 나의 인생에 관련 없이 살아가는 일이 없도록, 모두에게 나의 인생이 반영되고 모두가 나와 함께 살도록 되지 않으면 안 되는 것이다!'

이 여행에서 돌아오자, 안드레이는 가을에는 뻬쩨르부르그로 가려고 결심하고, 이 결심을 하게 된 이유를 여러 가지로 생각해 보았다. 자기가 아무래도 뻬쩨르부르그로 가서 근무까지 하지 않으면 안 되는 논리적, 합리적인 논거가 산더미처럼 준비되어 항상 사용할 수 있게 되어 있었다. 한 달 전만 해도 시골을 떠난다는 것은 상상조차 할 수 없는 일이었던 것과 마찬가지로, 어째서 자기가 한때 인생에 적극적으로 참가하는 일에 의문을 품고 있었던가를 지금에 와서는 이해조차 할 수 없었다. 자신의 모든 인생 경험은, 그것을 실제로 적용함으로써 인생에 다시 적극적으로 참가하지 않는다면 아무 보람 없이 사라지고 무의미하게 될 것이 분명하다고 여겨졌다. 여러 가지 인생의 교훈을 얻은 끝에, 지금 새삼스럽게 쓸모 있게 사용할 가능성이나 행복, 사랑의 가능성 등을 다시 믿거나 하면 자기 품위를 떨어뜨리는 일이 된다는 생각이, 이전에는 어째서 당연한 일로 여겨졌는지 이해가 가지 않았다. 지금 이성은 전혀 다른 것을 속삭이고 있었다. 이 여행에서 돌아온 이후의 안드레이는 시골 생활이 지루해지고, 이제까지의 일에 흥미를 느끼지 못하게 되었다. 그리고 혼자 서재에 앉아 있으면 그는 자주 벌떡 일어나 거울 앞으로 가서 오랫동안 자기 얼굴을 들여다보는 것이었다. 그러고는 뒤로 돌아서 황금빛 액자 속에서 부드럽고 밝게 그를 바라보고 있는, 그리스식으로 틀

어울린 머리를 한 리자의 초상화를 보았다.

그녀는 이젠 남편에게 전과 같은 무서운 말을 하지 않았다. 그녀는 소박하고 밝고 호기심에 찬 눈으로 그를 바라보고 있었다. 안드레이는 이마를 찌푸리기도 하고 미소를 짓기도 하면서 뒷짐을 지고 오랫동안 방 안을 돌아다녔다. 그는 삐에르와 명성, 창가의 소녀와 떡갈나무, 그리고 자기의 전 인생을 바꾸어버린, 여성의 아름다움과 사랑에 얽힌 터무니 없는, 말로는 나타낼 수 없는 죄악과 같은 비밀의 생각을 연이어 머리에 떠올리고 있었다. 그리고 마침 그럴 때 누가 방 안으로 들어오기라도 하면 그는 더욱 무뚝뚝해지며 엄격할 만큼 단호해지고, 특히 불쾌할 정도로 논리적이 되었다.

"오빠." 이럴 때에 마리야가 들어와서 곧잘 이렇게 말하는 경우가 있었다. "니꼴렌까는 오늘 산책을 시킬 수가 없어요. 몹시 추우니까요."

"만약 따뜻하면" 그럴 때에는 유달리 쌀쌀하게 안드레이는 누이 동생에게 대답하는 것이었다. "그 애는 셔츠 하나만 입고 나가도 되겠지만 추우니까 두터운 옷을 입히지 않으면 안 돼. 두터운 옷이 그래서 고안되어 있으니까. 춥다는 데에서 나오는 결론이지. 아이에게 바깥 공기가 필요할 때 춥다고 해서 집에 틀어박혀 있을 수는 없어." 그는 자기 마음 속에 생기고 있는 이 비밀의, 비논리적인 모든 내면적 작용에 대해서 마치 누군가를 벌하는 것처럼 새삼 논리적으로 말하는 것이었다. 마리야는 그럴 때, 이와 같은 지적인 활동은 얼마나 남자를 메마르게 만드는 것일까 하고 생각하는 것이었다.

4

안드레이는 1809년 8월에 뻬쩨르부르그로 왔다. 때는 마침 젊은 스뻬란스끼(당시 내무대신, 백작. 자유주의적인 / 국가개혁안을 작성. 1772~1839)의 명성과, 그가 행하려고 한 개혁의 에너지가 절정에 이른 시기였다. 마침 그달, 황제는 포장마차를 타고 있을 때 굴러떨어져서 발을 다쳐, 뻬쩨르꼬프(핀란드만 해안의 / 별장지, 화려한 이궁)에서 3주 동안 머무르면서 매일 스뻬란스끼하고만 만나고 있었다. 궁중의 관등 폐지와 8등관·5등관의 임용 시험이라는, 사회를 소란케 한 그 유명한 두 개의 법령뿐만 아니라 국가 평의회에서 향(鄕) 사무소(향은 군과 촌의 / 중간 단위)에 이르기까지, 러시아의 사법·행정·재정 조직을 바꿀 헌법까지도 그 무렵에 준비되어 있었다. 알렉산드르가 즉위한 당시부터 품고 있었고, 자기의 상담 상대로, 그가 농담 삼아 공안 위원회라고 부르던 차르또리시스끼, 노보씰리쩨프, 꼬추베이, 스뜨로가노프들의 힘을 빌려 실현하려고 한, 저 막연한 자유주의적인 꿈이 이제 실현되고 구체화되려 하고 있었던 것이다.

지금은 모두를 대신해서 스뻬란스끼가 일반 국정면을, 아라끄체에프가 군사면을 맡고 있었다. 안드레이는 도착한 후 곧, 시종(실제로는 하는 일이 없는 직함뿐인 궁정의 관위)으로서 궁정에 나가서 황제께 배알하였다. 황제는 두 번이나 그를 만났지만 한 마디도 말을 하지 않았다. 안드레이는 전부터 늘 자기는 황제가 좋아하지 않는 사람으로, 자기 얼굴과 자기의 존재 전체가 황제에게는 불쾌하게 여겨지고 있다고 느끼고 있었다. 황제가 그를 보았을 때의 무뚝뚝하고 냉담한 시선 속에 안드레이는 이 추측을 뒷받침하는 것을 이제까지 이상으로 알아차렸다. 조신들은, 황제가 그를 무시하는 것은 1805년 이래 군에 복무하고 있지 않기 때문이라고 안드레이에게 설명하였다.

'나도 알고 있다. 우리는 자기의 화의나 악의를 어찌할 수가 없는 것이다.' 안드레이는 생각했다. '그러니까 군사 법전에 대한 나의 각서를 직접 황제에게 제출해야겠다고 생각해도 아무 소용이 없다. 그렇지만 사실 자체가 무엇보다도 잘 말해주고 있다.' 그는 자신의 각서에 관한 일을 아버지의 친구인 노원수에게 전했다. 원수는 만날 시간을 지정하고 나서 기분 좋게 그를 맞아 황제에게 상신해 주겠다고 약속했다. 며칠 후 안드레이는 군사 대신 아라끄체에프 백작에게 출두하라는 통지를 받았다.

지정된 날 아침 9시에 안드레이는 아라끄체에프 백작의 응접실에 출두했다.

개인적으로 안드레이는 아라끄체에프를 알지 못했고 한 번도 본 일이 없었지만, 그가 알고 있는 모든 것은 이 사람에 대해 존경을 느끼게 하는 것들은 아니었다.

'그는 군사 대신으로 황제의 신임이 두터운 인물이다. 개인적인 성격 같은 건 관계가 없는 일이다. 나의 각서에 대한 검토가 그에게 명령된 것이다. 따라서 나의 각서에 관한 일을 움직여주는 것은 이 사나이밖에 없다.' 안드레이는 아라끄체에프 백작 응접실에서 많은 높은 사람들과 높지 않은 사람들 틈에 끼어 생각하고 있었다.

안드레이는 군 시절 대부분을 부관으로 근무하는 동안에 명사들의 응접실을 수없이 보아 왔기 때문에, 그러한 응접실의 갖가지 성격을 그는 뚜렷이 알고 있었다. 아라끄체에프 백작의 경우, 응접실은 매우 독특한 성격을 띠고 있었다. 아라끄체에프의 응접실에서 접견 차례를 기다리고 있는 높지 않은 사람들의 표정에는 황송하고 온순한 기분이 뚜렷하게 나타나 있었다. 좀 더 계급이 높다고 여겨지는 사람들의 얼굴에는 어색하다는 기분이 나타나 있었는데, 일부러 솔직한 태도를 보이거나, 자기 자신이나 자기의 입장, 그리고 자신이 기다리고 있는 아라끄체에프를 비웃음으로써 그 기분을 숨기고 있었다. 어떤 사람은 생각에 잠긴 듯이 이리저리 걸어다니고, 어떤 사람은 속삭이면서 웃기도 했다. 안드레이는 '파워 아라끄체에프'라는 별명이나 "아저씨에게 혼이 날 거야" 하는 말을 들었다. 그것은 모두 아라끄체에프 백작을 두고 하는 말이었다. 어느 장군(즉 높은 인물)은 너무 오랫동안 기다리게 하는 데 모욕을 느꼈는지 발의 위치를 여러 가지로 바꾸기도 하고, 혼자서 얕잡아 본 듯이 싱글싱글 웃으면서 앉아 있었다.

그러나 문이 열릴 때마다 모두의 얼굴에 나타나는 것은 단 한 가지—공포뿐이었다. 안드레이는 찾아온 것을 전해달라고 다시 한 번 당직에게 부탁했으나 그는 멸시하는 것 같은 눈으로 바라보면서, 그럴만한 때가 오면 차례가 돌아온다고 말했다. 몇 사람이 부관의 안내를 받아 대신 서재에 들어가기도 하고 나오기도 한 후 장교 한 사람이 그 무서운 문으로 불려 들어갔는데, 그 비굴하고 겁먹은 듯한 얼굴이 안드레이를 놀라게 하였다. 그 장교의 접견은 오래 계속되었다. 별안간 문 안쪽에서 울려나오는 불쾌한 목소리가 들리고, 그는 파란 입술을 떨며 거기서 나오자 머리를 싸매고 응접실을 지나갔다.

그 후 안드레이가 문 옆으로 불려가자 당직이 속삭이듯 말했다. "오른쪽 창문으로."

안드레이는 검소하지만 산뜻한 서재에 들어섰다. 테이블 옆에 40대 가량의 남자가 보였다. 상체가 길고, 굵은 주름이 있는 갸름한 얼굴에 짧게 깎은 머리, 찌푸린 눈썹 아래에 갈색이 감도는 푸르고 멍한 눈과 늘어진 붉은 코가 보였다. 아라끄체에프는 안드레이에게로 얼굴을 돌렸으나 그를 쳐다보지는 않았다.

"당신의 부탁은 무엇입니까?" 아라끄체에프는 물었다.

"저는 아무것도…… 부탁할 일은 없습니다, 각하." 안드레이는 말했다.

아라끄체에프의 눈이 그에게로 향했다.

"앉으시오." 아라끄체에프는 말했다. "볼꼰스끼 공작."

"별로 저는 청원은 없습니다. 황제 폐하께서 제가 제출한 각서를 각하한 테 보내셨기에……."

"실은 공작, 당신의 각서는 읽었습니다." 아라끄체에프는 말했다. 처음 몇 마디는 상냥했으나, 다시금 안드레이의 얼굴은 보지 않고 점차 불평을 하는 것 같은 얕잡아 보는 어조를 띠어 갔다. "새로운 군의 법규를 제안하고 계시는 군요. 법률은 많이 있습니다만 낡은 법률을 실행하는 사람은 없습니다. 요즈음에는 너나 할 것 없이 마구 법률을 쓰고 있지만, 그야 쓰는 편이 실행보다 편하거든요."

"저는 그 의견서를 각하께서 어떻게 처리하시려는지 알아보려고, 황제 폐하의 의지에 따라 찾아뵌 것입니다." 안드레이는 정중하게 말했다.

"나는 당신의 각서를 결재해서 위원회로 돌렸습니다. 나는 좋다고는 생각하지 않습니다." 아라끄체에프는 일어나서 책상에서 서류를 집으면서 말했다. "이겁니다." 그는 안드레이에게 건네주었다.

서류에는 그것을 가로지르듯이 연필로, 첫 글자인 대문자도, 철자법의 규칙도 구두점도 없이 이렇게 쓰여 있었다.

'경솔한 작성임. 왜냐하면 프랑스 육군 법규의 모방에 지나지 않으며, 공연히 군 복무 규정으로부터 벗어나기 때문임.'

"어느 위원회로 각서가 보내어졌습니까?" 안드레이는 물었다.

"군사 법전 위원회입니다. 귀하를 위원의 한 사람으로 넣도록 내가 추천해 두었습니다. 다만 수당은 없습니다."

안드레이 공작은 미소를 지었다.

"난 그런 것은 원하지 않습니다."

"무급 위원으로 말이죠." 아라끄체에프는 되풀이했다. "그럼 실례하겠습니다. 어이! 다음 사람을 부르게." 그는 안드레이에게 고개를 숙이면서 소리쳤다.

5

위원회 위원에 임명되었다는 통지를 기다리면서 안드레이는 옛날의, 특히 힘이 있고 자기에게 도움이 될 만한 교우 관계를 되살리기 시작하였다. 그가 지금 뻬쩨르부르그에서 느끼고 있는 기분은 전투 전날 밤에 도저히 가만히 있을 수 없는 호기심에 사로잡혀, 최고의 세계로, 무수한 사람들의 운명이 걸려 있는 미래가 만들어지는 곳으로 어쩔 수 없이 이끌려 갔을 때의 기분과 비슷했다. 그는 노인들의 초조, 사정에 통해 있지 않은 사람들의 호기심, 사정에 통해 있는 사람들의 신중함, 모든 사람들의 초조와 불안을 보았다. 그리고 지금 1809년에, 매일같이 성립되는 무수히 많은 새 위원회를 보고 여기 뻬쩨르부르그에서 거대한 국내전이 준비되고 있다는 것을 느꼈다. 더우기 그 총사령관은 자기가 잘 알 수 없는 수수께끼와 같은, 자기에게는 천재라고 여겨지는 인물—스뻬란스끼였다. 그리고 자기는 막연하게만 알고 있는 개혁 사업 그 자체와, 그 중심 인물인 스뻬란스끼가 그의 관심을 몹시 끌기 시작하였다. 때문에 군의 법규에 대한 일은 이내 그의 의식 속에서, 두 번째 위치로 옮겨가기 시작하였다.

안드레이는 당시의 뻬쩨르부르그 상류 사회의 온갖 최고 모임에 환영 받는 데에 더없이 좋은 입장에 있었다. 개혁파는 그를 환영하였고 끌어들이려 하였다. 왜냐하면 첫째 그는 머리가 좋고 매우 박식하다는 평판을 얻고 있었고, 둘째 그가 자기의 농민을 해방시킨 것으로 자유주의자라는 평판을 이미 얻고 있었기 때문이다. 불만을 가진 노인들의 한 파는 개혁을 비판하면서도, 아버지가 아들을 대하듯이 그에게 공감을 얻으려고 하였다. 여성들의 사회, 즉 사교계에서도 기꺼이 그를 받아들였다. 그가 부유한 명문 집안의 독신자이며, 게다가 전사(戰死)의 오보와 비극적인 아내의 죽음이라는 로맨틱한 이야기의 빛에 싸인, 거의 신인과 다름없는 인물이었기 때문이다. 게다가 옛날의 그를 알고 있던 사람들의 일치된 목소리는, 최근 5년 동안에 그는 매우 좋은 방향으로 크게 바뀌었고 유연해지고 어른이 되어, 옛날과 같은 가장된 태도나 오만함도, 또 남을 얕잡아보는 듯한 태도도 없어지고 나이와 함께 몸에 붙는 침착함이 생겼다는 것이었다. 그는 사람들의 입에 오르내리게 되었고, 누구나 그에게 관심을 가지고 만나고 싶어했다.

아라끄체에프 백작을 방문한 이튿날, 안드레이는 저녁때 꼬추베이 백작을 방문하였다. 그는 백작에게 자기가 파워 아라끄체에프를 만났다는 이야기를 하였다(꼬추베이도 안드레이가 군사 대신의 응접실에서 알아챈 것과 같은,

무엇인가를 어쩐지 얕잡아본 어조로 아라끄체에프를 이렇게 부르고 있었다).

"여보게." 꼬추베이는 말했다. "자네는 역시 그런 일에서도 스뻬란스끼 씨를 무시할 수는 없네. 그는 대단한 일꾼이니까. 내가 그에게 말해 주지. 오늘 밤에 오겠다고 약속했으니까……."

"스뻬란스끼가 군사 법규에 어떤 관계가 있습니까?" 안드레이는 물었다.

꼬추베이는 안드레이의 순진함에 놀란 듯이 미소를 짓고 고개를 흔들었다.

"나는 며칠 전에 그 사람과 자네 이야기를 했다네." 꼬추베이는 말을 이었다. "자네의 자유 농민 이야기를 말이야……."

"아, 자신의 농민들을 해방했다는 사람이 당신이었군요? 공작." 예까쩨리나 여제(女帝) 시대의 노인이, 안드레이를 멸시하듯 돌아다보고 말했다.

"손바닥만한 영지(領地)에서는 통 수입이 오르지 않아서." 안드레이는 공연히 노인을 화나게 할 건 없다고 생각하고, 자기 행동을 모나지 않게 하려고 애쓰면서 대답했다.

"당신들은 뒤처지는 것이 무서운 거예요." 노인은 꼬추베이를 바라보면서 말했다.

"나는 한 가지 납득이 가지 않는 일이 있습니다." 노인은 말을 이었다. "만약 그들에게 자유를 준다면 대체 누가 토지를 경작합니까? 법률을 쓴다는 것은 간단하지만 나라를 다스리기는 어렵습니다. 지금도 마찬가지죠. 물어보고 싶은 일이 있습니다만, 백작, 모든 사람이 시험을 치러야 한다면 관청의 장관은 대체 누가 됩니까?"

"그야, 시험에 합격한 사람이겠죠." 꼬추베이는 다리를 포개고 사방을 둘러보면서 대답했다.

"그런데 우리 관청에 쁘랴니치꼬프라는 사나이가 있습니다만, 보기 드문 훌륭한 위인이며 예순 살이나 됩니다. 이런 사나이도 시험을 치르게 된단 말입니까?"

"글쎄, 그건 좀 어렵겠죠. 교육이 통 보급돼 있지 않으니까요. 그러나……."

꼬추베이 백작은 말을 끝까지 하지 않고 일어나서 안드레이의 손을 잡고,

때마침 들어온 훤칠한 키에, 벗겨진 금발 머리의 사람을 향해 걸어갔다. 그는 마흔 살쯤 돼 보이는, 큼직한 이마가 드러나 있고 갸름한 얼굴은 이상할 정도로 흰 사나이였다. 들어온 사나이는 파란 연미복을 입고 목에는 십자 훈장, 가슴 왼쪽에는 별 모양 훈장을 달고 있었다. 스뻬란스끼였다. 안드레이는 곧 그를 알아보았다. 그러자 인생의 중요한 순간에 흔히 그러듯이, 마음속에서 무엇인가 움찔했다. 그것이 존경이었는지, 부러움이었는지, 기대였는지—그는 알 수가 없었다. 스뻬란스끼는 모습 전체가 바로 그 사람이라고 알 수 있는 독특한 타입이었다. 어색하고 둔한 동작이 이렇게도 침착하고 자신에 차 있는 것을 안드레이는 자기가 이제까지 살았던 사회의 그 누구의 경우에도 본 일이 없었다. 절반쯤 감은 약간 윤기가 감도는 눈이, 이 정도로 빈틈 없는, 그러면서도 부드러운 시선을 가지고 있는 것을 그 누구의 경우에도 본 일이 없었다. 아무런 뜻이 없는 딱딱한 미소와 섬세하고 부드럽고 조용한 목소리나, 그 중에서도 얼굴, 특히 어느 정도 폭은 넓지만 유달리 토실토실하고 보들보들한 하얀 손은 본 일이 없었다. 이와 같은 하얗고 부드러운 낯을 안드레이 공작은 오랫동안 병원에 입원하고 있었던 어느 병사에게서 본 것 이외에는 본 적이 없었다. 이것이 스뻬란스끼였다. 국가 평의회 관방 장관이며, 황제에게 상소하는 사람이며, 황제를 따라 엘푸르뜨에 가고 거기서 여러 번 나폴레옹을 만나 이야기를 한 사람이었다.

많은 사람이 모인 속에 들어가면 무의식적으로 눈을 얼굴에서 얼굴로 옮기는 법인데, 스뻬란스끼는 그러지 않고 서둘러 이야기를 하려고도 하지 않았다. 그는 상대편이 자기 말을 반드시 들어주리라는 자신을 가지고 조용히 말을 하고, 말하는 상대편의 얼굴밖에 보지 않았다.

안드레이는 스뻬란스끼의 한 마디 한 마디, 일거일동을 유달리 눈여겨 지켜보고 듣고 있었다. 많은 사람에게, 특히 친근한 사람을 엄격하게 비판하는 사람에게 흔히 있는 것처럼 안드레이는 새로운 사람을 만나면, 특히 평판을 듣고 알고 있는 데에 지나지 않은 스뻬란스끼 같은 사람을 만나면, 언제나 그 사람 속에 인간으로서의 아름다운 점이 완전히 갖추어져 있는가를 찾아내려고 기대하는 것이었다.

스뻬란스끼는 궁중에서 붙들려서 더 빨리 올 수 없었던 것은 유감이라고 꼬추베이에게 말했다. 그는 황제에게 붙들렸다고는 하지 않았다. 그리고 이 겸손함이 일부러 과시하기 위한 것이라는 것을 안드레이는 알아차렸다. 꼬추베이가 안드레이의 이름을 말하자 스뻬란스끼는 여전히 같은 미소를 띤 채, 천천히 눈을 옮겨 말없이 안드레이를 바라보았다.

"뵙게 되어 무척 기쁩니다. 나도 당신 소문을 듣고 있었습니다." 그는 말했다.

아라끄체에프가 안드레이를 접견하였다는 것을 꼬추베이는 짧게 이야기하였다. 스뻬란스끼는 더욱 부드럽게 미소지었다.

"군사 법규 심의회 회장은 나의 친한 친구 마그니쯔끼 군입니다." 그는 한 마디 한 마디 분명히 발음하면서 말했다. "만약에 원하신다면 만나게 해 드리겠습니다." 그는 문장이라면 구두점을 찍을 곳에서 잠시 사이를 두었다. "그 사나이라면 이치에 닿는 일이라면 무엇이든지 추진하는 데에 찬성해 줄 것이고 그러한 의욕을 가지고 있다는 것을 아시게 될 것입니다."

스뻬란스끼 주위에는 이내 무리가 이루어졌다. 그리고 쁘랴니치꼬프라는, 자기 직장의 관리에 대해서 이야기했던 그 노인도 스뻬란스끼에게 질문을 하였다.

안드레이는 대화에 끼어들지 않고, 얼마 전까지만 해도 별 볼일 없는 신학교 학생이었으나 지금은 러시아의 운명을 하얀 토실토실한 손에 쥐고 있는 스뻬란스끼의 동작을 하나도 남김없이 지켜보고 있었다. 안드레이는 스뻬란스끼가 노인에게 대답했을 때의—이제까지 본 일이 없는—남을 얕잡아보는 것 같은 태도에 놀랐다. 그는 헤아릴 수 없이 높은 곳에서 관대한 말을 노인에게 해주었다는 느낌이었다. 노인이 너무 큰 소리로 무턱대고 말하기 시작하자 스뻬란스끼는 미소를 짓고, 폐하가 좋다고 하시는 일의 득실을 자기는 논할 수 없다고 말했다.

같이 동석하여 잠시 이야기를 하고 나서, 스뻬란스끼는 일어나 안드레이에게로 다가가서 그를 방 반대쪽 구석으로 데려갔다. 안드레이를 주목할 필요가 있다고 생각하는 것이 분명했다.

"당신과 이야기할 틈이 없었습니다. 저 노인 덕택으로 진지한 이야기에 끌려들었으니까요." 그는 얕잡아 본 듯한 미소를 띠고, 그 미소로 자기와 안드레이는 아까까지 말상대를 해주었던 사람들은 시시하다는 것을 알고 있다는 태도로 말했다. 이런 태도는 안드레이의 비위를 거스르지는 않았다. "나는 오래 전부터 당신을 알고 있습니다. 우선, 당신이 자기 농민들에게 하신 일인데, 그것은 우리나라 최초의 일로, 많은 사람들이 그에 따랐으면 합니다. 두 번째로는 당신이 그토록 물의와 악평을 초래한 궁정의 관위에 대한 새로운 법령에 모욕을 느끼지 않은 몇 안 되는 시종의 한 사람이기 때문입니다."

"네." 안드레이는 말했다. "그러한 권리를 행사하는 것을 아버지가 바라시지 않아서 나는 하급 지위에서부터 근무를 시작했습니다."

"춘부장은 구시대의 분이시지만, 당연하고 올바른 일을 부활시키는 데에 지나지 않은 그 시책을 그렇게까지 비난하고 있는 현대의 인간들보다는 훨씬 위에 서 계십니다."

"그렇지만 제 생각으로는 그 비난에도 근거는 있습니다." 안드레이는 스뻬란스끼의 영향력을 느끼기 시작하여 그것과 싸우려고 노력하면서 말하였다. 그는 덮어놓고 스뻬란스끼에게 동의하는 것은 불쾌했다. 그는 반항하고 싶었다. 보통은 편안하게 이야기를 잘 하는 안드레이도, 스뻬란스끼와 이야기하고 있는 지금은 자기 생각을 잘 표현할 수 없다는 생각이 들었다. 이 유명한 인물의 성격을 관찰하는 데에 너무 신경을 쓴 탓이었다.

"개인적인 야심을 위한 근거는 있을지도 모릅니다." 스뻬란스끼는 조용히 말참견했다.

"다소는 국가를 위한 점도 있지요." 안드레이는 말했다.

"그건 무슨 뜻이죠?" 스뻬란스끼는 조용히 눈을 내리깔고 말했다.

"나는 몽테스키외 숭배자입니다." 안드레이는 말했다. "군주 정치의 근본은 명예라고 말하는 그의 사상은 논박할 여지가 없다고 생각됩니다. 귀족 계급의 어느 정도의 권리와 특권은 이 감정을 유지하는 수단이라고 생각합니다."

스뻬란스끼의 하얀 얼굴에서 미소가 가셨다. 그 때문에 그의 용모는 한결 좋아졌다. 아마도 안드레이 공작의 사상에 흥미를 느낀 것 같았다.

"만약에 당신이 그러한 관점에서 이 문제를 보고 계신다면" 그는 분명히 애써서 프랑스어로 발음하여 러시아어를 할 때보다도 더 느린 말투가 되었지만, 매우 침착한 태도로 말하기 시작하였다. 그는 명예란 근무 과정에 유해한 특전에 의해 유지될 리가 없다, 명예란 비난을 받을 만한 행위는 하지 않는다는 소극적인 개념 아니면, 칭찬과 그 표현이 보수를 받기 위한 경쟁의 한 원천이거나, 그 둘 중의 하나라고 말했다.

그의 논거는 간결, 단순, 명쾌했다.

"이 명예를 유지하는 방식은 위대한 황제 나폴레옹의 레지옹 도뇌르 훈장처럼 근무에서의 성공을 저해하지 않고 이것을 촉진하는 제도이지, 계급적이거나 궁정 내의 특전은 아닙니다."

"나는 반론은 하지 않습니다만, 궁정 내의 특전도 같은 목적을 달성했다는 것을 부정할 수는 없습니다." 안드레이는 말했다. "어떤 조신도 자기 지위를 분수에 알맞게 유지하는 것을 자기의 의무처럼 생각하고 있으니까요."

"그러나 당신은 그 특전을 이용하려고 하지 않으셨습니다, 공작." 스뻬란스끼는 상대방에게 쑥스러운 논쟁을 상냥한 말로 끝내려 한다는 것을 미소로 나타내면서 말했다. "만약에 당신이 수요일에 우리 집에 와 주신다면" 그는 말을 덧붙였다. "나는 마그니쯔끼와 상의해서 반드시 당신에게 흥미있는 일을 전해 드릴 수 있으리라 생각합니다. 뿐만 아니라, 당신과 좀 더 소상한 이야기를 할 수 있는 즐거움도 가질 수 있고." 그는 눈을 감고 머리를 숙였다. 그리고 프랑스식으로, 인사를 하지 않고 눈에 띄지 않게 슬그머니 홀에서 나갔다.

6

빼쩨르부르그에서의 처음 며칠 동안, 안드레이는 고독한 생활 속에서 만들어진 자기의 사고 방식이 빼쩨르부르그에서 자기를 사로잡은 하찮은 번거로움 때문에 흐려졌다고 느꼈다.

집으로 돌아오자 그는 너덧 개의 꼭 필요한 방문이나 시간이 지정된 면회를 전날 밤에 메모장에 기입해 두었다. 생활의 기계적인 움직임, 어디에나 시간대로 갈 수 있도록 하루의 시간을 배분하는 것이 생활 에너지 자체의 대부분을 빼앗고 있었다. 그는 아무 일도 하지 않고, 아무것도 생각하지 않고 생각할 틈도 없이 오직 지껄이고만 있었다. 더욱이 여유 있는 시골 생활 동안 미리 생각해 놓았던 것을 지껄여서 잘 해갈 수가 있었던 것이다.

그는 같은 날, 여러 모임에서 똑같은 말을 되풀이하고 있는 것을 깨닫고 싫어질 때도 있었다. 그러나 그는 너무나 바빴기 때문에, 자기가 아무것도 하지 않고 있다는 것을 생각할 틈도 없었다.

스뻬란스끼는 수요일에 자택에서 안드레이를 맞이하자, 꼬추베이 집에서 처음 만났을 때와 마찬가지로 단둘이 마주 앉아 오랫동안 믿음을 가지고 그와 이야기하여 안드레이에게 강한 인상을 주었다.

안드레이는 꽤 많은 사람들을 시시한 존재라고 보고 멸시하고 있으면서, 자기가 구하고 있는 살아 있는 완벽한 인간의 이상을 타인 속에서 발견하고 싶다고 강하게 원하고 있었기 때문에, 이성적이고 덕이 높은 인간의 이상을 스뻬란스끼 속에서 발견했다고 간단히 믿고 말았다. 만약에 스뻬란스끼가 안드레이와 똑같은 계급의 출신으로 같은 교육과 정신적인 습관을 지닌 인간이었다면, 안드레이는 바로 그의 약하고 인간적인, 영웅답지 않은 면을 발견했을 것이지만, 지금의 경우 안드레이에게는 이상하게 느껴지는 이 논리적인 사고 방식이, 그것을 잘 이해할 수 없기 때문에 오히려 그에게 존경의 마음을 불러일으켰다. 더욱이 스뻬란스끼는 안드레이의 재능을 높이 평가했기 때문인지 아니면 그를 자기편으로 끌어넣을 필요를 느낀 때문이었는지, 안드레이에게 자기의 공평무사와 냉정한 이성을 자랑하고, 자부심이 뒤섞인 복잡한 아부로 안드레이를 즐겁게 했다. 그 아부 방법이란 두 사람 이외의 모든 다른 사람들이 우둔하다는 것과, 자기와 안드레이만이 자신들의 현명한 생각과 그 깊이를 완전히 이해할 수 있는 유일한 인간들이라는 것을 말없이 인정하는 일이었다.

수요일 밤 두 사람의 긴 회화 가운데서, 스뻬란스끼는 여러 번 이런 말을 했다. "낡은 습관의 일반적 수준에서 생기는 모든 것을 우리 사이에서는 보고 있지만……", 또 미소를 띠고 "그러나 우리들은 늑대도 배부르고 양도 무사하기를 바랍니다……" 하고 말하는가 하면, 또 "그들은 이것을 이해 못합니다……"라고 말하고는 '우리, 즉 당신과 나는, 그들이 어떤 녀석들이고 우리가 어떤 인간이라는 것을 잘 알고 있습니다'라고 말하려는 듯한 표정을 끊임없이 띠는 것이었다.

이 스뻬란스끼와의 최초의 긴 회화는, 그가 처음 스뻬란스끼를 봤을 때의 느낌을 안드레이의 마음 속에 한층 굳혀 주었을 뿐이었다. 그는 스뻬란스끼를 이성적이고 엄밀한 생각을 하는 거대한 두뇌의 인간으로, 정력과 끈기로 권력을 획득하여 그것을 러시아의 행복을 위해 사용하고 있는 사람으로 보앉다. 스뻬란스끼는 안드레이의 눈으로 보자면, 인생의 모든 현상을 합리적으로 설명하고, 합리적인 것만을 현실적이라고 인정하고, 모든 것에 합리성의 척도를 적용할 수 있는 사람, 바로 자기 자신이 되고 싶다고 절실히 바라는 그러한 사람이었다. 스뻬란스끼가 말하면 모두가 매우 단순, 명쾌하게 생각되었기 때문에 안드레이는 무엇이든지 그에게 동의하지 않을 수 없었다. 반론이나 논의를 한다고 해도 그것은 새삼스럽게 자립심을 발휘하여, 스뻬란스끼의 의견에 전적으로 복종해버리는 것을 피하기 위한 것에 지나지 않았다. 만사가 훌륭하였으나 단 한 가지 안드레이를 당혹하게 한 것, 그것은 차가운 거울 같은 자기 마음 속으로 들어오게 하지 않는 스뻬란스끼의 눈초리였으며 그의 하얗고 가냘픈 손이었다. 그리고 그 손을 안드레이는, 많은 사람들이 권력을 가지고 있는 사람의 손을 보는 것과 같은 눈으로 보지 않을 수가 없었다. 거울 같은 눈초리와 가냘픈 손이 왜 그런지 안드레이를 초조하게 만들었다. 게다가 그가 스뻬란스끼 안에서 인정한, 너무나도 강한 일반인에 대한 멸시와, 자기 의견을 뒷받침하기 위해 동원하는 갖가지 증명 방법이 안드레이에게는 불쾌한 놀라움을 자아냈다. 스뻬란스끼는 비유(比喩) 이외의 온갖 사고의 수단을 사용하여 안드레이가 느끼기로는, 너무나 대담하게 하나의 수단에서 다른 수단으로 옮기는 것이었다. 때로는 그는 실천가의 입장에 서서 몽상가를 비난하고, 때로는 풍자가의 입장에 서서 적을 비꼬며 비웃고, 때로는 엄밀하게 논리적이 되거나, 때로는 갑자기 형이상학의 분야로 날아오르기도 하였다(이 형이상학적인 증명 수단을 그는 특히 잘 썼다). 그는 문제를 형이상학의 높이로 옮겨서 공간, 시간, 사고 등의 정의(定義)로 옮아 가서, 거기에서 반론을 끌어내어 다시금 논쟁의 바탕으로 내려오는 것이었다.

전체적으로 안드레이를 놀라게 한 스뻬란스끼의 두뇌의 첫째 특징은, 지성의 힘과 정당성을 의심하지 않고 믿고 있다는 것이었다. 생각하고 있는 것을 모두 표현할 수 없다는 안드레이에게는 흔한 생각이 스뻬란스끼의 머리에는 결코 떠오르지 않았고, 자기가 생각하고 있는 것은 모두 쓸데없는 것이 아닐까 하는 의심이 드는 일이 한 번도 없다는 것을 알 수 있었다. 그리고 바로 이 스뻬란스끼의, 드물게 보는 두뇌의 구조가 무엇보다도 안드레이를 끌어당긴 것이다.

처음 스뻬란스끼와 알게 된 무렵, 안드레이는 한때 보나빠르뜨에 대해서 품고 있던 것과 같은 열렬한 심취(心醉)의 감정을 그에게 품고 있었다. 스뻬란스끼는 사제(司祭)의 아들이었다는 이유 때문에, 우둔한 인간들이 그를 멸시했을지도 모르고 실제로 많은 사람들이 그를 그렇게 대하고 있었는데, 그러한 사정 때문에 안드레이는 스뻬란스끼에 대한 자기의 감정을 특히 신중하게 다루어, 무의식중에 그러한 감정을 자신의 내부에서 강화해 가지 않을 수가 없었던 것이다.

안드레이가 처음으로 그의 집에서 묵은 날 밤, 법률 제정 위원회에 대해 두 사람은 열띤 이야기를 나누었다. 스뻬란스끼는 법률 제정 위원회가 150년이나 존재해서 그 경비는 수백만 루블에 달했지만 한 일은 아무것도 없고, 로젠캄프(법률가. 19세기 초, 법률 제정 위원으로 있었다)는 비교법의 모든 조항에 라벨을 붙였을 뿐이라는 이야기를 비꼬듯이 안드레이에게 하였다.

"그것뿐이었는데 국가는 거액의 돈을 지불했던 것입니다!" 그는 이렇게 말했다. 또 말을 이었다. "우리는 대심원에 새로운 사법권을 주려고 생각하고 있습니다만, 우리나라에는 법이 없습니다. 따라서 공작, 당신 같은 분이 이런 때에 근무하지 않는다는 것은 죄악입니다."

안드레이는 그러기 위해서는 법률적인 소양이 필요하지만 자기에게는 그런 것이 없다고 말했다.

"그런 것은 아무도 가지고 있지 않습니다. 대체 당신은 무엇을 원하고 있습니까? 그렇게 되면 제자리걸음만 할 뿐입니다. 어떻게 해서든 그것을 빠져나와야 합니다."

일주일 후, 안드레이는 군사 법규 제정 위원회의 한 사람이 되었다. 그리고 전혀 예기치 않았던 일이지만, 법률 제정 위원회의 분과 책임자가 되었다. 스뻬란스끼의 의뢰에 의해서 그는 편찬 중인 민법의 제1편을 맡아, 나폴레옹 법전과 유스찌니아스 법전에 의거해 '개인의 권리' 항의 편찬에 착수했다.

7

2년 전인 1808년에, 영지를 둘러보는 여행에서 뻬쩨르부르그로 돌아오자 삐에르는 자기가 원한 것은 아니지만, 뻬쩨르부르그 프리메이슨의 중심 인물이 되었다. 그는 회식이나 장례 집회를 개최하고, 새 회원을 모으고, 여러 가지 그룹의 통합이나 정통 전령(典令)의 입수에 애를 썼다. 그는 회장(會場)의 설치에 자기 돈을 쓰고, 대개의 회원이 내기를 꺼려하여 제대로 모이지 않는 기부금도 되도록이면 예정액이 차도록 노력했다. 그는 교단이 뻬쩨르부르그에 세운 빈민원을 거의 혼자서 자기 비용으로 유지하고 있었다.

그러는 동안에도 그의 생활은 종전과 같이 여전히 즐기는 데에 열중하여 방탕 속에 흘러갔다. 그는 맛있는 것을 먹고 좋은 술을 마시는 것을 좋아했고, 부도덕하고 천한 일이라고 생각하면서도 그가 끼어 있는 독신 패거리의 환락을 억제할 수가 없었다.

일과 향락의 혼돈 속에서 그래도 1년 쯤 지나자, 자기가 서 있는 프리메이슨이라고 하는 지반이, 그 위에 단단히 디디고 서려고 하면 할수록 발밑으로 미끄러져 내려가는 것을 삐에르는 느끼기 시작하였다. 자기가 서 있는 지반이 발밑에서 아래로 아래로 미끄러져 내려가면 갈수록 더욱더 어쩔 수 없이 그 지반에 속박되는 것을 느꼈다. 프리메이슨에 접근했을 때 그는 늪의 평평한 표면을 믿고서 발을 디디려고 하는 인간의 감정을 느꼈다. 그러나 발을 들여놓자 그는 가라앉아 버렸다. 자기가 서 있는 지반의 확고함을 충분히 확인하기 위해 또 한쪽 다리를 들여놓자 더욱더 깊이 가라앉아, 꼼짝 없이 무릎까지 빠져서 늪 속을 걷고 있는 것이었다.

바즈데에프는 뻬쩨르부르그에 없었다(그는 요즘 뻬쩨르부르그 조직의 일을 떠나 모스크바에 틀어박혀 있었다). 형제들, 즉 프리메이슨 조직의 회원들은 모두 사회 생활에서 삐에르가 알고 있는 사람들이었기에, 프리메이슨의 형제로만 보기가 몹시 어려웠다. B공작이나 이반 D씨 등 삐에르가 알고 있는 많은 회원들은 프리메이슨에 어울리는 굳건한 의지를 가진 사람들이 아닌, 의지가 약한 쓸모없는 사람들이 대부분이었던 것이다. 프리메이슨의 앞치마나 기장 밑으로 이 친구들이 실제 생활에서 손에 넣은 제복이나 훈장이 삐에르의 눈에는 보이는 것이었다. 기부금을 모을 때, 열 사람 중 반은 자기와 같을 정도로 돈이 있는 회원들이지만 그들의 태반이 후불로 겨우 2, 30루블의 돈을 내곤 했다. 그것을 보고 삐에르는, 각 조합원은 이웃을 위해서 온 재산을 쾌척한다고 약속한 프리메이슨의 맹세를 상기하고서 가슴 속에 온갖 의혹이 떠올랐지만, 그것에 구애되지 않으려고 애썼다.

그는 자기가 알고 있는 모든 회원을 네 부류로 나누고 있었다. 제1의 부류에 속하는 사람들은, 조직의 일이나 인도적인 일에 적극적으로 가담하지 않고 교단의 학문의 비의(秘儀)에 전념하여, 하느님의 세 가지 명칭이나, 물질의 세 가지 근원인 유황, 수은, 소금이나, 솔로몬 신전의 사각형과 모든 도형의 의의를 둘러싼 문제를 다루고 있는 회원들이었다. 주로 오래된 회원과 삐에르의 생각으로는, 바즈데에프 자신도 들어 있는 이 부류의 프리메이슨 형제들을 그는 존경하고 있었으나 그들과 관심을 공유하고 있는 것은 아니었다. 그는 프리메이슨의 신비주의적인 면에는 마음이 기울지 않았다.

두 번째 부류에 속하는 사람들은, 삐에르 자신처럼 모색하고 헤매고, 프리메이슨 안에서 곧고 납득이 가는 길을 언젠가는 찾을 수 있다고 기대하고 있는 형제들이었다.

셋째 부류에 그가 넣고 있는 것은(그 수가 가장 많았다), 프리메이슨을 외면적인 형식과 의례 이외의 그 무엇으로도 보지 않고, 내용이나 뜻에는 상관 없이 그 외면적인 형식을 엄밀하게 수행하는 것이 중요하다고 생각하는 형제들이었다. 빌라르스끼나 중심적인 지부의 그랜드 마스터까지도 이 부류에 속하는 사람들이었다.

끝으로 넷째 부류에 든 사람들은 역시 많은 회원들을 차지하고 있었는데, 특히 최근에 입회한 사람들이었다. 이들은 삐에르의 관찰에 의하면, 아무것도 믿지 않으며 아무것도 바라지 않고, 조합에 들어온 것도 조합 안에 많은, 젊고 부유하며 연고 관계나 집안의 면에서 힘이 있는 형제들과 친해지고자 프리메이슨에 들어온 사람들이었다.

삐에르는 자기 활동에 불만을 느끼기 시작했다. 프리메이슨은, 적어도 자기가 지금 알고 있는 프리메이슨은, 다만 외면적인 것을 바탕으로 성립되어 있는 것 같은 느낌이 가끔 드는 것이었다. 그는 프리메이슨 그 자체에 의심을 가지고 있다고는 생각하지 않았으나, 러시아의 프리메이슨은 잘못된 길을 걷기 시작하여 그 원류(源流)에서 벗어나지는 않았는가 하고 의심하고 있었다. 그래서 그해 연말에 삐에르는 교단의 최고 오의(奧義)를 확인하기 위해 외국으로 나갔다.

1809년의 여름이 채 가지 않았을 때, 삐에르는 삐쩨르부르그로 돌아왔다. 러시아의 프리메이슨과 외국 회원들과의 편지 왕래로 알려진 바에 의하면, 삐에르는 외국에서 지위가 높은 많은 사람들의 신임을 받는 데에 성공하고, 많은 오의를 터득하고 최고의 지위에 승진되어, 러시아의 프리메이슨 사업 전체에 이바지할 많은 것을 가지고 돌아왔다는 것이었다. 삐쩨르부르그의 프리메이슨들은 모두 그에게로 와서 너나 할 것 없이 그의 환심을 사려고 하였다. 모든 사람의 느낌으로는 삐에르가 무엇인가를 감추고 있고 무엇인가를 준비하고 있는 것 같았다.

삐에르가 교단의 최고 수뇌부로부터 삐쩨르부르그의 형제들에게 전달해야하는 일을 발표한다고 약속한, 제2급 지부의 축하회가 열리게 되었다. 집회는 만원이었다. 여느 때의 의식이 끝난 후 삐에르가 일어서서 연설을 시작했다.

"친애하는 형제 여러분!" 그는 얼굴이 붉어지고 더듬으면서 연설의 원고를 손에 들고 말하기 시작했다. "풍파가 없는 교단 안에서 오의(奧義)를 겸손하게 지키고 있는 것만으로는 불충분합니다—활동해야 합니다…… 활동해야 합니다. 우리는 자고 있지만 우리에게 필요한 것은 행동입니다." 삐에르는 노트를 들어 읽기 시작했다. "순수한 진리를 넓히고 선의 승리를 획득하기 위해서는" 하고 그는 낭독했다. "우리는 사람들의 편견을 털어내고 시대의 기풍에 알맞은 규범을 넓히고, 스스로 청년의 교육을 담당하고, 최고 지식인들과 끊을 수 없는 유대로써 단결하고, 대담하게, 더욱이 분별을 가지고 미신, 무신앙, 우매를 극복하여, 우리에게 신복하는 사람들을 양성하여 공통된 목적으로 결합시키고, 더욱이 귀의시켜서 서로 같은 목적에 의해 결합되고 권력과 힘을 가진 사람들로 만들어야 합니다.

이 목적을 달성하기 위해서는 선으로 악을 정복하지 않으면 안 됩니다. 성실한 사람이 자기 선행에 대하여, 현세에 있는 동안에 영원한 응보를 획득하도록 노력해야 합니다. 그러나 이 위대한 의도는 현존하는 정치 체제에 의해서 현저하게 저해되고 있습니다. 이와 같은 정세하에서 무엇을 해야 할까요? 혁명을 추진하고, 모든 것을 전복시키고, 힘을 가지고 힘을 쫓아내야 할까요?…… 아닙니다, 우리는 그러한 일에서 멀리 떨어져 있습니다. 모든 종류의 폭력에 의한 개혁은 비난을 받아야 합니다. 그 까닭은, 사람들이 현대와 같은 상태에 있는 한 절대로 악을 바로잡을 수 없기 때문이며, 영지(英知)는 폭력을 필요로 하지 않기 때문입니다.

교단의 모든 계획이 딛고 서야 할 기반은, 확고하고 덕망이 높고 공통된 신념으로 결합된 사람들을 만들어내는 것입니다. 그 신념이란, 도처에서 전력을 다하여 악과 어리석음을 압박하여 재능과 선을 지켜야 한다는 것, 즉 티끌 속에서 훌륭한 사람을 끌어내어 우리의 우애 조직에 참가시키는 일입니다. 그렇게 함으로써 비로소 우리 교단은 권력을 가지게 되고 무법을 옹호하는 자들의 손을, 은연중 그것을 의식하지 못한 상태에서 묶고 그것을 느끼게 하지 않고 그들을 지배하게 됩니다. 한 마디로 말하자면, 시민적 연대를 파괴함이 없이 전 세계에 퍼질 수 있는 보편적이고 통합적인 지배 형태를 수립하지 않으면 안 됩니다. 그 아래에서는 그 밖의 지배 형태는 통상적인 상태로 존속하고, 우리 교단의 위대한 목적, 즉 선이 악에 대해 승리하는 것을 방해하는 일 이외는 모든 일을 할 수 있습니다. 이 악에 대한 선의 승리라는 목적은 그리스도교 그 자체가 예정했던 일입니다. 그리스도교는, 사람들이 영지를 닦고 덕을 높이고 자기 자신의 이익을 위해 가장 뛰어난, 가장 영지가 있는 사람들의 모범과 교훈을 따르라고 가르치고 있습니다.

모든 것이 어둠 속에 잠겨버릴 때에는 물론, 가르쳐 타이르는 것만으로 족했습니다. 진리가 새로우면 남다른 힘을 얻습니다. 그러나 지금 우리에게는 훨씬 강력한 방법이 필요합니다. 지금은 자기 감정에 지배되어 있는 인간이 선(善) 속에 감각적인 매혹을 느낄 필요가 있습니다. 열정을 근절할 수는 없습니다. 다만 그것을 고귀한 목적에 돌리도록 노력해야 합니다. 따라서 각자가 자기 열정을 선의 한계 속에서 만족시켜야 하고 우리 교단이 이를 위한 수단을 제공할 필요가 있는 것입니다.

우리 교단에서 어느 정도의 가치 있는 사람들이 각국에서 확보되면, 그들 한 사람 한 사람이 또 두 사람의 새로운 회원을 만들어내어, 그들 모두가 일치협력하는 날에는—그때야말로 이미 인류의 복지를 위해서 많은 일을 해온 교단에 모든 일이 가능하게 될 것입니다."

이 연설은 집회에 강한 인상을 주었을 뿐만 아니라, 동요를 불러일으켰다. 형제들의 태반은 이 연설에 광명회 (18세기 말에 바바리아에서 결성된 종교 단체, 사회 개혁 경향이 강한 것이 특징)의 위험한 의도를 느끼고, 삐에르를 놀라게 할 정도로 냉담하게 그 연설을 받아들였다. 그랜드

마스터(대두령)는 삐에르에게 반론을 하기 시작했다. 삐에르는 더욱 열성을 기울여 자기 사상을 전개했다. 이렇게 소란한 회합은 일찍이 없었다. 두 파가 생겼다. 한편에서는 삐에르를 광명회파라고 비난하고 그를 탄핵하였다. 또 한 파는 삐에르를 지지하였다. 삐에르는 비로소 이 집회에서 인간의 사물을 생각하는 방법이 끝이 없을 정도로 다종다양하다는 것을 알고 놀랐다. 그 때문에 그 어떤 진리도 두 사람의 인간에게 똑같이 받아들여지지가 않는 것이었다. 삐에르의 편을 든 것처럼 보인 회원들까지도 그를 자기 나름대로 이해하여 여러 가지 제한이나 변경을 가하고 있었는데, 삐에르는 그것에 동의할 수 없었다. 삐에르의 첫째 욕구가, 자기가 이해하고 있는 것과 똑같이 자기 생각을 남에게 전달하고 싶은 것이었기 때문이다.

집회가 끝나자, 곧 그랜드 마스터가 삐에르에게 '자네는 너무 정색을 하고 있었다, 논쟁 때 자네는 선을 사랑하는 마음이 아니라 투쟁에 끌리는 기분에 지배되어 있었다'고 심술궂게 비꼬듯이 주의시켰다. 삐에르는 그것에는 대꾸도 하지 않고, 다만 자기 제안이 채택될 것인지의 여부를 간단히 물었다. 받아들여지지 않는다는 말을 듣자, 삐에르는 정해진 형식적인 결정이 이루어지는 것을 기다리지 않고 집회장을 나와 집으로 돌아갔다.

8

삐에르는 그토록 두려워하고 있던 우울한 상태에 다시 사로잡혔다. 그는 프리메이슨 집회에서 연설을 한 후 3일 동안 집에서 소파에 누운 채 아무도 만나지 않고 아무 데도 나가지 않았다.

그러는 동안에 그는 아내로부터 편지를 받았다. 그 편지에는 만나달라고 그에게 애원하고 그를 그리워하고 있으며, 그를 위해 평생을 바치고 싶다고 써 있었다.

편지 끝에, 그녀는 며칠 사이에 외국 여행에서 뻬쩨르부르그로 돌아오겠다고 알리고 있었다.

이 편지의 뒤를 쫓듯이, 삐에르의 고독한 생활 속에, 그가 별로 존경하고 있지도 않은 프리메이슨의 한 사람이 끼어들어, 삐에르의 부부 관계를 화제로 하여, 동지로서 충고한다는 식으로 말하며 아내에 대한 그의 엄격한 태도는 잘못이며, 참회하고 있는 자를 용서하지 않는다는 점에서 프리메이슨의 근본적인 규범에 위배되어 있다고 자기 생각을 늘어놓았다.

이 무렵에 장모인 바씰리 공작 부인이 사람을 보내서, 몹시 중요한 일에 관해서 상의하고 싶으니 몇 분만이라도 좋으니까 와 달라고 부탁해 왔다. 삐에르는 자기에 대해 음모가 깃들어 있고 자기와 아내를 결합시키려 하고 있다는 것을 알아챘다. 그리고 이것은 지금과 같은 상태에서는 그에게는 별로 불쾌하지가 않았다. 그는 어떻게 되든 상관없었다. 삐에르는 인생의 모든 일을 무엇 하나 중요하게 생각하지 않았고 현재 사로잡혀 있는 우울한 기분의 영향을 받아, 자신의 자유도, 아내를 벌하려는 자기 기분도 중요하다고는 생각하지 않았다.

'올바른 자는 아무도 없다. 나쁜 사람은 하나도 없다. 그렇다면 그녀도 나쁜 사람은 아니다.' 그는 생각했다. 설사 삐에르가 대뜸 아내와의 동거를 승낙하지 않았다고 하더라도, 그것은 그가 지금과 같은 우울한 상태에서 아무 것도 손을 댈 수가 없었다는 데 지나지 않았다. 만일 아내가 찾아오더라도, 지금의 그는 몰아내려고 하지 않았을 것이다. 삐에르의 마음을 사로잡고 있는 문제와 비교해 본다면 아내와 동거하느냐 안 하느냐는 어느 쪽이든 상관없었다.

아내에게도 장모에게도 답장을 내지 않고, 삐에르는 어느 날 밤 늦게 바즈데에프를 만나기 위해 여행 채비를 하고 모스크바로 떠났다. 삐에르는 일기에 다음과 같이 썼다.

모스크바, 11월 17일

방금 은사한테서 돌아온 길로, 갔을 때 느낀 것을 남김없이 적어 두기로 한다. 바즈데에프 씨는 가난한 생활을 하고 있고, 3년 동안이나 담낭의 병으로 고생하고 있다. 그러나 아무도 그의 신음 소리나 푸념을 한 번도 들은 일이 없다. 아침부터 밤 늦도록, 지극히 검소한 식사를 하는 시간을 빼놓고는 그는 학문에 몰두하고 있다. 그는 나를 친절하게 맞아 주고, 자기가 누워 있는 침대 옆에 앉혀 주었다. 내가 동양과 예루살렘의 기사(騎士)식의 신호 ^(중세 기사의 풍습을 바탕으로 한 프리메이슨 회원간의 인사)를 하자, 그도 같은 답례를 하고 겸손한 미소를 띠며, 내가 프러시아와 스코틀랜드의 프리메이슨회에서 안 것과 얻은 것에 대해 물었다. 나는 될 수 있는 대로 모든 것을 이야기하고 내가 뻬쩨르부르그의 집회에서 제안한 기본적인 것을 전하고 나서, 나에게 보인 차가운 태도와 나와 회원들 사이에 생긴 불화에 관해서도 말했다. 바즈데에프 씨는 상당히 오랫동안 말없이 생각하고 나서 이 모든 것들에 대해 자기의 의견을 말하였다. 그 말은 순간적으로 나에게 모든 과거와 내가 앞으로 나아가야 할 길 모두를 비추어주었다. 그는 교단의 세 가지 목적이 어떤 것인지 외우고 있느냐고 물어 나를 놀라게 하였다. 그것은 첫째 신비의 유지와 인식, 둘째 신비를 수용(受容)하기 위한 자신의 정화와 교정, 셋째 그와 같은 정화를 지향하는 것을 통한 인류의 교정. 이 세 가지 중에서 가장 주요한 목적은 무엇일까? 물론 자기 자신의 교정과 정화이다. 우리는 항상 환경에 관계없이 이 목적을 향해서 매진할 수 있다. 그러나 동시에 이 목적은 가장 많은 노력을 우리한테 요구한다. 그래서 우리는 자존심에 현혹되어 이 목적을 게을리하고, 자기가 더럽혀져 있기 때문에 받을 가치 없는 오의(奧義)에 손을 대거나, 자기가 추악과 타락의 견본이면서도 인류의 교정에 손을 대거나 하는 것이다. 광명회는 사회 활동에 열중하여 자존심이 너무 넘쳐 있기 때문에 순수한 교의(教義)는 아니다. 이러한 근거에 입각해서 바즈데에프 씨는 나의 연설과 나의 행동 전체를 비난했다.

"참다운 프리메이슨의 주요한 의무는 내가 당신에게 말씀드린 대로 자기 완성에 있는 겁니다. 그러나 우리들은 흔히 이렇게 생각하지요. 우리들의 인생의 모든 곤란을 멀리 한다면, 이 목적을 빨리 달성할 수 있을 것이라고 말입니다. 반대로, 백작" 그는 나에게 말했다. "속세간의 불안이나 동요 바로 한가운데서 우리는 세 가지 중요한 목적을 달성할 수가 있는 것입니다. 1. 자기 인식. 왜냐하면 인간은 비교를 통해서만 자기를 인식할 수 있으니까. 2. 자기 완성. 이것도 투쟁에 의하여서만 달성됩니다. 3. 주요한 선, 즉 죽음에 대한 사랑에 도달하는 일. 그렇지만 인생의 유위전변(有爲轉變)만이 우리에게 인생의 덧없음을 가르치고, 죽음, 바꾸어 말하면 새로운 삶에의 재생에 대한 타고난 사랑을 기를 수가 있는 것입니다." 이 말을 더욱 감명 깊게 하고 있는 것은, 바즈데에프가 격심한 육체의 고통에도 불구하고 절대로 인생을 괴롭게 생각하지 않고, 게다가 죽음도 사랑하고 삶을 무거운 짐으로 알지 않으며, 그 내면적 인간의 매우 높은 정신과 순결에도 불구하고 자기는 아직 죽음에 대해서 충분한 각오가 되어 있지 않다고 느끼고 있다는 점이다.

그리고 은사는 우주의 위대한 정방형의 의의를 남김없이 설명해 주고, 3과 7이라는 숫자가 모든 것의 기초라고 가르쳐 주었다. 그는 뻬쩨르부르그의 동지들과의 교류를 피하지 말고, 또 회(會)에서는 제2급의 직무에만 종사하고, 동지들이 교만에 빠지지 않도록 도우며, 그들을 자기 인식과 자기 완성의 올바른 길로 이끌도록 노력하라고 나에게 충고해 주었다. 이에 더하여 나자신을 위해서는 무엇보다도 자기 자신을 똑바로 바라보라고 충고하였다. 그는 그 목적을 위해 수첩 한 권을 나에게 주었다. 나는 이 수첩에 지금 내행동을 모두 쓰고 있고 앞으로도 써나가려 한다.

뻬쩨르부르그, 11월 23일

나는 다시 아내와 동거하고 있다. 장모가 눈물을 글썽이고 나에게로 와서 엘렌이 여기 와 있다, 그녀는 자네가 자기 이야기를 들어주기를 간절히 바라고 있다, 그녀에게는 죄가 없다, 그녀는 나의 버림을 받아 불행하다, 그 밖의 여러 가지 이야기를 하였다. 나는 만약 그녀와 만나는 것을 나 자신에게 용서하기만 하면 이제 그녀의 희망을 거부할 수가 없다는 것을 알고 있었다. 나는 당황했지만 누구의 뒷받침과 충고를 따르면 좋을지 몰랐다. 은사인 바즈데에프 씨가 여기에 있으면 나에게 가르쳐 주었을 것인데. 나는 내 방에 틀어박혀 바즈데에프 씨의 편지를 다시 읽고 그와 나눈 대화를 상기했다. 그리고 나는 도움을 구하는 자를 거절해서는 안 되며, 만인에 대해서, 특히 나와 그토록 깊은 관계가 있었던 자에 대해선 구원의 손길을 뻗어야 한다, 그리고 나 자신의 십자가를 져야 한다는 결론에 도달했다. 그러나 내가 선을 위해 그녀를 용서하는 이상, 나와 그녀의 결합은 정신적인 목적만 갖도록 해야 한다. 나는 이렇게 결정하고, 바즈데에프에게 편지를 보내 내 뜻을 알렸다. 나는 아내에게, 옛일을 다 잊어다오, 만약에 내가 당신에게 저지른 나쁜 죄가 있다면 용서해 주기를 바라고, 내가 당신을 용서해야 할 일은 아무것도 없다고 말했다. 나는 아내에게 이 말을 하는 것이 무척 기뻤다. 다시 한 번 그녀를 만나는 것이 얼마나 괴로운 일인지 그녀는 모르는 채로 있는 것이 낫다. 나는 커다란 저택 윗방에서 안정된 상태로 신생의 행복한 기분을 맛보고 있다.

어느 시대나 마찬가지로 당시에도 상류 사회는 궁중과 큰 무도회에서는 모두가 함께 모이지만, 제각기 독자적인 색깔을 지닌 몇 개의 그룹으로 갈라져 있었다. 그 중에서도 가장 큰 것은 프랑스 그룹으로, 루미안체프 백작(당시의 상공 장관, 재무 장관)과 꼴란꾸르(당시의 러시아 주재 프랑스 대사)의 이른바 나폴레옹 동맹의 그룹이었다. 이 그룹에서 엘렌은, 남편과 더불어 뻬쩨르부르그에 자리잡게 된 뒤 얼마 안 되어 중요한 위치를 차지하였다. 그녀에게는 프랑스 대사관 사람들이나, 두뇌가 좋고 정중한 거동으로 이름이 알려진 많은 사람들이 드나들었다.

엘렌은 저 유명한 두 황제의 회견 때에 엘푸르뜨에 가 있었고, 거기에서 이러한 유럽의 나폴레옹에 얽힌 명소와 연관을 가지고 돌아왔다. 엘푸르뜨에서 그녀는 눈부신 성공을 거두었다. 나폴레옹 자신도 그녀를 극장에서 보고 누구냐고 묻고는, 그녀의 아름다움을 높이 평가했다. 그러나 아름답고 우아한 여성으로서의 그녀의 성공은 별로 삐에르를 놀라게 하지 않았다. 왜냐하면 그녀는 나이와 함께 전보다도 더 아름다워졌기 때문이다. 그러나 최근 2년 동안에 아내가 '아름다움에 못지않게 재능이 뛰어난 매력적인 여성'이라는 평판을 얻은 것이 삐에르를 놀라게 하였다. 유명한 리뉴 공작(벨기에 출신의 오스트리아 정치가, 작가, 1735 ~1814. 러시아, 프랑스, 오스트리아에서 근무)이 그녀에게 여덟 장이나 되는 편지를 썼다. 빌리빈은 처음에 엘렌 앞에서 말하기 위해 자기의 익살을 간직해 두었다. 베주호프 백작 부인인 엘렌의 살롱에 초청된다는 것은 지성의 증명이라고 여겨졌다. 젊은이들은 엘렌의 파티 전에 책을 닥치는 대로 읽어 그 살롱에 무엇인가 화제를 가져갈 수 있도록 했다. 또 대사관의 서기관이나 공사들까지 그녀에게 외교상의 비밀을 털어놓았기 때문에 엘렌은 일종의 세력가였다. 엘렌이 몹시 머리가 나쁘다는 것을 알고 있었던 삐에르는 정치, 시, 철학 이야기가 화제에 오르는 아내의 파티나 만찬회에 출석하면 가끔 납득이 가지 않아서 무섭고도 묘한 느낌을 맛보는 것이었다. 이와 같은 파티 자리에서 그는, 언제 어느 때 속임수가 간파될지 몰라서 늘 걱정하는 마술사가 경험하는 것과 같은 기분을 느꼈다. 이와 같은 파티를 여는 데에 우열(愚劣)만이 필요한 것인지, 그렇지 않으면 속임수에 넘어간 인간 자신이 그것을 즐기고 있기 때문인지, 아무튼 속임수는 탄로나지 않았다. 그래서 매력적이고 재치 있는 여성이라는 평판이 베주호프 백작 부인 엘렌의 움직일 수 없는 정평이 되어 버렸기 때문에, 그녀가 아무리 부질없고 어리석은 말을 하더라도, 모든 사람은 그 한 마디 한 마디에 감탄하고 그녀가 생각해 보지도 않았던 깊은 뜻을 그 말 속에서 찾아내는 것이었다.

삐에르는 이러한 화려한 사교계의 여인에게 꼭 필요하고 가장 알맞는 남편이었다. 그는 아무도 방해하지 않고, 격조 높은 기분의 객실 전체의 인상을 해치지 않았을 뿐만 아니라 아내의 우아함과 빈틈없는 모습과는 대조적이었기 때문에, 그녀를 돋보이게 하는 배후의 역할을 하는 흐리멍덩하고 우스운 사나이였고 대인풍(大人風)의 남편이었다. 삐에르는 최근 2년 동안, 늘 무형의 흥미에만 골몰하고 그 외의 다른 모든 일은 마음으로부터 멸시하고 있었기 때문에, 자기의 관심을 끌지 않은 아내의 사교 모임에서는 조용하고 구애됨이 없는 느긋한 태도를 취하고 있었다. 그것은 일부러 무리를 해서 몸에 지닐 수 있는 것이 아니었고, 그 때문에 자연히 존경의 마음을 자아내게 하였다. 그는 극장에 들어가는 것과 마찬가지로 아내의 객실에 들어갔다. 모두와 아는 사이였고, 모두를 똑같이 환영하고 모두에 대해서 마찬가지로 마음의 기복이 없었다. 그는 이따금 흥미를 가지는 대담 속에 끼어들었다. 그리고 그럴 때에는 거기에 대사관의 사람들이 있거나 없거나 아랑곳없이, 침착성이 없이 자기 의견을 말하여 그것이 때로는 그 자리 분위기와는 전혀 맞지 않았다. 그러나 뻬쩨르부르그의 가장 훌륭한 여인의 괴상한 남편에 대해서는 이미 그러한 정평이 이루어져 있었기 때문에, 그의 엉뚱한 행동을 진심으로 받아들이는 사람은 아무도 없었다.

매일같이 엘렌의 집을 출입하는 많은 청년들 중에서 이미 군대에서 출세를 한 보리스 도르베쯔꼬이는, 엘렌이 엘푸르뜨에서 돌아온 후 베주호프네의 가장 숙친한 사람이 되었다. 엘렌은 그를 '나의 어린 시종'이라고 부르고 완전히 어린애 취급을 했다. 그에게 보이는 그녀의 미소는 다른 모든 사람을 대할 때와 다름이 없었지만 가끔 삐에르는 그 미소를 보는 것이 불쾌했다. 보리스는 특별한, 당당하면서도 쓸쓸한 느낌을 담은 공손한 태도로 삐에르를 대하였다. 그러한 느낌의 공손한 태도도 삐에르를 불안하게 하였다. 3년 전에 삐에르는 아내한테 받은 모욕으로 몹시 고생을 했기 때문에, 지금은 같은 모욕을 받을 염려로부터 자신을 구하기 위해 먼저 자기는 그녀의 남편이 아니라고 생각하고, 둘째로는 의심하는 일을 자신에게 허용하지 않기로 하고 있었다.

'아냐, 지금은 머리가 맑은 여자가 되어 그녀도 이제는 이전과 같은 불장난에 빠지는 일은 없을 거야.' 그는 자신을 타일렀다. '재녀(才女)가 색욕에 빠진 예는 없었으니 말이야.' 그는 어디서 끌어냈는지는 알 수 없었지만, 의심하지 않고 믿고 있는 원칙을 혼자 마음 속으로 되풀이하였다. 그러나 이상하게도 아내의 객실에 있는 보리스의 존재는(그는 거의 항상 거기 있었다) 삐에르에게 육체적으로 작용을 했다. 그는 사지가 꽁꽁 묶여서 무의식적으로 자유롭게 동작을 할 수 없게 되는 것이었다.

'실로 이상한 반감이다.' 삐에르는 생각했다. '전에는 난 그를 무척 좋아했었는데.'

상류 사회의 눈으로 보자면 삐에르는 대단한 부자이고, 평판이 높은 아내를 가진 약간 눈이 어두운 우스꽝스러운 남편이며, 아무 일도 하지 않으나 아무에게도 해가 되지 않는 머리가 좋은 괴상한 사람이며, 훌륭하고 마음씨가 좋은 녀석이었다. 그러나 삐에르의 마음 속에서는, 그동안에 복잡하고 괴로운 내면적 성장이 이루어지고 있었다. 그 성장은 많은 것을 그에게 보였고, 그를 많은 정신적인 회의(懷疑)나 기쁨으로 인도하고 있었다.

10

그는 일기를 계속하였다. 이 무렵 그가 쓴 것은 이러한 것들이었다.

11월 24일

8시에 일어났다. 성서를 읽고 출근했다(삐에르는 그 은사의 충고에 따라, 어느 심의회 일을 맡았다). 식사 전에 돌아와서 혼자 식사를 했다—아내한테는 내가 불쾌하게 여기는 손님들이 많이 와 있다—적당하게 먹고 마시고 식후에는 동지들을 위해 사소한 저작을 필사하였다. 밤에 아내한테 가서, B 씨를 둘러싼 우스꽝스러운 이야기를 했다. 그리고 일동이 폭소했을 때 비로소 이런 짓을 해서는 안 된다는 것을 깨달았다.

행복하고 편안한 기분으로 자리에 들었다. 위대하신 신이시여, 우리를 도와 당신의 뒤를 잇게 하소서. 1. 분노의 부분을 극복한다—평온함과 여유를 가짐으로써. 2. 음욕은 극복한다—억제와 혐오의 마음을 가지고. 3. 공허한 생활에서 멀어진다. 더욱이 다음의 습관을 잃지 않도록 한다. a 근무상의 국가적인 일, b 집안을 보살피는 일, c 친구 관계, d 경제상의 일

11월 27일

늦게 일어났다. 더욱이 잠이 깬 후 게으른 마음에 몸을 맡기고 오랫동안 침대에서 뒹굴었다. 하느님, 제가 당신의 길을 갈 수 있도록 저를 도와 힘을 주십시오. 성서를 읽었으나 읽기에 어울리는 기분은 아니었다. 동지 울소프가 와서 세상의 헛된 소동에 대해 의견을 나누었다. 황제의 새로운 계획에 대해 이야기를 해 주었다. 나는 비판을 하기 시작하였으나 나의 규범과 우리 은사의 말을 상기하였다. 참다운 프리메이슨은, 참가를 요구받았을 때에는 국가의 부지런한 활동가가 되고, 초청을 받지 않을 때에는 조용한 관찰자가 되지 않으면 안 된다는 말이었다. 구설(口舌)이야말로 나의 적. 동지 G, B와 O가 찾아와서 새로운 동지의 입회 준비의 상의를 하였다. 그들은 나에게 리또르의 임무를 맡기려 하고 있다. 나는 약하고 그럴 자격이 없다고 느끼고 있다. 그리고 신전의 일곱 개의 기둥과 계단—7개의 학(學), 7개의 선, 7개의 악, 정령의 7개의 선물의 설명에 화제가 미쳤다. 동지 O는 매우 웅변이었다. 밤에 입회식이 거행되었다. 회장(會場)의 새로운 설비가 식의 광경을 웅장하게 하는 데에 크게 도움이 되었다. 입회가 허락된 것은 보리스 도르베쯔꼬이였다. 내가 그를 추천하고 내가 리또르가 된 것이다. 그와 어두운 방에 있는 동안에 줄곧 나는 기묘한 감정에 흔들리고 있었다. 나는 내 안에 그에 대한 미움을 발견하고 그것을 억제하려고 했으나 할 수 없었다. 그러니까 나는 마음으로부터 그를 구하고 진리의 길로 인도하고 싶다고 원했어야 했는데, 그를 둘러싼 나쁜 생각이 나에게서 떠나지를 않았다. 그의 결사 입회의 목적은 여러 사람과 접촉하여 우리 지부에 있는 사람들의 귀여움을 받고 싶다는 바람으로 끝나는 것이 아닌가 하고 여겨졌다. 그는 여러 차례 나에게 우리 지부에 N과 S가 없느냐고 물었다(나는 이에 대답을 할 수가 없었다). 더욱이 나의 관찰에 의하면, 그는 우리의 신성한 교단에 존경을 느낄 수가 없고, 정신적 인간에의 개선을 바라기에는 너무나도 자기의 외면적 인간에 구애되어 그것에 만족하고 있는 것 같았다. 이러한 일 외에 나는 그를 의심할 근거를 가지고 있지 않았다. 그러나 그는 순수하지 않은 것처럼 여겨졌

다. 그리고 어두운 방에 그와 마주 서 있는 동안 줄곧 나는 그가 나의 말을 들으면서 멸시하는 듯한 엷은 미소를 띠고 있는 것 같은 생각이 들었고, 내가 손에 들고 그의 노출된 가슴에 들이대고 있는 칼로 정말로 그를 찌르고 싶었다. 나는 말솜씨가 좋지 못해서 나의 의심을 형제나 그랜드 마스터에게 있는 그대로 전할 수가 없었다. 위대한 창조주여, 제가 허위의 미로에서 탈출하는 올바른 길을 찾도록 도와 주십시오.

그 뒤의 일기에는 석 장의 공백이 있고 다시 다음과 같이 씌어 있었다.

동지 V와 단둘이 오랫동안 교훈이 풍부한 이야기를 하고, 그는 나에게 동지 A에게 의지하도록 충고하였다. 많은 일을 나에게, 그만한 가치가 없는데도 가르쳐주었다. 아드나이(^{'힘'을 뜻하는 구약}_{성서 중의 신의 이름})는 세계를 창조한 분의 이름이다. 에로힘(^{'힘'을 뜻하는 구약}_{성서 중의 신의 이름})은 모든 것을 지배하는 분의 이름이다. 제3의 이름, 말로 하기 어려운 이름은 '모두'라는 뜻을 가지고 있다. 동지 V와의 대화는 나를 지탱하고 새로운 기분으로 만들어 선의 길로 확고하게 세워준다. 그 아래에서는 회의의 여지가 없다. 사회 과학의 빈약한 가르침과, 모든 것을 포용하는 우리의 신성한 가르침과의 차이가 나에게는 명백해졌다. 인간의 학문은 모든 것을 세분한다―이해하기 위해서이다. 모든 것을 죽여 버린다―잘 보기 위해서이다. 교단의 신성한 학문에서는 모두가 하나이며 모두가 종합되어 살아 있는 상태로 인식된다. 3원소―사물의 세 가지 근원―는 유황, 수은, 소금이다. 유황은 기름과 불의 성질을 갖는다. 그것은 소금과 결합하여, 불의 성질에 의해서 소금 속에 갈망을 일으키고, 그것으로 수은을 끌어당겨 그것을 잡고 유지하여 서로 도와서 개개의 물체를 낳는다. 수은은 액체 상태로 유동하는 정신적 본질이다. 즉 성령이고 하느님 그 자체이다.

12월 3일

늦게 잠을 깨서 성서를 읽었지만, 아무것도 느끼지 못했다. 그 후 방을 나와서 홀을 거닐었다. 사색하려고 했지만, 그 대신 4년 전에 있었던 사건이 머리에 떠올랐다. 돌로호프 씨가 결투 뒤에 모스크바에서 나를 만났을 때, 당신은 부인이 안 계신데도 불구하고 지금 완전히 마음의 평안을 간직하고 계신 줄 안다고 말했다. 나는 그때 아무 대답도 하지 않았다. 이제와서 나는 이 만남을 자세히 상기하고 마음 속으로 온갖 독설과 신랄한 대답을 그에게 퍼부었다. 분노에 불타고 있는 나 자신을 깨닫고 간신히 제정신을 차려 이 생각을 떨쳐버렸다. 그러나 그것을 충분히 반성하지 않았다. 그 뒤 보리스 도르베쯔꼬이가 찾아와서 여러 가지 사건 이야기를 하기 시작했다. 그러나 나는 그가 온 순간부터 그 방문이 불쾌하여 그에게 무엇인가 신경에 거슬리는 말을 하였다. 그는 말대꾸를 하였다. 나는 격분해서 불쾌하고 난폭한 말을 마구 지껄였다. 그는 침묵하고 말았으나 내가 깨달았을 때는 이미 늦었다. 아아, 나는 이 사나이와 전혀 잘 지낼 수가 없는 것이다! 그 원인은 나의 자만심이다. 나는 나 자신을 그보다 높다고 보고 있기 때문에 오히려 그보다도 뒤진 인간이 되고 말았다. 그가 나의 폭언에 대해서 관대한데, 나는 반대로 그에게 멸시하는 마음을 품고 있기 때문이다. 신이여, 그의 앞에서는 더욱 나의 비천함을 볼 수 있도록 하고, 그에게도 유익한 행동을 할 수 있도록 도와주소서. 식후에 한잠 잤다. 잠이 들자마자, 나의 왼쪽 귓전에서 '너의 날이다'라고 하는 음성을 뚜렷이 들었다.

꿈을 꾸었다. 나는 어둠 속을 걸어간다. 그러자 별안간 여러 마리의 개에 둘러싸였지만 겁도 먹지 않고 걸어나간다. 느닷없이 조그마한 놈 한 마리가 나의 왼쪽 넓적다리를 물고 놔주질 않는다. 나는 두 손으로 그놈을 꽉 누르기 시작했다. 그리고 간신히 개를 뿌리치자, 다른 더 큰 놈이 나의 가슴을 물었다. 나는 그것을 뿌리쳤지만 세 마리째의 더 큰 개가 나를 물어뜯기 시작하였다. 나는 그것을 들어올리려고 했지만, 들어올리려고 하면 할수록 그것은 더욱 커지고 무거워졌다. 그러자 별안간 동지 A가 와서 나를 안고 어느 건물 쪽으로 데리고 간다. 그 건물 안으로 들어가려면 좁은 판자 위를 건너가야만 했다. 내가 발을 내디디자 판자가 휘어지더니 떨어지고 말았다. 그래서 나는 겨우 손이 닿는 담장으로 올라가려고 한다. 무척 애를 써서 몸을 끌어올려 다리가 한쪽에, 상체가 반대쪽에 늘어졌다. 나는 주위를 돌아보았다. 그러자 동지 A가 담장 위에 서서, 커다란 가로수 길과 뜰을 나에게 가리킨다. 그 뜰 안에는 아름다운 큰 건물이 있다. 여기서 잠이 깼다. 주여, 위대한 자연의 조물주여! 개를—나의 욕정을, 그리고 이전의 모든 욕정의 힘을 한데 합친 마지막 욕정을 뿌리칠 힘을 저에게 주소서. 그리고 내가 꿈

속에서 본 그 선의 전당에 들어갈 수 있는 힘을 주소서.

12월 7일

꿈을 꾸었다. 바즈데에프가 나의 집 앞에 앉아 있고, 나는 몹시 기뻐서 음식을 대접하려고 한다. 나는 관계가 없는 사람들과 연방 지껄이고 있었던 것 같았다. 그러자 문득 이런 일은 바즈데에프 씨의 마음에 들 리가 없다고 깨닫고는, 그의 옆으로 다가가서 그를 껴안으려고 한다. 그러나 옆에 간 순간 그의 얼굴이 변해서 젊어진 것을 본다. 그리고 그는 무엇인가 교단의 가르침을 작은 목소리로 말하고 있다. 내가 듣기 어려울 만큼 나지막한 음성이었다. 그리고 우리는 모두 방에서 나왔다. 그러자 그때 무엇인가 괴상한 일이 일어났다. 우리는 모두 마루 위에 앉거나 자거나 한다. 바즈데에프 씨는 나에게 무슨 말을 하고 있었다. 나는 자신의 민감함을 그에게 보여 주고 싶어서 그의 말에는 귀를 기울이지도 않고, 나의 내면적 인간의 상태나 나의 머리에 떠오른 하느님의 은총을 뇌리에 그렸다. 그러나 내 눈에 눈물이 떠오르고 그가 그것을 알아챘으므로, 나는 흐뭇하였다. 그런데 그는 나를 못마땅한 듯이 바라보고, 말을 그만두고 별안간 벌떡 일어났다. 나는 겁이 나서, 지금 이야기는 나에게 관계가 있는 것은 아니었던가요? 하고 물었다. 그는 아무 대답도 하지 않고, 상냥한 얼굴을 보였다. 그리고 우리는 갑자기 더블 베드가 놓여 있는 나의 침실에 있었다. 그는 침대 끝에서 자고, 나는 그에게 어리광을 부리고 싶은 마음에 사로잡힌 것처럼 그에게 붙어서 잔다. 그러나 그는 나에게 물어본다. '정직하게 말해봐요. 당신이 빠진 최대의 욕구는 무엇입니까? 당신은 그것을 알아차렸습니까? 나는 당신이 이미 그것을 알아차렸을 것이라고 생각합니다.' 나는 이 질문에 당황하여 내가 빠진 욕구는 태만이라고 대답했다. 그는 미심쩍은 듯이 고개를 저었다. 그래서 나는 더욱 당황하고, 나는 당신의 충고에 따라 아내와 함께 살고 있지만 아내와 남편의 관계가 아닙니다 하고 대답하였다. 이에 대해서 그는 아내에게 애무를 주지 않는 것은 좋지 않다고 반박하고, 그것은 나의 의무라고 느끼게 했다. 그러나 나는 그것이 부끄럽다고 대답했다. 그러자 느닷없이 모든 것이 사라지고 말았다. 나는 잠이 깨고, 머릿속에서 성서의 다음 구절이 떠오르는 것을 느꼈다. '생명은 사람의 빛이다. 빛은 어둠 속에서 비치되 어둠은 이것을 깨닫지 않는다.' 바즈데에프 씨의 얼굴은 젊고 밝았다. 이날, 나는 의무에 대해서 쓴 은사의 편지를 받았다.

12월 9일

꿈을 꾸었다. 눈을 떴을 때 심장이 떨리는 것처럼 심하게 두근거렸다. 꿈 속에서 나는 모스크바의 집의 커다란 휴게실에 있는 것 같았는데, 객실에서 바즈데에프 씨가 나온다. 나는 곧 그의 몸에 갱생의 작용이 이미 일어난 것을 알아채고, 그에게로 달려간다. 나는 그에게 키스하고 그의 손에도 키스한다. 그러자 그는 말한다. '그대는 내가 이제까지와는 다른 얼굴이 되었다는 것을 알아채지 못하고 있는가?' 나는 여전히 그를 안은 채 그를 본다. 그러자 그 얼굴은 젊어 보였지만, 머리에는 머리카락이 없고, 용모도 전혀 딴판이었다. 그래서 나는 말한다. '우연히 만나도, 곧 당신이라는 것을 알 수 있습니다.' 그와 동시에 '나는 옳은 말을 하고 있는가?' 하고 생각한다. 그러자 문득 그가 시체처럼 누워 있는 것이 보인다. 차차 그는 제정신을 차리고, 나와 더불어 도화지에 그려진 그림이 들어간 커다란 책을 안고 서재로 들어간다. '그건 내가 그린 겁니다.' 내가 말한다. 그는 끄덕인다. 나는 책을 편다. 그러자 그 책에는 페이지마다 아름다운 그림이 그려져 있었다. 나는 그 그림이 영혼과 그 연인과의 불장난을 나타낸 것이라는 것을 알고 있다. 나는 그 페이지에 훌륭하게 그려져 있는, 투명한 옷을 입고 투명한 몸을 하여 구름을 향해 날아가는 아가씨의 그림을 본다. 그리고 그 처녀가 구약성서의 아가(雅歌)의 바로 그 그림이라는 것을 알고 있다. 나는 나쁜 짓이라고 느끼면서도, 그 그림에서 눈을 뗄 수가 없었다. 주여! 나를 도와주소서! 아아, 만약 나를 버리시는 것이 하느님의 뜻에 따른 것이라면 그 뜻에 따를 수밖에 없지만, 만약 그 원인이 나 자신에게 있다면 나는 어떻게 하면 좋을지, 신이여, 나에게 가르쳐 주소서. 당신이 나를 완전히 버리신다면, 나는 나의 음탕 때문에 멸망할 수밖에 없습니다.

11

로스또프네의 재정은 가족이 시골 살림을 하면서 보낸 2년 동안에도 조금도 호전되지 않았다.

니꼴라이는 자기가 마음 속에 결정한 것을 단단히 지키고 여전히 시골 연대에 근무하여 비교적 조금밖에 돈을 쓰지 않았는데, 영지인 오뜨라도노에 마을에서의 생활 방식과 특히 관리인 드미뜨리의 경영은 빚이 해마다 걷잡을 수 없이 늘어가는 성질의 것이었다. 노백작 앞에 있는 유일한 구조의 길은 분명히 직장에 나가는 일이었다. 그래서 그는 뻬쩨르부르그로 올라왔다. 일자리를 찾는 동시에, 그의 말에 의하면 마지막으로 한 번 더 딸들에게 즐거운 생각을 하게 하려는 것이었다.

로스또프네가 뻬쩨르부르그로 올라온 지 얼마 안 되어서, 베르그가 베라에게 청혼했다. 그리고 그 청혼은 수락되었다.

모스크바에서의 로스또프네는 자기들이 어떤 그룹에 속해 있는지 몰랐고, 생각해 본 일도 없었거니와 어쨌든 최고 상류 사회에 속해 있었지만, 뻬쩨르부르그에서의 그들의 교제 범위는 복잡하여 분명치가 않았다. 뻬쩨르부르그에서 로스또프 집안은 시골뜨기였고, 그들이 모스크바에서 상대의 신분을 가리지 않고 맞이하여 음식을 대접한 사람들까지도 여기서는 그들을 상대하려고 하지 않았다.

로스또프네는 뻬쩨르부르그에서도 모스크바에서와 마찬가지로 손님을 환영하는 생활을 하고 있었기 때문에, 야식에는 오뜨라도노에 마을의 이웃인, 그다지 부유하지 못한 늙은 지주와 그 딸들, 여관(女官)인 뻬론스끼 부인, 삐에르 베주호프, 뻬쩨르부르그에서 근무하고 있는 시골 우편국장의 아들 등 실로 여러 사람들이 모였다. 남자 중에서 뻬쩨르부르그의 로스또프네로 바로 들어온 사람은 보리스와, 노백작이 거리에서 만나 그대로 집으로 끌고 온 삐에르와, 온종일 로스또프네에서 지내면서 결혼 신청을 하려 하고 있는, 젊은 사나이만이 할 수 있는 배려를 장녀인 베라에게 보이고 있는 베르그였다.

베르그가 아우스터리츠 전투에서 부상한 오른손을 모든 사람에게 내보이듯이 하고, 아무런 필요도 없는 검을 왼손에 들고 있었는데 그것은 헛일이 아니었다. 그는 실로 끈질기고 의미심장하게 그 사건을 모두에게 이야기했기 때문에, 모두 그 행위가 목적에 합당하고 훌륭한 일이라고 믿었다. 베르그는 아우스터리츠 전투에서 두 개의 상을 받았던 것이다.

핀란드 전쟁(1808년, 러시아는 나폴레옹의 요구에 따라서 스웨덴과 싸워서 핀란드를 탈취하였다) 때도 그는 눈부신 행동을 했다. 총사령관 곁에 서 있던 부관을 죽인 유탄의 파편을 집어 들자, 그는 그것을 대장에게로 가지고 간 것이다. 아우스터리츠 전투가 있은 뒤와 마찬가지로 그는 이 사건을 오랫동안 끈질기게 모든 사람에게 이야기했기 때문에, 마침내 모두들 그는 그럴 수밖에 없었다고 믿고 말았다. 그래서 핀란드 전쟁 때도 베르그는 두 번 상을 받았다. 1809년, 그는 몇 개의 훈장을 가진 근위 대위가 되어 뻬쩨르부르그에서 특별히 유리한 한 자리를 차지하고 있었다.

베르그가 훌륭하다는 이야기를 들으면 반체제적인 생각을 하는 일부 사람들은 엷은 미소를 띠었으나, 베르그가 성실하고 용감한 장교이며, 상관한테도 잘 보여서 앞날에 빛나는 출세의 길이 기다리고 있을 뿐 아니라, 사회에서는 확고한 지위도 얻고 있는 청년임을 인정하지 않을 수 없었다.

4년 전 모스크바의 극장 아래층 좌석에서 동료인 독일 사람을 만났을 때, 베르그는 베라를 가리키며 독일어로 말하였다. '저 여자는 내 아내가 될 사람이야.' 그리고 그 순간부터 그는 베라와 결혼할 것을 결심한 것이다. 지금, 뻬쩨르부르그에서 그는 로스또프네와 자기와의 위치를 비교하여 생각해 보고 때가 왔다고 마음먹고는 청혼한 것이다.

베르그의 청혼은 처음에는 그의 입장에서 보자면 별로 기분 좋게 받아들여지지 않았다. 즉 정체를 알 수 없는 리플란트(라뜨비야 에스
또니야의 구칭) 무사 가문의 아들이 로스또프 백작 영양에게 청혼한다는 것이 처음에는 묘하게 여겨졌던 것이다. 그러나 베르그의 성격의 특징은 매우 순진하고 선량한 이기주의였으므로, 본인 자신이 이것은 좋은 일이다, 아니 오히려 매우 좋은 일이다 하고 확신하고 있었으므로, 그것은 좋은 일이겠지 하고 은연중에 로스또프네 사람들도 생각하게 되었다. 게다가 로스또프네의 재정은 엉망진창이었는데도 결혼을 신청한 사람은 그것을 전혀 개의치 않았다. 가장 중요한 것은 베라가 벌써 스물네 살이 되어 여러 사교계에도 나가고 있었고, 틀림없이 미인이고 분별이 있었음에도 불구하고, 여태까지 아무도 그녀에게 청혼하는 사람이 없었다는 사실이었다. 이리하여 마침내 승낙이 떨어졌다.

"여보게." 베르그는 자기 동료에게 말했다. 그는 누구나 인간에게는 친구가 있다는 것을 알고 있었기 때문에, 단지 그 이유만으로 이 사나이를 친구라고 부르고 있었다. "여보게, 나는 모든 것을 잘 생각했네. 만약에 모든 것을 잘 생각한 끝에 그 어떤 이유로 해서 잘못된 일이라고 생각했었다면 나는 결혼을 하지 않을 거야. 그러나 지금은 그 반대지. 내 아버지도 어머니도 지금은 생활이 보장되어 있어. 내가 부모님께 발트해 연안의 땅을 빌릴 수 있게 해드렸어. 나는 뻬쩨르부르그에서 내 봉급과 아내의 재산과, 나의 꼼꼼한 성격만 있으면 아내와 함께 살아갈 수 있어. 이것으로 훌륭하게 살 수 있어. 나는 돈 때문에 결혼하는 것은 아냐. 그것은 비열하다고 생각하네. 그러나 아내는 자기 재산을 가져오고, 남편도 자기 것을 가져온다는 것은 필요하지. 나에게는 직장이 있고, 그녀에게는 연고와 자그마한 재산이 있어. 이것은 오늘날 그 어떤 뜻을 지니게 될 거야. 그렇잖은가? 그러나 가장 중요한 것은 그녀가 아름답고 존경할 만한 아가씨이고, 날 사랑하고 있다는 것일세……."

베르그는 얼굴을 붉히고 빙그레 웃었다.

"그리고 나는 그녀를 사랑하고 있네. 그녀는 분별심이 많고 매우 좋은 성격이거든. 그녀의 동생하고는 달라. 같은 가족이지만 전혀 판판이지. 그 동생은 싫은 성격에 머리도 모자라. 뭐라고 할까? …… 느낌이 나쁜…… 그런데 내 약혼자는…… 자네는 우리 집에 한번 놀러와 주게……." 베르그는 말을 계속하였다. 그는 "식사 하러"라고 말하려다가, 다시 생각하고 "차라도 마시러"라고 말했다. 그리고 혀를 불쑥 내밀고는, 담배 연기로 둥근 고리를 만들었다. 그것이 그의 행복한 꿈을 남김없이 상징하고 있었다.

베르그의 청혼이 부모의 마음 속에 일으킨 최초의 어리둥절한 기분이 가라앉자, 이런 경우에 항상 생기는, 들뜬 즐거운 기분이 집안을 지배하였다. 그러나 그 기쁨은 진심에서 우러나온 것이 아니라, 그저 표면적인 것에 지나지 않았다. 이 혼담에 대한 집안 사람들의 기분 속에는, 당황과 수치의 빛이 엿보였다. 식구들은 베라를 별로 사랑하지 않았고, 그녀를 귀찮은 존재로 알고 기다리고나 있었다는 듯이 그녀를 떨쳐버리려 하고 있었던 일을 지금에 와서는 부끄럽게 생각하고 있는 것 같았다. 가장 난처한 것은 노백작이었다. 그는 아마도 자기가 난처해 하는 원인이 무엇인지 분명히 말할 수 없었을 것이지만 그 원인은 그의 재정 상태였다. 그는 무엇이 자기 손에 남아 있고 빚은 어느 정도이며 베라에게 지참금으로 얼마만큼 줄 수 있는지 전혀 알 수 없었다. 딸들이 태어났을 때, 한 사람 앞에 300명씩의 농노를 지참금으로 배당해 두었다. 그러나 그 마을들 중의 하나는 팔아버렸고 하나는 저당에 잡혀 있었는데, 그것도 기한이 끊겨 있었기 때문에 팔지 않으면 안 되었다. 따라서 영지를 나눠 줄 수가 없는 것이다. 그런가 하면 돈도 없었다.

베르그는 약혼자가 된 지 벌써 한 달 이상이나 되어, 결혼식까지 겨우 일 주일을 남겨 놓고 있을 뿐이었다. 그러나 백작은 아직 지참금 문제를 해결 못하고, 그것에 관해서 아내하고도 상의하지 않고 있었다. 백작은 랴잔의 영 지를 베라에게 나눠 줄 것인지, 또는 숲을 팔아 버릴 것인지, 어음으로 돈을 빌릴 것인지 이것저것 생각했다. 식을 며칠 앞두고, 베르그는 어느 날 아침 백작의 서재에 불쑥 나타났다. 그는 베라의 몫으로 무엇을 받을 수 있는지 알려 줄 수 없느냐고 미래의 장인을 향하여, 밝은 미소를 띠고 정중하게 말 하였다. 벌써부터 예기하고 있던 이 질문을 받자 노백작은 완전히 당황하여, 머리에 떠오른 생각을 깊이 생각하지도 않고 말했다.

"고맙네, 여러 가지로 걱정해 줘서 고맙네. 반드시 자네가 만족할 수 있게 하겠네……."

그리고 그는 베르그의 어깨를 가볍게 두드리고, 이야기를 끝내려고 일어 났다. 그러나 베르그는 밝은 미소를 띠면서도, 만약 베라의 지참금으로 무엇 을 받게 될 것인지를 정확하게 알 수가 없고 또 일부분이라도 받을 수 없다 면, 자기는 이 이야기를 거절할 수밖에 없을 것이라고 설명하였다.

"왜냐하면 말입니다, 백작님. 만약에 제가 지금 아내를 부양할 일정한 재 산도 없이 결혼한다면, 저는 비열한 짓을 하게 되거든요……."

결국 이 이야기는 백작이 관대함을 보이고 싶다는 심정과, 게다가 또다시 요구 받고 싶지 않아서 어음으로 8만 루블을 끊어주겠다는 것으로 결말을 보았다. 베르그는 빙그레 미소짓고 백작 어깨에 키스했다. 그리고 대단히 고 맙기는 하지만, 3만 루블만은 현금으로 받지 않고서는 요즘은 도저히 새살 림을 차릴 수 없다고 말했다.

"적어도 2만 루블 정도는, 백작님." 그는 말을 덧붙였다. "그렇게 되면 어 음은 6만 루블이 됩니다."

"알았네, 알았네, 좋아." 백작은 빠른 말로 말했다. "그러나 실례지만, 여 보게, 2만 루블은 현금으로 주지. 그리고 어음은 그것과는 별도로 8만 루블 로 해서 주겠네. 그럼, 자, 나에게 키스를 해 주게."

12

나따샤는 열여섯 살이었다. 그리고 4년 전에 그녀가 보리스와 키스를 나누었던 이래, 그와 함께 손꼽아 세어 온 1809년이 되어 있었다. 그때부터 그녀는 한 번도 보리스와 만나지 않았다. 쏘냐 앞에서, 또 어머니를 상대로 화제가 보리스에게로 미치면 그녀는 이미 결말이 난 일로서, 아무런 구애도 없는 옛날에 있었던 일로 모두 앳된 짓이며, 그런 일은 이야기할 만한 가치가 없고 벌써 오래 전에 잊어버린 일이라고 말하는 것이었다. 그러나 마음속 깊은 곳에서는 보리스와 한 약속이 한갓 놀이에 지나지 않았는지, 그렇지 않으면 서로를 속박하는 중대한 약속이었는지 하는 의문이 그녀를 괴롭히고 있었다.

1805년 보리스가 모스크바를 떠나 군대로 가 버린 후, 그는 로스또프네의 사람들과 만난 일이 없었다. 그는 몇 차례 모스크바에도 왔었고, 오뜨라도노에 마을 근처를 지나간 일도 있었지만 로스또프네에는 한 번도 들른 적이 없었다.

나따샤의 머리에는 이따금, 보리스는 자기를 만나는 것을 싫어하고 있다는 생각이 떠오르는 일도 있었다. 더욱이 어른들이 보리스에 대한 이야기를 할 때의 슬픈 듯한 어조가 그녀의 그러한 추측을 뒷받침하였다.

"요즘 세상에 옛친구를 기억하고 있는 사람이 어디 있어요." 백작 부인은 보리스 이야기가 나온 뒤에는 곧잘 이렇게 말했다.

요즈음에는 그전만큼 로스또프네에 오지 않게 된 도르베쯔꼬이 공작 부인도 로스또프네 집에 올 때마다 어딘지 모르게 잘난 체하는 태도를 하고, 자기 아들의 장점과 그의 훌륭한 출세에 대해서 감사하다는 듯이 이야기하는 것이었다. 로스또프네가 뻬쩨르부르그로 왔을 때 보리스는 형식적으로 로스또프네를 방문하였다.

그는 로스또프네로 갈 때 다소 기분이 동요되지 않은 것은 아니었다. 나따샤에 관한 추억은 보리스의 가장 로맨틱한 추억이었다. 그러나 동시에 그는 자기와 나따샤와의 어렸을 때의 관계는 그녀에게도 자기에게도 절대로 속박이 될 리가 없다는 것을 그녀나 그녀의 양친에게도 명백히 느끼게 해야겠다고 굳은 생각을 먹고 갔던 것이다. 그는 엘렌과의 친한 관계 덕분에 상류 사회에서 훌륭한 지위를 이룩하고 있었고, 또 절대적인 신임을 받고 있던 어느 고관의 후원으로, 근무면에서도 빛나는 지위를 차지하고 있었다. 그리고 뻬쩨르부르그에서 으뜸가는 어느 부잣집 딸과 결혼하려는 계획이 차차 싹트고 있었고 그만한 일쯤은 자못 쉽게 실현될 수 있는 일이었다. 보리스가 로스또프네 객실에 들어섰을 때, 나따샤는 자기 방에 있었다. 그의 방문을 알자 그녀는 홍당무가 되어, 상냥한 것 이상으로 미소를 활짝 띠면서 거의 달려가다시피 객실로 들어갔다.

보리스의 기억에 남아 있는 4년 전의 나따샤는, 짧은 옷을 입고 고수머리 밑으로 검은 눈이 빛나고 몹시 앳되게 웃던 소녀였다. 그래서 전혀 딴 사람이 된 나따샤가 들어왔을 때 그는 어리둥절했다. 그의 얼굴은 환희가 넘치는 놀라움의 표정을 띠었다. 그의 이 표정은 나따샤를 기쁘게 했다.

"어때, 소꿉친구인 말괄량이를 알아볼 수 있겠어?" 백작 부인이 말했다.

보리스는 나따샤의 손에 키스하고, 너무 변해서 깜짝 놀랐다고 말했다.

"정말 아름다워지셨습니다!"

'물론이에요!' 웃음을 머금은 나따샤의 눈이 이렇게 대답하고 있었다.

"그러나 아버님은 늙으셨죠?" 그녀가 물었다. 나따샤는 앉아서 보리스와 백작 부인과의 이야기에 끼어들지 않고, 말없이 자기가 어릴 적에 결혼하려고 생각했던 사람을 구석구석까지 바라보았다. 보리스도 이 집요하고 부드러운 시선의 중압을 느끼고 이따금 그녀 쪽을 바라보았다.

보리스의 군복, 박차, 넥타이, 머리 형―모두가 최신 유행으로 흠잡을 데가 없었다. 나따샤도 이것을 곧 알아챘다. 그는 백작 부인 곁의 안락 의자에 조금 옆으로 앉아서, 왼손에 끼고 있는 깨끗하고 꼭 끼는 장갑을 오른손으로 만지면서, 입술을 유달리 세련된 모양으로 다물고, 뻬쩨르부르그 상류사회의 놀이 이야기를 하기도 하고 옛날 모스크바 시대의 일과 모스크바의 아는 사람들의 일을 짧은 말로 놀리듯이 하면서 상기하고 있었다. 그는, 나따샤의 느낌으로는 우연히 아무렇지도 않게, 상류 귀족들의 이름을 들면서 자기가 출석한 공사의 무도회나 N집안이나 S집안의 초대를 받은 일도 언급하였다.

나따샤는 줄곧 말없이 곁눈으로 그를 바라보면서 앉아 있었다. 그 시선이 차차 보리스를 불안케 했고 당황케 했다. 그는 나따샤를 돌아다보느라 이야기가 끊어지는 일이 많아졌다. 그는 한 십 분도 못 앉았다가 일어나서 작별 인사를 했다. 여전히 호기심에 찬 도전하는 듯한, 그러면서도 약간 놀리는 듯한 눈이 그를 바라보고 있었다. 이 첫 방문 뒤에, 보리스는 자기 자신에게 말했다. '나따샤는 나에게는 이전과 다름없이 매력적이다. 그러나 그녀와―

거의 재산이 없는 아가씨와─결혼하면 나의 출세가 물거품이 되고, 결혼을 목적으로 하지 않고 옛 관계를 되살린다는 것은 점잖지 못한 행위가 될 것이다.' 보리스는 나따샤와 만나는 것을 피해야겠다고 스스로 결심했다. 그러나 그 결심에도 불구하고 며칠 후에 다시 방문하였고, 자주 찾아와서는 로스또프네에서 온종일 보내는 날이 잦았다. 그는, 나따샤와 터놓고 이야기하지 않으면 안 된다, 옛일은 모두 잊어야 하고, 하여간…… 그녀는 자기 아내가 될 수 없으며, 자기에게는 재산이 없으니까 그녀를 자기와 결혼시키는 일은 절대로 없을 거라고 말하지 않으면 안 된다고 느끼고 있었다. 그러나 그는 이 말을 하지 못했고, 그런 말을 나누기가 쑥스럽기만 했다. 날이 갈수록 그는 더욱 갈피를 잡지 못하게 되었다. 어머니와 쏘냐가 알아챈 바에 의하면, 나따샤는 옛날처럼 보리스를 사랑하고 있는 듯했다. 그녀는 그가 즐겨 부르는 노래를 불러 주었고, 자기 사진첩을 보여 주기도 하고, 거기에 무엇을 쓰게 했다. 또 그에게 옛날 이야기는 하지 않게 했고 지금의 새로운 일 쪽이 얼마나 아름다운가를 깨닫게 했다. 그리고 보리스는 매일 하고 싶은 말도 못하고, 자기는 무엇을 하고 있는지, 무엇 때문에 찾아오는지, 결국 어떻게 되는 것인지 통 알지도 못한 채, 매일 얼떨떨한 마음으로 돌아가곤 했다. 보리스는 엘렌을 찾아가는 것을 그만두었다. 매일같이 엘렌으로부터 원망 어린 편지를 받으면서도, 아침부터 밤까지 로스또프네에서 보내는 날이 많아졌다.

13

어느날 밤, 노백작 부인이 나이트캡에 재킷을 걸치고, 가발을 벗어 얼마 남지 않은 한줌의 머리털을 하얀 옥양목 나이트캡 밑에 드러내고, 끙끙거리면서 양탄자에 이마가 닿도록 밤 기도를 올리고 있을 때였다. 문 소리가 삐걱거리더니 맨발에 슬리퍼를 신고, 역시 재킷에 머리에는 컬페이퍼를 감은 나따샤가 뛰어들어왔다. 백작 부인이 돌아보고 까다로운 표정을 지었다. 그녀는 마지막 기도문─'이 잠자리가 나의 관(棺)이 될까요?'라는 기도의 마지막 말을 막 끝내려 하고 있었다. 기도의 기분은 잡치고 말았다. 얼굴을 상기시켜 활기를 띤 나따샤는 기도를 올리고 있는 어머니의 모습을 보자, 갑자기 뛰던 발을 멈추고 자기 자신을 책망하듯 자기도 모르게 혀를 내밀었다. 어머니가 기도를 계속하고 있는 것을 보자 그녀는 소리를 내지 않고 침대 쪽으로 달려가서, 조그마한 발을 비벼대어 슬리퍼를 벗어 던지고, 백작 부인이 자기 관이 될지도 모르겠다고 두려워하는 침대 위에 뛰어올랐다. 그 침대는 높고 깃털 이불이 깔려 있었고, 큰 것에서 작은 순서대로 다섯 개의 쿠션이 놓여 있었다. 나따샤는 뛰어올라 깃털 이불에 몸을 파묻고 벽 쪽으로 몸을 뒤치고는, 모포 밑에 느긋하게 누워 바스락거리기도 하고 무릎을 턱까지 굽히기도 하고, 발을 구르기도 하고 소리를 죽여 낄낄 웃기도 하며, 모포를 뒤집어 쓴 채로 어머니 쪽을 흘끗흘끗 보았다. 백작 부인은 기도를 끝마치자 엄숙한 얼굴로 침대 쪽으로 다가섰다. 그러나 나따샤가 머리까지 이불을 뒤집어 쓰고 있는 것을 보자, 언제나와 같은 선량하고 나약한 미소를 띠었다.

"자, 자, 자." 어머니가 말했다.

"엄마, 잠깐 얘기하고 싶어요, 괜찮겠죠?" 나따샤가 말했다. "자, 목 밑에다 한 번, 엄마, 한 번만 더, 이젠 됐어요." 그녀는 어머니의 목덜미를 끌어안고 턱 아래에 키스를 했다. 어머니에 대한 나따샤의 태도는 난폭해 보였지만 본시 섬세하고 솜씨가 좋았기 때문에, 아무리 어머니를 두 손으로 끌어안아도, 절대로 어머니에게 아픔이나 불쾌하거나 쑥스러움을 느끼게 하지는 않았다.

"그래, 오늘 밤은 무슨 얘기지?" 어머니는 쿠션 위에 몸을 안정시킨 뒤, 나따샤가 발을 굴리고 두서너 번 몸을 뒤척여 어머니와 같은 이불 밑에 누워서, 두 손을 밖으로 내밀고 정색한 표정이 되기를 기다렸다가 말했다.

백작이 클럽에서 돌아오기 전에 가지는 나따샤의 이날 밤의 방문은 모녀에게는 무엇보다도 즐거운 기쁨의 하나였다.

"오늘은 무슨 얘기지? 내가 너에게 해야 하는데……."

나따샤는 한 손으로 어머니의 입을 막았다.

"보리스 얘기죠…… 난 알고 있어요." 그녀는 정색하고 말했다. "나도 그 일 때문에 온 거예요. 말하지 말아요. 난 알고 있어요. 아녜요, 말해 주세요!" 그녀는 한 손을 놓았다. "말해 주세요, 어머니. 그이 인상이 좋죠?"

"나따샤, 넌 벌써 열여섯이다. 네 나이에 나는 시집왔었다. 넌 보리스가 인상이 좋다고 했지. 그야 인상이 좋고말고. 나도 내 자식처럼 귀엽지만, 그래 넌 어떻게 할 작정이냐? …… 넌 무슨 생각을 하고 있니? 넌 그 사람을 완전히 열중하게 만들었지만, 나는 다 알고 있단다……."

이렇게 말하면서 백작 부인은 딸을 돌아다보았다. 나따샤는 침대 네 구석에 새겨놓은, 마호가니 재질의 스핑크스 하나를 꼼짝도 하지 않고 똑바로 바라보면서 누워 있었다. 그래서 백작 부인에게는 딸의 옆얼굴밖에 보이지 않았다. 그 얼굴은 일종의 독특하고, 정색한 생각에 잠긴 듯한 표정을 짓고 있어 백작 부인을 놀라게 했다.

나따샤는 들으면서 생각에 잠겨 있었다.

"그래요? 그게 어쨌다는 거예요?" 그녀는 말했다.

"너는 그를 완전히 미치게 하였지만, 그것은 무엇 때문이냐? 넌 그 사람을 어떻게 하려는 거지? 그 사람한테 시집을 못 간다는 것을 너도 알고 있잖니"

"왜요?" 몸의 위치를 바꾸지 않은 채 나따샤가 말했다.

"그야, 그 사람은 아직 젊고 가난하니까 말이다. 게다가 친척이 아니냐……. 더욱이 너는 그 사람을 사랑하지 않기 때문이다."

"어떻게 어머니는 그걸 아세요?"

"알다마다. 애야, 그건 좋지 않은 일이다."

"그렇지만, 만약 내가 원한다면요……." 나따샤가 말했다.

"바보 같은 소린 하지 마라." 백작 부인이 말했다.

"그렇지만 내가 원한다면……."

"나따샤, 난 진심으로……."

나따샤는 어머니가 말을 다 하지 못하게 하고, 백작 부인의 큼직한 손을 잡아당기고는 손등과 손바닥에 키스했다. 그러고는 다시 손을 뒤집어서 뼈가 앙상한 손가락의 관절과 손가락 마디 사이에 키스를 하면서 속삭이듯이 말하였다. "1월, 2월, 3월, 4월, 5월."

"말해 주세요, 어머니. 왜 잠자코 계셔요? 말해 주세요." 어머니를 돌아다보면서 나따샤는 말했다. 어머니는 상냥한 눈으로 딸을 바라보는 데에 정신이 팔려서 하고 싶은 말을 모두 잊어버린 모양이었다.

"그런 짓은 해선 안 된다. 애야, 너희들이 소꿉친구라는 것을 누구나 다 알고 있는 것도 아니고, 그 사람이 너와 그렇게 친하게 지내는 것을 보면, 우리 집에 오는 젊은 사람들의 눈에는 네가 잘 보이지 않을 테니 말이다. 게다가 무엇보다, 공연히 그 사람을 괴롭게 될 것이고 또 그 사람도 자신에게 알맞는 부잣집 딸을 배필로 발견했는지도 모르고. 그런데 지금 그 사람은 머리가 이상해지고 있는 것 같더구나."

"이상해지고 있다고요?" 나따샤가 되풀이했다.

"그럼! 내 이야기를 해 주지. 나도 한 '사촌 오빠'가 있었지……."

"알고 있어요, 끼릴 아저씨죠? 그렇지만 그분은 할아버지잖아요?"

"줄곧 할아버지는 아니었지. 여하간 이렇게 하자, 나따샤, 내가 보리스와 애길 해 보마. 이렇게 자주 오면 안 돼……."

"어째서 안 되는 걸까요. 만약 그이가 오고 싶다면?"

"그야 뻔하지 않니. 이렇게 한다고 해서, 어떻게 되는 것도 아니라는 걸 나는 알고 있기 때문이야."

"어떻게 그걸 아세요? 싫어요, 어머니. 그이에게 말하지 마세요. 그런 바보 같은 소리가 어디 있어요!" 나따샤는 마치 자기 물건을 빼앗기는 사람 같은 어조로 말했다. "그럼 시집 안 가겠어요. 그러니까 그이를 집에 오게 해 주세요. 그이도 즐겁고 나도 즐거우니까." 나따샤는 미소지으면서 어머니를 바라보았다. "시집은 안 가겠어요. 그저 이대로 있고 싶어요." 그녀는 말을 되풀이했다.

"그건 또 무슨 말이냐, 애야?"

"그러니까 다만 잠깐이에요. 그래요, 시집은 안 가면 되잖아요. 그러니까 …… 다만 잠깐이에요."

"다만 잠깐?" 백작 부인은 말을 되풀이했다. 그리고 온몸을 뒤흔들면서 선량한, 자기도 모르게 노인 티가 나는 목소리로 웃었다.

"웃지 마세요." 나따샤가 소리쳤다. "온통 침대가 흔들리잖아요. 어머니도 꼭 날 닮아서 무척 잘 웃으셔요…… 잠깐만……." 그녀는 어머니의 양 손을 잡아, 6월에 해당하는 손가락 마디에 키스했다. 그리고 또 한쪽 손의 7월 8월에 계속 키스했다. "어머니, 그이는 몹시 사랑하고 있을까요? 어때요? 어머니 눈에는 어떻게 보이세요? 어머니도 그렇게 사랑을 받으신 일이 있어요? 정말 좋아요! 정말, 정말 인상이 좋아요! 다만 내 취미에는 좀 맞지가 않아요―그이는 좀 가늘어요, 식당의 시계처럼…… 모르겠어요? 가늘고 엷은 회색이에요……."

"무슨 허튼 소릴 하는 거냐!" 백작 부인이 말했다.

나따샤는 말을 계속했다.

"정말로 모르시겠어요? 니꼴라이 오빠라면 아실 텐데…… 삐에르 씨…… 그이는 파란색이에요. 빨간색이 섞인 진한 파랑이에요. 게다가 그이는 네모꼴이에요."

"너 그이에게 별난 눈치를 보이고 있는 건 아니냐?" 웃으면서 백작 부인이 말했다.

"아녜요, 그이는 프리메이슨이에요. 난 알고 있어요. 좋은 분이에요. 빨간색이 섞인 진한 파랑이에요. 어머니한테 어떻게 설명하면 좋을까……."

"여보." 문 저쪽에서 백작 소리가 들렸다. "아직 안 자고 있소?" 나따샤는 맨발로 뛰어 일어나자 슬리퍼를 주워들고 자기 방으로 달아났다.

그녀는 오랫동안 잠을 이룰 수가 없었다. 그녀는 자기가 이해하고 있는 것, 마음 속에 있는 것을 아무도 완전히 이해하지 못하고 있는 거라고 줄곧 생각하고 있었다.

'쏘냐는?' 그녀는 커다랗게 땋아 늘인 머리를 감고, 몸을 꼬부리고 자고 있는 '새끼 고양이' 쪽을 바라보면서 생각했다. '안 되겠어. 어림도 없어! 이 사람은 정숙하니까. 니꼴라이 오빠를 좋아하면 그 이외는 아무것도 돌아보지 않아. 어머니조차도 모르셔. 대단해, 나는 얼마나 머리가 좋은가, 얼마나 …… 이 아이는 얼마나 귀여운가.' 그녀는 자기를 '이 아이'라고 남의 일처럼 말하면서, 누구보다도 총명하고 머리가 좋고 최고로 훌륭한 남성이 자기 일을 그렇게 말하고 있다고 상상하면서 계속 생각했다. '모든 것이 이 아이에게는 갖추어져 있다.' 그 남성은 계속 말한다. '머리가 좋다, 좀처럼 보기 드물 정도다. 인상이 좋다. 게다가 미인이다. 좀처럼 볼 수 없는 미인이다. 운동 신경이 좋다…… 수영도 승마도 대단하다. 그리고 목소리! 훌륭한 목소리라고 해도 좋다.' 그녀는 케르비니(이탈리아 작곡가. 1760~1842. 가극 알미다 외에 작품이 많다.)의 오페라 중 좋아하는 한 소절을 부르고, 침대에 뛰어들어 지금 곧 잔다는 즐거운 마음에 소리를 내어 웃으며, 촛불을 꺼달라고 두냐샤를 불렀다. 그리고 두냐샤가 아직 방에서 나가기도 전에, 벌써 다른 더 행복한 꿈 세계로 옮아가 있었다. 거기서는 현실과 마찬가지로 모든 것이 경쾌하고 아름다웠지만, 단지 현실과 달랐기 때문에 한층 좋았다.

이튿날, 백작 부인은 보리스를 자기 방에 불러서 이야기를 나누었는데, 그날 이후 그는 로스또프네에 발길을 끊고 말았다.

14

12월 31일, 1810년 새해 전날인 섣달 그믐날에 예까쩨리나 시대의 중신 저택에서 무도회가 있었다. 이 무도회에는 외교단과 황제가 참석하기로 되어 있었다.

영국 강변 거리에 있는 고관의 유명한 저택이 무수한 장식등으로 빛나고 있었다. 빨간 나사(羅紗)가 깔린 밝은 마차 정류소에는 경관대가 서 있었고, 헌병만이 아니라 서장을 비롯해서 수십 명의 간부가 서 있었다. 마차가 지나가면 곧이어 빨간 옷을 입은 종복이나 모자에 깃털을 단 하인을 태운 새로운 마차가 접근하였다. 유개 마차로부터는 제복을 입고 별 모양이나 리본이 달린 훈장을 단 남자들이 내려왔다. 공단과 담비 외투를 입은 귀부인들은 요란스럽게 놓이는 발판을 조심스럽게 내려 나사 위를 소리도 없이 지나갔다.

새 마차가 도착하면 거의 그때마다 속삭이는 소리가 군중 속을 스쳐가고, 군중은 모자를 벗었다.

"황제야? …… 아냐, 대신이다…… 외국 공작이다…… 저 털이 안 보이나?" 군중 속에서 이야기 소리가 들렸다. 그 중에서도 좀 나은 옷차림을 한 사나이는, 모든 사람의 얼굴을 알고 있는지 당시의 최고 대관들의 이름을 대고 있었다.

이미 손님의 3분의 1은 이 무도회에 와 있었는데, 이 무도회에 출석해야 할 로스또프네에서는 아직 분주한 옷차림에 정신이 없었다.

이 무도회를 위해 로스또프네에서는 상당히 많은 논의와 준비가 있었다. 초대를 받지 못하는 것이 아닐까, 의상이 시간에 맞지 않는 것은 아닐까, 모든 것이 잘 되어가지 않는 것이 아닐까 하고 꽤 안절부절했다.

로스또프네 사람들과 무도회에 동행하기로 되어 있던 것은 백작 부인의 친구이자 친척인 뻬론스끼 부인으로, 뻬쩨르부르그 상류 사회에서 시골뜨기인 로스또프네의 지도자역을 하고 있는, 여위고 얼굴이 노란 황태후의 궁정 여관(女官)이었다.

밤 10시에, 로스또프네는 따브리체스끼 공원에 있는 이 여관의 집에 들르기로 되어 있었다. 그런데 벌써 10시 15분 전인데도 아가씨들은 아직 옷도 입지 않았다.

나따샤는 난생 처음으로 큰 무도회에 가는 것이었다. 그녀는 이날 아침 8시에 일어나서, 온종일 열병에 걸린 듯이 불안스럽게 움직이고 있었다. 아침 일찍부터 자기들 모두가—자기나, 어머니나, 쏘냐가 될 수 있는 대로 좋은 몸차림을 하는 데에 온갖 힘을 다했다. 쏘냐도 어머니도 그녀에게 모든 것을 맡겼다. 백작 부인은 푸른빛이 도는 검붉은 비로드 의상, 자기들 둘은 핑크색 비단 속옷 위에 하얀 얇은 드레스를 입고 가슴 근처에 장미꽃을 달았다. 머리는 그리스식으로 빗기로 했다.

중요한 일은 모두 이미 끝나 있었다. 발, 손, 목, 귀는 무도회에 나간다고 해서 특히 꼼꼼하게 정성껏 씻고, 향수를 뿌리고 분을 발랐다. 얇은 비단 양말과 리본이 달린 하얀 공단 구두도 신고 있었다. 머리 손질도 거의 다 끝나 있었다. 쏘냐는 옷을 거의 입어가고 있었고, 백작 부인도 그랬다. 그런데 딴 사람들을 돌봐주고 있던 나따샤만은 채비가 늦었다. 그녀는 아직 가는 어깨에 화장옷을 입은 채 거울 앞에 앉아 있었다. 채비가 끝난 쏘냐는 방 한가운데에 서서, 핀 밑에서 삐걱거리는 마지막 리본을 조그마한 손가락으로 죄면서 꽂고 있었다.

"그게 아냐, 쏘냐!" 나따샤는 손질 중에 있는 머리를 돌려서, 하녀가 붙잡은 채 놓을 틈이 없었던 머리카락을 두 손으로 빼앗듯이 하면서 말했다. "리본은 그렇게 하는 게 아냐. 이쪽으로 와 봐요." 쏘냐는 옆으로 와서 앉았다. 나따샤는 리본을 다른 느낌으로 다시 꽂아주었다.

"아씨, 움직이시면 안 됩니다." 나따샤의 머리를 쥐고 있던 하녀가 말했다.

"어머, 어쩌나, 그럼 이따가! 자, 이럼 돼요, 쏘냐."

"너희들은 다 됐니?" 백작 부인의 소리가 들렸다. "벌써 10시다."

"엄마는 다 되셨어요?"

"모자만 핀으로 꽂으면 된다."

"내가 없는 사이에 하시면 안 돼요!" 나따샤가 소리쳤다. "엄마는 잘 하실 수 없으니까!"

"벌써 10시야."

무도회에는 10시 반에 도착하기로 돼 있었지만, 그때까지 나따샤가 옷을 갈아입고 따브리체스끼 공원에 들러야만 했다.

머리를 빗고 나자, 나따샤는 아래에서 무도화가 내다보이는 짧은 스커트에 어머니의 겉옷을 걸친 채 쏘냐 쪽으로 뛰어가서, 그녀를 잘 살펴보고는 어머니 쪽으로 달려갔다. 그리고 어머니 머리를 옆으로 돌려 모자를 핀으로 꽂아 주고 어머니의 백발에 키스하고는, 다시 자기 스커트 단을 꿰매고 있는 하녀 쪽으로 달려갔다.

문제는 너무 긴 나따샤의 스커트였다. 두 하녀가 바쁘게 실을 이빨로 자르면서 꿰매어 안으로 넣고 있었다. 세 번째 하녀는 핀을 입술에 끼거나 이빨로 물거나 하면서 백작 부인한테서 쏘냐 쪽으로 달려갔고, 네 번째 하녀는 손을 높이 올려 엷은 드레스를 들고 있었다.

"마브루시까, 빨리 해 줘요, 제발!"

"거기서 골무 좀 집어 주세요, 아씨."

"그쯤 해 두면 어떠냐?" 문 뒤에서 들어오면서 백작이 말했다. "자, 향수도 가져왔다. 뻬론스끼 부인이 벌써부터 기다리고 있다."

"자 됐습니다, 아씨." 다 꿰매진 엷은 드레스를 두 손가락으로 집어서 무엇인가를 혹 불어 털면서, 자기가 들고 있는 것은 공기처럼 가볍고 깨끗하다는 것을 그 동작으로 나타내면서 말하였다.

나따샤는 드레스를 입기 시작했다.

"이제 곧 돼요, 곧. 들어오시면 안 돼요, 아빠." 그녀는 아직 성긴 비단 의상을 뒤집어쓰고, 얼굴을 가리고 있는 스커트 안에서 외쳤다. 쏘냐는 탕! 하고 문을 닫아 버렸다. 이윽고 백작이 방에 들어오도록 허락되었다. 그는 파란 연미복에 긴 양말과 단화를 신은 몸차림에 향수를 뿌리고, 머리는 포마드를 발라 단정히 빗겨 있었다.

"어머, 아빠, 참 근사하세요. 매력적이에요." 나따샤는 방 한가운데에 서서 성긴 비단옷의 주름을 정돈하면서 말했다.

"잠깐만, 아, 잠깐만." 하녀는 무릎을 꿇고 의상을 사방에서 잡아당기면서, 입 끝에서 핀을 혀로 반대쪽으로 옮기면서 말했다.

"어떻게도 할 수 없어요!" 나따샤의 드레스를 보고 쏘냐가 절망한 듯한 음성으로 소리쳤다. "안 되겠어. 너무 길어요!"

나따샤는 체경에 비춰 보기 위해서 좀 뒤로 물러섰다. 의상은 길었다.

"걱정 마세요, 아가씨. 조금도 길지 않습니다." 아가씨 뒤를 쫓아 마루를 기어다니면서 마브루시까가 말했다.

"아냐, 길어. 당장 줄이겠습니다. 금방 됩니다." 체념이 빠른 두냐샤는 가슴의 스카프 안에서 바늘을 뽑아 들고 다시금 마루 위에서 일에 착수하면서 말하였다.

이때, 멋적은 듯이 조용한 발걸음으로 백작 부인이 모자를 쓰고 비로드 의상을 입고 들어왔다.

"야! 굉장해! 정말 예쁘다!" 백작이 소리쳤다. "당신이 제일 아름답소! ……." 그는 백작 부인을 끌어안으려고 했지만, 그녀는 얼굴을 붉히고 주름이 잡히지 않도록 몸을 피했다.

"어머니, 모자를 더 옆으로." 나따샤가 말했다. "내가 다시 핀으로 꽂아 드릴게요." 그리고 앞으로 뛰어나갔지만, 하녀가 미처 뒤따라가지 못해 엷은 옷자락이 약간 찢어지고 말았다.

"어머나, 큰일났네! 어떻게 하나? 내 잘못은 아니에요……."

"걱정 마세요, 꿰매 넣으면 보이지 않습니다." 두냐샤가 말했다.

"어머, 아름다우셔라. 여왕 같습니다!" 문 뒤에서 들어온 유모가 말했다. "쏘냐 아씨도, 모두 정말 아름다우십니다!"

10시 15분에 간신히 일동은 유개 마차를 타고 집을 떠났다. 그러나 따브리체스끼 공원에 들러야 했다.

뻬론스끼 부인은 이미 준비를 다 하고 있었다. 그녀는 나이를 먹어 아름답지는 않았지만, 역시 여기서도 로스또프네에서와 같은 일이 벌어지고 있었다. 다만 그렇게 부산하지는 않았지만(그녀에게 이것은 익숙한 일이었다) 역시 늙고 못생긴 몸을 씻고, 향수를 뿌리고, 분을 바르고 마찬가지로 귀 뒤를 꼼꼼하게 씻었다. 그리고 그녀가 머리글자가 달린 노란 드레스를 입고 객실로 나왔을 때, 로스또프네의 경우와 마찬가지로 늙은 하녀는 여주인의 이 화려한 차림에 감탄하여 넋을 잃고 있었다. 뻬론스끼 부인은 로스또프네 사람들의 화장을 칭찬했다.

로스또프네 사람들은 뻬론스끼 부인의 취미와 화장을 칭찬하였다. 그리고 머리와 의상에 주의하면서, 11시에 유개 마차를 나누어 타고 떠났다.

15

나따샤는 이날 아침부터 1분의 틈도 없어서, 어떤 일이 자기를 기다리고 있는지 한 번도 생각할 겨를이 없었다.

축축하게 젖은 싸늘한 공기가 스쳐가는 흔들리는 유개 마차의 비좁은 공간과 어둠 속에서, 그녀는 무도회에서 훤하게 반짝이는 홀에서 자기를 기다리고 있는 것은 음악, 꽃, 춤, 황제, 뻬쩨르부르그의 빛나는 젊은이들이라는 것을 비로소 생생하게 마음 속에 그릴 수가 있었다. 그녀를 기다리고 있는 것이 너무나도 훌륭했기 때문에 그런 일이 현실적으로 있으리라고는 믿어지지 않을 정도였다. 그 정도로 그것은 유개 마차 안의 추위와 비좁음과 어둠의 인상과는 판이한 것이었다. 그녀는 마차 정류대의 빨간 나사 위를 지나 현관으로 들어가서 모피 코트를 벗고, 환하게 밝혀진 계단의 꽃 사이를 어머니보다 앞서 쏘냐와 나란히 걸어가기 시작했을 때, 비로소 자기를 기다리고 있는 모든 것을 이해하였다. 그때 비로소 그녀는 무도회에서 어떤 태도를 취해야 하는가를 생각하고, 무도회에서 여자아이에게 아무래도 필요하다고 여겨지는 조신한 태도를 취하려고 애썼다. 그러나 다행히도 그녀는 자기의 눈이 산란해지는 것을 느꼈다. 그녀에게는 무엇 하나 분명히 보이지 않았다. 맥박은 1분 동안에 100번이나 뛰는 것 같았고, 피는 심장 근처에서 두근거리기 시작했다. 그녀는 자기가 우스꽝스럽게 보이는 것 같은 태도를 취할 수는 없었기 때문에, 흥분으로 몸이 굳어진 채 오직 그것을 감추려고 애쓰면서 걸어갔다. 그리고 그것이야말로 그녀에게 가장 어울리는 태도였다. 그녀들 앞뒤에 역시 작은 소리로 말을 주고받으면서 이브닝 드레스를 입고 손님들이 들어갔다. 계단을 따라 걸려 있는 거울이 흰색, 옅은 청색 드레스를 입고 노출된 팔이나 목에 다이아몬드나 진주를 단 여성들을 비추고 있었다.

나따샤는 거울을 보았으나, 그 속에 비치고 있는 다른 여성으로부터 자기를 분간할 수가 없었다. 모든 것이 하나의 빛나는 행렬이 되어 뒤섞이고 있었기 때문이다. 맨 먼저 홀에 들어서려고 했을 때, 말소리와 발소리, 인사말이 부드러운 웅성거림이 되어 나따샤의 귀가 멍할 정도로 울렸다. 빛과 반짝임이 더욱더 강하게 그녀의 눈을 부시게 했다. 이미 30분 동안이나 입구 문가에서 들어오는 손님들에게 '어서 오십시오' 하고 똑같은 말을 되풀이하고 있던 주인 내외는 로스또프네와 뻬론스끼 부인도 역시 같은 말로 맞이하였다.

흰 드레스를 입고 검은 머리에 같은 장미꽃을 단 두 소녀가 마찬가지로 무릎을 약간 굽히고 인사를 하였으나, 무의식적으로 여주인은 날씬한 나따샤 쪽에 자기도 모르게 시선을 오랫동안 못박았다. 그녀는 나따샤를 보고, 그녀에게만 주인으로서의 미소 이외에 특별한 미소를 보냈다. 나따샤를 바라보면서 여주인은 어쩌면 황금처럼 소중한, 지금은 되찾을 수도 없는 자신의 처녀 시절과 첫 무도회를 회상했는지도 모른다. 주인도 나따샤를 바라보며 백작에게 어느 쪽이 당신 따님이냐고 물었다.

"실로 매혹적입니다!" 그는 자기 손가락에 키스하고 이렇게 말했다.

홀에서는 손님들이 입구에서 붐비며 황제를 기다리면서 서 있었다. 백작 부인은 이 무리의 맨 앞줄에 서 있었다. 나따샤는 몇 사람의 목소리가 자기에 대해서 묻고, 자기를 바라보고 있는 것을 듣고 느끼고 있었다. 그녀는 자기에게 주의를 보내고 있는 사람들이 자기에게 호감을 느끼고 있다는 것을 알았다. 그리고 그 관찰은 어느 정도 그녀의 마음을 가라앉혔다.

'우리와 같은 사람도 있고, 더 못한 사람들도 있구나.' 그녀는 생각했다.

뻬론스끼 부인이 무도회에 모여 있는 사람들 중에서 가장 이름난 사람들의 이름을 백작 부인에게 말했다.

"바로 저 분이 네덜란드 공사예요. 보이죠? 저 백발의 인사 말이에요." 여성들에게 둘러싸여 무엇인가 그녀들을 웃기고 있는, 숱이 많고 백발이 섞인 은빛 고수머리 노인을 가리키면서 뻬론스끼 부인이 말했다.

"그리고 바로 저이가 뻬쩨르부르그의 여왕, 베주호프 백작 부인입니다." 그녀는 들어오는 엘렌을 가리키면서 이렇게 말했다.

"어쩌면 저렇게도 아름다울까? 마리야 안또노브나(알렉산드르 1세의 애인 나르이쉬낀 부인)에게도 뒤지지 않아요. 보세요, 젊은이도 노인도 저 사람 뒤를 쫓아다니고 있잖습니까. 미인인 데다가 머리도 좋고…… 대공도 저분에게 푹 빠졌대요. 그리고 저기 있는 두 여인 말이에요, 별로 미인은 아닙니다만 추종자들은 많은 것 같군요."

그녀는 이때 무척 못생긴 딸을 데리고 홀을 가로질러 걸어가는 부인을 가리켰다.

"저 아가씨는 백만장자인 신부 후보입니다." 뻬론스끼가 말했다. "그리고 저들은 신랑 지망생들에요."

"저 사람은 베주호프 부인의 오빠인 아나똘리 꾸라긴 씨입니다." 머리를 높이 쳐들고 여인들의 머리 너머로 어딘가를 바라보면서 그녀들의 옆을 지나가는 미남 근위 중기병을 가리키면서 그녀는 말했다. "호남이지요! 그렇잖습니까? 저분을 저 부자 따님과 결혼시키려 하고 있답니다. 댁의 조카인 도르베쯔꼬이도 몹시 열중하고 있는 것 같아요. 어쨌든 몇백만이라는 재산이니까요. …… 아, 저이는 프랑스 공사입니다." 저분은 누구냐는 백작 부인의 질문에 대답하여 뻬론스끼 부인이 꼴란꾸르에 대해서 말했다. "보세요, 마치 어딘가의 황제 같지 않습니까. 하지만 역시 인상이 좋아요. 봐요, 오셨어요! 역시 가장 아름다운 사람은 우리 마리야 안또노브나예요! 얼마나 산뜻한 옷차림이에요. 얼마나 훌륭해요!"

"그리고 저 뚱뚱하고 안경을 쓴 사람, 세계적인 프리메이슨이에요." 뻬론스끼는 삐에르를 가리키며 말했다. "부인과 그이를 같이 세워 놔 보세요. 그야말로 웃음거리예요!"

삐에르는 뚱뚱한 몸을 좌우로 흔들며 사람들을 헤치고 마치 시장 바닥을 지나가는 것처럼 가볍게, 그러나 온화한 인사를 좌우에 나누면서 걷고 있었다. 그는 누군가를 찾고 있는 듯했다.

나따샤는 뻬론스끼 부인이 웃음거리라고 부른 삐에르의 낯익은 얼굴을 즐거운 듯이 바라보고 있었다. 그리고 삐에르가 자기들을, 특히 자기를 군중 속에서 찾고 있다는 것을 알고 있었다. 삐에르는 무도회에 와서 그녀에게 파트너를 소개해 주겠다고 약속했던 것이다.

그러나 그녀들에게로 오기 전에 삐에르는 흰 군복을 입은, 검은 머리를 한 키가 작은 미남 옆에 발을 멈추었다. 그 사나이는 성형(星形) 훈장과 훈장 수를 단 키가 큰 한 남자와 창가에서 이야기를 나누고 있었다. 나따샤는 곧 그 흰 군복 차림의, 키가 작은 젊은 사나이가 누구인가를 알아챘다. 그는 안드레이 볼꼰스끼로, 나따샤의 눈에는 이전보다 훨씬 젊고 쾌활하고, 또 아름다워 보였다.

"또 한 사람, 아는 사람이 계셔요. 볼꼰스끼예요, 그렇죠, 어머니?" 나따샤는 안드레이를 가리키면서 말했다. "알고 계시죠? 저분은 오뜨라도노에 마을에서 우리 집에 묵으셨잖아요."

"어머나, 저 분을 알고 계셔요?" 뻬론스끼가 말했다. "나는 저이가 정말 싫어요. 저분은 지금 무서운 것이 아무것도 없어요. 뽐내는 꼴이란 끝이 없는 것 같아요. 아버지 연줄을 탄 거예요. 거기에 스뻬란스끼와 함께 무슨 법안을 쓰고 있다는 거예요. 보세요, 여성에 대한 그의 태도! 여자가 그와 함께 이야기를 하려고 하는데도 외면을 하고!" 그녀는 안드레이를 가리키면서 말했다. "만약 나한테도 저 여인들한테 하는 태도를 보인다면 혼내주겠어요."

16

갑자기 전체가 요동을 쳐서 사람들이 이야기를 하기 시작하고, 앞으로 나아가다가 좌우로 움직여 둘로 갈라졌다. 그리고 갈라진 두 열 사이를, 울리기 시작한 음악 소리에 따라 황제가 들어왔다. 주인 내외가 그의 뒤를 따랐다. 황제는 마치 이 마중의 첫 순간부터 될 수 있는 대로 빨리 벗어나려고 하는 듯이, 좌우에 늘어선 사람들에게 머리를 숙이면서 빠른 걸음으로 나아갔다. 악대는 곡에 맞추어 만든 가사로, 당시 유명했던 뽈로네즈를 연주하고 있었다. 그 가사는 '알렉산드르여, 엘리자베타(황후의 이름)여, 당신은 우리를 환희케 하시고'라는 말로 시작되고 있었다. 황제가 객실로 들어왔다. 군중은 문가로 밀려왔다. 표정이 변한 몇 사람이 거기로 들어갔다가 돌아왔다. 군중은 황제가 여주인과 이야기를 하면서 모습을 나타낸 객실 문으로부터 또 와! 하고 뒤로 물러섰다. 어느 젊은이가 당황한 얼굴로 여인들을 덮치듯이 하여 옆으로 비켜달라고 부탁하고 있었다. 몇몇 여성은 상류 사회의 약속을 까맣게 잊어버린 듯한 얼굴로, 화장이 망가지는 것도 아랑곳없이, 앞으로 나오려고 밀고 있었다. 남자들은 여인들 곁으로 다가서서, 뽈로네즈(폴란드 무용)의 짝을 짓는 열을 만들었다.

모두가 좌우로 갈라졌다. 그러자 황제는 웃는 얼굴로 이 집 여주인의 손을 잡고, 음악의 박자를 맞추지 않고 객실 문에서 나왔다. 그 뒤를 이어서 주인이 마리야 안또노브나와 함께 나아가고 공사, 장관, 장군들이 뒤따랐다. 뻬론스끼는 연이어 그들의 이름을 들어 말해 주었다. 절반 이상의 여인들은 파트너가 있어서 뽈로네즈의 줄로 들어가기도 하고 들어가려고 하였다. 나따샤는 어머니와 쏘냐와 함께 벽 쪽으로 밀린 채, 뽈로네즈를 권유받지 못한 소수의 여인들에 낄 것 같은 생각이 들었다. 그녀는 가느다란 손을 늘어뜨리고 간신히 모양이 잡히기 시작한 가슴을 울렁이며 숨을 죽이고 선 채, 기쁨의 절정과 슬픔의 절정을 각오한 표정으로 겁먹은 것 같은 눈을 빛내면서 자기 앞을 바라보고 있었다. 그녀의 마음을 사로잡고 있던 것은 황제도 아니고 뻬론스끼가 가리키고 있는 높은 사람들도 아니었다. 그녀에게는 단 하나의 생각밖에 없었다. '누구 한 사람 나에게로 올 사람은 정말 없는 것일까? 나는 처음 사람들 틈에 끼어 춤을 출 수 없을까? 저 남자들은 나를 몰라보고 있는 것일까? 저 분들은 지금 나를 몰라보고 있는 것일까? 보았다고 해도 그 여자는 나의 상대가 아니니까 소용 없다고 말하는 것 같은 표정을 하고 있어. 아니야, 그럴 리가 없어!' 그녀는 생각하였다. '저 사람들은 알아야 해. 내가 얼마나 춤을 추고 싶어하는지, 내가 얼마나 훌륭하게 춤을 추는지, 나와 춤을 추면 얼마나 즐거운지를.'

상당히 오랫동안 계속된 뽈로네즈의 음악 소리는 이제 외롭게—추억처럼 나따샤의 귀 속에서 울리기 시작하였다. 그녀는 울고 싶었다. 뻬론스끼 부인은 로스또프네 사람들의 곁을 떠났다. 백작은 홀 저쪽 끝에 있었고, 백작 부인과 쏘냐와 나따샤는 혼자 숲 속에 있는 것처럼 이 이질적인 무리 속에 그 누구에게도 흥미도 필요도 없는 사람으로서 서 있었다. 안드레이가 어느 귀부인과 옆을 지나쳤지만, 그녀들의 모습을 알아채지 못한 것 같았다. 미남자인 아나똘리는 미소를 띠면서, 일행의 여성에게 무엇인가 이야기를 하고 있었다. 그리고 벽을 바라보는 것 같은 눈초리로 나따샤의 얼굴을 보았다. 보리스는 두 번 정도 그녀의 옆을 지나쳤지만 그 때마다 외면하였다. 춤을 추지 않고 있던 베르그 부처가 곁으로 다가왔다.

무도회에서 이런 식으로 집안들이 얼굴을 맞대는 것은 부끄러운 것처럼 나따샤에게는 여겨졌다. 마치 무도회가 아니면 집안들이 이야기를 나눌 장소가 없는 것 같지 않은가! 그녀는 자기의 초록색 옷에 대해서 무슨 말을 하고 있는 베라의 이야기를 듣고 있지도 보고 있지도 않았다.

마침내 황제가 마지막 춤 상대인 여인(그는 세 사람과 춤을 추었다) 옆에서 발을 멈추자 음악이 멎었다. 여러 가지로 신경을 쓰고 있는 것 같은 얼굴을 한 부관이 로스또프네 사람들 쪽으로 달려와서, 그렇지 않아도 벽쪽에 서 있는데 좀 더 물러서 달라고 말했다. 악대석으로부터 리드미컬한 왈츠 소리가 시원하고 섬세하고 황홀하게 울려왔다. 황제가 미소를 띠고 홀을 바라보았다. 얼마가 지났지만 아무도 시작하려고 하지 않았다. 진행을 맡고 있는 부관이 엘렌 옆으로 와서 그녀에게 권유하였다. 그녀는 미소를 띠고 한손을 올려 상대방을 보지도 않고 부관 어깨에 얹었다. 이런 일에 대해서는 노련한 진행계 부관은 자신만만하게 당황하지 않고 리듬을 잡아 파트너를 힘차게 껴안았다. 우선 먼저 글리사드(滑步)로 원 안쪽을 따라 나아가다가, 홀 구석에서 그녀의 왼손을 잡자 상대방을 한 바퀴 돌렸다. 그리고 차차 박자가 빨라지는 음악 소리에 따라, 부관의 민첩하고 재치 있는 발의 박차가 규칙적으로 내는 소리만이 들리고, 세 박자마다 회전을 하자 파트너의 비로드 의상이 휘날려 마치 확 타오르는 불꽃처럼 보였다. 나따샤는 두 사람을 바라보면서, 그 최초의 왈츠를 추는 사람이 자기가 아니라는 것이 슬퍼서 당장 울음이 나올 것 같았다.

안드레이는 기병 대령의 흰 제복을 입고 스타킹에 단화를 신고, 생기에 넘쳐 밝은 얼굴로 로스또프네 사람들 옆, 동그라미를 이룬 사람들의 앞줄에 서 있었다. 필호프 남작이 내일로 예정된 국가 평의회의 제1차 회의에 대해 그와 이야기를 하고 있었다. 안드레이는 스뻬란스끼와 숙친한 사이이며 법률 제정 위원회의 활동에 관여하고 있는 사람이므로, 갖가지 소문이 퍼지고 있는 내일의 회의에 대해서 정확한 정보를 줄 수가 있었다. 그러나 그는 필호프가 하는 말에는 귀를 기울이지 않고, 황제 쪽을 바라보기도 하고, 춤을 출 채비는 하고 있으면서도 동그라미 속에 끼어들 결심을 하지 못하고 있는 남자들을 바라보고 있었다

안드레이는 황제 앞에서 망설이고 있는 남자들과, 춤 신청을 받고 싶어서 가슴을 설레고 있는 부인들을 관찰하고 있었다.

삐에르가 안드레이 옆으로 다가가서 그의 손을 잡았다.

"당신은 언제나 춤을 추실 수 있겠죠? 저기 나의 마음에 든 로스또프네의 아가씨가 와 있는데, 춤을 청해 주실 수 없습니까?" 그는 말했다.

"어디에?" 안드레이가 물었다. "실례이지만" 그는 남작 쪽을 돌아다보고 말했다. "이 이야기는 다른 자리에서 충분히 하기로 합시다. 무도회에서는

댄스를 해야죠." 그는 삐에르가 가리킨 쪽으로 나아갔다. 나따샤의 절망적인, 제정신을 잃은 얼굴이 안드레이의 눈에 들어왔다. 그는 나따샤를 알아보고, 그녀의 마음도 이해하고 사교계에 갓 나온 것도 알아채고 나서, 언젠가 창가에서 하던 그녀의 회화도 생각이 나서 밝은 표정으로 나따샤 쪽으로 가까이 갔다.

"실례입니다만, 이 애가 우리 딸입니다." 얼굴을 붉히면서 백작 부인이 말했다.

"저는 이미 알고 있습니다, 아가씨께서 기억하고 계신다면." 안드레이는, 예의를 모른다고 말한 삐론스끼 부인의 말과는 정반대로 정중하게 고개를 깊이 숙여서 인사했다. 그리고 나따샤 옆으로 다가가서 댄스 신청을 다 말하기도 전에, 벌써 손을 내밀어 그녀의 가는 허리를 껴안았다. 그는 나따샤에게 왈츠를 한 곡 청했다. 절망도 환희도 각오하고 있던 나따샤의 굳은 얼굴 표정이 확 변하여 행복하고 감사에 넘친, 앳된 미소로 반짝였다.

'난 아까부터 당신을 무척 기다렸어요.' 예기치 않았던 행복을 맞은 이 소녀는 자기의 한 손을 안드레이의 어깨에 얹으면서 당장이라도 넘칠 것 같은 눈물 안쪽에서 미소를 띠며 이렇게 말하는 것 같았다. 그들은 원(圓)안으로 들어간 두 번째 짝이었다. 안드레이는 젊었을 때 최고의 댄스 명수 중의 한 사람이었다. 나따샤도 놀라울 정도로 춤을 잘 추었다. 무도회용 공단의 무도화를 신은 그녀의 작은 발은 민첩하고 경쾌하게, 게다가 그녀의 의지와는 상관없이 자기가 해야 할 일을 하고 있는 그녀의 얼굴은 행복의 기쁨으로 빛나고 있었다. 그녀의 드러난 목덜미와 팔은 여위어 엘렌에 비하면 아름답지 못했다. 그녀의 어깨는 메마르고 가슴은 모양이 제대로 잡히지 않고 팔은 가늘었다. 그러나 엘렌은 그녀의 몸을 스쳐갔던 갖가지 무수한 시선 때문에 옻칠이라도 한 것 같았지만, 나따샤는 처음으로 살결을 드러낸, 그리고 이렇게 하지 않으면 안 된다고 타일러주지 않았더라면 자못 부끄러워했을 것만 같은 소녀의 느낌이었다.

안드레이는 댄스를 좋아하는 데다, 모두가 자기에게 하려고 하는 정치적인 까다로운 이야기에서 가능하면 빨리 벗어나고 싶었고, 또 황제의 출석으로 조성된, 이 초조한 공손의 쇠사슬을 될 수 있는 대로 빨리 끊어버리고 싶어서 춤을 추기로 한 것이었다. 삐에르가 지명해 준 데다가 그녀가 아름다운 여성 중에서 우연히 맨 먼저 눈에 들어왔기 때문에 나따샤를 고른 것이다. 그러나 그가 그 가늘고 재빨리 움직이는, 떠는 듯한 상체를 안기도 전에 그녀는 그의 바로 옆에서 미소를 지으며 움직이기 시작하였고, 그 매력이 술에 취한 것처럼 그의 머리를 뒤흔들었다. 그는 가쁜 숨을 쉬면서 그녀를 놓고 발을 멈추어 춤추고 있는 사람들을 바라보기 시작했을 때, 자기의 몸 안에 기운이 되살아나고 젊어진 것 같은 느낌이 들었다.

17

안드레이에 뒤이어, 보리스가 나따샤에게로 다가와서 춤을 청했다. 무도회의 도화선에 불을 댕긴 댄스의 명수인 부관도 왔다. 그리고 젊은 남자들도 왔다. 그래서 나따샤는 남아도는 파트너를 쏘냐에게 양도하면서 행복스럽게 얼굴을 상기시키면서 밤새도록 쉬지 않고 춤을 추었다. 그녀는 이날 무도회에서 모두의 관심을 모으고 있었던 일을 조금도 눈여겨 보지도 않았고, 유의하지도 않았다. 그녀는 황제가 프랑스 공사와 오랫동안 이야기를 나누고 있었던 것도, 그가 어느 귀부인과 유달리 친절하게 이야기하고 있었던 일도, 어떤 외국의 대공과 어떤 사람이 어떤 일을 하기도 하고, 어떤 일을 이야기한 일, 엘렌이 대성공을 거두어 어떤 사람으로부터 보통이 아닌 관심을 받은 일을 알아채지 못했을 뿐더러, 황제마저도 그녀의 눈에 띄지 않았으며, 황제가 돌아간 것도 그 후 무도회가 한층 활기를 띠게 되었을 때 겨우 알아차릴 정도였다. 즐거운 코티온(루이 14세 시대에 유행한 댄스의 일종. 네 사람 또는 여덟 사람이 함께 춘다.)의 하나를, 야식 전에 다시 안드레이가 나따샤와 추었다. 그는 두 사람이 오뜨라도노에 마을의 가로수 길에서 처음 만났던 일, 달밤에 그녀가 잠을 이루지 못했던 일, 그가 자기도 모르게 그녀의 혼잣말을 엿들은 일을 그녀의 기억 속에 되살아나게 하였다. 나따샤는 그 얘기를 듣자 얼굴을 붉히고, 부지중에 안드레이가 엿들은 그때의 감정이 무슨 부끄러운 일이라도 되는 것처럼 변명하려고 애를 썼다.

안드레이는 사교계에서 자라난 여느 사람들처럼, 사교 냄새가 풍기지 않는 사람을 사교계에서 만나는 것을 좋아했다. 나따샤는 놀라거나 기뻐하거나, 겁을 먹거나, 서투른 프랑스어 발음까지 포함해서 바로 그러한 여자였다. 그는 각별히 그녀에게는 부드럽고 조심성 있게 대하며 이야기를 나누었다. 그녀 곁에 앉아서, 흔해 빠진 부질없는 이야기를 하면서 안드레이는 그녀의 눈과, 즐거운 듯한 미소를 넋을 잃고 바라보았다. 그 즐거운 듯한 미소는 상대방이 하고 있는 말에 대한 것이 아니라 그녀 안의 행복을 향한 것이었다. 나따샤가 파트너로 선택되어 웃는 얼굴로 일어서서 홀 안을 좌우로 춤추며 돌고 있을 때, 안드레이는 특히 그녀의 신선한 우아함에 마음을 빼앗겼다. 코티용 도중에 나따샤는 한 사람의 파트너와 춤을 끝내고 숨을 헐떡이면서 원래 있던 자리로 걸어왔다. 그러자 새 파트너가 다시 그녀에게 춤을 청했다. 그녀는 피로해서 거절하려고 생각했던 것 같았다. 그러나 이내 다시 즐거운 듯이 손을 파트너의 어깨 위에 올리고 안드레이에게 방그레 웃어보였다.

'당신과 더불어 앉아 쉬고 있으면 얼마나 기쁠까요. 피곤해요. 그러나 보시다시피 난 선택되었어요. 이것이 나는 기쁘고 행복하고 모든 게 다 좋아요. 게다가 나와 당신은 이것을 다 알고 있잖아요.' 그리고 이 미소는 더욱더 많은 말을 하고 있었다. 파트너가 그녀를 놔 주자, 나따샤는 조를 이루어 추는 춤을 추려고 두 사람의 여성을 확보하기 위해 홀을 가로질러 뛰어갔다.

'만약 그녀가 먼저 사촌 언니한테 갔다가 다음 다른 여인한테 간다면, 그녀는 내 아내가 될 것이다.' 안드레이는 그녀를 바라보면서 전혀 뜻하지 않게 마음 속으로 이렇게 말했다. 그녀는 먼저 사촌 언니한테로 접근해갔다.

'참 시시한 생각이 다 머리에 떠오르는군!' 안드레이는 생각했다. '그렇지만 저 아가씨는 정말로 귀엽고 좀처럼 보기 드문 아가씨니까, 여기서 한 달도 채 춤을 추기도 전에 틀림없이 시집을 가고야 말 것이다……' 나따샤가 자기 옆에 앉으면서 방향이 틀어진 가슴의 장미꽃을 고치고 있을 때 그는 생각했다.

코티용이 끝나갈 무렵, 파란 연미복을 입은 로스또프 노백작이 춤추고 있던 두 사람 곁으로 왔다. 그는 안드레이를 자택으로 초대하고 딸에게 즐거우냐고 물었다. 나따샤는 대꾸를 하지 않고, 다만 '어떻게 그런 걸 물어 보셔요?' 하고 책망하는 듯한 미소를 띠었을 뿐이었다.

"참 재미있었어요. 여태까지 이런 일은 한 번도 없었어요!" 그녀는 말했다. 그리고 안드레이는, 아버지를 안으려고 그녀의 손이 재빨리 올라갔다가 바로 내려온 것을 보았다. 나따샤에게 이렇게 행복한 순간은 태어나서 아직 한 번도 없었다. 그녀는 아주 선량해지고 악이나 불행, 슬픔이 있을 것이라고는 믿을 수 없을 정도로 행복의 절정에 있었다.

삐에르는 이 무도회에서 처음으로, 자기 아내가 상층 사람들 사이에서 차지하고 있는 위치 때문에 조금 기분이 상했다. 그는 침울한 심정으로 멍하니 있었다. 이마에는 굵직한 주름살이 잡혀 있었다. 그는 창가에 서서 안경너머로 홀 안을 보고 있었으나, 아무도 눈에 들어오지 않았다.

나따샤는 야식 자리로 가다가 그의 옆을 지나갔다.

삐에르의 침울한 얼굴이 그녀를 놀라게 하였다. 그녀는 삐에르를 도와서, 남아도는 자기의 행복을 그에게 나누어 주고 싶었다.

"정말 재미있어요, 백작님." 그녀는 말했다. "안 그래요?"

삐에르는 상대방이 한 말을 알아듣지 못한 태도로 어정쩡한 미소를 지었다.

"네, 나도 무척 기쁩니다." 그는 말했다.

'대체 이 사람들은 무엇이 불만인 것일까.' 나따샤는 생각했다. '특히 이 삐에르처럼 좋은 분이?' 나따샤 눈에는, 무도회에 온 사람들은 모두 선량하고 인상이 좋고 훌륭하며 서로 호감을 가지고 있는 사람들이었다. 아무도 서로 상처를 입힐 리가 없었다. 그러니까 모두가 행복함에 틀림없었다.

18

다음날, 안드레이는 어제의 무도회를 상기해 보았지만 오랫동안 생각하고 있지는 않았다. '확실히 훌륭한 무도회였어. 게다가…… 그렇지, 로스또프네의 아가씨가 매우 귀여웠지. 그녀에게는 무엇인가 신선하고 색다른, 삐쩨르부르그 티가 없는 남과 다른 것이 있다.' 그가 어제의 무도회에 대해서 생각한 것은 이것 뿐이었다. 그리고 차를 넉넉히 마시고 나서 일에 착수했다.

그러나 피로했기 때문인지 아니면 수면부족 때문인지, 그날은 일하기에도 좋지 않은 날이어서 안드레이는 아무것도 할 수 없었다. 그에게는 흔히 있는 일이지만, 그는 스스로 자기 일을 비판만 하고 있었다. 그래서 누가 온 듯한 소리를 듣자 오히려 기뻤다.

손님은 비쯔끼였다. 이 사나이는 여러 심의회에 근무하여 삐쩨르부르그의 온갖 단체에 얼굴을 내밀고, 새로운 사상과 스뻬란스끼의 열렬한 숭배자이며, 자질구레하게 신경을 쓰는 뻬쩨르부르그의 수다스러운 허풍쟁이였다. 또 사상 경향을 옷차림처럼 유행에 따라 선택하고 있었는데, 그 때문에 오히려 그 방면의 열성적인 활동가처럼 보이는 그런 사나이였다. 그는 근심스러운 듯이 모자도 채 벗기 전에 안드레이에게로 뛰어들어와 대뜸 지껄이기 시작했다. 그는 황제가 개회사를 말한 오늘 아침의 국가 평의회의 자세한 상황을 방금 듣고 왔으므로 감격해서 그 이야기를 하였다. 황제의 연설은 드물게 보는 것이었다. 그것은 입헌 군주만이 할 수 있는 연설이었다. "폐하는 국가 평의회와 원로원은 국가적인 조직이라고 명쾌하게 말씀하셨습니다. 국정은 그것을 바탕으로 해서 자의가 아니라 확고한 원칙에 의해야 한다고 말씀하셨습니다. 폐하는 재정이 개혁되고 수지는 공개되어야 한다고 말씀하셨습니다." 비쯔끼는 몇 가지 말에 힘을 주어 눈을 크게 뜨고 이야기하였다.

"분명히 오늘의 사건은 획기적입니다. 우리나라 역사상 가장 위대한 시대의 획을 그었습니다." 그는 결론을 내렸다.

안드레이는 그토록 초조히 기다리고, 그토록 중요성을 부여하고 있던 국가 평의회 개회 이야기를 듣고 있었다. 그리고 그것이 지금 실현되었다고 하는데 그 사건이 자기에게 감동을 주지 않을 뿐만 아니라, 무의미한 것으로만 여겨지는 것을 이상하게 생각하였다. 그는 남몰래 비웃으면서, 감격한 비쯔끼의 이야기를 듣고 있었다. 단순하기 짝이 없는 생각이 그의 머리에 떠올랐다. '황제가 국가 평의회에서 말하지 않으면 안 되었던 것이 나나 비쯔끼에게 무슨 관계가 있단 말이냐? 우리에게 무슨 관계가 있단 말인가? 도대체 이런 일이 모두 나를 지금보다 행복하게 해 준다는 말이냐?'

그리고 지금 이루어지고 있는 개혁에 대해 이제까지 품고 있던 관심이, 안드레이의 입장에서 보자면 이 단순한 생각 때문에 단숨에 모두 부서지고 말았다. 마침 이날, 안드레이는 스뻬란스끼의 집에서 식사를 하게 되어 있었다. 그를 초대했을 때 주인의 말에 의하면 '집안끼리의 모임'이었다. 그가 몹시 심취하고 있는 사람의 가족적이고 친한 그룹의 이번 만찬회는 이제까지 안드레이의 흥미를 크게 자아내고 있었다. 이제까지 그는 스뻬란스끼를 가정적인 생활의 장에서 본 일이 없었기 때문에 더욱 그러했다. 그러나 지금은 가보고 싶은 마음이 나질 않았다.

그래도 역시 지정된 식사 시간에 안드레이는 따브리체스끼 공원 근처에 있는 스뻬란스끼의 집에 들어섰다. 드물게 보는(수도사의 청결을 연상시키는) 깨끗한 느낌이 눈에 띄는, 바닥에 조각나무를 깐 아담한 집의 식당에서, 약간 지각한 안드레이는 5시에 벌써 모두 모여 있는 스뻬란스끼의 숙친한 사람들의 그룹을 보았다. 여성은 스뻬란스끼의 어린 딸(아버지를 닮아 갸름한 얼굴을 하고 있었다)과 그의 가정교사 뿐이었다. 손님은 쥬르베(^{스뻬란스끼의 친척.}_{외무부, 재무부 근무})와 마그니쯔끼(^{스뻬란스끼의}_{보좌관})와 스똘르이삔(^{작가.}_{원로원의원})이었다. 현관에 들어설 때부터 안드레이는 큰 목소리와 멀리 들리는 커다란 웃음소리를 들었다. 그것은 무대에서 웃는 것처럼 여겨졌다. 누군가가 스뻬란스끼를 닮은 음성으로 분명히 박자를 맞추어 하, 하, 하 웃고 있었다. 안드레이는 스뻬란스끼가 웃는 것을 한 번도 들은 일이 없었기 때문에 이 정치가의 낭랑하고 높은 웃음소리가 그에게 기묘한 놀라움을 주었다.

안드레이는 식당으로 들어갔다. 모인 사람들은 모두 두 창문 사이의 전채(前菜)가 놓여 있는 작은 테이블 옆에 서 있었다. 스뻬란스끼는 잿빛 연미복에 성형(星形) 훈장 하나를 달고, 아마도 소문난 국가 평의회의 회의 석상에서 입고 있었던 것과 같은 흰 조끼에 높이 솟은 흰 넥타이를 하고 즐거운 듯한 얼굴로 테이블 옆에 서 있었다. 손님들이 스뻬란스끼를 둘러싸고 있었다. 마그니쯔끼는 스뻬란스끼에게 어떤 일화를 이야기하고 있었다. 스뻬란스끼는 마그니쯔끼가 하는 말을 앞질러서 웃으면서 듣고 있었다. 안드레이가 방에 들어갔을 때, 마그니쯔끼의 말은 다시 웃음 속에 파묻히고 말았다. 스똘르이삔은 치즈를 바른 빵조각을 씹으면서, 굵직한 낮은 목소리로 이야기하고 있었다. 쉰 듯한 작은 소리를 내고 있는 것이 쥬르베이고, 가늘고 뚜렷한 목소리로 웃고 있는 것은 스뻬란스끼였다.

스뻬란스끼는 여전히 웃으면서 안드레이에게 희고 가는 손을 내밀었다.

"잘 오셨습니다, 공작." 그는 말했다. "잠깐……." 그는 이야기를 가로막고 마그니쯔끼에게 말하였다. "우리는 오늘 약속을 합시다. 기분 전환을 위한 식사에서 일에 관한 이야기는 한마디도 하지 않기로 말입니다." 그리고 그는 다시 이야기를 하고 있는 마그니쯔끼 쪽으로 몸을 돌리고 웃기 시작했다.

안드레이는 놀라움과 환멸의 비애를 느끼면서 그 웃는 소리를 들으며, 웃고 있는 스뻬란스끼를 바라보고 있었다. 그것은 스뻬란스끼가 아니라 어느 딴 사람 같다는 생각이 들었다. 전에 스뻬란스끼에게서 신비스럽고 매력적으로 생각되던 것이, 별안간 모두 명백히 드러나자 매력을 잃고 말았다.

식사를 하는 동안 좌담은 잠시도 쉬지 않고 계속되어, 마치 우스운 이야기책이라도 펼쳐 놓은 것 같았다. 마그니쯔끼가 이야기를 채 끝내기도 전에, 벌써 다른 사람이 무엇인가 더 우스운 이야기를 끄집어 낼 기색을 보였다. 이야기의 태반은 근무의 세계 그 자체이거나, 그렇지 않으면 근무를 하고 있는 사람들을 둘러싼 것들이었다. 이 모임에서는, 근무를 하고 있는 사람들의 어리석은 일을 샅샅이 알고 있기 때문에 그러한 사람들에 대해서는 악의가 없는 우스갯소리를 할 수밖에 없다는 느낌이었다. 스뻬란스끼는 오늘 아침 평의회에서 어느 귀가 먼 고관으로부터 그의 의견에 대한 물음을 받자, 자기도 동감이라고 대답했다는 얘기를 했다. 쥬르베는 관계자 전원이 넌센스한 일로 주목할 만한 감사 업무의 자초지종을 이야기하였다. 스똘르이삔은 말을 더듬거리면서 이야기에 끼어들어, 이전 제도의 남용에 대해 정색으로 이야기를 하기 시작하여 대화를 진지한 분위기로 만들 것 같은 불안을 느끼게 하였다. 마그니쯔끼는 스똘르이삔의 열띤 모습을 놀리기 시작하였다. 쥬르베가 농담으로 대응하였다. 그래서 대화는 다시 애초의 즐거운 방향으로 흘러갔다.

분명히 스뻬란스끼는 고된 일이 끝난 후에는 친구들 그룹에서 쉬면서 즐기는 것을 좋아하는 것 같았다. 손님들도 그의 기분을 알아채고 그를 즐겁게 해 주고, 자기네들도 즐기려고 노력하였다. 그러나 안드레이는 마음이 무겁고 즐겁지 않았다. 스뻬란스끼의 날카로운 음성은 그에게는 불쾌하였고, 중단되지 않는 웃음소리는 예사 목소리가 아니어서 안드레이의 감정을 거스르게 만들었다. 안드레이는 웃지 않았다. 그리고 자기가 여기에 모인 사람들의 무거운 짐이 되지 않을까 불안했다. 그러나 아무도 전체 분위기에 조화할 수 없는 그의 태도를 알아채지 못했다. 다들 몹시 즐거워 보였다.

그는 여러 차례 이야기에 끼어들려고 해 보았지만, 그때마다 그의 말은 물속의 코르크처럼 밖으로 튕겨나오는 것이었다. 그리고 그는 그들과 더불어 농담을 할 수도 없었다.

그들이 하는 이야기에는 무엇 하나 나쁘다거나 그 자리에 어울리지 않는 것은 없었다. 모든 얘기는 재치가 있는 데다가 우스꽝스러운 것이 될 수 있을 것 같았다. 그러나 바로 그 즐거움의 중심이 되는 그 무엇인가가 없었을 뿐만 아니라, 일반적으로 그러한 것이 있다는 것을 이 사람들은 알지도 못했다.

식사가 끝나자 스뻬란스끼의 딸과 가정교사가 일어났다. 스뻬란스끼는 그의 하얀 손으로 딸을 어루만지고 키스했다. 이 행동도 안드레이에게는 부자연스럽게 여겨졌다.

남자들은 영국식으로 식탁에 남아서 디저트 와인을 마셨다. 나폴레옹의 스페인 전쟁 이야기가 화제가 되었고, 모두가 그것을 좋은 일이라고 인정하였다. 그런데 그 의견이 일치된 대화 도중에 안드레이는 모두에게 반대를 하기 시작했다. 스뻬란스끼는 미소를 짓고, 분명히 대화를 그런 방향에서 벗어나게 하려는 듯이 이야기에 관계없는 일화를 꺼냈다. 잠시 일동은 침묵했다.

얼마 동안 식탁에 앉아 있다가, 스뻬란스끼는 와인이 들어있는 병의 마개를 막고, "요즘 좋은 술은 비싸서." 하고는 그것을 하인에게 건네주고 일어섰다. 다들 일어나서, 여전히 소란하게 지껄이면서 객실로 들어갔다. 급사가 가져온 두 통의 봉투가 스뻬란스끼에게 건네졌다. 그는 그것을 받아들자 서재로 들어갔다. 그가 나간 순간 이내 자리의 즐거운 기분은 사라지고, 손님들은 작은 목소리로 서로 잡담을 나누기 시작했다.

"자, 이번에는 낭독입니다!" 서재에서 나오면서 스뻬란스끼가 말했다. "놀라운 재주입니다!" 그는 안드레이를 향하여 말했다. 마그니쯔끼는 순간적으로 포즈를 취하고, 뻬쩨르부르그의 몇몇 명사들을 비꼬아서 만든 프랑스말로 된 풍자시를 낭독하기 시작했다. 시 낭독은 몇 차례의 박수로 중단되기도 했다. 시가 끝나자 안드레이는 곧 스뻬란스끼 곁으로 다가가서 작별 인사를 했다.

"이렇게 빨리 가십니까? 어디 갈 곳이 있으신가요?" 스뻬란스끼가 말했다.

"파티 약속이 있어서……."

모두 침묵했다. 안드레이는 이 거울 같은, 자기 속으로 아무것도 통과시키지 않는 눈을 가까이에서 바라보았다. 그리고 어째서 자기가 스뻬란스끼와 관련된 자기의 활동에서 무엇인가를 기대할 수 있었는지, 또 스뻬란스끼가 하는 일을 중대한 일로 생각할 수가 있었는지 우습게 느껴졌다. 그 빈틈없고 즐겁지 않은 웃음소리는, 그가 스뻬란스끼 집을 나온 뒤에도 오랫동안 안드레이의 귓가에 남아서 들리고 있었다.

집에 돌아오자, 안드레이는 지난 넉 달 동안의 뻬쩨르부르그 생활을 무슨 새로운 일이나 되는 것처럼 회상하기 시작했다. 그는 자신이 수고한 일, 부탁한 일, 군사 법규의 개인적인 안의 일부를 상기하였다. 이 법안은 상주(上奏)된 것이지만, 다른 잘 되지 못한 안이 또 하나 만들어져서 황제에게 제출되었다는 이유만으로 모두가 묵살하려고 애쓰고 있었다. 그는 베르그가 위원으로 있는 위원회의 회의도 상기하였다. 그 회의에서는 형식과 심의회의 의사 진행에 관계되는 것은 모두 꼼꼼하게 오랫동안 심의되어, 본질에 연관되는 일은 모두 꼼꼼하고 짧게 하여 이를 피해 지나간 것을 상기하였다. 그는 자신의 법률 제정의 일을 상기하고, 로마나 프랑스 법전의 조항을 고심해서 러시아어로 번역한 것을 상기하고서 자신이 부끄러워졌다. 그리고 그는 자기의 영지 보구차로보 마을, 시골에서의 자기의 일, 랴잔에의 여행을 생생하게 상기하고, 농민과 도론 이장도 상기하였다. 그리고 자기가 여러 조항으로 분류하려고 한 개인의 권리를 그들에게 적용해 보고, 왜 자기가 이렇게 오랫동안 알맹이가 없는 일에 종사하고 있을 수가 있었는가 의아한 느낌이 들었다.

19

이튿날 안드레이는 아직 가 본 일이 없던 몇 군데의 집을 의례적인 방문을 하기 위해 갔다. 그 중의 하나는 전날 무도회에서 교제를 되살린 로스또프네였다. 로스또프네로 가지 않으면 안 될 예의상의 일 외에 안드레이는 자기에게 좋은 인상을 남겨 준, 저 훌륭하고 생기가 가득 찬 아가씨를 집에서 보고 싶은 생각도 있었다.

나따샤는 몇몇 사람에 섞여 맨 먼저 그를 맞았다. 그녀는 파란색 평상복을 입고 있었는데, 그 편이 이브닝 드레스를 입고 있었을 때보다도 더 어울린다고 안드레이는 생각하였다. 그녀도, 로스또프네 가족 전원도 옛 친구로서 안드레이를 친절하게 대접해 주었다. 한때 그가 엄격하게 비판했던 이 집 전체가 지금은 아름답고 소박하며, 선량한 사람들뿐인 것처럼 생각되었다. 뻬쩨르부르그에서는 유달리 즐겁고 놀라운 노백작의 환대와 호의는 마침내 안드레이도 식사를 거절할 수가 없을 정도였다. '그렇다, 정말 선량하고 훌륭한 사람들이다.' 안드레이는 생각했다. '물론 나따샤 속에 숨은 보물을 조금밖에 알지 못하고 있다. 그러나 마음씨가 착한 사람들은, 이 로맨틱하고 생명이 넘쳐흐르는 매력적인 아가씨를 돋보이게 하는 둘도 없는 배경이 되어 있는 것이다.'

안드레이는 나따샤 속에, 자기와는 전혀 다른, 무엇인가 자기가 모르는 기쁨에 넘친 특별한 세계가 있다는 것을 느끼고 있었다. 그것은 이미, 오뜨라도노에의 가로수길이나 달밤의 창가에서 그를 몹시 초조하게 한 이질적인 세계였다. 그러나 지금은 이 세계가 그를 초조하게는 하지 않았고 이질적인 세계도 아니었다. 그리고 스스로 그 속으로 들어가 보고 거기에서 새로운 쾌감을 발견하였다.

식후에 나따샤는 안드레이의 청을 받아 클라비코드 쪽으로 가서 노래를 부르기 시작했다. 안드레이는 여인들과 이야기를 하면서 창가에 서서 나따샤의 노래를 듣고 있었다. 가사를 듣고 있던 도중에 그는 입을 다물고 뜻하지 않게 눈물이 솟구치는 것을 느꼈다. 자기에게 그런 일이 있을 수 있다는 것을 그는 몰랐다. 그는 노래하고 있는 나따샤를 바라보았다. 그러자 무엇인가 새로운 행복 같은 것이 그의 마음 속에 솟아올랐다. 그는 행복했다. 그리고 그와 동시에 슬프기도 했다. 그에게는 울 만한 일이라곤 조금도 없었지만, 당장 울음이 터질 것만 같았다. 무엇을? 옛 사랑? 작은 공작 부인? 자기 환멸? …… 미래에 대한 자기의 희망? …… 그렇기도 했고 그렇지 않기도 하였다. 그가 울고 싶었던 것은 갑자기 여러 가지로 그가 의식한, 자기 속에 있는 끝없이 위대하고 파악할 수 없는 그 무엇과, 자기 자신뿐만 아니라 나따샤까지도 예외가 아닌, 답답한 육체적인 그 무엇과의 사이에 가로 놓여 있는 무서운 모순 때문이었다. 나따샤가 노래를 부르고 있는 동안 그 모순이 그를 괴롭히고 또한 기쁘게 했다.

나따샤는 노래를 끝내자 곧 그의 곁으로 와서 자기 음성이 마음에 들었느냐고 물었다. 그녀는 이렇게 묻고 난 후 그런 것을 물어서는 안 되는 것을 깨닫고 어물어물하였다. 그는 그녀를 보면서 미소를 짓고, 당신의 노래는 당신이 하는 모든 일과 마찬가지로 마음에 든다고 말하였다.

안드레이는 밤늦게 로스또프네에서 나왔다. 그는 습관대로 잠자리에 들었지만 잠들 수 없다는 것을 이내 깨달았다. 그는 양초를 켜고 침대 위에 앉아 보기도 하고, 일어서 보기도 하고, 다시 눕기도 했다. 그렇지만 잘 수 없다는 것을 조금도 괴롭게 생각하지 않았다. 마치 숨 막히는 방에서 자유로운 세계로 나온 것처럼 그의 마음은 기쁨에 차 있었고 신선했다. 그는 자기가 로스또프네의 아가씨에게 반했다는 생각은 조금도 하지 않았다. 그는 나따샤에 대해서는 생각하고 있지 않았다. 그는 다만 그녀를 마음 속에 떠올렸을 뿐이었다. 그러자 그의 인생 전체가 새로운 모습으로 떠오르는 것이었다. '무엇 때문에 나는 발버둥을 치고 있는가? 무엇 때문에 나는 이 좁은, 출구가 없는 틀 안에서 안달을 하고 있는가? 인생이, 모든 기쁨을 가진 인생의 모든 것이 내 앞에 열려 있는데.' 그는 마음 속으로 말했다. 그리고 그는 오래간만에 미래의 행복한 계획을 세우기 시작했다. 우선 아들을 교육시켜야 하는데, 그러기 위해서는 양육자를 찾아서 그에게 아들을 맡겨야겠다고 결심했다. 그리고 퇴직하고 외국으로 가서 영국, 스위스, 이탈리아를 보고 와야겠다고 마음 먹었다. '나는 이토록 많은 힘과 젊음을 느끼고 있는 동안에 내 자유를 즐기지 않으면 안 된다.' 그는 마음 속으로 말했다. '행복해지기 위해서는 행복의 가능을 믿어야 한다고 삐에르가 말한 것은 옳은 말이었다. 그리고 나는 지금 그것을 믿고 있다. 죽은 자를 묻는 것은 죽은 자에게 맡겨 두자. 살아 있는 동안에는 살아서 행복해져야 한다.' 그는 생각했다.

20

어느 날 아침, 아돌프 베르그 대령이—삐에르는 모스크바와 뻬쩨르부르그 사람이라면 누구나 알고 있고 베르그도 역시 마찬가지로 알고 있었다—갓 지은 산뜻한 제복을 입고, 알렉산드르 황제가 하고 있는 것처럼 관자놀이의 머리카락을 포마드로 앞쪽으로 빗고 삐에르를 찾아왔다.

"나는 지금 백작 부인을 찾아뵈었습니다. 그런데 매우 불행하게도 내 청원을 들어주시지 않았습니다. 백작님, 당신으로부터 더 많은 행운을 받을 수 있을 것으로 기대하고 있습니다." 그는 미소를 띠면서 말했다.

"무슨 용건이십니까, 대령? 도와드리고 싶습니다만."

"실은 백작님, 이젠 나도 새 집에 완전히 자리잡았기에" 베르그는 이렇게 말하면 누구나 좋은 기분이 된다는 것을 알고 있는 것처럼 이 소식을 전했다. "나와 아내의 지인들을 위해서 조촐한 파티를 열어 보고 싶어서요(그는 더욱 즐거운 듯이 미소를 지었다). 나는 백작님과 백작 부인께서 저희 집으로 오셔서 차를…… 저녁 식사에 와주셨으면 해서요."

베르그와 같은 패거리의 모임 같은 건 자기 체면에 관계된다고 해서 이러한 초대를 거절할 수 있는 무자비함은 백작 부인 엘렌밖에 가지고 있지 않았다. 베르그는 왜 자기 집에서 조촐한 좋은 모임을 개최하려고 하는지, 왜 자기는 카드 도박이나 무엇인가 좋지 못한 일을 위해서는 돈을 아깝게 생각하지만 좋은 모임을 위해서는 지출을 마다하지 않는가를 실로 명쾌하게 설명하였기 때문에 삐에르는 거절하지 못하고 가기로 약속하였다.

"다만, 늦지 않도록 부탁드립니다, 백작님. 염치 없는 부탁입니다만, 그럼 8시 10분 전으로 부탁드립니다. 카드게임도 준비했습니다. 우리 장군님도 오십니다. 그분은 우리들에게는 몹시 친절하게 해 주십니다. 식사도 같이 드십시다. 그럼, 잘 부탁드립니다."

늘 지각하는 버릇과는 달리, 삐에르는 이날만은 8시 10분 전이 아니라 15분 전에 베르그 집에 도착했다.

베르그 부처는 파티에 필요한 모든 채비를 갖추고 이미 손님을 맞을 준비가 되어 있었다.

작은 흉상과 그림으로 장식한, 새롭고 깨끗하고 밝은 서재에 베르그가 아내와 함께 앉아 있었다. 베르그는 새로운 제복의 단추를 단정하게 채우고 아내 옆에 앉아서, 지기지우(知己之友)라는 것은 늘 자기보다 높은 사람을 선택해야 한다, 또 그래야 한다, 왜냐하면 그렇게 함으로써 비로소 교제의 묘미가 있기 때문이라고 아내에게 설명하고 있었다.

"무엇인가 흉내도 낼 수 있고 부탁도 할 수 있어. 생각해 봐. 나는 맨 아래의 지위부터 생활을 해 왔어(베르그는 자기 인생의 길이를 재는 데에 연수가 아니라 황제로부터 받은 은상(恩賞)을 기준으로 하고 있었다). 나의 동료는 현재 아무것도 아니지만 나는 연대장의 자리가 나기를 기다리고 있고 당신 남편이 된다는 행복도 붙잡고 있소(그는 일어나서, 베라의 손에 키스를 하면서, 그녀 곁으로 가는 도중에 뒤집혀 있던 양탄자 모서리를 애초의 상태로 고쳤다). 그런데 나는 이와 같은 것을 모두 무슨 수로 얻은 걸까? 요컨대, 교제 상대를 잘 골랐기 때문이야. 물론 품행을 올바르게 가지고 꼼꼼해야 하지만……"

베르그는 자기가 연약한 여성보다도 뛰어나다는 것을 의식하고서 미소를 지었으나, 결국 이 귀여운 자기의 처가 연약한 여성에 지나지 않고, 여성은 남성의 장점이 되어 있는 모든 일—남자다움은 이해하지 못한다고 생각하고 입을 다물었다. 베라도 역시 남편보다 자기가 우월하다는 것을 의식하고서 미소를 지었다. 그녀의 생각에서 보자면 남편은 물론 품행이 방정하고 좋은 사람이지만, 다른 모든 남성과 마찬가지로 인생에 대해 잘못 이해하고 있는 것으로 보였다. 베르그는 자기 아내를 보고 판단하건대, 여자는 모두 약하고 바보라고 생각하고 있었다. 한편 베라는 자기 남편만으로 판단하여, 그 생각을 모두에게 확대해서 남자는 모두 자기가 이성적이라고 생각하지만 아는 것이 하나도 없는 오만한 이기주의자라고 생각했다.

베르그는 일어서서 비싼 돈을 낸 레이스의 숄이 구겨지지 않게 조심스레 아내를 안고, 입술 한가운데에 입을 맞추었다.

"다만 아이만은 너무 일찍 가지고 싶지 않군." 그는 자기도 의식하지 않은 연상에서 이렇게 말했다.

"그래요." 베라는 대답했다. "나는 그런 건 조금도 원하고 있지 않아요. 세상을 위해서 살아야 하니까요."

"유수뽀프^(러시아 명문 귀족) 공작 부인이 똑같은 것을 입고 있더군." 베르그는 숄을 가리키면서 행복스러운 선량한 미소를 띠고 말했다.

그때, 베주호프 백작의 내방을 알려 왔다. 부부는 모두 이 내방의 영광을 자기 공로로 돌리면서, 두 사람 모두 만족어린 미소를 띠고 서로 바라보았다.

'이것이 바로 지인 관계를 잘 유지하는 일이야.' 베르그는 생각했다. '이것이 바로 처세를 잘 한다는 거야!'

"다만 제발, 제가 손님 상대를 하고 있을 때는" 베라가 말했다. "내 말을 가로채지 마세요. 나도 어떤 손님에게는 어떻게 대할 것인지, 어떤 자리에서는 어떤 말을 해야 하는지, 그런 것쯤은 알고 있으니까요."

베르그도 빙그레 웃었다.

"그건 안 돼. 때로는 남자에게는 남자 이야기를 해야 할 경우도 있으니까." 그는 말했다.

삐에르는 새 객실로 안내되었다. 객실은 균형과 청결과 질서를 파괴하지 않고서는 앉을 자리도 없을 만큼 정돈되어 있었다. 그래서 베르그가 소중한 손님을 위해서 안락의자와 소파의 대칭 균형을 파괴하는 것을 너그럽게 권하면서도, 자기 자신은 그 일로 이상할 정도로 결단을 내릴 수 없는 모양이어서, 이 문제의 해결을 손님의 선택에 일임해 버린 것은 크게 이해가 가는 일로 이상한 일은 아니었다. 삐에르는 의자를 끌어당겨 이 대칭 균형을 깨뜨렸다. 그러자 곧 베르그와 베라는 서로 이야기를 빼앗아 손님을 상대하면서 파티를 시작했다.

베라는 머릿속에서 삐에르를 상대하기 위해서는 프랑스 대사관의 이야기를 하지 않으면 안 된다고 정하고 곧 그 이야기를 하기 시작하였다. 베르그는 남자의 이야기도 필요하다고 판단하여 아내의 말을 가로채고 오스트리아의 전쟁에 대한 화제를 꺼냈다. 그리고 자기도 모르게 일반적인 이야기에서 개인적인 생각으로 옮아가, 오스트리아 원정에 참가하도록 그가 권고 받은 일이나 그것을 수락하지 않은 이유 등에 대해서 이야기하였다. 대화는 딱딱하였고 베라는 남자의 요소가 들어온 데에 대해 화를 냈지만, 부부는 모두 파티가—손님은 단 한 사람이었지만—매우 순조롭게 시작되어, 이 파티가 여러 가지 대화나 차, 불이 켜진 촛불이 있는 다른 파티와 똑같다는 것을 느끼고 흐뭇해 했다.

이윽고 베르그의 옛날 동료인 보리스가 왔다. 그는 약간 위에서 얕잡아 보는 듯한, 그러면서도 돌보는 듯한 느낌으로 베르그와 베라를 대했다. 보리스 뒤에서 귀부인이 연대장과 함께 왔고, 주빈인 장군을 비롯해 로스또프 일가가 왔다. 파티는 이제 의심할 여지 없이 모든 다른 파티와 똑같은 것이 되었다. 베르그와 베라는 이와 같은 객실의 움직임을 보고, 또 두서 없는 대화나 옷 스치는 소리, 인사의 말을 들으면서 기쁨의 미소를 금할 길이 없었다. 모든 것이 다른 집안의 파티와 같았으며, 특히 장군은 잘 정돈된 집을 칭찬하고 베르그의 어깨를 가볍게 두드리기도 하고, 아버지 같은 허물 없는 태도로 보스턴 놀이용 테이블을 마련하라고 지시했다. 장군은 로스또프 백작을 손님 중에서 자기 다음으로 격이 높은 사람으로 다루어 그 옆에 앉았다. 노인은 노인끼리, 젊은이는 젊은 사람끼리, 그리고 여주인은 빠닌네(러시아 명문 귀족)의 파티와 마찬가지로, 은바구니에 담은 비스킷을 얹은 티 테이블 옆에 있어서 모든 것이 다른 집과 똑같았다.

21

삐에르는 최고 손님의 한 사람으로서, 로스또프 백작, 장군, 대령들과 더불어 보스턴 테이블에 앉아야 했다. 삐에르는 보스턴 놀이용 테이블에 앉자 마침 나따샤를 정면으로 보고 앉게 되었다. 그리고 무도회의 날 이래 그녀 속에서 생긴 기묘한 변화가 삐에르를 놀라게 하였다. 나따샤는 말을 하지 않았다. 그리고 무도회 때만큼 아름답지 않았을 뿐만 아니라, 얌전하고 모든 것에 무관심한 태도를 취하고 있지 않았더라면 오히려 보기 싫었을지도 몰랐다.

'어찌 된 일일까?' 삐에르는 그녀를 보고 생각하였다. 그녀는 언니 옆에 있는 티 테이블 옆에 앉아, 곁에 앉은 보리스에게 마음이 내키지 않는 태도로 상대방의 얼굴을 보지 않고 무엇인가 대답하고 있었다. 삐에르가 같은 종류의 카드를 다 패배시켜 다섯 장의 카드를 따 자기와 짝이 된 사람을 기쁘게 해주고 자기가 딴 몫을 모으고 있을 때, 방으로 들어온 누군가의 인사 소리와 발소리를 듣고서 그는 다시 한 번 나따샤를 보았다.

'어떻게 된 일일까?' 아까보다도 더욱 놀라서 그는 마음 속으로 말했다.

안드레이 공작이 돌보듯이 상냥한 표정으로 그녀 앞에 서서 무엇인가 말하고 있었다. 그녀는 고개를 쳐든 얼굴이 빨개져서 분명히 가쁜 숨을 억제하려고 애쓰면서 그를 바라보고 있었다. 여태까지 꺼져 있던 내면의 불이 다시금 밝게 타오르기 시작한 것이다. 그녀 모습은 순간적으로 변하고 말았다. 보기 흉하던 얼굴이 다시 무도회 때와 같아졌다.

안드레이는 삐에르 곁으로 다가갔다. 그러자 삐에르는 자기 친구의 얼굴에도 새롭고 젊은 표정을 보았다.

삐에르는 카드 게임을 하는 동안 몇 번인가 자리가 바뀌어 나따샤에게 등을 돌리기도 하고, 마주보고 앉기도 하였다. 그리고 로베르(^{3회}_{승부})를 여섯 번 계속하는 동안에 내내 그녀와 친구를 관찰하고 있었다.

'두 사람 사이에 무슨 몹시 중대한 일이 일어나고 있다.' 삐에르는 생각했다. 기쁨과 동시에 슬픈 감정이 그의 마음을 설레게 하고 게임을 잊게 했다.

삐에르의 여섯 번 승부가 끝나자, 장군은 이런 식으로는 게임을 할 수 없다고 하면서 일어났으므로 삐에르는 해방되었다. 나따샤는 한쪽 구석에서 쏘냐와 보리스를 상대로 이야기하고 있었다. 베라도 화사한 미소를 짓고 안드레이와 무엇인가 이야기를 나누고 있었다. 삐에르는 친구 곁으로 가까이 가서 비밀 얘기는 아니냐고 묻고 두 사람 옆에 자리잡았다. 베라는 안드레이가 나따샤에게 마음이 끌리고 있다는 것을 눈치 채자, 파티에서는—이런 본격적인 파티에서는—감정적인 일을 넌지시 언급할 필요가 있다고 생각하고, 안드레이가 혼자 있을 때를 골라서 그와 함께 감정에 관한 일반적인 이야기와 자기 누이동생 이야기를 하기 시작하였다. 그녀는 이와 같이 머리가 좋은 (그녀는 안드레이 공작을 이렇게 생각하고 있었다) 손님을 상대로, 자기의 외교적인 수완을 실제로 시험해 볼 필요가 있었던 것이다.

삐에르가 두 사람한테로 다가갔을 때, 그는 베라가 즐거운 기분으로 이야기에 열중하고 있고 안드레이가(그런 일은 몹시 드문 일이었지만) 당혹해 있다는 것을 알았다.

"당신은 어떻게 생각하세요?" 미묘한 미소를 짓고 베라가 말하였다. "공작님, 당신은 몹시 통찰력이 날카로워서 이내 사람의 성질을 꿰뚫어 보시잖아요. 나따샤는 어때요? 그 애는 자기 사랑을 언제까지나 지킬 수 있을까요? 다른 여자(베라는 자기를 암시한 것이다)처럼 할 수 있을까요? 일단 어떤 사람을 사랑해서 언제까지나 그 사람에게 순결을 지킬 수 있을까요? 그것이야말로 참된 사랑이라고 난 생각합니다만, 어떻게 생각하십니까, 공작님?"

"나는 당신의 누이동생에 대해서 그다지 아는 것이 없어요." 안드레이는 자신의 당황한 빛을 감추려고 약간 얕잡아 보는 듯한 미소를 띠고 대답했다. "나는 그런 미묘한 문제는 알 수가 없습니다. 게다가 내가 보기에는, 인기가 없는 여성일수록 순결을 지키는 것 같습니다." 그는 이렇게 말을 덧붙이고는, 마침 그때 자기 쪽으로 다가온 삐에르를 바라보았다.

"그래요, 그것은 옳아요, 공작님. 요즘 세상은" 베라는 말을 계속했다. (자기는 요즘 세상의 특징을 발견하고 그에 대한 평가를 하고 있고, 인간의 성질은 시대와 함께 변한다고 생각하는 시야가 좁은 인간이 일반적으로 그런 것처럼 그녀도 지금 세상을 화제로 삼았다) "요즘 세상은 여자가 너무 자유가 많아서 남이 추어올리는 즐거움에 젖어 진짜 감정을 지워버리는 일이 흔히 있어요. 나따샤도 솔직하게 말하면 그러한 일에 마음이 너무 끌리고 있어요." 나따샤로 화제가 되돌아가자 안드레이는 다시 불쾌한 듯이 얼굴을 찌푸렸다. 그는 일어나려고 했지만, 베라는 더욱 미묘한 미소를 띠고 말을 이었다. "그 애만큼 남이 추어올리는 사람은 없다고 나는 생각해요. 하지만 극히 최근까지 한 번도 그 애의 사랑을 진심으로 받은 사람은 없어요. 당신도 알고 계실 거예요, 백작님." 그녀는 삐에르 쪽으로 돌아섰다. "우리 사촌 오빠 보리스까지도 그랬습니다. 우리들만의 이야기지만, 그는 아주 상냥한 마음의 나라에 있었지만……." 그녀는 당시 유행한 사랑의 지도를 인용하면서 말하였다.

안드레이는 이마를 찌푸리고 잠자코 있었다.

"당신은 보리스와 친하시죠?" 베라는 그에게 말했다.

"네, 알고는 있습니다만……."

"그는 분명히 나따샤에 대한 어렸을 때의 사랑을 당신한테 이야기했겠죠?"

"어렸을 때 좋아했었나요?" 별안간 자기도 모르게 얼굴을 붉히고 안드레이는 물었다.

"네, 알고 계시잖아요. 사촌 간의 남녀는 그 친밀함이 사랑으로 변하는 일이 자주 있어요. 사촌은 위험한 이웃이에요."

"네, 그건 확실히 그렇습니다." 안드레이는 말했다. 그리고 별안간 부자연스럽게 활기를 띠고, 자기도 50세나 되는 모스크바의 사촌 누이들과 교제를 신중히 해야 한다고 삐에르에게 농담을 했다. 그리고 그 농담 도중 일어나서 삐에르의 손을 잡고 옆으로 데려갔다.

"왜 그러시죠?" 삐에르는 말했다. 그는 친구가 이상하게 기운을 차린 것을 의아한 듯 지켜보고 있었고, 일어날 때 그가 나따샤에게 던진 시선을 알아차렸던 것이다.

"나는 꼭 자네와 이야기를 하지 않으면 안 되겠어." 안드레이는 말했다. "자네는 우리들의 여성용 장갑을 알고 있겠지(그는 사랑하는 여인에게 주도록 새로 선출된 회원에게 주어지는 프리메이슨의 장갑에 대해서 말한 것이다). 나는…… 그러나, 아냐, 나중에 얘기하지……." 그리고 눈에 이상한 빛을 띠고, 침착성을 잃은 태도로 안드레이는 나따샤에게 다가가서 그 옆에 앉았다. 안드레이가 그녀에게 무슨 말을 묻자, 그녀는 갑자기 얼굴을 붉히고 대답하는 것을 삐에르는 보았다.

그러나 이 때 베르그가 삐에르 쪽으로 다가와서, 스페인 공략을 둘러싼 장군과 연대장의 논쟁에 참가해 달라고 끈질기게 부탁했다.

베르그는 흐뭇하고 행복했다. 그의 얼굴에서 기쁨의 미소가 가시지 않았다. 파티는 더없이 성공적이었고, 그가 봐 온 어느 파티와도 똑같았다. 모든 것이 흡사하였다. 여인들의 세련된 회화도, 카드도, 카드 게임을 하면서 큰 소리를 내던 장군도, 사모바르도, 쿠키도. 그러나 그가 늘 파티에서 보고 자기도 모방해 보고 싶은 것으로, 아직 부족한 것이 하나 있었다. 남자끼리 큰 소리로 지껄이는 회화와, 무엇인가 중대한 일을 다룬 토론이었다. 장군이 그 회화를 시작했다. 그래서 거기에 베르그가 삐에르를 끌고 간 것이다.

22

이튿날 안드레이는 노백작의 초대를 받고 로스또프네로 식사하러 가서 온 종일을 거기서 보냈다.

안드레이가 누구를 위해서 찾아오는 것인지 집안 사람들은 눈치 채고 있었다. 그도 별로 감추지 않고 온종일 나따샤와 같이 있도록 노력했다. 놀라고는 있으나 행복하고 들떠 있는 나따샤의 마음 뿐만 아니라 온 집안 전체에 지금 당장이라도 무엇인가가 일어날 것 같은, 무엇인가 중대한 일을 앞둔 분위기가 느껴졌다. 백작 부인은 안드레이가 나따샤와 이야기하고 있을 때, 슬픈 듯하면서도 진지하고 엄한 눈초리로 그를 바라보고 있다가 그가 자기 쪽을 돌아보면, 어물거리며 일부러 무엇인가 사소한 이야기를 시작하는 것이었다. 쏘냐는 나따샤 옆을 떠나는 것이 무서웠고, 자기가 두 사람과 같이 있으면 방해가 되는 것이 두려웠다. 나따샤는 잠시라도 단둘이 마주앉으면 무서운 기대 때문에 파랗게 질렸다. 안드레이는 머뭇거리는 태도로 나따샤를 놀라게 했다. 그는 자기에게 무슨 말을 해야 하는데도 그 말을 할 결심을 하지 못하고 있는 것이라고 나따샤는 느꼈다.

그날 밤 안드레이가 돌아가자 백작 부인이 나따샤 곁으로 와서 속삭이듯 말했다.

"그래, 어땠니?"

"어머니, 제발 지금은 아무 것도 묻지 마세요. 아직은 말할 수 없어요." 나따샤는 말했다.

그러나 그러면서도 그날 밤 나따샤는 흥분하기도 하고 겁을 먹으면서 한 곳에 눈을 고정시키고 오랫동안 어머니 침대에 누워 있었다. 그녀는 그가 자기를 칭찬한 것과, 외국 여행을 떠나겠다고 한 말과, 여름은 어디서 보내겠느냐고 물은 일과, 보리스에 관해서도 물어 본 일들을 어머니에게 말했다.

　　"그러나 이런, 이런 기분은…… 저는 한 번도 느껴본 일이 없었어요!" 그녀는 말했다. "그저, 저는 그분 옆에 있으면 두려워요. 이건 무슨 뜻일까요? 이게 숨김 없는 마음일까요, 그래요? 어머니, 주무셔요?"

　　"아니, 애야, 나도 두렵다." 어머니는 대답했다. "자, 가서 자거라."

　　"마찬가지예요, 저는 자지 않아요. 잔다는 것은 어리석은 일이에요! 엄마, 저에겐 이런 일은 한 번도 없었어요!" 그녀는 내심 의식하고 있던 감정에 대해서 놀라움과 두려움을 느끼면서 말하였다. "이런 일은 생각할 수도 없었어요!"

　　나따샤는 오뜨라도노에 마을에서 처음 안드레이를 만났을 때, 이미 그에게 반해 버린 것처럼 느꼈다. 자기가 이미 그때 선택한 바로 그 사람이(그녀는 이 사실을 굳게 믿고 있었다) 지금 다시 자기와 만나, 자기에게 무관심하지 않다고 여겨지는, 뜻하지 않은 행복이 그녀를 겁먹게 하고 있는 것 같았다. '그분은 마침 지금 우리가 여기에 있을 때에 뻬쩨르부르그로 오도록 되어 있었어. 우리는 그 무도회에서 만나기로 되어 있었어. 이건 모두 운명이야. 틀림없이 이건 운명이야. 이것은 모두 이렇게 되도록 되어 있었어. 그때 이미, 나는 만난 순간에 무엇인가 특별한 것을 느꼈는 걸.'

　　"그리고 또 무슨 말을 했니? 그 시는 무슨 시였지? 읽어 보렴." 어머니는 안드레이가 나따샤를 위해서 앨범에 쓴 시에 대해서 물으면서 생각에 잠겨 말했다.

　　"엄마, 그분이 홀아비라도 부끄러울 건 없죠?"

　　"그만, 나따샤, 기도라도 하여라. 결혼은 하늘에서 정해지는 것이란다."

　　"엄마, 난 엄마가 참 좋아요. 난 참 행복해요!" 나따샤는 행복과 흥분의 눈물을 흘리면서 어머니를 끌어안고 외쳤다.

　　마침 이 때, 안드레이는 삐에르의 집에 앉아서 나따샤에 대한 자기의 사랑을 고백하고, 그녀와 결혼할 굳은 결심을 말하고 있었다.

　　이날 엘렌의 저택에서 성대한 파티가 열렸으며, 프랑스 공사와 최근 자주 백작 부인을 방문하게 된 대공(大公)도, 또 많은 화려한 귀부인과 남성들도 왔다. 삐에르도 아래층으로 내려와서 여러 홀을 지나갔다. 그리고 무엇인가에 집중한 듯한, 멍청하고 어두운 낯빛이 손님들을 놀라게 했다.

삐에르는 무도회 때 이래 우울증의 발작이 다가오고 있는 것을 느끼고 안간힘을 다하여 그것과 싸우려 하고 있었다. 대공이 아내와 친하게 된 이후 삐에르는 뜻하지 않게 시종으로 임명되어, 그때부터 그는 사교계에 나가면 괴로움과 부끄러움을 느끼게 되었고, 또 이전부터 품고 있던 이 세상의 허무함을 생각하는, 어두운 생각이 자주 떠오르게 되었다. 바로 이 무렵에 자기가 보호자로 자처하고 있는 나따샤와 안드레이 사이에 존재하는 감정을 알아챈 것이, 자기와 친구와의 입장이 정반대였기 때문에, 더욱더 이 우울한 기분을 강화시킨 것이다. 그는 아내를 둘러싼 생각도, 나따샤와 안드레이를 둘러싼 생각도 피하려고 노력하고 있었다. 또다시 그에게는 모든 것이 영원과 비교하면 보잘것없는 것으로 여겨지고, 또다시 무엇 때문에? 라는 의문이 떠오르는 것이었다. 그는 악령이 가까이 다가오는 것을 쫓아내고 싶어서 낮이나 밤이나 억지로 프리메이슨의 저작을 공부하였다. 삐에르는 11시가 지나 아내의 방을 나와 이층의 담배 연기가 자욱한, 천장이 낮은 자기 방 책상 앞에서 낡은 가운을 입은 채, 정통적인 스코틀랜드 프리메이슨의 문서를 베끼고 있었다. 그때 누군가가 그의 방으로 들어왔다. 그것은 안드레이였다.

"아아, 당신이군요." 삐에르는 다른 일에 정신이 팔린 것 같은, 불만스러운 낯으로 말했다. "나는 지금 일을 하고 있습니다." 그는 인생의 풍파로부터 구원되기를 바라는 듯한 얼굴로 노트를 가리키며 말했다. 그것은 불행한 사람들이 자기 일을 바라볼 때의 얼굴이었다.

안드레이는 밝게 빛나고 기쁨에 넘치는 새로운 삶으로 돌아간 얼굴로 삐에르 앞에 서서, 상대방의 슬픈 얼굴은 아랑곳없이 행복에 겨운 이기주의에 빠진 채 삐에르에게 미소를 지었다.

"여보게." 그는 말했다. "나는 어저께 자네한테 말하려고 했지만, 오늘은 일부러 그 일 때문에 왔네. 이런 일은 여태까지 한 번도, 전혀 경험한 일이 없었어. 나는 사랑에 빠진 거야, 여보게."

삐에르는 갑자기 커다란 한숨을 쉬고, 안드레이 옆의 소파에 주저앉았다.

"로스또프네의 나따샤에게 말이죠?" 그는 말했다.

"그래, 누가 또 있단 말인가? 도저히 나는 믿어지지가 않지만 이 기분은 나보다도 강해. 어저께 나는 고민하고 괴로워했어. 그러나 이 괴로움은 나에게는 이 세상의 무엇하고도 바꿀 수 없는 거야. 나는 여태까지는 살고 있지 않았어. 이제 겨우 나는 살고 있는 거야. 그녀 없이는 살 수 없어…… 그러나 그녀는 과연 날 사랑할 수 있을까? …… 나는 그녀보다 너무 늙었어. 왜 자네는 말이 없지? ……."

"나? 내가 말입니까? 내가 말했었죠." 삐에르는 일어나서 방을 거닐면서 말했다. "나는 줄곧 이것을 생각하고 있었습니다…… 그 아가씨는 굉장한 보물입니다. 정말 굉장한…… 그런 아가씨는 보기 드뭅니다…… 제발 쓸데 없는 이론을 캐거나 의심하지 말고 결혼해요. 결혼, 결혼해요…… 당신보다 행복한 사람은 없으리라고 나는 확신합니다."

"그러나, 그녀는?"

"그녀는 당신을 사랑하고 있습니다."

"실없는 말은 하지 말게." 안드레이는 빙그레 웃고 삐에르의 눈을 바라보면서 말했다.

"사랑하고 있습니다. 난 알아요." 화난 듯이 삐에르가 소리쳤다.

"아니, 좀 들어 주게." 안드레이는 손을 잡고 만류하면서 말했다. "내가 지금 어떤 상태에 있는지 자넨 알고 있나? 나는 모든 것을 누군가에게 털어 놓지 않을 수가 없네."

"자, 자, 이야기하십시오. 나는 더없이 기쁩니다." 삐에르는 말했다. 그리고 정말로 그의 얼굴은 변하고, 주름살도 퍼졌다. 그는 안드레이의 말에 귀를 기울였다. 안드레이는 전혀 새로운 인간이 된 것처럼 보였고 또 그렇게 되어 있었다. 그의 우수, 인생에 대한 멸시, 그의 환멸감은 어디로 갔는가? 삐에르는 그가 털어놓고 말하고 싶은 유일한 상대였다. 그리하여 그는 삐에르에게 마음 속에 있는 것을 속속들이 털어 놓았다. 그는 서슴지 않고 대담하게 먼 장래의 계획을 세워 보이고는, 아버지의 변덕 때문에 자기의 행복을 희생시킬 수는 없다는 것, 아버지에게 이 결혼을 승낙시켜서 그녀를 사랑하게 하든가, 그렇지 않으면 아버지의 승낙이 없어도 될 가능성을 말하기도 했다. 또 지금 자기를 사로잡고 있는 감정을 무슨 이상한, 자기와는 아무 인연도 없는 별개의 감정인 것처럼 의아해 하기도 하였다.

"이전 같으면, 내가 그런 사랑을 할 수 있다고 누가 나에게 말하더라도, 나는 도저히 믿질 않았을 거야." 안드레이는 말했다. "이것은 전에 내가 가지고 있던 것과는 전혀 다른 감정이야. 지금 내게는 온 세계가 둘로 나누어져 있어. 한 쪽은―그녀이고, 거기에는 행복, 희망, 빛이 있어. 또 하나는―그녀가 없는 곳이며, 거기에는 우수와 암흑이 있을 따름이야……."

"암흑과 어둠입니다." 삐에르는 되풀이했다. "그래, 그렇습니다, 나도 그것을 알겠습니다."

"나는 빛을 사랑하지 않을 수가 없었어. 그것은 내 탓이 아니지. 그리고 나는 몹시 행복해. 자네, 내가 말하는 것을 알겠나? 자네가 나를 위해서 기뻐해 줄 것을 나는 알고 있어."

"네, 네." 삐에르는 감동했다. 슬픈 듯한 눈으로 친구를 바라보면서 맞장구를 쳤다. 그에게는 안드레이 공작의 운명이 밝아보이면 보일수록, 자기 자신의 운명은 더욱 침울하게 느껴지는 것이었다.

23

결혼에는 아버지의 승낙이 필요했다. 그래서 이를 위해, 다음날 안드레이는 아버지에게로 갔다.

아버지는 겉으로는 냉정했지만, 내심은 분노에 차서 아들의 이야기를 들었다. 자기의 인생이 끝나가려 하고 있을 때, 누군가가 그 인생을 바꾸어 무엇인가 새로운 것을 그 속에 가지고 들어오려는 것 등은 그로서는 이해할 수 없는 일이었다. '여하간 내가 좋도록 여생을 보내게 하고 나서 자기 마음대로 하면 되지 않는가' 그는 마음 속으로 말하였다. 그러나 아들에 대해서는 그는 자기가 중대한 순간에 사용해 왔던 술책을 사용하였다. 표면적으로는 냉정한 태도로 그는 이 문제 전체를 다음과 같이 논했다.

첫째, 이 결혼은 친척, 재산, 집안의 점으로 보아 훌륭한 것이 아니다. 둘째, 안드레이는 이미 젊다고는 말할 수 없고 몸도 약한데(노인은 특히 이 점을 강조했다), 여자 쪽은 몹시 젊다. 셋째, 이쪽에는 아이가 있고, 그것을 어린 처녀에게 맡기기에는 불쌍하다. 마지막으로 넷째, 하며 얕잡아보듯이 아들을 보면서 말했다. "부탁한다, 1년만 연기해라. 외국으로 가서 치료를 하고, 너의 희망대로 니꼴렌까를 위해서 독일 사람을 한 사람 얻어오너라.

그 후에 만약 사랑이랄까 정열이랄까 고집이라고 할까, 아무래도 좋지만, 그
러한 것이 여전히 크면 그때는 결혼해라. 이것은 나의 마지막 말이다, 알겠
니? 마지막이다……." 노공작은 아무것도 이 결심을 번복시킬 수는 없다는
것을 과시하려는 듯한 어조로 말을 맺었다.

노인은 아들이나 미래의 신부의 기분이 1년 동안의 시련을 이겨내지 못하
거나, 또는 자기 자신이 그때까지 살지는 못할 것이라고 생각했다. 그것을
안드레이는 분명히 알고 아버지의 의지를 존중하기로, 즉 결혼 신청은 하고
결혼식은 1년 미루기로 결정하였다.

로스또프네에서의 마지막 파티가 있은 3주일 후에 안드레이는 뻬쩨르부르
그로 돌아왔다.

어머니와 여러 가지로 이야기를 주고받은 다음 날, 나따샤는 종일 안드레
이를 기다리고 있었지만 그는 오지 않았다. 다음 날도 그 다음 날도 마찬가
지였다. 삐에르도 역시 오지 않았으므로 나따샤는 안드레이가 아버지한테로
떠난 것을 모르고, 그가 오지 않는 까닭을 납득할 수가 없었다.

이렇게 해서 3주일이 지나갔다. 나따샤는 아무 데도 나가지 않고, 그림자
처럼 아무것도 하지 않고 기운도 없이 이방 저방을 돌아다녔으며, 밤이 되면
남몰래 울고 있었다. 그리고 밤마다 어머니에게 가는 것도 그만두었다. 그녀
는 줄곧 얼굴을 붉히고 초조했다. 그녀는 모두가 자기의 절망을 알고 있고,
웃으면서 불쌍하게 여기고 있는 것처럼 여겨졌다. 마음 속의 슬픔이 매우 강
한 데다가, 이 허영심에서 오는 슬픔이 그녀의 불행을 한층 강하게 해 주고
있었다.

어느 날, 그녀는 백작 부인 곁으로 와서 무엇인가 말하려고 했는데 느닷없
이 울음을 터뜨리고 말았다. 그 눈물은 무엇 때문에 벌을 섰는지 자신도 모
르는, 마음의 상처를 입은 어린이 같은 눈물이었다.

백작 부인은 나따샤를 위로하기 시작하였다. 나따샤는 처음에 어머니의
말에 귀를 기울이고 있다가 갑자기 이를 가로막았다.

"그만, 엄마. 나는 생각하고 있지도 않고 생각하고 싶지도 않아요! 아무
일도 아니에요. 잠시 왔다가 그것으로 그만 둔 거예요. 그것으로 그만 두었
을 뿐이에요……."

그녀의 목소리는 떨렸다. 그녀는 하마터면 울 것만 같았지만 마음을 가다듬고 조용히 말을 이었다.

"그리고 난 결혼하고 싶은 마음은 조금도 없어요. 그분이 두려워요. 지금 난 마음이 완전히 가라앉았어요……."

이런 이야기를 한 이튿날 나따샤는, 매일 아침 유쾌한 기분을 느끼게 해준다 해서 유달리 친밀감이 드는 낡은 옷을 입고, 무도회 이래 돌아다보지도 않았던 이전의 일과를 아침부터 시작했다. 그녀는 차를 듬뿍 마시고 나서, 공명이 강해서 특히 마음에 드는 홀로 가서 솔페지(성악연습곡)를 연습하기 시작했다. 첫 과를 끝내자 그녀는 홀 한가운데에 서서 유달리 마음에 드는 대목을 되풀이했다. 그녀는 그 음향이 여러 가지 음색을 띠면서 홀의 공간을 꽉 메우고 천천히 사라져가는(마치 자기가 예기치도 않았던 것처럼) 그 아름다움에 기쁜 마음으로 귀를 기울였다. 그리고 갑자기 즐거워졌다. '그런 일을 이리저리 생각해도 소용 없다. 이대로가 좋은 걸' 그녀는 자신에게 마음 속으로 이렇게 말하고, 홀을 이리저리 돌아다니기 시작하였다. 소리가 잘 울리는 조각나무 마루를 보통 걸음이 아니라, 한 발짝마다 뒤꿈치에서 발끝으로 체중을 옮기면서(그녀는 마음에 드는 새 구두를 신고 있었다), 율동적인 뒤꿈치의 울림과 발끝이 삐걱거리는 소리를, 자기 목소리가 울리는 것처럼 기쁜 마음으로 듣고 있었다. 거울 앞을 지나치면서 그녀는 들여다보았다. '봐, 저것이 나야!' 그녀의 표정은 자기를 보고 이렇게 말하고 있는 것 같았다. '그래, 훌륭해. 난 이젠 아무도 필요 없어.'

하인이 홀을 치우기 위해 들어오려고 했지만 나따샤는 들여놓지 않았다. 하인이 가버리자 다시 문을 닫고 하염없이 걷기 시작했다. 그녀는 이날 아침, 자기를 사랑하고 자기에게 황홀해 하는, 자기가 가장 좋아하는 상태로 다시 되돌아간 것이다. '나따샤는 정말로 훌륭해!' 그녀는 다시 마음 속으로 누군지는 모르지만 3인칭 남자 말투로 말했다. '미인인데다가 음성도 좋고, 젊고, 그리고 남을 방해하지 않아. 다만 이 아가씨를 가만 봐 두면 돼.' 그렇지만 아무리 가만 봐 두더라도, 그녀 쪽이 가만히 있을 수가 없었고 그녀는 그것을 곧 느꼈다.

현관에서 입구 문이 열리고 누군가가 "계십니까?" 하고 물었다. 그리고 뒤이어 누군가의 발소리가 들렸다. 나따샤는 거울을 보고 있었지만, 자기 모습은 눈에 들어오지 않았다. 그녀는 현관 쪽의 소리에 귀를 기울이고 있었다. 자기 모습이 눈에 들어왔을 때, 그녀의 얼굴은 파랗게 질렸다. 그것은 그 사람이었다. 닫힌 문을 통해서 그의 목소리는 어렴풋이 들렸지만 그녀는 확실히 알아챘다.

나따샤는 얼굴이 창백해지고 당황하여 객실로 뛰어들어갔다.

"엄마, 안드레이 공작님이 오셨어요!" 그녀는 말했다. "엄마, 무서워요. 이젠 싫어요…… 고민하는 일 같은 건! 전 어쩌면 좋아요?"

백작 부인이 채 대답도 하기 전에, 벌써 안드레이는 불안한 듯한 얼굴로 객실로 들어왔다. 나따샤의 모습을 본 순간 그의 얼굴은 이내 밝아졌다. 그는 백작 부인과 나따샤 손에 키스하고 소파 옆에 앉았다.

"참 오래간만입니다……." 백작 부인이 말문을 열자 안드레이는 그녀의 물음에 대답하면서, 그리고 분명히 자기가 말하지 않으면 안 될 일을 말하려고 서두르면서 백작 부인의 말을 가로챘다.

"제가 찾아올 수 없었던 것은 실은 아버지한테 가 있었기 때문이었습니다. 몹시 중요한 일에 관해서 아버지와 상의해야 할 일이 있어서요. 어저께 돌아왔습니다." 그는 나따샤를 보고 말했다. "실은 좀 상의할 일이 있습니다만, 부인." 그는 잠시 잠자코 있다가 이렇게 덧붙였다.

백작 부인은 한숨을 몰아쉬고 눈을 떨구었다.

"어서 말씀하세요." 그녀는 말했다.

나따샤는 자리를 떠야 한다는 것을 알고 있었지만, 그렇게 할 수가 없었다. 무엇인가가 목을 죄고 있었다. 그녀는 버릇없게도 눈을 크게 뜨고 정면으로 안드레이를 바라보고 있었다.

'지금 당장? 곧 이 자리에서! …… 아냐, 그럴 리는 없어.' 그녀는 생각했다.

그는 다시 한 번 그녀를 바라보았다. 그리고 그 시선으로 그녀는 자기가 잘못 생각한 것이 아님을 확신하였다. 그렇다, 지금 곧 이 자리에서 그녀의 운명이 결정되려 하고 있었다.

"저리 좀 가 있거라, 나따샤. 이따가 부를 테니까." 부인이 속삭이듯 말했다.

나따샤는 겁먹은 애원하는 듯한 눈으로 안드레이와 어머니를 보고 나서 나갔다.

"저는, 백작 부인, 실은 따님께 청혼하러 왔습니다." 안드레이는 말했다.

백작 부인의 얼굴은 별안간 빨개졌다. 그러나 그녀는 아무 말도 하지 않았다.

"당신의 청혼은……." 마침내 부인은 침착한 어조로 말하기 시작했다. 안드레이는 그녀의 눈을 똑바로 바라보고 있었다. "당신의 청혼은…… (그녀는 어물어물했다) 우리에게는 기쁩니다. 그래서…… 나는 당신의 청혼을 받아들이겠습니다. 기쁩니다. 게다가 남편도…… 같을 거라고 생각합니다…… 그렇지만 이 일은 본인 마음에 달려 있으니까……."

"전 부인의 승낙을 받고 나면, 본인한테 말할 작정입니다만…… 허락해 주시겠는지요?" 안드레이는 말했다.

"네." 백작 부인은 이렇게 말하고 그에게 손을 내밀었다. 그리고 안드레이가 그 손 위에 몸을 숙였을 때, 서먹한 기분과 자상한 정이 섞인 기분으로 그의 이마에 입술을 댔다. 그녀는 그를 자기 아들로서 사랑하고 싶었다. 그러나 그는 자기에게 이질적인, 무서운 사람이라고 느껴졌다.

"남편도 반드시 동의하리라고 믿습니다." 부인은 말했다. "그렇지만, 댁의 아버님은……."

"아버지께 이 일을 말씀드렸더니, 결혼식을 1년 미루는 것을 절대 조건으로 승낙하셨습니다. 그래서 이것도 부인께 말씀드리려고 생각했습니다." 안드레이는 말했다.

"그야 나따샤도 아직 어리니까요…… 그러나 그렇게 오랫동안!"

"이것만은 어쩔 수가 없었습니다." 한숨을 쉬고 공작은 말했다.

"그럼, 그 애를 보내겠어요." 백작 부인은 이렇게 말하고 방에서 나갔다.

'하느님, 우리들을 보살펴 주옵소서.' 그녀는 딸을 찾으면서 마음 속으로 되풀이했다. 쏘냐가 나따샤는 침실에 있다고 말했다. 나따샤는 창백한 얼굴로 침대에 앉아서, 눈물이 나지 않은 눈으로 자기 침대에 앉아 성상(聖像)을 바라보면서 무엇인가 중얼거리고 있었다. 어머니를 보자 그녀는 발딱 일어나서 곁으로 달려왔다.

"어땠어요, 엄마? …… 어땠어요?"

"가 봐라, 그 사람한테. 그이는 너한테 청혼했단다." 백작 부인은, 나따샤의 느낌으로는, 냉랭하게 말했다. "가거라…… 갔다오너라." 어머니는 뛰어 가는 딸 뒤에서, 슬픔과 책망하는 기분으로 이렇게 말하고는 크게 한숨을 쉬었다.

나따샤는 자기가 어떻게 객실에 들어갔는지 자기도 몰랐다. 문으로 들어가서 그를 보자 그녀는 발을 멈추었다. '정말 이 인연도 없는 남이 이제부터 나의 모든 것이 된단 말인가?' 그녀는 자기에게 묻고 즉석에서 대답했다. '그래, 모든 것이야. 이분 한 사람만이 지금은 나에게는 이 세상의 무엇보다도 소중해.' 안드레이가 그녀 곁으로 다가와서 눈을 떨구었다.

"나는 처음 당신을 만났을 때부터 당신을 사랑했습니다. 희망을 가져도 될까요?"

그는 나따샤를 보았다. 그리고 그녀 얼굴의 진지한 표정에 감동을 받았다. 그녀의 얼굴은 이렇게 말하고 있었다. '왜 그런 걸 물으세요? 뻔한 일을 왜 의심하세요? 모르실 리가 없는 일을 왜 말을 하시는 거예요? 느끼고 있는 것을 말로써 나타낼 수가 없을 때에.'

그녀는 그의 곁으로 다가와서 걸음을 멈추었다. 그는 그녀의 손을 잡고 입을 맞추었다.

"당신은 날 사랑해 주시겠습니까?"

"네." 마치 화가 난 것처럼 나따샤는 말하고는 폭 한숨을 쉬고 다시 한 번 되풀이하고 나서, 점점 그것이 심해지더니 마침내 울음을 터뜨리고 말았다.

"왜 우십니까? 무슨 일인가요?"

"아, 저는 정말 행복해요." 그녀는 이렇게 대답하면서 눈물을 머금고 미소 짓고는 그의 쪽으로 더 가까이 가서, 이런 짓을 해도 좋을지 모르겠다고 자문하듯이 잠시 생각하고 나서 그에게 키스했다.

안드레이는 그녀의 두 손을 잡은 채 그녀의 눈을 바라보고 있었다. 그러나 그의 마음에는 그녀에 대한 여태까지와 같은 애정은 찾아볼 수가 없었다. 그의 마음 속에서 갑자기 무엇인가 역전하였다—이제까지와 같이 로맨틱하고 신비한 희망의 매력이 아니라 그녀의 여자다운, 앳된 나약함에 대한 가련함이 있었다. 모든 것을 바치려고 하는 그녀의 애정과 신뢰에 대한 두려움이 있었다. 영원히 자기를 이 여자와 결부시켜버린, 무거우면서도 기쁜 의무의 의식이 있었다. 지금의 기분은 전처럼 밝고 로맨틱하지는 않았지만 그 대신 진지하고 강했다.

"결혼식은 1년 뒤에 올린다는 것을 어머님은 말씀하셨습니까?" 그녀의 눈을 바라보면서 안드레이는 말했다.

'도대체 이것이 나란 말인가, 저 철부지였던 여자아이일까? (모두들 나를 이렇게 말하고 있었으니 말이야)' 나따샤는 생각했다. '정말 나는 이 순간부터 가까운 듯하면서도 멀리 떨어져 있는, 아버지까지도 존경하고 계시는 친절하고 슬기로운 이 사람과 동등한 권리를 가지는 아내가 되는 것일까? 대체 이것이 사실일까? 이제부터는 적당히 살아갈 수는 없다. 나는 이젠 어른이며, 이제부터는 내 행동이나 말의 책임은 모두 나에게 있다. 그렇다, 이분은 나에게 무엇을 물으셨지?'

"아녜요." 그녀는 대답했지만, 실은 무슨 질문을 받았는지 알 수 없었다.

"실례지만" 안드레이는 말했다. "당신은 아직 젊지만, 나는 이미 온갖 경험을 한 사나이입니다. 나는 당신이 몹시 걱정이 됩니다. 당신은 자신을 모르니까요."

나따샤는 그의 말의 뜻을 이해하려고 주의를 집중해서 듣고 있었지만 그래도 이해할 수가 없었다.

"나의 행복을 연기하는 이 1년이 나에게 아무리 괴롭더라도" 안드레이는 말을 이었다. "이 기간 동안에 당신은 자기를 확인할 수가 있습니다. 제발 1년 후에 나의 행복을 이룩해 주십시오. 그러나 당신은 자유입니다. 우리의 약혼은 비밀에 붙여둘 테니 만약 당신이 나를 사랑하지 않는다고 확신을 하든가 또는 다른 애정이……." 안드레이는 부자연스러운 미소를 띠고 말했다.

"어째서 당신은 그런 말씀을 하세요?" 나따샤는 그의 말을 가로막았다. "당신은 알고 계셨을 거예요. 당신이 처음 오뜨라도노에 마을에 오셨던 그날부터 저는 당신을 좋아했어요." 나따샤는 자기가 하고 있는 말이 진실이라는 것을 확인하면서 말했다.

"1년 동안에 당신도 자신을 알게 될 겁니다……."

"꼬박 1년이나?" 나따샤는 결혼이 1년 연기된 것을 그제야 알고 대뜸 이렇게 말했다. "어째서 1년이죠? 어째서 1년이나?……." 안드레이는 그 연기의 까닭을 그녀에게 설명했다. 그러나 나따샤는 듣고 있지 않았다.

"그렇게 하지 않으면 안 되는 건가요?" 그녀는 물었다. 안드레이는 아무 대답도 하지 않았다. 그러나 이 결정을 바꿀 수는 없다는 것을 그의 얼굴에 나타냈다.

"그건 너무해요! 아녜요, 그건 너무해요!" 나따샤는 느닷없이 말했다. 그리고 왈칵 울음을 터뜨리고 말았다. "1년을 참질 못하고, 나는 죽고 말 거예요. 그건 안 돼요, 너무 심해요." 그녀는 자기 약혼자의 얼굴을 바라보았다. 그리고 그의 얼굴에 동정과 어떻게 하면 좋을지 모르는 표정을 알아챘다.

"아녜요, 아녜요, 나는 무슨 일이든지 하겠어요." 그녀는 갑자기 눈물을 그치고 말했다. "저는 매우 행복해요!"

아버지와 어머니가 방으로 들어와서 신랑과 신부를 축복했다.

이날부터 안드레이는 약혼자로서 로스또프네를 드나들게 되었다.

<h2 style="text-align:center">24</h2>

약혼식은 없었고, 안드레이와 나따샤와의 약혼은 아무에게도 알리지 않았다. 그것을 안드레이는 강하게 주장했기 때문이었다. 그는 연기의 원인은 자기이므로 그 무거운 짐은 모두 자기가 져야 한다고 말했다. 그는 자기 말로 자기 자신은 영원히 속박했지만, 나따샤를 속박할 생각은 없으며, 그녀에게는 완전한 자유를 준다고도 말했다. 만약 반 년 후, 나따샤가 자기를 사랑하지 않는다고 느낀다면, 그를 거절하더라도 그것은 당연히 그녀의 권리라는 것이다. 물론 양친도 나따샤도 그런 말은 들으려고도 하지 않았지만, 안드레이는 자기 주장을 굽히지 않았다. 그는 날마다 로스또프네를 방문했지만, 나따샤에 대한 태도는 약혼자의 태도가 아니었다. 그는 그녀에게 정색을 한 말투로 말했고, 키스는 손에만 했다. 안드레이와 나따샤 사이에는 청혼한 날 이래, 이전과는 전혀 다른 친밀하고 허물없는 관계가 맺어졌다. 두 사람은 마치 여태까지 서로 모르던 사이 같았다. 안드레이나 나따샤도 아직 아무렇지도 않았던 무렵에 서로가 상대방을 어떻게 보고 있었던가를 상기하는 것을 좋아했다. 지금 두 사람은 모두 전혀 다른 사람이 되고 말았다. 그 무렵엔 부자연스러웠지만, 지금은 솔직해지고 있는 그대로라고 느끼고 있었다. 처음에 집안에서는 안드레이를 대하는 데 쑥스러움을 느꼈다. 그는 이질적인 세계의 인간처럼 여겨졌기 때문에, 나따샤는 오랜 시간에 걸쳐 집안 사람들을 안드레이와 친해지게 하려고 애를 썼다. 그분은 좀 특별한 데가 있어

보이지만 실은 모든 사람과 똑같으므로 두려워할 것은 없다면서, 자못 자랑스럽게 일동을 설득하는 것이었다. 며칠이 지나자 가족들도 그에게 익숙해졌다. 그가 있을 때도 사양하지 않고 종전대로의 생활을 보내게 되었고 그도 여기에 참가했다. 그는 농지 경영에 관해서는 백작을 상대로, 멋에 대한 이야기는 백작 부인과 나따샤를 상대로, 앨범이나 자수에 대해서는 쏘냐를 상대로 대화를 잘 할 수가 있었다. 때로는 로스또프네 사람들은 집안 식구끼리나 안드레이가 있는 앞에서, 이런 일이 일어나게 된 경위와 그 징후가 분명히 있었던 것을 의아하게 생각하였다. 안드레이가 오뜨라도노에 마을에 온 것도, 로스또프네가 뻬쩨르부르그에 온 것도, 안드레이가 처음 내방했을 때 유모가 알아챈 공작과 나따샤와의 유사한 느낌도, 1805년에 안드레이와 니꼴라이 사이에 일어난 충돌도, 그 밖에 결과로서 생긴 일에는 많은 전조가 있었다는 것을 집안 사람들이 알아차렸다.

온 집안은 약혼 남녀가 있는 곳에 반드시 뒤따르기 마련인, 로맨틱한 나른함과 침묵이 지배하고 있었다. 같이 앉아 있으면서도 모두가 침묵을 지키고 있는 일이 자주 있었다. 때로는 다 같이 일어나서 나가 버리고, 약혼 남녀만이 남게 되어도 여전히 침묵을 지키는 일도 있었다. 미래 생활에 관해서 이야기하는 일도 별로 없었다. 안드레이로서는 그 말을 하기가 무섭기도 하고 쑥스럽기도 했던 것이다. 나따샤는 그의 감정을 다 알아채고 있어서 이 기분도 알고 있었다. 나따샤는 그의 아들 이야기를 물어본 적이 있었다. 안드레이는 얼굴을 붉히고(이 무렵 그는 얼굴을 자주 붉혔고, 그것을 나따샤는 유달리 좋아했다), 아이는 자기네들과 같이 살게 되지는 않을 것이라고 말했다.

"어째서요?" 나따샤는 놀라서 말했다.

"할아버지한테서 그 애를 뺏을 수도 없는 노릇이고, 그리고……."

"나 같으면 정말 사랑해 줄 수 있을 텐데!" 나따샤는 문득 그의 마음 속을 알아채고는 이렇게 말했다. "그렇지만 전 알겠어요. 당신은 당신과 내가 비난받을 구실을 없애버리고 싶어하시는 거죠?."

노백작은 이따금 안드레이 곁으로 와서 그에게 키스를 하고, 뻬쨔의 교육과 니꼴라이의 근무에 대해서 조언을 구했다. 백작 부인은 두 사람을 보고는 한숨을 몰아쉬고 있었다. 쏘냐는 줄곧 귀찮은 존재가 될까봐 그럴 필요가 없을 때에도, 두 사람만을 남겨 둘 구실을 찾느라고 애를 썼다. 안드레이가 이야기할 때에는(그는 무척 이야기를 잘 했다) 나따샤는 자랑스러운 듯이 귀를 기울이고, 그녀가 이야기할 때에는 안드레이가 시험해 보려는 듯이 꼼꼼히 자기를 바라보고 있는 것을 알아채고는, 두렵기도 했고 기쁘기도 했다. 그녀는 이상한 생각으로 자문하는 것이었다. '이분은 무엇을 나에게서 찾고 있을까? 저 눈초리로 무엇을 찾아내려는 것일까? 저 눈초리로 찾고 있는 것이 내 안에 없다면 어떻게 될까?' 때로는 그녀는 천성인 명랑한 기분이 되었다. 그리고 그럴 때에는 안드레이가 웃는 것을 듣거나 보는 것을 매우 좋아했다. 그는 여간해서는 웃지 않았지만, 그 대신 웃음이 터지면 모든 것을 잊고 웃었다. 그리고 이렇게 웃고 난 후에는 언제나 그녀는 그와 더욱 숙친해지는 것을 느끼곤 했다. 만약에 다가오는 이별을 생각해서 무서운 기분이 들지 않았다면 나따샤는 더없이 행복했으리라.

뻬쩨르부르그를 떠나던 전날 밤, 안드레이는 무도회 이래 한 번도 로스또프네에 오지 않았던 삐에르를 데리고 왔다. 삐에르는 어떻게 하면 좋을지를 몰라 당혹해 하는 것 같았다. 그는 어머니인 백작 부인과 잡담을 하고 있었다. 나따샤는 쏘냐와 함께 장기판 옆에 앉아 그것을 구실삼아 안드레이를 자기 쪽으로 불러오게 했다. 그는 두 사람에게로 왔다.

"당신들은 이전부터 삐에르를 알고 계셨죠?" 그는 물었다. "당신들은 저 남자를 좋아하십니까?"

"네, 저분은 훌륭한 분입니다. 그러나 몹시 우스꽝스러운 분이에요."

그리고 그녀는 언제나 삐에르 이야기를 할 때에는 그러했던 것처럼 그의 멍청한 태도를 다룬 일화를 이야기하기 시작하였다. 그것은 그를 표적 삼아서 남들이 있지도 않은 일을 꾸며댄 일화였다.

"실은 나는 그에게 우리의 비밀을 털어놓았어요." 안드레이가 말했다. "나는 그를 어릴 적부터 알고 있습니다. 그는 실로 훌륭한 마음씨의 사나이입니다. 그래서 당신에게 부탁해 두겠어요, 나따샤." 그는 별안간 정색해서 말했다. "나는 곧 떠납니다만, 무슨 일이 생길지 모릅니다. 어쩌면 당신도 마음이 변하여…… 아니, 이런 말을 해선 안 된다는 걸 알고 있습니다. 다만— 내가 없는 동안에 무슨 일이 일어나더라도……."

"무슨 일이 일어나요? ……."

"어떠한 슬픈 일이 있더라도" 안드레이는 말을 이었다. "쏘냐, 당신한테도 부탁드립니다만, 어떠한 일이 일어나더라도 저 사람한테만 상의하고 힘을 빌리도록 하세요. 그는 바보같이 보이고 우스꽝스러운 남자지만 더없이 훌륭한 마음씨의 사나이입니다."

약혼자와 헤어지는 일이 나따샤에게 어떠한 영향을 줄 것인가, 아버지나 어머니도, 쏘냐나 안드레이 자신도 예측할 수가 없었다. 이날 그녀는 얼굴을 붉히고 흥분하여 윤기없는 눈으로 집 안을 걸어다니면서, 자기를 기다리고 있는 것이 무엇인지 알지 못하는 양으로 몹시 부질없는 일에 골몰하고 있었다. 그녀는 안드레이가 작별 인사를 하면서, 마지막에 그녀 손에 키스했을 때도 울지 않았다.

"가지 마세요!" 그녀는 이렇게만 말했을 뿐이었지만, 그것은 정말로 머물러 있어야 하는 것은 아닐까 하고 생각하지 않을 수 없는, 그리고 그 후 오랫동안 잊혀지지 않았던 목소리였다. 그가 떠난 뒤에도 그녀는 역시 울지 않았다. 뿐만 아니라, 며칠 동안을 그녀는 울지 않고 방에 틀어박혀, 무슨 일에도 흥미를 잃고 다만 이따금 이렇게 말하는 것이었다. "아, 어째서 그이는 가 버렸을까!"

그런데 그가 떠난 지 2주일 후에 그녀는, 주위 사람들도 뜻밖이라고 여길 정도로 완전히 마음의 병에서 일어나 전과 같은 그녀로 돌아갔다. 그러나 다만 오랜 병 끝에 병석에서 일어난 아이가 안색이 변한 것처럼, 마음의 모습이 변해 버리고 있었던 것이다.

25

볼꼰스끼 노공작의 건강과 기질은 아들이 떠난 후 최근 1년 동안에 몹시 쇠약해졌다. 그는 전보다 더욱 화를 잘 내고, 까닭 모를 분노의 폭발은 주로 마리야에게로 떨어졌다. 그는 마치 딸을 정신적으로 잔인하게 괴롭히기 위해서 그녀의 약점을 열심히 찾고 있는 것 같았다. 마리야에게는 조카인 니꼴렌까와 종교라는 두 가지 집착, 나아가서는 두 가지 기쁨이 있었다. 그리고 두 가지 모두 공작의 공격과 조소의 좋은 표적이 되었다. 무슨 이야기가 나와도, 그는 이야기를 노처녀의 미신이나 아이를 버릇없게 만든다는 데로 끌고 갔다. "너는 그 애(니꼴렌까)를 너 자신과 같은 노처녀로 만들고 싶은

지는 모르겠지만 그것은 헛수고다. 안드레이에게 필요한 것은 아들이지, 계집애는 아니거든." 하고 그는 말하는 것이었다. 혹은 마리야 앞에서, 부리엔 양에게 러시아의 신부와 성상이 마음에 드느냐고 물어 농담의 재료로 삼는 것이었다……

그는 끊임없이 마리야를 호되게 모욕했지만, 딸은 아버지를 용서하는 데에 새삼 무리를 할 것까지는 없었다. 도대체 아버지가 딸에게 잘못된 점이 있을 수 있을까? 또 자기를 사랑해주는 아버지가(뭐니뭐니 해도 그녀는 그것을 알고 있었다) 자기에 대해서 옳지 않은 일을 할 수 있을까? 그리고 올바르다는 것은 도대체 무엇을 뜻하는 것일까? 마리야는 이 옳다는 거만한 말을 이제까지 생각해 본 적이 없었다. 인간의 여러 가지 복잡한 율법은 모두 그녀에게 있어서는 단 하나의 단순명쾌한 율법에 집약되어 있었다. 그것은 자기 자신은 신인데, 사랑으로 인간을 대신해서 고난을 받은 존재에 의해서 우리에게 보여준 사랑과 자기희생의 율법이었다. 남의 옳고 그름이 그녀에게 무슨 관련이 있단 말인가? 그녀에게 필요한 것은 자기 자신의 고통과 사랑하는 일이며 그녀는 그렇게 하고 있었던 것이다.

겨울이 되어 안드레이가 '벌거숭이 산'으로 왔다. 그는 마리야가 그런 모습을 오랫동안 보지 못했을 만큼 쾌활하고, 온건하고 친절했다. 그녀는 오빠에게 무슨 일이 일어났다고 예감했지만, 그는 자기의 사랑에 대해서, 마리야에게는 아무 말도 하지 않았다. 출발하기 전에 안드레이는 아버지와 무엇인가 오랫동안 이야기했다. 그리고 마리야는 출발에 앞서 두 사람이 서로 불만을 품고 있다는 것을 알았다.

안드레이가 떠난 뒤 곧 마리야는, '벌거숭이 산'으로부터 뻬쩨르부르그의 친구 줄리에게 편지를 썼다. 줄리는 나이가 찬 처녀들이 흔히 공상하듯이 오빠의 아내로 삼았으면 하고 마리야가 공상하고 있던 여성이지만, 그 무렵 터키에서 전사한 오빠의 상중(喪中)에 있었다.

친절하고 그리운 친구 줄리, 어쩌면 슬픔은 우리의 공통된 운명 같습니다. 당신이 잃은 것이 너무나 무서운 것이어서, 그것은 당신과 당신의 훌륭하신 어머니를 시험하시려고 하는 하느님의—당신들을 사랑하시기 때문에—특별하신 자비로밖에 이해할 수가 없습니다. 아, 나의 친구 줄리, 종교가,

오직 종교만이 우리를 위로할 수 있는 것은 물론, 절망으로부터 구할 수가 있습니다. 오직 종교만이 인간이 이해할 수 없는 것을 우리들에게 설명해 줍니다. 선량하고 훌륭해서 생활에서 행복을 찾아낼 수가 있고, 그 누구에게도 해가 되지 않을 뿐만 아니라 다른 사람들의 행복을 위해 없어서는 안 될 사람들이 무엇 때문에 하느님의 부르심을 받고, 사악하고 쓸모 없거나 해로운 또는 자기에게나 남에게 무거운 짐이 되어 있는 사람들은 어째서 살아남아 있을까요? 내가 직접 보고 결코 잊을 수가 없는 최초의 죽음—그리운 올케의 죽음—이 나에게 그러한 생각을 자아내게 한 것입니다. 마치 당신이 운명을 향하여 왜 그 훌륭한 오빠가 죽어야 했느냐고 묻는 것과 마찬가지로 나도 역시 무엇 때문에 그 천사 같은 사람이, 남에게 아무런 나쁜 짓도 하지 않았을 뿐만 아니라 좋은 생각 외에는 자기 마음에 가지지 않았던 리자가 무엇 때문에 죽지 않으면 안 되었던가를 하느님께 물은 것이었습니다. 그런데 말입니다. 줄리! 그 때부터 5년이 지났습니다. 그리고 나는 하찮은 지력(知力)이지만 이제 분명히 깨닫기 시작하고 있습니다. 어째서 그 사람이 죽어야 했던가, 또 어째서 그 죽음이 바로 창조주의 무한한 은총의 표현이었는가를. 창조주의 모든 행위는 그 대부분을 우리가 이해할 수 없지만, 그것은 창조주의 창조물에 대한 무한한 사랑의 발로 그 자체입니다. 혹시—나는 곧잘 생각합니다만—올케는 어머니로서의 의무를 다할 힘을 가지기에는 너무나도 천사처럼 지나치게 순결했는지도 모르겠어요. 그이는 젊은 아내로서는 흠잡을 데가 없었습니다만, 그러한 어머니가 될 수 없었던 사람이었는지도 모르겠어요. 지금 올케는 우리들에게, 특히 안드레이에게, 더없이 순결한 애도와 추억을 남겨놓았을 뿐만 아니라, 저 세상에서도 틀림없이 우리네는 도저히 바랄 수도 없는 지위를 받으셨으리라고 생각합니다. 그러나 그와 같이 너무 빠른 무서운 죽음은 그것이 아무리 슬픈 일일지언정 더할 나위 없이 좋은 영향을 나와 오빠에게 주었습니다. 그때, 그이를 잃은 순간에는 이런 생각이 떠오를 리가 없었습니다. 그때였다면 나는 무서워서 이런 생각을 떨쳐 버렸을 것이지만, 지금은 그것이 이토록 명백하고 의심할 여지도 없는 일이 되었습니다. 이런 것을 쓰는 것도, 줄리, 하느님의 뜻이 없이는 우리의 머리에서 한 가닥의 머리카락도 떨어지지 않는다는, 나에게는 인생의 규범이 되어 버린 복음서의 진리를 당신이 납득하도록 하기 위한 것입니다. 하느님의 뜻은 우리들에 대한 무한한 사랑에 의해서만 움직이고 있기 때문에, 무슨 일이나 —우리들에게 비록 무슨 일이 일어나더라도—모든 것은 우리들의 행복을 위한 것입니다. 당신은 우리에게 다음 겨울을 모스크바에서 보내겠느냐고 물으셨죠? 뵙고 싶은 마음은 태산 같습니다만, 그런 것을 나는 생각하고 있지도 않고 바라지도 않습니다. 그 원인은 보나빠르뜨입니다. 그 까닭은 이렇습니다—아버지의 건강이 눈에 띄게 약해지셨고, 이치가 닿지 않는 일을 참지 못하고 몹시 화를 잘 내십니다. 이 화는 아시다시피 주로 정치적인 것을 향하고 있습니다. 아버지는 보나빠르뜨가 유럽의 모든 황제들과, 특히 예까쩨리나 여제의 손자와 대등한 인간으로서 행동하려는 것은 견딜 수가 없으신 것입니다. 아시다시피, 나는 정치상의 일에 대해서는 통 관심이 없습니다. 그렇지만 아버지의 말과, 아버지와 미하일 이바노비치와의 이야기에서 현재 세계에서 일어나고 있는 모든 것을, 특히 보나빠르뜨가 온갖 존경을 받고 있다는 것을 알았습니다. 그러나 보나빠르뜨는 아직 이 '벌거숭이 산'에서만은 위인으로 인정을 받고 있지 않고, 더군다나 프랑스 황제로서는 더욱 인정을 받지 못하는 것 같습니다. 그리고 아버지는 이것을 참질 못하십니다. 아버지는 내가 보기에는, 정치에 대한 당신의 의견도 있고, 누구 앞에서나 마구 자기 의견을 거리낌없이 털어놓는 버릇이 있어서 반드시 충돌을 피할 수 없다고 예견하고, 모스크바로 가는 이야기는 마음이 내키지 않으신 것 같습니다. 모스크바로 가더라도 모처럼 얻은 요양의 효과는, 반드시 일어날 보나빠르뜨에 관한 논쟁으로 몽땅 잃고 말 것입니다. 어쨌든 이것은 몹시 가까운 시일에 정해질 것입니다. 우리들의 가정 생활은, 안드레이 오빠가 돌아온 것을 빼놓고는 전과 다름이 없습니다. 오빠는 이미 편지한 바와 같이 요즘 완전히 변했습니다. 그 슬픔 이래 금년에 비로소 오빠는 정신적으로 완전히 소생하였습니다. 내가 어렸을 적에 기억하고 있었던 때와 똑같은, 친절하고 상냥하며, 비길 만한 사람이 없을 만큼 황금 같은 마음을 지닌 사람이 되었습니다. 오빠는 자기 생애가 아직 끝나지 않은 것을 깨달은 것 같습니다. 그러나 이 정신적인 변화와 더불어, 오빠는 육체적으로는 몹시 쇠약해졌습니다. 이전보다도 여위고 신경질이 되었습니다. 의사가 오래전부터 권하고 있던 외국 여행을 결심한 것을 내가 기뻐하는 것도 모두 오빠를 걱정하기 때문입니다. 이것은 반드시 오빠의 건강을 되찾아 주리라고 기대합니다. 당신 편지에 의

하면, 오빠는 뻬쩨르부르그에서는 가장 활동적이며 교양이 풍부하고 슬기로운 청년의 한 사람이라는 평이 자자한 모양이더군요. 육친의 자랑을 하는 것 같아서 죄송합니다만 나는 여태까지 한 번도 그것을 의심해 본 적은 없습니다. 이곳에서 오빠가 우리 농부에서부터 귀족에 이르기까지, 모든 사람에게 베푼 착한 일은 이루 헤아릴 수 없습니다. 그래서 뻬쩨르부르그로 가서 얻은 평판도 오히려 당연한 것이라고 생각해요. 일반적으로 어떻게 해서 뻬쩨르부르그에서 모스크바로 소문이 전해지는지, 특히—당신이 편지에 써 보내신 것처럼—오빠가 로스또프네의 막내 따님과 결혼한다는, 근거도 없는 소문이 어떻게 전달되는지 이상합니다. 나는 언젠가 오빠가 그 누구와, 특히 로스또프네의 막내딸과 결혼한다는 것은 생각할 수도 없습니다. 그것은 이런 이유에서입니다—첫째, 오빠는 죽은 아내 이야기를 좀처럼 하지 않습니다만 이 슬픔은 마음 속에 깊이 뿌리박고 있어, 후처를 얻어 절대로 우리의 꼬마 천사에게 계모를 맞게 하지는 않는다는 것을 나는 잘 알고 있습니다. 둘째로, 내가 아는 한 그 아가씨는 안드레이의 마음에 드는 여성은 아닙니다. 오빠가 그이를 자기 아내로 선택했다고 생각되지 않아요. 그리고 솔직하게 말씀드리면, 나도 그걸 원하고 있지 않습니다. 너무 수다스럽게 지껄였군요. 벌써 두 장째의 편지지가 끝나게 되었습니다. 그럼, 실례합니다. 그리운 친구여, 하느님께서 당신을 그 성스럽고, 힘찬 보호 밑에 지켜주시기를. 나의 친한 친구 부리엔 양도 안부를 전해달라고 말했습니다.

마리야

26

한여름에 마리야는 뜻하지 않은 편지를 스위스의 안드레이로부터 받았다. 그 속에서 그는 의외의 소식을 전했다. 안드레이는 로스또프네의 나따샤와의 약혼을 알려 온 것이다. 그의 편지 전체가 약혼자에 대한 사랑의 기쁨과, 누이동생에 대한 온화한 애정과 신뢰에 넘쳐 있었다. 그는 지금과 같은 애정을 느낀 일은 이제까지 없었고, 이제와서 비로소 인생이라는 것을 이해하고 알았다고 쓰고 있었다. 그는 또 '벌거숭이 산'으로 돌아왔을 때, 아버지와는 이 이야기를 했는데 마리야에게는 이 결심에 대해 아무런 말도 하지 않았던 것을 용서해 달라고 누이동생에게 부탁하고 있었다. 그가 이 일을 마리야에게 말하지 않았던 것은, 마리야가 아버지에게 승낙해 달라고 부탁이라도 하는 날에는, 오히려 목적을 이루지 못하고 공연히 아버지의 화를 사게 되어서, 아버지의 불만의 무거운 짐을 고스란히 마리야가 짊어질 염려가 있었기 때문이었다. 여하간 그 무렵에는 아직 지금처럼 확실히 결정되지 않았었다고 그는 쓰고 있었다. '그때 아버지는 나에게 1년이라는 기한을 지정해 주셨다. 그리고 정해진 기한 중 이미 6개월, 즉 절반이 지났다. 그리고 나는 그 어느 때보다도 나의 결심을 굳게 지키고 있다. 의사가 나를 이 온천에 붙잡아 놓지 않았다면 나는 벌써 러시아로 돌아갔을 것이지만, 현재로 보아 나의 귀국은 3개월을 더 연기하지 않으면 안 된다. 너는 나 자신도, 나와 아버지와의 관계도 알고 있을 것이다. 나는 아버지에게 아무것도 요구하고 있지 않다. 나는 항상 자립하고 있었고 앞으로도 그럴 것이다. 다만 이제 아버지가 우리와 같이 있을 수 있는 시간은 길지 않을 텐데, 아버지의 의사에 위배되는 일을 하거나 아버지의 노여움을 사기라도 한다면 나의 행복의 반은 무너지고 만다. 나는 지금 아버지에게 같은 일을 편지로 쓰려 하고 있는 참이다. 그래서 너에게 부탁이 있다—좋은 때를 골라서 아버지에게 편지를 전해 다오. 그리고 아버지가 이것을 어떻게 보고 계시는지, 기한을 3개월 단축하는 것을 아버지가 승낙하실 가망성이 있는지를 알려다오.'

오랜 주저와 회의와 기도 뒤에 마리야는 편지를 아버지에게 드렸다. 그 이튿날 노공작은 냉정하게 그녀에게 이렇게 말했다.

"오빠에게 써 보내라, 내가 죽을 때까지 잠시 기다리라고…… 오래 가지는 않는다—곧 해방시켜 주겠다고……."

마리야는 무슨 말을 하려고 했지만 아버지는 그것을 허락하지 않고 차차 언성을 높여 말했다.

"결혼해라, 결혼해…… 오빠에게 전해…… 훌륭한 친척이 생기겠군…… 머리가 좋은 사람들이다, 그렇지? 부자다, 안 그래? 니꼴렌까에게도 좋은 계모가 생긴다. 오빠에게 내일이라도 결혼하라고 써보내라. 니꼴렌까의 계모가 되는 것은—그 아가씨다. 나는 부리엔과 결혼하겠다! ……하, 하, 하, 니꼴렌까도 계모 없이 있을 수 없게 말이야! 다만, 나의 집에는 이 이상 여자가 필요없다. 결혼해서 멋대로 살아가면 돼. 어쩌면 너도 오빠한테로 가겠지?" 그는 마리야에게 말했다. "좋을 대로 해라!"

이런 폭발이 있은 뒤, 노공작은 이 일에 대하여서는 한 마디도 입 밖에 내지 않았다. 그러나 아들의 나약한 근성에 대한 억눌렀던 노여움이 딸에 대한 아버지의 태도에 나타났다. 이제까지의 냉소의 구실이 또 하나 생긴 것이다. 그것은 계모의 이야기와 부리엔에게 호의를 가지고 있다는 이야기였다.

"나라고 해서 그 여자와 결혼할 수 없다는 법은 없지 않느냐?" 그는 딸에게 말했다. "굉장한 공작 부인이 생기겠군!" 그리고 최근 아버지가 실제로 이 프랑스 여자를 더욱 가까이하게 된 것을 마리야는 의아심과 놀라움을 가지고 알아챘다. 마리야는 안드레이에게 아버지가 그의 편지를 어떻게 받아들였는가를 써서 보냈으나, 아버지가 오빠의 생각을 할 수 없이 받아들일 수 있게 만들겠다는 희망을 주어 오빠를 위로해 주었다.

니꼴렌까와 그 양육, 안드레이와 종교가 마리야에겐 위안이요, 기쁨이었다. 그러나 그 밖에 누구나 자기 개인의 희망이 필요했기 때문에, 마리야의 마음 속 깊은 곳에는 그녀의 인생의 중요한 위로를 주는 꿈과 희망이 간직되어 있었다. 그 위로가 되는 꿈과 희망을 준 것은 노공작의 눈을 피해 그녀에게로 찾아오는 하느님의 사람, 즉 유로지브이와 순례자들이었다. 마리야는 많이 살면 살수록, 인생을 경험하고 관찰할수록 더욱더 이 세상에서, 지상에서, 쾌락과 행복을 구하고 있는 사람들의, 있을 리가 없는 환상의 죄 많은 행복을 손에 넣기 위해 안절부절하고 괴로워 하고 서로 싸우며 서로 나쁜 짓을 하고 있는 사람들의 눈 앞의 허무함에 놀랐다. '안드레이는 아내를 사랑했지만 그 아내는 죽었다. 그것만으로도 모자라 그는 다른 여성과 자기 행복을 결부시키려 하고 있다. 아버지가 그것을 싫어하는 것은 안드레이를 위해서 더 훌륭한 가문의 부유한 배필을 바라고 있기 때문이다. 그리고 그 사람들은 모두 순간적으로 존재하지 않는 행복을 붙잡기 위해, 서로 싸우고 괴로워하고 자기 영혼을, 영원의 영혼을 엉망으로 만들고 있다. 우리는 그것을 알고 있는 것만이 아니다—그리스도가, 하느님의 아들이, 땅 위로 내려와서 우리에게 이 인생은 한 순간의 삶이다, 시련이다 라고 말했는데 우리는 여전히 그 인생에 집착하여 그 속에서 행복을 찾을 수 있다고 생각하고 있다. 어째서 아무도 이것을 깨닫지 않는 것일까? 이 멸시 받는 하느님의 사람 이외는 아무도.' 마리야는 생각했다. '이 사람들은 배낭을 어깨에 메고, 아버지 눈에 띌까 봐 두려워하며 뒷문에서 나에게로 온다. 그것은 아버지한테 혼나

는 것이 두려워서가 아니라, 아버지를 죄에 끌어넣지 않게 하기 위해서인 것
이다. 아무것에도 집착하지 않고 남에게 해를 주지 않고, 남을 위해 기도하
고, 박해하는 사람들을 위해서도, 비호하는 사람들을 위해서도 기도를 하면
서, 다 떨어진 셔츠를 입고 이름을 바꾸어 이곳저곳을 돌아다니기 위해 가
족, 고향, 이 세상의 행복을 둘러싼 모든 마음 고생도 버린다―이 진리와
이 인생보다 높은 진리와 인생은 없다!'

그 가운데 페도슈쉬까라는 한 여자 순례자가 있었다. 오십 가량의 몸집이
작고 얌전하며 얼굴에 천연두 자국이 있고, 이미 30년 이상이나 맨발로 고
행을 위해 쇠사슬을 몸에 달고 걷는 여자였다. 그 여자를 마리야는 특히 좋
아했다. 언젠가 등명(燈明)의 빛만 켜진 어두운 방에서, 이 페도슈쉬까가
자기 신세 이야기를 했을 때, 이 여자만이 올바른 인생의 길을 발견했다는
생각이 너무나 강해서, 자기도 순례의 길을 떠나리라 결심했을 정도였다. 페
도슈쉬까가 자러 간 뒤에, 마리야는 이 일에 관해서 오랫동안 생각하였다.
그리고 마침내 아무리 기묘한 일이라 해도, 자기는 순례를 떠나야겠다고 마
음 먹었다. 그녀는 자기 생각을 청죄(聽罪) 사제인 아낀피 신부에게만 고해
했는데 신부도 그녀 의도에 찬성했다. 순례자들에게 선사한다는 구실로 마
리야는 자기를 위해 여자 순례복 한 벌―내의, 짚신, 긴 상의, 검은 두건을
장만하였다. 곧잘 비밀 장롱으로 다가가서, 마리야는 이미 자기 계획을 실행
할 때가 온 것이 아닌가 하고 망설이며 걸음을 멈추는 것이었다.

순례자들의 이야기를 자주 들으면서 마리야는, 순례자에게는 무의식이지
만 그녀에게는 깊은 뜻이 가득 담긴 소박한 말에 자극되어, 모든 것을 버리
고 집을 나가려고 각오한 일이 한두 번이 아니었다. 상상 속에서 그녀는 벌
써 페도슈쉬까와 함께 허름한 속옷에 지팡이와 배낭을 메고, 먼지투성이 길
을 걸어가는 자기 모습을 보았다. 부러운 마음도, 인간적인 사랑도, 욕망도
없이 성지에서 성지로 순례의 여행을 계속하여, 마침내 슬픔도 한탄도 없는
영원한 기쁨과 행복이 있는 곳으로 향하는 것이다.

'어느 장소에 도착하여 기도를 드린다. 익숙해져서 애착이 솟을 틈도 없이
앞으로 나간다. 그리고 다리의 기운이 빠져, 어딘가에서 누워 죽을 때까지
계속 걷는다. 그리고 마지막에 슬픔도 한탄도 없는 영원하고 조용한 휴식의
장소에 도달하는 것이다!' 마리야는 생각했다.

그러나 그 후에 아버지를 보고 특히 어린 니꼴렌까를 보면, 그녀는 모처럼의 결심도 무뎌져서 남몰래 눈물을 흘리며 자기는 죄가 많은 여자다―하느님보다도 아버지나 조카를 사랑하고 있다고 느끼는 것이었다.

제4부

1

성서에 의하면, 노동을 하지 않는 것—무위(無爲)는 타락 이전의 원초인의 행복의 조건이었다. 무위를 좋아하는 마음은 타락 후의 인간에게도 마찬가지였으나 저주가 끊임없이 무거운 짐으로 인간을 덮쳐 눌러, 우리는 이마에 땀을 흘리며 빵을 얻지 않으면 안 된다는 이유만이 아니라, 그 정신의 본성으로 보더라도 아무 일도 하지 않고 편안하게 있을 수는 없다. 우리가 아무 일도 하지 않는 것은 죄임에 틀림 없다고 마음의 깊은 곳에서 속삭이는 것이다. 만약 인간이 아무 일도 하지 않으면서 자신을 유익한 인간, 의무를 다하고 있는 인간이라고 느끼는 상태를 발견할 수 있다면, 그는 원초적인 행복의 일면을 발견하게 될 것이다. 그리고 이와 같은 의무적이고 비난 받지 않은 무위의 상태를 향유하고 있는 것은 하나의 커다란 계층—군인 계층이다. 바로 이 의무적이고 비난 받지 않은 무위 속에 군무(軍務)의 첫째 매력이 있고 앞으로도 계속 있을 것이다.

니꼴라이는 이 행복을 충분히 맛보면서 1807년 후에도 여전히 빠블로그라드 연대에 근무하여, 이미 데니쏘프한테서 인계받은 기병 중대를 지휘하고 있었다.

니꼴라이는 거칠고 마음씨가 좋은 사나이가 되어 있었다. 모스크바의 지인들이라면 그와 같은 사람됨을 약간 정도가 낮은 것으로 보았을지도 모르나, 동료와 부하, 상관에게는 호감을 받고 자기도 그 생활에 만족하고 있었다. 최근, 즉 1809년에는 그는 집으로부터 온 편지에서, 가계가 점점 기울어가고 있다, 너도 이제는 집으로 돌아와서 나이 든 부모를 기쁘게 하고 안심하게 해드려도 좋을 때가 아니냐 하는 어머니의 푸념을 접하는 일이 많아졌다.

이러한 편지를 읽을 때마다 니꼴라이는 현실 생활의 번거로움으로부터 몸을 지키고 조용히 편안하게 살고 있는 이 환경에서 자기를 끌어내리려 하고 있다고 여겨져 무서운 마음이 들었다. 그는 조만간 엉망이 된 가계나 그 재건, 지배인들의 수지 계산서나 말다툼, 음모, 인간 관계나 상류 사회, 쏘냐의 사랑, 쏘냐와의 약속 등과 결부된 생활의 소용돌이 속으로 들어가지 않으면 안 된다고 느끼고 있었다. 이런 일들은 모두 몹시 무섭고 어렵고 복잡했다. 그래서 그는 어머니에 대해서 늘 '친애하는 어머님'에서 시작하여 '당신의 온순한 아들'로 끝나는, 냉정하면서도 판에 박은 편지로 답하고 언제 돌아갈 것이라는 것은 언급하지 않았다.

1810년에 그는, 나따샤와 안드레이가 약혼했다는 것, 노공작이 동의하지 않으므로 결혼식은 1년 후에 열릴 거라는 것을 알리는 가족들의 편지를 받았다. 이 편지는 니꼴라이를 슬프게 만들고 분개시켰다. 첫째, 그는 가족 중에서도 누구보다 사랑하고 있던 나따샤를 집에서 잃는 것이 애석했고, 둘째, 경기병 특유의 생각에서 자기가 그 자리에 없었던 것이 무척이나 안타까웠다. 왜냐하면 자기라면 안드레이에게, 당신과 친척이 된다는 것은 대단한 명예도 아니며, 만약 나따샤를 사랑하고 있다면 그런 미치광이 같은 아버지의 허가는 받지 않아도 된다는 것을 안드레이에게 지적해 줄 수 있었기 때문이었다. 그는 약혼녀가 된 나따샤를 만나기 위해서 휴가를 얻을 것인가 망설였지만, 때마침 훈련도 다가왔고 쏘냐와 그 밖의 갖가지 번거로운 일이 머리에 떠올랐으므로, 니꼴라이는 다시금 귀향을 연기했다. 그러나 그 해의 봄에 그는 어머니가 아버지 백작 몰래 써 보낸 편지를 받았다. 이 편지로 그는 돌아갈 결심을 했다. 어머니 편지에 의하면, 만약 니꼴라이가 돌아와서 집안 일 정리에 착수해 주지 않으면 영지는 전부 경매에 붙여지고, 모두 거지 신세가 되어 돌아다니게 될 것이며, 백작이 너무 마음이 약해서 드미뜨리를 지나치게 신용하고, 사람이 좋아서 늘 속고만 있기 때문에 사태는 더욱 악화될 뿐이라는 것이었다.

'제발, 만약 네가 나와 네 가족을 모두 불행하게 하고 싶지 않으면 곧 돌아와 주기 바란다.' 백작 부인은 이렇게 쓰고 있었다.

이 편지는 니꼴라이를 움직였다. 그는 중용의 상식을 가지고 있어서 그것이 그에게 무엇을 하지 않으면 안 되는가를 가르쳐 준 것이다.

비록 제대하지 않더라도 휴가를 얻어 출발하지 않으면 안 되었다. 왜 출발할 필요가 있는가? 그는 알지 못했다. 그러나 식후에 푹 자고 나서 오랫동안 타지 않은, 매우 성질이 사나운 수말 마르스에 안장을 달도록 일렀다. 거품을 문 말을 타고 돌아오자 라브루시까(데니쏘프의 종복. 그 후에도 니꼴라이한테 남아 있었다)와 방에 모여든 동료들을 향하여, 휴가를 얻어 귀향할 뜻을 밝혔다. 자기가 대위로 승진할 것인지, 혹은 이번 훈련에서 안나 훈장을 탈 것인지 하는, 특별히 관심이 있는 일을 사령부로부터 듣지 못할 것이라고 생각하자 매우 괴로웠고, 이상한 마음이 들었다. 그리고 일전에 폴란드의 골루홉스끼 백작이 사려고 했고, 니꼴라이가 2000루블로 팔아보이겠다고 내기를 한 밤색 털 세 필의 말을 골루홉스끼에게 팔지도 않고 떠나 버리는 것도 실로 묘한 생각이 들었다. 또 보르죠프스끼 양을 위해서 경기병들이 열기로 되어 있는 무도회가 자기가 없는 동안에 개최된다는 것은 실로 이해가 가지 않는 일이었다. 하지만 그는 이 밝고 훌륭한 세계로부터 모든 것이 터무니없고 복잡한, 어딘가 다른 세계로 가지 않으면 안 된다는 것을 알고 있었다. 일주일 후에 휴가가 나왔다. 연대뿐만이 아니라 여단의 동료 경기병들이 니꼴라이를 위해 희망자 신청 방식으로 1인당 15루블의 연회를 열어주어, 두 악단의 연주가 있었고 두 합창대가 노래를 불렀다. 니꼴라이는 바쏘프 소령과 탭댄스풍의 러시아의 민중적인 댄스를 추고, 술에 취한 장교들이 니꼴라이를 헹가래 하고 껴안고 일부러 떨어뜨렸다. 제3기병중대의 병사들이 다시 한 번 헹가래를 하고 "우라(만세)!" 하고 외쳤다. 그리고 니꼴라이를 썰매에 태워 첫 역참까지 보내주었다.

여정의 반, 즉 끄레멘추끄에서 끼에프까지는 여느 때처럼 니꼴라이의 생각은 아직 후방, 즉 기병중대에 있었다. 그러나 절반을 지나가자 그는 벌써 세 필의 밤색 말도, 부하인 하사나 보르죠프스끼 양에 대한 일은 잊은 채 오뜨라도노에 마을에서는 무엇이 어떤 상태로 되어 있을까 하는 불안한 생각으로 자신에게 묻기 시작하였다. 차차 가까이 감에 따라 더욱더 훨씬 강하게 (마치 내면적 감정도 역시 거리의 제곱에 반비례하는 인력의 법칙에 따르고 있는 것처럼), 그는 자기 집 일을 생각했다. 오뜨라도노에 마을 바로 앞 역참에서 마부에게 3루블의 팁을 주고, 니꼴라이는 어린애처럼 숨을 헐떡이면서 자기 집 현관으로 뛰어들어 갔다.

재회의 기쁨과 예상했던 것에 비해 기묘한 불만을 맛본 후(모든 것이 전과 마찬가지가 아니냐, 무엇 때문에 나는 이렇게 급히 온 거냐!), 니꼴라이는 자기 집의 이전과 같은 세계에 젖어들었다. 아버지도 어머니도 옛과 다름없었지만 다만 좀 늙으셨을 뿐이었다. 양친에게서 느낀 새로운 일은, 어딘지 모르게 불안한 것 같은 태도와 전에는 없었던 차질이 가끔 생긴다는 것이었다. 이 차질은 니꼴라이가 이내 알아차린 바와 같이 집안 살림의 악화가 원인이었다.

쏘냐는 벌써 스무 살이 되려 하고 있었다. 그녀는 이제 아름다워지는 과정이 정지되고 지금 이상으로는 아무런 기대도 갖게 하지 않았다. 그러나 그것만으로 충분했다. 그녀는 니꼴라이가 돌아온 이래, 온몸이 행복과 사랑으로 활기에 차 있었다. 이 소녀의 정숙하고 흔들리지 않는 애정이 니꼴라이의 마음을 기쁘게 해 주었다. 뻬쨔와 나따샤가 누구보다 니꼴라이를 놀라게 했다. 뻬쨔는 이미 열세 살의 명랑하고 영리한 장난꾸러기인, 몸집이 큰 미소년이 되어 벌써 음성이 변하고 있었다. 나따샤에 대해서 니꼴라이는 그녀를 바라보면서, 얼마 동안 이상한 생각이 들어 그녀를 보고는 웃고만 있었다.

"완전히 변했군." 그는 말했다.

"무슨 뜻이야? 기량이 나빠졌다는 거예요?"

"천만에! 그러나 왜 그런지 도도한데. 공작 부인인가?" 그는 소리를 낮추고 말했다.

"그래요, 그래요." 나따샤는 기쁜 듯이 대답했다.

나따샤는 안드레이 공작과 자기와의 로맨스와, 그가 오뜨라도노에 마을에 온 이야기를 오빠에게 하고 그의 최근 편지를 보여 주었다.

"어때요, 오빠도 기쁘세요?" 나따샤는 물었다. "나는 지금 무척 마음이 가라앉아서 행복해요."

"나도 기쁘다." 니꼴라이는 대답했다. "그는 훌륭한 사람이다. 그래, 너는 그를 몹시 좋아하고 있니?"

"뭐라고 말하면 좋을까?" 나따샤는 대답했다. "나는 보리스나 댄스 선생님도, 데니쏘프 씨도 좋아했지만 이번 일은 전혀 달라요. 이번은 안심이 되고 안정된 기분이에요. 그분보다 더 훌륭한 사람은 없다는 것을 알고 있으니까, 지금은 이렇게 침착하고 흐뭇한 마음이에요. 전과는 전혀 달라요……."

니꼴라이는 결혼이 1년 연기된 데 대한 불만을 나따샤에게 말했다. 그러자 나따샤는 발끈 화를 내고 오빠에게 덤벼들어, 이렇게 할 수밖에 없었고, 아버지의 의사를 거역하면서 그 가정에 들어가는 것은 좋지 못한 일이며, 그런 일은 자기도 싫다는 것을 증거를 대며 설명하려고 하였다.

"오빠 전혀 몰라요." 그녀는 말했다. 니꼴라이는 잠자코 누이 말에 동의했다.

오빠는 누이를 바라보면서 이상하게 여기는 일이 있었다. 그녀는 약혼자와 헤어져 있으면서도, 열렬한 사랑을 계속 불태우고 있는 약혼녀 같은 모습은 찾아볼 수가 없었다. 그녀는 담담하고 침착하며 이제까지처럼 명랑했다. 니꼴라이는 그것이 이상해서 이 혼담을 반신반의의 눈으로 보지 않을 수가 없을 정도였다. 그는 나따샤의 운명이 이미 결정되었다고는 믿지 않았다. 하물며 안드레이가 나따샤와 함께 있는 것을 보지 못했으니까 더욱 그러했다. 예정되어 있는 이 결혼에는 어딘가 어울리지 않는 점이 있다고 니꼴라이는 끊임없이 느끼고 있었다.

'무엇 때문에 연기한 거지? 왜 약혼식을 올리지 않았지?' 그는 생각했다. 언젠가 누이 일 때문에 어머니와 이야기하고 있을 때, 놀랍게도 어머니 역시 마음 속으로는 가끔 이 결혼을 반신반의의 눈으로 보고 있다는 것을 알고 어느 정도 마음이 놓였다.

"여기 이렇게 써 보냈더라고." 어머니는 딸의 미래의 결혼 생활의 행복에 대항해서 어떤 어머니라도 품고 있는 짓궂은 감정을 가슴 속에 간직하고, 아들에게 안드레이의 편지를 보이면서 말했다. "12월보다 빨리는 올 수 없다고 썩어 있다. 대체 무슨 일이 있길래 어물어물하고 있을까? 틀림없이 병일 거야! 몸이 몹시 약한 사람이거든. 그러나 넌 나따샤에게는 말하지 말아라. 그리고 그 애가 들떠 있다고는 생각하지 말아라—그건 처녀 시절의 마지막 단계를 통과하고 있을 뿐이니까. 나는 잘 알고 있지만, 그 사람한테서 편지가 오면 그 애는 언제나 저렇단다. 하지만, 만사가 잘 되면 좋겠다." 어머니는 늘 이렇게 말을 맺었다. "그는 보통 사람이 아니니까."

2

집에 돌아오고 나서 한동안은, 니꼴라이는 자못 진지하고 재미가 없을 정도였다. 어머니가 자기를 부른 목적인, 이 터무니없이 경제가 돌아가는 일에 지금 당장 관여해야 한다는 것이 그를 괴롭히고 있었다. 될 수 있는 대로 빨리 이 무거운 짐을 어깨에서 벗어 놓기 위해서, 돌아온 지 사흘 되던 날에 그는 무뚝뚝한 태도로, 어디 가느냐는 나따샤의 물음에 대꾸도 하지 않고 이맛살을 찌푸리고, 행랑채에 있는 드미뜨리에게로 가서 그에게 모든 계산을 보여달라고 했다. 그 모든 계산이라는 것이 도대체 무엇인지, 부들부들 떨며 영문을 몰라해 하는 드미뜨리보다도 니꼴라이 쪽이 더 모르고 있었다. 두 사람이 주고받은 대화와 드미뜨리의 수지 설명은 오래 계속되지 않았다. 행랑채의 곁방에서 기다리고 있던 촌장과 농민 대표, 농촌 공동체 서기는 처음에는 무엇 때문인지 점점 높아가는 젊은 백작의 목소리가 으르렁대는 것을 듣다가, 이어 쏟아지는 심한 매도의 말을 듣고 무서우면서도 후련한 기분을 느꼈다.

"도둑놈! 배은망덕한 놈! 이 개새끼, 베어버리겠다. 아버지에게 알리지도 않고…… 마구 훔치다니…… 이 새끼!"

그러고 나서 그들은 젊은 백작이 온통 얼굴을 붉히고는 드미뜨리의 목덜미를 붙잡고 끌어내어 발과 무릎으로 엉덩이를 차면서 "꺼져라! 빌어먹을 자식, 흔적도 없이 사라져!" 하고 소리치는 것을 이제까지에 못지않게 만족과 두려움을 느끼며 바라보았다.

드미뜨리는 쏜살같이 계단을 여섯 개나 뛰어내려 화단 속으로 달아났다 (이 화단은 오뜨라도노에 마을의 나쁜 짓을 한 자들의 구원의 장소로서 잘 알려져 있었다. 드미뜨리 자신도 읍에서 취해서 돌아오면 이 화단에 숨었고, 또 드미뜨리에게서 피하려는 많은 오뜨라도노에 마을의 주민들도 이 화단의 효력을 잘 알고 있었다).

드미뜨리의 아내와 그녀의 누이동생들은 깨끗한 사모바르가 끓고 있고, 짧은 헝겊을 모아 꿰맨 솜이불을 깐, 집사에게 어울리는 높은 침대가 놓인 방문으로부터 겁먹은 얼굴로 현관 쪽을 내다보았다.

젊은 백작은 숨을 헐떡이면서, 그들에게는 주의도 하지 않고 단호한 걸음으로 옆을 지나 안채로 향하였다.

행랑채에서 일어난 일을 하녀를 통해서 곧 알게 된 백작 부인은, 이렇게 해서 집안일은 반드시 개선되리라는 점에서는 안심하고, 다른 한편으로 아들이 그것을 어떻게 지탱해 나갈 것인지 걱정이 되기도 했다. 그녀는 여러 번 아들 방문 앞에 발끝으로 다가가서, 그가 연방 파이프를 빨고 있는 소리를 들었다.

이튿날, 노백작은 아들을 불러서 겁먹은 미소를 띠면서 말했다.

"글쎄, 애야, 그렇게 격분할 필요는 없었어! 나에게 드미뜨리가 모두 이야기해 주었단다."

'나는 알고 있었어.' 니꼴라이는 생각했다. '이 바보 같은 세계에서는 절대로 무엇 하나 알 수가 없는 거야.'

"너는 그 700루블이 기입돼 있지 않다면서 화를 냈다더구나. 그러나 그것은 이월(移越)로 기입되어 있는데, 너는 다음 페이지를 보지 않았어."

"아버지, 그놈은 악당입니다, 도둑놈입니다. 저는 알고 있습니다. 그리고 한 일은 한 일이 아닙니까. 그렇지만 원하지 않으신다면, 저는 앞으로 그놈에게는 아무 말도 하지 않겠습니다."

"아니다(백작은 또다시 당황했다. 그는 자기가 아내의 영지를 잘 관리하지 못해서 아이들에 대해서도 미안하게 느끼고 있었는데, 그것을 어떻게 고쳐야 할지를 몰랐다). 아니다, 부탁이니까 일을 해다오. 나는 이제 나이를 먹어서, 나는……."

"아닙니다, 아버지. 만약 제가 아버지의 기분을 상하게 해드렸다면 용서해 주십시오. 저는 아버지보다도 서투르니까요."

'멋대로 하라지, 그 따위 녀석들. 돈도, 페이지의 이월도 말이야.' 그는 생각하였다. '카드의 구석을 꺾으면 여섯 배를 건다는 것쯤은 나도 모르는 바 아니지만, 다음 페이지로 이월이라니 무슨 소린지 통 알 수 없어.' 그는 혼잣말을 하고, 그 후 집안일에는 개입하지 않았다. 다만 한 차례, 언젠가 어머니가 자기 방으로 불러, 수중에 도르베쯔꼬이 부인의 2000루블의 어음이 있다는 것을 알리고 너라면 그것을 어떻게 처분하겠느냐고 물어본 일이 있었다.

"이렇게 하면 어때요." 니꼴라이는 대답했다. "어머니는 내 판단에 달려 있다고 말씀하셨죠. 나는 도르베쯔꼬이 부인이 싫습니다. 그러나 그 사람들은 우리와 친했었고 그들은 가난한 사람들이니까, 이렇게 하면 어때요!" 이렇게 말하고 그는 어음을 찢어 버렸다. 그 행위로 늙은 백작 부인이 기쁨의 눈물을 흘리며 울게 하였다. 그 후 니꼴라이는 앞으론 어떠한 가사에도 참견하지 않고, 노백작이 대규모로 하고 있었던 일이자, 그에게는 색다른 일이었던 개 몰이 사냥에 열중하였다.

3

이미 첫 한파가 닥쳐 왔고, 아침의 매서운 추위로 가을비에 젖은 땅은 단단하게 얼었다. 사방으로 갈라져서 자란 보리의 새싹이, 가축에 짓밟힌 짙은 갈색의 가을 파종의 보리 포기와, 빨간 줄무늬가 섞인 엷은 황색의 봄 파종 보리 포기 사이에서 밝은 녹색으로 한층 돋보이고 있었다. 8월 말 경에는 가을 파종용 검은 밭과, 추수가 끝난 밭 사이에서 푸른 섬을 이루고 있던 산꼭대기와 숲이 선명한 녹색의 가을 파종 보리 속에서 황금색 또는 빨간색의 섬을 이루고 있었다. 들토끼는 벌써 절반쯤 털이 빠지고 새끼 여우들은 뿔뿔이 흩어지기 시작하였으며 늑대 새끼는 개보다 커졌다. 알맞은 사냥철이었다. 열성적인 젊은 사냥꾼인 니꼴라이가 소유한 개들은 이미 사냥에 알맞은 체격으로 자랐을 뿐만 아니라 너무 달려 다리가 피곤해 있었으므로, 사냥꾼 전원의 협의로 개를 사흘간 쉬게 한 뒤에 9월 16일에 출발하여, 아직 손을 대고 있지 않은 늑대 새끼들이 있는 두브라바(떡갈
나무숲)로부터 시작하기로 결정했다.

9월 14일의 상황은 이러했다.

이날 사냥꾼들은 온종일 집에 있었다. 살을 에는 듯한 추운 날씨였지만, 저녁때부터 구름이 나와서 따뜻해졌다. 9월 15일, 니꼴라이가 잠옷을 입은 채 창문에서 내다보니, 사냥에는 다시 없는 좋은 아침이었다. 마치 하늘이 녹아서 바람도 없이 땅 위에 내려앉은 것 같았다. 공중에서 움직이고 있는 것이라고는, 위에서 아래로 내려오는 눈에 보이지 않는 작은 안개비가 아니면 안개의 미세한 물방울이었다. 마당의 벌거벗은 나뭇가지에는 투명한 물방울이 맺혀 있고, 갓 떨어진 잎새 위에 뚝뚝 떨어지고 있었다. 채소밭의 흙은 양귀비 씨앗처럼 번들번들 젖어 있어 까맣게 보였지만, 좀 떨어진 곳에서는 엷은 빛깔의 축축한 안개의 장막 속에 녹아 있었다. 니꼴라이는 진흙 투성이의 젖은 현관 계단으로 나갔다. 낙엽과 개 냄새가 났다. 검은 점에 엉덩이가 크고 커다란 검은 눈이 불거져 나온 암캐 미르까가 주인을 발견하자 일어나, 뒤로 기지개를 켠 후 토끼처럼 몸을 낮추더니 갑자기 뛰어올라 정면에서 그의 코와 콧수염을 핥았다. 또 한 마리의 보르조이 개(러시아산 사냥개)는 화단의 오솔길에서 주인의 모습을 보자 등을 구부려 맹렬히 현관 계단 쪽으로 뛰어와, 꼬리를 올리고 니꼴라이의 다리에 몸을 비벼댔다.

"야호!" 이때, 그 이상 있을 것 같지 않은 깊은 저음과 그 이상 없는 높은 테너를 합친, 흉내 낼 수 없는 사냥꾼의 부르는 소리가 들렸다. 집 모서리 그늘에서 사냥개 감독이자 사냥꾼 우두머리인 다닐로가 나왔다.

우크라이나 식으로 박박 깎아서 붙인 흰 머리의 주름투성이 사냥꾼으로, 손에 자루가 흰 회초리를 가지고 사냥꾼에게서만 볼 수 있는 의젓한 걸음걸이로 이 세상 모든 것을 멸시하는 듯한 표정을 하고 있었다. 그는 주인 앞에서 체르케스식 모자를 벗고 멸시하는 듯이 그를 바라보았다. 이 멸시는 주인의 기분을 거스르지는 않았다. 왜냐하면 니꼴라이는 모든 것을 멸시하고 모든 것 위에 서 있는 다닐로가, 그래도 역시 자기가 부리는 사람으로 사냥개 감독이라는 것을 알고 있었기 때문이다.

"다닐로!" 니꼴라이는 날씨와 개들, 사냥꾼을 보고 자신이 억제할 수 없는 사냥 기분에 사로잡히는 것을 느끼면서 말했다. 이런 기분에 사로잡히면, 사랑하는 여자 앞에 있는 연애하는 남자처럼 미리 마음에 정한 일을 몽땅 잊어버리고 마는 것이다.

"무슨 분부하실 말씀이라도, 도련님?" 개를 소리치며 몰고 왔기 때문에 쉬어 버린, 고참 신부와 같은 저음으로 물었다. 그리고 번득이는 검은 두 눈을 치뜨고, 말하려다 입을 다문 주인을 흘끗 올려다보았다. '왜요, 참지 못하겠는가요?' 그 두 눈은 이렇게 말하고 있는 것 같았다.

"좋은 날씨가 아닌가, 응? 사냥을 하든 말로 달리든, 안 그래?" 니꼴라이는 미르까의 귓전을 긁어 주면서 말했다.

다닐로는 대답을 하지 않고 눈을 깜박거렸다.

"동이 틀 무렵에 우바르까를 잠깐 귀로 탐색하도록 보내 봤습니다만" 잠시 침묵하고 나서 그의 저음이 말했다. "오뜨라도노에 마을의 무허가 금렵구로 옮겨갔다는 겁니다. 거기서 으르렁대는 소리가 났다고 합니다."(옮겨갔다는 것은, 그들 두 사람이 알고 있는 암늑대가 집에서 2킬로쯤 떨어져 있는, 작은 수렵장으로 되어 있는 오뜨라도노에 마을의 숲으로 새끼를 옮겼다는 뜻이었다).

"어때, 가야 하지 않을까?" 니꼴라이가 말했다. "우바르까와 함께 내 방으로 와주지 않겠나?"

"분부하신 대로."

"먹이를 주는 것은 좀 기다려 주게."

"알겠습니다."

5분 후에 다닐로와 우바르까는 니꼴라이의 커다란 서재에 서 있었다. 다닐로는 별로 키가 큰 편은 아니었지만, 그를 서재에서 보면 흡사 가구와 인간 생활의 환경 속에 둘러싸인 집안에서 말이나 곰을 세워 놓고 보는 것 같은 인상을 받았다. 다닐로 자신도 그것을 느꼈는지 여느 때와 같이 문 가까이에 서서 조용하게 이야기를 하고, 어쩌다가 주인 방을 부수거나 하지 않기 위해 움직이지 않고 되도록 속히 할 말만 하며, 이 좁은 천장 밑에서 넓은 하늘 밑으로 빠져나가려고 애를 쓰고 있었다.

여러 가지 질문을 통하여 개가 괜찮다는 다닐로의 판단을 끌어내자(다닐로 자신도 가고 싶었던 것이다), 니꼴라이는 말에 안장을 달도록 분부했다. 그러나 다닐로가 나가려고 하자 아직 머리도 빗지 않고, 옷도 갈아입지 않은 채, 유모의 커다란 스카프로 몸을 감싼 나따샤가 급한 걸음으로 방으로 들어왔다. 뻬쨔도 같이 뛰어들어 왔다.

"가시는 거죠, 오빠?" 나따샤가 말했다. "이미 알고 있었어요! 쏘냐는 가지 않을 거라고 말했지만. 나는 알고 있어요, 오늘은 가지 않을 수 없는 날이라는 것을."

"가야지." 니꼴라이는 내키지 않는 대답을 했다. 그는 오늘 본격적인 늑대 사냥을 할 작정이었으므로 나따샤와 뻬쨔를 데리고 가고 싶지 않았다. "가기는 가지만, 늑대 사냥이라서 너는 따분할 거다."

"그것은 나의 가장 큰 즐거움이라는 것을 알고 계실 텐데." 나따샤가 말했다. "그건 좋지 않은 일이에요. 오빠는 가기 위해서 말에 안장을 놓게 하시면서, 우리들에게는 한 마디도 하지 않으시다니."

"러시아 사람 앞에 방해는 없다. 자 앞으로 나아가자." 뻬쨔가 구호조로 소리쳤다.

"아냐, 너는 안 돼. 엄마가 너는 안 된다고 하셨어." 니꼴라이는 나따샤를 향하여 말했다.

"아녜요, 난 가겠어요. 꼭 가겠어요." 나따샤는 단호하게 말했다. "다닐로, 우리들의 안장도 놓으라고 말해요. 그리고 미하일로에게는 우리들의 개도 데리고 나오라고 말해 줘요." 그녀는 사냥 우두머리를 향해 말하였다.

그냥 방 안에 있는 것은 다닐로로서는 어색하고 답답했는데, 아가씨와 무엇인가 연관을 갖는다는 것은 그에게는 있을 수 없는 일로 여겨졌다. 그는 눈을 떨군 채, 어떻게 하면 아가씨에게 상처를 입히지 않나 노력하면서, 마치 자기에게는 관계가 없다는 듯이 급히 나가 버렸다.

4

항상 많은 사냥꾼이나 사냥개를 맡고 있었으나 지금은 그 감독을 모두 아들에게 맡긴 노백작은, 이날 9월 15일에는 몹시 들떠서 자기도 같이 갈 채비를 했다.

한 시간 후에, 사냥꾼들은 모두 현관 계단 옆에 모여 있었다. 니꼴라이는 무엇인가 자기에게 말을 걸어오는 나따샤와 뻬쨔 옆을, 지금은 부질없는 일에 관계하고 있을 겨를이 없다는 듯이 엄하고 정색한 표정을 짓고 지나갔다. 그는 사냥꾼들의 각 그룹을 남김없이 점검하고, 개 한 무리와 사냥꾼들을 잠복을 위해 먼저 떠나게 한 뒤, 돈 코삭에서 사육한 붉은 털 애마를 타고 휘파람을 불며 자기 그룹의 개를 불러모으면서 보리 타작장을 가로질러 오뜨라도노에 마을의 금렵구로 향하였다. 빨간 털에, 갈기와 꼬리가 하얀 거세마로 베드레헴이라고 하는 노백작의 말은 백작의 마부가 끌고 갔다. 백작 자신은 마차를 타고 그에게 남겨 놓은 짐승의 통로를 향하여 곧장 가기로 되어 있었다.

사냥개는 모두 54마리로, 여기에 개의 호령 담당과 망보는 사람 6명이 갔다. 보르조이 개를 돌보는 사람은 주인들을 빼고 8명으로, 그 뒤를 40마리 이상의 보르조이 개가 달리고 있었다. 따라서 주인들의 개를 포함한 약 130마리의 개와 말에 탄 사냥꾼 20명이 들판으로 나온 셈이었다.

어느 개나 자기 주인과 자기를 부르는 이름을 알고 있었다. 어느 사냥꾼이나 자기가 하는 일과 장소와 임무를 알고 있었다. 울타리 밖으로 나가자 모두 소리나 말소리도 내지 않고, 오뜨라도노에 마을의 숲으로 통하는 길과 들판에 같은 속도로 조용히 퍼져나갔다.

모피 깔개 위를 가듯이 말이 들판을 나아가고 이따금 길을 가로지를 때 물구덩이에서 소리를 냈다. 안개가 낀 하늘은 여전히 눈에 띄지 않을 정도로 같은 속도로 땅을 향해 내려왔다. 대기는 온화하고 따뜻하고, 소리도 없었다. 이따금 사냥꾼들의 휘파람과 말의 콧김, 자기 자리를 떠난 개가 회초리로 맞거나 개의 비명 소리가 들렸다.

1킬로쯤 갔을 때, 로스또프네의 사냥대 쪽을 향하여 안개 속에서 다섯 명의 말 탄 사람이 개를 거느리고 모습을 나타냈다. 앞장 서서 오는 것은, 큼직한 하얀 콧수염을 기른 원기왕성하고 풍채 좋은 노인이었다.

"안녕하십니까, 아저씨." 노인이 가까이 오자 니꼴라이는 말했다.

"야, 대단하군…… 이럴 줄 알았어." 아저씨가 말했다(그는 로스또프네의 먼 친척으로 그다지 유복하지 않은 이웃이었다). "참을 수 없다는 것을 이미 알고 있었다. 게다가 사냥에 안성맞춤이다. 잘들 왔어. 대단하군! (이것은 아저씨의 입버릇이었다) 지금 당장 금렵구를 차지해야 한다. 우리 기르치크의 보고에 의하면, 일라긴 일가가 사냥대를 데리고 꼬르니끼에 진을 치고 있다. 녀석들이 자네들 코 앞에서 늑대 새끼를 가로챌 거다."

"바로 거기로 가는 길입니다. 어떻습니까, 개를 합칠까요?" 니꼴라이가 물었다. "같이 합치지 않으면……."

사냥개를 한 무리로 해서 아저씨와 니꼴라이는 나란히 앞으로 나아가기 시작했다. 스카프를 푹 쓰고 그 아래에서 눈을 번쩍번쩍 빛내며, 원기 왕성한 얼굴을 보이고 있는 나따샤가, 그 뒤를 바싹 붙어 따라오는 뻬쨔와 사냥꾼 미하일로, 유모가 딸려보낸 조교사(調敎師)를 거느리고 아저씨와 니꼴라이 옆으로 말을 몰고 왔다. 뻬쨔는 무엇인가 웃으면서 말을 채찍질하기도 하고 고삐를 당기기도 했다. 나따샤는 검은 아랍 꼬마라는 이름의 말을 재치 있고 자신 있게 몰고 정확한 솜씨로 가볍게 말을 정지시켰다.

아저씨는 난처한 녀석들이라는 표정으로 뻬쨔와 나따샤를 흘끗 보았다. 그는 사냥이라는 진지한 일을 아이들의 장난과 같이 생각하는 것을 좋아하지 않았다.

"안녕하세요, 아저씨. 우리들도 가겠습니다." 뻬쨔가 소리쳤다.

"안녕하기는 한데 개를 짓밟지 않도록 해라." 아저씨는 엄하게 말했다.

"오빠, 뜨루닐라라는 개는 참 훌륭한 개예요! 나를 알아봤어요." 나따샤는 자기 마음에 드는 사냥개에 대해서 말했다.

'뜨루닐라는 보통 개가 아니라 사냥개 수놈이다.' 니꼴라이는 생각하고 엄격한 눈으로 누이를 노려보았다. 그것으로 이 순간 두 사람 사이에 놓인 거리를 그녀에게 알리려고 하였다. 나따샤는 그것을 이해하였다.

"아저씨, 우리들이 누구의 방해를 하러 왔다고는 생각하지 마세요." 나따샤가 말했다. "우리들은 우리 자리를 지키고, 움직이지 않을 테니까요."

"좋아." 아저씨는 말했다. "다만 말에서 떨어지지 않도록 해라." 그는 말을 덧붙였다. "그렇지 않으면 업어다 줄 사람이 없단 말이야."

섬처럼 고립된 오뜨라도노에 마을의 금렵림이 전방 200m 지점에 보였다. 니꼴라이는 사냥개를 어디서 풀 것인지를 아저씨와 최종적으로 결정하고 나서 나따샤에게 서 있을 장소를, 더욱이 절대로 아무것도 뛰어나오지 않을 장소를 지시하고 골짜기 위의 잠복 장소로 향하였다.

"자, 조카, 상대는 만만치 않다." 아저씨가 말했다. "방심하지 마라."

"염려 마십시오." 니꼴라이는 대답하였다. "까라이, 가자." 그는 외쳤다. 이렇게 개를 부름으로써 아저씨의 말에 대답한 것이다. 까라이는 나이를 먹은 못생긴 수염 투성의 수캐로, 혼자서 만만치 않게 어미 늑대를 잡았다고 해서 유명했다. 모두 제각기 자기가 맡은 자리를 잡기 시작했다.

노백작은 아들이 사냥을 할 때에는 욱하기 쉬운 성질이 있다는 것을 알고 있었으므로 늦지 않도록 급히, 사냥개 감독이 아직 정해진 자리에 도착하기 전에 즐거운 듯이 얼굴이 빨개지며, 검은 말이 끄는 마차에 흔들리며 뺨을 부들부들 떨면서 풀밭을 지나 자기에게 남겨진 짐승의 통로에 이르렀다. 그리고 반코트의 주름을 고쳐 잡고 사냥 장비를 몸에 지니고, 털이 매끄럽고 살이 찐 얌전하고 온순한, 백작과 같이 흰머리가 되기 시작한 베드레헴에 올랐다. 마차를 끌고 온 말은 다시 보내어졌다. 노백작은 마음 속으로부터 사냥꾼은 아니었지만 사냥 법칙은 잘 알고 있었다. 그는 덤불 언저리로 말을 몰고 들어가서, 거기서 약간 거리를 두고 말을 세우고는 고삐를 고쳐잡고 안장 위에서 자세를 바로했다. 그러고는 준비가 다 되었다는 듯이 미소를 띠면서 사방을 둘러보았다.

그의 옆에는 승마로는 다년간 솜씨를 닦았지만 이제는 몸이 무거워진 시종 쎄몬 체끄마리가 있었다. 그는 기운은 좋지만 주인이나 말처럼 지방이 너무 붙은 세 마리의 늑대 사냥개를 하나의 줄에 묶고 데리고 있었다. 두 마리의 영리한, 나이를 먹은 개는 끈에 매이지 않고 누워 있었다. 백 보쯤 떨어진 저쪽 끝에 백작의 또 한 사람의 마부 미찌까가 서 있었다. 그는 대담한 기수이며, 몹시 사냥을 좋아하는 사나이였다. 백작은 옛적부터의 습관으로 사냥을 앞두고, 은잔에 가득 사냥용 향기가 든 술을 마시고 안주를 먹은 후 입가심으로 애용하는 보르도를 반 병 마셨다.

노백작은 술을 마시고 마차에 흔들렸기 때문에 얼굴이 약간 붉었고, 눈은 약간 젖어서 유달리 빛나고 있었다. 그리고 그가 반코트에 몸을 푹 싸고 안장에 앉아 있는 모습은 마치 산책하러 가는 몸치장을 한 갓난애 같았다.

여위고 볼이 패인 체끄마리는 자기가 할 일을 갖추자, 30년이나 함께 일심동체로 살아온 주인 쪽을 흘끗흘끗 보고 있었다. 그리고 주인의 기분이 좋은 것을 알고서 기분 좋은 대화를 기다리고 있었다. 다른 또 한 사람, 세 번째 사나이가 숲 속에서 살며시(방해가 되지 않도록 훈련이 되어 있는 것 같았다) 다가와서 백작 뒤에서 말을 멈추었다. 그는 흰 턱수염을 기르고, 여자 코트를 입고 높은 실내 모자를 쓴 노인이었다. 나스따샤라고 하는 여자 이름의 어릿광대였다.

"이봐, 나스따샤." 백작은 그에게 윙크를 하면서 작은 소리로 말했다. "어물어물 하다가 짐승을 놓치면 다닐로에게 혼난다."

"이래 봬도…… 허송세월을 한 것은 아닙니다." 나스따샤가 말했다.

"쉿!" 백작이 제지하고, 쎼묜 쪽을 돌아보고 말했다.

"아가씨 보았나?" 그는 쎼묜에게 물었다. "그 애는 어디 있지?"

"아가씨는 도련님과 같이 자로비에 브리야누이 쪽에 서 계십니다." 쎼묜이 웃으면서 대답하였다. "여자들도 매우 좋아하셔서."

"너도 그 애의 승마 솜씨에는 놀랐겠지, 쎼묜…… 응?" 백작이 말했다. "남자 못지 않을 정도다."

"놀라지 않을 수가 없습니다. 대담한 데다가 동작이 빠르시고!"

"니꼴라이는 어디 있지? 랴돕스끼 언덕인가?" 여전히 나지막한 소리로 백작이 물었다.

"네, 그렇습니다. 도련님은 서 계실 장소를 알고 계십니다. 어찌나 승마에 대해서 잘 아시는지 저도, 다닐로도 깜짝 놀랄 정도입니다." 그는 주인의 비위를 맞출 줄 알고 있어서 이렇게 말하였다.

"잘 타지, 응? 승마 모습은 어땠나, 응?"

"그림으로 그리고 싶을 정도입니다! 요전, 자바르진스끼 초원에서 여우를 몰아냈을 때도 굉장했습니다. 한쪽에서 대뜸 뛰어가셨지만, 어찌나 훌륭했는지―말은 천 냥이지만, 기수는 도저히 값을 매길 수가 없을 정도입니다. 정말 그렇게 훌륭한 분은 찾아보아도 찾지를 못할 겁니다!"

"찾지 못하겠다고?" 백작은 쎄묜의 이야기가 이렇게 빨리 끝난 것이 유감이라는 듯이, 반코트 자락을 뒤집어서 담뱃갑을 꺼내면서 말했다. "찾지 못하겠다고?"

"요전에는 낮 예배가 끝나고 훈장을 모두 달고 나오셨을 때 미하일 씨드로비치가……." 쎄묜은 이야기를 중도에서 그만 두었다. 두서너 마리의 사냥개가 으르렁대면서 쫓아가는 것이 조용한 대기 속에 들린 것이다. 그는 고개를 갸우뚱거리고 귀를 기울여 말없이 주인에게 조심하라는 시늉을 하였다.

"늑대 새끼와 부딪쳤습니다." 그는 속삭였다. "곧장 랴돕스끼 쪽으로 쫓고 있습니다."

백작은 얼굴에서 미소를 지우는 것도 잊고, 두 숲 사이에 있는 어린 나무의 숲을 따라 자기 앞 먼 곳을 바라보고 있었다. 그리고 코담배를 맡으려고도 하지 않고 손에 쥐고 있었다. 개 짖는 소리에 이어 다닐로가 나직한 뿔피리로, 늑대를 쫓고 있다는 것을 알리는 신호가 들렸다. 한 떼의 개가 처음 세 마리에 합류하였다. 그리고 여러 마리의 개들이 늑대를 쫓고 있다는 증거로 으르렁대는 소리와 함께 짖어대고 있었다. 사냥개 감독은 이제는 개를 격려하고 재촉하는 소리가 아니라 "덤벼라!" 하는 신호를 내고 있었다. 그리고 모든 목소리에 섞여서 낮게, 때로는 귀청이 날아갈 정도로 높은 다닐로의 소리가 들렸다. 다닐로의 목소리는 온 숲을 가득 채울 뿐 아니라 숲을 벗어나 멀리 들판으로 울려퍼지는 것 같았다.

수 초 동안 귀를 기울이고 듣고 있다가, 백작과 마부는 사냥개들이 두 패로 갈라진 것을 확인했다. 유달리 요란하게 짖고 있던 큰 개의 무리는 멀어지기 시작하고, 다른 무리는 숲을 따라 백작 옆을 지나 뛰기 시작하였다. 그리고 그 무리에 다닐로의 "덤벼라!" 하는 소리가 들렸다. 이 두 무리가 추격하는 소리는 합치기도 하고 섞이기도 하면서 모두 멀어져 갔다. 쎄묜은 숨을 가다듬고 젊은 수캐에 얽혀 있는 가죽끈을 바로 잡으려고 몸을 구부렸다. 백작도 같이 숨을 가다듬었다. 그리고 문득 손에 쥐고 있는 코담배 상자를 알아차리고 뚜껑을 열어 한 줌 꺼냈다.

"돌아와!" 쎄묜은 숲 밖으로 뛰어나간 수캐를 향해 소리쳤다. 백작은 깜짝 놀라서 담배 상자를 떨어뜨렸다. 나스따샤가 말에서 내려 그것을 집으려고 했다.

백작과 쎄묜은 그것을 보고 있었다. 그러자 흔히 있는 일이지만, 갑자기 늑대를 쫓는 소리가 순식간에 가까워져서 마치 자기들 눈 앞에 개들이 짖어대는 아가리와 다닐로의 외치는 소리가 다가오는 것 같았다.

백작은 돌아다보다가 오른쪽에 미쩨까를 보았다. 그는 부릅뜬 눈으로 백작을 바라보고, 모자를 올려 앞쪽을, 즉 반대 방향을 백작에게 가리켰다.

"안 돼!" 그는 그 말을 벌써부터 하고 싶어서 괴로워했던 것처럼 외쳤다. 그리고 개를 놓자 백작 쪽으로 달려왔다.

백작과 쎄묜은 숲 언저리에서 뛰어나가 자기들 왼쪽에 있는 늑대를 보았다. 늑대는 부드럽게 몸을 흔들면서, 그들이 서 있는 숲 언저리를 향해 왼쪽에서 유유히 빠른 걸음으로 달려왔다. 흥분한 개들은 귀청이 터질 듯이 짖더니, 끈을 풀어주자 늑대를 향해 돌진했다.

늑대는 달리던 발을 멈추고, 심장병을 앓고 있는 것처럼 어색하게 이마가 넓은 머리를 개 쪽으로 돌렸다. 그리고 역시 부드럽게 몸을 흔들면서 한두 차례 뛰어오르더니 꼬리를 한 번 흔들고 나서 숲 언저리로 모습을 감추었다. 그 순간 반대쪽 숲 언저리에서 우는 소리 비슷한 소리로 짖어대면서 사냥개가 한 마리, 또 한 마리 정신없이 뛰어나왔다. 그리고 하나의 무리 전체가 들판을, 늑대가 뛰어간 곳을 질주하기 시작하였다. 사냥개 뒤에서 호두나무의 덤불을 가르며 땀으로 꺼멓게 된 다닐로의 밤색 말이 나타났다. 그 긴 말 등에는 앞으로 쓰러지듯이 다닐로가 타고 있었다. 그는 모자도 쓰지 않았기에 엉킨 흰 머리가 날리며 땀이 밴 새빨간 얼굴 위에 흐트러져 있었다.

"덤벼라, 덤벼!" 그는 외치고 있었다. 백작을 보자 그의 눈에는 번갯불이 빛났다.

"쳇! ……." 그는 회초리를 들고 백작을 위협하면서 소리쳤다.

"놓쳤어요…… 늑대를! …… 참, 훌륭하신 사냥꾼이십니다!" 그리고 당황해서 겁을 먹고 있는 백작과는 더 말을 할 가치도 없다는 듯이, 다닐로는 백작을 위해 준비해 두었던 온갖 미움을 다하여 밤색 거세마의 옆구리를 내리치더니 사냥개를 따라 달려갔다. 백작은 벌을 받은 것처럼 좌우를 둘러보고, 웃는 낯으로 자기 입장에 대한 동정을 쎄몬의 마음에 불러 일으키려고 하면서 서 있었다. 그러나 쎄몬은 이미 자리에 없었다. 그는 덤불을 돌아서, 숲쪽에서 늑대가 가는 방향을 가로막으려 하였다. 그러나 늑대는 덤불 속을 뚫고 도망친 뒤라 아무도 잡을 수가 없었다.

5

한편, 니꼴라이는 짐승을 기다리면서 자기 자리에 서 있었다. 추적의 기색이 가까워 오기도 하고 멀어지기도 하는 것을 듣고, 또 귀에 익은 개 소리와 사냥개 감독의 목소리가 다가오기도 하고 멀어지기도 하는 것을 듣고 그는 섬처럼 고립된 숲 속에서 무엇이 일어났는가를 느끼고 있었다. 그는 '섬'에는 젊은 늑대와 늙은 늑대가 있다는 것을 알고 있었다. 그는 사냥개가 두 패로 갈라졌다는 것도, 어디선가 몰아내고 있는 것도, 무엇인가 잘못된 일이 생긴 것도 알고 있었다. 그는 사냥감이 자기 쪽으로 나타나지는 않을까 기다리고 있었다. 그는 어떻게, 어느 쪽에서 사냥감이 달려와서 자기가 어떻게 그것을 몰 것인지 여러 가지 경우를 예상하고 있었다. 기대가 낙담으로 변하기도 하였다. 몇 번인가 그는 늑대가 그에게로 오도록 하느님에게 기도하였다. 그는 사소한 원인으로 생기는 강한 불안이 닥칠 때 사람들이 기도를 드리는, 그 열렬하고 양심적인 기분으로 기도를 하였다. '당신에게 대수로울 일이 뭐 있겠습니까.' 그는 하느님에게 말했다. '이만한 일을 저에게 해 주신다 하더라도! 당신은 위대하시고, 이런 부탁이 죄스럽다는 것도 잘 알고 있습니다. 그렇지만 제발 부탁입니다. 제 앞에 어미 늑대가 튀어나오도록 해 주십시오. 저쪽에서 바라보고 있는 아저씨 눈 앞에서, 까라이가 그놈의 숨통을 물고 늘어지도록 해 주십시오.' 반 시간 동안에 셀 수 없을 정도로 니꼴라이는 열심히 긴장된 불안한 눈으로, 낮은 고리버들 싹 위에 떡갈나무 두 그루만이 서 있는 숲 언저리와, 가장자리가 씻겨 나간 움푹 팬 구덩이와, 오른쪽 덤불에서 간신히 내다보이는 아저씨의 모자 등을 노려보고 있었다.

'아냐, 그런 행운은 있을 수가 없다.' 니꼴라이는 생각했다. '이런 것쯤은 아무것도 아닐 텐데! 아냐, 안 돼! 나는 늘 카드도 전쟁도, 무엇을 하든지 운이 나빴어' 아우스터리츠와 돌로호프의 모습이 선명하게, 급속히 교차하면서 그의 머릿속에서 번뜩였다. '평생 한 번만이라도 좋으니 큰 늑대를 몰아내어 잡고 싶다. 그 이상은 바라지 않는다!' 그는 귀와 눈을 긴장시켜 왼쪽을, 다시 오른쪽을 둘러보면서 다가오는 소리의 사소한 변화에도 귀를 기울이면서 생각하고 있었다. 그는 또 오른쪽을 보았다. 그러자 아무것도 나 있지 않은 들판 위로 무엇인가가 자기 쪽으로 달려오는 것이 보였다. '아냐, 그럴 리가 없다!' 니꼴라이는 오랫동안 고대하고 있던 일이 실현되었을 때에 흔히 사람이 하듯이, 크게 숨을 몰아쉬면서 생각했다. 더할 나위 없는 행운이 실현된 것이다―그것도 극히 간단하게, 아무 소란도, 화려함도, 특히 눈에 띄는 일도 없이. 니꼴라이는 자기 눈을 믿을 수가 없었다. 그리고 이 의혹은 1초 이상 계속되었다. 늑대는 앞으로 뛰어와서 도중에 있는 구덩이를 훌쩍 뛰어 넘었다. 그것은 등털이 하얀, 잘 먹어 살찐 배가 빨간 늙은 늑대였다. 늑대는 아무도 보고 있지 않다고 확신하고 있는 듯 유유히 뛰고 있었다. 니꼴라이는 숨을 죽이고 개들을 돌아보았다. 개들은 늑대가 눈에 띄지 않아 아무것도 모르고 누워 있기도 하고 서 있기도 했다. 늙은 까라이는 고개를 뒤로 돌려 누런 이빨을 드러내고 화가 난 듯이 벼룩을 찾으면서, 궁둥이 언저리에서 이빨 소리를 내고 있었다.

"덤벼!" 니꼴라이는 입술을 내밀고 나지막한 소리로 말했다. 개들은 쇠사슬을 한바탕 뒤흔들고, 귀를 곤두세우고 일어났다. 까라이는 넓적다리를 다 긁고 나서 귀를 세우고 일어나자 털이 늘어진 꼬리를 가볍게 흔들었다.

'놔 줄까, 말까?' 니꼴라이는 늑대가 숲에서 떨어져 자기 쪽으로 접근해 왔을 때 속으로 이렇게 말했다. 그러자 갑자기 늑대의 낯이 일변했다. 아마 이제까지 본 적도 없는 인간의 눈이 자기에게 집중되고 있는 것을 알아챈 듯, 몸을 떨고 니꼴라이 쪽으로 잠시 고개를 돌리고 멈춰 섰다. 뒤냐 앞이냐? '에라! 마찬가지다, 앞으로 가자!' 마치 이렇게 속으로 말한 듯 한눈도 팔지 않고 성큼성큼 부드럽게, 느릿하지만 단호한 발걸음으로 뛰기 시작했다.

"덤벼!" 니꼴라이는 날카로운 소리로 외쳤다. 그러자 그의 현명한 말은 자기 판단으로 늑대의 앞길을 가로막으려는 듯이 물구덩이를 뛰어넘어 곧장 내리막길을 뛰기 시작하였다. 그리고 말보다도 빨리, 그것을 추월하여 개들이 뛰기 시작하였다. 니꼴라이는 자기 외침도 듣지 못하고, 자기가 달리고 있는 것도 느끼지 못했다. 자기가 달려가는 장소도 개도 보이지 않았다. 그에게 보이는 것은 빠른 걸음으로 방향은 바꾸지 않고 파인 땅을 질주하는 늑대뿐이었다. 맨 처음 사냥감 옆에 모습을 나타낸, 궁둥이가 큰 검은 얼룩의 미르까가 사냥감 쪽으로 접근해갔다. 점점 다가가서…… 마침내 따라 잡았다. 그러나 늑대는 슬쩍 곁눈질 했을 뿐이었다. 늑대가 잠깐 곁눈으로 노려보자 늘 하듯이 덤벼드는 대신에 느닷없이 꼬리를 세우고 앞발을 내밀었다.

"덤벼라, 덤벼!" 니꼴라이는 소리쳤다.

빨간 개 류빔이 미르까 뒤에서 뛰어나와 곧장 늑대에게 덤벼들어 늑대의 뒤쪽 넓적다리를 물려고 하였으나, 그 순간 놀라서 건너편으로 뛰어 넘고 말았다. 늑대는 잠깐 몸을 낮추고 우드득 이를 갈고 다시 몸을 일으켜, 다가가려고 하지 않은 개들을 모두 70cm 정도의 거리를 두고 따라오게 하면서 앞으로 달리기 시작하였다.

'달아난다! 아니, 그럴 리 없어.' 니꼴라이는 쉰 목소리로 외치면서 속으로 이렇게 생각했다.

"까라이! 덤벼라! ……." 그는 유일한 희망인 늙은 수캐를 눈으로 찾으면서 소리쳤다. 까라이는 늙은 힘을 다하여, 될 수 있는 대로 몸을 뻗어 늑대 쪽을 바라보면서 그 진로를 막으려고 옆으로 둔하게 달려갔다. 그러나 늑대가 뛰는 속도와 이 늙은 개가 뛰는 느린 속도로 봐서, 까라이의 계산이 잘못임은 분명했다. 니꼴라이의 눈에는 이미 자기로부터 멀지 않은 곳에 숲이 보이고 있었다. 거기까지 달려가면 늑대는 반드시 달아나 버릴 것이다. 앞쪽에, 거의 정면에서 뛰어오는 몇 마리의 개와 사냥꾼 한 사람의 모습이 보였다. 아직 희망은 있었다. 니꼴라이가 모르는, 다른 무리의 갈색의 젊고 기다란 수캐가 정면에서 늑대에 덤벼들어 늑대를 거의 넘어뜨릴 것처럼 보였다. 늑대는 예상할 수도 없는 빠른 동작으로 몸을 일으켜 이를 갈며 갈색 수캐에 달려들었다. 그리고 피투성이가 되어 옆구리가 째진 수캐는 요란한 비명을 지르며 목을 땅에 틀어박았다.

"까라이! 덤벼!" 니꼴라이는 울부짖듯 외쳤다.

늙은 수캐는 넓적다리 부근의 털을 흔들면서, 늑대가 걸음을 멈춘 것을 기화로 늑대의 앞길을 가로질러 이미 다섯 발짝 떨어진 곳에 접근했다. 늑대는 위험을 느낀 양 두 다리 안쪽으로 꼬리를 감추고 까라이를 곁눈질하고, 더 빨리 달리기 시작했다. 그러나 그 때—니꼴라이는 까라이에게 무엇인지 일이 일어난 것이 보였을 뿐이었지만—까라이는 순간 늑대 위에 올라타고, 늑대와 더불어 눈앞에 있던 구덩이로 굴러 떨어졌다.

니꼴라이는 구덩이 속에서 늑대와 함께 꿈틀거리는 몇 마리의 개를 보았고 그 밑에서 늑대의 잿빛 등과, 내뻗은 뒷다리와 귀를 뉘고 놀란 듯이 헐떡이는 머리를 보았다(까라이는 늑대의 먹통을 물고 있었다). 그 순간이야말로 니꼴라이의 평생에서 가장 행복한 순간이었다. 그는 말에서 내려 늑대에게 최후의 일격을 가하기 위해 안장의 앞테를 잡으려고 하였다. 그때, 느닷없이 개의 무리 속에서 늑대의 머리가 불쑥 솟아 나와, 뒤이어 앞다리로 구덩이 언저리를 짚었다. 늑대는 이를 갈고(까라이는 이제 그 목을 물고 있지 않았다) 뒷다리로 차서 구덩이에서 뛰어나오더니 꼬리를 꼭 말아 낀 채, 다시금 개들로부터 떨어져 나와 앞으로 뛰기 시작했다. 까라이는 털을 곤두세우고, 얻어맞았거나 부상이라도 당했는지 간신히 구덩이에서 기어나왔다.

"뭐야! 어떻게 된 거야? ……." 니꼴라이는 절망해서 외쳤다.

사냥 우두머리가 반대쪽에서 말을 몰아 늑대를 가로막자 개들이 다시 사냥감을 가로막았다. 늑대는 다시 포위되었다.

니꼴라이, 그의 마부, 아저씨와 사냥 우두머리가 사냥감을 발밑에 두고 빙빙 돌며 개들을 부추기면서 고함을 질렀다. 늑대가 엉덩방아를 찧어 주저앉으려고 하면 언제라도 말에서 내려올 채비를 하였고, 늑대가 털을 털고 틀림없이 살 수 있는 숲으로 나아가려고 하면 그때마다 말을 앞으로 몰았다.

이렇게 해서 포위 작전이 시작되었을 무렵 다닐로가 구령을 알아듣고 숲 언저리로 뛰어나왔다. 그는 까라이가 늑대를 잡은 것을 보고 일은 이제 끝났다고 생각하고 말을 멈추었다. 그런데 사냥꾼들이 말에서 내려오지 않고 어물거리자, 늑대는 몸을 부르르 떨고 다시 도망가기 시작했다. 그러자 다닐로는 밤색 말을 늑대 방향이 아니라, 곧장 숲 쪽으로 몰았다. 까라이와 마찬가지로 사냥감의 앞길을 막으려는 것이었다. 이 방향으로 향한 덕택으로, 그는 아저씨의 개들이 두 번째로 늑대를 가로막았을 때 마침 그 곁으로 말을 달리고 있었다.

다닐로는 칼집에서 뺀 단도를 왼손에 쥔 채, 밤색 말의 옆구리를 긴 채찍으로 도리깨처럼 휘두르면서 말없이 말을 몰았다.

니꼴라이는 바로 자기 옆을 밤색 말이 가쁘게 헐떡이면서 지나칠 때까지는, 다닐로가 눈에도 귀에도 들어오지 않았다. 그리고 몸이 떨어진 소리도 들리지 않고, 다닐로가 개들 사이에서 늑대 궁둥이를 덮쳐 늑대의 귀를 잡으려고 안간힘을 쓰고 있는 것도 보이지 않았다. 분명히 사냥꾼에게나, 개, 늑대에게나, 이제 모든 것이 끝난 것 같았다. 짐승은 놀라서 귀를 뉘고 일어나려고 했지만, 개들이 그 주위에 달라붙어 있었다. 다닐로는 약간 몸을 일으켜 한 발짝 내디디고, 몸을 낮추어 마치 들어눕듯이 모든 체중을 걸고 늑대를 덮쳐 그 귀를 잡으려고 하였다. 니꼴라이가 최후의 일격을 가하려고 했으나 다닐로는 작은 목소리로 말하였다. "그러실 필요는 없습니다. 묶읍시다." 그리고 자세를 바꾸자 발로 늑대 목을 눌렀다. 늑대 아가리에 막대기를 끼고, 마치 가죽끈으로 말에 굴레를 씌우듯이 묶고 발을 묶었다. 그리고 다닐로는 두서너 번 늑대를 이리저리 굴렸다.

몇 사람이 행복스럽고 감격한 표정으로, 살아 있는 어미 늑대를 앞발로 땅을 긁고 콧김을 내고 있는 말에 달아매고, 늑대를 향하여 요란스럽게 짖어대는 개를 데리고 모두가 집합하기로 되어 있는 장소로 운반해 갔다. 새끼 늑대는 두 마리를 사냥개가, 세 마리는 보르조이 개가 잡았다. 사냥꾼들은 제각기 사냥거리와 자랑거리를 가지고 모여들었다. 모두가 가까이 다가와서 어미 늑대를 보았다. 그것은 입에 막대 재갈을 물린 채 이마가 큰 머리를 숙이고, 자기를 둘러싸고 있는 개와 인간의 무리 전체를 커다란 유리와 같은 눈으로 보고 있었다. 사람들이 손을 대자 늑대는 묶인 다리를 꿈틀거리며 거칠게, 그러면서도 순진한 눈초리로 모두를 보고 있었다.

노백작도 말을 가까이 대고 늑대를 만져보았다.

"오, 굉장한데." 그는 말했다. "크기도 하다, 응?" 그는 옆에 서 있는 다닐로에게 물었다.

"굉장합니다, 나리." 다닐로는 급히 모자를 벗으면서 대답했다.

백작은 자기가 늑대를 놓쳐 다닐로와 충돌한 일을 상기했다.

"그렇지만, 여보게, 자네도 화를 너무 쉽게 낸단 말이야." 백작은 말했다.

다닐로는 아무 말도 하지 않고, 앳되고 공손하고 흐뭇한 미소를 지으며 쑥스러운 듯이 빙그레 웃었다.

6

노백작은 집으로 돌아왔다. 나따샤와 뻬쨔는 곧 돌아가겠다고 하면서도 사냥꾼들과 함께 남았다. 아직 시간이 일렀기 때문에 사냥대는 다시 앞으로 나아갔다. 낮 무렵에 어린 나무가 울창한 숲으로 덮인 골짜기에 사냥개를 풀어 놓았다. 니꼴라이는 그루터기 위에 서서 자기 사냥꾼들을 바라보고 있었다.

니꼴라이의 건너편에 싹이 난 보리밭이 있었고, 거기에 그의 사냥꾼 우두머리가 돌출된 호두나무 숲 건너편 구덩이 안에 서 있었다. 사냥개를 지금막 활동하게 한 참이었다. 니꼴라이는 프렌치 호른이라고 하는 이름의, 귀에 익은 개를 몰아세우는 소리를 들었다. 다른 개들도 여기에 가세해서 조용해지기도 하고 짖어대기도 했다. 이윽고 '섬'에서 여우를 쫓는 신호가 있었다. 그리고 개들의 무리는 한 덩어리가 되어, 가지처럼 갈라진 골짜기 위를 달리며 어린 싹이 난 보리밭 쪽을 향하여 여우를 몰기 시작하여 니꼴라이로부터 멀어져 갔다.

그의 눈에는 빨간 모자를 쓴 사냥개 감독 조수들이 말을 몰아 숲으로 덮인 골짜기 언저리를 달리고 있는 것이 보였고 개의 모습까지도 보였다. 그리고 그 건너편, 어린 싹이 난 보리밭에 여우의 모습이 나타나기를 이제나저제나 기다리고 있었다.

구덩이 속에 서 있던 사냥꾼 우두머리가 움직이기 시작하여 개를 놓았다. 니꼴라이는 빨갛고 키가 작은 기묘한 여우를 발견하였다. 그것은 나팔과 같은 꼬리를 세우고 어린 싹이 난 보리밭을 황급히 뛰고 있었다. 개들은 그 여우를 쫓기 시작하였다. 가까이 접근하자 여우는 개들 사이에서 빙글빙글 원을 그리기 시작하였다. 그 원이 점점 빨라지더니 털이 푹신한 나팔과 같은 꼬리를 자기 몸에 감았다. 그러자 누군가의 하얀 개가 덤벼들었고, 뒤이어 검은 개가 덮쳐들어, 모든 개가 하나로 뒤범벅이 되어 별과 같은 모양을 이루면서, 엉덩이를 제각기의 방향으로 내밀어 몸을 흔들면서 둘러쌌다. 두 사냥꾼이 개 쪽으로 말을 달렸다. 한 사람은 빨간 모자를 쓰고, 또 다른 낯선 사냥꾼은 푸른 빛깔의 긴 상의를 입고 있었다.

'저건 뭐야?' 니꼴라이는 생각했다. '저 사냥꾼은 어디서 나타났지? 저들은 아저씨의 사냥꾼이 아니다.'

사냥꾼들은 여우를 잡았으나 안장에 매지도 않고, 말에서 내린 채 오랫동안 서 있었다. 그 곁에는 긴 줄에 묶여 끝이 뾰족한 안장을 단 말 서너 마리가 서 있고 개들은 누워 있었다. 사냥꾼들은 손을 흔들면서, 여우에 대해서 무엇인가 하고 있었다. 그러자 역시 그 근처에서 뿔피리 소리가 들렸다. 싸움이 벌어졌다는 신호였다.

"저것은 일라긴네의 사냥꾼과 우리 이반 사이에 무슨 시비가 벌어지고 있는 겁니다." 니꼴라이의 마부가 말하였다.

니꼴라이는 누이와 뻬쨔를 부르러 마부를 보내고, 자기는 사냥개 감독이 사냥개를 모은 장소로 보통 걸음으로 천천히 말을 몰고 갔다. 수 명의 사냥꾼들이 싸움터로 달려갔다.

니꼴라이는 말에서 내려 거기 와 있던 나따샤와 뻬쨔와 함께 사냥개 옆에 서서, 싸움이 어떤 결과가 되었는가 그 보고를 기다리고 있었다. 이윽고 숲 언저리에서 싸우던 사냥꾼이 안장 가죽에 여우를 잡아매고 나타나서, 젊은 주인 쪽으로 다가왔다. 그는 멀리서 모자를 벗어들고, 되도록 공손한 말을 하려고 했다. 그러나 그 얼굴은 창백하고, 가쁜 숨을 쉬며 증오에 찬 표정을 짓고 있었다. 한쪽 눈은 얻어맞은 듯했지만 아마 자신은 알아채지 못한 듯했다.

"저쪽에서 무슨 일이 있었지?" 니꼴라이는 물었다.

"지독한 놈들. 우리 사냥개 발 밑에서 그 녀석이 여우를 몰아내려고 했어요! 내 잿빛 암캐가 잡은 거거든요. 놈은 여우를 잡고 놓지 않았어요. 어디든지 가서 물어보란 말이야! 남의 여우에 손을 대다니! 그래서 나도 그놈을 여우처럼 뒹굴려 주었습니다. 보십시오. 여우는 이렇게 안장 가죽에 달아 놓았습니다. 이거라도 받고 싶나?" 사냥꾼은 단도(短刀)를 가리키면서 말했다. 아직도 상대방과 말다툼을 하고 있는 기분인 것 같았다.

니꼴라이는 사냥꾼과는 말을 하지 않고, 누이와 뻬쨔에게 기다리고 있으라고 하고는 싸움을 건 일라긴네의 사냥꾼들이 있는 곳으로 갔다.

상대방을 해치운 의기양양한 사냥꾼은 이야기를 듣고 싶어하는 동료 사냥꾼에 둘러싸여 자기가 세운 공로 이야기를 하고 있었다.

사정은 이러했다. 로스또프네와 다투고 현재 재판 중에 있는 일라긴이, 관습상 로스또프네의 소유가 되어 있는 곳에서 사냥을 하면서, 마치 일부러 그러한 것처럼 로스또프네가 사냥을 하고 있던 예의 '섬'에 들어가도록 자기 사냥꾼들에게 명령하였고, 다른 집안의 사냥개 발밑에서 짐승을 몰아대는 것을 허락했던 것이다.

니꼴라이는 한 번도 일라긴을 만난 일은 없었지만 판단이나 감정에 중간이라는 것을 몰랐기 때문에, 이 지주의 난폭하고 방자한 소문을 바탕으로 마음 속으로부터 미워하고 자기의 최대 원수로 생각하고 있었다. 그는 격분하고 흥분하여 일라긴 쪽으로 말을 몰고 갔다. 손에 채찍을 꽉 움켜쥐고, 자기의 적에 대해서 그 이상 생각할 수 없을 정도의 과감하고 위험한 행동도 마다하지 않을 각오였다.

계단 모양으로 된 숲을 빠져나가자 니꼴라이는 곧 해리(海狸) 가죽 모자를 쓰고 훌륭한 검은 말을 탄, 두 명의 마부를 거느리고 이쪽으로 오는 뚱뚱한 지주의 모습을 보았다.

적이기는커녕 니꼴라이가 본 일라긴은 풍채도 훌륭하고 예의 바른, 젊은 백작과 친분을 쌓기를 간절히 바라고 있는 지주였다. 니꼴라이에게 가까이 오자 일라긴은 모자를 약간 들고, 아까의 일은 매우 유감이며, 남의 사냥개로부터 파렴치하게도 짐승을 몰아낸 사냥꾼을 처벌하라고 했다면서, 백작과 가까이 지내고 싶다고 말하고 자기 사냥터를 제공하려고 했다.

오빠가 무슨 무서운 짓을 저지를까봐 걱정하고 있던 나따샤는 가슴을 두근거리면서 그의 뒤에서 말을 몰고 있었다. 원수끼리 정답게 인사를 나누고 있는 것을 보자, 그들 곁으로 가까이 갔다. 일라긴은 나따샤를 보자 모자를 한층 높이 쳐들어 인상이 좋은 미소를 보이고, 아가씨는 사냥에 대한 열정으로 보나 평소에 듣고 있던 미모로 보나 바로 다이애나(로마 신화에 나오는 숲과 사냥의 여신)의 재현이라고 말했다.

일라긴은 자기의 사냥꾼의 속죄를 위해서 자기 영지의 냇가 옆에 있는 고지까지 와주면 좋겠다고 니꼴라이에게 끈질기게 부탁하였다. 그 고지는 1킬로쯤 되는 곳에 있고 자기를 위해 소중하게 간직한 장소로, 그의 말에 의하면 들토끼가 득실거리고 있는 곳이었다. 니꼴라이는 승낙했다. 그래서 두 배로 늘어난 사냥대의 일행은 앞으로 움직였다.

일라긴네의 언덕까지 가려면 들을 지나가야만 했다. 사냥꾼들은 몇 줄인가 옆으로 줄을 이루고 주인들은 나란히 말을 몰고 앞으로 나아갔다. 아저씨, 니꼴라이, 일라긴은 서로 상대방이 눈치 채지 않도록 주의하면서, 남의 개를 슬그머니 바라보고 그들 개 사이에 자기 개의 경쟁자가 없는지 불안한 마음으로 살펴보고 있었다.

그 아름다움으로 니꼴라이에게 특히 강한 인상을 준 것은, 일라긴의 개의 무리 속에 있던 자그마하고 순수 혈통의, 몸은 가늘지만 강철같은 근육을 하고, 뾰족한 코와 튀어나온 검은 눈을 한 빨간 얼룩이 진 암캐였다. 그는 일라긴네의 개가 민첩하다는 것을 소문으로 듣고 있었고, 이 아름다운 암캐는 자기가 데리고 있는 미르까의 좋은 적수라고 생각하였다.

금년도 농작물 수확에 대해서 일라긴이 진지한 이야기를 하고 있는 중도에, 니꼴라이는 이 빨간 얼룩이 진 암캐를 가리켰다.

"댁의 이 암캐는 훌륭하군요!" 그는 무관심한 듯한 어조로 말했다. "빠르겠죠?"

"이놈 말입니까? 네, 좋은 개죠. 잘 잡습니다." 별로 관심이 없다는 듯이 일라긴은 자기의 빨간 얼룩이 진 에르자에 대해 말했다. 그러나 실은 이 개를 얻기 위해 1년 전에 농노(農奴) 세 가족을 이웃 지주에게 양도한 것이다. "그렇다면 백작, 댁에서는 탈곡 후의 양이 신통치 않다는 것입니까?" 그는 하던 화제를 계속하였다. 그리고 젊은 백작에게 같은 화제로 답례하는 것이 예의라고 생각하고, 니꼴라이의 개를 둘러보고 폭이 넓은 몸으로 눈에 띈 미르까를 골랐다.

"좋군요, 댁의 이 검은 얼룩 개는 좋은 체격을 하고 있어요!" 그는 말했다.

"글쎄요, 나쁘진 않습니다. 잘 달립니다." 니꼴라이가 대답했다. '만약 지금 토끼라도 뛰어나오면 이것이 어떤 개인지 당신에게 보여줄 수 있을 텐데!' 그는 생각했다. 그리고 마부 쪽을 돌아보고, 사냥꾼 중에서 숨어 있는 토끼를 발견한 사람에게는 1루블 주겠다고 말했다.

"나는 알 수 없습니다." 일라긴은 말을 이었다. "왜 다른 사냥꾼들은 사냥감이나 개에 대해서 남을 부러워하는지 모르겠습니다. 내 경우를 말하자면, 백작, 나는 말을 타고 다니는 것을 좋아합니다. 이렇게 해서 이런 분하고 만

나는 일이 있으니 말입니다…… 이보다 더 행복한 일은 없습니다(그는 나따샤를 향하여 다시 모자를 벗었다). 사냥거리를 얼마만큼 가지고 돌아가느냐는 그런 계산은—나에게는 아무래도 좋은 일입니다!"

"아, 그렇군요."

"우리 개가 아니라 남의 개가 짐승을 잡았다고 하더라도 좋습니다. 나는 다만 짐승을 쫓는 것을 보고 즐기면 되니까요. 안 그렇습니까? 백작. 그리고 내가 싫어하는 일은……."

"아, 저기 있다." 이때 말을 멈춘 보르조이 개 담당의 길게 빼는 목소리가 들렸다. 그는 긴 채찍을 추켜들어, 그루터기만 남은 나지막한 언덕에 서서 다시 한번 길게 되풀이하였다. "저—기 있다!"(이 외침과 추켜든 긴 채찍은 그가 토끼를 발견했다는 신호였다)

"아, 발견한 것 같군요." 일라긴은 남의 일처럼 말했다. "어떻습니까, 백작, 한번 몰아내지 않겠습니까?"

"글쎄요, 가봅시다…… 어떻습니까? 함께 하시지요." 니꼴라이는 에르자와 아저씨의 빨간 루가이 개를 바라보면서 대답하였다. 이 두 마리의 적수를 그는 아직 한 번도 자기 개들과 비교해 볼 기회가 없었다. '자, 이제 내 미르까를 이겨낼 것인지 두고 보자!' 그는 아저씨와 일라긴과 나란히 서서, 토끼 쪽으로 다가가면서 속으로 생각했다.

"큰 토낀가?" 일라긴은 발견한 사냥꾼 쪽으로 말을 접근시키면서, 약간 흥분한 태도로 에르자를 돌아보고 휘파람으로 부르면서 물었다.

"그런데 당신은 어떻게 하시렵니까?" 그는 아저씨에게 말하였다. 아저씨는 무뚝뚝한 얼굴로 말을 몰고 있었다.

"내가 말참견할 게 무엇 있겠나! 실로 자네들의 개는—대단해! 개 한 마리에 동네 하나를 지불했으니, 당신네들 것은 수천 수만 루블의 가치가 있어. 자아, 자기 개들을 시험해 보게, 나는 구경만 할 테니!"

"루가이! 자, 자!" 그는 소리를 질렀다. "루가 공(公)!" 그는 덧붙여 말하고, 이 애칭으로 자기의 빨간 개에 대한 애정과 기대를 저도 모르게 나타내었다. 나따샤는 두 노인과 오빠가 감추고 있는 흥분을 느끼고 자신도 흥분하고 있었다.

회초리를 든 사냥꾼이 나즈막한 언덕에 서 있고, 주인들은 보통 걸음으로 가까이 갔다. 멀리 지평선 근처를 나아가고 있던 사냥개들은 토끼로부터 떨어지도록 방향을 바꾸었다. 주인들 이외의 사냥꾼들도 떨어져 갔다. 모든 것이 천천히 유유히 움직이고 있었다.

"머리를 어느 쪽에 두고 엎드리고 있지?" 토끼를 발견한 사냥꾼에게서 백 보쯤 가까이 왔을 때에 니꼴라이가 물었다. 그러나 그 사냥꾼이 채 대답도 하기 전에, 토끼는 사태가 이상하게 되어 가는 것을 느끼고 가만히 엎드려 있다가 발딱 뛰어 일어났다. 사냥개의 무리가 하나의 줄에 묶인 채 으르렁대며 토끼를 쫓아 언덕으로 돌진했다. 사방에서 끈에 매여져 있지 않은 보르조이 개들이 사냥개와 토끼를 향해서 몰려들었다. 개를 회초리로 제압하면서 "서라!" 하고 외치는 사냥개 감독들, 개를 몰아대면서 "잡아라!" 하고 외치는 보르조이 개 감독과, 이제까지 천천히 움직이고 있던 모두가 들판을 달리기 시작했다.

여유가 있었던 일라긴, 니꼴라이, 나따샤, 아저씨는 지금 자기가 어디로 어떻게 향하고 있는 지도 모르고, 개와 토끼만을 향하여 잠시도 사냥의 움직임을 놓치지 않으려고 날 듯 뛰어갔다. 나타난 토끼는 몸집이 크고 민첩했다. 그것은 뛰어나가자 곧 달리지는 않고, 귀를 움직여 갑자기 사방에서 일어난 외침 소리와 발소리에 귀를 기울였다. 그리고 개를 자기에게로 끌어당기면서 서둘지 않고 열 번 가량 제자리에서 뛰고 나서 마침내 방향을 정하고 위험을 알아채고는, 귀를 바싹 뉘고 전속력으로 뛰기 시작했다. 토끼가 누워 있었던 곳은 그루터기만 남은 밭이었지만, 앞쪽은 새싹이 나온 밭으로 거기는 땅이 질퍽했다. 냄새를 맡은 개 두 마리가 가장 가까이에 있었기 때문에 그들이 맨 먼저 발견하고 토끼 뒤에 몸을 낮추었다. 그러나 아직 접근하기도 전에 뒤에서 일라긴의 빨간 얼룩의 에르자가 튀어나와, 개 한 마리의 거리까지 접근하자 토끼의 꼬리를 노리며 맹렬히 덤벼들어, 잡았다고 생각하고 팽이처럼 빙빙 돌았다. 토끼는 등을 둥글게 구부려 더욱 맹렬히 질주했다. 에르자의 뒤에서, 엉덩이가 넓은 검은 얼룩 미르까가 나타나서 재빨리 토끼를 뒤따라 잡을 정도가 되었다.

"밀루 공(公), 잘한다!" 니꼴라이의 의기양양한 외침 소리가 들렸다. 지금 당장이라도 토끼를 잡을 것처럼 보였으나, 뒤따르던 미르까가 너무 지나치고 말았다. 토끼가 몸을 살짝 피한 것이다. 다시 아름다운 에르자가 육박하여, 이번에는 실수하지 않고 뒷다리를 물려고 호흡을 가다듬듯이 꼬리를 눈 아래로 바라보면서 따라붙어 갔다.

"에르자야! 부탁한다!" 우는 듯한 일라긴의 목소리가 들렸다. 그러나 에르자는 그의 기도를 들어주지 않았다. 에르자가 토끼를 잡을 거라고 기대한 바로 그 순간에 토끼는 획 방향을 바꾸어 새싹이 난 밭과 그루터기가 남은 밭 경계로 뛰어나왔다. 다시 에르자와 미르까가 끌채에 맨 두 마리의 말처럼 옆으로 나란히 서서 토끼를 향해 육박하기 시작하였다. 경계선은 토끼에게는 달리기가 수월했지만 개는 그다지 빨리 토끼에 접근할 수 없었다.

"루가이! 루가 공(公)! 잘한다!" 이때 다른 새로운 목소리가 외쳤다. 그러자 등이 굽은 아저씨의 빨간 수캐가 등을 폈다. 구부리면서 선두의 두 마리와 나란히 서자, 어느 틈에 그 뒤에서 빠져나와 무서운 기세로 토끼 배후에 육박하여, 토끼를 도랑에서 밭으로 몰아내어 무릎까지 파묻히면서 진흙투성이의 밭을 질주해 갔다. 그리고 루가이가 등이 진흙투성이가 된 채 토끼와 함께 팽이처럼 구른 것을 보았을 뿐이었다. 개들이 별 모양으로 둘러쌌다. 이윽고 모두가 모여든 개들 주위에 섰다. 행운을 독차지한 아저씨가 말에서 내려 토끼 발을 잘랐다. 피가 흐르도록 토끼를 흔들면서, 그는 눈을 이쪽 저쪽으로 굴리고 손발은 둘 곳을 모르고 안절부절하면서 주위를 둘러보고 있었다. 그리고 자신도 누구에게 무슨 말을 하는지도 모르고 말하였다. "참 잘했다…… 비싼 놈도 싼 놈도 모두 해치웠어. 굉장한 개다." 그는 숨을 헐떡이고, 마치 누군가를 깎아내리듯이, 또 모두가 그의 적이며 그를 얕잡아 보고 있었지만 지금 간신히 그자들에게 본때를 보여 줄 수 있었다고 느낀 것처럼, 원한이 담긴 눈으로 사방을 둘러보면서 말했다. "당신네들의 값비싼 명견이란 뭐 이런 거지. 참 잘했다!"

"루가이, 자, 다리다!" 그는 진흙이 달라붙은, 잘라 낸 발을 던져 주면서 말했다. "상이다. 잘했다─굉장하다!"

"미르까는 힘이 빠져 버렸어. 혼자서 세 번이나 뒤따라 잡았거든." 니꼴라이는 역시 누구의 말도 귀담아 듣지 않고, 자기 말을 듣거나 말거나 아랑곳없이 중얼거렸다.

"이렇게 되면 이야기가 맞지 않아." 일라긴의 마부가 말했다.

"우리 개가 실패했을 때에는 이미 토끼가 구석에 몰렸을 때였어. 어떤 개도 잡을 수 있었지." 말을 몰고 달려와 흥분해서 숨을 헐떡이고 있는 일라긴이 동시에 말했다. 마침 그때 나따샤가 숨도 쉬지 않고 기쁜 듯이 귀청이 떨어지도록 높은 소리를 질렀다. 그녀는 이 높은 목소리로, 다른 사냥꾼들이 한꺼번에 나타내려고 한 것을 남김없이 표현한 것이었다. 그리고 이 찢어지는 듯한 목소리는 실로 묘한 것이었기 때문에, 이것이 다른 때였다면 그녀 자신도 그 버릇없는 날카로운 소리에 쑥스러워지고, 다른 사람들도 모두 깜짝 놀랐을 것이다. 아저씨는 토끼를 안장 뒤에 있는 가죽끈에 묶고 솜씨 있게 말 엉덩이 쪽으로 던졌다. 마치 그 동작으로 모두를 책망하고 있는 것 같았다. 그리고 누구와도 말을 하고 싶지 않다는 얼굴로 자기의 밤색 말에 올라타자 모두와 떨어져서 앞으로 나아갔다. 아저씨 이외의 다른 사람들은, 침울하고 모욕을 당한 듯한 낯으로 제각기 말을 몰고 갔다. 상당한 시간이 지나자 아까의 표면상의 평상 상태로 되돌아갈 수가 있었다. 오랫동안 아직도 그들은 빨간 개 루가이를 흘끗흘끗 바라보고 있었다. 루가이는 진흙투성이가 된 둥근 등으로 쇠사슬을 울리면서 승리자다운 의젓한 모습으로 아저씨의 말 뒤를 잰걸음으로 따라갔다.

"뭐, 나도 모두와 똑같은 개야, 사냥에 관계가 없을 때에는 말이야. 그러나 사냥의 경우에는 사정이 다르지." 이 개의 표정은 이렇게 말하고 있는 것처럼 니꼴라이에게는 느껴졌다.

잠시 후에 아저씨가 니꼴라이 옆으로 말을 몰고 와서 그와 이야기를 하기 시작했을 때, 니꼴라이는 아저씨가 그런 일이 있었던 뒤인데도 일부러 말을 걸어준 데에 흐뭇한 기분이 들었다.

7

저녁때, 일라긴이 니꼴라이와 헤어졌을 때 니꼴라이는 집에서 너무 멀리 떨어져 있다는 것을 깨달았다. 그래서 그는 사냥꾼들을 미하일로브까 마을의 자기 집에 재우라고 하는 아저씨의 제의에 따르기로 했다.

"만약 내 집에 들른다면" 아저씨는 말했다. "그보다 더 좋은 일은 없어. 자, 봐라. 날씨도 좀 습하니 말이야. 아가씨는 집에서 잠깐 쉬었다가 마차로 보내면 된다." 아저씨의 제안에 따라 마차를 데려오기 위해 사냥꾼 한 사람을 오뜨라도노에로 보냈다. 니꼴라이는 나따샤와 뻬짜와 함께 아저씨 집으로 갔다.

어른 남자 하인과 아이를 합해서 다섯 명 가량이 주인을 맞으러 현관으로 달려나왔다. 수십 명의 늙은 여자나, 어른, 어린이들이 말을 타고 온 사냥꾼을 보기 위해 뒷문 층계에서 얼굴을 내밀었다. 나따샤가, 그것도 말을 탄 귀족 여인이 일행에 섞여 있었기 때문에 하인들의 호기심은 절정에 달했다. 많은 사람이 그녀 옆으로 다가와서 아가씨의 얼굴을 들여다보기도 하고, 그녀 눈 앞에서 그녀에 대해 여러 가지로 비평을 하였다. 그것은 마치 나따샤의 출현을, 어떤 말로도 설명하지 못할 기적이 눈앞에 나타난 것으로 여기는 것 같았다.

"아린까, 좀 봐, 옆으로 타고 있네! 옷자락이 팔락이고…… 어머, 뿔피리까지 가지고 있네……."

"어머나, 단도까지……."

"따따르 여자하고 똑같아!"

"용케도 굴러 떨어지지 않았군요?" 그 중에서도 가장 대담한 여자가 직접 나따샤에게 물었다.

아저씨는 정원에 초목이 우거진 목조 가옥의 현관 계단 옆에서 말을 내리자 하인들을 둘러보고, 볼 일이 없는 자는 물러가서 손님들과 사냥개의 접대에 필요한 일을 하라고 명령조로 소리쳤다.

모두 사방으로 흩어졌다. 아저씨는 나따샤를 말에서 내려 주고 손을 잡아 흔들리는 판자 계단을 올라가게 하였다. 벽토칠도 하지 않은, 통나무 벽의 집 안은 별로 깨끗하지 않았다. 살고 있는 사람들이 집을 더럽히지 않으려고 주의하고 있는 것처럼 여겨지지는 않았으나, 그렇다고 느슨하게 살고 있는 것 같지도 않았다. 현관에는 갓 따온 사과 향기가 풍기고, 늑대와 여우 가죽이 매달려 있었다.

현관에 들어선 아저씨는 테이블과 빨간 의자가 놓여 있는 조그만 홀을 지나, 찢어진 소파와 닳아빠진 융단과 수보로프 장군의 초상이며 이집 주인의 아버지, 어머니, 군복을 입은 자기 자신의 초상화가 있는 서재로 손님들을 안내하였다. 서재에서는 담배와 개의 냄새가 심하게 났다.

서재에서 아저씨는 손님들에게 앉아서 편히 쉬어달라고 권하고 나갔다. 루가이는 등이 더럽혀진 채 서재로 들어와서 소파에 누워, 혀와 이로 몸을 깨끗이 다듬고 있었다. 서재에서 복도가 이어져 있었고 거기에는 찢어진 커튼이 걸린 칸막이가 보였다. 그 뒤에서 여자의 웃음소리와 속삭임이 들렸다. 나따샤와 니꼴라이와 뻬쨔는 외투를 벗고 소파에 앉았다. 뻬쨔는 턱을 괴더니 곧 잠들고 말았다. 나따샤와 니꼴라이는 말없이 앉아 있었다. 두 사람은 상기되고, 몹시 시장하고 또 유쾌했다. 두 사람은 서로 바라보았다(이미 사냥도 끝나고 실내에 있었으므로, 니꼴라이도 누이동생 앞에 남성으로서의 우월함을 보일 필요가 없다고 생각했다). 나따샤가 오빠에게 눈짓을 했다. 그리고 두 사람은 잠시 참고 있었지만, 웃을 구실을 생각해 낼 겨를도 없이 큰 소리로 웃음을 터뜨리고 말았다.

잠시 후에 아저씨가 까자크 복에 푸른 바지, 운두가 낮은 장화 차림으로 들어왔다. 나따샤는, 그녀가 오뜨라도노에 마을에서 놀라움과 비웃음을 가지고 아저씨를 보았을 때와 똑같은 이 복장이야말로 진짜 옷차림으로, 프록코트나 연미복에 뒤지지 않는다고 느꼈다. 아저씨도 즐거운 것 같았다. 그는 남매의 높은 웃음에도 화를 내지 않았을 뿐더러(그는 자기 생활이 남의 웃음을 사리라고는 꿈에도 생각한 적이 없었다) 그도 스스로 그들의 뜻 모를 웃음에 끼어들어 웃었다.

"참 젊은 아가씨군—굉장하구나—이런 아가씨는 본 일이 없어." 그는 물부리가 긴 담뱃대를 니꼴라이에게 건네주고, 다른 짧게 자른 것을 익숙한 솜씨로 세 손가락에 끼면서 말했다.

"온종일 말을 타고 다녀 피곤할 텐데 마치 아무 일도 없었던 것 같아."

아저씨 뒤에서 곧 발소리가 나더니, 발소리로 봐서 맨발인 듯한 하녀가 문을 열었다. 그리고 물건을 가득 담은 커다란 쟁반을 들고 뚱뚱하고 혈색이 좋은 미인으로 마흔 살쯤 돼 보이는 여자가 들어왔다. 주름이 잡힌 턱에 풍만한 빨간 입술을 하고 있었다. 그녀는 눈빛과 거동에 상냥한 위품과 매력을 담으며 손님들을 둘러보곤, 상냥한 미소를 머금고 공손하게 절을 했다. 유달리 뚱뚱해서 가슴과 배가 앞으로 나와 있고, 머리가 뒤로 젖혀질 지경이었지만, 이 여자(^{아저씨의}_{가정부 아니샤})의 걸음걸이는 몹시 경쾌했다. 그녀는 테이블로 가까이 가서 쟁반을 놓고 토실토실한 하얀 손으로 술병과 안주와 맛있는 음식을 테이블 위에 늘어놓았다. 그것이 끝나자 그녀는 뒤로 물러서서 얼굴에 미소를 담은 채 문가에 서 있었다. '자, 가정부는 나가겠어요! 이것으로, 아저씨가 어떤 분이신지 아시겠죠?' 니꼴라이에게는 그녀의 출현은 이렇게 말하고 있는 것 같았다. 모를 리가 없었다. 니꼴라이뿐만 아니라 나따샤도 아저씨라는 사람을 알았다. 그 찡그린 이마나 아니샤가 들어왔을 때에, 입술에 가볍게 행복스럽고 만족어린 미소를 띤 뜻을 깨달을 수 있었다. 쟁반 위에는 약초주 (藥草酒), 과실주, 버섯, 버터, 밀크를 넣어서 만든 라이보리 과자, 벌집에 들어 있는 벌꿀, 끓여서 거품이 일고 있는 꿀, 사과 생것과 구운 것, 꿀에 담근 호두들이 놓여 있었다. 뒤이어 아니샤는 또 꿀과 사탕을 넣은 잼, 햄, 갓 구운 닭 등을 가지고 왔다.

이런 것들은 모두 아니샤가 장만하고 모으고 요리한 것이었다. 그것은 모두 아니샤의 향기와 맛과 느낌이 나타나 있었다. 모든 것이 윤기가 있고 청결하고 순백(純白)하여, 화사한 미소 같은 느낌을 주었다.

"자, 드세요, 아가씨." 그녀는 이렇게 말하면서 나따샤에게 이것저것 권하였다. 나따샤는 무엇이든지 먹었다. 그녀는 탈지유를 이겨서 여러 가지를 섞은 잼을 곁들인 쿠키나 꿀에 담근 호두랑, 이러한 닭고기는 이제까지 한 번도 먹어 본 적이 없다고 여겨졌다. 아니샤는 나갔다. 니꼴라이와 아저씨는 앵두가 든 과실주를 반주 삼아 야식을 먹으면서, 이제 끝난 사냥과 앞으로의 사냥, 루가이와 일라긴네의 개 이야기들을 나누고 있었다. 나따샤는 반짝이는 눈으로 두 사람 이야기에 귀를 기울이면서 단정하게 소파에 앉아 있었다. 여러 번 그녀는 무엇인가 먹이려고 뻬쨔를 일으키려고 해보았지만, 그는 잠이 깨지 않았는지 무슨 뜻 모를 말을 중얼거리고 있었다. 나따샤는 자기에게는 신기한 이 환경 속에서 마음이 매우 즐겁고 기분이 좋았기 때문에, 데리러 오는 마차가 빨리 올까 봐 그것만이 걱정이었다. 처음 자기 집으로 친지들을 초대했을 때 흔히 있는 일이지만, 잠시 침묵이 찾아온 뒤에 아저씨는 손님들의 생각에 대답하면서 말문을 열기 시작했다.

"뭐, 이렇게 해서, 나는 여생을 지내고 있지…… 죽으면 아무것도 남지 않아!"

이렇게 말했을 때의 아저씨의 얼굴은 실로 의미심장하고 아름답기까지 했다. 니꼴라이는 그때 문득, 아버지와 이웃 사람들로부터 아저씨에 대해 듣고 있던 좋은 평판을 몽땅 상기했다. 아저씨는 이 현(縣) 일대에서 실로 품성이 고결하고 사욕이 없는 별난 사람이라는 평판을 받고 있었다. 그는 가정

내의 분쟁의 중재에 불려나가거나, 유언 집행인이 되기도 하고, 비밀의 고백을 듣기도 하고, 조정관이나 그 밖의 자리에 선출되기도 했다. 그러나 사회적인 직무를 그는 언제나 굳게 사절했다. 그리고 가을과 봄은 엷은 밤색 거세마를 타고 들에 나가서 보내고, 겨울은 집에 틀어박혀 지내며, 여름은 나무가 무성한 저택 뜰에서 잤다.

"왜 근무하시지 않습니까, 아저씨?"

"근무했었지, 그러나 그만두었어. 맞지 않는 거야. 나는 아는 것이 아무것도 없거든. 그런 것은 자네들의 일이지. 나는 머리가 모자라. 그러나 사냥은 문제가 다르지. 이것은 대단하지! 이봐, 문을 열어줘." 그는 소리쳤다. "왜 닫는 거야!" 복도 끝에 있는 문은 독신 사냥꾼 방으로 통하고 있었다. 사냥꾼들의 방을 이렇게 부르고 있었던 것이다. 맨발의 다급한 발소리가 나고, 보이지 않는 손이 독신자 방의 문을 열었다. 복도로부터는 그 방면의 명수인 듯한 사람이 타고 있는 발랄라이카 소리가 뚜렷하게 들려 왔다. 나따샤는 오래 전부터 그 소리를 듣고 있었지만, 지금은 더욱 뚜렷하게 듣기 위해 복도로 나갔다.

"저것은 우리 집의 마부 미찌까야…… 나도 좋아해서, 좋은 발랄라이카를 사 주었지." 아저씨는 말했다. 이 집에서는 사냥에서 돌아오면, 독신자 방에서 미찌까가 발랄라이카를 타기로 되어 있었다. 아저씨는 그 음악을 듣는 것을 좋아했기 때문이다.

"참 잘 타는데! 정말 잘 하는군." 니꼴라이는 마치 그 가락에 넋을 잃은 것을 고백하기가 쑥스러운 듯이 가볍게 얼버무리며 말했다.

"잘하는 게 뭐예요?" 오빠가 하는 말투를 느낀 나따샤는 책망하는 듯한 말투로 말했다. "잘 하는 정도가 아니에요. 정말 훌륭해요!" 그녀에게는 아저씨 집의 버섯과, 꿀과 과실주가 이 세상에서 제일 좋은 것처럼 느껴졌듯이 이 노래의 가락도 역시 이 순간, 음악적인 매력의 극치처럼 생각되었던 것이다.

"좀 더 해 주세요." 발랄라이카의 소리가 그치자, 이내 나따샤는 문쪽을 향하여 말했다. 미찌까는 음조를 매만지고 현을 잘게 또는 단숨에 타면서 〈마나님〉이라는 곡을 탔다. 아저씨는 앉은 채 고개를 옆으로 기울이고, 눈에 띄지 않을 정도의 미소를 띠고 듣고 있었다. 〈마나님〉의 주제(主題)가

백 번 정도 되풀이되었다. 몇 번인가 발랄라이카의 음조를 조절하고는 다시 같은 곡을 타기 시작했지만, 듣는 사람들은 지루하지 않을 뿐더러 더욱 이 연주를 듣고 싶어지기만 했다. 아니샤도 들어와서 문설주에 비대한 몸을 기댔다.

"듣고 계셔요, 아가씨?" 그녀는 아저씨와 똑같은 미소를 띠면서 나따샤에게 말했다. "저 사람 솜씨는 정말 대단합니다." 그녀는 말했다.

"거기, 그 소절은 타는 솜씨가 좋지 않군." 느닷없이 힘찬 손짓을 하면서 아저씨가 말했다. "거기는 트레몰로로 해야 해, 그렇지, 트레몰로."

"아저씨도 타실 줄 아세요?" 나따샤가 물었다. 아저씨는 대답하지 않고 빙그레 웃었다.

"잠깐 봐 주지 않겠어? 아니샤, 줄이 끊어져 있는지. 기타 말이야. 이미 오랫동안 만져보지 않아서."

아니샤는 기꺼이 주인 분부를 수행하기 위해서, 예의 가벼운 걸음걸이로 나가서 기타를 가져왔다.

아저씨는 아무도 보지 않고, 먼지를 불어 털고 뼈대가 굵은 손가락으로 기타통을 두드리고 음조를 고르고는 의자 위에서 자세를 바로잡았다. 그는 (왼손 팔꿈치를 옆으로 내밀고, 약간 연극적인 자세로) 기타 몸통의 약간 위쪽을 잡고, 아니샤에게 눈짓을 하고 나서 잘 울리는 맑은 화음을 한 번 울리더니, 리드미컬하게 천천히, 그러면서도 정확하고 극히 조용한 템포로 연주했다. 그것은 〈마나님〉이 아니라 〈포도(鋪道)를 지나가며〉라는 유명한 노래였다. 그러자 그 안정된 명랑한 기분에 맞추어서(그것은 마치 아니샤의 온몸에 감돌고 있는 것과 같은 느낌의 것이었다), 니꼴라이와 나따샤 마음 속에서도 노래의 모티프가 울리기 시작했다. 아니샤는 완전히 얼굴이 상기되어 스카프로 얼굴을 감추고 웃으면서 방에서 나갔다. 아저씨는 열의가 깃든 눈으로 아니샤가 떠난 자리를 바라보면서 투명하고 꼼꼼하게 힘을 주어 착실하게 노래를 연주했다. 그의 얼굴 중 하얀 콧수염 밑의 한쪽에서 무엇인가 희미하게 웃고 있었다. 특히 노래 가락이 한층 높아지거나 템포가 빨라지거나 멜로디의 자상한 대목에서 끊어지거나 하면 웃음이 눈에 띄는 것이었다.

"참 훌륭해요, 훌륭해요, 아저씨! 더, 더!" 나따샤는 그가 끝낸 순간 이렇게 소리쳤다. 그녀는 자리에서 벌떡 일어나자, 아저씨를 껴안고 키스하였다. "오빠! 니꼴라이 오빠!" 그녀는 오빠 쪽을 돌아다보고, 마치 '대체 이 것은 어떻게 된 거예요?' 하고 물어보기나 하듯이 말하였다.

니꼴라이도 아저씨의 연주가 몹시 마음에 들었다. 아저씨는 다시 한 번 그 노래를 타기 시작했다. 아니샤의 미소를 머금은 얼굴이 다시 문가에 나타났 고, 그녀 뒤에서 다른 얼굴들도 들여다보고 있었다.

'찬 샘물을 얻으려고
소리를 지르며, 아가씨, 기다려요!'

아저씨는 기타를 탔다. 재치 있게 트레몰로로 타더니, 별안간 손을 멈추고 두 어깨를 잠깐 흔들었다.

"그런 식으로, 그런 식으로, 아저씨." 나따샤는 마치 자기 인생이 그것에 걸려 있기라도 하듯이 필사적으로 부탁하는 목소리로 말하였다. 아저씨는 일어났으나, 그의 안에는 두 사람의 인간이 있는 것 같았다. 한 사람은 익살 꾸러기를 향해 진지한 미소를 보였으나, 익살꾸러기는 춤을 추기 전의 소박 하고 정확한 처음 동작을 시작하였다.

"자, 조카님!" 아저씨는 화음을 탁 멈추고 그 손을 나따샤를 향하여 흔들 며 외쳤다.

나따샤는 어깨에 걸치고 있던 스카프를 내던지고, 아저씨 앞으로 달려 나 갔다. 그리고 두 손을 허리에 대고 어깨를 흔들며 섰다.

프랑스 이민 여자에게 교육을 받은 이 백작 딸이 언제 어떻게 해서 자기가 숨쉬고 있는 러시아의 대기 속에서 이런 분위기를 자기 안에 흡수했을까? 벌써 먼 옛날에 프랑스의 파 드 샬(숄을 걸치고 춤추는 댄스. 당시 러시아에 유행했다)에 의해 쫓겨난 이 스텝을 그녀는 어디에서 익혔을까? 여하간 분위기도 스텝도, 흥내나 배운 것이 아 닌, 바로 아저씨가 그녀에게 기대하고 있었던 러시아 것이었다. 그녀가 서서 의기양양하게, 더욱이 장난끼가 있는 밝은 미소를 띤 순간, 니꼴라이를 위시 해서 그 자리의 모든 사람을 사로잡고 있던 두려움, 그녀가 당치 않은 일을 저지르지나 않을까 하는 두려움은 사라져 버리고, 사람들은 벌써 그녀에게 넋을 잃고 있었다.

그녀는 기대에 어긋나지 않게 훌륭하게 해냈다. 게다가 정확하게, 그 이상은 없을 만큼 정확하게 해냈으므로, 춤에 필요한 스카프를 때를 놓치지 않고 그녀에게 건네준 아니샤는 웃으면서 눈물을 글썽이고, 화사하고 우아하며, 자기와는 인연이 먼 비단과 비로드 속에서 자라난 백작의 딸을 바라보고 있었다. 이 아가씨는 아니샤에게도, 아니샤의 아버지에게도, 백모에게도, 어머니에게도, 모든 러시아 사람에게 있는 것을 속속들이 이해할 수가 있었던 것이다.

"야, 아가씨, 훌륭하다, 훌륭해!" 춤이 끝나자 아저씨는 기쁜 듯이 웃으면서 말했다. "대단한 조카로군! 이제 남은 일은 훌륭한 신랑을 고르는 일뿐이다. 대단하다, 대단하다."

"벌써 골랐는 걸요." 웃으면서 니꼴라이가 말했다.

"그래?" 아저씨는 미심쩍은 듯이 나따샤를 바라보면서 놀라며 말했다. 나따샤는 행복스러운 미소를 띠고 고개를 끄덕였다.

"더욱이 무척 훌륭한 분이에요!" 그녀는 말했다. 그러나 이렇게 말한 순간, 그녀 마음 속에서는 새로운 형태의 생각과 감정이 솟았다. '벌써 골라 놓았어요 하고 말했을 때 오빠가 웃은 것은 무슨 뜻이었을까? 오빠는 그 일을 기뻐하고 있는 것일까, 혹은 기뻐하지 않고 있는 것일까? 오빠는, 나의 안드레이가 우리들의 이런 기쁨을 인정하지도 않고, 이해하지도 못할 거라고 생각하고 있는 것 같다. 아냐, 그분은 모든 것을 이해할 수 있어. 그분은 지금 어디에 계시는 걸까?' 나따샤는 생각했다. 그러자 그녀의 얼굴은 갑자기 심각해졌다. 그러나 그것은 순간적이었다. '생각해선 안 된다, 그런 것을 생각하다니.' 그녀는 스스로 타이르고 미소지으면서, 다시금 아저씨 옆에 앉아 다른 것을 더 타 달라고 부탁했다.

아저씨는 다시 노래와 왈츠를 탔다. 그러고는 잠깐 침묵하고 있다가 기침을 하고는, 가장 좋아하는 사냥의 노래를 부르기 시작했다.

초저녁부터 첫눈이
아름답게 내려서……

아저씨는 대중이 노래하는 것과 마찬가지로, 노래란 모든 뜻이 말에 담겨 있고 가락은 저절로 울려 나오는 것으로, 가락만 따로 있는 것은 아니며 가락은 말하자면 음조를 맞추기 위해 있는 거라고 소박하게 확신하고 노래하고 있었다. 그래서 이 무의식의 가락은 새의 노래의 가락처럼, 아저씨의 경우에도 유달리 훌륭했다. 나따샤는 아저씨의 노래에 감격하고 말았다. 그녀는 자기도 이제부터 하프 연습은 그만 두고 기타만을 타리라고 결심했다. 그녀는 아저씨한테 기타를 빌려, 곧 노래에 맞추어 화음을 골라서 탔다.

9시가 지나서 나따샤와 뻬쨔를 마중하러, 개방형 큰 마차와 작은 마차와 함께 그들을 찾으러 보낸 세 사람이 말을 타고 왔다. 심부름꾼의 말에 의하면 백작 부처는 나따샤와 뻬쨔가 어디에 있는가를 몰라서 걱정하였다는 것이다.

뻬쨔는 마치 시체처럼 운반되어 대형 마차에 뉘어졌다. 나따샤는 니꼴라이와 함께 소형 마차에 탔다. 아저씨는 나따샤를 모포로 잘 감싸 주고, 헤어질 때에는 여태까지와는 전혀 다른 새로운 온화한 얼굴로 그녀에게 작별 인사를 하였다. 그는 도보로 다리 근처까지 일행을 배웅했다. 마차는 그 다리를 피해 물이 얕은 곳을 건너지 않으면 안 되었기 때문에, 아저씨는 등불을 가지고 앞을 안내하라고 사냥꾼들에게 분부했다.

"그럼 안녕, 소중한 조카님!" 어둠 속에서 그의 음성이 소리쳤다. 그것은 나따샤가 이전에 알고 있던 음성이 아니라 〈초저녁부터 첫눈〉을 노래 부른 음성이었다.

일행이 지나간 마을에는 빨간 불이 보였고, 연기 냄새가 자욱하게 어리어 있었다.

"어쩌면 그렇게도 매력이 있는 아저씨일까!" 큰길로 나섰을 때 나따샤가 말했다.

"그래." 니꼴라이가 말했다. "너 춥지 않니?"

"아뇨, 난 기분이 좋아요, 참 기분이 좋아요, 난 무척 기분이 좋아요." 그 질문이 납득이 가지 않는다는 듯이 나따샤는 말했다. 두 사람은 말이 없었다.

그날 밤은 어둡고 축축했다. 말의 모습은 보이지 않았다. 다만 말이 눈에 보이지 않는 진창을 처벅처벅 밟고 가는 소리가 들릴 뿐이었다.

인생의 온갖 인상을 속속들이 흡수해 가는, 이 감동하기 쉬운 어린 마음 속에 무엇이 생기고 있었을까? 도대체 어떤 식으로 모든 것이 그녀 속에서 조립되어 있었을까? 여하간 그녀는 행복했다. 이미 자기 집 가까이까지 왔을 때, 그녀는 언뜻 〈초저녁부터 첫눈〉의 가락을 부르기 시작했다. 그것은 오는 도중에 파악하려고 하다가 겨우 생각한 가락이었다.

"음정이 잡혔어?" 니꼴라이가 말했다.

"지금 무슨 생각을 하고 계셔요, 오빠?" 나따샤가 물었다. 두 사람은 서로 이런 질문을 하는 것을 좋아했다.

"나?" 니꼴라이는 생각해 내려고 하면서 말했다. "글쎄, 처음에는 그 빨간 개 루가이가 아저씨를 똑 닮았다는 것과, 만약 그 개가 사람이라면 언제까지나 아저씨를 모실 것이라고 생각했지. 설사 사냥 때문이 아니라 하더라도 그 붙임성 하나만으로도 언제까지나 붙들어 둘 거야. 참으로 원만한 호인이니까. 그런데 너는?"

"나요? 잠깐만, 잠깐만 기다려요. 그래요, 내가 처음 생각하고 있었던 것은, 이렇게 우리들은 마차를 타고 집으로 돌아가고 있다고 생각하지만 이 어둠 속에서 우리는 어디로 가고 있는가 전연 알 수가 없어. 막상 도착해 보니 우리는 오뜨라도노에 마을이 아니라 마법(魔法)의 나라에 와 있고, 그리고 내가 생각한 것은…… 아녜요, 그것뿐이에요."

"알고 있어. 틀림없이 그 사람 생각을 하고 있었지?" 니꼴라이는 웃으면서 말했다. 나따샤도 그것을 오빠의 음성으로 알아챘다.

"아녜요." 나따샤는 대답했지만, 분명히 안드레이의 일도, 그 사람이라면 아저씨를 어떻게 생각했을까 하는 것도 생각하고 있었던 것이다. "하지만 다른 일도, 나는 줄곧 되풀이하고 있어요. 도중에 줄곧 되풀이하고 있어요—아니샤가 등장한 방법은 훌륭했어요. 훌륭했다니까요……." 나따샤가 말했다. 그리고 니꼴라이는 그녀의 잘 울리는, 특별한 까닭도 없는 행복스러운 웃음소리를 들었다.

"오빠, 알아요?" 느닷없이 그녀는 말했다. "나는 알고 있어요. 이제 나는 앞으로는 절대로 지금처럼 행복하고 안심이 되는 기분으로는 있을 수 없어요."

"부질없는 소리야. 바보 같은 헛소리다." 니꼴라이는 이렇게 말하고 나서 생각했다. '나의 나따샤는 정말로 훌륭하구나. 나에게는 이런 친구가 달리 없고 앞으로도 없을 것이다. 어째서 애가 시집을 가야 한단 말인가? 언제까

지나 이대로 둘이서 마차에 타고 있고 싶구나!'

'우리 오빠 어쩌면 이렇게도 좋은 분일까!' 나따샤도 생각하고 있었다.

"어머! 객실에 불이 켜져 있어요." 축축한 비로드 같은 밤의 어둠 속에서 아름답게 반짝이고 있는 집의 창문을 가리키면서 그녀는 말했다.

8

로스또프 노백작은 귀족 단장을 그만 두었다. 그 까닭은 그 자리가 너무도 막대한 경비가 뒤따랐기 때문이었다. 그러나 그의 가계는 조금도 개선되지 않았다. 나따샤와 니꼴라이는 이따금 남몰래 걱정스럽게 이야기를 주고받는 부모의 모습을 보았고, 조상의 유산인 화려한 로스또프네의 저택과 모스크바 근교의 집을 내놓는다는 소문도 듣고 있었다. 귀족 단장 자리에 있지만 않았다면 큰 접대를 베풀 필요도 없었으므로, 오뜨라도노에 마을의 생활도 지난 수년 동안보다는 조용히 지나갔을 것이다. 그렇지만 광대한 본채와 몇 개의 딴채는 여전히 손님들이 끊일 새가 없었고, 식탁에는 늘 20명 이상의 사람들이 앉아 있었다. 이들은 거의가 가족의 한 사람으로서 오랫동안 살고 있는 일꾼 아니면 반드시 백작 집에서 살아야만 한다고 생각되고 있던 사람들이었다. 이를테면 악사 짐레르 부처, 댄스 교사 요겔 일가, 같이 살고 있는 노처녀 벨로바, 그 밖에 많은 사람들—뻬쨔의 가정교사들, 딸들의 이전의 가정교사, 심지어는 다만 집에 있는 것보다는 백작네에서 사는 편이 낫거나 득이 된다고 생각하고 있는 사람들도 있었다. 이전처럼 몰려오는 손님들은 없었지만 생활 모습은 여전했고, 백작 부처도 그 이외의 생활은 상상조차 할 수 없었다. 사냥개의 수도 여전하기보다는 니꼴라이에 의해서 늘어날 정도였고, 마구간에는 여전히 쉰 마리의 말과 열다섯 명의 마부가 있었으며, 생일날에는 전과 다름없이 서로 값비싼 선물을 주고 받았다. 또 전체 군을 통틀어 초대하는 호화스러운 저녁 만찬, 백작과 짜고 승부를 하는 권리를 최고로 유리한 임시 수입이라고 생각하는 이웃 사람들에게, 여전히 카드를 부채처럼 펼쳐서 모두가 볼 수 있게 해주고 매일 수백 루블을 따게 해주는 백작 일류의 휘스트와 보스턴 카드게임 등이 열렸다.

백작은 거대한 그물에 걸린 사람처럼 자기 영지 경영 안에서 우왕좌왕하고 있었고, 자신이 망에 얽혀 있는 것을 믿지 않으려고 하면서 더욱더 심하

게 얽혀들었다. 그는 자기에게 얽혀 있는 망을 찢어버리거나 신중하고 참을
성 있게 그것을 풀어갈 힘이 자기에게는 없다는 것을 느끼고 있었다. 백작
부인은 아이들을 사랑하는 너그러운 어머니의 마음으로, 자기 아들들이 무
일푼이 되어가고 있다는 것, 백작이 나쁜 것은 아니라는 것, 백작은 지금과
는 다른 인간이 될 수 없다는 것, 백작은 자기와 아이들이 무일푼이 되는 것
을 의식하고(그것을 감추고는 있지만) 고민하고 있다는 것을 깨닫고 사태를
수습할 방법을 찾고 있었다. 그녀의 여성으로서의 생각으로는 단 한 가지 방
법밖에 떠오르지 않았다. ―그것은 니꼴라이가 부잣집 아가씨와 결혼하는 일
이었다. 그녀는 이것이 마지막 희망이며 만약 그녀가 찾아 준 상대를 니꼴라
이가 거절하는 날에는, 가운을 만회할 가망은 영원히 단념하지 않을 수 없다
고 느끼고 있었다. 그 상대란 까라긴네의 줄리로, 훌륭하고 마음이 곧은 어
머니와 아버지의 딸로서 어렸을 때부터 로스또프네와 알고 지내는 사이였
다. 그녀는 얼마 전 전사한 오빠를 대신해 막대한 재산을 물려받도록 되어
있었다.

백작 부인이 모스크바의 까라긴 부인에게 편지를 보내어, 그의 딸과 자기
아들과의 혼담을 제의해 보니 호의에 찬 대답을 받았다. 까라긴 부인은 자기
로서는 찬성이나, 요는 딸의 마음에 달려 있다는 대답을 보내왔다. 그리고
까라긴 부인은 니꼴라이를 모스크바로 보내 주도록 청해 왔다.

눈에 눈물을 글썽이더니 백작 부인은 여러 번 아들에게, 두 딸이 모두 가
야 할 길이 결정된 지금 자기의 유일한 희망은 네 결혼의 모습을 보는 일이
라고 말했다. 만약 그 소원이 이루어진다면, 자기는 안심하고 관에 들어갈
수 있다고도 말했다. 그러고는 자기는 한 아름다운 아가씨를 생각하고 있다
면서 결혼에 관한 아들의 생각을 떠보았다.

또 다른 이야기 때에 그녀는 줄리를 칭찬하고, 휴일에 놀 겸 모스크바에
갔다 오면 어떠냐고 니꼴라이에게 권했다. 니꼴라이도 어머니의 얘기가 무
엇을 뜻하고 있는지 눈치를 채고는 있었지만, 언젠가 그러한 이야기가 또 나
왔을 때 어머니를 유도하여 모든 것을 털어놓게 만들었다. 어머니는 가운을
만회하는 희망은, 지금은 모두 그와 줄리의 결혼에 달려 있다고 아들에게 털
어놓았다.

"그럼, 만약 제가 재산이 없는 아가씨를 사랑하고 있다면, 어머니는 저에

게 재산을 위해서 저의 기분과 성실성을 희생하라는 것입니까?" 그는 자기 질문의 잔인성을 깨닫지 못하고, 다만 자신의 훌륭한 마음씨를 보이기 위해 어머니에게 물었다.

"아니다, 너는 내 마음을 모르고 있다." 어머니는 어떻게 변명하면 좋을지 모르고 말했다. "너는 내 마음을 모르고 있어, 니꼴라이. 내가 원하는 것은 네 행복이다." 그녀는 이렇게 덧붙였지만, 자기는 거짓말을 하고 있고 이치가 닿지 않는 말을 하고 있다고 느꼈다. 그녀는 울기 시작했다.

"어머니, 울지 마세요. 어머니가 그렇게 바라고 계시다면 말씀해 주세요. 그러면 어머니도 아시는 바와 같이 저는 어머니가 안심하실 수 있도록 저의 일생에서 무엇이든지 다 바칠 생각입니다." 니꼴라이는 말했다. "저는 어머니를 위해서라면 무엇이든지 희생하겠습니다. 내 감정까지도."

그러나 백작 부인은 문제를 그런 식으로 가져가고 싶지 않았다. 그녀는 자기 아들에게 희생을 바라고 있는 것이 아니라 자기 자신이 아들을 위해 희생하고 싶었던 것이다.

"아니다, 너는 내 마음을 모르고 있다. 자, 이 이야기는 그만두자." 그녀는 눈물을 닦으면서 말했다.

'그렇지, 어쩌면 나는 가난한 아가씨를 사랑하고 있는지도 모른다.' 니꼴라이는 마음 속으로 말했다. '그렇다면 대체 어떻게 하라는 말인가? 나는 재산을 위해서 나의 기분이나 성실성을 희생하지 않으면 안 된단 말인가? 놀라운 일이다, 어떻게 어머니가 이런 말을 하실 수 있을까. 정말 가난한 쏘냐를 사랑해서는 안 되는 것일까?' 그는 생각하였다. '나는 그녀를 사랑할 수 없고, 그녀의 변함 없는 마음으로부터의 애정에 응할 수가 없다는 말인가? 틀림없이 나는 줄리라고 하는 인형같은 여자보다도 쏘냐와 맺어지는 것이 행복할 것이다. 나는 자기 기분에 명령을 내릴 수는 없다.' 그는 마음 속으로 말했다. '만약 내가 쏘냐를 사랑하고 있다면 그 감정은 내게는 무엇보다도 강하고, 높은 것이다.'

니꼴라이는 모스크바로 가지 않았다. 백작 부인도 그에게 결혼 이야기를 되풀이하지 않았다. 그리고 아들과 지참금(持參金)도 없는 쏘냐 사이가 더욱 가까워지는 징조를 슬픈 눈으로, 때로는 미운 마음으로 바라보고 있었다. 그녀는 이따금 까닭도 없이 쏘냐를 붙잡아 놓고는 잔소리를 하거나 '당신'이니 '아가씨'니 하고 남처럼 부르기도 하면서 그녀에게 짓궂은 일을 시키면서도, 한편으로는 그럴 수밖에 없는 자기를 책망하지 않을 수 없었다. 마음씨가 좋은 백작 부인이 쏘냐에 대해서 무엇보다 화를 낸 것은, 이 가난한 검은 눈의 조카딸이 몹시 얌전하고 선량하며, 자기의 은인 일가에 대해서 진심으로 감사하고 있고, 성실하고 변함없이 헌신적으로 니꼴라이를 사랑하고 있기 때문이었다.

니꼴라이는 휴가 기간 동안 줄곧 양친 곁에서 보냈다. 나따샤의 약혼자인 안드레이 공작으로부터는 네 번째의 편지가 로마에서 왔다. 그 편지에는 처음 계획대로라면 이미 오래 전에 러시아로 떠났을 것이지만, 뜻하지 않은 따뜻한 기후 때문에 상처가 벌어진 탓으로, 부득이 내년 초까지 출발을 연기하지 않을 수 없게 되었다고 씌어 있었다. 나따샤는 여전히 자기 약혼자를 사랑하고, 여전히 이 사랑에 안심하고 있었다. 또 인생의 온갖 기쁨에 대해서도 여전히 민감하게 반응했다. 그러나 그와 헤어진 지 4개월이 지나갈 무렵부터, 그녀는 우울한 순간이 찾아와 그것에 거스를 수가 없었다. 그녀는 자기 자신이 불쌍했다. 얼마든지 사랑하기도 하고 사랑을 받을 수도 있다고 느끼고 있는 이 세월을, 고스란히 무의미하게 누구를 위함도 아니며, 공연히 헛되게 흘려보내는 것이 불쌍했다.

로스또프네 집안은 어쩐지 즐겁지가 않았다.

9

크리스마스 주간(크리스마스로부터 / 1월 6일 주현절까지)이 왔다. 성대한 예배나 이웃 사람들과 하인들의 형식적인 따분한 축하 인사나, 모든 사람이 입고 있는 새옷 이외에는 이 주간을 돋보이게 할 만한 특별한 일은 아무것도 없었지만, 바람이 없는 영하 20도의 추위나 대낮의 눈부시도록 밝은 태양과 별이 총총한 밤하늘 속에, 무엇인가 이 기간을 돋보이게 하려는 욕구가 느껴졌다.

축제의 사흘째 되는 날, 식사 후에 온 집안 사람은 제각기 자기 방으로 흩어졌다. 하루 중에서 가장 따분한 시간이었다. 오전 중에 이웃을 돌아다니고 온 니꼴라이는 휴게실에서 잠이 들고 말았다. 늙은 백작은 서재에서 쉬고 있었다. 객실에서는 둥근 테이블 앞에 쏘냐가 앉아서 자수 무늬를 베끼고 있었다. 백작 부인은 트럼프를 늘어놓고 있었다. 익살꾼 나스따샤는 두 노파와 함께 슬픈 표정으로 창가에 앉아 있었다. 나따샤가 방으로 들어와 쏘냐 쪽으로 가서 그녀가 무엇을 하고 있는가를 보고, 어머니 옆으로 가 섰다.

"왜 넌 집 없는 사람처럼 서성거리는 거냐?" 어머니가 말했다. "무엇이 필요하니?"

"그 사람이 필요해요…… 나는 지금 당장 그 사람이 필요해요." 나따샤는 눈을 반짝이면서, 미소도 짓지 않고 말했다. 백작 부인은 고개를 들고 딸을 물끄러미 바라보았다.

"절 보지 마세요, 어머니. 보시면 싫어요. 저는 곧 울음이 터질 것만 같아요."

"앉아라, 내 옆에 잠시 앉아 있거라." 백작 부인은 말했다.

"어머니, 저는 그 사람이 필요해요. 무엇 때문에 저는 이렇게 공연히 세월을 보내고 있는 거예요, 어머니?……." 그녀의 음성은 끊어지고, 눈물이 눈에서 흘러나왔다. 그리고 그녀는 그것을 감추기 위해 휙 돌아서더니 방에서 나가 버렸다. 그녀는 휴게실로 나와 잠시 서서 생각하고 나서 하녀 방으로 갔다. 거기에서는 늙은 하녀가 젊은 하녀에게 잔소리를 하고 있었다. 젊은 하녀는 추운 밖에서 뛰어들어왔기 때문에 숨을 헐떡이고 있었다.

"노는 것도 적당히 해라." 노파는 말했다. "모든 것엔 다 때와 장소가 있는 법이다."

"용서해 줘요, 꼰드라찌에브나 아주머니." 나따샤가 말했다. "저리 가거라, 마브루시까, 저리 가."

나따샤는 마브루시까를 사면해 주고 나서, 홀을 지나서 현관방으로 갔다. 노인과 젊은 두 하인이 트럼프 놀이를 하고 있었다. 그들은 아가씨가 들어오자 놀이를 그만두고 일어섰다. '이 사람들을 어떻게 하면 좋을까?' 나따샤는 생각했다.

"그렇지, 니끼따, 잠깐 갔다와 줘요……."—'그런데 어디로 보내면 좋지?'—"하인들에게로 가서 수탉을 한 마리 가져다 줘요. 그리고 미샤, 너는 귀리를 가져와."

"귀리를 조금 가져오라고요?" 즐거운 듯이 미샤가 말했다.

"그래, 가라니까, 빨리 가." 노인이 그것이 틀림없다고 확인해 주었다.

"뾰뜨르, 너는 백묵을 가져다 줘."

찬장 옆을 지나갈 때, 그녀는 전혀 그럴 시간이 아닌데도 사모바르를 내라고 분부했다.

식당 하인 포까는 온 집안에서 가장 화를 잘 내는 사람이었다. 나따샤는 그에 대해서 자신의 위력을 시험해 보기를 좋아했다. 그는 나따샤의 말이 믿어지지가 않아서 사실인지 알아보러 왔다.

"정말 이 아가씨는!" 포까는 일부러 나따샤에게 화난 얼굴을 하고 말했다.

나따샤만큼 많은 하인을 여기저기에 보내거나 많은 일을 시키는 사람은 온 집안에 한 사람도 없었다. 그녀는 하인을 어딘가 심부름을 보내지 않고는 그대로 보고 있을 수가 없었다. 그녀는 마치 그들 중의 누군가가 자기에게 화를 내거나 시무룩해 있지나 않은지 시험하고 있는 것 같았는데, 그러면서도 하인들은 누구의 명령보다 나따샤의 분부를 고분고분 잘 들었다. '자, 이번에는 무엇을 하면 좋지? 어디로 가면 되지?' 나따샤는 복도를 천천히 걸어가면서 생각하였다.

"나스따샤, 내일부터 무엇이 태어나지?" 그녀는, 여자용 짧은 재킷을 입고 저쪽에서 걸어오는 익살광대에게 물었다.

"아가씨한테서 태어나는 것은, 벼룩과 메뚜기와 귀뚜라미죠." 익살꾼은 대답했다.

'아, 싫다, 싫어, 언제나 같은 일뿐이다. 아, 나는 어디를 가면 좋지? 나는 내 몸을 어떻게 하면 좋단 말인가?' 그녀는 급히 발소리를 내면서 계단을 뛰어올라가, 아내와 같이 이층에서 살고 있는 요겔에게로 갔다. 요겔의 방에는 여자 가정교사 두 사람이 앉아 있고, 테이블 위에는 건포도와 호두와 아몬드를 담은 접시가 놓여 있었다. 가정교사들은 모스크바와 오뎃사 중, 어느 쪽이 생활비가 더 싸게 먹히느냐는 얘기를 하고 있었다. 나따샤는 잠시 앉아서 그녀들의 이야기를 진지한, 생각에 잠긴 얼굴로 듣고서 일어났다.

"마다가스카르 섬." 그녀는 말했다. "마·다·가·스·카·르." 그녀는 한 자 한 자를 뚜렷이 말하고는, 무슨 말씀을 하시는 거예요 하는 마담 쇼스의 질문에는 대답도 하지 않고 방에서 나왔다.

남동생 빼쨔도 이층에 있었다. 그는 밤에 쏘아올릴 꽃불을 할아범과 함께 준비하고 있었다.

"뻬짜! 뻬짜 군!" 그녀는 동생에게 소리쳤다. "날 아래층까지 업어다 줘." 뻬짜는 누이 쪽으로 달려와서 등을 내밀었다. 그녀는 두 손을 뻬짜의 목 둘레에 감고 등 위에 뛰어올랐다. 그러자 뻬짜는 깡총깡총 뛰듯이 누이를 업고 뛰기 시작하였다. "아냐, 업어다 주지 않아도 돼…… 마다가스카르 섬." 그녀는 이렇게 말하고 등에서 내려와 아래층으로 내려갔다.

마치 자기 왕국을 순시라도 하듯이 자기 위력을 시험해 보고 모두들 자기에게 순종하는 것을 확인하며 돌아다녔지만, 그래도 여전히 따분할 뿐이었다. 나따샤는 기타를 들고 홀로 가 찬장 뒤 어두운 구석에 앉아서 저음으로 현을 퉁기며, 언젠가 뻬쩨르부르그에서 안드레이 공작과 더불어 들은 한 오페라 중에서 기억에 남아 있는 한 구절을 꼼꼼하게 타기 시작하였다. 무심코 이를 듣는 사람에게는 그녀의 기타 소리는 아무 뜻도 없는 것이었지만, 그녀의 머릿속에서는 이 소리의 안쪽에서 많은 추억들이 연이어 되살아났다. 그녀는 찬장 뒤에서 새어나오는 빛의 무늬를 물끄러미 바라보고 앉아 있었다. 그녀는 완전히 회상에 잠겨 있었던 것이다.

쏘냐가 잔을 손에 든 채, 홀을 지나서 식기실로 갔다. 나따샤는 쏘냐를 보았고 식기실의 문틈을 들여다 보았다. 그러자 그녀는 식기실 문틈으로 빛이 새어나오고 있는 것과 쏘냐가 잔을 가지고 지나간 것도 추억이라는 생각이 들었다. '이것도 바로 그대로 전에 있었던 일이야.' 나따샤는 생각했다.

"쏘냐, 이게 뭐지?" 나따샤는 손가락으로 굵은 현을 타면서 외쳤다.

"어마, 거기 있었니?" 쏘냐는 움찔하며 이렇게 말한 뒤, 옆으로 다가와서 귀를 기울였다. "모르겠는 걸, 〈폭풍〉?" 틀릴까 봐 머뭇거리며 쏘냐는 말했다.

'그래, 전에도 마찬가지로 쏘냐는 이와 같이 놀라고 이와 같이 다가와서 머뭇거리며 미소지었지.' 나따샤는 생각했다. '그리고 마찬가지로…… 이 사람에게는 무엇인가 모자란 데가 있다고 나는 생각했어.'

"아니야, 이건 〈물지게꾼〉(이탈리아 작곡가
게르비니의 오페라) 속의 합창이야, 알겠지?" 그리고 나따샤는 쏘냐가 알 수 있도록 합창의 주제를 끝까지 불러주었다.

"어디 갔었어?" 나따샤가 물었다.

"잔의 물을 갈려고. 나는 도안을 거의 다 그렸어."

"너는 언제나 일을 하고 있지만 나는 보다시피 그렇지 않아." 나따샤가 말했다. "니꼴라이 오빠는 어디 있지?"

"자고 있는 것 같아."

"쏘냐, 좀 가서 오빠를 깨워 줘." 나따샤는 말했다. "내가 노래 부르러 오시라고 말했다고, 그렇게 말해줘요." 그녀는 잠시 앉은 채, 이러한 일이 전에도 있었다는 것은 무슨 뜻일까 생각해 보았다. 그리고 이 의문이 풀리기도 전에, 더욱이 그것을 애석하게 생각하지도 않고 다시금 공상 속에서 자기가 그 사람과 함께 있고, 그 사람이 사랑하는 눈초리로 자기를 바라보고 있었을 때로 옮아가고 말았다.

'아, 빨리 돌아오셨으면 좋을 텐데. 나는 돌아오지 않으시는 건 아닌지 몹시 걱정이 돼요. 무엇보다도 내가 나이를 먹어간다는 거예요! 지금 내가 가지고 있는 것은 없어지고 있어요. 그러나 어쩌면 오늘쯤 돌아오실지도 모른다. 지금 당장에라도 돌아오실지도 모른다. 이미 돌아와서, 저기 객실에 앉아 계실지도 몰라. 어쩌면, 이미 어제 돌아오신 것을 내가 잊고 있는지도 몰라.' 그녀는 일어나서 기타를 내려놓고 객실로 갔다. 온 집안 식구와 출퇴근하는 가정교사와 숙식하는 가정교사 그리고 손님들이 이미 차 테이블에 앉아 있었다. 하인들은 테이블 주위에 서 있었다. 그러나 안드레이는 보이지 않고, 모든 것은 이전과 같은 생활 그대로였다.

"아, 왔다, 왔어." 노백작은 들어온 나따샤를 보고 말했다. "자, 내 옆으로 와서 앉아라." 그러나 나따샤는 어머니 옆에서 걸음을 멈춘 채, 무엇인가 찾는 듯이 사방을 둘러보고 있었다.

"엄마!" 그녀는 말했다. "내게 그 사람을 주세요. 네, 주세요, 어머니, 빨리, 빨리요." 그리고 다시금 그녀는 솟구치는 울음을 간신히 참았다.

그녀는 테이블 옆에 앉아서, 역시 테이블 쪽으로 온 니꼴라이와 어른들의 잡담을 듣고 있었다. '아, 싫다, 싫어, 늘 같은 얼굴과 같은 화제. 아버지도 여전히 찻잔을 들고, 여전히 차를 식히기 위해 불고 계셔!' 모두가 변함 없이 똑같은 집안 사람들에 대해 자기 마음 속에 솟아나는 혐오감을 느끼고 으스스해 하면서 나따샤는 생각했다.

차 마시는 시간이 끝나자 니꼴라이, 쏘냐, 나따샤는 휴게실로 갔다. 거기는 언제나 세 사람이 마음을 터놓고 이야기할 수 있는 그들만의 공간이었다.

"오빠한테도 이런 기분이 드는 일이 있어요?" 그들이 휴게실에서 자리를 잡았을 때, 나따샤가 오빠에게 물었다. "오빠한테는 이런 일이 있을까 몰라. 앞으로는 아무것도, 아무것도 없다, 좋은 일은 모두 이제 끝났다, 그리고 지긋지긋하다는 것보다는 적적한 마음이 드는 일이 말이에요."

"있다마다!" 그는 말했다. "나에게는 흔히 있었던 일이지. 모든 것이 훌륭하고 모두들 즐거워하고 있는데, 문득 이런 일은 싫증이 난다, 언젠가는 모두 죽지 않으면 안 된다 하는 생각이 내 머리에 떠오르는 일이 흔히 있었지. 언젠가 부대에 있을 적에, 놀러 나가지 않은 일이 있었다. 가면 무도회에 갈 수 있었는데…… 별안간 나는 갑자기 진절머리가 난 거야."

"아, 알겠어요, 알겠어요, 알겠어요." 나따샤가 뒤를 받았다. "아직 어렸을 때였지만, 나한테도 그런 일이 있었어요. 기억하고 계시죠? 언젠가 오빠들은 모두 댄스를 하고 있었는데, 자두 일로 벌을 받아 나만 공부방에 남아서 울고 있었어요. 무척 울었어요. 평생 잊지 않아요. 나는 그때 슬프기도 했고, 모두 불쌍한 생각이 들었어요. 누구나 할 것 없이 불쌍했어요. 그리고 무엇보다도 내가 나빴던 것은 아니었으니까요." 나따샤가 말했다. "오빠, 기억하고 계시죠?"

"기억하고말고." 니꼴라이가 말했다. "기억하고 있지. 내가 나중에 너한테 갔었어. 너를 위로해 주려고 말이야. 쑥스러운 생각이 들었지. 정말 우리들은 우스꽝스러운 아이였어. 나는 그때 장난감 토템 폴을 가지고 있었는데 그것을 너에게 주려고 생각하고 있었지. 기억하고 있니?"

"오빠는 기억하고 계셔요?" 나따샤는 깊은 생각에 잠긴 듯한 미소를 띠면서 말했다. "훨씬 먼 옛날 일이지만, 우리들이 아직 몹시 어렸을 때, 백부께서 우리들을 서재로 부르신 적이 있었죠. 아직 옛집에 살던 때였으므로, 어두침침했어요. 가보니까, 느닷없이 거기 서 계신 사람이……."

"흑인이었지." 니꼴라이도 유쾌한 듯이 미소를 띠고 말을 마무리지었다. "기억 안 할 수가 없지. 나는 그것이 진짜 흑인이었는지 지금도 모르겠어. 그렇지 않으면 우리들이 꿈에서 보았는지, 또는 이야기로 들은 것인지."

"쥐색이었어요. 기억이 나요, 하얀 이를 드러내고 우뚝 서서 우리들을 보고 있는……."

"쏘냐도 기억하고 있어?" 니꼴라이가 물었다.

"네, 네, 나도 무엇인가 기억하고 있어요." 머뭇거리며 쏘냐가 대답했다.

"나는 그 흑인에 대해서 아버지와 어머니한테 물어본 일이 있어요." 나따샤가 말했다. "아빠와 엄마 말에 의하면 흑인 같은 건 전혀 없었대요. 그렇지만 오빠도 기억하고 계시잖아요!"

"물론이지, 그놈의 이빨이 아직 눈앞에 선한 걸."

"이상해요, 정말 꿈 같아요. 난 이런 걸 좋아해요."

"그리고 말이다, 우리들이 현관에서 달걀을 굴리고 있자니까, 느닷없이 할머니 두 분이 나타나서 양탄자 위를 뒹굴기 시작한 것을 기억해? 분명히 그런 일이 있었을까? 그렇지 않으면 없었던 일이었을까? 기억하고 있지? 정말 신이 났었어."

"그래요. 그리고 아버지께서 파란 외투를 입으시고, 현관 계단에서 총을 쏘신 일을 기억하세요?" 두 사람은 미소를 띠면서 즐거운 추억을 더듬고 있었다. 그것은 슬프고 노인다운 추억이 아니라, 로맨틱한 젊은 추억이었다. 니꼴라이와 나따샤는 그 추억에 젖어, 꿈과 현실이 녹아 있는 가장 먼 과거로부터 여러 가지 인상을 차례로 더듬으면서 무엇이 즐거운지 작은 소리로 웃고 있었다.

쏘냐는 추억은 공통인데도 여느 때처럼 축에 끼어들지 못했다.

쏘냐는 두 사람이 회상하고 있는 것의 태반은 기억하고 있지 않았고, 기억하고 있는 것도 그녀의 마음에는 두 사람이 느끼고 있는 것처럼 로맨틱한 기분을 북돋아주지 않았다. 그녀는 다만 두 사람의 즐거움을 흉내 내려고 애쓰면서 그 기쁨을 즐기고 있을 뿐이었다.

그녀가 이야기에 끼어든 것은 자기가 처음 왔을 때의 추억 이야기를 시작했을 때였다. 쏘냐는 니꼴라이의 웃옷에 장식 끈이 달려 있었는데, 유모가 그녀도 끈에 꿰맨다고 말해서 니꼴라이를 매우 무서운 사람이라고 생각했다는 이야기를 하였다.

"난 기억하고 있어. 네가 양배추 밑에서 태어났다는 말을 들었지." 나따샤가 말했다. "지금도 기억하고 있어. 나는 그 때 그것을 믿지 않을 정도의 용기는 없었지만, 그래도 내심 그것은 거짓말이라는 것을 알고 있었기 때문에 맥이 빠지고 말았어요."

이런 이야기를 하고 있을 때, 휴게실 뒷문이 열리며 하녀가 불쑥 머리를 내밀었다.

"아가씨, 닭을 가져왔습니다." 하녀가 속삭이듯이 말했다.

"일 없어, 뽈랴, 가지고 돌아가라고 해." 나따샤가 말했다.

휴게실에서 한창 잡담을 하는 중에 짐레르가 방으로 들어와서, 구석에 놓인 하프로 다가갔다. 그는 나사 덮개를 벗겼다. 그러자 하프는 이상한 소리를 냈다.

"짐레르 선생님, 연주해 주세요. 부탁이에요. 제가 좋아하는 필드(아일랜드 출신의 피아니스트 1803년 이후 러시아에서 활약)의 야상곡을 타 주세요." 객실에서 백작 부인이 말했다.

짐레르는 화음을 가다듬고, 나따샤와 니꼴라이와 쏘냐 쪽을 향하여 말했다.

"젊은 분들이 상당히 얌전하게 앉아 계시는군요!"

"네, 우리들은 철학에 빠져 있어요." 나따샤가 약간 돌아다보고 이렇게 말하고는, 다시 이야기를 계속하였다. 화제는 이번에는 꿈 이야기로 옮겨갔다.

짐레르는 하프를 타기 시작했다. 나따샤는 소리가 나지 않도록 발끝으로 테이블로 접근해서, 양초를 쥐고 돌아와서 자기 자리에 조용히 앉았다. 방안, 특히 그들이 앉아 있던 휴게실은 어두웠지만, 커다란 창문을 통해 보름달의 은색 빛살이 마루에 쏟아지고 있었다.

"있잖아요, 나는 이런 생각이 들어요." 짐레르가 연주를 끝내고 나서 그만둘 것인가 그렇지 않으면 무엇인가 다른 것을 시작할까 망설이고 있는 태도로 약하게 현을 만지작거리면서 그대로 앉아 있을 때, 나따샤가 니꼴라이와 쏘냐 쪽으로 몸을 굽히면서 속삭이듯 말했다. "이렇게 회상하고 또 회상하고 모든 것을 회상하고 있으면, 내가 이 세상에 태어나기 이전의 일도 기억하고 있을 정도로 회상이 이루어지지 않을까 하고 말이에요."

"그건 영혼 전이설이야." 항상 공부를 잘 해서 무엇이든지 외우고 있는 쏘냐가 말했다. "이집트 사람들은 우리의 영혼은 원래는 동물 속에 있었고, 동물 속으로 다시 되돌아간다고 믿고 있었어요."

"싫어요, 내가 설마, 우리가 동물 속에 있다고는 믿지 않지만" 나따샤는 음악이 이미 끝났는데도 여전히 속삭이듯 말했다. "나는 확실히 알고 있어요. 우리는 어딘가 저 세상에서 천사였고 이 세상에서도 그랬어요. 그래서 모든 것을 기억하고 있는 거예요…….”

“나도 참가해도 괜찮겠습니까?” 옆으로 다가온 짐레르가 조용히 말하고 그들 옆에 앉았다.

“만약에 우리가 천사였다면, 왜 아래로 내려오고 말았을까?” 니꼴라이가 말했다. “아냐, 그럴 리는 없어!”

“아래가 아녜요, 누가 아래라고 말했어요? …… 어째서 나는, 나 자신이 옛날에 무엇이었는지를 알 수 있느냐 하면” 나따샤는 자신만만하게 되받았다. “영혼은 불멸이기 때문이야…… 즉 내가 영원히 사는 것이라면, 나는 여태까지도 살아온 것이 돼요. 영원한 옛날부터 죽 살아 온 거예요.”

“그렇군. 하지만 영원이라는 이미지를 파악한다는 것은 어려운 일이야.” 짐레르가 말했다. 그는 온건하고 멸시하는 듯한 미소를 띠고 젊은 사람들 곁으로 왔는데, 지금은 그들처럼 소리를 죽이고 진지하게 이야기하고 있었다.

“왜 영원의 이미지를 파악하는 것이 어렵죠?” 나따샤는 말했다. “오늘도 있고, 내일도 있고, 늘 그러하고, 게다가 어제도 있었고, 그저께도 있었고……”

“나따샤! 이번은 네 차례다. 무슨 노래라도 하나 불러다오.” 백작 부인의 목소리가 들렸다. “왜 너희들은 마치 음모라도 하는 것처럼 한쪽 구석에 모여 있니?”

“어머니! 난 마음이 내키지 않아요.” 나따샤는 말했지만 그러면서도 일어났다.

그들은 모두, 젊지도 않은 짐레르까지도 이야기를 중단하고 휴게실에서 나가고 싶지 않았다. 그러나 나따샤는 일어났고, 니꼴라이는 클라비코드 앞에 앉았다. 나따샤는 언제나와 같이 홀 한복판에 서서, 가장 반향이 좋은 자리를 골라서 어머니가 좋아하는 소곡을 부르기 시작했다.

그녀는 노래를 부르고 싶지 않다고 말했지만, 이날 밤 그녀가 노래를 부른 것은 오랜만이었고 그 후에도 오랫동안 없었다. 노백작은 드미뜨리와 이야기를 하고 있던 서재에서 그녀의 노래를 듣자, 마치 빨리 공부를 끝내고 놀러 가려고 조바심하는 학생처럼, 지배인에게 명령을 주면서도 말을 잘못해서 마침내 입을 다물었다. 드미뜨리도 역시 귀를 기울이면서 미소를 머금고 백작 앞에 서 있었다. 니꼴라이는 누이한테서 눈을 떼지 않고 그녀에게 맞추어 숨을 쉬고 있었다. 쏘냐는 노래를 들으면서, 자기와 이 친구 사이에는 큰 차이가 있다, 조금이라도 이 사촌만큼 매력적인 아가씨가 되려면 어림도 없다고 생각했다. 늙은 백작 부인은 행복스러우면서도 쓸쓸한 미소를 짓고, 눈에는 눈물마저 글썽이고 이따금씩 고개를 좌우로 흔들면서 앉아 있었다. 그녀는 나따샤의 일, 자신의 젊었을 때의 일, 앞으로 있을 나따샤와 안드레이의 결혼에는 어딘지 모르게 부자연스럽고 석연치 않은 데가 있다는 것들을 생각하고 있었다.

짐레르는 백작 부인 옆에 앉아서 눈을 감고 듣고 있었다.

"아니, 마나님." 그는 마침내 이렇게 말했다. "이건 유럽에서 통용될 재능입니다. 배울 건 이제 없습니다. 이 부드러움, 유연함, 힘…….."

"아, 나는 이 애가 걱정이에요, 정말 걱정이에요." 백작 부인은 누구를 상대로 말하고 있는가도 잊고 말했다. 나따샤에게는 무엇인가가 너무 많다, 그 때문에 그녀는 행복해지지 못할 거야 하고 어머니로서의 직감이 그녀에게 속삭이고 있었다. 나따샤가 아직 노래를 다 부르기도 전에, 열네 살 난 뻬쨔가 떠들어대며 가장행렬을 한 사람들이 왔다고 알리러 방으로 뛰어들어왔다.

나따샤는 갑자기 노래를 멈추었다.

"바보!" 그녀는 동생을 보고 소리치고는, 의자로 달려가서 그 위에 엎드려서 한참을 심하게 울었다.

"아무것도 아녜요, 어머니. 정말 아무것도 아녜요. 그저 뻬쨔가 놀라게 했을 뿐이에요." 그녀는 미소를 지으려고 애쓰면서 이렇게 말했지만, 눈물은 한없이 흐르고 흐느낌에 목이 메었다.

가장을 한 하인들—곰, 터키 사람, 선술집 주인, 지주 마님 등, 무서운 것과 우스꽝스러운 것이 냉기와 즐거운 분위기를 함께 안고서, 처음에는 현관에서 머뭇거리고 있었으나 이윽고 서로 뒤로 물러나려고 하면서 밀치며 홀로 들어왔다. 그리고 처음에는 머뭇거리면서, 이윽고 차차 명랑하게 마음을 가다듬어 노래와 춤, 포크 댄스와 크리스마스 축제의 놀이가 시작되었다. 백작 부인은 가장한 하인들을 알아보고 웃으면서 응접실로 물러갔다. 늙은 백작은 온 얼굴에 미소를 띠고, 여흥을 하고 있는 사람들에게 만족한 얼굴로 홀에 앉아 있었다. 젊은 사람들은 어디론지 사라지고 없었다.

30분 가량 지나자 다른 가장한 사람들에 끼여서, 넓게 부풀린 스커트를 입은 나이든 지주 부인이 나타났다. 그것은 니꼴라이였다. 터키 소녀는 뻬쨔. 피에로는 짐례르였다. 경기병은 나따샤, 그리고 체르케스인은 쏘냐이며, 코르크를 태워서 수염과 눈썹을 그렸다.

가장에 참가하지 않은 사람들이 심한 말은 하지 않고 감탄해 주기도 하고, 얼굴을 잘못 봐주기도 하고 칭찬해주기도 하자 젊은이들은 멋있는 자기들 의상을 다른 사람에게 더 보이지 않으면 안 되겠다고 생각했다.

모두를 자기 트로이카(세 마리의 말이 끄는 썰매)에 태워 멋지게 언 길을 달려 보고 싶었던 니꼴라이는, 가장한 하인들 중에서 열 명쯤 데리고 아저씨한테 가보자고 제의했다.

"안 된다. 그 노인을 소란스럽게 해서 무슨 소용이 있단 말이냐!" 백작 부인이 말했다. "게다가 거기는 몸을 움직일 데도 없잖니. 차라리 가려면 멜류꼬프네가 낫다."

멜류꼬프 부인이란, 여러 연령의 아이들과 입주 남녀 가정교사들을 데리고 로스또프네로부터 약 4킬로쯤 떨어진 곳에 살고 있는 미망인이었다.

"그렇지, 애야, 그게 좋은 생각이다." 활기를 띠기 시작한 늙은 백작이 뒤를 받았다. "그럼, 나도 곧 옷차림을 하고 너희들과 같이 가서 그 아주머니를 신나게 해주어야지."

그러나 백작 부인은 백작을 보내고 싶어하지 않았다. 요즘 그는 발을 다쳤기 때문이다. 그래서 백작은 가서는 안 되지만, 마담 쇼스가 간다면 딸들은 멜류꼬프 댁에 가도 좋다고 결정되었다. 항상 겁이 많고 수줍은 편인 쏘냐가 누구보다도 열심히 마담 쇼스에게 꼭 같이 가자고 부탁하기 시작했다.

쏘냐의 가장(假裝)은 누구보다 훌륭했다. 콧수염도 눈썹도 그녀에게 딱 어울렸다. 모두들 너무나 좋다고 말하고, 그녀도 전에 없이 발랄하고 활기에 찬 기분이 되어 있었다. 무엇인가 내면적인 목소리가, 자기의 운명이 오늘 결정되지 않으면 영원히 그런 일은 없다고 속삭이고 있었다. 그리고 남장을 한 그녀는 전혀 딴 사람처럼 보였다. 마담 쇼스는 승낙했다. 그래서 30분 후에는 작은 종이나 방울을 단 네 대의 트로이카가, 얼어붙은 눈 위를 어느 때는 가볍게, 어느 때는 심하게 삐걱거리면서 현관 계단으로 왔다.

나따샤가 맨 먼저 크리스마스 축제다운 즐거운 분위기를 만들어 내고, 그 즐거운 기분은 잇따라 다른 사람에게 전해져서 점점 강해졌다. 마침내 모두들 얼어붙을 듯한 추위 속으로 나가서 지껄이며 서로 부르기도 하고, 웃어대거나 소리치면서 썰매에 올라탔을 때에 즐거운 분위기는 최고조에 달했다.

트로이카 중 두 대는 평소의 승차용이었다. 세 번째 것은 백작 것으로, 오룔산의 걸음이 빠른 말을 가운데에 세웠다. 네 번째 것은 니꼴라이 자신의 것으로, 키가 작은 털투성이의 검은 말이 가운데에 배치되어 있었다. 니꼴라이는 할머니 의상을 입고 그 위에 띠가 달린 경기병 외투를 걸치고, 고삐를 잡고 자기 썰매 한가운데에 서 있었다.

밖은 매우 밝아서 썰매의 조임쇠나, 현관의 차양 밑에서 떠들고 있는 사람들을 놀란 눈으로 보고 있는 말의 눈이 달빛에 번쩍이는 것이 니꼴라이에게 보일 정도였다.

니꼴라이의 썰매에는 나따샤, 쏘냐, 마담 쇼스, 그리고 두 하녀가 탔다. 노백작의 썰매에는 짐레르 부처와 뻬짜가 타고, 나머지 두 대에는 가장한 하인들이 나누어 탔다.

"먼저 가, 자하르!" 니꼴라이는 도중에 그가 추월할 수 있도록 아버지의 마부에게 이렇게 소리쳤다.

짐레르와 가장한 다른 사람들이 나누어 탄 노백작의 트로이카는 마치 눈에 얼어붙기라도 하듯이 썰매의 활목을 삐걱거리며, 굵은 방울 소리를 울리면서 앞서서 움직이기 시작했다. 옆에서 부축하는 말은 썰매 채에 바싹 붙어서, 설탕처럼 단단한 반짝이는 눈 속에 발이 빠지고 그것을 뒤로 차내면서 앞으로 나아갔다.

니꼴라이는 선두의 트로이카를 따라 출발하였다. 뒤에서는 나머지 두 대가 소리를 내며 삐걱거리기 시작했다. 처음에는 좁은 길을 종종걸음으로 전진해 갔다. 정원을 지나가는 동안에는 벌거숭이 나무의 그늘이 계속 길을 가로질러 밝은 달빛을 가로막았으나, 울타리 밖으로 나오자 다이아몬드처럼 반짝여 파랗게 반사하고 있는 눈의 평원이 달빛을 듬뿍 안고 꼼짝하지 않은 채 사방으로 펼쳐져 있었다. 덜커덕하고 선두의 썰매가 길 구덩이에 부딪쳤다. 다음 것도, 그 다음 것도 똑같이 구덩이에 부딪쳤다. 그리고 얼어붙은 것 같은 밤의 정적을 사정없이 깨뜨리면서 썰매가 차례로 이어져 긴 열을 이루었다.

"토끼 발자국이야. 꽤 있어." 얼어붙은 대기 속에 나따샤의 목소리가 울렸다.

"정말로 잘 보여요, 니꼴라스." 쏘냐의 목소리가 들렸다. 니꼴라이는 쏘냐를 흘끗 보고는 그 얼굴을 더 가까이에서 보려고 몸을 굽혔다. 어딘지 모르게 전혀 새롭고 귀여운 얼굴이, 검은 눈썹과 콧수염을 달고 검은 담비 모피 밑에서 내다보고 있었다. 달빛 속에서 그녀의 얼굴은 가까워지기도 하고 멀어지기도 했다.

'이것이 여느 때의 쏘냐일까.' 니꼴라이는 생각했다. 그는 더 가까이 그녀를 들여다보곤 빙그레 웃었다.

"왜 그래요, 니꼴라스?"

"아무것도 아냐." 그는 이렇게 말하고는 다시 말 쪽으로 몸을 돌렸다.

길을 덮은 눈은 썰매 활목의 기름으로 엷게 젖고, 미끄럼 방지를 위한 돌기가 눈 위에 긴 자국을 남겼다. 썰매의 흔적이 달빛 속에서 선명하게 보이는 평탄한 큰 길로 나오자 말들은 스스로 고삐를 끌어당겨 속도를 내기 시작했다. 왼쪽 옆말은 머리를 구부리고 뛰어오를 때마다 끄는 줄을 팽팽하게 당겼다. 가운데 말은 몸을 흔들면서 귀를 움직여 마치 '시작하는 편이 좋을까요, 그렇지 않으면 아직은 이른가요?' 하고 묻고 있는 것처럼 보였다. 앞쪽에는 이미 멀리 떨어져서 굵은 종소리를 울리며 멀어져 가는 자하르의 검은 트로이카가 하얀 눈 위에 뚜렷이 보였다. 그 썰매로부터 가장한 패들이 외치는 소리와 웃음소리가 들려왔다.

"자, 하자, 부탁한다!" 니꼴라이는 한쪽으로는 고삐를 당기고 채찍을 가진 손을 옆으로 뻗으면서 소리쳤다. 그리고 강하게 불기 시작한 맞바람과, 힘껏 당기듯이 더욱더 빨리 속력을 더해 가는 좌우의 보조 말의 고삐가 출렁이는 것으로 트로이카가 날듯이 질주하기 시작한 것을 알았다. 니꼴라이는 뒤를 돌아다보았다. 다른 썰매도 환성과 째는 듯한 소리를 지르고, 채찍을 휘두르며 가운데 말을 빨리 뛰게 격려하면서 뒤에서 쫓아왔다. 가운데 말은 커다란 멍에 밑에서 야무지게 잰걸음으로 몸을 흔들면서, 속도를 줄이는 일은 생각하지도 않고 필요하다면 더 속력을 내겠다는 기세를 보이고 있었다.

니꼴라이는 선두의 트로이카를 따라잡았다. 두 대의 트로이카는 어딘가의 언덕을 내려가 냇가 옆의 목초지를 지나고 있는, 넓고 단단히 다져진 길로 들어섰다.

'도대체 어디를 달리고 있는 것일까?' 니꼴라이는 생각했다. '꼬소이 초원이 틀림없다. 아냐, 이곳은 여태까지 한 번도 본 적이 없는 새로운 장소다. 꼬소이 초원도 아니며, 좀끼나 언덕도 아니고 아무도 모르는 곳이다. 어딘지 모르게 처음 보는 마법의 나라 같은 곳이다. 좋아, 아무 데면 어때!' 그리고 그는 말에게 소리를 지르곤 선두의 트로이카를 추월하기 시작했다.

자하르는 고삐를 죄며 이미 눈썹까지 서리투성이가 된 얼굴을 돌렸다.

니꼴라이는 말을 내달리게 하였다. 자하르도 양손을 앞으로 내뻗고, 쳇! 하고 혀를 차고는 말을 내달리게 했다.

"이거 장난이 아니군요, 나리." 그는 말했다. 두 대의 썰매는 더욱 빨리 나란히 서서 날듯이 달리기 시작하고, 나는 것 같은 말의 다리가 어지럽게 교차했다. 니꼴라이가 앞으로 나아가려고 하였다. 자하르는 내민 손의 위치를 바꾸지 않은 채 고삐를 쥔 한쪽의 손을 약간 들어올렸다.

"농담이 아닙니다, 나리." 그는 니꼴라이를 향하여 소리쳤다. 니꼴라이는 세 마리 말을 전속력을 내게 하여 자하르를 앞질렀다. 말은 가늘고 푸석푸석한 가루눈을, 타고 있는 사람들의 얼굴에 끼얹었다. 그 옆에서는 방울 소리가 시끄럽게 울리고, 날쌔게 움직이는 다리와 추월당하는 트로이카의 그림자가 얽혔다. 활목이 삐걱거리는 소리와, 여자들의 째지는 듯한 음성이 좌우에서 들려왔다.

니꼴라이는 다시 말을 멈춰 세우고 사방을 둘러보았다. 들판은 여전히 달빛을 받아 온통 별을 뿌려 놓은 듯했다.

'자하르는 나에게 왼쪽으로 가라고 소리치고 있지? 그런데 왜 왼쪽이지?' 니꼴라이는 생각했다. '정말 우리는 멜류꼬프의 집으로 가고 있는 것일까? 과연 이곳이 멜류꼬프의 영지일까? 어딜 달리고 있는지, 무슨 일이 일어날지 알게 뭐야—게다가 우리에게 일어나는 일은 매우 기발하고 훌륭한 일들이다.' 그는 썰매 쪽을 돌아보았다.

"저 봐요, 저 분, 수염도, 눈썹도—모두 새하얘요." 썰매에 앉아 있던, 가느다란 눈썹과 콧수염을 달고 있는, 기묘하면서도 아름다운 낯선 사람들 중의 한 사람이 말했다.

'저것은 어쩌면 나따샤 같은데.' 니꼴라이는 생각했다. '그리고 저것은 쇼스 부인이다. 그러나 어쩌면 아닐지도 모른다. 저 콧수염을 기른 체르케스인은 누군지 알 수 없지만, 나는 저 아가씨가 좋다.'

"모두 춥지 않나?" 그는 물었다. 모두는 대답도 하지 않고 웃음을 터뜨렸다. 짐레르가 뒤쪽 썰매에서 무엇인가 외쳤다. 아마 우스꽝스러운 이야기였겠지만, 무엇을 외쳤는지 알아들을 수가 없었다.

"그래요, 그래요." 웃으면서 몇몇 목소리가 대답했다.

그러자 검은 그림자와 다이아몬드의 반짝임이 교차하고, 무엇인가 대리석 계단으로 이어진 마법과 같은 숲과 은빛의 마법의 건물 지붕이 보였다. 이어서, 무엇인가 짐승의 째지는 듯한 외치는 소리가 들려왔다. '아, 여기가 확실히 멜류꼬프의 영지라고 해도, 어딘가 알 수 없는 곳을 지나서 멜류꼬프 집에 도착하였다는 것은 더욱더 이상하다.' 니꼴라이는 생각했다.

바로 그곳은 멜류꼬프네의 영지였다. 하녀와 하인들이 제각기 양초를 손에 들고, 기꺼운 얼굴로 마차 대는 곳으로 달려나왔다.

"대체 누구세요?" 마차 대는 곳에서 묻는 소리가 났다.

"백작네의 가장한 분들이겠지. 말을 보면 알아." 다른 몇몇 목소리가 대답했다.

11

뻬라게야 멜류꼬프 부인은 딱 벌어진 몸집의 정력적인 여성으로, 안경을 쓰고 가슴팍을 펼친 가운을 입고 응접실에 앉아 있었다. 그 주위에는 딸들이 있어서 그녀는 딸들을 지루하게 하지 않으려고 애쓰고 있었다. 딸들이 살며시 물 속에 초를 흘려서 거기에 나타나는 모양의 그림자를 보고 있을 때 (러시아의 전통적인 점치는 법 중 하나), 썰매를 타고 온 사람들의 발소리와 목소리가 현관에 떠들썩하게 들렸다.

경기병, 지주 마나님, 마녀, 어릿광대, 곰들이 현관에서 잠시 기침을 하기도 하고, 추위에 하얗게 언 얼굴을 닦아대면서 홀로 들어왔다. 거기에서는 급히 촛불을 켜고 있는 참이었다. 피에로 모습의 짐레르와 지주 마나님의 니꼴라이가 춤의 스타트를 끊었다. 고함을 지르는 아이들에 둘러싸여 가장한 사람들은 얼굴을 가리고, 음성을 바꾸어 여주인 앞에서 인사를 하고 방 안 가득히 줄을 지었다.

"아, 누가 누군지 알아볼 수가 없네! 어마, 나따샤 아냐! 보세요, 아주 변했어! 정말 누군가를 닮았어! 짐레르 선생님, 알아보지 못했어요. 춤도 대단해요! 아, 체르케스인 같은 사람도 있네. 정말 쏘냐에게 잘 어울려. 이 건 또 누굴까? 아! 재미 있어요! 테이블을 치워 줘요, 니끼따, 바냐. 우리 들은 너무 얌전하게 앉아 있었어요!"

"핫, 핫, 핫! …… 저 경기병을 봐, 경기병을! 마치 사내아이다, 다리도! …… 보고 있을 수가 없군……." 몇몇 소리가 들렸다.

멜류꼬프네의 아가씨들이 좋아하고 있는 나따샤는 그녀들과 함께 안쪽 방 으로 사라졌다. 그리고 거기에 코르크와 여러 가지 가운, 남자 옷들을 가져 오라는 주문이 있었고, 그것들을 열린 문틈을 통해서 아가씨들이 맨팔을 내 밀어 하인들로부터 받았다. 십 분 후에 멜류꼬프네의 젊은이들도 모두 가장 에 참가했다.

멜류꼬프 부인은 손님들을 위해서 자리를 비우고, 백작네의 가족과 하인 들에게 음식을 대접하라고 일렀다. 그리고 안경을 쓴 채 웃음을 참으면서, 가장한 사람들 사이를 돌아다니면서 가까이에서 얼굴을 들여다보았으나 한 사람도 알아맞힐 수가 없었다. 그녀는 로스또프네의 사람들과 짐레르를 가 려내지 못했을 뿐더러, 자기 딸들도, 또 딸들이 걸치고 있는 죽은 남편의 가 운과 제복도 알아채지 못했다.

"이것은 대체 어느 집 사람이지?" 그녀는 까잔의 타타르 사람 모습을 한 자기 딸의 얼굴을 들여다보면서 자기 집 가정교사에게 말했다.

"이것은 로스또프네의 어느 분 같군요. 그런데 경기병 씨, 당신은 어느 연 대에서 근무하죠?" 그녀는 나따샤에게 물었다. "이 터키 아가씨에게 과자를 드려요." 그녀는 음식을 나누어 주고 있는 하인에게 말했다. "그 정도라면 터키의 법률로도 금지되어 있지 않을 테니까."

춤을 추고 있는 사람들은, 자기네들은 분장을 해서 아무도 알아챌 리가 없 을 것이라고 생각했기 때문에 거리낌없이 춤을 추었고, 이따금 멜류꼬프 부 인은 괴상하고 우스꽝스러운 스텝을 바라보면서 손수건으로 얼굴을 가렸다. 그리고 그 뚱뚱한 몸이 억제할 수 없는 노인다운 웃음으로 흔들리는 것이었 다.

"우리 집 사샤가 아냐? 사샤가!" 그녀는 말했다.

러시아 춤과 포크 댄스가 끝나자, 멜류꼬프 부인은 하인들과 주인 쪽 사람들을 한 데 모아 하나의 커다란 원을 만들었다. 반지와 새끼와 1루블 금화를 가져오게 하여 다 같이 하는 놀이가 시작되었다.

한 시간쯤 지나자, 옷들은 모두 구겨져서 엉망이 되었다. 코르크를 태워서 그린 콧수염과 눈썹도 땀에 젖어, 땀이 밴 얼굴에 온통 퍼졌다. 멜류꼬프 부인은 차차 가장한 사람들의 정체를 알 수 있게 되어, 의상이 정말로 잘 되어 그것이 특히 아가씨들에게 잘 어울린 것을 감탄하고, 이렇게 즐거운 시간을 가지게 해주어서 고맙다고 모두에게 감사했다. 손님들은 야식을 위하여 객실로 초대되고, 하인들은 홀에서 대접을 받았다.

"아녜요, 목욕탕에서 점을 친다는 것, 이것이 무서운 거예요!" 멜류꼬프네에서 살고 있는 한 노처녀가 야식 자리에서 이렇게 말했다.

"어째서요?" 멜류꼬프의 맏딸이 물었다.

"당신도 못하실 거예요. 무척 용기가 필요하니까요……."

"나는 해보겠어요." 쏘냐가 말했다.

"그 아가씨가 어떻게 됐다는 거예요? 말씀해 주세요." 멜류꼬프의 둘째딸이 말했다.

"이런 이야기예요. 어느 아가씨가 목욕탕에 갔어요." 노처녀가 말했다. "수탉 한 마리와 두 사람분의 식기를 준비하여 정해진 대로 앉았습니다. 잠시 앉아 있으려니까, 문득 썰매로 오는 소리가 들리는 것입니다…… 종과 방울을 울리며 썰매가 들이닥친 것입니다. 걸어오는 것이 들립니다. 그리고 들어온 것은, 마치 인간과 똑같은 모습을 하고 있었습니다. 장교처럼 말입니다. 그리고 옆으로 와서, 아가씨와 나란히 나이프와 포크 앞에 앉았습니다."

"어머나! ……." 나따샤가 무서운 듯이 눈을 부릅뜨면서 외쳤다.

"그래 그 남자는 어떻게 됐지? 제대로 말을 했나요?"

"네, 인간과 똑같이요. 모든 것이 인간과 같았어요, 그리고 짓궂게 온갖 말을 하기 시작했습니다. 아가씨는 닭이 울 때까지 그의 말동무를 하지 않으면 안 되었지요. 그런데 아가씨는 무서워졌어요. 그저 무서운 마음이 들어서, 양손으로 얼굴을 가리고 말았어요. 그러자 그 사나이는 느닷없이 아가씨를 붙잡았습니다. 거기에 하녀가 달려와서 다행이었지만……."

"그만 둬요. 아가씨들을 놀라게 해서 어쩌자는 거예요!" 멜류꼬프 부인이 말했다.

"엄마, 엄마도 점을 치셨잖아요……." 딸이 말했다.

"창고에서 점을 치다니, 어떻게 하는 거예요?" 쏘냐가 물었다.

"지금 당장에라도 할 수 있어요. 창고로 가서 골똘히 귀를 기울입니다. 무슨 소리가 들리는가. 만약 못을 박는 듯한, 문을 두드리는 소리가 들리면 그것은 좋지 않지만 보리를 뿌리는 소리라면 좋은 징조입니다. 그렇지 않으면 때에 따라서……."

"엄마, 엄마는 창고에서 무슨 일이 있었는가 말해 주세요."

멜류꼬프 부인은 미소를 지었다.

"글쎄, 어땠는지 나는 다 잊어버렸다……." 그녀는 말했다. "너희들, 아무도 안 가는구나?"

"아녜요, 제가 가겠어요. 마나님, 저를 가게 해 주세요." 쏘냐가 말했다.

"좋아요. 무섭지 않다면."

"마담 쇼스, 가도 괜찮아요?" 쏘냐는 물었다.

반지와 새끼줄과 1루블을 사용해서 은화 놀이를 하고 있을 때에도, 또 지금과 같이 이야기하고 있을 때에도, 니꼴라이는 쏘냐 곁을 떠나지 않고 전혀 새로운 눈으로 그녀를 바라보고 있었다. 그는 코르크를 태워 그린 수염 때문에 비로소 오늘 그녀를 완전히 안 것 같은 느낌이 들었다. 확실히 이날 밤의 쏘냐는 일찍이 니꼴라이가 본 적이 없었을 만큼 명랑하고 활발하고, 게다가 아름다웠다.

'그렇군, 쏘냐는 이런 인간이었어. 어쩌면 이토록 나는 바보였을까!' 그는 그녀의 반짝이는 눈, 이제까지 본 일이 없을 정도로 행복스럽고 기쁨에 넘쳐 콧수염 그늘에서 뺨에 보조개를 만들고 있는 미소를 보면서 생각했다.

"난 조금도 무섭지 않아요." 쏘냐가 말했다. "그럼, 곧 가도 괜찮은가요?" 그녀는 일어섰다. 사람들은 쏘냐에게 창고의 위치를 가르쳐 주고, 잠자코 선 채 귀를 기울여 듣는 방법을 가르쳐주고는 반코트를 내주었다. 그녀는 그것을 머리에 뒤집어쓰고 니꼴라이 쪽을 흘끗 보았다.

'어쩌면 이렇게도 매혹적인 여자일까!' 그는 생각했다. '그런데 이제까지 나는 무슨 생각을 하고 있었을까!'

쏘냐는 창고로 가기 위해 복도로 나갔다. 니꼴라이는 덥다고 말하면서, 급히 현관 계단 쪽으로 갔다. 사실 집 안은 가득 찬 사람들로 숨이 막혔다.

바깥은 여전히 가시지 않은 추위와 변함없는 달이 떠 있었지만, 그 빛은 더 밝았다. 달빛이 너무나도 강하고 눈 위에 반짝이는 별이 너무 많아, 하늘을 쳐다볼 생각이 나지 않고 진짜 별도 눈에 띄지 않았다. 하늘은 검고 쓸쓸했지만, 지상은 즐거웠다.

'바보다, 나는 바보야! 무엇을 이제까지 기다리고 있었을까?' 니꼴라이는 생각했다. 그리고 현관 층계를 달려 내려가자, 뒤쪽 층계로 통하는 오솔길을 따라 집 모퉁이를 꺾어들었다. 쏘냐가 그곳을 지나가는 것을 알고 있었기 때문이다. 길 도중에 몇 미터 높이의 장작더미가 있고, 그 위에 눈이 쌓여 아래에 그림자가 뻗어 있었다. 벌거벗은 보리수의 그림자가 장작더미 위를 가로지르고 다시 그 옆쪽에서 엉클어지면서 눈과 오솔길 위에 뻗어 있었다. 오솔길은 창고로 통해 있었다. 창고의 통나무 벽과 눈을 뒤집어쓴 지붕은, 보석으로 조각되어 있는 것처럼 달빛을 받아 반짝이고 있었다. 뜰에서 나무가 터지는 소리가 나더니 다시금 조용해졌다. 가슴은 공기를 마시고 있는 것이 아니라 무엇인가 영원히 젊은 힘과 기쁨을 호흡하고 있는 것 같았다.

하녀 방 입구에서 계단을 내려오는 발소리가 들리고, 눈이 쌓인 맨 아래 계단이 삐걱거리더니 노처녀의 목소리가 들렸다.

"곧장, 곧장 가면 됩니다. 바로 그 길을 지나서, 아가씨, 뒤돌아보면 안 됩니다!"

"난 무섭지 않아요." 쏘냐의 목소리가 대답했다. 그리고 작은 길을 따라 니꼴라이 쪽을 향하여, 조그만 신을 신은 쏘냐의 발이 빠드득빠드득 눈을 밟는 소리가 들렸다.

쏘냐는 털외투를 두르고 걷고 있었다. 그녀는 두어 발짝쯤 남은 거리까지 와서 니꼴라이를 알아차렸다. 그녀의 눈에 띈 그는 늘 알고 있는, 언제나 그녀가 약간 두려워하고 있는 그가 아니었다. 그는 여자 의상을 입고, 머리를 헝클어뜨리고 쏘냐에게는 보기 드문 행복스러운 미소를 짓고 있었다. 쏘냐는 재빨리 그의 곁으로 달려갔다.

'전혀 딴 사람 같으면서 역시 같은 그녀다.' 니꼴라이는 달빛에 비친 그녀의 얼굴을 바라보면서 생각했다. 그는 쏘냐의 머리를 둘러싸고 있던 털외투

밑에 두 손을 집어넣고 끌어안아 입술에 키스하였다. 입술 위에는 콧수염이 있고 그을린 코르크 냄새가 났다. 쏘냐는 그의 입술 한가운데에 키스하였다. 그리고 작은 손을 빼 양쪽에서 그의 볼을 눌렀다.

"쏘냐! ……."

"니꼴라스! ……."

두 사람은 이렇게 말했을 뿐이었다. 그들은 창고로 달려갔다가, 각기 나왔던 출입문을 통해서 집으로 돌아왔다.

12

모두가 멜류꼬프네에서 집으로 돌아올 때, 언제나 무엇이든 알아채는 나따샤가 자리 배치를 잘 해서, 마담 쇼스와 자기가 짐레르와 같은 썰매를 타고, 쏘냐는 니꼴라이와 하녀들과 다른 썰매를 타도록 하였다.

니꼴라이는 이제는 추월하려고도 하지 않고 일정한 속도로 집으로 향하여 갔다. 그리고 이 기묘한 달빛 속에서 끊임없이 쏘냐를 바라보면서, 그 코르크 눈썹과 콧수염 아래에서 옛날의 쏘냐와 이제는 절대로 놓지 않겠다고 결심한 지금의 쏘냐를 찾고 있었다. 그는 그녀를 말없이 바라보았다. 그리고 똑같은 사람이면서도 다른 쏘냐를 알아채고는, 키스의 감각과 뒤섞인 그 코르크 냄새를 상기하고 그는 가슴 가득히 얼어붙은 공기를 들이마셨다. 그리고 뒤로 사라져가는 대지와 반짝이는 하늘을 바라보면서, 자기가 아직 마법의 나라에 있는 것 같은 느낌이 들었다.

"쏘냐, 너는 기분이 좋니?" 이따금 그는 당신이 아니라 너라고 말하면서 물었다.

"네." 쏘냐가 대답했다. "당신은? 니꼴라이."

길을 절반쯤 왔을 무렵, 니꼴라이는 마부에게 고삐를 맡기고 잠시 나따샤의 썰매에 달려가 썰매의 가로지른 나무 위에 탔다.

"나따샤." 그는 프랑스말로 속삭이듯 누이에게 말했다. "실은 말이야, 나는 쏘냐에 관해 결심했어."

"그녀에게 말하셨어요?" 갑자기 온몸이 기쁨에 잠기면서 나따샤가 물었다.

"야, 퍽 이상하게 보이는구나, 그렇게 수염과 눈썹을 붙이고 있으니까. 나따샤! 너도 기쁘니?"

"그야 나도 기뻐요, 무척 기뻐요! 나, 오빠에게 화를 내고 있었어요. 난 말은 하지 않았지만 그녀에 대한 오빠 태도는 좋지 않았어요. 쏘냐는 정말로 훌륭한 마음씨를 가진 사람이에요. 오빠, 나는 정말 기뻐요! 나는 때로는 매우 나쁜 사람이 되지만, 그래도 쏘냐를 내버려두고 혼자만 행복해지는 것은 마음에 걸려요." 나따샤는 말을 계속했다. "지금은 매우 기뻐요. 자, 그녀한테 달려가세요."

"아냐, 잠깐, 아, 너는 정말 이상하구나!" 니꼴라이는 여전히 누이를 바라보면서, 그녀 속에 여태까지 본 적이 없었던, 무엇인가 새롭고 예사롭지 않은 매력적인 것을 발견하고 이렇게 말했다. "나따샤, 마법에라도 걸린 것만 같구나, 응?"

"그래요." 그녀는 대꾸했다. "오빠는 참 좋은 일을 하셨어요."

'만약 지금과 같은 나따샤를 이제까지 본 일이 있었다면' 니꼴라이는 생각했다. '나는 벌써 옛날에 어떻게 하면 좋은가를 물어보고, 나따샤가 하라고 한 것은 무엇이든지 했을 것이다. 그리고 모든 것이 잘 되어 갔을 것이다.' 니꼴라이는 생각했다.

"그래? 너는 기쁘단 말이지? 그럼 난 좋은 일을 한 거로구나."

"네, 참 좋은 일이에요! 나는 요전에 이 일로 어머니와 말다툼을 했어요. 어머니는 그녀가 오빠를 유혹하고 있다고 하시는 거예요. 어떻게 그런 말씀을 할 수 있을까요! 하마터면 나는 어머니한테 대들 뻔했어요. 나는 누구라도 그녀를 나쁘게 말하거나 생각하는 것을 내버려 두지는 않아요. 왜냐하면 그녀의 마음 속에는 좋은 것밖에 없으니까요."

"그렇게 좋다는 건가?" 니꼴라이는 누이의 말이 사실인지 아닌지 확인하듯이, 누이의 얼굴 표정을 다시 한번 살펴보면서 이렇게 말하였다. 그리고 장화를 삐걱거리며 가로지른 나무에서 뛰어내려, 자기 썰매 쪽으로 달려갔다. 여전히 행복스럽게 미소짓고 있는 체르케스인이 작은 콧수염을 붙이고 번쩍번쩍 빛나는 눈으로 검은 담비 모자 밑에서 이쪽을 바라보며 앉아 있었다. 이 체르케스인이 쏘냐였다. 그리고 이 쏘냐는 틀림없이 그의 미래의 행복한 아내가 될 것이다.

집으로 돌아와서 아가씨들은 멜류꼬프네에서 어떻게 시간을 보냈는가를 어머니에게 이야기하고 자기 방으로 물러갔다. 두 사람은 옷을 갈아입기는 했지만 코르크로 그린 수염을 닦아내지도 않고, 자기들의 행복에 대해서 이야기하면서 오랫동안 앉아 있었다. 그들은 자기들이 결혼해서 어떻게 생활할지, 자기들의 남편이 어떻게 사이 좋은 친구가 되어 자기들이 얼마나 행복해질 것인가를 이야기하였다. 나따샤의 책상 위에는 저녁때부터 두냐샤가 준비해 준 두 장의 거울이 놓여 있었다(크리스마스에 미혼 여자가 거울을 들여다보면 / 미래의 남편을 볼 수 있다는 러시아의 전설).

"그런데 그것은 모두 언제 올 것인지? 통 오지 않는 것은 아닌지, 나는 걱정이야…… 글쎄, 너무나도 이야기가 근사해!" 나따샤는 일어나서 거울로 다가가면서 이렇게 말했다.

"앉아 봐, 나따샤, 어쩌면 그분이 보일지도 몰라." 쏘냐가 말했다. 나따샤는 양초를 켜고 앉았다(러시아의 전통적인 점. 합친 거울 사이에 촛불을 세우고 거울의 상(像)을 보고 장래를 / 미리 안다. 크리스마스에 미혼 여성이 볼 경우에는 미래의 남편이 보인다고 한다).

"누군가 수염을 기른 사람이 보이네." 자기 얼굴을 보고 나따샤가 말했다.

"웃으시면 안 됩니다, 아가씨." 두냐샤가 말했다.

나따샤는 쏘냐와 하녀의 도움을 받아 가장 좋은 거울의 위치를 찾았다. 그녀의 얼굴은 진지한 표정이 되어 그대로 잠자코 있었다. 그녀는 거울 속에서 안쪽으로 연이어 이어져 있는 촛불의 열(列)을 바라보면서, 맨 안쪽의 서로 융합된 몽롱한 사각 안에 관이 보이는 것은 아닌가, 그가, 즉 안드레이가 보이는 것이 아닌가 하고(이제까지 들은 여러 가지 이야기들에 맞추어서) 생각하고 있었다. 그러나 제아무리 작은 점이라도 인간의 모습이나 관이라고 생각하자, 제아무리 그럴 마음이 되어도 나따샤에게는 아무것도 보이지 않았다. 그녀는 요란하게 눈을 깜박거리기 시작하더니 거울 옆을 떠나고 말았다.

"왜 다른 사람에게는 보이고, 나한테는 보이지 않을까?" 그녀는 말했다. "자, 앉아, 쏘냐. 오늘은 네가 꼭 앉아야 해." 그녀는 말했다. "다만, 나 대신이야…… 난 너무 무서워서 더는 못하겠어!"

쏘냐는 거울 앞에 앉아, 위치를 가다듬고 바라보기 시작했다.

"자, 쏘냐는 꼭 보실 거예요." 두냐샤는 나지막한 소리로 말했다. "그런데 아가씬 웃고만……."

쏘냐는 그 말이 들렸다. 게다가 나따샤가 나지막한 소리로 이렇게 말하는 것도 들었다.

"쏘냐에게 보인다는 거 나도 알고 있어요. 쏘냐는 작년에도 보았으니까."

2, 3분 동안 아무도 말이 없었다. "틀림없어요!" 나따샤가 속삭였다. 그러나 그 말이 끝나기도 전에…… 느닷없이 쏘냐는 가지고 있던 거울을 밀어 놓고 손으로 눈을 가렸다.

"아, 나따샤!" 그녀가 말했다.

"봤어? 봤어? 무엇이 보였어?" 나따샤가 거울을 받치면서 말했다.

쏘냐는 아무것도 보지 못했다. 그녀는 눈을 깜박거리고 싶어서 일어서려고 한 순간, "틀림없어요!" 하고 말하는 나따샤의 목소리를 들었다…… 그녀는 두냐샤나 나따샤의 기대를 어기고 싶지는 않았고, 앉아 있는 것도 괴로웠다. 그녀는 손으로 눈을 가렸을 때 어째서, 무엇 때문에 외치는 소리가 자기에게서 튀어나왔는지 자신도 알지 못했다.

"그분이 보였어?" 나따샤는 그녀의 손을 붙잡으면서 말했다.

"그래, 잠깐만 기다려…… 나…… 그분을 봤어." 쏘냐는 자기도 모르게 이렇게 말했지만, 나따샤가 말한 '그분'이 누구인지…… 니꼴라이인지 혹은 안드레이인지 아직 모르고 있었다. '그러나 왜 내가 봤다고 말해서는 안 될까? 다른 사람도 제대로 보고 있는데! 게다가 내가 보았는지 안 보았는지 그 누구도 알 수 없잖아.' 쏘냐의 머리엔 이러한 생각이 스쳐갔다.

"응, 나는 그분을 봤어." 그녀는 말했다.

"어떻게? 어떡하고 있었어? 서 있었어, 그렇잖으면 누워 있었어?"

"아냐, 내가 본 것은…… 처음에는 아무것도 없었는데 별안간 그분이 누워 계시는 것이 보이기도 하고."

"안드레이가 누워 계셨어? 그분이 아픈가?" 겁에 질린 듯 한 눈으로 바라보면서 나따샤는 물었다.

"아니야, 그 반대야. 반대로, 밝은 얼굴로 나를 향했어." 그리고 이렇게 말한 순간 그녀 자신도 자기가 말한 것을 본 것 같은 느낌이 들었다.

"그래서, 쏘냐?"

"그때 나는 분명히 분간을 못했어. 무엇인가 파랗고 빨간 것이……."

"쏘냐! 그분은 언제 돌아오실까? 언제 만날 수 있을까! 아! 난 불안해. 모든 것이 다 무서워……." 나따샤는 이렇게 말했다. 그리고 쏘냐의 위로하는 말에는 대꾸도 하지 않고 침대에 누웠다. 촛불을 끄고 나서도, 오랫동안 눈을 뜨고 침대에 누운 채 꼼짝하지 않고, 얼어붙은 창문 너머로 싸늘한 달을 바라보고 있었다.

13

크리스마스 주간이 끝난 후 얼마 안 있다가, 니꼴라이는 자기가 쏘냐를 사랑하고 있고 그녀와 결혼할 것을 굳게 마음 먹고 있다는 것을 어머니에게 분명히 말했다. 이전부터 쏘냐와 니꼴라이와의 사이를 눈치 채고 이와 같은 고백을 예기하고 있던 백작 부인은 잠자코 아들 말을 마지막까지 다 듣고나서, 너는 누구든지 좋아하는 사람과 결혼해도 좋다, 하지만 자기도 아버지도 그런 결혼에 대해서 축복을 줄 수 없을 거라고 말했다. 니꼴라이는 어머니가 자기에게 불만이며, 자기를 제아무리 사랑해 주고는 있지만 이것만은 양보할 것 같지 않다는 것을 처음으로 느꼈다. 그녀는 아들 얼굴을 바라보지도 않고 냉담한 표정으로 남편을 불러오게 했다. 남편이 오자, 백작 부인은 니꼴라이를 앞에 두고 짤막하고 냉담하게 이야기하려고 했지만 참지를 못했다. 그녀는 분에 못 이겨 눈물을 흘리며 울음을 터뜨린 채 방에서 나가버렸다. 노백작은 우유부단하게 니꼴라이를 타이르면서, 마음을 바꾸도록 부탁했다. 니꼴라이는 자기 말을 바꿀 수 없다고 대답했다. 그러자 아버지는 분명히 당황한 낯으로 한숨을 쉬고는, 서둘러 이야기를 중지하고 백작 부인에게로 가 버렸다. 아들과 충돌할 때마다 백작은 가계를 파산 상태로 만들어 아들에게 미안하다는 의식에 사로잡혔다. 그래서 그는 아들이 돈이 많은 신부 후보와의 결혼을 거절하고 지참금이 없는 쏘냐를 골랐다고 해서 화를 낼 수가 없었다. 그는 다만 이런 경우, 만약 가계가 파산 상태가 아니라면 니꼴라이에게는 쏘냐보다 더 훌륭한 색시는 바랄 수 없다는 것, 또 집안을 파산 상태로 만든 책임은 모든 것을 지배인인 드미뜨리에게 맡기고 사치스러운 습관을 버리지 못한 자기 한 사람에게 있다는 것을 한층 뼈저리게 느끼는 것이었다.

부모는 이제 그 이상 아들과 이 문제를 이야기하려 하지 않았다. 그 후 며칠이 지나서 백작 부인은 자기 방으로 쏘냐를 불러, 그녀에게도 쏘냐에게도 뜻하지 않은 무자비한 어조로 배은망덕하게 아들을 유혹했다고 조카를 비난했다. 쏘냐는 눈을 떨군 채, 말없이 백작 부인의 잔인한 꾸지람을 듣고 있었으나 자기에게 어떻게 하라는 것인지 알 수가 없었다. 그녀는 자기가 은혜를 입은 백작 내외를 위해서라면 모든 것을 희생할 각오를 가지고 있었다. 자기 희생은 그녀가 가장 좋아하는 생각이었다. 그러나 지금의 경우, 대체 누구에게, 무엇을 희생하지 않으면 안 되는 것인지 이해할 수가 없었다. 그녀는 백작 부인과 로스또프 일가를 사랑하지 않을 수 없었지만 또한 니꼴라이를 사랑하지 않을 수 없었고, 이 사랑이 그의 행복을 좌우한다는 것도 깨닫지 않을 수 없었다. 그녀는 침묵한 채 슬퍼서 대답을 하지 않았다. 니꼴라이는 더 이상 이런 상태를 참을 수 없다는 마음이 들어 어머니에게로 가서 터놓고 이야기를 하기로 하였다. 그는 자기와 쏘냐를 용서해 주고 두 사람의 결혼을 승낙해 달라고 부탁해 보기도 하고, 만약 쏘냐를 이 이상 학대한다면 자기는 지금이라도 곧 그녀와 남몰래 결혼해 버리겠다고 어머니를 위협하기도 했다.

백작 부인은 자기 아들에게 이제까지 본 적이 없을 만큼 냉담한 태도로, 너도 이젠 성년이 되었고 안드레이도 아버지의 승낙 없이 결혼할 생각을 하고 있으니까 너도 같은 짓을 해도 상관없겠지만, 나는 절대로 그런 술책을 부리는 여자를 자기 며느리로 인정하진 않겠다고 대답했다.

술책을 부리는 여자라는 말에 발끈해진 니꼴라이는 음성을 높여 어머니에게 말했다. 어머니가 저에게 이렇게 감정을 강요하시리라고는 꿈에도 생각하지 못했습니다. 만약 그러시다면, 저도 마지막으로 말씀드리지만…… 그러나 니꼴라이의 얼굴 표정으로 미루어보아, 어머니가 무서운 기분으로 기다리고 있고 아마도 영원히 모자 사이의 참혹한 추억으로 남을지도 모르는 결정적인 말을 그는 말할 틈이 없었다. 그가 끝까지 말할 수 없었던 것은, 그때 문간에서 엿듣고 있던 나따샤가 파랗게 질린 심각한 낯으로 방 안에 뛰어들어왔기 때문이다.

"오빠, 오빠는 무슨 부질없는 말을 하는 거예요? 입 다물어요, 입! 아무 말도 하지 말아요!……." 그녀는 오빠 말을 안 들리게 하려고 거의 외치는 것처럼 말했다.

"엄마, 이것은 전혀 그런 뜻이 아니에요…… 엄마, 내가 좋아하는 불쌍한 엄마." 그녀는 어머니에게 이렇게 말했다. 어머니는 자기가 결렬 직전에 있는 것을 느끼고 무서운 기분으로 아들을 바라보고 있었는데, 오기 때문에,

또 싸움에 열중하고 있었기 때문에 항복하기가 싫었고 그렇게 할 수도 없었다.

"오빠, 내가 오빠한테 이따가 잘 이야기하겠어요. 저쪽에 가 계세요……엄마, 제 말 좀 들어 주세요." 그녀는 어머니에게 말하였다.

그녀의 말에는 뜻이 없었다. 그러나 그녀가 노린 효과는 거둘 수가 있었다.

백작 부인은 괴로운 듯이 흐느껴 울며 딸의 가슴에 얼굴을 묻었고, 니꼴라이는 일어나서 머리를 싸안고서 방에서 나갔다.

나따샤는 화해 공작을 시작했다. 그리하여 니꼴라이는 어머니로부터 쏘냐를 학대하지 않는다는 약속을 받았고, 그 자신은 양친에게 비밀로 무슨 일을 하지 않는다는 약속을 하였다.

연대에서 자기 일을 정리하면 퇴직하여 고향으로 돌아와서 쏘냐와 결혼할 것을 굳게 마음먹고, 니꼴라이는 슬프고 심각하게 가족들과는 사이가 어긋난 채, 그러나 열렬한 사랑을 하고 있다고 스스로 느끼면서 1월 초에 연대로 돌아갔다.

니꼴라이가 떠나간 뒤의 로스또프네는 어느 때보다도 쓸쓸해졌다. 백작 부인은 마음의 괴로움 때문에 병이 났다.

쏘냐는 니꼴라이와 헤어졌기 때문에, 또 그 이상으로 백작 부인이 그녀를 대할 때의 적대적인 태도 때문에 슬펐다. 백작은 그 어떤 과감한 수단을 필요로 하고 있는 나쁜 가계 상태에 어느 때보다도 고민을 하고 있었다. 아무래도 모스크바의 저택과 모스크바 근교의 땅을 팔지 않을 수 없었고 그러기 위해서는 모스크바로 갈 필요가 있었다. 그러나 백작 부인의 건강이 나빠졌기 때문에 출발을 하루 연기하지 않을 수 없었다.

약혼자와 헤어진 처음 동안을 어딘지 즐겁다고 해도 좋을 정도로 잘 극복해 왔던 나따샤는 지금은 날이 갈수록 안절부절못하고 기다릴 수 없는 심정이 되었다. 그분을 사랑하기 위해 바칠 수 있었던 자신의 가장 좋은 시절이 이런 식으로 헛되이 사라져 간다는 생각이 짓궂게 그녀의 마음을 괴롭히고 있었다. 그의 편지는 대개 그녀를 화나게 만들었다. 자기는 오직 그만을 생각하며 살고 있는데, 그는 그 자신에게 흥미가 있는 새로운 장소를 보고 새로운 사람들을 만나고 있다고 생각하니 그녀는 분한 생각이 들었다. 그의 편지가 재미있으면 재미있을수록 그녀는 화가 났다. 또 그에게 편지를 써 봐도 그것은 통 위안이 되지 않았을 뿐더러, 오히려 따분하고 겉치레의 의무처럼 보였다. 그녀는 목소리나 미소, 눈동자로 표현하는 데에 익숙한 것을 1000분의 1이라도 편지에 정확하게 표현하는 것이 불가능했기 때문에 편지를 잘 쓸 수가 없었다. 그녀는 그에게 낡고 틀에 박힌, 윤기가 없는 편지를 써서 자기 자신도 그것에 아무런 뜻도 인정하지 않았다. 백작 부인은 그 편지의 초고를 보고 틀린 글자를 고쳐주었다.

백작 부인의 건강은 여전히 회복되지 않았다. 그러나 모스크바로 가는 일을 연기한다는 것은 이제 불가능했다. 지참금도 장만해야 했고 집도 팔아야만 했다. 게다가 안드레이는 아버지가 이 겨울을 모스크바에서 보내고 있기 때문에 우선 모스크바로 돌아오리라고 생각되었고, 나따샤는 벌써 그가 도착해 있다고 믿고 있었다.

그래서 백작 부인은 시골에 남게 되었고, 백작은 쏘냐와 나따샤를 데리고 1월 말에 모스크바로 떠났다.

제5부

1

삐에르는, 안드레이와 나따샤와의 혼담이 오간 후에는 별로 뚜렷한 까닭이 없었는데도 갑자기 종전과 같은 생활을 계속할 수 없다고 불현듯 느꼈다. 은사가 제시해 준 진리를 굳게 믿고 있었고, 자기 완성이라는 내면적인 작업에 몰두했던 초기에는 정말 기뻐하며 여기에 대단한 정열을 쏟아부었지만, 거의 동시에 소식을 받은 안드레이와 나따샤의 약혼과 바즈데에프의 사망후, 이제까지의 그러한 생활의 매력이 삐에르에게는 급히 사라지고 말았다. 남은 것은 단지 저택과, 지금은 어느 고귀한 사람의 총애를 한몸에 지니고 있는 요염한 아내와, 뻬쩨르부르그 전체와의 교제, 여러 가지 따분한 형식이 따른 근무 등, 생활의 껍데기뿐이었다. 그리고 이 종래의 생활이 갑자기 뜻하지 않은 혐오감을 삐에르에게 불러 일으켰다. 그는 일기를 쓰는 것도 그만두고, 프리메이슨의 결사와도 거리를 두었다. 그 대신 클럽에 다니기 시작하여 많은 술을 마시고, 독신 패에 접근하게 되었다. 그래서 아내 엘렌이 베주호프 백작 부인으로서 그에게 엄격하게 충고하지 않으면 안될 정도가 되었다. 삐에르도 아내의 말이 옳다고 느꼈으므로, 아내의 체면을 손상시키지 않으려고 모스크바로 떠나버리고 말았다.

모스크바에서 그는, 아름다운 용모가 시들어 빠진, 혹은 시들고 있는 공작 영양들과 많은 하인들이 있는 광대한 저택에 마차를 몰고 들어간 순간, 시중과 마차를 몰고 다니면서 성상(聖像)의 황금 장식 앞에 무수한 촛불이 켜져 있는 저 이베르스까야의 예배당을 본 순간, 아직 마차 바퀴 자국이 나 있지 않은 저 크레믈린 광장이나 거리의 마차, 씨브쩨프 브라제크 거리의 빈민굴을 본 순간, 아무 욕심 없이 서두르지도 않고 여생을 보내는 모스크바의 노인들을 본 순간, 나이 든 여인이나 모스크바의 귀부인들, 모스크바의 무도회나 모스크바의 영국 그룹들을 본 순간, 그는 나의 집, 조용한 휴식의 장소로 돌아온 기분이 되었다. 그는 모스크바로 오자 오래 입었던 가운을 다시 입은 것처럼 마음이 가라앉고, 따뜻하며, 평상적으로 속된 기분이 들었다.

모스크바의 상류 사회 전체가, 할머니에서 어린 아이에 이르기까지, 항상 자리를 준비하여 비워 두고 있는, 기다리고 기다리던 손님으로서 삐에르를 맞이하였다. 모스크바의 사교계에서 삐에르는 더없이 인상이 좋고 착하며 머리가 좋은, 명랑하고 관대한 기인으로, 동시에 소박하고 선량한 러시아적인 낡은 타입의 나리로 통하고 있었다. 그의 지갑은 누구에게나 열려 있었기 때문에 항상 텅텅 비어 있었다.

배우 등을 위한 축하 흥행, 서투른 그림, 조각, 자선단체, 집시, 학교, 저녁 만찬, 주연, 프리메이슨, 교회, 책—누구 하나, 무엇 하나 거절을 당하는 일이 없었다. 그리고 만약 그한테서 많은 돈을 꾸었으나 그의 후견인 역할을 하고 있는 두 사람의 친구가 없었다면, 그는 가지고 있는 것을 몽땅 뿌려 버렸을 것이다. 클럽에서도 그가 없는 저녁식사나 파티는 성립되지 않았다. 그가 프랑스의 마르고 포도주를 두 병이나 비운 뒤에 소파의 자기 자리에 기대면, 이내 모두가 그를 둘러싸 잡담과 논쟁과 농담들이 시작되는 것이었다. 싸움이 벌어지고 있는 곳에서는 그가 호인다운 웃는 얼굴로 때를 맞추어 그 자리에 어울리는 농담이라도 한마디 하면, 그것만으로 화해가 되었다. 프리메이슨의 식사 집회는 그가 없으면 따분하고 활기가 없었다.

독신자들의 만찬이 끝난 후, 그가 쾌활한 패들의 간청에 못 이겨 그럼 어디 가볼까 하고, 여느 때의 선량하고 감미로운 미소를 머금으면서 일어나면, 젊은 사람들 사이에서는 와! 하고 신나는 환성이 일어나는 것이었다. 무도회에서 그는 남성이 모자라면 춤도 추었다. 젊은 여인과 아가씨들은 그가 별로 누구를 지분거리는 것도 아니고, 야식 뒤에는 누구에게나 다 같이 친절했으므로 그를 좋아했다. "저분은 매력적이야, 섹스에 관심이 없으니까." 그녀들은 소곤거렸다.

삐에르는 모스크바에서 유유히 여생을 보내고 있는, 수백 명이나 되는 퇴직 시종관 중 한 사람이었다.

7년 전 그가 외국에서 갓 돌아왔을 때에, 누군가 그에게 당신은 이제 아무 것도 찾거나 생각해낼 필요는 없다, 당신의 나아갈 길은 벌써 굳게 다져져서 영원히 정해져 있다, 아무리 당신이 몸부림치더라도 결국은 그와 동일한 처지에 있는 모든 사람들과 같은 것이 되고 만다고 말했다면 그는 얼마나 놀랐으랴. 그런 것은 도저히 믿을 수 없었을 것이다. 때로는 러시아에 공화국을 만들려고 열망하기도 하고, 자신이 나폴레옹이 되기를 바랐으며, 때로는 철학자나 나폴레옹을 능가하는 전술가가 되려고 했던 그가 아니었던가? 죄 많은 인류를 다시 태어나게 하거나 자기 자신을 자기 완성의 최고 단계에까지 도달시킬 수가 있다고 보고, 열렬히 그것을 바라고 있던 삐에르가 아니었던가? 학교와 병원을 세우기도 하고, 농민을 해방하려고 한 것도 삐에르가 아니었던가?

그런데 이러한 여러 가지 일 대신에 삐에르의 실상은—부정(不貞)한 아내를 가진 부자 남편이며, 먹거나 마시고, 옷을 풀어헤친 채 때때로 정부를 욕하기를 좋아하는 퇴직 시종관이며, 모스크바의 영국 그룹 회원이고, 모든 사람들의 호감을 사는 모스크바 사교계의 일원이었던 것이다. 그는 현재의 자기가 7년 전에 그토록 깊이 멸시하고 있던 모스크바의 퇴직 시종관 바로 그중 한 사람이라는 것을 오랫동안 받아들일 수가 없었다.

이따금 그는 잠시 이와 같은 생활을 하고 있을 뿐이라고 생각하고, 스스로를 위로했다. 그러나 그는 수많은 사람이 그저 잠시뿐이라고 하면서, 자기와 마찬가지로 이와 머리카락이 성했을 무렵에 이런 생활과 이 클럽으로 들어왔다가, 한 개의 이도, 한 올의 머리카락도 없이 다 빠져버린 뒤에야 여기서 나갔다는 것을 생각하고 무서운 기분이 드는 것이었다.

우쭐한 기분이 들 때 자기의 처지를 생각하면 그는 이런 기분이 들었다—자기는 옛날에 멸시를 했던 것과 같은 퇴직 시종관과는 전혀 다르다. 특별한 인간인 것이다. 친구들은 저속하고 멍청하고 자기 처지에 만족하며 안심하고 있다. '그렇지만 나는 지금도 여전히 만족해 있지 않다. 여전히 나는 인류를 위해 무엇인가를 하고 싶다고 생각하고 있다.' 우쭐할 때 그는 자신에게 이렇게 말하는 것이었다. '그러나 어쩌면 나의 동료들도 모두가 나와 같이 몸부림치고, 무엇인가 새로운 자기 인생의 길을 찾다가 나처럼 환경이나 사회, 혈통의 힘에 의해, 즉 인간으로서는 거역할 수 없는 불가항력에 의해서 나와 같은 곳으로 끌려들어 갈지도 모른다.' 겸손한 마음으로 있을 때에는 그는 이렇게 말했다. 그리고 잠시 모스크바에서 사는 동안에, 그는 자기와 운명을 같이 하고 있는 사람들을 이제는 멸시하지 않고 자기 자신처럼 사랑하고 존경하고 동정하기 시작하였다.

삐에르는 이전과 같이 절망, 우수, 인생에 대한 혐오의 순간을 찾아볼 수 없게 되었다. 그러나 이전에는 심한 발작으로 나타났던 것과 동일한 병이, 이제는 안으로 몰려 잠시도 떠나지 않았다. '무엇을 노리고? 무엇을 위해? 이 세상에서 생기고 있는 것은 도대체 무엇인가?' 그는 하루에도 몇 번씩이나 납득이 가지 않는 심정으로 자문하고는, 인생의 여러 가지 현상의 뜻을 저도 모르게 깊이 생각하는 것이었다. 그러나 이와 같은 질문에 해답을 얻지 못한다는 것을 경험으로 알고 있었으므로, 그는 서둘러 그것으로부터 눈을 돌리도록 애쓰고 책을 손에 들거나, 고을의 소문 이야기를 지껄이기 위해 급히 클럽이나 아뽈론 니꼴라예비치에게로 달려가기도 했다.

'이제까지 자기 몸 이외에는 아무것도 사랑한 일이 없는, 세계에서 가장 우둔한 여자의 한 사람인 엘렌이' 삐에르는 생각하였다. '남에게는 지성과 세련의 극치인 것처럼 여겨져, 모두가 그녀 앞에 무릎을 꿇고 있다. 나폴레옹 보나빠르뜨는 그가 위대했을 때에는 만인의 멸시를 받았고, 오히려 비참한 희극 배우가 된 다음부터는 오스트리아의 프란쯔 황제로부터 딸을 첩으로 삼아 달라는 제의를 받았었다.

스페인 국민은 6월 14일, 프랑스군을 격파한 일을 감사해서 가톨릭 신부를 통해서 하느님께 기도를 올리고 있는데, 프랑스인은 같은 가톨릭 신부를 통해서 6월 14일에 자기들이 스페인군을 격파한 일로 기도를 드리고 있다. 나의 형제인 프리메이슨들은 이웃을 위해 모든 것을 희생한다고 혈서로써 서약하고 있으면서도, 빈민 구제를 위한 기부에서는 단돈 1루블도 희사하려고 들지 않고, '만나(이스라엘인이 사막을 방랑하였을 때 하느님한테서 받은 음식) 탐구' 지부에 대해서 '아스트레이' 지부로 하여금 음모를 꾸미게 하여 스코틀랜드의 깔개(프리메이슨 의식에 사용하는 상징적인 그림이 그려진 깔개)나, 그것을 쓴 본인까지도 뜻을 알 수 없는, 아무에게도 필요 없는 문서를 위해 조바심하고 있다. 우리는 모두 모욕을 용서하고 이웃을 사랑하라는 그리스도교의 계율을 믿고 있다. 이 계율 때문에 우리는 수많은 교회를 건립한 것이다. 그런데 어제는 한 탈영병이 매를 맞았다. 또, 바로 이 사랑과 용서의 계율을 섬기는 신부가 사형 전에 그 병사에게 십자가에 입맞추게 하였다.' 삐에르는 이렇게 생각하는 것이었다. 그러자 이 일반적인, 또는 모든 사람에게 인정되고 있는 모든 허위에 삐에르가 익숙해졌다고 하더라도, 마치 무엇인가 새로운 일처럼 그때마다 그를 놀라게 하는 것이었다. '나는 이 허위와 혼란을 깨닫고 있다.' 그는 생각했다. '그러나 내가 알고 있는 것을 남김없이 모두에게 이야기하려면 어떻게 하면 좋을까? 나도 해 보았다. 그리고 모두가 마음 속으로는 나와 같은 일을 알고 있으면서 그것을 보지 않으려고 할 따름이라는 것을 알았다. 그렇다면, 그렇게 할 필요가 있는 것이다! 그러나 이 나란 사람은 어떻게 하면 좋은가?' 삐에르는 생각했다. 그는 많은 사람들, 특히 러시아 사람의 불행한 능력을 몸소 맛보고 있었다. 그것은 선과 정의의 가능성을 인정하고 믿으면서도, 인생에 진지하게 발을 들여놓을 수 있기 위해서는, 너무나도 뚜렷하게 인생의 악과 허위를 꿰뚫어보는 능력이었다. 어떤 일의 분야에서나 그의 눈으로 보자면 악이 허위와 결부되어 있었다. 무엇이 되려고 해도, 무엇을 하려고 해도 악과 허위가 그를 주저하게 만들고 모든 활동의 길을 막아버리는 것이었다. 그러나 그러면서도 살아가지 않으면 안 되었다. 무엇인가를 하지 않으면 안 되었다. 이러한 해결되지 않는 인생 문제에 짓눌려 있는 것은 너무나도 무서웠다. 그래서 그는 다만 그러한 문제를 잊기 위해 마음이 끌리는 일에 무턱대고 열중했다. 그는 모든 집회에 빠짐없이 참석했다. 많은 술을 퍼마셨고 그림을 사 모으며 새 건물을 지었다. 특히 독서에 빠져들었다.

그는 닥치는 대로 무엇이든지 읽고 또 읽었다. 집으로 돌아와서 하인이 외투를 갈아입히고 있는 동안에도 책을 들고 읽을 정도였다. 그리고 독서에서 수면, 수면에서 객실이나 클럽에서의 잡담, 잡담에서 연회와 여자로, 연회에서 다시 잡담, 독서, 술로 옮겨갔다. 술을 마신다는 것은 그에게는 차차 육체적인 욕구와 동시에 정신적인 욕구가 되기도 하였다. 의사가 그와 같이 비대한 몸에는 술은 위험하다고 말하고 있는데도 불구하고, 그는 몹시 많은 술을 마셨다. 그는 자기도 모르는 사이에 큰 입에 술을 몇 잔 들이켜 체내에 퍼지는 흐뭇한 따뜻함을 느끼고, 가까운 사람 모두에게 부드러운 애정을 느끼며, 모든 생각에 대해서 그 본질을 깊이 캐 보지 않고 표면적으로 응답하는 마음이 되었을 때 비로소 완전히 좋은 기분이 되는 것이었다. 술을 한두 병 다 마시고 나면 비로소 그는 이제까지 자기를 위협하고 있던, 저 복잡한 무서운 인생의 갈등이 자기가 생각하고 있었던 것처럼 무서운 것이 아니었다고 막연히 의식하는 것이었다. 저녁이나 야식 후 머릿속에서 웅성거리는 소리가 나는 것을 느끼면서 지껄이고, 남이 이야기하는 것을 듣거나 책을 읽거나 하면 그는 끊임없이 그 얽힘을, 어느 쪽이 되었던 간에 그 얽힘의 일면을 보았다. 그러나 술의 힘을 빌릴 때에 한해서 그는 마음 속으로 이렇게 말하는 것이었다. '이런 것은 아무것도 아니다. 내가 풀어 주겠다. 나는 이미 설명을 준비해 두었어. 그러나 지금은 그럴 겨를이 없다. 나중에 찬찬히 생각하기로 하자!' 그런데 이 나중이라는 것은 한 번도 오지 않았다.

아침이 되어 술이 깨면, 이제까지의 여러 문제가 여전히 해결되지 않는 무서운 것으로 여겨져 삐에르는 다급히 책을 손에 들고, 만약 누가 찾아오면 몹시 기뻐하는 것이었다.

이따금 삐에르는 싸움터에서 병사가 엄폐호 속에서 포탄에 노출되어 있을 경우, 그에 대해 속수무책일 때에는 그 위험을 될 수 있는 대로 편하게 견딜 수 있도록 열심히 자기 일을 찾으려고 한다는, 남에게서 들은 이야기를 상기하였다. 삐에르에게는 모든 사람들이 다 같이 생활에서 도피하려고 하는 병사처럼 생각되었다. 어떤 사람은 명예욕으로, 어떤 사람은 카드로, 어떤 사람은 법률의 작성으로, 어떤 사람은 여자로, 어떤 사람은 장난감으로, 어떤 사람은 말로, 어떤 사람은 정치로, 어떤 사람은 사냥으로, 어떤 사람은 술로, 어떤 사람은 국정으로. '보잘것없는 것도 중요한 것도 없다. 다 마찬가지다! 다만 가능한 한 그것으로부터 빠져나오면 된다!' 삐에르는 생각했다. '다만 그것을, 저 무서운 그것을 보지 않도록 하면 된다.'

2

초겨울, 볼꼰스끼 노공작은 딸을 데리고 모스크바로 올라왔다. 그의 과거와 그의 두뇌, 그리고 보기에 색다른 성격 때문에, 특히 그 무렵 알렉산드르 1세 황제의 통치에 대한 감격이 엷어지고 있었고, 모스크바에서는 당시 반프랑스적인 애국적 경향이 지배적이었기 때문에 노공작은 곧 모스크바 사람들의 색다른 존경의 대상이 되고 모스크바의 반정부 세력의 중심이 되었다.

공작은 최근 1년 동안에 푹 늙어버리고 말았다. 뚜렷한 노쇠의 징후가 나타나서 자기도 모르게 졸거나, 최근의 일을 잊어버리고 옛일을 기억하고 있거나, 앳된 허영심에 사로잡혀서 모스크바 반정부 세력의 중심적 역할을 맡기도 했다. 그러면서도 이 노인이, 특히 밤에 짧은 털외투를 입고 머리분을 뿌린 가발을 쓰고 차를 마시는 자리에 나와서, 누군가의 권유를 받아 단편적인 옛이야기나 더욱 단편적이고 통렬한 현재의 비판을 시작하면, 그는 모든 손님들에게 한결같이 존경심을 불러일으키는 것이었다. 커다란 체경과 프랑스 혁명 전의 가구들, 머리에 머리분을 뿌린 하인들이 있는 이 저택 전체와, 그의 앞에서 공손하게 순종하는 온순한 딸과 아름다운 프랑스 여자를 거느린, 성질이 급하고 총명한 노인은 그 자신이 전 세기의 유물로서 방문객들에게 장대한 느낌과 쾌감을 자아내는 구경거리였다. 그러나 방문객들은, 이 주인 일가를 보는 두세 시간 이외에 하루에는 아직도 스물두 시간이 있고, 그 동안에 집안에서는 숨겨진 생활이 영위되고 있다는 것을 생각하지 않았다.

최근 모스크바로 올라온 이후 이 가정 안의 생활은 마리야에게는 무척 괴로운 것이 되었다. 그녀는, '벌거숭이 산'에서 그녀의 마음을 밝고 시원하게 해주었던 '하느님의 사람'들과의 대화와 고독이라고 하는 최상의 즐거움을 모스크바에서는 박탈당하고, 수도 생활의 편리함과 즐거움의 혜택도 하나도 받을 수가 없었다. 사교계에는 드나들지 않았다. 아버지는 자기와 같이 가지 않으면 그녀를 내보내지도 않았고, 아버지 자신이 건강이 좋지 않아서 나갈 수 없음을 누구나 알고 있었으므로, 그녀를 식사와 야회에는 아무도 초대하지 않았기 때문이다. 시집갈 기대도 마리야는 깨끗이 버리고 말았다. 이따금 집에 나타나는 청년들 중 신랑감이 될 만한 사람들을 아버지가 냉담하고 짓궂은 태도로 맞아들이고는 배웅해 버리는 것을 그녀는 보고 있었기 때문이다. 마리야에게는 친한 친구도 없었다. 이번에 모스크바로 와서 그녀는 자기의 가장 친한 친구 두 사람에게 실망하고 말았다. 부리엔 양과는 이전부터 마음 속까지 이야기하고 싶지 않았지만, 지금은 그녀가 그지없이 불쾌해졌고, 몇 가지 이유 때문에 그녀를 멀리하게 되었다. 줄리는 모스크바에 있었고 마리야는 5년 동안 계속해서 그녀에게 편지를 썼으나, 새삼 개인적으로 만나보니 전혀 남인 것을 알았다. 줄리는 형제들이 죽은 탓으로 이 무렵 일약 모스크바에서도 가장 부유한 신붓감의 한 사람이 되어 사교계의 꽃이 되어 있었다. 그녀는 갑자기 자기의 좋은 점을 인정해 주었다고 그녀가 생각하고 있는 젊은 사람들에게 둘러싸여 있었다. 줄리는 나이를 먹어가는 상류 사회의 아가씨들이, 지금이 바로 결혼의 마지막 기회이며 자기의 운명이 결정되는 때라고 느끼는 시기에 있었다. 마리야는 목요일이 될 때마다 편지를 쓸 상대가 없어지고, 이제는 곁에 있어도 조금도 반갑지 않은 줄리만 모스크바에 있어서 매주 얼굴을 맞대야 한다는 것을 쓸쓸한 미소를 띠며 생각하는 것이었다. 여러 해 동안 어떤 여성과 저녁의 한때를 보내고 있으면서, 그녀와 결혼을 해버리면 어디에서 밤을 보내야 할지 모르게 되기 때문에 그 여성과의 결혼을 단념해버리는 나이 든 망명자처럼, 마리야는 줄리가 모스크바에 있기 때문에 편지를 쓸 상대가 없다는 것을 아쉽게 생각하고 있었다. 그녀는 모스크바에서는 이야기 상대도 없고 자기의 슬픔을 털어 놓을 사람도 없었는데, 여기에 있는 동안에 많은 슬픔이 새롭게 쌓였다. 오빠 안드레이의 귀국과 그의 결혼 시기가 임박해 있었는데도, 아버지에게 마음의 준비를 하게 해달라는 그의 부탁은 아직 실행되지 않고 있었다. 오히려 사태는 반대로 악화되어 로스또프네의 아가씨 이야기를 꺼내는 것만으로도, 평소에도 기분이 좋지 않은 일이 많은 노공작은 벌컥 역정을 내는 것이었다. 마리야에게 최근 가해진 새로운 슬픔은 여섯 살이 된 조카에게 가르치는 공부에 관한 일이었다. 조카인 니꼴렌까를 대하고 있으면 그녀는 아버지의 성급함이 자기에게도 있음을 알고 움찔했다. 조카를 가르칠 때 화를 내서는 안 된다고 수없이 자신에게 타일렀지만, 그녀는 글자를 가리키는 막대를 가지고 프랑스어 입문 교과서 앞에 앉으면, 당장이라도 고모가 화를 낼지 모른다고 처음부터 겁을 먹고 있는 어린이에게 자기의 지식을 될 수 있는 대로 빨리, 될 수 있는 대로 간단하게 주입시키려고 바라는 나머지 마음이 조급해졌다. 니꼴렌까가 약간 멍하니 있기만 해도 그녀는 몸을 부르르 떨며, 초조해하고 욱해서 소리를 높이고, 때로는 니꼴렌까의 작은 손을 끌고 방구석에 벌을 세우기도 했다. 그를 구석에 세워 놓으면 그녀는 자신의 짓궂은 나쁜 성질이 슬퍼져서 울기 시작하고 니꼴렌까도 그녀를 따라 큰 소리로 울면서, 용서하지 않았는데도 구석에서 나와 그녀에게로 다가가서, 그녀의 얼굴에서 눈물에 젖은 손을 떼어 그녀를 위로하는 것이었다. 그러나 무엇보다도 깊은 슬픔을 마리야에게 준 것은 아버지의 성급함이었다. 그것은 항상 딸에게로만 향하였으며 최근에는 잔인할 정도로까지 되고 말았다. 만약에 아버지가 그녀에게 매일 밤 밤새도록 절을 시키거나 혹은 매질을 한다든지, 장작이나 물을 운반시킨다면 그녀는 자기 처지가 괴롭다는 생각은 꿈에도 하지 않았을 것이다. 그런데 애정이 풍부한 박해자는—딸을 사랑하고 있고, 그 애정 때문에 자신과 딸을 괴롭히기에 더없이 잔혹하지만—새삼 지혜를 짜서 그녀를 괴롭히고 짓밟았을 뿐만 아니라, 항상 무슨 일에 있어서나 그녀가 나쁘다는 것을 느끼도록 만들었다. 최근에는, 마리야를 더욱 괴롭히는 새로운 특징이 아버지에게 나타났다. 그것은 그가 전보다 더욱 부리엔 양에게 접근하기 시작한 것이었다. 아들이 결혼할 작정이라는 소식을 받은 순간 그의 머리에 문득 떠오른 농담같은 생각, 즉 만약 안드레이가 결혼한다면, 자기도 부리엔 양과 결혼하겠다는 생각이 아무래도 그의 마음에 들었는지 그는(마리아의 느낌으로는) 최근 끈질기게, 오직 그녀의 기분에 상처를 입히기 위해서, 보란 듯이 부리엔 양에게 유달리 친절을 베풀어 그녀에 대한 애정을 보임으로써 딸에 대한 불만을 나타내는 것이었다.

모스크바에 온 후 어느 날, 마리야의 눈 앞에서(아버지가 일부러 자기 앞에서 그렇게 한 거라고 마리야는 느꼈다) 노공작은 부리엔 양의 손에 입을 맞추고 그녀를 끌어당겨 애무하면서 껴안았다. 마리야는 얼굴이 빨개져서 방을 뛰쳐나갔다. 4, 5분 후, 부리엔 양은 미소를 띠고 여느 때와 같은 부드러운 목소리로 무엇인가 즐겁게 이야기하면서 마리야 방으로 들어왔다. 마리야는 급히 눈물을 닦고 단호한 걸음걸이로 부리엔에게 다가가서, 자기도 무엇을 하고 있는지도 모르고 잔뜩 화가 나서 폭발할 것만 같은 음성으로, 프랑스 여자를 향하여 소리쳤다.

"그런 일은 부끄러운 일입니다. 비열한 일입니다. 약점을 이용하다니……." 그녀는 끝까지 말을 맺지 못했다. "어서 내 방에서 나가줘요." 그녀는 이렇게 소리치자 울음을 터뜨리고 말았다.

이튿날 노공작은 딸에게 한 마디도 하지 않았다. 그러나 식사 때 부리엔 양부터 먼저 요리를 나누라고 분부했다는 것을 알아챘다. 식사가 끝나고 식당 담당 하인이 여느 때의 습관대로 마리야에게 먼저 커피를 따라주었다. 그러자 노공작은 느닷없이 화를 내어 하인 필립에게 지팡이를 내던지고, 당장 그놈을 군대로 보내라고 말하였다.

"내 말을 듣지 않는군……. 두 번이나 말하지 않았어! 내 말이 들리지 않느냐! 이 사람은 우리 집에서 첫째가는 사람이야. 이 사람은 나의 둘도 없는 친구야." 노공작은 외쳤다. "그러니까 만약 네가 뻔뻔스럽게" 그는 화가 나서 비로소 마리야 쪽을 돌아다보고 말했다. "다시 어제처럼 우쭐해서 이 사람 앞에서 분수에 넘는 무례한 짓을 한다면, 나는 이 집의 주인이 누구인가를 네게 가르쳐 줄테다. 자, 나가! 내 눈에 띄지 마라. 자, 이 사람한테 사과해!"

마리야는 부리엔과 아버지에게, 자기를 위해, 또 자기에게 중재를 바라고 있는 하인 필립을 위해서도 용서를 빌었다.

이런 경우 마리야의 마음 속에는 희생자의 긍지와도 같은 감정이 생기는 것이었다. 그리고 그녀가 마음 속으로 책망하고 있는 그 아버지가, 그럴 때 뜻하지 않게 그녀 눈 앞에서 안경을 찾으려고 바로 그 옆을 더듬으면서도 결국 찾지 못하거나, 방금 있었던 일을 잊어버리거나, 혹은 맥빠진 걸음걸이로 비틀거리면서 누가 자기의 쇠약함을 눈치채지나 않았나 사방을 둘러보기도 하고, 또 가장 심한 일은 식사 때 자기의 마음을 북돋아 주는 손님이라도 없으면, 냅킨이 떨어지는 것도 모르고 졸기 시작하여 머리가 접시 위에 기울어지는 것이었다. '아버지는 나이를 잡수셔서 쇠약해지셨는데, 나는 감히 아버지를 책망하다니!' 이런 때, 마리야는 자기 자신이 싫은 생각이 들면서 이렇게 생각하는 것이었다.

3

1811년, 모스크바에는 갑자기 인기를 얻은 프랑스인 의사가 있었다. 뛰어나게 큰 키의 미남으로 프랑스인답게 친절하고, 모스크바의 누구나가 이야기하는 바에 의하면 매우 솜씨가 좋은 의사 메찌비에였다. 상류 사회의 가정은 그를 의사로서가 아니라 대등한 사람으로서 맞이하였다.

의학을 비웃고 있던 니꼴라이 볼꼰스끼 노공작도 최근 부리엔 양의 충고를 받아 이 의사의 출입을 허용하고 그에게 익숙해졌다. 메찌비에는 일주일에 두 번 공작에게로 왔다.

공작의 본명 축일이기도 한 성 니꼴라이 날에는 온 모스크바 사람들이 그의 저택의 주차장에 몰려왔는데, 공작은 아무도 들어오게 하지 말라고 분부하였다. 다만 그가 명부를 마리야에게 건네준 소수의 인사만 식사에 초대하라고 일렀다.

오전 중에 축하하러 온 메찌비에는, 그가 마리야에게 한 말에 따르면, 의사의 몸으로 감히 명령을 위반하는 것이 좋다고 생각하여 공작의 방으로 들어왔다. 그러나 공교롭게도 이 본명 축일 아침은, 노공작의 기분이 가장 최악의 상태에 있었다. 그는 오전 내내 피곤한 발걸음으로 온 집안을 돌아다니면서 모든 사람에게 시비를 걸고, 상대방이 하는 말을 알아듣지 못하고, 상대방도 자기가 하는 말을 알아주지 않는다는 태도를 하고 있었다. 마리야는 대개 미친 듯이 노여움을 폭발시킴으로써 끝장이 나는, 이 조용하고 초조한 불평불만의 정신 상태를 너무나도 잘 알고 있었기 때문에, 마치 장전한 총 앞에 선 것처럼 피할 수 없는 발사를 각오하면서 걷고 있는 느낌이었다. 오전 중, 의사가 올 때까지는 무사히 지나갔다. 의사를 들여보내고 나서 마리야는 서재 안에서 일어나는 일을 모두 들을 수 있는 객실 문 옆에 책을 가지고 앉았다.

처음에는 메찌비에의 목소리만이, 그리고 아버지의 목소리가 그녀의 귀에 들렸다. 이어서 두 목소리가 함께 이야기를 하기 시작하더니 문이 확! 열리고 문간에 검은 앞머리를 위로 올린 메찌비에의 겁먹은 모습과, 실내 모자를 쓰고 가운을 걸친, 미친듯한 노여움으로 얼굴이 일그러지고 눈망울을 떨군 노공작의 모습이 나타났다.

"모르겠어?" 공작이 소리쳤다. "그러나 나는 잘 알고 있어! 프랑스의 스파이! 보나빠르뜨의 노예, 개, 이 집에서 썩 나가, 나가란 말이다!" 그리고 그는 문을 탕! 닫아 버렸다.

메찌비에는 두 어깨를 움츠리면서, 고함소리를 듣고 옆방에서 달려온 부리엔 양한테로 다가갔다.

"공작님의 몸 상태가 약간 안좋습니다. 담낭과 뇌출혈입니다. 걱정 마십시오. 나는 내일 또 오겠습니다." 메찌비에는 이렇게 말하고서 손가락을 입술에 대고 급히 나갔다.

문 저쪽에서는 슬리퍼를 신은 발걸음 소리와 외치는 소리가 들렸다. "스파이다, 배신자. 온통 배반자뿐이다! 내 집에 있으면서도 한시도 마음이 편할 때가 없어!"

메찌비에가 돌아간 뒤에 노공작은 딸을 불렀다. 그리고 그의 분노는 모두 그녀에게 퍼부어졌다. 그녀가 스파이를 들여보낸 것이 잘못이라는 것이다. "명부를 만들어서, 거기에 없는 자는 들여보내서는 안 된다고 일러두지 않았느냐. 어쩌자고 그런 추잡한 놈을 들여보냈어! 모든 것이 네 탓이다. 너와 같이 있으면 한시도 안심하고 있을 수가 없다. 안심하고 죽을 수도 없다."
이렇게 그는 말하는 것이었다.

"안 되겠다. 자, 헤어지자, 헤어져. 이건 너도 알아다오, 알아다오! 나는
이 이상 더 참을 수가 없다." 그는 이렇게 말하곤 방을 나가 버렸다. 그러나
그녀가 어떤 계기로 마음을 고쳐먹는 일이 생기면 곤란하다는 듯이 그는 다
시 되돌아와서, 태연하게 보이려고 애쓰면서 이렇게 덧붙여 말했다. "홧김
에 이런 말을 했다고 생각하면 안 된다. 나는 냉정하다. 깊이 생각하고 말한
것이다. 반드시 그렇게 될 것이다, 따로따로 말이야. 네 자리를 찾아 둬라!"
그러나 그는 참을 수 없이 사랑하는 사람에게만 가지는 미움을 담고, 보기에
분명히 자기 자신도 괴로워하면서 두 주먹을 떨며 그녀에게 소리쳤다.

"정말 어느 바보라도 좋으니 데려가면 좋겠다!" 그는 문을 닫고, 부리엔
양을 불러들였다. 그리고 서재 안은 조용해졌다.

2시에는 선정된 여섯 사람이 식사하러 왔다. 손님들—유명한 라스또쁘친
백작(빠베르 1세의 총신 모스크바 / 군관구사령관, 1763~1826), 로쁘힌 공작(1744~1827. 1803년에서 10년까지 법무 / 대신. 그 후 국무회의, 각료회의 의장)과 그의 조카, 늙
은 공작의 옛 전우인 차뜨로프 장군, 그리고 젊은 축으로는 삐에르와 보리스
도르베쯔꼬이—가 객실에서 그를 기다리고 있었다.

수일 전 휴가로 모스크바에 와 있던 보리스는 노공작과 숙친해지길 원하
고 있었다. 노공작의 비위를 잘 맞추어, 여태까지 젊은 독신자를 가까이 하
지 않았던 공작도 그만은 예외로 두게 되었다.

노공작의 집은 '사교계'라고 할 만한 성질의 것은 아니어서 고을의 소문이
될 만한 것은 아니었지만, 출입이 허락되면 더없이 자랑스러워질 수 있는 작
은 모임이었다. 보리스가 그것을 깨달은 것은 일주일 전, 그가 있는 자리에
서 라스또쁘친 백작이, 성 니꼴라이 날에 식사 초대를 한 총사령관에게 자기
는 식사에 갈 수 없다고 말했을 때의 일이었다.

"그날 나는 언제나 볼꼰스끼 노공작을 뵈러 가게 되어 있습니다."

"아, 그래, 그래." 총사령관이 대답하였다. "그래, 어떻습니까, 노공작께
서는?……"

고풍스럽고 천장이 높은 오래된 가구를 놓은 객실에, 식사를 앞두고 모인
소수의 그룹은 재판을 위해 모인 엄숙한 법관회의와 비슷했다. 일동은 말이
없었고, 이야기를 한다 해도 목소리는 나지막했다. 노공작은 엄숙한 표정으

로 말없이 나왔다. 마리야는 여느 때보다도 더 얌전하게 겁을 먹은 듯 보였다. 그녀의 태도가 잡담을 할 처지가 아니라고 보고 손님들은 그녀에게 적극적으로 말을 걸지 않았다. 라스또쁘친 백작만이 최근의 시중 뉴스와 정치 뉴스를 이야기하면서 대화의 실마리를 이어가고 있었다.

로쁘힌 장군도 이따금 대화에 참가했다. 노공작은 최고 재판소의 판사가 보고를 듣는 것처럼 가끔 '음' 또는 짧은 말로, 보고를 머리에 넣고 있다는 것을 나타내면서 듣고 있었다. 회화의 흐름은 누구 하나 정계의 일에 찬성하고 있지 않다는 것을 알 수 있는 것이었다. 모든 일이 점점 나빠지고 있다는 것을 분명히 뒷받침할 수 있는 여러 가지 사건이 화제가 되었다. 그러나 어떤 이야기나 비판도, 황제 개인에게 미칠지도 모르는 아슬아슬한 경계선에서 말하던 사람이 멈추거나 중지를 당하는 점은 놀라울 만한 일이었다.

식사하는 동안 화제는 정계의 최근 소식과 나폴레옹의 올덴부르크 공국 점령, 유럽 각국 궁정에 보내진, 나폴레옹을 적대시하는 러시아의 각서로 옮겨갔다.

"유럽에 대한 보나빠르뜨의 태도는 마치 약탈한 배 위의 해적 같습니다." 라스또쁘친 백작은 이미 여러 번 말한 바 있는 말을 되뇌이면서 말했다. "다만 황제들의 참을성에는, 그렇지 않으면 눈이 먼 태도에는 어이가 없군요. 지금은 일이 교황에게까지 미치고, 보나빠르뜨는 이젠 거리낌없이 가톨릭교의 수장을 끌어내리려 하고 있습니다. 그런데 모두들 잠자코 있잖습니까! 우리 황제만이 올덴부르크 공국 점령을 항의하셨습니다. 그것도……." 라스또쁘친 백작은 자기가 이 이상 비판해서는 안 되는 한계에 도달한 것을 느끼고 입을 다물었다.

"올덴부르크 공국 대신에 다른 영지를 제공했지." 노공작이 말하였다. "마치 내가 농민들을 '벌거숭이 산'에서 보구차로보와 랴잔의 영지로 옮긴 것과 마찬가지 일을 그도 대공들에게 하고 있어."

"올덴부르크 대공은 굳센 성격과 참을성으로 자신의 불행을 견디고 있습니다." 보리스가 공손하게 이야기에 끼어들면서 말했다. 그가 이렇게 말한 것은, 뻬쩨르부르그에서 이곳으로 오는 도중 대공을 만나 뵈는 영광을 가졌기 때문이었다. 노공작은 그것에 대해서 무슨 말을 하고 싶은 듯이 이 젊은 이를 바라보았지만, 그러기에는 상대방이 너무 젊다고 보고는 다시 그만두었다.

"나는 올덴부르크 사건에 관한 우리 측의 항의문을 읽고 그 각서의 졸렬한 문장에 놀랐습니다." 라스또쁘친 백작은, 잘 알고 있는 일을 비판하는 사람 특유의 탁 터놓은 어조로 말했다.

삐에르는 통첩의 졸렬한 문장이 왜 이토록 라스또쁘친 백작의 마음에 걸리는지 까닭을 모르고 소박한 놀라움을 느끼면서 그의 얼굴을 바라보았다.

"각서가 어떻게 씌어 있든지 마찬가지 아닙니까, 백작?" 그는 말했다. "내용만 제대로 되어 있으면 말입니다."

"그렇지만 여보게, 50만 대군을 가지고 있는 우리로서 훌륭한 문장을 가지는 것쯤은 쉬운 일이 아닌가." 라스또쁘친 백작이 말했다. 삐에르는 왜 각서의 문장이 라스또쁘친 백작의 마음에 걸렸는지 그 이유를 알았다.

"서푼짜리 문사가 늘어나고 있는 모양이군." 늙은 공작이 말했다. "뻬쩨르부르그 같은 데에서 모두가 쓰고 있어. 각서뿐이 아냐. 새 법률까지 모두가 쓰고 있어. 우리 안드레이도 러시아를 위해서라면서 일대 법전을 썼어. 요즘은 누구든지 쓰고 있어!" 그는 부자연스럽게 웃기 시작했다.

회화는 잠시 중단되었다. 노장군이 기침을 하고 일동의 주의를 자기에게로 모았다.

"최근에 일어난 사건을 들으셨나? 뻬쩨르부르그에서의 열병식 때 있었던 일을, 신임 프랑스 공사의 태도를 말이야……!"

"뭐라고요? 그래, 그래, 나도 들은 적이 있어요. 프랑스 공사가 폐하 앞에서 무례한 언사를 했다죠?"

"폐하께서 공사의 주의를 척탄병 여단과 분열식에 돌리려고 했지요." 장군이 말을 계속했다. "그런데 공사는 그런 것은 아랑곳없다는 듯이, 우리 프랑스에서는 이런 보잘것없는 것에는 주의하지 않습니다 라고 말했다는 겁니다. 폐하께서는 한 마디도 하시지 않았습니다. 다음 열병 때 폐하께서는 한 번도 공사에게 말을 하지 않았다는 겁니다."

모두 가만히 있었다. 황제의 개인적인 일에 관한 이 사실에 대해서 어떤 비판도 표명해서는 안 되었기 때문이다.

"뻔뻔스러운 놈들이다!" 공작이 말했다. "메찌비에를 알고 있지? 나는 오늘 그놈을 집에서 쫓아냈지. 그놈이 여기 왔단 말이야. 아무도 들여보내서는 안 된다고 말해 두었는데도 내 방으로 들여보냈단 말이야." 공작은 화난 듯이 딸을 흘끗 보며 말했다. 그리고 그는 프랑스인 의사와 나눈 대화의 자초지종과, 자기가 이 메찌비에를 스파이라고 생각한 까닭을 속속들이 얘기해 주었다. 그 까닭이란 지극히 박약하고 애매했지만 아무도 반박하는 사람이 없었다.

스테이크 후에 샴페인이 나왔다. 손님들은 자리에서 일어나서 노공작을 축하했다. 마리야도 아버지 쪽으로 다가갔다.

그는 냉담하고 심술궂은 눈초리로 딸을 바라보자, 깨끗이 깎은 주름투성이의 볼을 그녀 쪽으로 내밀었다. 그의 얼굴 표정 전체가, 아침 이야기를 나는 잊지 않고 있다, 나의 결심은 전과 변함이 없다, 다만 손님이 있기 때문에 나는 그것을 지금 말하지 않는 거라고 그녀에게 말하고 있었다.

커피를 마시러 객실로 나가자, 노인들은 함께 앉았다.

노공작은 아까보다 더욱를 띠며, 활기 닥쳐올 전쟁에 관해서 자기 견해를 말했다.

그의 견해는 이러했다. 우리가 독일 사람과의 동맹을 구하고, 틸지트 강화에 의해서 우리나라가 말려든 유럽의 여러 문제에 참견하고 있는 동안, 우리와 나폴레옹의 전쟁은 비참한 결과로 끝날 것이다. 우리는 오스트리아 편을 들거나 오스트리아를 적으로 삼아 전쟁을 해서는 안 되었다. 우리나라의 정치는 모두 동쪽에 있는 이상, 보나빠르뜨에 대해서는 단 한 가지—국경의 군비를 튼튼히 하고 정치를 튼튼하게 하는 일이다. 그렇게 하면 절대로 그는 1807년 때처럼 감히 러시아의 국경을 넘는 일은 없을 것이다.

"어떻게 우리가 프랑스 사람과 싸울 수 있단 말입니까!" 라스또쁘친 백작이 말했다. "자기 선생과 하느님에게 어떻게 맞설 수 있겠습니까? 우리나라 청년과 우리나라 여인들을 보십시오. 우리들의 하느님은 프랑스인, 우리의 천국은 파리입니다."

그는 분명히 모두에게 들려주기 위해 소리를 높여 말하기 시작했다.

"프랑스식 의상, 프랑스식 사고 방식, 프랑스식 감정! 당신은 메찌비에의 목덜미를 잡고 쫓아내셨군요. 너는 프랑스인이고 망나니라고 하시면서. 그런데 우리네의 여인들은 그놈의 뒤를 쫓아다니고 있습니다. 어저께 나는 파티에 갔었는데 다섯 명의 여인들 중 세 명은 가톨릭교도이며, 교황의 허가를 받아 일요일에 자수를 하고 있었습니다. 그런데 본인들은, 실례의 말입니다만, 그 사람들은 마치 목욕탕의 간판처럼 거의 알몸으로 앉아 있으니까요. 정말, 요즘 젊은 사람을 보십시오, 공작. 그야말로 박물관에서 뾰뜨르 대제의 낡은 떡갈나무 몽둥이라도 꺼내서 러시아식으로 옆구리를 때려주고 싶습니다. 어리석은 생각이 모두 날아가 버리도록 말입니다."

모두 가만히 있었다. 노공작은 얼굴에 미소를 담고 라스또쁘친을 바라보며, 동의하듯이 머리를 끄덕였다.

"그럼, 실례합니다. 각하, 건강하셔야 합니다." 라스또쁘친은 독특한 재빠른 동작으로 일어나서, 공작에게 손을 내밀면서 말했다.

"안녕히 가시오. 여보게! …… 굉장한 웅변이야. 늘 이 사람 말은 넋을 잃고 듣게 되거든!" 노공작은 상대방의 손을 잡고, 키스를 위해 볼을 내밀면서 말했다. 라스또쁘친과 같이 다른 손님들도 일어났다.

4

마리야는 객실에 앉아서 이 노인들의 이야기와 비평에 귀를 기울이고 있었지만 들은 내용을 통 알 수가 없었다. 그녀는 다만 자기에 대한 아버지의 미움에 가득 찬 태도를 모든 손님들이 눈치채지 않았을까 하는 것만 생각하고 있었기 때문이다. 이미 이 집에 드나든 지 세 번째가 되는 보리스가 식사하는 동안 자기에게 보인 특별한 주의와 친절조차 알아채지 못했을 정도였다.

마리야는 무심하게 묻는 듯한 눈을 뻬에르에게로 돌렸다. 그는 손님들 맨 뒤에서 모자를 손에 들고 얼굴에 미소를 띠며 서 있다가, 공작이 나간 후에 마리야 옆으로 가까이 왔다. 그리고 두 사람만이 객실에 남았다.

"좀 더 남아 있어도 괜찮겠습니까?" 그는 마리야 옆의 안락의자에 뚱뚱한 몸을 기대면서 말했다.

"네, 물론." 그녀는 대답했다. '당신은 아무것도 알아채지 않으셨나요?' 그녀의 눈길은 이렇게 말하고 있었다.

뻬에르는 식후의 쾌적한 기분이었다. 그는 자기 앞을 바라보면서 조용히 미소짓고 있었다.

"당신은 전부터 그 청년을 알고 계셨던가요, 아가씨?" 그는 말했다.

"누구 말입니까?"

"보리스 도르베쯔꼬이 말입니다."

"아녜요, 최근에⋯⋯."

"어떻습니까, 마음에 드셨습니까?"

"네, 기분이 좋은 분이에요⋯⋯. 그런데 왜 그런 걸 물어보세요?" 마리야는 아버지와의 아침의 회화를 계속 생각하면서 말했다.

"왜 그러냐면요, 나는 이런 관찰을 했기 때문이죠. 즉 젊은 사람이 휴가를 이용해서 뻬쩨르부르그에서 모스크바로 올라오는 것은 적령기의 부잣집 아가씨와 결혼하는 것을 목적으로 하고 있기 때문이에요."

"그런 관찰을 하셨나요?" 마리야가 말했다.

"그렇습니다." 삐에르는 미소를 짓고 말을 이었다. "그런데 그 청년의 요즘 행동은, 적령기의 부잣집 아가씨가 있는 곳에 반드시 자기도 간다는 행동을 취하고 있습니다. 나는 그 사나이의 마음을 책이라도 읽듯이 잘 알고 있습니다. 그 사나이는 지금 망설이고 있습니다. 누구를 공격할 것인지, 당신을 공격할 것인가, 그렇지 않으면 까라긴네의 줄리 양으로 할까 하고 말입니다. 그는 몹시 그녀에게 신경을 쓰고 있습니다."

"그분은 까라긴네에도 잘 가시나요?"

"네, 자주 갑니다. 그런데 당신은 여자의 비위를 맞추는 새로운 방법을 아십니까?" 삐에르는 밝은 미소를 띠면서 말했다. 아마 그는 악의 없이 사람을 웃어넘기는 즐거운 기분이 든 모양이었다. 일기에서는 그것에 대해 되풀이해서 자기를 책망했던 점이었지만⋯⋯.

"아니오." 마리야가 말했다.

"지금 모스크바의 아가씨 마음에 들기 위해서는 침울해져야 합니다. 그래서 그 사나이도 까라긴 양 앞에서는 슬픈 얼굴로 깊은 생각에 잠긴답니다." 삐에르는 말했다.

"정말이에요?" 마리야는 삐에르의 얼굴을 바라보면서, 여전히 자기 슬픔에 대해 생각하면서 말하였다. '나는 편하게 될 것이다.' 그녀는 생각하였다. '느끼고 있는 것을 몽땅 누구에게라도 털어놓는다면. 나는 할 수만 있다면 이 삐에르 씨에게 모든 것을 털어놓고 싶다. 이분은 정말 좋은 분으로 훌륭한 마음씨를 가지고 계시니까. 나는 편하게 될 거야. 이분이 나의 상담역이 되어주신다면.'

"그 사람과 결혼하고 싶습니까?" 삐에르가 물었다.

"어머, 그런 말씀을, 백작님! 하지만 저는 어떤 사람이라도 좋으니까 시집가고 싶어질 때가 있어요." 별안간 자기도 모르게 울먹이는 음성으로 마리야는 말했다. "정말로 괴로워질 때가 있어요. 친근한 사람을 사랑하고 있으면서, 슬프게 만드는 것 이외에는 아무것도(그녀는 떨리는 목소리로 계속했다) 그 사람을 위해서 할 수가 없으니까요. 그것을 바꿀 수도 없다고 알고 있을 때는, 그럴 때는 단 한 가지, 집을 나갈 수밖에 없지만 저는 어디로 가면 좋을까요?"

"어떻게 된 겁니까? 무슨 일이 있었습니까, 아가씨?"

그러나 마리야는 말을 다 하지 못하고 울음을 터뜨리고 말았다.

"오늘 나는 나 자신이 어떻게 되어 버렸는지 알 수가 없어요. 제가 하는 말은 한쪽 귀로 흘려보내 주세요."

삐에르의 유쾌한 기분은 싹 가시고 말았다. 그는 걱정스럽게 아가씨에게 이것저것 물어 보고, 무엇이든지 이야기해달라고, 슬픔을 자기에게 숨김 없이 말해 달라고 부탁했다. 그러나 그녀는 다만 지금 자기가 이야기한 것은 잊어주기 바라며, 자기도 무슨 말을 했는지 기억하고 있지 않고, 삐에르가 알고 있는 일—즉 안드레이의 결혼이 아버지와 아들의 다툼의 원인이 될 염려가 있다는 일 외에 자기에게는 슬픔이 없다고 되풀이할 뿐이었다.

"로스또프네의 소문을 들으셨습니까?" 그녀는 화제를 바꾸기 위해 말했다. "곧 오실 거라고 들었어요. 오빠도 금명간 돌아오리라고 기다리고 있어요. 저는 두 사람이 여기서 만났으면 해요."

"그런데 그분은 이 일에 대해 어떻게 생각하고 계십니까?" 삐에르는 그분이라는 말에 노공작이라는 뜻을 포함시키고 물었다. 마리야는 고개를 저었다.

"하지만 어떻게 하면 좋을까요? 일 년까지 앞으로 수개월밖에 남지 않았는걸요. 게다가 이것은 아무래도 피할 수 없는 일이고요. 나는 하여간 처음 얼마 동안이라도 오빠가 싫은 꼴을 겪지 않았으면 해요. 그분들이 빨리 올 수 있으면 좋겠어요. 나는 그 아가씨와 친하게 지낼 수 있다고 생각해요……. 당신은 그분들을 옛날부터 알고 계시죠?" 마리야는 말했다. "가슴에 손을 얹고 사실대로 말씀해 주세요. 그 아가씨는 어떤 분이세요? 그분을 어떻게 보고 계셔요? 다만 사실을 듣고 싶어요. 왜냐하면, 아시겠지만 오빠는 아버지의 의사를 거스르면서 결혼을 고집하여 상당히 큰 위험을 저지르고 있는 셈이니까, 나도 모든 것을 알아 두어야겠다고 생각해요……."

이 변명 속에, 또 사실을 모두 이야기해 주었으면 좋겠다고 되풀이해서 부탁하는 말 속에 미래의 올케에 대한 마리야의 좋지 않은 기분이 나타나 있고, 삐에르가 안드레이의 선택에 찬성하지 않을 것을 그녀는 바라고 있다고 삐에르는 생각했다. 그러나 삐에르는 생각하고 있었다기보다는 오히려 느끼고 있었던 것을 말했다.

"당신 질문에 어떻게 대답하면 좋을지 난 모르겠습니다." 그는 왜 그런지 자기도 모르게 얼굴을 붉히면서 말했다. "어떠한 아가씨인지, 난 전혀 모릅니다. 나는 도저히 그분을 분석할 수 없습니다. 그분은 매력이 있습니다. 하지만 어째서 그런지 나는 모릅니다. 그분에 대해서 말할 수 있는 것은 그것뿐입니다." 마리야는 한숨을 지었다. 그리고 그녀의 얼굴 표정은 이렇게 말하고 있었다. '그래요. 나도 그럴 거라고 생각하고 실은 걱정하고 있었어요.'

"총명한 분이겠지요?" 마리야는 물었다. 삐에르는 생각에 잠겼다.

"나로서는 그렇지는 않다고 생각합니다." 그는 말했다. "그렇지만 역시 그렇다고도 할 수 있습니다. 그분은 머리가 좋은가 하는 것은 그다지 대수롭게 여기지 않습니다. 아니, 그렇지 않습니다. 그분은 매력적이지만 그 이상은 아무것도 아닙니다." 마리야는 다시 납득이 가지 않는 듯이 고개를 내저었다.

"아, 나는 정말로 그분을 좋아하고 싶어요! 만약에 나보다 먼저 그분을 만나시거든 제발 이 말을 전해 주세요."

"그분들은 앞으로 2, 3일 안에 온다는 말을 들었어요." 삐에르는 말했다.

마리야는 로스또프네가 오면 곧 미래의 올케와 친해져서, 노공작과 그녀 사이가 친숙해지도록 애쓸 생각이라는 자기 계획을 삐에르에게 전했다.

5

보리스는 뻬쩨르부르그에서 부유한 아가씨와의 결혼이 잘 되어가지 않았기 때문에 역시 같은 목적을 가지고 모스크바로 왔다. 모스크바에서 보리스는 가장 재산이 많은 결혼 상대 두 사람, 줄리와 마리야 사이에서 망설이고 있었다. 마리야는 아름답지 않은데도 불구하고 그에게는 줄리보다 매력적으로 여겨졌지만, 마리야에게 접근하는 일은 어쩐지 마음먹은 대로 되지 않았다. 노공작의 본명 축일에 그녀와 만났을 때, 애정에 대해서 화제를 삼으려고 여러 가지로 시도했으나 그녀는 엉뚱한 대답만 하고, 이쪽 이야기는 귀담아 듣고 있지 않은 것 같았다.

줄리는 이와는 반대로 일종의 그녀의 독특한 방법이긴 했지만, 보리스가 가까이 접근해 오는 것을 기꺼이 받아들였다.

줄리는 스물일곱 살이었다. 남자 형제들이 죽은 후 그녀는 대단한 자산가가 되었다. 그녀는 지금은 완전히 아름다움을 잃고 있었지만, 속으로는 이전과 같이 아름다울 뿐만 아니라 지금이 훨씬 매력이 있다고 생각하고 있었다. 그녀에게 이와 같은 착각을 가지게 한 것은, 첫째, 굉장한 자산이 있는 신부 후보가 되었다는 것, 둘째, 그녀가 나이를 먹어 남자에게 위험하지 않게 됨에 따라 남자들이 점차로 터놓고 그녀를 접하고, 아무런 속박도 느끼지 않고 그녀가 베푸는 저녁식사나 파티나 그녀의 집에 모이는, 활기에 찬 사교 모임 등을 즐길 수 있게 되었기 때문이다. 10년 전이라면 상대방의 체면을 손상시키지 않기 위해, 또 자기를 속박하지 않기 위해 열일곱 살 난 아가씨가 있는 집에 매일같이 드나드는 것을 두려워했을 남자들이, 지금은 매일 와서 결혼 상대로서의 아가씨가 아니라 성가신 일이 없는 편한 사이로서 그녀를 접하고 있었던 것이다.

까라긴네는 이 겨울 모스크바에서 가장 기분 좋게 손님 접대를 잘 하는 집이었다. 초대객만의 파티나 저녁식사 외에 까라긴네에는 날마다 많은 사람, 특히 남자들이 모였다. 그들은 밤 열한 시가 지나서 야식을 하고 두 시가 지날 때까지 앉아 있었다. 줄리가 가지 않는 무도회, 연극, 야유회는 없었다. 그녀의 멋은 항상 최신 유행의 첨단이었다. 그러나 그러면서도 줄리는 모든 것에 환멸을 느낀 모양으로, 자기는 우정도, 사랑도, 인생의 어떠한 기쁨도 믿지 않고, 다만 저세상의 평안을 기다릴 따름이라고 누구에게나 말하는 것이었다. 그녀는 커다란 실망을 경험한 아가씨, 마치 애인을 잃었거나 혹은 비참하게 속은 아가씨 같은 태도를 몸에 지니고 있었다. 그러나 그러한 일이 그녀에게 일어나지 않았음에도 모두들 그녀를 그러한 여성으로 보았고, 그녀 자신도 갖은 인생의 고초를 겪어 온 것처럼 생각하고 있었다. 그녀가 즐거운 생각을 하는 데에 방해가 되지 않은 이 우울함은 그녀 곁으로 모여드는 젊은이들이 기분 좋게 시간을 보내는 데에도 방해되지 않았다. 손님은 누구나 이 집에 오면 여주인의 우울한 기분에 어울리는 태도를 보였고, 사교적인 대화도, 댄스도, 지적인 게임도, 주어진 운(韻)을 밟아 시를 만든다는 까라긴네에서 인기가 있던 경쟁도, 무엇이든지 하는 것이었다. 다만 보리스를 포함해서 4, 5명의 청년들만은 줄리의 우울한 기분에 깊이 들어갔다. 그 청년들을 상대로 그녀는 이 세상의 모든 허무를 화제로 삼아 보통 때보다 긴, 남이 끼어들지 않는 대화를 하고, 쓸쓸한 그림이나 격언, 시가 가득 쓰인 앨범을 그들에게 펼쳐 보이는 것이었다.

줄리는 보리스에게 유달리 상냥했다. 그녀는 그가 젊어서 인생에 환멸을 느낀 것을 안쓰럽게 생각하였고, 자기 자신도 인생에서 많은 고뇌를 경험했기 때문에 그에게 바칠 수 있는 우정어린 위안을 주려고 하였다. 그리고 그에게 자기 앨범을 펼쳤다. 보리스는 그 앨범에 두 그루의 나무를 그리고, 프랑스어로 그 옆에다 '시골의 나무여, 너의 어두운 가지는 내 위에 어둠과 우수를 흔들거리게 하노라'라고 썼다.

그는 또 다른 곳에 무덤을 그리고 프랑스어 시를 썼다.

　　죽음은 구원이요, 평안.
　　아, 괴로움을 벗어날 다른 피난처가 어디 있으랴.

줄리는 이것은 참 훌륭하다고 말했다.

"우울한 미소 속에는 무엇인가 마음을 빼앗는 것이 있어요." 그녀는 프랑스어 책에서 베껴둔 것을 한 자도 틀리지 않게 보리스에게 말하였다.

"그것은 그림자 속의 한 줄기 빛, 괴로움과 절망 사이의 미묘한 뉘앙스입니다. 그리고 그것은 위안이라는 것이 있을 수 있다는 것을 나타내고 있습니다."

이에 대해서 보리스는 그녀를 위해 프랑스어로 시를 썼다.

　　너무나도 다감한 넋을 기르는 독이여,
　　그대 없이는 내 행복 없으리,
　　사랑스러운 우울이여,
　　와서 날 위로해 다오,
　　와서 내 어두운 고독의

괴로움을 진정시켜 다오.

그리고 달콤한 비밀을

내 뺨에 흐르는 눈물에 담게 해 다오.

줄리는 보리스를 위해 하프로 더없이 슬픈 소야곡을 탔다. 보리스는 그녀에게 '불쌍한 리자'(까라무진의 소설. 러시아의 감상적인 문학의 최초 작품)를 읽어 주었다. 숨이 막힐 듯한 흥분 때문에 몇 차례 낭독이 중단되었다. 많은 사람들이 모인 곳에서 만나면, 줄리와 보리스는 서로 무관심한 자들의 무리 속에서 서로를 이해하고 있는 유일한 인간으로서 상대를 바라보는 것이었다.

항상 까라긴네에 가서 어머니를 상대하고 있던 도르베쯔꼬이 부인은 줄리 몫의 유산에 대해 정확하게 파악하였다(펜자의 영지 두 군데와, 니지니 노브고로드의 숲이 주어지도록 되어 있었다). 도르베쯔꼬이 공작 부인은 자기 아들과 자산가인 줄리를 결합시키려고 하는 세련된 우수(憂愁)를 섭리의 뜻에 따르려는 마음과 감동을 가지고 지켜보고 있었다.

"줄리는 어쩌면 이렇게도 항상 아름답고 우수에 잠겨 있을까." 곧잘 그녀는 줄리에게 말했다. "보리스도 댁에 오면 마음이 놓인다고 말하고 있다우. 그 애는 여러 가지 환멸을 맛보아 왔고 신경이 너무 예민해서." 그녀는 줄리의 어머니에게도 이렇게 말했다.

"애야, 나는 요즘 완전히 줄리에게 사로잡히고 있단다." 그녀는 말하였다. "말로는 설명할 수가 없구나! 정말로 그녀를 좋아하지 않는 사람이 있을까? 정말 이 세상 사람 같지가 않다! 아, 보리스, 보리스!" 그녀는 잠시 침묵했다. "그리고 나는 그 애의 어머니가 그지없이 불쌍하다." 그녀는 말을 이었다. "오늘도 그분이 나에게 펜자에서 온 계산서와 편지를 보여주셨지만 (그분들은 굉장히 큰 영지를 가지고 있거든) 불쌍하게도 늘 혼자야. 그래서 모두들 그녀를 속이려 하고 있단다!"

보리스는 어머니의 말을 들으면서, 거의 알아볼 수 없는 미소를 짓고 있었다. 그는 어머니의 단순한 책략을 들으며 온건하게 웃고 있었지만, 가끔 펜자와 니지니 노브고로드의 영지에 대해서 꼼꼼하게 어머니에게 질문하였다.

줄리는 자기를 숭배하는 이 젊은이가 청혼하는 것을 상당히 이전부터 기다리고 있었고 그것을 받아들일 작정으로 있었다. 그러나 보리스는 줄리에 대해서, 결혼하고 싶다는 그녀의 열렬한 희망에 대해서, 그녀의 부자연스러움에 대해서, 무엇인가 남모를 혐오감이 있고 참된 사랑을 체념하는 것에 대한 두려운 기분도 있어서 여전히 망설이고 있었다. 그의 휴가 기한은 이제 끝나가고 있었다. 아침부터 밤까지 그는 까라긴네에서 지내고 있었다. 그리고 매일 마음 속으로 생각에 잠기면서, 내일은 청혼을 하리라 마음먹는 것이었다. 그는 꽤 이전부터 공상 속에서 자기를 펜자와 니지니 노브고로드 영지의 소유자라고 생각하고 그 수입을 어떻게 쓸 것인가 생각하고 있었다. 그러나 줄리 옆에서 대개 언제나 분을 바른 그녀의 빨간 얼굴과 턱을 보고, 윤기가 감도는 눈과 언제라도 우울한 마음에서 벗어나 바로 거창한 결혼의 행복으로 옮아갈 것 같은 태도를 여실히 드러내고 있는 얼굴의 표정을 보고 있으면, 보리스는 결정적인 말을 입 밖에 낼 수가 없었다. 줄리는 보리스의 망설임을 알아차리고 때로는 자기를 싫어하는 것은 아닐까 하는 생각이 들기도 했다. 그러나 곧 여성다운 자기에 대한 망상이 그녀에게 위안을 주어, 그 사람은 사랑을 하고 있기 때문에 겁쟁이가 되어 있을 뿐이라고 자기에게 타이르는 것이었다. 그러나 그녀의 우울은 초조로 변하기 시작하여, 보리스가 출발하기 직전에 그녀는 단호한 수단을 쓰기로 했다. 보리스의 휴가가 끝나려고 할 바로 그때 모스크바에, 그리고 물론 까라긴네에 아나똘리 꾸라긴이 나타났다. 그러자 줄리는 갑자기 아주 명랑해져서 꾸라긴에게 신경을 썼다.

"얘야." 도르베쯔꼬이 공작 부인은 아들에게 말했다. "이건 확실한 데서 들은 얘기지만, 바씰리 공작이 아드님을 이곳으로 보내신 것은 줄리와 결혼시키기 위한 것이란다. 나는 줄리를 무척 좋아하니까 그렇게 되면 유감이다. 네 생각은 어떠냐, 응?" 도르베쯔꼬이 공작 부인은 말했다.

배반을 당한 것 같아 허탈했다. 줄리 옆에서 기분이 무겁고 우울한 봉사를 한 최근 한 달이 허사가 되는, 더욱이 공상 속에서 이미 배당을 하여 나름대로 사용해 버린 펜자 영지의 수입이 고스란히 남의 손으로, 그것도 하필이면 그 바보 같은 아나똘리의 손에 들어가는 것을 본다고 생각하니 보리스는 자존심이 상했다. 그는 오늘은 꼭 청혼을 하겠다는 굳은 결심을 하고 까라긴네로 갔다. 줄리는 쾌활하고 한가한 낯으로 그를 맞아, 지나가는 말이라도 하듯이 어제의 무도회가 매우 재미있었다는 것과 언제 떠나느냐고도 물었다. 보리스는 사랑을 고백할 결심을 하고 온 이상 상냥한 태도를 할 생각이었지만, 막상 그녀를 만나자 여자의 변덕에 대해 언짢은 어조로 말하기 시작했다. 그는 여성이 변하기 쉽다는 것, 여성이 슬픔에서 기쁨으로 손쉽게 옮겨간다는 것, 여성의 기분은 오직 자기에게 접근하는 남자에 의해 좌우된다는 것을 이야기했다. 줄리는 화가 나서 그것은 사실이다, 여성에게는 변화가 필요하며 항상 같다면 누구나 싫증이 난다고 말했다.

"그것 때문에 나는 당신에게 권하고 싶습니다⋯⋯." 보리스는 그녀를 비꼬고 싶어서 말을 꺼내려고 하였다. 그러나 그 순간 자기는 목적을 이룩하지 못하고 고생을 헛되이(그런 일은 그에게는 어느 경우에나 한 번도 없었다), 모스크바를 떠나야 할지도 모른다는 굴욕적인 생각이 머리에 떠올랐다. 그는 말을 도중에 그만두고 그녀의 인상이 좋지 않은, 초조하고 망설이는 얼굴을 보지 않으려고 눈을 떨구며 말하였다. "나는 절대로 당신과 입씨름하러 온 것은 아닙니다. 오히려⋯⋯." 그는 계속해도 좋은지 어떤지, 확인하려고 흘끗 그녀를 바라보았다. 그녀의 초조함은 갑자기 모두 사라지고, 불안하고 애원하는 듯한 눈이 탐욕스러운 기대를 담고 그를 물끄러미 바라보았다. '나는 이 여자를 좀처럼 만나지 않는 생활을 언제든지 할 수 있다.' 보리스는 생각했다. '그렇지만 시작한 일이니까 해버려야지!' 그는 얼굴을 확 붉히고, 그녀에게 눈을 들어 말했다. "당신은 내가 당신을 어떻게 생각하고 있는지 알고 계시겠죠!" 이제 더 말할 필요는 없었다. 줄리의 얼굴은 승리와 만족에 빛났다. 그래도 그녀는 이런 상황에서 말할 수 있는 것을 하나도 남김없이, 즉 그가 그녀를 사랑하고 있다는 것, 이제까지 다른 여자를 그녀 이상으로 사랑한 일은 없었다는 것을 그로 하여금 고백하게 했다. 그녀는 펜자 영지와 니지니 노브고로드의 숲의 대가로 이만한 것은 요구할 수 있다는 것을 잘 알고 있었다. 그리고 그녀는 요구한 것을 모두 손에 넣었다.

약혼한 두 사람은, 이제 어둠과 우수의 그림자를 떨어뜨리는 나무 이야기는 입 밖에 내지 않았다. 그들은 뻬쩨르부르그의 화려한 저택을 지을 계획을 세우고 인사하러 다녔다. 그리고 화려한 결혼식을 위하여 여러 가지 준비를 해나갔다.

6

로스또프 노백작은 1월 말, 나따샤와 쏘냐를 데리고 모스크바로 왔다. 백작 부인은 여전히 건강이 좋지 않았던 탓으로 동행하지 못했다. 그러나 부인의 회복을 기다리고 있을 수는 없었다. 왜냐하면 안드레이가 오늘이나 내일 모스크바로 돌아올지도 몰랐기 때문이다. 게다가 혼숫감도 채비하고 모스크바 근처의 영지도 팔아야 했으며, 장래 며느리를 노공작에게 소개하기 위해 그의 모스크바 체류를 이용해야 했기 때문이다. 모스크바의 로스또프 저택은 난방을 하고 있지 않았다. 게다가 그들은 오래 머물 생각이 아니었고 백작 부인도 동행하지 않았으므로, 로스또프 백작은 모스크바에서는 전부터 숙소로 써 달라고 말하고 있던 마리야 아흐로씨모바 집에 머물기로 결정했다.

밤늦게 로스또프네의 네 대의 유개마차는 사타라야 꼬뉘셴나야 거리의 아흐로씨모바네 정원으로 들어갔다. 아흐로씨모바는 혼자 살고 있었다. 외딸은 이미 시집보냈고, 아들들도 모두 군에 들어가 있었다.

그녀는 여전히 솔직한 태도였다. 여전히 모두에게 자기 의견을 솔직하게 큰 소리로 분명히 말하고, 온몸으로 다른 사람의 약점, 욕망, 집착을 책망하고 있는 것 같았다. 그런 것이 있을 리가 없다고 그녀는 보고 있는 것이다. 이른 아침부터 그녀는 모피 조끼를 입고 집안 일을 돌보았다. 그리고 축일(祝日)이면 미사에 나가고, 미사가 끝나면 구치소나 형무소에 갔다. 그녀는 거기에 일이 있었는데 그 일에 대해서는 아무에게도 말하지 않았다. 평일에는 몸치장을 하고 나서, 매일 밀어닥치는 온갖 계층의 청원자들을 집에서 만나고 식사를 하는 것이었다. 푸짐하고 맛있는 식사에는 늘 3, 4명의 손님이 자리를 같이했다. 식후에는 보스턴 놀이를 하고, 밤에는 신문과 신간 서적을 낭독시키고 자기는 편물을 했다. 가끔 그녀는 외출을 위해 예외를 두었다. 그리고 외출을 할 경우에도 방문하는 곳은 시내의 가장 유력한 명사의 집으로 정해져 있었다.

로스또프네 사람들이 도착했을 때 그녀는 아직 자고 있었다. 현관에서 도르래가 달린 문이 소리를 내어, 추운 바깥에서 들어온 로스또프네의 사람들과 그 하인들을 안으로 맞았다. 아흐로씨모바는 안경을 코 위에서 밀어내리고 머리를 뒤로 젖혀 홀 문간에 서서, 엄하고 화가 난 듯한 낯으로 들어오는 사람들을 바라보고 있었다. 만약 이때 그녀가 손님과 짐을 어떻게 하라고 하인들에게 빈틈없는 지시를 하지 않았더라면, 남이 보기에는 방문객들에게 화를 내고 당장 쫓아낼 것처럼 여겨졌을지도 몰랐다.

"백작의 것이냐? 이쪽으로 운반해라." 그녀는 트렁크를 가리키면서, 누구하고도 인사를 나누기도 전에 이렇게 말했다. "아가씨들은 이쪽, 왼쪽 방으로. 이봐, 너희들은 뭘 지껄이고 있는 거야!" 그녀는 하녀들에게 소리쳤다. "사모바르라도 끓여오도록 해! 살찌고 예뻐졌구나." 그녀는 추위에 얼굴이 빨간 나따샤의 두건을 끌어당기며 말했다. "아이구, 차가워라! 자 빨리 외투를 벗으셔요." 그녀는 손에다 키스하려고 다가온 백작을 향하여 소리쳤다. "무척 추우셨죠. 럼술을 차에 곁들여라. 쏘냐, 봉쥬르." 그녀는 이 프랑스어 인사로 쏘냐에 대해 약간 내려다 본, 그러나 좋은 인상을 느끼게 하였다.

모두가 외투를 벗고, 오는 도중 헝클어진 옷매무새를 만지고 차 테이블로 다가갔을 때, 아흐로씨모바는 차례로 모두에게 키스를 하였다.

"와 주셔서 정말로 기뻐요. 그리고 우리 집에 머물러 주시다니, 정말 기쁘게 생각해요." 그녀는 말했다. "벌써 왔었어야 했어요." 그녀는 의미있게 나따샤를 흘끗 바라보고 말했다. "할아버지께서는 벌써 와 계시고, 모두들 오늘내일 하고 기다리고 있는 참이에요. 이 할아버지와는 꼭 친해 둬야 해요. 그러나 이 이야기는 이따 하기로 하지." 아흐로씨모바는, 쏘냐 앞에서는 이 이야기는 하고 싶지 않다는 눈초리로 그녀를 돌아다보면서 이렇게 말을 덧붙였다. "자, 그런데" 그녀는 백작에게 말하였다. "당신은 내일 무엇을 하길 바라죠? 누굴 부르러 보낼까요? 신신이죠?" 그녀는 손가락을 하나 꼽았다. "울보 도르베쯔꼬이 부인도? 그래요, 그럼 이것으로 두 사람. 그분은 아드님을 여기에 데리고 와 있어요. 아들이 결혼한대요! 그리고 삐에르? 그분도 부인과 이곳에 있습니다. 부인한테서 달아났는데, 부인 쪽에서 쫓아왔거든요. 수요일에 우리 집에서 식사를 했어요. 그런데 이 색시들은……." 그녀는 두 아가씨들을 가리켰다. "내일 내가 우선 이베르스까야 예배당에 데려가 주지. 그리고 오베르 샬르메(19세기 초 모스크바의 유명한 디자이너)한테 들르자. 완전히 새로 장만해야겠지? 나 같은 사람을 흉내 내면 안 돼요. 요즘은 소매조차 이꼴이니까! 일전에 젊은 공작 따님 이리나라는 아가씨가 왔는데 보기도 흉할 지경이었어. 마치 통을 두 개 양손에 끼고 있는 것만 같았지. 정말 요즘은 매일같이 새 유행이거든. 그런데, 당신은?" 그녀는 엄한 어조로 백작에게 말하였다.

"모든 볼일이 갑자기 한꺼번에 닥쳐와요." 백작은 대답했다. "옷도 사야 하고, 게다가 모스크바 교외의 영지와 저택을 살 사람도 나왔고. 만약 부탁드릴 수 있다면, 아이들을 맡기고 나는 잠깐 틈을 내서 하루만 마린스꼬에 마을에 갔다오고 싶습니다."

"좋습니다, 좋습니다. 나한테 맡기시면 안전합니다. 후견회 의원(과부, 고아, 사생아를 돌보는 기관)에게 내맡긴 거나 다름없으니까요. 가야 할 데는 데려가기도 하고, 야단도 치고, 귀여워하기도 할 테니까." 아흐로씨모바는 자기가 이름까지 지어 준, 마음에 드는 나따샤의 볼을 커다란 손으로 만져보면서 말했다.

이튿날 오전 중에, 아흐로씨모바는 아가씨들을 이베르스까야 예배당과 오베르 샬르메 부인의 가게로 데려갔다. 그녀는 아흐로씨모바를 매우 두려워하고 있었기 때문에 되도록 빨리 가게에서 나가 주길 바라는 마음에서, 늘 밑져 가면서 의상 값을 깎아 주고 있었다. 아흐로씨모바는 혼인에 필요한 물건의 거의 모든 것을 주문했다. 집으로 돌아오자 그녀는 나따샤 외에는 모두 방에서 내보내고, 마음에 드는 나따샤만을 안락의자 곁으로 불렀다.

"자, 그럼 이제부터 이야기를 좀 할까. 우선 신랑이 결정되었다니 축하한다. 훌륭한 사람을 잡았어! 나도 널 위해서 좋은 일이라고 기뻐하고 있다. 그리고 그 사람은 요만한 나이 때부터 난 알고 있거든(그녀는 밑에서 1미터쯤 되는 곳을 가리켜 보였다)." 나따샤는 기쁜 듯이 얼굴을 붉혔다. "그 사람도, 그의 가족들도 나는 좋아한다. 그런데 말이야, 너도 잘 알겠지만 니꼴라이 노공작은 아들의 결혼을 바라지 않는 완고한 노인이거든! 그야 물론 안드레이 공작도 어린애는 아니니까 아버지의 승낙이 없어도 되겠지만, 원하지도 않는데 남의 가정에 들어가는 것은 좋지 않아. 일은 조용히 순서대로 해나가야 해. 너는 영리하니까 잘 할 줄 알지만, 훌륭하게 그리고 영리하게 해 다오. 그러면 모든 것이 잘 될 거야."

나따샤는 잠자코 듣고 있었다. 아흐로씨모바는 그것을 쑥스러움 때문이라고 생각했지만, 실은 나따샤로서는 온갖 세상 일과는 동떨어진, 남은 아무도 이해할 수 없는 특수한 것으로 생각하고 있던 안드레이와 자기와의 연애 문제에 간섭을 당하는 것이 불쾌했던 것이다. 그녀는 자기들의 사랑을, 아무도 이해할 수 없을 정도로 모든 인간사로부터 동떨어진 특별한 것으로까지 여기고 있었다. 그녀가 사랑하고 알고 있는 것은 안드레이뿐이었다. 그도 그녀를 사랑하고, 며칠 후에 돌아와서 자기를 그의 손으로 잡아주도록 되어 있었다. 그 이외에 그녀에게는 아무 것도 필요없었다.

"너도 알다시피 나는 그 사람을 전부터 알고 있고, 네 시누이가 될 마리야도 좋아하고 있단다. 시누이는 아귀 같다고들 하지만, 그 애는 파리 하나 죽이지 못하는 성미다. 게다가 그 아이는 너를 만나게 해달라고 부탁하고 있단다. 그러니 너는 내일 아버지와 같이 그 사람을 찾아가서, 실컷 아양을 떨고 오란 말이다. 나이는 네가 아래니까. 그러면 너의 그 사람이 돌아와도, 이미그 무렵 너는 그의 누이동생이나 아버지하고도 숙친해져 있고, 귀여움을 받고 있는 것이지. 어떠냐, 그렇잖니? 그게 좋지?"

"좋아요." 나따샤는 마지못해 대답했다.

7

다음날 아흐로씨모바가 권유하는 대로, 로스또프 노백작은 나따샤를 데리고 볼꼰스끼 노공작을 방문하러 갔다. 백작은 즐겁지 않은 기분으로 이 방문을 위한 준비를 하였다. 그는 내심 무서웠던 것이다. 의용군 징집 당시 노공작을 식사에 초대했을 때, 징집 인원이 부족하다고 해서 심한 책망을 들었던 그 마지막 회견이 로스또프 노백작의 기억에 남아 있었기 때문이다. 나따샤는 이와는 반대로, 나들이옷으로 갈아입고 사뭇 들뜬 기분에 잠겨 있었다. '그 사람들이 나를 사랑해 주지 않을 리가 없어.' 그녀는 생각하였다. '나는 언제나 모든 사람의 사랑을 받아 왔거든. 게다가 나도 그 사람들이 원하는 것이라면 무엇이든지 할 마음가짐은 되어 있어. 그분은 아버님이시고 아가씨는 그이의 누이동생이니까. 그들을 기꺼이 사랑하겠다고 각오를 단단히 하고 있는데 그들이 나를 좋아하지 않을 이유가 없어!'

아버지와 딸은 보즈드비젠까 거리의 낡은, 음침한 집에 마차를 대고 현관으로 들어섰다.

"하느님이시여, 우리에게 자비를 베푸소서." 백작은 농담 반, 진담 반으로 진지하게 말했다. 그러나 나따샤는 아버지가 곁방으로 들어서면서, 몹시 서두르며 겁을 먹은 듯한 조용한 음성으로, 공작과 아가씨는 계시냐고 묻는 것을 보았다. 그들의 방문을 전하고 난 뒤에, 공작네 하인들 사이엔 혼란이 일어났다. 그들의 방문을 전하러 달려간 하인을 홀에서 다른 하인이 잡아 세우고, 두 하인은 무엇인가 소곤거렸다. 한 하녀가 홀로 달려나와서, 그녀도 역시 공작 따님에 대해 무엇인가 말하였다. 마침내, 화가 난 듯한 얼굴의 늙은 종복이 나와서 로스또프 부녀에게 공작은 만나뵐 수 없지만, 아가씨가 자기 방으로 오시기를 바라고 있다고 전했다. 처음 손님을 마중 나온 것은 부리엔 양이었다. 그녀는 유달리 공손하게 부녀를 맞아 마리야에게로 안내했다. 마리야는 흥분하고 놀란 듯한 얼굴에 온통 홍조를 띠고, 자연스럽고 즐거운 태도를 취하려고 헛된 노력을 하면서 무거운 발걸음으로 손님 쪽을 향해 뛰어나왔다. 마리야는 첫눈에 나따샤가 마음에 들지 않았다. 마리야에게는 나따샤가 지나치게 화려한 옷차림에, 경솔할 만큼 쾌활하고 허영심이 강한 여자처럼 여겨졌다. 마리야는 미래의 시누이를 만나기 전부터, 상대방의 미모와 젊음과 행복에 대한 자기도 모르게 품었던 선망과, 오빠의 사랑에 대한 질투 때문에 그녀에 대해 호의를 가지지 않았다는 것을 자신도 알아채지 못했던 것이다. 더욱이 나따샤에 대한 이 억제할 수 없는 반감에 더하여, 로스또프 부녀의 내방이 알려졌을 때 공작의 태도가 마리야를 흥분하게 만들었다. 공작은 자기는 그런 자들에겐 볼일이 없으며, 마리야가 원한다면 맞아들여도 좋지만 자기한텐 들어오게 하지 말라고 소리쳤던 것이다. 마리야는 로스또프 부녀를 만날 결심을 하기는 했지만, 공작이 언제 어느 때 무슨 엉뚱한 짓을 할지 몰라서 내심 겁을 먹고 있었다. 공작은 로스또프 부녀의 방문에 대해서 몹시 흥분하고 있었기 때문이다.

"보시다시피 저는 노래만 부르고 있는 우리 집 아가씨를 당신에게 데리고 왔습니다." 백작은 오른발을 뒤로 물리면서 절을 하고는, 동시에 늙은 공작이 들어올까봐 두려워하듯 사방을 둘러보면서 말했다. "뵈옵게 되어 무척 반갑습니다……. 공작께서는 여전히 건강이 좋지 않으시다니 참으로, 참으로 유감스럽습니다." 그리고 두어 마디 흔해 빠진 말을 하고는 일어섰다. "그런데 만약에 허락하신다면, 아가씨. 한 15분쯤 우리 나따샤를 맡기고 저는 바로 저기, 쏘바챠 광장의 안나 쎄묘노브나한테 갔다오고 싶습니다."

노백작은(후에 딸에게 이야기한 바에 의하면), 미래의 시누이와 올케가 마음을 터놓고 이야기를 할 수 있도록 하기 위해, 또 두려워하고 있는 노공작과 만나는 것을 피하기 위해 이런 수를 생각한 것이었다. 그는 이것을 딸에게 말하지는 않았으나 나따샤는 아버지의 두려움과 불안을 이해하고, 자신이 모욕을 당한 것처럼 느꼈다. 그녀는 아버지 때문에 낯을 붉히고, 낯이 붉어진 것으로 더욱더 화가 났다. 그리고 자기는 아무도 두려워하지 않는다는 것을 말하는 듯이, 대담하고 도전적인 눈초리로 마리야를 바라보았다. 마리야는 백작에게, 마침 잘 됐어요, 모쪼록 오랫동안 안나 쎄묘노브나 곁에 계셔 주세요 하고 말했다. 그래서 로스또프 백작은 밖으로 나갔다.

마리야가 나따샤와 단둘이 이야기하고 싶어 줄곧 불안스러운 눈초리로 쏘아보는데도 불구하고 부리엔 양은 방에서 나가려 하지 않았다. 그녀는 모스크바의 오락과 연극 이야기를 태연히 계속하고 있었다. 나따샤는 곁방에서 일어난 혼란과, 아버지의 안절부절못하는 태도와 선심이라도 베풀어서 자기를 만나준 듯한—하고 나따샤에게는 여겨졌다—마리아의 젠체하는 태도에 자존심이 상했다. 따라서 그녀에게는 모든 것이 불쾌하기만 했다. 마리야는 그녀 마음에 들지 않았다. 마리야는 지독하게도 못생기고, 부자연스럽고 무심한 것처럼 나따샤에게는 여겨졌다. 나따샤는 갑자기 정신적으로 위축되어 아무렇게나 되라는 듯한 태도를 취하여 더욱더 마리야를 자기로부터 밀어내고 말았다. 무겁고 부자연스런 회화가 5분 정도 계속된 후 실내화를 신은 재빠른 발소리가 가까이 오고 있는 것이 들렸다. 마리야의 얼굴에 놀란 빛이 떠올랐다. 방문이 열리고 하얀 실내 모자에 가운을 입은 공작이 들어왔다.

"아, 아가씨." 그는 말했다. "아가씨, 백작 따님…… 로스또프 집안의 아가씨죠, 확실히…… 죄송합니다, 제발 용서를……. 몰랐습니다, 아가씨. 당신께서 일부러 이렇게 우리를 방문해 주실 줄은 하늘에 맹세코 전혀 몰랐습니다. 이런 옷차림으로 딸한테 온 것을 용서하십시오. 하늘에 맹세코 몰랐습니다." 그는 '하늘'이라는 말에 힘을 주어 몹시 부자연스럽고 불쾌한 듯한 느낌으로 되풀이했기 때문에, 마리야는 아버지도 나따샤도 볼 용기가 없어서 눈을 떨군 채 서 있었다. 나따샤는 일어났다가 다시 앉아 그녀도 역시 어떻게 하면 좋을지 모르고 있었다. 다만 부리엔 양만은 부드러운 미소를 띠고 있었다.

"제발 용서해 주십시오, 용서해 주십시오! 하늘에 맹세코 몰랐으니까요." 노인은 중얼거리듯이 말하고는, 머리끝에서 발끝까지 나따샤를 훑어보고 나서 나가 버렸다. 공작이 이런 식으로 나타난 후 부리엔 양이 맨 먼저 정신을 가다듬고 노공작의 건강이 좋지 못하다는 것을 이야기했다. 나따샤와 마리야는 잠자코 서로를 바라보고 있었다. 그리고 서로 해야 할 말을 하지 않고, 오랫동안 서로 바라보고 있으면 있을수록 두 사람은 서로를 나쁘게 생각하게 되었다.

백작이 돌아왔을 때, 나따샤는 더할 나위 없이 기뻐서 돌아갈 채비를 서둘렀다. 그녀는 이때 자기를 이토록 난처한 입장에 세워놓고 반 시간이나 붙잡아 놓으면서도, 안드레이 공작 애기는 한마디도 하지 않았던 이 말라붙은 노처녀에게 증오에 가까운 심정을 느끼고 있었다. '이 프랑스 여자 앞에서 내가 먼저 그분 이야기를 꺼낼 수는 없잖아요.' 나따샤는 생각했다. 그러나 한편 마리야도 같은 일로 고민하고 있었다. 그녀는 나따샤에게 무슨 말을 하지 않으면 안 된다는 것을 알고 있었으나 그것을 말할 수 없었다. 부리엔 양이 방해가 되기도 했고, 또 왜 그런지 자기도 모르게 이 결혼 이야기를 시작하는 것이 그녀에게는 매우 고통스러웠기 때문이었다. 백작이 방에서 나가려고 했을 때 마리야는 빠른 걸음으로 나따샤에게 다가와서, 그녀의 손을 잡고 깊은 한숨을 쉬면서 말했다. "잠깐만 기다려 주세요, 나는 아무래도……." 나따샤는 얕잡아 보듯이—자기도 무엇을 얕잡아 보는 것인지 알 수 없었지만—마리야를 바라보았다.

"나 좀 봐요, 나딸리." 마리야는 말했다. "난 오빠가 행복을 찾은 것을 무척 기쁘게 생각하고 있어요……." 그녀는 자기가 거짓말을 하고 있다는 것을 느끼고 말이 막혔다. 나따샤는 그것을 눈치채고 그 까닭을 알아챘다.

"아가씨, 지금 그러한 이야기를 하는 것은 알맞지 않다고 생각해요." 나따샤는 겉으로는 품위와 냉정함을 가장하면서 이렇게 말했지만, 눈물로 목구멍이 막힐 것만 같았다.

'어쩌자고 이런 말을 했을까, 어쩌자고 이런 짓을 했을까!' 방을 나서자마자 그녀는 이렇게 생각했다.

이날 나따샤는 식사하러 나올 때까지 모든 사람을 오랫동안 기다리게 했다. 그녀는 자기 방에 앉아서 코를 풀기도 하고 흐느끼면서 어린애처럼 울고 있었던 것이다. 쏘냐는 선 채로 그녀에게 몸을 덮듯이 머리에 키스를 하고 있었다.

"나따샤, 왜 우는 거야?" 그녀는 말했다. "그런 사람들하곤 아무 관계도 없어. 모든 게 잘 되어갈 거야, 나따샤."

"아니야, 넌 모를 거야. 어찌나 분했는지…… 마치 내가……."

"그만, 나따샤, 네가 나쁜 것은 아니잖아. 그렇다면 너에게 무슨 관계가 있다는 거야? 자, 나한테 키스해 줘." 쏘냐는 말했다.

나따샤는 고개를 들었다. 그리고 자기 친구 입술에 키스하고, 눈물에 젖은 얼굴을 상대방에게 댔다.

"난 말할 수 없어. 난 몰라. 아무도 나쁘지 않아." 나따샤는 말했다. "내가 나빠. 그렇지만 모두 정말 무서워. 아, 왜 그분은 돌아오시지 않을까……!"

그녀는 빨간 눈으로 식사에 나왔다. 공작이 로스또프 부녀를 어떻게 맞이했는지를 짐작하고 한마디 말도 하지 않았던 아흐로씨모바는 나따샤의 흐트러진 모습을 모르는 체하고, 백작과 다른 손님들과 더불어 식사하는 동안 동요도 하지 않고 큰 소리로 농담도 하고 있었다.

8

그날 밤, 로스또프네 사람들은 아흐로씨모바가 마련해준 표를 가지고 오페라에 갔다.

나따샤는 가고 싶지는 않았지만, 특별히 자기를 위해서 계획해 준 아흐로씨모바의 친절을 거절할 수는 없었다. 그녀는 옷을 갈아입고, 아버지를 기다리면서 홀로 나갔다. 커다란 체경을 들여다보고 자신의 아름다움, 더없는 아름다움을 깨닫자 더욱 슬픈 마음이 들었다. 그러나 슬프기는 했지만 동시에 즐겁게 사랑에 젖고 싶은 심정이었다.

'아, 만약 그분이 여기 같이 계신다면, 나는 그 무렵처럼, 무엇인가 알지도 못하는 것에 대한 부질없는 겁에 질린 마음을 깨끗이 씻어 버리고, 전과는 달리 솔직하게 그이를 껴안고 매달릴 거야. 그리고 그이가 곧잘 나를 보았던, 나에게 사랑해 달라고 하는 듯한, 무엇인가 알고 싶어 하는 눈으로 나를 보게 해줄 테야. 그리고 그 무렵에 웃었던 것처럼 그분을 웃게 해줄 테야. 그리고 그분의 눈을—아, 나에게는 그 눈이 분명히 보여!' 나따샤는 생각했다. '도대체 그분의 아버님과 누이동생이 나에게 무슨 관계가 있다는 거야. 내가 사랑하는 건 그분 한 사람뿐이야. 그분이야, 그분. 그 얼굴과 눈, 그 남자다운, 그리고 앳된 웃음을……. 아냐, 그이에 대해 생각하지 않는 것이 좋아. 생각하지 않는 편이, 잊는 편이, 당분간 모든 걸 다 잊어야 한다. 이런 기다림은 나도 도저히 견딜 수 없어. 당장에라도 울음이 터질 것만 같아.' 그녀는 울지 않으려고 안간힘을 다하면서 체경에서 물러났다. '도대체 어떻게 해서 쏘냐는 그렇게도 느긋하게, 침착하게 니꼴라이 오빠를 사랑하여 그토록 오랫동안 끈질기게 기다리고 있을 수 있단 말인가!' 그녀는 옷을 갈아입고 손에 부채를 들고 들어온 쏘냐를 보면서 생각했다. '아냐, 이 사람은 전혀 달라. 나는 그렇게 할 수 없어!'

나따샤는 이때 모든 긴장의 끈이 끊어져, 감미로움에 몸을 맡길 기분이 되어, 단지 사랑하고 사랑을 받는 것을 알고만 있는 것으로는 모자라게 되어 있었다. 그녀는 지금 곧 사랑하는 사람을 껴안고, 자기 가슴에 넘쳐 흐르는 사랑의 말을 이야기하고, 사랑하는 사람으로부터도 듣고 싶었다. 그녀는 아버지와 나란히 앉아 유개마차를 타고 가면서, 얼어붙은 창문에 가물거리는 각등의 불을 보며 생각에 잠겼다. 그러는 동안에 더욱더 사랑의 마음이 고조되어 더욱 슬픈 마음이 들어, 자기가 누구와 어디로 가는가도 잊고 말았다. 마차의 긴 행렬에 섞여 눈 위를 천천히 삐걱거리면서, 로스또프 부녀의 마차는 극장에 다다랐다. 나따샤와 쏘냐는 옷자락을 추켜들면서 재빨리 내렸다. 백작도 시종의 부축을 받으면서 안기듯이 마차에서 나왔다. 들어가는 귀부인, 신사, 프로그램을 건네고 있는 사람들 사이를 지나 세 사람은 아래층의 칸막이 좌석으로 통하는 복도로 향했다. 반쯤 닫은 문으로 이미 음악 소리가 들려왔다.

"나따샤, 머리가." 쏘냐가 소곤거렸다. 좌석 계원이 몸을 옆으로 하여 공손하고 급한 걸음으로 미끄러지듯이 영양들 앞을 나아가 칸막이 좌석문을 열었다. 음악은 더욱 크게 들려왔다. 불빛에 비쳐 귀부인들의 드러낸 어깨와 팔이 보이는 박스석의 열과, 웅성거림과 빛나는 제복 모습으로 메워진 1층 좌석이 문으로부터 순간적으로 번쩍이듯이 보였다. 옆 좌석으로 들어가려던 귀부인이 여자다운, 부러운 눈으로 나따샤를 돌아보았다. 막은 아직 오르지 않고, 서곡이 연주되고 있었다. 나따샤는 의상을 매만지면서, 쏘냐와 함께 안으로 들어가 불빛이 비친 반대쪽 박스석을 둘러보면서 자리에 앉았다. 수백의 눈이 자기의 드러낸 팔과 목덜미를 보고 있다는, 오랫동안 경험하지 않았던 감각이 느닷없이, 유쾌하게, 동시에 불쾌하게 그녀의 마음을 사로잡았다. 그리고 이 감각에 알맞는 많은 추억과 희망, 흥분을 불러 일으켰다.

눈부시게 아름다운 아가씨 나따샤와 쏘냐, 그리고 얼마 동안 모스크바에 나타나지 않았던 로스또프 백작은 모두의 주의를 모았다. 게다가 나따샤와 안드레이의 약혼을 어렴풋이 알고, 그때부터 로스또프네가 시골에 파묻혀 살고 있었다는 것도 알고 있었기에, 러시아 최고 신랑감의 한 사람과 맺어지는 신부를 호기심에 찬 눈으로 바라보고 있었다.

나따샤는 모두가 말하는 것처럼 시골에서 지내는 동안에 아름다워졌지만, 이날 밤은 흥분 상태에 있어서 유달리 아름다웠다. 주위의 모든 것에 무관심한 태도와 생기와 아름다움으로 그녀는 사람들의 눈을 놀라게 했다. 그녀의 검은 눈은 누구를 찾는 것도 아니면서 사람들을 바라보고, 팔꿈치 위까지 드러낸 가는 팔은 비로드를 씌운 좌석의 칸막이 위에 괸 채, 아마도 무의식적으로 전주곡의 박자에 맞추어서 프로그램을 말기도 하고 주먹을 쥐었다가 펴기도 하고 있었다.

"저기 보세요, 알레닌 양이야." 쏘냐가 말했다. "어머니와 같이 온 것 같아요!"

"아니, 미하일 끼릴르이치는 더욱 살이 쪘군." 노백작이 말했다.

"저것 보세요! 도르베쯔꼬이 공작 부인의 아름다운 모자!"

"까라긴네 사람들이에요. 줄리와 보리스도 같이 왔어. 누가 봐도 약혼자라는 것을 바로 알 수 있어."

"보리스가 청혼했어요! 정말이에요. 오늘 확인했어요." 로스또프네의 박스석에 들어온 신신이 말했다.

나따샤는 아버지가 보고 있는 쪽을 바라보았다. 그리고 줄리를 보았다. 그녀는 굵고 빨간 목에(나따샤는 그녀가 목에 잔뜩 분을 바른 것을 알았다) 진주 목걸이를 걸고 어머니와 나란히 행복스러운 표정으로 앉아 있었다. 그들 뒤에는 미소를 띠고 줄리의 입 가까이에 귀를 대고 있는, 단정한 머리를 한 보리스의 아름다운 얼굴이 보였다. 그는 눈을 들어 로스또프네를 흘겨보고 웃으면서 무엇인가 자기 약혼녀에게 말을 하고 있었다.

'틀림없이 저 사람들은 나와 그이의 이야기를 하고 있을 거야.' 나따샤는 생각했다. '그리고 저 사람은 아마도 나에 대한 약혼녀의 질투를 가라앉히려 하고 있을 거야. 공연한 걱정을 하고 있어! 나에게는 저런 사람들은 아무 소용도 없다는 것을 좀 알려 주면 얼마나 좋을까.'

그 뒤에는 초록빛 모자를 쓰고, 모든 것을 하느님의 뜻에 맡긴 채, 행복하고 즐거운 듯한 얼굴로 도르베쯔꼬이 공작 부인이 앉아 있었다. 그들의 박스 좌석에는, 나따샤도 잘 알고 있고 매우 좋아했던 약혼자들이 자아내는 분위기가 감돌고 있었다. 그녀는 외면했다. 그러자 오늘 아침 방문에서 당한 일들이 이것저것 모두 생각이 났다.

'저 노공작은 무슨 권리가 있어서, 나를 집안 식구로 맞아들이지 않으려고 하는 것일까? 아, 이런 생각은 하지 말자. 그분이 돌아올 때까지는!' 그녀는 자기 자신에게 타이르며, 아래층 좌석에 앉아 있는 아는 얼굴과 모르는 얼굴들을 바라보기 시작하였다. 아래층 좌석 앞줄 바로 한가운데에 등을 좌석의 칸막이에 기대고 팔꿈치를 괸, 고수머리를 크게 위로 빗어올리고 페르시아풍의 옷을 입은 돌로호프가 서 있었다. 그는 자기가 장내의 주의를 한몸에 모으고 있음을 알면서, 마치 자기 방에 서 있는 것처럼 태연하게 극장 안에서도 가장 눈에 잘 띄는 장소에 서 있었다. 그 둘레에는 모스크바의 일류 청년 신사들이 떼를 지어 몰려 있었다. 그는 그들의 중심 인물이 되어 있었다.

로스또프 백작은 얼굴이 빨개진 쏘냐를 웃으면서 쿡 찌르고 한때 그녀의 숭배자를 가리켰다.

"저 사람 보여?" 그는 쏘냐에게 물었다. "저 사나이, 대체 어디서 나타났지?" 백작은 신신에게 물었다. "어디론가 사라졌었잖아?"

"사라졌었죠." 신신이 대답했다. "코카서스에 갔었다는군요. 거기서 탈주해서 페르시아의 어느 영주 밑에서 장관을 하고 있었는데, 거기서 왕의 동생을 죽였답니다. 뭐 어떻습니까? 모스크바의 부인들은 모두가 그에게 열중하고 있습니다. '페르시아인 돌로호프'라고 하면 그만입니다. 여기서는 지금 돌로호프 없이는 한 마디도 이야기가 진행되지 않아요. 서약을 하는 데도 돌로호프가 꼭 필요하죠. 마치 철갑상어 (러시아 사람이 좋아하는 음식)처럼 사람들을 끌어들이고 있어요." 신신이 말했다. "돌로호프와 아나똘리 꾸라긴—이 두 사람이 모든 모스크바의 부인들을 미치게 하고 있습니다."

그때 옆의 박스 좌석으로 머리를 큼직하게 땋아내리고, 희고 풍만한 어깨와 목을 크게 드러내고 목에 알이 굵직한 진주를 이중으로 건, 키가 크고 아름다운 귀부인이 두툼한 비단 의상을 살랑거리면서 들어오더니 한참 걸려서 자리에 앉았다.

나따샤는 자기도 모르게 그 목, 어깨, 진주와 머리를 바라보면서 아름다움에 넋을 잃었다. 나따샤가 재차 그녀를 보았을 때, 귀부인은 돌아다보고 로스또프 백작과 눈이 마주치자, 고개를 가볍게 끄덕이고 미소지었다. 그녀는 삐에르의 아내인 베주호프 백작 부인 엘렌이었다. 사교계의 모든 사람을 알고 있던 노백작은 그녀 쪽에 몸을 숙이고 이야기하기 시작했다.

"언제 여기에 오셨어요, 백작 부인?" 그는 말했다. "가겠습니다, 부인 손에 키스하러 가겠습니다. 나는 좀 볼일이 있어서, 이처럼 딸들을 데리고 왔습니다. 쎄묘노바(당시의 오페라 가수. 음성보다/연기에 평이 높았다)의 연기가 굉장하다더군요." 로스또프 백작이 말을 이었다. "주인께서는 항상 우리를 기억해 주셨는데 지금 이곳에 계십니까?"

"네, 주인도 찾아 뵙고 싶다고 말하고 있습니다." 엘렌은 이렇게 말하고 나따샤를 물끄러미 바라보았다.

로스또프 백작은 다시 자기 자리에 앉았다.

"어때, 아름답지?" 그는 나따샤에게 말하였다.

"굉장해요!" 나따샤가 말했다. "모두들 홀딱 반하는 것도 무리가 아니네요!" 이때 서곡의 마지막 화음이 울리고, 지휘자의 지휘봉이 보면(譜面)을 두들겼다. 일층석에서는 늦게 온 남자들이 좌석 쪽으로 들어갔다. 그리고 막이 올랐다.

막이 올라가자마자 박스 좌석과 일층 좌석은 모두 조용해지고, 제복이나 연미복을 입은 노인도 젊은이도, 드러낸 몸에 보석을 단 모든 여자들도 모두 탐내는 것 같은 호기심으로 무대에 주의를 집중하였다. 나따샤도 보기 시작했다.

9

무대에는 평평한 널빤지 몇 장이 한가운데 놓여 있고, 양쪽에는 색칠을 한 판지가 서 있어, 그것이 나무를 나타내고 있었다. 뒤쪽에는 널빤지 위에 천이 쳐져 있었다. 무대 중간쯤에는 빨간 코르사주와 하얀 스커트 차림의 소녀들이 앉아 있었다. 비단옷을 입은 몹시 뚱뚱한 아가씨 한 사람만이 나지막한 벤치에 떨어져 앉아 있었고 그 벤치에는 뒤에 녹색 판지가 붙여져 있었다. 소녀들은 다 같이 무엇인가 노래를 부르고 있었다. 그 노래가 끝나자, 하얀 옷차림을 한 소녀는 프롬프터가 있는 박스 쪽으로 다가갔다. 그러자 굵은 다리에 꼭 끼는 비단 바지를 입고 장식 깃과 단검을 가진 사나이가 그녀에게 다가가서, 두 손을 벌리고 노래를 부르기 시작했다.

꼭 끼는 바지를 입은 사나이가 혼자 노래를 다 부르고 나자 이어서 소녀가 노래를 불렀다. 그리고 나서 두 사람이 침묵하자, 음악이 울리기 시작하였다. 사나이는 하얀 옷차림의 소녀의 손을 만지기 시작하고, 그녀와 같이 노래를 부르기 위해서 다시 차례를 기다리고 있는 것 같았다. 그들 두 사람이 노래를 부르자 장내는 일제히 박수와 환성이 일고, 연인으로 분장한 무대 위의 남녀는 미소지으면서 양손을 벌리고 절을 하였다.

오랜 시골 생활에서 나따샤가 젖어 있었던 심각한 기분으로는 이와 같은 것은 모두 기묘하고 놀랍기만 했다. 그녀는 오페라의 줄거리를 따라갈 수 없었고 음악도 알아들을 수가 없었다. 그녀의 눈에 보이는 것은 단지 색칠한 판지와, 이상한 옷을 입고 밝은 빛 속에서 움직이고 지껄이며 노래를 부르는 남녀뿐이었다. 이러한 것들이 무엇을 나타내고 있는지는 그녀도 알고는 있었지만, 너무나도 가식적이며 일부러 꾸민 것 같이 부자연스러워서 그녀는 배우들이 부끄럽기도 하고 우스꽝스럽게 보였다. 그녀는 자기가 느끼고 있는 것과 같은 어리석고 납득이 가지 않는 기분을 다른 사람들도 느끼고 있을까 하고 자기 주위에 있는 관객들의 얼굴을 둘러보았다. 그러나 모든 얼굴은 무대 위의 움직임에 쏠려 있고 환희의 표정을 나타내고 있어, 나따샤에게는 그것도 가장된 것처럼 여겨졌다. '아마 꼭 저렇게 해야만 하는 걸 거야!' 나따샤는 생각했다. 그녀는 아래층 좌석에 나란히 앉아 있는 포마드를 잔뜩 바른 사나이들의 머리와, 칸막이 좌석에 있는 몸을 드러낸 부인과, 특히 옆에 앉아 있는 엘렌을 번갈아 바라보고 있었다. 엘렌은 알몸이나 다름없는 모습으로 조용히 침착한 미소를 지으며, 장내에 흐르고 있는 밝은 빛과 무더위로 더워진 숨막히는 듯한 공기를 느끼면서, 눈도 떨구지 않고서 무대를 바라보고 있었다. 나따샤는 차차 오랫동안 경험하지 않았던 황홀 상태로 들어가기 시작했다. 그녀는 자기가 누구이며 어디에 있는지, 눈 앞에서 무엇이 행해지고 있는지 알지 못했다. 그저 보면서 생각하고 있을 뿐이었다. 그리고 더할 나위 없이 기묘한 생각이 뜻하지 않게 맥락도 없이 그녀의 머리에 떠오르는 것이었다. 칸막이 좌석 난간 위에 뛰어올라가서 지금 여배우가 부르고 있는 아리아를 자기도 부르고 싶은 생각이 떠오르는가 하면, 바로 옆에 앉아 있는 노인을 할퀴고 싶어졌고, 때로는 엘렌 쪽으로 몸을 내밀고 그녀를 간질여 주고 싶어지기도 했다.

아리아의 시작을 기다리며 무대가 조용해지는 일이 몇 차례 있었는데, 마침 그럴 때 입구의 문이 삐걱거리더니 로스또프네의 칸막이 좌석과 같은 쪽에 있는 의자석의 융단을 지나오는 늦게 온 사나이의 발소리가 들렸다. "아, 그분이에요, 꾸라긴!" 신신이 속삭였다. 엘렌은 들어오는 사나이 쪽을 웃는 얼굴로 돌아보았다. 나따샤는 엘렌의 시선이 가는 곳을 보았다. 그러자 자신이 넘치는 동시에 예의 바른 태도로, 그녀들의 박스 좌석으로 접근해 오는 유달리 아름다운 부관의 모습이 눈에 들어왔다. 그는 훨씬 이전에 뻬쩨르부르그의 무도회에서 만난 적이 있는 아나똘리였다. 그는 한쪽에 견장을, 또 한쪽에는 장식 끈이 달린 부관 군복을 입고 있었다. 만약 그가 이토록 미남자가 아니고, 아름다운 얼굴에 선량한 만족과 명랑한 표정이 없었더라면 우스꽝스럽게 보였을지도 모르는, 겸손하고 남자다운 걸음걸이로 걸어왔다. 무대는 이미 시작되고 있었는데도 그는 별로 서두르는 기색도 없이 박차와 군도 소리를 가볍게 내면서, 향수 냄새가 풍기는 얼굴을 높이 쳐들고 복도 양탄자 위를 걸어왔다. 그는 나따샤를 흘끗 보고, 누이동생 옆으로 다가가서 장갑을 낀 손을 그녀 좌석 난간에 얹어 놓고는 누이동생과 이야기를 나누었다. 그는 가볍게 고개를 끄덕이고 나서, 나따샤를 가리키면서 몸을 굽혀 무엇인가 물어보았다.

"정말 매력적인데!" 그는 분명히 나따샤에 대해 말한 듯했지만 나따샤는 그것을 들었다기보다는 오히려 그의 입술의 움직임으로 알아챘다. 그러고 나서 그는 맨 앞줄로 가서, 다른 패거리들이 비위를 맞추고 있는 돌로호프를 친밀하고 흉허물없이 팔꿈치로 치고 그 옆에 앉았다. 그는 돌로호프에게 명랑한 눈짓을 하고 미소짓고는, 한 발을 좌석 칸막이 위에 딛고 몸을 받쳤다.

"참 꼭 닮은 남매로군!" 백작이 말했다. "어쩌면 둘 다 저렇게도 잘생겼을까."

신신은 낮은 음성으로, 모스크바에서 아나똘리가 저지른 정사의 내막을 작은 목소리로 백작에게 이야기했다. 나따샤는 그가 자기를 '매력적'이라고 한 데에 마음이 끌려 그 이야기에 귀를 기울였다.

제1막이 끝나자, 의자석에서는 모두가 일어나 혼잡을 이루면서 걸어다니기도 하고 밖으로 나가기도 하였다.

보리스가 로스또프네 박스 좌석으로 와서 간단히 축하를 받았다. 그는 잠시 눈썹을 들고 종잡을 수 없는 미소를 띠며, 자기들 결혼식에 꼭 참석해 주기 바란다는 약혼자의 부탁을 나따샤와 쏘냐에게 전하고 나갔다. 나따샤는 밝고 교태어린 미소를 띠며 그와 이야기를 나누고, 전에 자기도 좋아한 적이 있었던 이 보리스의 결혼에 대해서 축하했다. 지금 그녀가 사로잡혀 있는 황홀한 마음으로서는, 모든 것이 단순하고 자연스럽게 여겨졌다.

몸을 드러낸 엘렌이 나따샤 옆에 앉아서 모든 사람에게 미소를 보내고 있었다. 나따샤도 그것과 똑같은 미소를 보리스에게 지어 보이고 있었다.

엘렌의 박스에는 최고 명문의 총명한 사나이들이 들어와 있었고, 의자석 쪽에서도 둘러싸고 있었다. 그들은 자기가 엘렌과 숙친한 사이임을 여러 사람에게 과시하고 싶어하는 것 같았다.

아나똘리는 막간 동안, 돌로호프와 같이 칸막이 앞쪽에 나란히 서서, 로스또프네의 박스 좌석 쪽을 바라보고 있었다. 나따샤는 그가 자기 이야기를 하고 있는 것을 알고 있었다. 그리고 그것이 그녀를 만족스러운 기분으로 만들었다. 그녀는 가장 보기 좋은 각도라고 자기가 생각하고 있는 옆얼굴이 그에게 보이도록 방향을 바꾸었을 정도였다. 제2막이 시작되기 전에, 의자석에 삐에르가 보였다. 도착 이래 로스또프 일가는 아직 그를 만나지 않고 있었다. 그의 얼굴은 침울해 보였지만, 나따샤가 일전에 만났을 때보다는 좀 더 살쪄 있었다. 그는 아무도 모르게 앞줄로 걸어갔다. 아나똘리는 그의 곁으로 다가가서, 로스또프네의 박스 좌석을 가리키면서 그에게 무엇인가 말하기 시작했다. 삐에르는 나따샤를 보자 갑자기 활기를 띠고, 줄 사이를 지나 급히 로스또프네의 박스 쪽으로 왔다. 옆까지 오자 그는 곧 팔꿈치를 괴고는 미소지으면서 오랫동안 나따샤와 이야기를 나누었다. 삐에르와 이야기하는 동안에, 나따샤는 엘렌의 박스 좌석에서 남자 소리가 나는 것을 들었다. 그리고 그것이 아나똘리라는 것을 알아챘다. 그녀는 돌아다보고 그의 시선과 마주쳤다. 그는 함빡 미소를 머금고 그녀의 눈을 정면으로 바라보았다. 그 눈초리가 너무나 감격한 것 같은 상냥한 느낌을 주었기 때문에, 이렇게 그 사람을 가까이에서 보고 그로부터 호감을 받고 있다는 것을 분명히 믿으면서도, 그 사람과 아는 사이가 아니라는 것은 이상하다는 생각이 들었다.

제2막에서는 기념비를 나타낸 판지가 놓여 있고, 달을 나타내는 구멍이 천에 뚫려 있고 각광의 갓이 올라갔다. 관악기와 콘트라베이스가 저음으로 연주하기 시작하고, 좌우에서 검은 망토를 입은 많은 사람들이 나왔다. 그 사람들은 양손을 휘두르기 시작하고, 그 손에는 무엇인가 단도 같은 것이 쥐어져 있었다. 그리고 다시 몇몇 사람들이 나와서, 아까는 하얀 옷을, 이번에는 푸른 옷을 입은 소녀를 끌고 가려고 했다. 그러나 곧 데려가려고 하지 않고, 소녀와 더불어 오랫동안 노래를 부르고 나서 데려갔다. 그러자 무대 뒤에서 세 번쯤 무엇인가 쇠붙이 같은 것을 두드리는 소리가 나더니, 일동은 무릎을 꿇고 기도의 노래를 부르기 시작했다. 이 동작은 관객들의 감동적인 외침 소리에 여러 번 중단되었다.

2막이 계속되는 동안 나따샤는 의자석 쪽을 볼 때마다, 의자의 등받이에 팔을 내던지듯이 하고 자기를 보고 있는 아나똘리가 눈에 들어왔다. 그가 그토록 자기에게 사로잡혀 있는 것을 보니 기분이 좋았다. 그리고 그 속에 무엇인가 나쁜 일이 있다고는 생각조차 해 보지 않았다.

제2막이 끝났을 때 엘렌은 일어나서 로스또프네의 박스 좌석 쪽을 돌아다보고(그녀의 가슴은 완전히 드러나 있었다), 장갑을 낀 손가락으로 노백작을 자기 자리로 불렀다. 그리고 자기 좌석에 들어온 다른 사람들은 거들떠보지도 않고, 상냥하게 웃으면서 백작과 이야기를 하기 시작했다.

"저, 댁의 아름다운 아가씨들에게 저를 소개해 주세요." 그녀는 말했다. "온 모스크바가 아가씨들 때문에 들끓고 있는데도, 나는 아직 두 분을 모르고 있는 걸요."

나따샤는 일어나서 이 당당한 백작 부인에게 허리를 굽히고 인사를 하였다. 나따샤는 눈이 부실 것만 같은 이 미인으로부터 칭찬을 받은 것이 매우 기분이 좋았으므로 기쁜 나머지 얼굴을 붉혔다.

"이젠 나도 모스크바 사람이 되고 싶어요." 엘렌은 말하였다. "당신은 이런 진주 같은 분들을 시골에 가둬 두시다니 부끄럽지 않으세요!" 그녀는 말을 이었다.

엘렌이 매력 있는 여인이라는 평을 받고 있는 것은 당연한 일이었다. 그녀는 마음에도 없는 말을 천연스레 입 밖에 내었으며, 특히 겉치레의 말을 거침없이 자연스럽게 할 수가 있었다.

"그러지 마시고 백작님, 제발 댁의 아가씨들을 제게 맡겨 주세요. 이번에
도 나는 이곳에는 오래 있지 않을 생각입니다. 댁에서도 그러시죠? 그러니
댁의 아가씨들을 즐겁게 하도록 노력해 보겠어요. 뻬쩨르부르그에 있을 때
부터 당신 이야기를 많이 듣고 있었고, 숙친해지길 바라고 있었어요." 그녀
는 예의 변화가 없는 아름다운 미소를 띠며 나따샤에게 말했다. "당신 이야
기는 나의 시동 보리스로부터도 들었습니다. 들으셨죠? 그분은 결혼합니다.
그리고 바깥 주인의 친구이신 볼꼰스끼, 안드레이 볼꼰스끼 공작한테서도
요." 그녀는 그와 나따샤와의 관계를 자기도 알고 있음을 암시하면서 특히
힘을 주어 말했다. 그녀는 좀 더 가깝게 지내고 싶다, 두 아가씨 중 어느 쪽
이라도 좋으니 가극이 끝날 때까지 자기 좌석에 앉아 있어주면 좋겠다고 말
했다. 그래서 나따샤가 그녀 쪽으로 자리를 옮겼다.

제3막에서는 무대 위에 궁전이 마련되어 있었다. 거기에는 많은 촛불이
켜져 있고, 수염을 기른 기사를 그린 그림이 걸려 있었다. 한복판에는 왕과
왕비 같은 사람이 서 있었다. 왕은 오른손을 휘두르면서, 겁을 먹은 듯이 무
엇인가 서투른 노래를 부르고 심홍색 왕좌에 앉았다. 처음에는 하얀 옷, 다
음에는 푸른색 옷을 입고 있던 소녀가 이번에는 속옷 하나만 걸치고 머리를
헝클어뜨린 채 왕좌 옆에 서 있었다. 그녀는 왕비를 향하여 무엇인가 슬프게
노래를 부르고 있었지만, 왕은 엄하게 손을 내저었다. 그러자 옆에서 다리를
드러낸 남녀가 나와서 다 같이 춤추기 시작했다. 그리고 바이올린이 몹시 섬
세한, 밝은 소리를 연주하기 시작하였다. 통통한 다리와 가는 팔을 드러낸
한 소녀가 다른 사람한테서 떨어져서 무대 뒤로 돌아가 코르사주를 매만지
고, 다시금 무대의 한가운데로 나와서 뛰어올라 두 다리를 마주치기 시작했
다. 의자석에 앉은 관객들은 일제히 박수를 치며 "브라보!"를 외치기 시작
하였다. 그리고 한 사나이가 구석에 섰다. 오케스트라에서는 심벌즈와 관악
기가 한층 큰 소리를 냈다. 그러자 다리를 드러낸 사나이가 혼자서 뛰어올라
잔걸음으로 발을 움직이기 시작하였다(이 사나이는 이 기술 덕분에 은화 6
만 루블을 받고 있는 뒤뽀르였다). 의자석에서나 박스 좌석, 귀빈석에서 모
두가 우뢰 같은 박수를 치며 소리를 지르기 시작하였다. 그러자 무대의 사나
이는 걸음을 멈추고 미소를 지으면서 사방에 인사했다. 그리고 다리를 드러

낸 남녀가 춤을 추고, 뒤이어 왕 중의 한 사람이 음악에 맞추어 무엇인가 외치고 모두 노래를 부르기 시작했다. 그러자 갑자기 폭풍이 일어 오케스트라 쪽에서 반음계를 줄인 감7의 화음이 들려왔다. 모두가 달리기 시작하고, 거기 있던 한 사람을 무대 뒤로 끌고 갔다. 그리고 막이 내렸다. 또다시 관객 사이에 웅성거림과 박수가 일어나 모든 사람이 감격의 얼굴로 외치기 시작했다.

"뒤쁘르! 뒤쁘르! 뒤쁘르!"

나따샤는 이젠 이것을 이상하게 여기지 않았다. 그녀는 만족스러운 표정으로, 기쁜 듯이 미소를 지으면서 사방을 둘러보았다.

"뒤쁘르는 정말 굉장하군요!" 엘렌이 그녀를 향하여 말했다.

"네, 정말이에요." 나따샤도 대답했다.

10

막간에 엘렌의 좌석 문이 열리며 찬 바람이 별안간 흘러들어왔다. 그리고 옆 사람에게 닿지 않도록 주의하면서, 몸을 굽히고 아나똘리가 들어왔다.

"오빠를 소개하겠습니다." 엘렌이 나따샤에게서 아나똘리로 바쁘게 시선을 옮기면서 말했다. 나따샤는 자기의 드러낸 어깨 너머로 고개를 돌려, 귀여운 얼굴의 미남자를 보며 빙그레 웃었다. 가까이서 봐도, 먼 발치에서 보는 것과 마찬가지로 미남인 아나똘리가 그녀 옆에 앉아서 말했다. "언젠가 나르이쉬낀네의 무도회 때부터 이런 기쁨을 맛보기를 원했습니다. 그 무도회에서 뵙게 될 기쁨을 얻어 그것을 잊지 않고 있습니다." 아나똘리는 여인들과 같이 있을 때에는, 남자들과 있을 때보다 훨씬 총명하고 가식이 없었다. 그는 서슴없이 솔직하게 이야기를 하였다. 그리고 꽤 여러 가지로 화제가 되어 있는 이 사나이에게, 그다지 무서운 점은 아무것도 없고 반대로 순진하고 명랑하며 선량한 미소의 소유자라는 것이, 나따샤로서는 몹시 이상하기도 하고 동시에 흐뭇한 놀라움을 느끼게 했다.

아나똘리는 오페라의 인상을 묻고, 지난번 연극 때에 쎄묘노바가 출연 중에 쓰러진 이야기를 나따샤에게 이야기하였다.

"그리고 말입니다, 아가씨." 그는 느닷없이, 마치 오랜 구면인 것처럼 그녀 쪽으로 몸을 돌려 말했다. "우리들은 가장 기마 시합을 하기로 되어 있습니다만, 당신도 참가해 주시길 바랍니다. 무척 재미있을 것 같습니다. 모두 아르하로프네 집에 모이기로 돼 있습니다. 부디 와 주십시오, 부탁드립니다." 그는 말했다.

이렇게 말하면서 그는 나따샤의 얼굴이나 목, 드러낸 손에서 미소를 머금은 눈을 떼지 않고 있었다. 나따샤는 그가 틀림없이 자기에게 끌리고 있다는 것을 알고 있었다. 그것은 나쁜 기분은 아니었지만, 왜 그런지 그가 있으면 거북하고 괴로운 마음이 들었다. 그녀가 그에게 눈을 돌리고 있지 않으면 그가 자기 어깨를 보고 있다는 것을 느꼈고, 그가 좀 더 자세히 자기 눈을 봐줄 수 있도록 자연히 그의 시선을 바라보게 되는 것이었다. 그러나 그의 눈을 보고 있으면, 그녀는 늘 자기와 다른 남성들 사이에 느꼈던 수치의 벽이, 이 남자와의 사이에는 전혀 없는 것을 느끼곤 무서운 생각이 들었다. 그녀는 자기로서도 어떻게 하면 좋을지 모른 채 5분 가량 지나자, 자기가 이 사나이에게 무섭도록 가까워진 것을 느꼈다. 옆으로 몸을 돌리면 그가 뒤에서 드러낸 자기 팔을 잡지나 않을까, 목덜미에 키스를 하지나 않을까 불안했다. 두 사람은 몹시 평범한 이야기를 나누고 있었는데, 그녀는 일찍이 자기와 남성 사이에서 느껴보지 못했을 정도로 그에게 가까워져 버린 것을 느꼈다. 나따샤는 대체 이것은 어떻게 된 일이냐고 물어보듯이 엘렌과 아버지 쪽을 돌아다보았다. 그러나 엘렌은 어느 장군과의 이야기에 열중하여 그녀의 시선에는 대답해 주지 않았고, 아버지의 눈도 그가 항상 말하는 것처럼 '재미있니? 그래, 나도 기쁘다'는 표정을 지을 뿐 아무 말도 해주지 않았다.

몇 차례 어색한 침묵이 흐를 때면 아나똘리는 그의 약간 불거져나온 눈으로 물끄러미 나따샤를 바라보았는데, 그럴 때 한 번은 나따샤가 침묵을 깨기 위해 그에게 모스크바를 좋아하느냐고 물었다. 나따샤는 이렇게 묻고 나서 얼굴을 붉혔다. 그녀는 그와 이야기를 하면서 무슨 예의에 어긋나는 일을 하고 있는 것 같은 생각이 끊임없이 들었기 때문이다. 아나똘리는 그녀의 용기를 북돋아주려는 듯이 미소지었다.

"처음에는 별로 마음에 들지 않았습니다. 왜냐하면 도시를 즐겁게 만드는 것은 아름다운 여성이니까요. 그렇지 않습니까? 하지만 지금은 무척 마음에 듭니다." 그는 뜻있게 그녀를 바라보면서 말했다. "가장 기마 시합에 오시겠습니까? 아가씨, 제발 와 주십시오." 그는 말하였다. 그리고 그녀의 꽃다발

쪽으로 손을 뻗고 음성을 낮추며 말했다. "참가자 중에서 당신이 제일 미인일 겁니다. 꼭 와 주십시오, 아가씨. 그리고 그 증거로 그 꽃을 제게 주십시오."

나따샤는 그가 하는 말을 이해할 수 없었다. 아나똘리 자신도 자기가 한 말을 잘 알지 못했지만, 그녀는 그의 이해할 수 없는 말 속에 좋지 않은 딴 뜻이 있다는 것을 느꼈다. 그녀는 뭐라고 대답하면 좋을지 알 수 없어서, 못 들은 것처럼 얼굴을 돌렸다. 그러나 얼굴을 돌린 순간 그녀는 바로 뒤에 그가, 자기 바로 옆에 있다고 생각하였다.

'이 사람은 지금 어떠한 기분으로 있을까? 당황하고 있을까? 화내고 있을까? 화를 내고 있다면 화를 풀어주어야 하는 것일까?' 그녀는 자기 자신에게 물었다. 그녀는 돌아보지 않을 수 없었다. 그녀는 똑바로 그의 눈을 쳐다보았다. 그리고 그가 몹시 가까이 있다는 것과, 그의 자신감 있고 선량해 보이는 상냥한 미소에 그녀는 압도되고 말았다. 그녀도 똑바로 그의 눈을 바라보면서 상대방과 같은 미소를 지었다. 그리고 자기와 그 사이에는 아무런 장벽도 없다는 것을 느끼고 무서운 생각이 들었다.

다시 막이 올라갔다. 아나똘리는 침착하고 즐거운 듯이 박스 좌석에서 나갔다. 나따샤는 자기가 지금 있는 세계에 완전히 복종하여 아버지가 있는 박스 좌석으로 돌아갔다. 눈앞에서 일어나고 있는 일은 이제 그녀에게는 매우 자연스럽게 여겨졌다. 그러나 그 대신 약혼자나 마리야, 시골 생활을 둘러싼 이제까지의 여러 가지 생각은 한 번도 그녀의 머리에 떠오르지 않았다. 마치 그 모든 것이 옛날에 지나가 버린 것처럼 느껴졌다.

제4막에서는 악마 같은 것이 나타나서 손을 흔들면서 노래부르고 있었지만, 마침내 발 밑의 판자가 움직여 그 밑으로 떨어지고 말았다. 4막에서 나따샤의 눈에 들어온 것은 그것밖에 없었다. 무엇인가가 그녀의 마음을 뒤흔들고 괴롭히고 있었다. 그리고 그 원인은 그녀가 저도 모르게 눈으로 쫓고 있던 아나똘리였다. 극장에서 나오자, 아나똘리는 곁으로 와서 로스또프네의 마차를 불러 모두 태워주었다. 나따샤를 태울 때에는 그녀의 팔꿈치 위쪽을 잡았다. 나따샤는 흥분하여 빨개진 얼굴로 행복한 감정에 싸여 그를 돌아보았다. 그는 눈을 반짝이고 감미롭게 웃으며 그녀를 바라보고 있었다.

집으로 돌아와서 비로소 나따샤는 오늘 밤에 일어난 모든 것을 뚜렷이 생각할 수가 있었다. 그리고 문득 안드레이가 생각나서, 자기도 모르게 움찔했다. 모두들 극장에서 돌아와서 차 테이블에 앉아 있었는데, 그들 앞에서 큰 소리로 "앗!" 하고 소리를 지르고는 얼굴이 새빨개져서 방을 뛰쳐나가 버렸다. '아, 나는 이제 틀렸어!' 그녀는 생각했다. 그녀는 빨개진 얼굴을 두 손으로 감싸고 자기에게 일어난 일을 잘 이해하도록 애쓰면서 오랫동안 앉아 있었다. 그리고 자기가 체험한 일도, 자기가 느낀 일도 이해할 수가 없었다. 모든 것이 그녀에게는 알기 어렵고 애매하고 무섭게 여겨졌다. 스팽글이 달린 재킷을 입은 뒤뽀르가 젖은 마루 위를 음악에 맞추어 드러낸 다리로 도약을 하고, 아가씨도 노인들도, 유연하게 거만한 미소를 띠고 피부를 노출한 엘렌도 열중하여 브라보를 외치고 있었다. 광대한 눈부신 극장의 관람석에서는—거기에서 엘렌의 그늘 밑에 있을 때는 모든 것이 명백하고 단순했다. 그러나 지금 홀로 자기 자신을 마주 대하고 보니 그것은 이해할 수 없었다. '그것은 도대체 뭐지? 도대체 뭐야? 내가 그이에 대해서 느낀 무서움은? 뭣일까, 지금 내가 느끼고 있는 이 양심의 가책은?' 그녀는 생각했다.

　어머니인 백작 부인이 옆에 있었다면 나따샤는 잠자리에서 자기가 생각한 것을 모두 이야기했을 것이다. 쏘냐는—나따샤는 알고 있었다—엄격하고 정연한 사고 방식을 가지고 있기 때문에, 무엇 하나 이해해 주지 않거나 나따샤의 고백을 듣고 몸서리치든가 그 어느 쪽일 것이다. 나따샤는 이 괴로움을 자기 힘으로 해결해 보려고 애썼다.

　'나는 안드레이의 사랑을 받을 수 없을 만큼 타락해 버린 것일까?' 그녀는 자신에게 물어보았다. 그리고 스스로를 위로하는 듯한 미소를 띠고 이렇게 대답했다. '이런 것을 묻다니, 정말 나는 바보다! 대체 내게 무슨 일이 일어났단 말인가? 아무것도 아니다. 나는 아무것도 하지 않았다. 이것을 하도록 강요한 것은 아무것도 없다. 알아챌 사람은 아무도 없고, 나도 이젠 절대로 그 사람을 만나지 않겠다.' 그녀는 혼잣말을 했다. '그러면 아무것도 일어나지 않을 것이고, 후회할 것도 없고, 안드레이도 나를 이대로 사랑해 줄 것이다. 그렇지만 이대로라는 것은 어떠한 것일까? 아, 야단났구나, 야단났어. 왜 그분은 여기 있어 주질 않을까!' 나따샤는 잠시 마음이 가라앉았지만, 다시금 본능 같은 것이 입을 벌리고, 그것은 정말이다, 실제로 아무것도 일어난 것은 없지만 안드레이에 대한 이제까지의 그녀의 사랑의 순결성은 몽땅 상실됐다고 그녀에게 말하는 것이었다. 그리고 그녀는 다시금 마음 속으로 아나똘리와 자기의 대화를 남김없이 뇌리에서 되풀이하여, 그가 자기의 손을 잡았을 때의 그 아름답고 대담한 얼굴과 동작과 감미로운 미소를 상기하는 것이었다.

11

아나똘리 꾸라긴은 아버지로부터 뻬쩨르부르그를 떠나라는 말을 듣고 모스크바로 옮겨와 살고 있었다. 뻬쩨르부르그에서 그는 1년에 2만 루블이나 돈을 쓰고 또 그 금액만큼의 빚을 져서, 채권자들이 아버지에게 갚으라고 강요했기 때문이다.

아버지는 아들에게, 마지막으로 다시 한 번 빚의 반은 갚아준다, 그러나 모스크바로 가서 내가 애써서 찾아준 총사령관의 부관 자리에 앉고, 거기서 좋은 배필을 얻도록 노력하는 것이 빚을 갚아주는 조건이라고 말했다. 그는 아들에게 마리야와 쥴리를 지명하였다.

아나똘리는 동의하고 모스크바로 가서 삐에르 집에 머물렀다. 삐에르는 처음에는 마지못해 아나똘리를 받아들였지만, 곧 그와 친해져서 때로는 함께 떠들썩한 술자리에 가기도 하고, 말로는 빌려준다고 하면서 그에게 돈을 주기도 했다.

아나똘리는 신신이 말한 대로, 모스크바로 온 이후 모스크바의 모든 여인들을 미치게 했다. 그는 여인들을 호감을 가지고 대하면서도, 집시 여자나 프랑스 여배우를 좋아하고, 여배우들 중에서 으뜸가는 죠르쥬 양 <small>(죠르쥬 와이마르, 프랑스 여배우. 수년 동안 나폴레옹과 관계가 있었다)</small> 하고도 몹시 가까운 사이라는 소문이 나돌았기 때문이다. 그는 돌로호프나 그 밖의 모스크바의 명랑한 패거리들의 술좌석에는 한 번도 빠지지 않았다. 여러 날 동안 철야로 술을 마셔 모두를 놀라게 하고, 상류 사회의 모든 파티나 무도회에도 나갔다. 몇몇 모스크바 귀부인과 정사 소문이 있었고, 무도회에서 그는 몇몇 여성들의 뒤를 쫓아다니고 있었다. 그러나 처녀들, 특히 한창 나이의 부유한 신붓감에게는 접근하지 않았다. 그것은 그녀들이 대부분 기량이 모자란 탓도 있었고, 실은 친한 사이 이외에는 아무도 몰랐지만 아나똘리는 2년 전에 결혼을 했기 때문에 더욱 그러했다. 2년 전 그의 연대가 폴란드에 주둔하고 있었을 때, 그다지 부유하지 않은 어느 폴란드의 지주가 아나똘리를 자기 딸과 결혼시켰던 것이다.

아나똘리는 곧 그 아내를 버리고 약간의 돈을 장인에게 정기적으로 보낸다는 약속 아래, 독신자로 지내는 권리를 얻었던 것이다.

아나똘리는 자기의 지위와 자기 자신과 남에게 항상 만족하고 있었다. 자기는 지금과는 다른 방법으로는 살 수 없고, 자기는 태어난 이래 이제까지 나쁜 짓은 한 번도 하지 않았다고 본능적으로 믿고 있었다. 또 자기 행위가 다른 사람에게 어떤 영향을 끼칠 것인지, 자기의 이러저러한 행위가 어떤 결과를 낳게 될 염려가 있는지에 대해서도 깊이 생각하지 않는 성품이었다. 그는 마치 오리가 항상 물에서 살도록 만들어진 것처럼, 자기는 당연히 3만 루블의 수입으로 생활하고, 항상 사회의 가장 높은 자리를 차지하도록 하느님에 의해서 창조되었다고 확신하고 있었다. 그가 너무나도 굳게 그것을 믿고 있기 때문에, 그를 보고 있으면 다른 사람들까지도 그것을 믿게 되고, 그에게 상류 사회의 최고 지위와 돈을 주는 것도 마다하지 않았다. 이렇듯 그는 닥치는 대로 아무에게서나 돈을 빌리고는 절대로 그 돈을 갚지 않았다.

그는 노름은 좋아하지 않았다. 적어도 도박으로 돈을 벌고 싶다고 생각한 일은 한 번도 없었고, 져서 돈을 잃어도 아깝다고 생각한 일은 없었다. 허영심도 강하지 않았다. 남이 자기를 어떻게 생각하건 태연했다. 조금도 마음에 두지 않았다. 야심에 사로잡히는 일은 더욱 적었다. 그는 자기 출세를 엉망으로 만들어 여러 차례 아버지를 초조하게 만든 데다가 모든 명예를 비웃고 있었다. 그는 인색한 편도 아니며, 요구를 받으면 누구에게도 싫다고는 하지 않았다. 그가 좋아하는 유일한 일, 그것은 즐기는 것과 여자였다. 그의 생각에 따르면 이 취미는 조금도 천한 것이 아니었다. 자기의 취미를 만족시키는 일이 남에게 어떤 결과를 낳는가를 깊이 생각하지 않았기 때문에 마음 속으로 그는 자기 자신을 나무랄 데가 없는 인간으로 생각하고, 비열한 불량배를 마음 속으로 멸시하며, 양심에 조금도 부끄럼 없이 머리를 높이 쳐들고 있었다.

방탕아, 즉 이러한 남자 막달라 마리아(복음서에 나오는 여자. 음탕한 여자였으나 회개하고 그리스도를 섬겼다)들은 여자 막달라 마리아와 마찬가지로 자기에게는 죄가 없다는 남모를 의식을 가지고 있고, 그것은 용서를 기대하는 것으로 성립되어 있었다. '이 여자는 많이 사랑했으므로 모든 일이 용서될 것이다. 그리고 이 남자는 많이 즐겼으니까 모든 일이 용서될 것이다.'(누가복음 7장 47절)는 식이었다.

추방되어 페르시아에서 기구한 생활을 보낸 후, 금년에 다시 모스크바로 나타나서 호화로운 도박과 주연(酒宴)의 생활을 보내고 있던 돌로호프가, 옛날 뻬쩨르부르그 시대의 친구인 아나똘리에게 접근하여 자기의 목적을 위해서 그를 이용하고 있었다.

아나똘리는 돌로호프의 명석한 머리와 대담성 때문에 진심으로 그에게 반해 있었다. 돈 많은 젊은 사나이들을 자기 도박 패거리에 끌어들이기 위해 아나똘리 꾸라긴의 이름과 가문과 연고가 꼭 필요했던 돌로호프는 아나똘리가 눈치 채지 못하게 그를 이용하여 단물을 빨아먹고 있었다. 아나똘리가 자기에게 필요하다는 타산 외에 남의 의지를 지배하는 과정 그 자체가 돌로호프에게는 즐거움이기도 했고 습관이며 욕구이기도 했던 것이다.

나따샤는 아나똘리에게 강한 인상을 주었다. 오페라가 끝난 뒤의 야식 자리에서 그는 나따샤의 팔, 어깨, 머리카락이 훌륭하다는 것을 그 방면의 달인의 표현으로 돌로호프에게 자세히 설명하고, 자기는 그 여자를 설득해 볼 작정이라고 공언하였다. 그 결과가 어떻게 될 것인가 하는 것은, 아나똘리는 잘 생각할 수도 깨달을 수도 없었다. 그것은 자기의 그 어떤 행위의 결과도 이제까지 한 번도 깨달은 일이 없었기 때문이다.

"미인이지만, 우리에게는 어울리지 않아." 돌로호프가 말했다.

"나는 식사에 그녀를 초대하라고 누이에게 말할 작정이야." 아나똘리가 말했다. "어때?"

"그녀가 시집갈 때까지 기다리는 편이 나을 걸……."

"자네도 알다시피" 아나똘리는 말했다. "나는 처녀라면 맥을 못추거든. 그 순결이 곧 상실되고 말아."

"자네는 이미 '처녀'를 한 번 경험해 보지 않았나." 아나똘리의 결혼을 알고 있는 돌로호프가 말했다. "조심하게!"

"뭐, 두 번 다시 그런 일이야 있을 수 없겠지! 응?" 아나똘리는 순진하게 웃으면서 말했다.

12

극장에 간 그 이튿날, 로스또프네는 아무 데도 가지 않았으며, 아무도 찾아오지 않았다. 아흐로씨모바는, 나따샤에게는 비밀로 아버지와 이야기하고 있었다. 나따샤는 두 사람이 노공작에 대한 이야기를 하면서 무엇인가 좋은 생각을 짜내려 하고 있다는 것을 알았다. 그래서 그것이 그녀를 초조하게 만들고 싶은 생각이 들었다. 그녀는 이때나 저때나 하고 안드레이를 기다리고 있었다. 이날도 혹시나 그가 찾아오지나 않을까 하고, 두 번이나 하인을 시켜 보즈드비젠까 거리에 가서 안드레이가 돌아와 있지 않았는가 확인하게 하였다. 그는 돌아오지 않았다. 그녀는 상경했을 때보다 지금이 더 괴로웠다. 안드레이를 기다리는 조바심과 그를 생각하는 적적한 마음에, 마리야와 노공작과 만났을 때의 불쾌했던 회상, 까닭 모를 공포와 불안이 겹쳤다. 나따샤는 그가 이제는 영원히 돌아오지 않거나, 돌아오더라도 그 전에 자기에게 무슨 일이 일어날 것만 같은 생각이 들었다. 그녀는 전과 같이 조용한 마음으로 골똘히 그만을 생각하고 있을 수가 없게 되었다. 그를 생각하자마자 노공작과 마리야, 어저께의 오페라, 아나똘리의 생각도 겹치는 것이었다. 또 다시 자기가 나쁜 짓을 하고 있는 것은 아닌가, 안드레이에 대한 자기의 정조가 이미 깨진 것은 아닌가 하는 의문이 생겨났다. 그리고 다시 그녀는 이해할 수 없는 무서운 감정을 교묘하게 자기 마음 속에 불러일으킨 그 사나이의 말과 동작과, 그의 얼굴에 나타난 표정에 포함된 하나하나의 뉘앙스를 세세한 점까지 상기하고 있는 자신을 발견하는 것이었다. 가족들의 눈에는 나따샤가 여느 때보다도 활기가 있는 것처럼 보였으나, 그녀의 마음은 여느 때와 같은 평온과 행복과는 거리가 멀었다.

일요일 오전, 아흐로씨모바는 모길리찌에 있는 승천 교회의 자기 교구의 미사에 자기 집 손님들을 초대했다.

"나는 그 근처의 유행하는 교회를 좋아하지 않아요." 그녀는 자기의 자유로운 사고 방식을 분명히 자랑하면서 말했다. "어디에서나 하느님은 마찬가지시니까. 우리 신부는 훌륭하셔요. 예배를 제대로 해주시니까 그것으로 훌륭해요. 그리고 부신부도 마찬가지지. 도대체 음악대가 성가석에서 노래를 부른다고 해서 무엇이 신성하게 되는 거지? 난 싫어. 그저 비위를 맞추는 일에 지나지 않아!"

아흐로씨모바는 일요일을 좋아하고, 그날을 떠들썩하게 잘 보내는 법을 알고 있었다. 그녀의 집은 토요일에 완전히 말끔하게 청소가 되었다. 하녀와 그녀는 일을 하지 않고, 모두 좋은 옷을 차려 입고 다 같이 오전 미사에 나가는 것이었다. 주인들의 식사에는 요리가 추가되고, 하인들에게도 보드카와 구운 거위나 새끼돼지 고기가 곁들여졌다. 그러나 무엇보다도 온 집안에 축제일 기분이 느껴지는 것은, 아흐로씨모바의 얼굴은 폭이 넓고 딱딱한 편이었는데, 이날에는 장엄하고 엄숙한 표정이 되는 것이었다.

미사가 끝나고 소파 등의 덮개를 벗겨낸 객실에서 커피를 다 마셨을 때, 아흐로씨모바는 마차 준비가 되었다는 보고를 받았다. 그러자 그녀는 엄숙한 표정으로 정식 방문 때에 사용하는 숄을 걸치고 일어나서, 나따샤의 일을 상의하기 위해 볼꼰스끼 노공작한테 간다고 모두에게 말했다.

아흐로씨모바가 나간 뒤에, 로스또프네로 샬르메 부인의 가게에서 여자 재봉사가 왔다. 그러자 나따샤는 객실 옆방에서 문을 닫고, 마침 기분 전환을 할 수 있게 된 것을 몹시 기뻐하면서, 새 옷의 치수 맞추기에 착수하였다. 시침질만 한 채 아직 소매도 안 단 웃옷을 입고, 등의 모양을 보려고 고개를 돌려 거울을 들여다보았을 때, 그녀는 객실에서 아버지와 또 한 사람의 여자의 목소리를 듣고 얼굴을 붉혔다. 그것은 엘렌의 목소리였다. 나따샤가 시침질한 웃옷을 벗을 겨를도 없이 문이 열리고, 깃이 높은 짙은 자줏빛 비로드 옷차림에 상냥한 미소로 얼굴을 반짝이며 엘렌이 방으로 들어왔다.

"어머, 나따샤!" 그녀는 얼굴을 붉히고 있는 나따샤에게 말했다. "예뻐요! 아니, 그런 법이 어디 있어요, 백작님." 뒤따라 들어온 백작에게 이렇게 말했다. "모처럼 모스크바에 계시면서 아무 데도 안 가시다니! 이제 난 당신 곁에서 떨어지지 않겠어요! 마침 오늘 밤, 우리 집에서 죠르쥬 양이 낭독을 하기로 되어 있어, 몇 사람 모이기로 했어요. 만약 당신이 죠르쥬 양보다 아름다운 댁의 아가씨들을 안 데려오신다면 용서하지 않겠습니다. 마침 바깥 주인은 뜨베리로 가고 집에 없습니다. 그렇지만 않았으면 당신을 모시러 주인을 보낼 텐데. 꼭 와 주세요, 꼭입니다. 9시까지." 그녀는 자기에게 공손하게 허리를 굽힌 낯익은 재봉사에게 고개를 끄덕이고, 자기 비로드 옷의 주름을 꽃처럼 아름답게 펼치고 거울 옆의 안락의자에 앉았다. 그녀는 끊임없이 나따샤의 아름다움에 감탄하면서 악의 없는 명랑한 수다를 멈추려하지 않았다. 그녀는 나따샤의 의상을 꼼꼼하게 훑어보고서 칭찬하기도 하고, 파리에서 가져온, 자기의 얇은 사직(紗織) 옷을 자랑하기도 하고, 나따샤에게도 같은 것을 만들라고 권하기도 했다.

"그렇지만 당신에게는 무엇이든지 잘 어울려요, 나따샤." 그녀는 말했다.

나따샤의 얼굴에서는 만족스러운 미소가 끊이지 않았다. 이제까지 그토록 가까이하기 힘든 훌륭한 귀부인으로 여기고 있었는데, 지금 이처럼 친절하게 해 주는 이 인상 좋은 엘렌의 칭찬을 받고 그녀는 마치 꽃이 활짝 핀 듯한 행복을 느꼈다. 나따샤는 명랑해지고, 이토록 아름답고 친절한 이 부인에게 거의 반해 버렸다. 엘렌 쪽에서도 진심으로 나따샤에게 매혹되어, 조금이라도 그녀를 즐겁게 해 주고 싶어했다. 오빠 아나똘리가 자기를 나따샤에게 소개해 달라고 부탁하였기 때문에 그녀는 로스또프네를 찾아왔던 것이다. 오빠에게 나따샤를 맺어준다는 생각이 그녀의 마음을 즐겁게 했다.

이전에 그녀는 나따샤에게, 뻬쩨르부르그에서 자기로부터 보리스를 빼앗아 갔다고 여기고 화를 내고 있었다. 그러나 지금은 그런 생각은 염두에도 없고, 진심으로 자기 나름대로 나따샤에게 좋은 일이 있기를 바랐다. 로스또프네에서 돌아올 때, 그녀는 마음에 드는 이 아가씨를 가까이 불렀다.

"어저께 오빠가 우리 집에서 식사를 했어요. 우리는 포복절도했답니다. 글쎄, 오빠는 아무것도 먹지 않고, 당신 생각에 한숨만 짓고 있지 않겠어요. 아가씨, 오빠는 제정신이 아녜요. 확실히 오빠는 당신에게 반해서 제정신이 아녜요."

나따샤는 그 말을 듣고 얼굴이 새빨개졌다.

"어머, 저렇게 빨개지다니, 나따샤!" 엘렌은 말했다. "꼭 와 주세요. 설사 다른 누군가를 사랑하고 계시더라도, 수녀처럼 틀어박혀 있을 이유는 되지 않아요. 비록 약혼 중이라 할지라도, 당신의 약혼자도 당신이 지루한 나머지 시들어버리는 것보다는, 사교계에라도 나가는 것을 오히려 바라고 있다고 나는 생각해요."

'그렇다면 이 사람은 내가 약혼 중이라는 것을 알고 있는 거야. 그렇다면 이분이 남편, 저 올바른 판단을 하는 삐에르 씨와' 나따샤는 생각하였다. '이 이야기를 하고 웃었던 거야. 그렇다면 이것은 대단한 일은 아냐.' 나따샤는 생각했다. 그러자 다시 엘렌의 감화로, 이제까지는 무섭게 여겨졌던 일이 간단하고 자연스럽게 느껴졌다. '게다가 이와 같이 훌륭한 귀부인이, 이렇게 상냥한 분이 진심으로 나를 사랑해 주시고 있어.' 나따샤는 생각했다. '그렇

다면 어째서 즐기면 안 되지?' 그녀는 놀란 듯이 부릅뜬 눈으로 엘렌을 바라
보면서 생각하였다.

식사 전에 아흐로씨모바가 돌아왔다. 무뚝뚝하고 심각한 얼굴이었으며 아
무래도 노공작에게 패배를 당하고 온 것 같았다. 그녀는 그 충돌에 아직도
몹시 흥분하여 침착하게 이야기를 할 수가 없었다. 백작 물음에, 그녀는 만
사가 잘 되었으니 내일 이야기하겠다고 대답하였다. 엘렌이 찾아와서 파티
에 초대하였다는 것을 알고서 아흐로씨모바는 말하였다.

"엘렌과의 교제는 나는 좋아하지도 않고 권할 수도 없어요. 하지만 이미 약
속했다면 가요. 기분 전환이 될 거야." 그녀는 나따샤에게 이렇게 덧붙였다.

13

로스또프 노백작은 딸들을 데리고 엘렌에게로 갔다. 파티에는 상당히 많
은 사람들이 와 있었다. 그러나 동석한 사람들은 나따샤에게는 거의 초면이
었다. 노백작은 이 모임 전체가 주로 자유분방한 행동으로 유명한 남녀로 이
루어져 있다는 것을 알고 마음에 들지 않았다. 죠르쥬 양은 젊은 패에 둘러
싸여서 객실 한쪽 구석에 서 있었다. 프랑스 사람도 몇 사람 있었고, 그 중
에는 엘렌이 이곳으로 온 이후 이 집의 가족이나 다름없이 되어 있는 메찌비
에도 섞여 있었다. 노백작은 카드 게임 자리에는 앉지 않고, 딸들한테서 떨
어지지 않고 있다가 죠르쥬 양의 낭독이 끝나면 곧 돌아가려고 마음먹고 있
었다.

아나똘리는 분명히 로스또프네가 들어오는 것을 문가에서 기다리고 있었
던 것 같았다. 그는 곧 백작과 인사를 나누자, 나따샤에게로 다가가서 뒤를
따라갔다. 나따샤는 그를 보자, 극장에서와 마찬가지로 자기는 그의 마음에
들고 있다는 허영심의 만족과, 두 사람 사이에는 도덕적인 장벽이 없다는 공
포의 마음에 사로잡혔다.

엘렌은 기꺼이 나따샤를 맞아들여, 그녀의 미모와 복장에 감탄의 소리를
질렀다. 로스또프네가 도착한 후 곧, 죠르쥬 양은 옷을 갈아입기 위해 방을
나갔다. 객실에는 의자가 가지런히 놓이고, 모두들 자리에 앉기 시작했다.
아나똘리는 나따샤에게 의자를 가져다 주고 자기도 그 옆에 앉으려고 했지
만, 나따샤한테서 눈을 떼지 않고 있던 백작이 그녀 옆에 앉고 말았다. 아나

똘리는 뒷줄에 자리잡았다.

죠르쥬 양은 보조개처럼 파인 곳이 있는 굵은 팔을 드러내고, 한쪽 어깨에 빨간 숄을 걸친 채, 그녀를 위해서 비워 둔 안락의자 사이의 공간으로 나와 부자연스러운 자세로 섰다. 나즈막한 감탄의 소리가 새어나왔다.

죠르쥬 양은 엄숙하고 침울한 듯한 눈초리로 청중을 훑어보고는, 자기 자식에 대한 죄 많은 사랑을 노래한 시(라신이 쓴 페드르)를 프랑스어로 읊기 시작했다. 어떤 곳에서는 음성을 높이고, 어떤 곳에서는 의기양양하게 고개를 들며 속삭이는가 하면, 곳에 따라서는 눈을 부릅뜨면서 사이를 두고 쉰 음성을 냈다.

"굉장하다, 신기(神技)다, 잘한다!" 사방에서 이런 소리가 들렸다. 나따샤는 뚱뚱한 죠르쥬 양을 바라보고 있었지만, 아무것도 들리지 않고 보이지도 않았으며, 아무것도 이해할 수가 없었다. 그녀는 종래와는 너무나도 동떨어진, 기묘하고 이성이 없는 세계로 완전히 돌이킬 수 없을 정도로 빠져 버렸다는 것, 무엇이 좋고 무엇이 나쁘고, 무엇이 이치에 맞고 무엇이 이치에 위배되는지를 알 수 없는 세계에 들어와 버린 것을 느낄 뿐이었다. 그녀 뒤에는 아나똘리가 앉아 있었다. 그녀는 그가 가까이에 있는 것을 느끼면서, 두려운 마음으로 무엇인가를 기다리고 있었다.

첫 독백이 끝나자, 일동은 일어나서 죠르쥬 양을 둘러싸고 제각기 감격을 표시했다.

"저분, 정말 아름다운 분이에요!" 다른 사람들과 함께 일어나서 군중을 헤치고 여배우 쪽으로 가는 아버지에게 나따샤는 이렇게 말했다.

"나는 그렇게 생각하지 않습니다, 당신을 보고 있으면." 아나똘리가 나따샤를 뒤따라오면서 말했다. 그는 이 말을 나따샤만이 들을 수 있게 말했다. "당신은 정말 아름답습니다…… 만난 그 순간부터, 나는 줄곧……."

"가자, 가, 나따샤." 백작은 딸을 부르러 돌아와서 말했다. "정말 미인이군!"

나따샤는 아무 말도 하지 않고 아버지에게로 다가가서, 물어보는 듯한 의아스러운 눈으로 아버지를 바라보았다.

몇 차례의 낭독이 있은 뒤에 죠르쥬 양은 돌아가고, 엘렌은 일동을 홀로 안내했다.

백작은 돌아가려고 했으나, 엘렌이 즉흥으로 마련한 무도회를 망치게 하지 말아달라고 부탁하였다. 로스또프네는 남기로 했다. 아나똘리는 나따샤에게 왈츠를 청했다. 왈츠를 추는 동안에 그녀의 허리와 팔을 껴안고 손을 쥐면서 당신에게 나는 마음을 빼앗겼다고 말하고, 당신을 사랑한다고도 말했다. 나따샤가 또 아나똘리와 함께 춘 에꼬쎄즈(무용의 일종) 때 단둘이 있게 되자 아나똘리는 아무 말도 하지 않고 오직 그녀를 바라볼 뿐이었다. 나따샤는 왈츠를 출 때 그가 한 말은 꿈이었나 하고 의심했다. 첫 피겨가 끝나자 그는 다시금 나따샤의 손을 잡았다. 나따샤는 겁먹은 듯한 눈으로 쳐다보았으나 상대방의 상냥한 눈초리와 미소 속에 너무나도 자신에 찬 부드러운 표정이 담겨 있어, 그것을 보고 있으면 해야 할 말도 하지를 못했다. 그녀는 눈을 떨구었다.

"그런 말은 하지 마세요. 나는 약혼 중입니다. 다른 분을 사랑하고 있어요." 그녀는 다급히 이렇게 말했다. 그녀는 남자를 보았다. 아나똘리는 그녀의 말에 당황하거나 낙심하는 빛을 보이지 않았다.

"그런 말은 하지 마십시오. 내게 무슨 관계가 있단 말입니까?" 그는 말했다. "나는 미치도록, 미치도록 당신을 사랑한다고 말하고 있는 것입니다. 당신이 그토록 매혹적이라고 해서, 내가 나쁜 것은 아니잖습니까? …… 우리는 이제 시작할 차례입니다."

나따샤는 생기에 넘치면서도 불안에 싸여 있고 크게 뜬 겁먹은 눈으로 자기 주위를 둘러보고 있었지만, 여느 때보다는 즐거워 보였다. 그녀는 이날 밤의 일은 거의 아무것도 기억하고 있지 않았다. 에꼬쎄즈와 그로스파터(옛 독일 무용)를 추고, 아버지가 돌아가자고 말했지만 그녀는 좀 더 있고 싶다고 부탁했다. 어디 있어도, 누구와 이야기하고 있어도, 그녀는 자기의 몸에 그의 시선을 느끼고 있었다. 그 후, 그녀는 아버지의 허락을 받고 화장실로 옷을 매만지려고 간 일, 엘렌이 뒤따라 와서 웃으면서 오빠의 사랑을 이야기한 일, 작은 휴게실에서 다시 아나똘리를 만났던 일, 엘렌이 어디론지 사라지고 단 두 사람만이 남자, 아나똘리가 그녀의 손을 잡고 상냥한 음성으로 다음과 같이 한 말들을 기억하고 있었다.

"나는 댁을 방문할 수 없습니다. 그러나 다시는 당신을 만나 뵐 수 없는 것일까요? 나는 미칠 듯이 당신을 사랑하고 있습니다. 정말 두 번 다시…… ?" 그리고 그는 그녀의 길을 가로막고, 자기 얼굴을 그녀 얼굴에 접근시켰다.

번쩍번쩍 빛나는 커다란 남성다운 눈이 자기 눈 바로 가까이에 있었으므로, 그녀는 그 눈 이외의 것은 아무것도 보이지 않았다.

"나따샤?" 그의 음성이 물어보듯이 속삭였다. 그리고 누군가 아프도록 그녀의 손을 꼭 잡았다. "나따샤!"

'나는 아무것도 모르겠어요, 나는 아무것도 할 말이 없어요.' 그녀의 눈은 이렇게 말했다.

뜨거운 입술이 그녀의 입술을 내리눌렀다. 그 순간, 그녀는 다시 자기가 자유롭게 된 것을 느꼈다. 그리고 방에 엘렌의 발소리와 옷자락 스치는 소리가 들렸다. 나따샤는 엘렌 쪽을 돌아다보았다. 그리고 얼굴이 빨개지며 몸을 오들오들 떨면서 겁에 질린 듯이 그를 흘끗 보고 문 쪽으로 갔다.

"한 마디, 한 마디만, 제발." 아나똘리가 말하였다.

그녀는 발을 멈추었다. 그녀에게는 지금 생긴 일을 설명해줄 수 있는, 자기가 대답을 할 수 있는 그 한 마디를 그가 말해줄 필요가 꼭 있었다.

"나따샤, 한 마디, 한 마디만." 그는 분명히 무슨 말을 해야 할지도 모르는 듯이 여전히 이렇게 되풀이했다. 그러는 동안 엘렌이 옆으로 다가왔다.

엘렌은 나따샤와 함께 다시 객실로 나왔다. 로스또프네는 야식에는 남지 않고 돌아갔다.

집으로 돌아온 뒤에도 나따샤는 밤새도록 눈을 붙이지 못했다. 그녀는 해결할 길이 없는 문제로 괴로워하고 있었다. 대체 자기는 누구를 사랑하고 있는 것일까—아나똘리인가, 그렇지 않으면 안드레이인가? 그녀는 안드레이를 사랑하고 있었다. 그녀는 자기가 안드레이를 얼마나 열렬히 사랑하고 있었는가를 분명히 알고 있었다. 그러나 아나똘리도 그녀는 역시 사랑하고 있었다. 그것은 의심할 여지가 없었다. '그렇지 않고서야 어떻게 그런 짓을 할 수 있었단 말인가?' 그녀는 생각했다. '그런 일이 있은 후 그와 헤어질 때, 그의 미소에 대해 미소로 대답한 이상, 그런 일까지 허용한 이상, 그것은 내가 처음 순간부터 그 사람을 사랑했다는 증거다. 그는 좋은 사람이고 훌륭하고 멋이 있어서 좋아하지 않을 수가 없었어. 내가 그 사람을 사랑하면서도 다른 또 한 사람을 사랑하고 있다고 한다면 도대체 어떻게 하면 좋을까?' 그녀는 이 무서운 물음에 답을 찾지 못한 채 이렇게 혼잣말을 하는 것이었다.

14

여느 때의 분주함과 함께 여러 일들을 곁들인 아침이 찾아들었다. 모두가 일어나서 움직이기 시작하고, 지껄이기 시작했다. 재봉사가 오고, 아흐로씨모바가 거실에서 나오고 하녀가 차 준비가 되었다는 말을 전했다. 나따샤는 커다란 눈을 뜨고 마치 자기에게 쏠리고 있는 시선은 무엇이든지 받을 작정인 듯, 안절부절못하며 모두를 둘러보면서 여느 때와 같은 태도를 유지하려고 안간힘을 썼다.

아침식사가 끝나자, 아흐로씨모바는(이것이 그녀의 가장 즐거운 시간이었다) 자기의 안락의자에 앉아서 나따샤와 노백작을 불렀다.

"그런데 오늘은, 이번 일을 곰곰 생각해 보고 나름대로 생각이 정리되었으므로 이렇게 충고드리고 싶어요." 그녀는 말문을 열었다. "어저께, 두 분도 아시다시피 니꼴라이 공작을 방문하고 잠깐 이야기를 하고 왔습니다……. 그분은 고함을 지르려고 했던 것 같습니다만, 나에게 그렇게는 할 수가 없었어요. 그리고 나는 그에게 모든 것을 털어놓았어요."

"그래, 그분은 어땠습니까?" 백작이 물었다.

"뭐가 어때요, 미치광이예요……. 들어보려고도 하지 않았어요. 게다가 할 말도 없고요. 결국 우리는 가엾은 이 아가씨를 몹시 괴롭혔어요." 아흐로씨모바는 말했다. "그래서 나의 충고는 이래요—이 건은 여기서 걷어치우고 집으로, 오뜨라도노에로 돌아가는 거예요…… 그리고 거기서 기다리시는 거예요……."

"어머, 안 돼요!" 나따샤가 소리쳤다.

"아니야, 돌아가야 해." 아흐로씨모바가 말했다. "그리고 거기서 기다리는 거야. 만약에 신랑이 지금 여기로 돌아온다면 한바탕 소동이 벌어질 것이 뻔하니까 말이야. 그것보다는 그분이 여기서 영감님과 일대일로 모든 것을 이야기한 후에 당신한테로 가는 거야."

로스또프 백작은 그 말이 옳다고 곧 알아차리고는, 이 제안에 찬성했다. 만약 노인의 마음이 가라앉는다면 다시 모스크바나 '벌거숭이 산'으로라도 공작을 방문하는 편이 낫겠고, 만약 그렇지 않다면 공작의 뜻을 거스르며 결혼할 수 있는 곳은 오뜨라도노에 마을밖에는 없었기 때문이다.

"솔직히 말하자면" 그는 말했다. "그 사람에게 간 것이, 그것도 이 애까지 데리고 간 것이 나는 억울해서 견딜 수가 없습니다." 노백작이 말했다.

"뭐, 유감스럽게 여길 것까지는 없어요. 여기 온 이상, 인사하러 가지 않을 수도 없잖습니까. 그래도 싫다면, 마음대로 하라죠." 아흐로씨모바는 손가방 속에서 무엇인가를 찾으면서 말했다. "게다가 혼숫감도 다 준비되었겠다, 당신네는 더 이상 기다릴 것은 없습니다. 준비되지 않은 것이 있다면 내가 보내드리겠습니다. 나도 여러분에게 미련이 있지만 무사히 돌아가시는 편이 낫습니다." 찾고 있던 것을 손가방 속에서 발견하자, 그녀는 그것을 나따샤에게 건네주었다. 그것은 마리야로부터 온 편지였다. "너한테 보내온 것이다. 그 아가씨도 꽤 고민하고 있더라! 그 아가씨는 자기가 너를 싫어하고 있다고 네가 생각하지는 않을까 몹시 걱정하고 있더라."

"그래요, 그분은 분명히 나를 싫어하고 있어요." 나따샤가 말했다.

"바보 같은 소리는 하지 말아라." 아흐로씨모바는 소리쳤다.

"누가 무슨 말을 해도 나는 믿지 않아요. 그 사람이 싫어하고 있다는 걸 나는 잘 알고 있어요." 나따샤는 편지를 받아들자 대담하게 말했다. 그녀의 얼굴에는 매정하고 심술궂은 결의가 나타나 있었기 때문에 아흐로씨모바는 자기도 모르게 그녀를 물끄러미 바라보고 이마를 찌푸렸다.

"얘, 그런 대답을 하는 게 아니다." 그녀는 말했다. "내가 한 말은 정말이야. 답장을 써라."

나따샤는 대꾸도 하지 않고, 마리야의 편지를 읽기 위해 자기 방으로 갔다.

마리야는 두 사람 사이에 오해가 생겨서 매우 낙담하고 있다고 썼다. 아버지의 기분이 어떠하더라도—하고 마리야는 썼다—자기는 오빠가 선택한 사람으로서 당신을 사랑하지 않을 수 없고, 오빠의 행복을 위해서 자기는 모든 것을 희생할 각오가 되어 있으니까, 그것만은 믿어 주기 바란다고 나따샤에게 부탁하고 있었다.

"그렇지만" 하고 그녀는 쓰고 있었다. "아버지가 당신에게 악의를 품고 있다고 생각하지 말아 주세요. 아버지는 용서해 주어야 할, 병들고 나이 든 분입니다. 하지만 아버지는 마음씨가 좋고 넓은 분이니까 자기 아들을 행복하게 해 줄 사람을 사랑하게 될 것입니다." 마리야는 다시 한 번 만날 수 있는 시간을 나따샤가 지정해 주기를 부탁하고 있었다.

그 편지를 읽고 나자 나따샤는 답장을 쓰려고 테이블에 앉았다. "친애하는 공작 아가씨" 기계적으로 단숨에 쓰고 그녀는 펜을 멈추었다. 어제 여러 가지 일이 있은 후인데, 도대체 앞으로 무엇을 쓸 수 있다는 것인가? '그렇지, 그래, 그런 일이 모두 있었어. 그러니까 지금은 모든 것이 다른 일이야.' 그녀는 쓰다 만 편지 앞에 앉은 채 생각하였다. '그분에게 거절해야 하나? 정말 그렇게 해야 하는 것일까? 그것은 무서운 일이다! ……' 그리고 이 무서운 일을 생각하지 않기 위해, 그녀는 쏘냐에게로 가서 자수의 도안을 고르기 시작했다.

식사가 끝나자 나따샤는 방으로 들어가서 다시 마리야의 편지를 집어들었다. '정말 모든 일은 끝난 것일까?' 그녀는 생각했다. '정말 이렇게 빨리 모든 것이 일어나서 이전의 일은 모두 망쳐 버린 것일까?' 그녀는 이전과 같은 간절함으로 안드레이에 대한 자신의 사랑을 상기하였으나, 그와 동시에 자기가 아나똘리를 사랑하고 있다는 것을 느끼는 것이었다. 그녀는 안드레이의 아내로서의 자신을 생생하게 상상하고, 그 상상 속에서 이미 몇 번을 되풀이했는지 모르는 그와의 행복한 장면을 그려보았다. 그와 동시에 흥분에 온몸을 불태우면서, 아나똘리와 어제 만났던 일을 구석구석까지 회상하는 것이었다.

'어째서 그 두 사람을 동시에 사랑해서는 안 되는 것일까?' 어쩌다가 의식이 흐려져서 그녀는 이렇게까지 생각하는 것이었다. '그렇게 되면 나는 완전히 행복해질 텐데. 지금은 어느 쪽을 선택하지 않으면 안 되지만, 두 사람 중 어느 쪽을 잃어도 나는 행복해질 수 없다. 다만' 그녀는 생각했다. '있었던 일을 안드레이에게 말할 것인가, 감출 것인가―어느 쪽도 안 돼. 그러나 이쪽은 있어도 아무런 상처도 되지 않는다. 하지만 안드레이를 사랑하는 행복과는 영원히 인연이 끊어질 수가 있을까? 이렇게 오랫동안 나는 그 행복으로 살아왔는데.'

"아가씨." 하녀가 들어와서 목소리를 낮추고 비밀스런 낯으로 말했다. "어떤 사람에게서 이것을 전해달라는 부탁을 받았습니다." 하녀는 편지를 건넸다. "다만 부탁입니다, 아가씨……." 하녀는 또 무엇인가를 말했으나 나따샤의 귀에는 들어오지 않았다. 나따샤는 아무 생각도 하지 않고 기계적인 동작으로 봉투를 뜯어 아나똘리의 연애편지를 읽었다. 그러나 그녀는 편지의 한 마디도 알 수 없었고, 다만 그것이 그로부터 왔다는 것, 자기가 사랑하고 있는 그 사람으로부터 왔다는 것만을 알고 있었다. '그렇다, 나는 사랑하고 있다. 그렇지 않고서야 어떻게 그런 일이 일어날 수 있었으랴? 어떻게 그 사람의 연애편지가 내 손에 들어올 수 있으랴?'

부들부들 떨리는 손으로 나따샤는, 아나똘리를 위해 돌로호프가 대신 써 준 그 열렬한 사랑의 편지를 쥐고 있었다. 그리고 그것을 읽으면서 자기가 느끼고 있다고 여겨지는 모든 것의 메아리를 그 속에서 찾아냈다.

'어젯밤부터 나의 운명은 결정되었습니다. 당신의 사랑을 받든지 아니면 죽든지, 둘 중의 하나입니다. 이제 다른 방법은 없습니다.' 편지는 이렇게 시작되어 있었다. 그리고 그는 이렇게 쓰고 있었다. 당신 부모님이 당신을 이 아나똘리에게 주시지 않을 것을 잘 알고 있다, 거기에는 당신에게 털어놓을 수 있는 비밀의 이유가 있어서인데, 만약 당신이 나를 사랑해 주신다면, 다만 한 마디 '네' 하고 말해 주신다면 그 어떤 사람들의 힘도 우리의 행복을 방해할 수는 없다, 사랑은 모든 것을 극복한다, 나는 당신을 빼앗아 땅 끝까지 데리고 가겠다.

'좋아, 좋아요, 나는 그 사람을 사랑하고 있다!' 스무 번이나 편지를 되읽고, 한 마디 한 마디의 말에 무엇인가 특별한 깊은 뜻을 찾아내려고 하면서 나따샤는 생각했다.

그날 밤, 아흐로씨모바는 아르하로프네를 방문하기로 되어 있어서 아가씨들에게도 같이 가자고 권했다. 그러나 나따샤는 두통을 구실로 집에 남았다.

15

쏘냐는 밤늦게 돌아와서 나따샤 방으로 들어갔다. 그러자 놀랍게도 나따샤가 옷도 갈아입지 않고 소파 위에서 자고 있는 것을 보았다. 그 옆 테이블 위에는 아나똘리의 편지가 펼쳐진 채 놓여 있었다. 쏘냐는 편지를 집어들어 읽기 시작했다.

쏘냐는 읽으면서, 자고 있는 나따샤의 얼굴을 들여다보고 그 얼굴에 자기가 읽고 있는 일에 대한 설명을 찾으려 했으나 찾을 수가 없었다. 그녀의 얼굴은 조용하고 온화하고 행복스러웠다. 쏘냐는 숨이 거칠어지지 않도록 자기 가슴을 조여누르고, 무서움과 두려움으로 얼굴이 창백해져 벌벌 떨면서 안락의자에 앉아서 눈물을 흘렸다.

'왜 나는 조금도 알아채지 못했을까? 왜 여기까지 진전되어 버렸을까? 정말 이 사람은 안드레이를 사랑하지 않게 된 것일까? 어떻게 아나똘리를 이토록 접근시킬 수 있었을까? 그 사람은 사기꾼이며, 그것은 분명한 사실이다. 니꼴라이 씨라면, 상냥하고 마음이 올바른 니꼴라이 씨라면 어떻게 하실까? 그래, 그저께도 어제도 오늘도 이 사람이 흥분한, 무엇인가를 마음에 결심한 듯한 부자연스러운 표정을 짓고 있었던 것은 이런 이유 때문이었어.' 쏘냐는 생각했다. '그렇지만, 이 사람이 그런 사람을 좋아할 리가 없다! 아마 누가 보냈는지도 모르고 이 편지를 뜯었을 거야. 아마도 나따샤는 화를 내고 있을 거야. 그녀가 이런 일을 할 수 있을 리가 없다.'

쏘냐는 눈물을 닦고 나서, 나따샤의 얼굴을 들여다보면서 옆으로 다가섰다.

"나따샤!" 그녀는 간신히 들릴 정도의 음성으로 말했다.

나따샤는 눈을 뜨고 쏘냐를 보았다.

"아, 돌아왔어?"

그리고 잠이 깼을 때 흔히 하듯이, 단호하고 상냥하게 그녀는 친구를 끌어안았다. 그러나 쏘냐의 얼굴에서 당황하는 빛을 눈치 채고 나따샤도 당황과 의심의 빛을 띠었다.

"쏘냐, 너 편지 읽었구나?" 그녀가 말했다.

"응." 작은 목소리로 쏘냐가 대답했다.

나따샤는 기쁨이 넘쳐흐르는 미소를 띠고 말했다.

"안 되겠어, 쏘냐, 이제 이 이상은 무리야!" 그녀는 말했다. "나는 이 이상 너에게 감출 수가 없어. 우리들은 서로 사랑하고 있어! …… 쏘냐, 그분이 편지로……."

쏘냐는 자기 귀가 믿어지지 않는 듯이 부릅뜬 눈으로 나따샤를 바라보았다.

"그럼 안드레이 씨는?" 그녀는 말했다.

"아, 쏘냐, 내가 얼마나 행복한지 네가 알아준다면!" 나따샤가 말했다. "사랑이란 어떤 것인지 넌 몰라……."

"그러나 나따샤, 설마 그것이 모두 끝난 것은……?"

나따샤는 커다란, 크게 뜬 눈으로 마치 그 물음을 이해할 수 없다는 듯이 쏘냐를 바라보고 있었다.

"무슨 뜻이야? 넌 안드레이 씨를 거절할 작정이야?" 쏘냐가 말했다.

"어마, 넌 아무것도 모르는구나. 실없는 소리는 하지 마. 좀 들어봐." 순간적으로 욱하며 나따샤는 말했다.

"아니야, 난 그런 건 믿을 수가 없어." 쏘냐는 되풀이했다. "나는 납득이 가지 않아. 네가 꼬박 일 년 동안 한 사람을 사랑하고 있다가, 갑자기……. 넌 그 사람을 세 번 만났을 뿐이잖아? 나따샤, 나는 널 믿을 수가 없어. 넌 농담을 하고 있는 거야. 단 사흘 동안에 모든 것을 잊고 그런 식으로……."

"사흘!" 나따샤는 말했다. "나는 백 년이나 그 사람을 사랑하고 있는 것만 같아. 난 그이 이전에는 아무도 사랑한 일이 없다는 생각이 들어. 게다가 아무도 그이만큼 사랑한 일이 없어. 넌 이것을 모르고 있어, 쏘냐. 잠깐만 여기 앉아." 나따샤는 그녀를 껴안고 키스하였다. "이런 일이 있다는 것은, 나도 이야기에서 들은 적은 있어. 너도 틀림없이 들었을 거야. 그러나 이런 사랑을 경험한 것은 난 이번이 처음이야. 전하고는 달라. 그 사람을 보자마자 나는 느꼈어. 이 사람은 나를 지배할 사람이다, 나는 이 사람의 노예다, 나는 이 사람을 사랑하지 않을 수 없다고 말이야. 그래, 나는 노예야! 그 사람의 분부라면 나는 무슨 일이라도 하겠어. 이 기분 넌 모를 거야. 넌 나에게 어떻게 하라는 거야, 쏘냐?" 나따샤는 행복스러운, 그러나 겁먹은 듯한 얼굴로 말했다.

"그렇지만, 자기가 하고 있는 일을 좀 생각해봐." 쏘냐는 말했다. "나는 이대로 봐 둘 수는 없어. 이런 비밀 편지를……. 어째서 그가 너에게 이런 짓을 하도록 봐 두었어?" 그녀는 무서운 듯이, 그리고 꺼림칙한 기분을 감추려고 애를 쓰면서 말했다.

"그래서 내가 늘 말했잖아." 나따샤가 대답했다. "나에게는 내 나름대로 의지가 있다고! 왜 넌 이것을 모르지? 나는 그 사람을 사랑하고 있어!"

"그렇다면 나도 이런 일은 잠자코 보고 있을 수는 없어. 난 모든 사람에게 말하겠어." 쏘냐는 눈물을 흘리며 소리쳤다.

"어째서 그런 소릴, 제발……. 만약 이야기하면 넌 나의 적이야." 나따샤는 말하였다. "넌 나의 불행을 바라고 있는 거야. 넌 우리들 사이가 멀어지길 바라고 있는 거야."

나따샤가 두려워하고 있는 것을 보자 쏘냐는 자기 친구가 부끄럽기도 하고 불쌍해지기도 해서 눈물이 쏟아졌다.

"그런데 당신들 두 사람 사이에 무슨 일이 있었어?" 그녀는 물었다. "그 이가 너한테 무슨 말을 했어? 왜 그 사람은 집에 오지 않아?"

나따샤는 그녀의 물음에는 대답하지 않았다.

"제발, 쏘냐, 아무한테도 말하지 말아줘. 날 괴롭히지 마." 나따샤는 간청했다. "기억해 줘. 이런 일에는 참견을 하는 게 아니야. 내가 너에게 털어놓은 것은……."

"하지만 이렇게 비밀로 하는 까닭이 뭐지? 왜 그이는 집에 안 오는 거야?" 쏘냐는 물었다. "왜 그이는 정식으로 너에게 청혼하지 않지? 안드레이는 그런 경우 너에게 완전한 자유를 주고 있잖아. 하지만 나는 이런 건 믿지 않아. 나따샤, 넌 그가 이 일을 왜 비밀로 하는지 생각해 보았어?"

나따샤는 놀란 눈으로 쏘냐를 바라보고 있었다. 아무래도 처음으로 그런 질문을 받아서 그녀 자신도 어떻게 대답해야 좋을지 모르는 것 같았다.

"어떤 이유인지 모르겠어. 하지만 그야 반드시 이유가 있을 거야!"

쏘냐가 한숨을 몰아쉬고 믿어지지 않는다는 듯이 고개를 저었다.

"가령 이유가 있다고 해도……." 그녀가 다시 입을 열었다. 그러나 나따샤는 상대방이 의심하고 있다는 것을 눈치채고 놀라서 가로막았다.

"쏘냐, 그이를 의심해서는 안 돼. 절대 안 돼. 알겠지?" 그녀는 외쳤다.

"그분은 널 사랑하고 있어?"

"사랑하고 있느냐고?" 나따샤는 자기 친구의 둔한 머리를 안쓰럽게 생각하고 미소를 띠며 되풀이했다. "너도 이 편지를 읽었잖아. 그분을 만난 일도 있지?"

"그렇지만 만약 그 사람이 행실이 나쁜 사람이라면……."

"그 사람이…… 행실이 나쁘다고? 네가 그이를 안다면 얼마나 좋을까!" 나따샤는 말했다.

"만약 그 사람이 진지한 사람이라면, 자기 생각을 당당하게 말하거나, 너와 만나는 것을 그만둬야 해. 만약에 네가 그렇게 하기가 싫다면 내가 하겠어. 난 그분에게 편지를 쓰겠어. 그리고 아버님께 말하겠어." 쏘냐는 단호하게 말했다.

"그렇지만 나는 그 사람 없이는 살 수 없어!" 나따샤가 소리쳤다.

"나따샤, 나는 네 마음을 알 수 없어. 대체 무슨 말을 하는 거야! 아버지나 니꼴라이의 일을 생각해 봐."

"그 사람 외에는 난 아무도 필요없어. 아무도 난 사랑하고 있지 않아. 넌 그 사람이 비열하다고 감히 말할 수 있구나? 내가 그 사람을 사랑하고 있다는 것을 모를 리가 없잖아?" 나따샤는 소리쳤다.

"쏘냐, 나가줘. 너와 싸우고 싶지 않아. 나가줘, 제발 나가줘. 내가 얼마나 고민하고 있는지, 너도 알고 있잖아." 억누르고 있기는 하지만 초조하고 화가 난, 필사적인 목소리로 나따샤는 원망스러운 듯이 외쳤다. 쏘냐는 와락 울음을 터뜨리면서 방에서 뛰어나갔다.

나따샤는 테이블로 다가가서, 오전 내내 쓸 수 없었던 답장을 거리낌없이 죽 써내려 갔다. 그 편지에 그녀는 마리야에게 간단하게 이렇게 썼다. '우리 사이의 오해는 이제 모두 결말이 났습니다. 출발할 때 저에게 자유를 베풀어 준 안드레이의 관대한 마음에 기대어 저는 당신에게 모든 것을 잊어주시기를 부탁드립니다. 또 만약 무엇인가 제가 당신에게 잘못이라도 한 일이 있다면 용서해 주기 바랍니다. 저로서는 도저히 그의 아내가 될 수 없습니다.' 이런 일이 모두 이 순간 그녀에게는 매우 손쉽고 단순하고 명쾌하게 여겨졌다.

금요일에 로스또프네는 시골로 가도록 되어 있었고, 백작은 수요일에 땅을 살 사람과 같이 모스크바 근교에 있는 영지로 떠났다.

백작이 떠나던 날, 쏘냐와 나따샤는 꾸라긴네의 대규모적인 저녁 만찬에 초대를 받아 아흐로씨모바가 두 사람을 데리고 갔다. 이 만찬회에서 나따샤는 다시 아나똘리와 만났다. 쏘냐는, 나따샤가 다른 사람에게 들리지 않도록 무엇인가 아나똘리와 이야기하고, 식사를 하는 동안도 줄곧 이제까지 이상으로 흥분하고 있는 것을 알아챘다. 집으로 돌아오자 나따샤 쪽에서 먼저 쏘냐가 궁금해하고 있는 이야기를 끄집어냈다.

"쏘냐, 넌 그이에 대해서 이제까지 여러 가지 부질없는 말을 했지?" 나따샤는, 마치 어린애가 칭찬해 주기를 바랄 때와 같이, 얌전한 목소리로 말하기 시작하였다. "우리는 오늘 모든 이야기를 서로 주고 받았어."

"그래? 무엇을? 도대체 그분은 뭐라고 말했어? 나따샤, 나는 매우 기뻐, 네가 나에게 화를 내지 않으니까. 나에게 모든 것을 말해 줘, 사실을 모두.

도대체 그분은 뭐라고 말했어?"

나따샤는 생각에 잠겼다.

"쏘냐, 너도 나처럼 그이를 알고 있으면 얼마나 좋을까! 그이는 말했어……. 그이는 내가 안드레이에게 어떻게 약속했느냐고 물었어. 그리고 거절하는 것은 내 마음에 달려 있다는 말을 듣자 몹시 기뻐했어."

쏘냐는 슬픈 듯이 한숨을 쉬었다.

"하지만 넌 안드레이에게 아직 거절하지 않았잖아?" 그녀는 말했다.

"어쩌면 거절했는지도 몰라! 어쩌면 안드레이의 일은 끝나버렸는지도 몰라. 어째서 넌 날 그렇게 나쁘게 생각하는 거야?"

"나는 아무것도 생각하고 있지 않지만, 이것만은 납득이 가지 않아서……."

"잠시 기다리면, 쏘냐, 이제 모든 것을 알게 될 거야. 그분이 어떤 사람이라는 것도 알 거야. 나나 그이의 일을 나쁘게 생각해서는 안 돼."

"나는 아무도 나쁘게 생각하지 않아. 나는 모두가 좋고 모두에게 좋은 마음으로 있어. 하지만 나는 어떻게 하면 좋아?"

쏘냐는 나따샤가 자기에게 말하고 있는 부드러운 어조에 넘어가지 않았다. 나따샤의 얼굴 표정이 부드러워지고 아양을 떠는 것처럼 되면 될수록 쏘냐의 표정은 더욱 진지하고 엄해졌다.

"나따샤." 그녀는 말했다. "네가 말하지 말라기에 나는 아무 말도 하지 않았지만, 지금은 네가 먼저 말을 시작했어. 나따샤, 나는 그분을 믿지 않아. 왜 그 일을 비밀에 붙여 두는 거야?"

"또, 또!" 나따샤가 말을 가로챘다.

"나따샤, 난 네가 걱정돼."

"뭐가 걱정이야?"

"네가 자신을 망쳐버릴까봐 걱정이야." 쏘냐는 스스로 자기가 한 말에 깜짝 놀라면서 단호히 이렇게 말했다.

나따샤의 얼굴에는 다시금 미움의 기색이 떠올랐다.

"그래, 망쳐버리겠어, 되도록 빨리 망쳐버릴거야. 네가 알 일이 아니야. 나빠지는 것은 당신네들이 아니라 나니까. 내버려 둬, 내버려 둬, 나를. 난 네가 미워."

"나따샤!" 쏘냐는 깜짝 놀라서 외쳤다.

"미워할 거야, 미워해! 넌 영원히 나의 적이야!"

나따샤는 방에서 뛰쳐나갔다.

나따샤는 이제 쏘냐와 말을 하지 않고 쏘냐를 피했다. 여전히 마음을 괴롭히는 놀라움과 죄를 의식한 표정을 하고 그녀는 이것저것 일에 손을 대고는, 이내 그것을 내팽개치고 이방 저방을 돌아다니고 있었다.

쏘냐에게는 무척 괴로운 일이기는 했지만, 그녀는 눈을 떼지 않고 친구의 행동을 지켜보고 있었다.

백작이 돌아오도록 되어 있는 전날, 쏘냐는 나따샤가 오전 내내 뭔가 기다리는 듯이 객실 창가에 앉아서는, 지나가던 군인에게 무슨 신호를 하는 것을 보았다. 쏘냐는 그 군인이 아나똘리라고 생각하였다.

쏘냐는 더욱 주의 깊게 친구를 관찰하기 시작하였다. 나따샤가 식사하는 동안에도, 밤이 된 뒤에도 이상하게 부자연스러운 상태에 있다는 것을 알아챘다(무슨 질문을 받아도 두서없이 대답을 하기도 하고, 말을 하다가도 끝내지 않고, 모든 일에 마구 웃기도 했다).

차를 마신 뒤에, 쏘냐는 나따샤의 방 문 옆에서 자기가 나가기를 기다리고 있는, 겁먹은 듯한 하녀를 보았다. 그녀는 하녀를 안으로 들여보내고 나서 문가에서 엿듣고, 또 편지가 전달된 것을 알았다.

그리고 갑자기 쏘냐는, 나따샤가 오늘 밤 무슨 무서운 일을 계획하고 있다는 것을 분명히 깨달았다. 쏘냐는 나따샤의 문을 노크했다. 그러나 나따샤는 들어오게 하지 않았다.

'나따샤는 그 사람과 같이 달아날 작정이다!' 쏘냐는 생각했다. '나따샤는 무슨 일을 저지를지 모른다. 오늘 나따샤의 얼굴에는 어딘지 모르게 유달리 비참한, 슬프면서도 결심을 굳힌 듯한 표정이 있었다. 나따샤는 백작 아저씨와 작별 인사를 했을 때 울었어.' 쏘냐는 회상했다. '그래, 그것이 틀림없어. 나따샤는 그 사람과 달아날 작정이야. 그렇다면 나는 어떻게 해야 하지?' 나따샤에게 무엇인가 무서운 음모가 있다는 것을 명백히 증명할 수 있는 징후를 이제 와서 상기하려고 하면서 생각했다. '아저씨는 계시지 않고, 나는 어떻게 하면 좋지? 아나똘리에게 편지를 써서 해명을 요구할까? 그러나 그 누구도 그 사람으로 하여금 나에게 답장을 하라고 명령할 수는 없잖아? 삐에르 씨에게 편지를 쓸까? 곤란할 때에는 그렇게 해 달라고 안드레이 씨가 말한 것처럼······. 그러나 어쩌면 나따샤는 정말 안드레이를 거절해 버렸는지도 모른다. 오늘 마리야에게 편지를 보냈으니까. 아저씨는 안 계시고!'

그토록 나따샤를 믿고 있는 아흐로씨모바에게 말한다는 것이 쏘냐는 무서운 생각이 들었다.

'하지만 여하간' 쏘냐는 생각했다. '내가 이 집안의 은혜를 잊지 않고 있고, 니꼴라이 씨를 사랑하고 있다는 것을 분명히 보일 때는 지금밖에 없다. 그래, 나는 이틀 밤이든 사흘 밤이든 자지 않고 이 복도에서 나가지 않겠어. 그리고 완력으로라도 나가지 못하게 하고, 이 집안이 망신을 당하지 않도록 하여야 한다.' 그녀는 이렇게 생각하는 것이었다.

16

아나똘리는 최근 돌로호프의 집에서 살고 있었다. 나따샤 유괴 계획은 이미 수일에 걸쳐 돌로호프가 생각하고 준비를 하고 있었다. 그리고 쏘냐가 나따샤의 문간에서 엿듣고 그녀를 지키려고 결심을 한 바로 그날, 이 계획은 실행되도록 되어 있었다. 나따샤는 밤 10시에 뒷층계를 지나 아나똘리가 기다리는 뒷문으로 나간다는 약속을 하였다. 아나똘리는 준비해 둔 트로이카에 그녀를 태워, 모스끄바에서 약 60킬로 떨어진 까멘까 마을까지 데리고 가서, 거기서 미리 수배를 해둔 파문된 신부가 기다렸다가 두 사람의 결혼식을 거행하도록 되어 있었다. 까멘까 마을에는 갈아 탈 말이 준비되어 있었다. 그것이 두 사람을 바르샤바 가도까지 데리고 가서, 거기서 역마차로 갈아 타고 외국으로 탈출하기로 되어 있었다.

아나똘리는 여권과 역마차권, 누이동생에게서 꾼 1만 루블과 돌로호프의 중개로 꾼 1만 루블도 가지고 있었다.

결혼 입회인 두 사람이 차를 마시면서 현관에 가장 가까운 방에 앉아 있었다. 이전에는 관리였던 사람으로 돌로호프가 도박에 이용하고 있던 후보스찌꼬프와, 아나똘리에게 반한 마음씨가 좋고 약한 퇴역 경기병 마까린이었다.

벽에서 천장까지 페르시아 융단과 곰 모피, 무기로 장식된 돌로호프의 커다란 서재에는, 돌로호프가 중동풍 여행옷을 입고 장화를 신고 뚜껑을 연 개폐식 책상 앞에 앉아 있었다. 책상에는 주판과 돈다발이 놓여 있었다. 아나똘리는 제복의 앞가슴을 열어젖히고, 입회인들이 있는 방으로부터 서재를 빠져나가 프랑스인 종복들이 다른 종복들과 함께 짐의 마지막 정리를 하고 있는 안방으로 오가고 있었다. 돌로호프는 돈을 계산하고 메모를 하고 있었다.

"그래." 그는 말했다. "후보스쩨코프에게 2000루블 줘야 해."

"그럼, 주게." 아나똘리가 말했다.

"마공(公)은 말이야(그들은 마까린을 이렇게 부르고 있었다), 설득을 하지 않아도 자네를 위해서라면 물불을 가리지 않아. 자, 이제 셈도 끝났다." 돌로호프는 아나똘리에게 메모를 보이면서 말했다. "틀림없지?"

"응, 물론, 틀림없어." 아나똘리는 돌로호프의 말은 듣고 있지 않는 양 얼굴에서 미소를 지우지 않은 채 자기 앞을 바라보고 있었다.

돌로호프는 탕! 하고 책상 뚜껑을 소리내어 닫고, 놀리는 듯한 웃음을 띠며 아나똘리에게 말했다.

"여보게, 차라리 모든 것을 집어치우는게 어떤가? 아직 시간은 있네!"

"바보 같으니!" 아나똘리가 말했다. "시시한 소린 그만둬. 자네는 몰라……. 이것이 도대체 어떤 일인지!"

"진정이야, 그만두게." 돌로호프가 말했다. "나는 진심으로 말하는 걸세. 자네 계획은 정말 농담이 아니겠지?"

"뭐야, 또, 또 나를 짜증나게 만들텐가? 제기랄!" 얼굴을 찌푸리면서 아나똘리가 말했다. "정말, 그런 농담할 때가 아냐." 그리고 그는 방에서 나가 버렸다.

아나똘리가 나가버리자 돌로호프는 비웃는 것 같은, 그러면서도 관대히 용서해 주는 것 같은 미소를 띠었다.

"어이, 기다려." 그는 아나똘리의 뒤에서 말했다. "농담이 아냐, 나는 진심으로 말하는 거야. 이리 오게, 이리 와."

아나똘리는 다시 방으로 들어가 주의를 집중하려고 애쓰면서 돌로호프를 보았다. 아무래도 자기도 모르는 사이에 그가 하라는 대로 하고 있는 것 같았다.

"내 말 좀 들어보게, 마지막으로 한 마디 할 테니까. 자네한테 농담을 한들 무슨 소용이 있겠나? 내가 자네 방해라도 했나? 이번만 해도 모든 준비를 해 준 것은 누구란 말인가? 신부를 찾아 준 것은 누구며, 여권을 얻어

준 것은 누구며, 돈을 주선해 준 것은 대체 누구란 말인가? 다 내가 한 게 아닌가?"

"그러니까 자네에게 감사하고 있잖나. 자네는 내가 감사하고 있지 않다고 생각하나?" 아나똘리는 한숨을 쉬고 돌로호프를 끌어안았다.

"나는 자네를 도와주었지만 역시 사실대로 말하지 않을 수 없네. 이것은 위험한 일이며, 잘 생각해 보면 부질없는 일이거든. 자네가 그녀를 데려간다, 그것도 좋아. 그렇지만, 그대로 끝날 줄 아나? 자네에게 아내가 있다는 것은 곧 탄로가 나네. 그러면 자네는 형사 재판에 걸린다……."

"아! 시시하다, 시시하다!" 다시 얼굴을 찌푸리고 아나똘리가 말하기 시작했다. "벌써 자네에게 설명하지 않았나! 안 그래?" 아나똘리는 둔한 사람이 흔히 그렇듯이 자기의 머리 하나로 도달한 판단에 이상하리만치 집착하여, 이미 백 번이나 돌로호프에게 설명한 이치를 되풀이하였다. "자네에게 설명하지 않았나! 나는 이미 이렇게 판단한 거야. 만약 이 결혼이 무효라면" 그는 손가락을 꼽으면서 말했다. "나는 책임을 지지 않게 된다. 그리고 만약 유효라고 해도 역시 마찬가지야. 외국에서는 아무도 그 일을 모르거든. 안 그래? 그러니 말하지 말게, 말하지 말아!"

"정말 그만두면 어떤가! 자기 자신을 속박할 뿐이야."

"꺼져 버려." 아나똘리는 이렇게 말하고, 머리털을 움켜쥐고 다른 방으로 나갔지만 곧 되돌아와서 돌로호프 눈앞에 있는 안락의자에 다리를 올리고 앉았다. "이것이 어떤 것인지 알기나 해? 봐! 이 고동! 무지하게 두근거리지." 그는 돌로호프의 손을 잡고는 자기 심장에 갖다 대고 이렇게 말했다. "아, 그 귀여운 발, 그 눈매! 바로 여신이야!"

돌로호프는 쌀쌀하게 웃으면서, 아름답고 대담한 눈을 반짝이면서 좀 더 놀리려는 듯이 그를 바라보고 있었다.

"그럼, 돈을 다 써버리면, 그땐 어떻게 하지?"

"그때는 어떻게 하느냐고?" 아나똘리는 장래 일을 생각하게 하는 말에 솔직히 어리둥절하여 되풀이해서 말했다. "그때는 어떻게 하느냐고? 그야 나도 모르지. 그런 쓸데없는 소리를 해서 무슨 소용이 있어!" 그는 시계를 들여다보았다. "갈 시간이다!"

아나똘리는 안쪽 방으로 갔다.

"어이, 다 됐나? 뭘 거기서 꾸물거리고 있는 거야!" 그는 하인에게 소리쳤다.

돌로호프는 돈을 치우고 나서, 여행을 위한 술과 식사 채비를 분부하기 위해서 하인을 부르고, 자기는 후보스쩨코프와 마까린이 있는 방으로 들어갔다.

아나똘리는 서재의 소파에 팔꿈치를 괸 채 누워서, 생각에 잠긴 낯으로 미소지으면서 무엇인가 혼자 중얼거리고 있었다.

"이쪽으로 와서 무엇인가 먹어. 자, 마셔!" 옆방에서 돌로호프가 그에게 소리쳤다.

"먹고 싶지 않아!" 아나똘리는 여전히 미소지으면서 대답했다.

"이리 오게, 발라가가 왔네."

아나똘리는 일어나서 식당으로 들어갔다. 발라가는 유명한 역전마차 트로이카 마부로, 이미 6년 동안이나 돌로호프와 아나똘리를 알고 지냈으며, 몇 대의 트로이카로 두 사람의 편리를 봐주고 있었다. 그는 아나똘리의 연대가 뜨베리에 주둔하고 있었을 때도 저녁때가 되면 아나똘리를 태우고 새벽에 모스크바로 데려다 주고, 이튿날 밤중에 다시 데려온 일이 한두 번이 아니었다. 또 추격자를 피하여 돌로호프를 도망치게 해 주기도 하고, 집시 여자와 세련된 여인들—이라고 발라가가 말하고 있는—을 함께 태우고 시내를 몰고 다녔다. 그가 두 사람을 위해 일을 하면서, 모스크바에서 시민이나 대절마차의 마부들을 치어 죽여서, 그 때마다 그가 나리라고 부르고 있는 돌로호프와 아나똘리가 구해준 일도 여러 번 있었다. 그가 두 사람을 태우고 마구 몰다가 죽인 말만 해도 한두 마리가 아니었다. 또한 수도 없이 두 사람에게 얻어맞으면서도, 샴페인이나 그가 좋아하는 마데라 포도주를 취해 쓰러질 때까지 두 사람으로부터 얻어마셨다. 그리고 보통 사람이라면 벌써 옛날에 시베리아 유형을 당할 만한 사건을 이 두 사람 각자가 수도 없이 저지르고 있다는 것도 알고 있었다. 술자리가 벌어지면 두 사람은 항상 그를 불러내어 술을 마시게 하고, 집시 여자가 있는 곳에서 춤을 추게 하고, 수천 루블에 이르는 돈이 그의 손을 거쳐서 나갔다. 두 사람에게 봉사하고 있는 동안에 그는 1년에 스무 번이나 목숨을 건 위험을 넘겼고, 두 사람을 위한 일로 받은 돈 액수 이상의 말을 죽이고 말았다. 그래도 그는 이 두 사람을 좋아했다.

그는 한 시간에 18킬로나 난폭하게 말을 달리게 하는 것을 좋아했다. 대절 마차를 뒤집어 엎는 것도, 통행인을 치어 죽이고, 전속력으로 모스크바 거리를 달리는 것도 좋아했다. 그는 더 빨리 달릴 수 없을 때에도 뒤에서 "더 달려라! 달려!" 하는 술취한 거친 외침 소리를 듣는 것을 좋아했다. 보통 때에도 필사적으로 옆으로 비켜서 마차를 피하곤 하는 농부의 목덜미를 호되게 갈기는 것을 좋아했다. '진짜 나리란 이런 분들을 두고 하는 말이야!' 그는 이렇게 생각하는 것이었다.

아나똘리와 돌로호프는 말고삐를 잘 다루고, 자기네와 같은 것을 좋아하는 발라가가 마음에 들었다. 다른 손님이라면 발라가는 값을 흥정하여, 두 시간 태울 때마다 25루블을 받아냈다. 더욱이 다른 손님인 경우에는 대개 젊은 마부를 대신 보내는 일이 많았다. 그러나 그가 말하는 이른바 우리 나리의 경우에는 언제나 자신이 갔고, 게다가 임금은 한 푼도 청구하지 않았다. 다만 시종을 통해서 돈이 있는 기미를 눈치 채면, 몇 달에 한 번 아침 일찍 맨정신으로 와서 코가 땅에 닿도록 절을 하곤 도와달라고 부탁하는 것이었다. 이럴 때에 나리들은 늘 그를 만류하여 의자에 앉혔다.

"제발 도와줍쇼, 돌로호프 나리, 아니 각하." 그는 말하는 것이었다. "말이 없어서 시장으로 사러 가야 합니다. 형편 닿는 대로 좀 생각해 주십쇼."

그러면 아나똘리와 돌로호프는 돈만 있으면, 1000 또는 2000루블씩 주는 것이었다.

발라가는 엷은 갈색 머리를 한 붉은 얼굴에, 특히 목이 굵고 넓적코의 땅딸막한 농부 출신의 사나이였다. 나이는 26, 7세로, 조그마한 반짝이는 눈과 약간의 턱수염을 기르고 있었다. 그는 반코트 위에 비단 안감을 댄 얄팍한 푸른 까프딴(긴 상의)을 입고 있었다.

그는 건너편 구석을 향해 성호를 긋고, 돌로호프 곁으로 다가가서 조그마한 검은 손을 내밀었다.

"돌로호프 나리!" 그는 인사를 하면서 말했다.

"여어, 형제, 잘 왔네!"

"안녕하십니까, 각하." 그는 아나똘리에게도 역시 손을 내밀었다.

"여보게 발라가." 아나똘리는 두 손을 그의 어깨에 얹고 말했다. "자네는 날 좋아하고 있나? 어떤가, 응? 이번에 수고 좀 해 주어야겠어……. 오늘은 어떤 말로 왔지?"

"심부름하신 분이 분부한 대로 나리께서 좋아하시는 사나운 말을 달고 왔습니다." 발라가가 말했다.

"자, 그럼 말이다, 발라가! 세 마리를 모두 죽이는 한이 있더라도 세 시간 안에 도착하도록 해야 해, 알겠나?"

"때려 죽이면 탈 것이 없어지지 않습니까?" 발라가는 눈짓을 하면서 말했다.

"뭐? 낯짝을 한 대 갈길 테다, 농담 마!" 갑자기 눈을 부릅뜨고 아나똘리가 외쳤다.

"농담이라뇨." 싱그레 웃으면서 마부가 대답했다. "여태까지 제가 언제 나리님들을 위해서 말을 아낀 일이 있습니까? 말의 힘이 닿는 데까지 달리게 하겠습니다."

"좋아!" 아나똘리가 말했다. "자, 앉게."

"앉지 그래!" 돌로호프도 말했다.

"서 있겠습니다, 돌로호프 나리."

"잔말 말고 앉아서 한 잔 하게." 아나똘리는 이렇게 말하고 커다란 컵에 마데라 술을 따라 주었다. 마부의 눈은 술을 보자 반짝 빛났다. 체면상 사양하면서도 그는 단숨에 들이켜고는, 모자 속에 넣어 둔 빨간 비단 손수건으로 입을 닦았다.

"그래, 언제 출발하시렵니까, 각하?"

"글쎄……(아나똘리는 시계를 보았다). 당장에라도 떠나야지. 어때, 발라가, 시간에 맞춰 갈 수 있을까?"

"그야 출발에 달려 있습니다. 잘 출발만 하면 시간을 어길 리가 있겠습니까?" 발라가가 말했다. "언젠가 뜨베리까지 모셔 갔을 때만 해도, 7시에 도착하지 않았습니까. 기억하고 계십니까, 각하?"

"자네 알고 있나? 크리스마스 때 내가 뜨베리에서 달려온 일이 있었지." 아나똘리는, 눈을 크게 뜨고 감격해서 자기 쪽을 바라보고 있는 마까린을 향하여 옛날을 회상하는 미소를 띠면서 말하였다. "믿지 않을지 모르지만, 마공(公), 그야말로 숨이 막힐 만큼 달렸지. 짐 썰매의 열에 부딪쳐 두 대를 뛰어넘었어, 안 그래?"

"말이 대단했죠!" 발라가가 이야기를 이었다. "나는 그때, 젊은 말 두 마리를 밤색말 양쪽에 달았죠." 그는 돌로호프에게 말했다. "나리께서는 믿지 않으시겠지만, 60킬로나 마구 달렸거든요. 고삐 같은 것은 잡고 있을 수가 없었어요. 두 손이 꽁꽁 얼 만큼 추웠으니까요. 그래서 고삐를 나리에게 맡기고 나는 썰매 안에 굴러 넘어지고 말았지요. 그쯤 되면 말을 모는 것이 아니라 달리는 말을 억제해야 했는데 거기에 도착할 때까지 세울 수 없을 지경이었죠. 3시간 걸렸어요. 그 때문에 왼쪽 말이 거꾸러지고 말았지만……."

17

아나똘리는 방에서 나갔다. 그리고 몇 분 후에 은색 벨트를 찬 모피 반코트를 입고, 아름다운 얼굴에 잘 어울리는 검은 담비의 모자를 비스듬히 쓰고 돌아왔다. 거울을 잠깐 들여다보고 나서, 거울 앞에서 취했던 같은 자세로 돌로호프 앞에 서서 포도주의 컵을 집어들었다.

"그럼, 돌로호프, 잘 있게. 모든 것에 감사하네, 안녕." 아나똘리는 말했다. "그럼 여러분……." 그는 잠깐 생각했다. "내 청춘의…… 다정한 친구여, 잘 있게." 그는 마까린과 그 밖의 사람들에게 말했다.

다 같이 가기로 되어 있었는데 아나똘리가 친구들에게 이렇게 말한 것은, 이렇게 함으로써 분명히 무슨 감개무량한, 엄숙한 기분을 조성하고 싶었던 모양이었다. 그는 천천히 큰 음성으로 이렇게 말하면서 가슴을 펴고 한쪽 다리를 흔들고 있었다.

"모두 술잔을 들어 주게. 자네도, 발라가. 자 여러분, 우리 청춘의 다정한 친구들이여, 우리는 마시고 즐기고 떠들며 지냈다. 그렇지? 그런데 이번에는 언제 다시 만날 수 있으랴? 나는 외국으로 떠난다. 즐거웠다, 안녕, 여러분. 건강을 빌며 건배! ……" 그는 이렇게 말하고 술잔을 비우자 그것을 마루에 내던졌다.

"건강하시기를." 발라가도 잔을 비우고 손수건으로 입을 닦으면서 말했다. 마까린은 눈에 눈물을 글썽이며 아나똘리를 안으려고 하였다.

"아, 공작. 당신과 헤어지다니, 이런 슬픈 일은 없습니다." 그는 말했다.

"자, 출발, 출발이다!" 아나똘리가 소리쳤다.

발라가가 방에서 나가려고 했다.

"아니, 잠깐만." 아나똘리가 말했다. "문을 닫아, 앉아. 그래, 그래." 일동은 문을 닫고 앉았다 (러시아에서는 여행에 떠나기 앞서 채비가 다 되면 모두들 조용히 앉아서 도중의 안전을 비는 풍습이 있다).

"자, 그럼 가자, 여러분!" 아나똘리는 일어나면서 말했다.

하인 죠세프가 가방과 사벨을 내어 주었다. 일동은 곁방으로 나갔다.

"모피 외투는 어디 있어?" 돌로호프가 말했다. "어이, 이그나시까! 마뜨료나 마뜨베브나한테 가서 외투를 가져와, 검은 담비의 부인 외투 말이야. 실은 여잘 끌어내는 방법을 나는 들은 적이 있어." 돌로호프는 눈짓을 하고 말했다. "틀림없이 여자는 죽을 둥 살 둥 집에서 입은 옷만 입고 뛰쳐나오거든. 잘못 우물쭈물하다가는 곧 눈물을 짜며 아빠네, 엄마네, 이내 추워서 얼어붙는 것 같다느니 하면서 다시 되돌아가게 된다. 그러니까 자네는 바로 외투에 싸서 썰매에 태워버리란 말이야."

하인이 여인용 여우 가죽 외투를 가지고 왔다.

"바보! 검은 담비 외투라고 말하지 않았나. 어이, 마뜨료나, 검은 담비야!" 그는 먼 방에까지 들리는 큰 소리로 외쳤다.

번쩍번쩍 빛나는 검은 눈에 자줏빛 검은 고수머리를 한 여위고 창백한 집시 여자가 빨간 숄을 어깨에 걸치고, 검은 담비 외투를 손에 들고 뛰어나왔다.

"괜찮아요, 난 아깝지 않아요, 가져가세요." 그녀는 주인 앞에 나와 겁에 질린 듯하기도 하고 또 외투도 아깝다는 듯이 이렇게 말했다.

돌로호프는 대꾸도 하지 않고 외투를 받아, 마뜨료나에게 던져 그녀를 감쌌다.

"이렇게 하는 거야." 돌로호프는 말했다. "그리고 이렇게 말이야." 그는 그녀의 머리까지 깃을 세우고, 얼굴 앞만을 조금 열어 놓았다. "그리고 이렇게, 알겠나?" 그는 마뜨료나의 반짝이는 미소가 내다보이는 깃 틈으로 아나똘리의 얼굴을 밀었다.

"그럼, 잘 있어, 마뜨료나." 아나똘리는 그녀에게 키스하면서 말했다. "자, 이 고장에서 노는 것도 끝이다! 스쬬시까(당시 유명했던 집시 여가수)에게 안부 전해 줘요. 그럼, 잘 있어! 잘 있어요, 마뜨료나. 너도 내 행복을 빌어 주겠지."

"그럼, 공작님, 하느님께서 커다란 행복을 베풀어 주시기를." 마뜨료나는 집시의 독특한 어조로 말했다.

현관의 층층대에는 트로이카 두 대가 대기하고 있었고, 두 명의 건장한 마부가 고삐를 잡고 있었다. 발라가는 앞쪽 트로이카에 타고, 팔꿈치를 높이 쳐들고 유유히 고삐를 다루고 있었다. 아나똘리와 돌로호프는 그쪽에 타고, 마까린과 후보스찌코프와 하인은 다음 트로이카에 탔다.

"준비는 됐습니까?" 발라가가 물었다.

"가자!" 그는 손 둘레에 고삐를 감으면서 외쳤다. 그러자 트로이카는 니끼츠끼 가로수 길을 내려가기 시작했다.

"이랴! 어서! …… 이랴!" 오직 발라가와 마부석에 앉아 있는 젊은이의 이렇게 외치는 소리만이 들릴 뿐이었다. 아르바뜨 광장에서 트로이카가 유개마차와 접촉하여 삐걱거리는 소리가 났고 외치는 소리가 들렸지만 그대로 광장을 질주해 갔다.

뽀드노빈스꼬에 유원지를 왕복한 뒤에, 발라가는 고삐를 잡아당겨 방향을 반대로 바꾸어 사타라야 꼬뉘셴나야 거리에서 말을 멈추었다.

젊은이가 뛰어내려 재갈을 잡고 말을 세웠다. 아나똘리와 돌로호프는 보도를 걸어갔다. 문 옆까지 오자 돌로호프가 휘파람을 불었다. 다른 휘파람이 이에 응답했다. 그리고 뒤이어 하녀가 달려나왔다.

"마당으로 들어오세요, 그렇지 않으면 눈에 띕니다. 곧 오실 테니까요." 그녀는 말했다.

돌로호프는 문 옆에서 기다렸다. 아나똘리는 하녀를 따라 마당으로 들어가서, 건물 모퉁이를 돌아 입구의 층계로 뛰어올라갔다.

아흐로씨모바의 외출 때 따라가는 하인 가브릴로라는 몸집이 몹시 큰 사나이가 아나똘리를 맞았다.

"마님에게로." 입구에서 들어가려는 것을 가로막으면서 종복이 낮은 목소리로 말하였다.

"마님이라니? 자넨 누구야?" 아나똘리는 가쁜 숨을 내쉬면서 소리를 낮추고 물었다.

"들어가십시오. 모시라는 분부를 받고 있습니다."

"아나똘리! 돌아가자!" 돌로호프가 소리쳤다. "배반이다! 돌아가!"

쪽문 옆에 서 있던 돌로호프는 아나똘리가 들어간 뒤 쪽문을 닫으려던 문지기와 격투를 하고 있었다. 돌로호프는 있는 힘을 다해서 문지기를 밀어제치고, 달려나온 아나똘리의 손을 잡자 그를 쪽문 밖으로 끌어내어 함께 트로이카 쪽으로 달려갔다.

18

아흐로씨모바는 쏘냐가 복도에서 울고 있는 것을 발견하고 모든 일을 자백시키고 말았다. 나따샤가 갈겨 쓴 편지를 빼앗아 그것을 다 읽고 나자 아흐로씨모바는 편지를 손에 쥔 채 나따샤의 방으로 들어갔다.

"추잡한 년, 파렴치한 말괄량이." 그녀는 나따샤에게 말했다. "아무 말도 듣고 싶지 않다!" 놀란 듯한, 그러나 눈물은 나지 않는 눈으로 자기를 바라보고 있는 나따샤를 밀어제치고 그녀는 자물쇠를 걸고 나따샤를 가둬 버렸다. 그리고 문지기에게 오늘 밤 이곳에 오는 사람들을 문 안에 들여보내되 내보내지 않도록 분부하고, 하인에게는 그 사람들을 자기한테로 안내하라고 이르고 나서, 그녀는 객실에 앉아서 유괴자를 기다리고 있었다.

가브릴로가, 온 사람들은 모두 달아나 버렸다고 보고하자 그녀는 이맛살을 찌푸리고 일어나서, 뒷짐을 진 채 어떻게 할까 생각하면서 오랫동안 방을 이리저리 돌아다녔다. 밤 11시가 지나자 그녀는 호주머니 속에서 열쇠를 찾아 나따샤의 방으로 갔다. 쏘냐가 울면서 복도에 앉아 있었다.

"아주머니, 제발 저를 나따샤 방으로 들어가게 해 주세요!" 그녀는 말했다. 아흐로씨모바는 대꾸도 하지 않고 문을 열자 안으로 들어가 버렸다. '더럽다, 추악하다……. 내 집에서……. 엉뚱한 계집애 같으니……. 아버지가 불쌍하다!' 아흐로씨모바는 자기의 노여움을 가라앉히려고 노력하면서 생각했다. '어렵겠지만 여하간 모두의 입을 막아서 백작 귀에 들어가지 않도록 일러야겠다.' 아흐로씨모바는 단호한 걸음으로 방에 들어섰다. 나따샤는 두 손으로 머리를 감싸고 소파에 누운 채 꼼짝도 하지 않았다. 그녀는 아흐로씨모바가 가두고 나갔을 때와 똑같은 자세로 누워 있었다.

"훌륭해, 참 훌륭하다!" 아흐로씨모바가 말했다. "남의 집에서 정부와 만날 약속을 하다니! 속이려 해도 소용 없다. 남이 이야기하고 있을 때에는 들으란 말이다." 아흐로씨모바는 나따샤의 팔에 손을 댔다. "남이 이야기할 때는 들어봐. 너는 가장 천한 계집애로서 자기 얼굴에 먹칠을 했어. 나도 이대로 내버려 둘 수는 없지만, 네 아버지가 가엾어서 비밀로 붙여 두겠다."

나따샤는 자세를 바꾸지 않았지만, 숨이 막히고 경련을 일으키는 것 같은 소리를 죽인 흐느낌 때문에 온몸이 떨리기 시작했다. 아흐로씨모바는 쏘냐 쪽을 돌아다보면서 나따샤 옆의 소파에 걸터앉았다.

"그 사내는 다행히 날 피해서 달아났지만 나는 꼭 찾아내고 말겠다." 그녀는 예의 굵은 목소리로 말하였다. "넌 내 말을 듣고 있는 거냐?" 그녀는 커다란 손을 나따샤의 얼굴 밑에 밀어 넣고 자기 쪽으로 돌렸다. 그러자 아흐로씨모바도, 쏘냐도 나따샤의 얼굴을 보고 움찔했다. 눈은 번쩍번쩍 빛나고, 눈물은 나지 않았으나 입술은 꽉 다물고 볼은 움푹 패어 있었다.

"가만 놔둬…… 주세요……. 나는…… 죽을래요……." 그녀는 이렇게 말하고는 심술사납게 아흐로씨모바의 손을 뿌리치고 이전 자세로 돌아갔다.

"나따샤……!" 아흐로씨모바가 말했다. "나는 널 위해서 네가 잘 되길 바라고 있다. 누워 있거라, 그렇게 누워 있으면 기분이 가라앉을 거다. 나는 너에게 손을 대지 않겠다. 다만 들어라, 나따샤……. 나도 이 이상 널 책망할 생각은 없다, 너 자신이 잘 알고 있을 테니까. 다만 문제는, 네 아버지가 내일 돌아오시는데 난 뭐라고 말씀드리면 좋을지 모르겠다, 응?"

다시 흐느껴 우는 바람에 나따샤의 몸이 떨렸다.

"이건 모두에게 알려질 거다. 너의 아버지와 너의 오빠에게, 그리고 약혼자에게도 말이야!"

"내겐 약혼자가 없어요. 난 거절했어요." 나따샤가 소리쳤다.

"그런 건 아무래도 좋아." 아흐로씨모바가 말을 이었다. "이봐, 모두가 알게 되면 그냥 놓아둘 줄 아니? 네 아버지 성미는 나도 알고 있지만, 만약 그분이 상대방에게 결투라도 신청한다면, 그래도 좋으냐 말이다."

"아, 내버려 두세요, 무엇 때문에 이렇게 방해하시는 거예요! 왜요? 왜요? 누가 부탁했어요?" 나따샤는 소파 위에 몸을 일으켜 증오에 찬 눈으로 아흐로씨모바를 바라보면서 소리쳤다.

"그럼, 어떻게 해달라는 거냐?" 아흐로씨모바는 다시 발끈해서 소리쳤다. "누가 너를 감금이라도 했단 말이냐? 대체 누가 그 사나이가 집에 드나드는 것을 금지라도 했단 말이냐? 뭣 때문에 너를 집시 여자나 되는 것처럼 끌어내리려고 하는 거지? 설사 그 사나이가 너를 유괴했다고 하더라도, 그는 발견되지 않을 거라고 생각하고 있니? 아버지에게, 오빠에게 또는 약혼자에게 말이다. 여하간 그 녀석들은 못돼먹은 놈들이다, 깡패야, 깡패!"

"그 사람은 당신들 그 누구보다도 훌륭해요." 나따샤는 일어나면서 소리쳤다. "당신네들이 방해하지만 않았다면⋯⋯. 아, 너무해요. 이렇게 되다니, 이제 어쩌지? 쏘냐, 넌 뭐야! 나가 줘⋯⋯!" 그리고 그녀는 모든 것이 자기 자신이 원인이라는 것을 알아차리고, 희망이 사라진 깊은 절망의 빛을 띠고 흐느껴 울기 시작했다. 아흐로씨모바가 다시 말을 하려고 했으나 나따샤가 소리쳤다. "나가 줘요, 나가 줘요. 당신네들은 모두 나를 미워하고 있어요, 멸시하고 있어요!" 그리고 다시 소파에 몸을 내던졌다.

아흐로씨모바는 잠시 계속해서 나따샤를 설득하였다. 이번 일은 일체 백작에게는 숨겨 둬야 하며, 만약 나따샤만 노력해서 모든 것을 잊고 누구 앞에서도 무슨 일이 있다는 기색만 보이지 않는다면, 아무도 알 사람은 없을 것이라고 타이르려고 하였다. 나따샤는 대꾸하지 않았다. 그녀는 이제 울지는 않았지만, 그 대신 오한이 와서 떨기 시작했다. 아흐로씨모바는 베개를 머리 밑에 대주고 두 장의 모포로 몸을 싸주고, 또 보리수 꽃을 달인 차를 몸소 가져다 주었으나 나따샤는 반응을 보이지 않았다.

"자게 둬." 아흐로씨모바는 그녀가 잠자고 있다고 생각하고 방을 나가면서 이렇게 말했다. 그러나 나따샤는 자지 않고, 창백한 얼굴에 꼼짝도 하지 않은 채 부릅뜬 눈으로 앞을 바라보고 있었다. 이날 밤 밤새도록 나따샤는 자지 않았다. 울지도 않았으며, 몇 번인가 일어나서 자기 옆으로 온 쏘냐와도 말을 하지 않았다.

이튿날 아침식사 전에, 약속대로 로스또프 백작이 모스크바 교외의 영지로부터 돌아왔다. 그는 무척 기분이 좋았다. 살 사람과의 이야기도 잘 되었으므로, 이제는 만나고 싶어서 견딜 수 없는 백작 부인과 떨어져서 모스크바에서 어물거리고 있을 이유는 하나도 없었다. 아흐로씨모바는 그를 마중나와서, 나따샤가 어제 몹시 몸이 불편했기에 의사를 불러오기도 했었지만 오늘은 좋아졌다고 말했다. 나따샤는 이날 아침 방에서 나오지 않았다. 말라서 갈라진 입술을 깨물고 창가에 앉아, 움직이지 않는 메마른 눈초리로 거리를 지나가는 사람들을 불안스럽게 바라보기도 하고, 방으로 들어오는 사람을 다급히 돌아다보는 것이었다. 그녀는 분명히 그에 대한 소식을 고대하고, 그가 몸소 오거나 편지라도 보내지 않을까 기대하고 있는 것 같았다.

백작이 그녀 방으로 들어왔을 때, 그녀는 아버지의 남자다운 발소리에 불안스럽게 돌아다보았다. 그리고 곧 그녀의 얼굴은 이전의 냉정한 미움이 담긴 표정을 지었다. 그녀는 아버지를 맞이하기 위해 일어나려고도 하지 않았다.

"어찌된 일이냐, 나따샤, 아프냐?" 백작이 물었다.

나따샤는 잠시 잠자코 있었다.

"네, 아파요." 그녀는 대답했다.

왜 그렇게 풀이 죽어 있느냐, 약혼자에게 무슨 일이라도 생긴 것은 아니냐고 걱정스럽게 묻는 백작의 물음에 대해서, 그녀는 아무것도 아니니 걱정하시지 말라면서 아버지를 납득시켰다. 아흐로씨모바도 아무것도 아니라고 말한 나따샤의 말은 틀림없다고 백작에게 확인시켜 주었다. 그러나 백작은 딸의 꾀병과, 마음이 산란한 것 같은 모습과, 쏘냐와 아흐로씨모바의 당황한 얼굴로 봐서 자기가 없는 동안에 확실히 무슨 일이 일어났음이 틀림없다고 눈치챘다. 그러나 사랑하는 자기 딸에게 무슨 수치스러운 일이 있었다고 생각하는 것은 너무나도 무서웠다. 그리고 그는 평소에도 즐겁고 안정된 기분을 맛보는 것을 매우 좋아했기 때문에 자세히 캐묻는 것은 피하고, 아무것도 변한 것은 없다고 스스로 타이르려고 애썼다. 그리고 다만 딸의 병 때문에 시골로 떠나는 것이 연기되었다는 것을 아쉽게 여길 따름이었다.

19

아내가 모스크바로 올라온 날부터, 삐에르는 다만 그녀와 같이 있고 싶지 않아서 어디론가 가버리려고 생각하고 있었다. 로스또프네가 모스크바에 온 지 얼마 안 되어, 그는 나따샤에게 마음이 강하게 움직였기 때문에 출발 계획을 빨리 실행에 옮기려고 서둘렀다. 그는 바즈데에프 미망인이 있는 뜨베리 (모스크바 서북부의 도시)에 갔다. 그녀가 고인의 서류를 삐에르에게 주겠다고 약속했기 때문이다.

삐에르가 모스크바로 돌아오자, 안드레이 볼꼰스끼 공작과 그의 약혼자에 관계되는 매우 중요한 용건이 있으니 자기가 있는 곳으로 와달라는 아흐로씨모바로부터의 편지를 받았다. 삐에르는 나따샤를 피하고 있었다. 그는 아내가 있는 남자가 친구의 약혼자에 대해서 의당 느껴야 하는 이상의 감정을 자기가 나따샤에 대해 가지고 있다는 것을 느끼고 있었다. 그러나 그 어떤 운명이 끊임없이 그와 나따샤를 맺어주려고 하는 것이었다.

'대체 무슨 일이 일어난 것일까? 그 두 사람이 내게 무슨 관계가 있단 말인가?' 그는 아흐로씨모바한테 가려고 옷을 갈아입으면서 이렇게 생각했다. '빨리 안드레이가 돌아와서, 그녀와 결혼해 버리면 좋은데!' 삐에르는 아흐로씨모바한테 가는 도중 이렇게 생각했다.

뜨베르스꼬이 가로수 길에서 누군가가 그를 불러세웠다.

"삐에르! 언제 돌아왔어?" 귀에 익은 목소리가 그에게 외쳤다. 삐에르는 고개를 들었다. 썰매 앞에 눈을 차 올리고 있는 걸음이 빠른 두 마리의 회색 말을 단 썰매에 아나똘리와, 항상 그와 함께 있는 친구 마까린의 모습이 흘끗 보였다. 아나똘리는 얼굴 아래쪽을 해리의 모피깃으로 감싸고, 젠체하는 군인 특유의 자세로 약간 고개를 숙이고 등을 꼿꼿하게 뻗고 앉아 있었다. 그의 얼굴은 빨갛게 상기되어 활기에 차 있었고 비스듬히 쓴, 흰 깃장식이 달린 모자 사이로 포마드를 바른, 눈가루가 붙어있는 고수머리가 내다보이고 있었다.

'확실히 이것이 진짜 현인(賢人)이다!' 삐에르는 생각했다. '즐기고 있는 지금의 순간 말고는 아무것도 보지 않는다. 아무에게도 불안을 느끼지 않는다. 그래서 언제나 명랑하고 만족하며 침착하게 있을 수 있다. 나도 그렇게 될 수 있다면 무엇이든지 내놓을 텐데!' 삐에르는 부러운 마음으로 생각했다.

아흐로씨모바의 곁방에서 하인이 삐에르의 외투를 벗겨 주면서, 침실로 들어오시라는 마님의 말을 전했다.

홀로 들어가는 문을 열자마자 삐에르는, 여위고 창백한 얼굴에 모난 표정을 짓고 창가에 앉아 있는 나따샤를 보았다. 그녀는 삐에르를 돌아다보고 이맛살을 찌푸리고는 쌀쌀하게 자존심을 겉으로 나타내며 방에서 나갔다.

"무슨 일이 있었습니까?" 삐에르는 아흐로씨모바의 방으로 들어서면서 물었다.

"대단한 일이랍니다." 아흐로씨모바는 대답했다. "58년 동안 살아 왔지만 세상에 이런 치욕은 처음 봅니다." 이제부터 하는 말은 절대로 입 밖에 내지 않는다는 다짐을 삐에르한테 받고 나서, 아흐로씨모바는 나따샤가 부모한테도 말하지 않고 약혼자를 거절했다는 것, 거절의 원인은 삐에르의 아내가 그녀와 만나게 해 준 아나똘리였다는 것, 나따샤는 그와 몰래 결혼하기 위해 아버지가 없는 틈을 타서 도망할 작정이었다는 것을 이야기해 주었다.

삐에르는 어깨를 추켜들고 입을 멍하니 벌리고 아흐로씨모바의 이야기를 들으면서 자기 귀를 의심했다. 그토록 열렬히 사랑을 받고 있던 안드레이의 약혼녀가, 이제까지 그토록 귀여웠던 나따샤가 안드레이를, 이미 결혼한(삐에르는 아나똘리의 결혼의 비밀을 알고 있었다) 멍청한 아나똘리로 바꾸어, 더욱이 도망하는 것까지도 승낙할 만큼 그에게 반해버리다니! 그런 일은 삐에르로서는 도저히 이해할 수도 없거니와 상상조차 할 수 없는 일이었다.

어릴 때부터 알고 있는 나따샤의 귀여운 인상과, 그녀의 저속하고 어리석고 박정(薄情)한 새로운 이미지가 그의 마음 속에서 융합되지가 않았다. 그는 자기 아내를 상기했다. '그런 친구들은 다 마찬가지다.' 그는 행실이 나쁜 여자와 맺어지는 비참한 운명을 만나는 것은 자기만이 아니구나 하고 생각하면서 마음 속으로 말하였다. 그러나 그는 역시 안드레이가 눈물이 나도록 불쌍했다. 높은 긍지를 지닌 그의 마음이 안쓰러웠다. 그리고 자기 친구를 불쌍하게 생각하면 생각할수록, 차가운 자존심을 겉으로 나타내면서 방금 홀에서 자기 곁을 스치고 지나간 나따샤를, 멸시와 더 나아가서 깊어가는 증오의 마음으로 생각하는 것이었다. 그는 나따샤의 마음이 절망과 부끄러움과 굴욕에 가득 차 있었다는 것, 그러면서도 그녀의 얼굴이 침착한 자존심과 엄격함을 띠고 있었던 것은 일부러 한 것이 아니라는 것을 알지 못했다.

"어떻게 결혼을 한다는 말입니까?" 삐에르는 아흐로씨모바의 말에 대답하면서 말했다. "그 사나이는 결혼할 수 없습니다. 이미 결혼을 했으니까요."

"알면 알수록 점점 어려워지는군." 아흐로씨모바는 말했다. "끔찍한 녀석이야! 정말 형편없는 놈이야! 그런데 나따샤는 그놈을 기다리고 있어요. 이미 어제부터 기다리고 있어요. 빨리 그 애에게 알려 줘야지. 그러면 적어도 기다리지는 않게 될 거야."

삐에르로부터 아나똘리의 결혼의 사연을 소상히 듣고, 이 사나이에 대해 욕을 퍼붓고 화풀이하고 나서, 아흐로씨모바는 비로소 그를 부른 까닭을 설명했다. 그녀는 백작, 혹은 언제 어느 때 돌아올지도 모를 안드레이가 사건을 알고—그녀는 그것을 두 사람에게 숨길 생각으로 있었지만—아나똘리에게 결투를 신청하지나 않을까 걱정하고 있었다. 그래서 그녀는 삐에르에게 아나똘리가 모스크바를 떠나도록, 그리고 아흐로씨모바의 눈 앞에 뻔뻔스럽게 모습을 보이지 않도록 그녀의 부탁이라고 하면서 아나똘리에게 전달해 달라고 부탁했다. 삐에르는 여기서 비로소 노백작을 위시해서 니꼴라이, 안드레이, 그리고 모두의 몸에 닥치고 있는 위험을 깨닫고 그녀의 부탁을 실행할 것을 약속했다. 아흐로씨모바는 간단하고 정확하게 자기 요구를 말하고 나서 그를 객실로 가게 했다.

"조심해 줘요. 백작은 아무것도 모르고 있으니까. 당신도 아무것도 모르는 체 해줘요!" 그녀는 삐에르에게 말했다. "그럼, 나는 그 애한테 가서 기다리고 있어도 소용 없다고 말해 주겠어요! 그리고 괜찮으시다면 식사를 하고 가세요." 아흐로씨모바는 삐에르에게 외쳤다.

삐에르는 노백작을 만났다. 백작은 당황하여 어쩔 줄을 몰라하고 있었다. 이날 아침, 나따샤로부터 안드레이를 거절했다는 것을 들었기 때문이었다.

"큰일났어, 큰일났네, 여보게." 그는 삐에르에게 말했다. "저 아이 곁에 어머니가 있었으면 이런 큰일은 일어나지 않았을 텐데. 난 정말 여기 온 것을 후회하고 있다네. 자네도 들었겠지만, 그 애는 아무한테도 상의 없이 약혼자를 거절했어. 하기야 나도 이 혼담을 그다지 기뻐하고 있었던 것은 아니었지만 말이야. 사실, 상대방이 훌륭한 인물이라 할지라도, 아버지의 의사를 거역해서 무슨 신통한 일이 있겠는가. 게다가 나따샤만 해도 앞으로 상대가 없는 것도 아니고. 그러나 어쨌든 이미 오랫동안 기다리던 것을, 아버지나 어머니한테 상의도 하지 않고 그런 짓을 하다니! 지금 그 애는 병중이라지만 무슨 병인지 알 게 뭔가. 좋지 않아요, 백작, 좋지 않아요. 딸은 어머니와 같이 있어야 해요." 삐에르는 백작이 몹시 당황하고 있는 것을 보고 화제를 바꾸려고 애썼으나, 백작은 다시 자신의 슬픈 이야기로 되돌아가는 것이었다.

쏘냐가 걱정스러운 낯으로 객실로 들어왔다.

"나따샤는 좀 불편하지만, 자기 방에서 만나뵙고 싶다고 말하고 있습니다. 아흐로씨모바께서도 거기 계십니다. 역시 당신을 뵙고 싶다고 하십니다."

"그래, 자네는 안드레이와 매우 사이가 좋으니까, 틀림없이 무슨 전할 말이라도 있겠지." 백작은 말했다. "아, 야단났군, 야단났어! 모든 것이 잘 되어 가고 있었는데!" 그리고 엷어진 관자놀이의 백발을 움켜잡고 백작은 방에서 나갔다.

아흐로씨모바는 나따샤에게 아나똘리가 결혼했다는 이야기를 했다. 나따샤는 그의 말을 믿으려고 들지 않고, 삐에르 자신한테 그 확증을 요구했다. 쏘냐는 복도를 따라 나따샤의 방으로 안내하면서 이 이야기를 삐에르에게 알렸다.

나따샤는 창백하고 무뚝뚝한 얼굴로 아흐로씨모바 옆에 앉아 있었지만, 삐에르가 문가에 나타나자 곧 열병에 걸린 것처럼 반짝이는 미심쩍은 눈초리로 그를 맞았다. 그녀는 미소도 짓지 않고, 고개도 끄덕이지 않았다. 그녀는 다만 그를 물끄러미 노려만 보고 있었다. 그 눈은 오직 한 가지 일을 묻고 있었다. 당신은 친구인가요, 그렇지 않으면 다른 사람들과 마찬가지로 아나똘리 씨의 적인가요? 삐에르 같은 사람은 분명히 그녀에게는 존재하고 있지 않은 것 같았다.

"이 양반이 모든 것을 알고 계신다." 아흐로씨모바는 삐에르를 가리키면서 나따샤를 향하여 이렇게 말했다. "내 말이 옳은지 어떤지 이 양반으로 하여금 얘기하게 해 봐라."

궁지에 몰린 부상한 짐승이 쫓아오는 개와 사냥꾼을 바라보듯, 나따샤는 두 사람을 번갈아 보고 있었다.

"아가씨." 삐에르는 눈을 내리깔고, 그녀를 가엾게 생각하는 마음과, 자기가 해야 할 거친 치료를 꺼림칙하게 생각하면서 입을 열었다. "그것이 사실이건 아니건, 당신에게는 매한가지일 거라고 생각합니다. 왜냐하면……."

"그럼, 그 사람이 결혼하였다는 것은 거짓말이군요."

"아닙니다, 그것은 사실입니다."

"오래 전부터 그에게 아내가 있었나요?" 그녀는 물었다. "분명해요?"

삐에르는 그녀에게 분명하다고 말했다.

"그분은 아직 여기 있나요?" 그녀는 빠른 말로 물었다.

"네, 방금 전에 봤습니다."

그녀는 이젠 말할 기력도 없다는 듯이, 자기를 혼자 내버려두어 달라고 손짓으로 알렸다.

20

삐에르는 식사에는 남지 않고, 곧 방을 나와 그대로 돌아가버렸다. 그는 아나똘리를 찾으러 시내로 나선 것이다. 아나똘리의 일을 생각하니, 온몸의 피가 심장으로 흘러들어 숨을 쉬는 것조차 괴롭게 느껴졌다. 언덕, 집시들이 있는 곳, 코모노에도 그는 없었다. 삐에르는 영국 클럽으로 갔다. 클럽에서는 모든 일이 여느 때처럼 진행되고 있었다. 식사하러 모인 손님들이 몇 사람씩 함께 앉아서 삐에르에게 인사도 하면서, 시내의 소식을 이야기하기도 하였다. 급사가 다가와 그에게 인사를 했다. 그는 삐에르의 친구 관계와 습관을 알고 있었으므로, 작은 식당에 자리를 마련해 놓았으며, 미하일 자하르이치 공작은 도서실에 계시고, 빠베르 찌모페이치는 아직 오지 않았다고 보고했다. 삐에르의 친지 중 한 사람이 날씨 이야기를 하는 동안에, 지금 시중에서 화제가 되어 있는 아나똘리의 로스또프네 딸 유괴에 관해서 들었습니까? 그것은 정말입니까? 하고 물었다. 삐에르는 웃고서 그것은 근거 없는 일이며, 자기는 방금 로스또프네를 방문하고 오는 길이라고 말했다. 그는 모든 사람에게 아나똘리에 대해서 물어보았다. 어떤 사람은 아직 오지 않았다고 말하고, 다른 사람은 아나똘리는 오늘 식사하러 올 것이라고 말했다. 삐에르는 자기의 마음 속에 생긴 일을 모르고 있는, 이 침착하고 냉정한 사람들의 무리를 보고 있자니까 이상한 기분이 들었다. 그는 여러 홀을 돌아다니면서 모두가 모이는 것을 기다리고 있었다. 그러나 기다려도 아나똘리가 오지 않았기 때문에 식사도 하지 않고 집으로 돌아왔다.

그가 찾고 있던 아나똘리는 이날 돌로호프 집에서 식사를 하고, 실패로 끝난 사태를 어떻게 수습하면 좋은가에 대해서 그와 상의하고 있었다. 아나똘리는 아무래도 나따샤와 만나야 한다는 생각을 하고 있었다. 저녁때 그는 이 밀회를 꾸밀 절차를 상의하기 위하여 누이동생 엘렌에게로 갔다. 삐에르가 공연히 모스크바 시내를 돌아다니다가 집으로 돌아오자, 아나똘리가 부인한테 와 있다고 하인이 알렸다. 엘렌의 객실은 손님으로 가득 차 있었다.

삐에르는 모스크바로 돌아온 이래 한 번도 만나지 않았던 아내한테 인사도 하지 않고—이때 그는 어느 때보다도 아내가 서먹했다—객실로 들어가 아나똘리를 보자 그에게로 다가갔다.

"여보, 삐에르." 엘렌이 남편 곁으로 다가서면서 말했다. "당신은 모르시겠죠? 우리 아나똘리가 어떤 입장에 처해 있는지……" 그녀는 남편의 숙인 머리와 얼굴, 번쩍번쩍 빛나는 눈과 단호한 걸음걸이에, 돌로호프와의 결투

후에 몸소 체험한 저 광폭성과 힘이 무섭게 스며나와 있는 것을 알아차리고 입을 다물었다.

"너희들이 있는 곳에는 타락과 악이 있다." 삐에르는 아내에게 말했다. "아나똘리, 가자. 나는 자네에게 할 이야기가 있어." 그는 프랑스어로 이렇게 말했다.

아나똘리는 흘끗 누이동생 쪽을 돌아다보고 얌전하게 일어서서 삐에르를 따라가려고 하였다.

삐에르는 그의 손을 잡자 자기 쪽으로 끌어당겨 방을 나서려고 하였다.

"만약 당신이 내 객실에서 분별없이" 엘렌은 나직한 목소리로 말했지만, 삐에르는 대꾸도 하지 않고 방에서 나갔다.

아나똘리는 그의 뒤를 여느 때의 맵시 있는 걸음걸이로 따라갔다. 그러나 그의 얼굴에는 불안의 빛이 엿보였다.

자기 서재로 들어가자 삐에르는 문을 닫고 아나똘리를 외면한 채 그에게 말했다.

"자네는 로스또프 백작 따님에게 결혼 약속을 했지? 그리고 데리고 나갈 작정이었지?"

"매부." 아나똘리는 프랑스어로 대답했다(이야기는 줄곧 프랑스어였다) "나는 그런 말투로 묻는 말에는 대답할 의무가 없다고 생각해요."

그때까지 창백했던 삐에르의 얼굴은 광폭한 분노에 일그러졌다. 그는 커다란 손으로 아나똘리의 군복의 깃을 휘어잡고, 아나똘리의 얼굴이 온통 겁에 질린 표정을 띨 때까지 좌우로 흔들어댔다.

"내가 자네한테 할 말이 있다고 한 이상……." 삐에르는 되풀이했다.

"대체 무슨 일이죠? 이 무슨 바보 같은 짓이란 말이오, 네?" 아나똘리는 천과 함께 떨어져 나간 깃의 단추를 만지작거리면서 말했다.

"자네는 건달이야. 난 자네 머리를 부숴버리고 싶은 마음을 억제할 수 있을지 나 자신도 알 수가 없다." 삐에르는 말했다. 그가 이토록 거침없이 말할 수 있었던 것은 프랑스어로 말하였기 때문이다. 그는 묵직한 문진(文鎭)을 집어들고 위협하듯 쳐들었지만 이내 제자리에 놓았다.

"자네는 그녀에게 결혼 약속을 했지?"

"나는, 나는 생각하지도 않았어요. 여하간 나는 약속 같은 건 한 일이 없어요, 왜냐하면……"

삐에르는 그 말을 가로챘다.

"자네는 그녀의 편지를 가지고 있지? 그녀의 편지를 가지고 있지?" 삐에르는 아나똘리를 윽박지르면서 되풀이했다.

아나똘리는 그를 흘끗 보자 곧 호주머니에 손을 틀어넣고 지갑을 꺼냈다.

삐에르는 그가 내민 편지를 받아들자 테이블을 지나 소파 위에 앉았다.

"별로 걱정할 건 없다, 해칠 생각은 조금도 없으니까." 그는 아나똘리의 겁에 질린 동작에 대해서 이렇게 말했다. "이 편지가—첫째." 삐에르는 자기에게 주어진 과제를 하나씩 해나가듯이 말했다. "둘째." 잠시 침묵했다가 그는 다시 일어나서 걷기 시작하면서 말을 이었다. "자네는 내일 모스크바를 떠나야 해."

"어째서요?"

"셋째." 아나똘리가 하는 말을 듣지도 않고 삐에르는 계속했다. "자네는 자네와 백작의 딸 사이에 있었던 일은 절대로 한 마디도 말해서는 안 돼. 이런 일을 내가 자네에게 금지시킬 수 없다는 것은 알고 있다. 그러나 자네에게 손톱만큼이라도 양심이 있다면……" 삐에르는 말없이 여러 번 방 안을 오갔다. 아나똘리는 테이블 옆에 앉아 얼굴을 찡그리고 입술을 꼭 깨물고 있었다.

"마지막으로 자네도 깨닫지 않을 수 없을 거다. 자네의 즐거움 외에 다른 사람들에게도 그들 나름대로의 행복이나 평안이 존재한다는 것, 자네는 자기의 즐거움을 위해서 한 인간의 일생을 통째로 못쓰게 만들려고 했다는 것을 깨닫게 될 거야. 내 아내 같은 여자를 상대로 즐기게—그런 자들이라면 자네는 하고 싶은 대로 해도 좋아, 그런 친구들은 자네가 무엇을 원하는지를 알고 있으니까. 그들은 자네의 마음을 잘 알아줄 거야. 그러나 숫처녀를 붙잡고 결혼할 약속을 하고…… 속여서 유괴한다……. 도대체 자네는 모르나? 이것이 노인이나 어린아이를 때리는 것과 마찬가지로 비열한 짓이라는 것을! ……"

삐에르는 입을 다물고 이젠 화를 낸다기보다는 물어보는 것 같은 눈으로 아나똘리를 바라보았다.

"그런 건 난 모른다니까요, 글쎄?" 삐에르가 노여움을 가라앉힐수록 아나똘리는 기운을 되찾으면서 말했다. "그런 것은 나는 모르고 알고 싶지도 않아요." 그는 삐에르는 보지 않고 약간 아래턱을 떨면서 말하였다. "하지만 매부는 나한테 비열하다고 말했죠. 나는 제대로 된 한 인간으로서, 그 누가 되었든 그런 말을 한 사람을 용서할 수 없어요."

삐에르는 상대방이 무엇을 요구하는 것인지 알 수가 없어 의아스러운 듯이 그를 바라보았다.

"단둘이 있는 자리이기는 하지만……" 아나똘리는 계속했다. "그러나 나는 용서할 수가 없어요……."

"그럼, 결투라도 하자는 건가?" 얕잡아보듯이 삐에르가 말했다.

"적어도 매부는 자기가 한 말을 취소할 수는 있겠죠? 만약 내가 매부 뜻대로 해 주기를 바라신다면 말이에요."

"취소하겠네, 취소하겠네." 삐에르는 말했다. "그리고 부탁하겠네, 나를 용서해달라고." 삐에르는 저도 모르게 상대방의 뜯어진 단추를 보았다. "그리고 돈도, 만약에 여비가 필요하다면……."

아나똘리는 빙그레 웃었다. 아내에게서 늘 보아온 그 겁먹은 듯한, 비열한 표정의 미소가 삐에르의 화를 폭발시켰다.

"아, 천하고 무정한 족속들 같으니!" 그는 이렇게 말하고 방에서 나갔다.

이튿날 아나똘리는 뻬쩨르부르그로 떠났다.

21

삐에르는 아흐로씨모바의 부탁을 실행했다는 것, 즉 아나똘리를 모스크바에서 쫓아냈다는 것을 알리기 위해 그녀에게로 갔다. 온 집안이 공포와 불안에 싸여 있었다. 나따샤가 몹시 위독했던 것이다. 아흐로씨모바가 비밀로 삐에르에게 말한 바에 의하면, 나따샤는 아나똘리가 결혼한 몸이라는 것을 안 그날 밤, 남몰래 입수한 비소로 음독 자살을 꾀한 것이다. 마시고 나서 그녀는 몹시 무서워져서 쏘냐를 깨워, 자기가 한 일을 알렸다. 시기를 놓치지 않고 해독에 필요한 처치가 취해져서 위험을 벗어나 있었다. 그러나 그래도 역시 매우 쇠약해져서 시골로 데려가기란 어림도 없는 노릇이었으므로, 백작 부인을 불러오도록 사람을 보냈다. 삐에르는, 어쩔 줄 모르고 있는 백작과 눈물에 눈이 부은 쏘냐를 만났지만 나따샤는 만나지 못했다.

이날 삐에르는 클럽에서 식사를 했는데, 어디를 둘러보아도 로스또프네 따님의 유괴 미수 사건의 이야기뿐이었다. 그는 완강하게 이 이야기를 부정하고, 단지 자기 처남이 로스또프네 집 따님에게 청혼을 했다 거절당한 일 외에는 아무 일도 없었다고 모든 사람을 납득시키려 했다. 삐에르는 이 사건의 일체를 숨기고 나따샤의 명예를 회복하는 것이 자기의 의무라는 생각이 들었다.

그는 무서운 기분으로 안드레이의 귀국을 기다리고 있었고, 그에 대한 일을 확인하러 매일 노공작한테 들렀다.

볼꼰스끼 노공작은 시중에 퍼지고 있는 소문을 부리엔 양을 통해서 다 알고 있었고, 나따샤가 마리야에게 보낸 약혼자를 거절하는 편지도 읽고 있었다. 그는 여느 때보다 쾌활해 보였고, 전보다 더 초조하게 아들이 돌아오길 기다리고 있었다.

아나똘리가 떠난 지 며칠 후, 삐에르는 안드레이로부터 짧은 편지를 받았다. 그것은 자기의 귀국을 알리는 한편, 삐에르에게 자기를 방문해 달라는 사연의 편지였다.

안드레이는 모스크바에 도착하자마자, 마리야에게 보낸 파혼을 알리는 나따샤의 편지를 아버지로부터 받았다(그 편지를 마리야로부터 몰래 빼내 노공작에게 건네준 것은 부리엔이었다). 그리고 아버지로부터 추가로 나따샤의 유괴에 관한 이야기도 들었다.

안드레이는 전날 밤에 돌아왔다. 삐에르는 그 이튿날 그를 방문했다. 삐에르는 안드레이도 거의 나따샤와 다름없는 상태에 있으리라 생각하고 있었기 때문에, 객실로 들어갔을 때 무엇인가 뻬쩨르부르그에서 일어난 음모 사건에 관해서 기운차게 이야기하고 있는 안드레이의 커다란 목소리를 듣고 놀랐다. 노공작과 또 한 사람 누군가의 목소리가 가끔 그의 말에 끼어들었다. 마리야가 삐에르를 맞았다. 그녀는 안드레이가 있는 문을 눈으로 가리키면서, 그의 슬픔에 동정을 표시하려는 듯이 한숨을 쉬었다. 그러나 삐에르는 마리야의 표정에서, 그녀가 이번 일에서 약혼녀가 변심했다는 소식을 받았을 때의 오빠의 태도에 몹시 만족하고 있다는 것을 알아챘다.

"오빠 이 일을 예상하고 있었다고 했어요." 그녀는 말했다. "저는 알고 있어요. 자기 기분을 밖으로 나타내는 것은 오빠의 자존심이 허락을 하지 않습니다. 하지만 오빠는 제가 예상하고 있었던 것보다 훌륭하게 이것을 참아냈어요. 이렇게 되게 마련이었던 것 같아요……."

"정말 모든 것이 다 끝나 버린 건가요?" 삐에르는 말했다.

마리야는 깜짝 놀라서 그를 바라보았다. 어떻게 그런 것을 물을 수 있는지 이해가 가지 않는 듯했다. 삐에르는 서재로 들어갔다. 아주 변한 듯하고 건강해진 모습이었으나 눈썹 사이에는 새 주름살이 생긴 안드레이가, 평상복으로 아버지와 메시체르스끼 공작 앞에 서서 몸짓과 손짓으로 무엇인가 열심히 논쟁하고 있었다.

화제는 스뻬란스끼에 관한 것으로, 그가 모반을 꾸몄다는 믿기 어려운 소식과 그의 갑작스런 유형(流刑)에 대한 뉴스가 최근 모스크바에 전해졌던 참이었다.

"한 달 전까지 그를 칭찬했던 사람들이 지금은 그를 재판에 회부하고 죄를 책망하고 있는 겁니다." 안드레이는 말했다. "그의 목적을 이해할 수 없었던 사람들까지도 말입니다. 황제 폐하의 총애를 잃은 사람을 재판하기란 지극히 간단한 일입니다. 그리고 그 사람에게 다른 사람의 실패를 모두 전가시키는 것도. 그러나 저는 말하고 싶습니다. 만약 지금 세상에 무엇인가 좋은 일이 행해졌다고 한다면, 좋은 일은 모두 그가, 그가 혼자 한 것입니다……." 그는 삐에르를 보자 입을 다물었다. 그의 얼굴은 순간 경련을 일으켰지만 곧 미움이 담긴 표정으로 변했다. "그러니까 후세 사람들이 그에게 올바른 평가를 내리게 될 것입니다." 그는 말하고 나서 바로 삐에르에게 말을 걸었다.

"야, 어때? 더 뚱뚱해졌는데." 그는 기운찬 어조로 말했지만, 새로 생긴 주름살이 더욱 깊이 얼굴에 패었다. "응, 난 건강하네." 그는 건강을 묻는 삐에르에게 이렇게 대답하고 쓴웃음을 지었다. 그 쓴웃음은 '건강하네, 그렇지만 내 건강은 누구한테도 소용이 되지 않네'하고 말하고 있다는 것을 분명히 알 수 있었다. 폴란드 국경부터의 길이 말이 아니라는 것과, 스위스에서 삐에르를 알고 있는 사람들을 만난 일과, 아들의 가정교사로서 외국에서 데려온 데사르 씨에 대한 이야기를 삐에르와 몇 마디 나누고 나서, 안드레이는 두 노인 사이에서 계속되고 있던 스뻬란스끼 이야기에 정면으로 끼어들었다.

"만약 배신 행위가 있어서 그가 나폴레옹과 내통했다는 증거가 있었다면 일반에게 공표되었을 것입니다." 정색을 하고 성급하게 그는 말했다. "저는 개인적으로 스뻬란스끼를 좋아하지 않으며, 그전부터 좋아하지 않았습니다만, 정의는 사랑하니까요." 너무나도 괴로운 속마음의 생각을 지우기 위해서, 자기와는 아무런 관련도 없는 일을 흥분해서 논의하려고 하는, 삐에르가 너무나도 잘 알고 있는 친구의 욕구를 그는 오늘 새삼스럽게 알아차렸다.

메시체르스끼 공작이 돌아가자 안드레이는 삐에르의 손을 잡고, 자기에게 배당된 방으로 그를 데려갔다. 방에는 침대가 준비되어 있었고, 펼쳐진 트렁크와 짐 상자가 놓여 있었다. 안드레이는 그 중의 하나로 다가가서, 귀중품을 넣은 작은 상자를 꺼냈다. 그리고 상자 속에서 종이에 싼 다발을 집어냈다. 그는 모든 일을 말없이 재빨리 했다. 이윽고 그는 몸을 일으키고 기침을 했다. 얼굴은 찌푸리고 입술은 꼭 다물고 있었다.

"자네를 괴롭히는 일이라면 미안하지만……." 삐에르는 안드레이가 나따샤 얘기를 하려 하고 있다는 것을 알아챘다. 그의 넓적한 얼굴에 안쓰러운 듯한 동정의 빛이 떠올랐다. 이 삐에르의 얼굴 표정이 안드레이를 화나게 했다. 그는 단호하면서도 높고 느낌이 좋지 않은 목소리로 말을 이었다. "나는 로스또프 백작 따님으로부터 거절을 당했어. 그리고 자네 처남이 그녀에게 청혼을 했으니, 혹은 그와 유사한 소문도 듣고 있네. 이것이 사실인가?"

"사실이기도 하고, 사실이 아니기도 해요." 삐에르가 말하기 시작하자 안드레이가 가로막았다.

"이것이 그녀의 편지야." 그는 말했다. "그리고 초상이다." 그는 테이블에서 묶은 다발을 집어서 삐에르에게 건네주었다.

"이것을 백작 따님에게 돌려주지 않겠나……. 만약에 자네가 그녀를 만나게 된다면 말이야."

"그녀는 심히 앓고 있어요." 삐에르가 말했다.

"그럼 아직 여기 있나?" 안드레이가 말했다. "아나똘리 쪽은?" 그는 재빨리 물었다.

"그는 이미 떠났습니다. 그녀는 죽어가고 있어요."

"그녀 병에 대해서 나는 무척 유감스럽게 여기고 있어." 안드레이가 말했다. 그는 아버지와 똑같은 쌀쌀하고, 심술궂고, 느낌이 좋지 않은 엷은 미소를 띠었다.

"그럼, 아나똘리는 결국 로스또프 백작 따님과 결혼하지 않았단 말인가?"

안드레이는 말했다. 그는 몇 번인가 화가 난 듯이 코를 킁킁거렸다.

"그는 결혼할 수가 없었지요, 아내가 있으니까." 삐에르는 말했다.

안드레이는 또다시 아버지와 똑같이, 느낌이 안 좋은 웃음을 지었다.

"그래, 자네 처남은 지금 어디 있지? 가르쳐 줄 수 없겠나?" 그는 말했다.

"그는 떠났습니다. 뻬쩨르…… 아니, 나는 모릅니다." 삐에르가 말했다.

"뭐, 그런 건 아무래도 좋아." 안드레이가 말했다. "로스또프 백작 따님에게 전해 주게. 그리고 내가 그녀의 행복을 빌고 있다고."

삐에르는 편지 다발을 집어들었다. 안드레이는 더 할 말이 없는가 생각하는 듯이, 또는 삐에르가 무슨 말을 더 하지나 않을까 기다리고 있는 듯이 침착한 시선으로 그를 바라보고 있었다.

"저, 언젠가 뻬쩨르부르그에서 둘이서 토론한 적이 있었지요." 삐에르가 말했다. "기억하고 있습니까?"

"기억하고 있다마다." 성급하게 안드레이가 말했다. "타락한 여잔 용서해 줘야 한다고 나는 말했지. 그렇지만 내가 용서할 수 있다고는 말하지 않았네. 난 용서할 수 없어."

"그러나 그것과 비교할 수 있을까요?" 삐에르는 말했다. 안드레이가 말을 가로챘다. 그는 날카로운 소리로 외쳤다.

"옳지, 다시 한 번 청혼하고 관대하게 대해 주라는 말인가?…… 그래, 그건 대단히 훌륭한 일이야. 그렇지만 나는 그 사나이가 걸어간 뒤를 따라갈 수는 없어. 만약 자네가 계속 내 친구가 되고 싶거든, 두 번 다시 나에게 이런 이야기를 하지 마……. 그 이야기를 일체 입 밖에 내지 말게. 그럼, 실례. 잘 가게. 그것은 그녀에게 건네주겠지……?"

삐에르는 방을 나와 노공작과 마리야에게로 갔다.

노인은 여느 때보다 더 쾌활해 보였다. 마리야는 언제나와 같았지만 오빠에 대한 동정 뒤에서, 그녀가 오빠의 결혼이 깨진 것을 기뻐하고 있다는 것을 알아챘다. 두 사람을 보면서 삐에르는 그들이 로스또프네에 대해서 얼마나 깊은 멸시와 증오에 사무친 마음을 품고 있는가를 깨달았다. 그리고 두 사람 앞에서는 상대가 누가 되었던 간에, 다른 남자에게로 간 여자의 이름을 입 밖에 낼 수조차 없다는 것을 깨달았다.

식사 때에, 이제 가까이 다가온 것이 분명한 전쟁 이야기가 화제가 되었다. 안드레이는 끊임없이 지껄이며 아버지와 스위스인 가정교사 데사르와 토론하여 여느 때보다 활기를 띠고 있어 보였지만, 그 활기의 정신적인 원인은 삐에르가 잘 알고 있었다.

22

그날 밤, 삐에르는 부탁받은 일을 다하기 위해서 로스또프네를 찾아갔다. 나따샤는 침대에 누워 있었고, 백작은 클럽에 가 있었기 때문에 삐에르는 편지 다발을 쏘냐에게 건네주고 아흐로씨모바의 방으로 갔다. 그녀는 안드레이가 어떻게 이 소식을 받아들였는지 알고 싶어했다. 10분 가량 지나자 쏘냐가 아흐로씨모바의 방으로 들어왔다.

"나따샤가 삐에르 백작님을 만나뵙고 싶다고 합니다." 그녀는 말했다.

"하지만 어떻게? 그애한테로 이분을 데려가려는 거냐? 너희들 방은 치우지도 않았잖아." 아흐로씨모바가 말했다.

"아녜요, 나따샤는 옷을 갈아입고 객실로 나갔어요." 쏘냐가 말했다.

아흐로씨모바는 어깨를 움츠렸다.

"백작 부인은 언제 오실까, 저 애 때문에 정말 혼이 났어요. 당신도 있는 대로 다 털어 놓지 않도록 조심해요." 그녀는 삐에르를 향하여 말했다. "그녀를 마구 야단치려 해도 그럴 만한 기력이 없어요. 정말로 불쌍해요, 정말로 불쌍해!"

나따샤는 여위고 창백하고 무뚝뚝한 얼굴로(삐에르가 예감한 것처럼 쑥스러워하는 모습은 조금도 없었다) 객실 한가운데쯤에 서 있었다. 삐에르의 모습이 문가에 나타나자 그녀는 그에게로 다가설 것인지, 기다릴 것인지 결심하지 못하고 망설이고 있는 것 같았다.

삐에르는 급히 그녀 곁으로 다가갔다. 그는 여느 때처럼 그녀가 손을 내밀 것이라고 생각하고 있었다. 그러나 그녀는 그의 곁으로 다가오자, 크게 숨을 몰아쉬면서 양손을 늘어뜨리고 멈춰섰다. 그것은 그녀가 노래를 부르기 위해 홀 한가운데로 나올 때와 똑같은 자세였으나 표정은 전혀 달랐다.

"삐에르 님." 그녀는 빠른 말로 말문을 열기 시작했다. "안드레이 공작은 당신의 친구였죠. 그분은 당신 친구시죠?" 그녀는 고쳐 말했다(그녀는 모든 것이 과거에 있었던 일에 지나지 않고 지금은 모든 일이 변했다고 느끼고 있었다). "그분은 그때 나에게 말했어요, 당신과 상의하라고⋯⋯."

삐에르는 그녀를 바라보면서, 잠자코 거칠게 코로 숨을 쉬고 있었다. 그는 이제까지 마음 속으로 그녀를 책망하고 있었고 멸시하려고 애쓰고 있었다. 그러나 지금은 나따샤가 정말로 불쌍해서 책망할 마음은 하나도 없었다.

"그분은 지금 여기 계시죠? 전해주세요⋯⋯. 제발 저를 용서⋯⋯ 용서해 달라고⋯⋯." 그녀는 말을 그치고 거칠게 숨을 몰아쉬었으나 울지는 않았다.

"네⋯⋯ 전해 드리겠습니다." 삐에르는 말했다. "그러나⋯⋯." 그는 무어라고 말하면 좋을지 알지 못했다.

나따샤는 삐에르의 마음에 떠오른 생각을 알아채고 놀란 것 같았다.

"아녜요, 저는 알고 있어요. 모든 것이 이젠 끝났어요." 그녀는 급히 말했다. "아녜요, 그런 것은 절대로 있을 리가 없어요. 저는 다만 그분에게 잘못을 저지른 것이 괴로울 뿐이에요. 그저 내가 용서를 빌고 있다고 그분에게 말씀해 주세요. 모든 것을 용서해 주시길 바란다고⋯⋯." 그녀는 온몸을 떨며 의자에 앉았다.

일찍이 경험한 적이 없는 가엾은 마음이 삐에르의 가슴에 가득 찼다.

"내가 전하겠습니다. 다시 한 번 모든 이야기를 해 보겠습니다." 삐에르는 말했다. "그러나⋯⋯ 다만 한 가지 알고 싶은 것이 있습니다⋯⋯."

'무엇을 알고 싶으신 거예요?' 나따샤의 눈이 이렇게 묻고 있었다.

"나는 알고 싶습니다. 정말 당신이 사랑하고 있었는지⋯⋯." 삐에르는 아나똘리를 어떻게 부르면 좋을지를 몰랐다. 그리고 그를 생각만 해도 얼굴이 붉어졌다. "당신은 그 나쁜 사나이를 사랑하고 있었습니까?"

"그를 나쁜 사람이라고 말하지 마세요." 나따샤가 말했다. "그렇지만 나는 아무것도, 아무것도 모르겠어요⋯⋯." 그녀는 다시 울음을 터뜨리고 말았다.

그러자 더욱 강하게, 가엾은 생각과 귀여운 생각, 그리고 사랑의 감정이 삐에르를 사로잡았다. 그는 안경 밑으로 눈물이 흐르는 것을 느끼고 그것이 그녀의 눈에 띄지 않았으면 하고 생각하였다.

"더 이상 이야기하지 맙시다." 삐에르는 말했다.

나따샤에게는 갑자기 이 삐에르의 온화하고 부드러운, 마음이 깃든 목소리가 몹시 이상한 것으로 여겨졌다.

"이제 그 이야기는 그만둡시다. 내가 그에게 모든 것을 애기하겠습니다. 다만 한 가지만 부탁해 두겠습니다. 나를 당신의 친구라고 생각해 주십시오. 그리고 만약 당신에게 도움이나 충고가 필요할 때가 생기면, 여하간 그 누군가에게 자기 마음을 털어놓을 일이—지금이 아니라, 당신 마음이 더 가라앉 았을 때—있으면…… 저를 생각해 주십시오." 그는 나따샤의 손을 잡고 키스하였다. "도움이 될 수만 있다면 나는 행복합니다……." 삐에르는 가슴이 두근거렸다.

"제게 그런 말씀 하지 마세요. 난 그럴 가치도 없어요!" 나따샤는 이렇게 외치고 방에서 나가려고 했지만, 삐에르는 그녀의 손을 잡아 세웠다. 그는 아직 나따샤에게 해야 할 말이 있다고 생각했지만, 그 말을 입 밖에 내자 그는 자기 자신의 말에 놀랐다.

"그만두세요, 그만두세요. 당신의 인생은 이제부터가 아닙니까?" 그는 그녀에게 말했다.

"나의 인생이? 아녜요! 나에게는 모든 것이 끝났어요." 그녀는 자기 자신을 부끄럽게 생각하고 자신을 멸시하면서 말했다.

"모든 게 끝났다고요?" 그는 되풀이했다. "만약 내가, 지금의 내가 아니라, 이 세상에서 가장 미남이고 머리가 좋고 뛰어난 인간이라면, 그리고 자유로운 몸이라면, 나는 이 순간 당장 무릎을 꿇고 당신의 손길과 사랑을 구하겠습니다."

나따샤는 오랜만에 감사와 감동의 눈물을 흘리고 삐에르를 흘끗 바라보고는 방에서 나갔다.

삐에르도 목구멍에 복받쳐 오르는 감동과 행복의 눈물을 억제하면서 그녀를 뒤따라 거의 뛰어가듯이 현관으로 나왔다. 그리고 소매에 손도 넣지 않고 모피 코트를 걸친 채 썰매에 올라탔다.

"이번에는 어디로 모실까요?" 마부가 물었다.

'어디라고?' 삐에르는 자신에게 물었다. '지금 도대체 어딜 갈 수가 있단 말인가? 설마 클럽이나 방문?' 자기가 맛보고 있는 감동과 사랑의 감정에 비하면, 그녀가 마지막에 눈물을 통해서 자기를 흘끗 보았을 때의 부드럽고 감사에 찬 눈빛에 비하면, 모든 인간이 지극히 가엾고 초라해 보였다.

"집으로." 삐에르는 영하 10도나 되는 추위도 아랑곳없이, 기쁨의 숨을 쉬고 있는 넓은 가슴 위를 덮은 곰 가죽 외투의 앞자락을 열어젖히면서 말하였다.

꽁꽁 얼어붙은 맑은 밤이었다. 지저분하고 어스름한 어둠에 싸인 거리와 검은 지붕 위를, 별이 반짝이는 어두운 하늘이 뒤덮고 있었다. 하늘을 올려다보고 있던 삐에르는, 지금 자기의 영혼이 도달해 있는 숭고한 높이에 비하면 이 지상의 모든 것들이 창피할 정도로 하찮게 느껴져 견딜 수가 없었다. 아르바뜨 광장에 들어서는 곳에서 어두운 별하늘의 거대한 공간이 삐에르의 눈 앞에 펼쳐졌다. 이 하늘의 거의 한복판, 쁘레치스친스끼 가로수 길 상공에, 온통 뿌려놓은 듯한 별에 둘러싸여 다른 것보다 지구에 가깝고, 하얀 빛과 위로 추켜진 긴 꼬리 때문에 한층 눈에 띄는, 거대하고 찬란한 1812년의 혜성이 걸려 있었다. 이 혜성은 이 세상의 모든 공포와 종말을 예언한다고 일컬어지고 있었다. 그러나 긴 빛의 꼬리를 가진 그 반짝이는 별도, 삐에르의 마음에 아무런 두려운 감정을 불러 일으키지 못했다. 반대로 삐에르는 즐거운 마음으로, 눈물에 젖은 눈으로 그 밝은 별을 바라보고 있었다. 그것은 마치 형용할 수 없을 만큼 빠른 속도로 헤아릴 수 없이 큰 여러 공간을 포물선을 그리며 날아가, 갑자기 지면에 꽂힌 화살처럼 스스로 고른 저 검은 하늘의 한 점으로 파고들어, 깜박이고 있는 다른 무수한 별 사이에서 빛을 내고, 흰 꼬리를 반짝이면서 힘차게 그 꼬리를 위로 들어올리고 서 있는 것 같았다. 삐에르에게는 이 별이야말로 새로운 생명을 향하여 꽃피고, 부드러우면서도 고무된 자기 마음과 이 별이 완전히 일치하고 있는 것처럼 여겨졌다.

맹은빈(孟恩彬)

동양외국어학원 러시아어과 수학. 동국대학교 영문학부 졸업. 1955년 영남일보에 시 「그림자」로 등단. 안톤 체호프 「벚꽃동산」, 사뮈엘 베케트 「고도를 기다리며」 옮겨 연출. 지은책 시집 「인간이 아픔을 알 때」 「꿈의 시」가 있으며, 옮긴책 솔제니친 「이반 데니소비치 하루」, 숄로호프 「고요한 돈강」, 똘스또이 「전쟁과 평화」, 똘스또이 「안나 까레니나」가 있다.

World Book 69
Л.Н. Толстой
ВОЙНА И МИР
전쟁과 평화 I
똘스또이/맹은빈 옮김
1판 1쇄 발행/1978. 10. 10
2판 1쇄 발행/2008. 8. 8
2판 9쇄 발행/2019. 5. 1
발행인 고정일
발행처 동서문화사
창업 1956. 12. 12. 등록 16-3799
서울 중구 다산로 12길 6(신당동 4층)
☎ 546-0331~6 Fax. 545-0331
www.dongsuhbook.com
잘못 만들어진 책은 바꾸어 드립니다.

＊

사업자등록번호 211-87-75330
ISBN 978-89-497-0489-0 04080
ISBN 978-89-497-0382-4 (세트)